《光緒丹徒縣志》

編撰人員

主　編

吴海平

副主編

徐　强　楊　兵　王　浩

點　校

趙永源　周　衡　楊貴環

編輯　編務

翁紅霞　蔡樹梅　戴　芸　趙昱霖

《光緒丹徒縣志》

下

[清]何紹章　馮壽鏡　修
[清]呂耀斗　等　纂
趙永源　周　衡　楊貴環　點校

鎮江市史志辦公室　編

鎮江

目　録
（下）

丹徒縣志卷三十一

人物八　孝友

孝友叙

《書》云："孝乎惟孝，友于兄弟。"良知、良能固不學而能也。至和既格，百行斯融。自使囂陵之氣不興，肫厚之風日萃。金管所述，首在斯乎？志孝友。

宋

吴欣之，晉陵利城人也。宋元嘉末，弟慰（《南齊書》作"尉"）之爲武進縣吏，隨王誕起義，元凶遣軍主華欽[①]討之。吏人皆散，慰之獨留見執。將死，欣之詣欽乞代弟命，辭泪哀切，兄弟皆見原。齊建元二年[②]，有詔蠲表之。（《南史》）

韓靈珍，東海郯人[③]。喪母三年，貧無所葬，與弟靈敏共種瓜半畝，欲以營葬殯。及瓜熟采賣，每朝收，暮復生，大小如初，遂得充葬。（宋躬撰《孝子傳》）

齊

蕭睿明，字景霽[④]。少有至性，奉親謹篤。母病風，積年沉卧。睿明躬禱，夕不假寐，時嚴寒，睿明下泪，泪爲之冰如箸，叩頭出血。忽有一人以小石函授之，曰："此療夫人病。"睿明跪受之，忽不見。以函奉母，函中惟有三寸絹，丹書"日月"二字，母服之即平復。後母亡，不勝哀而卒。明永五年，詔褒贈中書郎[⑤]。（《府志》）

梁

臧未甄，博涉文史，有才幹，少爲外兄汝南周彦倫所知。梁天監初，除後軍諮議中郎、南徐州别駕，入爲太子中庶子，司農卿、太尉長史。丁所生母憂，三年廬於墓側，服闋，除廷尉卿，出爲江夏太守，卒。（《臧盾傳》。按：未甄，盾父也。）

臧盾隨父宿廷尉，母劉氏夜暴卒，盾左手中指忽痛，不能寢。旦，凶問至，其感通

---

① 按："華欽"，《宋書》卷九十九《二凶傳》作"燕欽"。

② 按："建元二年"，《南史》卷七十三《孝友上·吴欣之傳》、《南齊書》卷五十五《孝義傳·吴欣之傳》皆作"建元三年"。

③ 按："東海郯人"，《南齊書》卷五十五《孝義傳·韓靈敏傳》："韓靈敏，會稽剡人。早孤，與兄靈珍并有孝性。"言韓靈珍、靈敏兄弟爲"會稽剡人"。

④ 按："景霽"，《南史》卷七十三《孝義上·蕭睿明傳》："蕭睿明字景濟，南蘭陵人也。"

⑤ 按："明永五年"，《南史》卷七十三《孝義上·蕭睿明傳》："永明五年，居母喪，不勝哀，卒，詔贈中書郎。"

如此。父卒，不出庭户，形枯悴。大同二年，爲中領軍，卒，謚曰忠。(《府學先正典型存稿》)

韋鼎，字超盛。其先京兆杜陵人也，世居京口。博涉經史。侯景之亂，鼎兄昂於京口力戰死，鼎負尸奔走，求棺，無所得。哀憤痛哭不輟，忽見江中有物至，鼎竊异之，往視，乃新棺也，因取以斂。聞者莫不嘉嘆，元帝聞之，加獎异焉。(《康熙志》。《嘉慶志》同。)

陳

徐孝克，陵弟，有口辯，善談玄理。性至孝，遭父憂殆不勝喪。所生母陳氏，盡就養之道。大建四年，徵爲秘書丞，不就。後爲國子祭酒。孝克每侍宴，無所食啖，至席散，當其前膳羞損减。帝密記以問中書舍人管斌，斌自是伺之，見孝克取珍果納紳帶中。斌當時莫識其意，後尋訪，方知其以遺母。斌以啓，宣帝嗟嘆良久，乃敕自今宴享，孝克前饌，并遣將還，以餉其母。時論美之。至德中，皇太子入學釋奠，百司陪列。孝克發《孝經》題，後主詔皇太子北面致敬。正明元年①，入爲都官尚書。都官省西抵閣道，年代久遠，多有鬼怪。孝克居之，經兩載，妖變皆息，時人咸以爲貞正所致。孝克性清素，好施惠，故不免飢寒。二年，爲散騎常侍，侍東宫。陳亡，隨例入長安，家道壁立，所生母患疾，欲粳米爲粥，不能常辦。母亡後，孝克遂常啖麥，有遺粳米者，孝克對而悲泣，終身不復食焉。開皇十九年，以疾卒，年七十三。子萬載，位太子洗馬。(《南史》本傳)

徐份，九歲爲《夢賦》，父陵見之，謂所親曰："吾幼屬文亦不加此。"爲海鹽令，有政績。入爲太子洗馬。性孝弟，陵嘗疾篤，份燒香泣涕，跪誦《孝經》，日夜不息，如是者三日，陵疾豁然愈，親戚皆謂份孝感所致。先陵卒。(《南史》)

唐

蕭世廉，蘭陵人，摩訶子也。警俊敢勇，有父風，而性至孝。摩訶凶終，時世廉方幼，服闋後，追慕彌切。其父時賓故脱有言及，世廉對之，哀慟不自勝，言者爲之欷歔。終身不執刀斧。(《府志》)

南唐

刁彦能，上蔡人，居潤州。少孤，事母至孝。嘗從事節度使王茂章，茂章叛吴歸吴越②，彦能當從行，乃使家人扶其母，俟於道左，泣告茂章曰："彦能有老母在此，不能舍而從公，敢請死。"茂章哀其意，許之。後仕南唐爲昭武節度使，賜田，注籍京口，因家焉。孫湛。(《府志》)

---

① 按："正明元年"，《陳書》卷二十六《徐孝克傳》、《南史》卷六十二《徐孝克傳》作"禎明元年"，當避諱而改。

② 按："茂章叛吴歸吴越"，馬令《南唐書》卷十一《刁彦能傳》："茂章叛入越。"《至順鎮江志》卷十九《人材·孝友》"刁彦能"條："茂章叛吴歸越。"故此後一"吴"字當爲衍文。

宋

刁湛，咸平進士，累官三司度支判官。宋制封典，在具慶者，不及亡母。真宗東封告成，肆赦妻已喪者，得叙封。時湛爲太帝博士①，母徐已死。上章謂："妻以箕帚之舊，尚蒙封邑之榮；母以劬勞之恩，不及漏泉之澤。教化之本，輕重未安。"朝廷是之，遂封高平縣太君。士大夫父在而封及亡母，自湛始也。弟湜、渭皆登進士第。(《康熙志》。《嘉慶志》同。)

朱雲章，字漢卿。少力學，長益貧。天性純孝，每出市，童稚騶卒，無不敬仰。鄉人以其文行兼備，祠之衆賢堂。(《康熙志》。《嘉慶志》同。)

虞申(見"儒林")仲弟死，嫁五女如己出，撫其孤如己子。(《府志》)

章瑢，垚少子②。母亡，思慕切至，墓上枯竹復生，時以爲孝感所致。(《康熙志》。《嘉慶志》同。)

孫大成，字振道。性淡簡，操行純篤。幼時，非入學不忍頃刻離其親。親病，大成亦得疾，藥餌必自進。疾甚，弗懈。既孤，與諸兄弟奉祖母同居。兄弟歿，其子鬻産於大成，歲輸賃直，義弗受。或鬻所居於人，知其將轉徙，葺宅邊賃屋以待其遷。妹既嫁③，貧不能贍，夫他往，則迎歸，以養終其身，教孤甥成立。好聚方書，多以藥與人，年荒旱，多解衣推食以惠之。子淵、泳、沂。(劉宰撰《行述》)

竇寶，以割股療親疾見旌。(《康熙志》。下同。)

周伸，親病，刲股肉入藥進之，獲愈。咸淳間受旌。(《嘉慶志》曰：孝，庸德也。割股事近奇，似非中道。然愚夫愚婦出於至性，神明可以感通，有司從而旌表，蓋亦人所難也，故并存之。)

元

郭景星，字元德。宋淳熙二年④，以鄉試待補貢太學生。入元，翰林王構、編修李謙使江南選佳士，郡首薦，以親老辭不行。後授淮海書院山長，仕至從仕郎、台州路黄巖州判官。景星天性至孝，母九十餘終時，哀毁過禮。卒年七十九。有集，子畀。(《康熙志》。《嘉慶志》同。)

---

① 按："太帝博士"當爲"太常博士"。張方平《樂全集》卷三十九《宋故太中大夫尚書刑部郎中分司西京上柱國賜紫金魚袋累贈某官刁公墓志銘并序》："真皇東封岱宗，遷太常博士。"《乾隆鎮江府志》卷三十八《刁湛傳》作"太常博士"，《至順鎮江志》卷十九《孝友》"刁湛"條作"太常博士"。

② 按：《至順鎮江志》卷十九《人材·隱逸》："章垚……子：琰、琮、瑢。"《乾隆鎮江府志》卷三十八《人材·孝義》："章瑢，丹徒人，垚次子也。"故此處"章瑢，垚少子"或有誤。

③ 按：劉宰《漫塘集》卷三十三《孫府君行述》載："虞氏姊既嫁，生理不裕，夫不能贍，弃去不歸。公迎以養積二十年，姊竟卒公家。"故"妹既嫁"當爲"姊既嫁"。後文"教孤甥成立"，《孫府君行述》："張氏妹既寡，其子軒猶在襁褓。携以適孟氏，復寡，遂携以歸。於今十有三年，軒初未知學，今表表場屋間。"此"孤甥"當爲張氏妹子。

④ 按："淳熙二年"，《至順鎮江志》卷十九《人材·仕進》作"咸淳五年"。《乾隆鎮江府志》卷三十八《孝義》作"咸淳二年"。

雷寧一，字應宸，號樂耕，一號碧巖居士。少負俊才，長於談論。事父母至孝，以父蔭補官，寧一上疏辭，請終喪制。時人多未能循古喪禮，閲其陳請，皆以爲迂。及既葬，白烏群來，巢於墓樹，人始知孝感有自云。（《家傳》節略）

孫瑾，字無咎。父茂歿，嚴冬跣足奔喪，停柩四載，衣不解帶，常食粥，誦佛書。及卜葬，載柩渡江，潮波方涌，俄頃，風翼帆，如行平地。葬後廬墓盡哀。事繼母唐甚謹，唐患癰，吮之而愈；唐後目昏眊，瑾旦暮舐之，復明；唐更病痰，伏枕十有二年，藥食必先嘗。既歿，哀毁過禮。將葬，時春苦雨，瑾夜號，天色霽①，至旦，雲開朗。甫掩壙，陰雲復合，雨注數日不止，縣上狀旌之。（《元史》本傳）

徐鈺，泰定元年始冠，侍父鎮往婺源，經小溪口，時流水暴漲，鎮乘肩輿，輿夫失足墜水。鈺急往投溪，擁父出駛湍中，父得挽筏以升，而鈺力憊，且水勢湍急，不能自奮，遂溺死。漂流四十五里，至一灘，始得其尸。有司以聞，旌其閭曰："孝子徐氏之門。"（《元史》）

王有壬，字文新。（詳見"儒林"）

丁鶴年，以字行，一字永庚，西域人也。父職馬禄丁，官武昌縣達魯花赤，有惠政，留葬焉。鶴年年十八，值兵亂，倉卒奉母走鎮江。母歿，鹽酪不入口者五年。明永樂間卒。烏斯道爲作《丁孝子傳》，叔能作《高士傳》，以申屠蟠擬之。（《元詩選》小傳）

明

唐川，《明史·孝義傳》首：洪武時，有丹徒唐川。（《嘉慶志》）

胡昇（詳"宦績"），父病，刲股作糜以進，病尋愈。（據楊一清《墓表》補）

高禮保，性篤孝。曾祖母徐疾殆，禮保割脅出脂膏，作粥以進，徐疾尋愈。事聞，詔旌其門。（《康熙志》。《嘉慶志》同，下十一條并同。）

楊椿年，嘗刲股愈親疾。有司上其事，旌之。（《府志》。《嘉慶志》同。）

殷士望，字德遠。五歲讀經史，七歲能文章，士争識之。嘉靖末，倭猝犯京口，士望父被執，請以身代，倭兩釋之。其女弟亦以孝聞。有司上其事，旌曰"麟鳳"。督學御史重之，以附學生貢入南雍。從羅近溪汝芳、王龍溪畿講明道學。歷壽州、新建、衢州學教官，朔望會講，開導辨難，孜孜不倦。萬曆乙巳，年八十一，偶疾，衣冠起拜二親神主，正色危坐，微笑而逝。所居宅傍先後産二麟。（《府志》。《嘉慶志》同。）

孫尚魁，節婦張氏子也。孕三月，父志病卒。尚魁自痛爲遺孤，不識父面，每登高及風雨夜則大哭。母病，刲股以進。及母歿，設主净室，旦晚侍食，凡數十年。忽一日，詣親族作别曰："三日後别諸君去，尚魁遺孤，喜將識吾父於地下也。"逾三日，果卒。（《府志》。《嘉慶志》同。）

某孝子者，其姓氏佚，不傳。墓在丹徒鎮，土人至今猶稱曰"孝子冢"焉。有碣

---

① 按："瑾夜號，天色霽"，《元史》卷一百九十七《孝友一·孫瑾傳》、《乾隆鎮江府志》卷三十八《孝義》皆作"瑾夜號天乞霽"。

文，亦磨滅不可讀。(《嘉慶志》)

孫子鯨，節婦戴氏子也。生逾歲，父有瑞病卒，母誓死守節。子鯨年七歲，即知感母恩，聞塾師講孝子冬温夏凊輒涕泣，歸即仿而行之。長，力學砥行。鄉里以孝行舉，受旌。(《府志》。《嘉慶志》同。)

朱亞春，母病，割股救之。事聞，詔旌之，詔爲太常寺司樂官。① (《府學先正典型存稿》)

陳觀陽，字賓之。父肖授徒維揚，其徒宗孫達，惡師督課嚴，投毒飲食中，肖中毒死。觀陽甫十六，誓報父仇，宗百計展脱，凡十九年。迄乙丑，觀陽成進士，瀝血疏陳，孫達始伏法。授應天教授，轉南國子監助教，升北京户部主事。(《府志》。《嘉慶志》同。)

歐陽仕振，字懋德，世居溪里②。邑諸生，工文詞。崇禎丁丑應賢良舉，至京師，疏陳時事，爲執政所格，忿恚累日，疾作，歿於京邸。生平孝友，族有侮辱之者，終善遇之，其人愧而改行。(《府志》。《嘉慶志》同。)

張崇儒，字仲聘。以歲貢授吴縣訓導，歷南京國子監典籍，擢柳州武宣縣知縣。孝友端方，人矜式之。(《嘉慶志》)

何應奎，字鳴素。由諸生入太學，與弟應璧友愛，終身不析産。後以子金城封湖州府知府。(《府志》。《嘉慶志》同。)

何金鋐，字元用，事二親孝，父伯仁，爲諸生，有遺金悉推以與二弟。親族貧者，推食解衣，助其婚姻喪葬，五十載弗倦。子絜、淙。(《嘉慶志》)

朱祚元，字仁卿。性篤孝，母孫疾，兩刲股以進。父爲亂兵所執，請以身代，遂并及于難。(《嘉慶志》)

毛廣，字淑萃。父得危疾，不飲食，忽思河豚魚。廣自潤走常，徬徨晝夜求之，果得以歸，作羹進，父疾尋愈。母病目，幾廢視。廣稽顙北辰，七閲月不怠，目復明。(新貴撰《毛君墓志》)

法鑰，字良貴。母得奇疾，醫莫能治。乃刲股以進，尋愈。父病劇，稽顙北辰，願以身代，復刲股以進，亦愈。親卒後，哀毁逾常，及葬，廬墓六年，芝生墓側，大學士楊一清有傳。(《嘉慶志》)

傅喬仙，懷宗時人。年十二，母湯氏病幾絶。喬仙哀痛籲天，刲臂肉和藥以進，家人不知也。數日母愈，不逾月，臂肉完好。(《嘉慶志》)

朱士麟，字岵懷，紹泗次子。泰昌庚申年饑，不能自給。紹泗遂與長子渡江出糴，遇盗，父子俱歿。岵懷年二十，初婚，忽夢驚告變，即日渡江，易服更名，數載不歸，

① 按：《嘉慶溧陽縣志》卷十二《人物志·孝性》："朱亞春，惠得鄉人。洪武末，母沈氏病篤，割肝救之。耆老錢希等白縣以聞，詔旌之。明年，徵授太常寺司樂。"

② 按："世居溪里"，本志卷二十九《人物六·忠義》亦有歐陽仕振小傳，中云："世居巨溪里。"又《乾隆鎮江府志》卷三十八《孝義》："世居丹徒之巨溪里。"此處應脱"巨"字。

卒獲群盜，盡殲之。（《嘉慶志》）

國朝

蕭懋光，字龍生。弱冠，補諸生。侍父鳴美任邑令，以辛勤助父成賢聲。事二繼母，定省甘旨，無异所生。友愛諸弟，逾於同母。聞父病京邸，策蹇入都。時流寇交訌，冒險星馳出，九死一生。大司馬某重其才，題授守備，辭弗受。歸而杜門讀書，著《大易説意》《毛詩編次》《射訣纂要》《四書説意》等書。歷舉賢良孝行，及鄉飲介賓。妻劉氏，祠部郎覲文女，亦極孝。（《康熙志》。《嘉慶志》同。下三條并同。）

黄世煜，字景昭，國學生。父疾篤，刲股肉爲糜①以進，同妻何氏衣不解帶四十餘日。

張鯤，字躍千。拔貢生，授歙縣教諭。事祖竭力養志，與兄鵬相友愛，人多稱之。

毛鯤，字漸逵。節婦唐氏子。竭力養志，與兄尤友愛，郡縣表宅。康熙癸未，督學張以其母及鯤節孝，具題同旌。（《府志》）

孔貞起，字伯起，聖裔也。居京口。年十三，父卒，奮志讀書。母江氏苦節教子，更躬勤操作，業大振。貞起弱冠爲諸生，母疾，衣不解帶月餘，湯藥親嘗。捐資輯《家乘》，建祠贍族，悉承父訓。歲饑，以粟賑鄉鄰。晚舉鄉飲。吟咏自娱，著詩成帙。（《府志》）

毛志道，字正儒，孝子鯤長子，隱士一駒孫也。鯤因被禄，憂勞成疾，志道日至神前哭禱，願減己算以益親年。月餘，鯤愈。鯤兄翥無嗣，志道承翥嗣。翥患病一百八十三日，志道早夜調養。及殁，檢其存日人告貸券約，送還之。凡救生、育嬰善舉，皆繼先志，盡心力。常卧日精、月華兩峰崖畔，怡然自得。縣令馮詠贈額曰“韜光泉石”，胡慎贈額曰“經術傳家”。乾隆庚申，奉采申送纂史，辛酉得旌。（《府志》）

法治朝，字公亮。明季父爲江陰縣土賊所殺，治朝百計求其遺骸歸。復理於官，戮賊首十一人。母病，刲左股以進，尋愈。弟治鼎染疫，頭頂腫潰，欲人面作枕，治朝以面承之，由是得愈。雍正二年，郡縣諸生請表其廬。弟治齊，年十三隨其兄走江陰求父骸，及仇雪，每言及，輒咬破其舌，喋血哭不已，以不及手刃群賊爲恨。生子不令赴試江陰，以父曾殺此地也。初出繼叔，後叔生子，盡以家産畀之。爲人剛直，鄉中事無大小，咸取決焉。康熙三十八年，邑令王旌之曰“孝友爲政”。（《嘉慶志》）

朱化麟，母病，刲左股煮湯進，病遂痊。縣令王②旌以額曰“純孝格天”。（《嘉慶志》）

許其昌，字復來，居石橋。幼孤，母邱氏守節，舅氏欲奪之。其昌時六歲，涕泣拒舅，舅感而止。順治己亥，遭亂，負母避難，猝遇賊。同逃者多被害，其昌哀號護母，賊義而釋之。（《嘉慶志》）

---

① 按：“糜”，原作“麋”，形近而訛，因改。

② 按：“縣令王”，《嘉慶丹徒縣志》卷二十三《孝友》作“縣令張某”。

顧典學，字章教，郡廩生。父洪基因訟被誣，將置之法，典學願以身代。吏察其情，事遂白。母病，衣不解帶者三月。巡道朱某給匾云“心儀曾閔”。子崗，戊午舉人，乙丑明通進士。次子陳常，庚午舉人。(《家乘》)

虞祥生，明四子。年四歲，母張氏歿，繼母蔡氏甚愛之。有告以非蔡出者，即涕泣不食累日。父疾，祥生日侍左右，藥餌飲食必親嘗而後進，凡十有八年。王芥園有傳。(《嘉慶志》)

徐宏任，字淩遠，號雲洲。其先徐州人，宋進士昭避亂移潤，遂居白沙。高祖應舉，明天啓間由貢選授陜州州判。曾祖自長，順治五年舉人。祖鉉，諸生。父大稀，國學生。皆以《易》學傳。宏任幼承家學，博古能文，王已山先生見其所作，甚奇之。事親至孝，每晨必禱竈前，祝親上壽。又嘗佩蒲舞於庭，以博二親歡。弱冠喪父，哀毁盡禮。母嚴孺人勉其就學，宏任出告反面，先意承志。會季弟殂，母悲哀染時疫，醫者束手，宏任衣不解帶者數月，泣禱武帝廟，願以身代。歸，即刲股以進，母竟愈，後登大年。及母卒，哀慟如父喪。以母道兼父道，悲哭不已。里人聞之，爲之罷社。宏任以母老，絶意仕進，而所著詩文甚富，各若干卷，藏於家。生於康熙壬辰，卒於乾隆己亥。年六十八，子四。(何佳玫《徐孝子傳》)

王世友，字會文。年十八，聞父賈京畿客死於道，世友徒步哀號，偕仲叔①求其柩，途中自矢不得尸不返。有寺僧爲指其處，得之。先是，臨行，以母病屬其兄，瀕危者數矣。柩既歸，而後逝。人咸异之，金壇李震生有《王孝子傳》。(《嘉慶志》)

王士閎，字漢徵，節母吴安人子。漢徵長而至孝，母子相依無須臾之離。其事親，衣服飲食之具，貧不能致美，而能使母衣食之而樂也。母八十七而終，漢徵年逾六十，喪殯不能華飾，而能極其哀慕之誠也。(姚鼐撰《王氏秀山阡表》)漢徵供母甘旨，每時物登市，進先富者。雍正三年，馮詠續修《府志》，書已成，士閎踵門涕泣，求表母節，詠爲感動，增入。詳見“列女”吴氏傳。以子文治貴，贈編修。(陸涵《贈王君序》)

何汝弼，字震岳，爲諸生。家頗殷富，不得於後母。震岳娶婦談彌月，母使自給衣食，以至不能治爨。有知而問之者，曰：“親生之母，每於子之過多原宥之。非親生之母，而責望過奢。人子之過也。”早卒。談年甫二十三，撫孤勵節。鎮江府②陳鵬年給“節孝雙徽”匾額，章性良有傳。(《嘉慶志》)

嚴三鳳，字孕仙，爲諸生。體素羸，父母每姑息之。孕仙夜則挑燈默誦，不敢出聲。母病劇，刲右股以進，病已。越三年，又篤，再刲右股救之，母死而復醒者數日。後父病，孕仙泣曰：“余兩以右股奉母，敢愛左股乎？”復刲之。章性良有傳。(《嘉慶志》)

江延祚，年二十，母先亡，父懷德繼歿。柩在堂時，宅内火發，延祚號呼，無計出柩，即抽刀斷指，僵仆於地，火忽止。祖珩拾指求藥救之，乃蘇。壬辰十二月事。蔣士

---

① 按：“偕仲叔”，《嘉慶丹徒縣志》卷二十三《孝友》作“偕從叔”。
② 按：“鎮江府”，《嘉慶丹徒縣志》卷二十三《孝友》作“鎮江守”。

銓有《江孝子詩》。(《嘉慶志》)

朱彬，居無後門，鄰火延燒，父柩在堂，三面皆火，彬去屋椽，送母及妻由屋至鄰舍，妹病，亦負之出，獨返室伏父柩號呼，願以身殉。柩前楹已焦灼，守備胡敖率水龍救之，竟免於厄。乾隆四十九年正月二十四日事。(《嘉慶志》)

錢以敬，字克恭。父之甡病篤，割股肉和藥以進，病遂愈。之甡客死楚省，寄櫬僧舍。時以敬年逾六十，爲僧十七載矣。叩募至楚，訪於僧舍，奉骸骨歸葬祖塋。

基廷棟，乾隆三十九年，以刲股愈父疾，邑令蔡封給“永錫爾類”匾旌之。

王元進，字至山。父卒，母悲切致病，元進刲股以進，遂愈。(以上三條俱《嘉慶志》)

何霞，字蔚若。母疾，刲股療之，忘其母之茹素也，未進而疾自愈，絶口不敢言。後霞病，長女在室，亦刲股進之。(《家乘》)

何龍池，字讓庵。父早卒，事母孝。及長，痛父柩在莊，就館近側，旦夕展拜，旬日省母，暮來晨往，徒步十數里①，習勞以爲常。母殁，竭力營葬。鋭志醫學，有名。(《家乘》)

何沅②，字南芷。生母王氏病篤，刲股肉和藥以進。

陳世貴，字天爵，居謝莊。父病，世貴衣不解帶，日夕號泣於醫者之門，觀者色慘。及父病篤，割股和藥以進，遂瘳。

鄭明鑣，以剃髮爲業。母病，刲股以進。

王連城，字楚玉，別號半舫。工詩。父病(按：程兆熊《半舫詩序》作“母病”)，刲股以進。(以上四條俱《嘉慶志》)

《嘉慶志》曰：舊志目稱“孝義”，孝爲百行之首，義則好善樂施，有近於俠，不能與孝并列。今改“孝友”，惟載孝子悌弟，其好義者另立“尚義”以別之。按：此例增改，良是，今仍之。

何藻文，字浣花，號光斗。母病不起，禱北斗，願減己算以益母壽。割臂肉入藥，飲之，愈。後，母延壽十年，果如所禱。至老，臂瘢猶存。(《家乘》)

高燦③，父林，諸生。林有才幹，郡守鄧晅屬以寶晉書院洲事，綜理太急，致怨家扳訟，戍古北口④。燦隨之行，間年歸省母於家，復往戍所，如是數年，鄉人重之，爲繪《萬里省親圖》。(楊鑄有詩并序，見《自春堂詩集》，載“藝文”。)後林遇大赦，燦適返家，聞之，大喜，急往迎之。而林已入關，病死於道，尸已火化，埋骨以瓮矣。燦

① 按：“徒步十數里”，《嘉慶丹徒縣志》卷二十三《孝友》作“徒步數十里”。

② 按：“何沅”，《嘉慶丹徒縣志》卷二十三《孝友》作“劉沅”。

③ 按：“高燦”，《續丹徒縣志》卷十二下《人物四》：“高勛，初名耀。”下注云：“前《志》誤作‘燦’。”又於傳末按云：“節周伯義撰傳。按，孝子已載《光緒志》，惟名誤作‘燦’。”張崟《逃禪閣集》卷六《高孝子詩叙》云：“高孝子耀，篔谷秀才季子也。”

④ 按：“古北口”，《續丹徒縣志》卷十二下《人物四》云“戍黑龍江”。

哀痛走萬里，負之以囊，歸葬祖塋。

許庭楣，乾隆時諸生，居東鄉石頭橋。里人嘖嘖咸稱孝子，而庭楣轉自掩迹。蓋不敢居孝，不忍言孝也。故人欲舉其行輒中止。

法鳴球，字石臺。戊寅舉人，文入魁選，京都咸稱之，一上禮部試，即課徒以終，無宦情，亦不涉外事。其弟爲人掌質庫，私欠二千金，質庫閉歇，存不抵欠，勢將兩累。鳴球聞之曰："弟以無償負人，人以信弟致累，皆勢也。"乃出私財，并稱貸代償之。

顔瀛，字海洲，己卯恩貢生。儀容秀逸，舉止端凝。其學以孝友爲本，親親爲急，而行之皆有程度。其族人畏而愛之，則而效之。故顔氏子孫多以敦本睦族爲務。工書，兼小篆八分。

許之星，字文照。父病，刲股以進，竟愈。

吕武聚，字群英，號星齋，居城之北鄉。世業農。父國佐，母莊氏，俱勤儉守分。武聚性純篤，事二親唯謹。幼聰穎，善讀書，每以顯親揚名自許，顧不屑屑於舉業。成童後，即服賈，循不遠游之義，糴糶邗江，商不離農，間歸，仍助二親耕。不數年，家業大興。娶邱氏，敬事翁姑，娣姒和睦。弟武美，亦能率父兄教，與"刑於寡妻，至於兄弟"之訓有隱合焉。母先歿，武聚水漿不入口者七日，盡哀盡禮。又十餘年，父歿，亦如之。父嘗欲建義田贍宗族，設立義學，俾闔族子弟飲食教誨有所資，有志未逮。武聚與武美乃空其産，置腴田五百餘畝，立宗祠，積義倉，開族學，凡父所欲爲者，胥承其志。嘉慶丁丑，有司上聞，得旌典建坊。既歿，祀忠義孝悌祠。子寶珊，庠生，純謹有父風。（韓怡撰《吕孝子傳》節略）

張寶，字嘉善。十齡失怙，克自樹立。事母李承顔致歡，年逾九旬。既歿，歲逢時祭，猶作孺子悲也。侍伯父如父，養寡嫂喬氏、孫氏，爲其女擇配。以長子宗沆繼之，陳苦節奉旌如制。嘉慶甲戌，歲大饑，賙其族戚、鄰里，人多德之。律身勤儉，教子義方。以國子生贈儒林郎。

宋繼昌（見"忠烈"），弱冠時，母王氏病危，貧無醫藥資，乃刲左臂肉煎湯飲之，竟愈。

殷鯤，字厚庵，增生。窮經勵志，性情肫摯，有古儒風。祖峻盱病甚，父斯羽客外未歸，母趙氏刲股進之。越三日，鯤又刲股進之，病遂已。此乾隆癸卯年事。嘉慶間，鯤子煒，字竹虛；焯，字昨庵（見"文苑"），繪圖乞詩。儀徵阮文達元有《刲股詞》并序，載《潤州事迹詩鈔》。（載"藝文"）

周新又，字振澧，國子生。幼苦讀，或不得食，輒買餅奉親，枵腹就傳。年十四，游學儀徵，母囑以勤學無歸。適阻風，立以待，恐違訓也。同行者止之宿，居喪或勸之以稱家。對曰："稱力耳，力所能至，必竭之。"欠貸有償，時附親者止此矣。嘗刻"忍"字、"守"字於佩，以自警。教人事事皆有精義。急友朋急，屢負必貸。居恒自節，蓄金於囊，遇貧苦濟之。不以告人，曾有勢迫投江，遇周得救，問姓名不告，偶爲人所見云。（《焦東志》）

張霄，字以舟，號臺生，邑庠生。父國漢。見義勇爲，適族有因財將致骨肉參商者，約三千金可暗中代彌其隙，語霄，霄體其意，遂率諸弟前請，其先意承志如是。兄弟六人，雍雍一室。生平正直和厚，於同里一草一木皆爲照拂，尤加意戚誼孤寡者。（《焦東志》）

王禮功，字受益；弟智功，字嘉猷。舊開沙人，遷月湖。性皆純謹，兄弟怡怡，終身如一日。凡族里義舉，若善堂、恤嫠、濟灾，下及修道路、廟觀之屬，或倡首，或襄事，罔不竭力。禮功享高壽，言坊行表，古道可風。治家尤嚴，同居數世，資財不分，群無閑言。（《月湖小志》）

何謹銘，邑增生。自幼至壯，事親純謹，内外無閑言。早歿。道光間，鄉人上其行，得旌孝子，祀孝子祠。（事實載《家乘》及《壬寅孝烈録》中，詳之。）

魯長齡，邑庠生。父美堂。母沈氏病劇，長齡衣不解帶者百餘日，遂攖瘵疾卒。美堂舉其孝狀，鄉人白其孝行有十。道光八年，得旌，祀孝子祠。

張舜理，字秋實。幼貧苦，勉自樹。事母以孝聞，喪葬盡禮，哀感行路。修前明迄今祖墓百數十冢，補立碑石。生平節儉正直，嘗陰行善事而不言，故世少知者。以子秩贈奉直大夫。

賈植，字培元。父沛，字克昌，母氏朱。植始外貿，以一兄兩弟相繼歿，父母痛不已成疾，乃歸耕養親。先意承志，親以忘哀，數十年不倦，親疾俱起，鄰戚俱感。及親歿，哀禮并至。卒年六十一。此乾隆間事。至道光二十四年，鄉人追述孝行，具狀上聞，得旌建坊，從祀孝子祠。坊未建。（《家乘》節略）

徐鼎榮，字光甫，邑諸生。素以孝行聞。道光二十二年六月，海寇至，鼎榮出城覓避兵處。越日，城閉，父母未出，乃望城哭。十四日，城陷，傳聞父母俱遇難，哀憤投河，遇救不死，而父母已乘間逸出矣。

包國銓，字衡齋，幼秉至性，事父母能得歡心。父母有疾，親侍湯藥，衣不解帶者累月。道光辛丑，父命服賈江西。逾年，海夷犯城，國銓聞警，星夜歸，舟至儀徵，聞隔江炮聲，舟人怖，不敢渡，乃另覓小艇，乘夜渡江。遇夷艘，被獲，脅降不從，受鞭數百，投於江，漂數里，至沙洲，遇救得免。時鎮城已陷，洲人勸其少留，答曰：“吾親未知所在，苟得見，死不辭！”遂渡。至城，聞其家已徙南鄉，復力疾往。絶而復蘇者三，歷三日始抵親所。一慟幾絶，曰：“吾親俱在，死不恨矣。”時受創已深，仍强爲言笑，以博親歡。越七日，病劇，卒，年三十九。至同治十二年，得旌建坊祠祀。（陳祺齡撰《包孝子傳》節略）

朱仝明，東鄉周岡村人。母吕氏患血痞，發則痛甚，醫治不痊。仝明乃避妻割股烹汤以進，母旋愈。道光二十六年事。

楊宇春，幼喪父，家貧，無以養母。年十二，即從任氏學醫，任有藥肆，需其夜宿，不得歸。幸距家近，乃旦暮省母，雨雪無間。母有欲食，必竭力致前。道光間，疫行於城，母病已殆。宇春苦無藥資，乃割左股肉烹湯以進，病遂愈，時方年十五也。咸豐癸丑，粤寇陷城，母謝氏年已七十，宇春年三十五，俱被脅。母被脅往南省，死於路。宇春聞之，慟幾絶。迨城復後，晝夜訪於大路，求母尸不得，乃立虚冢於祖塋之側，補喪服三年，祭掃無缺。又其母嘗受恤嫠會所惠，宇春以其瘍醫、藥肆、市屋送歸會所，以酬母惠。越十年，卒，惜無嗣。

程庭梓，年十八。道光壬寅，寇入其室。時父出外，庭梓奮身救母，中火槍死，母得免。父淇，母吴氏。（以下八條皆壬寅死難者，俱得旌祠祀。詳見“忠義表”及《壬寅孝烈録》。）

邵堂，年十七，寇至，救護孀母，刃傷死。父文魁，母詹。

王春森，年二十七，寇至，父母俱病，背扶出城，被刃死。父如林。

陳大同，年二十九，寇至，背母出逃，被刃死。父嘉禾。

劉書田，年二十，父玉山同出城，遇寇，救父力盡死。

李廷櫟，年二十一；弟廷擢①，年十九。寇陷城，焚西門。父遐齡與叔俱在月城中，廷櫟、廷擢奮往，救之不及，俱死於火。

臧雙桂，年二十三，寇至，護親斃命。父厚培。

包立名，年四十四，寇至，匿母，自縊。父映堂。

於永達，號榮昌，居徒陽交界之鑾村，世業農。父九海，母羅氏，年俱老。父衰弱多病，貧難醫藥，永達日以小車送父往醫家診視，勉購湯藥，親嘗以進，仍以飲膳供母。及躬耕，無少暇，亦無少怠。咸豐庚申，粤寇入其村，舉家出避，母老不能奔走，乃抛其妻子，負母以行。猝遇賊，傷其母，乃復負父急奔，潛於山窩，得免。越數日，賊退，歸，負母尸葬之，哀毁骨立。又往父所，負之歸。逾年歿，葬祭盡哀。妻及長子俱被脅擄，次三兩子存。丹陽人士上其狀於邑令張公，給匾曰“宗族稱焉”，并移知徒邑，一體請旌。

吴志雲，性至孝。父年五十九，病劇，刲股以進，立愈。

陳宗璜，字德揚，城南豐城村人。少孤而盲，事母以孝聞。家屢空，奉養無缺。母病痺，動必需人，宗璜日侍左右，雖便溺不嫌其穢。夏持扇驅蚊，冬以手捫虱，先意承志。以耳代目，母病革，謂之曰：“兒苦矣！吾將請於帝，使兒目復明。”洎母歿，哀毁骨立，卒亦無恙。忽一日，雙目開朗，竟如母言，人咸奇之。其後挈眷之揚州，爲安定書院司閽，院中人士爲之書額。嘗晨起得遺金一束，坐俟覓者，與之，略無德色。咸豐癸丑，粤賊陷揚州，全家自縊死。（羅志讓《孝子傳略》）

戴敏求，澧次子。（詳見《儒林·戴澧傳》）

顔士恒，字麗天。從九品銜，系出兖國。性孝友，年四十，孺慕弗衰。既而兩親繼喪，哀毁骨立，歲時祭祀，恪恭鞠跽，如親見之。燕居語及二親，輒流涕悲不自勝，子侄侍側，咸以言及大父母爲戒。其事兄如事父，凡有所命，唯唯聽受。晚年兄負俗累，

① 按：“擢”，疑作“櫂”。

自毁其家以紓之，食貧没齒，終無怨言。(《家傳》節略)

李藻，字善庭，增生。初字掞廷，继乃曰："吾敢掞藻大廷乎？只愿遵先訓以善氣被家庭耳。"父鏐，晚娶吴氏，藻事如所生。吴先歿，年五十一，藻时年逾六十，躬衰絰，盡哀禮。兩弟幼，教之成立，親为授室。歲逾七十，猶嗜學不倦。居家課徒，悉以禮法。子五，大生、大倫、大奎皆名諸生。孫宗元，甲子舉人。逢辰、恩綬皆諸生，其餘孫曾十數人，多游庠者。(《家乘》節略)

馮錫宸①，乾隆丁未進士，穎州府教授，升國子監監丞，撰《節孝祠烈女傳略》。道光元年旌表孝子，給帑建坊，入忠孝祠。(《補遺》。事實未考。)

李永福，字天受。有至性，克敦孝友，幼事父，先意承志。咸豐初，隨父貿寧國，父被賊掠，誓死尋父，不避艱險，身歷數省。返途至太平，忽相遇，時粤賊已平，奉父歸。父病，刲股和藥以飲之。會鎮城未復，從弟永禄亦被掠，嬸母命之遍覓，至滁州，亦相遇。誠感所通如此。父卒，哀毁盡禮，鄉黨咸稱孝友。

夏啞子，逸其名，邑諸生，夏炎侄。生而喑，少孤，有母，有弟妹，貧極不能自存。有老嫗教以刀尺，乃善縫紝，傭人取資，以供母養。積久稍有餘資，弟妹已長，粗備奩具，嫁其妹。自以天廢，終身不娶，但爲弟覓姻，以继父後。

李逢辰，原名宗龍，字子猶。父大倫卒，年甫弱冠。經理家事，至四十六始游庠。性誠慤，事母蔡氏得歡心，撫兩弟極友愛。母素患頭風病，發時，逢辰輒形色沮喪。咸豐己未，母患時證，逢辰躬親湯藥，衣不解帶凡三閱月，年近七十，病雖痊，日益衰邁。逢辰朝夕侍側，憂思成疾，竟殂。(華曉梅撰《孝慤先生傳略》)

黄有高，居太平洲。少孤，作苦養母。妻不善女紅，有高爲母縫紝濯浣，率以爲常。母聾且瞽，有高每自外歸，必以見聞所及足娱耳目者附母耳，述以娱之。母嘗欲報祭三茅宫，距二十餘里，苦無車，乃以器盛祭物，負母行，先置物於半里外，回負母，里許，復回携物，數十往返而至祭所，歸亦如之。中年妻故，或勸續娶，對曰："吾惡知娶之賢不賢乎？不賢，將貽母憂。吾幸有子，毋自擾也。"母病，刲臂肉以進者再。母年八十七卒，呼號哭踴如嬰兒。既葬，設主於室，出告反面，有事則禀命，以錢卜可否，行止莫之違。每食，奉主前，侍食於旁。親友至，具饌必先奉之，饌或遲，則供他食，若恐母之飢也。母初葬，夜雷雨，慮母懼，匍匐墓傍，天明始返。後恐雨夜門户不守，必至墓祝曰："兒難終夕伴母，母偕兒歸可耳？"其誠懇如此。子一，亦純謹可風。女一，適王，亦爲姑病刲股。(洪炳南撰《黄孝子傳》節略，陳祺齡有跋。)道光己酉大水，洲圩盡破，獨其居里許小圩無恙。人皆以爲孝感，署郡守金以誠贈"誠孝可風"匾，丹陽令吴繩祖贈"孝思不匱"匾。

邱連貴，字雲衢，世居華山東石橋。父東山，授學於家。雲衢少從父學，克供子職。

---

① 按：《京江耆舊集》卷十"馮錫宸"條："字翰廷，號艾圃，一號蘇亭，丹徒人。乾隆丁未進士，官穎州教授、國子監監丞。"

長，喪母，孝思益篤。嘗遠館於外，既而曰："吾父壯年，吾猶得日侍膝下。今逾六旬，反離其旁，累父舌耕耶？"乃辭歸，館父館，與父同寢處，偕出入，先意承志，父得優游無顧慮焉。咸豐庚申四月，粵寇由丹陽入鄉，雲衢扶父逃避，不顧妻子，負以疾行，不里許，賊追及之，欲殺其父而掠之行，哀求不免，雲衢悲憤徒手擊賊，賊并殺之。有潛於麥隴者窺知，告其家，覓得其尸，兩手拳舉，猶有奮擊狀。（洪炳南撰《傳》，許槐蔭《跋》，其父子俱載"忠義表"，入祠崇祀。）

孫尚魁，字斗垣。父文銘。母張氏遺腹三月生尚魁。性至孝，母病，嘗刲股進湯藥。（張灝《孫孝子詩序》，見解爲幹《潤州詩鈔》。）

周孝子，逸其名。父年七十餘，家貧無養，孝子乃傭人爲樵舂，藉奉甘旨。父病，刲左股肉進之，愈。又病，又刲右股肉進之，得痊。（楊棨有《周孝子詩》，見《潤州事迹詩鈔》。）

程孝子，名元德。（丹陽人。投水救父於城南運河，詳見"碑碣"。）

朱燮，字晉賢。自元提刑使亨三居丹徒，世爲丹徒人。燮年十三，侍母戴疾月餘，衣不解帶。聞古有嘗糞卜吉凶者，輒效之。鄉鄰咸爲動色。其後事繼母姚極孝，人不知爲繼母也。父殁，异母弟采章稚，燮教育兼至，人亦不知爲异母弟也。始治舉業，父既卒，乃服賈。與人誠信，所貿多贏，入資授布政司理問。性尤尚義，嘉慶甲戌歲大饑，盡出所藏爲邑賑。已而丹陽、宜興、六合皆募賑，復應之。賑凡六舉，獨輸者再，事聞於朝，得優叙。（黄鉞撰《墓志》節略）

劉秀山，居延慶里唐村。幼失怙，壯年苦讀。訓蒙於外，遇鄉人必問父安否，父有動作必左右之，父寢所別置短榻，每寢卧其上，以伺謦咳，備顧問。雖寒夜，必俟熟眠乃退。終父之世不倦。（《家乘》）

蔣士敏，居薛家港。少孤，祖母胡年老目盲，士敏肩挑貿易，每早起爲胡梳洗，畢乃出。返即侍於旁，十餘年終祖母世不衰。

周瓚，字公琬，號超亭，世居順江洲。雍正、乾隆間，以孝行聞，鄉里交稱之。至道光二十四年，其曾孫宏度、宏承上其行狀於縣學陳公、趙公、邑令吴公，達於梁方伯章鉅，申撫咨部，奏請旌表建坊，入祀孝弟祠。金壇教諭陳兆鼇以駢文序之。（《序》曰：嘗聞孝者肖也，作求爲世德之徵；子者孳焉，裕後乃光前之證。旌表孝子周公琬先生，係候選府同知，議叙紀録三次名宏度，議叙直隸州州判名宏承之曾祖考。此二君者，養志娱親，爲吾儕所目睹；墓廬跪道，尤衆輩所心欽。竊意荀氏高陽之里，豈紹述無由；楊公清白之門，必纘承有自。乃今讀旌表公《家乘》之書，暨名公卿褒揚之語恍然，於述祖述曾，根深實茂；公才公望，源遠流長。譬諸九曲黄河之水，皆從宿海分來；千尋蒼嶺之峰，悉自昆岡毓出。惟公幼而岐嶷，少即端方。當夫垂髫繞膝，階已稱蘭；束髮受書，庭先植桂。師門問字，偏關心鯉對之章；暗室研經，尤篤志鷄鳴之訓。迨夫稍長趨庭，婉容侍寢，潔餐馨膳，無偶閒之晨昏；扇枕温衾，有必勤之冬夏。百里負長途之米，非爲家貧；三春繫寸草之心，敢忘德養；慨夫！棣聯四萼，荆損一枝。痛伯氏之早凋，鑒高堂之隱憾。多方問慰，彩日戲而求歡；曲意趨承，衣不寬而待旦。公本篤志青箱，潛心丹槧，乃以雍正十年江潮异漲，淹及田廬。膺洪水襄陵之害，致素封中落之憂。端木氏結騎而游，上承父命；傅介子弃觚是嘆，發憤奇才。南北大江，工鷁首計然之術；東西古粤，留龍門貨殖之篇。雖當牽車服賈之餘，猶是洗腆承顔之志。迨乾隆九年，椿寢愴懷，墓門泣血。既呼天搶地，難罄棘室之哀；復忍泣含悲，恐觸萱幃之痛。仲郢多才，茅容賁志。竹未斑而笋茁，泉一躍而魚來。母王太夫人高年末疾，卧床第者一十二年，公乃背負娱親，嬉春悦志。風光明媚，比花徑之潘輿；天氣晴和，擬洛濱之亮節。親在則歡常無間，依依孺慕之忱；親殁則痛不欲生，悒悒終天之恨。尤可稱者，父季鵬公本季布之烈，氣蓋關中；有孟嘗之豪，名標稷下。舉三宗之爨火，飢者忘飢；翳百里之桑陰，餓夫不餓。然而逋租三百户，壯士囊空；待哺數千家，床頭金盡。諄諄遺命，謂後人必續先型；赫赫家聲，是肖子定承父志。公乃艱難創業，務爲大厦之支；辛苦勤家，誓作中流之柱；銷沉未久，依然劍躍豐城；光彩重新，頓覺珠還合浦。遂爾殷勤市義，券不遑焚；慷慨親仁，舟還兼贈。瑶函甲乙，朱提饋絳帳筵前；錦軸丹黄，白撰贈皋比座上。説士甘於肉，膠庠則大雅扶輪；接人飲以和，鄉黨悉口碑載道。方乾隆丙子年，兩江及浙東西灾歉民飢，公則首先倡義，傾箱篋之資；奮勇從公，捐膏腴之産。請蠲義賑，叠爲桑梓分憂；濟乏扶危，詎望枌榆報德。敷宣利弊，灾民無涸鮒之虞；捍衛鄉閭，瘠土免哀鴻之困。凡此者，固由仁愛性生，悉屬箕裘志切。是以地無遠近，咸推孝子之廬；人合親疏，悉願鄉賢是祀也。乃者合同人而具報，歷各憲以申詳。謂懿好出於大公，豈潛德終於不顯？輿情允洽，門標綽楔之榮；旌典宜邀，邑樹穹碑之望。仁稱其里，已爲當代美談；孝世其家，更屬熙朝盛事。則有東都碩彦，南國名流。并贈詞章，咸投卷牘。赫奕蛟龍之筆，頌美非諛；豐隆贔屓之文，揚徽適稱。某樗櫟庸材，菰蘆下士，懷鳧趨雀躍之忱，竟忘固陋；副鳳噦鸞吟之末，用效賡颺。時道光二十四年甲辰仲夏，金沙教諭海陵壺山陳兆鼇撰。）

胡樹墉，字根堂。生有至性，弱冠時，母大病，醫者皆辭。樹墉焚香告天，願以身代。遂割股肉進之，沉疴頓起，後臻上壽。樹墉以太學生援例任浙江鮑郎場大使，母故後，遂辭官，終於家。

陳以珩，字少牧，邑諸生。爲人以謙著，取與不苟。性至孝，粤寇覆郡城，以珩轉徙鄉間，窶甚，而母甘旨無缺。兄以琮亦食貧，以珩竭力事之。嗣授讀順江洲王宅，嚴冬，母病殁，以珩幾不欲生。居停王某代營衾椁，厝棺洲岸。未厝時，以珩在堂伴棺，坐視燈火，衣薄中寒不恤也。殯後三日，往視厝所，哀哭不能起，人扶歸，數日竟卒，亦厝母旁。其地臨江滸，恐坍，子尚幼，王某代遷兩棺至鎮江。後其地竟坍，得無恙，人謂孝感云。

錢楨，字幹周，邑諸生。少有至性，與伯兄彬、仲兄棠怡怡色養，歷久無間。從張崇蘭悔廬游，折節讀書，敦行立品，學有根柢。著有詩文賦各若干卷。

張培壽，字純仁，道光乙酉江南榜首。歲壬寅，海氛不靖，時客京邸，慮江鄉有變，母逾七旬，急馳歸，城已閉，號泣嘔血，守城者憐而縶之上。至家，母已出，復縋城下，奔南鄉，尋見母，而忍飢竭力，嘔血不止。母又卧病不起。六月十四日，鎮城陷，母子病愈甚。七月，城未復，母卒於鄉，培壽悲慟增劇，九月二十五日卒，年四十九。

尤恒溥，字淵如。少孤貧，性至孝，視母膳必奉甘旨。母善病，稍不懌，即柔聲怡色唱盲詞以娱之。娶婦羅氏，亦善事姑。當避寇時，依族叔尤英寓金壇，以小資貿易，求微利以奉母。母病，婦適歸省翁，距寓數百里。而母素喜按摩，皆婦爲之，恒夜半不寐。至是，婦未還，恒溥乃卧母床下，按摩達旦，兼侍湯藥，十數晝夜，遂患臂腫，久成偏枯疾。母病尋愈，恒溥竟殞。

何培文，字遠亭。幼業儒，性孝友。父荇芳，任河南濟源縣。（見“宦績”）隨侍之官，時鄰境白蓮教匪作亂，培文助父募勇，保城禦賊，信義服人，賊不敢近，濟源得完。上官保舉，以本職布政司理問，儘先補用。父故於官，扶櫬回里，盡禮盡哀。邑人知其真摯，舉以董學宫事。族人信其誠孝，屬以董宗祠事，悉盡善。嘉慶十九年，闔邑飢饉，倡捐賑濟。邑令以“好善樂施”顔其門，忠孝之行，人皆嘖嘖云。（外甥嚴保庸撰《傳》節略）

王世卿，字永錫，居崇賢里。母陳卒，季弟三錫甫一齡，視之逾子，長游庠，世卿曰：“此亦足以慰吾母矣。”析箸日，曰：“我故耐劇且儉，素足支。季弟素未煉習，幼喪母良苦，宜厚與。”乃以上上田與之，以薄者自給。仲弟爾錫，亦稱允。

范仁和，字純夫，居潤之西洲。幼讀書，既壯，父殁，家貧甚。乃就賈，稍得贏餘，俱以奉母。咸豐間，避兵在外，衣食益窘。仁和順承母志，不敢告匱。母病，醫不效，夜半祝天，割股以進，遂痊。後又患目，與妻餂其翳，朝夕無間，翳乃復明。平日勸人行善，尤重孝友。常刊書以爲式，人迂之，弗輟也。光緒二年秋，卒。

翟有文，字秀齋。幼讀書好古，精顔、柳書法。性孝友，少率其弟鳳書，教之游庠。父偉爲縣禮科，因公累攖罪。有文年未三十，捨妻代軍福建，卒於戍所。

殷嗣遜，幼失母，祖母石撫之。石有疾，思食蟹，時嚴冬冰堅，嗣遜甫垂髫，遍覓村墟，忘其冱瘁。抵暮將歸，見箬屑内有蠕然動者，蟹也，持歸，調以進，石疾立愈。長以孝稱。

嚴宗淦，讀書有孝行。咸豐間，奉親避兵江北。父母相繼殁，厝棺臨澤鎮。同治五年秋，湖水泛漲，下河被灾。宗淦硯食寶應，聞水信，奔往起柩，至則水已漫墳。乃露宿水涘，晝夜哀號，以待水退。遂攖疾，吐沫卧墳側不能起。土人輿至臨澤京江公所，竟卒。

以上八條皆係補遺。

丹徒縣志卷三十一終

丹徒縣志卷三十二

人物九　儒林

儒林叙

《史》《漢》皆有《儒林傳》，《宋史》始分《儒林》《道學》爲二科，實則義理訓詁异趨而同爲不可廢。丹徒自劉瓛以儒業冠於南齊，徐勉以多識聞於梁代，近百餘年，篤志窮經者，服行孔孟之遺言，又何彬彬也。志儒林。

周

環淵，《史記·田敬仲世家》：環淵之徒，七十六人。注：環淵，楚人。《孟子傳》云：環淵著書上下篇。（按：戰國時丹徒屬楚，今東鄉山北港環姓是其後也。）

環齊，《五音集韻》云：古有楚賢者環淵，後有環齊，撰《要略》。

晉

朱鳳，學行清修，老而未調。譚薦爲著作佐郎。（《晉書·華譚傳》。《嘉慶志》云：鳳後官中書郎。見《隋書·經籍志》。）

徐邈，東莞姑幕人也。祖澄之爲州治中，屬永嘉之亂，遂與鄉人臧琨等率子弟并閭里士庶千餘家，南渡江，家於京口。父藻，都水使者。邈姿性端雅，勤行勵學，博涉多聞，以慎密自居。少與鄉人臧燾齊名，下帷讀書，不游城邑。及孝武帝始覽典籍，招延儒學之士，邈既東州儒素，太傅謝安舉以應選。年四十四，始補中書舍人，在西省侍帝。雖不口傳章句，然開釋文義，標明指趣，撰正五經音訓，學者宗之。遷散騎常侍，猶處西省，前後十年，每被顧問，輒有獻替。帝宴集酣樂之後，好爲手詔詩章以賜侍臣，或文詞率爾，所言穢雜，邈每應時收斂，還省刊削，皆使可觀，經帝重覽，然後出之。是時侍臣被詔者，或宣揚之，故時議以此多邈。轉祠部，上南北郊宗廟迭毁禮，皆有證據。遷中書侍郎，專掌綸詔。時皇太子尚幼，帝甚鍾心，文武之選皆一時之俊。以邈爲前衛率，領本郡大中正，授太子經。安帝即位，拜驍騎將軍。隆安元年，遭父憂。邈先疾患，因哀毁增篤，不逾年而卒。子豁、浩。（《晉書·儒林傳》）邈所著《穀梁傳》①，撰正五經音訓，見重於時。（《府志》）

徐廣，字野民，邈弟也。學尤精純，百家術數，無不延覽。謝玄爲兖州，辟從事。

① 按，"《穀梁傳》"，本志卷四十六《藝文一》著録徐邈"《穀梁傳注》十二卷"，當指此書。

歷文學祭酒①。義熙初，詔撰《車服儀注》。封樂成侯。尚書奏請廣撰國史，從之。累遷官，領史如故②。勒成《晉紀》四十六卷，上之。桓玄逼帝出宮，廣在列，悲動左右。恭帝遜位，廣獨哀感，涕泗交流。遂辭歸，卒。(《府志》)

齊

劉瓛，字子珪，沛郡相人，晉丹陽尹惔六世孫也。祖宏之，給事中。父惠，臨賀太守。瓛篤志好學，博通訓義。年五歲，聞舅孔熙先讀《管寧傳》，欣然欲讀，舅更爲之說，精意聽受，曰："此可及也。"宋大明四年，舉秀才，兄璲亦有名。兄弟三人共處蓬室一間，爲風所倒，無以葺之，怡然自樂，習業不廢。聚徒教授，常有數十。後拜安成王撫軍行參軍，公事免。瓛素無宦情，自此不復仕。太祖踐祚，召瓛入華林園談語，問以政道。答曰："政在《孝經》。宋氏所以亡，陛下所以得之是也。"帝咨嗟曰："儒者之言，可寶萬世。"後以母老闕養，重拜彭城郡丞。武陵王爲會稽太守，上欲令瓛爲王講，除會稽郡丞。學徒從之者轉衆。瓛姿狀纖小，儒業冠於當時，京師士子貴游，莫不下席受業，當世推其大儒。住在檀橋，瓦屋數間，上皆穿漏，學徒敬慕，不敢指斥，呼爲青溪焉。竟陵王子良親往修謁，七年，表武帝爲瓛立館，以揚烈橋故主第給之，生徒皆賀。瓛曰："室美豈爲人哉？(《南齊書》作"爲人灾")此華宇豈吾宅邪？幸可詔作講堂，猶恐見害也。"未及徙居，遇病。卒，門人受學者并吊服臨送。瓛有至性，祖母病疽經年，手持膏藥，漬指爲爛。母孔氏甚嚴明，謂親戚曰："阿稱便是今世曾子。"阿稱，瓛小名也。年四十餘，未有婚對。建元中，高帝與司徒褚淵爲瓛娶王氏女。王氏穿壁挂履，土落孔氏床上，孔氏不悦。瓛即出其妻。及居母憂，住墓下不出廬，足爲之屈，杖不能起。此山常有鴝鵒鳥，瓛在山三年不敢來，服釋還家，此鳥乃至。天監元年，下詔爲瓛立碑，謚曰貞簡先生。瓛弟璡，字子璥，方軌正直，齊建元初，武陵王曄冠軍征虜參軍。曄與僚佐飲，自割鵝炙。璡曰："應刃落俎，是膳夫之事。殿下親執鸞刀，下官未敢安席。"因起請退。與友人孔逷③同舟入東，於塘上遇一女子，逷目送曰："美而艷。"璡曰："斯豈君子所宜言乎？"於是解裳自隔。兄瓛夜隔壁呼璡，璡不答，方下床著衣立，然後應。瓛怪其久，璡曰："向東帶未竟。"其立操如此。文惠太子召璡入侍東宫，每上事輒削草。尋署射聲校尉，卒于官。(《南史》本傳。《嘉慶志》曰：瓛、璡兄弟俱寓居建鄴，載在本傳者，可考舊志。特以惔孫故采入。今從之。)

梁

徐勉，字修仁，東海郯人，居京口。射策舉高第，補西陽王國侍郎。入梁，遷尚書

---

① 按："歷文學祭酒"，《宋書》卷五十五《徐廣傳》、《晉書》卷八十二《徐廣傳》皆云："桓玄輔政，以爲大將軍文學祭酒。"

② 按："領史如故"，《宋書》卷五十五《徐廣傳》："領著作郎皆如故。"《晉書》卷八十二《徐廣傳》："仍領著作如故。"

③ 按："孔逷"，《南齊書》卷三十九《劉璡傳》作"孔澈"。

左丞，掌樞憲，多所糾舉。時除尚書吏部郎，參掌大選。嘗與門人夜集，客有求詹事五官，勉正色曰："今夕止可談風月，不宜及公事。"仕終特進、右光禄大夫。卒，謚簡肅。勉善屬文，勤著述，博通經史，多識前代朝儀國典。奉敕修五禮，凡一千一百七十六卷八千一十九條。又撰《流别起居注》《左丞彈事》《選品》《太廟祝文》《二教會林》，共二百二十卷。文集四十五卷。勉子崧，充南徐選首。崧弟悱，官太子舍人、掌書記、洗馬。悱弟岳，仕周爲東陽王琮師。(《府志》)

唐

蕭德言，字文行，思話玄孫。明《左氏春秋》。甫冠，以國子生辟岳陽王賓客。陳亡，徙關中。亡歸京口。仕唐，歷秘書著作、弘文館學士。奉詔裒次經史百氏帝王興衰之故。晚節學愈苦，詔以經授太子，兼侍讀。請老不許。封武陽縣侯①，進秘書少監。高宗立，拜銀青光禄大夫。卒年九十七。贈太常卿，謚曰博。(《康熙志》。《嘉慶志》同。)

孫處玄，潤州人。以學行著名。開元初，李濬刺潤州，特加禮异，累表薦之，徵爲左拾遺。神龍初，功臣桓彦範等用事，處玄遺書論時事得失，彦範不用其言，乃去官。(《康熙志》。《嘉慶志》同。)

宋

焦千之，字伯强。嚴毅方正，歐陽修敬事之。館修家，屢試不利，修勉以孟子不動心之勇，弃去科場文字，專意經術。修守潁，吕公著通判州事，延之教子。時公著子希哲方十餘歲，千之不少假借，小有過差，即端坐召與相對，終日竟夕不與之語。希哲恐懼畏伏，千之方略降辭色。嘉祐中，舉行義，赴京師，館於太學，試舍人院，賜出身。爲國子監直講，以殿中丞爲樂清令，知無錫縣。歲旱，運河涸，用單鍔言，車梁溪水灌河，五日而通流，舟楫無滯。(《京口耆舊傳》。《嘉慶志》曰：焦千之之爲丹徒人，自宋元以來舊志相承，更無异説。獨曹學佺《名勝志》云：千之，潁州焦陂人。以文學受知歐陽文忠。吕希純知潁，爲起宅於城南，號曰焦館。其言似屬有據，今考之，實不然。吕祖謙《東萊集》有《書焦伯强殿丞帖後》云：焦伯强先生之在潁，歐陽文忠公爲守，先正獻公爲貳。王公深甫、常公夷甫爲州民，伯强實爲守客。既曰"在潁"，又曰"守客"，而州民又自有王、常二公，則千之之非潁人不待辨矣。文忠知潁，時在真宗皇祐元年。吕希純知瀛洲，以徽宗建中靖國元年請覲，曾布忌之，亟以邊劇遣，俄改潁州。相蓋五十餘年，而千之尚在，亦未必有之事也。祖謙《書帖後》全篇，今載"藝文"。)

虞申，字行父。始從鄉先生姚闢授《春秋》。游京師，謁安定胡瑗，瑗奇之。舉禮部，不合。元祐行州里舉士法，郡守崔公度舉經行應選，不報。申生平孝友，資性和厚，勇於赴義，恤孤濟患無難色，人多德之。(《正德志》) 申仲子沇，紹圣元年進士，爲弋

---

① 按："武陽縣侯"，《舊唐書》卷一百八十九上《蕭德言傳》作"陽縣侯"。

陽尉，迎侍以行。卒於官舍。(《京口耆舊傳》)

都郁，字子文。《易》學純邃，爲鄉里師。任惠州教授，學者多宗之。子潔，字聖與。宣和六年進士，累官左朝奉大夫、吏部郎中、大府少卿、淮西總領。(《嘉慶志》述舊志。)絜少傳父學，著《周易説義》，張九成序之。又因《左傳》載晉蔡墨、鄭游吉等引《易》，悟六位有定而卦變無窮，著《周易變體義》十六卷，曾幾爲之序。爲淮南總領時，總司之權尚輕，絜請監司守令弛慢之尤者，按劾黜責，以警其餘，總司之權始重。(《京口耆舊傳》。《嘉慶志》曰："絜"，舊志作"潔"。)

姜謙光，字德明；劉倬，字顯道；艾謙，字益之；向公慶，字元卿。并丹徒人，皆推於鄉，爲府學正。謙光嚴毅，倬深沉，謙温厚，公慶修潔，皆再舉於鄉。倬爲舉首，餘三人皆先後居詞賦首選。謙光語尤壯，雖不第，皆有令子世其家。(《京口耆舊傳》)謙明敏過人，孝友天至。開門授徒垂三十年，見者知爲全德君子。凡所進教，必質美才良，否則雖情之親，幣之重，必謝遣。故游其門者多俊秀，鄉之名薦書取科第者，非其門人則其婿、若子。歲晚，學益邃，世念愈薄。名所居曰澹軒。子慶洪、慶遠，皆三與鄉舉。慶長，丙戌進士。汭，壬午首舉①。(劉宰撰《艾公墓志》)

顧奎，字應文。貢入太學，乾道中，以特恩授迪功郎、縣尉，卒。好學篤行，後進師尊之。每郡博士至，必執弟子禮，迎致鄉校，以爲領袖。鄉人稱老顧先生。(舊志。《嘉慶志》同。)

孟逢大，弟逢原，并隱居教授，請業者至衆。王龍澤、陸秀夫皆其弟子。時稱爲大小孟先生。逢大晚以特恩補官，辭疾不仕。(舊志。《嘉慶志》同。)

艾謙、宋郭。(《康熙志》載此二人在陳應岍前，《嘉慶志》遺之，而於"科目"中又云"見'儒林'"。今按其次補入，其事迹詳《府志》。)

宋郭，字安民。四舉於鄉，以特科拜官。從蜀帥辟於興州。卒。有文行，學者多出其門。(《府志》)

陳應岍，六世祖大猷爲秀國公升之伯父，俱由建安徙丹徒。應岍修身謹行，好學工文，爲後學師模。三舉於鄉。子景周，登進士。景周從父岍，一舉於鄉。累世數人并以潤籍請舉。(舊志。《嘉慶志》同。)

俞德鄰，字宗大。性孝友，博學多識。咸淳癸酉進士，以文章負世重望。元兵入，劫質軍中，不屈，卒全其身以歸。行省交辟皆不就。優游林園，能保晚節。至元癸巳三月，卒。所著《佩韋齋集》，勿軒熊禾序之，稱其詩閑雅冲澹中有發揚蹈厲之意。近律亦皆駢麗精緻。原其體要，則關涉綱常，造次理道，不可與尋常詩人文士例論也。(《宋詩存》)德鄰父卓，官廬江令。子四人，庸、廣、希魯、康。(舊志。《嘉慶志》同。)

陸秀夫(事實本傳詳載"廟祠"。按：舊志但入"忠烈"及"專祠"，今於咸豐初從祀文廟，固宜增入"儒林"。)

① 按：劉宰《漫塘集》卷三十《故澹軒先生艾公及其妻李氏墓志銘》："慶增，更名汭，壬午舉首。"

堯允恭，字克遜，海陵人，徙居丹徒。景定、咸淳兩領鄉薦。入元，專意經傳，尤邃於《易》，深得性命之理。江浙行省兩檄充濂溪、東川書院山長，皆不赴。安貧樂善，學者多從之游。有集。（舊志。《嘉慶志》同。）

雷好問，字博夫。少穎异，日記千言，過目成誦。學以德行爲本，文章必以理勝。游郡庠，以《葩經》薦入太學上舍。德祐乙亥，元師次江南，廷臣弃位去者踵相接。同舍或欲亡去，挽之與俱，好問泫然涕泣，爲陳大義，且曰："太學乃養育賢才之地，方今國步艱危，期以死報，若遽捨之，抑何面目對人語耶？"同列感而止者甚衆。兩叩閽，極言時政，疏上，不報。明年丙子春，元將伯顔入臨安，以宗室、宰執、庶僚、三學諸生北去。好問晝夜號哭，求死不得。至横床驛，酋首阿打海憫公哀切，縱之，間道歸潤。是時旱潦頻仍，疫癘大作，好問廬於鴻鶴山麓，扁曰居敬齋。隱居教授，杜門不出，學者宗之。會元詔郡邑訪求逸俊，有司迫赴闕，終不赴。元延祐二年，卒。子澤。（《家傳》節略）

元

楊如山，字少游，蜀嘉定人①。宋末游江南，四請漕舉。宋亡不仕。大德間，起爲淮海書院山長，因家京口。有詩集十卷、《讀史説》三卷、《春秋書旨要》十卷，藏於家。（舊志。《嘉慶志》同。）

湯炳龍，字子文。其先丹陽人，居京口。辟慶元市舶提舉。學問該博，善談論，四書五經皆有傳注，尤深於《易》。詩歌甚工。晚自號北村老民。有集。年八十餘卒。子垕，爲紹興路蘭亭書院山長，終都護府官屬。（《元詩選》小傳）

王有壬，字文新，號白雲山人。幼孤貧，奉母必備甘旨。元季兵起，獨能以高尚自全，足不出户者十餘年。博學，尤邃於《易》。卒，門人私謚曰節孝先生。（《正德志》）

明

何淵，字彦澄。博通六經諸子史，尤精於醫，醫不專名一科，洞裏徹微，於諸證悉見毫髮。永樂中，徵隸太醫院。時仁宗在東宫，禮遇極隆。御極後，屢欲官之，不受，呼其字曰彦澄不名，優以太常寺正卿禄。至需藥，上多用親札，間識以圖書，著日月。淵前後所得積三十一紙，自慶千載之遇，裝潢成册，大學士楊士奇、楊榮、楊溥輩跋識之，藏於家。又賜文馬二，家人二，高麗所貢輪藏藥斗一具。淵以布衣近天顔，邀宸翰，食大官禄，屢被顯賜，惟汲汲讀書，志利濟一世，固不拜官。名其堂曰皆春，梁潛爲之記。士奇疽發背，藥之愈。淵卒，自親王逮名公卿詩以挽之，凡數百章，士奇爲志其墓。（舊志。《嘉慶志》同。）

丁禮，字思敬。以耆年辟知南陽府。耽吟咏，工書札。永樂中入覲，獻《周禮補注》。所著有郡志、《三餘集》《蘭室吟稿》。同邑南宫磻亦博學，與禮齊名。（舊志。

---

① 按："蜀嘉定人"，《至順鎮江志》卷十七"淮海書院"下録有楊如山，下注："字少游，閬州人。"

《嘉慶志》同。）

畢昇，字孟輝。正統丁卯舉於鄉，任金華、五臺、仁和教諭，遷廣信府教授。嚴師範，以清介自持。揚善獎能，孜孜若不及。一時推譽，以爲學識第一。後卒，門人私謚曰文介先生，祀鄉賢祠。所著有《慎齋稿》。（《正德志》）

丁元吉，字无咎。嗜學，弗事舉業。年未弱冠，即教授鄉里。爲詩、古文，才思宏遠，而律度嚴正，然所志不存也。太守林一鶚欲薦之，以不能仕辭。子璣，成進士，官中書。賜告歸婚，一用儀禮，以變習俗。精研《易》理，扁所居曰易洞，學者因稱爲易洞先生。修郡志，筆削有法。踐有司鄉飲賓席三十四年。著書百四十卷。爲人寬良仁愛，休休善教。考古論事，兼及養生治疾之方，足以發蒙破妄。卒，年六十五。（《家狀》）元吉葬母黄山時，有九鶴盤旋墓側，迴翔雲表者久之。元吉築廬墓傍，赴葬者因名其廬爲九鶴山房云。（舊志。《嘉慶志》同。）

俞桂，字時芳。力學好古，操履方嚴，潛心於《易》。與丁元吉相友善，元吉之子璣倡伊洛之學，桂命子燦往從之游。嘗與元吉居壽丘山，同修郡志。有集。（《正德志》）

張萊，字廷心，本姓雷氏。父表，漢川儒學教諭。萊性穎敏，有氣局，讀書終身不忘。明經飭行，毅然淬志於聖賢之學。從補齋丁璣游，體驗擴充，學益以邃。正德甲戌，成進士。授户部主事，司國儲諸倉，宦豎帖然不敢肆。敕留都宣諭，委督糧畿甸，賜璽書，計課潯陽，悉稱職。萊孝友肫篤，居憂恪遵古禮。少弟患癰，至以口吮之。教人必以經學爲先，以主敬窮理爲要。其爲詩文，簡古冲澹，悉根義理。嘗以心庵顔其室，因以自號。正德丁丑，卒於官，年五十有五。（靳貴撰《墓志》）

朱錫，字純甫。世居潤州圌山，學者稱圌泉先生。以選貢授閩縣訓導。丁外艱已，補湖州訓導，升漳州教授、榮府紀善。歸卒於家，年七十有二①。唐比部廷直以文行名於鄉，錫少從之游，已挺挺自立。其應貢京師也，遘徐方伯子直，子直，王心齋弟子。錫一見以師禮事之。尋因徐師心齋，居四年，心齋歿，爲經紀其家，畢葬事而去。官閩中時，聞比部與方伯歿。兩弃官奔其喪，監司廉其賢，不爲怪。見人談論娓娓，肺腸如直繩，可一引而盡。毗陵唐應德稱學知向方者以錫爲最著，而晉江王道思尤以錫之去就繫人之有無。今語具二家集中。（焦竑撰《墓志》）

張濤，字子英，號小山。少孤貧力學。原籍西江，正德間，因族叔某爲松江守，往依焉。甫至鎮江，聞叔貶職，不果往，遂家鎮江。既爲郡學廩膳生，嘉靖間聞嚴相勢熾，乃絶意進取，卜居城西隅唐頹山下戴公園故址，號夢園，自爲記。日誦吟其中，不與世接。萬曆初，聞海公瑞卒於南京都御史任，柩出江上，乃率同志往迎之，哭奠而返。著有《幽憤録》四卷，皆記分宜父子及鄢趙傾陷事。又有《夢園集》六卷，遭海寇毁。子尚文，字仁庵，邑諸生，恪遵父訓，不求仕進。父疾，親嘗湯藥，衣不解帶。與弟純庵

① 按："年七十有二"，焦竑《澹園集》卷二十八《榮府紀善圖泉朱公墓志銘》："萬曆庚辰八月三十日而公殁，距生正德戊辰二月十日，享年七十有三。"

友愛至老，里人稱爲孝友先生。(《家傳》)

張激，字世揚。幼聰敏嗜學，從湛甘泉游，得格致之學。弱冠食餼，中嘉靖壬午應天鄉試第三名，入太學，爲時名儒。(《家乘》)

張國華，字懷禹。性直諒，人有過輒面折之。授經數十年，及門者甚衆，德業多所成就。其貧不能具脩脯者，反資助之。有補博士弟子者，奉白金爲壽，輒正色以拒。以明經訓導蕪湖，獎進士類，清操介行，爲大吏所稱。會有忌之者，左遷王官。遂歸，卒，年八十有七。(舊志。《嘉慶志》同。)

張拱昌，字幼文，拱極弟。以貢官達州同知，多惠政，屏饋遺，升順寧府通判，致仕歸。生平端慤清嚴，性孝友，事叔父如父，遺産悉讓仲兄。著有《義倉》《濬河》二議、《燕游草》《入蜀吟》《歸來率筆》等集。卒年八十有八。長子星煒，舉崇禎甲戌進士。次子星耀，諸生，有行誼。(舊志。《嘉慶志》同。)

錢應婁，字慕黔。少爲諸生，尚名節，好持清議。與弟應旂同學於顧端文之門，端文深器重之。屢踏省門不第，遂謝制舉業。與張通判拱昌、王教諭孫雲結社，讀書考訂經史，旁及鼎彝、書畫。每風日晴和，則偕登三山，分體賦詩，子侄扶几杖以待①。鄉人有爲不義者，不敢令應婁知，一時擬之管幼安、王彦方焉。年九十，無疾而逝。子邦治，字孺安，邑諸生。能繼家學，介然自守，以古人爲師，日課史一卷，舉鄉飲介賓。年八十四卒。遺書數十櫝，皆手自丹黄。孫渭，字悔齋，邑諸生。亦以文行爲士林所推，舉鄉飲介賓。(舊志。《嘉慶志》同。)

孫振先，字玉鳴。天啓甲子舉人，知山東清平縣，謫江西建昌府經歷。振先孤貧，自奮於學，開館於玄妙觀，生徒每百餘人，黎明而起，弦誦之聲肅然，少不承，則夏楚隨之。爲孝廉及致仕歸，俱授徒爲業。至今言師道之嚴者，必曰孫玉鳴云。門人樊星拱，字水心，傳其教法，所造就甚衆。星拱子淳清，字遠寧，承家學授經，以行誼聞。(舊志。《嘉慶志》同。)

國朝

張瓆，字紀天。幼失怙，憶先賢詩禮之對，自號未庵。事孀母何氏至孝。嘗遇里中兒，有以父笞亡避者，曰："吾今欲求父笞不可得，爾乃避乎？"爲賦《游子遇孤兒行》一章，其人悔泣，卒爲孝子。弱冠，補博士弟子員。言行有法，鬱爲人表。四十外，即不與科舉，讀書等身，專意著述。於天文、地輿、禮制、樂律，與夫農田、賦役之事，靡不窮原究委，俱小楷精書，勒有成書。兵燹後，卷帙稍散佚。今有《地輿集要》《史鈔》《詩鈔》《醫宗》《官制沿圖》《通俗喪禮》《齊家要略》若干卷，藏於家。(《家乘》)

張鳳儀，字君表，邑諸生。爲文奇恣横發，不可一世。天啓乙丑，文廟火，鳳儀捐金首倡。太守賀仲軾將以優行申，鳳儀力辭之。子九徵，登第，遺書都門曰："入仕在自

① 按："扶几杖以待"，《嘉慶丹徒縣志》卷二十二《儒林傳》"錢應婁"條作"扶几杖以侍"，當是。

立，勿輕受人恩。我爲諸生三十年，未持一門生刺。”其卓然自待如此。（《嘉慶志》）

顧言，字子訥。行嚴慤，尤敦孝友。居家設教。由明經授石埭訓導，遷豐縣教諭，嗣升池州教授，辭不赴。所至訓諸生先德器，士風丕變。著《易編合珠》，纂《道學正宗》諸書行世。年七十四卒。子四，長子仁，以進士官御史。季子智，丙午舉人。石埭特祀陵陽道學館，豐崇祀名宦祠。溧陽馬世俊爲之傳。（《家乘》）

談允謙，字長益。制行嚴毅。工詩文，詩多至數千首，於明末治亂升降之故，及人物臧否紀述頗詳。以性儉，率用殘筆敗牘，故卒後多散滅失傳。所著有《李賀詩注》，梓行；《山海經注》《三山志》，未梓。年七十一卒。（《家乘》）

錢邦寅，字馭少。明季，兄邦芑走閩粵不歸，邦寅弃去諸生，日以著書爲樂。常出游，每登高望遠，輒思其兄哭泣。年七十卒，門人私謚介節先生。所著有《歷代徵信編》《明詩鈔》《若華堂詩草》《楚游草》《稽古稗鈔》《家課提綱》，共百餘卷。次兄邦韶，字虞少，所著有《太乙籤》及《野史紀事》諸書。（《家乘》）

錢志騶，字六謙。明崇禎庚辰進士，歷兵部主事、浙江僉事參議，謫運判，升九江同知。治《春秋》，尤工制舉業，所爲文學者傳誦之。（按：志騶弟志彤，亦工於文，有《連璧堂合稿》行世，見吴蘭陔《塾鈔》。）晚年罷官，貧約授徒數人，猶日夜孜孜不倦。弟志思，字若可。少孤，承祖訓，居庠序中，言笑不苟。與姜之濤、錢瓚、張九徵共講藝所居之栖碧亭。之濤，字山公，性孤介若可①。著《春秋特解》十二卷、《茶庵史記評》十卷。己亥（按：己亥，順治十六年也。是年鄭逆犯城）毁於火，不傳。（《家乘》）

柳可蔭，字來止，系出河東。甫能言即精敏有識，少長就塾，不與群兒戲。弱冠游庠，與弟可法讀書於一枝庵中。張九徵偶見其文，嘆賞不置。自是益自勵，日就郡中名宿相與講貫，率諸猶子輩同課文藝，寒暑無間，時有二阮之目。暇則探索載籍，於古人之事實隱没不彰者反覆論著之，或明其苦心，或誅其隱惡，得十餘卷。又嘗念朝野歌謡，古聖賢著爲《國風》《雅》《頌》以寓美刺，以寄勸懲，後世咏歌散佚雜出，漫無統緒，《葩經》後略無繼者。於是采漢、晉、六朝、唐、宋、元、明凡咏古詩集爲一編②，更附己意，補其遺闕，而於時之興替、政俗、民風與夫懷誠秉義、忠憤感慨、哀吟野哭俾悉昭著簡編而彰癉之，義即寓於其中，蓋將以羽翼風雅而經義無致漫没也。康熙戊寅，以母喪，哀毁逾制，遂感心疾，未及終稿而卒。著有《集蓉軒詩文》行世。又其友睦兄弟，哀輯家乘，惠助戚族，撫養孀孤，種種實行，俱爲人望。滇南僉事陳炟爲志其墓，御史王之瑚撰傳。（《家乘》）子四，俱有儒風。

---

① 按：“性孤介若可”，《嘉慶丹徒縣志》卷二十二《儒林傳》“錢志騶”條下作“性孤介少可”。若依此處行文，斷句當爲“之濤，字山公，性孤介。若可著《春秋特解》十二卷……。”則《春秋特解》《茶庵史記評》皆爲錢志思之著。然本志卷四十六《藝文一·書目》“經類”録有“錢志騶《春秋特解》十二卷”，又“史類”亦著録錢志騶《茶庵史記評》十卷。可知此二書當爲錢志騶所著。故此處“若可”當爲“少可”。“少可”，當化用嵇康《與山巨源絶交書》“多可而少怪”句。

② 按：“於是采”句，柳立凡《京江柳氏宗譜》（康熙丁丑秋鐫，道光乙酉重修）卷六王之瑚《贈君來止公傳》：“於是采漢、唐以來，暨宋、元、明、國朝詞人咏古詩集爲一編。”

柳可法，字楷人。康熙己酉舉人。性至孝，居喪三年，未嘗見齒。少與兄可蔭砥學勵行。再赴公車，遂絶意仕進，閉門著書。嘗變《左氏》編年爲列傳，分大小國而排纂之，凡百餘卷。笪重光及王書年、歐陽漢曦兩學使皆極重之，爲之序。暇則寫其性情爲詩歌，稿甚富，非知音者不示也。生平不尚豪侈，在親串間則推解無倦。己未、庚申間大祲，捐穀設糜以活飢者，身董其事。監司石公首鐫其名於石，以志褒美。又嘗出三千金建宗祠，置義田二頃，爲族人讀書膏火，及貧族婚喪費，郡人士莫不高其行焉。子八，多爲名宿。翰林侍讀長洲彭定求撰傳。(《家乘》)

柳加長，字兼三，號皖亭，可法第五子也，乾隆己卯舉人。兄加蔚。(見“宦績”)其伯、仲、叔、季皆异母兄，同母四人，加長居長。七歲喪父，生母程氏性敦樸崇實，訓子不事姑息，加長恪遵之。以故其父剛果敢爲，諸兄皆有父風，而加長獨恂恂退讓，以醇謹稱。事諸兄如父，友愛諸弟，稍長，即能訓飭之。母樂其善承志也，亦最愛之。先娶錢，羸弱早逝，繼娶于，又患瘋疾，俱不能承事其姑。加長能曲體母志，以子兼婦職者數十年。于氏顛痴，僕隸皆厭弃之，加長以母憐憫，琴瑟和樂，没身不衰。或勸納妾以資内助，終不允。母年逾八十，己亦五十餘，扶持左右，未嘗或懈。稍有不安，輒達旦不寐。母或夢寐中驚問爲誰，必應曰：“阿冬在此。”阿冬者，其小字也。其孝行純篤如此。幼穎敏，讀書目數行下，爲文操筆立就，而獨拙於書，應童子試，輒不售。時功令士子習專經，加長乃請兼試五經。日未昳，遽成七藝，學使張药齋大奇之，首拔焉。嗣是歲科試，輒居高等，食餼有年。其學本淵博，加以奮志，有一物不知，引爲己耻之概，識者以爲王伯厚、馬端臨復出也。至世俗争尺寸，競聲色，揣摩場屋之説，一切不屑措意，以故屢薦未售。至己卯，乃舉於鄉。從子誼，亦中乙榜，文名同噪於時。庚辰，丁母艱，泫然曰：“讀書豈以邀榮利？二親皆見背，安事此爲！”因絶意仕進，閉户著書，或作爲詩歌以自娱。乾隆三十二年，卒，年六十五。著有《三通辨證》若干卷，《易安軒詩文集》若干卷，藏於家。其所著《春秋補疏》先已行世，見“書目”。(蔣宗海撰《傳》)

柳蓁，字蟠若，號春亭。乾隆丙子鄉舉第一，己丑進士，授廣東和平縣知縣。鮑之鍾撰《傳》。(《傳》曰：公諱蓁，字蟠若，行四。其先世居京口。高祖承溪公，當明季爲浙江鹽運使分司。曾祖薇垣公，祖楷人公，父燦思公，世有隱德。以雍正癸卯歲生公。公少寒苦，能孝友，迨其後，施於有政，致仕歸田，善終亦如其始。予與公會試同年，且同里而友密，故知之最深。嘆如公者，洵足以傳矣。公十四歲時，燦思公以三子皆讀書，且長子、次子已入泮，因家寒，意欲公服賈。公堅請逾冠無成乃改業。於是晝夜誦讀至更深，恐父母知，掩燈潛誦。至十九歲，與第三兄同補弟子員，兄府學第一，公縣學第二，一時以爲美談。嗣此，三兄相繼殂殁，遺有幼侄、侄女等，公僅以舌耕爲業，而能備甘旨以事親，諸侄、侄女幼者撫之，讀者教之，長成者應婚婚之，應嫁嫁之，寡侄媳、侄孫無養者，皆恃公舌耕以保全之。及乾隆丙子歲，公領鄉薦第一，困稍舒。兩尊人及見之，喜可知矣。年餘後，兩尊人相繼殂歿①，公哀毀殯葬盡禮，丁憂者六年，服闋，上春闈。至己丑歲，成進士。予亦以是科倖獲，甚幸得名公後也②。公四十外，尚未有子。公配湯孺人欲爲之置妾，公不允。至四十三，始生一子，人以爲公生平不二色之報。需次在家，一以授徒爲業，絶不干與公事。生徒成就者無數。公品行端方，教誨詳盡，經師人師，洵無憾焉。選粤之和平縣，舊本盜藪。明王陽明先生平定之，乃立此邑。地瘠民貧，輕生圖詐，號稱難治。公晨稽案牘，晝理訟獄，未嘗一日懈。且恐誤及無辜，刑罰務省，而下亦化之。在官四年，抵死罪者止一二人。時和年豐，未有凶荒、疾疫等事，咸頌爲慈和所致云。去官日，孫補亭③尚書督兩廣，謂公年可復仕。公以不願答之。孫公復曰："汝清官回籍，何以資生？"公答以仍然授徒。孫公嘆曰："出則爲民，歸則教授，古人出處不外是也。君真今之古人哉！"公六十致仕，享年七十有八。蓋致仕後又舌耕十數年焉。公性儉朴，無聲色之好，一衣三十年。及居官，其服僅足承祭見賓而已。優伶演劇，署中未有此事也。公元文爲世所傳誦，後會墨，一以純古爲法，不似少時之峥嶸，所謂絢爛歸平淡也。著有《舌耕齋存稿》，藏於家。公壯年與懷寧魯南莊琢、星村璸以詩相酬和，二魯爲詩壇名宿，公詩雖不多作，然存稿具在，讀其詩和平大雅，可以想見其爲人。今令子不墜家聲，諸孫蒸蒸蔚起，清白吏之子孫，吾烏能量其後之所至哉？）

柳尹，字東郊，號毅軒，歲貢生。詳李兆洛《傳》。（《傳》曰：甲子秋，予忝領鄉薦第一，毅軒公次君紫溟爲余同年友。京邸縱談，悉其先世事，心竊异之。迨余解組歸里，友韓紫溟昆仲出毅軒公行狀，匄余爲之傳。余既熟聞毅軒公之爲人，欽慕不置，雖不文，不能辭也。按狀，公諱尹，字東郊，號毅軒，素惲公次子也。習黄老家言，超然有遺世想。生公伯兄先英，即入山静攝。公叔父山年、虚齋兩公覘得之，促之還。居數年，生公。慨然曰："此真可以長往不返矣。"自是家人雖力求之不可得。公稍長，知其事，涕泣誓往尋焉。母何太孺人知其不可踪迹，力沮之。公既抱無怙之痛，事母依依孺慕，没身不衰，事伯兄如父。己卯歲，伯兄中道殂逝，哀痛倍至。撫諸侄如子，季侄雲岫能早歲游庠，卒成名孝廉者，皆公訓誨力也。公讀書以躬行心得爲主，爲文不尚華縟，取法於《史》《漢》、八家，於曾南豐尤服膺焉。當其時，揣摩家方，以甜熟暢滿是尚。公獨理求其真，詞尚其古，以故惟學使彭文勤公劇賞之，他人莫識也。庚寅闈藝，鄉先達張松存先生决其必售，及閲落卷，乃知爲黜者易去。或謂公宜赴訴，或曰事果真，獲罪者衆矣。公躊躇久之，曰："寧我抱屈，毋興大獄也。"鄉黨欽其文，尤服其量云。其祖塋在招隱山枝，葬母時，族長命其祔葬正穴内。公謀之堪輿家，僉曰："正穴内地最

① 按："相繼殂歿"，柳立凡《京江柳氏宗譜》卷六鮑之鍾《明府春亭公傳》作"相繼歿"，中無"殂"字。

② 按："甚幸得名公後也"，柳立凡《京江柳氏宗譜》卷六鮑之鍾《明府春亭公傳》作"甚幸得側名公後也"，中有"側"字。

③ 按："孫補亭"，柳立凡《京江柳氏宗譜》卷六鮑之鍾《明府春亭公傳》作"孫補廷"。

吉，餘地雖可葬，皆不及。正穴遠甚，但祖墳葬日久，今驟泄氣，恐不利族人耳。”公毅然曰：“烏可以我一支之利，致合族有不利乎？”遂卜葬於偏遠，不及正穴處，其立心之厚蓋如此。公手不釋卷，教授生徒，不計脩脯，恒竭力誘掖，愚蒙者尤不憚諄復焉。以故他師所目爲弃材者，入公門下，輒能通曉文義。抑或貧乏不能習舉業，得公之教益，因而列膠庠掇科第者纍纍也。公晚年隱於酒，飲少即酣然，已輒復飲，然未嘗以酒廢事。亦未嘗稍有疾言厲色，人由是愈服其養云。以嘉慶元年舉歲進士，五年正月卒，年六十五。著有語録若干卷、古文若干卷，藏於家。子二，長濬，名諸生；次渤，即余同年友也。孫六。）

徐彬，字秀亭。乾隆丁酉順天舉人。年十九，任靖江、句容教諭，擢知縣，任直隸故城、河間等縣。案無留牘，任河間時，化兄弟争産之案，兩皆悔悟。息訟後，兄弟願進三千金爲壽，力却之。鄰邑飛蝗入境，伏一夕去，不傷禾稼。所至愛民如子，總督那彦成極重之，保遷景州知州。會後來大吏與那公有隙，凡所保任悉劾去之，故彬亦去官。囊無餘俸，當事冤之，聘爲通州書院山長。彬廉静寡欲，終日危坐不頗倚。學宗濂洛，爲教官，士思其德；爲州縣，民思其惠；掌教書院，諸生仰其範。晚以古書法摹仿自娱，或吟咏以爲樂。課諸孫，傳禮法。年七十餘，左目病損，彬習静數年，目復明。道光丁酉重宴鹿鳴。年八十餘卒。配鮑海門季女，有才德。彬與唱和，著有合稿。子勳，孫維城、金城，皆舉人。

秦汝霖，字臣溥。性疏宕，不事家人生産，惟讀書飲酒而已。爲詩有奇氣，所著《古處堂詩集》多名句，可傳。嘗自書於斗室，有云：“多情懷酒伴，餘事作詩人。”陳檀禧，字延喜，汝霖所爲酒伴也。性與汝霖同，亦惟嗜讀書飲酒。所著《三知堂集》，刻意宗少陵，精字學。後汝霖二十餘年以酒病肺死。有《杜律注》及《五經音韻》①《四書音釋》行世。汝霖妻卜於汝霖死後，食貧苦節，撫二孤明材、明極，俱能孝養其母。門人顧心才而夭遺詩百餘首，深得汝霖之傳。（《康熙》。《嘉慶志》同。）

劉夢震，字長公。性穎异，博綜古今，爲文援筆即成章。生平著述有《太極通變圖學》《雪艇塵餘》《讀書十六諦》諸書，老年無疾，手持所注《感應篇》翻較，竟端坐逝。弟夢升，字與公。内耿介，外和平，學以不欺爲主。晚年精研内典、丹經，與其兄夢震同爲名諸生。（《康熙》。《嘉慶志》同。）

裴之仙，字又航。康熙甲戌進士，改庶吉士，授編修。之仙爲諸生時，講求濂洛關閩之學，爲文根柢經籍，與宜興儲欣同主江左中孚社，士論推服。既以會試第一人中式，人益翕然宗之，風氣爲之一變。假歸，僑居揚州，猶日以詩文相切劘。卒年七十六。（《嘉慶志》）

楊廷鍵，字準可。伯父鼎，順治丁亥進士，莅官户部郎中，廷鍵幼師之。性孝謹。父體，字凝九，家訓嚴肅，廷鍵曲體之。天資英敏，讀書貫徹經義。弱冠游庠，旋食

① 按：“《五經音韻》”，《京江耆舊集》卷三陳檀禧小傳作“《五經書音韻》”。

餼。康熙己酉鄉試中式。文已刻，復見遺。其爲文一本經學，不事聲華。乾隆丙辰鄉貢，肄業成均。以其所著《三禮解紛》上於三禮館，總裁方靈皋采入《三禮注》中。南旋後，老而益篤，日耽著述。兩選儒學，皆不就。年九十四卒。弟子鄂容安時督兩江，爲序之，銘其墓。(《家乘》)

楊淮，字青岑，廷鍵猶子。資性敏篤。少家貧力學，讀書恒經夜不倦。未冠游庠，旋食餼。授書月華山下，以經學、性學爲本，古文次之，時藝又次之。文法韓、蘇。鄉試十三薦不舉，怡如也。年四十，貢成均。六十八，授昭文訓導。教如平日，弟子先後數百，感其教，俱能勵行，昭文博士王家相、言本忠尤所賞識。時汪志伊巡糧常熟，董教增主講虞山，皆與莫逆，推爲老宿。年七十七，卒於官。所著有《讀易一隅》《史論集評》《李杜集旁注》，藏於家。又孝義素著，凡伯叔兄弟輩仰食之，無難色。又嘗睦族修牒，焚券賑貧。不喜聞譽，或有感謝者，輒以不知辭。(《家乘》)

張光裕，字贊皇，號松存。康熙丁酉舉人，湖北興山縣知縣，居官五年，囊無積蓄。歸里後，以經義授生徒三十餘年，手不釋卷，邑中登科第者，多出其門。生平一言一行，悉禀《朱子家訓》格言，晚年更留心於性天之學。八十四歲卒。著有《詩疑》二卷、《詩疑補》四卷、《春秋輯略》一卷、《周官考義》六卷、《史漢卮言》一卷、《桑榆雜著》一卷。子潮普，庚寅解元，壬辰進士，四川名山縣知縣。(《嘉慶志》)

錢爲光，字旭昭，號紫芝。戊辰進士。家貧授徒，邑中能文者多出其門。性至孝，母趙孺人性好善，愛護生靈最篤。爲光生平未嘗折一夭殺一生，蓋以養志也。官貴州貴定縣知縣，貧約如故。罷歸後，仍授徒自給。(《嘉慶志》) 子之鼎，字鶴山。嘉慶庚午舉人，博學工詩。(見後“文苑”)

韓恪，字思穆。乾隆庚辰舉人。父曾，邑諸生，攻苦績學，砥礪廉隅，以經籍訓其子弟，跬步不苟。恪祇承先人之教，篤於孝友，鄉里矜式之。官婺源縣學教諭，與諸弟子員討論經術，士風爲之一振。邑之人士德之，崇祀名宦祠。(《嘉慶志》) 恪從弟怡，庚子舉人，授國子監學正。居憂歸里，著書以終。著有《四書釋字》（世名《韓板四書》)① 及《讀易傳心》《讀詩傳諷》諸書，皆梓行於世。

蔣宗海，字星巖②，號春農，晚號歸求老人。乾隆壬申進士，授内閣中書，入軍機。中年以母老，告歸終養。母卒，即無意宦途，以造育後進爲己任。主書院席，能文之士多出其門，學者稱春農先生。幼好學，比長，無書不讀。性爽直，問字者終其身無虚日。乾隆癸巳，詔求遺書，以揚州爲第一，皆經手選而後進呈。居家孝友，恭讓出於自然。族黨有苦節者，月給蔬米以爲常。有友外出，貧至鬻女，典己衣贖而嫁之。偶於吴市遇一生行丐，助之并贈以詩。有“不信詩書終有誤，可憐風雨太無情”之句，膾炙人口。

① 按：原攔入正文，今據例改爲小字注。

② 按：“字星巖”，馮金伯《墨香居畫室》卷五“蔣宗海”條：“蔣宗海，字春巖，號春農。”趙翼《春農先生挽詞》序云：“蔣宗海，字星巖，号春農。”李保泰《蒋春農先生傳》：“丹徒蒋春農先生……字星巖，晚號冬民。”

嘉慶初，修邑志，皆本其所輯舊稿。志未成而卒。（詳萬承紀後序中）邑令萬承紀父廷蘭，與之同年，稱宗海及王文治、張明謙、鄒光國爲四君，各爲之傳。（分見“文苑”“宦績”“尚義”傳中）

柳棼，字春林，號碧溪，歲貢生，父加惲。以好施喪產，母秦側室而賢，欲令棼學賈，棼跪辭，願苦學以繼志。長，績學敦行，名動遠邇。新安洪氏延教其子八年，其徒朴、榜、梧皆成進士，入詞垣。館徐州衛署，見館僮某聰秀，獎拔而訓誨之，亦成進士。著《性理彙解附參》，厘正明確。又有《尚書注》《文選注》，王文治稱其精粹，惜不存。又稱其醫理，世所莫及。子二，一習醫，一習儒，皆有聲。（節録王文治《家傳》）

何佳玟，字鳴佩，號容齋。嘉慶辛酉進士，授國子監學正，改授寧國府教授。未通籍時，家居授學，一以孝友及性理爲本。性質直，氣和平，從游者甚衆。教授寧國，士風日上。爲文講性，悉宗程朱。任未終，以母思鄉土乞歸。從游者益衆，文章德行多所成就。著有《揖石草堂文集》，卒後，群弟子上其言範，祀鄉賢祠。

張顗雲，字搢卿，號圖南。嘉慶丁丑進士，授户部主事，改刑部，出爲福建龍巖州牧。少穎慧，讀書過目不忘。長，博通經史，尤精三禮，於古制、兵、農、禮、樂諸巨典，無不淹貫。爲詩文極清新，學者宗之。未改刑部時，以事受謫，主講寶晉書院，訓生徒娓娓不倦。既爲州牧，恤士愛民，多惠政。任未滿，卒於官。其高祖文貞公專祠及家祠皆所重修，睦族敦倫，善承家範。子錫庚，謚文貞。（見文貞專祠下及詳“忠烈”傳）

戴澧，字雉衡。性沉摯，生平不苟言笑。少事寡母以孝聞。學宗宋五子，爲何佳玟入室弟子。文尚理法，學使姚秋農亟賞之，置第一，食餼於庠。嘗授經於宗忠簡祠，教弟子以品節。其言曰：“我輩讀書，但求於兩句得力，便爲完人。孔子言‘見利思義，見危授命’，子張言‘見危致命，見得思義’，《曲禮》言‘臨財毋苟得，臨難毋苟免’，三者同是一義，學者最宜看得透，亦最難做得到。”年五十，舉鄉貢，所學益粹，說經通貫，六書精於篆、隸，書法魯公，得其神似。爲其師定遺稿成集，所注多性理精語。道光壬寅六月，海寇陷城。澧在圍城中，語同學曰：“城若三月不復，吾將從彭咸之所居。”人問其義，曰：“古人三月無君則吊，吾草莽之臣，城即君也，故云然耳。”後七旬，寇退，城既復，澧亦安之。咸豐癸丑二月，粵寇陷城，澧率家人避居南鄉，望城大哭，所言與壬寅同。迄仲夏，城未克，澧一旦出不返。越日，其次子敏求遍迹之無知者。於其枕下得素紙，大書“彭咸”二字，識者知其投水，語敏求。敏求乃覓父尸江干、河涘、池塘、溝洫，杳不可得。時大暑，悲哀奔走，饑渴勞瘁，十餘晝夜，竟中暍斃於路。澧之尸至今無耗。卒年七十七。（見“忠義”“孝烈”傳中）

應讓，原名謙，字地山，號退庵，府學生。少抱經世志，以先憂後樂自况。歷游制府督學幕。敦孝友，睦親族，與人交一無所忤，而中有界畫。天資高曠，文如萬斛泉，詩悲壯雄放，亦寄托遥深。書法尤工。道光二年開制科，長吏交章薦。時館揚州，卒然謝世。著有《學吟偶存》《燕軺倡和集》《蜀軺倡和集》《澹雅山房詩鈔》。（《京江七子詩鈔序》節略）讓居貧，而以公產盡與其兄，以潤筆餘資置私產。兄欲之，又以與兄。

其訓子授徒專重立品，其勵志勤學，楹聯甚夥，俱粹然儒者之言。

陳宗起，字敬庭。少孤力學，事母恭兄，孝友無間。道光乙酉，選貢成均，以母老不赴。學使者欽其才品，饋贐迫之，甫渡河，托微疾歸。著書鉤貫群籍，不以一義自足。自天文曆算、勾股割圜諸術，下及水經、地志、小學、雜家，靡不窮究。每遇隱義，屏息危坐，至夜不輟。詩歌高老，文雄直。操行矜异，遇人恂恂，相識有急，扣門無不應。性多容少可，嫉惡而不苛，好獎人學問。疾篤，與家人深言天道損益之故，可謂知命已。（《悔廬文鈔》節略）邑中理學，多事力持，惟宗起規行矩步，循乎自然。惜年止三十五而卒。著有《經義筆存》三卷、《考工文字異同》《鳥獸釋》各一卷、《周官車制考》一卷、《丁戊筆記》《思存堂稿》各二卷。子克劬，同治丁卯舉人。

張學仲，字孝叔，號秋榭，稟貢生。秉性古直，學以不欺爲主。晚年課心注圈點義豎於日鈔中，以别純疵。生平志在青史，謂儒者不得爲輔臣，當爲言臣。見人有過極規訓之，無不憚服。課讀嚴，生徒多所成就。爲文尚理黜詞，詩重氣骨，長於咏古。書遒逸，不求得名。曰留有餘以貽子孫。年七十餘卒。著有《雞蹠集詩草》二卷、《秋榭雜著》。

陳維謙，字牧夫，歲貢生。幼好經學，少長，即通經，尤精三禮及《說文》六書。晚嗜酒，醉即以古禮繩人。或以古字音義鄙陋，學人、故人多遠之。教二子以琮、以珩，俱通經，游於庠。年五十餘卒。著有《周禮補注》《說文補義》。揚州轉運姚瑩重其學，擬爲代刊，移任臺灣，未果。

蔡澧，字芷塘。父元科，力行善事，邑中咸稱爲善人。澧嘉慶辛酉副車。爲人誠信和厚，雖不注經，而出言皆六經要旨。其誨子弟，皆以身教。好古人格言及宋五子諸箴銘，每録之成帙，以爲家訓。子樹嘉，字吟棠，郡廩生。和易樸實，好藏法書、名畫。孫嵩年、逢年、銓年。

鮑迴，字凌秋，號倚雲。以優行食餼於庠，道光辛卯領鄉薦。祖皋，見“文苑”。父之鏞，有隱德。迴幼孤，少長，受業於徐秀亭先生，師其行誼，非法不言，非禮勿動。事母嚴孺人極敬謹，以館穀爲色養。兄四皆式好無間言。嘉慶甲戌，歲大凶疫，迴家六日五喪，迴以孑身侍湯藥，營殯葬，兼慰母哀，凡十數晝夜無停趾。諸兄繼没，食指三十口任養任教，資乏，助以内奩，數十年不倦。年五十九，母歿，喪葬盡禮。蔬食三年，越十年，卒。方迴之食餼也，邑有以冒考致訟者，案懸八載未决。郡試適派迴稽查，童故豐於財，以千金乞左袒，而訐者亦以多金進。迴悉却之，令童捐修府學，入籍應試。其弟子某乞請與中。監二年，迴應獲子金二萬，迴以資出自某，悉推與之，其臨財不苟如此。迴深於理學，不事空言，惟務實踐，一時知名之士推爲醇儒。嘗客江西，江西士人咸以仲弓擬之。

張崇蘭，字猗谷，一字守陔，晚號悔廬。明名儒張莱兄萌之後。（張莱見前）少游庠食餼，及歲貢成均。性穎异，襁褓知書，十歲能文，長務根柢之學。於經訓詩詞，旁及百家，靡不精究其奥，遠近學者樂從之游。其言笑不苟，行止有度，見者憚之。而與之久處，又覺其和厚可親。生平不以義氣自詡，然戚友有急，必竭心力爲之謀，纖悉備至。誘人學問，無間親疏。喜揚人善，有篤行及能文者，輒稱嘆不及。惟不喜俗學，故出其門者，多通經博古之士。又以定命律己，嘗手書一聯曰："學于古訓乃有獲，樂夫天命復奚疑。"少孤，母年八十餘，孝養無間。女弟適陳，即宗起，早卒，崇蘭迎歸，并兩甥及女甥悉養之教之，以至成立。咸豐癸丑，粤寇至，移家西鄉，弟子益進。每謂人心貪欲，足召禍亂，以爲後輩儆。居櫃村三年，勤修宋史，業未卒，以寇至，奔避致疾卒。時丙辰八月十一日，年六十。所著有《古文尚書私議》六卷①、《悔廬文鈔》六卷，皆梓行。其詩有《中聲》《粗才》二集，詞有《夢溪棹謳》一集。故後，弟子戴啓寶選刻之。

楊棨，字羨門，號蜨庵，道光乙酉選貢。天資敏悟，博貫古今，經史子集靡不研究，手選群書以等身計。持躬莊雅，與人介而和。善談名理，尤善徵考，凡文獻之逸於野者，必搜討録而志之。訓兒輩及生徒娓娓不倦。爲詩文詞賦，清雅拔俗。咸豐癸丑，避兵如皋，僑居中擁書數十篋，披誦無虛日。年七十五卒。著有《京口山水志》十八卷、《蜨庵賦鈔》二卷、《詩鈔》四卷，俱梓行。其選定諸籍或藏於家，或借刻他氏云。

柳榮宗，字翼南，邑諸生。口吃而性敏，讀書目十行下。好經古，不喜時趨，學使祁文端公寯藻閲其經解卷，大加嘆賞，置第一。適父卒，不終試而返，遂絶意進取，以著書爲業。尤通六書，釋《爾雅》《説文》及群經异字音義，皆典据確實。書法遒勁，能作徑丈字。立品純厚，俗言不入於耳。爲文古逸，直入兩漢之室，晉、唐以下不及也。癸丑，避寇，館江北海安鎮，續修未竟之業。越七年，卒。著有《説文經字異同考》十二卷，梓行於世。又有《尚書逸傳》《書經補義》各著述，因兵燹，散佚無存。

丹徒縣志卷三十二終

① 按："《古文尚書私議》六卷"，本志卷四十六《藝文一・書目》著録"張崇蘭《古文尚書私議》三卷"，羅振玉《雪堂類稿》戊之四《藏書目録題識》著録張崇蘭"《古文尚書私議》三卷"，《清史稿》卷一百四十五《藝文志》著録"《古文尚書私議》二卷"。

丹徒縣志卷三十三

人物十　文苑一

文苑叙

丹徒承六代之遺，流風未沬。人人握靈蛇之珠，家家抱荆山之玉。往往詞人才子，名溢縹囊，飛文染翰，卷盈緗帙，蓋得江山之助者爲多。後之人聞風興起，不朽之盛事，經國之大業，不在兹乎？志文苑。

晉

臧燾，字德仁，東莞莒人。祖汪家京口，官尚書郎。燾少好學，善三禮，貧約自立操行。晉太元中，立國學，謝玄舉燾爲助教。議宣太后不當配食中宗，從之。又因太廟灾議祧禮，學者多是之，而未及施行。宋受命，拜光禄大夫。（《府志》）

宋

劉謙之，簡之弟。好學。撰《晉紀》二十卷。位廣州刺史、大中大夫。（《南史》本傳）

何承天，東海郯人。宋武起義初，撫軍將軍劉毅鎮姑孰，版爲行參軍。宋臺建，爲尚書祠部郎，後兼尚書左丞，出爲衡陽令①。元嘉十六年，除著作佐郎，撰國史。十九年，立國子學，以本官領國子博士。皇太子講《孝經》，承天與顏延之同爲執經。遷御史中丞。時魏軍南伐，文帝訪群臣捍禦之略。承天上《安邊論》，凡陳四事。承天博見古今，爲一時所重。張永嘗開玄武湖遇古冢，冢上得一銅斗，有柄。文帝以訪朝士，承天曰："此亡新威斗。王莽三公亡，皆賜之。一在冢外，一在冢内。時三台居江左者，唯甄邯爲大司徒，必邯之墓。"俄而永又啓冢内更得一斗，復有一古銘"大司徒甄邯之墓"。時帝每有疑義，必先訪之，信命相望於道。二十四年，遷廷尉，未拜，上欲以爲吏部郎，已受密旨，承天宣漏之，坐免官。卒於家。曾孫遜。（《南史》本傳）承天聰明博學，拜尚書祠部郎。撰朝儀，删定《禮論》三百卷。廷有疑貳，多見論議。（《府志》）

齊

檀超，字悦祖，高平金鄉人也。祖嶷之，字宏宗，宋南琅邪太守。父道彪，字萬壽，位正員郎。超少好文學，放誕任氣。解褐州西曹。蕭惠開爲别駕，超便抗禮。惠開自以

---

① 按："衡陽令"，《南史》卷三十三《何承天傳》作"衡陽内史"。

地位居前，稍相陵辱，而超舉動嘯傲，不以地勢推之。惠開欣然，更爲刎頸之交。後位國子博士，兼左丞。高帝賞愛之，爲司徒右長史。建元二年，初置史官，以超與驃騎記室江淹掌史職，上表立條例：開元紀號，不取宋年，封爵各詳本傳，無假年表。又制著十志，多爲左僕射王儉所不同。史功未就，徙交州，於路見殺。江淹撰成之，猶不備也。超叔父道鸞，字萬安，位國子博士、永嘉太守。亦有文，撰《續晉陽秋》二十卷。（《南史·文學傳》）

王僧孺（見“名賢”），好墳籍，聚書至萬餘卷。其文麗逸，多用新事，人所未見者。（《府志》）

梁

何遜，字仲言。八歲能賦詩，弱冠州舉秀才，南鄉范雲見其對策，大相稱賞，因結忘年交，謂所親曰：“頃觀文人，質則過懦（一作“儒”），麗則傷俗。其能含清濁，中今古，見之何生矣。”沈約嘗謂遜曰：“吾每讀卿詩，一日三復，猶不能已。”其爲名流所稱如此。天監中，兼水部郎，南平王引爲賓客，掌記室事。卒於仁威廬陵王記室。東海王僧孺集其文爲八卷。初，遜文章與劉孝綽并見重，時謂之何劉。世祖著論論之云：“詩多而能者沈約，少而能者謝朓、何遜。”遜從叔僩，字彦夷，亦以才著聞。宦游不達，作《拍張賦》以喻意。位至臺郎。博學有思理，更詳注《論語》《孝經》。（《南史》本傳）

蕭琛，字彦瑜，思話從孫。舉南徐州秀才，累遷司徒記室、特進金紫光禄大夫。朗快有才辨，善於使命，卒謚平①。普通中，嘗領南徐州大中正。所撰《漢書文府》《齊梁拾遺》，并諸文集數十萬言。孫密，字士幾。幼聰敏博學，有文辭。位黄門郎，太子中庶子，散騎常侍。（《府志》）

劉勰，字彦和。祖靈真，宋司空秀之弟也。父尚，越騎校尉。（《梁書·文學傳》）勰早孤，篤志好學。家貧不婚娶，依沙門僧祐居，遂博通經論，因區别部類，録而序之。定林寺經藏，勰所定也。天監初，兼東宫通事舍人，遷兵部校尉②，兼舍人如故，深被昭明太子愛接。初，勰撰《文心雕龍》五十篇，論古今文體，未爲時流所稱。勰欲取定於沈約，無由自達，乃負書候約於車前，狀若貨鬻者。約取讀，大重之，謂深得文理，常陳几案。勰爲文長於佛理，都下寺塔及名僧碑志，必請勰製文。敕與文慧沙門③於定林寺撰經證。功畢，遂求出家，先燔鬢髪自誓，敕許之，乃變服改名慧地云。（《南史·文學傳》）

何思澄，字元静，東海郯人也。父敬叔，齊長城令。思澄少勤學工文，爲《游廬山》詩，沈約見之，大相稱賞，自以爲弗逮。約郊居宅新構閣齋，因命工書人題此詩於

---

① 按：“卒謚平”，《梁書》卷二十六《蕭琛傳》：“謚曰平子。”

② 按：“兵部校尉”，《南史》卷七十二《劉勰傳》作“步兵校尉”。

③ 按：“文慧沙門”，《梁書》卷五十《劉勰傳》、《南史》卷七十二《劉勰傳》皆作“慧震沙門”，《嘉慶丹徒縣志》卷二十五亦作“慧震沙門”。

壁。傅昭常請思澄作《釋奠詩》，辭文典麗。天監十五年，敕太子詹事徐勉舉人入華林撰《編略》①，勉舉思澄等五人以應選。八年乃書成，合七百卷。後卒於宣惠武陵王録事參軍②。初，思澄與宗人遜及子朗俱擅文名，時人語曰："東海三何，子朗最多。"思澄聞之曰："此言誤耳。如其不然，故當歸遜。"思澄意謂宜在己也。子朗，字世明，早有才思。工清言，周捨每與談，服其精理。嘗爲《敗冢賦》，擬莊周馬棰，其文甚工。世人語曰："人中爽爽何子朗。"歷官員外散騎侍郎，出爲國山令，卒。(《南史·文學傳》)

臧嚴，字彦威，東莞莒人也。曾祖燾，宋左光禄。祖凝，齊尚書右丞③。父稜，後軍參軍。(《梁書·文學傳》。按：《南史》：燾之子邃，邃子凝之，凝之子稜，稜子嚴。自燾至嚴五世。《梁書》作"曾祖燾"，蓋誤。)嚴有孝性，居父憂以毁聞。孤貧勤學，行止書卷不離手。叔未甄④爲江夏郡，携嚴之官，於塗作《屯游賦》。又作《七算》，辭并典麗。性孤介，未嘗造請，僕射徐勉欲識之，嚴終不詣。累遷湘東王宣惠輕車府參軍兼記室。嚴於學多所諳記，尤精《漢書》，諷誦略皆上口。王嘗自執四部書目試之，嚴自甲至丁卷中，各對一事，并作者姓名，遂無遺失。王遷荆州，隨府轉西中郎安西録事參軍。歷義陽、武寧郡守。郡界蠻左，前郡守常選武人，以兵鎮之；嚴獨以數門生單車入境，群蠻悦服。後卒於鎮南諮議參軍。(《南史》本傳)

徐悱，字敬業，勉第二子。幼聰敏，能屬文。起家著作佐郎，轉太子舍人，掌書記之任。累遷洗馬，中舍人，猶管書記。出入宫坊者歷稔，以足疾出爲湘東王友，遷晉安内史。(《南史·徐勉傳》)

徐君蒨，字懷簡，幼聰朗好學，尤長丁部書，問無不對。善弦歌，爲湘東王鎮西諮議參軍。君蒨文冠一府，特有輕艷之才，新聲巧變，人多誦習，竟卒於官。(《南史·徐孝嗣傳》)

陳

徐伯陽，字隱忍，東海人也。天嘉中，除司空侯安都府記室參軍。太建初，與中記室李爽等爲文會友，游宴賦詩，動成卷軸，伯陽爲其集序，盛傳於世。後除鎮北新安王府中記室參軍，兼南徐州别駕，帶東海郡丞。鄱陽王爲江州刺史，伯陽常奉使造焉。王率府僚與伯陽登匡嶺置宴，酒酣，命筆賦劇韵三十，伯陽與祖孫登前成，王賜以奴婢雜物。後除鎮右新安王府諮議參軍事。聞姊喪，發疾卒。(《南史·文學傳》)

唐

劉昚虚，京口人。工詩，爲夏縣令。與王昌齡、孟浩然相倡和。今世所傳詩僅十四

---

① 按："《編略》"，《南史》卷七十二《何思澄傳》作"《遍略》"。

② 按："録事參軍"，《梁書》卷五十《何思澄傳》、《南史》卷七十二《何思澄傳》皆作"中録事參軍"。

③ 按："祖凝，齊尚書右丞"，"凝"即臧凝之。《宋書》卷五十五《臧燾傳》載臧凝之"遷尚書右丞，以徐湛之黨，爲元凶所殺"。又《南史》卷十八《臧燾傳》言其"後爲尚書左丞，以徐湛之黨，爲元凶所殺"。"元凶"即劉劭，故臧凝之事終於宋，未入齊，不得言"齊尚書右丞"。

④ 按："叔未甄"，《梁書》卷五十《臧嚴傳》、《南史》卷十八《臧燾傳》皆作"從叔未甄"。

首，然空靈秀异，獨出冠時，陶翰、祖詠輩皆不及也。性篤於交游，浩然既没，猶貽詩江滔，求其遺文傳之。（《嘉慶志》録《唐詩》小傳）《漁洋詩話》云：昚虚字挺卿，其詩超遠幽夐，在王、孟、王昌齡、常建、祖詠伯仲之間。考其人，蓋深於經術，不但詞華也。李華《三賢論》曰：劉兄弟以學著稱，述《易》《書》《詩》《春秋》《禮樂》爲《五説》，條貫源流，備古今之變。尚書劉公每有勝理，必詣與談，終日忘返。殷宜清有識，尚恨言理少對，未與劉面，常想見其人。高適達夫，落落有奇節，皆重劉者也。①（按：殷璠編《丹陽集》，評其詩，又云：惜其不永天年，隕碎國寶。② 又按：寶應喬氏《劍溪詩説》有云：常建、劉昚虚詩，於王、孟外又闢一徑，常取徑幽而不詭於正，空明深厚，饒有理趣。③）

陶翰，字敏夫，潤州人。開元中，爲禮部員外郎。以《冰壺賦》得名。殷璠云：歷代詞人，詩筆雙美者鮮矣。今陶生實爲兼之，既多興義④，復備風骨，三百年以前方可論其體裁。（《唐詩紀事》）開元十八年，進士及第。次年，中博學宏辭，與鄭昉同時。官至禮部員外。爲詩詞筆雙美，大爲當時所稱。今有集相傳。（元辛文房《唐才子傳》。按：刻本《唐才子傳》十卷，係日本國本，元西域辛文房撰。）

殷遥，丹陽人。天寶間，嘗仕爲忠王府倉曹參軍。與王維結交，同慕禪寂，志趣高疏，多雲岫之想。而苦家貧，死不能葬，一女才十歲，日哀號於親愛，憐之者賵贈，埋骨石樓山中。工詩，詞彩不群，而多警句，杜甫嘗稱許之。有詩行於世。（辛文房《唐才子傳》）王維、儲光羲皆有《哭殷遥》詩。（《康熙志》）

包融，延陵人。（隋改丹徒爲延陵縣）開元間，仕歷大理司直。與參軍殷遥、孟浩然交厚。工爲詩，二子佶、何，縱聲雅逸⑤，齊名當時，號"三包"。有詩一卷行世。（《唐才子傳》）包融，京口人。開元中，歷大理司直，終集賢院學士。能詩，與賀知章、張旭、劉昚虚皆有雋名，號"吴中四杰"。有詩集行世。（《嘉慶志》）

包佶，字幼貞⑥，天寶六載舉進士，累遷秘書監。劉晏治財，奏爲汴東兩税使。及晏罷，以佶爲諸道鹽鐵等使。未幾，遷刑部侍郎、太常少卿，拜諫議大夫、御史中丞。居官謹確，所在有聲。佶天才贍逸，氣宇清深，心醉古經，神和大雅，詩家老斫輪也。與劉長卿、竇叔向諸公皆莫逆交愛。晚歲沾風痺之疾，辭寵樂高，不及榮利。卒，封丹

---

① 按：所引評論出自王士禎《漁洋詩話》卷下。然王氏認爲"劉昚虚字挺卿"實有誤，此"字挺卿"者爲劉迅，劉知幾第五子。李華《三賢論》："余兄事元魯山，而友劉、蕭二功曹。此三賢者，可謂之達矣。"此劉功曹即劉迅挺卿，又李肇《國史補》卷上載云："劉迅著《六説》，唯説《易》未成，行於代者，五篇而已。識者伏其精峻。"又"殷宜清"，李華《三賢論》爲"陳郡殷寅直清"，故"宜"當爲"直"。

② 按：殷璠《丹陽集》未録劉昚虚詩，殷氏之評出自其所編《河岳英靈集》，云："惜其不永，天碎國寶。"故此處《丹陽集》當爲《河岳英靈集》。

③ 按：所引出自喬億《劍溪詩説》卷上，其中"常取徑幽而不詭於正，空明深厚，饒有理趣"當爲"常取徑幽而不詭於正，劉氣象一派空明""劉昚虚詩空明深厚，饒有理趣"。

④ 按："既多興義"，殷璠《河岳英靈集》卷上作"既多興象"。

⑤ 按："縱聲雅逸"，《唐才子傳》卷二作"縱聲雅道"。

⑥ 按："字幼貞"，《新唐書》卷一百四十九、《唐詩紀事》卷四十、《唐才子傳》卷三皆作"字幼正"。

陽郡公。有詩集行世。(《唐才子傳》)佶以國子祭酒，知禮部貢舉，封丹陽郡公。弟何，字幼嗣①，天寶七載舉進士，爲起居舍人。兄弟齊名，世稱“二包”。工詩，時延陵儲光羲、曲阿丁仙芝、蔡隱丘、蔡希周、希寂、談戭、丹徒右拾遺孫處玄②、江都主簿馬挺、武進尉申堂構，皆有詩名。殷璠彙次其詩爲《丹陽集》。(《嘉慶志》)

包何，包融二子也③。曾師事孟浩然，授格法。與李嘉祐相友善。大曆中，仕終起居舍人。詩傳者可數。蓋流離世故，卒多素辭，大播芳名，亦當時望族也。(《唐才子傳》)

張衆甫，京口人④。隱居不務進取，與皇甫御史相友善，詣廬接近⑤。後各游四方，曾寄處士詩云：“伏臘同鷄黍，柴門閉雪天。”時官亦有徵辟者，守死善道，卒不就。衆甫詩婉媚綺錯，巧用文字，工於興喻，文流中佳士也。(《唐才子傳》)

許渾，字用晦，丹陽人，故相圉師之後。太和六年進士第，爲當塗、太平二縣令，以病免。起潤州司馬。大中三年，爲監察御史，歷虞部員外郎，睦、郢二州刺史。(《全唐詩》小傳)渾以詩名，杜牧寄詩云：“終須接鴛鷺，霄漢共高飛。”蓋以遠大期之，匪直能詩而已。居丹徒別墅丁卯橋，有《丁卯集》二卷行於世。(姚堂《潤州先賢録》)

宋

沈括，字存中，杭州人，居丹徒，官至内翰。博學善文，於天文、方志、律曆、音樂、醫藥、卜算無所不通，皆有論著。後子孫家於京口。(《康熙志》。《嘉慶志》同。)

米黼，自云“黼”即“芾”也，故亦作“芾”。字元章，太原人，徙居襄陽，號襄陽漫士。後徙居吴門。母侍宣仁后，藩邸舊恩⑥，補臨光尉⑦。歷知雍丘縣、漣水軍使、太常博士，知無爲軍。召爲書畫學博士，賜對便殿，上其子友仁《楚江清曉圖》，擢禮部員外郎，出知淮陽軍，卒。解音律、象緯，善屬文。作韵語，要必己出爲工，務崖絶魁壘。悟竹簡以竹聿行漆，故篆籀法特古，作字遒勁奇峭。畫山水人物，自成一家，極江南烟雲變滅之趣。晚以研山易北固園亭，名海嶽庵、净名齋，又作寶晉齋，因號海嶽外史。自稱家居道士。有潔癖，世謂“水淫”。任太常，奉祀太廟，洗去祭服藻火，坐是被黜。冠服作唐人，所好多違世异俗，故人皆稱“米顛”。嘗作詩云：“飯白雲留子，

① 按：“弟何，字幼嗣”，梁肅《秘書監包府君集序》：“有唐故秘書監丹陽公包氏諱佶，字幼正。烈考集賢院學士大理司直贈秘書監諱融，實以文藻，盛名揚于開元中。洎公與兄起居何，又世其業，競爽于天寶之後，一動一静，必形于文辭，由是議者稱爲二包。”可見，包何爲兄，包佶爲弟。

② 按：“丹徒右拾遺孫處玄”，《丹陽集》以“右拾遺孫處玄”爲“江寧”人。《新唐書》卷六《藝文志》四包融詩下注：“江寧有右拾遺孫處玄……。”故孫處玄非“丹徒”人。

③ 按：“包融二子也”，《唐才子傳》卷三作“包融之子也”，又包何爲包佶兄。故此“二子”當誤。

④ 按：權德輿《監察御史清河張府君墓志銘》云：“君諱衆甫，字子初，清河人。……罷秩，歷年僑居雲陽。”故張衆甫非丹徒人氏，乃寓居者。

⑤ 按：“詣廬接近”，《唐才子傳》卷三作“精廬接近”。

⑥ 按：按《宋史》卷四百四十四《米芾傳》、吴之振《宋詩鈔》，“母侍”前脱“以”字。

⑦ 按：“補臨光尉”，張雨《句曲外史集》卷下《中岳外史傳》：“初，宣仁高后在藩，與其母丹陽君有舊。元章長於邸中，以恩補校書郎，授含光尉。”《京口耆舊傳》卷二：“補秘書省校書郎，爲含光尉。”

茶甘露有兄。”人叩之，曰：“只是甘露哥哥耳。”王安石愛其詩，摘書扇上。東坡云：“元章奔逸絶塵之氣，超妙入神之字，清新絶俗之文。相知二十年，恨知公不盡。”答曰：“更有知不盡處。”其風致可想也。有《山林集》十卷，恨未見其全。（《宋詩鈔》序）

米友仁，字元暉，芾之子。力學嗜古，亦善書畫，世號“小米”。幼年，山谷贈詩曰：“我有元暉古印章，印刓不忍與諸郎。虎兒筆力能扛鼎，教字元暉繼阿章。”遂字元暉。元章當置畫學初，召爲博士，便殿賜對，因上友仁《楚江清曉圖》，既退，賜御書畫各二軸。友仁宣和中爲大名少尹。天機超逸，不事繩墨，所作山水，點滴烟雲，草草而成，不失天真，其風骨肖乃翁也。每自題其畫曰“墨戲”。被遇光堯，官至工（《宋史》作“兵”）部侍郎①、敷文閣直學士。後，年八十，神明如少壯時，無病而逝。（《宋史·文苑传》②）

陳龍輔，字寶臣，汝奭子。嘉祐二年進士，爲濟州司法。後知建昌軍，秩滿，遂不仕。（《康熙志》）龍輔賦性寬明，居官清謹，恬於名利，篤於孝養。自莆田易守宜春，時汝奭已休致，安車迎侍，過晉江上冢，人以爲榮。晚年集古忠臣孝子凡修身治人可爲法者，總三十卷，號曰《傳家至寶》。孫孝友、孝恭、孝威皆進士第③。孝友字恪仲，終奉議郎。孝威字德仲，未改秩卒。孝恭字温仲，由國子監丞丐外，得知岳州，卒死之日，家無餘資。（《京口耆舊傳》）

豐有孚，字寶臣；有章，字漢臣，丹徒人。兄弟相勉以學。有孚以學究出身，終虞部員外。治家有聲，居官廉平可紀。有章皇祐元年進士，終駕部郎中。有孚孫漸，字仲深④，紹興八年進士，終知平江府吴縣，今城内諸豐皆其裔。（《京口耆舊傳》）

張頡，字仲卿⑤，一字彊立。五魁鄉選，政和（一作“大觀”）五年進士⑥，貢太學，升上舍。官至朝議大夫，兵部員外郎⑦。有《菊坡集》，子遹、適。（《康熙志》）

俞長吉，字幾先，向子。以父任出官，中法科，由蘄州司法入爲大理評事，再遷爲丞爲正。隆興初，以才選除直秘閣，知盱眙軍，卒。長吉好尚清雅，尤長於詩，所居曰葵軒，常賦詩鼓琴以自娱云。（《京口耆舊傳》）

張扶，字少持，丹徒人。博學有文，爲鄉先生所推重。游太學，年四十五，紹興十

---

① 按：“官至工部侍郎”，《建炎以來繫年要録》卷一百五十一：（紹興十四年五月）“將作監米友仁權尚書兵部侍郎。”未見米友仁出任工部侍郎事。或《宋史》所載無誤，當爲“兵部侍郎”。

② 按：此則材料非出自《宋史·文苑傳》。《宋史》載米友仁事極略。此則材料當源出於宋人鄧椿《畫繼》卷三。

③ 按：“孫孝友、孝恭、孝威”，《至順鎮江志》卷十八：“陳孝友，字恪仲，龍輔子。……陳孝恭，字温仲，孝友弟。……陳孝威，字德仲，孝恭弟。”當是。

④ 按：“有孚孫漸，字仲深”，《京口耆舊傳》卷一：“有孚孫漸，字仲升，登紹興十五年進士第。……淵，字仲深，紹興八年進士第。”故此處“有孚孫漸”當爲“有孚孫淵”。

⑤ 按：“字仲卿”，《嘉定镇江志》卷十九、《至順鎮江志》卷十八皆作“字冲卿”。

⑥ 按：大觀即宋徽宗年號，從1107年至1110年，共四年，故當爲“政和”。

⑦ 按：此段邏輯有誤。《至順鎮江志》卷十八：“五魁鄉選，貢太學，升上舍。政和五年登進士第，官至朝議大夫，兵部員外郎。”當是。

二年始成進士，授明州教授，累官國子祭酒，權禮部侍郎，卒。扶弟瑾，字少瑜，有俊才，與扶同擢進士。爲信州司馬①，歸即不仕。秦熺與之同年，寄聲欲見之，不往，卒於里中。(《京口耆舊傳》)

霍箎，字和卿，丹徒人。隆興元年進士，歷泰興主簿、揚州推官。詔舉廉吏，部使者以名聞，改秩名嘉興縣。累遷至利路提刑、成都府路通判。箎少困場屋②，刻意古文，長於詩，有集。(《府志》)

周孚，字信道，丹徒人，世居濟北，將家避亂，南徙丹徒。(《儀真志》）孚七歲通《春秋左氏傳》，讀書過目成誦。有鄧氏張書肆，孚日往游，得盡閱天下書。乾道丙戌進士，真州教授③。郡守延璽武人，將薦之，介學職示以意。孚不答，學職復以書叩可否。孚答書陳誼甚高，聞者韙之。卒於任。有《蠹齋集》三十卷。(《永樂府志》）京口之士多從游，其最厚者朱叔瑶④、陳珙、宋郭。叔瑶字德裕，嘗應鄉舉試，爲《京口七原略》，仿柳宗元《晉問》。他詩文亦多擬古。孚識高見博，每一言出，即相與傳頌。惟叔瑶素與反覆，是而後已。珙字德厚，淳熙八年進士，歷秀州崇德尉、真州司法、湖州教授。瑶嗜書⑤，老不釋卷，平居寡言笑，及杯酒，從容援古證今，談論衮衮不窮。郭字安民，四舉於鄉，以特恩拜官，從蜀帥張詔辟於興州，卒。郭多識，善談論，喜接引，後輩學者多出其門。(《京口耆舊傳》)

許開，字仲啓。乾道八年進士，官中奉大夫、提舉武夷沖祐觀。有《志隱類槁》。(《宋詩紀事》)

田曉，字就堯，一字德充。淳熙八年進士，任秀州華亭買納鹽場、揚州録事參軍、建康府教授。性疏直，不能唯阿逐物。在金陵積舉員四，或謂小屈意即及格。曉曰："窮達命也，屈意何爲?"遂丐休，婆娑小園，以壽終。有文集。(《京口耆舊傳》)

朱叔瑶⑥，字德裕，丹徒人。嘗請鄉舉，刻意古學，爲《京口七原略》，仿柳宗元《晉問》。其他擬古詩文甚多。(《府志》)

章琰，字子美，父垚自淮徙潤。琰舉寶慶二年進士，以奉議郎任潤州南廳通判，累官太府少卿、殿中侍御史、右文殿修撰。有諫疏、詩文稿藏於家。(《康熙志》)

---

① 按："信州司馬"，《京口耆舊傳》卷二："爲臨江軍司户、信州司理。"

② 按："少困場屋"，《至順鎮江志》卷十八、《乾隆鎮江府志》卷三十七皆作"少脱場屋"。按：《京口耆舊傳》卷二："箎少力學，敏慧過人。年二十，首鄉貢一上，擢隆興進士第。"可見其科舉通達，未有"困場屋"之勢。又其"刻意古文"言其不作科舉時文。故此處當爲"少脱場屋"。

③ 按：前當有脱字。《至順鎮江志》卷十八："終真州教授。"《乾隆鎮江府志》卷三十七："舉乾道二年進士，終真州教授。"又《京口耆舊傳》卷三："擢乾道丙戌進士第，爲真州教授。"

④ 按："朱叔瑶"，《京口耆舊傳》卷三作"朱叔瑤"，又《江南通志》卷一百六十六亦爲"朱叔瑤"。按："瑤"即古文"寶"字。當是。

⑤ 按：《嘉慶丹徒縣志》卷二十四此處作"珙嗜書"。此句所叙非朱叔瑶（瑤）事，當爲陳珙事，故"瑶"當改爲"珙"。

⑥ 按："朱叔瑶"，見"周孚"條所考，又《乾隆鎮江府志》卷三十七亦作"朱叔瑤"。

刁麟遊，南徐刁氏子。十歲作《竹馬》詩云：“小兒騎竹作驊騮，猶走東西意未休①。我已童心無一在，十年渾付水東流。”後十年，果卒。有志其墓者，以比李長吉。(《竹坡詩話》)

姜瑩中，字君玉。三舉於鄉，名不得列九品。晚卜居北固山下，號最佳處，矮屋三間，不庇風雨。嘗閔鄉先達之無後，歲寒食必率同志類而祭之，然君玉亦竟無後。初，中書舍人陳居仁鎮京口，擇士之望，得君玉，留東閣三十餘年。陳季子出守九江，挽君玉偕，會君玉弟君秀官德化尉，遂行。明年夏，得疾，卒。(劉宰《姜君玉哀辭》)

孫吴會，字楚望，淮安人，居京口。累官至朝請郎、常州守。自號霽窗，晚年更號牧惰翁②。詩文豪健，有集。③（《康熙志》)

朱南杰，嘉熙二年④，溧水令，有《學吟》。(《宋詩紀事》)

石介，字正甫，洛水人，居鎮江。寶祐中進士，官通判。子巖，字民瞻，好古博學，工詩詞。(《正德志》)

張矩，字方叔，南徐人。與了翁、虚齋相友善，最喜作次韵小令。所著《芸窗詞》，如“正排燈共聽夜雨”⑤，幽韵不減陸放翁；“小樓燕子話春寒”，艷態不減史邦卿；“秋在黄花羞澀處”，又“苦被流鶯，蹴蹋花影，一欄紅露”⑥ 等語，直可與秦七、黄九相雄長。(毛晉《汲古閣題跋》)

曾旼，字彦和，龍溪人。熙寧六年進士，監潤州倉曹。嘗纂《潤州類集》。(《康熙志》)

聶碧窗，江西人。工詩。宋亡，隱京口，爲天慶觀主。有《哀被掠婦》絶句云：“當年結髮在深閨，豈料人生有别離。到底不知因色誤，馬前猶是買胭脂。”又《聞赦》一律，有“萬口盡傳新詔好，四朝猶念舊恩深”之句。⑦（《康熙志》)

元

蕭漢傑，其先益都人，居京口。初以武舉登第，後再以宋寶祐四年登進士。入元，授溧陽路總管府同知，遷建康，卒。有詩文，號《友山集》。(《康熙志》《府志》俱同)

林桂發，字德馨，其先錢唐人，居京口。宋太學生。景定甲子，與葉李等八十三人

---

① 按：“猶走東西意未休”，《竹坡詩話》作“猶是東西意未休”。

② 按：“牧惰翁”，《至順鎮江志》卷十九作“牧隋翁”。

③ 按：《新安文獻志·先賢事略上》：“孫楚望吴會，休寧雷溪人，遷六安。端平二年進士，監無爲軍昆山鎮，尋避地寓南徐。淳祐初，歷淮東西運幹制幹，知高郵、溧陽二縣。開慶初，充沿江制参，知常州。罷，領建昌軍仙都觀，卒。吴會詩文不尚綺靡，當世利病，莫不練核。”

④ 按：嘉熙二年當是朱南杰中進士時間。《至順鎮江志》卷十九：“朱南杰，嘉熙二年登進士第。”《宋詩紀事》卷六十五：“南杰，丹徒人。嘉熙二年進士，溧水令。有《學吟》。”

⑤ 按：“正排燈共聽夜雨”，《汲古閣書跋》“《芸窗詞》”條作“正挑燈共聽夜雨”。

⑥ 按：“苦被流鶯”三句，《汲古閣書跋》“《芸窗詞》”條作“苦被流鶯，蹴翻花影，一闌紅露”。

⑦ 按：此條當首出於《輟耕録》卷八。“哀被掠婦”作“哀被虜婦”，“馬前猶是”作“馬前猶自”，“四朝猶念”作“累朝誰念”。

伏闕上書，言賈似道誤國害民之罪。咸淳甲戌，登進士第。宋亡，應召授鎮江路儒學教授，再調淮東道儒學副提舉。（《正德志》）

盛際，字舜咨。官浙西儒學副提舉，有詩名。（《正德志》）

朱文瑛，字子中。官鎮江路總管府知事，遷餘姚州知州，致仕。以文學自娱，號北固山人，有集。（《正德志》）

王垚，字樂天，其先汴人，宋丞相溥十世孫，由番陽徙京口。工詩文，尤長於康節經世之學。至大改元，瀋陽王引見，奏充説書。從王使高麗，還，陳便利三十餘事。時初用銅錢，以才授資國院判官。（《正德志》）

郭天錫，名畀，以字行，一字祐之，别號北山。累舉不第，歷鄱陽書院山長①，調吴江儒學教授，未赴，江浙行省辟充掾史。美髯鬚，人呼爲郭髯。子永、肇、啓。啓子文可，以人材仕明。（《元詩選》小傳）

莊麟，字文昭，江東人，居京口。書畫詩文俱婉雅，與郭畀齊名。（《正德志》）

高皓孫，字商叟。常爲郡學録②，後謝官不仕。號方山，有《屠龍集》十卷。（《正德志》）

青陽翼，字君輔，夢炎幼子。工古文，世以儒稱，文行俱粹。與俞希魯、謝震、顧觀游，時稱“京口四杰”。（《正德志》）

俞希魯，字用中，先平陽人，後徙鎮江。以茂才除慶元路教授，善於啓迪，衆曰：“俞公如洪鐘，叩無不響。”任滿，擢歸安丞，築海鹽塘，費省而民不勞。升江山令，改永康。所至葺廟學，聘名儒講説，平民徭賦。以無援，久不遷。卒年九十。（《浙江通志》）希魯，德鄰子，學業浩博，淹貫群籍。金華宋濂見其文，稱爲先輩。境内碑碣，多所撰述。至順中，嘗著郡志，序事精密。有《竹素鉤玄》等書。弟康，官慶元路學正。（《正德志》）

顧觀，字利賓。元季爲星子縣尉。少工詩。仕宦浙右。從趙孟頫游，尤見愛重，一時名公巨卿嘗欲置之館閣，道阻絶，不果召。臨川危素復薦之，亦不果。有《容齋集》二卷，素評其詩清麗雅暢，爲撰集序，甚尊异之。（《正德志》）

陳方，字子貞，自號孤篷倦客，京口人。赴省試來吴，元帥王某招致賓席，龔提舉璛以女妻之。其詩隨事感發，鍛煉最工，吴人爲刻集以行。劉鳳《續吴先賢贊》③。方寓於吴，鄭明德、張伯雨、倪元鎮皆與之游。晚主無錫華彦清家，後不知所終。（《元詩選》小傳）

---

① 按：“鄱陽書院”，《至順鎮江志》卷十九、《元詩選》二集卷八、《乾隆鎮江府志》卷三十七、《嘉慶丹徒縣志》卷二十四皆作“鄱江書院”。

② 按：“常爲郡學録”，《乾隆鎮江府志》卷三十七、《嘉慶丹徒縣志》卷二十四皆作“嘗爲郡學録”，當是。

③ 按：“劉鳳《續吴先賢贊》”或爲文獻出處，當以小字别之。

明

戈鎬，字仲京。元末隱居不仕。洪武初，徵拜禮部主事，修《元史》。所著有《鳳臺集》。（《康熙志》。《嘉慶志》云：《明實録》：徵諸儒修《元史》者再，無鎬名。）

俞圭，字伯鎮，希魯子。洪武末，由明經聘爲郡庠教授。以古文世其家，號三復齋老人。子武仲，石州同知。（《正德志》）

孫怡，字文順，精象數之學。（《府志》）

謝琺，舉宣德壬子鄉試第一，任南城教諭、青州府教授。琺學術純正，能文章。師範端嚴，啓迪生徙①，拳拳獎掖不倦。諸生思之，歿而祀於學宫。（《康熙志》）

鄭靈，字希山，同安人，居京口。築居竪土山阿，號雲山居士。辟武學訓導，升工部都水主事。景泰初，都憲王竑守居庸，用薦者擢都臺檢校，置幕下，贊理邊務，多所籌畫。所著有《孫子本義》《吴子增釋》行世，工書，真、行、篆、隸，悉臻其妙。（《康熙志》）

李熹，字景豫。能詩，書法趙孟頫，畫梅菊，有真趣，博雅多文。晚得一鶴，每天氣清佳，對之吟嘯，更號來鶴。以壽終於家。（《康熙志》）

唐成，字惟敬②。工書。詩清適，有晚唐之致。善談論，往往傾其座人。嘗構蒲竹清居，蓄名帖、古畫，終日吟玩其中。有集。（《康熙志》）《天慵集》二十卷，《京口遺響》四十卷，《瓢稿》十卷。③（《府志》）

劉輪，力學好古，善賞鑒。宅後築撚須亭，日吟哦其下。武宗南巡，楊一清以能書薦，不果用。郡守林魁造其家，移坐終日，有詩贈之曰："一字懸將絶，千尋勢欲摧。冥搜何太苦，清和許誰來。"（《康熙志》）

趙祥，字夢麟。成化己丑進士，官户部郎中。歸築滄江别墅，讀書其中。喜賦詩，善書，書法爲海内所重。會試出李文正東陽之門，東陽作長歌贈之，極其愛重。（《康熙志》）

楊絅，字季德④。弘治己酉舉人，楊文襄一清入室弟子。敦古博學，介然特立，於人慎許可。爲古文詞，得唐宋大家之遺。嘗蓄一鶴，朝夕撫玩之，一日忽咏詩曰："從今浩興同飛越，霽野林皋得幾回⑤。"尋卒，鶴亦死。（靳貴《楊君墓志》）《正德志》四卷，絅與其侄己卯舉人琬屬稿纂修，裒輯最允。（《正德志》及舊志凡例詳之）

許完，字補之。好學工文，弘治乙丑進士，授蘭溪知縣，擢御史，按河南。重建蘇門嘯臺，慶陽李夢陽爲之記。夢陽撰《察院題名碑》，稱完"清河南軍三年"，"數上封

---

① 按："啓迪生徙"，《嘉慶丹徒縣志》卷二十四作"啓迪生徒"。應是。

② 按："字惟敬"，《千頃堂書目》卷二十"唐成"條下注："字伯敬，丹徒人。"

③ 按："《天慵集》"，《千頃堂書目》卷二十"唐成"條作"《天傭集》"，《江南通志》卷一百九十四亦作"《天傭集》"。"《京口遺響》"，《千頃堂書目》卷三十一"唐成"條作"《京口逸響》"。

④ 按："楊絅"，《江南通志》卷一百六十六、《乾隆鎮江府志》卷三十七皆作"楊炯"。靳貴《戒庵文集》卷十七《明故擴齋楊君季德墓碣銘》："季德，姓楊氏，諱絅，號擴齋。"故"絅"是。

⑤ 按："得幾回"，靳貴《戒庵文集》卷十七《明故擴齋楊君季德墓碣銘》作"日幾回"。

事，所規畫率軍便”。吴郡徐禎卿亦有贈詩。（《家譜》）

吕高，字山甫。少聰敏，從學於舅氏鄔憲副紳。己丑舉進士，官户部主事，居郎曹。奮勵爲詩歌、古文之學，監視淮南常盈倉，事閑，愈肆力於古。進員外，尋提學山東，所識拔多名士，如遲鳳翔、石茂華、陽選①，皆其湖南書院中所教士也。已而進行太僕少卿，歸。（《康熙志》）時有“嘉靖八才子”之稱，謂陳束、王慎中、唐順之、趙時春、熊過、任瀚、李開先、吕高也。高，丹徒人，陳束同年進士。（《明史・文苑傳》）

鄔仁卿，字汝元。少能爲駢語，名日起。嘉靖壬子舉人。世宗好道，分宜相嚴嵩柄國，聘仁卿爲撰青詞。時嵩權勢熏灼，炙手可熱，往固不免於禍，却之則禍愈速，乃不得已應其聘。甫一月，托母病辭歸，終嵩身不仕。嵩敗，始謁選，授湘潭令，改龍陽。士民莫不愛敬。（《家傳》）

鄔佐卿，字汝翼。數歲能詩，長交四方賢豪，詩大進。充貢上春官，忽太息向人言：“年愈壯，安能復旅諸生進退？”遂弃去，稱“丹徒布衣”。佐卿少爲貴公子，喜游狹斜。其父紳以憲副引疾歸，砥礪道義，風化鄉人，佐卿用自繩削，名以益重。嘗客錢塘，遇道士，授還丹術，期二十年訪於石屋間。是後佐卿多與人談長生，間及兵略。及期，單衣芒履走錢塘，赴道士約。甫入僧舍，忽端坐瞑逝。屠隆來，復一開目。佐卿書學《黄庭經》，詩工艷體，義山《無題》後，不多見也。（《康熙志》）

何文熙，字景城。年十二，由邑郡至督學，三試皆第　。下筆刻就數百言，日閲書盈數寸。早卒，未究其志。子伯伯②，字體元，亦博綜群書，爲名諸生。（《康熙志》）

吴芊，字蔓之。少工舉子業，讀書僧寺中，虀粥布衣，目不窺園者十年。窮經史，爲古文、詩歌。以貢，訓導海陽，文教蔚起。署邑篆，平反數獄，終始不取一贖鍰，蕭然徑歸。築草堂於河干，吟咏其中，有遺稿行世。（《康熙志》）

陳永年，字從訓。宅後有青山數畝，讀書其中，傲然不可一世。所交盡宇内賢豪長者，游踪所至，題咏爲滿。人以窮愁歸之者，周旋弗倦。詩在中晚間。（《康熙志》）

茅溱，字平仲③。少負奇任俠，不拘繩檢。性嗜學，肆意古文、詩歌，與鄔佐卿倡和，酒人、劍客屨相錯也。挾吴姬走塞上二十年，擊筑酣歌，爲《出塞》《入塞》曲。戚少保繼光虚左咨碩畫，百不一失。歸來，盡斂其少壯時英氣，營别墅，自稱“日損居士”，所居傍清溪，焚香著書，晏如也。旁搜古篆籀，審音律，緝《韻譜本義》，同郡范尚書崙授之梓。年七十六卒。（孫繼皋《茅君墓志》）

曹廷傑，字去非。家貧，喜讀書，更喜飲酒。以跛，坐卧一小閣，酒後搦管，數千言立成。天啓中，嘗至京師，與楊忠烈漣善，漣糾逆閹二十四大罪，廷傑與有助焉。

---

① 按：“陽選”，當爲楊選。《乾隆鎮江志》卷三十七：“所識拔多名士，如遲鳳翔、石茂華、楊選，皆其湖南書院中所教士也。”

② 按；“子伯伯”，“伯伯”當爲“伯仁”之誤。《乾隆鎮江志》卷三十七：“子伯仁，亦好古博學。”《嘉慶丹徒縣志》卷二十四作“子伯仁”。

③ 按：“字平仲”，《四庫全書總目》卷四十四“《韻譜本義》”條：“溱字平甫，丹徒人。”

（《康熙志》）

潘一桂，字無隱，一字木公，吴江人，徙京口。有賦數十篇，爲時所稱。南陽朱邸好辭賦，招賓客，起高明樓，擬於雁池、兔園，幣聘再至，往，授簡賦詩，雍容應教，居一月，引疾歸。子陸，字江如，生平喜交游。能爲駢語，工詩，尤擅長五言律，有《穆溪詩草》行世。（《康熙志》）

錢密緯，名元，以字行。父應昌，鞏昌通判，究心理學，極爲高忠憲攀龍、顧端文憲成所稱。密緯承家學，力學好古，工詩、古文詞，與潘一桂齊名。長子志騫，字集之，才而夭；次子瓚，字瑟若，負奇氣介性，亦工詩、古文詞，後避地湖州，城破，死。（《康熙志》）

《嘉慶志》曰：扶翼世教，務以行誼爲先；尚論古人，多以文章爲據。志中所録近代儒林，大抵以行誼爲重，顧或據《家乘》所載，或憑後裔所稱。至“文苑”，則有集可傳，即斷簡殘編，亦無不可窺其梗概。前志缺此一門，深爲疏漏，今詳審編次，深具苦心，以意逆志，俟諸來者。

按：《嘉慶志》此論良是。其所載國朝諸君子，自順治迄乾隆，凡一百五十二年，僅九人，尚疑采輯多遺。今據各文集、詩鈔及各《家乘》以至鄉耆、文士所稱道紀於筆録者，遍搜而詳考之，補編於内。其自嘉慶以來，人文輩出，采録彌多，書畫亦然，一皆從實，并非夸多濫入也。

國朝

冷士嵋，字又湄，號秋江，世居丹徒鎮。兄子晉以參戎守曲阿，死國難。士嵋痛雁行中斷，絶意仕進，以圖書詩史自娱，終身不入城府。大學士張文貞公歸里省親，嘗訪之，及還朝，招之不往。著有《江泠閣集》《緒風吟》。（餘詳見“陵墓”“士嵋墓”注。《嘉慶志》曰：士嵋人品極高，然置之“儒林”，轉不足以見其梗概。冠諸“文苑”之首，而人品之彰，亦從吾郡鄉先輩所推崇也。）

周宗藩，字維憲，號君益。郡庠生，家開沙。館維揚，積勞成瘵，四旬外即絶意舉業。披羅古今典籍，天文、地理、邊防、山海、人物無不悉究。編摩三十載，集三百二十卷，名《讀書鑑》。生平孝友，尤重然諾，其友人余公韓寄金二百，時有盗劫搶沙洲，宗藩挾所寄金遠避外，方寇退，覓公韓還之，其一介不欺類此。常鎮道胡亶將刊其集，未果。壽九十餘卒。（《開沙志》）

周綗，字子維。貌寢而唇缺，且短視，見者咸姍笑之，因自名曰瓠庵。生甫七月而喪其母，家人弗顧之，其庶祖母張氏獨收養之。兄經文名噪江左，教之讀，則大敏悟。稍長，遭家不造，復罹兵燹，困躓益甚，乃嘆曰：“天厄我形，必無以裕我生，我惟誦讀以終吾身，雖不得完吾形，將不可垂吾名乎？”於是悉取古今載籍晝夜精研，無間寒暑。鄉貢進士劉勿庵聞其篤學，以女妻之。所作詩文，盈箱累牘，海内争録以爲程。著書數百卷，又集前明諸家文，成八十卷爲《後八大家文鈔》。八家者，宋潛溪、方正學、李崆峒、唐荆川、王遵巖、歸震川、羅圭峰、茅鹿門也。所著書并詳“書目”。（《家乘》）

周詩，字林韻，初名緒，以其兄統罹法，改名以避嫌也。己亥遭亂，流離在外，而天資粹美，又勤學好問。難既平，乃習帖括，補郡諸生。所作詩詞，詩法温、李，詞學李後主，靈秀之氣，溢於毫楮，絶非時下掇拾餖飣者可及。顧生平嗜酒，且以亂離，故胸多磈磊，遂致疾卒，其才以酒掩。著述甚富，弗獲見於世也，惟家藏稿本而已。（《家乘》節略）

夏慎樞，字用修，號曉堂。康熙壬辰進士，改庶吉士，授編修。少時一目十數行，落筆千百言，里中稱爲奇才。吴江葉燮星期來潤，集文士爲會，慎樞日成七律三十首。年四十九始通籍。張文貞公愛其才，凡館閣有著作，必令其屬草。然久而不遷，罷官歸。藉館穀糊口，歿於金陵。所作詩文散佚不存，間有存者，率多游戲泛應之作。時人惜之，以爲潤州先達往往不肯提獎後輩，殆自張文貞始。或曰慎樞爲人不修邊幅，所遇坎坷，亦其自取也。（《嘉慶志》）

卞時欽，字君敕。以老諸生館於張氏，文貞公乃其受業弟子，文集制藝，多經點訂。（見《京江耆舊集》卞士宏小傳中）

劉維燿①，邑諸生，幼服賈。其兄某屢應童試不售，乃憤改舉業，期年游庠。好學勤讀，尤精金石文字，撰《焦山古鼎考》，陳天錫書之，時稱雙絶。所著詩載《京江耆舊集》。子行芳，字薑田②，有聲庠序，從游者衆，以歲貢生壽榜，欽賜舉人，加署正銜。著有《薑田文稿》，所著詩亦載《耆舊集》。孫克岐，郡庠生；克嶷，亦端士。克嶷子六，長坦，郡庠生，嗜古，尤精青烏術，言多奇中，爲母扦葬曰："此吉地也，然不可扦，扦必受禍。"遲迴久之，嘆曰："苟親體得所，禍福何足云。"既扦穴，閲日而歿。次文福，嘉慶壬申舉人，河南遂平縣知縣。六文定，早歿無嗣，以坦次子成忠嗣其後。（《家乘》節略）

章性良，字聖可，號江蘺。由諸生援例歲貢，考選教習。以詩、古文詞擅名，四方名士如魏冰叔及陳其年、徐亮直、潘江如、宗子發輩，皆與之交。維時潤之能詩者，自冷士嵋秋江而後，如何絜雍南、程世英千一、李穎合敬輿、張鐘諧聲夏、周玉立静植、李天塹西津、錢于邁師及③，能詞者有錢斌章采、高某南引，皆奉性良執牛耳焉。性良嘗與余江干書云："吾鄉自韋秋山、鄔龍門而後，詩學頗少傳人。二三十年之前，有捉筆爲詩者，輒從而譏訕之。近時諸君，以布衣之士，先後鼓吹其間，而吾黨之英，如何皇士、夏用修輩，翕然振起，風俗爲之一變。"又與王秋史書云："詩學自正嘉而後，五言則規模《選》體，近體則彷彿三唐。寬袍闊褎，貌似神非，碌碌因人，安能振興大雅？

① 按：文後稱"所著詩載《京江耆舊集》"，查《京江耆舊集》，未見"劉維燿"，然卷八載有"劉惟曜"詩一首，小傳云："字東馭，丹徒人，諸生。"或即此人。

② 按：《京江耆舊集》卷十載劉荇芳詩二首，小傳云："字遵矩，號薑田，丹徒人。乾隆庚子欽賜舉人，光禄寺署正。"故"行芳"或爲"荇芳"，"薑田"爲其號，其字爲遵矩。

③ 按："錢于邁師及"，《京江耆舊集》卷六載錢于邁詩，小傳云："字斯吉，一字野人，丹徒人，歲貢生。"

沿及近今，蛇神牛鬼，無不畢現，借温、李之派，引用宋、元稗史，止圖見者一字不解，以自文其陋，其實意味淺薄。而矯其偏者，仍踵正嘉前輩之習，蹈其真實銷亡之病。”然性良及絜等詩具在，所謂“蛇神牛鬼”，頗難盡免。其時惟夏慎樞天才開朗，而不自收拾，未得成家。惟余京苦心孤詣，不與衆同，獨探古人宗旨。沈德潛宗伯爲諸生時，館常鎮觀察魏公署，獨劇賞之。然京在當時輒被楚咻，即宗伯亦不免也。性良詩專主祧唐祖宋之説，未能深究正宗。惟古文雄詞浩氣，頗有所見。集中《與張處沖論文》二書，深中俗學之弊，其略曰：“僕之屈首於斯道者有年矣，性愛蘇氏之文，朝夕讀之，乃直瀉而少渟蓄。或謂柳州可以藥之，又生澀佶屈，不可收拾。於是縱觀博覽以擴其見，縱横上下以厲其才。今之爲文，鹵莽粗豪之習未盡除，而故吾未失也。”又曰：“明三百年，僅得歸熙甫。逮國朝，侯、魏、汪三子迭出，今海内作者，頗不易覯，正有志之士奮興之一會也。縱觀博覽，以深求古人用意之所在，使識益定而才益厲，是僕所期於吾子者也。”處沖負奇才，極推重性良，在師友之間，惜所學未竟而夭。又何家相者，字皇士，與性良交，且有姻婭，性良獨不甚稱之。顧其單詞片語，傳聞於老宿者，迥出性良輩之上。然則詩之傳與不傳，亦有數在於其間耶？大抵吾潤之詩，康熙前多宗性良，雍正後重開於余、鮑。古文則性良有獨長焉。刻有《種學堂詩文集》，宋商丘爲之序。又有《詹詹吟》《交翠亭集》，皆已付梓，今皆散佚不可見，然則當時之不甚傳，與傳而仍歸磨滅者，亦自有天道默司其間耶？（《嘉慶志》）

李天塹，字西津，諸生。爲章江蘺宅相，詩有傳授，古體多學昌黎，著《湛露堂詩鈔》。（《京江耆舊集》小傳）

何絜，字雍南。事親以孝稱，力學，以詩、古文詞自鳴，所交多一時名士。著有《晴江閣集》。鮑《志》（即《康熙志》，邑令鮑天鍾修）乃其屬草，同里程世英千一者爲之副。

余京，字文圻，號江干。先世徽州人，考念良，以賈家於潤。賀寬《江干詩集序》云：余子以詩人而隱於市人者也，以孝子而爲詩人所掩也。其不惜爲市人，所以成其爲孝子也。余子三歲喪父，母張矢共姜之節，食貧撫其子，自教之。余子聰慧异常人，十齡已博通經史。日則從市中取什一之利以養母，夜則一燈熒熒，母紡績，兒讀書，如是者十餘年。余子之詩學成，而母氏不禄矣。沈德潛《處士余江干墓志》云：潤州故多詩人。時風會尚宋格，江干不專一體，遇故里諸君分賦仿宋人，予客潤州，與定交，輒仿唐人。然不餖飣爲宋①，以浮廓②爲唐，陶冶性靈，有君形者存也。年益高，境益老，學益醇厚，從游者滿座。四方詩人過潤者，必經其廬。達官當路，每以余布衣一至爲重。而江干守往役，不往見之。義有先下交者，始以禮報之。《江干詩集》四卷，多沈所手

① 按：“然不餖飣爲宋”，當脱“以”字，沈德潛《歸愚文鈔》卷十七《處士余江干墓志銘》作“然不以餖飣爲宋”。

② 按：“浮廓”，沈德潛《歸愚文鈔》卷十七《處士余江干墓志銘》作“膚廓”。

訂，其孫由刻之，餘皆不存。又戲作《賣詩啓》，甚佳，未刻，老師宿儒猶能口誦也。（《嘉慶志》）

鮑皋，字步江，號海門。年十齡，矢口輒成章，有奇童之目。家貧無書，詣人借讀，人或厭之，急索歸，而書已在其胸中矣。今《海門初集》中《鐵琴賦》及小樂府數章，皆二十以前作也。皋貧不能養母，游廣陵。博陵尹公會一爲兩淮都運，見其詩，大奇之，稱之於稠人中，且厚資之，於是詩名大著。尹公《海門初集序》云：京口鮑生，幼擅雋才，詩名蚤著。余歷官淮揚時知之最深，曾以鴻博薦。開府諸公，馳檄交徵，不就。詩且日進，得乎温柔敦厚之遺，迥异浮華放浪之習，余益重其人焉。尹公喜宋五子之書，詩人宗旨，未暇深入。獨於皋深相傾倒，不啻口出。前輩愛才之真，有出人意外者。顧其時，杭州厲鶚樊榭方樹詩幟於揚州，好名之士翕然宗尚。往往以餖飣爲博，以纖巧爲新，有色而無聲，有詞而無氣，有文而無情。皋詩出入《騷》《選》，胎乳六朝，而折衷於盛唐諸大家，時人多弗能解。後十數年，其子之鍾以詩賦召試，賜中書。之鍾才名震於江之上下，人乃并其父，稱之皋少。與同邑錢爲光友善，爲光苦心於制藝，然深知皋詩，嘗用其詩法於時文，輒獲售，至成進士。皋亦用其文入詩律，今《海門集》中細評多出其手①，頗中窾要。桐城劉大櫆以古文詞及詩雄視當世，顧獨賞皋詩，爲之序，贊嘆不遺餘力，見《海峰文集》。皋三女之蘭、之蕙、之芬皆能詩。其適張與徐者，夫婦能相倡和，亦佳話也。里中學其詩者，陳深璺淙得其豪宕，劉夢僖蕙圃得其冶麗。又法重正西坪官高寶河營守備，工於詩，鄉里諸詩人至，必禮下之。爲詩多仿鮑家格律，亦詞壇宿將云。（《嘉慶志》）

張曾，字祖武，自稱石帆山人，培風閣修羽先生六世孫。畏習舉子業，惟喜作詩，與步江齊名。初，潤州雖多詩人，然宗尚宋體，非苦生硬，即涉俚俗。余江干雅音獨振，頗病楚咻，暮年見二子之詩，大喜曰："是真唐音，足以張吾軍矣。"蓋步江詩原本六朝，而才氣凌轢，在太白、昌谷之間，曾詩彷彿儲、韋，而雜以賈、孟、皮、陸之別韵，皆能自立家，非貌爲唐人者比也。曾性不諧俗，詩工而家益貧，放浪京口、維揚間。又單車走京師，卒罕所遇。耳食者見其貧，益輕薄之，以爲詩不如步江，益憤甚。時沈侍郎德潛予告歸里，曾挾詩謁之。沈特賞曾詩，爲製序，又手書其所著四律，鋟板以行。然卒莫能振其貧也。曾爲人不修邊幅，甫與學士大夫揖讓於華堂綺席之前，旋就市傭厮養轟飲大叫顛倒於市上。京口駐防漢軍有喜詩者，輒從之游，人或誚曰："石帆山人所共談詩者，幾老兵耳。"然駐防中若闞雪江、賈文山、殷芷溪詩頗佳，惜裁汰後，失其稿。曾一日遘步江於道，曾面目黧黑，以破笠覆面，步江大笑曰："真飯顆山頭人也。"曾曰："汝竟以太白自命耶？"江上有詩人黄�者，愛其詩，構月波詩屋，延之居，未數月，輒怒去，以故人益罕近之。晚益頹放，多吟詩於茶寮酒肆，或謳吟道上，

① 按："《海門集》"，鮑慶熙《新安鮑氏承鳳派支譜正編》卷四録王文治撰《海門公詩傳》作"《海門初集》"。

蓋亦漠然無所向矣。所作詩隨手散去，今所存乃沈公序而刻之者，皆少作，凡八卷。（《嘉慶志》）

法重正，字祖直，號西坪，又號觀仙。官高寶河營守備。初守江防，瓜洲日就崩坍，進碎石之策，岸遂以固，嵇文恪、尹文端皆嘉其績。嘗赴淮浦，至板閘，風起舟覆，詩稿盡失，後復輯《汩餘集》八卷。尹文端謂其才氣豪邁。又著有《史獵》《裁雲樂府》《箇齋隨筆》。妻徐氏，貢生徐時允女，亦能詩。子嘉蓀，先卒，自有傳。

管兆桂，字秋巖。善醫，少時與張石帆、鮑海門諸詩人結浣花社以祀少陵。久客京師，歸，梓其詩四卷。

李御，字琴夫，號蘿邨，晚號小花山人，邑諸生。少時美風儀，服御鮮麗，望之若游閑公子。詩亦如其人也。潤自江干暨步江、石帆，先後以能詩稱，一時擅吟咏者頗多。每春秋佳日，携酒壚硯匣，登臨而憑吊者，相望於林皋矣。余氏之橋西草堂，祝氏之見山樓，茅氏之有香草堂，郭氏之舫樓，張氏之澄華室，黄氏之月波詩屋，以及僧心潭之蕭爽閣，道士趙桐門之大石山房，皆其地也。詩之工者，有殷成柱石琴、陳鵬程扶青、郭家駒立齋、萬涵少滄、黄瀠月波、僧本悟心潭、道士趙本立桐門，與御追歡醵飲，殆無虚日。諸子中，殷詩清而健、陳捷而縟、郭寒而幽，萬整練、黄峭拔，心潭韵勝、桐門法優，御獨兼諸子之長，諸子皆自以爲不及。然御雖奄有衆妙，終以鮮華雋上爲歸，其性情然也。諸子中，殷、郭最介，陳、李最通，有時持論不合，争執若讎仇，旋復釋然。一日，集月波詩屋，御戲狎過甚，殷厲聲斥之，御俯首不敢言，蓋殷之爲人尤爲衆所嚴憚云。御好飲及博，最畏爲時文，即詩亦憚作，俟興到乃成，坐是屢躓場屋。厥後，同學王文治以第三人及第，官編修，招之入京師。甫至，王亟出其詩示諸同館，時館閣諸名家，若侍御蔣和寧、修撰畢沅、編修蔣士銓、諸重光、童鳳三、宋銑、中書狄繼紳、董潮，見其詩，極口嘆服，相與訂交，共輸金爲之入太學，勸應京兆試，以魁解期之，然終不售。揭榜時，諸公多在棘闈未出，而御已飄然歸矣。御在京師時，商丘陳中丞方以知府謁選，陳爲迦陵檢討從孫，家傳翰墨，携以自隨。嘗出《迦陵填詞圖》索都下名流題咏。諸名流題畢，始及御，御援筆立就，詩曰："祭酒尚書事愴神，名花垂老伴前身。何如坐對傾城客，却是滄桑局外人。"見者無不傾倒，以爲一時名流無此作也。御既歸，旋游大同。歸，益貧，且苦老病，常寄迹僧寺道院中。所作詩甚多，竟未能手訂而卒，悲夫。（《嘉慶志》。按：至道光間，同里詩人搜其遺稿，刻《小花詩集》行世。）孫志，字脩齋，工詩，有集。

程夢湘，字荆南，號衡帆。乾隆乙酉拔貢，廷試一等，揀發湖南，以知縣用。歷署桂陽、清泉縣事。夢湘童子時即喜爲詩，常親近鮑海門、張石帆諸夙學，又與王夢樓、鮑雅堂諸子爲昆弟交，相與唱和無虚日。其詩以高古澄淡爲宗，出入孟、韋，兼涉皮、陸。所業既成，至金陵謁袁簡齋太史。太史奇才博學，一時有龍門之目。時皇上南巡，屢行召試之典，東南名士畢集於金陵。太史皆延接之，顧尤喜夢湘之詩，以爲語必成家，不愧古之作者。夢湘性詼諧，有曼倩滑稽之風，諸名士樂與之游，詩名益震。及出爲縣令，常在湘雲衡岳間，勝地名山，足以供其吟咏。雖因公被讁，而踪迹仍得旅寄湘潭，以詩學導楚南學者。歸里後，復往來東粵，游踪益遠，詩境益增。覽其詩者，但覺其天懷宕逸，清興翛然，絶不知其爲奔走風塵之官，且所遇或不自得也。著有《氿上吟》一卷、《松廖山館詩鈔》十卷、《續集》十卷，又《粵遊草》三卷，未刻。少時與夢湘同學詩者，嚴進士本、王孝廉朝鼎後名澐，又法秀才嘉蓀，重正子也，俱負雋姿，惜早卒。(《嘉慶志》。按："文苑"本不徒以詩見。吾潤詩人，自乾隆至道光間，名流甚衆，各有詩刻，其稱最者自宜載入。而亦有以論説著書名者，雖不工詩，當俱登録。）弟沅，己丑進士。朝考與鮑之鍾、柳蓁、嚴本俱前列，爲上所疑，均歸班選知縣，升同知。詩與夢湘齊名，惜後嗣衰絶，集皆散失。

程兆熊，字隱磻①。其先歙人，僑居丹徒，遂爲丹徒人。布衣工詩，詩宗唐律，抒寫性情，不干名譽，每折衷於張石帆。友則王半舫連城、鮑論山之鍾、法漢槎嘉蓀諸子也。著《澡雪吟》三卷，張、鮑、法三子皆有序。（張曾《序》曰：程子隱磻，家本新安。髫丱喜誦《國風》《離騷》，性耽韵語。每過予説詩，爲之解頤。稍長，舌耕奉母，弱弟早喪，艱窶萬狀。然隱磻雖值凶荒，猶行吟市上。購古書籍，寒暑手一編，燈爐呷唔不輟，苦思力索，必求古人意趣之所在。與王半舫爲性命交，兩人貧境略同。半舫酷嗜予所刻古詩，歌行百韵皆背誦不錯一字，余作長歌贈之。半舫纔二十八，加昌谷一歲，今死矣，無知隱磻者。隱磻每話及半舫，汨涔涔下，輒哽咽失聲，隱磻之爲人可知矣。隱磻不汲汲於己之詩，爲半舫搜輯遺稿，此豈世之妄庸盗竊，附和一二巨公，樹幟騷壇，貌爲贋古者，可同日而語哉！隱磻攢眉苦吟，千錘百煉，或終日不成一句，終歲不著一字。每得一章，有未安未穩處，必淘之汰之，盡改而後已，故所作者多而所存者少。争在千古，不博一時之譽，能自信於己，方有今世之傳，用功也深，收名也遠。隱磻年甫三十，能自樹立，不苟同於人，與古暗合，則又無不同者。以"澡雪"標其吟卷，實獲我心。願隱磻加之歲月，沐浴於古，澄其清，著其潔，雖然白雪之白，陽春之曲調彌高，而和彌寡也。余窮愁寂寞，常思得一二布衣，如君家松圓老人，追逐於荒山大江之濱而不可得。世有虞山，隱磻亦不藉以爲重，而反以予爲老馬，虚衷下問，諳予論次刪存凈本若干首，海内巨眼必有知《澡雪》之詩如松圓《浪淘》之集者。乾隆二十九年歲次甲申春二月下浣三日，石颿張曾拜撰於起鴻堂之東閣。法嘉蓀《序》曰：夫詩之學有自來，昔人三百篇之作，原以道性情，輔名義，故其爲興爲比爲賦，皆有精致存乎其間。是在學詩者善爲體會，庶不失風雅之真。迨至漢魏，句體亦本自風人，要不離古文格，而作詩則以氣概相勝。晉及五代，即專尚詞華，惟唐克兼而有之。其學識、義理、情興畢備者，惟盛唐爲然。而至中晚，漸鄰於輕淺纖薄，巧意靡浮之路漸從兹長，不逮盛唐。既幾乎徑庭，然其不失爲唐者，以詩情、詩法、詩趣尚見於聲音節奏間，而風雅之遺猶藉以不墜。後至五季之雕鑿與宋之著解，論理而置意興，略自然，少藴藉，風期去古愈

① 按："磻"，原作"蟠"，據下録張《序》、法《序》、鮑《跋》等改，下同。

遠。明代之興，名人蔚起，鑒四朝之失，戒偏跛亂法之吟，以剽輕粗鄙及諸疵累爲譏，咸思復三唐之舊。然雖極意揣摩，而渾樸雋逸者鮮，矯揉造作者多。於三百篇之精意若存若亡。今之談西昆、仿元祐，才情尚有不及，何望於唐？未盡失者，惟卓卓然清名大節，輔世持風，或山林泉石，一室黯修者，十數人耳。隱磻程君，其先本歙人。家貧力學，重朋友，明節義，不亟亟於世名，遇俗人避之如仇。税居於陋巷中，舌耕以奉母，固囂囂然自以爲樂也。戊子冬，與予訂交論詩，有針芥之投。今春始以全稿屬序於余，因得讀其古今諸體，真能探精粹、抉奥源，不挾一好，不鳴一長，而要其詩法、詩情、詩趣無不以唐人爲宗主。使自此吾兩人互相砥礪，以精求將見由中晚而初盛，由唐而漢魏，由漢魏而三百篇，所以淑性情、著名義者，亦賴是以不泯，豈日立言之一節小補云爾哉？是爲序，漢槎弟法嘉蓀拜書。又跋其《三十一人小傳詩》云：嘗讀《高士傳》，愛其志在發明幽隱，寫絶塵離垢之行如在目前。然其中尚有顯揚當世者。隱磻作《三十一人小傳詩》，惟取逃名之士，不獨高爵位者去之，即已經表揚亦闕而不録。其立意深厚，過於儕輩遠甚，而文筆之高潔，詩格之清新尤爲著作家所難。噫，世之人惟知趣赴於一時，苟語以發潛德、著幽光，不嗤則怪之矣。此古人所以有藏之名山，傳之其人之論也，如我隱磻不誠與古人比志者耶？閲畢，爲録一本，藏於五峰山中。鮑之鍾跋其《小傳詩》後云：生民之秀，所在多有高人畸士，居不擇鄉，莫爲之後，雖美弗著。程君隱磻績學工詩，雅志文獻，即所見聞，都爲一册。詞不取繁，而梗概略見。詩語清奇，雅如其人。嗟乎！岩穴之士，湮没不彰，何可勝道？如我隱磻，自傳傳人，可謂篤於氣類者矣。余嘗有志輯諸存殁，附之簡編，以吶於詞，未獲有就，對隱磻有深愧焉。他日，欲借隱磻之作爲粉本可乎？乾隆庚寅秋九月論山鮑之鍾識於小紅蘭館。按：程隱磻作《三十一人小傳詩》，其傳有僧一、道士二，應入“方外”。又張石騮已詳舊志，見前。其餘二十七人悉摘其小傳，此列於後。)

方泰，字大士，晚號石屋老人。畫師吴紫園，詩學冷秋江，皆能入其堂奥。温言古貌，望之如仙。

王巖，字山客，自號青崖道人。妻亡無子，獨居半軒三十年。未嘗設釜竈，日飲美酒數杯，讀《易》畫蘭，幽懷自得。

吴石，字補之，别號力田翁。同里王翰林愛其才，以女妻之，裝佽甚厚，吴不悦，盡却之，妻亦能從其志。妻死不再娶。日坐臨河一小樓，牙籤金石，位置楚楚。楷書直追二王，蘭、竹、山水，皆登逸品。

曹鼎，字象州。性和易，遇人勿問年輩，雖子侄家伻，皆怡聲霽色。没齒未談人過。詩文平易，亦如其人。晚營數畝於麗春臺下，日共田夫牧竪盤桓於阡陌間。

景鶴年，字百里。性幽潔，雖忍飢猶薰香植花木。能詩善畫，琴推江鄉第一。

萬磐石、闞修五，皆三韓人，居京口，皆以字行。萬高談雄辨，喜爲人排難釋紛。闞清修静默，鼓琴自怡。二子布衣韋帶，好讀古書，爲鄉里所重。

汪之湄①，字伊在，號蓼江。鬚眉清古，襟懷高潔，茗甌書卷外，别無他好。嘗著紅桑木屐，臨風獨立，儼如雲際寒松。

梁振宗，字古愚，號蓮亭居士。暮年無子，三女又遠嫁，身寄荒庵，賣字自給。五言悲壯，得老杜遺意。雖不存稿，如“家貧愁有婦，身老嘆無兒”“只愁生有病，不怕死無棺”，固已傳播人口矣。

蔣徵輿，字轅文，號梅溪詩老。② 身瘦如鶴，目無一尺光，每出，觸人肩背，撚髭苦吟，寒暑不輟。

沈巨，字也村，其先閩人也。終身不娶，好談《易》《老》之學，掀髯戟手，目光灼灼射人，聽者無不撟舌。親墓在八公岩畔，月必三往，低徊涕泣，至老不衰。

章慎，字萊軒，江蘺先生季子也。孤高絶俗，雖飲水食秕，未嘗一出干人。日與老妻唱和，考槃之樂，人比之趙寒山。妻，張處士則之孫女也。

張槎，字秋渚。性豪放，工詩，善飲酒。嘗游齊、魯、燕、趙，復游滇、黔。晚於城南村落間灌園賣藥。屋邊老樹，門外清流，望而知爲高人薖軸也。③

陳璋，字湓中，號或庵。書畫詩文，無不入妙。詼談雅謔，一座傾倒。少客京師，出雁門，窺九邊，南登衡岳、蒼梧，泛洞庭而返。晚年有脚疾，去杖不能十步行，閉門却掃，卧游一室。

萬涵，字少滄。愛象山幽秀，又號石公山人。詩詞、書法、水注、山經以及星緯、算數之學，靡不精曉。輕財重義，有古俠士風。所著《櫟堂詩鈔》，已刻行世。

殷成柱，字隺邨，號石琴。④ 性清介，對之如寒冰百尺，可望而不可即。所著《雙榴館隨筆》若干卷，考論贍博，可翼經詮史。

張治，字江亭，故大將軍思恭孫也。丰標玉立，兼兼頗鬚，望之如薄笨車中人。以友朋爲性命，揮黄金如泥土。宰浙東十餘年，歸裝止古書數帙，圖章一匣耳。

陳汝山，字彩儀。⑤ 愛山水，好賓客，喜啖蒜，雖冱寒，身不衣絮。爲人渾樸少文，詩亦如之。

徐世安，字志東，號旭林。賣藥河干，坐卧一土樓，畫竹題詩自娱，墻壁皆滿。

周曾培，字佩三。自海上歸，更號虚槎。兩弟宣仲、季明皆能文善畫，日聚講於一堂，雖昆弟而兼師友，里人以姜肱、楊播目之。

張瑄，字宗璜，號埜亭。⑥ 居家孝友，爲宗族楷模。中年有耳疾，不能了了人語。

---

① 按：“汪之湄”，《京江耆舊集》卷十“梁振宗”條下注：“程隱磻《江鄉詩人小傳》……江之湄，字伊在。”可見此處“汪”當爲“江”。

② 按：《京江耆舊集》卷十“蔣徵輿”小傳云：“字梅溪，丹徒人，著《梅溪遺詩》。”

③ 按：《京江耆舊集》卷十“乾隆朝”下録張槎詩一首，小傳云：“字香濱，丹陽人。乾隆庚子舉人，官新淦知縣。”不知兩“張槎”是否一人？俟考。

④ 按：《京江耆舊集》卷八“殷成柱”條下小傳：“字石琴，號芷溪。”

⑤ 按：《京江耆舊集》卷十“梁振宗”條下注：“陳彩儀，字汝山。”

⑥ 按：《京江耆舊集》卷十“梁振宗”條下注：“張瑄，字埜亭。”

築數椽於江上，蒔花洗竹，觴咏其中。

李輝仁，字静夫，號醉石。耽吟成癖，喜爲蝦蟹寫生，不讀唐以後書。性介寡合，惟慕方石屋先生之爲人，嘗面稱弟子云。

王厚，字德崇，號玉峰。少游太學，不肯作拘儒。豪邁忼爽，視金錢如瓦礫，友朋緩急，傾囊弗惜也。年四十，始試吏粤東。親老終養，歸，橐中所携，止端溪硯石數枚，《游草》一卷而已。

程林，字周柏，號青壑，隱磻叔也。能鼓琴，善隸書，山水自成一家，與石濤和尚、羅山人、牧庵争席。隱磻嘗問："叔何所師?"林曰："我之粉本，在瀟湘雲水間。"

卞思忠，字心言，號雨邨。① 少事帖括，尋弃去。書畫鐵筆，妙絶一時，能摹宋元諸家筆法。纔一脱稿，富兒争購去。若署卞生名字，即千丘萬壑，無一問津者。

劉魔，字松磵。本名緒，因出語狂誕，人共呼曰魔。以琢硯爲生。又自號石隱。每潑墨作古藤怪石，得柯丹丘筆趣，亂頭粗服，踽踽凉凉，頗有自得之意。

王連城，字楚玉，號半舫。有書癖，一編遮眼，拱揖不去手。有《遺草》一卷，程隱磻惜其蚤死，搜輯之。（餘見前"孝友"張石帆詩序序中②）以上二十七人俱隱磻《澡雪集》中小傳，其間有以書畫傳者，因照原本録出，概不另載。

法嘉蓀，字漢槎，諸生。③ 博學工詩，詩法三唐，嘗爲程隱磻序詩，皆自道甘苦語。（序見前）早卒。（《嘉慶志》：惜之。）著有《養疴讕語》若干卷，記所見聞，足資考訂。

鮑之鍾，字論山，號雅堂，父臯。（傳見前）之鍾天才英敏，年十一二，擬昌黎《原道》，作《論説》數千言。讀書目十行，中年後，猶一過覽二十行，記一月不遺隻字，少所見者，老皆背誦，蓋夙慧深也。年十六，補諸生，旋餼於庠。壬午召試，于文襄公引同郡嫌，抑入二等。乙酉選拔，復應召試，擢第一，詔賜舉人，授内閣中書。先是，以《初月賦》《寶劍篇》受知於劉文清公。後梁文定公視學皖江，招入幕，一見倒屣，自謂不如，文名遂振大江南北。奉諱後，己丑成進士，廷試已列第一，閲卷者各引所知，擠第六④，而朝考首選者爲上所疑，之鍾適第二⑤，遂俱歸班，不得入詞館。初，父臯之卒也，遺命曰："英侍郎廉，余詩文交，計偕可往謁之。"之鍾以才自負，且嫌迹近干謁，卒不往，而其時擠之者，即英，故其《哭英》詩曰："策竟遺才叔⑥。"蓋謂此也。奉承制歸，旋丁母憂。葺寶蓮庵，嘯咏其中。蓄一驢，出必跨之，徜徉山水間凡六

---

① 按：《京江耆舊集》卷十"梁振宗"條下注："卞思忠，字雨邨。"

② 按：此注有誤，前所及王連城事見前《孝友》及《文苑》"程兆熊"條張石帆《序》中。

③ 按：《京江耆舊集》卷十"法嘉蓀"小傳："字辛侣，號知白，丹徒人，諸生。著《知白詩鈔》。"李斗《揚州畫舫録》卷十："法嘉蓀，字辛侣，丹徒人。"

④ 按："第六"，鮑慶熙《新安鮑氏承鳳派支譜》卷四録湯顯業撰《雅堂公傳》，作"第五"。

⑤ 按："第二"，《新安鮑氏承鳳派支譜》卷四録湯顯業撰《雅堂公傳》，下注："按，'二'，應作'三'。"

⑥ 按："才叔"，《新安鮑氏承鳳派支譜》卷四録湯顯業撰《雅堂公傳》，下注："按，'才'，應作'方'，见《宋史·李廌傳》。"

閲歲。及辛丑授官，而和相國珅當國矣。和嘗延教其子國倫額駙①，堅不就，和深銜之。故癸卯、丙午典貴州、廣東鄉試，甲辰、丁未分校禮闈，乙巳擢宗人府主事，己酉遷禮部員外郎，壬子晋户部郎中，或循資格，或簡帝心，非由汲引者。其典試也，衡校無纖芥私，所得皆知名士。粤俗富多夤緣，和相使賙歸裝，將中傷之，而蕭然行李，以清介自全。己酉考試差，上索詩草閱，移晷數問名。時聖壽八旬，記事异曩昔，誦之鍾名，升輦去。越日引見，又問不已。劉司農秉恬謂今尚書方公維甸曰："鮑儀郎當不次擢。"方曰："恐未必然。昨和相愠色自言：'彼遂欲結主知耶?'始不解，今知其意在儀部也，忌深矣。若何?"後果不奉使，兼奏削府道記名。其遷郎中也，引見，上以《國語》獎之曰："他欽國爾敏，謂學問長也。"聞者咸异。而和相勢方盛，托庇者相繼登八座，甚者納侍姬，稱養子，皆旬日自下秩入居津要。和總農部，之鍾爲其屬，或顧謂頻詣和，之鍾曰："我遭遇類崔駰，依附薄班固，且以書生受上一日知，官五品亦榮甚，不能屑屑造權貴門也。惟歲時投刺，則庶僚禮耳。"同輩皆咋舌，憚其風骨，而竟爲和所抑，官郎中十有五年不得調。會純廟升遐，之鍾哀感，居私邸輒失聲哭。時年六十，精神日衰，傷悼中之，益不得寧，尋得疾，至壬戌卒於官。之鍾性篤孝友，家祭恒欷歔流涕。弟之鏞先卒，撫五孤侄如子。好爲人延譽，謀事務盡心力不自委。當浮沉郎署時，每以汲引寒畯爲己任。又嘗謂："生平嗜好有四，花、月、茶、酒耳。"每月夕，自初旬至生魄，必送之落，然後寢。母陳恭人及三妹之蘭、之蕙、之芬皆工詩，故語所親曰："一生得飲酒賦詩，兒輩能讀書安命，我願足矣，生産非所計也。"其胸次高雅如此。著《論山集》十五卷，梓行海内。子遵，品學亦相肖。（青浦湯顯業撰《鮑公傳》）

王文治，字禹卿，號夢樓。生有夙慧，十二歲能詩，生平吟咏之工，入唐人之室，與分席而處。書法則如米元章、董香光，嗣統二王，天下士共推，無异論者。乾隆癸酉拔貢，廷試入都，與諸名士唱和無虚日，公卿皆延禮之。翰林侍讀全魁册封琉球，邀同渡海，颶風破舟，遇救不死，作《海天遊集》。己卯舉順天鄉試，庚辰會試中式，殿試一甲第三人，成進士，授編修。癸未大考第一，擢侍讀，充國史館纂修。壬午順天鄉試同考官，癸未會試同考官。出爲臨安府知府，王師征緬，督運糧餉，受烟瘴，引疾歸。主講浙江敷文書院，一時名宿盡出其門。既而薄游陝洛，所至悉以名師尊禮之。又至性過人，弟宦楚，視之者再，友愛如孩提時，見之者無不感服。嘘植寒畯，必得其所而後已。晚年悟道，發揮微妙，旁及禪悦。年七十有三，端坐而卒。蔣宗海續修志稿未成而殁，文治續成之。里紳同纂事者，茅元銘、張明謙、張鋆、張廷詠、孫焯、魯銓、胡培、馮錫宸、劉植、韓璟、韓芬、鮑文逵、郭恒也。同校閲者，蕭文瑛、王澐、楊哲人、張秉鈞、何菁、蔣穮、陳星、嚴士榜、張深、鄒錫純也。文治晚年雅嗜聲曲，與吴門葉廣明有同好，葉訂《納書楹曲譜》，文治爲之詳審音節，點定後盛行海内。著《夢樓詩集》

① 按，"國倫額駙"，應是"固倫額駙"。《新安鮑氏承鳳派支譜》卷四録湯顯業撰《雅堂公傳》即作"固倫額駙"。

二十四卷，及制藝、文賦，皆膾炙人口。又著有《快雪時晴法帖》，道光中纂修國史館臣奏請編入文苑。

張明謙，字嘯坡，號振谷，[①] 丹徒人。生三歲而孤，事母以孝聞。好讀書，工時藝，引据經史，如自己出。乾隆辛卯進士，改庶常，散館授户部主事，遞遷郎中，擢江西吉安府知府。明謙素有治才，吉州民俗頗刁健，獄訟繁興，率屬公正，吏不敢干以私，有上控者，細心研鞫，無不畏服，在任八年，幾致刑措。旋以母老，請終養。歸里，猶秀才本色也。督諸後進就學，親爲長課，肄業門下者多擢高第，問字者無虚日，而明謙益娓娓不倦。同鄉蔣春農倡修縣志，公正自矢，引明謙爲助，左右之不遺餘力，其淹博可以備稽考，而内省無瑕，則紳士皆受範也。初，艱於嗣，年六十而生子群，以爲公道之報，而明謙亦下世矣。余至丹徒，觀志稿，都人士屬志其學行，而於志有輔成之益也，故傳之如右。（《嘉慶志》，萬廷蘭撰《四君傳》。）

高從龍，字玉坡。[②] 乾隆庚辰科副榜，力學不倦，夏夕多蚊，苦熱，乃以兩大罎赤足盛其内，讀常竟夜。嘉慶初，舉博學鴻詞，其科未果開，赴京而歸。著有《玉坡文集》《玉坡雜著》《韻典析疑》，刊刻行世。

殷寶山，諸生，居東鄉。乾隆間，作萬言書言時政，呈劉學使求轉奏。同郡某相國，其姻婭也，曾爲所輕，銜之，以殷著詩名《丹鳥集》，謂“丹”隱指“朱”，有思慕前朝之意。[③] 部議集中有詆朱氏語，得末減軍口外。殷輂經史有用書隨行，講學其間，風爲一變，士人敬之，私立生祠。守土大臣入覲，上必問曰：“殷寶山猶安分否？”卒赦得歸。（《姑存集》，又見《花間笑語集》。）

陳尚志，字道寧，晚號菊農老人。本丹徒開沙人，遷金陵入籍，乾隆五十四年復歸丹徒，居千柳村。童試江寧，邑令袁枚首選，補諸生，旋食餼。壬午舉人，應聘主講鳳翔書院，授廬州訓導。罷官，受制府畢沅聘，入書局修書。生平言笑不苟，安貧著書。著述頗富，後遭兵燹，惟餘《清新樓詩集》一卷。子三，長德裕，字振唐，有神童之目，試輒冠軍，早卒，著《筠心堂集》。次鏊，字薌田，嘉慶戊午舉人，授淮安訓導，著古文甚多，有《聊徐集》行世。三贇，字筠洲，諸生。孫兆琛，亦諸生，著《澹皆詩草》。（《家乘》）

張若筠，字竹鄰，丹徒人。好學，於書無所不讀，聞有异書輒重價購之，或手自抄

① 按：《京江耆舊集》卷九張明謙小傳：“字振谷，號嘯坡。”又清人朱珪《皇朝詞林典故》卷五十五“題名”於“館選乾隆三十六年辛卯”條下録有張明謙，下注云：“字振谷，江蘇丹徒人。散館改主事，官至知府。”故其字當爲振谷，嘯坡爲其號。

② 按：《京江耆舊集》卷九高從龍小傳：“字雲墀，號玉坡。”

③ 按：《掌故叢編》“徐述夔詩案”附“殷寶山案”載“乾隆四十三年八月二十七日廷寄”：“據劉墉另折奏稱，有丹徒生員殷寶山當堂投遞狂悖呈詞，并於其家中搜出詩文二本，語多荒謬等語。殷寶山所呈《芻蕘之獻》，深詆士習、民風、吏弊，并以爲耳聞目見，無一而可，其人必非安分守法之徒。但所言猥瑣，轉可置之不問，至閱其《岫亭草》内《記夢》一篇，有言‘若姓氏物之紅色者，是夫色之紅，非即姓之紅也，紅乃朱也’等語，顯系指稱勝國之姓，故爲翁子徽國之語以混之，尤屬狡詭。”

謄校勘，矻矻不少休。同邑蔣舍人宗海藏書三萬餘卷，多善本。君所藏逾二萬卷，而法書、名畫、吉金、貞石之文别爲卷軸，不在此限。京口士大夫收藏之富，推此兩家。君性簡重，寡言笑，不妄交人，晚年益屏人事，掃一室，日坐卧其中，子弟僮僕非召呼不至前。沉潛玩索，神凝氣寂，過之者以爲無人也。與兄自坤、弟堂相友愛，家有園亭竹木之勝，兄弟并能詩善飲，精鑒賞，暇日具壺觴，召朋舊，流連唱和，互出所藏元明人書畫，品題甲乙以爲樂。坤子崟、堂子鉉及君之子銓亦能詩，崟兼工畫。揚州某氏藏書爲江淮間第一，其子孫不能守，君聞，即冒風雪渡江，購得宋槧書數部以歸，崟爲作《風雪載書圖》，一時名士皆爲之題咏。京口多佳山水，君興至即出游，愛八公洞林壑幽邃，讀書深雪精舍①者數年。大江南北名勝之區，屐齒殆遍，而杭之西湖凡七至，其好游如此。君少以諸生高第，食廪餼，有聲場屋間，屢試不遇，循例貢太學，遂不就試。其居鄉，睦婣任恤，樂振人之乏絶。嘗以田百畝爲書院諸生膏火資。邑有留養局以養鰥寡孤獨貧乏之人，君以田四百畝佐其費，鄉人德之。嘉慶三年卒，年六十四。著有《百泉漁長詩集》若干卷，又選京口耆舊詩爲《蒙拾集》四卷。（丹徒訓導劉台拱撰《張君傳》）於鮑海門爲忘年交，鮑雅堂爲詩交，錢紫芝爲文交，程春帆、程衡帆爲同筆硯交，王夢樓爲談禪交，李琴夫爲飲交，潘蓮巢爲書畫交，劉端臨爲神交，懶真僧爲方外交，何江樓亦爲忘年交，程衡帆《松廖山館詩鈔》乃其手編。其選《蒙拾集》也，效前明《幽光集》例，搜求江鄉逸稿，不及顯達。（《家乘》節略）

戴純，字渭川，號尊浦②，學者稱尊浦先生。乾隆丁卯舉人，以詩名一時，如諸城劉文正公、大興朱文正公、翁覃溪學士、同里鮑海門徵君皆推重之，海門嘗謂人言："里中風雅之士，以尊浦爲稱首。"嘗游齊、魯、燕、晉間，主高平書院講席，輯《高平縣志略》。春官十上，不得志，以知縣俟銓借補浙江鳴鶴場鹽大使。癸卯、丙午分校浙闈，所取皆知名士。著《春萍集》十二卷，梓行，鉛山蔣士銓爲之序，錢塘袁枚爲之跋。詩入《京口耆舊集》③，江都符保森采入《國朝正雅集》。

張崟，字寶崖④，號夕庵。博學，工詩善畫，叔若筠藏古書畫甚富，崟得盡覽之，故其畫擅絶一時。著有《晴佳閣書畫摘鈔》及《逃禪閣詩集》八卷、文二卷。嘉慶邑志，崟與纂修。堂弟鉉，號舸齋，著《飲緑山堂詩集》。子深。

張深，字叔淵，號茶農⑤，又號退聽居士。嘉慶庚午鄉試第一，由考取教習選授山東博平縣知縣，改廣東補授大埔縣及新寧縣知縣，署潮陽縣事。以禁民械鬥被害。（卹典載"忠烈"傳，又見"宦迹""書畫"。）深承家學，雅好吟咏，并工畫，歷官幾三十

---

① 按："深雪精舍"，俞樾《薈蕞編》卷十一據《劉台拱集》録張若筠小傳，作"深雲精舍"。《國朝耆獻類徵》初編卷四百四十亦據劉台拱所撰《張若筠傳》，作"深雲精舍"。

② 按：《京江耆舊集》卷八戴純小傳作"字尊浦"。

③ 按："《京口耆舊集》"，應作"《京江耆舊集》"，清張學仁、王豫輯録。

④ 按：馮金伯《墨香居畫室》卷七"張崟"條："張崟，字寶嚴（按，'嚴'或當作'巖'），號夕庵。"張崟《逃禪閣集》署"丹徒張崟寶巖著"。故當爲"寶巖"。

⑤ 按：《國朝正雅集》卷五十九張深小傳云："字叔淵，一字茶農。"

年，未嘗廢學。著有《悔昨軒詩集》四卷行世，震澤張履、番禺徐灝皆有序，南海李長榮采入《柳堂詩録》。

楊試昕，字時庵，太學生。① 少與弟鑄聯吟成卷，名《棣華吟館集》。年四十四卒，著有《清響閣集》。(《盟鷗溆筆談》云：予在京口，與吴樸莊輩結七子吟課，一時稱盛。樸莊殁後，復得楊時庵繼之。時庵性情篤摯，以友朋爲性命。徐雪廬卧病平湖，偕石遠梅走數百里問訊其家。遠梅卒，偕予往吴中哭之。士大夫慕其古誼，過京口、邗溝者，必以得見爲快。詩筆清雋，不落中晚以後。)

楊鑄，字子堅，一字石瓢。② 年十三四，即熟精《文選》，解吟咏，有奇氣。王夢樓見鑄詩，亟賞之，語人曰："楊生獅子也，墮地輒能跳躍。"繼交仁和宋助教茗香。茗香故嗜太白，見鑄詩，劇相愛重，以羅浮道士手評《太白集》贈鑄。故鑄於太白詩獨得真諦。鑄好作山澤游，家近北固，尤愛焦山幽邃清曠，與詩僧借庵爲方外交，住山中最久。又嘗游銅官、離墨、支硎、天平、靈岩、莫厘、縹緲諸峰。復至浙東，游金華洞天、嚴陵釣臺、會稽雲門、四明石屋。入天台，襆被宿老衲茆篷，動輒經旬，窮探幽勝，嘗踏雪過石梁觀瀑，登瓊台玩月，因以瓊台仙客自號。溯江西上，牛首、采石、匡廬、九華，皆屐齒所屢經。客秣陵，王公竹嶼於四松庵壁間讀鑄《游仙》諸作，訪之匝月，延主其家。白鷺洲道士朱嶽雲喜彈琴，工書畫，與鑄善，嘗夢見黄鶴飛來，因建黄鶴樓，并圖像於壁。張太史船山素未識面，見鑄作，自京師寄詩云："短句長篇無不好，舉杯驚嘆此全才。"蓋船山以太白自命，見鑄詩乃心折之，及寓虎丘，招君下榻者二年。琉球使臣鄭宣仁，金紫大夫秉哲子，道光二年奉使入貢，自京師旋國，聞鑄名，與遇於吴門酒樓，以海外方物易其詩歸。盱江曾賓谷過京口，游焦山，讀壁間《聽琴》詩云："明月在水不在天，秋聲在空不在弦。"長吟再四，曰："此太白佳境也。"録其詩，屬山僧致殷勤去。逾年，公督淮鹺，重訪鑄於焦山，偕至揚州，欲延入節署。鑄自以猿鶴之性，不宜竣縶，辭不往。曾公每游京口諸山，必與偕，詩成，多與商榷。嗣都轉鄭夢白選乾嘉以來詩爲《正聲集》，延以自佐。鑄抉擇精審，頗勝《詩觀》《感舊》諸集也。其論詩所推許者，交游中爲洪稚存、吴澹川、張竹軒；神交則張紫峴、黎二樵；近人中則吴蘭雪、鄔雪舫、陳文述，及同里錢鶴山、嚴麗生也。有《與張船山虎丘論詩圖》，名流題跋殆遍，刊於石。鑄深於性情，骨肉朋友之間，語意真摯。戊子秋，屠琴塢刺史客死揚州，聞信，即往哭之，親送歸武林，俟其殯而後返。家故饒於資，以好游好詩，貧其家，累遇空乏，意氣灑然。年五十，著有《扁舟集》《觀海集》《石瓢仙館集》《山陰秋榜集》《雙峰白門集》《金華天台集》《晚花盦集》《壽萱堂集》《竹西調鶴集》《匡廬九華集》《聽松龕集》《冬巢集》，統名《自春堂集》，梓行海内，塘西宋大樽、嘉興吴文溥、陽湖

---

① 按：《京江耆舊集》卷十楊試昕小傳："字允成，號時庵，丹徒人，監生。"符葆森《國朝正雅集》卷六十七楊試昕小傳："字允成，號時庵。"

② 按：《國朝正雅集》卷六十八楊鑄小傳："字子堅，號石瓢。"

孫星衍、長洲王芑孫、武康徐熊飛、平湖朱爲弼、錢唐陳鴻壽、遂寧張問陶、同里錢之鼎、嚴學淦、焦山僧清恒、家蓉裳芳燦，皆有跋。序其卷首者，錢唐陳文述也。年七十卒，有遺稿十餘卷，未經續梓。

茅元輅，字翊衢，號三峰。乾隆戊申舉人，授翰林待詔。幼聰穎，善讀書，與其兄元銘互相砥礪。元銘以學士視學浙江、廣東，先後二十餘年。元輅家居養親，絶意仕進，迨元銘以終養歸，兄弟怡然如丱角時。元輅工詩，兼通聲曲，家有園亭，春秋佳日及消寒却暑，每招朋宴集其間，名流題咏成册。家多藏書，獨居則翻閱擷其精華。又好游，往往放迹山水間，興盡乃返。語詼諧，善曲喻，鄉人有紛難事質之，一語輒解。性情慈善，凡鄉黨諸義舉，靡不倡率，以要其成。尤工聯語，凡廟寺、名山及持贈、壽喪各楹帖，皆可傳可誦。年八十餘卒，易簀時自挽一聯云："何事尚關心，最難抛滿架圖書、一庭花木；而今方撒手，好去尋未游山水、先逝親朋。"其胸次可知矣。著《有香草堂詩集》①。

嚴學淦，字麗生。嘉慶甲子舉人，官湖南湘鄉縣知縣，四川方伯士鋐子也。家傳古籍，學淦盡讀之。爲詩文才氣横溢，識力壯闊，楊子堅題其詩集云："詩境至此闊。"陳文述謂"子堅詩如焦山，麗生詩如金山"，是矣。著《海雲堂集》若干卷，文集一卷，皆梓行。

吴樸莊，布衣，以字行。② 與應讓（見"儒林"）、張學仁、鮑文逵、顧鶴慶、錢之鼎、王豫聯七子詩社，合梓詩鈔行世。吴郡石鈞采其詩入《同音集》。年未艾，早卒。著有《簾波閣集》。

鮑文逵，字鴻起，號野雲。曾祖彝（見"書畫"），伯祖臯（見前），祖翱，父瑚，皆工畫。瑚早死，文逵遺腹生。母周氏能詩，苦節撫孤事翁姑（見"列女"）。文逵少孤貧，五經四子書皆母授也。性修潔，取與必嚴，出入必謹，居敝巷中，書卷甲乙井然，即履屐餔啜莫不楚楚有致。嘉慶辛酉拔貢，取武英殿校録官。甲子，魁京兆榜。居京師十年，聞母病，單騎歸。尋選授山東海陽縣知縣。之官，慎刑勵守，蔬食如初。縣民故貧瘠，前令恒以民欠去官，至是感官廉愛，輸將如額。大吏將優薦之，而文逵以母老，解組歸。授徒供菽水，時有"處爲孝子，出爲循吏，歸爲經師"之目。詩出入唐宋，不名一家法，時帆祭酒謂其承海門、論山遺教，而有非海門、論山所能牢籠者焉。嘉慶初，王萝樓太守修縣志未竣，文逵輯成之。著有《野雲詩鈔》十二卷。（《家傳》節略）

張學仁，字也愚，號寄槎。嘉慶丁卯舉人，授安徽宣城訓導。性純厚，詩法盛唐，卒於官。著有《青苔館集》八卷，選注少陵詩，名《杜詩律》。輯《京江耆舊集》。（《家傳》節略）學仁别字冶虞。年二十二，以詞賦受知於沈初學使，旋食餼。嘗游天

① 按：本志卷四十六《藝文一》著録茅元輅《香草堂集》，當誤，應爲《有香草堂詩集》，此集存世，有道光十一年刻本。

② 按：《京江耆舊集》卷十吴樸小傳云："字樸莊，丹徒人，監生。著《簾波閣詩鈔》。"可知吴樸莊名樸，字樸莊。

台，拓其詩境。鄉薦，後選教諭，以母老告養。館揚州，積二十餘年之力，搜羅本郡遺稿六百五十七家，選定爲《京江耆舊集》十三卷。又增訂俞犀月《杜詩律》，輯《京江七子詩鈔》。詩初學中晚唐，既趨博厚，晚年專論法律。母享壽九十餘，服闋，授宣城訓導，卒於官。(《焦東志》)

顧鶴慶，字子餘，號弢庵。年十七，補弟子員，已爲知名士，入都，館裕親王、莊親王邸。工畫柳，“顧柳”之名噪都下。歸游江浙，覽台、蕩諸勝。聞談羅浮，乘興獨往，由粤西東沿湘南下，山川助其奇，筆更豪宕。愛潔，畫不師古人，書灑脱遒勁，擬之鄭虔三絶。著《弢庵集》十四卷、《天台游記》二卷。(《弢庵詩序》)

錢之鼎，字伯調①，號鶴山。父紫芝大令六十後始生之鼎。年十五，補弟子員，繼館邵埭，學益進。詩善學太白。每試冠軍，舉優貢，未試捷。庚午秋闈，館鄭親王邸，與當代交，力趨渾厚，宗法益正。癸未歸，拓舊宅，構三山草堂，未一載，卒。著集十二卷、《繡笙詞》二卷。(《三山草堂詩序》)

王豫，字應和，號柳村，附監生。家翠屏洲，詩以青蓮、襄陽爲宗，清微澹遠，足耐諷咏。名公通士，絡繹奔赴。後移籍江都。道光二年開制科，江都令陳公以山林隱逸薦，力辭不就。年五十九卒。著書二十一種。(如所訂《群雅》初、二集，及與阮太傅元選《江蘇詩徵》，搜羅千數百家，又編輯《焦山志》二十卷，其最著者。)梓《種竹軒詩文集》行世。

唐培英，字菊坪。嘗困場屋，屢薦不遇，而獨以詩名家，每爲時流引重，句如“松聲連雨響，雁影逼秋來”“古寺鶴無夢，寒山客咏詩”“清暉澄大野，寒色入高秋”。王述庵司寇以爲得王、孟風味。法梧門學士謂“酒味近花濃，春風一磬聞”“春光溪自媚，燈昏聽雁聲”，工夫多得力於選詩。石遠梅論詩以“空翠落杯酒，暝色斂窗花”“薄雲微有雨，疏柳不生烟”“山館酒闌花似雪，江樓春盡雨如烟”等句，爲中唐人得意之構。黄心盦愛其“細草緑過岸，遠山青接天”“波光全没岸，湖氣遠聞鐘”“水底亂青山，天邊没歸鳥”，謂得唐人三昧。趙偉堂學博，稱李醉石、洪漁友、徐一亭、張伯山、唐菊坪爲“江上五子”(王豫《詩序》)。家素豐，凡恤嫠、養老、施棺、掩骼諸善舉，靡不勇爲。又嘗刊郡中忠孝、節烈遺行爲《典型録》，以勵後進。好交游，過江名士留齋中，北郭南郊，文宴無虚日，以致家中落。雖極困，鄉里借貸以酬之，自若也。(阮亨《詩序》)又嘗選郡中布衣詩，得百人，與江都王豫合梓之。著有《觀我齋詩集》，以上舍終。(《群雅集》小傳節略)子庸，亦上舍，工詩。薄游三楚。著《倦遊草》二卷、《寄屐草》三卷。

馮卧閒(軼其名)，博學辨識，凡百家諸子之言，無不判悉。鬱鬱不得意，被褐短窄，囊無一錢，槖不半粟。轉徙飄零，走荆梁，游秦蜀，過鄒魯之故墟，客幽燕之上都，追策羸馬敝車歸，而年已老矣。(劉廷梓撰《傳》節略)

---

① 按：《國朝正雅集》卷五十九錢之鼎小傳：“字伯調，一字元鎮，號鶴山。”

戴天錫，字巨來，號松巖，尊浦先生侄也。以諸生屢應京兆試。從王夢樓游，與朱懷亭、吴視堂、陳蒓涘以詩學相砥礪。賓於禮親王邸三年，王深器之。其房薦師張櫺亭嘗評其詩癯然以清，淵然以和。五言尤工，有襄陽、柳州風韵。以校録四庫全書館議叙，任廣西岑溪縣典史、茗盈州、象州吏目，抑鬱以終。著《聽松軒吟草》初、二集，梓行，管幹珍、張曾敞、朱梓皆爲之序。

張世清，字易庵①，諸生。少時詩即選入《群雅集》，稱爲綺歲雋才，晚年詩益進。壽七十餘。初著《惜陰軒詩草》，經亂被毁。子亦亡，女夫賈淦輯梓《誦芬軒燼餘草》。

趙元益，字小坡，郡東鴻溪人，諸生。世以德義聞，如修城、浚河、葺學、賑饑、捐資，以萬計。家中落，挾書劍應華省，屢舉無一得。詩長言短節，可泣可歌，生平負奇氣，激昂千古，馳騁風騷。(《深柳讀書堂詩鈔序》)

嚴保庸，字伯常，號問樵。嘉慶己卯舉江南第一，己丑成進士。改庶吉士，散館，發山東任棲霞縣知縣。天才高曠，於書畫、詩詞、聲曲、弦管靡不工細。久客京師，好作狹斜游，視金錢如土芥。既之山東，以官署爲詞場歌榭，坐是罷官。尤善畫蘭，著《蘭譜》，感舊作《蘭花步傳奇》。又嘗著《同心言》《奇花鑑》《紅樓新曲》諸院本，風行都下。唐陶山方伯集句贈之云："孺子亦知名下士，樂人争唱禁中詩。"紀實也。其楹聯之工，與茅三峰埒。兩人聯語，多載梁中丞章鉅《楹聯叢話》中。最可傳者如揚州史公祠聯云："生有自來文信國，死而後已武鄉侯。"焦山夕陽樓聯云："夕陽無限好，高處不勝寒。"皆天然入妙。晚年客袁浦，咸豐間卒。著《問樵》各集，未梓。

張灝，字稼村，晚年自稱稼翁。嘉慶癸酉拔貢，由小京官歷官至監察御史，署工科給事中，出守廣西潯州府。爲人極和藹，亦極風雅。晚自粤歸，以詩酒自娱，年七十卒，有遺稿，待梓。(《家乘》節略)

郭湘，字芷齋。嘉慶己卯舉人，任繁昌縣學訓導。工詩、古文詞，兼善書畫，爲一時知名士。(《家乘》)

朱士龍，字月樵，諸生。幼慧，好詩，不喜制藝。詩學韓昌黎、蘇子瞻，尤善排偶。趙雨樓太守於道光己丑開浚運河，改建黄金閘(閘在丹陽境)，落成，適童試，太守以是命題，士龍在風檐中成五言百韵，仍遍作古今各體詩，太守見其卷，亟賞之，拔置第一。嗣與張猗谷友善，詩律益細。先猗谷卒，其族侄龍文爲梓遺稿行世。

尹文浩，字蘭舟。博雅好古，河帥麟慶徵《焦山銅鼓詩》，浩考辨最詳，筆致古勁，爲諸名士冠。家貧，恒不舉火，有饋贈之者不受，再至則怒。友人張南知其剛介，恒托故周之，聞其勢迫，惟私與其子，不令浩知。

殷焯，字昨庵，諸生，東鄉大闕人。承家學，善談經義。遇後生，指陳不倦。繼父兄志，創建分祠，於敬祖睦族竭力成事。咸豐癸丑，群小恃亂將犯義，焯先事設約，公集諭禁，居者乃安。古文極講法律，而出以變化。著《課雨山莊文集》四卷。

---

① 按：易庵，當爲張世清之號，其字注伯，嘉、道間"京江中七子"之一，詳《江蘇藝文志·鎮江卷》。

張宗海，字子春，邑諸生。敏篤勤學，於書無所不讀，經史而外，精貫百家。年五十，著述甚富。咸豐間，江鄉警烽燧，乃本《司馬法》《孫子》《吴子》三書，證以《五代史》歐、薛异同，參以雜史，采其兵略，件系條析，合爲一書①。其綱八，其目二百七十，自古兵家莫是過也。其他經傳注解等身。館江西興國縣張慰祖幕中最久。

趙克宜，字小樓。家豐於資，以諸生急公好義得獎知府銜。勤學好問，有非寒士所能及者。喜讀古書，延名流校録，刊刻十數種，行於海内。著有詩賦、文集十餘卷，亦梓行。

孫蘭居，以字行。專工詞律，小令、長調靡不逼近白石。結廬甘露港口，拍吟數十年，六十餘卒。著有詞稿甚富，以艱於資，衹自刊一卷行世。

丹徒縣志卷三十三終

① 按：本志卷四十六《藝文一》著録張宗海《五代兵略》八卷，或即此書。

丹徒縣志卷三十四

人物十一　文苑二 書畫附

劉懷祖，字頌芬。幼孤，資性敏异，奉節母馮以孝聞。七歲能詩，《咏雪》有"開户失青山"之句，從父允升賞之。十歲作《紅藥當階翻賦》，爲先輩王夢樓、鮑野雲所稱。十四冠童試，游庠，旋冠科試，食廩餼，屢冠學使試。癸酉，登拔萃科，就職教諭。歸，授徒，知名士多出其門。敦品立節，爲文一秉先正。至道光庚子，年幾六十，始領鄉薦，一赴禮部試，遂絶意仕進，徜徉山水間。與從兄[illegible]階日相唱和，春秋佳日，對酒高歌，酣嬉淋漓，詩境壯闊，以此終其身。著有《薌巖詩賦文稿》，梓行。子四，長維城、叔維均，皆名諸生。（劉成忠撰《家傳》節略）

歐陽棟，字静庵，櫃村人。少習舉業，援例入太學，再試不售，無志進取。居家以孝友稱，教子以恭儉。與人交，久而不渝，居恒無惰容無厲色。鄉人有頑暴者，聞棟至即遁去。又嘗給資以遣奴婢，出粟以賑饑貧，倡設義倉，助建義學。品地心迹，鄉人皆能道之。生平好學耽吟咏，晚與張悔廬、楊蜨庵相唱和。著有《容安齋詩集》。（《家傳》）

繆鑌，字爾鈞，號洪陽，高資鎮人，又號香山居士。① 性耿介誠篤，祖朋來，與耆宿周德培善，延教鑌，德培曰："此子沉默善悟，每有窮究物理之問，其志希賢，未可限以俗學也。"稍長，有句自勉曰："道體豈從身外得，天心惟向静中知。"年十五，父母見其骨立，禁夜讀，乃置燈帳中。凡程朱之理，及《小學》《性理》《近思録》《大學衍義》有益身心者，皆勤求精義，并窮究奇門六壬、易數陰陽之奥。念醫可濟世養生，真州趙雪篷，隱者也，謁趙，開示正宗，大悟，遂名於時。并語："鑌作詩，詩中必有我在，畫亦寫我意。"復得蔡元春、尤蔭、陶澂、荆青、雪庵僧相過從，詩畫益工。歸爲童子師，奉甘旨。都司巴彦聘教子，未數月，陳提督傑聘教子。嘉慶丙辰，開制科，鑌與選，以祖年老，上書辭不就。巡撫費公旌以"孝義可風"額。時年四十，歸客揚州，選《香山集》四卷，轉游西安，得詩一卷，曰《西征草》。壬戌，有西泠之游，著《西泠草》。（《種竹軒文集》）

王承祖，字誠齋，號柏崖，邑諸生，諫壁人。性冲淡，閑静寡言，不慕榮利，常以陶淵明、邵堯夫兩先生爲法。書法從虞、褚入手，寢饋諸大家，遂自成一家。奉采列入

---

① 按：符葆森《國朝正雅集》卷四十八繆繽（按："繽"當爲"鑌"）小傳："字爾鈞，一字洪陽，號香山。"

《二十八家書譜》。其詩率多箴規警世之作，著有《擊壤集》，道光間毀於寇，衹傳其《采菊》一首，云："靖節先生飲太和，東籬采菊暢吟哦。胸中自有真相契，那在紛紛品類多。"年逾七十，尚喜出游，嘗携乾糇獨游句曲山中，往來步健如飛，望之若神仙中人。壽八十餘，無疾卒。(《家傳》)

李順祥，字適夫，號湘南。道光辛卯順天舉人，上春官，不第。歸讀數十年，閉門却軌，貫通經義，於《易》尤得其藴。著有《桂叢書屋詩文集》八卷。咸豐間，避寇吴陵。年八十，無疾卒。孫黼猷，字黻卿，同治庚午舉人，事孀母吕以孝聞。善古文，工詩詞，兼通醫理，并工書畫，惜未逾三十歿，著有《静觀齋詩文集》。

許榮光，字芳齋，號嘯崖，諫壁月湖人，邑諸生。幼有志節，作事不苟，爲文有奇氣。年甫冠，補弟子員，學使姚文僖亟賞之。好游觀，喜吟咏，而獨淡於進取。著有《芳齋文集》《嘯崖詩鈔》，道光間毀於寇，僅傳其《金山》一律，云："終古金山下，滄江日夜流。潮平沙岸失，雲净海天秋。塔影撑霄漢，濤聲入寺樓。坡仙如可作，我欲與偕游。"(《家傳》)

何志楷，字端士。性純孝，喜讀書，不樂仕進。著有《六經同字異音録》五卷、《讀史隨筆》二十卷、《桐蔭集》八卷。(《家乘》)

何金，字蘭舫。少穎悟，纔數歲，能讀等身書，制舉義，援筆立就，父執王夢樓太史、曹秋農孝廉許爲大器。年十六，丁父艱，哀毁骨立，日就羸弱，由此遂絶意進取。爲詩歌自娱，神似陶、韋。藏書數萬卷，手自編校，窮日夕不倦，與同里楊棨、柳榮宗友善，每有疑義，互相質證，無一語及外事。暇日則芒鞋竹笠，徜徉山水間，東南諸勝游覽幾遍，所至輒有題咏。性方耿，重然諾，見人急，助之無難色，郡守趙蘭友、邑令萬廉山、景眉峰皆折節下之。平生著述甚富，梓《自怡軒稿》一卷。金爲楊氏外甥，楊鑄故以詩名人，以爲何無忌，酷似其舅云。(《家傳》)

夏楨，字鄴林，邑廩貢生。性瀟灑安和，工詩善書，卜居古梅溪，溪上構别墅，自題曰"小園半畝"。好古硯石，藏其佳者凡十，號十硯齋。生徒滿坐，往來游宴多知名士。咸豐初，避寇僑居江北，卒，年近八十。著有古近體詩及賦鈔各數卷。楨理恤嫠會二十年，不取薪水，矢公矢慎，退手時存款帳目絲毫不苟。其徒周某浼其子文瀚貸會銀三百，周以遭寇償其半而力竭，楨責文瀚代償之。文瀚，舉人。

卞文光，字雲津，廩貢生。安貧好學，品藝俱高。授徒數十年，凡詩賦文詞必以古人相勖。晚年嘗自慨曰："吾謹飭一生，未卜將來重修志乘得以厠名否?"年近八十，神明不衰，燈下猶能讀書，寫蠅頭字，字迹端謹，如其人。著有《雲津文集》，梓行。

殷佳實，字丹林，歲貢生。居東南鄉灣溝村，植品績學，不同流俗。著《梅花書屋詩草》二卷。

法芝瑞，字又白，嘉孩子，諸生。敏而好學，於書無所不讀，尤精天文，熟史事，嘗謂："恒星東移，歷八十餘年而退天一度。故《堯典》：中星至月令，二千年差二十五度。月令中星至今，又二千餘年，又差二十餘度。"嘗繪《日行月行中星合圖》，又作

《甲子紀年表》，皆稱精確。爲《歷代史論》，亦通允。詩詞文藝，俱有故實。

宋佳樹，改名鈞元，初號半村，後號補隅。有隽才，弱冠入順天學，文名噪甚。秋試屢薦，垂老不售。由歲貢生充史館謄録官。其門人伊霖爲廣東布政使，助資，援例以同知分發山東，歷署濟南府同知。爲人坦率真摯，不設城府。其在京師，日與達官諸名士相徵逐，而卓然自立。生平遭際悲歡離合，皆紀之於詩，自顔其集曰《真率草》、曰《分孤露吟》、曰《初客吟》、曰《聊復齋》、曰《松風吟》、曰《蘿月山房吟》、曰《巢幕吟》、曰《蜀游詩鈔》、曰《游粵詩鈔》、曰《炊夢軒稿》，上下共十卷。又著有《紅春館詩餘》二卷。里人張崇蘭評其詩"性情肫摯，迥不猶人，自立門户，戛戛獨造。每至言情之作，所謂語從肺腑出，出即愁肺腑。詩家固應有此一種筆墨"。河南張文林、江西李熙齡、阮烜輝皆爲之序。以貧故未刊，同里載燮元①采入《聽鸝軒同聲集》。

章炳蘭，字茶坪，寄籍順天，爲縣學生。屢應京兆試，不第。以子體仁爲山東文登縣尉，就養任所。閉户著書垂三十年，嘗作《文山著書圖》，一時名流題咏殆遍。工駢文、詞賦，尤精於詩，與同里宋半村齊名。著有《藕花吟館賦草》②，梓行。又著《無盡藏齋詩集》數十卷，藏於家。

鄭小康，自號愚谷山人。賈於京師，工詩，人罕知者，與同里錢之鼎、張深、宋佳樹爲文字交。壯年游川陝，所至皆有詩。著《壯游吟草》初、二集，宋佳樹爲之序，梓行。江都符葆森稱其意味深遠，以氣舉詞，爲布衣中英杰，采入《國朝正雅集》續編。

戴岑，字小山，號秋崖，尊浦先生侄孫也。嘉慶丁卯舉人，選授沭陽縣學訓導，遷江寧府學教授。初，隨舅氏汪某山東金鄉縣幕，時曹工决口，金鄉城不没者三板，岑乘小舟載銀米往來於四鄉，佐賑饑民，如是者兩年。嗣佐弟屺（見"宦績"）山東州縣任，多所贊助。迨屺牧膠州，而岑已官沭陽，聞膠州饑，岑遣人糴米麥航海運膠，以賑濟之。生平游迹皆托於詩，嘗北至碣石，西登太行，東臨泰岱，南游吴越，以遍攬乎山川之勝，故其爲詩清曠而豪宕。著有《客游草》十卷，金壇馮調鼎爲之序。兄巖、弟屺俱工詩，屺著有《露洗春腴館詩詞鈔》。屺女怡琴亦能詩，著有《聽鶯閣詩草》，同里章炳蘭爲之序。

張長齡，字孟庚。專心經史數十年，著有《史述略》六卷、《讀史餘論》四卷、《讀經疑説》二卷。年八十，以諸生終。弟鶴齡。

張鶴齡，字警之，歲貢生。資性敏妙，博學好古，下逮曲藝，無所不能。精於古地志，能翦紙作小方，於案上羅列之，自周秦至今，凡列國更變及郡縣沿革，以至名山大川，靡不瞭如指掌。喜讀《莊子》，於内、外篇細加詮釋，數易其稿。詩法昌黎，爲長篇一韵直達，古勁無偶。書法褚，幾二王。畫法文，而蒼秀過之。年既老，猶握筆不輟。

---

① 按："載燮元"當爲"戴燮元"。

② 按：本志卷四十六《藝文一》著録章炳蘭《藉花吟館賦草》，應誤。章炳蘭存有道光十六年刻本《藕花吟社試帖》二卷、《賦鈔》一卷。

八十時，寫《輞川圖》十六幅以自壽，是年爲光緒丙子，至十月卒。著有詩集及各書注釋，未梓。子汝陽，同治庚午副榜。

曹士庚，字秋潭，布衣。好讀書，喜吟咏，工書能畫，戴雪農贈以詩云："接物尠俗情，鑒古有真賞。楷法摹鍾繇，畫品陋周昉。性更愛吟詩，噌吰無細響。絶藝已擅三，才名信無兩。"蓋紀實也。嘗集古書畫摹刻嵌石廊壁以爲鑒賞，與張悔廬、夏鄴林、陳敬庭、朱月樵輩唱和宴會，有詩成集。

戴澤，字雪農，廩貢生。祖純（見上卷），父鏐，號紫眉，兄濂，號廉石，皆以詩名。澤爲人貌和性古，與張悔廬至交。生平無榮利心，博學好古，爲詩文無俗韵。詩古體如魏晉，近體似杜，嘗佐輯《京江耆舊集》。年四十卒，張悔廬爲志其墓，所著《停雲集》亦張序。又有《緯繡草堂稿》《三餘草》等集，皆未梓。①

許桂森，字子丹，邑諸生，諫壁月湖人。幼敦品力學，工詩文，皆近古。年三十九卒。著有《鄉岩詩鈔》，癸丑之亂，毁於火。《登雩山》一律云："新霜天氣覓清游，纔入林巒景色幽。欲步仙梯攀石壁，且隨松徑到山樓。雲開東嶺千重翠，幔捲南湖一抹秋。曾説茅庵是佳處，朋儕到此便勾留。"又《晚登焦山》五言云："落日下平原，登臨愴客魂。江流自今古，岩樹變朝昏。遠水白無際，群山青到門。焦公不可作，遺迹此猶存。"

戴晅，字晴江，諸生。博古工詩，詩近初唐，饒有六朝韵致。好游覽，善談論。爲駢體文尤擅雅致，有集，未梓。

戴守梧，字桐孫，改名彦升，字桐生，邑廩生。資敏學博，自經學以迄詩詞，靡不精究。年十五六，即爲《禹貢注》，首列古義，次列正義，次列异義，疏證明審，凡三十餘萬言。歲壬午，就正於姚文僖學使，極賞其精，爲之序，將代梓，以無副本，不果。鄧嶰雲②中丞慕其名，延入皖署，贈詩有句云："談經奪席尋常事，如此年華我欲驚。"又嘗講音韵之學，著爲卷，名《二十四蓮花》，較三十六字母既便且確。又嘗填《青萍劍傳奇》四十八闋，壯麗幽艷，雖精於倚聲者，莫易一字。年二十五，卒於厚丘旅次。著《陳篋集》③，友人劉静齋爲刻遺稿數種。（《遺稿》柳序④）

戴棠，字召亭，歲貢生。戴楫，字汝舟，號純甫，諸生，舉咸豐制科⑤。棠好讀經，楫好談理，兄弟論學，不相比附而各極精妙。棠著《周易爻辰補》，梓行。楫著《薛氏

① 按：戴燮元《京江賜禮堂戴氏家乘》（光緒十一年修撰）卷六《雪農公家傳》："著有《緯蕭草堂》《三餘艷體》諸稿，皆散失，僅存詩《停雲集》一卷。"

② 按："鄧嶰雲"，當爲"鄧嶰筠"，即鄧廷楨。《京江賜禮堂戴氏家乘》卷六《桐孫公家傳》即作"金陵鄧嶰筠中丞"。

③ 按："《陳篋集》"，《桐孫公家傳》作"《陳篋室遺稿》"。

④ 按："《遺稿》柳序"，文中未曾言及"柳"姓者，聯繫"友人劉静齋爲刻遺稿數種"句，疑"柳"爲"劉"之誤。

⑤ 按："舉咸豐制科"，戴燮元《京江賜禮堂戴氏家乘》卷六録戴棠、戴楫所撰《贈朝議仰蘇公墓表》，言"棠，歲貢生，候選儒學訓導。……楫，縣學生，咸豐辛亥制科，孝廉方正，恩賜六品頂戴。"

條貫篇》，極精審，及《純甫古文鈔》，梓行①。棠會核里捐軍餉，申請增廣學額（見“學校”）。楫采訪咸豐間忠義節烈，雖未竟其事，然亦誠摯可風。

施毅，字雲樵，布衣。其先漢軍，世習武。毅生時，漢軍大營已奉裁汰。性特好文，尤喜詩，學自魏晉唐宋以迄於今，凡有傳作，無不熟識而涵泳之。家城内西南隅，草廬數椽，琴書左右，精潔可愛。門外小園，竹樹茂密，以荆榛爲壁，與詩人觴咏其中，至老不倦。弟可齋，亦能詩，并工書。咸豐癸丑，兄弟被賊脅去，逾月逸出，貧餓無歸，手持所著詩稿數卷及罵賊詩數首，渡江遠游。

蔣名甲，字東元，號五峰。好古工詩。少貧困，以通儒品學托業於醫，診視不苟，審而後藥，活人無算。其讀書務精，至老不倦，著作以等身計。咸豐癸丑，避寇邑東鄉之埤城，時年七十，當顛沛流離中，猶晝夜披覽，吟咏不輟。丙辰卒，年七十三。著有《醫林叢話》四卷、《讀史著類》十卷、《詠史詩鈔》六卷、《五峰草堂雜詠》十卷、《劫餘詩草》一卷、《劫餘文草》四卷。其《詠史詩》成於晚年，同里張文貞公錫庚、蔡封君樹嘉、程觀察祖潤、丁光禄紹周、張明經崇蘭皆有序。

張瀓，號匏村，弟澐，號澹生，鉉子崟之從子。瀓以充國史館謄録候選鹽大使，澐援例教職。兄弟幼承家學，俱工詩。瀓著《匏村集》，澐著《米村集》。

章焯，字硯卿，增廣生。敦孝友，重品概，交友必以道義。工詩賦，試輒冠軍，而數奇，屢鄉薦不售。有古近體詩及賦鈔各集，藏於家。

許煌，字子耀，號星槎，邑增生，諫壁月湖人。自少尚氣節，有膽略，遇事敢言。朋友有過，必直言相告。處鄉黨，抑强扶弱，凡迴護惡少者，正色面斥之。咸豐間，倡立保衛局，爲觀察喬松年所重，以團練功保舉訓導，未莅任而卒，年六十一。生平喜作詩，著有《自娱軒詩草》，毁於兵燹，僅傳其《登焦山》一律，云：“大江流日夜，鷲嶺鬱青蒼。處士緲難見，亭臺空夕陽。雙峰界吴楚，一水控淮揚。多少興亡事，登臨爲感傷。”又《海門道中》云：“車轍侵晨少野村，雲霞曙色映芳原。水來西北江如綫，地盡東南海作門。蜃雨横空吞日氣，鯨濤吼月壯詩魂。田方土直誰經界，井地遺規此尚存。”

蔣寶素，字問齋，號帝書。七歲喪母，恃祖母楊氏愛，恣意嬉游。父春田以世醫傳其家，顧不取非分之財，家無儲粟，忽病風欲死，炊烟幾斷。寶素時年十七，翻然省悟，自悔失學，侍父病痊，乃取《素問》《靈樞》《越人》《仲景》諸書晝夜讀之，其字晦義澀處，耻於問人，惟就名醫潘曙東師事而心解之，不數月，徹其旨。又專力於經史子集，研讀七年，竟與心化，醫名大著。議論舉止，有儒者風。中歲有立言之志，初撰《醫略》八十一卷，先刻十三篇。凡群書之有關於醫，及見聞所及皆類聚之，邑令王德茂及京外諸名公皆有序。壬寅遭寇，僅存初稿，乃梓《醫略稿》六十七卷。又摘其診視有效者，梓《問齋醫按》五卷。又念史傳儒林未允，作《儒林正紀》二十四卷。間與友人作

① 按：《京江賜禮堂戴氏家乘》卷六載有《汝舟徵君家傳》《召亭公家傳》，據此兩文，《周易爻辰補》，即《鄭氏爻辰補》，爲戴楫所作，而《薛氏條貫篇》《純甫古文鈔》爲戴棠所作。

詩及古體文，筆力堅厚，作《詩略》二卷、《文略》一卷。又念史筆莫嚴於《春秋》，作《春秋貫》一卷、《史略》二卷。咸豐癸丑，避寇江北，寓沙溝鎮，作《將略》一卷及《傷寒表》一卷、《證治主方》一卷、《醫林約法三章》一卷、《五字經》一卷。同治丁卯，遷寓仙女鎮，有歸里志。癸酉正月，適友人延其診病，乃返城，居胡宅相家，攖疾，卒年七十九。子三，孫七，半皆承家學，克紹先志，精於醫。

吴啓昌，字用晦，號逸廛，居東鄉埤城鎮。少服賈，好詩。詩有至性，古今各體，純乎天籟，誠所謂"既雕既琢，復歸於樸"者。性至孝，每家祭，必嗚咽流涕。母喪，號泣無輟時，致咯血疾。重交游，曾爲友人所負，但自責知人之難而已。家庭藹如，與世無迕，穆穆有古君子風。年七十六卒。著有《逸廛詩集》二卷。

王蔭槐，字子和，號味蘭①，居順江洲。嘉慶癸酉舉於鄉，選授貴池教諭。後移家盱眙，遂籍焉。晚盲於目。所著詩詞甚富，初名《過學齋集》，後名《蠙廬詩鈔》，江陰李兆洛爲之序，以昌黎所薦張文昌比之，蓋文昌亦工詩而盲於目者也。同時"京江七子"咸與唱和，其詩選入《國朝彬雅集》②。子錫元，同治甲子舉人，乙丑進士。善駢文，著有《駢體正宗注》。

何振銑，字樂甫，郡諸生。通經好古，博學工詩。咸豐間，避地如皋。同治二年八月卒，年七十。著有《五經集證》二十卷、《地理志》三卷、《國朝詩選》六卷、《蘇詩》二卷、《法古齋文稿》一卷、《詩稿》六卷，藏於家。子希沆、希澄先梓其詩一卷行世。

朱梓，字梅谿。以廩貢例授訓導，權常州學篆。世居朱張圩。博學好古，工詩能文，修葺華山古廟，參訂廟志。築徵詩館於山房居，剞劂於內。編《宋元明詩三百首》，校訂《冷秋江全集》《王試花遺稿》，輯《小學節讀直解》《啓蒙對字》《字體辨譌歌》等書，著《潤東雜志》《繡鴛文譜》《聘棠館詩文》等集，又著《普勸蠶桑直説》，送勸村舍，因自號痴願道人。咸豐間寇擾，維持華山保護局，寇平後，卒於家。

唐秀森，字蔚生。同治癸酉舉人，好古篤學，下筆無塵俗氣。重修縣志，延之纂校，適疾未痊。至光緒二年，始能赴春官試，落第，航海歸，病遂篤，是夏卒。（秀森深於測算天度之學。）

解爲榦，字鐵如，孝廉懷孫。讀書嗜古，性澹榮利，好遠游，耽吟咏，暇輒著書，蓋古隱逸者流也。嘗葺《潤州事迹詩鈔》，同治、光緒間，重修邑志，多所資采。光緒四年春，卒於家。所著各種載入"書目"。

法梓，字琴齋。法桂，字雲根，爲從兄弟，俱郡廩生。梓修身謹行，桂孝義尤篤，皆善屬文，從學者甚衆。

高廩，字稼門，諸生。資敏好學，孝友素著。善知人，識張頡雲於未第時。其子錫

① 按：符葆森《國朝正雅集》卷六十二王蔭槐小傳："字子和，一字植庭，號味蘭。"
② 按：王蔭槐詩選入符葆森《國朝正雅集》卷六十二，疑此《國朝彬雅集》或即《國朝正雅集》。

庚方就塾，以女妻之，他生徒亦多騰達。著有《四書直解》《禹貢指南》。子青，選豐縣教諭，咸豐間死節（見“忠義”），從祀豐縣名宦祠。

趙彦傳，字省吾，歲貢生。好學工詩，漢魏以來靡不精究，各有選注梓行。光緒初，浙江學使黄倬聞其名，延之入幕，所取卷，人皆誦之。顧心智積勞成疾，辭歸，遂卒，年六十五。

趙彦俞，字次梅，廪貢生。試北闈，挑謄録，選授興化縣學訓導。早歲工時藝，晚精詩詞，著《瘦鶴軒詞》，梓行。詩集、詩話各若干卷，藏於家。年七十五卒。

朱龍文，字子梅，號健庵，諸生。少孤貧，力學不懈。長工詩，與族叔月樵及張悔廬諸前輩游，得雅音宗派。月樵遺集未梓，龍文爲之刊行。爲人剛毅，亦慈惠，喜施與。中歲游京師，授光禄寺署正，旋里，攖瘵疾歿，年五十餘。撰有詩文集，藏於家。

書畫附（舊志云：凡分載各志中而書畫傳於世者，仍録之，亦舊例也。餘則但入“書畫”中。）

宋

劉穆之（見“名賢”），字道和。穆之與朱齡石并便尺牘。（《南史》本傳）道和閑雅，高踪絶塵。（《述書賦》）

徐湛之（見“名賢”），字孝源，善尺牘。（《南史》本傳）

戴顒（見“隱逸”），漢時佛像形制古樸，戴氏父子既善丹青，又崇釋氏，範金賦采，動有楷模。（《歷代名畫記》）

齊

徐孝嗣，字始昌，小字遺奴，湛之之孫。（《齊書》本傳）始昌筆精（《述書賦》），今見真書啓二紙。（源長注）

梁

王僧孺（見“名臣”），幼聰慧，家貧，嘗傭書以養母，寫畢，諷誦亦了。工屬文，善楷隸。（《南史》本傳）

徐僧權，梁東宫通事舍人，領秘書，以善書知名。（《南史·徐伯陽傳》）

徐陵（見“名臣”），孝穆善真書。（出《小史》①）

唐

葛蒙，書迹似顔魯公。（《書史會要補遺》）

許渾（見“文苑”），劉涇收許渾烏絲闌手寫詩一百篇，字法極不俗。（米芾《書史》）

---

① 按：“出《小史》”，觀本書體例，其文獻出處皆直言文獻名或作者和文獻名，若爲“出《小史》”則於體例不合，“出”或爲“書”之誤，即爲《書小史》。陳思《書小史》卷七：“徐陵，字孝穆，東海人。官至左光禄大夫、太子少傅，善正書。”即此。

宋

葛藴，字叔忱。能屬文，尤長於詩，又特善書。或以淡墨麈紙戲爲之，假古人之名，聞者以傳，而人莫能辨也。惜乎早亡，不大顯於世。（《書史會要》）

葛珣，字叔寶。紹聖間，長於草書。（《書史會要》）

邵必，字不疑。舉進士，官至龍圖閣直學士、知成都①。善篆隸。（《書史會要》）

米芾（見"文苑"），書學羲之，篆宗《史籀》，隸法師宜官。晚年出入規矩，自謂："善書者只有一筆，我獨有四面。"寸紙數字，人争售之，以爲珍玩，請求碑榜，户外之屨常滿家。藏古帖甚富，名其所藏爲寶晉齋。（《宣和書譜》）又以山水古今相師，少有出塵格，因信筆爲之，多以烟雲掩映樹木，不取工細，長不過三尺，更不作大圖，無一筆闕同②、李成俗氣。（《畫繼》）

米友仁（見"文苑"），米元章云：吴皖、王子韶大隸題榜有古意，吾兒友仁與之等。（《書法鈎玄》）元暉書雖不逮其父，然如王謝家子弟，自有一種風氣。（《鶴山集》）陳叔達善作烟巒雲岩之意，吾子友仁亦能奪其善。（米芾《畫史》）善畫無根樹，能描朦朣山。如今供御也，不肯與人間。（《畫繼》）

米友知，亦作尹知，芾子。芾云：幼兒尹知代吾小楷書碑，及大字更無辨。門下許侍郎愛其小楷，云：每示簡，可使令嗣書。謂尹知也。（《海岳名言》）

趙芾，作人物、山水、窠石、江勢波浪，金焦二山，有氣韵，有筆力，師古人，無院體。惜乎僅作一郡之景，畫意不遠耳。（《圖繪寶鑑》）

張端衡③，畫木石有名，以進士調句容縣尉。（《畫史會要》）

游昭，善山水。（《畫史會要》）

邵觨，字仲恭。官至直龍圖閣，知蘇州。工真行，字體清勁。（《書史會要》）

高述，有文藝，故其氣格、風聲見於筆墨間，時作蘇軾簡筆，或能亂真，遇至鑒，則亦敗矣。（《書史會要》）

時光，大名人。習賀真山水，筆迹細碎，喜作短松、怪石、密林、茅屋，後居鎮江。子建亨，小字烏郎，亦能畫。（《圖繪寶鑑》）

元

石巖，字民瞻。官至縣尹。隸書學韓尚書。（《書史會要》。《嘉慶志》曰：趙孟頫有《與民瞻札》，即其人也。）

董復，字君復，沂州人，居鎮江。書學鮮于太常。（《書史會要》）

---

① 按：《書史會要》卷六："邵必，字不疑，丹陽人。"又《宋史》卷三百十七《邵亢傳》："邵亢，字興宗，丹陽人。……從父必。必，字不疑。……編《仁宗御集》成，遷寶文閣直學士、權三司使，加龍圖閣學士、知成都。卒於道，年六十四。"可見其官至龍圖閣學士、知成都，而非"龍圖閣直學士、知成都"。

② 按："闕同"，即關仝。

③ 按："張端衡"，《圖繪寶鑑》卷四作"張端衡"，《畫史會要》卷三作"張瑞衡"。劉宰《漫塘集》卷二有《送張端衡尉句容二首》《代柬寄張端衡》諸詩。故或當爲"張端衡"。

郭天錫，名畀（見“文苑”），書學米南宫，師事高房山，得其筆法。嘗往來錫山，與倪元鎮交最久。（《元詩選》小傳）天錫世家京口，故其畫全仿米南宫，最爲得法。（《鐵網珊瑚》）畀書學趙孟頫，嘗爲寫《松雪集》，孟頫跋其後，稱述備至。（《正德志》）

莊麟（見“文苑”），能書畫，寧獻王評其書如霓旌烟駕，碧落空歌，飄然有凌雲之意。（《續書史會要》）

明

徐景暘，攻書史，善爲詩，旁通繪事，一時賢公卿皆與之游。有薦於朝者，景暘以母老不仕。（宋濂《學士集》）與宋學士濂交甚善，其《鑾坡集》極稱述之，於其別去，作《畫原》以贈。（《康熙志》）

胡信（見“宦績”），書法得晉人體。（王應麟《府志》）

睦坦①，字履道。善畫山水。（《畫史會要》）

李熹（見“文苑”），書法趙文敏，又善寫梅、菊，得其真趣。（《嘉慶志》）

鄭霌（見“文苑”），工書，真行隸篆俱妙。（《嘉慶志》）

杜堇，字懼男，有檉居、古狂、青霞亭長之號，鎮江丹徒人，有籍京師。善繪事，山水人物，無不臻妙，由其胸中高古，自然神采活動，宜乎宗之者衆。（《圖繪寶鑑續補》）堇善白描人物，設色山水，筆法秀勁。（《畫史會要》）古狂界畫，樓閣人物，嚴雅深有古意，而山水樹石不甚稱。亦是白描第一手也。花卉頗精雅。（《藝苑卮言》）《畫史會要》作“陸堇”，云始姓杜。（同上）

楊一清（見“名臣”），楷書剛健，有顔、柳風。《書史會要》又載其善行草。（《嘉慶志》）

韋椿（見“隱逸”），楷格端雅，有釋智永、虞世南之風。行書亦馴静可喜。（《嘉慶志》）

蕭杲，字彦明，號遠庵。善行草書，韵致俊逸。（《晴佳閣摘鈔》）

錢邦芑，字開少。草書遒勁。（《五石瓠》）

周綸，號龍泓。善大幅山水。（《畫史會要》）

靳嗣誠，字慎卿。善山水。（《晴佳閣摘鈔》）

魯兆龍，字子猶。工草書，善山水、蘆雁。侄壽，亦工蘆雁。（《晴佳閣摘鈔》）

錢軾，號蘭坡。工畫蘭。（《晴佳閣摘鈔》）

靳觀明，字白貞，工書。弟觀光，亦善書。（《晴佳閣摘鈔》）又號浮玉，文僖公之雲仍也。與同郡陳永年方駕。間以墨瀋寫山水，亦超妙。（姜紹書《無聲詩話》）

鄔憲，號墨痴。工小楷。（《晴佳閣摘鈔》）

劉輪（見“文苑”），武宗南巡，楊文襄以能書薦。（《晴佳閣摘鈔》）

① 按：“睦坦”，應爲“眭坦”。清徐沁《明畫録》卷五：“眭坦，字履道，丹陽人，善畫山水。”

趙祥（見“文苑”），書法爲海内所重。（《康熙志》）

鄔佐卿（見“文苑”），楷書工《黄庭經》。（《康熙志》）

陳永年（見“文苑”），書出入大令、懷素。畫亦名一時。（《康熙志》。《嘉慶志》曰：嘉靖間，邑中多知名士。永年與鄔佐卿兄弟及茅溱，其最著者。嘗聯社招隱寺，溱撰啓，永年書之，至今尚有藏其遺墨者。）

章詔，字廷綸，晚稱遯園居士。少食貧。工詩畫，善蔡邕八分體。數椽近市，皂帽青鞋，泊如也。居恒咨感怨慕無以奉二親爲憾，乃去塞下十五年。飛狐以北，花馬以西，所至酣歌擊筑，有豪客慷慨之風。開府某聞其名，延爲上客，爲《塞上吟》以寄意。後客濟南。所著又有《沛園吟》。前後客游獲資奉二親。在塞上久，日昵狎二姬，終不一御。歸來，宛轉膝下。郡守霍某彙其詩刻之，曰《遯園集》。有弟名諫，字廷直，亦善書，隸書仿佛其兄。① （《康熙志》。《嘉慶志》曰：詔學術人品皆臻上流。舊志列之“方技”，似覺位置未允，乃知升“書畫”於“文苑”之末，於流品方爲稱實也。）

張覲宸（見“隱逸”），能書及畫。（《嘉慶志》）

何應奎（見“孝友”），書法遒美，酌用蘇、米而變化之。（《府志》）

潘一桂（見“文苑”），工小楷。（《嘉慶志》）

談自新，字明仲。能詩，工行草書。（《嘉慶志》）

國朝

張九徵（見“宦績”），善行書。（以下俱《嘉慶志》）

陳長世，永年子。工山水，得其父法。

陳檀禧，字延禧②。嗜讀飲酒，書法有董思翁遺意。

張孝思，字則之，覲宸子。覲宸隱居不仕，居培風閣，專以收藏法書、名畫爲事，命孝思收掌之。以故孝思日與名賢書畫相對，落筆無一點塵埃氣。小楷有《黄庭》筆意。亦善畫，而蘭草尤佳。

笪重光（見“名賢”），自號江上外史，又自名蟾光。罷官後，隱句曲山，號鬱岡居士，又號始青道人。書法自魏晉以迨唐人，無所不學，尤近蘇、米楷法，動中規矩而不失天真。晚年好道，筆端飄飄有凌雲之意。或相傳以爲仙去，卒後有見之於天台山者。畫法不拘一家，任意揮灑，自成風格，與王石谷、惲南田互相推重。又工仙佛神像。著有《書筏》《畫筌》，曲盡書畫精微。有别業在茅莊，内有松子閣、鷗笑齋、鵝池館，皆其作書畫處也。

張玉裁（見“宦績”），書法法顔魯公。

張玉書（見“名賢”），真行端麗，有唐人矩矱。

---

① 按：張庚《國朝畫徵録》卷上“章詔”條：“章詔，字廷綸，不知何許人也？爲洪承疇幕中士。工墨竹，長於大幅，整而不匀，繁密而不結，能品也。與黄士并驅争先，非流輩所及。”

② 按：《京江耆舊集》卷三陳檀禧小傳作“字延喜”。

張逸少，玉書子。行書流麗。大抵張氏自九徵後，子孫多善書，今列其致佳者。

談象稑，字耕之。畫境超逸，落筆輒與宋、元人合。寫遠山枯樹尤佳，其蹊徑在尋常畫史之外。篆刻似程穆倩，用古鐘鼎文，而蒼秀過之。笪重光“茅莊”“江上外史”諸小印皆出其手。惜不永年，畫幅、印章流傳絶少，藏之者以爲奇賞云。

張崟，號禹村，孝思子。善畫山水，筆意蒼渾，有董源、范寬之風。

卞時鋐，字宣子。工書，所學在趙、董兩文敏之間。

錢志彤，字賡成①（見“選舉”），行書學笪江上，頗似。

夏慎樞（見“文苑”），書法秀勁。

李穎合，字敬輿。工作楷。

張學林（見“宦績”），工大小行書，大抵原本董書，而古媚可賞，無甜俗氣。

張迪，字恂叔，弟适，字叔度，文貞公孫。迪舉人，書格蒼秀，爲時所重。适官至河南布政使，書格明秀，善寫生，設色尤佳。

何家相，字皇士。工書，詩甚佳，惜所傳者少。

李民聚，字敬叔。工書。

劉康祚，字康祉，號譙巖。工書能詩。

阮玉鉉，書法米襄陽。

張景蔚，字少文。書法東坡。

張宏載，字壯輿。能書。

徐時允，字展成。書法二王，落筆輒有宕逸之致，一時學之者，不能及其勝韵。

余京（見“文苑”），工小楷，有鍾太傅意。小行書亦多風韵。

張思復，工書。

柳誼，字舒言，號檑巖②。能文，久困場屋，至乾隆己卯乃中副榜貢生。書法初仿徐展成，得二王意，後學《玄秘塔》，務追剛勁。（按：誼之品節耿介端嚴，爲文不染塵俗，有《對山樓文集》。僅列書家，尚未盡耳。）

吴世泰，以書名，初臨《聖教序》，後學米南宫。

陳天錫、陳士模，皆有書名。

范我宜，字與配，號柳亭，邑諸生。寫禽鳥花樹，生動有致。書學米帖。父亢宗，字星次，篤行宿儒也。兄惠中，子承恩，皆有聲庠序。一門孝友，饒有古風。

笪壽，字近山，重光族孫。寫枯木竹石有逸致。家饒於財，好蓄古書畫，見重光書畫，尤重資收之。精瘍醫，與人藥不取直，貧者或助以金。病劇者至，親加刀針吮舐焉。

余林，字西園，江干次子。善分隸書，波磔必加考訂，雖同出漢碑而不一家者，亦不少爲假借。

---

① 按：《京江耆舊集》卷五錢志彤小傳：“字章起。”

② 按：《京江耆舊集》卷九柳誼小傳：“字檑巖。”

黄元繩，字次準，號苹洲，晚號楓香老人。善書，得唐人法，於虞、歐兩家筆意尤多。或以爲似金壇蔣湘帆，然蔣病拘拙，黄饒韵度。余江干之婿也，亦能詩。

潘振翼，字傅天，邑諸生。以書名一時，學書者多宗之。子恭壽，另有傳。（見後）次子思牧，亦工畫。（見後）

張章，號斐然，諸生。楷法媚秀。

臧岡陵，字亮居，諸生。習柳書。

童澍，字德懷。以書名，學李北海《雲麾碑》。

王巖，字符聖，號青巖老人。人品高潔，善寫蘭。晚年無家，居阮世東半齋中。

劉上駟、鄔維新、范聖文（見"宦績"），以能書與聖祖仁皇帝召試。

吴石，字補之。工小楷，有晉人法。喜寫蘭竹。多識前明遺事，與之談，娓娓不倦，時以爲邑中之獻。

柳大年，字虚齋，邑諸生。績學有文，兼究心程朱之學。於古帖靡不臨仿，尤喜草書，然深於臨摹而艱於自運。又性僻，不喜爲人揮毫，以故流傳者絶少。至於古法書之源流派别，以意逆志，抉摘精微，同時善書者莫能及。弟子王文治，以書名，蓋於總角時深得其旨云。

蔣宗元，寅子。工小楷，有褚河南筆意。

殷成柱（見《文苑·李御傳》），字石琴，號鶴村①，諸生。工詩善書，書法蒼勁，不入時蹊。

李御（見"文苑"），字琴夫，號蘿村，晚號小花樵長。作書全本性靈，不拘拘師法古人。行楷明媚，草書亦流縱可愛。

羅衡，字湘南，諸生。小楷歐書，頗秀整。惜少亡，未能竟其業。

卞思睿，諸生。小楷習星鳳樓晉人諸帖。

王文源，己亥舉人。工小楷，得《洛神賦》筆意居多。

鮑彝，字天民。善山水花鳥，尤工人物，古雅端秀，得唐六如、仇十洲格力。爲人孝友敦篤，鄉里稱其長者。長子臯（見"文苑"）、次子翱、孫瑚皆以畫著名。孫之鍾、曾孫文逵（俱見"文苑"），均工書。

畢暹，字希臨。工花草、翎毛。應聘入都，某王亟賞之，遂上其名，蒙仁皇帝召見，賜銀幣、福字甚優。後以老疾歸。畫之流傳者甚少。

沈龍，字在田。工山水。其弟子章程，亦得其法。

牟義，字公聚。工草蟲，往往神似，有時生氣拂拂紙上，或以爲真而手拂之。

易理，字子儀。善寫幽篁叢篠。

王旦章，工寫人物，筆意簡淡。

何鐵，字龍若，小字阿黑。精詩畫，工篆刻。嘗流寓泰州，陳其年檢討贈以《賀新

---

① 按：《京江耆舊集》卷八殷成柱小傳："字石琴，號芷溪。"

郎》詞，極相推重。

蔣璋，字壑南，號鐵琴。善寫仙佛神像、异禽怪獸，自成一家。女尺玉，亦能畫，如其父。

茅旦，字子年，號梅谿。善山水，尤喜作《耕織圖》。（子實，字若虛，亦工畫。）

蔡嘉，字岑州，號旅亭，又號松原。能分書，工畫山水，巨幅仿王石谷，人物、禽獸、山水、草木無不曲盡形似，雖神韵不超，可稱能品。弟子薛圻，字紫嵐，亦工畫。

沈銓，字天如，號次山。善畫人物。

趙士鵬，字天翮，諸生。善畫士女，雖不入古人法度，而風致絶佳。

張琪，號曉村。善寫生，少與余江干次子林、女婿黄元繩交好，因得親近江干。涉筆皆有詩意，晚益喜爲詩，有“衣邊黄墮林辭葉，杖外紅沉日下山”之句，人以爲詩中畫也。人品高超，不近榮利。又喜作八分書。

許濱，字江門。善畫人物。

方泰，字石屋。爲人敦樸，善畫山水。

鮑臯（見“文苑”），善書畫寫生，冷澹幽古，爲詩名所掩，故傳世者絶少，然有識輒寶之。

程林，字周卜，號青壑。善山水。

蔡器，字晴江，號晚亭。工花卉、翎毛，極其工細。

余師沆，字景李，號可亭，諸生。能詩，善山水。

周曾培，字佩三，號虚槎，諸生。善山水，隨其幅之大小，必滿而後已。嘗游福建，渡海往來臺灣，七載而歸，畫益進。家徒壁立，冬夏不能完具裘葛，而意氣慷慨，浩歌狂笑，口不言貧。弟序培①，亦善畫。

潘恭壽，字慎夫，號握筤，振翼子。人清超無俗韵，既而皈佛，受菩薩戒，遂名達蓮，號蓮巢。足不出境，而畫名重於當世者垂三十年。病時人作畫多襲宋元皮相而實無所得，於是由文、董兩家通會古人。嘗與知音者論畫，謂：“與其爲僞宋元，毋寧爲真明賢。明賢何嘗不仿宋元，但能得真精神，勿襲其貌耳。”所收明賢真迹極多，日夕臨仿。又從王夢樓太史游，太史書法超絶時蹊，蓮巢得其中鋒側使之秘，運之於畫。又師事太倉王蓬心太守，太守授以口訣，以“宿雨初收，曉烟未泮”八字爲陀羅尼門，嘗曰：“吾受蓬心先生教，逾十年，始能實證也。”皈佛後，好寫佛像，旁涉聖賢仙靈，一以宋元人及明丁南羽爲宗。寫生亦佳絶，合唐六如、惲南田爲一手，不欲僞托元人也。識者謂近時名家極多，而蓮巢宗派正而且深，當首屈一指云。工詩，五言簡淡，有唐人風。行、楷秀逸，篆、隸尤古雅。（《嘉慶志》）子岐，字小蓮。畫最近董北苑，惜早世。（昭文蔣寶齡《墨林今話》云：蓮巢山水秀絶一時，兼長花卉、佛像、竹石、士女。平生歸

---

① 按：馮金伯《墨香居畫室》卷七“周序培”條：“周序培，字殷士，號竊生，丹徒人。工山水、人物、花鳥。整密秀潤，獨開生面，不襲前人。”

心净域，世慮蕭澹，雖托業於毫楮，而無畫家面目。居常罕所往還，惟與王夢樓太守契全①，資其書理以爲畫訣。故每一點染，輒能超越常蹊，與古人争勝。又其畫時得太守題識，世尤寶之。近日吴下鑒家以南田、新羅爲上品，次則蓮巢、鐵生，聲價并重，有潘聖人之目②。書法褚河南，詩有王孟風格。王柳村謂其如孤鶴唳空，逸情遠韵，令人絶塵俗想。其畫品亦如此。弟思牧，字樵侶。子岐，字荇池，號小蓮，并工畫。《墨香畫識》云：蓬心先生解組歸，訪夢樓於京口。蓮巢請畫法，先生以“宿雨初收，曉烟未泮”八字授之，蓋思翁引米元暉自跋語也。故蓮巢雖由文、沈入手，而能兼得香光、小米，墨暈清腴妍冷，令觀者塵眼俱净。《讀畫閑評》云：蓮巢又善没骨法，林巒秀异，傅色明冶，别有意趣。余曾得其臨南田箑，有詩云：“翠碧紅林磵路分，荻花溪岸待鷗群。垂綸坐看前山影，遮斷青鬟是白雲。”又聞蓮巢嘗於除夕作畫一幀，以貽夢樓，副以書云：歲暮風雨無賴，作畫遣懷。畫成，覺生動之韵鬱鬱紙上，然世罕知此畫者。謹奉諸左右，以相印證。夢樓懸諸齋壁，玩賞久之，爲題一絶，作擘窠書以報之。詩曰：“半幅丹青萬叠山，有人山下掩柴關。蕭蕭風雨誰來訪，繫個漁舟獨樹灣。”）

黄鶴，字石屏。善寫生，生氣盎然，筆端有前明林良、吴小仙之風。（《墨林今話》云：石屏工花卉、翎毛，皆生動有致。嚴問樵嘗爲余述其先大父時，石屏與鄭板橋、李松原諸公嘗主其家③，遺墨甚夥。今尚存一册，畫魚數種，游泳如生，展卷者無不知魚之樂也。《墨香畫識》又載：吴郡張石公跋其畫册云：石屏爲夢樓太守妹婿，夢樓故貧，南宫報捷，其妹脱釵與報人去。夢樓既貴，官滇南，石屏夫婦能安貧，賣畫自給，無所干求，時人尤高之。）

何蓉，字芙村，邑諸生。工詩，尤以書法傳。

何鍾錡，字漁舫。書法秀逸，得董思翁遺意。

畢夢熊，字庶男，邑諸生，工墨竹。

吴昺，字丙原，號解仙，諸生。能詩工書，善山水，以疏野爲宗，大似楊龍友，書法亦似之。

潘思牧，字樵侶④，號髯翁，蓮巢弟。工書，書學董文敏。精山水，由宋南宗、董北苑、巨然及元明諸大家入手，宗文衡山、董香光，得烟雲秀潤之妙。王夢樓嘗爲題畫，世多重之。子圭，字愚山，亦善畫。

趙本立（見“道流”），能詩，喜作擘窠書，小行楷書亦有古法度。

釋德琨，字問石，焦山石壁庵僧。善畫蘭竹，與冷秋江善，嘗爲作《石壁禪院記》。

---

① 按：“契全”，當爲“契合”。蔣寶齡《墨林今話》卷四“潘蓮巢恭壽”條：“惟與王夢樓太守契合。”

② 按：“有潘聖人之目”，蔣寶齡《墨林今話》卷四“潘蓮巢恭壽”條：“有潘、奚之目。”當是。奚岡，字純章，號鐵生，又號蒙泉外史，原籍歙縣，居錢塘。工書畫，精篆刻。

③ 按：“李松原”，當爲“蔡松原”。蔣寶齡《墨林今話》卷四“黄石屏鶴”條：“石屏與鄭板橋、蔡松原諸公嘗主其家。”按：蔡嘉，字松原，丹陽人，善詩工書。本卷前有小傳，可參看。

④ 按：李濬之《清畫家詩史（戊下）》潘思牧小傳：“字一樵。”

築秋屏閣，藏名人書畫。亦能詩，揚州鄭昂選載《山水清音集》。卒年八十餘。

釋本悟，字露芳，號心潭①。能詩，有"極浦烟迷春水棹，隔江人倚夕陽樓"之句，爲時所稱。書法有逸趣，小楷師晉人，尤習《破邪論》，有前明王雅宜之風。（《嘉慶志》曰：明以後善書畫者，多録自張崟《晴佳閣摘鈔》，崟亦善畫。）

蔣宗海（見"儒林"），馴雅該博，聲著日下。工詩，能篆刻，又善丹青，具蕭疏古澹之趣，不屑蹈襲畫家窠臼。年甫四十，乞養歸田。（《墨林今話》）

王文治（見"文苑"），書法妙天下。世亦罕稱其畫者，觀其《南詔堂集》中有《過晉庵畫梅一枝於壁并題》② 云："梅花樹下與僧期，旋染隃麋寫折枝。却憶去年花放日，無人看到月斜時。"又《畫石》詩云："平生足迹半中外，胸中萬峰紛偉怪。每逢奇賞不能攀③，自恨當年未之畫④。"又《畫菊於扇戲贈王菊田》云："君家種菊已成田，每到秋來香滿軒。寫把一枝君手裏，賺君看畫憶鄉園。"見其詩如見其畫矣。女工寫蘭⑤。（《墨林今話》）

李輝仁，字醉石，工畫蟹。

江浩，號曉峰，善畫人物，如仇十洲工筆。

朱鐮，字竹樓，布衣。以孫龍光貴，贈朝議大夫。書名與王文治齊。少法魯公，中年肆力於米元章，秀健揮灑，得其神味。大、小幅及聯額，傳流甚遠。孫龍光，道光乙未進士，官至刑部正郎，亦工書。以竹樓所書遺墨鈎刻成册，拓行海内。

張崟（見"文苑"），貢生。與從兄舸齋司馬俱以詩畫著京江，花卉、竹石、佛像皆超絶，而尤擅山水，出入文、沈，遠躋宋元。生平高自矜賞，不肯居第二流，王叔畦稱其運筆布置確有古法⑥，非漫然也。《墨香畫識》云：寶崖人既淵雅，性亦蕭澹，掩關却掃，恒經月不出，出遇山水賞心處，又或經月不歸，其風趣如此。寶崖畫余見有兩種，一則沉鬱濃厚，意在北宋大家，其本色也。一則幽淡蕭寥，氣韵清絶，逼似衡山五峰而兼有王惲風格。凡所作小幅是也，畫皆入古，非家有宋元名迹數百幅，日夕薰染，烏能臻此？題畫亦佳。附其一絶云："雅栖古木濃於葉⑦，雁去遥天細若塵。斜照不勝秋水闊，柴門獨倚望歸人。"（《墨林今話》）

戴士毅，善畫魚蟹。

---

① 按：蔣宗海《蔣春農文集》録《心潭上人塔銘并序》一文，首云："上人號心潭，名露芳，字本悟，姓李氏。"

② 按：詩題，蔣寶齡《墨林今話》卷三"丹徒王夢樓"條作《過晉庵畫墨梅一枝於壁并題》，王文治《夢樓詩集》卷九作《過普庵畫梅一枝於壁因題》。

③ 按："每逢奇賞不能攀"，《墨林今話》卷三"丹徒王夢樓"條作"每逢奇賞不能摹"。王文治《夢樓詩集》卷十一《畫石》亦作"每逢奇賞不能摹"。

④ 按："自恨當年未之畫"，王文治《夢樓詩集》卷十一《畫石》作"自恨當年未工畫"。

⑤ 按："女工寫蘭"，《墨林今話》卷三"丹徒王夢樓"條作"女玉燕，工寫蘭"。

⑥ 按："王叔畦"，當爲"王椒畦"。《墨林今話》卷八"張寶崖崟"條："王椒畦孝廉亦稱其運筆布置確有古法。"按：王學範，字孟養，號椒畦，崑山人。乾隆五十一年舉人，善畫，道光之季畫苑推爲尊宿。

⑦ 按："雅栖"，《墨林今話》卷八"張寶崖崟"條作"鴉栖"，當是。

吴兆揚，字丕波。以孫貴，贈中憲大夫。書法蒼古，合顔、柳、歐、褚，而出以化境，小則蠅頭，大則徑丈。行、楷皆工。孫台文，字階平。道光丁酉拔貢，候選教諭。書法絶佳，惜早卒。台朗，字次垣。庚子進士，以禮部郎入軍機，觀察山東。台壽，字介臣。庚戌進士，官至監察御史，罷官後，主揚州安定書院講席。兄弟皆善書，尤工小楷。

李之泰，習漢隸，尤醉心篆、籀，嘗謂："鎸刻雖小道，必先明篆法，後論刀法，乃佳。"以是印章稱最。郡守清公贈聯云："健選鴻裁追漢制，妙鎸高古邁秦章。"

劉允升，字同村①，諸生。善山水，得北宋宗派，設色大幅，尤無俗韵，并工書能詩。

應讓（見"儒林"），書法端麗，行草皆重於世，與詩并傳。

錢之鼎（見"文苑"），書法秀潔，兼工畫士女，與詩詞并傳。

顧鶴慶（見"文苑"），能詩善書，兼工山水，有三絶之稱。歷游南北，詩畫日益雋上。余嘗見其大小諸幅，似仿宋元而得縝密之致，與張寶崖可相伯仲。（"張松""顧柳"，畫家莫及，世所交稱。）近時宗二君者日甚。落筆濃重，展卷瞭然，望而知爲京江人。然寫《焦山圖》，他處擅畫者終不能得其蒼厚深遠之意也②。（《墨林今話》）其題咏聯語，寫作俱工，如游西湖題湖心亭云："鶯花幾兩屐，鰕菜一扁舟。"在京師題劇園云："把舊事，今朝重提起；破工夫，明日早些來。"皆傳爲佳製。

張深（見"忠義"及"文苑""宦績"），寶崖先生子。畫傳家學，初寫花卉，馮墨香已稱其氣味静穆，得宋人意。嘉慶庚午，舉鄉闈第一，入都，館藩邸十餘年，畫名益著。尤工山水，有《華陰長卷》，其生平杰作也。畹城王鷺客自京師返，嘗謂余曰："茶農所寓琉璃廠，曰'槐根小築'。其室臨街，車聲雜沓，恒於燈下作畫，至更深無倦。偶獲前人妙迹，必臨仿數四，得其神髓而止，故其所作無不深厚入古。"頤道居士稱有朝鮮貢使金秋史特重其迹，每以厚價購之。曩見茶農畫多小册，惟松陵程𢀖伯家有《蓮社問因圖》直幅，爲其尊人竹盦少鴻臚作，屋宇、松竹、水石、雲嵐全從《輞川圖》出，高簡别成一格，有小印曰"悔昨學人"。（《墨林今話》）

陳良，字玉坡，又字心僧。善人物寫生。子耕新，工山水。

茅濟，字文山，諸生，順江洲人。畫殘編斷簡，别開生面。其間書畫字帖，筆法正背如真，絶無痕迹，布置悉如。山水一時絶技，每幅必自題詩，押"前生是蠹魚"小印。後移籍江都。

繆鑌（見"文苑"），其書入晉人之室，畫松簌簌如聞風聲。自來名筆尚秃硬，鑌獨飛舞。時烟時雨，皆駕古人。名滿海内。山水亦淡遠。（《焦東志》）香山詩畫，俱有抑

① 按："字同村"，馮金伯《墨香居畫室》卷十"劉允升"條："劉允升，字敬堂，號桐村。丹徒庠生。山水得文氏家法。"當是。茅元輅《有香草堂詩集》卷二有《送劉桐村之越中》詩，卷五有《題劉桐村鶯脰湖捕魚圖》詩。故"同村"當爲"桐村"。

② 按："蒼厚深遠之意"，《墨林今話》卷八"顧弢庵鶴慶"條作"蒼厚深邃之意"。

鬱盤礴之氣。（《群雅集》）

茅實，字若虛，號霜根，附貢生。工書畫。（《家乘》有傳）

茅奎光，字星紫，號桐井。乾隆己酉拔貢，懷遠教諭。工大、小楷書。（《家乘》）

戴澧（見“儒林”及“忠義”），其大書楷法，專學魯公，精於《說文》，故篆文、鎸刻俱精工而古。

顔瀛（見“孝友”），工真草書，兼精小篆、八分。

謝應元，字賡卿。考核隸書，自漢魏而下，法帖滿架。所作各隸體及八分、飛白，純一不雜，古趣盎然，非描摹形似者比。

嚴保庸（見“文苑”），畫蘭竹有逸致，旁及寫意花卉。嘗舉吴梅村“似能不能得花意也”八字爲寫生家度世金針①，識者韙之。（《墨林今話》）其弟保康，諸生，得其蘭竹法。

鮑文逵（見“文苑”），成親王貽晉齋石刻，既成，於檢卷時賞其楷書，延使題籤，當代榮之。（《焦東志》）

王承祖，字誠齋，號柏崖，邑增生。（見“文苑”）善大行書，字體如遒松怪柏，有名吴中。（按：《國朝二十八家書譜》采入承祖一家。）

顧復祖，字心齋。嘉慶戊午舉人。書學王夢樓。晚年悟禪，通徹内典，故其書神味特形静穆。

郭琦，字蘭池，諸生。書學王夢樓。都轉曾燠延致入幕，凡題跋，倩其握筆。善蘭竹，得元人法。

魯銓（見“鄉賢”及“宦績”），書學王夢樓。

華滫（見“宦績”），書法《聖教序》，秀勁無俗筆。

趙燧，大港人。書似趙文敏，名著吴會，有墨迹行世。

趙楫（見“宦績”），書法厚重，兼饒秀逸，似劉石庵。

夏楨（見“文苑”），書法魯公三表，佳者神似。

笪開泰，字階平，諸生，江上裔孫。書法深於唐碑，大楷如真卿，小楷如率更。

張棨圖，字仙槎，廩貢生。書法平原，行書尤渾脱，求其書者常屨滿焉。侄遴第，工隸；逵第，工篆；多第、春第，皆工楷法。

顔懷景，字葵伯。道光戊子舉人，例授内閣中書。楷法顔、柳兩家，小楷尤工，摹《黄庭》《靈飛》《十三行》諸本，直入晉人之室。弟懷德，亦工書，由廩貢官阜寧、溧水訓導。

曹沂，字逸雩，自號果子。畫法元人，解索皴，設色濃致。能詩，與其弟沛倡和成集。沛，諸生，亦工書。

---

① 按：“似能不能得花意也”八字，《墨林今話》卷十一“嚴伯常保庸”條作“‘似能不能得花意’七字”。按：“似能不能得花意”出自吴偉業《畫蘭曲》詩，其云：“似能不能得花意，花亦如人吐猶未。”故此處“也”字爲衍文。

戴植，號芝農，字培之。工書善畫，山水尤佳。又善考名人書畫、法帖及金石、瓷竹、古器、碑銘，著有《聽鸝山館》《倍萬樓》《翰墨軒》各墨刻。

馮潤，字雨農，諸生。山水以水墨勝，喜乾皴，有逸氣。

張山，字伯山，號又顛。精畫事，工吟咏。尤善畫梅，嘗自題云："凍萼寒葩不世情。"人品亦可見矣。(著《伯山詩鈔》一卷)

王元吉，字菊農，歲貢生。能詩工書，書不名一家，俱以厚潤勝，識者謂此壽徵也。年八十，無疾卒。

張曉，字曉山。少從孫夢徵、鮑子將游，得其寫真秘訣。嘗慨然曰："寫真，末藝也，奚足貴？顧自秦漢以降，尸禮廢而畫像興，孝子慈孫，賴此瞻拜祖宗形貌。況古聖賢事迹垂諸經史，鎸諸碑版，往往與像并傳，使後之人誦詩讀書，如承謦欬。傳神繪影，豈小道哉？"其藝名重一時，補圖亦工緻。弟杲，字曉亭，亦以寫真傳。

周鎬，字子京。山水得小陝氣①。皴法异常，故常精於用墨。學者多宗之，爲其能出乎文、沈、唐、仇之外也，時比項容。

曹士庚，字秋潭（見"文苑"），山水宗明人，人物、花鳥、草蟲似康熙間名手。書法李北海，詩學中晚唐。能彈琴。

洪籽，字鐵生②，布衣。專工畫梅，小幅中能蒼勁，大幅中能疏秀，墨瀋濃淡，俱有逸致。弟爲光，兼工山水；侄江保，亦得其傳。

趙鏞，字宜村，國學生。寡言謹行，善書畫，陶文毅公澍見其畫，奇之，曰："雲林以後，一人而已。"

茅休慶，字容甫，號榮圃，廩生。書法顏、柳，秀勁爲世重。

楊觀光，字少秋，諸生。善寫生，工花卉，著名江南北。咸豐、同治間游楚，山水大進，卓然成家。

袁崇，字宗山。入大學爲上舍。既應京兆試，爲順天諸生，授太常博士。初，受知於彭詠莪相國，入閩中學幕。爲人閑静寡言。工山水，名噪京都。入都幾五十年，故鄉里鮮傳其迹。幼嘗從吴士誠習武技，如刀法、槍棒、彈弓之屬，靡不嫻熟。相傳身有暗疾，終身不娶。同治初，卒於京邸。其族侄孫善奉柩歸葬。篋中有《家山圖》數帙，所畫猶未竟焉。

王爾烈，字鄰崖，諸生。工行草書。

郭汝礪，字小巖，諸生。善蘭竹，工行書。

茅桐，字伯純，廩貢生。工書，善畫竹石，蒼秀古逸，自成一家。

茅鹿鳴，字雅初。同治甲子舉人。善臨古帖。嘗客儀徵，遇楚北蕭良翼講論書法。蕭於晉、唐、宋、元各家體製，下筆宛肖，名滿畿省。鹿鳴與談數月，盡得其傳。行、

---

① 按："小陝氣"，不知其意，或爲"川陝氣"。俟考。

② 按：洪籽當字耘士，號鉄生。

草、楷法，皆古潔無俗韵。

趙榮，字子木，諸生。能書善畫，精於摹古，雖渴筆亦能秀潤。

盛鑒，字心壺。專於辨隸，筆法古勁。

吕時中，字建民。善寫真，兼工題咏。事繼母至孝，撫幼弟成人。弟乘之，亦以寫真名。家計日豐。咸豐十年，避寇渡江，遇大風，舟覆，闔家沉歿。

施可齋，遺其名。善山水，兼工花卉、翎毛。兄毅。（見“文苑”）

李均，字竹生。山水法文、唐兩家，以氣勝，設色古淡。子崑瑜，圍棋爲江南國手。

聶寶德，字六琴，先世漢軍。工繪蝴蝶，牟莘江後一人而已。

卞思忠，字雨村。山水以秀逸勝，似查二瞻，幾莫可辨。兼善人物、墨梅、花鳥。

高湝，字桂水，諸生。善蘭竹，氣韵秀潤。工填詞，著有《詞林叢話》。

丁銓，字蓴庵。山水、人物，筆墨刻露，人物似閔貞。

何曜，字芝庵。山水、人物、花卉、蟲鳥，俱極工整，精鎸章。子均，字石安，亦能畫。

閻錫純，字竹賓。工山水、人物，極其老横。

鄒一桂，善畫山水，清逸有法。

黄之楠，山水清逸，寫生淡遠。

殷烺，字心庵。善山水，得張夕庵工整之筆。

陳泳，字花農，本姓吴。少時爲鐵柱行宫僧，名高謹，字蓮岳。山水得文五峰之俊逸，沈石亭之沉厚。渲染設色，不愧古人。間有多用墨處，時有范寬之目。亦能詩善書。

吴鴻漸，字荼卿，邑諸生。工書，善寫蘭竹木石。

張芳，字孝杰。工山水，氣韵雅秀，魄力蒼渾，實師周子京，時有過之者。

鮑敬堂，字立三，海門曾孫。善畫士女，宗明代名手。樹石法劉松年、唐寅，花鳥草蟲法陸包山。兼能寫真，所爲惲南田没骨花贋本，人莫能辨。

袁際昌，山水工細有致，大似張夕庵少時作。

郭瑚，字稚圭。山水得張夕庵工細秀潤之法。

林壽先（見“忠義”），字静齋。山水善設色，精於渲染，明艶异常，時無其匹。

李譽，字永之。畫法十三科。兼善山水，宗元明。人物、花卉寫生，宗北宋，均以清勁爲主。能詩工書。壯年輕財好施，晚常住焦山，其高致可想矣。四方來學畫者甚衆。侄昶，字杲生，盡得其學，亦能詩，惜早世。

李楨，字克生。奉孀母仲氏，以孝聞。庚申歲，與子岫雲遭寇虜分散，念母切，卒以計尋得，同子逃趨母所，以慰母望，人謂慈孝所感。適有以“火蓮道人”小印贈之者，因以爲號。能小楷，兼金石篆刻。精於擇交，無依阿態。畫工各體，隨事寫圖，各出新意。否則拈名人詩句爲之。畫理極深，後人時臨其本爲稿。（《畫苑》）

張鶴齡（見“文苑”），書法褚河南，畫逼文待詔，獲者多珍之。

王謙，字補庵。書法蒼勁，愈大愈妙。人品清介，以賣字爲生，貧至不能舉火，淡如也。

支清佐，字伯泉。父午亭，爲鹺商，好蓄名畫，并工山水。清佐專學花卉，寫生用雙鈎法，筆墨老横，設色却極妍麗，深得白陽山人之妙。能詩，有《擬古百詠》，梓行。弟昭鼎，字禹台，能詩，未弱冠早世，清佐爲梓其稿。

秦蘭，字瑞珍。山水長於臨摹，用筆工細，設色潤澤。惜年未永。

張汝明，字教之。善山水，筆墨蒼勁，李永之高弟子也。惜年未永。

繆應麟，字德徵。工篆、隸，輯有《隸法彙纂》。弟啓麟，工畫。

符寬，字拓庵。書得魯公法，尤工鐵筆，古雅無俗塵。有《印譜》行世。鮑海門、王禹卿諸名士皆與之游。子括，諸生，書亦工整。

李蓮生，字藕塘。性情夷淡，勢利一無所營。工詩畫，詩法韋、孟，畫法文、沈。年八十，終於家。

趙遂禾，字嘉生。幼嗜翰墨，從伯笠農觀察富收藏，恣搜討。花卉、翎毛、寫生俱妙。後與無錫秦誼亭户部游，遂專工山水，以子久爲宗，兼有叔明、仲圭之勝。當代鑒賞家如徐壽蘅侍郎、秦澹如都轉皆推高手。惜早卒。

釋明儉，字智勤，號几谷，丹徒王氏子，出家小九華山。能詩，善摹晉人法帖。工畫山水花卉，出入荆、關、馬、夏，下筆如風，墨彩沉鬱。與海昌釋六舟善，共與黄巖總鎮湯公偕游雁宕六日，窮極幽奥，歸畫長卷紀游，寶山張問秋題曰："《雁山雙錫圖卷》，雪瀑雲嵐，涌現紙上，乃奇作也。曩嘗訪余吴門，適余他往，特以小幅見貽，疏略荒冷，另是一種。《雙錫圖》，藏六舟處，題者已夥。"（蔣寶齡《墨林今語》）

釋玉崖，北固山僧。山水魄力清勁，大幅揮灑淋漓。几谷弟子也。惜早殁。

道士徐體微，字妙亭。山水沉厚濃致，有幽并之氣。在蘇州玄妙觀多年，晚住銀山玉皇閣，尤善彈琴。

道士張道溥，字步雲，住萬壽宫。山水精萃各家，工行書。其嗣徒曾孫張元善，字本初，亦善畫。人物、山水、竹石兼工，筆墨渾厚有則。

道士袁澄，字清甫。山水師周子京，秀逸過之。小景亦蒼潤可喜。尤善琴。

續纂：

賈松年，字鶴儕，一字海雪。工詩，有集（見"書目"），善書畫。書宗晉法，卓然成家。畫法大滌子，尺幅寸楮，有千里之勢。少爲府吏，即嗜古，凡卷軸圖書，收藏精富，惜毁於兵。晚惟耽於翰墨。年六十卒。

吕之樸，字抱經。能詩善書，尤工於畫山水，蒼勁疏秀，不名一家而皆有逸致。官雲南郡丞、襄貴州軍務（見"宦績"）。歷游楚、蜀、滇、黔，踪迹所至，筆墨愈進。弟增，字益夫，亦工詩書，著有《餘閒室詩鈔》。字古秀，畫清奇，善鐵筆。

丹徒縣志卷三十四終

丹徒縣志卷三十五

人物十二　隱逸

隱逸叙

《易》稱“嘉遁”，又曰“幽人貞吉”，是確乎其不可拔也。徒邑如焦光，樂志沉冥，翛然塵壒之表，其風邈矣。《嘉慶志》缺“隱逸”，謂方今道一風同，無事矜高蹈之節。但安貧樂道，遺外時榮，固宏風教者所當重也。若自號通隱，概無取焉。志隱逸。

漢

焦光，字孝若，或曰焦先。漢末隱居京口江中之譙山。結草爲廬，後野火燒其廬，因露寢大雪，袒卧不移，人以爲死，就視如故，其所隱居處遂名焦山。（《康熙志》）焦山，焦光所隱，後卒，蔡邕爲贊，宋真宗封光明應公，敕：“朕邇者染疾未瘳，忽夢老人入殿，自謂‘東南隱者焦光’，持奉丹藥。夢覺，即愈。詢之近臣，曰：‘光乃漢末高隱，遨游天塹，洞隱焦山，甘貧樂道，三詔不起，廉節自持。’”（張莱《三山志》。《嘉慶志》曰：按：《焦山志》云：焦光、焦先必非一人。漢蔡邕之所贊、宋真宗之所夢者，光也。晉魚豢《魏略》、皇甫謐《高士傳》之所載者，先也。顧冷士嵋《謁焦先生祠堂記》已先辨之大旨，謂：邕以初平三年被害，先至魏嘉平中尚在耳？何絜《晴江閣集》亦謂邕所贊應是光，不是先。考邕《贊》載在《古文苑》，但稱以焦君而不名，其斷然非焦先固無可疑。即謂之焦光亦無確據，烏知漢末不更有三詔不起之焦君乎？事隔千載，未敢以臆説測之。疑以傳疑可耳。先字孝然，光則未聞其字。舊志出絜手，乃曰“光字孝若”。又誤合兩人爲一，今特正之。蔡邕《贊》、宋《敕》、冷士嵋《記》、何絜《辨》并載“藝文”，至魚豢、皇甫謐、葛洪諸傳詳載《焦山志》，不贅録。若後代詩文，或稱光，或稱先，固宜各仍其舊云。按：今王豫所修《焦山志》備載焦公各傳贊，今已録於“輿地志”内“焦公祠”後，“藝文”内不贅。）

晉

劉鎮之，字仲德，魏將軍毅從父也①，以毅貴顯。閑居京口，未嘗應召，常謂毅：

① 按：“魏將軍毅”，《嘉慶丹徒縣志》卷二十五作“衛將軍毅”。《南史·劉粹傳》：“粹族弟損字子騫，衛將軍毅從父弟也。”又《晉書》卷八十五《劉毅傳》：“毅以喪師，乞解任，降爲後將軍。尋轉衛將軍、開府儀同三司、江州都督。”故“魏”當爲“衛”。

"汝必破我家。"毅甚畏憚，每還京口，未嘗敢以羽儀入鎮之門。以左光禄大夫徵，不就，卒於家。(《南史·劉粹傳》)

宋

戴顒，字仲若，譙郡銍人也。父逵、兄勃，并隱遁，有高名。顒十六遭父憂，幾於毁滅，因此長抱羸疾患。以父不仕，復修其業。父善琴書，顒并傳之。會稽剡縣多名山，故世居剡下。顒及兄勃并受琴於父，父没，所傳之聲不忍復奏，各造新弄。桐廬縣又多名山，兄弟復共游之，因留居此。勃卒，乃出居吴下，吴下士人共爲築室，聚石引水，植林開澗，少時繁密，有若自然。乃述莊周大旨，著《逍遥論》《禮記》《中庸》篇①。宋國初建，元嘉中徵，并不就。衡陽王義季鎮京口，長史張紹與顒憩於北澗，義季亟從之游，顒服其野服，不改常度。爲義季鼓琴，并新聲變曲，其三調《游弦》《廣陵》《止息》之流，皆與世异。文帝每欲見之，嘗謂黄門侍郎張敷曰："吾東巡之日，當宴戴公山下也。"以其好音，長給正聲伎一部。顒合《何嘗》《白鵠》二聲，以爲一調，號爲清曠。十八年卒，無子。(《南史·隱逸傳》。下并同。)

關康之，字伯愉，河東揚人，世居京口，寓居南平昌②。少而篤學，姿狀豐偉。下邳趙繹以文義見稱，康之與之友善。晋陵顧悦之難王弼《易》義四十餘條，康之申王難顧，遠有情理。又爲《毛詩義》，經籍疑滯，多所論釋。嘗就沙門支僧納學算，妙盡其能。徵辟一無所就，弃絶人事，守志閑居。性情約，獨處一室，希與妻子相見，不通賓客。弟子以業傳受，尤善《左氏春秋》。齊高帝爲領軍時，素好此學，送本與康之，康之手自點定。又造《禮論》十篇，高帝絶賞愛之。宋明帝泰始初，與平原明僧紹俱徵，辭以疾。順帝昇明元年，卒。

齊

臧榮緒，東莞莒人也。祖奉先，建陵令。父庸人，國子助教。榮緒幼孤，躬自灌園，以供祭祀。母喪後，乃著《嫡寢論》，掃灑堂宇，置筵席，朔望輒拜薦焉，甘珍未嘗先食。純篤好學，括東、西晋爲一書，紀録志傳百一十卷。隱居京口教授。齊高帝爲揚州刺史，徵榮緒爲主簿，不到。建元中，司徒褚彦回啓高帝稱述其美，以置秘閣。榮緒惇愛五經，謂人曰："昔吕尚奉丹書，武王致齋降位，李、釋教誡，并有禮敬之儀。"因甄明至道，乃著《拜五經序論》。嘗以宣尼庚子日生，陳五經拜之，自號被褐先生。又以飲酒亂德，言常爲誡。永明六年卒。初，榮緒與關康之俱隱在京口，時號爲二隱。

---

① 按："《禮記》《中庸》篇"，《宋書》卷九十三《戴顒傳》作"注《禮記》《中庸》篇"，故此處當脱"注"字。

② 按："寓居南平昌"，《宋書》卷九十三《關康之傳》、《南史》卷七十五《關康之傳》皆作"寓屬南平昌"。

梁

諸葛璩，字幼玟①，琅邪陽都人，世居京口。璩幼事徵士關康之，博涉經史。復師徵士臧榮緒，著《晉書》②，稱璩有發擿之功，方之壺遂。齊建武初，南徐州行事江祀薦璩於明帝，曰："璩安貧樂道，説禮敦詩，如其簡退，可以揚清厲俗，請辟爲議曹從事。"帝許之，璩辭不去。陳郡謝朓爲東海太守，下教揚其風概，餉粟百斛③。梁天監中，舉秀才，不就。璩性勤於誨誘，後生就學者日至，居宅狹陋，無以容之，太守張友爲起講舍。璩處身清正，妻子不見喜愠之色，旦夕孜孜，講誦不輟，時人益以此宗之。卒於家。

陳

馬樞，字要理，扶風郿人也。祖靈慶，齊竟陵王録事參軍。樞數歲而孤，爲其姑所養。六歲，能誦《孝經》《論語》《老子》。及長，博極經史。梁邵陵王綸爲南徐州刺史，素聞其名，引爲學士。尋遇侯景之亂，綸舉兵援臺，乃留書二萬卷付樞。樞肆志尋覽，殆將周遍，乃隱於茅山，有終焉之志。天嘉元年，文帝徵爲度支尚書，辭不應命。時樞親故并居京口，每秋冬之際，時往游焉。及鄱陽王爲南徐州刺史，欽其高尚，鄙不能致，乃卑辭厚意，令使者邀之，樞固辭以疾。門人勸請，不得已乃行。王别築室以處之，樞惡其崇麗，乃於竹林間自營茅茨而居。每以王公餉，辭不獲已者，率十分受一。樞少屬亂離，凡所居處，盜賊不入，依托者嘗數百家。目精洞黄，能視暗中物。常有白燕一雙，巢其庭樹，馴狎櫩廡，時至几案，春來秋去，幾三十年。太建十九年卒④。

宋

蘇炤，字元晦，頌曾孫。隱居不仕，自號東山樵隱。學淵博，工詩。趙磻老以遺逸薦於朝，時相以爲隱晦之志素定，必不肯出，遂大書"滄浪"二字遺之。有集。(《康熙志》)

黄虒，字文郁。嘗一赴鄉舉，晨及棘闈，有仆地而斃者，自是絶意不往。後有姻黨驟貴者，將薦之，虒不應，徙居平江，扁所居曰"閑止"。有集。(《康熙志》)

孫齋，字端誠。兄藎，政和間進士。齋嘗居太學，人品超邁，與蘇庠游。工詩，高尚不仕。(《康熙志》)

蘇庠，字養直，隱京口。紹興間，與徐師川同召，養直不起，師川造朝，便道過養

---

① 按："字幼玟"，《南史》卷七十六《諸葛璩傳》作"字幼攻"，《梁書》卷五十一《諸葛璩傳》作"字幼玟"。

② 按："著《晉書》"，按《梁書》卷五十一《諸葛璩傳》，前當脱"榮緒"二字，當爲"榮緒著《晉書》"。

③ 按："餉粟百斛"，《南史》卷七十六《諸葛璩傳》作"餉穀百斛"，又謝朓有《臨東海餉諸葛璩穀教》文，故非"粟"，當爲"穀"。

④ 按："太建十九年卒"，《南史》卷七十六《馬樞傳》、《陳書》卷十九《馬樞傳》皆作"太建十三年卒"。

直，留飲甚歡。徐弈品高於蘇，是日對弈，養直拈一子，笑視川曰：“今日須讓老夫一着。”師川有慚色。(《語林》) 蘇公隱丹徒，五召不起。周君德友主縣簿，願從之游，文書往來，委曲如瑣，求之古人，未易一二也。(《鐵網珊瑚》徐詡跋)

蘇扶，庠子。工詩嗜書，酷肖其父。貧甚，郡太守招之，語子弟曰：“吾何以獲知斯人？特以先世隱名，哀吾貧而周之。奚忍以吾父名賣錢耶？”固辭不往。死至無斂葬。(《康熙志》)

李迴，字叔友。高尚不出，士宗仰之。宣和初，太守虞弈[①]携具偕教授董弅詣迴，迴野服見之。明日遣人持詩往謝，竟不一造其門。(《康熙志》)

周方叔，字矩道。居丹徒，築室五州山下，誦讀不休。家貧，或終日不食，鄰僧乞米送之。一日，龔農卿準、孫常州吴會同造其廬，無以爲具，乃烹犬食之，二公欣然盡歡，嘆息而去。(黄姬水《貧士傳》)

章垚，字叔裒[②]。早從陳唯學《春秋》。有俊聲，從游者踵接。隱居不仕，後贈奉議郎。子琰、琮、瑢。(《康熙志》)

王酉發，字噩甫。其先安豐人，父沔，徙丹徒。酉發寶祐元年登進士，歷金壇、荆山丞，知静海縣。入元不仕，隱居黄鵠山下，自號息寮子。(《康熙志》)

蘇景璋[③]，字國珍。自永嘉徙丹徒。寶祐四年，與陸秀夫同登進士，累官朝奉郎、太府寺丞。入元，杜門不出，自號芝山逸人。有集。(《康熙志》)

朱焱，本兖人，孝子壽昌之後。登咸淳元年進士第，授迪功郎、臨淮縣主簿。入元，自淮泗遷京口，隱居不仕。(《康熙志》)

莫崙，字子山，號兩山，江都人，寓家丹徒。咸淳四年進士，入元不仕。(《宋詩紀事》)

梁棟，字隆吉。其先湘州人，生於鄂，後遷居鎮江。弱冠，領漕薦，登戊辰第，選寶應簿，調錢唐仁和尉，入帥幕，一時聲名張甚。丙子，宋亡，歸武林。弟柱，字中砥，入茅山，從老氏學，棟往依焉。庚寅，遭詩禍，名益著。時往來茅山、建康間，江東人士從者衆。乙巳，無疾卒。平日好吟咏，稿無存者，門人問故，曰：“吾詩堪傳，人將有腹稿在。”宋遺民之皭然者也。(《宋詩鈔》)

朱蒙如，字聖源。爲鄂州團練副使，因忤賈似道，弃官隱鎮江，誅茅以居，織葦爲席，宴如也。因以官爲姓，改姓團。戒二子，長愈、次憼俱謝官同隱。(《康熙志》)

修謹，字立道。咸淳十年進士，官巢縣主簿[④]、通州教授。入元，歸隱丹徒，屢徵

---

① 按：“弈”，當爲“奕”。《宋史》卷三百五十五《虞奕傳》：“奕字純臣。……睦州亂，以龍圖閣直學士知鎮江府。”《至順鎮江志》卷十九“李炯”條：“宣和初，教授董弅白太守虞奕曰……”

② 按：“字叔裒”，《至順鎮江志》卷十九“章垚”條作“字叔垕”。

③ 按：“蘇景璋”，《至順鎮江志》卷十九“蘇景瑞”條作“蘇景瑞”。又寶祐四年《登科録》第四甲第八十人即爲蘇景瑞。故“蘇景璋”或當爲“蘇景瑞”。

④ 按：“巢縣主簿”，《至順鎮江志》卷十九“修謹”條作“鎮巢縣主簿”。

不出，鄉人稱爲鶴山先生。耽詩，有集。子敏。（《康熙志》）

蔣瑱，字子民①，世居宜興，宋末徙丹徒。瑱苦學，韜晦不仕，家素饒裕，恤孤貧，多恩惠，鄉人敬愛之。慕陳少陽之爲人，臨終遺命葬其墓側，方萬里志其墓。（《康熙志》）

俞酉發，字明叔，德鄰弟也。咸淳中，以明經由京庠試太學上第。入元，隱居不仕，以詩酒自娱，六經、諸史無不涉獵，有《經傳補遺》三十卷②。（《康熙志》）

陳膺，字登父，由海陵徙居京口。舉鄉貢。性剛嚴寡合。入元，隱居教授，潤之學者多出其門。晚年自號鄰林子。詩文豪健，有集。（《康熙志》）

崔璆，字子玉，京口人。美風儀，善談論。晚病狂，携大瓢貯酒行市，拍掌歌笑。未死十日，自表石，題曰"醉鄉伯崔璆之墓"。（杜本《谷音》）

雷好問，字博夫，號益庵。生而穎异，日記千言，過目成誦。其學以德行爲本，文章必以理勝。游郡庠，以《葩經》薦入太學上舍。德祐乙亥，元帥次江南，廷臣弃位去者踵相接，同舍或欲亡去，挽好問俱。好問泣陳大義，且曰："太學爲育賢之地，國步艱危，期以死報。若遽舍之，何顔對人？"同列感而止者甚衆。乃兩叩閽，極言時政，疏上不報。明年丙子，元將伯顔入臨安，以宗室、宰執、庶僚、三學諸生北去，好問晝夜號痛，求死不獲。至横林驛，酋首阿打海憫其哀切，縱之，好問間道歸潤。是時旱澇頻仍，疫疾大作，念母老子幼，遂廬於鴻鶴山麓，扁曰"居敬齋"。隱居教授，杜門不出，學者宗之。會元詔郡邑，訪求逸俊，有司迫之赴闕，終不赴。以元延祐二年卒於家。（《雷張氏家傳》）

甘桂芳，宋鄉舉，入元，隱居授徒，自號秋巖。（《正德志》）

元

茅廷瑞，幼有志操，頗尚豪俠，晚號耕隱老人。讀書課子，泊然無榮進意。（《正德志》）

龔理，字子中。操尚雅潔，營别墅於塔山，隱居讀書，研究性道，泊然不以世慮干其心。詩文工雅有法。子齊、永。（《康熙志》）

謝震，字起東。隱居華陽，工古文，有集。（《正德志》）

吴良貴，字君玉。其先臨安人，隱居京口。慎言行，涉獵經史，精於醫。至元間，被薦，不起。同鄉盛德榮與良貴，兩世六十年同資出内，多寡未嘗相較也。年九十一，卒。（《康熙志》）

胡仁傑，字叔豪。隱居不仕。宋潛溪、王子充、蘇平仲及郡守楊遵、同邑王有壬、俞希魯諸公皆與之交。有詩文藏於家。

---

① 按："字子民"，《至順鎮江志》卷十九"蔣瑱"條作"字子玉"。

② 按："《經傳補遺》"，《至順鎮江志》卷十九"俞德鄰"條作"《傳注補遺》"。

明

丁熙拱，字伯輝。樸茂有古風，隱居教授。太祖駐蹕北固山，召見，後率郡中諸儒入覲，多擢用者，獨熙拱以老疾辭歸，杜門掃軌，絶意仕進。(《康熙志》)

茅潤，字滋九，邑庠生。少年任俠，楊文襄公深器之，後歷游邊塞，謂："延綏一帶營堡，宜從直道。其自榆溝至寧夏黑山嘴、馬營諸處，宜多設城衛墩臺，寇不足平也。"嗣文襄出制三邊，遂延潤。至時，敵師入據河套，而羊圈子諸處城多傾圮，猝難修整。潤請紉布爲城，使游徼者不能窺。日夕督役築之，數日已完，賴以無事。又勸公修築定邊營迤東邊墻四十餘里，歲省内運數十萬，公用其言，且上其功於朝，部議優叙，授都督府都事，潤固辭不受。朝廷高其讓，乃敕有司日給俸一石。(《家乘》)

韋椿，字大年。少穎异，長益力學。喜寂静，慎交游，師丁元吉，究心理學，兼綜經史。屏處城隅，經旬不出户外，自號秋山居士。工書畫，尤長於詩，情致超卓而蒼削峭拔，若露濯霜剥，皓乎無纖塵。爲人能自刻勵，甘貧賤，外飭而中介，不與時俯仰。無子。門人編其遺稿，曰《秋山集》。台州同知俞燦授之梓，後談京兆自省更爲重梓焉。(《康熙志》)

張覲宸，字仲欽，别號修羽。幼以《麟經》名家，爲諸生冠，補太學。才不究用，惟以書史、古物自怡，構閣城壖中，署曰培風閣。與董元宰、陳遁公①二先生爲莫逆交。尤樂施與，捐數千金産爲義田，葺焦山殿，建圌山塔。有急，或昏夜往請，必給之，無靳色。三山皆有别業，風日晴好，携樽往游。性度瀟灑，有晉人之風。精鑒賞，所藏法書、名畫甚多，與嘉興項氏天籟閣相埒，識者以爲項氏尚有贋物，張氏絶無云。(何金鑒撰《張修羽先生傳》)

陳孚極，字季元，爲諸生。抵掌時事，毅然以古人自負，以子灯封奉直大夫、濟寧州知州。受封後，杜門養重，年家子爲郡守七載，屢造謁，不一晤，時論高之。娶張，性孝謹，孚極繼叔氏後，張調劑兩姑之間，和好無間。愛庶女如己出，并迎養庶女翁姑數載，尤人所難。(《康熙志》)

倪嘉慶，字篤之，别號樸庵，邑之册田人。少沉默好學，明天啓辛酉由江寧學鄉薦。壬戌，成進士。癸亥，除户部主事。甲子冬，逆閹魏忠賢侵國政，嘆曰："亂階此矣。"因乞催餉，出都門，嗣丁父艱。崇禎戊辰，補兵部職方右司員外郎。戊寅，遷車駕郎中，以杖王府奸人謫浙江布政司經歷。壬申，擢户部主事，升郎中。會烏程相温體仁争枚卜，傾東林，緣侯司農恂定璫案，并嫉篤之與邊餉，遂令吏科宋某借察豆及借用京糧價事，下篤之刑部七年，論戍。范司空景文、倪學士元璐交薦復官，未赴。甲申，賊陷京師，弘光南立，遂改吏部員外郎，尋再改户科給事。以言事忤馬士英，出察淮揚鹽政。已而，愴念升沉，遂入栖霞山爲僧。參究諸宗旨，得其奥，嗣曹洞之覺浪法，更名大然，號嘯峰。初，在户部時，裁陝西諸邊驛傳，疏力争之，流賊王嘉允、李自成之禍，果自是起，

① 按："陳遁公"，《嘉慶丹徒縣志》卷二十五《隱逸》作"陳盾公"。

竟致喪亡。生平在部科，有《諫草》一卷。爲僧，有《五燈語録》數卷。年七十有二。(《康熙志》。《嘉慶志》曰：倪公爲學則深於學，爲官則忠於官，儒門之秀杰者。逮前明，事不可爲，乃落髮爲棲霞僧，豈非儒而隱於僧者乎？若謂出家後便妙契宗風，堪傳祖位，前乏作家印可，後無法嗣傳心，秉筆者何以知之？恐尊之適以誣之也。舊志列“釋道”，今改入“隱逸”，庶足以明其志耳。)

周鑑，字冰臣，號開美，一號臺公，郡諸生。博極群書，論説傾座。崇禎時，見天下大亂，流賊蜂起，而武備廢弛，莫敢任剿，率多議撫，隨撫隨叛，乃扼腕太息，謂救時之策，非剿不可，非有方略不可，因悉取古名將戰陣攻取之事，參以孫、吴兵法，著爲書，名《將略標》，獻之軍門，巡撫張公國維見之，亟爲序而授諸梓。大學士史公可法時備兵壽春，用其策，剿賊有功，乃與諸當事交章薦謂真才已效。詔徵入京，行至淮陰，聞思陵殉國，乃返。及史公開府南畿，舉爲戎政司務監紀京營軍政同知，預謀帷幄，慨然以天下事爲己任。迨史公捐軀靖節，知事不可爲，乃長慟返故里，不復有經營天下志。於是歸命空王，窮究内典，修净土業。所著《金剛經解》《楞嚴集注》，禪家者流咸奉爲津筏。其他所撰述，如《孫子緯》《金湯借箸》《祥刑二要》《轉劫輪》等書，不下數十種，未盡流布於世人，以不獲睹其全爲憾云。

國朝（《嘉慶志》曰：“隱逸”缺。又曰：古來高蹈之士，不事王侯，甘心泉石，固由性情孤潔，亦因時會艱難。方今林殫松秀，野馨蘭芳，“隱逸”一門，無可撰録，故從缺略。按：歷代隱逸，行誼不外乎忠孝節義，學問不外乎經史文詞，著作不外乎詩文書畫，特其品迹絶塵，故稱隱逸耳，豈由時會艱難哉？各舊志所載順治以來“忠義”“孝友”“儒林”“文苑”各傳中，亦頗有迹近隱逸者，要惟安義命、樂嘯歌，非耽隱也。兹仍續列各傳中，不贅。）

丹徒縣志卷三十五終

丹徒縣志卷三十六

人物十三　尚義 義舉附

尚義叙

古人爲善無近名，殆范史所稱“操尚都絶”者也。及於後世，律人以爲善，而晦其名，是遏夫趨義之心也。徒邑如前明張柏傾家賑饑，乾隆間茅華倡導助賑，後之人浸以光大，天之報施，固不爽歟！至其鄉之人趨義恐後，從善如登，至今兵燹後有廢必舉，任恤之風，蒸蒸日上矣。志尚義。

五代

尚公迺，丹徒人。初爲昇州馮宏鐸遣詣太祖求潤州，太祖未之許。公迺大言曰：“公不見聽，恐終不敵樓船也。”及宏鐸敗，歸太祖，太祖戲公迺曰：“頗憶求潤州時否?”公迺下席，謝曰：“將吏各爲其主，但恨無成耳。”太祖笑曰：“爾能事楊叟如馮公，吾無憂矣。”後公迺發田頵反書以告，卒不負太祖云。（《十國春秋》本傳。《嘉慶志》云：《通鑑》：天復三年八月，田頵與潤州團練使安仁義舉兵反，仁義悉焚東塘戰艦，頵遣二使詐爲商人，詣壽州約奉國節度使朱延壽，行密將尚公迺遇之，曰：“非常人也。”殺一人，得其書以告行密。）

宋

俞康直，字彦之①。父希言，始自黟縣來居潤州。因從祖太尉獻卿，恩補太廟齋郎，主潮陽簿，後通判睦州。先世有田在錢塘，族人擅其利，康直不問。會他族訟於官，來歸，康直以與其弟，弟曰：“吾父兄不之有，吾烏乎有之?”亦不受，卒以與族人。（《康熙志》）

湯克昭，字晦叔。其先梁山人，靖康中，避世山陽，至克昭，徙居京口。初，以淮閫辟，授修武郎。吴潛守鎮江，邀與偕行，半途，聞京口蔡福軍叛，衆猶豫莫進，克昭勸吴疾驅。既至，單騎先入，撫諭叛卒，民乃獲安。累官至武翼大夫，知肇慶府。鄉人負錢萬緡，貧不能償，以産歸之，克昭曰：“昔以義假，豈望報耶?”焚其券，買田千畝爲義田，凡同祖所出，給予有差。子執中，字與權，仕至廣東提刑，知海州②。（《康熙志》）

---

① 按：“字彦之”，《京口耆舊傳》卷二“俞康直”條作“字之彦”。

② 按：“知海州”，《至順鎮江志》卷十九“湯克昭”條作“知梅州”。明人郭棐《粤大記》卷十五“蔡蒙吉”條：“未上而值世變，郡守湯執中檄權梅州僉書事、義兵總督。”又《廣東通志》卷二十六“知梅州事”條中有湯執中，下云：“德祐二年任。”故此處“海州”當爲“梅州”之誤。

楊子存，字公才。父從義。子存方事生業，伯兄以病廢家事，皆倚辦於存。父歿，力爲經營，不十年，富倍於父。爲人敏而毅，人不可欺。鄉閭訟不决者，折衷於存，一言而定。歲饑，出私廩以糶，下市估三之一，無錢者貸之。凡族人之貧者，士之無歸者，推財赴之如不及。以顯仁后外家，恩授監和州采石税，除監秘書省門。領殿前都指揮使楊存中辟，充本司幹辦公事。存中爲御營宿衛使，又爲其屬。以勞監鎮江府権貨務都茶場，歲得及，有夤緣權要者奪而代之，不愠也。子梈年，右宣職郎①；櫟年，承節郎；柏年。（周孚《蠹齋鉛刀編》。《嘉慶志》曰：子存，孚集缺名，今據劉宰《漫塘集》補。）

霍箎，父爲府史。鷄初鳴，上府道，遇婦人問府舍所在，箎父怪之曰："吾府史也，汝具謁於府，必介我，然後達。天尚早，盍從我歸？須辨色而入。"乃携歸，屬其妻使問之。婦人具言本良家子，失身爲屠家婢。其家嘗市婢數十，夜殺，鬻其肉以售。我因乘夜縱群婢而謁於府。箎父曰："汝釋數十人之死，陰德實大。但此事一白，則其家及相與賣買者皆不免，毋乃所活不酬所殺乎？且其家知事露，必遁去。是汝所活不可勝計，陰德當十倍於前也。"婢以爲然。屠家果逃去。未幾，生箎。人以爲陰德之報。（《京口耆舊志》②）

田述，爲府推吏。紹興丙子秋試，郡守黨閩士冒舉，士群起抗之，以是罷舉。守怒，士皆變服潜匿，守搜城中，得六人，械之獄，欲甘心焉。述謂："衆怒激於一時，非有納約，罪不專在數人。"守繩之急，述應之愈緩，竟以是得罪。時守氣焰張甚，微述，數人者幾殆，且株連未有已時。述子曉猶在童稚，後四領鄉薦，成進士，人以爲陰德之報。後六人皆名薦書，其最著者錢弼，字聖俞，擬應洞明韜略科對策，授迪功郎、蒲圻縣尉。（《京口耆舊志》）

陳嘉言，字聖謨，建陽人。五世祖大猷於丞相升之爲伯父，俱徙潤。嘉言父琳，少慷慨，以功名自任。南渡初，條福建槍仗手利害，朝廷是其議，授迪功郎，命下而卒。嘉言輕財重義，不顧己而恤人。紹興辛巳，避地金陵之石步。時江北流人麕至，仰食土人，土人難之，則操戈以起。嘉言爲陳禍福，仍盡所有，捐以與之，全活甚衆。族弟天麟由建陽携弟妹奉母傭於山陽，嘉言脱其傭，資共歸③，凡喪葬婚嫁費皆出嘉言手。子應岕、岍、景周并貢於潤，應岕子箕出爲升之後。（劉宰撰《陳府君行述》）

李彦，家虔州。年十三，從伯父部運，抵金陵，道阻數虧，傾囊裝不足償，遂不克歸虔。來京口，遇遺橐於道，實以金帛，因端坐以俟，久之，主者果至，推而歸之。主者大驚，發橐示之，曰："唯所取！"彦義弗取，主者知不可强，則委白金精縑各一於地，馳去。一日問卜於市，與士人王姓者會卜者，言是當去鄉自立，且當生令子，以大

① 按："右宣職郎"，周孚《蠹齋鉛刀編》卷二十八《楊君行狀》作"右宣教郎"。
② 按："志"，或作"傳"。出處疑是宋人所撰《京口耆舊傳》。下同。
③ 按："資共歸"，《嘉慶丹徒縣志》卷二十六《尚義》作"資其歸"，應是。

其門。王固异其相，感卜者言，問所自來，遂妻以女，而資之立家。閲三年，生子紳。紳字綬卿，三舉於鄉，乾道辛丑禮部奏名賜第，授迪功郎，監淮南轉運司造船場。時雙親在堂，外祖亦無恙，稱壽之次，追記疇昔卜者之言，以爲笑樂。紳後官當塗丞，告老，授通直郎致仕。（劉宰撰《李通直行狀》）

費簧，居城南隅。宋末賊掠潤州，城門不啓者十七日，民餓死且半，簧出粟施粥，活人甚衆，鄉人曰："皆簧所祐也。"遂名其里曰"簧祐"，以志其德。後乃訛"簧"爲"黄"也。（《嘉慶志》）

元

葉以清，字子徵①。避兵華亭，遂家焉。貧而尚節義。（陶宗儀《南村集》）

陳子方，幼與閔仲達同讀書，長同習吏事，又同籍杭。郡吏循次録叙，則陳在前，閔乃以計先之，陳終無幾微怨嫉意。適故人約陳偕入京，達官貴卿交薦以仕，尋僉憲浙西。閔方備掾憲府，聞陳來，稱疾不出。陳及其門，閔皇遽出肅，陳曰："吾與君交至深，誼至篤，君昔先我而吏郡者，命也。非此，吾所就奚至是耶？今又幸同處，苟有未至，方賴於君，何稱疾爲？"閔感激從事，相好如初。（陸友《東園友聞》②）

戈文，字文穎，彭城人，世居京口。從兄彝卒，文悉讓其産於彝子。少爲吏，廉謹自持。嘗游安邑，有妖廟置石庭中，群不逞，欲相仇殺，輒轉石以卜神之可否。文投石深水，其妖遂絶。屏居城南二十餘年，有司屢辟，不就。（《正德志》）

張翔元，蕭山縣儒學教諭。精《易》學，課士有方。子璧，號南山逸士，傳父《易》學，得其肯綮。元至正間，邑饑，璧以束薪斗米賑之，全活無算，當時諺曰："歲時荒，歲時荒，幸遇張家崇四郎，斗米束薪勤賑濟，一時號曰捨柴張。"子元誠、元恭，子姓蕃衍，聚族而居舞雩之下，至今爲舞雩張氏。（《家乘》）

明

吴士寧，有善行，遠近皆以長者稱之，聞於朝。永樂中，賜冠帶。卒，復旌其墓。（《康熙志》）

周玘，字世良，號玉田。爲人謙厚仁恕，治家整肅，賢聲著於一郡。正德間，郡守林公魁、邑令桂公萼皆賓禮焉。林公持重，桂公鋒利，林公每裁抑之，以是頗不相能。玘以耆德見重，故恒陰爲之解，人無知者。後林公擢山西憲副，桂公爲文贈行，文中具言兩人意趨相反卒以相成之故，歸重於玘，由是學士大夫始知其德，不僅善治家已也。

---

① 按："字子徵"，陶宗儀《南村詩集》卷三有《寄贈葉子澂》，下注云："名以清，京口人，避兵華亭，遂家焉。貧而尚節義。"又楊維楨《東維子集》卷二十八《雪篷子傳》："雪篷子葉氏，名以清，字子澂，雪篷其自號也。其先京口衣冠之胄，宋末大父懋地華亭，父鋏遂家焉。篷貧而尚氣節，有古義俠風。"故"子徵"當爲"子澂"。

② 按：《四庫全書總目》云："《東園友聞》一卷，不著撰人名氏。"據張春紅《文言小説集〈東園友聞〉作者作時考辨》（《古籍整理研究學刊》2014年第11期）和封樹芬《再議〈東園友聞〉〈東園客談〉之作者問題》（《古籍整理研究學刊》2015年第11期）研究，認爲《東園友聞》作者爲陸蒙。

有族子逋國賦千金，繫獄中，法當誅。玘聞之，立捐千金，廷謁林公，請贖其死。林公起立，執手太息，以爲難能，出族子畀公，不與一杖，曰以表爾德。後有尤之者，玘曰："吾非敢爲名高，遵先人睦族訓也。"他日鄰家火，玘家與之近，家人遑遽，求徙資以避之，玘曰："無庸，苟獲罪於天，避將焉往？"徐起，扃門坐，卒無患。頃朝廷命天下郡縣舉耆舊有德之士，有司奉敕，法古養老禮，養之於學宫，月給米二斛，歲給帛十端，綿稱之。有司以歲時存問，致酒肉以終其身。當鄉飲時，每虚左，推爲祭酒。玘固辭，不敢當薦紳之坐。劉公儲秀時知縣事，迎謂之曰："德與爵并尊，無爲過遜。"其見重如此。卒年八十四。長子元理，任周府左長史，秩滿考績，贈如其官。(《家乘》)

團嵩，字仲芳。先世隱祁門、婺源間，成化初，嵩遷居丹徒。講學力善，爲鄉里矜式。里有奉佛四十不娶者，責而助之婚。有夫婦負官債，議以身償，官留婦而逐其夫，訣别哭甚哀，嵩遇而代償，因請爲奴，嵩笑曰："吾奴汝，是又一官也。"謝而去之。没，葬城南釜鼎山。山上石碑猶存，萬曆間樹。(桐廬姚淶撰《傳》)

陳俊，字彦文。正德間，出粟賑濟，授承仕郎①，賜冠帶。(《家乘》)

陳守愚，字子直。性至孝好施，家被盗，先是有以資物寄守愚家者，盗後，如其數悉還之。他賑饑、給棺、焚券、代贖人子女，全活不可勝計。邑令陳延之入北臺②，特薦，將授官，以親老不就。(《康熙志》)

干諶，性醇直，將以明經舉於鄉，憐老友，讓之，而己次焉。後其友仕至通判，諶游南雍，未仕，卒。(《康熙志》)

邱爀，字子介。萬曆十五年，倭犯京口，毁常平倉，爀獨力捐補。應天巡撫余立、巡按御史荆州上請於朝③，賜冠帶，并給"尚義"二字匾。(《家乘》)

張柏，字汝憲。祖瑞，父浹，世以樂施名。己丑大饑，柏出粟千石，爲廠於西南鄉，設糜以賑，病者給醫藥，無衣者給綿絮。至麥熟方止，所全活無算。臺使者上其事於朝，遥授布政司經歷。孫九徵。(《康熙志》)

張恂，字孔怡。累官刑部郎中，於冤滯多所疏滌。少時還遺金，拒私奔，爲士林中所稱。(《康熙志》)

程克廉，字健吾，弟克憲，字宗洛，俱邑諸生。張鳳翼移塔事，觸當事怒，克廉實解之。鄰人某止一女，賣以完官糧，克憲竭資贖歸。又有朱節婦女余氏，素爲名族，武弁陸某有豪僕，計誘爲婚，將擇日完配，克憲以理法諭其主，代還陸聘。學使者録其行事，優奬之。(《康熙志》)

---

① 按："承仕郎"，《嘉慶丹徒縣志》卷二十六《尚義》作"承事郎"。明代此二職品階不同，承事郎爲正七品初授，承仕郎爲從七品初授。

② 按："邑令陳延之入北臺"，《嘉慶丹徒縣志》卷二十六《尚義》作"邑令陳廷芝入北臺"。按：本志卷二十一《職官一》於"縣令"下載有陳廷芝，下注云："山東黄縣人，四十三年任。"所謂"北臺"，即指北臺御史。故此處稱"邑令陳延之入北臺"有誤，當從《嘉慶丹徒縣志》。

③ 按："巡按御史荆州上請於朝"，《嘉慶丹徒縣志》卷二十六《尚義》作"巡按御史荆州土請於朝"，皆誤。按："荆州土"當爲"荆州士"。荆州士，字至元。萬曆十五年巡按蘇杭。

曹貴，字崇道。幼讀書識理，有嫗鬻豆，遺錢一緡於豆中，即覓嫗歸之。以資雄一鄉，身無侈用，惟奉親則極豐腆。事叔如事父，友愛弟顯，拯患扶難，外家之依以生者甚多。遠近有所稱貸者，皆樂與不吝。歲祲出粟，屢承部使者命修郡邑學、壇宇、津梁，竭心力如己事。閭巷喧呶就平決。嘗奉例膺冠帶。晚歲行益彰，郡大夫延致鄉飲。卒年七十。（靳貴撰《曹公墓志》）

王政，字時美，雲南右布政豫之仲子。侃侃無諂屈，惟赴義若拯水火。嘗與姑蘇李某賈，偶多入，比至家始覺，亟遣人還之。郡守高其行，請爲鄉飲介賓。弘治壬子，詔賜高年冠帶。子瓚，舉人，官至温州府同知。（靳貴撰《王隱君墓志》。《嘉慶志》曰：政，即靳貴之婦翁。）

李一經，讀書好義，隨兄一陽御史任，絶無貴介容。樂意丘園，終身澹泊。嘗除夕拾遺金二十兩，度其人必有急，候之良久，其人踉蹌至，則爲豪債所逼，鬻女以償者，悉還之。年五十尚艱嗣，後連舉三子。卒年六十五。（《家傳》）

張士梅，字調鼎。性篤孝，重然諾，輕財好急人絶乏，行委巷，聞哭泣聲，必側立潛聽，求其故，遺以錢米或他物，傾囊篋不顧。村氓某應里役，虧賦米百餘石，携其妻投於河，旁一人救之，曰："若往見張君，或可活。"遂與俱來，士梅曰："吾爲汝辦此，勿憂。"然實無米，明日假於他所，得米代完如所虧數。明年，道過氓，疾作，遂卒氓家。（陳廷敬撰《張公神道碑》）

殷懋充，字鳴盛，居黄墟村。性孝友，事伯兄盡弟道。居鄉多賑貧乏，郡有負千金莫償者，欲自縊，懋充聞，代償之。崇禎元年，詔優養耆老，受冠帶。年七十有五。（《康熙志》）

國朝

程達昌，字希文，歙人，居丹徒。有質庫在歙，讓其弟。歙人居京口不能舉火者三十餘家，計口授粟濟之，歲費粟二百石。子世英。（《康熙志》）

李之立，號琦玉。家素封，明鼎革後業中落，僅得小康。顧自尚義，同里某仰服其誼，將游淮徐，托以妻女。初未敢任，其人曰："公當今季布也，但一諾，吾行決矣。"之立曰："君室中止兩人，鹽米月二金可矣，請以三年約，過此非所敢任。"其人再拜申謝。既行，資送不爽時刻。荏苒三載，音問杳然，又十餘年，人皆疑其客死矣，而之立贈金如故。一日，有二健足至，言係漢陽知府接官眷者，有書一封，銀百兩，展書，乃知其人自淮徐流轉京邸，久得授黔中典史，適滇南用兵，以軍功歷擢知府。之立喜白其家，爲辦裝買舟，二役復述主命，邀同往，之立曰："吾弗行，是弗終厥事也。"乃行。抵漢陽，太守前騶已伺水濱，其人趨入舟中泣拜，延至署，復呼妻女羅拜幕中，賓友争欲識之，以爲厚德高情，千古無兩也。旬日乞歸，某以其不可留，出三千金爲壽，之立曰："吾此來踐君約耳，豈望報乎？"某乃餞之黄鶴樓，潛使人賫金尾其舟，直達京口，置其家，索回書還。父老多有道其事者，惜李氏《家乘》不載漢陽府之姓名耳。之立好善樂施，戚族鄰友多倚之。年七十五卒。（《家傳》節略）

吴以孝，字思永，郡諸生。少孤，伯叔久析居，祖父遺資産悉托其姻屬眭仁甫代理。眭故老成，數十年資益饒，以故吴得盡心讀書，蜚聲庠序。性肫篤，事母樊至孝，母殁，哀毁盡禮。又好義，叔某爲郡司庫吏，以疏略不檢，致同輩侵蝕庫項萬金有奇，郡守案其事，責主者下吴獄，以孝泣曰："叔與父同胞，祖父母所遺，忍視其搒掠耶?"爰赴案立狀認賠，略無難色，届期限，變産納官，叔得釋家，遂貧。舌耕自給，布衣疏食，没齒無怨言。表侄樊致一爲之傳。(《家乘》節略)

高拱斗，字北維。性孝友，好施濟，修橋梁。北固山嶺崩圮，培築之。重建郡治前鐘鼓樓。凶歲出粟助賑，日經紀賑事，與弟拱奎同勞逸。拱奎，字五聚，後以次皆舉鄉飲介賓。(《康熙志》)

茅世義，字宜甫。居家嚴正，樂施予。鄉里有不平者，每質於公，公曲直之，罔不悦服。順治己亥，撫軍王公直指秦公奉命檄郡邑，舉練達有素行者爲約正，邑令李某具禮至家延之，辭不可，乃應命。先塋樹被竊伐，踪迹得之，念不可復植，乃悉以材改創宗祠於王家山之麓，竭資附益，子孫世守之。(《家乘》)

張鳳翼，諸生。邑城龍華寺改爲學宫，寺後仍居浮屠。鳳翼用形家言謂："余邑士，科名不利，移建剎城南釜鼎山。"① (《家乘》)

殷一鵬，字雲程，居邑東南灣溝村。好施濟，修橋梁，幾遍四境，嘗夜自雲陽歸，遇少婦哭於途，詢知爲姑逐，欲自盡者。鵬送還其家，爲剖孝慈之義，姑媳如初。有博徒聚村社，鵬見其中有故家子，勸其改行，使與其子共讀，卒成名。送考澄江時，見貧士褰裳涉河，鵬延致舟中，贈以膏火，士後入學，終身執弟子禮。(《家乘》)

殷昌祖，字惟一。祖輅與張文貞公、馬章民殿撰同學，父九儀亦名儒，均好施與。昌祖不應試而喜經史，好義勇爲，年十三即能爲祖父報仇。丹陽湯譜被誣，繫丹徒獄，昌祖未與識面也，惜其才，爲訴於院，脱之。邑侯宋公集紳士議責逋賦嚴，昌祖對曰："民饑而逋，請發社倉粟賑之，秋成畢償。"邑侯悟，從之。運河經坍山，數湮塞，當事議徙河道，礙民居墳墓不勝計。會制府宫保尹公繼善莅視，昌祖謁尹公，白河塞之故，除患之法，反復千百言，仍故道便，尹公從之。馮夔飈公詠，賢邑侯也，知昌祖名，昌祖未往見，嗣馮公被誣死丹徒，昌祖爲發喪繕家事，資其櫬以歸，時爲震駭。繆公遠，馮公之戚也，亦令丹徒，以馮公事德昌祖。繆公尋以事逮省獄，病且革，昌祖赴，蘇左右之事，解而官復，凡緩急時，給於昌祖。嘗冬夜晤公舟次，尚衣葛，昌祖曰："賢侯一寒至此乎?"亟解裘贈之。饑民夜溺者數十人，昌祖急披衣起，持金皆活之。周貧乏，賑荒歉，皆其常矣，溧陽史文靖公常稱之。年九十三卒。孫焜，名諸生，嘉慶丁卯、甲戌饑，自減而傾囷賑濟。從孫才璵慕昌祖行誼，有幹略，在安東河幕，道光乙酉河漲，幾

① 按:《續丹徒縣志》卷十四《人物八》詳載此事，後作按語:"鳳翼遷塔事，舊志已入'尚義'門，然僅寥寥數語，且誤載於國朝。推測其由，蓋康熙修志時去明季未遠，於地方長官或猶存避忌，久遂不得其詳。今特補詳始末。"

没堤，才璵猝畫策，籌資集料，半日而堤加三尺，民賴以安。均能世其家。（《家傳》節略）

趙由道，住大港鎮。康熙十年歲歉，山區華墅地方尤甚。明年春，由道出所蓄穀，多方設法，在墅賑粥兩月。巡撫馬祐給匾旌奬，題曰“榮彰惠德”。（《康熙志》）

張思默，字處沖，號容裔，大學士玉書次子，康熙丙子舉人。性孝友，幼失怙，哀毁逾禮。肆力詩、古文之學。尤倜儻好義，戚价人先生有文名，既没，其孫以逋賦被縶，君憫之，爲償其賦。孫後爲諸生，孫子月潭負雋才，君與之友善，病則醫藥之，死則厚賻，托以女，爲擇配，治裝嫁之。昭陽宗子子發，高士也，流寓江郭，君既恤其有無，死亦贈棺檖焉。就試華陽，值霪潦水發，漂没廬舍無算。君募善泅者，駕木筏拯救，所全活者甚夥。郡有浚河之役，以通糧艘，民困不堪，君力贊大學士白漕督，題請秋糧春兑，春開以俟新漲，使民得三冬休息，報可。族人争産，訟經年不决，君召舉族，平心譬解之，復捐資佽助，争者各引咎愧服。接物寬恕，而持身謙謹，嘗曰：“吾門閥既高，惟恐爲逾閑軼禮之事，有玷清議。”然遇豪强之殘善類者，必力爲齮齕之。以故鄉之善者蒙君惠，而爲不善者深懼君知之也。（章性良撰《張孝廉傳》）

李金選，幼以勤儉起家，性好善，老而益篤。凡施棺、贈綿、育嬰、飯僧等務皆勉爲之。又念邑民貧窶，婦女不知紡績，乃捐己資，至吴下雇覓織工來邑教之，遠近咸習編，户頗多補益。惜其後徇於俗尚，行之而未能久也。康熙三十八年，舉鄉飲大賓。卒年八十九。（《家乘》）

虞光榮，字寒松。好施與，戚友有困乏者，必傾囊濟之。嘗於塗中拾得金珠一篋，守至日暮，無踪迹之者，因遍榜於城内外。明日有笪某詣門，詢其數相合，悉舉付之，酬以金帛不受。其子鐘以材藝游京師，陳其事於某王，蒙書“樂善不倦”四字賜之。（《康熙志》）

李師祖，號省齋；弟心祖，號潛庵，兩人皆勇於爲義。雍正四年，海嘯瀕江洲，民被害甚衆，男女流尸從上洲順流漂至焦山海門。其處俗名留人灘，過此則達大洋，葬魚腹矣。師祖不謀於弟，心祖亦不謀於兄，各冒風雨駕船往撈，備櫬聚土瘞之。有活者，出錢米助之。凡數晝夜不倦，及雨霽風定，兩舟并泊，兩相聞語，乃知有同心也。舟人述之以告，鄉人轉相稱道，義行大著。（《家傳》節略）

茅華，字天沐，號漪原。性好施與，先是，家頗寒儉，有告貸者，初無吝色。以貨殖屢中，漸得饒裕。於是施濟日益廣，里中諸善舉咸首成之。又自出己資，施綿衣、棺櫬、丸膏、藥錠等物。乾隆丙子歲，大饑，率長子永澍與諸董事捐厚資，設粥廠三，章程精嚴，擘畫妥善，務使窮民得沾實惠，全活者以數萬計。此後凡遇儉歲，邑中皆有助賑之舉，實自華始也。吴門范某者，素任俠，與華友善。以仇口陷大獄，將械擊入都。親朋畏累，多避匿觀望。華自蘇至鎮，陰左右之，獄旋不質而解。范釋歸，知出華力，感甚，欲償其費，不受。蓋生平利人之事，無不勉力行之，事後無德色也。晚年坐好施，家漸落，客負頗多。潤俗，富人之負責者，往往先匿其資，而以他物抵責，十不及四五。

華獨盡出所蓄以償，有不足者，始益以房産、珍玩，皆如數償之，不少缺，於是生産立盡。時識與不識，無不義之。華幼時嘗以小楷録史事數百條作佩册，後雖親會計，仍愛讀書，故立身行事有古儒者風。事節母曲盡誠孝，友愛幼弟，至老不衰。性復親風雅，嘗葺别墅，曰“有香草堂”，四方名士及里中能詩者，多文宴其間。及家落，以故居償負，遂就别墅爲家，教子課孫，好賓客益甚。里之人士貧而能文者，尤資助之。年七十八而卒。子永澍、永淑、永溥，皆能不改父道。以孫元銘貴，誥贈左庶子，例晋翰林侍讀學士。徒邑自前明張封公柏，傾家資賑饑，其後得文貞公光大其閭。迨乾隆間，華復倡首助賑，凡稍有力者，一遇偏灾，莫不趨義，恐後其家。亦莫不昌，而華較顯。論者以爲倡首最難，且用心誠篤，無近名之心，故天之報施，必稱量而予云。（王文治撰《茅公傳》）

蔣豫，字介和，號松埜，邑諸生。安貧力學，樂善好施。嘗手訂《遺硯齋稿》及《先正諸名家文》，藏於家。城西銀山有晏公廟，臨大江，金焦環峙，風信不時，每患覆溺，族人創救生會爲拯溺。所久浸廢，豫集諸樂善者振興之。以子宗海貴，封内閣中書舍人。（《嘉慶志》）

嚴榮德，字御一，號北沙，漢子陵先生裔。宋靖康間，諱永中者始居京口。公幼英爽，雖弃舉業而誦習不怠，暇則録古書成帙，楷法精好。性慷慨，代親族謀婚嫁、喪葬甚衆，人瀕危難，力爲經畫。有忿懥者，出肺腑與勸釋，人悦服甚，至涕泣誓不復犯。於京口閘創造義渡，建瓜洲育嬰堂。夏以扇席，冬以絮襖施獄中纍囚。途見窶人，嘗僞爲遺金使拾之。每歲晏，里黨求助者充其門，悉爲推與。一歲金盡，至除夕無可給，竟日食不下咽，配陳氏覺之，質衣飾助，公始色喜。援例入太學，以季孫士鋐貴得封。（《家乘》）

嚴山，好施與，凡施綿、育嬰、救灾、拯溺，廣行善事。子敦禮承先志，如義渡、義扛、施藥、施棺、修渠、補路、救生船、水龍會、留養所、玉泉寺、江神廟、藥王廟等事皆無間寒暑①，竭盡心力。乾隆五十八年，鎮江府詳督撫，給匾旌奬，云“慕義可風”。（鮑之鍾撰《樂善序》）

楊易，程坦如家僕也。坦如卒，妻年已八十，孀媳年二十四，孫井生六歲，家道凋零，一無生計。易乃肩挑覓食，養二主母及幼主三年，雙目失明。例許瞽者販鹽自活，井生日扶易同渡江，冬夏無間，至幼主成立，乃止。（《嘉慶志》）

姚宗臨，號項明，歲貢生，居丹徒鎮。生平好義，乾隆戊午歲歉，倡義捐資，於會音寺設廠賑粥。丙子又饑，亦如之。督撫給匾，議叙登仕郎，匾云“義并黔敖”。（《嘉慶志》）

郭文昶，字麗中，子介，俱好善。坍江削賦，王御史疏於朝，馮邑令請於部，其間蠲資出力，以始終其事者，麗中父子之力居多。（《嘉慶志》）

---

① 按：“無間寒暑”，《嘉慶丹徒縣志》卷二十六《尚義》作“無問寒暑”。

姚宗虞，字允中，邑庠生，候選州同。乾隆四年歲歉，偕諸弟宗洛、宗臨、宗洙、宗尹、宗泗等在丹徒鎮會音寺賑粥，全活甚衆。督撫給匾，云“惠濟桑梓”。（《嘉慶志》）按：是舉，丹徒鎮捐户凡五十人，共米三千一百四十石，邑令李宏儒碑記。

姚宗洛，字百川。乾隆四年歲歉，宗洛居丹徒鎮，獨力捐米賑粥，將軍王鈦給匾，云“惠周蔀屋”。（《嘉慶志》）

姚丙，官湖北鶴峰州牧。乾隆二十四年饑，丙以千金倡捐賑，丹徒鎮姚宗臨、宗洛亦如之，捐者三十人，共五千九百餘兩，一方存活。郡守蘇淩阿碑記。

左志訓，字沖宜，號心船，歲貢生。弱冠應童子試，邑令馮詠以賈長沙、劉更生目之。天性純孝，樂行善事。育嬰堂時值歲饑，諸同人憂經費之難繼也。志訓竭力維持二十餘年，賴以不墜。乾隆己未歲祲，焦山敏上人募粟維揚，得米數十萬，求至誠君子主其事，郡人輿論推訓，訓亦不辭。假鎮西倉爲公廠，日則唱籌，夜則計簿，勞瘁三月，全活無算。其士人赧於赴廠，又復密爲輸粟饋緡。己巳歲，歲歉，訓於育嬰堂設廠糶糶。丙子又歉，訓又與邑中善士置饘以賑。此外如歲暮給貧寒，日施棉，焚餘補救，旅骴施棺，隨地隨時，隨人隨事，不可勝舉。庚辰，選海州司訓，未赴任，卒。子杰，乾隆己卯鄉魁。（錢琦撰《傳》。《嘉慶志》曰：《左氏家乘》：救生會出力董事有左聃；育嬰堂出力董事有左熙。熙，聃弟也。）

左志敏，字遜修，候選州同。輕財好施，雍正十年，海水漲，瀕江村市皆爲巨浸。志敏設糜粥以食餓者，且捐且募，數月而后已。又爲繕垣屋，瘞棺骸。其餘邑中義舉，如育嬰、拯溺、給衣、施藥等事皆解推無倦，鄉里稱之。子二，長矩，字惠南，候選州同，贈朝議大夫、刑部廣東司員外郎，事親以孝聞。乾隆二十一年，歲大祲，請於當事，設廠賑粥，捐千金爲首倡。又與同里搢紳親董給散之役，力疾經營，不辭勞瘁。今大司寇蘇公時知鎮江府，勒石紀其事。鄰舍不戒於火，將及其宅，家人奔告，矩方給粥，不暇顧也，火亦竟不及。後四十年，蘇公署兩江總督，過京口，舉此事以語僚屬，以爲急公忘私，雖古人之用心不是過也。次梓，字丹谷，候選知府。先是，郡學傾圮，志敏有志修葺，未果。乾隆二十六年，太守集諸紳士議修，時志敏及矩皆已没，梓慨然曰：“是吾先人未竟之志也。願獨任之，不敢以累他人。”太守召匠計其費，當用二千金。梓欲宏敞堅固爲久遠計，凡用五千餘金，役乃蕆。觀察錢公琦勒碑記之。（蔣宗海撰《傳》）

郭家麟，字紱書，詩人家駒之弟。乾隆庚申歲，甫弱冠，見邑大饑，即慨然首捐穀數百石，復向同里剴切勸募，得數千石，請於守令，設廠甘露寺前。凡薪水工役、鍾釜杓箸、出納之數、散給之條皆手自經畫①，如經家事。婦女、孩稚别置一廠，男子②，疾

---

① 按：“散給之條”，《京江郭氏家乘》卷六張廷詠《春洲公傳》作“給散之餘”。其中，“條”作“餘”，從句意看，或當爲“餘”。

② 按：此處有脱文。董其昌《紹南公傳》：“婦女孩稚别置一廠，先於男子。”後文曾言郭家麟賑濟之法乃“一仿前明張氏紹南”。又《京江郭氏家乘》卷六張廷詠《春洲公傳》：“婦女、孩稚别置一廠，先於男子。”故此處“男子”前當脱“先於”二字。

病者乃給藥餌，無衣者給棉絮。處置周詳，無有失所，一仿前明張氏紹南賑饑之法，而因時變通，更加詳審，存活者以億計。嗣後，凡遇歉歲，悉引爲己任。戊辰則設平糶廠，丙子則置醫藥局，己丑、庚寅按口給米，隨時隨地，切中機宜，出納不經胥吏之手，事成不邀議叙之榮，總期民沾實惠而止。他如新學校、浚闕河、捐城工、修志乘以及育嬰、救生諸會所，凡有關於閭里生計者，無不率先倡首。以故邑中有大利病，當事輒虚心延訪，公亦侃侃直陳，不顧嫌怨。事久論定，咸服其見之卓焉。家麟父炎本素封，性好善，至晚年而家道漸衰。家麟以中落之家，獨倡義舉者四十餘年。其時，邑中富户無官司之累，貧民得周恤之資，官吏無罔斷之獄。而京口紳士以樂施好善之名聞於遠近，論者以爲皆出家麟之潜爲擘畫也。丁酉覃恩，以次子晋秩，封奉直大夫。（蔣宗海撰《傳》）

袁文（其《家傳》作“文溥”），字秀溪，貢生，議叙主簿。乾隆十三年、十七年，歲饑，出私財平糶，并捐賑。二十一年，大饑，議設粥廠，首捐千五百金，爲邑人倡，躬親督辦，全活無算。又創水龍以救火，設義渡以便民，邑人慕其義，踵而行之。邑之有水龍、義渡自文始。兄淮早世，撫其子如己子。親友有緩急，竭力賙恤，人皆德之。子三，長乾，字玉符，乾隆庚辰舉人，官内閣中書，工詩，有《笠山詩鈔》。孝友性成，緣父文患外證，憂勞成疾，遂以早逝。次恭，字梅甫，官刑部安徽司員外郎，轉户部四川司員外郎。乾隆五十年，大饑，倡議勸捐。太守鹿公主其事，凡恭所擘畫，悉見施行。同時捐賑者皆議叙，而恭早卒，故不及。次亨，字雲峰，候選州同。慷慨好施，凡給衣、施棺、恤嫠、育嬰、賑饑、濟溺諸善舉，皆捐資佽助不少吝。疾革時，取借券數十紙悉焚之。爲文有奇氣，詩尤豪邁，著有《雲峰詩鈔》。（蔣宗海撰《傳》）

柳加忱，字勖亶，號潛庵。父可蔭（見“儒林”），兄加恂（見“宦績”），加忱率父兄教，博學强記，子史百家，無不畢覽。性樸素，接人寬厚，犯而不校，嘗曰：“我無自欺足矣。人欺我何病焉？”人或笑爲痴，因自號痴庵。性好施與，有稱貸者，貧不能償，輒焚其券。尤精於醫，病者相求，雖盛夏沍寒未嘗不往，每於名醫束手處頓奏奇效。其求藥者給不求值，亦不責報，有貧患弱證者須服參芪，潜購與之，且繼益之，愈乃止。（張光裕撰《傳》）

柳加恪，字宗僑，加忱弟也。年十七，入郡庠。及壯，美鬚髯，雄軀幹，才氣過人，然涵養深粹，與人言呐呐，如不出諸口，雖遭狎侮，亦不與較。里中有狙黠者，瞰其懦，以非禍中傷之，蕩其千金，笑而受之，不形詞色。郡城有先儒二程祠，與其居相鄰，祠中存祭器數十事。程氏裔窘乏，抱器求質於柳，柳見其古色璀璨，慨然曰：“此先朝法物也。君子雖貧，不鬻祭器，庸可質乎？”如數酬其值，折其券，仍還其祠。後程裔復求他售，柳覘知，爲請於當事，儲於郡庠庫，臨祭來領，祭畢還庫，庶祭器永爲祠用，不致爲有力者所得也。其生平慷慨好義類如此。（何如栻撰《傳》）

陳志學，字秉恒。先世爲江州望族，自河東平陽桷公隨宋南渡，愛京口三山之秀，遂居於潤。志學生平輕財任俠，好施舍。乾隆丙子歲饑，繼以大疫，其時貧不能斂死無所歸者在在多有。志學仿古人掩骼埋胔之意，率先首倡，設立會局，獨力任爲，不辭勞，不惜費，一時枯骨收埋不下二千餘口。家未爲素封，凡人有所請無不應，親串中待以舉火者不可屈指。晚年寄情詩酒，構亦樂草堂，日與同里黃楓香、張曉春諸先生雅集聯吟①。子燾，爲余甥倩，候選按察司照磨。（蔣宗海撰《傳》。《嘉慶志》曰：《陳氏家乘》：桷，河東平陽人。政和中進士，權禮部侍郎，自號無相居士，有文集。子汝楫、汝賢、汝諧，孫峴，俱以辭學擢第。）

嚴玉淞，字聰四，號鏡湖。嘗服賈於江廣間，旋客豫省②。塗間見遺金三百兩，周視無主者，思弃之道旁，必有人取之，然失者累矣。於是携歸逆旅，揭榜於市，果有失金者至。詳詢其封題銖兩，悉符合，然後畀之。事聞有司，給額獎之，曰"遺金不昧"。淞自視欿然也。徒邑義舉多淞家倡首，或他人倡之，淞必助之蕆事。后循例授布政司理問。其諸子及孫，或爲諸生，或將筮仕，皆克承家法云。（王文治《還金贊序》。其贊曰：財賄之際，人品攸分。見利思義，今之成人。攘金不義，攖金不仁③。路旁有金，井李義均。此在中材，未免心欣。吾鄉嚴君，潔清自好。服賈他鄉，遭金於道。念彼失者，中心是悼。乃遍通衢，揭榜以告。善不近名，施非望報。昔漢王忳，遇病書生。埋其腰金，營殯於京。越雷仲公，脱人於刑。却金承塵，理屋乃明。甄彬還庫，司庫大驚。凡兹獨行，載在史傳。棱棱風規，賢愚同羡。君性質直，不以才炫。見義必爲，臨財罔變。允重士林，堪稱邦彦。於戲！吾鄉義舉，殆難縷覼。山埋朽骨，水拯驚波。凶年助賑④，趨赴駢羅。嚴氏之子，輸金較多。刻珉以風，毋令滅磨。按《家乘》，係乾隆四年事。又按王文治《贊》在嘉慶三年，里人爲繪《還金圖》，隨園老人有《題圖詩》，見"藝文"。）

張自坤，字承天，號此亭。性長厚，喜静默。邑中賑恤之舉，稱家計之盈縮以分厚薄，黠者或避重就輕，坤居其間，退然無一言。鄰里鄉黨貧乏者，密周之，誡勿令人知，人亦罕有知者。酷嗜文翰，三弟若筠爲諸生，五弟堂早卒，皆攻苦讀書有文采，坤與之友愛若童子時。嘗蓄法書、名畫以自娱，所居有澄華室、白華居、晴佳閣，人或擬之培風閣，坤謝弗敢當也。貧家以書畫求售，輒厚償其直。尤陰濟讀書寒畯之士，里中工詩者，如殷成柱、李御輩，日相周旋，有緩急必周之，絶無德色。今其子及從子、諸孫皆好學有文云。（王文治撰《傳》）

趙行立，初名之璘，字彬玉，諸生。自遠祖志南扈宋南渡，至明季越始由邑東洪溪遷居鎮城。高祖天鸞、妣沈旌節孝。父盛誼，字漢超，家饒裕，母氏張尤喜施助。之璘質敏性介，與人以信義稱。邑有育嬰善舉，其父故輸資成其事。邑人邀之璘襄理，辭不

① 按："張曉春"，《嘉慶丹徒縣志》卷二十六《尚義》作"張曉村"。本志卷三十四："張琪，號曉村。善寫生，少與余江干次子林女婿黄元繩交好，因得親近江干。"黄元繩即黄楓香。故此處"張曉春"當爲"張曉村"。

② 按："旋客豫省"，清人嚴開甲《蔞溪嚴氏宗譜》卷七録王文治《鏡湖公還金贊》作"旋客徽省"。

③ 按："攖金不仁"，《蔞溪嚴氏宗譜》卷七王文治《鏡湖公還金贊》作"攫金不仁"。

④ 按："凶年助賑"，王文治《鏡湖公還金贊》作"偶逢灾賑"。

獲，乃日家食而往，恐往食則減善資也。有富人某刊《勸善書》，内有觸忌語，書廣布邑中，爲無賴子訐訟，富人乃出金購還，購至之璘，饋索甚急，之璘詫曰："是何言！"立焚其書，却金不受。有妹適卜，婿弗良，蕩其家，且擬鬻妻爲博資，乃急迎妹，衣食之。婿素悍，以錮妻控於官，訟累月日，始得直，家以中落。又奉母承志，施與不吝。迄中歲斥産殆盡，室罄若洗，僅居門廡。而素嗜飲酒，至是益豪，弗以貧損其志趣也。卒年四十四，時乾隆四十六年也。子四：文光、文俊、文義、文愷。孫八：楫、霖、彦俞、彦修、榮、彦傳、彦偁、幹。曾孫十餘人，俱世讀書，科甲不絶，邑中推其有潛德云。之璘以孫貴，貤贈奉直大夫。（仁和譚廷獻撰《傳》節略）

鄒光裕，字鮑參。少以孝友聞，父慧中，晚得偏枯疾，君悉以家事自任，不敢勞厥考心，父幾忘其病也。弟光祖早逝，撫其子如己出。乾隆戊辰、壬申及戊戌，凡六遇偏灾，君俱捐資助賑。江南大府守令各製匾額以旌。待人務寬厚，居家節儉，周恤親友，終無德色。以孫衍慶誥贈朝議大夫，議叙知府。里人以爲爲善之報云。（王文治撰《傳》）

汪承紳，字紹書。性誠信，慎交游，重然諾。常作賈於江、廣、蘇、常間，客中相與貿遷者，以其有古人風，無不篤信仰望，家道亦因此日豐。乾隆二十一年，邑中大饑，捐資助賑。三十二年，歲又饑，乃自糶麥麲以給饑者。邑有恤嫠會，嫠婦八百餘家，分别首貧、次貧，月支錢若干，蓋承紳與同郡諸紳士共創之。江、廣諸客之賈於吾邑者，素仰承紳之誠信，得其一言，盡樂輸也。循例授奉直大夫。子兆元及諸弟爲人皆有父風，邑中諸善舉與有力焉。（《嘉慶志》）

殷灌玉，名瓚，以字行。少游江漢及淮南北，人推其信義。敦本睦族，待以舉火者甚衆。徽人俞姓因逋欠投江，灌玉以多金代償負，得不死。（《嘉慶志》）

鄒光國，字麟有，號樸齋。素以孝友稱，與兄光裕共資産，無爾我分。弟光祖早卒，撫其子如己出。性尤寬厚，好施與，戚友有緩急，必極意恤之，并爲計終始，盡善乃止。乾隆戊辰至戊戌三十年中，邑凡六遇偏灾，悉捐資，與里人助賑，全活無算。迄乙巳、丙午，江南旱，當事議賑，行捨粥法，君立輸萬金，爲一邑倡。於城西南各設男、女二廠，與士大夫急公幹事者分董其役，調濟巡督，不辭勞瘁，至擁擠顛蹶，亦不自顧。賑後疫行，復設藥局以濟之，施棺木以瘞之。他如修學宫、浚城河、葺書院以及恤嫠、育嬰、救生、留養、義扛、義渡、水龍種種善舉，罔不贊成之，生平無德色。歲辛酉，（按：係嘉慶六年。）京師大雨，永定河决，朝廷發帑賑貧，大小臣工皆捐輸恐後。君第三子文焕官工部員外郎，急遣駛足賫資赴部，命納之以助賑。壽八十五，以無疾終太學生。以子貴敕封儒林郎，誥封中憲大夫，覃恩誥封奉直大夫，例晋朝議大夫。（洪亮吉撰《傳》。《嘉慶志》曰：志修於乾隆丙戌，成於乙卯，刊於嘉慶癸亥。凡例以節孝爲婦德之至重，有送到者隨到隨録，寧濫毋缺。其餘以乙卯爲度，嗣後皆不得添載。是志也，賴鄒君樸齋始而倡修於前，既而督成於後，惜未經刊定而卒，誠君之遺憾也。微鄒君，志且將束之高閣久矣。司事同人目睹其辛勤無倦之意，不忍使善人無傳焉，故附傳於是卷，并叙其始末，爲當世急公樂善者一勸云。按：此叙紀年甚誤。乾隆三十一年丙戌至六十年乙卯計三十年焉，有一志之成如此其久者？嘉慶八年癸亥前後序甚明，乃誤作乙亥，兩紀干支并錯。今考其前序在嘉慶八年，是刊於癸亥也，特正之。而肇修之年必非丙戌，特無可證其爲何年耳。又按：南昌萬廷蘭爲作《四君傳》，與蔣春農、王夢樓、張嘯坡并列志中，其贊鄒君曰：樸齋子司馬文瑗、虞部文瑍同邑紳以新修縣志見閲，并悉顛末，雖蔣中翰輯於前，王、張兩太守績於後，非樸齋始終綜理，接繼經費，幾弗克竣其事云云。蓋廷蘭子承紀是時爲邑令，作志序，廷蘭心慕四君，各爲作傳也。餘同洪《傳》，不概録。）

歐陽銘，字介庵。館人匿金不直而歸，其人將死，乃悔而語。（《江峰文集》）

張學成，字德修。父天祺，嚴正樸質，成亦言笑不苟，重然諾。兄死，遺孤撫如己出。族購其妻父宅爲宗祠，結訟勢不能調解，成方客遠，聞之弃業歸，知其曲之在妻父也，與妻别室居，助族訟得理，公而忘私若此。居開沙，時有海警，恒持矛傷寇。沙崩，卜居順江洲，已成，見其婦女不避男子，惡之，願罰銀二百悔交，擇居焦東。壽八十七。（《焦東志》）

張邦信，字孚吉，號巽齋。父元成，年六十九，預知死日，焚千金券。信師其意，人有稱貸不責券。子國憲，性友愛，一冠一履必擇美者以與兩弟。弟湘、潢。湘，邑諸生。（《焦東志》）

陳召棠，舉人陳疇之父。爲人端方和厚，里有争辯者，得一言以定。年老，謂甥某曰："汝父病革時，以二百金托我，并汝母不知。今營運得二千餘金矣。又用汝家一家，汝父堅不受價，此錢亦營運，得七萬餘錢，一并交汝。"其一介不欺如是。（張秋樹《筆記》）

張若筠（見"文苑"），以田百畝呈郡守周公樽，充寶晉書院膏火費（見《寶晉志》）。乾隆五十一年，郡守鹿公荃以大賑後開拓留養所，至五十九年，經費支絀，若筠以田四百餘畝呈送助之。（《家乘》）

鄒衍慶，字振宜。乾隆乙巳，邑大祲，郡紳捐賑食餓者，自冬涉春，粟垂盡，而民間嗷嗷未已。公承母命，變産得數千金，又多方稱貸，展賑一月，家遂中落。平居務勤儉，而賙恤族戚無微不至。凡足迹所届，拯灾濟厄，必力贊以底於成。以賑事議叙知府銜，助川楚善後事宜，加鹽運使銜，誥授資政大夫。卒年八十。三子錫淳，戊辰舉人，仕至淮揚道。四子錫九，道光壬辰舉人。（趙炳言撰《墓志》節略）

劉茂璋，字郡祥，諫壁人。性孝友，慷慨好施。與人交，財不計利，見其急則不取償。戚友稱貸多不責券。有署券巨款而無力歸償者，則并券還之。其餘若保宗延嗣、代侄償負，尤人所難。（《月湖小志》）

王丐，遺其名，面麻，人以呼之。乞食里中足一日，即不復行乞。蕩田王氏使童抱幼孩出，失其帽，上有珠玉金飾，丐拾得，坐俟還之，謝不受。他日又拾得金耳挖，坐大村門外，思不得其人，躁甚，曰："必誤事矣。"既暮，忽大喜曰："必九里街袁氏物，歸母家路遺者。”急趨送之，袁夫婦方喧嚷，勢且不測，詢之確，又還之。里人張潢聞而奇之，薦之名醫王獻廷司筆墨，王謀爲成家，未五年没。丐亦能詩。（《焦東志》）

陳文洛，字光輔。子明哲，字舜華。里中善事，多倡首舉行。座客長滿，皆貧而求事者，必爲謀畫得所。尤重師，禮意兼至。明哲子啓蘭，嘉慶己卯舉人。（《焦東志》）

李益，黄墟殷氏僕。晚居馬迹山頂禹王廟，貧不得食，煮草木實食之。於廟前拾得遺囊二百金，追二十里，及其人，還之。

張永植，字培之。收得鄰家千千錢券，知其誤也，即送還之。

侯二，遺其名，錢九皋之僕也。錢本便家，九皋歿，其子以好博傾產。他僕皆去，惟侯以微資習負販，供其家饘粥。家蓄一犬，隨侯所之，每五鼓，城未啓，携犬登城，置錢於筐，犬入筐卧，縋而下，然後自縋而出。視物之有息者販之，日出而鬻之，歸以奉主。日以爲常，終身不懈，錢由是延嗣不絶。

過元，縣吏金某僕也。金以賭博事入王姓罪，王故饒於財，金反坐得罪，遣河南，死戍所。過元逾二千里，負尸歸葬，里閭莫不稱義。楊鑄有《負尸行》紀其事。（見《自春堂詩集》，載“藝文”。）

繆文彪，字惟寅，明文貞公昌期七世孫。慷慨好施，乾隆乙巳大饑，出私財助賑，郡守鹿公荃給“慕義可風”匾，議叙縣丞。以曾孫贈通奉大夫。（《家乘》）

張富元，字善方。家赤貧，遂業機杼，漸饒裕。祀神祭祖，必竭其誠。好施與，嘗解衣衣人，戚友賴以舉火者甚衆。年逾六旬，目昏病劇，恍遇老嫗，飲以湯，霍然愈，兩目轉明，能辨經緯。曾四救自縊，七修橋梁。最後丁卯橋工重費繁，既罄所有，復稱貸益之，工成，行人交頌，有“張善人”之目云。（《家傳》節略）

繆朝選，字國英，文彪子。少有至性，以孝友聞。嘉慶辛未，侍母華氏疾，衣不解帶兩月，及母卒，哀毁幾殞。生平好施與，嘗謂子孫曰：“立善難，作惡易。”訓以讀書知禮。治家謹嚴有法，晚集子孫，述日間所作事可否獎懲之，數十年以爲常。鄰里親故貧困者必賙恤，無少吝。邑留養所與同里顔養怡等董其事，二十餘年，人無間言。至如學宫、考棚、城工、賑務，率皆竭力捐助。道光辛丑，葺郡城，當事爲請紀録一次。壬寅兵燹後，與邑人收埋枯骨。己酉水灾，於捐賑外復傾囷施送。有姊適支，早歿，遺一女，撫之及笄，爲擇婿。其誠厚如此。晚好作山水游，嘗偕舊侣艤舟邗江，往來湖上，步健如壯年。咸豐癸丑，避寇邑東鄉，以無疾卒，年八十四。配袁氏孝於姑。子孫或游庠，或登仕，俱彬雅和厚。朝選援例入太學，議叙授州同，紀録一次。咸豐丁巳，恭遇覃恩，以子啓麟贈奉直大夫，以孫之镕晋朝議大夫，累贈至通奉大夫。（儀徵卞寶第撰《傳》，江陰徐文洞①《墓志》。）

解有章，字焕廷。生平尚義氣。作賈沭陽，爲同族孫汝瑚轉貸百金，以濟生業，瑚不能償，章爲代償子母。後瑚老，以命産抵還，章裂券不受。嘉慶十九年大饑，章捐百

① 按：“徐文洞”，當爲“徐文泂”。徐文泂，字挹泉，同治戊辰進士，江陰人。

五十金助賑，族人不之信。章毁産足其數，族人因立義賑，存活多人。（《家乘》）

陳宗聯，字莘園。幼聰穎，未冠游庠。敦孝友，尚節義，生平澹於榮利。援例入貢。初客廣陵，既游幕入粤。晚歸，手葺《節孝祠譜》。（今兵燹後，節孝姓氏無缺略者，陳之功也。）又以救生船距江北岸較遠，乃創立瓜洲救生局，將積存館穀助修渡船。（後因瓜岸坍，局房淪於江，又叠遭兵燹，渡船浸廢失修。）道光庚子，重游泮水，時年七十七。又三年，卒。著有《枕溪吟館詩鈔》，選入《正聲集》。

丁蔭洵①，字太初。天性孝友，雅好詩書。年十九，失怙，家貧甚。弃學就賈，客外數十載，辛苦備嘗，躬自儉約，家漸裕。與弟共資財，終身如一日。弟蔭浩，字滄若。幼事母至孝，長從兄服賈，負米鬻絲，謹篤不倦。同爨數十載，敬愛無閑言。居家垂訓，每曰："凡事耐得，纔能當得。學得吃虧，便爲積德。"洵、浩皆好施樂善，家既豐，凡邑中善舉無不輸助。戚友緩急，族黨孤貧，咸加意賙恤。遇灾賑，尤盡心力。顧與人益厚，自奉益薄，識者卜其昌後焉。以孫紹周贈資政大夫。（紹周，見"名賢"及後"恤嫠會"下。）

丁兆勲，字孟書，蔭洵子。性醇謹，孝親睦族，人無閑言。天資穎悟，好讀書，尤喜《左氏》，爲文章有奇氣。家故素封，自奉儉約，一如寒士，而親族待以舉火者什伯家。賙恤危難，扶植倫紀，用財如泥沙。凡邑中灾賑及育嬰、救生、恤嫠、扶藜、留養、藥局諸善舉經費不敷，靡不慷慨從事，由是家漸不充。或勸曰："盍減諸？"兆勲拂然②曰："寧我自苦，此費何可減耶？"其人愧服，其居心仁厚如此。以子紹周贈資政大夫。子六，紹周其季也。

吴北海，字寶鋒。少孤，事母至孝。好善重義，家僅中資，施與不倦。夏施蚊帳，設醫藥；冬備薑粥，給藁絮。恤孤寒，濟緩急，不以己之有無爲進退也。有宦家女，飄泊异地，爲贖身擇配。又有豪奴，强取名門女爲妾，北海代償其直，返其券，白於當事，女得所天。乾隆四十九年，江水暴漲，便民河一帶田廬漂没，糾金亟往，疏七渠以殺其勢，築壩堰以禦其衝，七晝夜工竣，民得返宅，百里獲安。是役之反也，建恤嫠會，立義學、算學及水龍、義扛等局，皆北海創議，邑紳所信而樂從之者。五十年，歲大旱，疫癘大作，郡守鹿公延知賑事，設粥廠，四立條約，男女异路。其病者安置妙高僧舍，給藥餌，躬自檢視，不以傳染爲嫌。歲寒爲贖所典棉衣，還之。賑既竟，更請設留養所，爲久遠計。郡守嘉焉，勒諸石。西津渡江往往有覆溺患，北海請於救生會添置紅船，嚴立程限，禁舟子渡人不得逾額。經理三年，資斧悉自備，人益賢之。五十四年冬，溧陽張令延治運河，資省而工倍，撫軍褒許。五十九年，查觀察整理揚關税務，慕其名，延訪及之。北海以爲裕課在通商，通商在除蠹。觀察是之，關務遂興。嘉慶元年丙辰，以

① 按："丁蔭洵"，丁立中《京江丁氏傳略彙録》（光緒三十一年）據同治譜載《弟二十四世太初公事略》："公諱蔭淳，字太初。"

② 按："拂然"，丁立中《京江丁氏傳略彙録》載丁傳靖《弟二十五世孟書公事略》作"怫然"。

太學生徵舉孝廉方正，自是大吏聞其名，鄰郡仰其力。爲揚州葺普濟堂以養貧病，創恤嫠會以保孀孤，建水龍以救回禄，厝枯館以妥旅魂。歲甲子，淮水溢，灾民塞道，北海慮請賑不及，會川米三十萬過境，即呈請漕督及制府，截留平糶，饑民得生。明年，夏水益漲，民屠耕牛以爲食，乃亟請設典牛局，人得食，牛備耕，所典至十餘萬頭，親加點畜，閭閻便之。又明年，揚守伊公延任賑事，流民仰給無算。其間，有掠賣婦女者，責歸其家；有困極願鬻者，給以資斧，使完聚還鄉；有病難赴賑，或輾轉逆旅者，饋食施藥，愈則遣以資，斃則葬以櫬。法良意美，官紳皆奉爲指南。十五年庚午，查少卿入覲，欲偕之往，適制府松公延訪及之，遂不果。越四年甲戌，歲大旱大疫，徒邑藥局不能遍醫，北海設往診之費，藥物咸備，活人以數千計。凡所經理及創議諸善舉，靡不竭心盡力，善名大著。初不自居，又以無暇治生，故家産日落，晚年益窘，居至無廬，養疴於留養所中，躬自汲爨，終不乞憐。嘗自備木櫬，後過邵伯鳳凰橋，見鄰舟沉溺，客尸漂没，乃出金募人覓得之，而以己櫬爲殮。其家人自蘇郡來，謝以金，勿受，償其櫬價，亦勿受，固請，乃使送普濟堂，蓋忘身濟人類如此。後卒於揚州適巴次女家。女早寡，北海詣之，病五月而歿，遠近聞之，嘆息泣下。歸葬日，觀者如堵，咸稱"吴善人"云。（侄孫吴本撰《家傳》略）

王春煦，字燦辰，號蘭溪。系出太原，宋南渡遷維揚，元季遷丹徒之順江洲。其先世號江洲者，明嘉靖丙午舉人，三任縣令，多惠政，崇祀湖廣、江西、山東所邑名宦祠及丹徒鄉賢祠。至春煦，凡八世。春煦幼慧善讀，性敦孝友，長尤好義。弱冠游庠，旋食餼，循例選授望江縣訓導，以母老辭。道光己丑，權任奉賢訓導，奉賢人每訐訟，生監到學，春煦婉爲勸止，并勵諸生立品，俗爲之變。舉優行，別具特識。有秦廉者，家赤寒，事母至孝，首舉之，并以俸助其考費，迨考優畢，果居第一，學使深嘉之。又嘗主講南橋書院，所成就士極多。其居鄉善行義事不可枚舉。先喪父，庶出弟三皆稚弱，撫教成立，無閑言。後喪母，先後居艱，盡哀盡禮。其同胞女弟五人，一適陳，弱年守節，遺腹生子，家中落，乃分金周恤之，教其子國藩讀書游庠，後署興化教諭。一適周，亦守節，無嗣，乃請其長房第三子銘恩爲嗣，教之成進士，入詞垣，職諫臺。又從堂女侄字江都許生，許未娶卒，女願往守貞，因從其志，送歸之，後三十年得旌，女以爲德。同學有志之士欲入都，無資斧，春煦每傾囊相助。其子弟有因貧輟讀者，往往佽與勸勵，或携至家塾，與兒輩同學，後多登賢書擢高第膺膴仕者。道光三年，江洲水，春煦不待議捐賑濟，急設糶廠，首先倡賑，至十月之久。復修築堤岸，以工代賑，保全無算，不居功，不避勞，不請叙。十一年，潮漲更甚，復自捐葦棚以栖流亡，立粥廠以救貧餓。有耻受賑者，令人負米薪送置門外。有鬻妻女者，未受金則贈止之，既受金則贖歸之。時有奸人騙鬻徐姓兩女，將入妓院，方晚食，投箸急起，專人持百金乘夜往贖，留養於家，爲之擇配。收養遺孩百餘，長成，聽其父兄認歸，無人認者亦助之資，爲量材習藝以謀生活，後多授室成家者。十二年、十三年及二十一年，其間疊次被水，春煦欲仍前施濟，苦力不給，聞兩淮鹽義倉聚穀十數萬石，乃往請貸，當事知其公正，允之。遂約同志按地分局，稽察户口，事事躬親。八十三洲之民悉賴以存活。洲有坍没之地，民苦田去糧存，賠累不已，或致賣妻鬻子，繼以逃亡，乃爲援例請官豁免。臨江積墳累千迨萬，骸骨暴露，時没於水。初嘉慶八年，春煦嘗於江都縣境創建崇善堂，行掩骼埋胔諸務，至是，衝坍彌慘，復於丹徒之南購山阜，備櫬木，沿江朽骨悉運葬焉。有永奠洲之萬福橋義冢浮厝三百餘棺，坍患逼近，浪急灘危，舟不敢往，春煦獨奮舟至其地，躬行泥淖中，鳩工運埋，甫蕆事，其地盡坍。晚年訂族譜，修葺宗祠，捐資爲義學、義田，立條約以訓育子弟，優老恤嫠，無微不至。復念崇善堂舊屬江都，於丹徒恐有向隅，乃於順江洲捐建永善堂，以廣善舉。至彌留時，猶以宗祠、善堂兩事囑付子孫。卒於道光二十二年四月十三日，年六十七。敕授文林郎，以子秩誥封奉政大夫，晋中憲大夫。子紹曾，癸己①進士，歷官吏部考功司、驗封司郎中。

支景山，字柏崖。性慈善，好周濟，爲鹺商淮南總辦。凡揚、鎮及西楚兩省所有各義舉無不捐資樂助。復念宗黨繁衍，效范公設立義莊，賙恤貧族。道光三十年，江蘇巡撫題請旌表，奉旨建坊，給與“樂善好施”字樣，以例屢膺封，贈資政大夫。壽八十六。

徐全信，性好義，凡鄉黨周恤之舉靡不輸助。道光間，鄉捐省試、會試路費。時全信病篤，遺言囑子倡捐銀三千兩，又囑捐送各善堂一千兩。既殁，其子體誠奉祖母顧氏命，催送各如數。道光十八年，邑令曾承顯爲之記，立石縣學明倫堂。

戴永慶，字善之。其先浙江浦陽人，遠祖學寅愛京口山水，移居丹徒，遂世其家。家素封，世好施予，鄉人稱之。永慶五歲喪父，孤苦嗜學，事孀母孝謹如成人。及長，以家中落，弃學服賈，家復豐。好義克承先志，尤急拯灾恤患。道光己酉大水，善之傾資助賑，不居其名。又憫名勝就蕪，倡修北固山甘露寺。咸豐癸丑，粤寇至，避居江北，戚族徙者多仰賴之。同治己巳，江洲水，善之復往賑濟。又爲洲人築堤以資障水。時安徽蕪湖、和州、無爲州連年患水，江田廢耕，慕其名，籲往賑飢，兼修堤岸，被其德者生祀之。又憫兵後民氣凋薄，生子女多不育，乃創保嬰自乳法，安全母子，江南北多仿行之，活嬰無算。壬申，直隸大水，天津尤重，當事乞善之往賑，往返六千里，心力兼勞，歸江南，卒，年六十有七。子恒，翰林編修；怡，同治癸酉舉人。永慶以太學生援例授道銜，尋以子封奉直大夫，贈朝議大夫。（《家傳》節略）

吕武聚（見“孝友”），父國佐，有贍族志，未竟而卒。武聚以五千七百餘金購金壇縣田五百畝，并義莊房屋一所以備，蓋藏以租籽，濟族人貧乏。又以五百餘金購徒邑田四十餘畝，以爲宗祠祭祀之用。效蘇郡范氏遺規，永期遵守。武聚卒，弟武美及從弟寶珊、永璜②請於郡邑，上達蘇撫，經巡撫陳桂生咨部題奏，於嘉慶二十三年奉旨：准其

---

① 按：“癸己”，當爲“癸巳”，即道光十三年（1833）。朱保炯《明清進士題名碑録索引》於“道光十三年癸巳科”條下“第三甲一百一十七名”中載“王紹曾”名。

② 按：“從弟寶珊、永璜”，吕紹山《開沙吕氏族譜》卷二《孝子吕武聚墓志銘》：“子二人，長寶珊，邑庠生；次永璜，太學生，均有父風。”故二人當是吕武聚之子。

建坊，給與“好善樂施”字樣，由地方官給銀三十兩，聽本家自行建坊，欽此。（坊在呂氏宗祠西首，後被江潮漫溢傾圮，今坊石猶存。餘詳韓怡《呂孝子傳》。）

顔崇禮，字養怡，號柳橋，監生。以生平尚義獎叙至運同銜，以子職晋二品封典。性慷爽，有膽識，勇於赴義，兼善知人。故所謀所任事無不成，成無不善。善擊技，少時嘗捕盗海下，名聞淮南。道光中，邑多水灾，江南北洲民逃避稍緩輒罹飢溺，紳捐賑款一時難集，崇禮往往先自措資裹糧亟拯，存活甚衆。大江東下，焦山、象山夾峙，下流迴湍駛急，山石嶙峋，舟行苦難牽挽，每致沉覆。秋冬水涸，糧艘出丹徒閘，溯流而上，匪藉風，便千牛不行。大憲請置堤以資漕運，事無敢任者，以委崇禮，崇禮慨然應之。辛丑春，躬詣其處，相度地勢，召匠指授規畫，緣象山之麓悉鑿令平，累以巨石，方直厚薄均有法程，復設三水門以殺濤怒。三閲月，工就平坦完固，至今賴之。明年壬寅夏，暎寇犯郡城，遂窺揚郡。崇禮時在揚州襄理鹺務，奉運司但公明倫諭，單騎至江干，陳説利害，寇遂退去①。其時，鎮城被寇死者極多，生者自夏及秋半皆飢寒無告。崇禮乃與鹺商包良丞等籌議周恤。先運棺千餘具，收殮遺骸，購地以葬。次發粟設局平糶，并散給貧民。次捐施衣數千稱，又隱贈寒士，多資往返，周詳不辭勞瘁。其居家尤敦友睦，父事胞叔，贍給族人，倡修宗祠，重輯族譜，孳孳然以尊祖收族爲事，始終無懈志。年七十六卒。子懷景，道光戊子舉人，内閣中書，候選知府。次懷德，廪貢生，任阜寧訓導。

何佳琛，字雪樵，監生，鄉賢佳玫之弟。生平敦信義，尚節操。道光壬寅之變，其眷屬殉難多人。（詳“列女”“節烈”）寇退後，以靳家巷住宅捨爲孝烈祠，獨任舉報，凡忠義士民、節烈婦女均得請旌，分别建坊入祠，彙刻《孝烈録》，邑令王德茂、邑紳楊棨皆有序。

包良丞，字景維。父祥麟，業淮南鹺，遂家揚州。至良丞，富甲一郡。性好施與，道光六年，揚州大疫，割宅延醫，廣施藥餌。修鎮郡文廟，助三千金。更助恤嫠、育嬰諸善舉，設救生巨舶於江口。先是，道光四年河決，祥麟往賑，兼捐輸助工。十一年，河決馬棚灣，良丞仿而行之，輸賑益力。二十二年，鎮江失守，寇退後，死者暴露，生者貧困，良丞首倡掩骼平糶局，并隱贈寒士金。二十八九年，水灾數省，於漢口鎮則倡設紅船救生，立粥廠於無爲州，揚州則計丁布粟，按户給資。揚之東有董、石、廖三溝，爲江湖要津，久病涉，良丞爲石墩木柱，創建長橋三，其萬福橋跨岸百丈，迄今官民踵修之。二十四年，以軍功賞戴花翎，授四川永寧道。至任，民賑流離，士優膏火，歲輦家蓄萬金以助。去官日，書院爲立去思碑。子國祺，賞戴花翎，候補道。國泰，知柳州

---

① 按：此事始末可參看《夷務始末》卷五十九所載道光二十二年耆英、伊里布、牛鑒奏。又陳康祺《郎潛紀聞·二筆》卷七“梁章鉅議論之無識”條：“道光二十二年六月，夷船入長江，鎮江不守，屠戮甚慘。揚州官紳，令余東場鹽大使顔崇禮，效鄭商人弦高故事，始犒以羊、酒、鷄、豚，繼賂以金帑，復許番銀五十萬，相約不入揚州城，卒以無事。梁茝林中丞《浪跡叢談》極稱之，又特表但都轉、周觀察之主持，與阮文達之坐鎮，至以漢末黄巾避鄭公鄉爲比。噫，何其謬也。”

府。邦治，廩生，候選主事。森，舉人。邦泰，諸生，兵部郎中，賞戴藍翎。國洵，廩生。曾孫鳳章，舉人。

王志，字景文，號竹溪，禮功侄。（王禮功、智功同見“孝友”。）禮功故好善，志幼年即隨伯懋遷申江，雖身列市廛，而心存利濟。於經商之暇，專心醫學，數十年間指下活人無算。慷慨樂施，無异其伯。凡屬義舉，見無不爲。粤寇平後，修葺寺廟，興復善堂，舉行恤嫠、埋骨、水龍、惜字等會，周密慎重，經費多寡悉引爲己任，不責人也。同治初，以報效軍餉，長子全璘授光禄寺署正，祖、父皆封奉直大夫。

何坤，字一田。年十三，就市學藝，早於門外得首飾盒，約值百金。少頃，有僕婦來覓，盡與之。蓋婦遇親故坐談忘之者。後，坤年五十餘，始生二子。年八十八，居西門外寶塔巷。（《焦東閣日記》）

陳稺泉，以字行。端恪和藹，里黨矜式之。道光壬寅，寇將至，諸不逞謀搶劫，見陳慚而去，一里以安。司焦東恤嫠事，節輿費以增額。既没，人猶稱之。（《焦東志》）

張廷燮，字菊馨，號訪樵。邑諸生，候選訓導，以軍功加授光禄寺署正。居邑北焦東第一村，焦東義舉多其創始，首以恤嫠爲重。道光己酉大水，一方灾賑，竭力任之。咸豐間，粤寇之亂，居鄉保衛，赴營從公，大帥多所咨訪，隱活人命，潛除奸宄。雖家資因以盡耗，而鄉間房屋無恙，多資其力。精青烏術，爲人營葬，不妄侈形家言，事事講求陰騭，期裕後昆。顧喜面折人過，或至忤俗，亦質直之過也。

李承霄，字漢仙，太學生。爲人讀書尚勤，持躬尚儉，而慷慨好施，喜濟人急。道光丙午，年二十六，忽患目甚劇，就醫揚州。客邸中有旅人離家萬里，無資可歸，困頓就斃。承霄惻然，爲代償房飯，并廣募厚資，贈之遣歸。先是，承霄有子不育，至是歲除夕，夢神告曰：“汝行陰德，不但目疾從此不作，且賜汝子。”醒即目痊。明年，果生。長子慎倫，弱冠游庠。

陳廉，字舜賢。幼以孝聞，侍母疾，衣不解帶者累月。既長，游蜀。長子、季子皆作宦，每訓以作德勿少苛虐。爲人好義，介直不苟。在蜀多年，嘗爲人排難解紛，樂善佽助。吴人之客於蜀者，多賴之。同治初，鎮江寇平，城中官私屋宇大半被毁，時考棚度地遷建。廉聞，即寓書於官，捨其居址以擴試院。江南肅清，欲歸未果。辛未十二月殁於蜀，聞者咸感嘆焉。子普泰、普慶，俱仕蜀。

解文，字倬雲。恪遵伊父印通素志，捐田贍族。於道光八年置買六合縣北鄉沈家橋東莊田七百九十五畝三分，價九千一百千文。至道光十一年，由縣申詳題奏，奉旨：給與“樂善好施”字樣，旌表建坊。他如建壩、造橋、施棺、施藥，遇偏灾而捐義賑，重交誼而恤後人，均由至性所出。其事俱載《解氏義莊輯略》。

朱梓（見“文苑”），弟楠。父履貞，母氏趙，相繼殁，梓、楠俱幼。其前母楊生五子，父既殁，各析箸，惟梓與楠承母命，誓同爨。奈家中落，梓雖食餼而硯田，恒苦不足。楠服賈金閶，少年厚重，人皆信之，且事必禀命於梓，由是家饒裕。咸豐十年，寇陷姑蘇，市廛震恐，多不顧而逃。惟楠從容籌理，以所職全交主翁。有友孫敬士，病革，托孤於楠。孫既殁，爲之撫恤，謀婚嫁，拯其患難，爲其子謀生理。梓生子三，楠子一，楠請於兄嗣其少子，蓋以人各二子，則析産可均也。蘇州有勤善堂，收養嫠婦。楠倡率振興，養濟五百餘名。後因梓秉鐸陽湖，遂家於常。梓殁，楠送祭田於宗祠，又送田畝及存款於同仁會以助恤嫠。兵燹後，倡捐重建宗祠，皆繼父兄未逮之志也。其他隨時賙濟，不可枚舉。而家政秩然，姒娣相讓，亦數十年如一日云。（《家傳》節略）

吴學堦，字六符。倜儻好義。咸豐兵興之初，難民聚於丹徒鎮。官餉不繼，學堦同兄學城及學增之孫述彬報捐質庫以拯，難民賴以全活。賊平後，郡城蕩然，凡善後及救生諸善舉，事皆賴籌畫襄理，地方守牧倚之如左右手焉。邑舊有濱江雙糧田六萬餘畝，日久沙淤，膏腴悉爲瘠壤，賦累不堪。學堦憫之，函致吾鄉京宦，轉白當事，具詳入告。得旨俞允，而民困以蘇。府徒兩學久未修建，邑紳丁君紹周因公過境，學堦與之切商，遂得由觀察沈公秉成請於大吏，按年提下游厘捐一成濟用，兩學乃以次修建告成。年六十七，卒。以子職封朝議大夫。

張舜理，字秋實。父松源，好施與，嘗焚負券。舜理承志，尤篤於睦族。其祖塋百餘冢皆爲修復，葬浮厝，立碑碣，禁祔葬，輯族譜，爲節婦送主入節孝祠。生平節儉正直，恒陰行善事而不言。以子秩贈奉直大夫。

鄭榮祺，字晴郊，廪貢生。任邳州訓導。咸豐間，鎮城遭寇，同學諸生多艱窘，郡守賽檄捐調劑，榮祺倡捐錢二百千，踵起者自此踴躍焉。

附義舉（尚義之舉，徒邑稱最。兵燹後，諸多浸廢。乃數年以來，廢者興，敝者起，且有補乾嘉間之所無者。豈非人心向善，雖厄不窮與？特今昔情形不同，章程亦小异。兹於各義舉，先登舊志所載，次録今時所行。其有未經興復者，存其舊名，其有增設於今者，載其實事，庶無一遺。）

必先所，即養濟院。栖息孤貧，每名日給口糧米七合九勺五抄，日給柴、布、銀三厘三毫三絲，計百名每月米二十三石八升五合，銀十兩。（《嘉慶志》。按：其地在城内南街東觀巷之北，今未興復。）

育嬰堂，始於康熙十二年，其時在月華山萬歲樓下，首事者夏爾範也。一切辦理俱載張九徵《育嬰堂序》① 内。後改爲公所。雍正九年，左熙、何游、郭炎等捐買梳兒巷房屋五十餘間，遂易社爲堂。本邑士民、行鋪各有樂輸，嗣因道、府、縣均有捐助。及洲田市房歲入之數足敷經費，於是士民、行鋪停捐。每年支用係董事自行經理，例不報銷。其辦理條例詳具《育嬰堂事例》内。（一、育嬰洲蘆灘近年新增卧價每年錢二千四百千文。一、廣順洲卧價三十八千文。一、補順洲卧價三十千文，又田三百十八畝。一、定業洲卧價錢十千文，田一百六十三畝。一、莊前山田八十一畝，東門外田十畝，

① 按："《育嬰堂序》"，《嘉慶丹徒縣志》卷二十六《義舉》作"《育嬰社序》"。按本志卷五十六載張九徵《育嬰社序》。故當爲"《育嬰社序》"。

九里街山田一畝六分，埋嬰山地九十一畝。一、市房十三所、住房二所、堂旁住房一所，共計租錢三百八十餘千文。一、揚州運篚每年銀二百兩。以上各項外，另有揚州衆商存本生息一項，每年應付利銀八百四十兩。乾隆二十年，勒石在堂。三十七年以後，商多乏者，此項遂停。）邑令貴中孚有記。（以上《嘉慶志》）按：自嘉慶以後，八十年來，嬰堂舊産迥非昔制。兵燹後，堂屋重建，一應條例重加釐定。其田灘屋宇録於下。（一、育嬰洲蘆灘，於嘉慶間召佃圍築成田，采租濟用。嗣因接漲泥灘，改爲官佃，嬰洲停止圍田。後於咸豐間軍興以來，復改爲上價承買，繳價轉則升，科需費甚巨，遂陸續召佃圍田千畝，連同舊圍，共計收租田六千一百七十三畝零。一、御隆洲現在收租田三百五十四畝零。一、廣順、補順兩洲現在收租田三百七十九畝零。一、定業、永固兩洲現在收租田二百二十五畝零。統共堂管業洲計田七千一百餘畝，每歲如果豐收，除完納蘆課外，約可收租錢三千二三百千文。此外，東鄉之京峴山脚、南鄉之駙馬莊一帶山田共六十餘畝。咸豐間兵燹後，原佃死亡大半，田畝全蕪。迨同治三年後，陸續召佃開墾，僅得成熟田三十餘畝，歲可收租錢二十千文。一、育嬰堂原存息本，緣道光間連年水灾，洲田無租可收，逐漸付本濟用，久經無存。一、育嬰堂原設梳兒巷内，咸豐三年，粤匪踞擾，焚毁一空。嬰洲各佃抗不完租。迨同治二年，由常鎮道許公諭董派委往洲清理，設局徵收，暫減爲夏秋兩季，每畝完租錢五百四十一文。四年，由府諭董顔錫名經理。五年，周築圍墻，重建堂屋三進，次建嬰房八間。七年十一月開堂，照舊章雇乳婦住堂乳嬰，或附近寄乳。每月每名乳工八百文。嬰衣、嬰食及乳工在堂飯粥各用悉依往制。九年夏，郡守蒯公德模復諭陳秀鍾、柳森霖接辦，定以每月初二日本府到堂點驗，凡乳婦所養之嬰如果肥壯，由府捐廉酌賞以示鼓勵。十年，在左首添建嬰房八間。現在共計房屋二十五間。一、嬰堂采租市房，兵燹後被毁，現在次第建造，共計十一處。歲收租錢約可四百千文。按：育嬰爲莫大善舉，好義者無不孜孜於此。現今太平洲以距嬰堂路遠，設立保嬰局，在洲育嬰。邑紳戴善之以爲保嬰之法，莫善於自乳，設局城内。俱詳後。）

同善堂，在清風橋側梳兒巷内。乾隆十一年嚴金珍、陳紹等捐資爲施棺善會。十五年，常鎮道黄叔琳給匾旌獎，云“仁心爲質”。事載《京口彰善録》。（《嘉慶志》。按：此舉道光間猶踵行未廢，迨寇擾後，堂屋全毁，此舉遂浸，今尚未復。）

栖流所，乾隆九年，知縣宋楚望以北門外蓮蓬庵殘廢僧房四十一間修葺改建。紳士捐銀一千五百兩，生息支放，有記，刻碑。二十七年後，年歲屢豐，暫停收養。三十年，知縣貴中孚以無業、裁兵、老幼、廢疾、鰥寡、孤獨實堪憐憫，將該所停養後積存餘息詳請收養，定額男、婦四十八名，按月支給。三十四年，經費不敷，紳士郭家麟、趙德修等又共捐銀一千五百兩，連前共計銀三千兩，存典生息，通詳有案。（《嘉慶志》。按：此舉至道光間已缺經費，迨壬寅寇擾，癸丑復遭寇毁，今餘荒地矣。）

救生會，在京口昭關，奉水府晏公。起於康熙四十七年，其首善十五人，姓氏詳具丹徒縣馮詠《序》内。自雍正以迄乾隆初年，係蔣豫與同志數人經理，向置有辛豐田十二畝，芹菜田十畝，又市房六所，約租錢百千文。數十年來，蔣宗海紹承先志，獨立維持，在本邑及揚州勸募捐助。逮乾隆五十年後，經費不敷，始於本邑人士募捐，執月捞救。（凡捞救活人一名，給獎賞錢一千二百文。捞獲浮尸一口，獎賞暨用棺槥埋，共給錢一千一百五十文。）五十三年，本邑李英捐送登雲寺田六十畝。五十八年，鎮江府知府王秉韜捐銀三百兩，存典生息。五十九年，常鎮道查淳將育嬰堂田地二百三十八畝[1]撥送本會。（山嘴頭田共九十四畝，大敵巷山田十九畝，高資圩田七十五畝，蘆灘五十畝零。）如支銷不敷，俱係執月人捐助。（《嘉慶志》）按：嘉慶以後，里人捐造紅船多隻，既便救生，尤便濟渡。至咸豐間兵燹後，房屋全毁，船隻無存。同治初，經邑紳陸續辦理，録於下。（一、昭關會所僅存空地，寇退後，洋人扦作領事公館。常鎮道許道身諭舊董蔣寶領取租價，蔣禀嗣後館遷遷他處，仍當歸地，救生未便領價。同治三年，蔣董在昭關之西覓地起造樓屋兩間，以爲會所。一、同治四年蔣寶病故，郡守周輯瑞諭趙鋆接董，所有會産契據等件，前董既故，無從交核，惟查有五条街市房一所；瓜洲圩田一百七十七畝零；又山嘴頭田九十四畝，除挖濠抛荒外，現存八十三畝零；又登雲寺山田六十畝零；又高資圩田七十畝零；蘆灘五十畝，因陸續坍没，不足舊數；又獅子山義冢地十一畝零。一、同治五年，郡守李仲良諭吴學堦總辦南北救生事宜，陸續置造大小紅船九隻。六年，奉道府捐提本厘以濟經費，添置市房。邑令王宗濂捐錢三百千文。一、捞救賞號，經北岸棧委桂公定章，歸北岸救生局照給。凡救活人一名，給獎二千文；浮尸一口，給薄材一具，獎及抬埋錢七百五十文。一、七年四月，吴學堦退董，李郡守諭吴紹信同趙鋆辦理。十二年，吴紹信退董，郡守趙佑宸諭王寯林同趙鋆辦理。一、十三年，常鎮道李常華將楊撝山充公，公莊銀山門市地一畝四分撥會，仍赴普仁堂認租在案。嗣領事移館對山，舊館并地給會。按：會新舊址，俱普仁堂公莊。）

恤嫠會，在西城内演軍巷。起於乾隆五十年，事載鎮江府鹿荃《記》内。其辦理條例：一、孀婦無依者，親友舉報登簿，按月支送補缺，以舉報先後爲序。一、孀婦四十歲以内守節者，本婦月給外，并給子女；四十歲以外夫故者，祇給本婦，不及子女。其子過二十四歲，本婦停支。一、閨女未過夫家，聞夫故而往成婦禮者，加倍支給。有承嗣之人，額外加給。一、孀婦公姑年邁，又無他子贍養者，本婦月給外，并給公姑。一、孀婦子過七歲，有就塾讀書者，代給修儀、紙筆等費。子女婚嫁，額外加厚。一、孀婦病故，蹔給三月之數助喪，極貧者額外給賻。其子若無養育，照舊支給，至十六歲停支。一、孀婦守節，年分與旌例相符，代爲請旌入祠。其經費除知府汪志伊勸諭紳士捐銀五千兩存典生息外，本邑同人并各行鋪客商均有捐助。府縣有案，其多寡細數具載《敬節堂事例》内。（《嘉慶志》）嘉慶十年後，有田灘等産及捐送等款。道光壬寅、咸豐癸丑兩遭寇擾，今昔不同，詳於下。（一、恤嫠洲坐落東北鄉南岸江濱。於嘉慶十年，蘇撫前

---

[1] 按："二百三十八畝"，《嘉慶丹徒縣志》卷二十六《義舉》作"二百二十九畝"。若按後所列具體田數總和，當爲"二百三十八畝"。

郡守汪志伊，以張立朝控薛漢章等霸占復原外洲飭勘充公，助恤嫠會采租濟用。經府縣先後勘詳，由府墊款給價收買歸會。自十二年起，府委照磨徵收租銀歸還庫項。至十五年，由府諭董具領并發租册等件。又趙初昇等捐送請佃洲西字號蘆草泥灘并上下水影以後接漲灘地，由會上價承買，召佃墾築。至同治間，共有收租田一千三百九十九畝零。又嘉慶、道光年間，先後價買趙友亭、包楝才益課洲田二百二十六畝零。又道光二十五年價買魯岳生等御隆洲田一百五十八畝。統共嫠會管業洲田一千七百八十餘畝。每歲如果豐收，除完納蘆課外，可收租錢一千二百千文。其益課洲田向係低窪，歷年不能種麥，故無麥租。一、菱塘烏莊山田一百三畝六分八厘七毫。於嘉慶年間，兩淮鹽運使曾燠據總商洪箴遠等請，將揚州育嬰堂、丹徒縣菱塘鄔莊此田撥歸本會，收租資用。該田錢糧以麥租作抵，由佃完納，會内但收稻租。迨咸豐間寇擾後，佃多死亡，田皆荒廢。同治間，先後召墾，僅成熟田三十餘畝，每歲秋季如果豐收，可收租錢十千文。一、本會采租市房，自嘉慶以後，向有六十餘處。兵燹後，僅存七處。牮正翻蓋，陸續砌造，共成二十六處。又姚一灣、道家巷、山巷口等處基地召有租户自行建屋，議定年限，完納地租，年滿後估值收回。統計房租、地租，每年可收七百千文。其餘基地坐落偏僻，一時難以建屋招租。一、嘉慶十五、十六、十八三年，里紳趙佩湘共募捐銀一萬一千兩，趙玉山捐銀一千兩，包振興捐銀二百兩，李磻根捐銀一百兩，分存各典，照例生息。其時存典生息銀兩，連乾隆五十三年郡守汪志伊諭捐之五千兩，共計息本一萬七千三百兩。嗣因歲歉、重建市房，先後撤用一千九百餘兩接濟經費，兼有闕歇。鄉典存本未繳及以市房抵還外，於道光十七年何錫麒、夏楨接董時，刊刻經費，録計城鄉各典共存本銀一萬零七百兩。迨道光二十二年夷擾後，各典被搶一空，息本化爲烏有，惟趙詒穀堂以五条街典基市房一所，作抵息本一千一百兩。迨咸豐三年，粤匪踞擾，夏楨携帶會内契據各件避亂他鄉，於咸豐八年寫立交單，將契據并餘存銀兩一應帳目交接董之嚴浚、羅志讓經收。同治四年，陳秀鍾、柳森霖接董，添有各款，詳於下。）

同治十一年，邑紳丁紹周時任浙江學使，以廉俸捐銀三千兩，内撥一千兩劃歸江北，以濟寄居嫠婦，其二千兩存本生息，由會收支。又有各行業推廣樂輸之款，俱詳下吴自徵《記》中。（《丁光禄捐助恤嫠經費記》，府學教授武進吴自徵撰其記。曰：國家設學院一官，所以維持名教，整齊風俗，非僅考文藝，甄拔人才而已也。輶軒所至，節婦貞女隨時體訪，屬官條具上其事，會大吏以聞於朝。其稍不及格者，仍給額以獎之，誠以士習民風相爲表裏。培元氣，植名義，使者之責也。顧能彰其志行，無由賙恤其身家，布巡歷之區，不暇問鄉里之事，豈非境地各殊，力難兼盡與？鎮城舊有恤嫠會，規約周詳。維時户口少，物力充，人情踴躍，辦理裕如。厥後迭遭兵燹，産日益耗，口日益多。自同治四年陳君子堅、柳君星湖任事以來，清厘招墾，漸有條緒。又目擊嫠婦之年老者煢煢向隅。曩有扶藜會，凡嫠婦年至五十以外，撥歸給散。今其會久廢未復，不得不權時歸并，一律普給。常患額浮於資，而鱗接續報多名，延頸跂踵愈無以塞其意。邑紳丁濂甫光禄自庚午歲主試蜀中，旋督浙江學政。節縮廉俸，慨助三千金，冀獲孳息以濟要需。其寄居江北劃分揚郡散放者，去其三之一。本郡賴兹巨款，因捐送而愈擴愈多。視舊時成數，殆又過之。蓋舊時定額一千零三十二分，今給至一千二百餘户，謂非光禄之加惠所及與？此一舉也，上仰副持衡之寵命，下不忘桑梓之敬恭。假令秩滿還朝，里門小憩，與二三同志綢繆商榷，將必求斟酌盡善之方。詎料瓜期未届，遽歸道山。鄉人失望，咸爲嗟惜。然其德惠之及於孤孀者，既位置之攸宜，自積久而無弊。且得是倡導，爲宦游有力者勸，安見指囷解橐不接迹而來？雖盡復初創時之規模氣象，吾未知其難已。前此各行業節次送厘到會，口數遞增，至是益加廣焉。蓋鄉曲地之最近樂善人之公心。觀光禄厚恤其鄉嫠，則居官能舉其職可知也。觀闤闠中樂輸慕義，則任事者之勤懇使人深信不疑，抑又可知也。所列款目，例得附書於左方：一、本款銀二千兩，由邑紳戴善之等交富紳李韻亭存典生息，每月就近在吉盈豐雜貨棧會撥錢三十九千文。同治十二年二月分起，開支在册未補之嫠婦一百三十名，其執照戳加“種松書屋捐送”字樣。嗣於五月分，又推廣三十户，共給一百六十户。一、同治七年七月分起，雜貨行棧每月約提厘四十千文，推廣一百五十户。一、同治八年正月分起，江西紙厘每次二十四千文，推廣八十户。又九年起，每次加錢十五千文，推廣五十户。一、同治九年四月分起，錢業每月提厘十七八千文，推廣七十户。一、同治十年八月分起，雜貨公厘每月撥錢三十千文，推廣一百二十户。一、同治十三年二月分起，景記、掄記、雲記、澄記情願推廣四十户。又三月分起，旭記、步記情願推廣三十户。此七十户月加“耕心書屋暫給”字樣。）

留養所，乾隆五十一年，荒疫相因，紳士在城西妙高峰側設棚安置。次年，僧濟宗以聖壽庵房發願歸公，爲貧民養病之所，遂移於此。府縣有案，無論本邑遠方，均准收養。其外來之人，果屬病急，雖來歷、籍貫不及細查，亦并暫收。先後有簿，去留有時。内外醫科，按期診視。粥食藥料，各有專司。或有士人落魄願依栖者，另房安置。女病就醫，必須年過五十方准到所。在所之人，無衣者給襖；病故者給棺。郡守鹿荃、馬慧裕先後立匾書聯，以彰善舉。其經費所出：一、洲田八十五畝，又洲分蘆灘四十餘畝（監生嚴敦禮捐送）。一、簰灣外埂灘地三十三畝（道士沈霞宗捐送）。一、德興洲灘地三百分（舉人劉文培等捐送）。一、檀山村田六畝零（楊文彩捐送）。一、永豐橋山圩田二百四十餘畝（李光庭等捐送）。一、王巷等地山圩田四百二十餘畝（廪貢生張若筠捐送。以上《嘉慶志》）。至道光間，添有房間、田地等項。咸豐兵燹後，屋毁未復，産亦异前。（一、乾隆間聖壽庵僧濟宗原送房屋三十餘間，盡毁未復。一、王巷田在寶堰之大墩莊，今僅存一百七十七畝零，未墾。一、永豐橋田二百四十四畝零，未全墾。一、西麓、楊溪、蒲村、北岡等村計田一千七百六十六畝零，未全墾。一、井亭之東莊田七十四畝零，未全墾。一、辛豐鎮之辛莊田五十七畝零。一、世業洲田六十二畝九分零，灘十三畝五分零。一、定業洲田一百三十九畝七分。一、還沙洲田六十六畝八分，灘四十四畝七分零。一、益課洲田二十一畝零，灘十七畝零，今已漸坍。一、補沙洲田一百五十六畝七分零，灘二十畝零。一、簰灣灘地一百三十二畝零，沈霞宗舊送在内。一、青沙灘受分一分二厘五毫，今已漸坍。一、金綫港篷基四畝零，沙潮田二畝。一、簞灣坊、亂石街、釜頂山計義冢地十畝零。一、南越城市房三間二廂。一、南岡子上市房十三間，今毀。一、南門東運河邊市房一所，今毀。又基地四間。一、善濟二坊市房二間，今毀，并失所在。）今與普仁堂暫借忠祐坊官房應用。

義扛。計管二事：一、救火搶柩；一、恤貧代葬。共人夫二十四名，城内外各半。遇有火灾將迫近鄰柩，即時擡搶。又老幼廢疾不能行動之人，背負救獲。其或無柩無人，即令人夫幫附水龍傳水。接濟給身價（每名一千二百文）外，每次酌予獎賞。（人夫到齊而火熄，給半分錢七百二十文；水龍上水，夫未擡柩，給全分錢一千四百四十文；搶柩出門，不論幾棺，俱加倍給錢二千八百八十文。）所有經費俱係同邑捐助。（舊存公項錢四百千文，係嚴敦禮、劉震等募捐；新添公項錢六百千文，係茅元銘、汪兆元等募捐。共存公項錢一千千文，交存鎮城二十典，按月一分起息應用。）平居無事，遇有崇善堂等處施捨之棺，係伊等擡埋。至貧窮無力久停未葬之柩，亦係伊等擡埋。董事人計路之遠近、柩之輕重，酌給工飯。（十里每名錢七十文；二十里每名錢八十文；三十里每名錢百文；四十里每名百二十文；五十里每名百四十文。）人夫姓名，立有承攬。乾隆四十九年，舉人顧紹鼎等呈府立案，嚴敦禮經理其事。五十八年，縣查據該會前後搶護擡埋總數，將嚴敦禮等樂善好義諸實迹通詳督撫司道，總督麟書①飭給“慕義好風”匾額，以示獎勵。（《嘉慶志》）自嘉慶至咸豐二年，仿此行之者十餘處，與水龍相輔。三年，粵寇踞城，水龍全毀，義扛亦廢。寇退後，以次興復。今惟設義扛二處：一在城内實濟堂；一在城外安仁堂。

水龍，乾隆二十六年袁文等捐辦。樂濟堂水龍五架，分設大雲坊、小雲坊、大圍坊、主簿衙署、張德元號等處，而以主簿總理其一切，雇夫、救火事宜俱係張德元承管，呈縣有案。嗣於乾隆四十九年，西城内曹宏詞等募捐意誠堂水龍一架，係曹經管。又五十五年，上河邊各米行捐辦水龍一架，按年輪執，係唐瑞豐經管。西門橋吴景先等捐造銅水龍一架，係勝茂號經管。魚巷口袁景堯等捐辦水龍一架，係同椿典經管。西隅朱志宣捐辦普安堂水龍一架，係恒茂號經管。新河吴寅盛槽坊、吴永昌鍋店、汪元興鍋店捐辦崇善堂水龍一架，係三家經管。又柴炭巷口葉彭年捐辦永安堂水龍一架，係喬甸安經營。又西越城水龍一架，顔天生緯店經管。寶城坊新水龍一架，附意誠堂經管。（《嘉慶志》）按：以上水龍計十四架，俱乾隆間捐設，嘉慶以後愈設愈多，城内外各街巷均各添造，至道光中有三十架之多。咸豐間盡毀於寇。同治初，以次重設，至十三年，計水龍十四架，列於下。（潤濟堂在縣庫前，公善堂在五條街，旗營龍在大市口，公安堂在古通巷，安樂堂在四牌樓，平静堂在堰頭街，大霈堂在西越城，大安堂在上河邊，永安堂在打索

① 按：“總督麟書”，《嘉慶丹徒縣志》卷二十六《義舉》作“總督書麟”，當是。按：書麟，字紱齋，高佳氏，滿洲鑲黄旗人。先後於乾隆五十二年、五十六年任兩江總督。生平參看《清史稿》卷三百四十三本傳。

街，猶龍堂在魚巷，義濟堂在山巷，静安堂在銀山門，普安堂、萬安堂在西隅街前後。）以上各水龍均係各地段居民、鋪户、行棧等公捐公辦。一處有事，各龍俱往互資救護。又同治間，常鎮道沈秉成以隆冬水涸，取水維艱，諭民間積水以防不虞。城内外捐設太平水缸、水桶百數十具，分置各坊、街、巷寬衍之處。（北門外東馬頭自道光至同治間，共置水龍五架：一設夏家門；一設陳家門；一設吴家村；一設馬頭；一設千柳村。各處土人經管。）

義渡。西門外通阜橋至京口閘，向設義渡船二隻。閘内係嚴榮德、孔傳銓先後募辦；閘外係袁文獨辦。此外又有浮橋渡船一隻，係民人私設。又於乾隆四十七年常鎮道袁鑒從紳士議，在上河邊缸廠對岸添設義渡船一隻，人尤便之。（《嘉慶志》）咸豐間兵燹後，義渡俱廢。同治初，漸次興復。京口閘内船一隻，閘外船一隻，俱係各行鋪捐設。上河邊船一隻，仍名袁公義渡，亦係行鋪捐辦。

尊仁堂藥局，乾隆五十二年創立，局設高橋河邊。凡貧病無告者赴局驗證給藥，每獲奇效，遠近求索者日數百計。同人樂善好施，力行不倦，丹膏皆手自虔製云。（《嘉慶志》）局於夏開秋歇，至咸豐初，五十餘年如故。兵燹後廢，至今未復。惟届夏時設於綱兒橋下普仁堂内，代診送藥，秋深乃止。

東鄉儒里朱氏族人萬餘，散居數十里，貧富不一。乾隆間，朱輔周、朱宗海倡捐濟族，名同仁會，合族捐銀三千餘兩，又置抵額外洲田一百六十餘畝，存以生息。朱氏族衆，至今賴之。嘉慶間，朱采錦、朱謙侯又集族人捐銀二千餘兩爲恤嫠會，以濟族孀。嗣朱麟、朱梓、朱硯香又置太平洲田二百餘畝。朱西山又送錢一千緡及劉沙田百餘畝，其節孝均得實濟，守志以終。

義冢地，一在虎踞坊，一在岳祠廟，一在大圍坊，一在高資鎮，一在辛豐鎮，一在大港鎮，一在京口閘外。（今坍没）以上七處，俱明萬曆中邑令龐時雍創立，各植柳百餘株，四至埋石以識。乾隆四十八年，邑令郭占選捐置馬步橋山南劉唐灣山地三畝四分八厘，計墳一百四十八冢。此外，又有陽彭山及寶蓋山地四畝、公莊山地方二十丈，係邑人捐置。（《嘉慶志》）

扶藜會，無專所，與恤嫠會相輔，創自嘉慶間。係邑人公捐，存本生息，以濟老年孀婦。凡恤嫠所不及者，以此補給。至咸豐兵燹後廢。

崇善堂，在諫壁，創自嘉慶初年。紳士魏燦、朱勁蒼等倡首，建堂於文武殿之右，舉行恤嫠、路斃、水龍、惜字諸善舉。道光以來，經費不敷，漸就頹廢。咸豐庚申寇至，廟焚堂毀。同治初，里人王竹溪叔侄倡捐建屋，續行諸義舉，紳士許煌、劉炳勲、盧焕、許汝金等董其事。

普仁堂，在城内中街。堂屋二十間，創自道光初年。邑紳茅元輅、張負圖、楊煦、郭淞等募捐經費，收埋路斃、浮尸及辛夥、僕婦，暴病不及送回者，送堂醫治，如有須報驗者，無論在堂在路，由地保報縣請驗，由堂收殮。其有主者，領回埋葬；無主者，地保責成土工擡埋義冢，標籤爲記。堂董於各尸來歷，俱查明登册，填寫聯單，地保及送堂之人俱書押，存官備案。至路斃各尸，亦由地保查明報堂，施給薄材并擡埋，工食其一應給費章程均照蘇常成例。邑令謝公通詳定案，刊刻木榜，懸列堂内。惟經費無恒産可資，賴居民、鋪户散捐支用。道光十五年，金山寺僧以公莊基地二百八十四畝零坐落銀山坊，毗連西津、大圍、大雲、小雲、箍灣等坊，均係民户租地置屋，緣歲租難收，錢糧無出，稟案撥歸本堂，采租充費，其租地花名六百餘户。（縣卷舊册一本，堂存舊册一本，核對相符。）計每歲完納糧賦一百四十二畝零。（田賦例載：公莊山田二畝，准一畝完糧。）所入租款往往不敷。至咸豐間粤寇據城，堂屋全毁，僅存基地，公莊各地亦成瓦礫。同治四年，復議建堂，董事羅志讓稟，於忠祐坊網兒橋下充公官房六間，暫借應用，并兼留養所事宜（留養見前）。添造小屋數間，續經董事鮑上宗接辦。先後羅、鮑兩董查出城内無主重柩，及達家山、月華山、城隍山、壽丘山、太平橋、下射圃，凡隙地、屋基無主骸骨埋藏尸櫬，俱遷埋義冢，不下二千具。其現在所存各地，列於下。（一、北門外義冢六丘。一、南門外都天廟後包家灣義冢二方。一、南門外十五貫橋市房基地四間。一、徐東村、蘇由村公莊山田若干畝，兵燹後未墾。一、金山所撥完糧公莊基地，今止理出七十餘畝。蓋公莊地多近市，屋址俱昂，故嗜利者雖衿富不顧善舉，譸張争占，加以猾胥之盜賣，糧册之朦改，勢儈之憑假，貧民之栖頓，清理不易。）

安仁堂，舊在西城外山巷火星廟旁，亦建自道光間。因城隔内外，夜晚有暴病者不及送普仁堂，故照普仁章程，分設此堂。其經費由行棧、鋪户捐助。咸豐間堂毁，同治初重建，在浮橋下新河街。

種仁堂，在南門外大街，亦道光間建，章程同上。今毁未復。

興仁堂，在丹徒鎮，亦道光間建，章程同上，今毁。

廣善堂，在辛豐鎮，原爲樂善堂施棺局。道光十九年，里紳殷焯等仿城内普仁堂章程改建此堂。仍舊施棺，并就近置立義冢。

普濟堂，在孩溪，道光間建，如普仁堂，今未興復。

實濟堂，舊在萬壽宫城根，亦道光間建。因西城内民户稠密，有暴病者就近便送，而西城口路斃較多，亦便收埋，故照普仁章程設立此堂。其經費亦由民户捐助。咸豐間堂毁，同治初移建於磨刀巷口，章程如舊。

遵善堂，在寶堰，同治十一年歐陽蘇等建。

枯骨會，道光間邑人捐埋枯骨。今廢，由各堂分任。

施診送藥局，舊係趙氏專力捐辦，即舊志所載尊仁堂也。（見前）兵燹後，趙氏無力復興。同治五年，由縣照會普仁、安仁兩堂議辦，今暫設普仁堂内。堂董募捐以爲歲費，安仁堂津貼若干。局於夏開秋閉。（餘見前“尊仁堂”下）

樂善堂，在大一都三圖，同治十一年設普濟禪林中。栖養病夥、僕婦，掩埋路斃、浮尸，詳定如普仁堂。

課蠶種桑局。道光十五年，邑紳陸獻任山東曹縣，歸以《蠶桑興利法》刻本勸民，溧陽狄繼善有《蠶桑問答》一編，設局於鶴林寺旁，遠近舉行。咸豐三年兵燹後，各桑園俱廢，陸亦早卒。（陸獻，見“宦績”。）同治九年，常鎮道沈公秉成以湖州種桑育蠶法教民，諭董勸捐，設局於西城外山巷後，遠近領植桑秧。三年有成，局歇，而桑園多於道光時矣。（醫士沙石庵著《蠶桑合編》一卷）

焦山救生紅船，章程略如救生會，道光間即有之。咸豐間寇擾，江上山下屯扎水營，排列戰艦，此舉停止。同治初復興，由常鎮道委員經理之，救濟甚衆。

太平洲保嬰局。（按：此局起於咸豐間，時江上寇擾，城内育嬰堂毀，故設局於洲，雇乳育嬰。迨寇退城復，嬰堂重建，而局設已久，且遺嬰距城百里之遥，勢難停止，洲人因廣爲勸捐，爲經久計。初，洲南岸姚家橋本有接嬰局，路距城遠，凡嬰先送局内，由局接送嬰堂。自保嬰局立，無須接嬰，惟籌局費。同治九年，常鎮道沈公秉成籌費議章，諭董經理。至十一年移任蘇松太道，捐廉四百兩，又在關庫閑款項下撥銀一千二百兩，解鎮發典生息。又前任道李公常華捐廉四百兩，并爲二千兩，俱一律生息。丹徒鎮舊無此舉，經沈公覓地設立同慶堂保嬰局作爲洲之分局，捐廉集款，置賣市地，造屋采租，歸局充費。）

保嬰自乳局，同治初邑紳戴善之創建，在南街草巷口，賃李姓宅爲局，其章程列於下。（其説曰：竊以保嬰之局，專爲弃溺嬰孩者激發天良而設。故令産母自乳，以全骨肉之恩，免陷沉淪之孽。其有不能自乳者，兼行代乳寄養之法。委曲救援，保全嬰命，本非開堂育嬰，乳婦住堂可比。初行時，禀官出示曉諭，就本城設局四圍，各以十里爲率，延請公正之人專司稽察。十里以外照察不及，又須另設分局。俟經費充足，再議推辦。惟願各城鄉鎮市發心者照此舉辦，捐款多則多養幾名，捐款少則少養幾名，多寡均無不可，漸次推廣，則多得一局，即多活無窮之命。無限嬰孩，咸欣再造。所有局用辛工、伙食、房租，并初生小孩第一個月加錢四百文，及毛衫、包裙、痘病給貼藥資及夭殤匣埋一切等費，均歸舉行此事者分任。其樂捐善士以一名爲一愿，每愿每月六百文，以十八個月爲止。蓋嬰孩至十八個月以後已能行走嬉笑，爲父母者定不忍弃之矣。章程列後。一、本城設保嬰局資助産兒，令其自乳，有不能自乳者，兼行代乳寄養之法。四圍各以十里爲率，公舉誠正之人專司查察。局用辛工、伙食、房租并初生小孩第一個月加錢四百文，以及毛衫、包裙、痘病給貼藥資、夭殤匣埋一切等費，均歸舉行此事者分認。其樂捐善士以一名爲一愿，每愿每月六百文，以十八個月爲止。一、溺嬰之風，除官爲諭禁外，再由局内司事約所定界内耆老，訪察極貧之家有孕婦願領錢衣自乳者，於未産前由鄰右作保開明該婦姓氏、住址，并其夫生業，及懷孕月令，登簿記名，産後報局查核。一、記名貧婦於生産後來局報知，司事隨去驗明男女，以頂之偏正或身面疤點爲記，問明生月日時，即給與錢衣。第一個月給錢一千文，春夏給夾毛衫一件、單毛衫一件、夾包裙一條。至九月，給棉花一斤翻做過冬。雙生者錢衣加倍。給木牌一面，上寫第幾號、姓名、住址。每月持牌來局領錢，不得遺失及借端預付、將牌押錢，一經察出，撤牌銷號，第二個月至第十八個月，每月給錢六百文。十八月後，撤牌銷號。遺腹孤兒及産後夫故者，格外每月酌增四百文，每月共成一千文，再加十八個月，共計三十六個月。另適者不加。或産母身故，嬰兒無人乳哺，許報明局中，司事查確，聽其生父覓人代乳，或局中覓人代乳，每月貼費照生母之例。給代乳牌一面，期滿後責令生父領回，如不願領回，立據存局，由局酌與他人抱養，或代送育嬰堂。一、或有貧婦以領費爲恥，或有以連産女孩爲累，因而甫生即溺者，必須親族、鄰右等設法宛轉救止。如實在不願撫養，代爲送至本局，即由局酌撥乳旺之婦寄養。每月照貼六百文，給以代乳牌。更有事涉嫌疑不便留養者，又有生而無乳不能自養者，亦准抱送來局。抑或黑夜中弃之街市及局門首者，亦均由局覓乳旺之婦寄養。倘匿不送局，執意溺死，經局密察確實，稟官嚴辦，夫男如律。一、乳旺之婦有情愿帶嬰乳養，准其由鄰右作保，同本婦到局，司事查驗，乳如果充足，記名登簿，遇有代養，挨次派領。凡寄養嬰孩，必須乳汁多而善於撫養者，方不失所。凡司事每月赴各處查驗時，預爲留心，另記一簿，以備出寄時擇用，萬勿輕率。一、代乳之嬰每月不拘定日，令司事抽看一二次。如嬰孩瘦弱者，初次於號簿記過，至下月查察時或仍瘦弱，摘與他婦代領。不得徇庇，如有以他嬰朦混，追究保人議罰。一、發錢以每月初二日爲期，於領錢時抱嬰持牌來局驗看，如路途遥遠，風雨不便，過期後亦准來局持牌補領。凡遇六臘極寒極熱之時，免其抱嬰來局，以准持牌領錢，但司事者須格外加意，親往抽看，以防欺朦之弊。一、遇有名族之後及年輕婦女不愿來局驗號者，於初報名時向保人説明原故，添注册上，以後准其遣人抱嬰來局驗看。司事抽查，只准在門外驗嬰，以示體恤。即非名族及年輕婦女，司事查驗亦宜同本夫或鄰右同去，以别嫌疑。一、寄養嬰孩其生父母不願領回，如有人願領作子媳者，本人自覓切實保户，來局報明，由局細查清白，取鄉保切結，方准抱回。該乳婦由局給賞錢四百文。一、小兒出痘給藥資四百文，如遇病殤，立即報局，由局給小木匣以隨身衣服入匣。收回號牌，給埋工錢一百文。）以上條規榜於局門，并刊説帖。（又加説曰：本局因經費不足，以四圍十里爲率，不能推廣。倘各處有同志好善，發心以數愿、數百愿就近自行貼養者，本局亦可給予號簿牌記，并代請示。如不愿出名，或作分局而論，并可減省局費。）

江船義渡局，在小馬頭對岸。六號口、七號口及瓜洲口皆有分局，共設帆槳大渡船十隻。係浙江餘姚縣紳商魏昌壽、魏銘、嚴宗廷等集其同鄉之貿於鎮江者，各出己資，創建此舉。常鎮道沈秉成、兩淮運使方濬頤、郡守趙佑宸首先捐助，沈觀察移任蘇松，復撥款以濟，於同治十一年四月告成。南北濟渡，官民商賈皆便之。續經道府勸諭，洋貨、洋藥、洋行、雜貨、錢鋪在鎮江之五業，逐月輸捐認辦，各管收支，七號口米行一捐亦歸鎮董收記。又經方運使勸捐，鹾務每年約得三千串，以作常年經費。同治十三年春，鎮江局房被火，復經魏昌壽獨力募建，五月落成。其渡船水手、舟夫及局用工食均由局支給。凡鎮江、瓜洲、七號口三處登此渡船者，不費一文，穩登兩岸，既可免小舟風浪之虞，亦以補救生紅船之所不及，人便之。（按：此舉始勸於畫家潘圭。既成，圭有詩紀述之。觀察李公常華撥給普仁堂公莊銀山門市地一畝四分，令赴普仁堂認租。太守趙公佑宸諭置市房六間，核明地係故占公莊，亦令赴普仁堂認租。餘置市房，多公莊地。）

廛肆義舉，始於同治八年。錢業張自春、姜讓之等集議，以本業辛夥老病退歸，及既歿家貧無養者須加推濟。條約於本業中無論東家、同事，凡得薪水若干者，每千文出錢二十文，積少成多，以備調劑。章程列下。（其略曰：錢業中有老者、貧者、孤者、寡者，欲爲後日之助，宜深未雨之謀。凡我同業，或爲東家，或爲同事，其所得薪水各出少許，積少成多，以爲生息，俾孤者、寡者既有糊口之資，而老者、貧者亦有養生之藉。規條列後。一、東家、同事有得薪水若干者，每一千文出錢二十文，按月照收，以爲生息。一、倘有薪水以多説少，希圖少出者，神明鑒察。一、錢業中無論東家、同事，有至花甲以外，境遇艱苦，無人養育，不能作生計者，每月給錢一千二百文。其未至花甲者，不得濫與。一、本身在錢業有年老病故者，用項無出，量其家底，喪葬之費公議酌給，不論有交無交，一體無异。如家中稍有出息，不得濫給。一、寡婦孤兒及上有寡親者，大口每月給錢一千二百文，小口每月給錢六百文。一、本身無後過繼他人者，只准一子可得助給等款，多則不行。一、寡婦孤兒其子及歲可學生意者，幫貼飯食等項，以不貼飯食時爲止。其或不習正業，以至回歇者，此後不復過問。一、凡兄在此業，而弟在他業；或弟在此業，兄在他業，雖貧苦，不得濫給。蓋人之親戚兄弟甚多，苟因此及彼，何能敷用？與其使本業有所缺養，不若全本業而缺他業。一、此款專爲本業養恤孤寡而設，不在此業者不得濫與，以歸劃一而節虚縻。一、此款擇同業生意大者分存生息，不得徇情輕借與人，如有允借者，公議罰錢二百千文，以充此項，無得推諉。一、司事爲首，係公同議派，憑神發誓，不匿分文。所有各費，皆係爲首者自備，毋得開支。）自同治八年二月起，至九年十月三十日止，因火延燒，所有帳簿、規條、刻板概毁無存。其所存錢項爲首人分文不存，均存義和錢鋪，計足西錢二百八十三千六百八十七文。是年十月止，又新增二條，列下。（一、議同業有上年在簿出錢，下年不願出錢者，苦勸不從，只得除去彼名，作他業論。日後倘或貧苦，不得藉口濫與。一、此舉久行，或多存款，不得顧交挪借，致爲首之家無顔對人，切戒。）按：此舉法良意美，今各業仿行者甚多，故備載之。（光緒元年，江廣各號仿行，尤詳備張立夫《倡定章程》。）

兩學灑掃會、書院、義學、鄉會試公車。（俱附見“學校”）

惜字會四。（一、焦山。一、城内藥師庵、文昌宫、拾遺社。一、城外山巷後文昌宫。一、城外同善堂。）

敬老會、儒嫠會。（近年新設兩會，經費散募，各有分司，所濟甚廣。）

丹徒鎮同慶堂爲太平洲保嬰分局。（原起見前“保嬰局”注）光緒三年，推廣集款，列於下。（一、西門外武寧街市房基地七畝四分六厘四毫八絲，内大小平屋八十八間。一、西門外魚巷基地二畝三分四厘六毫五絲。一、魚巷又基地一畝二厘二絲。一、薛家巷房屋基地七畝二分一厘二毫五絲，内大小房屋二十一間，外基地已租四方，未租一方，均有墻垣。一、丹徒鎮下河街平屋兩間，及屋後基地一大方，已建廳屋三間。）

辛豐鎮保嬰局。（廪生嚴作霖等保舉監生殷燮堂、文生朱丙炎等於光緒元年設立，二年建屋兩進。自本鎮東南西北各十里，每嬰每月給錢六百文，首月加錢四百文，一年爲率。遺腹子女每月一千文，首月亦加四百文，二年爲率。其餘章程與諸局同。經費除朱兆友等助捐外，鎮中米、麥、雜糧、由行①，每石提錢十文。）

西鄉保嬰社，在厚固村眼香廟。（光緒三年十一月，從九品華掄元、文生馬增齡等設立，各自認捐，以保十三里内嬰孩。每名每月給錢五百文，首月加五百文，一年爲率。餘章與各局同。）

人物十四　耆碩　鄉飲　五世同堂　百歲

耆碩叙

在昔，著通德之門，配縣社之食，耆舊所由重歟！今考前後徒邑，鄉飲大賓、五世同堂及百歲坊，得若干人。黄髮與遺耇類皆束修厥躬，不獨尚年尊齒而已。志耆碩。

明鄉飲

錢原濬　錢　璉　錢　紹　王　政　錢　寶　曹　貴　錢　繪　錢　綜　顧　欽
錢　網　張　恒　錢可方　錢　綬　顧　銘　錢　維　顧　遵　孫　浩　錢　纁
顧　進　張　桐　錢可教　張　松　錢可傳　錢　達　李　鶴　李景昌　李　相
李　垠　楊　綺　楊　淮　楊　瀾　李　時　李　榘　李　熊　李　沂　李　演
錢　漢　錢　績　錢　歷　顧守約　孫　楨　顧世章　張居義　錢　藻　錢　滻
錢　蘧　顧世亨　趙宗祐　顧世倫　顧　言　錢應旂　章　金　范　曉　錢應揚
宋邦達　顧世皋　顧紹誠　冷迎春　姚　畬　錢國基　錢壽朋　周　玘

國朝鄉飲

胡應熊　顧紹勳　孫時供　孫彝文　李　試　眭一麟　顧其志　卞應辰　王聞益
焦長春　茅之鍾　王盛昌　茅之錦　張希孔　顧　驊　孫復光　顧其年　李金選
孫倬光　姚光烈　楊永臺　楊宗和　楊廷榮　錢邦崍　孫健光　盧時昌　錢志騶
毛如弼　李應貴　錢國堡　康應龍　錢志思　耿大有　周　赤　錢邦治　程　棖
錢　渭　錢邦軾　胡　鵬　錢志懿　周維屏　顧大經　錢應軾②　顧應參　錢逢時
錢邦賓　高拱斗　錢邦宸　顧尚仁　茅咸泰　顧　杲　高拱奎　顔尚仁　高嘉禧
何　絜　顔淑儀　高嘉裕　王旦章　錢應祉　蔡世龍　畢可遷　曹廷陞　滕文俊
談華先　劉振旅　左　熙　何　游　吴宗璿　劉　奎　錢志睦　毛一騶　錢志秩
章　允　王心基　冷體元

---

① 按："由行"，或當作"油行"。

② 按："錢應軾"，《嘉慶丹徒縣志》卷二十六《鄉飲》作"錢應式"。本志卷三十九"錢淑賢"條引雷士俊《錢烈女誄序略》云："揚州城破，鎮江錢應式女淑賢死之。"故或即"錢應式"。

國朝五世同堂

繆朋來（詳後）

鄒履震（二品封員，國子監典籍，同妻羅氏於同治十二年以五世同堂奏請旨，着江蘇巡撫照例給匾額，并賞緞匹銀兩。）

鄒包氏（二品封鄒光祖妻。嘉慶十一年，五世同堂，賜“升平人瑞”額。）

李高氏（贈承德郎李長松妻。嘉慶十九年，五世同堂，旌表恩賞如例。）

曹陳氏（監生曹元達妻。嘉慶二十四年，以親見六代五世同堂，賞“升平人瑞”額，賜大緞二匹。）

張楊氏（張明妻。道光初年，五世同堂，旌表如例。）

包顏氏（職員包祥趾妻。道光十三年，五世同堂，賜“七葉衍祥”額，大緞二匹。）

鄒蔣氏（二品封員鄒衍慶妻。道光二十六年，五世同堂，賜“七葉衍祥”額。）

壽民

王恒吉（開沙人，家貧，幼習醫，壽一百四歲。冷秋江爲作《百歲老人詩》。據《開沙志》增。）

鄒秀升（乾隆五十年，百歲，建坊。）

繆朋來（高資鎮人。嘉慶七年，九十八歲，旌表五世同堂，賜“七葉衍祥”額。九年，百歲，建坊。）

戎黄氏（戎世華妻。乾隆二十三年①，百歲，建坊。）

藍左氏（藍光國妻。乾隆二十三年，百歲，建坊。）

莊孫氏（莊九如妻。乾隆四十六年，百歲，建坊。）

朱王氏（朱尚年妻。乾隆四十八年，百歲，建坊。）

方祖氏（方元標妻。乾隆五十四年，百歲，建坊。）

周聶氏（周良臣妻。乾隆六十年，九十九歲。）

盧鄧氏（盧應鑣妻。乾隆六十年，一百一歲，建坊。）

周劉氏（周象妻。年登百歲。）

眭陳氏（眭成璧妻。旌表節孝。道光年，百歲，建坊。一百三歲。）

吴張氏（吴遐齡妻。咸豐元年，一百八歲，建坊。壽一百十四歲。餘見“義烈”。）

冷（闕）氏（同治十二年，百歲。）

冷吴氏（冷皆春妻。光緒二年，百歲）

方馬氏（琛妻。光緒五年，百歲）

丹徒縣志卷三十六終

① “乾隆二十三年”，《嘉慶丹徒縣志》卷二十六《壽民》作“乾隆十二年”。

丹徒縣志卷三十七

人物十五　方技

方技叙

扁鵲、倉公之技，日者之名，見於司馬子長傳中。他如占卜、琴弈、百家、九流，咸有軼才精慮，震名一方。今摭拾前聞與今之最著者，彙而録之。志方技。

宋

張元珪，建炎間，任太醫院御監。高宗太子有痟疾，元珪藥之，愈。敕賜金蝦蟆一，并金帛、酒果，敕曰："朕置太醫院，儲奇藝以壽國脉，聚藥餌以拯疾厄。其任匪輕，非知運變權宜之士，其奚以堪爾？元珪業由世授，術貫天人，神功聖巧，悉皆備焉。可宜旌嘉，用彰不朽。太子久患痟疾，諸醫不瘥，未究其源。卿不雷同，深識標本，一藥而愈，安不移時。朕甚异之。"對以蝦蟆痟也。其賜金蝦蟆、金帛、酒果，以賚不次之功。欽哉！迄今六百載，後嗣世以醫著名。（《康熙志》。《嘉慶志》曰：張氏業幼科者，至今仍懸金蝦蟆於門，俗稱"張蝦蟆"云。）

孫守榮，一名高榮。世居富春，因自號富春子，後徙居京口。七歲，病瞽，遇异人授術，以音律推五數，播五行，萬物終始盛衰，一於音決之。周坦未第時，坐市肆，厲聲詬其僕，守榮揖，曰："狀元何怒也？"周不答，後果廷試第一。嘗寓廣陵，造者如市。有龔某者，偶過稠人中，伸一臂授之，守榮執其手，曰："龔朝奉别十年，何乃抵此？"衆皆驚嘆。蓋一揣其骨，終身不忘耳。或持金玉請辨其色，摩挲之，頃美惡立判，其神奇多類此。《宋史》有傳。（《康熙志》）

申先生，佚其名，并佚其時代，然屢見於李時珍《本草綱目》，每録其方，輒曰"鐵瓮城中申先生方"。蓋宋元間人，而精於醫者也。（增）

元

張守珪，字廷玉。其先滁陽人，居京口，世精醫術。泰定間，奉上潛邸金陵。天曆初，被召授從仕郎、典瑞院都事，累遷徵仕郎、太醫院判，文林郎、同知太醫院事。今正議大夫、太醫院使。①

明

馮淵，字濟川，儀真人，避地京口。精於占筮。洪武初，浙省賫白金解京，經郡境，

① 按：此則原缺，據《至順鎮江志》卷十九補。

爲盜劫。明太祖震怒，捕甚急。府衛官巾服待罪詣淵，請卜。淵示所得易繇，曰："犬吠月，滿地血，二十八人扶棺來，便是此時節。"使捕者伏京峴山松林中以俟。夜半，月色滿江村，犬皆吠。俄聞山巔有哭聲。時盛暑，林町乘夜凉染絳色帛。聞哭，意爲竊葬人也，急趨户避凶煞。偶觸染器覆地，赤水横流如血。邏卒往視，其舁棺者果二十八人，遂悉就擒。斧其棺，白金見。所著有《海底眼索隱》。顧少聖有詩贈云："賣卜生涯薄，輕身遠市朝。欲歸盤谷隱，不受小山招。"(《康熙志》)

孫怡，字文順。精象數之學。(《康熙志》)

錢宗嗣，以醫名。被選供奉内局，擢官爲御醫。(李東陽作傳)

錢原濬，字彦深，號愈庵。積書數千卷，手録其精要，點校而讀之，有得則標題於上。旁通醫術。著《集善方》三十六卷。(《康熙志》)

錢寶，字文善，原濬曾孫，號復齋。詩多藻思，工小楷、行書。精於醫，拯危濟困，恒孜孜焉。所著有《醫案》《運氣説》《復齋集》。子組，號屋舟，以行義自飭，楊文襄甚器重之。(《康熙志》)

何嬪，字仁源，以醫名。遇人病，雖貧賤，務盡心診視，不屑屑計財利。何氏自宋防禦使曰公務者，謝官隱鎮江市藥，孝宗乃官其子曰柱太醫院使。歷六世，生元洛陽尹曰水，復謝官隱鎮江市藥。水有孫曰淵，字彦澄，詔徵入京師，以醫事三朝，咸膺殊眷。嬪其六世孫也，紹述家學。著《傷寒全生集》，梓行。年近八十，無疾卒。子孫多以醫名世。(《康熙志》)

何應璧，字繼充，淵七世孫。性穎悟，醫學數千卷書，任取一叩之，無不穿貫本末。貧者病，濟之藥，更助以資。是時鎮江醫甚盛，何氏爲最。病者服諸醫藥不愈，持質應璧，少損益，輒立愈。人未病，早决其生死。生平孝友，與兄應奎無异産，視兄子如子。兄子金礪，字元石，太學生，亦以醫著。(《康熙志》) 潤有何繼充，遂令城内外無餘舍，水次無餘塢，老少婦女無餘閑，輿無停晷①，手無停批，口無停答，殆駸駸在世醫王、山中宰相矣。繼充診人不活，泪蘇蘇自落。(張大復《梅花草堂集》)

團禾，字濟川，精於醫。遠近抱沉疴不起者，日叩扉求治，户外屨常滿，活人以千萬計。子一鳳，字紹川；諸子一魁，字繼川，并繼其業。一鳳官太醫院院判，其後玉成，字如春；鑑，字萬春，世以醫名。一麟、玉鉉、錦皆諸生，俱以文行著。(《康熙志》)

蔡永烈，字君揚。幼習儒，不得志，遂弃去，習岐黄術。學成，乃矢願濟世。凡奇疴危病，經療治，無不頓起。其於傷寒一證，尤得秘傳。六十餘載，所生活者無算。初不計藥值之有無。年八十一，無疾而終。子嘉士，字伯遴，承父業，遠近稱之。(《康熙志》)

祁嗣籙，字肖虚，崇福觀道士。精醫學針砭。羽士韓平叔來京口，主於觀。嗣籙尊禮之，授以燒煉神術，却不受，因授以秘方。治癰疽諸异毒立效，决死生，百罔失一。近世醫治癰疽，多乘人危脅其財，遂以潰漫，往往致殺人。嗣籙既重人命，不利其財，

① 按：張大復《梅花草堂筆談》卷十三"醫王"條，於"輿無停晷"後尚有"爨無停薪"一句。

人多德之。年七十五，卒。門人周文炳，得其傳，以薦舉官太醫院院判。（《康熙志》）

國朝

陳應昌，字充彝。少爲諸生，薄制舉業。早弃去，從事天文、地理、律曆，旁及太乙、六壬、奇門諸書。崇禎中，徐相國光啓推定曆法，用勾股測望，主黄道緯度。應昌顧言法未悉合，參取劉基、郭守敬，一折衷於泰西利瑪竇。間以占候，罔不奇驗。吴相國甡將出師，應昌言：“輔臣出師，當不及敵而還。”已而果然。國朝，軍未渡河，輒數語人：“期某時渡河，某時且渡江。”歲乙酉四月，又言：“黑氣壓廣陵城，鎮江無憂。”居民出避兵者從指授，皆吉。應昌處城中，晏如也。居數年，卒。生平所著《天文地理圖説》《卦變論》《星辰躔次》《歲時占驗》《數學參同辨正》，凡若干卷，悉火去。巡撫都御史張國維聘修《三吴水利全書》，郡守以下往往師事焉。（《康熙志》。《嘉慶志》曰：應昌，异人也。然舊志列之“儒林”，似乎不類，今移冠國朝方技之首，正符舊志所謂“性情行誼，卓卓出乎技之先者”。今按：應昌所學皆從《易》出，頗合儒林，特吉凶讖緯不能免耳。其折衷利瑪竇，亦非確據。）

何飛，字德明。精幼科，診視如神。著《慈幼論》。①（《家乘》）

周應選，字子晉，號應夫。初業儒，不成，乃習醫。見俗醫所傳弗善，因心計曰：“醫繫生死，使徒抄掇方書，剿習聞見，一不當，即傷人，何足稱醫！”乃取古今名家所論著，研求考核，上自軒岐，下迄近代王、李諸家，靡不得其旨要，於凡五運、六氣之理，寒熱、温凉、燥濕之宜，情欲之感②，金石、草木、牛溲、馬勃之性，皆貫通焉，而後自任爲醫。於是人以患苦求治者，無不應手愈，名遂遠出郡中諸醫上。治人不計所獲，雖傭夫販婦，不持一錢而至者，爲之按脉劑藥，必誠必謹，未嘗有纖毫厭倦心，以是四方之有疾者，咸願得其醫治。其後年老，遭順治己亥之亂，憂鬱喪明，然猶不辭診視，命弟子書方畀藥，無不輒愈，以是德之者彌衆。會有挾奇術至者，人争斂金錢爲之復明。子鎬，有聲庠序，詩名滿天下。諸名士多仰其善醫及有復明之异，争爲咏歌，以紀其事。（《家傳》）

何金琇，字秀玉，號崇源。邑諸生，有聲庠序，屢試不得志，遂弃舉子業，究心先世岐黄之學。方明宏、宣間③，有彦澄公以醫顯於朝，三楊先生皆折節敬禮。嗣是代有聞人。至明末，仁源、繼充兩公名益重，仁源即崇源之大父，而繼充其世父也。崇源盡發累世之藏書，精研於陰陽、表裏、虛實、補瀉之法，於是醫學大進。所至輒有奇效，四方延請者歲無虛日。又念藥物可以療病，非所以養生，日取《參同契》《悟真篇》諸書，詳證其奥

---

① 按：何時希《何氏八百年醫學》引《京江何氏家乘》云：“（何飛）易宇之孫。著有《慈幼論》行世，因以‘慈幼’名堂。宋咸淳四年戊辰生，元天曆二年己巳卒。”何飛所屬年代，俟考。

② 按：“情欲之感”，疑爲“情欲之惑”。孫思邈《攝養枕中方》“學仙雜忌”條：“夫習真者，都無情欲之惑、男女之想也。”

③ 按：“方明宏、宣間”，楊士奇《東里文集》卷十九《故太醫士何彦澄墓志銘》：“彦澄，諱淵，以字行，鎮江丹徒人。……疾數日，卒於北京，宣德七年三月六日也，享年六十有一。”故何淵當生於洪武五年（1372），卒於宣德七年（1432）。故此處之“宏”當爲“洪”。

義，復手定沖虚子《金丹直論》，往往有心悟獨得之解，爲前人所未發。平居静穆澹遠，喜慍不形，每言境過輒忘，胸中不留一物，蓋天資近道如此。（張玉書《崇源母舅像贊》）

鄔繼思，字沂公。隱於醫，工詩好客，四方之遺老名宿多樂就之。（《康熙志》）

何金珙，精於醫。康熙甲戌，奉特召入京。上念其老，命肩輿入大内，真异數也。時公卿皆折節。奉上諭，主於張文貞相國第。後奉旨，於南書房校讎諸醫書。事竣，賜人蔘、文綺、冠韈等物，馳驛歸里。（《家乘》）

景錫爵，字公言。善琴，知詩。初名蔣徑，字開三，京口駐防漢軍[①]。上官愛其才，拔至參領，乃復本姓。余京有《聽蔣開三彈塞上鴻》詩。子百里，亦善琴。知琴者高其派，以爲非時師所能云。（《嘉慶志》）

何游，金琇子，號澹庵。生而穎悟，過目不忘。念先世彦澄、仁源、繩源諸公皆以醫學著名朝野，慮家學之或墜也，苦志習醫。家藏醫書甚多，無不悉心考究。兼通内外針灸諸科，脉理醫方，别有神解。於是聲名大振，四方争延致之。凡經診視，立奏奇效。車轍馬迹，歷遍九省。性好施與，嘗屢致萬金而輒散之。邑中如育嬰、掩骸、施粥、修橋諸善舉，皆不辭勞費。嘗曰："醫家以空手取人之財，不用之於施與而安用耶?"舉郡大賓。著有《醫學折衷論》十卷、《何氏十三方注解》一卷、《醫案》四十卷。子修業，號學庵，克傳家學，聲名不亞於父。余京婿也，亦能詩。孫夢熊，號太占；夢鶴，號元素；夢釜，號冶成，皆以良醫著聞於時。（《嘉慶志》）

卞邠原，善弈，稱國手，與黄龍士[②]、范西坪諸君齊名。《弈悟》載其譜。（《嘉慶志》）

畢振，字佩鵬，號飛巖，邑諸生。以琴學世其家。子夢魁，字起徵，亦諸生，有聲庠序。於徽弦中獨得"手揮目送"之妙。邑中同時闕雪江、景百里、喜天來皆善雅操，相與討究琴派源流，貫徹諸譜，精析旋宫，詳辨正變。時通州有王坦者，善琴，一時推爲國手，過潤州，深服畢氏琴學。坦著有《琴旨》，振爲之序。振曾孫宏鑾，幼有目疾，以專心琴理，目乃復明。今畢氏子孫多知琴者。（《嘉慶志》）

毛志道，盲於目，精六壬，數有奇驗。有武弁問數，毛云："半載中，位二品。"逾數月，驟升總兵官。弁奇之，延至署，藏一物，令其射覆。毛云："此物甚奇，楮竹中有千軍萬馬之雄。"發之，乃聚頭扇畫陣圖也。著有《六壬經緯》行世，學六壬者奉爲指南。（《嘉慶志》）

闕雪江，善琴。家貧，而好客益甚，老猶不倦。作詩不多，然深通詩意。住唐頽山下，鮑臯贈詩云："唐頽山下客，七十未頽唐。"（《嘉慶志》）

阮世東，號東岑。善醫，復喜爲詩。其藥室曰半齋，步江、石帆諸詩人，每游憩焉。

---

① 按："京口駐防漢軍"，《嘉慶丹徒縣志》卷二十七《方技》於"京口駐防漢軍"後尚有一"也"字。故於此句讀。

② 按："士"，《嘉慶丹徒縣志》卷二十七《方技》作"四"。

(《嘉慶志》)

張花子，不知何處人。年五十餘，來京口，以弈棋爲事，不治生産，衣冠藍縷類乞兒，故俗稱曰花子。每弈棋，國手猶畏之，以爲其弈不用古法，往往出人意表。同時有陳扶蒼者，亦善弈，能與角勝。每弈，得錢百文，即不復取。卒時百餘歲矣，問其年，輒不應。或以爲有吐納之術云。(《嘉慶志》)

蔡克周，善醫，病者應手輒愈。子卜昌，世其業，有聲，早卒。(《嘉慶志》)

蔡時霖，名大紳，醫家多以字行。以子鵬貴，累贈資政大夫（見“封蔭”）。父遵五，深於醫理。時霖幼習父業，及長，名噪江之南北。揚郡人争以數十金一日延之，兼厚酬其輿從，猶不可得。每至溽暑疫癘時，以大箕盛諸藥，任意授之，無不效。邑中常設藥局，延諸醫家之有聲者入局診視，不取直。時霖一至，病人從之者輒擁擠傾仆，驅之不能開。時霖診脉給方，不逾時，盡滿所求。翌日詢之，多霍然起者，雖時霖亦不自知其所以然也。邑之言醫者，盛推何、蔡二家。何氏家訓云：“子孫擇其有上慧者令習醫，次乃業儒。”蔡氏亦然。自時霖子鵬以武進士起家，中武科第者甚盛。每鄉試榜發，輒有蔡氏名。然時霖三子堯春、四子荻邨，於醫道皆卓然有聲。諸孫未仕者，亦仍以醫著云。(《嘉慶志》）按：其先蔡永翰生嘉驥；嘉驥生希周，字念東，康熙間邑諸生；念東生遵五；遵五生時霖。凡五世，皆以醫名。

釋寂會，姓鄔氏，字心融，號嘯江，住焦山。少頗任俠，雖剃染，豪氣未除。中年乃折節，持戒律，以苦行聞。里人延主竹林方丈，寺儉於田産，所入不足供大衆十分之一。素善醫術，尤神於喉科，歲獲酬醫之資，率數百金以上，悉以供衆。有不贍，則稱貸而益之。今其弟子澄波，亦以喉醫著聲云。(《嘉慶志》)

談子昭，城北談家洲人。洲坍没，乃移居城内清風橋畔。以醫名，於橋上設立醫室。尤善醫濕毒諸證，有家傳秘方，熬膏帖患處，無不瘳者，以此名著一鄉。其裔孫德恩，字眷之，邑諸生，亦善醫，而懸壺橋室，猶用子昭舊號云。

丁崑源，其先駐防漢軍。家傳异方，治大風癩疾如神。漢軍奉裁後，崑源設醫室於城内黄佑橋南。遠近來就醫者日不暇給，訂方給藥，期以何時愈，無不應驗，以故其門如市。乃闢地治園亭樓閣，病者遠至，留主其家，約期而愈。乾嘉以來，子孫世習其業。咸豐間，宅毁於寇，其裔避居他處，仍多求藥者。寇平返里，人亦踵迹至。崑源舊號猶傳焉。

馮文耀，字漢章。性直心敏，初業儒，與錢佳楠、王夢樓相友善。年十八，喪父，又值伯父喪，又承重大母服，三喪并舉。時三弟皆幼，孀母在堂，家事日繁，未卒學業。文耀孝友兼至。年三十，游京師，爲胡公印渚記室，又爲程公沅幕賓。居心公正，與人無欺。最敬惜字紙，每出，必携一囊，積七十年不倦。爲先人卜葬地，尋師友讀地書，數十年始獲吉壤，故青烏一術至精。然不以此爲業，非至契不爲營度。有貧者無葬地，恒買吉地送之。同邑延之定窀穸，子孫多昌熾，如張錫庚之祖、楊棨之父皆所卜葬。錫庚父頡雲爲之撰傳。著有《地理摘要》四卷，藏於家。

李增，字根仙。幼業儒。父炌，以醫名，增遂習針灸法。凡奇疾，經手立效。貧家概不取直，診視之，約以日，屆期操豚蹄往，令病者飽食，然後施其技。家素豐，備藏方書，并著書數卷，病革時盡焚之。囊中所儲藥物，手自淆亂之，曰："毋令後人繼我業。恐其心不净，業不精，非濟人，實殺人耳。"弟子竊其方藥去，輒大噪於時。歿後，里中窮民率來送葬以千計，莫不隕涕。妻蔡氏除夕欠爽，增按切之，驚其脉絶，急呼家人，比至，妻已逝，其精驗如此。子鏐，仁厚如其父。孫藻，邑名諸生。子孫多擢巍科，至今未艾。

馮衢，字樽宜。有奇技，凡癰疽發背，視近瘡左右上下，以針挑去一物，如米粒，色緑，其患自消。毒重者，數日亦愈。其次女得其傳，女適鮑之鏞，常有婦女就之醫。惜蚤亡，失傳。

王之政，字獻廷，號九峰。祖籍開沙，居月湖。性穎善悟，復好讀書，於岐黄家獨得精藴，生死吉凶，一診立辨。初游揚州，名即著。有顯貴延視女病，不知其在室也，斷爲孕，且言必男。少頃，已剖腹出胎，來示，大驚。耳遂聾，名益震。嘉慶中，奉徵召，以重聽辭免。一時南來名宦如費淳、鐵保、陶澍諸公，皆樂與之交，聘訪叠至，翰墨往來，名噪海内。終身無暇著作，門人各私集其方，爲《九峰脈案》，奉爲圭臬，不絶於今。其從學者甚衆，如虞克昌、李文榮、蔣寶素、朱致五輩卓然一時，皆出門下。有小門生李欣園，私淑其學，尤得真傳。

武聲譽，字實符。善琴。學精於琴者，每止能數十曲，惟譽能撫百餘曲。其絶技所至，曰《霹靂引》。同時好琴者，惟曹秋潭（見"文苑"）嘗欲受其秘傳。而武方客外，既歸，曹已病篤。武急携琴往問，爲彈《霹靂引》一曲。曹於呻吟中領領之，旋易簀。武摔琴，大哭而去。

郭鏡我，弈法冠數省。游湖北十餘年，好手咸服之。

錢貢南，善弈。同里及近省一時無兩，稱國手焉。

李崑瑜，以弈名。游數省，無對手者，惟同邑錢貢南、通州李湛園能與角勝。（按：李與郭、錢皆道光間人，同時又有李之父竹生、郭之弟歲貢生文錦、諸生顔士企、企從弟士喬、嚴國樞、戴檽及李弟子何勖庵，皆遜國手一子，可謂盛矣。檽年七十，擇名譜數十局，彙爲一編，曰《弈貫》，日探討之，嘗以不易、交易、變易之理論弈，謂："虚實中更有虚實，向背中更有向背，先後中更有先後。"益深於弈矣。）

莊培五，以醫世其家，居駱駝嶺上。爲人謙厚，不與俗醫争名利，信而延診者，服其方輒效。子玉堂，善承家學，未弱冠即著名一鄉。後避寇昭陽，名益著。以宅毁於寇，未及歸而卒。

馮瑞，字錫五，太學生。性謙謹，有内心。精於勾股算法，嘗以此授徒。工貨殖，明於虚實相生之理，人弃我取，億則屢中，家由是日隆。又善畫，魚鳥鰕蟹尤工。

任仲英，以瘍醫名。熟於經穴脉絡，能默繪銅人圖，按之《靈樞》《難經》，無一錯者。膏丹必手自虔製，遇貧病診視，給藥不受值，名著江南北。醫室一小廬，設鎮芳橋上，贈匾額者以百計，無地懸置，乃彙而縮書，總爲一額。年七十餘卒。子介亭，諸生，兼内科。守之數年，寇至而毁。仲英醫法止傳一徒，曰楊宇春（見"孝友"）。寇退後，宇春建其故室，送入恤嫠會，采租增費。已則出租，業醫其中，不數年，卒。

何佳琪，字子玗（或作“璵”），歲貢生，鄉賢佳玟季弟也。幼敦敏好古，善仿唐人書，尤精醫理。能闡傳家學，顧不業醫，知而延診者亦不輕諾，諾即往診。診脉必四無人聲，屏息細切，數移晷刻乃罷。吉則書方，不則却去，無一失者。其給方，每約至翌日乃就。蓋性情沉摯，不肯輕率如此。然議論縱横，動中病隱，他醫輒不能道，以故沉疴痼疾争往就之。嘗習静養功，早晚運氣有常度，功未畢，人不能造見也。老而益健，面顔如童。咸豐間，避寇邑東鄉，一旦，無疾坐而逝，年八十七。

趙風子，大港鎮人。神於望氣，占宅多奇驗。人以其出語近狂，稱爲風子。道光間，來城内，或寓城外，造屋營墓之家争延致之。嘗主袁氏雜貨肆樓，居匝月，忽移往他所，語人曰：“屏鳳街前，火將作矣。”不數日，果大火，焚袁肆及鄰屋多家。又嘗閑步縣學前，登清風橋，忽悼嘆曰：“下河上河，橋東橋西，煞好屋宇，惜皆爲白地。”聞之者引爲笑談。顧未十年，而粤匪踞城，縣學及民屋全毁，果應其言。

李文榮，字冠仙，諸生。好讀青囊書，得其精粹。從月湖王九峰游，得其治法，以醫名數十年，遠近傳之。

蔣寶素（詳見“文苑”），亦游於王九峰之門，得其醫案。

道士徐體微（見“書畫”），善琴，精通數十曲，指法幽静。居玉皇閣，坐一室，好琴者往聽，惟隔户傾賞之。

道士袁清甫（見“書畫”），琴學於揚州建塔寺僧問樵。問樵常往來焦山，琴弟子甚衆，清甫指法獨得其妙。《墨林今話》云：道光初，吴中琴會甚盛，師弟之名最著焉。

道士張道溥，住萬壽宫。習静煉功，琴學精粹，句挑剔捺，古趣泠然。迄今觀中猶有傳其法者。

道士蔣蓴湖（詳“忠義”），住銀山關帝廟。善琴，與徐體微相頡頏。

釋覺虚，住象山洞。琴學名一時。亦能詩，顧鶴慶、楊鑄引爲方外交。

何振鏞，字韻宣。精天文、句股、積算之學。雖業賈，手不釋卷，法又白示以梅氏叢書，不數月，悉通其藴。惜弱冠遂卒。其族人佳玟及戴明經澧，皆爲立傳作哀辭。

何志新，字勖庵。善圍棋，邑稱國手。

韓琮，字季方，歲貢。精醫學，往往起人沉痼。顧不業於此，以授學自給，學者多所成就。

馮瑀，字石卿，太學生。年十四喪父，善事孀母。精《易》，工奇門，其卜多奇中。赤手興創成家，凡所經營，皆先卜定。著有《卜筮要旨》四卷。

趙榦，字又宜，號柘山，諸生。好醫學及堪輿術，究兩家群籍，大有心得，著《三因簡妙方》及《青烏法》數卷，用於世，輒有效。晚好道，日行坐功。喜梵經，手録持誦。一日，入鄉相地，夢佛呼之，遂無疾而卒，年五十七。

丹徒縣志卷三十七終

丹徒縣志卷三十八

人物十六　列女一　宮闈　賢孝　才藝

列女叙

范氏志“列女”，不專録節烈，後世病之。徒邑舊志表章懿媺，皆足以煒管彤、隆世典。而柏舟之操，古所希覯。今則繩樞單婦，咸耻更適，甚或捐軀明志，未嫁守貞，遭時不辰，甘蹈鋒刃。我朝重旌門之典，禮教修明，所由盛歟！今踵舊志而增補之，闡揚不憚其詳。其無事迹可載者，概著爲表。志列女。

按：《康熙志》“列女”僅一卷，故以時代先後爲序，不復區别。《嘉慶志》厘爲三卷。今則人數益多，而道光、咸豐、同治三朝以殉難死者尤衆。此次纂修略仿《嘉慶志》之例而變通之。以“宫闈”“賢孝”“才藝”爲一卷；次“節烈”“貞烈”“義烈”爲一卷，“義烈表”一卷，表惟列道光以來，傳則通録前代；次“節婦”“貞女”爲傳一卷，表三卷，表始國朝，傳亦通録。

又按：婦人從夫，氏必繫姓，若《春秋》之書“杞伯姬”“鄫季姬”之類是也。舊志“列女”皆不繫姓，於法未合，且檢閱亦多未便，今悉正之。

宫闈

宋（南朝）

武敬臧皇后，諱愛親，東莞人也。父儁，郡功曹。后適武帝，生會稽宣長公主興弟。帝以儉正率下，后恭謹不違。義熙四年，殂於東城，追贈豫章公夫人，還葬丹徒。帝遺詔留葬建業。於是備法駕迎梓宫，祔葬初寧陵。儁子燾、熹，并自有傳。（《南史·后妃傳》。按：《徐邈傳》云：邈少與鄉人臧燾齊名，邈家在京口。則后爲丹徒僑寄無疑。《嘉慶志》原注、後注并同。）

會稽長公主，高祖長女，徐湛之父逵之尚焉①。公主身居長嫡，爲太祖所禮，家事大小，必咨而後行。西征謝晦，使公主留止臺内，總攝六宫。每有不得意，輒號哭，上甚憚之。初，高祖微時，貧陋過甚，嘗自新洲伐荻，有衲布衫襖等衣，皆敬皇后手自作，武帝既貴，以此衣付公主，曰：“後世若有驕奢不節者，可以此衣示之。”湛之爲彭城王義宣所愛，及得罪，事連湛之，太祖大怒，將致大辟。公主即日入宫，既見太祖，因號

① 按：“逵之”，《南史》卷十五《徐逵之傳》：“逵之尚武帝長女會稽宣長公主，爲彭城、沛二郡太守。”《宋書》卷五十《胡藩傳》亦作“徐逵之”。

哭下床，不復施臣妾禮。以錦囊盛高祖衲衣，擲地以示上曰："汝家本貧賤，此是吾母爲汝父作此衲衣。今日有一頓飽食，便欲殘害我兒子。"上亦號哭。湛之由此得全。(《宋書·徐湛之傳》)

唐

憲宗孝明皇后鄭氏，丹陽人，或言本爾朱氏。元和初，李錡反，有相者言后當生天子。錡聞，納爲侍人。錡誅，没入掖廷，侍懿安后。憲宗幸之，生宣宗。宣宗爲光王，后爲王太妃。即位，尊爲皇太后。太后不肯别處，故帝奉養大明宫，朝夕躬省候焉。懿宗立，尊后爲太皇太后。咸通三年，帝奉后宴三殿，命翰林學士侍立結綺樓下。六年崩，移仗西内，上謚册，葬景陵旁園。(《新唐書·后妃傳》。原注：按：爾時以潤州爲丹陽郡。裴廷裕《東觀奏記》云：太后，潤州人。是也。)

明

吴太后，景帝母也。宣宗爲太子時，選入宫。宣德三年，封賢妃。景帝即位，尊爲皇太后。英宗復辟，稱宣廟賢妃。成化中，薨。(《明史·后妃傳》)后爲都督彦明之女①。(《王弇州史料》)

樊順妃，錦衣衛百户禮之女，宣德丁未，選入宫。莊重謙謹，爲宫中所敬。天順丁丑，册爲順妃。成化六年，薨。(《明實録》)（以上見《嘉慶志》）

王莊妃，邑人。幼讀書，性穎慧，能詩。祖甲，以估輸官幣，挈居金陵。嘉靖初，選入宫，未得幸，賦詩自嘆，有"風吹金鎖夜聲多"之句。上覽其詩，憐之，召當御，有寵，册爲貴妃，主仁壽宫事。孝烈皇后崩，椒寢虚位，上意屬妃，擬册立。陶仲文求賂不得，風上以特尊毋庸敵體，事遂寢，然寵幸冠後宫。年未三十，薨。妃性恭儉，戒子侄毋效戚畹驕侈。謚曰莊妃。妃有弟四人：繼、繡、繒、繪。以妃貴，得一人籍錦衣衛官，其家以繒名進，上易"曾"之上爲"人"，曰："何不繪也?"繪遂得補宿衛，繒尋卒。(《康熙志》)

賢孝

（《嘉慶志》云："賢孝"内有完節守貞已邀旌典，或合例待旌者皆歸"完節""守貞"傳中，此不更載。今循其例，惟止以賢孝旌者録於篇中。又凡因寇而死之孝婦、貞女，俱見"義烈"傳表中，此篇亦不復出。）

晉

劉任氏，惔母。惔少清遠，有標奇，與母寓居京口。家貧，織芒屩以爲養。雖蓽門陋巷，宴如也②。人未之識，惟王導深契之③。後稍知名，論者比之袁羊。惔喜，還告其

---

① 按："都督彦明之女"，《嘉慶丹徒縣志》卷二十八《列女》作"都督彦名之女"，應是。傅維麟《明書》卷二十："進稱后吴氏，直隸丹徒人，吴彦名女。"

② 按："宴如"，《晉書》卷七十五《劉惔傳》、《嘉慶丹徒縣志》卷二十八《列女》皆作"晏如"。

③ 按："深契之"，《晉書》卷七十五《劉惔傳》、《嘉慶丹徒縣志》卷二十八《列女》皆作"深器之"。

母。其母，聰明婦人也，謂之曰："此非汝比，勿受之。"又有方之范汪者。惔復喜，母又不聽。及惔年德轉升，論者遂比之荀粲。(《晉書·劉惔傳》)(以下俱見《嘉慶志》)

孟周氏，昶妻；昶弟顗妻，又其從妹也。二家并豐財産。初，桓玄嘗推重昶，而劉邁毁之。昶知，深自惋失。及劉裕將建義，與昶定謀，昶欲盡散財物以供軍糧，其妻非常婦人，可語以大事，乃謂之曰："劉邁毁我於桓公，便是一生淪陷，決當作賊。卿幸可早爾離絶，脱得富貴，相迎不晚也。"周氏曰："君父母在堂，欲建非常之謀，豈婦人所敢諫阻！事之不成，當於奚官中奉養大家，義無歸志也。"昶愴然久之而起。周氏追昶坐，云："觀君舉厝，非謀及婦人者，不過欲得財物耳。"時其所生女在抱，推而示之曰："此而可賣，亦當不惜，况資財乎！"遂傾資産以給之，而托以他用。及事之將舉，周氏謂顗妻云："昨一夢殊不好，門内宜浣濯沐浴以除之，且不宜赤色，我當悉取作七日藏厭。"顗妻信之，所有絳色者悉斂以付焉。昶遂得數十人被服，赫然悉周氏所出，而家人不之知也。(《晉書·列女傳》)

何劉氏，無忌母，征虜將軍劉建女也。少有志節。弟牢之爲桓玄所害，劉氏每銜之，常思報復。及無忌與劉裕謀，而劉氏察其舉厝有异，喜而不言。會無忌夜於屏風裏制檄文，劉氏潜以器覆燭，徐登梯於屏風上窺之。既知，泣而撫之曰："我不如東海吕母明矣！既孤其誠，常恐壽促。汝能如此，吾仇耻雪矣。"因問其同謀，知事在裕，彌喜，乃説桓玄必敗、義師必成之理以勸勉之。後果如其言。(《晉書·列女傳》)

宋(南朝)

劉江氏，穆之妻。穆之少時，家貧誕節，嗜酒食，不修拘檢。好向妻兄家乞食，多見辱，不以爲耻。其妻江嗣女，甚明識，每禁不令往江氏。後有慶會，屬令勿來。穆之猶往，食畢，求檳榔，江氏兄弟戲之曰："檳榔消食，君乃常飢，何忽須此?"妻復截髮市餚饌，爲其兄弟以餉穆之，自是不對穆之梳沐。及穆之爲丹陽尹，將召妻兄弟，妻泣而稽顙以致謝。穆之曰："本不匿怨，無所致憂。"及至醉，穆之乃令厨人以金柈貯檳榔一斛以進之。(《南史·劉穆之傳》)

唐

權李氏，權公夫人。明德茂行，光於閨門。有子德輿，七歲而孤。夫人茹未亡之哀，躬徙宅之教。德輿十五文章知名，二十典秘書。貞元二年，以廷評尉攝監察御史，爲江西從事。夫人從子南征，寓於鍾陵。以四年秋七月某辰，寢疾而終。(梁肅《權公夫人李氏墓志》)

宋

范張氏，如山夫人。家鉅鹿，稟資孝敬。姑趙夫人，皇叔士經女，夫人事之惟謹，嘗得囊珠於地，謹視之，伺亡珠者久不獲。一旦，有姥持帛以售，夫人察其貌悴而色憂，問之，曰："嘗鬻珠而遺之，爲主所訟，名在有司未釋也。"夫人問遺珠之日、珠之多寡、囊之形色，皆合，即以還之，姥驚喜泣拜而去。如山歲晚居貧而好客，客至輒飭家人趣治具，無則典衣繼之，須盡乃白。夫人敬以承命，未嘗以匱告。二子炎、剱，長俾從師授經，每鬻裝具以給束脩，與其子言，必舉似當時長者①，使知敬慕。卒，年九十一。（劉宰《范如山行述》）

明

靳范氏，瑜妻。事姑謹甚。久弗育，爲瑜置媵，瑜義弗内，竟遣之。未幾得貴。貴進士及第，迎養於官。性好義，所施棺具無慮數十計。偶弗適，聞貴有所賙恤，輒爲加餐。年八十有八。（《康熙志》。《嘉慶志》注云：李東陽《靳瑜墓志》。又云：靳母賢孝最著，明邵寶爲作《樛木頌》，李東陽作《朝母》《乳姑》二行，近鮑皋亦有《後乳姑行》。）

劉徐氏，大樹村劉松妻。晨起，虎入室，舉家驚走，搏犬，犬斃，將及姑，徐年未及笄，持鋼叉刺虎，中目，血淋漓，負痛奔走，姑得免。沈明臣作歌紀其事。（《康熙志》。《嘉慶志》注云：詩見《明詩綜》。國朝道光十一年彙旌。）

談茅氏，宗勝妻。無子而疾篤，謀爲宗勝置媵。媒謦真州曹倉使女賢，慮不可屈，茅命以繼室禮娶之。曹歸，談見，茅紿曰："嫂也。"曹奉湯藥無倦。繼見宗勝，探茅兩手胗視，背責之，宗勝以實告，曹大驚，執妾御禮伏拜床下。茅亦起拜，請罪相遜，久之，竟以姊妹行稱。茅病尋愈，逾年，曹生子恩。以曾孫自省貴，贈宗勝通奉大夫，兩氏并贈夫人。初，茅之父某有弟不相能，感女與曹事，遂相和協，嘗語人曰："使我兄弟式好者，吾女也。"（《康熙志》）

張周氏，祚繼妻，宋益國公必大裔女。前妻戈氏女不馴，氏慈愛撫字，衣飾資妝過於所生，久之，女亦感悟。姑病篤，祚適遠游，氏親調湯藥，身不安席者月餘，身後各事，盡心盡禮，不以累夫二弟。祚歸，率二弟謝之，氏曰："人子事親，恨無力可報。設無二弟，不自爲乎？"嘉靖三年，卒。（《嘉慶志》入國朝，據《雷張氏家乘》改正。道光十一年彙旌。）

張詹氏，芾妻。年十七歸張，事舅姑克盡婦道。芾嫂忌刻，氏與相處十年，未嘗少變顔色，每言："人能以禮自處，又能以禮處人，何人不可同處？"年二十七卒，人咸稱其淑慎，而深惜其年之不永焉。（據《雷張氏家傳》補）

張胡氏，松妻。事翁姑以孝聞，敬夫如賓。年三十不育，肫肫勸夫納妾，夫不從，自托媒妁，卒納焉。常對人曰："夫無子，己之不幸也。後悔無及矣。"然妾亦無出。（同上）

張程氏，以旌妻。家貧，勤女工以佐甘旨。冬月嚴寒，足僵指裂，弗輟也。身無完衣，而姑及兩叔、小姑供給不缺，且不使姑聞。姑病，晝奉湯藥，夜則宿姑幄外。時當暑月，不避蚊爇。鄉里咸稱其孝。（同上）

① 按："當時"，劉宰《漫塘集》卷三十四《故公安范大夫及夫人張氏行述》、《嘉慶丹徒縣志》卷二十八《列女》皆作"當世"。

凡明代未旌者，均於國朝光緒三年彙旌。

國朝（我朝旌揚盛典，凡在康熙二十二年以後者，俱依《嘉慶志》補入。其在嘉慶以後，及原志列名未旌者，俱依《節孝祠譜》及現請各案補入。）

陳張氏，孚極妻。性孝謹，孚極繼叔氏，後張調劑兩姑之間，和好無間。愛庶女如己出，并迎養庶女翁姑數載，時論美之。（《康熙志》。按：氏本附見原志"隱逸"條，今移於此。光緒三年彙旌。）

吕莊氏，諸生南吕妻。于歸未一月，翁病劇，氏割股肉食之，旬日平服如故，里人以爲孝感所致。（《康熙志》）道光十一年彙旌。

李胡氏，光禄寺典簿中莽繼妻。中莽没，資女紅給朝夕；不給，則市胡餅，人食一二枚①。寄籍江都，戒兩子勿與富家兒游。年七十二，卒，遺斷針滿篋。子道南，成進士，作《斷針吟》。光緒三年彙旌。（以下見《嘉慶志》）

李蔣氏，名顯妻。夫卒，值歲旱，紡績供翁及繼姑甘旨，以糠屑、樹皮自食。姑病足，扶持不避污穢。小姑出室，乏奩具，悉所有與之。姑年八十餘歿，氏終身茹素，以報姑恩。乾隆四年旌。

張魏氏，知興山縣光裕妻。光裕弱冠赴禮部試，值歲祲，氏百計供甘旨，藏麥屑和米秕自餍。姑小不如意，氏悚懼立窗外風雪中，色霽乃已。姑嘗患癰，口吮患處，親調湯藥，晝夜不寢，蟣虱緣衣領間。病劇，叩禱北辰，血流漬石，已而香烟凝結，紫色如電，見白衣人入室，姑病遂瘳。乾隆五年得旌。子潮普，以解元成進士，官名山知縣。（據馮錫宸《節孝傳略》增改）

馮張氏，知黄安縣爲榕繼妻。前妻吴氏卒，時子志熙甫三歲，祖母韓親育之，氏廟見後，請曰："何可以是累姑?"即自爲撫育，教養備至，見者不辨其爲後母也。事韓至孝，韓年七十餘頓攖風疾，勢甚危急。氏方患病，呻吟床褥間，聞之瞿然，扶婢强起，血書禱天，願以身代，湯藥親嘗，飲饌親調，衣不解帶。三年如一日，積勞竟先姑卒，臨終猶呼姑不置。乾隆六年旌。志熙由諸生官湖南寶慶通判。孫垂範，以鄉舉官八寨同知。（原注：《續府志》。按：此傳亦據馮錫宸《節孝傳略》增改。錫宸，乾隆丁未進士，即張之曾孫也。）

談古氏，會英妻。善事孀姑，并迎養孀母，甘旨無缺，撫孤成立。談先世三代皆守節邀旌典②。（見"完節表"）乾隆八年，氏亦以賢孝得旌。

臧徐氏，錫能妻。姑病篤，刲股以進，遂愈。

解趙氏，卓仁（名基超）妻。歸解時，奩資本厚，解有叔祖母朱孀老無養，父命卓仁嗣之，氏盡出其所有勤心奉事，兼事本生姑戴。戴病亟，刲股肉，食之而愈。後卓仁

① 按："則市胡餅，人食 二枚"，《嘉慶丹徒縣志》卷二十八《列女》作"則日市餅，人食一二枚"。

② 按："談先世三代"，《嘉慶丹徒縣志》卷二十八《列女》作"古先世三代"。本志卷四十二"完節表"上載有"談童氏"，下云："三代俱乾隆五年旌。"

卒，家益貧，氏藉針黹爲仰事計，常至達旦，絶無怨言。朱老病，卧床褥不起，氏晝夜侍疾，不避污穢。朱壽至九十餘，皆氏力也。

顧吴氏，黟縣教諭岡妻。夫殁，子宣光稍長，紹鼎、麟仁俱幼，氏勤儉以教之。姑馮年登九十，奉養無倦。宣光，諸生；紹鼎、麟仁并鄉舉。氏年亦九十餘。

曹左氏（“左”，一作“張”），典籍豐側室。嫡遺女三，育如己出。姑壽九十六，氏扶持奉養，不離姑之床席者數十年。豐殁，時孤宏詞方十歲，撫之成立，入邑庠，就職千戎。氏年八十一卒。

嚴林氏，右咸妻。家貧，十指養姑。姑病，親嘗湯藥，衣不解帶者數年。以善教子孫。年登九十。

楊黄氏，開平典史向榮妻，丹徒縣丞黄大有之女也。姑蕭苦節，病篤時，刲股進之而愈。其在室時，亦嘗刲股以療大有之病焉。

殷孔氏，瓚妻。事姑蔡孝，姑病七載，晝夜奉養不懈。撫夫之弱弟成立，族中孀孤無依者，多收恤於家。子芳，諸生；荃，丁酉副榜；荀，監生。

談錢氏，允謙妻。（志列“列女”末，未録事迹。按：此即“才藝”傳中之錢敬淑也。《節孝譜》列於“賢孝”，今從之。）

以上八氏均於道光十一年彙旌。

周胡氏，諸生本妻。本遘危疾，氏刲臂療之，遂瘳。本素貧窶，績學授徒，賴氏勤苦操作以佐之。年近七十，猶紡績不倦。乾隆乙未卒。（以上并見《嘉慶志》）

周張氏，應圖側室。應圖本便家子，孔頎多病，不習家人生産事。應圖欲廣其嗣，多置媵妾，然皆無出。應圖卒，族中無賴子咸乘機漁獵之。既而，應圖之妻與子婦相繼喪，孫經纔十齡，綱甫七月，外無禦侮之人，内乏主持之婦，群小益肆，訛言日聞。諸妾知勢不支，悉引身去。張獨撫兩孤，流涕曰：“周氏一脉危殆若是，忍聽其爲魚爲肉乎?”於是悉以管鑰付諸涎者，而泣請全孤。涎者既饜所欲，乃推張主家政焉。時際鼎革，土寇四起，張托經於舅家，負綱走數十里外。同時避兵婦人恐兒啼爲累，咸弃之池，因以勸張，張不忍，群唾之去。張彷徨林薄間，數日不食，卒以得全。後更遭海寇之變，舊廬煨燼，僦居廢屋中，不蔽風雨，冬無絮衾，日或一食，未嘗有怨言。紡績相資，撫經及綱，皆成名士。壽九十餘而終。（《家乘》）

張孫氏，時妻。年三十三，時卒，家徒壁立，遺孤幼稚。爲人紉綴，自夕達旦，以爲仰事俯育之資。冬月指裂血出，弗輟也。翁姑春秋高，頤養豐腆，撫諸孤皆成立。年八十九卒。（同上）

以上三氏均於光緒三年彙旌。

周夏氏，廩監生夏楨之姑。于歸有期，夫得狂疾，婚夕不能成禮。既而病轉劇，氏曲事之。及夫卒，氏年已三十六，猶處子也。距四十年，邑有采訪節孝之舉（道光十一年）。或欲爲氏請，氏聞遽止之，曰：“此朝廷旌揚巨典，余年例不符，敢私改以爲欺蒙乎?”言者嘆息而去。（張崇蘭《悔廬文鈔》。按：氏未爲請旌，從其志也。）

陳姚氏，諸生鴻論妻。年十二喪母，三日不食。于歸有日，遇父喪，固俟終制。歸陳時，翁姑俱歿，繼姑程氏堅貞守志。（傳見“完節”）氏奉之如母，先意承志，曲盡孝道，四十年如一日。常鎮揚通道黄鉞題額，旌之曰“璇閨純孝”。（以下見《節孝祠譜》）

朱殷氏，增生元士妻。事翁姑盡孝，姑弱行且無齒，氏負之出入，躬親乳哺，終其天年。

朱楊氏，其庚妻。歸朱逾月，夫即外貿。氏紡績助養，疾侍湯藥，衣不解帶。

以上三氏均於道光十一年彙旌。

馮魏氏，垂法側室。年二十，宅火，救姑，焚死。道光三十年彙旌。

朱詹氏，正延妻。幼喜讀書，純謹而孝。既于歸，事舅姑如事父母，舅姑病，日夜侍湯藥，勞竭心力，至於失血，弗恤也。既而舅姑繼歿，氏終身茹素，以資冥福。同治三年旌。（以下新增）

戴李氏，廪監生澤妻。澤家貧，外館。氏以富室女代盡子職，克全孝道，久暫如一。姑疾，躬親湯藥，夙夜無寐，凡四閱月無倦。姑病革，執氏手謂曰：“吾無以報汝，惟祝汝异日得婦亦賢如汝耳。”俄而，澤亦繼卒，遺孤纔四齡，賴氏撫教成人。同治三年旌。

道戴氏，封員常勝妻。善事翁姑，克盡婦道。姑病，割臂療之。後年餘，姑歿，事繼姑如前姑。繼姑復歿，遺子女俱幼，氏盡心撫養，俾至成立。咸豐九年，常勝病，氏復割臂煎湯以進。五十二歲卒。同治十二年，與于婦孝女戴氏同旌。

顔楊氏，五河訓導于絃孫婦，文童錫麟之妻。幼以孝聞。歸顔後，克盡婦道，親族賢之。年三十四，錫麟卒，遺孤男女六人，氏操井臼，勤針黹，下育子女，上奉孀姑。姑老多病，意偶不適，輒悉心調護，晝夜罔懈，終其天年。光緒元年彙旌。

馮錢氏，監生春繼妻。于歸年餘，值姑蔡氏病，晝夜侍奉，不解襟裾者四十餘日。道光壬寅，英寇犯境，氏勸夫奉姑出城外。俄而城閉，氏遂獨守廬屋。及城陷，財物一無所戀，惟密保《馮氏家乘》及遺像，匿複壁中。寇退猶弗知，夫歸乃出。既值歲暮，姑憂乏用，氏潛解中衣質錢奉之。生一子而卒。

吴史氏，賡揚妻，鄉舉麗生母也。家貧，事姑至孝。姑年逾八旬，病嗝，飲食必咽而復吐，家人惡食其餘，氏每對姑餕之悉盡。蓋姑意欲人代爲惜福，氏重違其意也。賡揚卒於外，慮姑傷心，吞聲飲泣，於他處設位以祭，不使姑聞，復命麗生時作僞書以詒老人近況。終姑之世，竟不知賡揚之已卒也。

吴袁氏，必誠妻。勤儉孝慈，夙稱賢淑。咸豐間，遭粤寇之亂，其子潤生失館，無以爲養，族某負其責，索，弗與，將訟之，氏曰：“餓死命也，豈容爾訟！况錢財細故，宗族一本，訟則傷和，尤非吾所願聞。”其族之賢者聞之，嘆曰：“吾家固有此賢婦哉！”饋五十千以助薪水。同治乙丑，氏病劇，醫者議用珍藥，氏謂潤生曰：“吾家欠某項，貧未能償，吾嘗疚心。今我乃服珍藥，縱得活，亦無以對人，况未必乎！”年五十九，卒。

柳袁氏，臯發妻。事姑以孝聞。咸豐間，避寇東鄉，臯發失業，不能養母。氏晝夜勤女紅以供之，求姑所嗜而進之，自與夫食糜粥，且食必背姑，恐姑見之而傷情也。如是者數年不怠云。

尹張氏，名蓮姑，夫名未詳。嘗割股療翁疾，并以針黹助夫供養。

眭田氏，監生秉衡妻。蔡陳氏，長清妻。張柳氏，履中妻。并割股療翁疾。

朱殷氏，三陽妻。蔡卞氏，長春妻。并割股療姑疾。

錢林氏，金元妻。孝事翁姑。三十一歲，卒。

以上十一氏均於光緒三年彙旌。

包嚴氏，廩生包祖同妻。割臂療夫疾。光緒五年旌。

殷趙氏，斯羽妻。翁峻盱病篤，斯羽適客外，氏刲股肉進之，家人不知也。越三日，氏子厚庵又刲肉進之，病遂已。乾隆癸卯年事，儀徵阮太傅元爲作《割股詞》。

范湯氏，春煦妻。事翁姑以孝聞。姑有疾危篤，氏刲股療之而愈。

孫解氏，邑南鄉東湖頭農民明星妻。翁起富早卒，氏奉事孀姑康氏極其誠敬。年三十餘，夫歿，遺兩幼孤，家止瘠田八畝，氏耕耨自苦，不累姑勞。每飯必先視姑食，然後食。夏凊冬温，數十年不倦。時值兵燹，姑年近九旬，氏負之以行，乞米於塗，或得粗糲，必嚼以哺。鄰村數十皆以氏之所以事姑者相勉勵。姑壽至九十六乃終，而氏現年亦七十二矣。二子俱學藝，娶婦生孫，亦敦孝弟。鄉民欲爲醵金建坊，以爲來者勸，而先以其行白之當事焉。

張李氏，諸生森妻。以孝謹得翁姑歡。姑病八載，奉侍湯藥，常至夜分，姑命寢乃退，仍默侍户外，聞呻吟轉側聲輒復入，按摩進飲，俟姑熟寐，然後寢，由是得寒嗽疾。姑卒，侍衰翁尤謹，凡口體之奉，莫不先意承志，俾無所苦。翁性褊急，意稍不適，遽加呵譴，氏引過自責，怡然順受。夫弟稚弱，亦賴氏撫成。教二子心存、保泰，并爲諸生。

以上四氏亦於光緒三年彙旌。

顧戴氏，道光甲午鄉舉、山西即補知縣彭庚妻，兵部員外郎敦敏、記名同知敦和、户部主事敦義之母，以子貴，累封夫人。年十三歸顧。家貧甚，井臼浣濯，悉躬親之。彭庚館於外，氏嚴課諸子四子書，悉親爲句讀。彭庚早世，敦敏等以甲科先後任京秩，夫人就養京師。自奉甚儉，而性好周急，寒施衣，病施藥，死施棺木，歲以爲常。值故鄉遭粵寇之亂，親族有求，無不勉應，不足則質貸以繼之。諸子每爲置饌，輒止之，曰："吾茹苦有年，安之若素，今豈頓易初轍。况南中被寇，家鄉困乏者多，省一金即可濟人一月之食，忍優以自奉乎？"年六十六，卒。（按：戴氏已封夫人，無庸再請旌表。）

顔李氏，郡增生士修妻，已旌顔楊氏之姑也。年二十四歸顔，善事翁姑，曲盡孝道。姑歿，夫教館在外，氏養衰翁，始終不怠。七十八歲，卒。

王黄氏，育嬰洲從九品殿邦妻，割股療姑。

以上二氏均於光緒五年彙題。

右賢婦。

明

殷金姑，孝子士望之女弟也。家被盜，縛其母，欲箠之。女哀號請代，盜曰："孝女也。"兩釋之。嘉靖間，與士望同受旌，額其盧曰"麟鳳"。(《康熙志》)

國朝

張何氏，監生與（或作"譽"）可妻，知湖州府何金城女。幼讀書，輒多通曉。金城謫官，病外署，女夙夜侍藥餌不懈，及病篤，割股爲糜以進，不及食，卒。女哀毁廢食，日就羸弱。歸與可未二載，亦卒，時年二十。(《康熙志》)

王氏女，母某氏，生子女各三，病將死，夫年未四十，慮繼母虐，囑勿再娶，夫諾之。及卒，女誓不嫁以養父。父年七十餘卒，兩兄嫂及弟與弟婦相繼歿，女以針黹撫其孤。年八十乃卒。(以下見《嘉慶志》)

張曹氏，譽星妻，江陰祭酒曹某之女。年十五，父病篤，嚙左臂肉以進，竟愈。年七十卒。

譚小姑，母病肢痿，女年十六，誓不適人，勤身養母。母年八十六卒，時小姑年已四十餘。又三十年，乃卒，年七十一。

冷氏女，父九强，諸生，病歿，子、婦繼喪。女年方笄，誓不適人，以孝事母，撫兄幼子文坦爲諸生。年五十七卒，知府黄某表其墓曰"元閨貞淑"。

黄氏女，父益庵病篤，刲股以進，遂愈。再病，誓奉長齋，晝夜侍奉，不避穢濁。年長不肯議婚，勤心養父。父歿斂畢，墜樓殉死，以救免。

蘭香，失其本姓，朱明倫家婢也。明倫卒，其妻黄氏年十八，撫孤守節。蘭香時年十五，感於其義，自誓不嫁，遂爲母女奉侍終身。

陳氏女，父名聚生。(《節孝祠譜》原注云：縣志事略未詳。按：此女與前談允謙妻錢氏俱見《嘉慶志》二十九卷"節孝"末，今依《節孝祠譜》移於此卷。)

以上八氏均於道光十一年彙旌。

潘氏女，本徐振義女，嗣潘王氏爲女。王氏苦節，女矢志孝養，誓不適人。六十歲卒。(以下見《節孝祠譜》)

包元洛女、胡嘉楷女、謝承志女、楊國炳女，并孝養守貞。

以上五氏均於道光十一年彙旌。

朱淑鋭女、朱師孟女、丁元萬女、冷啓宗女、包右昆長女、次女，并孝養守貞。

以上六氏均於道光三十年彙旌。

楊五姑，監生楊芬女。父故，乏人事母，矢志不嫁，躬親孝養。母故，事叔母亦如之。歷三十八年，乃卒。同治二（縣册作"五"）年旌。(以下新增)

許顧氏，兵部員外郎顧敦敏女。隨宦京邸，順志承歡，服勞罔懈。敦敏病劇，割腕肉和藥以進，竟不起。後適一甲二名進士、廣西思恩府知府許其光。同治九年，由廣西巡撫奏准旌表。

嚴氏女，浙江嵊縣知縣嚴思忠女。盜夜入署，殺思忠及其妾於寢，女聞思忠呼叱聲，急起救援，婢媪止之不可，遂同遇害。事聞，以孝女賜旌，浙人爲立孝女祠。事在同治九年。（按：思忠之死，屢經訊讞，不得其由，盗止一人，以顛疾正法。）

包瑾姑，字玉亭，包履端之女也。守貞事父，歷數十年，勤操女紅以供甘旨。嘗賦詩見志，有句云："性比松梅潔，身同瑜瑾貞。"邑人顧復祖爲之立傳。

監生姚璜女四姑、丁一正女八姑、吴永高女二姑、吴萬貴女三姑、周鉞女大姑、錢加元女、梅文泰女、沈學禮女，并孝養守貞。

以上九氏均於同治十年彙旌。

道戴氏，六品銜浙江試用從九傳學妻。事翁姑以孝聞。咸豐八年歸省，適母氏病劇，醫藥罔效，氏割臂肉和藥以進，母病遂瘥。年二十四，卒。同治十二年，與姑戴氏同以賢孝得旌。

包二姑，祥賓（《譜》作"彬"，誤）女。年二十時，以母蔣氏多病，躬親侍養，不肯適人。及母卒，而姑已四十餘矣。家人欲爲議婚，姑曰："吾年已若是，豈復可咏標梅者？且父母雖亡，遺容宛在。吾依弟兄以居，奉以終身可耳。"年六十三，卒。

桂英，陳以豐義女。三歲收養，失其本姓。長而至孝，義父母有疾，女衣不解帶，目不交睫，湯藥必親調以進。及義父母殁，立志不嫁，撫以豐之孫，以報親恩。四十五歲，卒。

解氏女，父開朗早卒，事母至孝。母善病，竭力事奉，嘗割股以療之。年十六，卒。

陳啓鳳女大、三姑、陳廣聚女二姑、茅元凱女三姑，并孝養守貞。

以上七氏均於光緒元年彙旌。

韓氏女，乾隆甲戌進士韓慎女也。事親至孝，母病，割左臂肉爲糜以進。後適揚州刑部郎中徐玉舉，以賢淑聞。（見《揚州府志》）

鮑嚴氏，嚴建周女，監生之鏞繼妻，鄉舉迴之母也。在室時，嘗刲臂以療父疾。及適鮑，撫諸孤及所生子俱成名，孫、曾多列膠庠，皆氏義方之教也。性嚴重，能容物，遇倉卒事，鎮定如恒。時盛夏，雖處幽，絺綌必表。同堂子婦有争物産者，如數與之，而自賃居鄰屋。叔姑翟氏病痿，長年卧床褥，氏奉之如姑。其後，年近九旬，夜須護侍，孫上功獨任服勞，左右扶持，歲常不寐，以慈孫而報賢婦，人咸謂天道之不爽也。子遴繼妻李氏亦嘗兩刲臂以療父太初病云。

許戴氏，寶綸妻。母氏葉撫孤守節，姓氏列"完節表"中。初，氏兄麟昭以税課大使需次浙江，咸豐十年，杭城失守，外王父福建葉香士昆弟俱在杭嘉湖道任所殉難。葉哀毁成疾，參术無功，瀕危者再，氏兩刲臂肉愈之，逾十年，乃卒。

包張氏，鄉舉昌祺妻，知潯州府張灝之女孫也。母氏葉與孝女許戴氏爲從母姊妹。咸豐十年，避寇鹽城，葉聞母家變故，五内崩摧，沉痾不起。氏念五齡失怙，未報母恩，自請於神，願以身代，亦割臂愈之。

張四姑，本王氏女。生數月而父母俱亡，張佑之妻王氏育爲己女，左右就養，不啻所生。道光某年，王氏病篤，姑刲臂肉進之而愈，家人不知也。他日，王詰女左手何以長垂，笑而不對，迫視之，乃得其情。後適夏景韶。

李氏女，父李江，住南閘江，病，女年十六，割股肉和藥療之。後適嚴佑申，值粤寇之亂，變奩具以奉舅姑，戚黨稱孝。

趙桂英，阜寧訓導趙克昌女。事父至孝，父疾，侍奉湯藥，晝夜不倦。病篤，避人刲股和藥進之。父歿，哀毁逾常，數月而卒，時年十九。

柳二姑，鄉舉柳渤次女。渤年六十一，病劇，女避人割臂肉和湯藥以進，渤飲訖，喉間喀喀作響，家人驚恐，謂將不諱。已而，忽蘇。又十二年，乃卒，卒之月日，即前飲藥而愈之月日也。

戴吴氏，吴縣一甲三名進士、翰林院編修吴廷珍女，適吾邑戴三錫之孫朗爲繼室。方在室時，母吕氏病危篤，醫藥無效。氏年十三，夜禱竈神，以厨刀截左手第五指，煎湯灌之，病遂漸愈。于歸後，吕復病，氏聞，請歸安，又截左手第四指，如前飲之，亦愈。（子名熙艾）

胡大姑，職員胡清若女。母病失明，矢志不嫁，奉養終身。

董氏女，父以德，監生，早殁。母氏多病，女矢志不嫁，勤針黹以供養，撫弱弟成立。年三十三，卒。

朱氏女，幼年喪母，兄弟繼喪。女立志不嫁，勤女紅以事父。喪葬皆出十指，現年五十五歲。

百總葛錦春女、駱如金女五姑、梅氏女，并孝養守貞。

庠生柳濬女，適張；唐寅齋女，適張；武聲永女，適嚴。并刲臂療父疾。

監生郭中吉女，適武；眭秉鑰女，適朱；蔣鳳林女，適臧；丁天楨女，適田；魚汾女；魏力儀女。并刲股臂肉療母疾，而眭女且嘗糞焉。

焦郭氏，監生郭文林女。女無弟兄，事父母盡孝。年四十，卒。

以上二十六氏均於光緒三年彙旌。

朱福姑，辛豐朱鳳儀女。年十三，父母俱喪。姑以弟幼，自願守貞以鞠育之。裙布釵荆，身不逾閾，里巷罕有識其面者。蠶績所餘，分惠貧乏。年五十一，卒。

王大姑，丹徒鎮王長福之長女也。母張善病，女百計調護之。張年四十，疾大作，醫藥罔效，女涕泣矢天，請以身代。其弟有章夢神人告之曰："汝姊事親甚孝，帝鑒其誠，增汝母壽十載。"後至五十，疾果再作，覺心焦，甚思得潤藥救之。女即割臂雜藥以進，服之稱快，越日，再割再進，而定數竟難挽矣。後適滕世慶，事姑亦以孝稱。

以上二氏亦於光緒三年彙旌。

張三姑，廪監生張振文女。孝養守貞，光緒五年彙題。

附録：

方氏女，莆田人，明禮部儀制司方瀾女①。瀾卒於京師，女年十四，無他兄弟，與叔父扶櫬歸。渡揚子江，中流舟覆櫬浮。女時居别舟，皇遽呼救，風濤汹涌，人莫敢前。女仰天大哭，赴水死。經三日，尸浮，傍父櫬，同泊南岸。(《嘉慶志》引《明史·列女傳》)我朝道光十一年，里人爲之請旌。

流寓：

朱貞女，泰興刁家鋪人。母氏早殁，兄弟繼殤，隨父鳳山流寓京口。父卒，貧不能舉喪，女自出券鬻於李永臨家爲使女，得價若干，盡以供喪葬費。歲時祭掃不懈。既長，李氏將嫁之，女力却，曰："吾，李家人也，奚適乎?"當時目爲貞孝。光緒三年，邑人爲之請旌。

右孝女。

才藝（按：《嘉慶志》於"列女"内别出"才藝"一門，以文學爲主，而附入宋梁夫人一條，云："能文能武，皆謂之才。"今本其例，凡一藝成名者，皆備録之，亦不没人善之微意爾。又按：舊志此卷本在"列女"末，今以"節烈""守貞"諸卷各有表傳，此卷未便攙入，故移於此，非重才而輕德也。）

宋（南朝）

何徐氏，承天母，徐廣姊也。聰明博學。承天五歲失怙，幼漸義訓，儒史百家，莫不該覽。(《嘉慶志》引《宋書·何承天傳》。原列"賢孝"，今移於此。)

梁

徐劉氏，悱妻，劉孝綽之妹也。孝綽三妹并有才學，悱妻文尤清拔，所謂"劉家三娘"（原作"劉三妹"）者也。悱爲晉安郡，卒，喪還建業，妻爲祭文，辭甚凄愴。父勉本欲爲哀辭，及見此文，乃閣筆。(《嘉慶志》引《南史·劉孝綽傳》)有詩一卷，傳於世，至今猶稱誦焉。(《康熙志》)

宋

韓梁氏，世忠妻。世忠邀擊金兵於江中，接戰凡數十合，氏親執桴鼓，敵終不得濟，俘獲甚衆，虜兀术之婿龍虎大王。(據《紫陽綱目》修改。餘見"紀聞"。)

國朝

錢敬淑，字師令。(見《明詩綜》)江寧人，丹徒文學談允謙妻，偕隱城西小九華山之陽。允謙著述終老，氏檢書燒燭，多所裨益。山居倡和極多，世不盡傳，有句云："夕陽新别路，芳草古離情。"人咸誦之。(以下見《嘉慶志》)

秦芷，字端容，詩人冷士嵋妻。工詩，士嵋自記云："余内子殁六載矣。一日，夢中

---

① 按："禮部儀制司"，《明史》卷三百二《列女傳》作"儀制郎中"，《嘉慶丹徒縣志》卷二十八《列女》亦是。

忽傍余拂琴問詩，如居恒時事。蓋當此衰年，寥落誰與爲歡？得伴琴書，固余萊婦，可謂生亡一知己矣。”

何樊氏，舉人如樞繼妻。能文工詩。前妻子樹萼爲諸生，已有文名。時有大吏觀風，兼命詩賦題，樹萼擢第一，大吏褒其文，并褒詩賦，詩賦皆樊作也。

陳蕊珠，徵士鮑皋妻。八九歲，能誦父書，久之，通經傳、《文選》，尤工詩。年十五失母，日傭針黹，得錢市糕糜，撫弟妹，夜則左右挾之以寢，人皆賢之。及歸皋，皋嘗客於外，陳孝事孀姑，兼撫幼叔。手持刀尺，授二子詩書，暇則詮定皋詩草。今世傳《海門初集》，陳編校居多。長子之鍾以詩賦應召試擢第一，成進士，由中書歷部曹。嘗迎陳就養京邸，居一載，念姑不置，因中秋對月，焚香賦詩，遂歸。三女之蘭、之蕙、之芬皆善吟咏，倡和成集，題曰《課選樓合稿》。陳以之鍾貴，封恭人。

鮑徵君長女之蘭，字畹芳。年十四，與兄之鍾中秋坐月，有句云：“若非今夜月，虚度一年秋。”爲時傳誦。后適太學生何澧。著有《起雲閣吟稿》。次之蕙，字茝香，爲司馬張鉉室。才調相匹，閨中唱和，詩裒然成集。王侍讀文治評其詩云：“律細於之鍾，骨重神清，情深意鍊。”當時才人，如袁太史枚、法祭酒式善諸君皆極推許。著《清娱閣吟稿》。次之芬，字浣雲。尤聰慧，嘗賦《簾鈎》四律，一時傳爲名作。後歸徐刺史彬。侍讀王君爲其兄杵臼交，時已致仕，因之芬歸安，請見，屢通請謁，竟不許。女史駱佩香頗與名士唱酬，欲與聯盟，亦婉却之。蓋徐固以聖賢自期，而芬亦以婦德自重者也。著《葯纕吟稿》《海天萍寄吟稿》《三秀齋詞稿》，三稿并行於世。（增）

趙性成，字南廬，恩貢錢于璋妻，進士知貴定縣爲光母也。慈祥好施，博通經史，喜爲詩歌。爲光兼得母教。

顧端士，程潤妻。好讀《毛詩》《楚辭》，詩宗韋縠《才調集》。早寡，守志四十年。年七十一卒。著有《寄樓集》若干卷。

周素貞，諸生周本女（母胡氏，見“賢孝”傳），文童鮑瑚室，知海陽縣文逵之母。幼聰慧，凡四子書、《毛詩》《曲禮》、詩、古文、詞皆能口誦。文逵爲遺腹子，氏矢志撫孤，經書皆口授。教女弟子以自給。孝事翁姑，喪葬盡禮。布衣蔬食四十餘年，無怨色。生平所爲詩秘不示人，弃世後，文逵始檢《傳經閣遺稿》，梓以問世。女淑，亦能詩。（張學仁《京江耆舊集》）

季淑，字圭明。知書，善畫山水，筆墨圓潤，頗似明人，尤近王端淑。父某，京江武人，緣事落魄吴門。淑慨然願以身償公私負，還其父於鄉里。乃歸盛澤潘壽彭爲側室①，未二年而殁。潘裝潢遺墨，述其顛末，一時題咏者甚衆。（《墨林今話》）

王瓊，字碧雲，晚號愛蘭老人，金絲堂啓事周維延室，翠屏洲詩人王豫之女弟也。幼即能詩，與兄齊名。年十五，賦《掃徑》詩，有“我正有心呼婢掃，那知風過爲吹開”之句，太史袁枚采入《隨園詩話》，且特過豫訪瓊，瓊以爲非禮，竟不之見。性貞

① 按：“潘壽彭”，蔣寶齡《墨林今話》卷八作“潘壽朋”，當是。

静而敦厚，多讀經史、儒先書，與諸女士交，詩筒遍天下。著有《愛蘭》《名媛詩話》等集行世。（詳見“書目”）一時名流、操選政者并采其詩及其論說。年八十卒。（《周氏家乘》）

蔣尺玉，鐵琴蔣璋女。璋以畫名一時。（見《畫苑》）尺玉能得其意，所作仙佛神像、珍禽奇獸之屬，亦見重於世云。（以下新增）

王玳梁，字玉燕，夢樓王文治女①，諸生左蘭成之室②。善花卉，寫生設色，明净秀雅可法。其妹桂蟾，字緑雲，蘭竹花鳥，亦清雅有則。適顧姓。

馮楊氏，漢章妻，拔貢生楊棨姑也。善女紅，工吟咏。事孀姑以孝聞，相夫教子，著有賢聲。自題其詩，曰《蘭香集》。

殷月樓，字篘仙，殷斯美女。幼工古今體詩，并精制藝。適儒里朱鴻遠，孝事舅姑，恪修内職。詩雖夙好，不常作也。道光丙午，壽且六十，其子婿請而梓之，爲《吟香閣詩鈔》二卷，思巧而不傷於纖，態濃而不流於俗，閲者有以識其性情之正焉。

張友書，字静宜，諸生張壬女，歲貢生張崇蘭之女弟也。母殷氏固能詩，故氏幼時即工吟咏。長適拔貢生陳宗起，善事孀姑，諸姒推美。宗起早卒，氏撫孤守節，教子克劬成孝廉。避寇海安，女弟子從學者凡數十人。著有《工餘吟草》《越吟草》《海鷗吟草》詩詞集各三卷，行世。

張紉蘭，字步澤，一字畹香，友書胞妹，諸生茅度遠之繼室也。幼即能詩，集若干卷，因亂遺失，邑人於故紙中獲其一卷，卷中有《題羅浮仙影》一絶云：“仿佛江南春曉天，疏花瘦石總堪憐。看花人在寒香裏，知是瑶峰第幾仙。”羅浮仙影者，紉蘭之假照也。初，市有鬻仕女圖者，題曰“羅浮仙影”，爲浙江某生手筆，度遠見之，訝而酬值焉。歸以相較，眉目精神，無不曲肖。親族識其面者，莫不嘆寫照之工，但微怪其服飾之不類，及聞其故，而始釋然。詩云云，蓋推美圖中人而不欲以之自况也。

曹雪芬，字梅卿。祖曹鏞，以鄉舉歷官山西、浙東縣令，爲政有聲。父曹瀛，邑諸生。雪芬少而好學，能讀《漢書》及諸史，工詩善書，書仿率更體，間作楹帖，或小楷摺叠扇以贈大家名媛，然不可輕得。性至孝，父病劇，嚙左臂腕肉，截方寸許，和藥進之。既而父没，哀毁骨立，逾年，創始合。後適胡培之孫玉清。嗜梅成癖，宅内有飛香閣，嘗手植梅數百株，環繞閣外，因自號曰月鋤。越十年，年二十有八，而玉清卒，家業復毁於火，生計日蹙，更遭時難。轉徙流離，清操自守。惟恃針黹以撫孤兒。初，玉清卒時，氏哭極慟，其母撫之曰：“兒不可不念老身。”輟泣而對曰：“母慮兒殉死耶？殉易，撫孤難，兒當爲其難者，母毋慮也。”今其子既成立，業醫有聲。著有《飛香閣詩集》《廿四史列女合傳》各若干卷，并毁於寇。其贈答諸女伴數篇，猶膾炙人口云。

---

① 按：“夢樓王文治女”，法式善《梧門詩話》卷十六：“蘭雪佳偶字蕙風，丹徒女史王玳梁玉燕爲寫《蘭蕙聯芳圖》。……玳梁乃夢樓太守女孫。”故此處稱其爲“王文治女”，誤。

② 按：左墉，字蘭城。袁枚《隨園詩話補遺》卷四：“京口左墉，字蘭城，年才弱冠，而風格清穩。”故“蘭成”當爲“蘭城”。

酈婉然，丹陽人，父諸生。幼習經史，能詩，通各家古篆，工繪事，荷花大幅，尤爲當時所珍。歸吾邑浙江候補縣丞錢藻廉，事翁以孝聞。著詩集四卷。

趙鄒氏，葆德妻，歲貢生增元長女。幼秉大母節孝嚴孺人教，讀經史諸書，深識大義，兼工詩。年十七歸趙，間一歲而葆德歿。食淡處貧，二十年如一日。其幽貞苦志，一皆寄之於詩。粵寇之亂，遇賊鄉間，投河盡節，遇救不死。終以驚悸，殘魂不能久支，閱一年，卒。著有《繡餘集》，待梓。

按："才藝"條內，凡屬節婦，已共列"完節表"中，繫傳於此，所以顯其才也。表內仍注明"傳見'才藝'"字樣，"完節"內不復重出。

賢孝續纂：

張唐氏，監生丹極妻。在室時，父附貢生唐賓疾亟，氏割左臂肉，煮糜以進，賓遂霍然。于歸後，奉承嗣姑，亦以賢孝稱。年五十五，卒。

汪氏女，割股療父恭安疾，後適張鵬極。

陳功常女，母曹氏少寡無子，女矢志守貞，孝養終身。

職員張潤生女四姑、陳金標女、陳金山女，并守貞孝養。

以上六氏均於光緒五年彙題。

丹徒縣志卷三十八終

丹徒縣志卷三十九

人物十七　列女二　節烈　貞烈　義烈

按：《嘉慶志》有"死烈"一篇，凡婦女之以烈死者，不分門類，以次列之。今自道光壬寅以來，婦女死於寇者，無慮數千百人，既成"義烈表"一卷，其間有應立傳者，復爲别出，而合舊志。諸以國難死者，自爲一篇，題曰"義烈"。其以殉夫及他故而烈死者，分别已嫁、未嫁，爲"節烈""貞烈"二篇。

節烈

國朝

胡陳氏，丹徒鎮覲龍妻。年二十餘，夫歿，鄰里以其年少，勸之改節，氏正色答之，然勸者益多，氏慮終不能遂志，乃告於翁姑曰："翁姑無養，新婦在，反重爲翁姑憂，不若從夫於地下耳。"翁姑亦不爲意。迨夜，姑聞其室有聲，甚异，頗訝之。將旦，起視，見户外横設一几，急呼之不應，排闥入，已自縊死矣。几蓋爲夫位而告之也。（以下《康熙志》。按：户外横几，蓋爲阻救者之路而設。）

殷王氏，鴻學妻。嫁未半載，鴻學卒。三年服除，聞有媒氏來議婚，氏夜半起，服嫁時衣自縊死。

陳夏氏，太初妻。于歸六載，而太初病劇，泣謂之曰："自汝爲吾家婦，備歷艱苦。吾之不夫甚矣。且又無子，吾歿後，汝當善擇所歸。"氏斂容對曰："醫者言君當愈，脱有不幸，妾將有以自處，不煩君慮也。"未幾，太初卒，氏盡鬻所有以葬。葬畢，即日閉門自縊死。

余趙氏，瓜洲人。年十四，歸吾邑余有德，居月觀下土神祠旁。事孀姑至孝。家故貧，夙夜勤女工以奉養之，弗少息。處一小屋，足不逾户閾。有德嗜酒，常與營丁晏游，一日，與母他適，營丁過之，見氏端整，乃恃强迫之。氏以厨刀自刎死，握刀指爪深陷入掌肉中，年二十有四。此康熙丙辰三月二十九日事也。姑歸，營丁乃逸，有德訴諸營官。官緣出征微勞，薄其罪，僅予鞭責。邑諸生二十餘人①公爲設祭，葬諸城南釜頂山側、大河之濱。

以上四氏均於道光十一年彙旌。

王尹氏，士宏妻。士宏嘗讀歸有光所著《歸烈婦傳》，擊節嘆賞，氏毅然曰："孰謂

① 按："邑諸生二十餘人"，《乾隆鎮江府志》卷四十一作"邑諸生數十人"。

古今人不相及哉?”閲五載，士宏卒，無子，氏請於族人爲夫立嗣，乃告於柩前曰：“君有子矣。”入夜，自縊死。人以爲真不愧歸烈婦云。乾隆三年旌。

范朱氏，進士紹淳妻。紹淳以法死，氏服冰腦，未死，服滷汁，死。有女在室，亦自縊死。(按：順治己亥，海寇鄭成功犯境，紳士中有被其脅降者。寇退，按治羅織多人。縣令某念其冤，削而投諸火。其以名上達者凡八十三家。自此至周王氏，皆以夫伏法而死烈者也。氏女自縊，據《節孝餘録》增入。)

徐范氏，來安教諭開妻。服金屑、飲滷汁死。

孫沈氏，舉人繼先妻。

盛魏氏，舉人士熊妻。并自縊死，魏，揚州人。

史王氏，諸生廷謨妻。投井死。

史道氏，廷謨弟今范妻。自縊、溺水皆不死，就逮至揚州，服金屑死。

吕吴氏，諸生太和妻。

沈某氏，鷟妻。并自縊死。

周高氏，諸生漣妻。逮至儀徵，仰藥死。(“漣”，本從玉。)

王余氏，諸生汲妻。將就逮，或議以婢代往，氏不從，拜别舅姑，自縊死。

尤何氏，諸生元豹妻。凡再墜井、再投繯、絶食、仰藥，六死皆不死，竟就逮，以髮自纏頸，從輿中墜地死。

周吴氏，諸生統妻。聞夫伏法，服金屑死。統父孔教、側室朱氏坐統事被逮，絶粒不死，自縊死。(統父以下，據《家乘》增入。)

程張氏，諸生復生妻。復生死，母林氏先自縊，張有娠，未即死，至宿遷，産一男，遂不食死。(以下《嘉慶志》引談允謙《闡幽録》。)

王胡氏，侍郎王驥側室。驥死，氏自縊，得救。逮至北，仰藥死。氏揚州人，能詩，爲《絶命詩》付其子，辭甚凄惋。

曹李氏，諸生珙妻。服毒死獄邸。

鄔張氏，惠州推官昕繼妻。

史張氏，諸生今琦妻。兩張故比鄰，同日至京師，同仰藥死。

沈氏、周氏、高氏，皆失其夫姓名，皆自縊死。

周王氏，束之妻。服金末死。(原注：《開沙志》。)

以上二十四氏内，惟沈某氏、周朱氏、程林氏，并范氏女及沈氏、周氏、高氏於光緒三年彙旌，餘十七氏均於道光三十年得旌。

胡華氏，嘉謀(《祠譜》作“謨”)妻。年二十四，夫歿，自縊死。乾隆元年得旌。(以下《嘉慶志》。按：《志》原文未詳，今據《節孝祠譜》補入。)

李鄔氏，諸生灼繼妻。年二十五，夫殁誓殉，因遺腹不死。生子紹基，爲諸生，又死，復以前妻子所生爲紹基後，又死，氏哭曰：“天再絶予。”遂自縊。乾隆二年旌。

解劉氏，堯傑妻。夫卒，自縊死。乾隆九年旌。

趙胡氏，思明妻。年二十四，夫殁，殮後五日，自縊死。乾隆二十五年旌。

丁沈氏，宜萬妻。夫卒，有將奪其志者，自知不敵，遂自縊死，年二十有一。去夫死時，甫三十六日。乾隆三十一年旌。

張刁氏，永敦妻，農家女也。力作田間，永敦服兄某調之，氏投水死，某伏法。乾隆四十二年旌。

殷唐氏，永通妻①。無子，夫納妾，氏獨居，工人某入犯之，疾呼奔逸。明日，自縊死，某抵罪。乾隆二十四年事，循例得旌。（《譜》云：乾隆六十年旌。）

郭張氏，崇鉞妻，畫家張小村②女。夫客死於蜀，聞訃第三日夜，縊死於姑之榻前，時年二十有四。無子。道光八年旌。

張朱氏，學武妻。夫殁，孤五歲。家貧，夫兄弟欲奪其節，哭拜夫墓，自縊死，年三十三，去夫殁二十日。事在康熙五十八年。

王葉氏，京口防禦守廉側室。王無子，正室妒氏生子。王卒，保護百計，竟殤。氏慟曰："無望矣！願埋骨主側以明志。"遂縊死，年二十二。

孫嚴氏，文彬妻。夫病瘵，氏知夫慮其年少，先縊死，後三日，文彬乃卒。

畢李氏，之湛妻。之湛以溺死，氏年二十，殮後數日③，亦自縊死。

朱邱氏，宏景妻。年二十九，夫死，殮逾日，亦自縊死④。

華李氏，祝妻。夫殁，投繯、絶粒皆未死，飲鹽汁死，時年二十五。乾隆二十年事。

金孟氏，安妻。年二十五，夫殁，求死，姑伴之宿，越五日，伺間縊死。

劉殷氏，從書妻。從書卒於京邸，氏北向哭拜，投井死。乾隆三十一年事。

朱殷氏，子鼒妻。年十八。

錢張氏，諸生爲松妻。年二十八。

何田氏，之葵妻。

倪李氏，運寵繼妻。年二十一。四氏并夫殁自縊。（按：《節孝祠譜》：李氏歸倪未及兩月，倪殁，葬有期，氏自縊死。）

程錢氏，一基妻。年二十五，守節事姑，撫异姓子爲嗣。或諷以他適，氏以死自誓。子長，頑不受教。氏念身無倚賴，恐親族終奪其志，遂自經死，年三十四。嘉慶元年事。

以上十三氏均於道光十一年彙旌。

張朱氏，繼林妻。事實未詳，嘉慶十二年旌。（以下《節孝祠譜》）

張眭氏，志書妻。夫殁，翁令改適，不從，自縊死。嘉慶二十三年旌。

蔣張氏，從芹妻。年二十三，夫殁自盡。道光三年旌。

---

① 按："永通妻"，《嘉慶丹徒縣志》卷二十八《列女》作"允通妻"。

② 按："張小村"，《嘉慶丹徒縣志》卷二十八《列女》作"張曉村"。本志卷三十四："張琪，號曉村。"故此處"小"當爲"曉"。

③ 按："殮後數日"，《嘉慶丹徒縣志》卷二十八《列女》作"殮夫後十五日"。

④ 按：《嘉慶丹徒縣志》卷二十八《列女》此條後有"乾隆十六年事"數字，可補入。

丁任氏，永恭妻。年十九，永恭病歿，氏絶粒十日死。道光六年旌。

趙馬氏，尚年妻，年二十三；周楊氏，捷飛妻，年二十六；吴王氏，繼堃妻，年二十一；王趙氏，紹坪妻，年二十三；王曹氏，樹庭妻，年二十二；陳許氏，榮邦妻，年二十三；楊徐氏，宏緒妻，年十九；何郜氏，蘭階妻，年二十七；殷孫氏，有才妻，年十九；戴王氏，世廣妻，年二十一；徐趙氏，恒炳妻，年二十七。凡十一氏，并夫歿自縊。

何張氏，應嘉妻，年二十四；何姜氏，如烺妻，年三十四；裴柳氏，璇玉妻，年二十一。凡三氏，并夫歿絶粒死。

夏孫氏，正芳妻。年二十三，夫歿仰藥死。

何趙氏，紹金妻。夫歿，視殮畢，投泮池水死。

以上十六氏均於道光十一年彙旌。

趙王氏，星彩妻。姑陸氏與鎮屏山道士潘致雲私，翁維興利其財，陰縱焉。致雲見氏少艾，謀并污之，陸以語氏，氏涕誓不從，陸怒，日肆凌虐。氏避居母家歷年餘，陸揆其必悔，乃迎歸，而潛伏致雲於氏卧榻之側。俟氏寢，突出犯之，氏狂呼力拒，致雲懼走。陸益怒，刺之以錐，掊擊無算。氏度不免，乃乘間閉户，沐浴更衣，衣凡三襲，皆密縫之，服生鴉片土立斃。陸詐以急病聞其母家，母家懦，雖訟諸官，未能定讞。會有調人，遂罷訟，殮氏尸。時道光十四年八月十九日也。江蘇臬司裕公謙廉知其事，密遣幹員捕諸罪人，按治如律，而爲氏請旌於朝，植碑墓，所以志顛末，坊建釜頂山下、大河之濱，與前此諸貞烈坊并峙。

張黄氏，燦恭妻；趙王氏，開陽妻；吴李氏，文藻妻；王吕氏，監生枝琪妻；王吕氏，志進妻；陳張氏，源盛妻；張夏氏，焴妻；賈朱氏，正瑞妻；巫吴氏，大都妻。九氏并夫歿自縊。

吴管氏，國禱妻，夫故仰藥死。

戴李氏，監生焯妻。年二十一，夫故自盡。

劉杜氏，其祥妻。年二十七，夫故投井死。

以上十二氏均於道光三十年彙旌。

陳劉氏，啓瑶（字星彩）妻。年十九，夫歿絶粒七日死。道光朝事。坊建九里街。（以下新增）

龔孫氏，龔家灣廣順妻。年三十，夫歿，鄉人逼嫁，誓死不從。狂風不息，氏自縊死。

段尹氏，仲禮妻。年二十四，夫歿，自縊死。

二氏均於同治十年彙旌。

朱殷氏，洪春妻。咸豐六年，夫歿，氏年二十七，當時殉節。

張徐氏，道元妻，太平洲人。同治七年，道元病歿，氏年二十六，當時殉節。

二氏均於同治十三年彙旌。

陳郭氏，西石城村儒童嘉瓚妻。年二十而嘉瓚卒。一子甫三歲，氏欲以身殉，翁姑知有遺腹，百計勸慰，乃已。復生一子，乳哺三年，能食粟矣，氏終自縊死。乾隆庚子事。

劉趙氏，長生妻。咸豐三年八月，夫殁，絶粒六日，復自縊死，年二十六。

何張氏，佾生懷曾妻。咸豐九年六月，夫殁，絶粒死，年二十七。

張萬氏，夢九妻。隨姑避寇瓜洲，夢九常居揚州外室。姑老目瞽，非人不行，氏竭力奉侍，不貽姑憂，鄰里咸稱賢孝。同治八年，夢九死於揚州，氏聞耗，哭奔其喪，百計營殮，葬事畢，遂赴水求死，鄰救之免，越數日，復自投大水瓮中溺死，年三十有二。

四氏均於光緒元年彙旌。

楊吴氏，徐州銅山縣人，吾邑職員楊夢杏家婢也。夢杏妻殁，遂納以爲妾。氏事夢杏惟謹，家人終歲無閑言。夢杏有戚居瓜洲，因移家就焉。越數年，夢杏殁，氏欲以身殉，家人防之綦嚴。其居近運河，先葬一日，竟投水死。家人順求其尸不得，復溯流覓，至東鄉小王家橋獲焉，年二十有二。事在道光甲申閏七月十九日。

尹賈氏，文禄妻。年二十七，夫殁，撫四歲孤，以事五旬孀姑，克盡婦道。閲二年，子夭，仍勉力事姑。後八年，爲夫弟文禧授室。是歲除日，氏拜姑曰："叔得賢婦，奉事有人，未亡人當自爲計矣。"姑以其言近妄，姑勸慰之。所居臨河，夜半竟投河死，年三十七。

王喬氏，候選守備鶴巢妻。幼聰慧，沉静寡言，授以詩輒解悟。于歸數載，鶴巢卒，既殮，氏作《絶命詞》置懷袖間，服毒死，年二十三。(《絶命詞》云："薄命如斯尚足論，眼枯那得泪珠痕。而今同入黄泉路，差免傷心哭斷魂。")

唐道氏，熙齡字緝庭妻。性婉淑，食貧無閑言。隨夫寓居維揚之僧道橋。年三十，熙齡病卒，氏哀痛無已，吞金以殉。族人及親友爲醵金歸葬。光緒元年事。

胡陳氏，庠生鳴先妻。年十八，夫殁，撞地死。

徐蕭氏，監生體和繼妻。年三十，夫殁，自縊死。

李楚氏，顯祖妻。年二十，夫殁，葬畢，自縊死。

蕭郁氏，庠生繼曾繼妻。年二十八，夫殁，慟極嘔血死。

王張氏，張平山女，適越河王生。生病，囑勿守，氏曰："何輕視我乎！"越年，生殁，氏墜樓死。

王朱氏，自强妻；殷王氏，宏學妻；談湯氏，象荃妻。三氏均見《節孝餘録》，事實皆失考。

以上十二氏并於光緒三年彙旌。

朱周氏，學宗妻。學宗居江洲，業醫自給，氏克勤内職，事翁姑以孝聞。生三女，無子。學宗卒，貧無殮具，氏典屋以葬，僦居祠中，紡織苦節。族叔某欲奪其志，氏午夜焚香告祖，服毒而死。(馮玉溪《城東草堂賸藁》)

殷李氏，開第妻。開第病亟，氏割臂療之。及殁，氏誓不欲生，家人見其臂創，延醫治之，氏慨然曰：“死一也，病死何如惡死？”遂絶粒而死，時年二十九。光緒三年九月二十七日事。

陳張氏，當江洲元盛妻，年二十二。

馮田氏，諫壁東洫溝里順裕妻，年二十四。

王許氏，世連妻，年二十一。凡三氏，并夫歿自縊。

朱殷氏，洪春妻。年二十四，夫歿誓殉，七日不食死。

以上六氏均於光緒五年彙題。

流寓：

龔謝氏，揚州之興化人。避水患，携女巧姐從夫龔行來鎮，居南閘口大河之濱，腐豆爲業。是時，城中外分屯戍卒盈萬，民間少年無賴糾合嬉游，憑藉放息。有江寧田五者，亦僦肆南城外，與龔所居相望，豔謝及女姿，數恣戲謔，謝嚴拒之，更匿其女。田伺龔出，乘醉逼犯謝，謝大驚呼救，田怒，仆之地而毆之，女急出救，乃捨謝而强女。女脱走，取械擊田，田忿忿而去。賂其黨何三，請代爲謀，因令樊某詐爲龔行息券，聚群不逞，過行索毆，鄰怵其威，莫敢過問。行訴之官，官弗辨券僞，竟笞行令償，且飭來日縶謝同候質。謝自痛故家子女横被侮辱，致夫無罪受笞，念非捐軀無以暴凶人惡狀，女亦慷慨請從死，相與哭，竟夜以敝赤帶繫臂，連袂投河以死。謝年三十四，女年十七，謝且有身，一時實殞三命。詰旦，隸來逮謝，鄰述其狀，行沿河大號，聲一發，雙尸涌水中立。復訴之官，乃并逮繫田、何。時康熙十七年戊午之夏日也。尸逾五日始殮，無纖微穢氣。邑薦紳自張九徵以及兩學諸生各爲詩文以奠，紛紛往來無虚日，長篇短簡粘河干屋壁累千章。巡撫都御史奏聞，田五立斬。有司給銀爲謝母女建坊，餘論如律。先二年，邑婦趙氏亦死於烈，紳士里民感其節，千餘人爲文肅祭，鼓吹白衣冠引柩，葬釜頂山下，觀者簇擁，閭巷礙不得行。經謝户外，謝偕女出觀，吁嗟嘆羡，重以爲榮，曰：“人生如是足矣。”及謝冤白，祭送者一如前時。兩墓累累與趙墓并列，而樹其坊表於墓前。(《康熙志》。按：冷士嵋有《龔烈婦傳》，實此傳之藍本。今小有點竄，據其本也。)

錢林氏，宛平人，之堂妻。之堂病篤，豫與氏訣①。翌日，户不啓，排闥入視，仰首仆地，刀猶在手。蓋之堂是夜死，氏自刎以殉也。時年十九。乾隆二十九年事。(《嘉慶志》引宋應麟《林烈婦傳》)道光十一年，邑人爲之請旌。

附録：

衛琴娘，天台人。嫁三月，爲寇所掠。毁容自保，歷吴渡淮，以計脱。至丹徒，不能行，懼辱，自死於甘露寺楊公祠内。留炭書數行并《絶命詩》於壁。(見“藝文”)順治三年十一月事。(《嘉慶志》)道光十一年，邑人爲之請旌。

① 按：“豫與氏訣”，《嘉慶丹徒縣志》卷二十八《列女》作“預與姑訣”。

貞烈

唐

鄭瓊羅，居丹徒。父母早亡，依於孀嫂。嫂歿，來揚子尋姨。夜至逆旅，市吏子王惟舉乘醉將逼辱。知不免，以領巾絞項自殺。（《嘉慶志》引段成式《酉陽雜俎》）

宋

竇氏女，父母俱亡，許嫁之人乃其家舊僕也。成婚之日，始識其人，女婉言拒之，遂投井死。郡守義之，立石釜頂山，表其隧道。（《康熙志》。《嘉慶志》云：見《咸淳府志》。①）

國朝

汪廣國女，許嫁監生程道翼。年十八，而道翼歿，女痛哭哀毁，勺水不納者三日。父母百端慰之。請爲尼而後食，不許。請守，許之，乃進薄糜。久之，見環防益嚴，知前日之許固非父母本意，於是多其薄糜，减其哭泣。父母私喜，防少疏，遂乘間自縊死。死後，足尚履地，兩手端拱，顔色一如生時，所着服飾皆程家聘物也。程母往哭之，目瞑復開，祝而撫之，乃瞑。女居平嚴重端慎，每聞節義事輒稱羡不已。引義堅决，其天性然也。合邑士夫競爲詩歌、傳誄以傳之，更上其事。康熙二十一年旌。（《康熙志》）

朱素姑，許嫁丹陽陳樹槐。樹槐卒，姑自經，母覺解之，復絶粒。防少懈，出聘物，妝束完好，竟縊死。陳迎柩合葬。雍正元年旌。（以下《嘉慶志》）

閻秀英，許嫁漢軍胡世桂。（《節孝祠譜》作“貴”）世桂卒，女自縊，母覺救解，復投井，井隘不得人。許他氏，已諏吉矣。乘間竟縊死。乾隆五十年旌。

李二姑，許嫁丹陽葉仁燮之子春先。（匡《傳》作“景先”）以仁孝聞。乾隆五十五年，仁燮携春先赴郡試，舟覆丹徒鎮，俱溺死。女聞，白母，欲奔喪，葉氏以女年少，堅不允。女遂不復言，夜仍篝燈刺綉，詰朝，饋之食，庋而置虚褚。衣裳簪珥嘗假於人及假人者，或索或還，一一料檢藏弆無遺。及昏，乃服毒，整衣而卧，度不可救，乃與家人作别語，噴血數升而卒，時年二十。事在乾隆五十五年。丹陽申請得旌。女父蔭芳，丹徒諸生。（據匡鼎《傳》修改）

趙焕姑，許嫁黄墟殷聖行。聖行讀書，病瘵死。女聞訃，自縊，時年十八。殷迎柩合葬。女死時，以麻紉草束體若絰，胸前皆指痕血迹。乾隆五十六年旌。

王氏女，許嫁諸生陳檀禕之弟陳檀裡。檀裡病卒，女往奔喪，視斂畢，陳不能留，遂歸母家，誓死不嫁。毁支體獨居，或食或否，三閲月乃死。

丁文彬，邑人丁大成女，寄居江陰。幼聰慧，未嘗讀書，其兄子自外塾歸，間以句

① 按：此條亦見於《至順鎮江志》，略有不同。姑録於此，可作對照。《至順鎮江志》卷十九《節義》：“竇氏女，丹徒人。父母俱亡，許嫁之人乃其家之舊僕，成婚之日，識其人。乃盡力事舅姑，三日，投井而死。郡人義之，爲立石建亭於釜鼎山之前。”

讀相解説，即識字，曉大義。康熙癸亥，年十九，受同邑徐祇先聘。數日祇先以暴疾卒，文彬聞訃，死而復蘇者再。手製麻衣，擬奔喪以殉，父母阻之。文彬勺水不入口，晝夜痛哭，聞者哀之。至二十日之夜，乘家人睡熟，遂自縊。懷中書數紙，皆"誓從地下"之語。别一紙，字重叠顛倒，不可讀，能辨者惟"忠臣不事二君，烈女不更二夫"兩語而已。徐氏請合葬。邑士夫多歌咏焉。（據《府志》修改）

顧氏女，許嫁徐州李鎰。鎰死時，女年十二。（四字據《節孝祠譜》增入）家人别爲議婚，女覺，自縊死。

余氏女，許嫁楊以時。以時卒，女不食死。楊迎柩合葬。

張紫姑，貧家女。鄰子犯之不可，竊其屨以求，女恚甚，絶粒五日，不死，自經死。郡守白其冤，某抵法。康熙五十七年事。

童氏女，許嫁真元弼。年二十一，而元弼卒。女過門守貞，事姑孝謹。姑憐之，爲議婚，女遂自縊。邑宰馮詠往驗，親爲下拜，具詳，旌以匾。雍正五年事。

楊桐姑①，許嫁解象傑。年十九，象傑卒，着麻鞋自縊。雍正八年事。解迎柩合葬，人稱爲鴛鴦冢。

閔氏女，少喪父母，依兄嫂。年二十外，許嫁嚴從聖。從聖貧且病，不能娶，客死溧陽。兄嫂知女烈，不以聞。既久，婉告之。絶粒十數日，死，年三十。乾隆元年事。

吴杏媛，許嫁趙鸞。鸞卒，父母允守，方進勺水。後知陰爲擇婿，復不食，死，時年十九。乾隆七年事。

陳秀英，許嫁楊望齡。年二十一，望齡卒，女請赴楊成服，父不許，墜樓頭裂足折而死。乾隆三十九年事。望齡，字元鎬。

朱氏女，父户，爲諸生。盗入室，攫金并掠女，將污之，不從。盗剸胸刳腹，弃蘆葦中去。其姊歸孫，亦苦節。

以上十一氏均於道光三十年彙旌。

周三姑，邑北鄉佛感洲周新榮女。幼靈敏端重。年十八，許連城洲陳明雙。越一年，明雙卒，是爲嘉慶之二十年。訃至，家人密不使知。姑窺伺得實，矢志以殉。一日，詭謂母曰："姊念母甚，盍往視之？"母去，又謂嫂當作炊，遂於床側雉經死。初，鄰有少寡而哭甚哀者，姑嘆曰："他日或不能守，徒悲耳，不如死也。"蓋其宅心固有异于尋常者。陳氏迎姑柩，葬諸北郭袁家門之對山。嘉慶二十一年旌，樹坊表於墓前。（《焦東志》）

鄭巧姐，父某，游手嗜博，母蔡爲人浣衣自給。年十九，居木杓巷。旗籍有無賴子，窺女美，借浣衣數過其家，多與之值。蔡喜告女，女默不應。已而，持酒脯遺蔡及女，温言慰貧。既去，蔡呼女共食，女不食，曰："是人何愛於吾家而饋問若是？無故受人之惠不祥。且其意非能恤貧也。盍反之？"蔡以其言迂，不聽。一日，女浴畢，立庭中，垣

---

① 按："楊桐姑"，《嘉慶丹徒縣志》卷二十八《列女》："楊氏女，名桐。"

壞無以蔽。無賴子見之，逾而入。女呼蔡，蔡至，已逾而出，轉詬女。蔡忿牽以詣府，女念其父營官也，訟必不直，直亦必復。貧不能遷，勢且再辱，遂縊死。時嘉慶乙亥七月二十日也。邑侯李君聞其事，往驗，得實，論如律。逾年，部議旌女，給金表墓。父得金，博輒盡。道光癸巳，里人周萬華（字寶堂）等爲捐資，立坊於釜頂山下大河之濱。（張崇蘭《悔廬文鈔》）

聶含玉，遼之開原人，父熙之，徙居丹徒，碧山進士之女弟也。性至孝，博通經史及《孝經》《性理》諸書，碧山嘗曰："含玉識大義，每匡予不逮，予之益友也。"幼許李氏子某，某不檢客死。含玉聞訃，即檢衣服、簪珥給諸婢僕，叩之，曰："已無所用此矣。"父母防少懈，即投繯死。遺《絶命詩》二首，繫衿帶間。冷秋江（士嵋）爲撰《烈女傳》。（《絶命詩》云："菽水宜將日，高堂暮景長。劬勞羞未報，留取待兄行。""閨閣耽書史，其如大義催。見危應授命，何得不泉臺。"見張學仁《京江耆舊集》。）光緒元年彙旌。

徐氏女，許嫁蔣咸盛。咸盛卒，女自縊死，年十有八。（以下見《節孝祠譜》）

談氏女，許嫁武生范季方。季方卒，自縊死，年二十六。

曾氏女，許嫁洪世瑛。世瑛卒，欲奔守，不果，仰藥死，時年二十。

以上三氏均於道光十一年彙請得旌。

王氏女，許嫁徐在倫。在倫卒，自溺不死，自縊死，時年二十。

王氏女，許嫁韓蔭芳。蔭芳卒，女絶粒死，時年二十。

朱氏女，許嫁周紫峰，紫峰卒，自縊死，年十有九。

方振新女，拒賊不辱，自縊死。

以上四氏均於道光三十年彙旌。

王金姑，鹽城沙溝鎮王殿元女，許嫁邑人笪銘培。同治元年，銘培在阜寧遇捻賊，驚悸成疾而卒。姑以親迎有日，欲奔喪守貞，親族阻之，姑自經死，時年二十一。同治三年旌。（《京江節烈録》。此傳采入《蘇省昭忠録》。以下新增。）

趙氏女，許嫁方榮悦。避寇於城南附馬莊。咸豐六年，聞榮悦在湯岡殉難，投塘死，年二十七。

吴氏女，許嫁即補員外郎支恒珍。咸豐十年二月，恒珍在浙殉粤寇之難，時吴氏避寇江北，聞其事而諱之，慮女之知也。然女已微聞之，乃請於母曰："支家殉難者何人也？"時支三姑、四姑皆以烈死。（傳見"義烈"）遂告之曰："伊家之二女也。"女曰："聞尚不止二人，使兒知之何害？女固在家從父者也。"母以其言和緩，又以事終難掩，因告而慰之，女容色如常。久之，防範益疏，而女投繯死矣，年二十一。

張閨文，字文漪，監生昌濬女。咸豐三年，女年十歲，昌濬與諸生周伯義次子仲寬訂婚姻之約，會遭粤寇之亂，議聘未成，而兩家各他徙。既而，昌濬與其妻相繼卒，周氏以無成議，遂婚他族。同治四年，江南肅清，閨文聞其事，而以父母遺命在先，欲守貞終老。家人不聽，別爲議婚，乃自縊，且遺書周氏以明志。周氏得書驚悼，鼓樂迎主以歸，祀爲前妻。女能詩，著有《天欽室詩草》一卷。祖父病，曾兩次刲股焉。

王氏女，許嫁薛國蓮。國蓮卒，女三日不食，遂縊死，年十有九。

朱氏女，許嫁李廷琛。廷琛卒，欲奔喪守貞，李氏不許。父母欲爲議婚，女自縊死，年十有六。

以上五氏均於同治十年彙旌。

王氏女，父曰瑞麟，許嫁薛家港之薛洪廉。幼本育於薛，年十九，婚禮未成而洪廉卒。女哭泣哀毁，誓不獨生，乘間自縊死。同治十三年彙旌。

劉氏女，許嫁孔廣興。年十三而廣興卒。女聞訃，奔守。越五日，投河死。

袁大姑，醴泉女，許嫁高厚增。咸豐三年，厚增死於粤寇。時姑避寇喬家門，聞之，遂自縊死，年二十一。

以上二氏均於光緒元年彙旌。

金氏女，父母、年歲俱無可考。咸豐間，避寇江北，有欲賣女作賤者，女懼辱，自縊死。

楊氏女，許嫁管春榮。年二十一，未婚，春榮病歿。女聞訃，不食，越十日，仰藥死。

孫氏女，許嫁王團爲繼室。臨婚而團病歿，女自縊死。

以上三氏均於光緒三年彙旌。

嚴蘭姑，廩膳生嚴如三女，許嫁增生、試用訓導趙瀛長子春齡。未婚而春齡卒，女聞訃，絶粒七日死，時年十五。光緒五年彙題。

流寓：

龔巧姐，興化龔行女。事見“節烈”。

附録：

宋

陳氏女，父壽隆，紹興初，爲湖北提刑，卒於官。子造之挈妹至吴，欲適吕丞相子，舟至焦山遇賊，家被害，賊欲逼，女力拒之，大聲呼嫂曰：“不如俱投江，俾此身明白，無爲賊辱。”因躍入水死，尸浮數里，賊撞以木乃没。時年十四。（《嘉慶志》引費衮《梁溪漫志》）

國朝

下河女子，操舟爲業，姓氏無可詳，或曰舟人之養婦，或曰即舟人之女也。咸豐三年，隨舟人來京口，艤舟象山之麓。於時兵勇雲集，舟人逼女爲娼，女不從，正月某日自投於江而死。里人哀之，爲請於朝，得旌如例，且樹碣山側以表之。（《京江節烈録》。此傳節入《蘇省昭忠録》。）

按：女子許嫁曰“字”，其説始於宋儒，而實謬誤。字者，孳也，一曰乳也，皆孕育之辭。《易》：“女子貞不字。”正是此義。朱注云：“字，許嫁也。《禮》曰：‘女子許嫁，笄而字。'”此是誤解《禮》文，不可爲訓。《禮》所云“字”，謂人不稱其名而稱其字，與上文“男子二十冠而字”相對成文，即《儀禮》所謂“女子許嫁，笄而禮之，稱字”者也。舊志“字某”之“字”未免沿訛襲謬，今依《禮》文正之。

義烈

元

吴戈氏，名蘭，年十九歸吴克。（《府志》亦作“吴克”，《嘉慶志》作“吴充”，疑誤。）至元丙申①，明兵取鎮江，城破，懼辱，投井死，時年二十一。顧觀作詩四章貽其兄鎬悼之。（《康熙志》）

國朝

王趙氏、尤氏，諸生世春之妻妾也。順治乙酉②，江南大亂，土寇四起。世春父年八十，不能遠出，躬自侍養於家，令趙、尤避於城南山莊。寇至，見尤美，欲掠之，以鄰村多富室，意先掠金帛乃去。趙謂尤曰：“我輩不可爲所辱，幸寇暫去得緩，須臾復至，必爲所掠矣。”遂與尤携手躍入池中，僕婦趨援之，尤已死而趙得蘇，叱僕婦曰：“彼已死，我若偷生，何面目見而主乎！”復躍入池中死。亂定，世春合葬二烈婦於九華山之原。（以下見《康熙志》）

查戴氏，爾瑩妻，諸生戴世立姊也。乙酉五月，避兵塌山。值亂兵劫掠，夫婦相失，爾瑩踪迹竟日不可得。抵暮，於一塘中得戴尸，血痕淋漓，身受數十創。舁歸，途遇所失婢，言見戴爲兵掠馬上，過一塘，忽投地取石擊頭面，躍入塘中，兵怒，引弓亂射之以死。

張錢氏，綖妻。少敏慧，適綖數載，艱於子嗣。既與婢同孕，而適罹乙酉之難，相與避兵於城西山中。兵突至，迫錢及婢以行，而令綖牽一犢。錢泣欲死，綖慰之，令勿死，且曰：“當以孕爲念。”錢曰：“君得生，何慮無婦。有婦，何慮不孕。吾苟辱身，君又何取乎此孕爲?”遂偕婢赴水死。同死者又有錢之嫂萬氏。

錢萬氏，邦燦妻。從姑談氏避兵西鄉，兵傷其姑，萬出救，遂掠去。至分流岡，抱幼女躍入池中。子志槪方十餘歲，號呼往掖，弗肯起，竟死。（《節孝祠譜》云：談氏，應岱繼妻，與萬氏同死。《嘉慶志》亦云：談被害，道光十一年與婦同旌。）

顧吴氏，世賞妻。世賞病革時，頻對之流涕嘆息。是時吴二十有五，泣謂世賞曰：“我必不負夫子，青天皎日，實鑒此盟。”世賞卒，繼子娶婦，子又病卒，遺孤孫希曾。歲乙酉，避亂於城西之石坑，聞掠且至，夜投石坑水死。初有以貧故諷吴改節者，吴毅

---

① 按：“至元丙申”，《嘉慶丹徒縣志》卷二十八《列女》作“至正丙申”。至元乃元世祖年號，無“丙申”年。至正丙申，乃元惠宗至正十六年。《明太祖實録》卷四載至正十六年三月丙申，徐達等進兵攻鎮江，丁酉克之。故“至元丙申”實是“至正丙申”之誤。

② 按：“順治乙酉”爲順治二年。《嘉慶丹徒縣志》卷二十八《列女》作“順治元年”。

然曰："已誓天日矣。"至是，果不食言。

顧李氏，諸生驊妻，即吴氏之諸子婦也。居平，事吴惟謹，等於事姑，相與談古今節烈事，娓娓不倦。乙酉夏五月，同死於石坑水中，兩尸糾結不解，蓋其貞魂相追隨也。死時年二十五。

王吴氏，仲升（字文采）妻。順治元年甲申，土寇爲患，氏避居城南，爲寇所逼，抱幼子投池水死。尸浮水上，子猶在抱。（以下見《嘉慶志》）

楊趙氏，惟輔妻。（《節孝祠譜》作"守相妻"，蓋一用名，一用字也。）吴氏，子承聘妻。姑婦同遇寇，寇呼吴，令同騎，吴不從，寇殺其姑，掠吴去。行半里許，躍入道旁池内。寇以槍招之，俾援以上，吴引槍自刺死。時年十九，趙年四十六。（按：《節孝祠譜》：道光三十年，二氏復以夫故自縊請旌。謬也。）

王陳氏，志元妻。年二十四，隨夫奉母携幼子避土寇於土地橋，卒遇寇，逼使隨行，氏謂志元曰："寇意在我，我死則舉家可脱矣。"遂從橋上躍入河中以死。寇驚去，衆遂獲免。

朱唐氏，端榮妻。避寇陳山，遭掠，縛置馬上，行數里，氏佯以他故求暫釋，得下，遂觸道旁亂石死。

朱張氏，仁禮妻。寇至，翁應行及夫與次子元禎俱縊死，氏亦隨死，惟長男福他竄獲免。（按：《朱氏家乘》：應行，名有懷。同時自縊者又有朱之幹及子祚俊。）

錢何氏，應鑛妻。年二十六，夫死於兵，殉之。

徐朱氏，元美妻。遇盗，夫鬥斃，氏投水死。其母，朱文三妻，偕死。順治乙酉閏六月十六日事。

錢淑賢，述古（字應式）女。僑居揚州，與外家卞氏女比鄰。乙酉，揚州城破，與卞氏同死，而淑賢死尤烈。（《志》引《揚州府志》。原注：按：雷士俊《錢烈女誄序略》：揚州城破，鎮江錢應式女淑賢死之。越十二年，應式告余曰："死義未有如吾女之烈者。人之死有五：刎、溺、爇、縊、酖。女死，五物具焉。"今按：《錢氏家乘》，南昌王猷定《烈女墓志》：揚城破時，女持刀自刎，積薪自焚，皆爲其父奪去。結繯以縊，又自斷。父乃與以藥曰："姑視緩急可也。"兵入，吞藥匿床下。兵去，則藥發喘急，父飲以水，得不死。又自投水瓮中，父復拉而出之。至夜，乃以紙漬水，塞口鼻而死。應式善醫，活人甚衆，女死後，受兵刃數十不死，欲縛之，則舉手一格，衆皆仆地，反得免。其母卞氏時病甚，亦受刃，久之復蘇。人以爲女之陰助。其葬處在卞忠貞祠南十五步。火葬也，女之志云。）

張孫氏，諸生翥妻，博羅令孫應宗女。先是，應宗有姊適韓宏典，未三十孀居，歷盡荼苦，以撫兩孤。氏敬慕之，曰："爲人婦當如是也。"順治十六年己亥，海寇犯京口，翥挈家避城南。氏語人曰："脱遇變，有死而已。"及中途，遇寇，遂抱幼子赴水，隨從水中呼侍婢蘭花曰："亟爲我抱此子，覓汝主付之。"言已，轉入水深處死。（以下見《康熙志》）

张夏氏，祖恒妻，封翰林院編修夏民儀女。以勤儉相其夫。己亥夏，海寇入城，夏凛凛以死誓。及爲賊逼，乃大駡力拒，被傷數刃，赴火死。年二十一。

卞顔氏，諸生宸俞妻，郡大賓顔尚仁女弟。海寇陷城，宸俞與子士宏謀徙避未遂，顔慰之曰："此中固有天數，不可强也。"及寇敗，遁去，大肆焚掠城中外，烟火瀰漫，兵刃閃爍，男女呼號奔避。顔戒闔户無出，寇排户入。顔時卧疾，忽躍起，奔投井中。宸俞及士宏暨幼子士强皆繼投。賊去，家人綆掖出之，宸俞及二子得生，而顔已死。時軍弁括民財物入其室者，皆嘖嘖驚嘆，稱烈婦焉。宸俞工文藝，授生徒經，檢束名行，不喜治家人生産。顔性節儉，更以女紅佐之，環堵屢空，愉愉相和樂。至是，從容死義。越二十年，己未，而士宏成進士。

姜趙氏，廷貴妻。順治己亥夏，海寇犯境，廷貴約分道出避，冀存姜後。氏因扶姑負子出南門，遇賊，持之以刀，環築其姑，氏以身蔽之，指裝資款賊曰："願以贖姑。"賊捨姑，持氏益急，至閘下湍流處，氏擲子付姑，奮身投河而死。賊置姑去。後四日，得尸於華家莊。時方炎暑，面如生，表裏衣豫縫如績。年二十六。（以下見《嘉慶志》。按：《府志》《康熙志》皆云廷貴感其節烈，終身不娶。以叙趙氏事略，故捨彼録此。雍正十三年旌。）

張王氏，福建左路總兵、世襲拜他剌布勒哈番張承恩母，遇寇殉節，賜祭葬。

張吴氏，諸生世爵妻，世居唐頹山下大池之濱。海寇入城，世爵適客於淮。氏願隨翁姑待死，翁姑促之去，泣謂曰："吾二人衰朽不能行，應死。汝青年，何弗求生路耶？"氏泣立於旁，終不去。俄寇自江寧敗歸，焚掠吾潤以泄其毒忿。窺氏色美，將犯之，氏紿之曰："毋傷我二尊人，俟我扶二老入内，任若所爲耳。"寇允之。氏扶翁姑至屋後隙地，急指令卧灰穢中勿動，而己則奮身躍入池中。賊入索之，見已死，怒縱火焚其居。援至，寇遁，翁姑竟得不死。逾數日始殮，面猶如生。時年二十三①。（據夏慎樞《吴烈婦傳》修改）

陳劉氏，諸生檀禕妻。寇入門，氏左手抱子，右手持石自碎其首，血流滿身。寇引退，孤遂存。

于范氏，進士范紹淳女，適瓜洲舉人于某。遇海寇，大駡不屈，賊磔之。

羅郭氏，東塢人，巡江都司羅明昇側室。明昇守談家洲殉難。（傳見"忠義"）氏亦死。（按：氏在當時應有旌典，但兩志俱無明文。）

王朱氏，士强子婦。年十八，避寇行江岸，遇賊，將見辱。氏紿他顧，亟投江。賊以刀斫之，乃沉。（《志》引談允謙《闡幽録》）

程王氏，我非妻。懼賊污，與女同縊死。（同上）

以上各氏，除姜趙氏已旌外，餘均於道光十一年彙旌。朱文三妻於光緒五年補題。

---

① 按："年二十三"，張崟《逃禪閣集》卷六《投池操叙》："吴太孺人，先世族祖世爵公之元配也。……死時年二十二。夏無庵太史作傳記其事。"

夏邱氏等，湖北河溶巡檢允謙家屬。乾隆六十年旌。（詳見“忠義”傳）

何氏三烈。魯氏，增生、旌孝子謹銘妻，年二十四，夫歿，守節歷十七年。道光二十二年壬寅六月十四日，英人陷城，氏與娣婦郡庠生西銘妻張氏、子婦監生豫源妻魯氏同縊死。家人權瘞於宅後淺土中。越二十三日，始殮，貌均如生。其翁佳琛，號雪樵，即捨其宅爲祠祀。當時死烈諸婦女，通詳奏准，額曰“敕建孝烈祠”，在城南靳家巷内。（以下見《丹徒孝烈録》）

馮氏雙烈。張氏，監生錫恭妻。年十九，歸錫恭。未及兩月而寡，苦志守節，歷三十八年。而遭壬寅之亂，同娣婦錫銘之妻董氏墜樓，肢體摧折，均未死。張復不食數日死，董自縊死。（按：“錫銘”，《馮氏家乘》作“銘”。）

三世同烈。笪郭氏，庠生淵妻，庠生開泰母。有女適李棟爲婦，生三女。壬寅六月，以亂故偕居母家。城既陷，慮爲寇辱，并縊死。三女曰德徵，年十九；曰莊姑，年十七；曰小姑，年十五云。

李氏三烈。鄒氏，議叙縣丞祥甲妻。年二十九，夫歿，守節歷十七年。壬寅城陷，同子婦監生勳奎妻吴氏、連潤妻吴氏俱自縊死。

袁李氏，信立妻。三十歲，夫故守節，歷二十二年。壬寅之歲，聞寇入城，吞針未死，刺心死。

許茅氏，庠生光達妻。素有羸疾。壬寅城陷，同夫奉節姑出避，慮夫不能兼顧，行至北門，顧道旁有空屋，願少憩，請夫扶姑先行，乃自縊，死於空屋中。

曾杜氏，秉衡妻，住西城外。壬寅之亂，鄰里遷徙過半，氏以夫遠貿在外，弗克他適。城陷後，閉户獨居。既而，寇破扉入，見氏少艾，欲污之。氏哭且詈，寇刃傷之而去。慮寇繼至，遂自縊死。

錢氏五烈。戴氏，監生如綸妻。咸豐三年癸丑二月二十二日，粤寇陷郡城。氏同子庚妻戴氏、子壽保妻戴氏俱自縊死。其娣婦如蘭繼妻曹氏投内河死。如葵妻李氏爲賊脅往江寧，不屈，於路投江死。（以下見《京江義烈録》）

謝家巷諸烈。謝家巷，窮巷也，與道崇觀廢址相望，謝氏世居之，因名焉。癸丑城陷，婦女以義烈死者不可悉數，而謝氏爲甚。其投繯以殉者，則有謝文瑛之妻唐氏（文瑛同死）、謝文燾之妻盛氏及女四姑（文燾及子福齡同死）；其投井者，則有文瑛之女素貞、謝文堯之妻盧氏及女五姑、謝錦章之妻笪氏、謝德中之妻程氏；其姻親同居而同縊死者，則有盛敏言之妻黄氏、臧某之妻謝氏；同投井者，則由張曉川之妻謝氏、凌文桃之妻謝氏（文桃同死）、臧謝氏之女大姑、二姑；其鄰同居而同縊者，則有王順徵之妻陳氏（順徵同死）。嗚呼，慘矣！

陳氏四烈。陳連之妻曰張氏、女曰大姑，娣婦曰賈氏、曰許氏，璋與珩之妻也。癸丑二月，郡城戒嚴，氏等以姑柩在堂，相約以死守之。及城陷，賊欲斧其棺。（凡棺之未葬者，賊皆斧之，慮其中或財物也。）氏等哀之，遂同遇害。

潘氏諸烈。潘裴氏，附監生新妻，與三女寓居揚州。新卒，三女以無弟兄，均矢志不嫁，守貞事母。癸丑二月，揚州城陷，慮爲賊脅，俱投繯死。死時，裴氏年已八十有四，其季女年且五十四矣。同時，有監生潘德昭之妻裴氏者，少新妻十二歲，亦寓揚州，生四女，亦以守貞孝養聞。其爲同族與否不可得而詳也。城陷後，以不入賊館潛匿不食死。子壽徵，亦同死焉。（按：《節孝祠譜》云：潘新，亦四女。疑新與德昭或是一名一字，兩事直是一事耳。）

節婦范朱氏，之大妻。篤於友愛。癸丑之歲，以姊吴鑑妻朱氏病亟，守之不去，遂陷於賊。四月，爲賊脅往江寧，與姊同投江死。

顧氏女，許嫁儒童道文福。年二十一，未婚而文福病殁，在室守貞，事親盡孝。道光三十年，已以貞孝得旌。癸丑城陷，慮賊脅掠，投河而死。

姚大姑，丹徒鎮翊唐之女。癸丑六月十七日，賊竄丹徒，掠其家。姑大駡不屈，遂遇害。姑少時有被以蜚語者，忿激墜樓，未死，遂自誓不嫁，奉母以居，自食其力。至是被害，年五十三矣。

趙氏女，凡二人，一爲城内趙金門女，一則大港鎮武生龍標（一名錦裕）女也。金門之女，年二十九矣，尚未適人。癸丑城陷，爲賊所逼，求死無地，乃急奔溷池，曰：“身可穢也，心不可污。”竟投溷死。龍標女，於咸豐之十一年十一月，亦爲賊逼，投溷而死，時年十六。

胡成發姑，胡德順女，邑之官塘橋人。父母無子，守貞不嫁，以養其親。癸丑四月，遇賊不屈，投塘而死。

聞余氏，簰灣細民聞大妻也。粤寇陷城時，適姑病，不能起，氏守之弗去。四月二十六日，賊入其家，欲犯之，携幼女投塘死。

周楊氏，從九品承勳妻，與同堂姒婦誠熙妻張氏寓居揚州。楊氏之弟曰學祺，其婦戴氏亦同居焉。戴氏之母趙氏，復由興化偕其女小姑至揚，合寓於李官人巷。咸豐六年丙辰三月，揚城復失，承勳等均陷於賊。五人者慮爲賊辱，乃縱火自焚。承勳之二子俱幼，亦同焚死。葬揚州寶城王家莊象鼻橋之西，儀徵阮亨爲題其墓碣，曰“義烈冢”。

盛大姑，鳴興女，邑之西莊前人。丙辰四月晦，賊野掠至莊，姑年二十，隨鳴興奔避，遇賊於王嶂山之西。賊執鳴興，將刃之，姑求身代，不可，既殺鳴興，遂欲挾姑以行。姑既痛父之死，又慮身之遭辱，乃大聲詈賊。賊怒，殺之。越一月，賊勢稍定，家人覓得其尸，竟未壞。尸旁有骨一具，知之者曰：“鳴興之骨也。”葬畫字橋。

韓馬氏，佾生守恬妻。城陷後，寓居金壇，其母家别居於金壇之刁莊。咸豐六年丙辰，金壇告警，其翁姑命氏挈子至母家暫避。七月，賊掠刁莊，氏不爲屈，身受數創，同兄學俊之妻胡氏投塘死。逾十五日始殮，面目猶如生焉。

歐陽酈氏，邑西鄉櫃村（土音讀“巨村”）蕙榮妻。六年八月，賊由句容、金壇等處竄至櫃村。先是，其姑遣氏携幼子遠避。氏以姑老夫病，不能遠離。及賊信警急，乃相與乘舟避於村東之水蕩中。既而，賊逼舟所，氏懼見辱，奮身赴水，其子亦從溺焉。賊嘆息而去。

吴張氏，邑人遐齡妻，旌表節孝。咸豐元年，一百八歲。邑令張君親延入署，面加優禮，爲申請建坊。七年，避寇鄉間，爲賊驚悸而卒。

高氏三烈。節婦原氏，蘭芳妻，女曰雙姑。避寇於揚州北鄉。咸豐八年戊午九月八日，遇賊於陳家溝，母女同赴水死。是月五日，其娣婦蘭瑞妻鄭氏，亦於揚州西山遇賊，投河而亡。原氏死時年四十，鄭氏二十有六，雙姑年十四云。

宋氏雙烈。宋沈氏、章氏，娣姒也。沈年二十一歸宋魯儒，三閲月而魯儒病亡。章年二十歸宋魯才，甫匝月而魯才遠適，旋亦病亡。二氏青年守節，事節姑，均以孝聞。同避寇於揚州之甘泉山。八年九月，賊掠其寓所，二氏駡之，則縛之於柱而求貨焉。二氏駡曰："我等孀居二十餘年，惡有財貨以供若輩乎?"賊并殺之。沈年四十六，章年四十。

林張氏，祖偉妻，文童張圻女也。有妹曰住姑。城陷後，同避寇於揚州西山之宋家橋。戊午九月，賊掠西山，氏度不能脱，乃謂祖偉曰："吾婦人，死節宜也。君毋以我故致遭賊手。其急避，他日或能收吾骨焉。"祖偉從之。賊至，氏與住姑投河而死。賊退，祖偉覓其尸，葬之，痛念身爲男子乃不能庇一婦人，致遭慘死，何以生爲?鬱鬱不自得，居數日，亦投繯死。

支氏雙烈，府衛支昭箴之三、四女也。并聰敏，能讀書，事父及後母以孝聞。其長兄恒椿官於浙，故兩姑隨父寓居杭城。咸豐十年庚申二月，杭城失守，昭箴率次子恒珍及姑姊妹出走，暫避民舍。兩姑前請曰："兒等不孝，不能事父，死此不逃矣。兒死，則父或生。父顧兒，則父且死。父死，兒終不免於死，死或不得其所，徒貽父羞。他日悔而死，不如今日死而悔也。"許之，遂并縊死。恒珍亦死。同死者又有沈金氏焉，爲恒椿刑友沈椒生之妾。而恒珍聘妻吴氏又以貞烈聞，語在"貞烈"傳中。

歐陽譚氏，莊發妻；陳歐陽氏，法祖妻，并邑西鄉之櫃村人。庚申，金陵大營潰，賊掠至村，村人團練禦之。氏等鳴金助戰。四月朔，團丁潰散，氏等俱爲賊戮。

杜笪氏，瑞璜妻，同嫂笪啓東妻莊氏避居溧陽。庚申閏三月，溧陽陷，并縊死。笪氏年十九而瑞璜卒，殉難時年六十。其嗣子銘榮亦於咸豐三年駡賊被害。（此傳采入《蘇省昭忠録》）

吴菊貞，邑西鄉吴光昭之女，丹陽武生談啓聘妻。方賊之據郡城也，鄉里婚嫁類皆不時。談亦遣媒來訂婚期，適光昭妻病篤，菊貞謂其父曰："母病若此，兒惡能遠離?"乃謝媒去，談亦他徙，議遂寢。庚申三月，金陵大營潰，賊勢益張高。莊東去數十里，地名天荒，汪洋一水，中有小洲，爲昔鄧伯高先生隱居之所，命曰"濯纓"，竹木蓊翳，窅絶塵世。避寇者多居之，光昭亦移家就焉，菊貞謂人曰："吾聞女子不出閨門，今不幸爲避寇計，不得已而至此。脱賊終至，我必先死之，斷不令賊見吾面也。"已而，驚傳賊至，又傳光昭在路被掠，菊貞痛哭，投水死，時年二十有二。

王孫氏，長湧繼妻。年二十四適王，二旬而夫病歿，屢以死殉，皆救免。咸豐庚申，粤寇猖獗，氏聞亂將及，先自縊死，以從初志，時年四十二。

余笪氏，壽齡妻。咸豐初，奉姑避寇於馬家山。庚申三月，賊勢猖獗，氏先遣人奉姑渡江，己及子女繼發。未及而賊突至，度不得脱，乃托其女與村嫗，托其長子慶祥於故工人，使挈以逃。慶祥牽衣痛哭，氏叱之曰："此何時世爾！將陷我於賊耶?"蹙使立去，遂負幼子投塘而死，時年四十。

朱桂姑，從九品朱景鏞女，邑東之月河圩人。庚申之歲，粵賊復寇鎮江，官軍堅守，乃散而野掠。姑聞警，自矢於母曰："兒若遇寇，斷不辱身以貽父母羞。"及四月朔，賊至月河，姑自縊於庭樹。景鏞先於咸豐八年抗賊被害。（此傳采入《蘇省昭忠録》）

錢小姑，縣役錢義女也。庚申之歲，年十三矣，偕其屬避寇於東雩山旁，聞警則偕衆匿山中。賊踪迹至，見其美，欲牽之，姑曰："毋得爾，我隨汝而行耳。"賊喜，聽其行，弗拘執。既下山，則奮身以投於塘，賊疾挽之，轉入深處，賊怒投之以石，姑抱石而沉。（此傳《昭忠録》誤采入丹陽）

包秀姑，丹徒鎮選三女也。庚申四月，在辛豐遇賊，其母真氏抱幼女投河，女救獲免，真氏溺死。姑時七歲，號泣回寓，取楮幣焚於河濱，亦奮身投河死。（《昭忠録》節入）

陳氏諸烈。邑南鄉之東、西石村，陳氏聚族居焉。庚申，村人團練禦賊。四月二日，團潰，賊焚其村。東村婦女以義烈投塘死者，則有加猛之妻江氏、加亮之妻殷氏、聯芳之妻潘氏、仁沛之妻潘氏、寬林之妻蔣氏、鍾廣之妻江氏；其自縊者，則有朝海之妻豐氏；其焚死者，則有朝龍之妻徐氏（朝龍同死）。西村之投塘者，則有全佐之妻王氏、良發之妻廖氏、鍾壽之妻郭氏（幼子同死）；其以不屈被害者，則有美桂之妻王氏。其先日抗賊被害者，又有嘉亮之妻翟氏；後日投水死者，有寬治之妻成氏，及其長女江榮喜之妻大姑，在室之女二姑、三姑（幼子同死）。

紀陸氏，邑人懋順妻。庚申四月二日，在迴龍山遇賊，欲掠之，不屈，脅以刃，氏曰："我雖婦人，可殺不可辱也。"賊刺之凡數十刃，見其不可奪而去。氏遂携五歲子投塘死。

莊程氏，明炳妻，邑五區八圖人。庚申四月，聞警，氏以少艾，慮賊見而不捨，自毁其容。初二日，賊至，不屈，受數刃仆地不起。賊去，携二幼女投塘死。

吴江氏，長吉妻，後莊泉人。二十八歲夫故，守節十三年，而遭庚申之難。初，氏以亂故，慮遭不測，恒以翦刀自防。是歲四月，爲賊掠至營中，遂自刺其喉而死。賊怒，醢其尸。同時有吴長慶之妻江氏者，二十四歲夫故守節，其遭難自戕諸情事并與長吉妻同，則不知一事而兩傳之歟？抑亦二氏之遭逢竟如出一轍也?

陳氏三烈。馮氏，邑人宗保妻，與宗彝妻韋氏爲娣姒，其一則馮子功業之妻周氏也。避寇侯莊。庚申四月，賊信緊急，氏勉韋與周以死，無失節。月之三日，賊至侯莊，連袂投塘死。

耿歐陽氏，夫名未詳，巨村歐陽吉芳女也。母氏早喪，撫諸弟竭盡心力。父病篤，則刲股肉進之。適金壇耿氏。庚申四月，陷賊中，不食而死。

包真氏，丹徒鎮國權妻。庚申四月，在東鄉鄧（土音作“丁”）家闕遇賊，欲掠以行。氏初不許，既而許之，與以摶鍵器一裹，屬曰：“我寓中頗饒財物，不捨弃之，盍同取以行乎？”賊曰：“是多矣，不足念也，從我尚憂貧乎？”氏曰：“吾有寶釧，上銜美珠，名工所造，價值百金。不得是，吾死此矣。”賊喜先行，氏乘其不疑，抱二歲女投塘死。

王張氏，啓成妻，旌表節孝，邑東鄉古竹里人。庚申四月，里人王錦等團練禦賊，而潰敗於月之四日，語具“忠義”傳中。越日，賊復至，脅氏引入團首家縱火，氏不肯，强拽以行，投道旁井死。

姚滕氏，丹徒鎮遐齡繼妻。咸豐十年，奉姑避寇小闕。姑年八十，病不能起。賊入室，將加刃焉。氏冒刃伏姑身以衛之，額中賊刃，血涔涔下，屹不動。賊叱問曰：“老婦係爾何人？”答曰：“姑也。”賊點首稱孝婦者再，捨而去之。姑得生，而氏竟以創死。

夏氏四烈。周氏，爲垣妻，周氏，爲壎妻，大姑、二姑并爲垣女，邑之觀音橋巷人，以亂故避居大港。庚申，聞警，約寇至則同投江以死。四月八日，寇至，竟踐其言。

顔李氏，邑人振鷺妻，避寇南鄉。庚申閏三月，丹陽失守，轉徙於東鄉之石橋頭。四月八日，賊大股掠東鄉。氏負子携包裹偕嫂氏野匿，既而，賊漸迫，氏謂嫂曰：“事急矣！吾清白之軀，義不可使賊近，幸無挽留。”語畢，奮身投塘，嫂亦繼投，遇救獲免。氏不肯起，與子并溺死。土人槁葬之。時振鷺賈於東臺，聞耗往殮之。封既發，肌膚完好，肢體儼然，計去遇寇時蓋已三旬有四日矣。（《昭忠録》節入）

朱張氏，錫山妻。庚申四月八日，抱幼子隨姑避難至河干，遇賊索姑金，不得，將毆之。氏曰：“姑年老，勿驚怖。”賊見氏有姿，遂捨其姑，婉言慰之，氏促姑疾行。自坐草間，與賊款語，目姑去遠，乃抱子投河死。越日收其尸，尚抱子植立水中，面目如生。錫山賈於常州，後亦殉難。（見《昭忠録》）

戴趙氏，邑東鄉城灃村彩霞妻。庚申四月，賊竄東鄉，有勸之遠避者，適姑王氏病甚，趙曰：“我去，則姑不死於賊，且死於病。我在，姑猶有萬一之望。且死生有命，死則同死爾。我生而姑死，何面目對戴氏之先乎？”及賊至，欲掠之，姑婦皆不爲屈，遂同遇害。

節婦朱李氏，邑東鄉馬灣村方瑾妻。庚申四月，賊夜至村，欲縱火，因向氏乞火，氏罵不許。暗中摸索得木杖，亂擊賊首，遂遇害。

趙陶氏，邑東鄉許家衖恒足妻。庚申四月，恒足罵賊遇害，氏見恒足被刺，乃持木械奮勇擊賊，且哭且詈，賊亂刃之。

劉戴氏，邑南鄉後山村九元妻。庚申四月，在本村遇賊，賊欲污之，氏叫罵不從，賊以杙椓之而死。

汪趙氏，大港鎮發同妻。庚申四月，遇賊於馬敞里，畏辱，投塘，賊見其少艾，欲挽起而掠之，入以游語。氏大罵不屈，被數十刃而死。

孫趙氏，丁岡明思妻。庚申四月，賊擾東鄉，淫其鄰女，氏詈之，遂遇害。

傅氏三烈。張氏，邑人秉其妻，女曰杏姑，其一人則禮隆之妻，而張氏之子婦曾氏也。城陷後，避寇於城南之迴龍山。庚申七月，賊掠曾氏及杏姑，張氏大罵，賊倒植張氏於地，圍以亂石，積薪而焚之。曾及杏姑俱投塘死。先是，秉其以抗賊被害，在咸豐之六年。是年正月，禮隆亦在九洑洲陣亡。

徐包氏，墉妻，女適嚴蔚齋。其吕文蓉妻徐氏，則包之小姑也。相與避寇於海州之青口鎮。會北路捻匪作亂，竄至海州，三人皆投滷池殉難。墉亦抗賊被害。是則咸豐十年九月之二十七日也。

羅殷氏，儒童福臻妻，邑南鄉之上羅村人。年二十七而夫卒，誓不更適。姑欲奪其志，則投於塘；再奪之，則投繯自盡，均賴鄰人救免，且共爲之訴於羅氏之族。族人不直，姑乃析田二畝爲氏養膳之資，不足則傭力以自給。如是者十餘年矣。辛酉四月，賊復擾邑之四鄉，居人約氏弃室走，氏曰："走亦死耳。與其死於野，何如死於家。"卒不走。賊至，館於其村。氏匿暗室中，以長錐利翦自隨。越日，爲賊搜獲，欲强污之。氏疾以翦刺頸，不死，復以錐刺心，血流至地。賊爲之感動，嘆慰而去。氏竟死，年四十。(《昭忠録》節入)

殷趙氏，大闕汝秀妻。年二十餘而汝秀卒，矢志守節，歷久不移。辛酉四月，遇賊於本村，逼令炊爨，氏罵曰："死即死耳。我三十餘年節婦，豈爲賊服役者乎?"遂遇害。村人之夜歸者棺而殮之。越日，賊復至，竟焚其棺。(同上)

張凌氏，邑西鄉單巷村盛進之妻。辛酉，賊館於其村。氏潛匿不出凡十三日，竟以餓死。

景歐陽氏，邑西鄉前皇村監生如保妻。庚申之亂，姑以其少艾，命至江北暫避，氏念姑不置。辛酉，聞江南少定，急歸侍姑。三月，賊掠至村，畏辱，自縊死。

張茅氏，五品軍功榛妻；畢氏，都司銜候選衛守備楹妻。榛兄弟從戎浙省，氏等遂并寓杭城。咸豐十一年九月，賊寇杭城，娣姒以死自矢，嘗蓄毒物爲備。十一月二十八日，城陷，方擬仰藥，賊已入門，恐死之不速，遂捨藥物，争趨大井中溺死。

沈江氏，邑南鄉西山培忠貴妻。性剛直，生子而寡。家故貧，苦志堅節，傭工以撫遺孤。及遭亂，遣子遠避，而己獨守其室。辛酉，賊館其村，令剥葵，氏罵曰："爾輩仗狗勢占我皇家土地，妄思富貴，死不旋踵，猶欲役我老寡婦耶?"賊怒，抽刀斷其臂，氏罵愈厲，且曰："狗輩所爲，豈足成大事者? 一旦罪惡貫盈，自有人取汝狗首耳。"賊遂殺之。

節婦殷孫氏，大闕恒勤妻。避寇於洲，而時乘間回村視姑。同治二年癸亥，負米饋姑，遇賊於姚家橋。賊奪其米，且將污之，氏不爲屈，遂遇害。

節婦鍾紀氏，鍾村相義妻。癸亥四月，賊至其村縱火，氏沃水滅之，賊怒，復舉火，火熾，乃推氏於火中焚死。

朱吴氏，西鄉橫塘文童振鳳妻。癸亥七月，在本村拒賊被戕。先是，振鳳在寶堰擊賊殉難，氏時年二十，立志苦節。及寇至，或勸其徙避，氏曰："我固求死者。"遂遇害。

附録：

陶某氏，同知鼎鉉妻。順治己亥，海寇陷城，鼎鉉弃妻子走吴請援。賊敗於江寧，所署僞道馮某掠其妻及婢紅桂，行至厦門，逼改妝登岸，兩人先以帛系臂，出艙就輿，出不意投海死。(《嘉慶志》引談允謙《雙烈録》) 道光十一年，里人爲之請旌。

烈婦，不詳何氏，并不辨爲何地人。咸豐庚申，粤寇抵江上，婦投水死。襟内有詩云："生長朱門十九春，而今頓作亂離人。殺身奚補朝廷闕，誓志聊酬夫婦恩。江静自堪沉弱質，月明誰爲吊孤魂。親恩罔極何時報，惟願來生作子孫。"①

續纂：

朱吴氏，有德妻。夫歿，投水死。

朱殷氏，鵬翥妻。夫歿，絶粒死。

姚王氏，乃第妻。夫歿，投井死。

龔趙氏，懷經妻。夫歿，自刎死。

趙嚴氏，監生長齡妻。光緒三年，夫歿，不食死。時年二十五。

陳丁氏，家銜妻。光緒五年，年二十三歲，夫歿，慟極嘔血死。十六區前王家村人。(右"節烈")

王珍，王梅先女，事實未詳，光緒四年絶粒死。("貞烈")

朱趙氏，有聯妻。順治乙酉閏六月十六日，在九靈山遇匪，偕女投水死。("義烈")

以上八氏均於光緒五年彙題。

丹徒縣志卷三十九終

---

① 按：《小奢摩館脞録》"朱九妹"條："咸同兵燹時，漢陽府有女子被擄，題詩於帕，沉江而死。"其所録詩即此處詩。稍有出入，兹録之，以資參看。其詩曰："生長朱門十九春，而今竟作亂離人。殺身難弭君王恨，殉節聊酬夫婿情。江水雖能沉弱質，月明誰與吊孤魂。天倫父母恩難報，但願來生作子孫。"此事及詩又見於《湖北通志》卷一百五十七，中云："烈婦十九娘，黄岡人。丙辰三月，賊踞黄州，劫掠百餘人。……姓氏不傳，取詩中'十九'字名之。"

丹徒縣志卷四十

人物十八　列女三　義烈表

国朝道光二十二年壬寅，西洋㕵咭唎犯境。六月十四日，城陷。殉難節烈婦女表

自縊	自戕	投井	投河、江、水	被害
何魯氏(邑增生謹銘妻。娣婦張氏、子婦魯氏同死。氏原守節,三烈合傳) 何張氏(郡庠生西銘妻) 何魯氏(監生源豫妻) 何童氏 何大姑 何二姑(鍾妻女) 李鄒氏(議叙縣丞祥甲妻。兩子婦二吴氏同死。氏原守節,有傳) 李吴氏(監生勳奎妻) 李吴氏(聯潤妻) 李笪氏(棟妻。與笪郭氏合傳) 李德徵 李莊姑 李小姑(并棟女) 程大姑 程二姑 程小姑(并廷槼女) 胡李氏(鎔妻。二女投井) 胡袁氏(銈妻) 包王氏(立德妻) 包王氏(敬六妻) 高胡氏(庭妻) 高杜恒(庭女)	沈郭氏(克新妻) 華馬氏(大榮妻。并服毒死) 馮張氏(監生錫恭妻,墜樓、不食死。原守節,有傳) 袁李氏(信立妻,刺心死。原守節,有傳) 王胡氏(天山妻,自盡。原守節) 徐左氏(銘忠妻,不食死。原守節) 張王氏(元鼎妻,夫被難,氏以身殉) 劉李氏(士均妻,自戕) 趙氏女(父鏈,自刎) 李氏女(秀鍾女) 李氏女(維藩女) 陳何氏(在錦妻) 王周氏(英掄妻。原守節。四并觸石死) 郭陳氏(啓瑞妻) 法鄒氏(應祥妻) 方五姑(振興女。三并觸柱死) 李汪氏(堡妻) 李郭氏(監生雲章妻) 顧戎氏(成林妻)	張萬氏(邑庠生曾得妻。子婦萬氏及女孫、幼孫同死) 張萬氏(從九品元叔妻) 張同順(元叔女) 張華氏(增妻) 張黄氏(樹之妻,原守節) 張朱氏(君詩妻) 劉李氏 劉氏女(静先妻、女、幼子同死) 劉榮壽(式之女) 劉天福(善之女) 劉月容(克端女) 鄒時氏 鄒大姑 鄒二姑(士荃妻、女) 袁張氏(量卿妻。幼子正順同死) 袁氏女(鸞女) 柳戴氏(應增妻。同娣婦張氏) 柳張氏(應元妻) 何錢氏(衍森妻) 何錢氏(恩沐妻) 李錢氏(議叙八品苓生妻) 李黄氏(春亭妻) 茅張氏 茅氏女(清泉妻、女)	史沈氏 史森姑(彭齡妻、女) 陳莊氏 陳懷桂(殿揚妻、女) 以上投江 張高氏(翰魁妻) 張茅氏 張氏女(金鸞妻、女) 郭喬氏(暘妻) 郭氏女(大元女) 盧何氏 盧氏女(鳳岐妻、女) 胡張氏(厚齋妻) 楊張氏(鑑妻) 馬化氏(步淵妻) 笪宋氏(應祥妻。夫同死) 薛張氏(秀峰妻) 杜吴氏(宏叙妻) 何梅氏(廷幹妻,原守節) 史高氏(焕章妻) 王氏女(盛敖女) 以上投河 李祈姑 李押姑(并夔堂女) 馮袁氏(保妻)	蔡朱氏(之桂妻) 蔡杜氏(有慶妻) 胡王氏(桂軒妻) 胡丁氏(遵舜妻,原守節) 蔣包氏(海妻) 蔣吴氏(朝宗妻) 馬嚴氏(錕妻。女孫同死) 馬氏女(开女) 于大姑 于二姑(并晋女) 吴袁氏(吴二妻) 許紀氏(笠村妻) 陳汪氏(源遐妻) 鄧艾氏(洪升妻。幼女孫同死) 高顧氏(玉妻。幼子同死) 楊王氏(德慶妻) 王于氏(文貴妻) 艾司氏(耀堂妻) 臧崔氏(從九品厚培妻,罵賊死) 焦吕氏(監生永昌妻,罵賊死) 戴李氏(監生焯妻,原守節) 魏顧氏(允中妻。原録未載,補請旌恤)

徐馬氏（嘉慶丙子舉人元佐妻） 徐氏女（允元女） 笪郭氏（庠生淵妻。與李笪氏合傳） 馮董氏（銘妻。與娣婦張氏合傳） 許茅氏（庠生光達妻。有傳） 吳張氏（墉妻。十七歲守節） 陳李氏（道遠妻。原守節） 黄周氏（國樹妻。十九歲守節） 耿陳氏（拱宸妻） 韓王氏（瑄飛妻） 嚴武氏（用康妻） 曾杜氏（秉衡妻。原録未載，後於同治十二年由采訪節烈局補報請恤。有傳）	郭顔氏（桂亭妻） 談趙氏（匯源妻） 笪余氏（名康妻） 戈道氏（玉川妻） 趙陳氏（天爵妻） 張曹氏（來旺妻） 周孔氏（耀祖妻） 嚴范氏（庠生國熙妻） 錢陳氏（鳳池妻） 余氏女（大福女） 以上觸地死	胡長姑 胡小姑（并鎔女） 法柳氏（意妻，原守節） 童陳氏（鑑銓妻） 朱趙氏（靄如妻） 戴袁氏（熙和妻） 程李氏（如川妻） 卞郭氏（德仁妻） 湯程氏（芝圃妻） 陳閔氏（功慶妻） 盛氏女（岐山女） 錢氏女（應榮女） 孫氏女（植廷女）	茅全姑（得皆女） 劉氏女（梯青女） 以上投水 李張氏（映奎妻，投池死）	

右除補録曾杜氏、魏顧氏外，餘一百四十六人俱見《丹徒孝烈録》。道光二十三年十月二十日奉旨：被賊戕害之婦女等令該地方官給銀三十兩，於通衢大路總建一坊，所有大小婦女姓氏全行鎸刻其上。除年未十歲之幼女劉天福等十二口照例毋庸設位外，餘并於節孝祠内設位致祭。（後邑人何佳琛捨宅爲孝烈祠，語詳“何魯氏”等傳中。）咸豐、同治兩朝例同。又咸豐三年，奏准官紳殉難家屬應行建坊人等，除官爲給銀建坊外，如本家有願自建專坊者，亦聽其便。又咸豐四年，奏准紳民殺賊遇害及合家男婦同時殉難者，准照總坊例，聽其自行另建一坊，以示表异。又是年，題准殉難家屬僅止一二名口亦給銀建坊題名。又光緒二年，題准各省貞烈祠之中龕添立總牌一座，上題“某省某府屬湮没未報殉難婦女貞魂之總位”。

咸豐三年癸丑，迄同治三年甲子，粤寇擾亂郡城，及在他郡省殉難義烈婦女表（殉捻匪、回匪之難者并附。）

自戕	自戕；投井、塘	投江、河、池、溷	罵、抗賊遇害	抗賊被害
李章氏（監生佩秋妻。同娣婦張氏） 李張氏（森妻） 李左氏（洪妻。同子大忻、大恒） 李笪氏（友帆妻） 李詹氏（成祥妻。同子婦談氏） 李談氏（國勳妻） 李張氏（大智妻） 李何氏（大懋妻） 李何氏（虹妻。同子婦曾氏） 李曾氏（春泉妻） 李蔣氏（朝珍妻） 王楊氏（文生爾烈妻） 王陳氏（順徵妻） 王孫氏（增妻。同子婦李氏） 王李氏（子成妻） 王茅氏（步蟾妻） 王吴氏（壽同妻） 謝孟氏 謝四姑（文燾妻、女） 謝盧氏 謝五姑（文堯妻、女） 謝唐氏（文瑛妻。夫同死） 張吴氏（秉和妻。夫同死） 張郭氏（耀宸妻） 張奚氏（杰妻） 張孫氏（殿掄妻） 張盛氏（孝思妻） 孫李氏（天福妻） 孫余氏（璋妻） 孫賈氏（盈之妻） 孫何氏（夫名缺，原守節） 蔣高氏（文生爕妻。同子婦高氏） 蔣高氏（垣繼妻）	周張氏 周進姑（增生兆魁妻、女。張氏原守節） 周曹氏（九品銜兆豐妻，原守節） 張楊氏 張　姑（武生景懷妻、女） 吴唐氏（光中妻） 吴胡氏（鏞妻） 錢張氏（之恭妻） 錢蔡氏（之中妻。夫同死） 孫左氏（培烺妻） 馬趙氏（雲門妻） 李王氏（玉齋妻。夫同死） 朱顧氏（福齡妻） 蔣胡氏（東山妻） 郭錢氏（堯千妻） 袁蔣氏（正名子婦） 汪周氏（江西義寧州吏目元煦妾） （以下在揚州殉難） 汪大姑（元煦女孫） 郭李氏（監生琡妻。琡及子湝同死） 蕭三姑（監生古香女，許嫁九品銜姚鵬） 馬七姑（長益女） 以上服毒 馬陳氏（鳴岡妻。夫同死） 馬張氏（如玉妻） 馬王氏（如林妻，原守節） 茅施氏（福徵妻） 茅莊氏（文生聖傳妻，原守節）	李吴氏（建之妻） 李洪氏（貢三妻。同子婦盛氏） 李盛氏（銘之妻） 李吴氏（盛源妻） 李王氏（濂妻，原守節） 錢張氏（景皋妻） 錢張氏（禮齋妻。幼孫及女孫同死） 錢李氏（如茨妻，有傳） 盛汪氏（監生啓元妻。同子婦葛氏） 盛葛氏（增生登雲妻，傳附“忠義”） 盛李氏（匯川妻） 吴唐氏（輝宇妻） 吴淩氏（鵬庚妻） 吴朱氏（鑑妻） 吴沈氏（昱妻） 陳顏氏（文田妻） 陳薛氏 陳　姑（廷珍妻、女） 莊茅氏（從九品銜蘭妻。子婦宋氏及女孫同死） 莊宋氏 莊煥姑（杰妻、女） 劉茅氏（佾生塤妻） 劉馬氏（聚源妻） 劉唐氏（善夫妻） 徐陶氏（古堂妻。同子婦黄氏） 徐黄氏（夫名缺） 徐顧氏（德成妻） 眭閔氏（八品銜福禧妻） 眭張氏（葆堂妻。幼女長姑同死） 嚴李氏（石齋妻）	王余氏（體乾妻。夫同死，傳附“忠義”） 王大姑 王二姑 王三姑（并體乾女） 王李氏（鶴鳴妻） 何孫氏（聖廟屯田廳仲玉妻。同子婦李氏，傳附“忠義”） 何李氏（允之妻） 錢張氏（正純妻。夫同死） 錢張氏（八品銜以德妻。夫同死） 錢王氏（曰俊妻） 李姚氏（監生蓮生妻） 李領姑（蓮生女孫） 李愛姑（蓮生弟監生蘭生女） 馮王氏（文生震妻） 周支氏（淮妻） 郎陳氏（兆鳳妻） 姚大姑（翊唐女，有傳） 淩張氏（季高妻） 郭王氏（松林妻） 林宋氏（夫名缺） 劉趙氏（錢氏僕婦） 戴李氏（監生杏妻。杏及二子同死） （以下俱在揚州殉難） 戴江氏（杏妾） 戴蘭英（杏女） 郭浣芳（一作“杏英”） 郭浣雲（一作“巧英”。并郭瑗女，傳附“忠義”）	萬張氏（福田妻） 萬吴氏（蕙階妻） 萬陳氏（蕙階子婦） 莊霍氏（夫名缺） 莊霍氏（文福妻） 莊高氏（文麒妻） 范苗氏 范二姑（東陽妻、女） 范尹氏（興保妻） 真華氏（傳仁妻。夫同死） 真李氏（夫名缺。同子婦晏氏） 真晏氏（如松妻） 袁余氏（紹明妻，十九歲守節。“余”，一作“俞”） 袁張氏（正明妾） 袁武氏（德萬妻） 胡王氏（耀章妻） 胡傅氏（正銓妻） 丁李氏（立本母。同子婦李氏。氏原守節） 丁李氏（立本妻） 周楊氏（廷玩妻，旌表節孝） 周何氏（楚生妻。夫同死） 周張氏（撫園妻） 包劉氏（裕全妻，原守節） 包尹氏（裕林妻） 沈笪氏（培寅妻。三幼子同死） 沈大姑（培寅女） 樊蓋氏（從九品從杰妻，原守節） 樊沈氏（海妻，原守節） 林文珠 林女姑（并壽先女） 夏范氏（得發妻。三幼子同死）

蔣吴氏(春暉繼妻)
蔣傅氏(標妻)
錢張氏(乃康妻)
錢戴氏(監生如綸妻。同子婦劉氏、戎氏)
錢劉氏(庚妻)
錢戎氏(壽保妻。姑婦合傳)
臧宗氏(攀桂妻。子婦莊氏同死)
臧莊氏(祥麟妻)
臧謝氏(夫名缺)
嚴鄭氏(明昆妻)
嚴徐氏(伯梁妻。同子婦高氏)
嚴高氏(篤齋妻)
吴蔡氏(昶妻)
吴錢氏(嘉楨妻)
吴朱氏(吉泗妻,原守節)
陳王氏(之銘妻)
陳虞氏(貫夫妻)
陳李氏(爲善妻。夫同死)
楊袁氏(必三妻)
楊姚氏(朝己妻)
卜李氏(桐階妻)
卜李氏(太和妻)
茅吴氏(穀慶妻)
茅夏氏(稷亭妻,原守節)
何林氏(金萱妻)
唐劉氏(正興妻)
殷蔣氏(朝珍妻)
高卜氏(鈺田妻)
郎姚氏(文生楷妻)
章薛氏(谷芳妻)
虞沈氏(從九品銜壽椿妻)
談唐氏(對庭妻)
夏袁氏(彝妻)

薛田氏(象韶妻。及子蓮妻等一門同死)
薛某氏(蓮妻)
眭蔣氏(玉書妻)
眭薛氏(夫名缺)
張趙氏(耀庭妻)
張吴氏(巨源妻)
顔胡氏(崇實妻)
章李氏(德智妻,二十一歲守節)
嚴朱氏(佩之妻)
朱張氏(銓妻)
凌顔氏(一擎妻)
趙錢氏(裕文妻。夫同死)
尹嚴氏(馥亭妻。夫同死)
余蔡氏(景春妻。夫同死)
王馬氏(夫名缺,原守節)
宗韓氏(學鶴繼妻,原守節)
陳徐氏(源妻)
胡何氏(遂亭妻)
戴宋氏(柔之妻)
吴揚姑(煦女)
宋祺姑(家鏞女)
潘裴氏(監生德昭妻)
(以下在揚州殉難)
潘大姑
潘二姑
潘三姑
潘四姑(并德昭女,與附監生潘新妻、女合傳)
趙張氏(進之妻。同子婦蔡氏)
趙蔡氏(占夫妻)
趙曹氏
趙二姑(潔夫妻、女)

嚴陳氏(成琳妻)
孫羅氏(璐妻。同子婦王氏)
孫王氏(浩妻)
谷徐氏(殿傳妻。同子婦田氏)
谷田氏(地山妻)
王李氏(理問銜庚福妻,十七歲守節)
王吴氏(壽同妻。幼子彭生同死)
何姚氏(監生文玉妻)
何錢氏(國珍妻)
沈吴氏(夫名缺)
沈陳氏(玉瑞妻)
唐何氏(監生五成妻)
唐王氏(耕莘妻)
耿胡氏(殿掄妻)
耿顧氏(步鼇妻)
顧陳氏(職員麟瑞繼妻)
張唐氏(舉人奎光妻)
高耿氏(有良妻)
姜唐氏(九品銜培錀妻。幼子同死)
顧向氏(贊臣妻)
華吴氏(聖徵妻)
范朱氏(范大妻,原守節,有傳①。)
顔馮氏(士偕妻)
童胡氏(文溥妻)
程戴氏(宗雅妻)
虞張氏(恕存妻)
笪蔣氏(秀廷妻)
謝張氏(夫名缺)
凌小姑(茂昌女)
卞小姑(長春女,許嫁凌姓)
郭孫氏(八品銜志洽妻)

許　氏(郭氏僕婦)

以上駡賊被害

張陳氏(文生學俊妻。同子婦宋氏)
張宋氏(振禄妻)
張俞氏
張雙姑(孝仁妻、女。孝仁同死)
張姚氏(侣彭妻。子用中同死)
張大姑
張二姑(并侣彭女)
張蕭氏(夫名缺)
張徐氏(元達妻。幼子同死。)
張順姑(張四女)
張貞姑(玉正女。幼弟懷同死)
張吴氏(春生妻)
張馬氏
張　姑(永輝妻、女。永輝同死)
吴陳氏(鷺妻)
吴朱氏(均妻)
吴錢氏(煦妻)
吴丁氏(焕奎妻)
吴韓氏(正乾妻)
吴陳氏(夫名缺)
吴顧氏(廷揚妻)
吴居氏(家福妻)
吴戴氏(鳳池妻,原守節)
陳張氏(連妻。與娣婦賈氏、許氏、女大姑同死,有傳)
陳賈氏(璋妻)
陳許氏(珩妻)
陳大姑(連女。"連",原從玉)
陳梁氏(鳴岐妻)

夏氏女(許嫁范東陽之子)
吉徐氏
吉　姑(慶妻、女。慶同死)
湯武氏(夫名缺)
湯任氏(學貴妻)
霍葛氏(乾泰妻。三幼子同死)
霍葛氏(正明妻)
倪陳氏(宗福妻)
龔蔡氏(夫名缺)
姜陳氏(愛妻)
徐耿氏(鑑堂妻)
居曹氏(夫名缺)
古麴氏(夫名缺)
戚朱氏(大生妻)
童楊氏(夫名缺)
蘇寶氏(正舉妻)
仇任氏(廣銀妻)
凌包氏(春山妻,旌表節孝)
凌唐氏(白蓮妻。子紅兒同死)
畢朱氏(學魁妻。孫紅兒同死)
孫薛氏(文盛妻)
詹孫氏(裕廣妻)
韓張氏(監生兆福妻。夫同死)
董劉氏(瑞符妾。子璧同被害)
談笪氏(德琨妻)
巫小姑(父名缺)
笪黄氏(衍三妻)
盛劉氏(鵬妻)
宗韓氏(學鵬妻)
甯徐氏(時豐妻,原守節)
嚴郭氏(舜舉母。子同死)
戴陳氏(錫康妻)
潘趙氏(大順妻,原守節)
何姚氏(麟書妻。夫同死)

---

① 范大妻:本志卷三十九《列女二》"義烈":"節婦范朱氏,之大妻。"

汪茅氏(從九品銜五品藍翎成妻)
林楊氏(林五妻)
童楊氏(武生步蟾妻)
童楊氏(武生瞻之妻)
盛黃氏(敏言妻)
林劉氏(壽先妻。夫及二女皆抗賊死)
吕徐氏(廷選妻)
袁大姑(醴泉女,許嫁高厚增,有傳)
湯茅氏(連科妻)
戴王氏(根如妻)
沈劉氏(慶元妻)
沈陳氏(玉瑞妻)
馬陳氏(學士妻)
胡張氏(基妻)
郭李氏(監生又新妻)
潘裴氏(附監生新妻)
(以下在揚州殉難)
潘大姑
潘二姑
潘三姑(并新女,與絶粒之潘德昭妻、女合傳)
嚴某氏
嚴大姑
嚴二姑(茂虎妻、女)
張吴氏(以智妻)
張三姑(增生榮生女)
周余氏(漢臺妻)
周李氏(慎之妻)
曹大姑(廪監生簵女)
郭張氏(瑗妻)
紀李氏(餘堂妻。傳附"忠義")

以上自縊

吕厲氏(懋銓妻。同子孔章、子婦尹氏)
吕尹氏(候補布政司理問孔章妻)
曹朱氏(廪監生簵妻,傳附"忠義")
滕張氏(國英妻。子同死)
張滕氏(景揚妻)
曾吴氏(元興母)
姜眭氏(夫名缺)
巫石氏(明橋弟妻)

以上絶粒

劉眭氏(榮母。同子婦高氏及幼孫男、女闔家自盡)
劉高氏(榮妻)
卜錢氏(懋森妻,觸柱死)
楊謝氏(鳳誥妻)
顏左氏(監生士榮妻。并搶地死)
謝笪氏(錦章妻)
謝程氏(德中妻)
謝素貞(文瑛女)
臧大姑
臧二姑
臧三姑(并臧謝氏女。謝氏見"自縊"。父名缺)
唐胡氏(堯典妻。同子婦程氏、梁氏)
唐程氏(文楷妻)
唐梁氏(聲庵妻)
胡霞姑
胡柏姑
胡轉姑(并文童胡玉湛女)
嚴朱氏(惟吉妻)
梁王氏(夫名缺)
閻王氏(鑑堂妻)
楊袁氏(元茂妻)

流寓

下河女子(有傳)

以上投江

吴張氏(鶴年妻。同娣婦宗氏)
吴宗氏(柏年妻)
吴居氏(溶繼妻)
吴錢氏(彪妻)
吴丁氏(堃妻)
王余氏(文宗妻。同子婦李氏及女孫)
王李氏
王美姑(東序妻、女)
王李氏(自妻)
王文姑(惇甫女)
陳王氏(端妻)
陳錢氏(良弼妻)
陳李氏(近廷妻)
陳王氏(之洪妻)
劉唐氏
劉大姑
劉二姑(文生錫元妻、女)
劉馬氏(源妻)
李吴氏(子大妻)
李吴氏
李吴氏(夫名并缺)
李殷氏(康麟妻)
李王氏(壽民妻。夫同死)
孫吴氏(海峰妻。娣婦陳氏及女同死)
孫陳氏(練如妻)
孫大姑(海峰女)
孫余氏(瑮妻)
趙嚴氏(金路妻)
趙胡氏(金門妻。女二姑亦殉難)
陳滕氏(霞甫妻)
陳李氏(正裕妻。子女四人同死)
陳蔣氏(大有妻)
趙韓氏(摶庚妻)
趙胡氏(步蟾妻)
趙張氏(禮焱妻)
趙左氏(之一妻)
趙葛氏(原明母)
趙潘氏(原明妻)
趙何氏(大元妻。夫同死)
李吴氏(文童兆恒妻)
李吴氏(兆奎妻)
李蕭氏(兆興妻)
李卜氏(元宏妻)
李高氏(大庚妻。幼孫、幼女孫同死)
李滕氏(光德妻)
滕孫氏(履安妻)
滕吴氏(士習妻。三幼子同死)
滕張氏
滕大姑
滕二姑(士珍妻、女)
王葛氏(金標妻)
王滕氏(百吉妻。幼女同死)
王徐氏(學章妻)
王某氏(仁妻)
王仇氏(夫名缺)
顧李氏
顧大姑(監生若廷妻、女。氏原守節)
顧張氏(錦文妻)
顧耿氏(成章妻)
華朱氏
華多姑(雲章妻、女)
華某氏(玉成妻。夫同死)
錢徐氏(明福妻)
錢劉氏(正隆妻)
錢凌氏(明珍妻。夫同死)
項願如(女尼)
袁朱氏(正進妻。夫同死)
(以下在揚州殉難)
袁史氏(正進嫂)
袁孫氏(正進娣婦)
袁韓氏(正進子婦)
袁四姑(正進女)
袁貴珍(正進女孫)
張何氏(增生榮生母)
張王氏(榮生妻)
張李氏(金鑑妻。三張俱見榮生傳)
張周氏(議叙八品煦妻。夫同死)
張大姑(煦妹)
張宋氏(文生振鏻妻。夫同死)
趙曹氏(宏成妻。夫及子女同死)
趙大姑
趙二姑
趙三姑(并宏成女)
李淑英
李喬英(并監生彦良妹)
李楊氏(二旭妻)
李姚氏(從九恒清妻。夫同死)
周顏氏
周桂英(元本妻、女)
夏劉氏(志純庶母)
夏丁氏(志純叔母)
王劉氏(子文繼妻。夫及子同死)
鄒韓氏(鹽運使銜文瑞妾)

童吴氏（鶴慶妻，一作“王氏”）
童楊氏
童大姑（榮慶妻、女。一家十口同死。榮慶，字封五）
童戴氏
童大姑
童二姑（錫三妻、女。一家五口同死）
楊曹氏（文山妻）
楊朱氏（瑞符妻。一家七口同死。楊、童二氏合傳，見“忠義”）
顧張氏（文童文奎妻。同子婦張氏、戴氏及女孫。氏原守節）
顧張氏（兆林繼妻）
顧戴氏（兆椿妻）
顧懷姑（兆林女。顧、張二氏合傳，見“忠義”）
張周氏（監生允康妻）
周馮氏
周小姑（兆和妻、女）
汪錢氏（夫名缺。傳并附張允康）
陳某氏（六合縣人，童姓僕婦）

以上自焚

嚴李氏（明蘊妻）
李馬氏（從九品銜浩妻）
李王氏（效士妻。子溶同死）
祝蔡氏
祝連姑（焴繼妻及女）
范卞氏（壽山妻。同子婦吴氏）
范吴氏（德培妻）
顧張氏（連生妻。夫同死）
顧周氏（桂生妻。夫同死）
吴鄭氏（吉人妻。同子婦張氏及幼孫男、女各二人）
吴張氏（耕餘妻）
凌謝氏（文桃妻。“文桃”，一作“灼華”。同死）
包楊氏（筆節妻）
卜何氏（秀倈妻）
周尤氏（兆勳妻，原守節）
周談氏（兆謙妻。幼子同死）
梁眭氏（譽春妻）
左孫氏（焕章妻）
張謝氏（曉川妻）
何邵氏（金德妻）
管氏女（父名缺，住東門街）
曹劉氏（一洪妻）
郭姚氏（琮妻）（以下在揚州殉難）
郭李氏（兆妻，旌表節孝）
郭李氏（兆元妻，年三十三歲）
張陳氏（監生樹妻。夫同死）

以上投井

金滕氏（渭源妻。夫同死）
楊孫氏（天池妻）
楊孫氏（佾生培仁妻）
楊吴氏（佩金妻。二幼子同死）
鄭杜氏（素齋妻）
鄭大姑
鄭更姑
鄭完姑（并素齋妻）
張閔氏（坦妻）
張大姑（文賓女）
張陳氏
張二姑（雲程妻、女）
茅錢氏（壽徵妻。夫同死）
茅張氏（全德妻。二幼子同死）
高張氏（夫名缺）
高張氏（成妻）
秦謝氏（文童仁穀妻，原守節）
謝江氏（安波妻。幼女同死。原守節）
陶潘氏（士元妻）
顏張氏（監生于録妻）
華高氏（光裕妻）
郎蕙芳（居福女）
繆二姑（父名缺）
錢曹氏（如蘭繼妻，有傳）
道顧氏（許嫁文童文福，旌表貞孝，有傳）
沈丁氏（監生左儀妻）
笪高氏（濟川妻）
蔣吴氏（應元妻）
唐虞氏（培元妻）
徐耿氏（監生鑑堂妻。同子）
章李氏（慧人妻）

以上投河

秦沈氏
錢紅姑（元信女。幼妹同死）
朱尤氏（應連母）
朱徐氏（應連妻）
朱尤氏（正華妻）
朱徐氏（蔭連妻）
徐余氏（志宏妻）
徐顧氏（永貴妻）
徐氏女（永泰女）
徐顧氏（敬夫妻）
蔣莊氏
蔣 姑（士福妻、女。士福同死）
蔣王氏（綏五妻。幼女同死）
蔣張氏（登文妻）
高薛氏（文光妻）
高張氏
高大姑（厚植妻、女）
高張氏（樹之妻）
韓笪氏（舉人琅妻）
馬曾氏（長益妻）
眭某氏（夫名缺）
莊朱氏（監生武妻。“武”，一作“玉”）
姜殷氏（張紹銘表親）
賀凌氏（壽南妻）

以上抗賊被害

王李氏（同知銜壽昌妾）
王殷氏
王珍姑（署湖南新化縣知縣麟妻、女。三并仰藥死）

右附録咸豐二年在湖北武昌省城殉難者

	茅張氏(根源妻) 聞余氏(聞大妻) 胡成發(德順女,有傳) 賈姚氏(遠堂妻) 胡羅氏(福金妻) 孫宜氏(大霞妻。大霞抗賊被害) 淩戴氏(宏廣妻,同母) 戴氏婦(夫名缺) 宜孫氏(夫名缺。孫大霞女) 以上投塘	秦大姑(闕名妻、女,女許嫁陳瑞符) 吴田氏(榜妻。幼子焜同死) 以上投池 趙二姑(金門女,投溷死,有傳)		
右咸豐三年(咸豐二年附見)				
	李大姑(八品銜佩書女,避寇西鄉,潛匿不食死)	謝楊氏(士焜妻,在漢口鎮投河死)		耿沈氏(逢高妻)
右咸豐四年				
	張徐氏(嘉朋妻,賊蹂躪連城洲,潛匿不食死)			
右咸豐五年				
蕭吴氏(文童映斗妻) 張程氏(焜南繼妻。同娣婦潘氏)(以下俱於揚州復陷時殉難) 張潘氏(秉文妻) 李張氏(承恩妻) 楊何氏(九品銜宗伯妻。夫同死) 王茅氏(八品銜雲岱妻) 以上自縊	張施氏(八品銜景康妾) 王孫氏(月江繼妻,原守節) 以上服毒 郭李氏(肇初妻) 孫殷氏(器之妻。二幼子女同死) 張大姑(文童穀女。俱於揚州復陷時殉難) 以上投井	項夏氏(林妻) 嚴王氏(保鍠妻) 李丁氏(武舉光妻。在金壇殉難) 以上投河	葉杜氏(夫名缺。駡賊被害) 錢張氏(伯仁妻。同娣婦劉氏) 錢劉氏(仲義妻) 周嚴氏(哲生妻) 盛大姑(鳴興女,有傳) 吕李氏(嘉德妻。夫同死) 柳李氏(監生均士妾) 左劉氏(候補廣東鹽知事君石妻) 李胡氏(懷祥妻) 華宋氏(有富妻) 以上抗賊被害	楊何氏(八品銜秉禮妻。在揚州同死)

戴包氏 戴小姑(桐妻、女) (以下亦在揚州殉難) 戴趙氏 戴小姑(沅妻、女) 周張氏(誠熙妻) 周楊氏(從九品銜承勳妻。二幼子同死。與戴、楊二氏合傳) 楊戴氏(學棋妻) 以上自焚	祖余氏 祖小姑(根石妻、女) 祖余氏 祖招姑(監生長柏繼妻及女) 孔陳氏(巢許妻) 李孔氏(李二妻) 趙氏女(許嫁方榮悦,有傳) 胡李氏(象乾妻) 張嚴氏(克修妻) 張沈氏(松富妻) 崔笪氏(潤之妻,原守節) 楊韋氏(焕庭妻) 韓馬氏(佾生守恬妻) (以下在金壇殉難) 馬胡氏(學俊妻) 鄭金氏(文生霱妻) 何戴氏(佾生鴻譽妻,在句容同夫殉難) 以上投塘 歐陽酈氏(蕙榮妻,有傳) 張陳氏(振廷妻。并投水死) 陳萬氏(至川妻,揚城復陷時自焚不死,倒投水瓮中溺死)			
右咸豐六年				
		余張氏(祖培妻,在高郵湖西遇捻,投河死。十九歲守節)	茅葉氏(象乾妻,抗賊被害)	吴張氏(遐齡妻,有傳)
右咸豐七年				

	程周氏 程小姑（吉安妻、女。幼子同死） 張莊氏（傳恭妻） 張住姑（圻妻） 林張氏（祖偉妻，有傳） 黃陳氏（象培妻） 宋華氏（掄先妻） 趙王氏（宏泰妻） 沈莊氏（傳恭妻） 高沈氏（監生步蟾妻）	高原氏 高雙姑（蘭芳妻、女。氏原守節） 高鄭氏（蘭瑞妻。三高合傳） 嚴胡氏 嚴順英（例貢生銓妻、女。子恩同死） 吴大姑（承女） 徐睉氏（繼興妻。二幼女同死） 睉戚氏（玉廷妻）	宋沈氏（魯儒妻。同娣婦章氏） 宋章氏（魯材妻。“材”，一作“才”。二氏并守節，合傳） 宋韋氏（汝能妻） 以上俱在揚州罵賊被害 莊王氏（監生孝寬妻。同子弟郊在六合罵賊被害）	王馬氏（監生祥福妻，在揚州被害）
	以上俱在揚州投塘	以上俱在揚州投河		
右咸豐八年				
		牟許氏（錡妻。在揚州嚴家橋同夫及子正和投河死）		
右咸豐九年				
自戕投井、江	投河	投塘、池	投水罵、抗賊被害	抗賊被害
朱虞氏（進賢妻） 朱桂姑（從九品銜景鏞女，有傳） 朱貴貞（鳳儀次女，許嫁馬尚清） 韓吴氏（文生昌祺妻。夫同死） 韓于氏（昌祺子婦） 許孫氏（監生善烺妻。子婦王氏同殉難） 許紀氏（從九品銜奎元妻。“奎元”，一作“體方”） 許孫氏（朗妻） 豐成氏 豐四姑（元璧妻、女。幼女先死）	王錢氏（從九品長純妻，原守節） 王傅氏（在仁妻） 王氏女（實書女） 王趙氏（明祥妻） 王丁氏（鼎三妻） 王丁氏（夫名缺，丁嘉淦侄女） 冷賈氏（友常妻，原守節） 冷賈氏（進和妻） 冷王氏（昌煜妻） 冷王氏（發雲妻） 冷王氏（發開妻） 冷氏女（純錦女） 殷貢氏（啓雲妻） 殷朱氏（在衡妻，原守節） 殷趙氏（烏春妻） 殷朱氏（佩禮妻）	陳趙氏（明裕妻） 陳潘氏（士耕妻） 陳廖氏（良發妻） 陳郭氏（鍾壽妻） 陳羅氏 陳氏女（錫海妻、女。幼子同死） 陳江氏（加猛妻） 陳潘氏（聯芳妻） 陳潘氏（仁沛妻） 陳殷氏（加亮妻） 陳蔣氏（寬林妻） 陳江氏（鍾廣妻） 陳王氏（全佐妻） 劉王氏（百總文宏妻。子珍貴婦袁氏、幼孫連庚同死） 劉袁氏（珍貴妻） 劉裴氏（樹勳妻。同小姑）	陳吴氏（應魁妻，原守節） 陳馮氏（監生宗保妻。同娣婦韋氏、子婦周氏合傳） 陳韋氏（宗彝妻） 陳周氏（功業妻） 陳成氏（寬治妻） 陳二姑 陳三姑 陳四姑（并寬治女） 陳唐氏（文童怡妻） 陳余氏（宗學妻） 吴虞氏（國華妻） 吴鄧氏（仁蓮妻） 吴菊貞（光昭女，許嫁丹陽武生譚啓，有傳）	李蔣氏（增勳妻） 李孫氏（道勳妻） 李湯氏（壽勳妻） 李吴氏（潤猷妻） 李吴氏（保猷妻） 李張氏（珍永妻） 李華氏（祥梧妻） 李何氏（明信妻） 李吴氏（明遠妻） 楊賈氏（明正妻） 楊朱氏（明義妻） 楊王氏（巧元妻） 楊孫氏（如乃妻） 楊朱氏（友廣妻） 楊殷氏（友禮妻） 楊孫氏（十三妻） 楊莊氏（加連妻） 楊戴氏（瑞珍妻） 姚滕氏（遐齡妻，有傳）

殷霍氏（烈妻）
殷霍氏（同庚妻）
王孫氏（長湧繼妻,原守節,有傳）
姚蕭氏（其旋妻）
沈劉氏（職員文杏妻）
蔣豐氏（才壽妻）
梁金氏（潤華妻。幼子同死）
陳豐氏（朝海妻）
吳周氏（洪昭妻）
沈何氏（默妻,原守節,在丹陽殉難）
鄒萬氏
鄒大姑（增芳妻、女,在金壇殉難,傳附鄒錫恭,見"忠義"）
魯何氏（武生長春繼妻,在金壇殉難）
笪莊氏（啓東妻,與杜笪氏合傳）
杜笪氏（瑞璜妻,十九歲守節。二俱在溧陽殉難）
李笪氏（從九品鏞妻,在常州殉難）
張某氏（錫庚父福建龍延州頡雲妾）
（以下俱在浙江殉難）
張王氏（浙江學政錫庚妾）
張戴氏（錫庚子候補直隸知縣恩然妻）
支三姑
支四姑（并府銜昭箴女,有傳）
吳氏女（許嫁即補員外郎支恒珍。恒珍亦在浙江殉難）
殷趙氏（佩義妻）
蕭趙氏（景範妻。夫同死）
蕭薛氏（景蘭妻）
蕭田氏（景華妻）
蕭張氏（景秀妻）
蕭張氏（士浩妻）
孫宜氏（克明妻）
孫張氏（榮賢妻）
孫王氏（榮陞妻）
孫陳氏（繼松妻）
劉王氏（文鴻妻。子婦袁氏、女孫聯姑同死）
劉袁氏
劉聯姑（貞桂妻、女）
朱大姑
朱二姑（并大元女）
朱宦氏（維惠妻）
朱張氏（錫山妻,有傳）
丁姚氏（嘉淦子婦）
丁八姑（堃女）
羅陳氏
羅氏女（德富妻、女）
包真氏
包秀姑（選三妻、女,有傳）
吳陳氏（吉人妻）
吳羅氏（燦明妻）
錢卜氏（家訓妻）
錢某氏（夫名缺）
陳王氏（啓宏妻）
陳趙氏（學德妻）
黄于氏（蘭皋妻）
黄于氏（汝霖妻）
曹滕氏
曹氏女（肇修妻、女）
蔣曹氏
蔣愛姑（候選巡檢焕妻、女,傳附"忠義"）
李王氏（耀川妻）
劉如姑（禮華女）
劉徐氏（允其妻。幼女同死）
王殷氏（新福妻。幼子、女同死）
王包氏（世斌妻）
王馬氏（恩濤妻）
王二姑（文童源女）
王江氏（修仁妻）
王馬氏（信寶妻）
李王氏
李氏女（松年妻、女）
李曹氏（文童本端妻。夫及子善元同死）
李曹氏（孝屺妻）
李段氏（庚猷妻）
張徐氏（汝誠妻。同娣婦陳氏）
張陳氏（汝信妻）
張李氏
張懷姑（言嘉繼妻及女）
張陸氏（鴻宣妻）
孫笪氏（蜀江妻。夫抗賊被害）
孫陳氏（邦選妻。幼女同死）
吳王氏（基康妻）
吳莊氏（學福妻）
吳華氏（學詩妻）
趙解氏（國安妻。夫同死）
趙氏女（魁金女）
趙王氏（長鋐妻）
左黎氏（起陞妻。同小姑）
左氏女（世加女）
紀陸氏（懋順妻。幼子同死,有傳）
紀陸氏（順清妻。幼子同死）
傅曾氏（隆禮妻。同小姑）
傅杏姑（秉其女。二與"自焚"内傳張氏合傳）
吳李氏（祥齡妻）
吳羅氏（宜曾妻）
吳羅氏（四曾妻）
吳虞氏（監生錫泰妻）
歐陽凌氏（敦德妻）
歐陽戴氏（彭壽妻）
歐陽耿氏（槐壽妻）
歐陽譚氏（旄妻）
歐陽王氏（克華妻）
歐陽酈氏（萬富妻）
歐陽林氏（蔭祖妻）
劉徐氏（六壽妻）
劉氏女（應鳳女）
劉氏女（永洽女）
錢高氏（正路妻）
錢何氏（松齡妻）
王趙氏（錫貴妻）
王蔣氏（聲遥子婦）
許王氏（鼎元妻。"鼎元",一作"體舒"）
張歐陽氏（福喜妻）
江陳氏（榮喜妻）
步吳氏（志秀妻）
嚴解氏（恕宏妻）
盧某氏（明貴母,傳附見"忠義"）
汪黄氏（占福妻）
賈朱氏（奉禮妻）
卞氏女（聯福女）
李吳氏（金聲子婦）
吳郭氏
吳大姑
吳二姑（爾誠妻、女,俱在溧陽殉難）
姚夏氏（成震妻）
姚李氏（承之妻）
姚徐氏（龍山妻）
姚朱氏
姚朱氏
姚張氏
姚張氏
姚顧氏（夫名并缺）
王吳氏（文童明堂妻,傳附"忠義"）
王戚氏（明炳妻。子紀昌、孫智剛同死）
王周氏（富春妻）
王張氏（發初妻）
王唐氏（學詩妻）
王趙氏（監生嘉治妻）
陳翟氏（嘉亮妻）
陳左氏（宗海妻）
陳王氏（美桂妻）
陳湯氏（夫名缺）
陳趙氏（學堂妻）
趙汪氏（培祖妻）
趙任氏（瑞吉妻）
趙王氏（大開妻）
趙王氏（長洪妻）
趙朱氏（招慶妻）
李眭氏（八品銜景章妻）
李萬氏（東來妻）
李吳氏（文童庚妻。夫同死）
李蓮姑（仁達女）
張魏氏（廣蔭妻）
張巫氏（守清妻）
張鄭氏（宏本妻）
張丁氏（彪妻）
殷吳氏（聖廟屯田廳瑢妻。子德同死）
殷朱氏（啓朋妻）
殷林氏（壽仙妻）
殷吉氏（藻妻）
孫朱氏（從九品榮祚妻）

江沈氏
江佩瑜（浙江候補縣丞增妻、女）
江月珠
江掌珠（并增妹）
江氏女（許嫁河南候補縣方汝舟）
蕭氏女（許嫁議叙九品姚鵬）

以上自縊

陳徐氏（朝龍妻。夫同死）
陳戴氏（文生宗堯妻）
傅張氏（秉其妻。闔家殉難，有傳）
曹笪氏（監生士高妻，原守節）
錢馬氏（以德妻）
（以下在常州殉難）
錢徐氏（乃裕妻）
劉錢氏（懷廷妻）
張錢氏（增妻，原守節。錢馬氏以下傳并附錢乃裕，見“忠義”）

以上自焚

胡宋氏（湛妻，住城内，子及二女同死）
胡二姑
胡三姑（并湛女）
徐李氏（監生松源妻。夫同死）
張韓氏（子明妻）

以上服毒

吴江氏（長慶妻，原守節）
吴江氏（長吉妻，原守節。二并自刺死，合傳）

郭嚴氏（八品銜咸熙妻）
金談氏（全龍妻）
楊霍氏（桂林妻）
畢郁氏（正綱妻）
卞顧氏（士源妻）
彭小姑（文生城女，許嫁文童王長庚，原守貞）
吕徐氏（文榮妻，原守節）
何戴氏（蘭澤妻）
張丁氏（魁妻。“魁”，一作“奎”）
解鄭氏（理純妻。幼女同死）
顧卞氏（一清妻）
周江氏（仲賢妻）
聶李氏（文富妻，原守節）
潘艾姑（桂臻女）
趙汪氏（祖培妻）
談氏女（許嫁王耀堂）
田徐氏（恒連妻）
孫劉氏（輝祖妻）
（以下在丹陽殉難）
孫大姑
孫二姑（并輝祖女。輝祖及二子同死）
丁轉姑
丁順姑（并文生城女。城亦被害）
張朱氏（文生淦弟婦，傳附見“忠義”）
鮑眭氏（監生汝楫妻，原守節）
（以下在金壇殉難）
袁于氏（文生性妻，二十歲守節）
戴小姑（以煇女）
張錢氏（良熺妻。幼子同死）

嚴魏氏（從九品文瀾妻。子婦李氏同死）
嚴李氏（寶賢妻）
謝蔣氏（守珠妻）
謝韓氏（廷德妻）
蔣楊氏
蔣陳氏（并前寧紹台道廷瓚妾）
朱劉氏（榮瑾妻。幼女及内侄同死）
朱宋氏（學隆妻）
夏葛氏（興隆妻）
夏大姑（恭餘女）
韓嚴氏（文生文瀚妻。同娣婦樊氏）
韓樊氏（文藻妻，傳并附文瀚）
余程氏（福齡妻。夫同時被害）
余笪氏（壽齡妻。幼子同死，有傳）
曹沈氏（承裕妻）
曹潘氏（成鶴妻）
包董氏（監生國銓妻。幼女同死）
包真氏（國權妻。幼女同死，有傳）
于姚氏（九品銜祖培妻）
顔李氏（振鷺妻。幼子同死，有傳）
錢小姑（義女，有傳）
方崔氏（德玉妻）
江印氏（文信妻。同妹）
印二姑（其信女）
蔡陳氏（和發妻）
羅江氏（福春妻。二幼女同死）
楊大姑（正發女。正發抗賊被害）
唐巧姑（孟堅女）
茅大姑（文生咸慶女）

戴吴氏（鹽知事烺繼妻。子婦王氏及幼孫、女孫同死）
（以下俱在蘇州殉難）
戴王氏
戴寶琴（候選縣丞熙艾妻、女）
張嚴氏（監生燦繼妻）
賈朱氏（泰禮妻）

以上投水

姚夏氏（葆長妻）
姚夏氏（成震妻）
姚李氏（承之妻）
張趙氏（文亨妻）
張鄭氏（宏泰妻）
張王氏（治宇妻，原守節）
嚴王氏（宗源妻）
嚴王氏（炳泰妻）
趙王氏（貽猶母）
趙陶氏（恒足妻，有傳）
朱李氏（方瑾妻，原守節，有傳）
朱於氏（萬澧妻）
魏趙氏（海門妻）
魏陳氏（學仁妻）
蔣李氏（匯川妻。孫開元同死）
蔣陳氏（家惠妻）
王潘氏（舜年妻）
徐楊氏（萬青繼妻。夫同死，有傳）
劉戴氏（九元妻，有傳）
蔡裘氏（監生廷祥繼妻。夫同死，傳附蔡源）
祝高氏（文連妻）
孫趙氏（明思妻，有傳）

孫吴氏（銓章妻）
孫解氏（祥緯妻）
吴高氏（正泰妻）
吴朱氏（彩繁妻）
吴張氏（錦秀妻）
吴姚氏（職員明彩妻）
丁闞氏（京洪妻。夫同死）
丁闞氏（紹先妻。夫同死，傳附“忠義”）
湯陳氏（達章妻。同子婦傅氏）
湯傅氏（警之妻。幼女同死）
周李氏（兆新妻。夫及子召南同死）
周嚴氏（夫名缺）
段陳氏（伯厚妻）
段李氏（伯高妻）
顧賈氏（監生紫蘅妻。子福兒同死）
顧朱氏（純甫妻，原守節）
江王氏（德九妻）
江蔣氏（毓華妻）
唐姚氏（子浩妻，原守節）
唐邱氏（全妻）
戴孫氏（加洪妻）
戴王氏（彩霞母）
戴趙氏（彩霞妻，有傳）
高周氏（海門妻）
高周氏（鼐玉妻）
高靳氏（繼彭妻，旌表節孝）
馮陳氏（起鵬妻）
歐陽譚氏（莊法妻）
陳歐陽氏（法祖妻。二俱鳴金助戰，有傳）
汪趙氏（發長妻）
莊許氏（宗吉妻）

解趙氏(洪玉妻)
孫李氏(蔚文妻。二并自刎死)
耿歐陽氏(夫名缺,不食死)
李柳氏(監生坤妻。子婦祖氏及幼孫女同死)
李祖氏(從九品兆輝妻)
柳九姑(文童馨女)
王張氏(啓成妻,旌表節孝,有傳)
張曹氏(夫名缺)
姚王氏(乃第妻)
嚴孔氏(從九品如瑛妻,同在金壇殉難)
趙道氏(雨亭妻,在常州殉難)
丁姑(樹臺女,許嫁盧元星,在蘇州殉難)

以上投井

趙孫氏(大模妻)
趙孫氏(大興妻)
趙汪氏(培舉妻)
趙葛氏(子興妻。“子”,一作“志”)
趙王氏(在榮妻)
夏周氏(爲垣妻。同娣婦及女)
夏周氏(爲壎妻)
夏月姑
夏領姑(并爲垣女,合傳)
王徐氏(從九品長齡繼妻。幼女同死)
王馬氏(德純妻,二十一歲守節)
王張氏(湘浦妻)
陶王氏(儒雅妻。同二女)
田龔氏(恒純妻。恒純抗匪被害。二并在淮安殉難)
周高氏(紫封妻。子元福、子婦戴氏及女大姑俱在清河殉難)
周大姑(紫封女,許嫁蔣惠安)
丁張氏(議敘八品立生繼妻)
丁秀英(立生胞妹。立生亦在杭州殉難)
夏王氏(爲均妻,原守節。三并在蘇州殉難)
張郎氏(浙江補用主簿寶書妻)
范和珠(中孚女。二并在浙江殉難)
談大姑(職員敦甫女)
何邱氏(前句容學訓導堅光妾)
莊程氏(明炳妻,有傳)
史徐氏(治安繼妻)
殷吴氏(武生恩海妻)
費莊氏(廣恒妻)
顧卞氏(德潤妻)
笪郭氏(八品銜心齋妻)
貢吴氏(正立妻)
周吴氏(錫成妻)
向姚氏(廷選妻)
魯王氏(長治妻。幼子元順、女喜姑同死。傳附魯鎔)
(以下在金壇殉難)
魯鮑氏(長年妻。幼子百順同死)
魯喜姑(長治妻)
魯巧姑(榜女)
汪張氏(九品銜義經妻)
王某氏(王步雲僕婦,在無錫殉難)

以上投塘

呂徐氏(文蓉妻)
徐包氏(墉妻)
嚴徐氏(蔚齋妻。三俱在海州青口鎮殉難,合傳)

以上投滷池死

真蔡氏(監生煥母。煥及子傳炳同死)
陳范氏(夫名缺)
夏王氏(正聯妻)
汪趙氏(發同妻,有傳)
馮劉氏(金福妻。夫同死)
宋劉氏(文童家本妻,原守節)
劉袁氏(本源妻。在江陰殉難)
霍陶氏(在中妻,在蘇州殉難)

以上罵賊被害

朱吴氏(鶴泰妻)
朱德珍(善英女)
朱張氏(逢吉妻)
朱王氏(玉佩妻)
朱張氏(玉懷妻)
朱張氏(兆發母)
朱張氏(愷榮母)
朱韋氏(盛言妻)
朱鄭氏(庚乃妻)
朱王氏(長庚妻)
朱王氏(長林妻)
朱王氏(振漣妻)
朱賈氏(萃廷妻)
朱周氏(因春妻)
朱楊氏(舉綱妻)
朱殷氏(悦宏妻)
朱何氏(朝邦妻)
賈彭氏(秉鳳妻,原守節)
賈朱氏(雙丁妻)
賈氏女(法二女)
賈鄭氏(孝恩妻)
賈吴氏(孝義妻)
賈王氏(兆南妻)
賈吴氏(周寬妻)
賈戴氏(西和妻)
賈朱氏(太高妻。幼子同死)
賈張氏(雙和妻)
賈朱氏(兆宏妻)
程范氏(錦蘭妻)
胡王氏(洪慶妻)
胥朱氏(文奎妻。“文奎”,一作“斗南”)
冷吉氏(伯玉妻)
嚴何氏(天才妻。天才及幼子、女同死)
解冷氏(道四妻)
戈王氏(雍妻)
郭劉氏(長春妻)
尤周氏(監生植之妾)
華朱氏(宗梓妻,原守節)
徐姚氏(承灝母,原守節)
徐李氏(映璜繼妻,原守節)
徐李氏(毓奇妻。二并在金壇殉難)
魯笪氏(監生彭齡妻,原守節,在金壇殉難)
鄒嚴氏(文童錫綿妻,在無錫殉難。子湘官同死)
姚施氏(興之妻,在江陰殉難)

陶庚姑(儒雅女,許嫁戴次林) 陶翠姑(儒雅女,許嫁王慶山) 鄔韋氏(錦魁妻) 鄔韋氏(金魁妻) 鄔韋氏(宗貴妻) 束費氏(道廣妻) 束徐氏(夫名缺) 戴楊氏(增發妻。子宏吉同死) 卞顧氏(振聲妻) 顧卞氏(德康妻) 楊陶氏(錫成妻) 張陳氏(德盛妻) 胡李氏(從九銜象乾妻) 邵王氏(嘉祥妻) 解金姑(君煒女,許嫁殷國楨) 仲馬氏(祥程妻,原守節) 許趙氏(慶遐妻) 李王氏(印川名濂妻,十八歲守節) 馬王氏(嘉萬妻)				
以上投江				
右咸豐十年				
自戕	投井、塘	投江、河罵賊被害	抗賊被害	抗賊被害
趙殷氏(浩元妻,原守節) 趙衛氏(夫名缺) 王徐氏(昆華妻。"昆",一作"鼎"。旌表節孝) 張陳氏(桂元妻) 仇吕氏(宏科妻。夫同死) 景歐陽氏(監生如保妻,有傳) 歐陽李氏(敌勝妻)	姚王氏(及園妻) 陳柳氏(浙江補用從九品兆元母) (以下并在浙江殉難) 陳唐氏(兆元妻。同兩娣婦) 陳嚴氏(候選訓導兆榮妻) 陳柳氏(兆元弟婦) 唐陳氏(從九品植妻。以上傳并附陳兆榮)	徐孫氏(兆銓妻) 孫朱氏(監生軼群側室) 魏氏女(成學女) 王順姑(伯玉女) 以上投江 邱吳氏(鳳鳴妻) 李王氏(監生鳳池妻) 殷趙氏(文耀妻) 陳車氏(佑山妻) 汪霍氏(夫名缺)	朱張氏(逢忠妻) 朱周氏(逢義妻) 朱趙氏(逢甲妻) 朱吴氏(逢錦妻) 朱張氏(逢耀妻) 朱張氏(逢善妻) 朱郭氏(逢秀妻) 朱某氏(友盛妻) 朱唐氏(友厚妻) 朱趙氏(符庚妻) 朱蔣氏(符仁妻)	朱吴氏(義發妻) 朱殷氏(汝漢妻) 朱趙氏(耀棟妻) 朱張氏(長龍妻) 朱邵氏(素廉妻) 朱大姑(廷福女,許嫁董臣之子) 陳戴氏(學洪妻) 陳張氏(學銘妻) 賈顔氏(兆材妻) 賈吴氏(順全妻。二幼子、女同死) 趙孫氏(連梓妻) 解趙氏(廣仁妻) 步凌氏(佩蘭妻)

唐李氏（聖廟貢奏廳鋐繼妻，同在海州殉難，傳見“忠義”）
張支氏（八品銜楷妻。夫同死。娣婦袁氏等亦死）
（以下在浙江殉難）
張袁氏
張大姑（浙江補用從九品前署江山縣縣丞楨妻、女。楨及二子皆殉難）
吳周氏
吳鳳英（都司銜浙江杭嚴衛守備文鈞妻、女）

以上自縊

丁吳氏（茂明妻）
丁傅氏（其長妻）
丁蔡氏（其隆妻）
姚陳氏（松妻）
張梅氏（承善繼妻）
吳趙氏（惟田妻）

以上自焚

羅殷氏（文童福臻妻，自刺死，原守節，有傳）
張凌氏（盛進妻，不食死，有傳）
張畢氏（六品銜候選從九林妻）

以上投井

王陳氏（監生福銓妻）
張茅氏（軍功五品棒妻。同娣婦畢氏合傳）
張畢氏（都司銜候選衛守備楹妻）
王張氏（關妻。夫同死）
王殷氏（一德妻）
王笪氏（學義妻）
湯魏氏（之義妻。幼女同死）
湯戴氏（學淵妻）
宦陸氏（明忠妻）
仇大姑（宏科女）
徐倪氏（嘉彩妻）
殷趙氏（景春妻）
束李氏（道衡妻）
袁冷氏（德芳妻）

以上投塘

楊張氏（培烺妻，旌表貞節，在海州投水瓮中溺死，傳見“貞女”）
趙氏女（武生龍標女，投廁死。與三年趙金門女合傳。“龍標”，一名“錦裕”）
劉吳氏（際雲妻，原守節）
蔡劉氏（監生金福妻。二幼子同死。二并在海州殉難）
鄒萬氏（監生錫金妻，在杭州殉難）

以上投河

趙胡氏（鴻良妻）
趙解氏（明錦妻）
趙宗氏
趙壽姑（明珍妻、女）
錢吳氏（朝榮妻）
錢吳氏（朝貴妻）
殷趙氏（汝秀妻，原守節，有傳）
殷霍氏（令寶妻）
池倪氏（茂雲妻）
沈江氏（忠貴妻，原守節，有傳）
陳王氏（汝楠妻）
唐王氏（朝南妻）
朱馬氏（鳴璟妻。“馬氏”，一作“馮氏”）

以上罵賊被害

朱冷氏（符士妻）
朱張氏（符啓妻）
朱陳氏（符章妻）
朱徐氏（揣高妻）
朱冷氏（可高妻）
朱冷氏（可立妻）
朱蔣氏（福美妻）
朱馬氏（鳴錦妻）
朱吳氏（鳴壽妻）
朱徐氏（德廣妻）
朱王氏（雙庚妻）
朱張氏（順英妻）
黎解氏（宏壽妻）
莊薛氏（士亮妻）
孫吳氏（道富妻）
吳韋氏（基祥妻）
高周氏（楚材妻。夫同死，子五九亦死）
王高氏（啓妻）
戴解氏（監生文冕妻）
劉吳氏（際雲妻）

右咸豐十一年

王花氏（志道妻，旌表節孝）
王金姑（鹽城王殿元女，許嫁笪銘培）
吳許氏（鵬翥妻）
吳許氏（章寶妻）
吳王氏（學開妻）
吳王氏（家源妻）
吳謝氏（家裕妻）
陳張氏（際麟子婦）
翟潘氏（發玉妻）
王陶氏（春林妻）
王周氏（道成妻）
張凌氏（盛義妻）
張紀氏（盛孝妻）
張夏氏（大炳妻）
賈朱氏（兆道妻）
賈朱氏（五九妻）
紀凌氏（洪福妻）
景胡氏（大順妻）
劉唐氏（儘先守備泮林妻）
陳王氏（全祖妻）

歐陽汪氏（鼎芳妻） 印吴氏（達妻） 吴韋氏（學林妻） 陳印氏（元壽妻） 以上自縊 丁魏氏（嘉管妻。一作“嘉受”。爲賊焚死）	朱蔡氏（秉玉妻） 以上投塘	王郭氏（武生步魁妻） 以上投江 李王氏（鳳池妻） 戴孫氏（文禮妻） 紀王氏（啓安妻，原守節） 陳吴氏（恒善妻） 朱蔣氏（甲美妻） 蔣吴氏（坤妻。一作“有坤”） 汪潘氏（德善妻，在阜寧殉難） 趙解氏（監生玉山妻，在海州殉難） 以上投河	趙徐氏（瑞瑜妻） 趙解氏（明景妻） 殷邵氏（佩紳妻，原守節。“邵”，一作“趙”） 殷郭氏（鳳祺妻） 吴糜氏（洪章妻）	蔣張氏（鶴鳴妻） 徐趙氏（志邦妻） 糜江氏（宗令妻）
右同治元年				
歐陽潘氏（占福妻） 張淩氏（榮桐妻。并自縊死） 鍾紀氏（相義妻，焚死，有傳）	吴姚氏（家元妻，投塘死） 顧湯氏（尊祖妻，投水死） 宋王氏（咸側室，署甘肅古浪縣繼昌母） （以下在甘肅平涼府殉難） 宋劉氏 宋桂保（知廣西崇善縣克昌繼妻及女） 宋黄氏 宋連弟（慶昌妻、女） 宋報姑（咸女，繼昌妹） 宋鄒氏 宋蘭貞（增生沂妻、女） 以上投井	蔣朱氏（有坤妻，投河死）	吴潘氏（學海妻） 吴潘氏（家才妻） 吴孫氏（如江妻） 巫馮氏（國臣妻。夫同死） 巫吴氏（國春妻） 賈朱氏（兆如妻） 賈氏女（公發女） 殷孫氏（恒勤妻，原守節，有傳） 殷孫氏（恒欽妻）	朱吴氏（文章振鳳妻，原守節，傳附振鳳，見“忠義”） 何鄭氏（惠財妻） 金茅氏（金山妻。子有貴同死） 周金氏（尚順妻） 范謝氏（從龍妻）
右同治二年				

解姚氏（柱高妻，自刎）		郭孫氏（八品銜志洽妻，投江死） 吴楊氏（監生景元繼妻，投河死） 賈郭氏（鳳亭妻，罵賊被害）	李王氏（洪猷妻） 李劉氏（光猷妻） 李吴氏（書猷妻） 李王氏（瑞永妻） 李吴氏（明愷妻） 李耿氏（明義妻） 李朱氏（明智妻）	李耿氏（明普妻） 李丁氏（明顯妻） 李朱氏（明榮妻） 李范氏（國勳妻） 李陳氏（國祥妻） 蔣張氏（登文妻） 陶章氏（儒仁妻） 賈氏女（魯錦女）
右同治三年				
		朱孔氏（錫元妻，罵賊被害）		
右同治四年				
				宋魯氏 宋某氏 宋二姑（知甘肅隆德縣繼昌妻妾及女，均在任殉難）
右同治五年				
閻胡氏（夫名缺） 宋沈氏（夫名缺） 嚴若姑（父名缺。并絶食死）	李楊氏（廣旭妻） 李淑英 李喬英（并彦章妹）		吴居氏（夫名缺） 張林氏（夫名缺）	陳大姑（父名缺） 張桂姑（父名缺） 於氏 姚氏（夫姓名并佚）
右見《昭忠録》，年俱未詳				
		黄景氏（宗美妻） 黄尹氏（攀龍妻） 潘史氏（武生家鳳妻）	張傅氏 張大姑（鶴壽妻、女。鶴壽同死） 張住姑（五品藍翎千總玉衡堂妹） 戈王氏（倪發榮外祖母） 倪王氏（正元妻。夫同死） 林張氏（候選從九蘇門妻） 高靳氏（繼鵬妻） 朱畢氏（鏞妻）	孫殷氏（宗惠妻。夫同死） 孫殷氏（覲元妻。夫同死） 孫王氏（覲美妻。夫同死） 孫愛姑 孫蘭姑（并宗惠女孫） 殷黄氏（宗惠姻親） 李某氏（孫氏僕） 程閔氏（閔新妹）
右據公牘補入。其年月、事實、殉難地方均未詳				

續纂				
湯氏女（湯元興侄女，許嫁秦姓，原守貞，咸豐三年不食死） 楊金氏（棋妻，咸豐六年不食死） 解趙氏（瑜妻，咸豐十年刺喉死）		魏盧氏（允中妻，咸豐十年投河死） 王陳氏（玉山妻） 潘張氏（理問静齋妻，原守節。二并於同治三年投河死） 解姚氏（啓春妻，同治三年罵賊被害）	程蔣氏（監生廷松妻） 周謝氏（佩瑜妻，原守節。二并於咸豐三年抗賊被害） 高靳氏（繼彭妻，咸豐十年抗賊被害）	
右十氏均於光緒五年彙請旌恤				

丹徒縣志卷四十終

丹徒縣志卷四十一

人物十九　列女四　完節　守貞

《康熙志》云：徒邑民風樸茂，閨闈多奉禮法，即閭閻編户亦多皓皓自矢，不肯稍奪所守者，亦習俗之美使然也。按：吾邑婦女素重節義，一失所天，靡他自誓，甚或捐軀明志。歷稽志乘，代不乏人，特未緝爲專書。故志采録，猶未甚廣。國朝自康熙四十二年奉詔闡揚節孝以來，邑士大夫力勤搜討，勒爲成書，如章睿之《節孝祠譜》、馮錫宸之《節孝傳略》等編，《嘉慶志》既采入志中。道光初年，朝廷又准天下彙請節孝，於是近代遠年俱蒙聖澤，窮鄉僻壤悉沐恩旌，人數益多，勢難一從舊志體例。故國朝完節諸婦通列爲表，别自成卷，惟明以前及國朝事迹較詳，有非表之所能容者，則著於斯篇。

又按：嘉慶以前諸所纂録，辭雖稍冗，然列叙孝烈、貞節諸事迹，節目頗詳。《嘉慶志》痛加裁汰，未免辭不足意。今仍據各原本，略加删節録之，次則《嘉慶志》之所原録，次則今之所增者也。

宋

陳某氏，陳豫族婦。新寡，有遺腹子曰璹。舅姑憐之，命改適，而守節自誓，久益困於饑寒。豫周其乏絶，又教育其孤，俾進於學。學成後，以才選更任使將漕帥邊。堡顯其親①，遂極光榮。（《嘉慶志》引孫覿《陳豫神道碑》）

元

梁范氏，東平人，居京口，丹徒令梁澤母。年二十八，夫亡，遺一男一女，男即澤也，時甫九歲。貧無依，氏紡績織紝，鞠子女於成。澤官至承務郎，先卒。延祐五年，旌其門。年八十四，無疾而逝。（《嘉慶志》引《永樂府志》）

夏趙氏，普庵繼妻。年二十五，撫遺腹子，守節三十五年。至正六年，有司給匾旌表。（《嘉慶志》）

明

葛吴氏，彦祥妻，守節，洪武中旌其門。（以下見《康熙志》）

盛李氏，德章妻②。

---

① 按："堡顯其親"，孫覿《鴻慶居士文集》卷三十五《宋故左中奉大夫致仕贈少師陳公神道碑》作"褒顯其親"，是，當改爲"褒"。

② 按："德章妻"，《嘉慶丹徒縣志》卷二十九《列女》："李氏，盛德彰妻。"

竇潘氏，文彬妻。二氏俱守節。洪武中，有司并請旌其門，復其家。

聶周氏，寧妻，守節，正統中旌其門。

張歐氏，昇妻，苦節。

王楊氏，某妻。(《嘉慶志》云：王有玉妻。）守節。二氏并於景泰中旌。

趙高氏，銓妻，户部郎中祥母。守節，成化八年，聞於朝，奉旨旌其門，復其家。

錢聶氏，賢妻。年二十二守節。成化十四年，聞於朝，奉命旌表其門。年九十九卒。

陳吴氏，鑑妻。守節。弘治中旌表。

嚴杜氏，軫妻。軫亡，誓志苦節數十年。弘治中，建坊旌表。子勝宗，官都司斷事，三孫賓、寬、容皆登仕籍。(自葛吴氏至此，共十人。《嘉慶志》云：俱見《正德志》。)

喜法氏，名妙果，字一貞，其先大名人，徙丹徒。高祖合謨、祖貫之，俱元進士。父用寬，亦知名士，與母盛甚鍾愛之，而閨範甚肅。嘗樓居，鄰屋火，衆呼避，以無母命，堅不去。母至，始下避。適元進士、建康達魯花赤喜伯都四世孫道貴。事姑極孝，姑疾，伏枕者數年，腑燥不能御溷器，浴之湯中，手探其糞，起卧與居①，人皆難之。歸三載，貴卒，誓死守節，時年二十九。家貧，躬織紝，撫遺孤春。春能言，即教以五倫，勉學韵語，皆口授。春既成立，紹先業以醫名。弘治三年，旌表建坊於門。(據《嘉慶志》引丁元易《喜節婦傳》修改。《嘉慶志》又云：道貴，舊志作“喜貴”，《府志》作“道某”，并誤。今按：朔方稱謂，猶與古同，皆稱名而不稱姓。南人則以其名上一字爲之姓，彼亦從而姓之，若此之稱“喜”、稱“道”是也。其實其姓其氏非熟其譜系者，不能知二志之訛由於此耳。)

吴許氏，緊妻，守節。(據《嘉慶志》補入)

周葉氏，時妻，守節。二氏俱正德中旌表。(《嘉慶志》注云：俱見《正德志》。)

楊張氏，文襄公一清子紹恩妻。紹恩奉父命雲南祀祖，殁於黄河。張年十九，孤元尚在襁褓，氏撫孤痛哭流血，因而失明。嘉靖間，奉旨旌其門。元以祖蔭官禮部主事，蚤故，氏又撫孤孫，皆承恩蔭。年九十七卒。

曹程氏，仁妻。

戈茅氏，武妻。

王祝氏，潮妻。俱於嘉靖間以守節奉旌。

王黄氏，恩妻。年二十八，夫卒，遺腹生男涓。食貧守節，閫矩肅然。事舅姑以孝聞。嘉靖間，奉旨旌表。

按：《嘉慶志》“戈茅氏”下有大學士靳貴妻金氏一人，注云：貴妻請旌，格於禮部尚書吴山，山曰：“焉有宰相夫人再適人者乎?”衆議遂寢。而舊志仍存而不削，豈傳聞异辭耶？今按：《嘉慶志》所稱“舊志”皆指《康熙志》而言，檢《康熙列女志》中，原無金氏，不知《嘉慶志》何以羼入，又爲之考核若是?

---

① 按：“起卧與居”，《嘉慶丹徒縣志》卷二十九《列女》作“起卧與俱”。

徐趙氏，邑赤岸徐儼妻。儼年二十而卒，遺孕甫三月，氏呼天曰："天不絶徐後則生男，否即從夫地下耳!"後果生男，名曰思孝。年十四，讀書丹陽之某家，盗刃傷其額，思孝泣曰："我丹徒徐氏之遺孤也。"盗取囊中藥治之，立愈。趙年八十，旌貞節。朱之蕃作《貞母傳》，載《蘭嵎集》中。

錢嚴氏，璽妻。年二十四守節，八十四卒。子鷺，娶金氏，年二十八守節，七十八卒。子聚，娶蕭氏，年二十九守節，八十六卒。隆慶初，旌其門，曰"一門三節"。

仲趙氏，慜妻。年十九，慜卒。家貧，父母欲嫁之，自剔其目，示不可奪。事舅姑以孝聞。萬曆二十四年旌表。

姜靳氏，纓妻。年二十六，纓卒，孤在襁褓，門户凋瘁，以紡績爲衣食。父母欲奪其志，自經，繩絶不死，損背成痼疾。萬曆間旌表。

何孫氏，烈妻。二十三歲守節，六十八卒。子應載以名醫薦授太醫院院判。

張嚴氏，廷掄妻。年二十一守節，截髮自誓，撫遺孤震成立。

王袁氏，言妻。生子未彌月，言卒。强族欲奪其志，乃避居園中。壽八十四。今猶傳其居爲王寡婦園。(《嘉慶志》云：國朝雍正間，又有袁氏，夫亦名王，言守節事亦相類。)

李王氏，芳新妻。于歸七月而寡，無子。族人强之改適，王悲憤毁容。值有司過其門，遂鳴之官，以死自誓。苦節五十一年。以上四氏俱崇禎間旌表。

談王氏，有序妻。年十九生女而有序溺死，氏呼天求尸數十晝夜不獲。一夕，忽聞神語："尸在黑寡婦船下。"詰旦，往求，果獲。以殮，既有欲奪其志者，氏變色曰："我顧難一死乎？誠不欲以此女孤累堂上。"遂截髮廢膏沐，杜門理女紅。居數年，舅姑相繼卒，撫夫之兩幼弟成立，各授之室。已而，其仲生兩男，氏撫其次獻徵爲嗣。自有序死，氏未嘗解顔，至是乃一笑曰："今始得報夫子於地下也。"守節五十三年卒。獻徵，郡諸生。我朝康熙間旌。

馮吴氏，嘉兆妻。年二十七，夫卒。長子泰交八歲，次泰年七歲，次泰日襁褓耳。氏脱簪珥，俾諸子出就外傅。泰交，以明經官溧水訓導；泰年，天啓辛酉鄉舉；泰日，諸生。吴年七十五卒，我朝雍正二年旌①。

法李氏，諸生昌妻。年二十二，昌卒，② 遺腹三月生鏜。紡績撫孤，備歷艱苦。昌兄弟數人俱無子，數世後雲仍繁衍，皆李三月孕所衍也。年八十五，無疾卒。

沈魯氏，鄉舉魯崇禮之女兄也。年十七，歸指揮僉事文華。逾年，文華卒，遺孤復夭，矢志守節，取族人六月兒，告諸祖廟，立以爲後。又三十餘年而卒。

冷林氏，復元妻。生子時敏甫四月而復元卒，時林年二十五，哀毁欲死。其父諭以撫孤延嗣爲重，始强食。時敏稍長，教以讀書，入太學。比閭咸高其母節，欲爲請旌，

① 按："雍正二年"，《嘉慶丹徒縣志》卷二十九《列女》作"雍正三年"。
② 按："年二十二，昌卒"，《嘉慶丹徒縣志》卷二十九《列女》作"年二十四，昌卒"。

林聞而泣曰：“從一者，婦人之常。不幸早失所天，薄祜可知，復敢貪重典以爲名乎？”聞者嘆息而止。年六十七卒。時敏子士嵋，另有傳。

程趙氏，士宏妻。士宏早卒，氏撫孤恒生補諸生，備極荼苦。八十七歲卒。

笪張氏，諸生之玠妻。年二十一，之玠卒，生子昌齡甫十日。氏紡績撫孤，言笑不聞於户外。凡之玠手録經籍，皆謹藏之篋笥，以俟昌齡成人而付之。華尚實鈺重其節教，以弟女妻昌齡。後昌齡令饒之萬年，自題曰：“十日孤兒，千里羈客。”蓋不忘母節也。昌齡子重光。（按：重光，見“名賢”。）

徐嚴氏，時通妻。年二十七，夫卒無子。姑欲其改適，氏不可，乃屏弃膏沐，蔬素布衣，守節五十四年。

尹薛氏，灌妻。年二十三，夫卒，遺孤甫十月。氏矢節撫之，備歷艱苦。年七十二卒。

卞李氏，應龍妻。少讀書。歸卞，事舅姑以孝聞。應龍家貧，及卒，氏年甫二十五，勤紡績，撫五歲孤逵，朝夕訓迪之。逵後爲邑名諸生。巡按御史張某旌其門，曰“節光日月”。年九十二卒。

宗施氏，有恒妻。年二十二歸有恒，生子廷章甫三月，有恒卒。家貧甚，氏日紡績奉孀姑。有恒弟婦亦孀居，就養在室，煢煢三寡，門户衰落。氏抱三月遺孤，備極荼瘁，俯仰咸賴焉。守節六十一年，八十六卒。有司數旌之。廷章年六十歲時，薦嗜猶哀哀如孺子慕焉。

孫張氏，邑平昌鄉孫誌妻，孝子尚魁母也。孕尚魁三月，誌卒，矢節撫孤，以十指兼教養。終身屏膏沐，顔色憔悴，未嘗啓口而笑。守節四十年，年七十卒。

孫戴氏，平昌鄉有瑞妻，孝子子鯨之母。生子鯨逾歲，有瑞卒，戴年未滿三十。家極貧，舅姑俱歿，其父以貧故勸令改適，言甫出口，氏大呼，捉刀斷髮，并刺其面，父大驚走去，自是不復歸安。守節五十餘年，年八十卒。（以上三十八人俱見《康熙志》。又據《嘉慶志》補入吴緊妻許氏一人，共三十九人。）

錢陳氏，思文妻。苦節教子有翼爲諸生。（以下《嘉慶志》引《開沙志》）

錢王氏，有科妻。年二十九守節，事翁姑，撫孤。

王邱氏，元誠妻。夫卒，遺一子一女。子授室後又卒，依女以養，苦節四十餘年。

王劉氏，進賢妻。年二十八，苦節撫孤三十餘年。

張王氏，諸生天賜妻。年十九，夫歿，繼嗣守節。七十歲卒。（以下見《嘉慶志》）

顧倪氏，紹和妻。年三十，守節撫孤，六十七歲卒。

茅趙氏，崇傑妻。年三十，苦節。八十歲卒。

劉潘氏，永興妻①。守節撫孤三十餘年卒。

曾周氏，元章妻。年二十七，守節撫孤，七十七歲卒。

---

① 按：“永興妻”，《嘉慶丹徒縣志》卷二十九《列女》：“潘氏，劉永新妻。”

王江氏，漪妻。年二十八歲，苦節撫孤，七十六歲卒。

傅張氏，如初妻。年二十，苦節撫孤四十餘年卒。

法萬氏，諸生春妻。年二十一守節，四十二歲卒。

朱陳氏，之稷妻。年十八守節，撫三月孤成立。四十二歲卒。

尹徐氏，潤妻。

尹丁氏，枝妻。

尹蕭氏，元善妻。（按：三尹氏原列國朝，今據馮錫宸《節孝傳略》改列明末。）

以上凡未旌者，并於國朝道光十一年彙旌。

歐陽袁氏，夫名、事實皆未詳。楊文襄公有《壽節婦袁氏》七絶詩四首。國朝光緒五年補請旌表。（新增）

國朝（凡節婦死於寇者，俱詳"義烈"傳表，此不復出。得旌年分詳列表中，此亦不載，"貞女"同。）

夏王氏，九卿妻。父某，以明經貢太學，家範雍肅。年十八歸夏，恪事舅姑，動合禮則。居八載，九卿病，捐奩治之，弗給，繼以女紅，達旦親侍，歷二載靡間。已而，九卿卒，子民儀甫三歲，翁姑以婦少孫孤，屢慟欲絶。氏强起，掩涕指孤謂舅姑曰："兒亡有婦，是雖孩提，成立可待。玷夫辱子，死不忍爲。"尋舅姑亦相繼卒，三喪遞舉，皆氏鬻奩具、勤十指以治之。民儀生子沅，丁未成進士，官編修。氏親見誥封焉，年八十四卒。民儀事母極孝，垂老猶如孺子慕，温凊未嘗一日廢云。（以下見《康熙志》）

何韓氏，金根妻。年二十三，夫卒，撫三歲孤，矢志守節。有勸之他適者，變色起，更不與言。孤既娶婦生孫，又相繼夭亡，凄寂孤孑，歷四十六年。

莊李氏，日盛妻。嫁甫三月，日盛即夭。家徒壁立，於時氏年十九，遺腹生男，躬勤紡績，以母兼師。或以貧故諷其他適，氏曰："吾歸莊氏，知死莊氏耳!"甘心貧困，矢志無他，苦節五十四年乃卒。坊曰"霜闈師表"。

顧程氏，紹弼妻。年十九而寡。孀姑吴氏以乙酉死於石坑，語在"義烈"傳中。婦他匿得脱，然時以不得相從爲恨。蔬布終身，嘗勉其孤希曾，并自勵曰："汝毋忘此日機杼聲，未亡人毋忘昔日石坑水。"於是坎壈益甚，操守益堅，歷四十餘年乃卒。

周盧氏，邑白沙周大順妻。年十九，夫卒，孤未及周。截髮自誓，不御膏沐。孝事翁姑，嘗割股療翁疾。苦節四十餘年。

高王氏，邦祚妻，辰州通判王申女。年及笄歸高，生子松而夫夭殁，遺娠生樑。矢節撫兩孤，事後姑孝，接姒有禮，人皆賢之。年四十六卒，守節二十四年。

辛戴氏，希夔妻。年二十九，夫卒。家貧，誓死守節，以盡婦道。姑病篤，典鬻衣飾以資藥餌，溽暑尚衣敗絮。姑殁，哀毁幾隕，見者莫不感動。撫三子，身兼教養，三子俱克成立。長子鳴珮，官守備。

徐顧氏，諸生行弟妻。行弟病革時，氏年甫二十二，且無子女，行弟顧謂曰："吾已矣，若將奈何?"對曰："微孀姑，即當相從地下。勉爲君奉侍慈親，忍有他意乎?"行弟既卒，氏以孑身仰奉孀姑，撫猶子爲行弟後。初，行弟受知於邑令石確，及歿，石聞其妻以節自矢，爲旌其門，曰“柏舟誓效”。守節四十餘年。

湯楊氏，自新妻。年十七，夫卒，遺孤道宏未周。值歲凶，無翁姑伯叔可依，乃歸母家守節。子長娶婦，生孫未彌月，子又歿。再撫孤孫，艱貞荼苦，凡四十餘年。

汪王氏，永昌妻。明天啓中，永昌賈於越，死錢塘江中。家貧甚，時王年二十五，上有孀姑，遺孤在抱。供甘旨，勤鞠育，咸取辦於十指。苦志五十餘年如一日。課孫元鼎、源清爲諸生，元彪入太學。國朝康熙八年卒。

茅楊氏，士進妻。有賢姊與共處，互以貞淑相勉勵。嫁未十年，士進卒。氏求自盡者三，姊歷引古賢媛能教子者相勖。遂撫二子之鍾、之錦成立。之鍾，郡諸生。姊氏，管九叙之婦也。

錢周氏，志梅妻。于歸時，裝奩甚盛，入門見夫家寒儉，三日後悉屏弗御。年二十三，志梅卒。周手抱襁中兒，親操作以奉翁姑。翁姑相繼亡，偕夫喪治之，皆以禮，邑人稱賢。

楊王氏，世學妻。年二十四而寡，遺娠三月，生子可盛。娶孫氏，可盛又夭，孫年甫二十三。家益貧，姑婦相依爲命。後王以苦節終，孫哭姑致疾，相繼亡。

高陳氏，雲從妻。雲從少而病，自分必夭，不肯娶，父母以無後强之婚。婚後終以病故獨居一樓，氏侍湯藥者數載。一夕，大雷雨破其樓壁，乃就婦宿。詰旦，窗前榴花非時盛開，雲從竊自喜爲生子之瑞，已果生男。甫三月，雲從卒。氏年二十有二，父母愍其年少且貧，勸之他適，氏誓死不從，自是遂不復歸安，以女紅自活，遇歲歉，常竟日不炊。撫子成立。

張錢氏，士桂妻。年二十八，士桂卒，絶粒七日，死復蘇者三。時當兵燹之後，撫周歲遺孤鷺，食貧教養。鷺後爲國學生，效力河工，授景州州判。（“效力”句，據《節孝傳略》補入。）

淩田氏，自達妻。年十九而寡，遺腹生泓。有勸其改適者，輒日夜啼號，惟願隨夫地下。截髮茹素，苦節終身。

趙吴氏，諸生璧珂妻。乙酉以避兵出，璧珂卒於外，氏年未三十，子鴻寶甫七齡，扶櫬偕歸。途遇劫賊，氏挽弱子暨幼女赴水，水淺得不死。抵家，經營葬事，侍奉翁姑。及居翁姑之喪，俱盡禮。女後適盛氏，亦以節聞。

盛趙氏，大彦妻，趙吴氏之女也。年十七歸大彦，明年，大彦亡，生子先夭。氏茹蔬矢節，奉姑盡孝，不愧母風。

張吴氏，九一妻。年二十七而寡，無子，無翁姑，伯叔并無可嗣立者。携一女依弟以居，弟亦極貧，氏恃縫紉自活。有勸之改適者，曰：“忍飢死節易，忍耻變節難，我不知再適時，何處安放面孔？”苦節二十九年而卒①。

---

① 按：“苦節二十九年”，《嘉慶丹徒縣志》卷二十九《列女》作“苦節三十餘年”。

李王氏，自芳妻。家甚貧，日事紡績以供菽水。舅姑久病，晝夜祈禱，衣不解帶，歷寒暑無間。年二十九，自芳卒，苦經百折，撫孤成立。

徐張氏，江寧蔭生名貽妻，内閣學士、禮部侍郎張九徵女。名貽讀書太學，翁悍宦游，氏侍養姑，定省罔懈。名貽卒，氏年二十有八，念姑僅一子，慮傷其心，更委曲盡孝，雖哭極慟，見姑即拭涕，强爲慰解。姑病，爲禱於天，割股肉爲糜以進。四方多稱頌之。子沂，慧而好學，年十八亦夭，聘蔣氏，守貞。（傳見“貞女”。按：《志》原文“名貽”係兩字名，《嘉慶志》去“名”字，稱曰“徐貽”，誤也。）

朱胡氏，守正妻。守正卒於故明崇禎十三年，氏方年少。家貧甚，歲又大祲，皆勸其改適，氏以死誓。晝夜織紝，以撫其孤，人欽苦節。

周張氏，宏業妻。年二十六，夫卒，二子繼殤。媒氏有以無子諷其改適者，氏輒引古截耳斷臂之義拒之。守節三十年卒。

毛唐氏，一駒妻。一駒家貧，負才而死。氏年二十九，矢志撫孤，紡績度日，教二子皆成立。七十八歲卒。郡縣表宅，紳士咏詩成帙，將軍蔡序而傳之。康熙四十二年，奉詔闡揚節孝，偕其子鯤以節孝齊芳并旌。（以下見《康熙志補》）

王賈氏，儒童德龍妻。年二十四，德龍卒，矢志守孀。勤女紅爲衣食計，事病姑以孝聞，課孤子國祥青年入泮。六十一歲卒①。

張蔣氏，希武妻。年十九，夫卒，子方在孕，舅姑憐其少，欲遣之嫁，氏泣血自矢。後生子琦，事上接下，以孝謹稱。苦節四十年。琦入太學。

王趙氏，炯理妻。年十五適王，克盡婦道，事孀姑以孝著里中。姑亡，炯理亦病，更值饑疫，喪費無所出。氏易簪珥兼稱貸以治之，殮葬如禮。從夫遠走衡陽，順治乙酉，夫客死，遺一子一女，氏時年二十五，經數千里兵戈中扶柩歸葬。早夜勤女紅，矢死守節者三十六年。（《府志》）

張管氏，諸生懋勳妻。年二十三，夫卒，遺孤在抱，族人利其資，百計構害孺子，氏内堅貞而外柔順，亦百計保全之。生平不輕言笑，待諸猶子無异己子。諸生上其事，郡守甚褒獎之。（同上）

錢王氏，世嘉妻。世嘉卒一年，弟世明亦繼卒，各遺一子，氏并撫之。家被火，苦節三十餘年。子如錫、猶子山錫并爲諸生。（以下《嘉慶志》引《開沙志》）

錢卞氏，世斌妻。年十九，夫卒，遺孤周歲，翁官税無出，氏傾囊篋助輸。母欲令其更適，微諷止之，氏曰：“不能與夫俱死，留此身外物何用？”撫膺一慟，嘔血不止，數年卒。

嚴王氏，時聞妻。年二十九，夫病革，謂之曰：“子幼，姑老，家貧，何恃而守？”王泣對曰：“我恨不能相從地下！痛老姑無養，弱子無育耳，敢有异志？”傾奩篋以營

① 按：“六十一歲卒”，《嘉慶丹徒縣志》卷二十九《列女》：“八十五歲卒。”此處所言“六十一歲”蓋賈氏守節時間。

葬。姑卒，喪葬盡禮。教子甚嚴。

許錢氏，世泰妻。世泰死，遺孤三，舅復繼喪。叔逼之改適，不可，依其兄以自存。無何，二幼子又殤。苦節三十餘年。後長子瑞龍成立，能養其母。氏年逾五旬乃含飴弄孫焉。

王卞氏，錫邕妻，侍御之瑚之冢婦也。年十七歸錫邕，隨父之臨武任，越一歲回里而錫邕死。卞年十八，撫周歲遺孤，誓死守節，屏居鄉間，督僮僕以耕，教子家榜成諸生。

郭氏雙節。張氏，郡廩生宏妻。年二十三，宏卒，子嶺方二齡，翁老姑病，事之曲盡孝敬。時值明季，兵火流離，卒撫孤成立，五十三歲卒。嶺妻亦張氏，宏妻之侄也。年二十四守節，遺孤四歲。有利其奩中物者，擲堂下與之。剺面自誓，仰事俯育盡資十指，老而指僵，至不能勝匕箸。歷五十一年卒。（以下《嘉慶志》引馮詠《續府志》。按：《志》所引頗略，兹據馮錫宸《節孝傳略》參録之。）

章尤氏，增廣生員正期妻。年二十八，夫卒，長子況尚在弱齡，次子允則遺腹也。氏上奉孀姑，孝誠不怠。教育二子，皆克成立。況考授州同，允舉鄉飲大賓。孫宏亦考授縣丞。氏皆親見之。年八十九卒。其曾孫睿（字仲英）讀書勤學，於表揚節孝尤盡力焉。

法劉氏，遵古妻。年二十六，生二女，遵古病革，囑氏善嫁二女。既卒，或勸之改適，氏曰："我已許夫嫁二女矣。"及二女既嫁，一夕，大哭，嘔血死，時年四十六。

顧張氏，維栻妻（維栻，字其詹）。年二十五守節，繼嗣養姑。姑患乳，時方溽暑，腐臭人莫能近，氏奉侍不間。姑卒，哀毁盡禮。夫弟惟梓①（字元臣，俱見馮《傳》），甫四齡，氏力女紅撫之，爲聘王氏。（王氏，見"守貞"。）

王吴氏，元盛妻。年二十三，苦節撫孤士閎。八十七歲卒。士閎見"孝友"。（按：《續府志》作"年二十三歸王，生子士閎，五年而元盛卒"，與此稍异。）姚鼐《王氏秀山阡表》云：士閎生五年喪父，母吴安人尚少，而家貧乏，無族黨内外之助。撫三尺之孤，自守於窮巷之中。卒教養其子至成立。後長孫文治以庚辰一甲第三人登第。（按：文治由侍讀任雲南臨安府知府；弟文源，己亥鄉舉；文明，湖北潛江縣主簿。）

施張氏，宏仁妻②，侍郎張九徵女。年二十，夫卒，嗣子維城。守節，家故貧，教育備極艱苦。維城長爲諸生，未幾，亦卒，遺兩女孫，氏撫之如初。張兄弟皆顯官，未嘗有所繫援。年八十卒，不求表揚。

江秦氏，德秀妻。年二十七，值海寇之變，德秀死焉，遺孕三月生之浚。氏矢志撫訓，補諸生，感母節，作《腹孤吟》三十首、《節母吟》三十首，遍請當事顯揚之。

---

① 按："惟梓"，《嘉慶丹徒縣志》卷二十九《列女》作"維梓"。本志卷四十一《守貞》"王氏女"條："王氏女，許嫁顧維梓。"故當爲"維梓"。

② 按："宏仁妻"，《嘉慶丹徒縣志》卷二十九《列女》："張氏，施宏任妻。"

茅俞氏，之銓妻。二十八歲，夫卒。家貧苦節，以織紝供舅姑甘旨，撫諸孤悉成立。八十二歲卒。

顧茅氏，惟曦妻，茅俞氏之女也。亦苦節二十八年，卒於雍正甲辰（二年）。未葬，諸生白其事於邑令，賻而旌之，母女并題獎焉。

吴孔氏，承隆妻。年二十二，夫卒。吴族故殷盛，孔亦豐於財。承隆獨無儲蓄，氏茹荼苦節，不以告人，撫遺腹子璽成立。璽後於節孝祠公務，頗竭心力。孫八人，行健，乾隆戊午鄉舉，恂謹工詩；瓚、夢、魁俱諸生；琪入太學。曾孫元駱爲名諸生，於節孝事亦能繼厥祖志。氏年八十八卒。

丁楊氏，諸生赤妻。赤亡，勸之改適，不從，事繼姑孝，撫子珮爲名醫。孫于疆，諸生；曾孫焕，丁酉鄉舉。氏守節三十年，年五十八卒。

馮張氏，明象字子貞妻。年十九歸馮，甫三月，子貞游粤不返。或勸其改適，氏不從。撫猶子鼎爲嗣，補諸生，早亡，復繼吉爲嗣，亦成諸生。年八十五卒。

張孫氏，諸生士謙妻。年二十六，夫卒，父母悼其無子，勸之再適，氏曰："夫亡有叔，他日生子，不可繼吾夫後乎?"後叔舉子名塤，遂立爲嗣。

卞桂氏，監生長沆妻。年二十四而孀①，姑萬氏先長沆卒，翁郡大賓時鋐猶在堂。桂訪得賢女辛，固請時鋐納爲側室。生二子，時鋐亦卒，時辛年二十五，守節五十一年。桂守節四十五年。（以下見馮錫宸《節孝祠傳略》）

李王氏，名良妻。姑病，衣不解帶者數月。事繼姑亦如之。翁疾，家益匱乏，氏摒擋供給，翁不知貧，鄉里以孝稱。既而，翁卒，名良亦以力學不售卒，後姑繼喪，氏弃所居以葬三棺，移居破屋中，不蔽風雨。名良卒時，長子方二歲，次猶在腹，氏卒撫之成立。年登八十，燈下猶課其孫。後貤封安人。（按：名良卒時，氏年二十八。厥後孫曾繁衍，多以讀書起家，殿撰承霖亦其裔也。）

顔柳氏，尚義妻，山東清平縣典史柳子泰女。年十七歸顔，以女紅佐夫養其親。九年而尚義病，氏夜禱北斗，血泪請代。及卒，遺孤淑儀方五齡，次猶未期，且時際鼎革，兵燹肆警，氏毁容截髮，撫二孤至於成立。其後孫曾繁衍，多以讀書起家。年六十一卒②，守節三十二年，人未見其笑容。

何胡氏，立業妻。歸何十載，夫與翁姑相繼殁。家貧，助夫之仲弟黽勉成家業。已而，仲業敗，饔飧不給。父勸改適，氏曰："不即死者，先人柩未葬，叔與姑幼，夫嗣未立也。必易兒志，不復生矣。"乃止。其後幼叔病殁，幼姑嫁而隨殁，仲又喪婦。氏爲殯殮，復爲仲續娶，又爲仲弟娶婦，生子立爲夫後。明年，兩娣婦又相繼殁，氏既殯且卜葬。二十年内，嫁一姑，娶三娣，遭八喪，皆氏以女紅助之，常不得飽食也。卒年七十四，守節四十六年。

---

① 按："年二十四而孀"，《嘉慶丹徒縣志》卷二十九《列女》："桂氏，時鋐子長沆妻，年二十九守節。"
② 按："年六十一卒"，《嘉慶丹徒縣志》卷二十九《列女》："六十二歲卒。"

江戴氏，澄初妻。年二十七，夫卒。家貧，竭力以事翁姑，撫三歲孤成立。翁卒，柩在堂，夜半鄰火，氏負姑携子出，復入室撫柩痛哭，願同灰燼。四面俱焚，獨停柩一屋巋然獨在。苦節六十年卒。

解趙氏，錫綬妻。錫綬俠烈，代其叔入囹圄，竟卒。氏時年二十一，苦節撫孤者三十八年。

包劉氏，元濂妻。年二十四，夫卒。家貧，食苦撫兩孤，以事翁姑，嘔血兩月，紡績不衰。五十九歲卒。長子熙，諸生。（未句①據《嘉慶志》增入）

陳張氏，敬如妻。年二十六，敬如病篤，執張手泣曰："破屋兩楹，薄田數畝，何以爲生？托孤姆氏，别圖可也。"氏痛曰："吾耳何忍聞此言！"遂引刀立截其耳以自矢。敬如卒，氏足不逾閾，晝夜紡績，以撫其孤。孤三，長六歲，次三歲，次遺腹也。年五十九卒。

張周氏，光智妻。事孀姑以孝聞。光智病瘵，貧無醫藥，氏鬻簪珥治之，且刲股肉爲糜以進。光智病革，謂氏曰："妊七月矣，家無以糊口，遺腹男也，當爲我勉撫之，否則，别圖可矣。"氏痛曰："君何言，否則從君地下耳！君何言！"已果生男，教之成立。

查李氏，元祚妻。年十九而孀，事姑及祖姑孝。所居屋坍於江，時際昏暮，祖姑不能行，氏負之疾走二里許，暈絶於地，逾時而蘇，遂俱免於厄。

虞蕭氏，監生嵒妻。嵒患瘵數載，氏質鬻衣飾爲醫藥費，及疾篤，氏每徹夜叩天，願以身代，兩膝跪處常有血痕。嵒卒，絶粒五日，以翁老强起，代嵒盡子職。翁年逾八十卒，喪葬之費，皆資女紅。教子彬入邑庠，柟入太學，孫焯亦入邑庠。年八十卒②，守節五十三年。

張宣氏，庭桂側室。初受聘，庭桂游京師，訛傳已死，氏即以死誓貞。十八歲歸張，二十二歲庭桂卒。有謀令改節者，志不可奪。繼族子尚絅爲嗣，教之成立，由監生充四庫館校録。氏守節四十年，年六十一卒。

劉王氏，諸生元妻。元嗣父志千（上駟字），由召試歷任知縣，擢同知。其本生父曰之騮，母顔氏。顔貧且老，元迎養於家，氏事之如姑禮，人疑其過，氏曰："吾夫所自出也，吾不知禮文，行其心之所安而已。"年二十二，元卒，誓以死殉，兩姑泣謂曰："吾兩人非汝不活也。"乃毁容視事，擇嗣育之，名曰大承，冀承先志也。大承積學能詩，爲名諸生。氏七十三卒。其女適蔣世紀，亦少寡，夫病，割股求效，不痊，矢志七載而卒。

曹蔡氏，葱珮妻。年二十八，葱珮病，氏割肉爲糜以進。及卒，貧甚，紡績養姑。姑患乳，手捧其血；患痢，手承其糞。姑年八十一卒，賴氏力也。氏年亦八十四，嗣族

---

① 按："未句"，當爲"末句"。

② 按："年八十卒"，《嘉慶丹徒縣志》卷二十九《列女》："年八十一。"《嘉慶丹徒縣志》稱蕭氏"年二十八守節"，此處言其"守節五十三年"，故當爲八十一歲。

孫爲孫，以延夫嗣云。

謝劉氏，沅妻。年十七歸沅，沅疾未能成婚，氏斷髪截指和藥以進，閱六載，沅竟卒。姑與翁先後亦卒，喪葬皆劉力也。方三柩在堂，時鄰家不戒於火，火及劉檐，氏號泣呼天，叩頭流血，風忽自反，火亦旋熄。立從子爲嗣，守節五十七年。

艾趙氏，漢軍崇志妻。年二十七，崇志病，截指煎藥以進。及卒，盡翦其髪，以事翁姑，翁姑齊病，翁將死，氏亦病篤，猶負姑下床，安置别榻，俄而，翁姑并卒。二幼子繼夭，氏仰天大呼，以刀刺喉，下血濡縷，鄰急救之，乃免。繼族子爲嗣，守節四十八年。

畢嚴氏，之鉞妻。年二十三歸畢，甫十四日，之鉞卒，未成婚也。苦志以養翁姑，翁病十餘年，奉事惟謹，及卒，姑縊，氏救之，然終卒，質屋以葬。以族子嗣夫後。

吴張氏，戩宜妻。年二十四，夫卒。孝事翁姑，兼事繼姑如親姑，喪葬皆氏力也。居無屋宇，支席爲棚，教子娶婦生孫。年六十卒，其孫家榮陳其節孝，奉旨旌表。而家榮托業式微，茅檐湫隘，遷徙靡常，坊尚未建。

鄒楊氏，文球妻。在室以孝聞。年十六歸鄒，十七而文球卒。氏孝事舅姑，姑病疽，夜吮其瘡，不使人見。撫遺腹子衍慶成立。乾隆五十年大饑，命衍慶傾資助賑，議叙得知府職，氏封恭人。（按：氏孫錫淳由鄉舉歷官至淮揚道。）

江氏雙節。茅氏，知甘肅伏羌縣毓玘繼妻。毓玘在任所病篤，茅聞信馳往，則已解綬，蹴民屋居，及卒，囊無一文，族人賈於甘者助以資，始得扶柩歸葬。以針黹養翁，撫前妻子蘇臺如己出。蘇臺妻李氏，年二十七，蘇臺客死粵東，李亦獨行數千里以迎夫柩，天寒無絮，結草護身，竟得歸葬故土。乾隆五十一年，兩代同以節孝請旌，而茅以夫爲職官曾否受封，行查本省，遲一年始得旌①。

陳卞氏，衍曾妻。年二十二，夫卒，絶粒五日。時姑年八十五，耳重聽，氏能體其意，姑亦獨解氏言語，常以女稱之。立夫弟之子爲嗣，早卒，兩孫方幼，氏猶親教之。

趙張氏，德潤妻。家素寒儉，氏孝事孀姑，姑甚愛之。年二十七，夫卒，無子，誓以身殉，姑慰之曰："伯氏生兒，定爲汝後。汝死吾不能生也。"時姑以痛子得疾，氏隱忍含泣以侍，衣不解帶者半載。姑疾既瘳，猶移卧姑榻，事之愈謹。及姑臨終，執氏手曰："汝事我竭力，天報汝子必成立。"後嗣子念祖弱冠補邑廪生，家道日豐，而紡績不倦，人苦之，氏曰："吾以十指所獲，聊爲貧者推解也。"

巫方氏，應舉妻。年二十八②，夫卒。翁姑嘗同病，氏日夜孝事，自食麥粥。姑死無棺，借貸殮之，約待子長傭工以償，人憐而信焉。年六十一卒，守節三十三年。

陳華氏，遜妻。家貧，氏勤女紅以奉祖姑及翁姑，甘旨未嘗或缺。遜病，哭禱於天。

---

① 按：《嘉慶丹徒縣志》卷二十九《列女》："茅於乾隆五十三年得旌，李於乾隆五十一年得旌。"又本志卷四十二《完節表》亦云："茅，乾隆五十三年旌。"

② 按："年二十八"，《嘉慶丹徒縣志》卷二十九《列女》："年二十九苦節。事姑三十三年，卒。"若此，則方氏卒年當爲六十二歲。

及卒，以頭觸石，流血淋漓，昏絶良久，强起爲夫事親。其姑，繼姑也，奉養竭力，及卒，貨屋以葬。守節四十二年，年六十六卒。

王巫氏，繼麟妻。潤俗，翁姑病危，不備禮而迎婦者謂之灌湯藥，入門則首以蜜和湯進之。時氏翁病亟，遂迎歸。翁卒，未及成婚，繼麟旋卒。氏以刀剺面，矢節事姑，夏共紙帳，冬藉稻薦。爲夫立嗣，奉姑終身。

周李氏，載書妻。年二十五，守節孝姑，以十指供朝夕。姑痛子失明，氏奉侍維謹，飲膳輒令兒輩出户，慮分姑之食也。自奉藜藿不充，不令姑知，二十餘年如一日。姑卒，盡變所有爲喪葬費。年五十五卒。

江氏兩節。孔氏，久寧妻。其娣毛氏，久鳴妻。同居城南之黄序。孔氏年二十夫卒，毛氏年三十夫卒，并矢節苦守。家赤貧，無以爲生。候選縣佐章宏赴其村會租，贈田數畝，娣姒始得存活，後并享上壽。

何趙氏，紫宸妻。年二十六，夫卒。家貧，無子，翁老且病，姑柩在堂。氏晝夜勤纅絡，生養死葬俱十指所辦。母家亦無一丁，孀母兼賴存活。

魏朱氏，儒童孚五妻。年二十七，夫卒。勤儉孝謹，以奉孀姑，寒天雪夜，十指凍裂，猶縫紉不休。所居燼於火，益貧困。姑卒，仍能成禮，撫孤成立。

杜陳氏，鍾里妻。年二十七，夫卒，孑然一身，或諷以再適，曰："某氏富。"氏曰："富而污，何如貧而潔！"守節五十三年，年八十卒。

冷夏氏、陳氏，二與之妻妾也。二與嗜酒，夏屢諫不從，因以致疾。自知不育，爲娶陳氏，生子十月而二與卒，時夏年二十六，陳甫十八，誓同守節。夏父簡庵手枇杷一株，插階下，囑曰："志堅當實，否則萎耳。"後枇杷茂實，人謂節徵，時有《枇杷行》紀其事。（"手枇杷一株"，原作"折枇杷一株"。按：枇杷非折插可活之物，故易之。）

朱錢氏，接三妻。年二十八，夫卒。孝事孀姑，以針黹供甘旨，己餐不給，不以告人。撫二孤成立。長子松又早卒，婦汪氏亦守節。（以上所録，《嘉慶志》亦載之，但事多不詳，故捨而録此。）

陳程氏，儒童應庚繼妻。年二十七歸陳，越二年而應庚卒，生女甫二十八日。有瞯氏年少奩厚謀奪其志者，氏引刀截髮，泣血誓死。撫前妻子鴻論如己出，鴻論弱冠游庠，氏教養之力也。鴻論婦姚氏，賢淑性成，詳見"賢孝"。（據《家乘》補傳）

余張氏，念良妻。念良，本徽人，以賈家於潤。生子京三歲而念良卒。氏食貧撫孤，口授以經，兼通詩學。京力食養母於市，騷雅錢刀聲相間也。守節三十一年卒。京，字文圻，以詩名，見"文苑"卷中，世稱京口詩人、江干余布衣者也。（以下見《嘉慶志》）

張何氏，啓先妻。年十九，夫卒，子璿甫周歲。家貧，親自操作以養翁姑，教子讀書皆口授。苦節五十四年。璿爲諸生，子孫科第不絶。

趙張氏，學抃妻。事姑孝，年二十四守節，長子擳①五歲，次偉周歲。氏茹蔬撫孤，擳爲諸生，偉子廷鏕貢生，廷鏕子立忠由鄉舉官資州知州。

張華氏，禮部儒士默妻。幼能詩文，歸張後，日理家政，夜伴夫讀，常至夜分。年二十三守節，孝事翁姑，撫二孤，書皆口授。五十二歲卒。（據《祠譜》補録）

王袁氏，言妻。年二十九守節，八十四歲卒，葬於天妃宫側王氏舊園，即故明王言妻袁氏避人矢志處。坊建墓前。（原注：舊志崇禎年所旌者，與此似同而實异，章睿確訪，實爲兩人。）

某氏，夫與子皆逸其名，有節孝坊，在黄祐，一坊今圮。

左方氏，監生、贈中憲大夫端側室。正室吕氏喪明，氏奉侍維謹。年二十九，夫病，刲股爲糜進之。夫卒，子亦殤，氏絶粒求死，親屬憐其年少，勸改適，氏大慟投繯，以救免。撫嫡子志敏如己出，敏亡，復撫其子，教養如前。左氏兩世，賴以不絶。志敏，候選州同，傳見“尚義”。（按：《節孝傳略》：端側室陳氏卒，子女五人，皆在孩稚，飲食衣服，資方調攝，無异所生。）

張李氏，增生耀妻。年二十五苦節，撫孤明謙成進士，由翰林改部出守吉安。李封恭人。（原注：耀乃已請旌節孝張何氏之曾孫。耀猶子明豐妻柳氏、明泰妻戴氏、明良妻錢氏，俱少年苦節，與李共勵其志。按：柳氏等俱於嘉慶、道光間次第得旌。明泰，乾隆己亥鄉舉。）

謝王氏，金壇人，丹徒諸生龑焦（一作“蕉”）妻。年二十二，夫卒。家貧，就壇邑母家養姑。姑病，日夜侍湯藥。苦節七十一歲卒。

張陳氏，楫宜妻。楫宜者，貞女尹氏之嗣子也，卒時，氏年二十七，守節撫孤，奉姑維謹。

蔡吕氏，芬妻。姑病疽，親吮膿血。年二十七，夫卒，嗣子守節，年七十卒。

張杜氏，懋端妻。年十六歸張，適姑病卒，懋端哀毁廬墓，遂成瘵病，未成婚而卒，氏年二十矣。以族子嗣，娶婦生孫，子婦并早卒，又撫孤孫，苦節以終。

張陳氏，瑜妻，吏部郎陳嘉言女。年十七歸瑜，閲六載而瑜病卒。② 氏絶粒數日，將以死殉，其姑諭以爲夫事親撫孤方稱賢孝之義，始稍稍進食飲，勉承翁姑歡，撫四齡子成立爲諸生。年七十一卒③。（據《家乘》補録）

張蔣氏，乃綬妻，明侍御拱宸曾孫女，孝廉定九女也。年十八歸乃綬，乃綬體素羸，勵志讀書，因而成疾。氏質簪珥供參苓費，病劇，兩刲股肉進之，死而復蘇者再。夫歿，年甫二十，勺水不納，誓以死殉，衆勉以撫孤爲重，乃稱未亡人。年四十九卒④。（據王

① 按：“擳”，《嘉慶丹徒縣志》卷二十九《列女》作“儁”。從其弟“偉”名看，或當爲“儁”。

② 按：《嘉慶丹徒縣志》卷二十九《列女》：“年二十一苦節。”此處言陳氏十七歲歸瑜，後六載瑜卒，則其苦節始於二十三歲。故其具體苦節起始時間俟考。

③ 按：“年七十一卒”，《嘉慶丹徒縣志》卷二十九《列女》言陳氏“七十四歲卒”。

④ 按：“年四十九卒”，《嘉慶丹徒縣志》卷二十九《列女》：“七十二歲卒。”

芥園《傳》補録）

蔣氏三節孝，并趙氏趙子仁之女及女孫、女曾孫也。女夫曰素彝，年二十有四而素彝卒，氏自縊，救獲免。姑病疽，吮其膿。其女孫之夫曰國佑，素彝猶子，卒時氏年二十有八，以紡績養翁姑，姑病痢，扶持不避穢濁。素彝從孫曰朝義，娶子仁之女曾孫，年二十八而寡，亦孝事孀姑。素彝、國佑子并早亡，并以從孫嗣，朝義則以猶子嗣焉。

法陳氏，高寶河營守備重正側室。幼能詩，年二十六夫卒，焚弃筆硯，與嫡徐紡績事姑，口授二子詩書，雖斷炊不令失學。長子嘉蓀，諸生。

袁徐氏，敦裕妻。年二十二，守節撫孤。姑老齒落，惟嗜牛乳，氏勤女紅供之無缺。年六十一卒。

姚曹氏，監生宗唐妻。年二十八守節，撫子家駒成立。娶婦曹氏，年十九亦寡，守節三十年，并於乾隆二十一年得旌。（按：《節孝祠舊譜》，"宗唐"作"宗庚"。又云：家駒妻曹氏於乾隆二十一年旌，其姑曹氏亦苦節。向以縣志録於氏前，疑爲已旌。查府縣底册，俱無其人，《姚氏家譜》亦云未嘗得旌。後於光緒元年彙請案内，司事者乃爲纂入請旌。）

兩莊廷楨妻吴氏：一年二十七守節（原《志》二十九卷）；一年十九守節撫孤（原《志》三十卷末）。并乾隆六十年旌。（按：後吴氏，原注云：因書成後補入，故附卷末。其與前吴氏是一是二，則無明文。竊疑夫名、婦氏既兩相同，得旌之年亦無差异，兩人當是一人。其守節年分小殊，應是報者訛錯。《志》中一人兩見者，往往有之。此或亦未之檢也。但前明有王言之妻袁氏，國朝又有王言之妻袁氏，而實爲兩人，又安知兩莊吴氏不踵其轍乎？事隔多年，殊難臆斷，姑存疑於此，而表中仍并列之。）

高黄氏，爲龍妻。年二十五夫卒，無子，上事兩代孀姑，竭誠盡孝，六載不懈。兩姑繼亡，氏盡售衣物以營殯葬，兼爲祖姑薛氏請旌。繼遠族子①爲嗣，撫育全資十指。苦節三十八年，窮厄而卒。（按：《傳略》，薛氏，高君揚妻，二十八歲守節，以從子應選爲嗣，娶婦張氏，應選旋卒，遺孤爲龍。張氏先卒云云。黄爲薛請旌而不及張，蓋年例不符也。後邑人據新例於光緒三年并爲張氏請旌。）

王黄氏，邦信妻。邦信病瘵正危，姑驟殁，未及月，夫繼亡，氏時年二十五，僅一女，繼猶子爲嗣。翁以悲痛喪明，家素寒，晝夜力女紅，上養盲翁，下撫子女，備歷艱辛。苦節三十三年。

馬應氏，諸生雲驤妻。適馬未逾月，姑及夫皆病。未幾，姑殁，夫哀毁繼卒。族單貧窶，依母家，矢志守節，時年十七。（按：《嘉慶志》以已旌爲一卷，未旌爲一卷，而已旌之末綴未旌者七十五人，理無可解。應其一也。）

方武氏，泉州都司應武妻。順治七年，應武陣亡，氏年十九，撫孤守節。七十一歲卒。

---

① 按："遠族子"，《嘉慶丹徒縣志》卷二十九《列女》作"遠族侄壽"。

王程氏，採臣妻。年十九歸採臣，五年，採臣卒，遺三女。以紡績爲生，或遺之粟，不納。族有諷其易志者，慮爲所逼，乃就繩榻旁，爲比鄰所覺，奔救得蘇。後三女出室，煢煢獨居者五十年。（原注：冷士嵋《王節婦傳》。）

張郎氏，諸生鳴復妻。海寇犯境，鳴復被執，不屈死。氏方娠，携子女遁丹陽。寇退，無所歸，辛苦播越三十八年。子翺，諸生，早卒。（原注：《家乘》。）

趙徐氏，景源妻。歸趙僅一年而寡，撫遺腹子成立，娶婦，生兩孫。其子又夭，氏與孀婦操作以撫幼孫。苦節五十年。

尹吴氏，監生欽言妻。年二十九，夫卒，遺孤又殤，嗣子娶婦，子又早亡，氏同孀婦撫孫苦節。七十一歲卒。（按：趙、尹二氏皆兩世孀居，而子名、婦氏并闕，應旌與否亦無可考。道光十一年，邑人俱爲請旌。）

鄔王氏，繼南妻。年二十五守節，事姑撫孤。孤殤，復撫幼叔。叔長，生子女皆不育，支竟絶。歷四十餘年，將死，以遺産歸宗祠供祭祀。

殷孫氏，慶和妻。年二十六苦節，無子，亦無族姓可繼。父母憐而諷之，斷髮自誓，終身不至母家。七十九卒。

趙姚氏，一匡妻。年二十四夫卒，繼嗣養姑。姑病革，刲股以進，遂愈。又病目，醫云得人血可療，潛刺臂血飲之，亦愈。守節五十四年卒。

馮史氏，之澈妻。夫貧且瞽，敬謹事之。年二十四，之澈卒，苦節撫孤，孤夭繼嗣。八十八歲卒。

徐氏雙節，道氏，端侯妻，年二十守節，撫孤進。進妻沈氏，年二十四守節，事姑撫遺孤元。備歷貧苦。姑卒，元娶婦，復相繼卒，沈煢煢獨處，先後五十六年。

兩謝永源妻，皆劉氏。一年十八守節，撫女贅婿，五十六歲卒；一年二十二守節，有二子，幼殤，撫長子及永源兄子成立，六十八歲卒。

錢張氏，諸生開耀妻。年二十一守節繼嗣，復爲翁置婢，生二子。孝祖姑及翁，叠營喪葬，撫其孤，兼撫翁二少子，備極勞瘁，歷二十餘年卒。

華江氏，文淞妻。年二十四守節，事翁及繼姑。夫有幼弟七，孤二，一遺腹，皆賴氏成立。長子祥麟早卒，遺二孫，又率孀婦王氏撫之。年七十二卒。

順蔡氏，士柏妻。年二十九苦節，十七年卒。其祖姑陳氏孀居六十一年，姑吉氏孀居四十一年，叔姑周氏孀居五十二年，雖於旌例未符，而一門苦節，殊可哀憫。（按：陳氏、周氏、吉氏并於光緒二年補旌。）

吴王氏，茂俊妻。年二十一苦節，遇寇（按：此寇應謂順治朝土寇、海寇之屬），冒刃衛姑，臂傷仆地，號泣請代姑死，寇曰："孝婦也。"捨而去之。年七十三卒。

趙張氏，名團姑，仰泉妻。仰泉外出，不知所終。氏年少紡績養姑，數十年不懈。（氏舊列"賢孝"，今移於此。）

王朱氏，家堀妻。家琚病，父母亦病，强爲婚，三日即异居處，歷一載，卒，氏絶粒四日。繼嗣守節十九年，病不肯服藥，卒。

顔王氏，極妻。（極字建章，舊志重出。）年二十九而孀。方適顔時，翁汝儀病痿，極旋患火消，家素寒薄，藥餌飲食皆氏竭衣飾、勤十指以供之。數年翁卒，夫亦繼亡。生子不育，僅一女。此康熙五十八年事也。及女適人，未幾又喪，煢煢孑立，操守不移。及歲，親族謀爲請旌，氏謝曰："吾盡吾職，非以爲名，奈何違吾素志？"事遂寢。道光十一年，其族人始以其事聞於上官，得旌如例。（據《家乘》補傳）

殷胡氏，毓秀妻。父胡仰山，徽州人，僑寓漢口，毓秀贅焉。三年而卒，氏時年二十三，率一子扶櫬歸，苦節十五年卒。

趙姜氏，湘紉妻。事孀姑曲盡孝道，姑病，侍湯藥，衣不解帶者五十餘日。年三十而寡，撫幼子三，備嘗艱苦。歷四十餘年，以孫松職貤封安人。

朱鄒氏，進升妻。年二十守節，撫遺腹子成立。姑目雙瞽，善事之，終身無倦色。

謝楊氏，之望妻。夫病，割股療之。夫卒苦節，時年二十三。爲叔及小姑畢婚嫁，撫猶子爲嗣。

馬吴氏，宏勳妻。年二十四，夫歿，事祖姑、翁姑，撫孤及小姑，養葬婚嫁皆氏力。小姑適吴，亦苦節。

朱殷氏，予藩妻。年二十六，夫卒守節。翁納妾生子，賴氏撫之成立。

張戴氏，蔭培妻。（"蔭培"，《志》作"葆元"，録其字也。）其妹二姑則許嫁蔭培之弟受培者也。乾隆丙午大疫，蔭培兄弟同時繼卒，氏號呼絶食者累日，二姑聞訃，亦痛哭欲死，歸張守貞。時氏年二十三，二姑年甫十七，互以冰蘖相勉，孝事姑嫜，共撫遺孤。邑人王文治太史撰《姊妹貞節事略》以表之。

錢吴氏，葆録妻①。守節撫孤得旌。（三十卷四十七頁）

按：《節孝祠譜》有錢吴氏，云：葆禄側室，乾隆四年旌。又於乾隆末出錢葆禄妻王氏一人，云：舊志未詳年分，約在乾隆年旌。今按：志有錢吴氏，無錢王氏，其云年分未詳，亦吴氏條下事也，蓋吴、王兩氏或本一人，而《譜》誤爲兩人。或一妻一妾，而《志》訛爲一人。均無可考，姑志於此，以俟知其詳者。

兩張吴氏，姑侄也。一爲庠生節侯妻，一爲節侯猶子庠生履思妻。節侯早世，有母在堂，奉之維謹。母年高，患便秘，氏跪床下，手爲撫摩，達旦不倦。家素貧，兩氏并以女紅博薪水以撫遺孤。冬月手皸出血，孜孜勉作，每屆漏下四鼓，力倦神昏，至於火燃其髮不遑顧也。節侯子天宜，後爲諸生，爲母請旌於朝。履思子二人，亦娶婦生孫。兩氏并守節三十餘年。（以下新增）

周張氏，新又妻。年二十七，夫故，撫周歲孤，守節以孝事姑。姑孫氏每日五鼓起拜天，氏夏執扇以清其體，冬持爐以温其足，歷年弗輟。小姑于歸，出己奩贈之。嘗疊遭家難，後又流離兵革，卒能教子成名。性慈愛，多養戚黨於家，寇至，則出其所蓄分

① 按："葆録妻"，下文云"葆禄"，又本志卷四十二《完節表上》録"錢吴氏"，下注："葆禄妻"。故"録"當爲"禄"。

給諸人，使得遷徙。壽近八旬，病瀕危，猶爲貧者謀薪水焉。

張姚氏，國道妻。年二十七，夫卒，遺孤繼殤，氏嘆曰："失所天，失所傳，生何爲者？"遂不食求死。時翁姑已喪，祖姑慰之曰："爾在，可續宗支。爾死，吾家絶矣。"乃勉進食飲。晝夜作苦以養祖姑，族人哀之，嗣之以子，以成其志，命之曰永繼。永繼既成立，臨財不苟，鄉黨稱重焉。

張袁氏，國肇妻，美而才。年十五歸張，伉儷頗篤。越二年，國肇病，視氏若仇，病甚，且嚙其臂，氏慰之曰："好自重，毋過慮。脱有不測，斷不辱君。"國肇卒，氏絶而復蘇者再。撫從子永有爲嗣。永有生母氏周，國先之側室也，年二十，國先卒，逾月，嫡卒，頃之，嫡子永宜亦卒。永宜妻滕氏年二十二，與周共撫四月遺孤，至於成立。

王朱氏，正炳妻。于歸未浹旬而夫歿，氏年十八，堅志守節。事翁姑尤勤謹，翁姑病篤時，氏奉侍湯藥，晝夜不懈者數十日，里黨咸欽賢孝。

王奚氏，細民州①佩琳妻。年二十五，夫歿。家徒四壁，甑釜塵生，氏晝耘夜績，以撫遺孤，事孀姑以孝聞。年四十六卒。

趙氏雙節。胡氏，文樹妻。二十三歲夫故，撫子元初成立，爲娶丹陽廩生張仲侃之女。元初又早逝，時張年二十七，僅遺一女。姑婦茹苦守節，胡性嚴毅，張承歡養志，凡歷四十餘年。胡年九十餘，老病不起，張亦七十餘，尚能事奉不衰焉。

鄒嚴氏，庠生錫三妻。幼嫻閨訓，長讀群書，經史大義，過目輒了了。年十七歸鄒，二十三而錫三歿，撫夫弟子增元爲嗣，經書字法，悉親教之。課讀之暇，手自一編，寒暑不間。閨門嚴肅，雖至戚罕識其面。增元弱冠游庠，旋食餼。孫寶樹，鄉舉；寶森，庠生。女孫二，皆能詩，并氏所親教也。

吴萬氏，學圻妻。適夫數載而孀，事翁姑以孝聞，避寇异鄉，孝養無缺。性嚴毅，言笑不苟。撫三歲孤成立。親族敬之。

陳茅氏，楷妻，庠生秀鍾母也。楷病歿時，氏年二十有五，秀鍾爲遺腹。楷固貧，氏以針黹撫孤，備極艱苦，族人敬其節，爲教秀鍾讀書成立。粤寇之亂，秀鍾橐筆戎行，入馮督師幕中，叠保至縣令府佐。氏亦邀旌獎焉。

郎顔氏，儒童桂生妻，增生顔錫康女。年二十八適郎，越一載，值粤寇之亂，家貧不能遠徙，所居近水，指曰："此我之死所也。"氏有義父曰顔錫名，本其族叔，憫而携之出，合家遂陷於寇。桂生旋亦物故，氏依義父南北播遷，流離辛苦。雖經喪亂，婦德無愆。歷十餘年，始得復歸鄉里，仍依義父以居。年五十四卒。夫弟桂山妻張氏亦苦節。二氏并無可承嗣之人，此節婦中之尤堪矜恤者也。

馬嚴氏，雲程妻。年二十九，夫卒，姑猶在堂，子繼良亦孩稚。氏拮据以供甘旨，義方以督童蒙。繼良嘗私市飴食之，氏聞，痛加夏楚，或曰："小事而深責孤兒，毋乃過歟？"氏曰："責其私市也。小而不懲，大將無所不至矣。"時進珍味於姑，姑或分賜繼

① 按："細民州"，當爲"細民洲"。

良，氏輒反之，曰："小兒食此，恐折伊福。"退而戒繼良曰："物力艱難，分之則祖母不足。"親屬聞其事，咸謂之曰："汝從子已立業，即令伊一人供膳，亦所宜然，何自苦乃爾？"氏曰："吾竭吾力以奉吾姑，乃可以對吾夫於地下，敢倚他人而自愛乎？"年六十一卒，繼良成諸生。

冷徐氏，伯玉妻。年二十歸冷氏，逾年（道光十九年），伯玉病卒。家素貧乏，翁姑憐其少寡，不欲以家事相累，氏曰："死者既不子，生者又不婦，何以慰高堂？死者非不子，生者實不婦，更何以對地下？"乃親操井臼，以終翁姑天年。撫猶子以延伯玉似續。咸豐六年飢，氏出資糴米麥以給族中孤寡，全活者凡百餘人。初，氏兄蘭溪嘉其守志，憫其困窮，貽以百金，氏藏諸篋笥。至是，乃盡出之，不足，更出操作之資以濟。冷氏至今德之。

包殷氏，德培妻。幼讀書，嫻《内則》，事翁姑以孝謹聞。咸豐六年，德培死於粵寇，氏時年二十九，立志守節撫孤。家極貧，衣食所需咸取給於十指，操井臼外，惟事女紅，至夜分以爲常。雖親戚相招不赴，赴亦急歸，曰："未亡人除撫孤外無他事也。"親教二子讀書，不少假以辭色，謂："嬌養無成，不能對先夫於地下。"如是者若干年，始遣就外傅，故其二子皆恂謹能爲孝。其長子慶鴻，甫七齡，值氏患目將瞽，泣求神方，數服而安，今且能自立矣。

鄭嚴氏，仰錢妻。仰錢生而絶痴，既長，不知人道。邑無與論婚者。父某與氏父嚴某爲中表，嚴數從鄭貸，弗能償也。既又斷炊數日，將覓死。道經鄭門，鄭適在外，嚴他顧而過，鄭察其有异，挽之回。窮其所往，以實告，鄭曰："是惡可哉！"實其橐而留之飲，因嘆其子之痴，而奉老之無人也。嚴曰："是不難，余有五女，願爲余報德者。即以室汝子，不兩得乎？"鄭辭謝。嚴歸以語諸女，皆弗應。氏慨然曰："生女無益於親，爲父報德，兒之願也。"嚴喜且再三難之，女志不移。以語鄭，鄭亦遣嫗再三難之，女堅執初志，遂歸仰錢。静好無閑，事翁姑以孝聞。仰錢殁，撫從子國瑾爲嗣。光緒三年，年四十二卒，守貞節二十一年。

葉沈氏，大德妻，邑南鄉方便村人。咸豐十一年，大德死於粵寇，氏年甫二十六。村人以其少艾，争欲嫁之。氏潜遁之江北，投從兄之業餅者，告以故，且曰："吾不敢累兄，將自食其力耳。"遂改姓爲聶而傭作焉。或詢其夫，則曰："貿易在外也。"同治九年，以疾卒。兄備述其顛末，人咸嘆其保節之苦心云。

流寓：

國朝

李某氏，雲山妻，直隸人。雲山從軍京口，陣亡。氏年二十，無子，止一女。有欲奪其志者，閉門絶之，夜以刀自守，卒成其志。守節三十餘年卒。（《嘉慶志》）

按：《嘉慶志》據《續文獻通考》録入宋節婦趙子一妻王氏一人。按：氏生於睢陽，終於莆田，其於本邑不過暫處，闌入《志》中，似非體例，今佚之。

右完節。

宋（南朝）

戴顒女，曹學佺《名勝志》云：潤州戴公山東南有磨笄山，相傳戴顒女於頂磨笄，誓不適人。景平元年，捨宅爲招隱寺。（《嘉慶志》引）

明

吴淑貞，邑之高莊人，性静慧，弱不好弄。許嫁金壇曹氏子，年十四，曹夭，女請一臨喪，父許諾，遂赴曹，憑棺哀哭。殮已即歸，閉一室，蔬食禮大士像，朝夕誦竺乾氏之書。手自績紡，累資爲曹營墓樹，歲時往奠。曹氏致之養田，父弗受，女曰："受之合義。"乃受之。既而，父母相繼殁，課弟起龍、淑先後成進士。貞守凡五十年，崇禎二年旌，曰"淑貞"，建坊立祠。遠近士大夫爲詩歌傳贊，以張其事，松江陳繼儒彙而題之曰《貞節録》，閩蔣德璟爲序録之，曰"曹貞吴"云。貞吴殁後，而吴氏復有馮貞吴之事。（《康熙志》）

馮貞吴，曹貞吴弟、中憲大夫起龍之次女也，爲馮貞，故亦稱貞吴。幼聞人言伯姑爲曹守貞事，輒曰："義固應爾。"許金壇馮氏子，年十六，馮夭，自矢守貞，哭請於父母，曰："兒獨弗伯姑若乎？"父母嘉其志，許焉。遂布衣茹素，居貞淑祠中，一如姑之所爲。年且六十，未嘗一出祠閾，雖族人亦罕得一見焉。（同上）國朝道光十一年旌。

國朝

張氏女，同知張宏章女。幼聰慧，寡言笑，五歲讀《孝經》，脱口不忘。許嫁常鎮道許朝柱之子，未一載而許子卒，女甫八齡①。後有爲議婚者，女言於母曰："兒幼許許氏，即是許家人，死生無二也。"後父任汀郡，郡紳欲聯姻，女絶食自縊，救獲免。先是，女已屏羅綺，齋居奉佛，及是，遂坐卧一小樓，拔髪綉大士像，朝夕頂禮，雖家人亦罕見之。守志三十年而卒②。（以下見《嘉慶志》。此傳據《家乘》增改。）

王氏女，許嫁顧維梓（維梓，字元臣）。未嫁而維梓卒，女過門守貞。初，維梓兄維栻妻張氏以節孝聞於時，語在"完節"傳中，王心儀之。及是，遂翦髪，誓死與張偕守，歷四十餘年。郡人夏太史爲題額，曰"懷清待築"。（據馮錫宸《列女傳略》增改）

邱氏女，許嫁諸生龔雄。年二十五，雄殁，家極貧，女過門成服，迎孀姑養母家。年七十四卒。

李氏女，許嫁朱世慶。世慶遠游不歸，父母繼殁。女念朱無後，過門守貞，爲立後，營喪葬。年五十一，卒。

朱氏女，許嫁漢軍張乃異（《譜》作"翼"）。年十八，乃異卒，過門成服，母隨往，夜宿柩旁自經，母覺救免。後有欲奪其志者，女聞藤黄能殺人，取吞之，毒發幾死，母又以米汁灌之，乃解。

---

① 按："女甫八齡"，《嘉慶丹徒縣志》卷二十八《列女》作"女年始九齡"。

② 按："守志三十年而卒"，《嘉慶丹徒縣志》卷二十八《列女》："年三十，卒。"意思有别。

聶氏女，許嫁管荆樹。荆樹歿，女截髮誓死，將過門守貞。管母何氏又以哭子卒，女益慟，不數日亦死。

蔣氏女，許嫁江寧監生徐沂。沂早卒，女守貞，居丹徒。沂有中表姊張適海寧楊中吉，中吉卒，張亦歸丹徒，旋卒。蔣撫其孤爲子，俾從沂姓，名曰徐震。生子嗣曾，母病失乳，蔣又撫之。後嗣曾復姓楊，成進士，徐遂無後。乾隆三十六年遇覃恩，嗣曾由户部郎中視學陝西，陳情請改徐姓，詔嘉予之。及嗣曾巡撫福建，蔣累封夫人。事迹互見“名賢”傳中。

周氏女，許嫁錢之炎。之炎卒，有妹僅二齡。女絶粒三日，過門成服，繼嗣守貞。嫁小姑，喪葬舅姑，皆出其力。及所嗣又夭，三繼皆不育。歷五十餘年卒。鮑徵君皋有《周貞女詩》，見《海門集》。

貢氏女，許嫁陳基。年二十，基卒，翁老失明，無次子。女奔喪成服，繼嗣養翁，喪葬成禮。侍讀王夢樓爲作《貞女詩》。（詩見“藝文”）

尹氏女，父尹于志，丹徒鎮諸生。女幼通經史，識大義。年十七，受張宗枏聘。婚已有期，而宗枏以應試澄江（乾隆以前，金沙試院未建，鎮屬皆就試江陰）不售，憤而發狂，竟成痼疾。張父辭婚，女慘然謂父曰：“兒命有夫，病當自愈。否則，守柏舟之義，無二志。”父憐而許之。處閨中十年，宗枏父母皆喪，家益貧困，宗枏繼卒。女聞，請含殮，遂誓以死殉，家人慰之曰：“曷不爲宗枏立後？”女悟，遂不歸，請於族人，立子楫宜。年四十二歲卒。（據《家乘》增改）

王氏女，許嫁凌樞。在室時，嘗刲股以療父疾。年十七，聞樞病革，毅然往視，僅一握手而樞卒。女矢志守貞，侍奉姑嫜，盡孝盡禮。不三載，遭家不造，索逋盈門，有欲爲議婚者，女痛斥之。姑病不起，再刲股以進，竟愈。以猶子嗣，生孫慰貞。（據《家乘》修改。舊列“賢孝”，今移於此。）

孫氏女，許嫁袁樹（字亭玉）。年十七，樹卒。過門守貞，以翦刺喉，幾絶，救免。翁病，刲股以進。翁卒，與姑同寢處二十餘年。以猶子嗣。

滕氏女，許嫁吴正熙。正熙卒，女自刎，傅藥復蘇。吴迎歸，以十指養姑。姑病，躬浣濯者五年，喪葬皆滕力爲之也。

吴冰玉，許嫁凌漣。漣卒，女自爲書上漣父母，累百言，辭旨哀切。凌迎歸成服，繼嗣守貞，六十九歲卒。卒之月日時，即生之月日時也。弟石崖勒聯云：“去時不爽來時日，已歸仍屬未歸人。”（“六十九歲”下據《祠譜》增入）

尹淑媛，許嫁臨川令卜公子。因罪未娶，守貞事親。能詩文，教弟侄皆成立。年逾七十卒。章萊軒吊之以詩，有“花落地猶香，月墮淵愈朗”之句。（據《節孝祠譜》增纂）

蔣氏女，許嫁盛世恒。年十九，世恒疾革，女號泣白父母，請往視湯藥。及世恒歿，女茹苦守貞，曲盡婦道。盛故寒儉，不能存活，或諷其改適，即欲自裁，閱四年卒。

奚氏女，許嫁孫志遂。年十九，聞志遂卒，水漿不入口者三日，母許以守貞，乃食。

入門一拜，即持翦刀刺喉下，急救乃免。善事翁姑，喪葬盡禮，繼族子家彪爲嗣，教育成人，孫氏四房一支賴奚不絶。年六十二卒。

戴氏女，許嫁張受培。乾隆五十一年丙午，郡大疫，受培以疫死。女年十七，聞訃痛不欲生，泣白父紳，願矢志守貞，父從其請。女有伯姊，先歸受培兄葆元（名蔭培）。兄弟同時疫没，共以冰蘗相勉勵，語在“完節”傳中。

楊氏女，許嫁趙國炳（字蔚文）。國炳卒，女欲守貞。時趙已貧，境遇遠遜於楊，父母慰之曰：“兒勿自苦，會當别擇良匹耳。”女不語，乘間飲礦水求死，家人見而奪之，乃遂其志。其後愈貧，操守愈堅，生平未嘗出一戲語，即與姑侄姊妹亦然。守貞時，年二十一，又六十年，乃卒。（《節孝祠譜》）

蓋氏女，許嫁周以成。以成病卒，女欲歸周守志，父母集戚屬諭止之，周亦遣人百端開慰，女若不聞，惟言不令歸周，則不食死耳。周乃擇吉迎歸，成服立嗣。嘉慶十九年事，邑人張崇蘭爲之傳。（以下新增）

胡氏女，吴家橋人，許嫁大港趙士理。士理病卒，女時年二十，聞訃立欲奔喪。母念趙貧窘，女將無依，閉諸深樓，不聽其出。女哀痛長號，憤踴墜樓，折傷右臂。母不獲已，遂相將奔喪。殮時，女書己生辰納之棺内，以示地下相從之義。既而，母仍勸其改適，女誓死不回，竟依孀姑以居。家徒壁立，麥粥難充，女以隻手紡績供姑，自茹冰蘗。姑卒，慟毁异常，旋亦病故。守貞凡十九年。

張氏女，許嫁楊培烺（“烺”，一作“朗”）。年二十三，培烺病篤，過門視藥，越七日，未成婚禮而培烺卒。女成服守貞。道光三十年，已得旌表。後於咸豐十一年，避寇海州之板浦場，遇捻賊之亂，投大水瓮中溺死。是女在此傳爲貞女，在“義烈表”則稱楊張氏云。

莊氏女，秀水人，許嫁張恩霖。咸豐二年，恩霖病卒，女年十七，過門守貞，善事翁姑。十一年，杭城失守，翁錫庚在學政任内殉難，女仍歸母家。

白桂貞，裁汰旗兵白遵易女，幼許王氏。王貧不能娶，繼且病歿，女時年二十九，聞訃，欲往守貞，父不許，女涕泣誓死，竟從其志。詰旦，父往視女，見其家徒壁立，不覺泪下，女曰：“父以兒爲苦耶？兒志得遂，乃至樂也。雖窮餓，庸何傷！”言已而笑，父亦爲之破顔。力作供舅，終其天年。駐防都統聞之，大加稱賞，飭八旗蠲公項爲貞女養親費，并出示，嚴禁游手騷擾。嘉慶十六年事，邑人鮑迴爲之傳。

右守貞。

按：《嘉慶志》列京口駐防蒙古節婦白氏、貞女柏佳氏二人，今纂入“八旗志”中，卷内不復重出。

完節續纂：

劉馮氏，洵繼妻。洵得癉疾，氏侍湯藥，三載罔懈。洵卒，年三十，守節，撫二孤成立。長子榛、孫懷祖并鄉舉，餘亦多列膠庠。（補表上卷傳）

席張氏，庠生照繼妻。在室時，嘗割股以愈父疾。年二十二歸席，值姑疾，復割股以愈之。年二十四歲夫歿，守節三十六年。（補表下卷傳）

張氏雙節。蔡氏，佚其夫名，撫遺腹孤文福，守節四十二年。文福早歿，其婦談氏年甫十八，亦守節。

吴朱氏，鳴鶴妻，邑之埤城人。二十六歲夫歿，逾月始生子啓明。家故奇貧，夫兄鳴盛欲奪其志，氏大號，欲訟之官，懼而止，乃析田一畝四分，俾氏另爨。既又詈其有子當養翁姑，氏皆泣受之。晝則拾薪於野，夜則針刺達旦。持針三指皆木强不能屈信。後得母家墓田三畝，躬自耕耨，恒終日不得食，然穫常倍比鄰，人咸以爲天佑。啓明年十三，氏泣遣遠貿。厥後家道少裕，猶時賙恤鳴盛之二子焉。

守貞續纂：

王三姑，太平洲普濟庵王心梅女，許嫁大港職員郭汝濟。同治三年，汝濟估於上洋，還至通州，遇盜被害。女聞，欲殉之。其祖弗許，請守，許之。以語郭，郭弗許，吞金求死，乃歸於郭。或謂之曰："守貞實難，何自苦乃爾？"女惡聞斯言，復以翦自刺其喉，血染襟袖，婢見之，狂呼急救，得不死。後九年，以疾卒。（補傳）

丹徒縣志卷四十一終

丹徒縣志卷四十二

人物二十　列女五　完節表上

國朝完節表上（此卷録各《志》完節諸婦，及道光十年以前單題請旌見於《節孝祠譜》者。凡《志》中漏載旌年，悉查明補入。其待旌者并於道光十一年彙請得旌）

趙孫氏(良驥妻) 趙沈氏(天鷩妻) 趙吴氏(庠生璧珂妻,有傳。俱見《康熙志》,并道光十一年旌) 趙謝氏(聖徵妻。)(以下見《嘉慶志》) 趙王氏(居儀妻。并乾隆三年旌) 趙王氏(光維妻,乾隆四年旌) 趙張氏(學抃妻,有傳,乾隆五年旌) 趙王氏(崇邦妻,年十八守節,乾隆三十八年旌) 趙馬氏(步霍妻,乾隆四十四年旌) 趙陳氏(茂之妻,乾隆五十二年旌) 趙張氏(監生德潤妻,有傳,乾隆五十五年旌) 趙吴氏(鴻塏妻) 趙葛氏(元長妻,年十七守節) 趙王氏(之瓚妻。并乾隆五十八年旌) 趙朱氏(御發妻,志重見,嘉慶元年旌)	王賈氏(德龍妻,有傳,康熙四十二年奉詔闡揚節孝受旌) 王李氏(庠生瑾妻,年十九守節) 王李氏(振槐妻。子中,庠生) 王耿氏(中德妻) 王高氏(啓化妻) 王袁氏(耀妻) 王趙氏(炯理妻,有傳。以上見《康熙志》) 王秦氏(應泰妻。孫啓芳,庠生。據《府志》補入。以上并道光十一年彙旌) 王吴氏(元盛妻,有傳,乾隆四年旌) 王莊氏(鰲妻) 王莊氏(允恭妻。俱見《續府志》) 王葉氏(憲文妻) 王陳氏(懋佐妻) 王卞氏(錫鬯妻,有傳) 王錢氏(鼎鉉妻,年十九守節。俱見《開沙志》,并道光十一年彙旌) 王任氏(會圖妻)	何韓氏(金根妻,有傳) 何劉氏(金鋰妻。俱見《康熙志》,并道光十一年旌) 何錢氏(庠生標萬妻,乾隆五年旌。) (以下見《嘉慶志》) 何胡氏(立業妻,有傳,乾隆九年旌) 何吕氏(杓妻,乾隆五十六年旌) 何趙氏(國楹妻,嘉慶二年旌) 何馮氏(庠生芝蘭繼妻,嘉慶十年旌) 何高氏(金孺妻。"孺",木主作"儒") 何余氏(演妻) 何陳氏(貢生桐妻) 何張氏(金表妻) 何金氏(金蓀妻) 何談氏(庠生孝子汝弼妻,孝事繼姑) 何馬氏(象炳妻) 何卞氏(炳妻。炳,《譜》作"柄") 何周氏(鵬萬妻) 何蔣氏(煦妻)	柳蔣氏(庠生玉樹繼妻,年十八撫十餘日孤守節。"玉樹",《祠譜》作"樹玉") 柳王氏(庠生廷獻妻。并乾隆五十三年旌) 柳姚氏(秉義妻。秉義,字公亮。《志》名字并見。道光十一年旌。俱見《嘉慶志》) 柳趙氏(慧繼妻,嘉慶二十二年旌) 柳譚氏(儒童貽孫妻,嘉慶二十四年旌) 柳張氏(楷亭妻,道光二年旌) 柳劉氏(爲楠妻,道光八年旌。俱見《祠譜》) 鮑周氏(瑚妻。子文逵,鄉舉,山東知縣,傳見"才藝"。嘉慶二年旌) 史奚氏(倫妻。倫疾,未成婚,卒。乾隆五十六年旌) 史裘氏(楚珍妻,嘉慶十四年旌) 唐王氏(易元妻,乾隆四十七年旌) 唐余氏(炳中妻,嘉慶九年旌)	徐張氏(蔭生名貽妻,有傳) 徐顧氏(庠生行弟妻,有傳。俱見《康熙志》,并道光十一年旌) 徐那氏(漢軍參領珍妻,乾隆三年旌) 徐殷氏(庠生啓泰妻,乾隆五年旌) 徐朱氏(大雲妻,乾隆十三年旌) 徐王氏(宏誠妻,乾隆十四年旌) 徐談氏(士孺妻,乾隆十九年旌。"孺",《譜》作"儒") 徐吉氏(友馨妻,乾隆六十年旌) 徐胡氏(應第妻,嘉慶十三年旌) 徐童氏(德言妻。志重見) 徐吴氏(紹曾妻,年十九守節) 徐道氏(端侯妻。暨子婦) 徐沈氏(進妻。合傳) 徐曹氏(上章妻,年十九守節) 徐王氏(世珩妻) 徐李氏(炯妻) 徐張氏(經邦妻)

趙朱氏（蕙萼妻，嘉慶八年旌）
趙周氏（監生金書妻，年十九守節，嘉慶十七年旌）
趙孫氏（茂遠妻，《志》重見）
趙吴氏（廷玉妻）
趙徐氏（景源妻，有傳）
趙王氏（大芳妻）
趙姚氏（一匡妻，有傳）
趙王氏（缺，志重見）
趙翟氏（鈉妻）
趙劉氏（之涇妻）
趙魏氏（居選妻）
趙解氏（方榮妻）
趙張氏（維文妻）
趙殷氏（監生永泰妻）
趙方氏（志琪妻）
趙孫氏（元泰妻）
趙王氏（伯絃妻）
趙王氏（璘妻）
趙道氏（金沅妻）
趙張氏（錫瑶妻，三十歲撫遺腹子苦節）
趙莊氏（沅妻）
趙王氏（秀妻）
趙王氏（斯滑妻，年十九守節）
趙姜氏（湘紉妻，有傳）
趙戴氏（懿邦妻，年十九守節）
趙馬氏（兆年妻）
趙朱氏（學參妻）
趙馬氏（思聰妻，年十九守節）
趙莊氏（時中妻）
趙朱氏（宗秀妻）
趙蕭氏（學洙妻）
趙張氏（純仁妻）
趙劉氏（明徵妻）
趙殷氏（庠生秉鈞妻）
（以下見《嘉慶志》）
王吴氏（建本妻，山東按察司芥園母。并雍正十二年旌）
王柳氏（民綬妻）
王程氏（民穎妻）
王賀氏（文印妻。并乾隆三年旌）
王陳氏（士任妻）
王魏氏（德一妻）
王楊氏（誠之妻。并乾隆五年旌）
王袁氏（言妻，有傳，《譜》云：“言，字如絲。”）
王章氏（瀛妻。并乾隆六年旌）
王張氏（漢軍心翼妻）
王周氏（錫類妻。并乾隆八年旌）
王王氏（漢軍自善妻）
王何氏（祈年妻）
王嚴氏（道惠妻）
王劉氏（爾侯妻。并乾隆十年旌）
王郭氏（漢軍維翰妻，乾隆十六年旌）
王趙氏（志瀛妻。子士選，庠生。乾隆三十六年旌）
王李氏（文炳妻，乾隆五十年旌）
王張氏（永德妻，乾隆五十一年旌）
王郁氏（于鳳妻，翦髮矢志）
王巫氏（繼麟妻，有傳。并乾隆五十六年旌）
王裴氏（廷標妻，乾隆五十八年旌）
王林氏（霖昌妻）
王周氏（霖蒼妻。并乾隆朝旌）
何雷氏（漢軍從德妻）
何李氏（炳勳妻）
何田氏（希周妻）
何姚氏（希畹妻）
何楊氏（泰泉妻，年十七守節）
何周氏（夢魁妻）
何李氏（炯妻）
何楊氏（崑妻）
何周氏（殿文妻。《譜》云：“名廷炯。”）
何徐氏（懋仁妻）
何李氏（文光妻）
（以上見《嘉慶志》）
何趙氏（紫宸妻，據《傳略》補入，有傳。并道光十一年旌）
何楊氏（大泉妻，嘉慶十三年旌）
何馬氏（之焜妻，嘉慶十七年旌）
何萬氏（爲晉妻，嘉慶二十四年旌）
何汪氏（殿文妻，道光元年旌）
何胥氏（毓奇妻，道光七年旌）
何王氏（九皋妻，道光八年旌）
何王氏（豐王妻）
何高氏（葛山妻。并道光九年旌，俱見《祠譜》）
吕殷氏（文英妻，雍正八年旌）
吕羅氏（漢軍領催登崑妻，乾隆四年旌）
吕秦氏（子和妻，乾隆十二年旌）
吕徐氏（鳳翔妻，乾隆五十一年旌）
吕吴氏（載餘妻）
吕崔氏（大中妻）
吕吴氏（在於妻）
唐徐氏（士雄妻，嘉慶十八年旌）
唐蔡氏（監生炳清妻，余氏之姒）
唐劉氏（少溪妻）
唐吴氏（少華妻）
唐張氏（孟濤妻，年十六守節）
唐徐氏（景揚妻）
唐滕氏（忠皓妻。《譜》作“忠浩妻”。并道光十一年旌。以上俱見《嘉慶志》）
唐胡氏（炳彪妻，嘉慶十七年旌）
唐曹氏（百齡妻，嘉慶二十五年旌。俱見《祠譜》）
薛朱氏（應恒妻，乾隆五年旌）
薛朱氏（爾文妻，乾隆六年旌）
薛丁氏（國鼎妻）
薛駱氏（維英妻。俱見《嘉慶志》，并道光十一年旌）
薛王氏（文錦妻，嘉慶二十年旌。《祠譜》）
倪徐氏（玉達妻，乾隆五十八年旌）
倪吴氏（士楷妻，年十九守節）
倪潘氏（濚五妻。“濚”，《譜》作“瀠”。俱見《嘉慶志》）
湯卞氏（三聘妻）
湯楊氏（自新妻，有傳。俱見《康熙志》）
湯童氏（德修妻）
湯汪氏（龍耀妻。俱見《嘉慶志》。以上并道光十一年旌）
徐袁氏（世華妻）
徐汪氏（純仁妻）
徐丁氏（大綱妻）
徐趙氏（文奎妻）
徐王氏（樹能妻）
徐金氏（聖階妻。暨子婦）
徐杜氏（紹基妻）
徐汪氏（武生純妻）
徐胡氏（監生麗章妻。俱見《嘉慶志》，并道光十一年旌）
徐胡氏（監生舒藻繼妻，嘉慶五年旌）
徐吴氏（嘉忠妻，嘉慶十六年旌）
徐姜氏（仲駒妻，嘉慶十九年旌）
徐錢氏（先侶妻）
徐王氏（學問妻。并嘉慶二十一年旌）
徐楊氏（鑑繼妻，嘉慶二十二年旌）
徐張氏（泳昌妻，嘉慶二十五年旌。俱見《祠譜》）
邱惲氏（景文妻，年十九守節，嘉慶八年旌）
邱趙氏（兆基妻。俱見《嘉慶志》，道光十一年旌）
高王氏（邦祚妻，有傳）
高陳氏（雲從妻，有傳。俱見《康熙志》，并道光十一年旌）
高錢氏（庠生棠妻。子士煌，亦庠生。乾隆十二年旌）
高薛氏（君揚妻，乾隆四十三年旌）

趙劉氏(順義妻)
趙朱氏(宗琇妻)
趙王氏(元發妻)
趙龔氏(茂琪妻)
趙孫氏(文嘉妻,年十八守節)
趙解氏(長正妻)
趙何氏(廷綱妻)
趙張氏(毓彬妻)
趙田氏(毓俊妻)
趙解氏(宗夷妻)
趙解氏(善成妻)
趙蔣氏(可衡妻)
趙邱氏(明務妻,孝事瞽姑)
趙馮氏(元科妻)
趙王氏(景安妻)
趙田氏(景才妻。遺腹子梓,庠生)
趙某氏(某妻,景源子婦。并道光十一年旌)
趙朱氏(裕發妻。氏於道光十一年漏旌,後於光緒二年補請旌表。以上俱見《嘉慶志》)
趙王氏(玉崑妻,嘉慶三年旌)
(以下見《節孝祠譜》)
趙邵氏(朝勳妻,嘉慶八年旌)
趙李氏(庠生裕祖妻,年十九守節。子允謙,庠生;孫、曾多顯貴者。嘉慶十一年旌)
趙嚴氏(琦妻,嘉慶十二年旌)
趙朱氏(奉璋妻,嘉慶十六年旌)
趙黄氏(監生大榮妻,嘉慶十七年旌)
趙邱氏(明晤妻,嘉慶十八年旌)

王黄氏(邦信妻,有傳)
王胡氏(文光妻。并嘉慶三年旌。"光",應作"元")
王郭氏(斗文妻,嘉慶二十年旌。《祠譜》作"斗文側室")
王邵氏(廷冕妻)
王朱氏(琮妻)
王程氏(採臣妻,有傳)
王何氏(庠生聞震妻。子侃,亦庠生)
王趙氏(世英妻,暨子婦何氏、孫婦朱氏)
王何氏(庠生家棟妻)
王朱氏(志道妻)
王李氏(叔異妻)
王朱氏(極妻)
王蔡氏(文進妻)
王朱氏(志綋妻)
王周氏(廷棟繼妻)
王樊氏(廷寀妻)
王殷氏(有梅妻)
王張氏(文朝妻)
王楊氏(延長妻)
王高氏(大經妻。子元佐,廪貢)
王束氏(兆卿妻)
王虞氏(敦五妻)
王卜氏(知建安縣延繼妻,抱嗣)
王賀氏(志吉妻。嗣子,庠生)
王馬氏(尚文繼妻,暨子婦)
王劉氏(日增妻)
王馬氏(文采妻)
王李氏(士能妻)
王虞氏(監生鑰妻。"鑰",《傳略》作"鑰")
王曹氏(廷鉞妻)

吕張氏(九禄妻)
吕法氏(霖妻。并道光十一年旌,俱見《嘉慶志》)
吕潘氏(朗亭妻,嘉慶十七年旌)
吕李氏(武周妻,道光五年旌。俱見《祠譜》)
施張氏(宏任妻。"任",《譜》作"仁"。有傳,見《續府志》。乾隆六十年旌)
施吴氏(天與妻)
施周氏(子先妻。俱見《嘉慶志》,并道光十一年旌)
張錢氏(士桂妻,有傳,雍正二年旌)
張楊氏(國慶妻,雍正十二年旌)
張吴氏(九一妻,有傳)
張蔣氏(希武妻,有傳。俱見《康熙志》)
張管氏(庠生懋勳妻。據《府志》補入,有傳。并道光十一年旌)
張韓氏(庠生宗銘妻,雍正四年旌)
張楊氏(士正妻。暨子婦)
張王氏(應壁妻。并乾隆三年旌。王氏,志重見)
張孫氏(庠生士謙妻,有傳)
張陳氏(庠生鼎臣妻。俱見《續府志》)
張潘氏(庠生穀貽妻。"貽",《開沙志》作"詒")

湯茅氏(維順妻,嘉慶十五年旌。《祠譜》)
滕胡氏(庠生化妻,乾隆三年旌)
滕李氏(芝妻。與下李氏疑是一人)
滕李氏(秀三妻。俱見《嘉慶志》,并道光十一年旌)
殷朱氏(寧妻,見《續府志》。"寧",《譜》改作"齡"。道光十一年旌)
殷童氏(漢軍鄉舉輅妻,乾隆三年旌)
(以下見《嘉慶志》)
殷趙氏(景茱妻。子翰,庠生。乾隆五年旌)
殷鄧氏(庠生介妻。"介",《譜》作"玠"。又有介玉妻鄧氏,疑是一人)
殷孫氏(慶和妻,有傳)
殷劉氏(庠生方昌妻)
殷蔣氏(方卓妻)
殷于氏(允旭妻)
殷王氏(維濤妻。"濤",《譜》作"滔")
殷趙氏(鴻桓妻。"桓",《譜》作"垣")
殷謝氏(蒼霖妻)
殷王氏(永貞妻)
殷華氏(容若妻)
殷張氏(君佐妻)
殷胡氏(毓秀妻,有傳)
殷陳氏(紳林繼妻)
殷李氏(良枚妻)

高黄氏(薛氏孫爲龍妻,有傳,嘉慶二年旌。按:爲龍母張氏亦孀居,語詳傳内)
高張氏(恭龍妻,嘉慶十年旌)
高潘氏(嗣德妻,嘉慶十五年旌)
高潘氏(位天側室)
高吴氏(監生奎妻)
高王氏(廷琮妻)
高孫氏(鏞妻)
高張氏(監生錦妻。俱見《嘉慶志》,并道光十一年旌)
高朱氏(以於妻,嘉慶十八年旌)
高陸氏(惟慎妻,嘉慶二十三年旌)
高劉氏(瑞圖妻,嘉慶二十五年旌。俱見《祠譜》)
夏王氏(九卿妻,有傳。孫沅,編修。康熙朝旌。《康熙志》)
夏孔氏(天球妻,見《開沙志》)
夏楊氏(監生德沛妻。曾孫禮,庠生)
夏程氏(民讓妻)
夏項氏(元臻妻)
夏葛氏(士明妻)
夏馮氏(燕貽妻)
夏沈氏(琴川妻)
夏程氏(永寧妻。俱見《嘉慶志》,并道光十一年旌)
夏陳氏(廪生時側室,嘉慶十九年旌。《祠譜》)
蔡吕氏(芬妻,有傳,乾隆五十二年旌)

趙王氏（庠生梓妻，道光三年旌）
趙殷氏（賜珪妻，道光五年旌）
趙王氏（輔妻，道光九年旌）
錢張氏（庠生志熊妻）
錢馬氏（志興妻，年十九守節）
錢周氏（志梅妻，有傳，俱見《康熙志》）
錢王氏（志哲妻，見《續府志》）
錢王氏（世嘉妻，有傳）
錢范氏（允錫妻。“允”避改）
錢卞氏（世斌妻，有傳。俱見《開沙志》，并道光十一年旌）
錢胡氏（監生爲靖妻）
（以下見《嘉慶志》）
錢柳氏（庠生志彬妻。嗣子煜，亦庠生。并乾隆三年旌）
錢史氏（元禧妻）
錢吴氏（葆禄妻。《譜》作“葆禄妾”。别有王氏，云“葆禄妻”，詳見傳。并乾隆四年旌）
錢李氏（慎言妻，乾隆四十九年旌）
錢胡氏（監生景山妻，乾隆五十八年旌）
錢張氏（萬東繼妻，嘉慶十六年旌）
錢張氏（定妻）
錢袁氏（志自妻。“自”，當作“白”）

王歐陽氏（家桼妻。子道淇，廪生）
王吴氏（監生景槐妻）
王殷氏（景瑗妻）
王李氏（宗正妻）
王吕氏（宗義妻）
王朱氏（家琚妻，有傳）
王陳氏（毓瓛妻，暨娣婦）
王李氏（毓珩妻）
王仲氏（世份妻）
王殷氏（瑞萼妻）
王張氏（紹猷妻）
王張氏（紹杰妻，年二十守節）
王趙氏（殿英妻）
王段氏（天榮妻）
王張氏（志謂妻）
王馮氏（道存妻）
王錢氏（可仕妻）
王宗氏（紹美妻）
王楊氏（啓侯妻）
王錢氏（琮妻）
王倪氏（舜榮妻）
王錢氏（瑞以妻）
王茅氏（景延妻。以上俱見《嘉慶志》，并道光十一年旌）
王周氏（添滙妻）
王馮氏（鼎妻）
王茅氏（恭壽妻。并嘉慶十八年旌）
王曹氏（澍存妻）
王湯氏（嘉學妻）
王某氏（應豫妻。并嘉慶二十二年旌）
王殷氏（兆麟妻，年十九守節，嘉慶二十三年旌）
王陳氏（聖明妻。孫彦槐及曾孫等并庠生）
王陳氏（必盛妻）

張徐氏（日昭妻。暨子婦）
張茅氏（時昌妻。俱見《開沙志》，并道光十一年旌）
張何氏（啓先妻，有傳）
（以下見《嘉慶志》）
張王氏（伯掄妻）
張夏氏（懋立妻）
張李氏（嗣泉妻。原注：“嗣”，一作“世”，木主作“士”）
張季氏（佺齡妻。“季”，木主作“李”）
張吴氏（明熺妻。并乾隆四年旌）
張華氏（禮部儒士默妻，有傳）
張吴氏（又綱妻，年二十守節。并乾隆五年旌）
張錢氏（監生念修妻，訓女童自活）
張陳氏（煜禮妻。子廷梁，歲貢。并乾隆六年旌）
張某氏（良梓伯母，乾隆七年旌）
張周氏（振先妻，乾隆十年旌）
張傅氏（繼臣妻，乾隆十一年旌）
張王氏（以選妻，乾隆十三年旌）
張蔣氏（監生宏志妻，乾隆十四年旌）
張周氏（光智妻，有傳，乾隆三十年旌）
張尤氏（永泰妻，乾隆四十一年旌）
張李氏（增生耀妻，有傳，乾隆四十五年旌）

殷張氏（朝楨妻）
殷王氏（節妻）
殷張氏（錫頮妻）
殷薛氏（明章妻）
殷解氏（光集妻。暨子婦）
殷趙氏（鯨齡妻。祖姑蔡氏亦守節。以上俱見《嘉慶志》，并道光十一年旌）
殷姜氏（苑繼妻，嘉慶十五年旌）
殷周氏（在心妻，嘉慶十六年旌）
殷萬氏（國沂妻，嘉慶十八年旌）
殷李氏（有萬妻，道光八年旌。俱見《祠譜》）
羅王氏（恭廣妻）
羅何氏（祖新妻）
羅張氏（然妻）
羅陳氏（宗坎妻。并道光十一年旌）
畢嚴氏（之鉞妻，有傳，乾隆五十二年旌）
畢李氏（天池妻）
畢莊氏（萬里妻）
畢張氏（之潔妻，年十七守節）
畢張氏（如庭妻，年十七守節）
畢趙氏（監生萬子妻。以上俱見《嘉慶志》，并道光十一年旌）
畢沈氏（之偉妻，嘉慶十七年旌）
畢何氏（衛南妻，嘉慶二十二年旌）
畢徐氏（喜亭妻，道光三年旌。俱見《祠譜》）
鄔孟氏（亮臣妻，乾隆八年旌）
鄔卞氏（宣桂妻。暨子婦）

蔡盛氏（大魁妻。俱見《嘉慶志》，道光十一年旌）
蔡張氏（家駒妻，嘉慶十八年旌）
蔡唐氏（濟潮妻，道光二年旌）
蔡孫氏（鶩妻，道光九年旌。俱見《祠譜》）
田王氏（之連妻。“連”，原從玉。子某，庠生。雍正四年旌。《續府志》）
田魏氏（永謨繼妻，乾隆五年旌）
田趙氏（明揚妻，乾隆六年旌）
田趙氏（子升妻，乾隆朝旌）
田某氏（全璧妻）
田金氏（加祉側室）
田王氏（士雄妻）
田王氏（志胡妻。俱見《嘉慶志》，并道光十一年旌）
田宋氏（慶長妻，嘉慶十四年旌。《祠譜》）
樊張氏（庠生克猷繼妻，嘉慶四年旌）
樊蓋氏（朝杰妻。“杰”，《譜》作“傑”。俱見《嘉慶志》，道光七年旌）
樊魏氏（鵬南繼妻，道光八年旌。《祠譜》）
胡樊氏（庠生進明妻，見《康熙志》，道光十一年旌）
胡張氏（漢軍顯望妻。暨二子婦。氏於雍正四年得旌）

錢鄭氏(志偉妻)
錢章氏(志騄繼妻)
錢曹氏(允臨妻。暨子婦)
錢王氏(爲相妻。《志》重見)
錢袁氏(正祥妻)
錢洪氏(志敏妻)
錢張氏(庠生堂妻)
錢張氏(庠生開耀妻,有傳)
錢張氏(庠生爲鈺妻,年十九守節)
錢王氏(迪妻)
錢高氏(可嘉妻)
錢嚴氏(世榮妻)
錢張氏(邦枚妻)
錢雷氏(貢生志遷繼妻)
錢潘氏(季直妻。孫瀛登,知武康縣。季直,名邦柱)
錢張氏(建平教諭元福側室。"元",《志》作"于",誤)
錢張氏(晴山妻,年十九守節)
錢何氏(監生以濂妻。孫曰輔,廪貢生)
錢陳氏(大福妻)
錢霍氏(紹祥妻)
錢余氏(兆鯉妻)
錢周氏(于錞妻)
錢孫氏(敬和妻。《志》原列"貞女",《節孝譜》云"重報更正"。以上俱見《嘉慶志》,并道光十一年旌)
錢高氏(廷駿妻,嘉慶四年旌)
錢王氏(之楹妻,道光五年旌。俱見《祠譜》)

王胡氏(天山妻。并嘉慶二十五年旌)
王戴氏(東奇妻)
王淩氏(宗浩妻。并道光元年旌)
王宗氏(嘉桂妻,道光二年旌)
王周氏(仲英妻,道光五年旌)
王范氏(心儁妻,年十九守節。子民彰,庠生。道光六年旌)
王潘氏(文元妻,道光九年旌。以上見《節孝祠譜》)
馮張氏(世第妻。見《府志》)
馮張氏(明象字子貞妻。見《續府志》。有傳。并道光十一年旌)
馮何氏(兆麟妻,乾隆六年旌)
馮張氏(庠生洪妻。暨子甡妾)
馮朱氏(庠生甡側室。甡,字萃鹿。《志》名字并見)
馮史氏(之澈妻,有傳)
馮華氏(京叟側室)
馮王氏(歲貢爲棟側室)
馮方氏(以調繼妻。以調,字汝梅)
馮薛氏(顯祖妻。按:"顯祖",請旌時改作"顯祜",字述堂。《志》名字并見。以上俱見《嘉慶志》,并道光十一年彙旌)
馮蔣氏(鳴妻。子銓,庠生。鳴,字枚卜。"枚",一作"梅"。嘉慶二十二年旌)

張宣氏(經歷廷桂側室,有傳,乾隆四十六年旌)
張陳氏(栟宜妻,有傳,乾隆五十年旌)
張王氏(監生鉽妻。嗣子澤,庠生。乾隆五十一年旌)
張杜氏(懋端妻,有傳)
張陳氏(瑜妻,有傳,乾隆五十二年旌)
張史氏(吉先妻,年十八守節)
張蔣氏(乃綏妻,有傳。并乾隆五十四年旌)
張潘氏(允亨側室。《譜》作"允亨妻"。乾隆六十年旌)
張徐氏(俊德妻,乾隆朝旌)
張徐氏(天俊妻,嘉慶元年旌)
張薛氏(貢生堂妻)
張朱氏(作韶妻。并嘉慶二年旌)
張楊氏(儒童靖繼妻,年十九守節,九十二卒。子、孫、曾并庠生。嘉慶十三年旌)
張吳氏(成憲妻,鳴官立嗣,嘉慶十五年旌)
張趙氏(紀珂妻。"珂",《譜》作"安"。道光十一年彙請,册重見)
張孫氏(維駒妻,年十九守節。并嘉慶十六年旌)
張朱氏(河南候補州同乃栻妻)

鄔鄒氏(惠源妻。并乾隆五十九年旌)
鄔卞氏(石擎妻。暨子婦)
鄔鄒氏(澤長妻,年十七守節)
鄔王氏(繼南妻,有傳。俱見《嘉慶志》,并道光十一年旌)
鄔陸氏(宣銓妻,嘉慶十五年旌。《祠譜》)
傅徐氏(欽之妻。見《開沙志》)
傅陳氏(汝孝妻。見《嘉慶志》。并道光十一年旌)
傅張氏(旭昭妻,道光二年旌。見《祠譜》)
卞辛氏(郡大賓時鋐側室)
卞桂氏(時鋐子沆妻,合傳。"沆",《傳略》作"長沆"。并乾隆三年旌)
卞潘氏(啓福妻,乾隆八年旌)
卞王氏(庠生思濬妻,乾隆四十八年旌)
卞宋氏(思恕妻)
卞周氏(豫貞妻。并乾隆五十九年旌)
卞宋氏(明恕妻,嘉慶四年旌)
卞周氏(椿貞妻)
卞李氏(壽貞妻)
卞張氏(林玉妻。"林玉",《譜》作"玉林")
卞杜氏(守貞妻)
卞張氏(連貞妻。"連",本從玉)
卞厲氏(楚衡妻)

胡富氏(國佐妻,乾隆七年旌)
胡吕氏(國棟妻,乾隆十一年旌。《祠譜》有吴國棟妻吕氏,旌年同,疑誤)
胡嚴氏(承旭妻,乾隆六年旌)
胡周氏(漢軍文選妻,乾隆二十一年旌)
胡顧氏(監生榕妻。子勳,庠生。乾隆四十四年旌)
胡朱氏(汝善妻。暨嗣子婦)
胡嚴氏(長普妻)
胡程氏(静山妻)
胡汪氏(宏基妻)
胡陳氏(監生爲傑妻)
胡程氏(爲澄妻)
胡錢氏(豫章妻)
胡汪氏(餘川妻。俱見《嘉慶志》,并道光十一年旌)
胡倪氏(元亮妻,乾隆三年旌。按:胡倪氏,疑即是吴倪氏之訛)
胡汪氏(浩妻,嘉慶十年旌)
胡汪氏(春堂妻,道光三年旌)
胡周氏(森立妻,道光五年旌。俱見《祠譜》)
淩田氏(自達妻,有傳,康熙二十一年旌,見《康熙志》)
淩顧氏(士聖妻。子某,庠生。雍正三年旌,見《續府志》)
淩張氏(玉彝妻。暨子婦)
淩徐氏(邁妻)

孫楊氏(育高妻。見《續府志》)
孫王氏(正琰妻。見《開沙志》。并道光十一年旌)
孫夏氏(永先妻,乾隆二年旌)
(以下見《嘉慶志》)
孫夏氏(久宗妻)
孫張氏(萬楨妻。并乾隆三年旌)
孫柳氏(士鏞妻)
孫蕭氏(允廷妻)
孫錢氏(振貴妻。“振”,《譜》作“正”。并乾隆五年旌)
孫李氏(逢年妻)
孫某氏(缺。并乾隆六年旌)
孫某氏(缺。子文煐、文煥。乾隆二十九年旌)
孫翟氏(九扶妻。原注:“旌年未詳。”)
孫朱氏(邇遐妻)
孫鄒氏(乃占妻)
孫邵氏(謎妻)
孫朱氏(庠生昌齡妻)
孫趙氏(希音妻。子長,庠生)
孫朱氏(昌妻)
孫梅氏(明誠妻)
孫丁氏(道經妻)
孫潘氏(其章妻)
孫周氏(曙堂妻)
孫周氏(廷弼妻)
孫宋氏(性存妻)
孫朱氏(某妻,庠生朱户女)
孫朱氏(志善妻。并道光十一年。以上俱見《嘉慶志》)
孫薛氏(明選側室,道光二年旌)

馮畢氏(殿臣妻,道光五年旌。并見《祠譜》)
陳盧氏(大璜妻。見《開沙志》。道光十一年彙旌)
陳王氏(明睿妻)
(以下見《嘉慶志》)
陳蔣氏(啓學妻。并雍正十三年旌)
陳金氏(漢軍惟瑶妻。暨娣婦)
陳張氏(惟琨妻。并乾隆元年旌)
陳楊氏(應龍妻,乾隆五年旌)
陳程氏(應庚繼妻,有傳,乾隆八年旌)
陳蔡氏(世憲妻,乾隆十二年旌)
陳胡氏(崑妻,乾隆十三年旌)
陳張氏(敬如妻,有傳,乾隆二十九年旌)
陳張氏(監生萬如妻,乾隆三十三年旌)
陳李氏(監生國權妻,乾隆四十九年旌)
陳童氏(世謙妻,乾隆五十一年旌)
陳尹氏(啓祀妻,乾隆五十三年旌)
陳卞氏(衍曾妻,有傳,乾隆五十四年旌)
陳華氏(遜妻,有傳,乾隆五十六年旌)
陳余氏(以箴妻,乾隆五十八年旌)
陳林氏(經妻,乾隆朝旌)
陳蓋氏(監生鑑繼妻,嘉慶四年旌)

張程氏(光瀛妻。并嘉慶十八年旌)
張戴氏(天馥妻)
張李氏(其峻妻)
張錢氏(明己妻)
張董氏(顯爵妻)
張郎氏(庠生鳴復妻,有傳)
張彭氏(鼎鉉妻。嗣子見龍,庠生)
張原氏(鼎鎬妻)
張喜氏(文謙妻)
張孫氏(錦龍妻)
張汪氏(庠生一元妻)
張王氏(細民洲全景妻。嗣子某,庠生)
張朱氏(大道妻)
張朱氏(世禄妻)
張吴氏(庠生天祐繼妻)
張殷氏(弼妻。暨娣婦)
張莊氏(節妻)
張孫氏(九霄妻)
張朱氏(國正妻)
張趙氏(名團姑,仰泉妻,有傳。舊列“賢孝”,今移此)
張馮氏(昌宗妻)
張龔氏(明通妻。暨孫婦)
張賈氏(盛昌妻。“盛”,《譜》作“聖”)
張汪氏(煥如妻)
張李氏(紹周妻)
張劉氏(南溟側室)
張劉氏(志遜妻,髡髮斷指矢節)
張顧氏(九夏妻)
張韋氏(世禄妻)
張厲氏(之詔妻)
張卞氏(庠生景華妻)
張殷氏(其質妻)
張陳氏(金倫妻)

卞厲氏(懷貞妻。并道光十一年旌,俱見《嘉慶志》)
卞冷氏(明煌妻,嘉慶二十三年旌)
伍趙氏(豫章妻,道光三年旌。俱見《祠譜》)
余吴氏(庠生有進側室。見《康熙志》。道光十一年旌。《譜》有嫡何氏同旌)
余張氏(之桂妻,力拒改適,雍正三年旌。見《續府志》)
余張氏(念良妻,有傳,雍正三年旌)
余錢氏(永賢妻。暨娣婦)
余吴氏(永喬妻。并乾隆二年旌)
余沈氏(大霖妻,年十九守貞,乾隆五年旌)
余張氏(永柱妻)
余沈氏(志道妻。并道光十一年旌。俱見《嘉慶志》)
余鄒氏(上林妻,道光六年旌。見《祠譜》)
卜萬氏(燦妻,雍正九年旌)
卜程氏(世慶妻,乾隆六年旌)
卜張氏(申妻,乾隆十六年旌。俱見《嘉慶志》)
顧程氏(紹弼妻,有傳)
顧湯氏(邑妻。子畏,副貢,授知縣)
顧范氏(其經妻。俱見《康熙志》。并道光十一年旌)

凌高氏(琬玉妻)
凌徐氏(輝祖妻)
凌包氏(庠生鍾靈妻)
凌王氏(日昶妻。并道光十一年旌)
虞蕭氏(監生喦妻,有傳,乾隆四十四年旌)
虞吴氏(惠連妻,道光十一年旌。俱見《嘉慶志》)
虞茅氏(焜妻,嘉慶十一年旌。《祠譜》)
萬陳氏(庠生羽舒妻,康熙朝旌)
萬喬氏(禔妻,乾隆八年旌。俱見《嘉慶志》)
管吴氏(昌祚妻。見《續府志》)
管包氏(洪章妻)
管杜氏(應禄妻。并道光十一年旌)
盧陸氏(起南妻,嘉慶三年旌)
盧張氏(樹德妻)
盧孫氏(楷妻。以上俱見《嘉慶志》,并道光十一年旌)
盧孫氏(端文妻,嘉慶二十四年旌。《祠譜》)
裘卞氏(尚文妻,嘉慶二十三年旌。《祠譜》)
解孔氏(立英妻)
解時氏(玉培側室)
解唐氏(懋仕妻)
解孫氏(印琇妻)
解趙氏(錫綬妻,有傳)
解李氏(允芳妻)
解趙氏(祥仁妻,年十八守節)

孫潘氏(明如妻。明如,名鑑。道光六年旌)
孫楊氏(宏毅妻)
孫江氏(大鳳妻。并道光七年旌)
孫陳氏(秋崖妻,道光八年旌。俱見《祠譜》)
李顧氏(康國妻,年十九守節。子本,庠生。雍正三年旌)
李王氏(自芳妻,有傳)
李佘氏(應元妻。俱見《康熙志》。并道光十一年旌)
李錢氏(齊芳妻。原注:即芬芳。乾隆三年旌)
李王氏(克恕妻,道光十一年旌。俱見《續府志》)
李王氏(宇文妻)
李崔氏(庠生啓祺妻。俱見《開沙志》。并道光十一年旌)
李劉氏(士昊妻。"昊",《傳》《譜》并作"旻")
(以下見《嘉慶志》)
李葉氏(應魁妻)
李蔡氏(堅妻。《譜》云:"堅,字北固。"《志》復出,"北固"今删)
李楊氏(監生嘉言妻。并乾隆三年旌)
李王氏(名良妻,有傳)
李某氏(天祐母。并乾隆四年旌)
李朱氏(郁文妻,乾隆十二年旌)

陳劉氏(獻略妻,嘉慶六年旌)
陳徐氏(濤妻,嘉慶十五年旌)
陳袁氏(世繡妻,嘉慶十九年旌)
陳張氏(士敏妻,嘉慶二十一年旌)
陳錢氏(景韓妻)
陳某氏(啓連妻。"連",原從玉)
陳王氏(秉清妻)
陳陸氏(雲生妻,苦節無告)
陳朱氏(廷揚妻)
陳冷氏(我球妻)
陳何氏(庠生大成妻)
陳辛氏(秉縉妻)
陳王氏(毓仁妻)
陳霍氏(之鏞妻)
陳毛氏(如棟妻)
陳秦氏(國佩妻)
陳包氏(俊側室)
陳佘氏(禮佑妻)
陳楊氏(兆春妻)
陳楊氏(天林妻)
陳馬氏(明文妻)
陳韓氏(監生碩士妻)
陳潘氏(志學繼妻)
陳眭氏(警書妻。以上俱見《嘉慶志》,并道光十一年旌)
陳朱氏(監生文安妻,嘉慶十五年旌)
陳張氏(杞妻,嘉慶十六年旌)
陳眭氏(國良妻,嘉慶十七年旌)
陳李氏(監生永和妻,嘉慶十八年旌)
陳李氏(增妻)
陳俞氏(永達妻)

張汪氏(通妻)
張眭氏(佳連妻,年十九守節。"連",本從玉)
張史氏(天惠妻,年十九守節)
張楊氏(維極妻)
張徐氏(貴基妻)
張賈氏(廷榮妻,自刺保節)
張程氏(作溥妻)
張楊氏(扶青妻,年二十一歸張,二十日夫卒)
張錢氏(世毅妻)
張柳氏(明豐妻)
張管氏(百揆妻)
張程氏(宇涵妻)
張錢氏(藻妻)
張錢氏(文惟妻,夫歿後終身不衣嫁服)
張茅氏(泰臨妻)
張繹氏(子儀妻)
張王氏(永全妻)
張戴氏(葆元妻,有傳。葆元,名蔭培。以上俱見《嘉慶志》,并道光十一年旌)
張吴氏(庠生節侯妻,有傳,乾隆五年旌。據《家乘》增補)
張姚氏(國道妻,有傳,嘉慶八年旌)
(以下見《祠譜》)
張袁氏(國肇妻,有傳,嘉慶十二年旌)
張趙氏(在璿妻)
張顧氏(敏仁妻。并嘉慶十八年旌)
張錢氏(明良妻)
張尤氏(學易妻)
張王氏(秀山妻。木主作"永泉妻"。并嘉慶二十年旌)

顧張氏(維栻妻,有傳,乾隆七年旌。維栻,字其詹。《志》重見)
顧茅氏(惟曦妻。見《續府志》。有傳,道光十一年旌)
顧田氏(惟榮繼妻,乾隆六年旌)
顧徐氏(惟旭妻,乾隆十三年旌)
顧柳氏(滙妻,乾隆十八年旌)
顧吴氏(文正妻。暨娣婦)
顧謝氏(文光妻。吴氏,乾隆四十二年旌;謝氏,四十九年旌)
顧金氏(炯妻,乾隆五十二年旌)
顧凌氏(紹翼妻)
顧包氏(爲梅妻)
顧林氏(韶妻)
顧陳氏(庠生上治妻)
顧錢氏(壎妻)
顧鄔氏(應元妻)
顧張氏(震妻。"震",《譜》作"宸")
顧李氏(綏妻)
顧徐氏(士龍妻)
顧葉氏(惟泗妻)
顧潘氏(一鶴妻)
顧劉氏(羽翔妻。俱見《嘉慶志》,并道光十一年旌)
顧魏氏(之耀妻,道光五年旌。見《祠譜》)
孟丁氏(國佩妻。見《嘉慶志》。"佩",《譜》作"珮"。道光十一年旌)
孟劉氏(思明妻,嘉慶二十三年旌。"明",一作"銘")

解殷氏(昌齡妻)
解羅氏(治國妻。俱見《嘉慶志》)
解邱氏(能隆妻。據《傳略》補入。并道光十一年旌)
解趙氏(錞妻,嘉慶六年旌)
解王氏(應椿妻)
解田氏(印珍妻。并嘉慶二十年旌)
解孫氏(君卿妻,道光三年旌。俱見《祠譜》)
丁楊氏(庠生赤妻,有傳。孫于彊,庠生;曾孫煥,鄉舉)
丁盛氏(庠生維光妻,年十九守節。并乾隆三年旌)
丁張氏(于理妻。暨娣婦)
丁張氏(于田妻。并道光十一年旌。俱見《續府志》)
丁王氏(庠生易妻,乾隆五年旌)
丁管氏(蔭玉妻。"玉",《譜》作"煜"。嘉慶四年旌)
丁魯氏(自强妻)
丁何氏(廩生炯妻。本名炯年)
丁徐氏(啓山妻)
丁趙氏(元佐妻)
丁徐氏(鳳華妻。并道光十一年旌。俱見《嘉慶志》)
丁徐氏(起山妻,嘉慶十三年旌)
丁顔氏(樹滋妻,道光五年旌)
丁潘氏(錦鰲妻,道光九年旌)
郁眭氏(炳文妻,嘉慶二十五年旌。俱見《祠譜》)

李何氏(光聚妻,乾隆五十一年旌。光聚,字奎五)
李張氏(泰來妻,乾隆朝旌)
李高氏(贈文林郎長松妻。子蕙,附貢生;孫文甲,鄉舉)
李梁氏(秉錫妻。并嘉慶二年旌)
李薛氏(庠生赭山妻。《譜》云:"赭山,名棣韡。"嘉慶三年旌。赭山,道光三十年《譜》重見)
李尤氏(尊周妻,嘉慶十二年旌。按:此尤氏,《志》云:"二十九歲守節。"《譜》作"遵",别有尊周妻尤氏,年十八守節。道道光三十年旌①。)
李焦氏(進妻,嘉慶二十三年旌)
李孫氏(文聚妻。《志》重見)
李眭氏(光照妻)
李郭氏(穀妻)
李俞氏(若霖妻)
李張氏(景綱妻)
李張氏(嘉德妻)
李顧氏(大衡妻)
李周氏(監生正邦妻)
李曹氏(之瑜妻)
李王氏(修齡妻)
李傅氏(之璒妻)
李蕭氏(漢軍之薰妻)
李王氏(金鑑妻)
李石氏(元貞妻。暨叔姑)

陳李氏(正鈺妻。并嘉慶二十一年旌)
陳劉氏(啓瑗妻,年十九守節,嘉慶二十三年旌)
陳包氏(監生培裕妻)
陳楊氏(光遠妻。并道光三年旌)
陳毛氏(文蔚妻,道光五年旌)
陳吴氏(鳳翔妻,道光七年旌)
陳梁氏(景華妻)
陳姜氏(光煥側室。并道光九年旌。俱見《祠譜》)
蔣張氏(長榮妻。見《開沙志》。道光十一年旌)
蔣程氏(歲貢曰祥妻,年十九守節,康熙六十一年旌)
(以下見《嘉慶志》)
蔣荆氏(蔚宸妻)
蔣冷氏(國治妻。并乾隆三年旌)
蔣王氏(志學妻,乾隆四十七年旌)
蔣趙氏(素彝妻)
蔣趙氏(國佑妻。并乾隆五十四年旌)
蔣趙氏(朝義妻。"義",《傳略》作"儀"。三趙氏合傳,道光十一年旌)
蔣曹氏(漢三妻,嘉慶十四年旌)
蔣陳氏(東陽妻,嘉慶十五年旌)

張桂氏(吉孚妻,嘉慶二十一年旌)
張劉氏(廣聚妻)
張鄔氏(啓元妻。并嘉慶二十三年旌)
張喬氏(容妻,嘉慶二十五年旌)
張浦氏(漢符妻)
張周氏(國先側室。并道光元年旌)
張滕氏(永宜妻,國先子婦,道光二年旌。周、滕二氏傳俱附見張袁氏)
張裴氏(桂妻)
張汪氏(錦雲妻。并道光三年旌)
張程氏(監生志典妻)
張嚴氏(贈員鑑妻。子灝拔貢,官知縣)
張李氏(天植妻。并道光四年旌)
張鄭氏(蔭池妻)
張祝氏(自遠妻。自遠,名光耀。并道光六年旌)
張薛氏(監生永遐妻,道光八年旌)
張戴氏(鄉舉明泰繼妻。子學齡,增生;孫振名,廪貢)
張許氏(小山妻)
張沈氏(楷妻。并道光九年旌。以上俱見《祠譜》)
孔虞氏(毓溶妻。見《嘉慶志》。道光十一年旌)

孟朱氏(百川妻,道光九年旌。俱見《祠譜》)
黄王氏(自和妻,嘉慶十六年旌)
黄韓氏(同知元鋐妻)
黄錢氏(宗賢妻,年十八守節。俱見《嘉慶志》,并道光十一年旌)
黄張氏(廷選妻,嘉慶十七年旌。見《祠譜》)
蕭丁氏(棟妻)
蕭張氏(庠生懋典妻。子東,亦庠生。俱見《續府志》,并道光十一年旌)
蕭賈氏(積福妻,年十九守節,乾隆四十四年旌)
蕭趙氏(國培妻。子克念,庠生)
蕭焦氏(相妻)
蕭胡氏(維栻妻。俱見《嘉慶志》,并道光十一年旌)
蕭張氏(儒童塾妻,年十八適蕭,越兩日夫故,道光二年旌。《祠譜》)
尹丁氏(應經妻,年十九守節。見《康熙志》)
尹王氏(士龍妻。見《開沙志》,并道光十一年旌)
尹孫氏(世鑰妻,嘉慶五年旌)
尹錢氏(欽試妻,嘉慶十八年旌)
尹吴氏(監生欽言妻,有傳)
尹俞氏(欽顔妻)
尹胡氏(明祖妻)

洪王氏(庠生晉生妻,道光十一年旌)
包劉氏(元濂妻,有傳,乾隆十三年旌)
包朱氏(龍生妻)
包趙氏(元浚妻)
包殷氏(永寧妻。"寧",《譜》改作"安")
包張氏(相臣妻。《譜》作"家騮"。并道光十一年旌)
左方氏(贈員監生端側室,有傳,乾隆十九年旌)
左李氏(監生林繼妻)
左王氏(鄉舉杰側室,年十六守節。并道光五年旌)
左温氏(茂若妻)
左徐氏(應雷妻)
左艾氏(復昌妻)
左焦氏(候選知府梓側室,年十六守節。梓,字敬軒。以上俱見《嘉慶志》。并道光十一年旌)
左温氏(純彧妻,嘉慶十年旌)
左趙氏(監生增芳妻,嘉慶二十五年旌。俱見《祠譜》)
石劉氏(崑璧妻。見《續府志》。道光十一年旌)
龔左氏(德懷妻,嘉慶二年旌)
龔葛氏(學順妻)
龔葛氏(承霻妻。暨子婦)
龔葛氏(士周妻)

① 按:"道道光三十年旌",衍一"道"字。

李許氏（光華妻。按：三十年《譜》有庠生元貞妻石氏、先華妻許氏，"先"、"光"字疑誤）
李程氏（昂妻）
李曹氏（監生薰妻。暨子婦）
李陳氏（考年妻）
李袁氏（重其妻）
李韋氏（坤德妻）
李丁氏（之璜妻）
李王氏（時球妻）
李陳氏（學仕妻）
李何氏（奎五妻。"何氏"，《譜》作"胡氏"）
李張氏（監生根妻）
李蔣氏（有恒繼妻）

附（流寓）

李某氏（直隸人李雲山妻，有傳。并道光十一年旌。以上俱見《嘉慶志》）
李笪氏（映奎妻。"映"，《譜》作"應"。嘉慶十三年旌）
李郭氏（歲貢時騰繼妻。子華甲，副貢。嘉慶十七年旌）
李余氏（江妻。《譜》云："江字岷山。"道光二十一年《譜》又重見。岷山名江，妻余氏，俱二十五歲守節，應是一人）
李楊氏（璽妻。并嘉慶十九年旌）
李俞氏（崑妻，嘉慶二十四年旌）

蔣劉氏（世紀妻，傳附其母劉元妻王氏）
蔣吴氏（缺）
蔣左氏（庠生兆京繼妻）
蔣趙氏（之棣妻）
蔣王氏（聖基妻）
蔣趙氏（書啓妻。以上俱見《嘉慶志》，并道光十一年旌）
蔣支氏（缺。乾隆六十年旌）
蔣趙氏（宜士妻，嘉慶六年旌）
蔣傅氏（如極妻，嘉慶二十三年旌）
蔣吴氏（玉振妻，道光三年旌。并見《祠譜》）
沈王氏（一餘妻，年十八守節，乾隆十年旌）
沈吴氏（仕慶妻，年十七守節，乾隆十一年旌）
沈周氏（羽逵妻。《譜》云："名鴻。"）
沈魯氏（指揮僉事文華妻。俱見《嘉慶志》，并道光十一年旌）
韓孫氏（宏典妻。見《康熙志》。傳附"義烈"張孫氏，道光十一年旌）
韓杜氏（增生履妻，乾隆三年旌）
韓淩氏（松妻，乾隆十三年旌）
韓杜氏（辰妻，嘉慶元年旌）
韓韋氏（毓秀妻）
韓李氏（巽妻）
韓姜氏（彦麟妻）
韓杜氏（潮妻。以上俱見《嘉慶志》，并道光十一年彙旌）

孔王氏（漢亭妻，道光四年旌。見《祠譜》）
曹胡氏（庠生日章妻，雍正八年旌）
曹吴氏（國琦妻。同娣婦）
曹胡氏（國瑗妻）
曹楊氏（光裕妻。俱見《康熙志》，并道光十一年旌）
曹王氏（文德妻。見《開沙志》。道光十一年旌）
曹谷氏（光卿妻，雍正十三年旌）
曹臧氏（宗鐸妻，乾隆三年旌）
曹于氏（昌弼妻，乾隆六年旌）
曹居氏（溱妻，乾隆四十三年旌）
曹蔡氏（葱珮妻，有傳，乾隆五十年旌）
曹韓氏（宏謐妻。"謐"，《譜》作"謚"。嘉慶十五年旌）
曹蔡氏（之繡妻，嘉慶十九年旌）
曹蔡氏（之瑲妻）
曹萬氏（廷擢妻，年二十守節）
曹居氏（清妻，年十九守節）
曹吴氏（之綺妻。俱見《嘉慶志》，并道光十一年旌）
曹吴氏（一熙妻，嘉慶十八年旌）
曹王氏（附貢生理問銜相文繼妻，道光三年旌）
曹盧氏（士傑妻，道光六年旌）
曹張氏（芍亭妻，道光七年旌。俱見《祠譜》）

尹淩氏（應和妻）
尹胡氏（秉政妻）
尹高氏（志明妻）
尹盧氏（茂山妻。以上俱見《嘉慶志》）
尹韓氏（明徵妻。據《傳略》補入，并道光十一年旌。"徵"，《譜》作"珍"）
姚李氏（起美妻，乾隆五年旌）
姚淩氏（志來妻，乾隆八年旌）
姚曹氏（監生宗唐妻。暨子婦。"唐"，《譜》作"庚"。有傳）
姚曹氏（監生家駒妻，年十九守節。并乾隆二十一年旌）
姚韓氏（宗元妻）
姚余氏（宗典妻）
姚郭氏（士仁妻）
姚戴氏（恃安妻）
姚宗氏（振朝妻）
姚程氏（聚東妻。俱見《嘉慶志》，并道光十一年旌）
姚丁氏（家構妻，道光四年旌）
姚韓氏（懋齋妻，道光六年旌。俱見《祠譜》）
邵鄭氏（模妻。暨娣）
邵趙氏（機妻。見《嘉慶志》）
汪王氏（永昌妻，有傳。見《康熙志》，并道光十一年旌）
汪孫氏（玉瑛妻，乾隆四十四年旌）
汪周氏（世淑妻。孫芝，增生。乾隆十四年旌）

龔顧氏（鄰梓妻。俱見《嘉慶志》。并道光十一年旌）
龔胡氏（曉春妻，嘉慶二十年旌）
龔吴氏（爲樂繼妻，嘉慶二十二年旌）
龔何氏（劍雲妻，道光九年旌。俱見《祠譜》）
程耿氏（庠生大心妻。子夢騶，亦庠生。見《康熙志》。乾隆六年旌）
程潘氏（中泰妻，年十九守節，乾隆三年旌）
程王氏（監生山立妻，乾隆五年旌）
程吴氏（中貞妻，乾隆八年旌）
程楊氏（衡妻，乾隆十年旌）
程黄氏（康民妻，年二十守節，乾隆十三年旌）
程馬氏（兆龍妻，嘉慶元年旌）
程趙氏（世惠妻，嘉慶二年旌）
程眭氏（晟妻，嘉慶三年旌）
程周氏（鴻圖側室，嘉慶十五年旌。"鴻"，《譜》作"洪"）
程楊氏（庠生元濟妻）
程趙氏（士宏妻。子恒生，庠生）
程馮氏（基妻）
程王氏（瀛妻）
程徐氏（松如妻）
程眭氏（越妻）
程范氏（坦如妻。俱見《嘉慶志》。并道光十一年旌）

李畢氏(鋭妻,道光元年旌)
李俞氏(武生朝元妻)
李余氏(若臨側室。并道光二年旌。若臨,名秉鑑)
李田氏(德妻)
李程氏(樟妻)
李何氏(和羹妻)
李王氏(鶴儕妻。并道光五年旌)
李錢氏(馥雲妻,道光七年旌)
李張氏(監生先培妻)
李錢氏(源溥妻,年十八守節。并道光八年旌)
李顔氏(濤妻,道光九年旌。俱見《祠譜》)
周盧氏(大順妻,有傳,康熙三年旌)
周錢氏(士玉妻。長子之楨,武舉。次、三子皆庠生)
周莊氏(庠生日順妻,年十九守節)
周張氏(宏業妻,有傳。并道光十一年旌。俱見《康熙志》)
周吴氏(熙綗妻。見《開沙志》。道光十一年旌)
周何氏(汝駿妻,乾隆八年旌)
(以下見《嘉慶志》)
周何氏(缺。乾隆九年旌)
周郁氏(日廉妻,乾隆五十五年旌)
周刁氏(漢軍之枚妻,乾隆朝旌)
周嚴氏(守和妻)

韓張氏(國樑妻,嘉慶二十三年旌。見《祠譜》)
楊王氏(世學妻。暨子婦)
楊孫氏(可盛妻,合傳。俱見《康熙志》,并乾隆五年旌)
楊茅氏(儒童士明妻,乾隆六年旌)
(以下見《嘉慶志》)
楊陳氏(國正妻。《譜》作“正國”。乾隆四十九年旌)
楊李氏(廷瑾妻。暨子婦)
楊張氏(源畚妻。并乾隆五十年旌)
楊吴氏(洪彭妻,嘉慶二年旌)
楊何氏(大中妻)
楊何氏(儒童大鵬妻)
楊葉氏(庠生仲潆妻。并嘉慶十五年旌。孫元慈,歲貢)
楊趙氏(印文妻)
楊卞氏(好仁妻。暨子婦)
楊姜氏(庠生顯宗妻)
楊喜氏(志學妻)
楊陳氏(民法妻)
楊湯氏(懋昭妻)
楊哈氏(公亮妻)
楊胡氏(濟和妻)
楊朱氏(玉成妻。暨子婦)
楊趙氏(鶴年妻)
楊蕭氏(經歷用修妻。子向榮,典史;桂,把總)
楊趙氏(用臣妻)
楊陸氏(庠生升妻)

嚴張氏(有亮妻。子舒長,庠生。雍正四年旌。見《續府志》)
嚴王氏(時聞妻。見《開沙志》。有傳,道光十一年彙旌)
嚴祝氏(士宏妻,雍正七年旌)
嚴王氏(三策妻,乾隆八年旌)
嚴李氏(監生文煜妻。子堃,庠生。嘉慶五年旌)
嚴王氏(文煒妻)
嚴魏氏(兆斯妻)
嚴法氏(敬文妻)
嚴沈氏(良玉妻)
嚴王氏(啓後子某側室,年二十守節)
嚴戴氏(照天妻。俱見《嘉慶志》,并道光十一年彙旌)
嚴湯氏(治堂妻,嘉慶二十四年旌)
嚴馮氏(瑋焕妻,道光四年旌)
嚴程氏(從九品文雄妻,道光五年旌)
嚴鄒氏(庠生士杏妻,道光七年旌。俱見《祠譜》)
華茅氏(庠生濟思妻,康熙四十一年旌)
華楊氏(政吾妻,乾隆十六年旌)
華繆氏(世爵妻)
華江氏(禮閑妻)
華江氏(文淞妻。暨子婦,有傳)
華王氏(祥麟妻)
華葛氏(泉妻。俱見《嘉慶志》。并道光十一年旌)

汪閔氏(宸耀妻,嘉慶二年旌)
汪張氏(雲章妻)
汪王氏(世沐妻)
汪張氏(朝培妻)
汪孫氏(紹章妻)
汪孫氏(承授妻。俱見《嘉慶志》,并道光十一年旌)
汪柳氏(廷模妻,嘉慶十五年旌)
汪嚴氏(兆榮妻,道光四年旌。俱見《祠譜》)
毛唐氏(一駒妻,有傳,康熙四十二年與子錕孝行同旌。見《康熙志補》)
毛錢氏(自培妻)
毛夏氏(璐妻)
臧王氏(知誥繼妻。并道光十一年旌)
戴司氏(可仕妻。“司”,《譜》作“周”。乾隆十年旌)
戴蔣氏(廣西吏目緗側室。“緗”,一作“湘”。嘉慶元年旌)
戴劉氏(知太谷縣縉少子唐生妻,年十九守節,嘉慶十四年旌)
戴劉氏(縉側室)
戴蔣氏(縉次子震生繼妻。“震生”,《譜》作“百里”。并嘉慶二十二年旌)
戴袁氏(啓京妻)
戴解氏(遐戩妻)
戴馬氏(可式妻)
戴王氏(文聲妻)
戴許氏(元鵬妻)
戴洪氏(伯然妻。暨娣婦)

程李氏(世筠妻,嘉慶十二年旌)
程周氏(常如妻。木主作“盛祚妻”。嘉慶十九年旌)
程龔氏(秀林妻)
程嚴氏(世恭妻。并嘉慶二十三年旌)
程林氏(麗明妻)
程陳氏(泰妻,嘉慶二十五年旌)
程蔡氏(常珠妻,道光五年旌。俱見《祠譜》)
邢劉氏(取先妻)
邢楊氏(廷魁妻)
陸韋氏(允祥妻)
陸周氏(宗鶴妻)
陸沈氏(監生徵妻)
於莊氏(六合妻。俱見《嘉慶志》。并道光十一年旌)
於李氏(蘊堂妻,道光七年旌。《祠譜》)
靳朱氏(大謨妻,乾隆八年旌)
糜錢氏(大武妻,乾隆五十六年旌)
糜王氏(佐龍妻,道光十一年旌)
巫方氏(應舉妻,有傳,乾隆五十五年旌)
焦陳氏(自達妻。俱見《嘉慶志》。道光十一年旌)
焦王氏(大魁妻,嘉慶二十一年旌。《祠譜》)
巴周氏(思源妻)
仲邱氏(純敏妻)
仇劉氏(士虎妻,投水矢志)
仇蔣氏(士秀妻。俱見《嘉慶志》)
劉張氏(庠生坦繼妻。後裔國華,鄉舉)

周金氏(德卿妻。暨子婦)
周陳氏(英妻)
周吳氏(熙咸妻)
周杜氏(大猷妻。子冕,庠生)
周胡氏(遇達妻)
周蔣氏(行健妻)
周李氏(載書妻,有傳)
周程氏(赤蟠妻)
周李氏(玉堂妻)
周盛氏(燾妻)
周左氏(宏恩母)
周吳氏(宏恩妻)
周蔣氏(肇基妻)
周嚴氏(宗元妻)
周吳氏(鼎安母。俱見《嘉慶志》。并道光十一年旌)
周劉氏(旭陽妻,嘉慶十九年旌)
周王氏(尚雍妻,嘉慶二十一年旌)
周王氏(宗樸妻,嘉慶二十三年旌)
周陶氏(恒豐妻,嘉慶二十四年旌)
周王氏(佩綸妻,嘉慶二十五年旌)
周孫氏(載揚妻,道光三年旌)
周趙氏(時霖妻,道光五年旌)
周蔣氏(逸勤妻,道光九年旌。俱見《祠譜》)
吳楚氏(鼎相妻,道光十一年旌)
吳張氏(缺。俱見《康熙志》。乾隆朝旌)
吳孔氏(承隆妻,有傳,雍正四年旌。見《續府志》)
吳王氏(恒玉妻。見《開沙志》。道光十一年旌)
吳倪氏(元亮妻,乾隆三年旌)
楊殷氏(聯尚妻)
楊吳氏(得春妻)
楊何氏(廷蓮妻)
楊殷氏(宏鳳妻)
楊王氏(潤繼妻。暨嗣子婦)
楊柳氏(缺。《譜》云:"廷桂繼妻。"以上俱見《嘉慶志》。并道光十一年旌)
楊朱氏(治謙妻,嘉慶十年旌)
楊劉氏(成義妻,嘉慶十八年旌)
楊陸氏(惠清妻,嘉慶二十二年旌)
楊古氏(宗宇妻,嘉慶二十四年旌)
楊何氏(思柏妻,道光三年旌)
楊陳氏(用輔側室,道光四年旌。并見《祠譜》)
朱胡氏(守正妻,有傳。見《康熙志》。道光十一年旌)
朱吕氏(啓植妻,乾隆八年旌)
(以下見《嘉慶志》)
朱傅氏(有佩妻,乾隆九年旌)
朱諸氏(學貴妻)
朱紀氏(明璽妻。并乾隆十年旌)
朱宋氏(漢軍國棟妻,乾隆二十一年旌)
朱張氏(嘉琈妻,乾隆三十六年旌)
朱陳氏(三紀妻,乾隆四十七年旌)
朱喬氏(庠生方妻,貿屋葬姑)
朱嚴氏(士進妻。并乾隆五十五年旌)
華盛氏(天培妻,嘉慶二十四年旌。見《祠譜》)
金韓氏(士達妻,乾隆四年旌)
金吳氏(如翼妻。"如",《譜》作"汝"。嘉慶三年旌。俱見《嘉慶志》)
金錢氏(其相妻,道光六年旌。見《祠譜》)
魏朱氏(家佑妻)
魏邵氏(上華妻)
魏朱氏(儒童孚五妻,有傳)
陶劉氏(副貢際有妻)
陶楊氏(時泉妻)
陶朱氏(爾魁妻)
陶田氏(天鐸妻。以上俱見《嘉慶志》。并道光十一年旌)
姜吳氏(尚傑妻。見《康熙志》。道光十一年旌)
姜高氏(之澍妻,雍正四年旌。見《續府志》)
姜金氏(貢生潤芳妻)
姜朱氏(瑞文妻。俱見《嘉慶志》。并道光十一年旌)
姜王氏(允成妻,嘉慶十五年旌)
姜貢氏(大川妻,道光二年旌)
戚程氏(宏緒妻,道光三年旌)
戚萬氏(俊民妻,道光七年旌。俱見《祠譜》)
謝姚氏(監生昌齡妻)
謝江氏(希參妻。并乾隆三年旌)
戴徐氏(伯高妻)
戴許氏(志爵妻,傭作撫孤)
戴劉氏(世貴妻)
戴臧氏(遠承妻)
戴吳氏(旭昇妻)
戴王氏(學友妻)
戴吳氏(大禮妻)
戴藍氏(監生又張妻。以上俱見《嘉慶志》。并道光十一年旌)
戴馮氏(新堂妻,嘉慶十八年旌)
戴錢氏(遠亭妻,嘉慶二十三年旌)
戴奚氏(景周妻,道光七年旌。俱見《祠譜》)
談張氏(象稑妻,康熙朝旌)
談沙氏(善妻,年十八守節)
談楊氏(孝妻)
談童氏(瑞生妻。三代俱乾隆五年旌)
談柳氏(我宜繼妻,嘉慶二十年旌)
談卜氏(于北妻)
談劉氏(士楷妻)
宋宗氏(應宏妻。俱見《嘉慶志》。并道光十一年旌)
宋沈氏(家彪妻,嘉慶二十三年旌)
宋楊氏(增生之彦側室,道光四年旌)
宋丁氏(家駒妻,道光六年旌。俱見《祠譜》)
茅楊氏(士進妻,有傳。見《康熙志》)
茅俞氏(之銓妻,有傳。見《續府志》。并道光十一年旌)
劉臧氏(昌祚繼妻。子與前妻子并庠生。俱見《續府志》。并道光十一年旌)
劉徐氏(之貴妻)
劉陳氏(方遐妻。并乾隆五年旌。裔孫禮淞、禮奎、傳祺,并由翰林起家)
劉王氏(庠生元妻,有傳,乾隆四十八年旌)
劉宋氏(全榕妻。"榕",《譜》作"鎔"。乾隆四十九年旌)
劉孔氏(大學妻,乾隆五十八年旌)
劉湯氏(監生象德妻,嘉慶二年旌)
劉吴氏(應林妻,嘉慶二十年旌)
劉徐氏(曾蔭妻)
劉徐氏(邦柱妻)
劉殷氏(適江都劉震,歸母家守節)
劉徐氏(武毅妻)
劉徐氏(正文妻)
劉孔氏(監生曙輝妻)
劉李氏(有衡妻)
劉張氏(大松妻)
劉馮氏(洵繼妻。補傳)
劉姜氏(衡浦妻)
劉王氏(嘉毅妻。并道光十一年旌)
劉蕭氏(丙元妻,道光三十年補旌。以上俱見《嘉慶志》)
劉印氏(道用妻,嘉慶四年旌)
劉張氏(琛妻,嘉慶十七年旌)

（以下見《嘉慶志》。按:《節孝韻譜》有胡元亮妻倪氏，旌年相同，疑“吴”“胡”字訛錯）
吴林氏（燦然妻）
吴張氏（懿佑妻，年十九守節。子鑛，庠生。并乾隆五年旌）
吴孫氏（庠生兆元妻）
吴王氏（世璇妻。并乾隆六年旌）
吴徐氏（士慎妻）
吴江氏（勳妻，年二十守節。并乾隆八年旌）
吴道氏（慶驥妻）
吴王氏（庠生邦偉繼妻，鄉舉、知祁門縣嘉善祖母。并乾隆九年旌）
吴張氏（庠生炌妻，乾隆十五年旌。“炌”，《傳略》及《譜》作“玠”）
吴韓氏（漢軍國政妻，乾隆十六年旌）
吴張氏（戩宜妻，有傳，乾隆五十二年旌）
吴沈氏（廷弼妻）
吴王氏（文敷繼妻。并嘉慶十一年旌）
吴孫氏（全統妻，嫁兩月夫故）
吴邱氏（全偉妻。“偉”，志作“維”，一作“緯”。暨繼子婦）
吴邱氏（西周妻）
吴陳氏（子昌妻。陳氏名淑，壽九十二）
朱陳氏（文郁妻，乾隆五十八年旌）
朱王氏（敏表妻，嘉慶八年旌）
朱孫氏（日煦妻）
朱趙氏（日和妻。并道光九年旌）
朱黄氏（明倫妻，年十八守節。傳附義女蘭香，見“賢孝”）
朱張氏（繼中妻，年十八守節）
朱張氏（時妻）
朱束氏（敏禄妻）
朱田氏（克純妻）
朱解氏（庠生鋆慶妻）
朱宦氏（如泰妻）
朱陳氏（學林妻）
朱陳氏（我偵妻）
朱陳氏（廷法妻）
朱楊氏（宏敦妻）
朱殷氏（敏湛妻）
朱巢氏（其斌妻）
朱趙氏（南祥妻）
朱吴氏（承遐妻）
朱王氏（崇淳妻。“淳”，《譜》作“純”）
朱殷氏（嗣琛妻）
朱唐氏（履乾妻）
朱盧氏（升猷妻）
朱湯氏（立猷妻）
朱邱氏（采旭妻）
朱顧氏（孝子祚元妻。子迪慶，庠生）
朱陳氏（之鏕妻，年二十守節）
朱巢氏（其驊妻）
朱張氏（桂基妻）
朱趙氏（介存妻。暨娣婦）
朱孫氏（惠風妻。暨子婦）
朱戴氏（襄妻）
朱孫氏（九成妻）
朱張氏（聯祥妻）
朱姚氏（渭川妻）
謝王氏（庠生羹焦妻。“焦”，《譜》作“蕉”。有傳，乾隆四十八年旌）
謝劉氏（沅妻。“沅”，木主亦作“沅”，《譜》作“永沅”，疑誤。有傳，乾隆五十年旌。後裔連堃，鄉舉，官知縣）
謝羅氏（湘妻）
謝劉氏（永源妻）
謝劉氏（永源妻。合傳）
謝楊氏（之望妻，有傳。俱見《嘉慶志》。并道光十一年旌）
謝楊氏（楚堂妻，嘉慶十七年旌）
謝包氏（詔元繼妻，嘉慶十九年旌）
謝李氏（洪恩妻，嘉慶二十一年旌。俱見《祠譜》）
鄒吴氏（宣孔繼妻。見《續府志》。道光十一年旌）
鄒楊氏（文球妻，有傳，乾隆五十二年旌）
鄒殷氏（庭芝妻。俱見《嘉慶志》。道光十一年旌）
鄒何氏（衍熙妻，道光元年旌。見《祠譜》）
章尤氏（庠生正期妻。見《續府志》。有傳，雍正四年旌）
章彭氏（華年妻，訓女弟子養姑，乾隆五十二年旌）
章劉氏（其治妻）
章王氏（日昇妻，年十六守節）
茅張氏（國灝妻，乾隆三年旌）
茅錢氏（自培妻，乾隆五十八年旌）
茅向氏（榮宗妻，乾隆六十年旌）
茅薛氏（璠枝妻，嘉慶元年旌）
茅戎氏（大本妻。“戎”，《譜》作“戈”，又云:“大本”，木主作“恒仁”。嘉慶十七年旌。大本妻戎氏，道光三十年《譜》重見）
茅夏氏（庠生大園妻）
茅趙氏（崇傑妻）
茅劉氏（國泌妻）
茅高氏（元岳妻。俱見《嘉慶志》。并道光十一年旌）
茅原氏（國華妻，嘉慶十二年旌）
茅王氏（永璜妻）
茅王氏（桂舟妻。并嘉慶二十二年旌）
茅龔氏（杏妻，道光七年旌）
茅陳氏（錦堂妻。子貽遠，歲貢。道光八年旌。俱見《祠譜》）
紀胡氏（元徽妻，乾隆三年旌）
紀程氏（士科妻，道光十一年旌。俱見《嘉慶志》）
舒王氏（均妻，道光九年旌。《祠譜》）
項繆氏（應懌妻，乾隆五十六年旌）
項仲氏（祖福妻）
項包氏（德崇妻。并道光十一年旌）
劉夏氏（世弼妻，嘉慶二十年旌）
劉張氏（琢如妻，道光四年旌）
劉吴氏（傑妻，道光八年旌）
劉夏氏（成麟妻）
劉卞氏（武裕繼妻。并道光九年旌。俱見《祠譜》）
束王氏（榮登妻，乾隆六年旌）
束錢氏（世忠妻）
葉何氏（之林妻。俱見《嘉慶志》。并道光十一年旌）
葉王氏（萬成妻，道光九年旌）
懷劉氏（允泰妻，道光五年旌。俱見《祠譜》）
喬談氏（農人忠榮妻，年十七守節，乾隆八年旌）
喬羅氏（元善妻）
翟洪氏（珩燧妻。俱見《嘉慶志》。并道光十一年旌）
貢陳氏（于鼎妻，嘉慶十年旌。《祠譜》）
莊李氏（日盛妻，有傳，康熙三年旌）
莊李氏（奇偉妻，道光十一年旌。俱見《康熙志》）
莊范氏（永昇妻）
莊畢氏（連妻。“連”，本從玉。并乾隆三年旌。《譜》有莊商珍妻畢氏，乾隆八年旌，蓋其字也。旌年不同，疑《譜》誤）
莊吴氏（廷楨妻）
莊吴氏（廷楨妻。并乾隆六十年旌。兩吴氏合傳）

吴湯氏(美一妻)
吴湯氏(殷六妻。舊《譜》云:"殷六母。")
吴阮氏(庠生宏經妻)
吴王氏(全綬妻)
吴李氏(如珏妻)
吴張氏(兆銓妻)
吴謝氏(思義妻)
吴丁氏(本忠妻)
吴張氏(兆成妻)
吴江氏(庠生步雲妻。暨娣羅氏及子婦謝氏)
吴羅氏(庠生飛雲妻)
吴謝氏(秉義妻)
吴黄氏(連妻。"連",原從玉)
吴孫氏(兆鵬妻。暨子婦)
吴蔣氏(錫裔妻)
吴王氏(茂俊妻,有傳)
吴張氏(崑璧妻)
吴楊氏(秉英妻)
吴畢氏(元詩妻)
吴朱氏(全紀妻)
吴張氏(敬宗妻)
吴宋氏(志書側室)
吴周氏(爾登妻)
吴王氏(錫瑲妻)
吴張氏(之顥妻)
吴藍氏(聖脩妻)
吴吉氏(碩人妻)
吴張氏(缺)
吴胥氏(及先妻)
吴王氏(錫九妻,年十九歸吴,數日夫卒)
吴杜氏(簡妻)
吴徐氏(瑞槐妻)
吴馬氏(缺。《志》云:"馬宏勳之妹。"宏勳妻吴氏亦旌節)
吴嚴氏(公佩妻)
吴笪氏(作求妻)

朱殷氏(鴻起妻)
朱傅氏(若思妻)
朱吕氏(能壽妻)
朱徐氏(誠倫妻)
朱錢氏(一濬妻)
朱張氏(福起妻)
朱華氏(清年妻)
朱姚氏(倫妻,年十九守節,抱嗣)
朱韓氏(監生滄柱妻)
朱束氏(偉樂妻)
朱吴氏(在縉妻)
朱吴氏(楚珍妻)
朱張氏(永高妻)
朱王氏(宏蘭妻)
朱邱氏(監生華妻。暨子婦)
朱邱氏(子耀妻)
朱錢氏(接三妻,有傳)
朱周氏(裕基妻)
朱楊氏(慶芳妻)
朱於氏(元芳妻)
朱鄭氏(仕籲妻)
朱楊氏(本禮繼妻)
朱顧氏(文朝妻)
朱王氏(乾湛妻)
朱鄒氏(進升妻,有傳)
朱殷氏(子藩妻。"藩",《譜》作"蕃"。有傳)
朱陳氏(其騏妻)
朱張氏(佩枚妻)
朱王氏(辰昭妻,年十九守節。以上俱見《嘉慶志》。并道光十一年旌)
朱錢氏(啓益妻,嘉慶六年旌)
朱王氏(邵榮妻,嘉慶七年旌)
朱周氏(之壽妻,嘉慶二十三年旌)
朱殷氏(仕全妻,道光四年旌)
朱楊氏(沛盛妻,道光五年旌)

章吴氏(紹渭妻)
章王氏(敔妻。暨子婦)
章潘氏(儒童鴻妻,年十九守節)
章吴氏(謂易妻。俱見《嘉慶志》)
章吴氏(連妻。據《傳略》補入。并道光十一年旌)
章金氏(擢衡妻,道光元年旌。《祠譜》)
潘蔣氏(希孔妻。見《開沙志》。道光十一年旌)
潘王氏(宜亨妻,乾隆三年旌)
潘姜氏(庠生從泗妻,投水保節,乾隆五年旌)
潘徐氏(應召妻)
潘錢氏(昉妻。并道光十一年旌。俱見《嘉慶志》)
潘朱氏(國俊妻,嘉慶七年旌)
潘周氏(丹谷妻,嘉慶二十一年旌)
潘唐氏(沛然妻,道光二年旌。俱見《祠譜》)
葛朱氏(天植繼妻)
葛嚴氏(時敏妻)
葛王氏(其義妻。俱見《嘉慶志》。并道光十一年旌)
葛劉氏(言林妻,嘉慶十六年旌)
葛陳氏(從周妻,道光七年旌。俱見《祠譜》)
范華氏(庠生兆敏妻)
范夏氏(崇文妻)
范高氏(庠生承恩妻)
范張氏(曙雲妻)
范何氏(自成妻)

祝趙氏(監生鐸妻,乾隆四十一年旌)
祝張氏(應聲側室,截指誓節)
祝劉氏(珍妻。并道光十一年旌)
董謝氏(應豫妻,乾隆五年旌。"豫",《譜》作"預"。以上俱《嘉慶志》)
董戴氏(監生森林繼妻,道光六年旌。《祠譜》)
梁錢氏(廷福妻,乾隆二十一年旌)
梁林氏(紫封妻,嘉慶十五年旌)
梁謝氏(元達妻)
梁吴氏(廷蓮妻)
梁許氏(廷禄妻)
杜陳氏(鍾里妻,有傳)
杜袁氏(金元妻。俱見《嘉慶志》。并道光十一年旌)
杜龔氏(武舉海寧千總性仁妻,光緒元年補旌)
杜畢氏(廷貴妻,嘉慶二十五年旌。《祠譜》)
阮顧氏(桐山妻)
阮顧氏(學淮妻,年十九守節。俱見《嘉慶志》。并道光十一年旌)
閔汪氏
蘇　氏(本憲妻、妾,雍正四年旌。見《續府志》)
閔周氏(瞞妻。瞞,當依《譜》從"目")
閔鄒氏(士璹妻,年十九守節)
閔殷氏(宗衮妻。俱見《嘉慶志》。并道光十一年旌)

莊徐氏(猗文妻)
莊蔣氏(于廷妻)
莊程氏(邦錦妻。俱見《嘉慶志》。并道光十一年旌)
莊徐氏(宏廣妻。"廣",一作"慶")
莊袁氏(逮佩繼妻。并嘉慶三年旌)
莊笪氏(馭和妻,道光八年旌。俱見《祠譜》)
閻程氏(漢軍成壽妻,乾隆二年旌)
艾趙氏(漢軍崇志妻,有傳,乾隆五十二年旌)
向吴氏(士禮妻,嘉慶二十四年旌)
古楊氏(玉成妻,乾隆五十四年旌。子文、風,俱廪生)
古金氏(鏡心妻,道光十一年旌)
戈張氏(黼文妻。"黼",木主作"黻"。乾隆五十八年旌。俱見《嘉慶志》)
戈許氏(鯨巨妻,嘉慶二十年旌。《祠譜》)
居姚氏(監生文思妻。見《嘉慶志》)
居曹氏(慶元妻,嘉慶十四年旌。《祠譜》)
耿張氏(大廉妻。見《康熙志》。道光十一年旌)
耿柳氏(萬策妻,雍正十三年旌)
耿蔡氏(監生天申妻,乾隆五十二年旌)

吴何氏(萬里妻。以上俱見《嘉慶志》。并道光十一年旌)
吴胥氏(作機妻,嘉慶三年旌)
吴周氏(文忠妻,嘉慶十七年旌)
吴謝氏(兆雯妻,嘉慶十九年旌)
吴孫氏(蘭舟妻)
吴蓋氏(江妻。并嘉慶二十年旌)
吴淩氏(瑞章妻,道光元年旌)
吴嚴氏(監生樸繼妻,道光五年旌。孫春齡,拔貢)
吴程氏(其沅妻,道光六年旌)
吴楊氏(淞妻,道光八年旌)
鄭余氏(剛妻,嘉慶二十三年旌)
鄭馬氏(朝綱妻,道光五年旌。俱見《祠譜》。)

朱王氏(友嬰妻)
朱王氏(於楙妻)
朱戴氏(於禮妻。并道光九年旌。以上見《祠譜》)
秦高氏(時雍妻。見《康熙志》)
秦宗氏(謙吉妻。并道光十一年旌)
尤周氏(三陽妻,年十九守節,乾隆六十年旌)
尤秦氏(棟繼妻)
尤莊氏(容妻。俱見《嘉慶志》。道光十一年旌)
尤何氏(鼎玉妻,嘉慶二十五年旌。見《祠譜》)
許錢氏(世泰妻。見《開沙志》,有傳)
許蔡氏(庠生金印妻。孫男,增生)
許張氏(天爵妻)
許邱氏(大仁妻)
許束氏(正誼妻)
許張氏(良存妻)
許楊氏(奂妻)
許張氏(思信妻。以上俱見《嘉慶志》。并道光十一年旌)
許傅氏(啓福妻,道光元年旌。見《祠譜》)

范孫氏(庠生麟妻)
范張氏(自和妻。俱見《嘉慶志》。并道光十一年旌)
范崔氏(巘廷妻。木主作"士奇妻"。道光三年旌)
范顔氏(監生崗妻。子紹德,歲貢。道光六年旌)
彭趙氏(丹陽時勉妻,依母家守節。見《嘉慶志》。道光十一年旌)
魯吴氏(平衡妻。平衡,名鈉。道光七年旌。《祠譜》)
韋解氏(大鋐妻)
韋李氏(朝鼐妻)
韋陳氏(天敏妻)
韋董氏(鵬遠妻)
韋王氏(治彪妻)
韋陳氏(一綱妻)
韋趙氏(之松妻)
韋張氏(明昇妻。并道光十一年旌)
馬吴氏(宏勳妻,有傳,嘉慶十七年旌)
馬應氏(庠生雲驤妻,有傳)
馬何氏(載德妻。志重見)
馬程氏(監生宸妻,年十八守節)
馬張氏(一駒妻)
馬張氏(龍驤妻)
馬高氏(尚文妻。孫千里,增生)
馬殷氏(邦玉妻,年十九守節)
馬陳氏(新又妻。以上俱見《嘉慶志》。并道光十一年旌)
馬徐氏(冠卿妻,嘉慶十九年旌)
馬聶氏(周良妻,嘉慶二十一年旌)

閔郭氏(貫賢妻,嘉慶十六年旌。《祠譜》)
季徐氏(應春妻,雍正四年旌。《續府志》)
季王氏(修齡妻)
季王氏(時球妻)
賈陳氏(文儀妻)
賈吴氏(廷璧妻)
賈王氏(桂年妻)
賈郜氏(維良妻)
賈殷氏(齊禮妻。俱見《嘉慶志》。并道光十一年旌)
江秦氏(德秀妻,有傳,乾隆四年旌。《續府志》)
江戴氏(澄初妻,有傳,乾隆十一年旌)
江茅氏(知伏羌縣毓玘繼妻。暨子婦)
江李氏(蘇台妻。合傳。李,乾隆五十一年旌;茅,乾隆五十三年旌)
江張氏(鄉舉啓迪妻。子,庠生;孫元謙,進士。乾隆五十六年旌)
江鄭氏(子道妻,嘉慶十二年旌)
江董氏(顯爵妻)
江孔氏(久寧妻)
江毛氏(久鳴妻,與姒孔氏合傳)
江豐氏(德譽妻)
江李氏(昭妻。并道光十一年旌)
顔柳氏(尚義妻,有傳,乾隆八年旌)
顔王氏(極妻。極,字建章,志并見,有傳。以上俱見《嘉慶志》,道光十一年旌)

耿徐氏(天申子鶴年妻)
耿臧氏(志錦妻。俱見《嘉慶志》。并道光十一年旌)
耿徐氏(愚漢妻,道光元年旌)
滿楊氏(國瑞妻,嘉慶十六年旌。俱見《祠譜》)
厙郭氏(漢軍鼎妻,乾隆二十五年旌)
聶袁氏(存利妻)
冷毛氏(州同映祥妻)
冷夏氏
陳　氏(二與妻、妾,有傳)
冷朱氏(貞生妻)
冷蕭氏(彭年妻。俱見《嘉慶志》)
辛戴氏(希夔妻,有傳。見《康熙志》。并道光十一年旌)
辛歐陽氏(天琪妻,乾隆朝旌)
曾費氏(世學妻。《譜》作"世貴"。乾隆三年旌)
曾陳氏(裕先妻,道光十一年旌)
查李氏(元祚妻,有傳,乾隆四十三年旌。俱見《嘉慶志》)
查杜氏(念源妻,嘉慶十九年旌。《祠譜》)
歐陽徐氏(祖妻)
歐陽耿氏(棟妻)
歐陽倪氏(旂妻。俱見《嘉慶志》)
笪李氏(重光子監生玉麟妻。二子并庠生。見《續府志》)
笪何氏(錦驤妻,乾隆五年旌)

		馬金氏（繼眉妻，嘉慶二十二年旌） 馬周氏（耀彩妻，道光四年旌。俱見《祠譜》） 方武氏（泉州都司應武妻，有傳） 方林氏（文達妻。并道光十一年旌） 俞許氏（俊基妻，乾隆五年旌） 俞茅氏（起鳳妻） 俞笪氏（颺彩妻） 俞李氏（在源妻。暨娣婦） 俞裘氏（缺。《傳略》云：“在淇妻。”） 俞笪氏（監生秉玉妻） 俞吳氏（復鑛妻） 任吳氏（萬表妻。俱道光十一年旌） 袁徐氏（敦裕妻，有傳，乾隆五十七年旌） 袁趙氏（文海妻，乾隆五十八年旌） 袁費氏（樸繼妻） 袁柳氏（缺） 袁賀氏（國儒妻。并道光十一年旌） 袁劉氏（亨妻。子渭中，拔貢，官知府。光緒三年補旌。以上俱見《嘉慶志》） 袁郭氏（嘉吉妻） 袁姜氏（內閣中書乾側室。并嘉慶十九年旌） 袁劉氏（燮和妻） 袁徐氏（恭側室。并道光八年旌。俱見《祠譜》。）	顏張氏（于鋼妻，道光七年旌） 顏秦氏（增生士僎妻。子錫康，庠生；孫振復，鄉舉。道光九年旌。俱見《祠譜》） 郭錢氏（秀明妻。見《開沙志》。道光十一年旌） 郭張氏（廩生宏妻。暨子婦） 郭張氏（嶺妻，合傳。并雍正四年旌①。） 郭王氏（承恩妻，乾隆二年旌。俱見《續府志》） 郭韓氏（榮敷妻，乾隆五十八年旌） 郭鄧氏（廷選妻，嘉慶十五年旌） 郭丁氏（世祿妻。志重見） 郭武氏（高妻） 郭葛氏（衛龍妻） 郭聶氏（逢辰妻） 郭陶氏（天珍妻） 郭周氏（應溥妻） 郭陳氏（元檜妻。俱見《嘉慶志》。并道光十一年旌） 郭柳氏（家齊繼妻，嘉慶八年旌） 郭吳氏（家麟妻，嘉慶二十一年旌） 郭笪氏（庠生鉤繼妻，道光六年旌） 梅陳氏（永發妻，道光六年旌。俱見《祠譜》） 盛趙氏（大彥妻，有傳） 盛吳氏（應詔妻）	笪阮氏（庠生定位妻，乾隆七年旌） 笪王氏（監生自崙妻，年二十守節，乾隆四十七年旌） 笪蔣氏（立宋妻） 笪柳氏（正孫妻。俱見《嘉慶志》。并道光十一年旌） 笪林氏（雨蒼妻，道光九年旌。《祠譜》） 法王氏（監生遵猷妻，嫁兩月夫故，時年十八。雍正三年旌） 法劉氏（遵古妻，有傳，乾隆二年旌） 法吳氏（公倫妻，道光十一年旌。俱見《續府志》） 法陳氏（守備重正側室，有傳，乾隆五十七年旌） 法徐氏（良美妻，乾隆五十八年旌） 法王氏（懷恕妻） 法徐氏（重準妻。子嘉荷，庠生。并道光十一年旌） 道俞氏（高妻，乾隆九年旌） 道譚氏（儒童標妻，乾隆五十七年旌） 道王氏（濟妻） 道向氏（世祿妻） 道王氏（傅緝妻。以上俱見《嘉慶志》。并道光十一年旌）

① 按：“雍正四年旌”，《京江郭氏家乘》卷六《傳記藝文》據《鎮江府志節孝傳》稱：“康熙壬寅歲，督學使者張公旌其廬，曰‘兩世貞節’。雍正元年并奉旨旌表。”

			盛章氏(有學妻。俱見《康熙志》。并道光十一年旌) 盛團氏(士標妻,乾隆三年旌) 盛紀氏(懷珍妻,乾隆四十年旌) 盛程氏(宏緒妻。“程”,一作“陳”) 盛谷氏[世(缺)妻。子聿躬,庠生] 盛法氏(舉妻。俱見《嘉慶志》。并道光十一年旌) 林莊氏(庠生覲國妻。見《續府志》。乾隆四年旌) 林錢氏(國坦妻,乾隆四十八年旌) 林程氏(監生士奇妻,乾隆四十九年旌) 林顧氏(又連妻) 林李氏(士愈妻。暨子婦) 林朱氏(庠生鵬程妻) 林韓氏(密妻) 林嚴氏(永泰妻。俱見《嘉慶志》。并道光十一年旌) 林吕氏(右純妻,道光三年旌。《祠譜》。)	眭吳氏(適丹陽庠生道顯。《康熙志》) 眭茅氏(志同妻) 眭顧氏(震華妻) 眭陳氏(成璧妻。俱見《嘉慶志》。并道光十一年旌) 眭高氏(傑士妻,嘉慶五年旌) 牟孫氏(天曉妻,嘉慶二十年旌。俱見《祠譜》) 宜蔡氏(裕乾妻,乾隆六十年旌) 裔眭氏(元健妻) 順蔡氏(士柏妻,有傳。俱見《嘉慶志》。并道光十一年旌) 順金氏(天佐妻,嘉慶二十一年旌。《祠譜》) 按:《嘉慶志》舊列京口駐防蒙古節婦白氏、貞女柏桂氏二人,今撥入“八旗志”中,表内不復重出。

丹徒縣志卷四十二終

丹徒縣志卷四十三

人物二十一　列女六　完節表中

國朝完節表中（此卷録道光十一年、三十年兩次彙旌，及其間單題請旌見於《節孝祠譜》者）

趙朱氏（武生大元妻）
趙解氏（監生蔚嵐妻）
趙夏氏（之芳妻）
趙王氏（萬育妻）
趙周氏（士銓妻）
趙王氏（嘉賓妻）
趙吴氏（元達妻）
趙蕭氏（明惠妻）
趙李氏（振英妻）
趙嚴氏（美化妻）
趙王氏（錫經妻）
趙華氏（生甫妻）
趙王氏（起鸞妻）
趙陳氏（其伍妻）
趙徐氏（監生珍妻）
趙朱氏（蘭芳繼妻）
趙仲氏（有臺繼妻）
趙朱氏（祚昇繼妻）
趙邱氏（履雲繼妻）
趙紀氏（學經妻）
趙洪氏（其璸妻）
趙陶氏（嘉禾妻，年二十守節）
趙貢氏（鼎妻）
趙孫氏（春妻）
趙朱氏（璺妻）
趙殷氏（磋妻）
趙何氏（咯妻）
趙步氏（立妻）

王何氏（建堂繼妻）
王劉氏［儒童以（缺）妻。并道光十二年旌］
王余氏（廷釆妻）
王吴氏（廷杰妻。并道光十五年旌）
王陳氏（監生懋元妻，年十八守節。孫家駒，廩生。道光十八年旌）
王左氏（庠生正元妻，道光二十一年旌）
王陳氏（錦文妻，道光二十六年旌。曾孫繼增，鄉舉）
王劉氏（貤贈三品其連妻，道光二十七年旌）
王周氏（監生耀曾妻）
王陳氏（監生法曾妻）
王趙氏（監生新元妻）
王蔣氏（監生興春妻）
王史氏（應科妻）
王周氏（心睿妻）
王趙氏（懋英妻）
王李氏（燮元妻）

尤夏氏（旭妻）
尤高氏（鶯繼妻）
尤賈氏（嘉與妻）
尤陳氏（之漳妻）
尤陸氏（學源妻。三十年《譜》重見）
尤姚氏（玉鑑妻）
尤張氏（斌士妻）
尤滕氏（榮富妻）
尤馬氏（紹峰妻）
尤陳氏（之濟妻）
尤秦氏（之華妻。以上并道光十一年彙旌）
尤趙氏（桂妻，道光三十年彙旌）
許張氏（珍儒妻）
許趙氏（一本妻）
許王氏（宗衡繼妻）
許駱氏（友恭妻）
許李氏（玉瑶妻）
許沈氏（安宇妻）
許李氏（大綬妻）
許周氏（元秀妻）
許吴氏（天禄妻）
許殷氏（德裕側室。以上并道光十一年彙旌）
許眭氏（耀明妻）
許孫氏（監生之湘妻）
許顔氏（監生直夫側室）
許胡氏（啓賢妻）

馬錢氏（紹忠妻）
馬陳氏（滌妻）
馬葉氏（元廷妻）
馬左氏（圖河妻）
馬周氏（松雲妻）
馬姚氏（士達妻）
馬許氏（宇喬妻）
馬吴氏（焕妻。并道光十一年彙旌）
馬吴氏（迪齋妻，道光十六年旌）
馬臧氏（旭華妻）
馬陸氏（長元妻）
馬陳氏（永發妻）
馬段氏（永宏妻）
馬厲氏（量衡妻）
馬李氏（文源繼妻）
馬蔣氏（君揚妻）
馬徐氏（楚湘妻）
馬查氏（宏春妻。并道光三十年彙旌）
方楊氏（士發妻，道光十八年旌）
方劉氏（得遠妻）
方柳氏（蔚農妻）
方柳氏（澍妻。并道光三十年彙旌）
俞陳氏（楚溪妻）
俞周氏（百順妻）
任張氏（家文妻）
任趙氏（學倫妻）

林張氏（廷標妻）
林李氏（廷柱妻）
林李氏（廩生雲圃妻。并道光十一年彙旌）
林唐氏（連妻）
林魏氏（華國妻，年二十守節）
林魏氏（華國妻，年二十三守節。并道光三十年彙旌）
徐何氏（監生源繼妻）
徐汪氏（錦江妻）
徐顧氏（萬有妻）
徐鄒氏（賡奎妻）
徐趙氏（修章妻）
徐卜氏（修義妻）
徐環氏（恒麒妻）
徐張氏（毓球妻）
徐趙氏（世儒妻）
徐陳氏（世棟妻）
徐吕氏（錫源妻）
徐方氏（太元妻）
徐倪氏（錫椿妻）
徐王氏（上明妻）
徐杜氏（洪鈞妻）
徐倪氏（洪銘妻）
徐王氏（喬賢妻）
徐趙氏（相裕妻）
徐葛氏（相猷妻）
徐王氏（振妻）
徐周氏（寶妻）
徐張氏（汝楨妻）
徐李氏（汝梅妻）

趙吳氏(璞妻,年十九守節)
趙解氏(貞妻)
趙魏氏(正中妻)
趙謝氏(培信妻)
趙張氏(明經妻)
趙朱氏(賜綬妻)
趙殷氏(經璧妻。孫曉廉,庠生)
趙王氏(宏彬妻)
趙吳氏(登元妻)
趙殷氏(有璧妻)
趙孫氏(祚綿妻)
趙王氏(祚康妻)
趙張氏(祚修妻)
趙卞氏(祚寶妻)
趙郭氏(履素妻)
趙朱氏(斯柏妻)
趙胡氏(在道妻)
趙王氏(明儆妻,年二十守節)
趙陳氏(奇耀妻)
趙袁氏(榮倫妻)
趙羅氏(榮初妻)
趙陳氏(爲瑛妻)
趙王氏(爲仙妻)
趙徐氏(長流妻)
趙解氏(長清妻)
趙朱氏(梓林妻)
趙王氏(文光妻)
趙王氏(夢璋妻)
趙張氏(延年妻)
趙張氏(鴻遠妻)
趙王氏(原達妻)
趙王氏(原志妻)
趙劉氏(順義妻)
趙冷氏(思連妻)
趙邵氏(崇福妻)
趙翟氏(崇職妻)
趙王氏(敦義妻)
趙聶氏(如鑑妻)
趙陳氏(鳳彝妻)
趙解氏(秉璐妻)
趙解氏(光紀妻)
趙張氏(錫楨妻)
趙李氏(元輔妻)
趙吳氏(方蓮妻)
趙姚氏(方普妻)
趙唐氏(魁兆妻)
趙田氏(懷福妻)

王孫氏(學禮妻)
王吕氏(新猷妻)
王徐氏(志禮妻)
王朱氏(會權妻)
王秦氏(庚基妻)
王黎氏(敏壽妻)
王仇氏(敏紹妻)
王龔氏(永盛妻)
王戴氏(學義妻)
王道氏(漢妻)
王駱氏(繼曾妻)
王張氏(紹溪妻)
王夏氏(大維妻)
王宦氏(汝霖妻)
王賈氏(士義妻)
王基氏(德銑妻)
王胡氏(元棟妻)
王楊氏(國榮妻)
王李氏(長怙繼妻)
王華氏(夢熊妻)
王劉氏(祥裕妻。"裕",一作"祐")
王吳氏(庭榦妻)
王夏氏(民荃妻)
王丁氏(龍基妻)
王吳氏(性敦妻)
王朱氏(汝蓮妻)
王何氏(萬通妻)
王劉氏(明瑄妻)
王孫氏(友德妻)
王張氏(成功妻)
王魏氏(順元妻)
王宗氏(在盛妻)
王戈氏(廷訓妻)
王冷氏(維童妻)
王張氏(秀高妻)
王田氏(大玉妻)
王朱氏(繼元妻)
王顧氏(登周妻)
王張氏(廷韶妻)
王笪氏(學義妻)
王吳氏(禮夫妻)
王張氏(啓成妻)
王花氏(志道妻。又見"義烈表")
王張氏(承聘妻)
王周氏(希曾妻)
王仲氏(吉慶妻)
王祝氏(友山妻)

許王氏(之蘭妻。兩見)
許陳氏(之淮妻)
許陳氏(汝瑞妻)
許戴氏(一人妻)
許夏氏(清祈妻)
許趙氏(令調妻。以上并道光三十年彙旌)
何于氏(浙江縣丞淏妻)
何笪氏(貢生之煜妻)
何阮氏(庠生金石繼妻)
何張氏(庠生樹玉妻)
何丁氏(監生德培妻)
何笪氏(監生鈺妻)
何王氏(歲貢參側室)
何王氏(太來妻)
何喜氏
何楊氏(并監生如棠側室)
何郭氏(應壯側室,年十四守節)
何李氏(應壯側室,年十八守節)
何魏氏(聲和妻)
何盧氏(仰平妻)
何陸氏(松嵐妻)
何吕氏(樞宸妻)
何高氏(秉義妻)
何范氏(文美妻)
何吳氏(應封妻)
何邱氏(成業妻)
何蔣氏(炳謨妻)
何張氏(全珽妻)
何周氏(文點妻)
何嚴氏(金簡妻)
何達氏(其益妻)
何趙氏(宏烈妻)
何葉氏(金鋱妻)
何茅氏(如桂妻)
何陳氏(德保妻)
何劉氏(功域妻)
何顧氏(樹範妻)

任錢氏(在賢妻。并道光十一年彙旌)
任戴氏(聲揚妻)
任丁氏(溶妻)
任丁氏(榮妻。并道光三十年彙旌)
袁趙氏(廣居妻)
袁沈氏(寬碩妻)
袁周氏(林高妻)
袁趙氏(國安妻)
袁孫氏(治坤妻)
袁俞氏(士鏞妻。并道光十一年彙旌)
袁姚氏(貞妻)
袁李氏(信立妻)
袁陳氏(宏緒妻)
袁謝氏(昌明妻)
袁茅氏(理齋妻)
袁左氏(信發妻。并道光三十年彙旌)
柳畢氏(潤妻)
柳向氏(士信妻)
柳薛氏(佑吉側室。并道光十一年彙旌)
柳向氏(儒童士信妻,道光二十五年旌)
柳程氏(廩生亢宗妻)
柳張氏(監生用和妻)
柳汪氏(洲妻)
柳冷氏(文林妻)
鮑趙氏(玉生妻。并道光三十年彙旌)
史馬氏(監生學山妻)
史毛氏(學泰妻)
史曹氏(監生文林側室。并道光十一年彙旌)
史許氏(印年妻,年二十守節)

徐李氏(永隆妻)
徐馬氏(相英妻)
徐吳氏(盛魁妻)
徐冷氏(維謙妻)
徐周氏(學适妻)
徐汪氏(毓書妻)
徐蔣氏(燦明妻)
徐聶氏(學美妻)
徐王氏(惟質妻)
徐劉氏(汝鶴妻)
徐周氏(汝連妻)
徐戴氏(汝珍妻)
徐顔氏(聖貴妻)
徐李氏(昌相妻)
徐殷氏(永昌妻)
徐張氏(錫清妻)
徐殷氏(永禄妻)
徐王氏(錫浤妻)
徐孫氏(嘉焕妻)
徐王氏(嘉謨妻)
徐王氏(全琢妻)
徐張氏(志偉妻。以上并道光十一年彙旌)
徐楊陳氏(庠生、候選縣丞後妻,道光二十八年旌)
徐團氏(宗海妻)
徐吳氏(在傳妻)
徐陳氏(在本妻)
徐周氏(在中妻)
徐高氏(光鼐妻)
徐童氏(德延妻)
徐劉氏(仁淦妻,年十六守節)
徐吳氏(正淦妻)
徐周氏(汝藩妻)
徐陳氏(在繪妻)
徐黄氏(在諒妻)
徐劉氏(在華妻)
徐馬氏(汝瑄妻)
徐王氏(汝萬妻)
徐周氏(汝柏妻)
徐劉氏(明泰妻)
徐任氏(正貴妻)
徐曹氏(嘉元妻,年二十守節)
徐許氏(希仁妻,年二十守節)

趙胡氏(琦側室)
趙柏氏(書林側室)
趙黄氏(庠生澧泉繼妻)
趙徐氏(監生肅臣繼妻)
趙周氏(廷松妻)
趙吴氏(樹鏕妻)
趙盧氏(嘉禾妻)
趙姚氏(廷榛妻)
趙殷氏(瑞豐妻)
趙江氏(禮炳妻)
趙蕭氏(榮端妻)
趙孫氏(榮芝妻)
趙范氏(惟鶴妻)
趙曹氏(文太妻)
趙張氏(元初妻)
趙朱氏(泰暹妻)
趙張氏(思洪妻)
趙葛氏(綬可妻)
趙郭氏(盛德妻)
趙祝氏(兆元妻)
趙姚氏(禹年妻)
趙戴氏(載昌妻)
趙王氏(家明妻，年十九守節)
趙陳氏(徽吉妻)
趙施氏(友駿妻)
趙孫氏(存義妻)
趙朱氏(學英妻)
趙孔氏(洪亮妻)
趙王氏(明倫妻)
趙解氏(秉衡妻)
趙陳氏(廷瑶妻)
趙朱氏(敦典妻)
趙黄氏(世愷妻)
趙朱氏(思安妻)
趙陳氏(崇文妻)
趙孔氏(方喜妻)
趙駱氏(在寬妻)
趙蔣氏(盛銘妻)
趙李氏(正英繼妻，年二十八守節)
趙田氏(正鶴妻)
趙解氏(長貞妻)
趙盧氏(會龍妻)

王郭氏(懷序妻)
王吴氏(玉成妻)
王顧氏(永和妻)
王朱氏(福廣妻)
王曹氏(鵬祥妻)
王陸氏(大章妻)
王周氏(一德妻)
王周氏(以培妻)
王張氏(廷連妻)
王李氏(庚福妻)
王曹氏(銘妻)
王劉氏(榛妻)
王袁氏(旭妻)
王謝氏(鐘妻)
王孫氏(珍妻)
王劉氏(溱妻。以上并道光三十年彙旌)
王任氏(屏萬妻，道光朝旌)
馮姜氏(濟川妻，道光十一年旌)
馮孫氏(庠生綸鏕妻)
馮蔡氏(監生瑞繼妻)
馮劉氏(金詔妻)
馮高氏(之溥妻)
馮王氏(振繼妻)
馮張氏(在廷妻。在廷，名德昌。以上并道光三十年彙旌)
陳王氏(明遠妻)
陳張氏(本忠妻)
陳丁氏(所聞妻)
陳吕氏(光煒妻)
陳顧氏(玉書妻)
陳束氏(嘉傑妻)
陳周氏(聯蒼妻)
陳王氏(聯誠妻)
陳湯氏(子芳妻)
陳曹氏(廷元妻)
陳賈氏(志常妻)
陳許氏(奎亮妻，年二十守節)
陳徐氏(奎和妻)
陳吴氏(奎新妻)
陳吴氏(宏韜妻)
陳余氏(以珍妻)

何薛氏(之本妻)
何王氏(旭文妻)
何王氏(方煒妻)
何孫氏(源湔妻)
何楊氏(啓業妻)
何戎氏(文瑞妻)
何張氏(之煦妻)
何張氏(秀之妻)
何朱氏(玉潔妻)
何尤氏(樹馨妻)
何張氏(金鈺妻)
何惲氏(貴福妻)
何蔣氏(仲山妻)
何戈氏(杼妻)
何冉氏(業妻)
何李氏(燮妻)
何郭氏(濤妻)
何徐氏(淑妻)
何阮氏(澆妻)
何周氏(籛妻)
何章氏(一元側室)
何林氏(鍾蕃妻)
何蔣氏(在東妻)
何張氏(道南妻)
何王氏(奎璧妻)
何吴氏(司諫妻)
何孫氏(宏謨妻)
何陳氏(宏經妻)
何薛氏(志錦妻)
何王氏(茂超妻)
何趙氏(大魁妻)
何柳氏(豐穀妻)
何范氏(銓妻)
何高氏(瑊妻)
何卜氏(庠生菁側室)
何高氏(鏕側室。以上并道光十一年彙旌)
何吴氏(庠生龍光妻)
何錢氏(庠生棠妻)
何楊氏(庠生鴻妻)
何陳氏(允香妻)
何王氏(周銘妻)
何卞氏(如棻妻)
何陳氏(金純妻)

史丁氏(士敦妻。并道光三十年彙旌)
唐李氏(庠生樹穀妻)
唐劉氏(監生汝琦繼妻)
唐沈氏(監生炳煜繼妻)
唐李氏(監生樹芳側室)
唐薛氏(九皋妻)
唐楊氏(世齡妻)
唐何氏(龍元妻)
唐陳氏(新璡妻)
唐程氏(培玉妻)
唐吴氏(玉書妻)
唐孫氏(全啓妻。兩報)
唐王氏(圯妻)
唐李氏(景洪妻)
唐趙氏(秉昌妻)
唐趙氏(全沛妻)
唐嚴氏(十棟妻)
唐徐氏(永興妻。并道光十一年彙旌)
唐冷氏(儒童贈迪功郎澍之妻，道光十五年旌)
唐張氏(文明妻。文明，字旭東)
唐丁氏(永龍妻)
唐高氏(秉祺妻)
唐胡氏(春麟妻)
唐王氏(壽椿妻)
唐趙氏(秉彦妻，年十八守節)
費吴氏(其剛妻。并道光三十年彙旌)
薛高氏(庠生學濬妻)
薛李氏(兆榮妻)
薛沈氏(鳳朝妻)
薛程氏(志源妻)
薛何氏(赤文妻。并道光十一年彙旌)
薛宋氏(俊妻)

徐王氏(錫宏妻，年二十守節。以上并道光三十年彙旌)
邱許氏(昌年妻)
邱趙氏(發昌妻)
邱王氏(監生秉陽側室。并道光十一年彙旌)
邱朱氏(明善妻)
邱朱氏(昌錚妻)
邱江氏(德明妻。并道光三十年彙旌)
高郭氏(庠生廷植妻)
高許氏(楚南妻)
高許氏(佩書妻)
高李氏(爵妻)
高陳氏(春彩妻。并道光十一年彙旌)
高王氏(式方妻，道光二十三年旌)
高唐氏(庠生應龍妻)
高唐氏(秀亭妻)
高王氏(大舉妻)
高李氏(尚連妻)
高胡氏(德妻)
高張氏(桐妻)
高王氏(柏妻)
高殷氏(元理妻)
高殷氏(良臣妻，年二十守節。并道光三十年彙旌)
夏靳氏(朗音妻)
夏程氏(萬咸妻)
夏張氏(時鼎妻)
夏高氏(振才妻)
夏何氏(檻泉妻)
夏趙氏(豐美妻)
夏江氏(時銀妻)
夏羅氏(啓禄妻)
夏馬氏(重福妻。兩見)
夏尹氏(重禧妻)
夏樊氏(聖敷妻)

趙朱氏(盛賢妻。以上并道光十一年彙旌)
趙凌氏(淮妻,道光十三年旌)
趙殷氏(經壁妻,年二十八守節)
趙周氏(監生錦江妻)
趙王氏(燕庭妻)
趙王氏(克禮妻)
趙王氏(文魁妻)
趙戴氏(其綱妻。兩報)
趙李氏(正英妻,年二十三守節)
趙朱氏(從雲妻)
趙曹氏(啓堂妻)
趙洪氏(位三妻)
趙冷氏(正衡妻)
趙丁氏(開樽妻)
趙解氏(葆元妻,年十九守節)
趙張氏(錫瑶妻,二十九歲守節)
趙胡氏(文樹妻,年十九守節)
趙王氏(士珂妻,年十九守節)
趙邵氏(秉信妻。子曉廉,庠生)
趙解氏(瑞龍妻)
趙戴氏(金榜妻)
趙譚氏(育章妻)
趙王氏(芝燦妻)
趙王氏(宏先妻)
趙林氏(瑞貞妻)
趙張氏(光壁妻)
趙翟氏(敬成妻)
趙魏氏(廷詔妻)
趙胡氏(嘉會妻)
趙蕭氏(維鼎妻)
趙朱氏(泰輔妻,年二十守節)
趙王氏(列鼎妻,年十九守節)
趙解氏(錦妻)
趙尤氏(元標側室。以上并道光三十年彙旌)

陳吴氏(其銑妻)
陳徐氏(士信妻)
陳王氏(希尚妻)
陳王氏(崇孔妻)
陳耿氏(日正妻)
陳蔣氏(子全妻,年十八守節)
陳朱氏(士雲妻)
陳王氏(懋斌妻)
陳項氏(立齒妻)
陳徐氏(添兆妻)
陳馬氏(繼熺妻)
陳裔氏(繼瑞妻)
陳吴氏(繼新妻)
陳張氏(大焕妻)
陳仲氏(道文妻)
陳向氏(道衡妻)
陳鄭氏(之鯉妻)
陳魏氏(之璧妻)
陳辛氏(其貴妻)
陳吴氏(其杰妻)
陳曾氏(國成妻)
陳耿氏(世用妻)
陳王氏(友餘妻)
陳徐氏(慎求妻)
陳眭氏(廷秀妻)
陳童氏(大綸妻)
陳汪氏(宏鈺妻)
陳朱氏(明章妻)
陳朱氏(玉瑜妻)
陳羅氏(智恒妻)
陳程氏(宏章妻)
陳胡氏(曾啓妻)
陳顧氏(裳繼妻)
陳王氏(國相繼妻)
陳裴氏(全妻)
陳韓氏(銓妻)
陳吕氏(允妻)
陳程氏(景妻)
陳張氏(衡妻)
陳程氏(治妻)
陳李氏(榛妻)
陳章氏(學元側室)
陳羅氏(理問銜光燦側室)
陳汪氏(定福妻)
陳孫氏(嘉林妻)

何吴氏(于鉞妻)
何劉氏(金麒妻)
何李氏(本毅妻)
何張氏(文裕妻)
何唐氏(其錦妻,年十八守節)
何李氏(金巘妻)
何冷氏(國權妻)
何卞氏(夢槐妻)
何余氏(應坤妻)
何李氏(廷傑妻)
何臧氏(慎機妻)
何周氏(鍾詔妻)
何錢氏(應旃妻)
何陳氏(德基妻)
何張氏(金鑑妻)
何惲氏(功基妻)
何萬氏(衢妻)
何卞氏(炳妻)
何劉氏(李妻)
何張氏(沖妻)
何王氏(参妻)
何王氏(峻妻)
何王氏(瀚妻)
何李氏(子墉妻,年十九守節)
何徐氏(周中妻)
何李氏(秉鈺妻)
何沈氏(景春妻)
何王氏(調元妻)
何陳氏(鍾福妻)
何華氏(謙光妻)
何王氏(廷榮妻)
何戴氏(庚沅妻)
何張氏(明德妻)
何李氏(起麟妻)
何徐氏(齊英妻)
何仲氏(志立妻)
何謝氏(立堂妻。以上并道光三十年彙旌)
吕趙氏(儒童鐘妻)
吕胡氏(永發妻)
吕張氏(宏基妻)
吕柳氏(昶亭妻)
吕王氏(汝明妻)
吕楊氏(長林妻)

薛黄氏(泩妻。并道光三十年彙旌)
賀何氏(大壽妻)
賀孫氏(錦秀妻)
倪孫氏(遵誨妻)
倪王氏(維屏妻)
湯汪氏(驥德妻)
湯吴氏(惟懷妻)
湯王氏(克寬妻。并道光十一年彙旌)
湯黄氏(之恒妻)
湯蔣氏(以台妻)
湯劉氏(森妻。并道光三十年彙旌)
滕曹氏(國斌妻,道光十一年彙旌)
滕李氏(東周妻,道光三十年彙旌)
殷林氏(州同融妻)
殷謝氏(贈武德騎尉瓏妻)
殷於氏(廩生之霖繼妻)
殷姜氏(廩生希尹繼妻)
殷徐氏(廩生希尹側室)
殷虞氏(廩生士敏繼妻)
殷李氏(增生子静繼妻)
殷吕氏(庠生振譽妻)
殷東氏(庠生一鳳妻)
殷林氏(庠生兆時妻)
殷真氏(庠生卓繼妻)
殷洪氏(庠生昺妻)
殷韋氏(庠生連妻)
殷東氏(監生逢源妻)

蔡楊氏(廷詔妻)
蔡吴氏(廷幹妻)
蔡左氏(熙妻。以上并道光十一年彙旌)
蔡錢氏(寶善妻,道光十九年旌)
蔡邵氏(楷魁妻,道光三十年彙旌)
田孫氏(職員澍妻)
田洪氏(監生慶豐側室)
田戴氏(金佩妻)
田王氏(士熊妻)
田王氏(慶友妻)
田陸氏(必進妻。并道光十一年彙旌)
田范氏(楨妻)
田朱氏(敬階妻。并道光三十年彙旌)
樊潘氏(德漣妻,道光十一年彙旌)
樊楊氏(庠生熾妻)
樊史氏(庠生元謙妻)
樊陳氏(金誥妻。并道光三十年彙旌)
胡劉氏(德順妻)
胡孔氏(壽基妻)
胡眭氏(錫桂妻)
胡吴氏(長春妻)
胡姜氏(據福妻)
胡張氏(照妻。并道光十一年彙旌)
胡李氏(樹標妻,年十六守節,道光二十五年旌)
胡陳氏(楷妻)
胡蔣氏(啓妻)
胡王氏(松茂妻)
胡李氏(明通妻)

錢盛氏（庠生培元繼妻）
錢笪氏（監生之珣妻）
錢王氏（爲橋妻）
錢嚴氏（乃鳴妻）
錢季氏（世珍妻）
錢冷氏（照妻）
錢李氏（爲模側室。以上并道光十一年彙旌）
錢汪氏（乃静妻，三十年《譜》重見）
錢汪氏（乃盛妻。并道光十四年旌）
錢張氏（之蘭妻，道光二十四年旌）
錢朱氏（家祥妻）
錢李氏（之忠妻）
錢蓋氏（之星妻）
錢霍氏（元禮妻）
錢張氏（秀升妻）
錢畢氏（曰乾妻）
錢李氏（曰福妻。以上并道光三十年彙旌）
孫宋氏（泰裔妻）
孫趙氏（德厚妻）
孫陳氏（克昌妻）
孫蔣氏（宗軾妻）
孫陶氏（明聖妻）
孫趙氏（維箕妻）
孫眭氏（景南妻）
孫高氏（景南側室）
孫徐氏（朝綬妻）
孫王氏（應霖妻，年二十守節）
孫潘氏（其瑋妻）
孫蔣氏（九策妻）
孫戴氏（萬福妻）
孫王氏（永豐妻）
孫王氏（榮順妻）
孫潘氏（貽崑妻）
孫張氏（文焕妻）
孫李氏（大奎妻）
孫陳氏（榮來妻）
孫殷氏（明義妻）
孫鄭氏（明焕妻）

陳朱氏（維松妻，年十九守節）
陳眭氏（俊文妻）
陳徐氏（本楨妻）
陳滕氏（國斌妻）
陳段氏（明昇妻，年二十守節）
陳殷氏（元剛妻）
陳張氏（文亮妻）
陳鄭氏（元啓妻）
陳張氏（明發妻）
陳朱氏（文俊妻）
陳趙氏（執忠妻）
陳何氏（國孝妻）
陳蔡氏（壽安妻）
陳張氏（可大妻）
陳眭氏（天元妻）
陳高氏（應龍妻）
陳謝氏（汝梅妻）
陳丁氏（明心妻）
陳李氏（渤妻。以上并道光十一年彙旌）
陳程氏（功懋妻）
陳黄氏（慶德妻。并道光十二年旌）
陳戴氏（廷訓妻，道光十四年旌）
陳劉氏（知雅州府書勳側室，道光二十三年旌）
陳蔡氏（儒童鳴儀妻）
陳張氏（鶴鳴妻。并道光二十五年旌）
陳節婦（氏與夫名俱失考，道光二十六年旌）
陳顧氏（從九品廷詔繼妻）
陳汪氏（監生振金妻，年二十守節）
陳朱氏（監生禮璞妻）
陳朱氏（宗耀妻）
陳聶氏（朝梓妻，年十九守節）

吕袁氏（武進妻。以上并道光十一年彙旌）
吕陳氏（儒童元妻，道光十八年旌）
吕莊氏（永珩妻）
吕尤氏（儒童紹先妻）
吕順氏（祥麟妻）
吕華氏（宏瀾妻）
吕嚴氏（順賢妻）
吕錢氏（紹求妻。以上并道光三十年彙旌）
施仲氏（榮裕妻）
施張氏（烇妻。并道光十一年彙旌）
施童氏（監生烜繼妻）
施高氏（成章妻。并道光三十年彙旌）
張錢氏（庠生宗栻妻）
張于氏（增生光祜妻）
張姚氏（監生崇鑑妻）
張李氏（監生志華繼妻。子以槐，鄉舉）
張賈氏（監生明瑄側室）
張劉氏（炳義妻）
張鄧氏（美秀妻）
張何氏（九疇妻）
張桂氏（雙慶妻）
張蔡氏（乃牧妻）
張魏氏（作榮妻）
張王氏（德瑞妻）
張李氏（延均妻）
張施氏（明璠繼妻）
張莊氏（美麒妻）
張吴氏（鍾藍妻）
張林氏（汝善妻）
張曹氏（爲樞妻）
張王氏（爲留妻）

殷趙氏（監生廷鏞妻）
殷鄧氏（介玉妻。疑即《嘉慶志》玠妻）
殷胡氏（維坤妻）
殷趙氏（長齡妻）
殷徐氏（相鳳妻）
殷翟氏（開德妻）
殷解氏（自順妻）
殷解氏（維棟繼妻）
殷王氏（恒振繼妻）
殷徐氏（昌吉繼妻）
殷朱氏（大忠繼妻）
殷朱氏（中吉繼妻）
殷曹氏（時齡繼妻）
殷莊氏（九鈞繼妻）
殷張氏（永奇繼妻）
殷徐氏（奇麗繼妻）
殷李氏（奇禄繼妻）
殷姚氏（書彭妻）
殷陳氏（偉忠妻）
殷於氏（偉倫妻）
殷張氏（景曾妻）
殷陳氏（昌秀妻）
殷許氏（象珂妻）
殷卜氏（與文妻）
殷王氏（兆顯妻）
殷於氏（兆甲妻）
殷朱氏（允若妻）
殷陳氏（長林妻）
殷王氏（堯年妻）
殷束氏（玉年妻）
殷羅氏（思衡妻）
殷趙氏（式玱妻）
殷眭氏（奇烈妻）
殷錢氏（高雯妻）
殷王氏（奇恭妻）

胡周氏（春山妻。并道光三十年彙旌）
凌鄭氏（裕和妻）
凌胡氏（利憲妻）
凌盧氏（夢高妻）
凌翟氏（來儀側室）
凌居氏（之駒妻）
凌莊氏（貞琳妻。并道光十一年彙旌）
凌潘氏（儒童嘉樹妻）
凌吕氏（茂之妻）
凌王氏（芝妻。并道光三十年彙旌）
霍周氏（遵進妻，道光十一年彙旌）
霍周氏（興堂妻，道光三十年彙旌）
虞陳氏（聖遠妻）
虞孫氏（浩然妻）
虞張氏（浩懷妻。并道光十一年彙旌）
虞陶氏（學仁妻，道光三十年彙旌）
萬莊氏（聖傳繼妻，道光十一年彙旌）
萬金氏（家慶妻，道光三十年彙旌）
支陳氏（贈奉直大夫方奎妻，道光二十年旌）
支李氏（儒童方和妻，道光二十五年旌）
管章氏（永連妻）
管盧氏（昭妻。并道光三十年彙旌）
盧姚氏（宏伏妻）
盧紀氏（曰洧妻）

孫黃氏(懷華妻)
孫郭氏(鳳章妻)
孫陶氏(德九妻)
孫朱氏(志懋妻)
孫殷氏(克謨妻)
孫范氏(明綖妻)
孫席氏(維裘妻)
孫丁氏(萬青妻)
孫蔡氏(晉城妻)
孫華氏(晉鶴妻)
孫宋氏(律和妻)
孫馬氏(巘山妻)
孫徐氏(德魁妻)
孫江氏(正茂妻,二十二歲守節)
孫向氏(志端妻)
孫金氏(潮涌側室。以上并道光十一年彙旌)
孫查氏(庠生駒妻)
孫何氏(成妻)
孫張氏(瑢妻)
孫盛氏(琪妻)
孫余氏(璨妻)
孫董氏(捷妻)
孫王氏(大松妻)
孫趙氏(泰開妻)
孫顔氏(貽崑妻)
孫王氏(朝科妻)
孫郭氏(文明妻,年十八守節)
孫徐氏(永和妻,年二十守節)
孫趙氏(錫蒲妻)
孫陳氏(昌斌妻)
孫趙氏(元庚妻)
孫殷氏(大椿妻)
孫戴氏(邦勇妻)
孫王氏(應霖妻,年二十守節)
孫吴氏(朗側室。以上并道光三十年彙旌)
李張氏(山東候補鹽大使之沆妻)
李陳氏(知廣西昭平縣煜側室)
李吴氏(庠生權妻)

陳吴氏(宗祥妻)
陳張氏(九皋妻)
陳劉氏(儒童元敏妻)
陳朱氏(永漢妻)
陳任氏(禮連妻)
陳孫氏(相爵妻)
陳陶氏(之珩妻)
陳真氏(時揚妻)
陳道氏(洪縉妻)
陳吴氏(枋繼妻,年二十守節)
陳孫氏(鍾妻)
陳童氏(增妻)
陳周氏(善妻)
陳李氏(天順妻)
陳汪氏(玉振妻)
陳賈氏(書文妻)
陳袁氏(本有妻)
陳陶氏(寶謨妻)
陳吴氏(逢吉妻)
陳盧氏(魁武妻)
陳張氏(厚惠妻)
陳周氏(之德妻)
陳李氏(宗理妻)
陳許氏(懷玉妻)
陳朱氏(惟松妻)
陳姜氏(光廷妻)
陳潘氏(瑞芝妻)
陳崔氏(儒童文泰妻)
陳胡氏(玉懷妻,年十九守節。以上并道光三十年彙旌)
蔣王氏(庠生名玗妻)
蔣李氏(庠生鴻業繼妻)
蔣左氏(廷獻妻)
蔣賈氏(咸爵妻)
蔣王氏(大組妻)
蔣吴氏(全權妻)
蔣張氏(漢禮妻)
蔣張氏(應春妻)
蔣朱氏(家琠妻)
蔣朱氏(大蘭妻)
蔣陳氏(之華妻)
蔣左氏(元興妻)
蔣朱氏(懷静妻)

張王氏(繼之妻)
張葉氏(文焕妻)
張丁氏(曙東妻)
張朱氏(鶴年妻。三十年《譜》重見)
張于氏(西順妻)
張朱氏(瑞球妻)
張王氏(恒椿妻)
張嚴氏(治和妻)
張姜氏(玉堂妻)
張劉氏(龍雲妻)
張朱氏(永鼇妻)
張笪氏(顯貴妻)
張茅氏(有光妻)
張朱氏(啓述妻)
張朱氏(熙良妻)
張酈氏(紫元妻)
張殷氏(燦高妻)
張謝氏(志儒妻)
張丁氏(東啓妻)
張王氏(在溱妻)
張朱氏(顯松妻)
張酈氏(建卿妻)
張朱氏(純章妻。“純”避,下同)
張唐氏(純年妻)
張高氏(學賢妻)
張柳氏(學懋妻)
張吴氏(顯垣妻)
張王氏(啓按妻)
張朱氏(會龍妻)
張朱氏(我先妻)
張朱氏(孟昌妻)
張蔣氏(立勳妻)
張王氏(于春妻)
張葛氏(必雄妻)
張邵氏(之才妻)
張趙氏(之綸妻)
張郭氏(紀尚妻)
張朱氏(啓運妻)
張郭氏(以敞妻)
張王氏(君美妻)
張巢氏(懷修妻)
張朱氏(鳴韶妻)
張王氏(錫衡妻)
張陳氏(存瓚妻)
張邵氏(在泮妻)
張殷氏(存德妻)
張朱氏(登儀妻)

殷趙氏(振林妻)
殷羅氏(金鼇妻)
殷翟氏(純年妻)
殷翟氏(承初妻)
殷朱氏(型武妻)
殷華氏(全儀妻)
殷於氏(萬德妻)
殷吴氏(大德妻)
殷張氏(禮全妻)
殷眭氏(兆善妻)
殷束氏(亶生妻)
殷陳氏(爲吉妻)
殷眭氏(懿鶴妻)
殷賈氏(懿皋妻)
殷韓氏(嘉鯉妻)
殷朱氏(明方妻)
殷王氏(檢繼妻)
殷吴氏(佳繼妻)
殷孫氏(執中妻)
殷薛氏(世哲妻)
殷王氏(方福妻)
殷徐氏(嘉信妻)
殷羅氏(國仁妻)
殷趙氏(士孝妻)
殷吴氏(希傳妻)
殷於氏(允夢妻)
殷於氏(緒連妻)
殷王氏(鴻寶妻)
殷姜氏(際昌妻)
殷莊氏(廷純妻)
殷毛氏(守禮妻)
殷潘氏(邦輔妻)
殷華氏(應耀妻)
殷羅氏(耀祖妻)
殷解氏(子球妻)
殷王氏(煜妻)
殷朱氏(達妻)
殷解氏(薌妻)
殷孔氏(敞妻)
殷鄆氏(芾妻)
殷趙氏(著妻)
殷胡氏(相妻)
殷朱氏(松妻)
殷胡氏(義妻)
殷步氏(栗妻)
殷臧氏(載志妻)
殷徐氏(鴻謨妻)
殷朱氏(曰庠妻)
殷鮑氏(嵩春妻)
殷華氏(法智妻)

盧張氏(元泰妻)
盧賈氏(毓倫妻)
盧徐氏(毓麟妻)
盧莊氏(毓坤妻)
盧劉氏(志綱妻)
盧莊氏(啓選妻)
盧張氏(銘德妻)
盧鄒氏(應信妻)
盧王氏(瑞逢妻)
盧張氏(椿妻)
盧朱氏(恒讓妻。并道光十一年彙旌)
盧王氏(兆壽妻)
盧陶氏(必冠妻)
盧殷氏(文錦妻)
盧陸氏(焕妻。并道光三十年彙旌)
莫張氏(之隆妻)
經吴氏(起鳳妻。并道光十一年彙旌)
繆徐氏(啓明妻,道光三十年彙旌)
解趙氏(之縉妻)
解朱氏(之紳妻)
解趙氏(守滿妻)
解翟氏(基育妻)
解趙氏(基晟妻)
解夏氏(君紘妻)
解殷氏(嘉忠妻)
解孫氏(居和妻)
解朱氏(廷瑚妻)
解嚴氏(士國妻)
解朱氏(君弼繼妻)
解田氏(廷梁繼妻)
解朱氏(印雄妻)
解趙氏(恒綱妻)
解眭氏(治遠妻)
解何氏(紹夔妻)
解李氏(兆凱妻)
解於氏(宗順妻)
解卞氏(世瑀妻)
解朱氏(隆恒妻)
解趙氏(毅亨妻)
解趙氏(基鑛妻)

李高氏（庠生林妻）
李吴氏（庠生悦妻）
李葉氏（監生鷺繼妻）
李汪氏（監生炯妻）
李王氏（監生尊五妻）
李孫氏（監生衍知妻）
李柳氏（監生爲儀妻）
李袁氏（必禄妻）
李唐氏（五盈妻）
李眭氏（德潤妻）
李張氏（金章妻）
李顧氏（繡章妻）
李丁氏（魁妻）
李曹氏（源妻）
李雷氏（龍妻，年二十守節）
李孫氏（成仁妻。木主作“崇山”）
李葛氏（明儒妻）
李金氏（致和妻）
李賈氏（秉純妻）
李段氏（昭發妻）
李姜氏（逢春妻）
李楊氏（廷岳妻）
李賀氏（紹津妻）
李張氏（紹椿妻）
李許氏（光祺妻）
李陳氏（殿先妻）
李何氏（枚妻）
李唐氏（棣妻）
李何氏（監生志康妻）
李曹氏（增書妻，二十九歲守節）
李貢氏（增慶妻）
李張氏（起鵬繼妻）
李王氏（遐生妻）
李姜氏（龍甲妻）
李酈氏（榮楨妻）
李周氏（瞻五妻）
李朱氏（道寶妻）
李許氏（盛有妻）
蔣高氏（汝器妻）
蔣陳氏（家新妻）
蔣殷氏（家賢妻）
蔣荆氏（衛宸妻）
蔣華氏（晃妻）
蔣劉氏（監生文鑑妻）
蔣徐氏（監生遐舉繼妻）
蔣朱氏（監生太和側室）
蔣夏氏（受天妻）
蔣王氏（虎林妻）
蔣朱氏（經元妻）
蔣阮氏（經傳妻）
蔣王氏（掄廷妻）
蔣莊氏（維松妻。以上并道光十一年彙旌）
蔣李氏（理問銜廷瑜側室）
蔣尤氏（培遠妻）
蔣黄氏（嘉渟妻）
蔣向氏（嘉溥妻）
蔣張氏（崇巘妻）
蔣朱氏（家隆妻）
蔣姚氏（士林妻，年十八守節）
蔣紀氏（國觀妻，年二十守節）
蔣姚氏（淦妻）
蔣朱氏（家綜妻）
蔣莊氏（敏鈺妻）
蔣崔氏（士均妻）
蔣王氏（學仁妻）
蔣徐氏（學治妻）
蔣吴氏（達家妻）
蔣朱氏（維澤妻）
蔣毛氏（伯懷妻）
蔣江氏（盛業妻）
蔣周氏（士彦妻）
蔣盧氏（廷珠妻）
蔣李氏（鶴年妻，年十九守節。以上并道光三十年彙旌）
沈程氏（贈承德郎大生妻）
沈劉氏（文龍妻）
沈林氏（松友妻）
張陳氏（漢明妻）
張朱氏（廣祚妻）
張朱氏（立謀妻）
張徐氏（存瑕妻）
張吴氏（政明妻）
張朱氏（在璣妻）
張芮氏（志良妻）
張孫氏（秉坤妻）
張尤氏（邵棠妻）
張陳氏（啓盛妻）
張孫氏（文熜妻）
張楊氏（汝瑞妻）
張袁氏（必榮妻）
張吴氏（瑛妻）
張孫氏（輅妻）
張姚氏（朋妻）
張鄭氏（杆妻）
張李氏（爔妻）
張道氏（澄妻。後裔監生一清，同治初創議重建節孝祠）
張王氏（恒妻）
張包氏（議叙八品灝妻）
張宋氏（國儒側室）
張吴氏（承高妻）
張陳氏（歧玉妻）
張朱氏（士爵妻）
張李氏（餘瑚妻）
張湯氏（景棠妻）
張劉氏（華祥妻）
張孫氏（之禄妻）
張徐氏（德寬妻）
張王氏（在勤妻）
張曹氏（泰良妻）
張邱氏（在功妻）
張朱氏（瑞臨妻）
張王氏（振懋妻）
張許氏（學元妻）
張劉氏（學顯妻）
張徐氏（永慰妻）
張孫氏（長泰妻）
張孟氏（錦江妻）
張趙氏（爲樑妻）
張杭氏（振輝妻）
張羅氏（雲台妻）
張高氏（殿奎妻）
張顧氏（之福妻）
殷李氏（昌言側室）
殷王氏
殷翟氏（并光裕側室）
殷潘氏（怡生側室）
殷吴氏（懋卿側室）
殷蔡氏（應益側室）
殷孟氏（緒意側室）
殷朱氏（錫佩妻）
殷解氏（詔龍妻）
殷趙氏（健齡妻）
殷解氏（光起妻）
殷徐氏（象標妻）
殷眭氏（象旭妻）
殷朱氏（籛永妻）
殷解氏（開梅妻）
殷朱氏（漢先妻）
殷業氏（禮儉妻。“業”，疑“葉”之誤）
殷趙氏（鳳高妻）
殷徐氏（廷貴妻）
殷貢氏（仁妻）
殷周氏（槐妻。以上并道光十一年彙旌）
殷楊氏（萬洪妻）
殷步氏（大年妻）
殷嚴氏（祥珍妻）
殷孔氏（翰雲妻）
殷田氏（廷綬妻）
殷趙氏（克華妻）
殷陳氏（岱繼妻）
殷錢氏（海繼妻）
殷王氏（佑妻）
殷吴氏（梅妻）
殷張氏（仲倫妻）
殷莊氏（炳耀妻）
殷王氏（朝五妻）
殷徐氏（有建妻）
殷朱氏（鳳慶妻）
殷朱氏（祖齡妻）
殷劉氏（立五妻）
殷趙氏（以芳妻）
殷於氏（嘉明妻）
解徐氏（宏初妻）
解魏氏（松年妻）
解魏氏（印遥妻）
解湯氏（昌銘妻）
解范氏（懋利妻）
解殷氏（頤妻）
解殷氏（鵬集繼妻）
解朱氏（恒炳妻）
解趙氏（恒英妻）
解趙氏（采章妻）
解趙氏（君瑞妻）
解商氏（君玉妻）
解趙氏（君錫妻）
解張氏（載仁妻）
解趙氏（達朝妻）
解王氏（爲慎妻）
解趙氏（邦英妻）
解趙氏（國正妻。以上并道光十一年彙旌）
解殷氏（監生容妻）
解工氏（爲棟妻）
解朱氏（達春妻）
解黎氏（士寶妻）
解卜氏（洪飛妻）
解孫氏（成祥妻，年二十守節）
解趙氏（載振妻）
解朱氏（作霖妻）
解趙氏（有章妻）
解錢氏（受綸妻）
解趙氏（有馥妻）
解朱氏（汝瑗妻）
解王氏（連興妻）
解王氏（載潼妻）
解殷氏（達貴妻）
解陳氏（彩山妻，年十九守節）
解王氏（載鼎妻）
解殷氏（鏞妻。以上并道光三十年彙旌）
宗朱氏（令愷妻）
宗郭氏（學鸞妻。并道光十一年彙旌）
宗尤氏（遵義妻，年二十八守節）

李王氏(成奎妻)
李金氏(存妻)
李戚氏(滸妻)
李王氏(明妻,年十九守節)
李馮氏(德先妻)
李吳氏(國楨妻)
李戴氏(應蕙妻)
李荆氏(映台妻)
李徐氏(士良妻,年二十守節)
李眭氏(彭年繼妻)
李吳氏(維嵩側室)
李朱氏(文偉妻)
李蔡氏(見周妻。以上并道光十一年彙旌)
李董氏(儒童堅妻,道光十八年旌)
李謝氏(監生藩妻,道光二十四年旌)
李趙氏(武解元海妻)
李石氏(庠生元貞妻)
李許氏(先華妻。石、許二氏疑重十一年,見前《表》)
李閔氏(監生源長妻)
李趙氏(監生泰繼妻)
李包氏(監生元勳妻)
李臧氏(儒童準繼妻)
李沈氏(儒童大勳妻)
李夏氏(士豐字春山妻)
李胡氏(文高妻)
李陳氏(志田妻)
李吳氏(廷祥妻)
李錢氏(之柏妻)
李樊氏(鳴周妻)

沈徐氏(鵬飛妻)
沈莊氏(國球妻)
沈鄔氏(浩妻。以上并道光十一年彙旌)
沈柳氏(士俊妻,道光二十五年旌)
沈劉氏(承照妻)
沈孫氏(序東妻)
沈孫氏(蓉妻。并道光三十年彙旌)
韓陳氏(良士妻)
韓蔣氏(耀妻。并道光十一年彙旌)
韓蔣氏(曜妻,道光十五年旌)
韓曹氏(耀妻)
韓唐氏(禮郊妻)
韓薛氏(沃泉妻。并道光三十年彙旌)
楊費氏(廩生瀛妻)
楊張氏(監生開豫妻)
楊馬氏(大乾妻)
楊周氏(公興妻)
楊劉氏(維邦妻)
楊姚氏(儀簡妻)
楊涂氏(夢蘭妻)
楊卞氏(啓源妻)
楊張氏(連科妻)
楊戴氏(秉惠妻)
楊王氏(天麟妻)
楊經氏(祥裕妻)
楊段氏(國昇妻)
楊朱氏(時和妻)
楊朱氏(秉盛妻)
楊趙氏(汝穀妻)
楊曹氏(道原妻)
楊趙氏(兆符妻)
楊王氏(明燦妻)
楊王氏(啓習妻)
楊朱氏(從福妻)
楊徐氏(應昌妻)
楊殷氏(桂妻)
楊張氏(槐妻)

張趙氏(成禮妻)
張朱氏(仕明妻)
張殷氏(明達妻)
張姚氏(允山妻)
張吳氏(大元妻)
張趙氏(汝鹽妻)
張王氏(永淮妻)
張汪氏(鳳翼妻)
張徐氏(賢聰妻)
張陸氏(采松妻)
張仲氏(炳綺妻)
張朱氏(在科妻)
張朱氏(紀庭妻)
張梁氏(潼妻)
張孫氏(邃妻。以上并道光十一年彙旌)
張倪氏(九遐妻,道光十二年旌)
張嚴氏(儒童準妻,道光十八年旌)
張李氏(聚五妻,道光二十四年旌)
張潘氏(儒童勵堂妻)
張李氏(明德妻)
張葉氏(景安妻)
張王氏(紹溱側室。并道光二十五年旌)
張周氏(贈奉直大夫、庠生際雲妻。子維崧,鄉舉,官山東寧海州同。道光二十六年旌。三十年《譜》重見)
張韓氏(庠生振麟妻。子大宗,庠生)
張祖氏(庠生作辛妻)
張徐氏(監生永吉繼妻)
張鄭氏(菊齡妻)
張錢氏(琢如妻)
張馬氏(景道妻)
張蔣氏(宏志妻)

殷劉氏(美麟妻)
殷潘氏(秀書妻)
殷游氏(玉巖妻)
殷趙氏(曰會妻)
殷朱氏(湧泉妻)
殷趙氏(曰苾妻)
殷唐氏(學禮妻)
殷陳氏(象南妻)
殷譚氏(允文妻)
殷胥氏(福綏妻,年十九守節)
殷李氏(才裕妻)
殷林氏(壽先妻,年二十守節)
殷笪氏(厚田妻,年二十守節)
殷嚴氏(全佩妻,年十九守節)
殷嚴氏(景山繼妻)
殷賀氏(天玉繼妻)
殷章氏(椿繼妻)
殷孔氏(漢妻)
殷趙氏(燕妻)
殷趙氏(耀妻。以上并道光三十年彙旌)
羅柳氏(供事俊妻)
羅劉氏(位南妻)
羅吳氏(永恭妻)
羅朱氏(秦妻。并道光十一年彙旌)
羅趙氏(福景妻)
羅周氏(坤岡妻。并道光三十年彙旌)
畢王氏(大發妻,道光十一年彙旌)
畢陳氏(正恒妻)
畢袁氏(以立妻)
畢范氏(仲平妻。并道光三十年彙旌)
鄔吕氏(德昌妻)
鄔安氏(兆豐妻)
于陳氏(文麟妻)

宗包氏(廷補妻)
宗尤氏(遵義妻,年二十八守節。并道光三十年彙旌)
丁劉氏(啓傑妻)
丁陳氏(之彭妻)
丁李氏(顯佑妻)
丁朱氏(文泰妻)
丁余氏(蔭泗妻)
丁陳氏(錦雲妻)
丁張氏(兆朋妻)
丁譚氏(士福妻)
丁閻氏(監生槐妻)
丁吳氏(餘萬妻)
丁厲氏(之信妻。并道光十一年彙旌)
丁余氏(贈中憲大夫兆熊妻,年十九守節。嗣子紹德,官浙江知縣。道光十六年旌)
丁張氏(贈中憲大夫蔭淦側室,道光十八年旌)
丁王氏(贈承德郎兆龍妻,年十七守節,道光二十八年旌)
丁張氏(庠生詠曾妻)
丁李氏(庠生煦妻)
丁成氏(監生然妻)
丁陳氏(永昭妻)
丁豐氏(啓綸妻。并道光三十年彙旌)
鄧朱氏(名室妻)
郁周氏(煥文妻。并道光十一年彙旌)
郁李氏(殿華妻,道光三十年彙旌)
單姚氏(有武妻)

李王氏（全鑑妻）
李支氏（元昌妻）
李張氏（足發妻）
李程氏（元輝妻）
李閔氏（道平妻）
李王氏（永年妻）
李秦氏（平衡妻）
李尤氏（尊周妻，年十八守節。按：此與嘉慶十二年李尤氏疑重）
李曹氏（蓋妻）
李趙氏（之善妻）
李姚氏（智祥妻）
李陳氏（復華妻）
李徐氏（瀛銓妻）
李吴氏（在鈞妻）
李蔡氏（佩衡妻）
李徐氏（鎮林妻）
李范氏（仕浩妻）
李朱氏（錦瑶妻）
李蔣氏（廷捷妻）
李張氏（培之妻）
李朱氏（繼仁妻）
李田氏（肇基妻）
李袁氏（盛址妻）
李茅氏（麟祥妻）
李喬氏（書祥妻，年二十守節）
李顏氏（大中妻）
李吴氏（登甲妻）
李林氏（元泰妻）
李郭氏（錦妻）
李王氏（漣妻）
李張氏（澐妻）
李賀氏（麟妻）
李張氏（栻妻）
李余氏（沛妻）
李施氏（兆祥側室）
李劉氏（聯雲側室）
李吴氏（維生側室。以上道光三十年彙旌）
周徐氏（景發妻）
周王氏（鵬南妻）

楊孫氏（啓鵬妻）
楊魏氏（美俊妻）
楊蔡氏（大成妻）
楊陳氏（廷楚妻）
楊胡氏（效文妻）
楊郭氏（開晉妻）
楊朱氏（治廷妻）
楊趙氏（廷桂妻）
楊陸氏（儀廷妻）
楊袁氏（兆成妻）
楊孫氏（福成妻）
楊姜氏（加榮妻）
楊夏氏（紹曾妻）
楊吕氏（秉彝妻）
楊戴氏（廷栻妻）
楊徐氏（文壽妻）
楊葛氏（在鳳妻）
楊李氏（菱妻。以上并道光十一年彙旌）
楊程氏（正杭妻。“杭”，木主作“沆”）
楊秦氏（發震妻）
楊古氏（柏如妻）
楊吴氏（永年妻）
楊王氏（成弼妻）
楊陳氏（廷蘭妻）
楊蕭氏（玉采妻）
楊華氏（清成妻）
楊談氏（士福妻）
楊舒氏（國治妻）
楊茅氏（德修妻）
楊錢氏（士鼐妻）
楊姜氏（璨妻，年十九守節）
楊程氏（瑗妻。以上并道光三十年彙旌）
朱華氏（貢生升年妻）
朱吴氏（監生蔭和妻）
朱莊氏（監生可炤繼妻）
朱吴氏（監生燮妻）

張吴氏（永浚妻）
張葉氏（永清妻）
張王氏（孟純妻）
張宗氏（恒聚妻）
張宋氏（紹書妻，年十九守節）
張華氏（翰齋妻，年十九守節）
張陳氏（起元妻）
張廖氏（驚百妻）
張韓氏（蟄宜妻）
張趙氏（英鳳妻）
張史氏（國順側室）
張孫氏（志同妻）
張殷氏（本善妻）
張陳氏（永庚妻，年十九守節，四十七歲卒）
張陳氏（永庚妻，年十九守節，六十七歲請旌）
張李氏（振紀妻。孫文英，庠生）
張李氏（德麟妻）
張韋氏（宏開妻）
張王氏（宗漢妻）
張向氏（啓智妻）
張陳氏（永中妻）
張顏氏（美含妻）
張顏氏（孝全妻）
張高氏（省吾妻）
張章氏（世勳妻）
張高氏（承雲妻）
張楊氏（金書妻）
張蔡氏（利川妻）
張蔡氏（林元妻）
張吴氏（萬石妻）
張殷氏（周僨妻）
張王氏（榮仁妻）
張胡氏（永昌妻）
張蔡氏（正永妻）
張陳氏（松貴妻）
張敖氏（元臣妻）
張顧氏（桂齡妻，年十九守節）
張馬氏（定軒妻）

于孫氏（文彪側室。并道光十一年彙旌）
于吴氏（德懷妻，年二十守節，道光三十年彙旌）
傅湯氏（本寬妻）
傅施氏（標美妻）
卞馮氏（永茂妻）
卞史氏（綏遐妻。并道光十一年彙旌）
卞殷氏（維寬妻）
卞季氏（賢佐妻。并道光三十年彙旌）
康華氏（榮壽妻，道光十一年彙旌）
康徐氏（京美妻，道光三十年彙旌）
伍周氏（軼凡妻）
余蓋氏（翰朝妻）
余張氏（青宇妻）
余李氏（景爗妻）
余王氏（瑞符妻。并道光十一年彙旌）
余向氏（景毓妻，道光十三年旌）
余王氏（吏目壽昌妻，道光十七年旌）
余趙氏（良棟妻）
余倪氏（永昌妻）
余王氏（壽昌妻）①
余賀氏（源森妻）
余王氏（良標妻）
余張氏（成龍妻，年二十守節）
余丁氏（德麟妻。并道光三十年彙旌）
卜厲氏（萬里妻，道光十一年彙旌）
卜李氏（聖川妻，道光三十年彙旌）

杭馬氏（光弼妻。并道光十一年彙旌）
洪張氏（爲德妻，道光三十年彙旌）
包夏氏（希夷妻）
包趙氏（元源妻）
包謝氏（瑛妻）
包林氏（兆槐妻）
包華氏（鳳銜妻）
包李氏（遐祜妻。并道光十一年彙旌）
包高氏（祥岡妻。并道光三十年彙旌）
左張氏（元齡妻）
左徐氏（起潛妻）
左王氏（紹廣妻）
左徐氏（增址妻）
左錢氏（國全妻）
左王氏（遐齡妻。并道光十一年彙旌）
左袁氏（贈奉直大夫增智妻，道十三年旌）
左錢氏（廩生均安妻）
左劉氏（彭齡妻）
左李氏（庠生鈞奏妻）
左劉氏（庠生鈞簡妻。并道光三十年彙旌）
石錢氏（特峰妻）
崔徐氏（松秀側室。并道光十一年彙旌）
崔靳氏（德明妻）
吉蕭氏（鳳林妻。并道光三十年彙旌）
吉徐氏（銘妻，道光朝旌）
龔劉氏（煦妻）

① 按：前亦有“余王氏”，亦“壽昌妻”，疑重。

周眭氏(載書妻)
周葉氏(位標妻)
周王氏(繪繼妻)
周何氏(遐年繼妻)
周蔣氏(良義繼妻)
周劉氏(俊妻)
周卞氏(元妻)
周范氏(儒童信妻)
周張氏(應圖側室,傳見"賢孝")
周劉氏(東啓側室)
周楊氏(廷玩妻)
周梅氏(立堂妻)
周孔氏(文元妻)
周徐氏(其珮妻)
周潘氏(光濤妻)
周仇氏(家柱妻)
周楊氏(長山妻)
周許氏(堯安妻)
周樊氏(象臣妻)
周錢氏(晉妻)
周何氏(鈺妻)
周王氏(盛元妻)
周夏氏(佩綱妻)
周王氏(思聰妻)
周魏氏(恒裕妻)
周徐氏(盛康妻)
周褚氏(堯陘側室。以上并道光十一年彙旌)
周余氏(兆貴妻,道光十五年旌)
周余氏(葆堂妻,道光十五年旌)
周丁氏(儒童錤妻,道光二十年旌)
周黄氏(監生承幹妻。嗣子沛霖,廪貢。道光二十三年旌)
周徐氏(貢監生宏緒妻,年二十守節,道光二十六年旌)

朱羅氏(兆啓妻)
朱蔣氏(謙鶴妻)
朱張氏(佩玫妻)
朱趙氏(景林妻)
朱孫氏(景璐妻)
朱魏氏(與明妻)
朱鄭氏(世俊妻)
朱王氏(昌旗妻)
朱孫氏(兆祥妻)
朱張氏(於惠妻)
朱孫氏(允銓妻)
朱殷氏(正興妻)
朱張氏(純浩妻)
朱徐氏(友琴妻)
朱殷氏(棟芳妻)
朱王氏(紹庭妻)
朱胡氏(位中妻。三十年另一人)
朱謝氏(元魁妻)
朱王氏(之席妻)
朱徐氏(啓禮妻)
朱趙氏(展魁妻)
朱張氏(步鼇妻)
朱姚氏(聯慥妻)
朱施氏(淑燦妻)
朱徐氏(楚誠妻)
朱趙氏(榮采妻)
朱賈氏(在隆妻)
朱劉氏(升遂妻)
朱周氏(采仁妻)
朱張氏(偉佑妻)
朱張氏(樹爵妻)
朱孫氏(宏恩妻)
朱冷氏(資發妻)
朱徐氏(萬和妻)
朱賈氏(象嵩妻)
朱楊氏(修盛妻)
朱殷氏(仕全妻)
朱趙氏(勝祥妻)
朱張氏(象紀妻)
朱姚氏(咸奎妻)
朱芮氏(敏貞妻)
朱趙氏(升坤妻)
朱張氏(楚賢妻)
朱趙氏(聯略妻)
朱王氏(致松妻)
朱孫氏(家美妻)
朱卞氏(家鵬妻)
朱姚氏(仕扣妻)
朱汪氏(謙瑞妻)

張曹氏(永琛妻,年十八守節)
張周氏(萬和妻)
張姚氏(文海妻,年十九守節)
張韋氏(蟻橋妻)
張吴氏(立堂妻)
張倪氏(兆齡妻)
張蘇氏(春生妻)
張劉氏(國如妻,年十九守節)
張奚氏(榮妻)
張賀氏(宣妻)
張程氏(鑑妻,年十九守節)
張莊氏(沅妻)
張尹氏(炘妻)
張左氏(浩妻)
張王氏(騂繼妻)
張陳氏(崟側室。以上并道光三十年彙旌)
張尹氏(永遐子昌麒妻,年十八守節,道光朝旌)
孔趙氏(傳相妻)
孔詹氏(興亮妻)
孔李氏(春山妻)
孔楊氏(傳理妻)
孔范氏(毓儒妻)
孔謝氏(毓才妻)
孔張氏(毓汕妻)
孔管氏(繼烺妻。以上并道光十一年彙旌)
孔王氏(傳映妻)
孔范氏(傳楹妻)
孔吴氏(繼源妻)
孔吴氏(繼渭妻)
孔陳氏(繼梁妻)
孔韋氏(繼聖妻)
孔李氏(廣槐妻。以上并道光三十年彙旌)
曹范氏(嘉祺妻)
曹尤氏(舜年妻)
曹朱氏(可揚妻)
曹吴氏(玉衡妻)
曹耿氏(凝玉妻)
曹李氏(一鳴妻)

顧李氏(乾生妻)
顧潘氏(一壑妻)
顧姚氏(大林妻)
顧戎氏(榮國妻)
顧周氏(文敔妻)
顧李氏(嘉運妻)
顧張氏(聚明妻)
顧周氏(玉麒妻)
顧張氏(振聲妻。并道光十一年彙旌)
顧史氏(兆熊妻,道光十二年旌)
顧許氏(德修妻)
顧吴氏(啓崑妻)
顧胥氏(廣妻)
顧章氏(鉉妻)
顧韓氏(廷妻。并道光三十年彙旌)
黄薛氏(儒童俊升妻)
黄譚氏(安國妻)
黄陶氏(日啓繼妻)
黄許氏(子堅妻)
黄嚴氏(有汶妻)
黄程氏(子儀妻)
黄王氏(家晛妻)
黄吴氏(治平妻)
黄丁氏(道明妻)
黄薛氏(有全妻)
黄陳氏(家暟側室。并道光十一年彙旌)
黄賀氏(體仁妻)
黄潘氏(世富妻)
黄范氏(道興妻)
黄包氏(有九妻。并道光三十年彙旌)
蕭殷氏(國佐妻)
蕭趙氏(崇剛妻)
蕭曹氏(掄元妻)
蕭蘇氏(士璠妻)
蕭孫氏(崇茗妻)
蕭趙氏(士寬妻。并道光十一年彙旌)
蕭趙氏(崇龍妻)

龔賈氏(興禮妻)
龔劉氏(承輔妻。并道光十一年彙旌)
龔何氏(其柳妻)
龔王氏(謹元妻)
龔翟氏(朝覲妻)
龔田氏(建泰妻。并道光三十年彙旌)
程薛氏(監生世檩繼妻)
程楊氏(椿年妻)
程柳氏(朝濟妻)
程孫氏(正照妻)
程薛氏(嵩妻)
程周氏(導妻)
程嚴氏(榮妻)
程劉氏(之綱妻)
程陶氏(廷彩妻)
程馮氏(德廣妻)
程郎氏(常銑妻)
程冷氏(家安妻)
程蔣氏(新甲妻)
程王氏(聲甫側室。并道光十一年彙旌)
程唐氏(志立妻)
程陳氏(蘭皋妻)
程熊氏(茂林妻)
程韓氏(淇妻)
程金氏(沛妻)
程畢氏(焕妻)
程吴氏(治妻)
程武氏(焜妻。并道光三十年彙旌)
陸沈氏(持久妻)
陸沈氏(希舜妻)
陸金氏(義謙妻)
陸曹氏(金榜妻)
陸戚氏(滔妻)
陸徐氏(楷妻。并道光十一年彙旌)
陸蔣氏(儒童授唐妻,家貧孝姑,道光十二年旌)

周吴氏(貢生宏量妻)
周李氏(應福妻)
周吕氏(讓三妻)
周范氏(雲生妻)
周吴氏(熙綱妻)
周王氏(仁達妻)
周趙氏(佩芳妻,年二十守節)
周康氏(標妻)
周沈氏(三成側室)
周錢氏(寶琳妻)
周冷氏(兆奎妻)
周胡氏(祥發妻)
周劉氏(元桂妻)
周邵氏(長聖妻)
周陳氏(宜增妻)
周王氏(宜發妻)
周姚氏(良明妻)
周章氏(紹斌妻)
周茅氏(悦連妻)
周李氏(長茂妻)
周嚴氏(煦繼妻。以上并道光三十年彙旌)
周張氏(新又妻,有傳,道光年旌)
吴江氏(庠生藻妻)
吴蒲氏(庠生沐側室)
吴錢氏(鶴齡妻)
吴俞氏(嘉瑜妻)
吴包氏(國瑋妻)
吴韓氏(益彬妻)
吴薛氏(永純妻)
吴程氏(仲禮妻)
吴賀氏(蘊周妻)
吴孫氏(元惠妻)
吴吕氏(渭清妻,年十七守節)
吴胡氏(世鴻妻)
吴眭氏(象兹妻)
吴戚氏(朝選妻。一作"臧氏")
吴馬氏(肇修妻)
吴顧氏(聖祥妻)

朱孫氏(昌茂妻)
朱田氏(樹址妻)
朱張氏(齊貴妻)
朱張氏(齊鼇妻)
朱周氏(同嵋妻)
朱蔣氏(聯瑶妻)
朱陳氏(懋官妻)
朱殷氏(瑞英妻)
朱張氏(友彰妻)
朱趙氏(方鵬妻)
朱趙氏(培紀妻)
朱趙氏(仕階妻)
朱陳氏(象浩妻)
朱殷氏(於慶妻)
朱何氏(如松妻)
朱王氏(佩林妻)
朱夏氏(榮宗妻)
朱張氏(友書妻)
朱吴氏(世德妻)
朱陳氏(嘉基妻)
朱王氏(杞芳妻)
朱尤氏(長鼎妻)
朱惲氏(啓莘妻)
朱趙氏(在銘妻)
朱姚氏(子鋼妻)
朱賈氏(聖洪妻)
朱林氏(相組妻)
朱韓氏(連璧妻)
朱楊氏(永盛妻)
朱張氏(棟高妻)
朱鄒氏(欽桂妻)
朱張氏(鳳起妻)
朱殷氏(洪起妻)
朱賈氏(美武妻)
朱許氏(廷基妻)
朱楊氏(勖暢妻)
朱王氏(隨慶妻)
朱陳氏(玉璽妻)
朱石氏(賢起妻)
朱邱氏(慎瞻妻)
朱楊氏(本高妻)
朱陸氏(延垣妻)
朱王氏(延珩妻)
朱張氏(懷琦妻)
朱荆氏(有林妻)
朱姚氏(思堯妻)
朱錢氏(思高妻)
朱殷氏(敏學妻)

曹高氏(去繁妻)
曹何氏(樹祥妻)
曹張氏(克培妻)
曹楊氏(名揚妻。以上并道光十一年彙旌)
曹張氏(庠生銘妻,道光十五年旌)
曹錢氏(附貢生理問相文側室,道光二十二年旌)
曹吕氏(儒童國蘭妻,道光二十五年旌)
曹何氏(光冕妻)
曹張氏(一煃妻)
曹顧氏(子騮妻)
曹吴氏(子驄妻)
曹譚氏(汝楫妻)
曹王氏(國鼐妻)
曹胡氏(時蕙妻)
曹萬氏(廷擢繼妻)
曹陳氏(建官繼妻)
曹孫氏(之富妻,年十九守節)
曹居氏(于樂妻)
曹李氏(浩妻)
曹嚴氏(瀚妻)
曹劉氏(浦妻)
曹李氏(時妻)
曹程氏(法妻)
曹錢氏(柏繼妻)
曹蔣氏(懋培妻)
曹楊氏(樹榮妻)
曹謝氏(一珍妻)
曹張氏(一瑛妻)
曹郭氏(鶴松妻,年十九守節)
曹包氏(時桂妻,年十九守節。以上并道光三十年彙旌)
嚴趙氏(監生士枋妻,嘉慶十五年旌。子暻,庠生)

蕭談氏(道選妻)
蕭裔氏(正趨繼妻。并道光三十年彙旌)
尹朱氏(庠生鈺妻)
尹張氏(監生江妻)
尹王氏(欽洛妻)
尹束氏(文志妻)
尹徐氏(文松妻)
尹高氏(明志妻)
姚尤氏(乃慶妻)
姚曹氏(欽文妻)
姚張氏(維朋妻)
姚許氏(明埴妻)
姚朱氏(是敦妻)
姚邢氏(玉祥妻)
姚程氏(紹先妻)
姚王氏(廷總妻)
姚趙氏(繼明妻)
姚施氏(杰妻)
姚楊氏(嘉豫妻)
姚吴氏(遵恒妻,年十八守節)
姚吴氏(遵建妻)
姚戴氏(是惲妻)
姚趙氏(明謙妻)
姚李氏(中正妻。以上并道光十一年彙旌)
姚尤氏(儒童金臺妻,道光二十二年旌)
姚趙氏(家榜繼妻)
姚蔣氏(從九品遵謹妻)
姚尤氏(遵易妻)
姚張氏(之臣妻)
姚王氏(啓瑞妻)
姚柳氏(家鼎妻)
姚解氏(金舉妻,年三十守節)
姚解氏(金舉妻,年二十五守節)①
姚胡氏(裕昆妻)
姚柳氏(遵平妻)

陸滕氏(贈奉直大夫金焌妻。子獻,鄉舉)
陸卜氏(誠齋妻)
羊張氏(振南妻)
靳蔣氏(灝妻。并道光三十年彙旌)
麇孫氏(大康妻)
段喬氏(家梅妻)
段王氏(成章妻)
段淩氏(家柱妻)
段仲氏(國源妻。并道光十一年彙旌)
段許氏(子雲妻)
段湯氏(伯仕妻)
巫傅氏(宜瑞妻)
巫謝氏(安瀾妻)
巫姚氏(文燦妻。并道光三十年彙旌)
焦張氏(自德妻,道光十一年彙旌)
焦王氏(景龍妻,道光三十年彙旌)
侯唐氏(公調妻)
侯沈氏(焕章妻。并道光十一年彙旌)
侯常氏(鳳齡妻)
侯郭氏(士章妻。并道光三十年彙旌)
仲戴氏(恒慶妻)
甯梁氏(鵬飛妻。并道光十一年彙旌)
甯徐氏(嘉榮妻)
仇王氏(有彙妻。并道光三十年彙旌)
厲季氏(家植妻,道光十一年彙旌)
厲李氏(厚泉妻,道光三十年彙旌)
戎高氏(綸妻,道光十一年彙旌)

① 按:此處兩"姚解氏",皆"金舉妻",疑復。

吴趙氏（啓松妻）
吴鄔氏（恒進妻）
吴王氏（植亭妻）
吴程氏（仲樂妻）
吴張氏（山秀妻）
吴楊氏（宗玖妻）
吴范氏（慰祖妻，年二十守節）
吴葉氏（泰巖妻）
吴趙氏（國評妻）
吴朱氏（啓周妻）
吴王氏（希鵬妻）
吴孫氏（秉玉妻）
吴邱氏（全文妻）
吴姚氏（全贊妻）
吴華氏（世良妻）
吴黄氏（紀文妻）
吴王氏（匡周妻）
吴朱氏（汝耆妻）
吴龔氏（福周妻）
吴朱氏（正啓妻）
吴陳氏（景岱妻）
吴朱氏（象武妻）
吴賈氏（象麟妻）
吴彭氏（宗儼妻）
吴柳氏（甸若妻，年十七守節）
吴程氏（會庭妻）
吴畢氏（郁妻）
吴孫氏（梣妻）
吴羅氏（藩妻）
吴江氏（鋭妻）
吴蔣氏（學正繼妻）
吴江氏（監生漣繼妻）
吴紀氏（鳴遠妻）
吴張氏（履忠妻）
吴眭氏（若雲妻）
吴韋氏（文濱妻）
吴程氏（瑞徵妻）
吴冷氏（江妻）
吴賈氏（成周妻）
吴蔣氏（棣臣妻）
吴鮮氏（太和妻）
吴黄氏（端揆妻）
吴劉氏（家龍妻）
朱徐氏（從文妻）
朱潘氏（思才妻）
朱劉氏（日讓妻）
朱張氏（敏昭妻）
朱王氏（斯鈺妻）
朱仲氏（佳延妻）
朱張氏（吉安妻）
朱王氏（宏卿妻）
朱吴氏（御起妻）
朱邱氏（相忠妻）
朱鄒氏（勖超妻）
朱蕭氏（華洪妻）
朱王氏（銀高妻）
朱王氏（正慶妻）
朱賈氏（崇本妻）
朱吴氏（有雲妻）
朱巢氏（會賢妻）
朱許氏（耀維妻）
朱張氏（斯齊妻）
朱解氏（迺梃妻）
朱郭氏（勖顯妻）
朱張氏（謙遜妻）
朱陳氏（秉瑜妻）
朱趙氏（宏道繼妻）
朱韋氏（煦妻）
朱吴氏（廷松側室）
朱何氏（監生庭綬妻）
朱邵氏（錦春妻）
朱邵氏（致强妻）
朱仲氏（茂松妻）
朱姚氏（發盛妻）
朱王氏（子蘭妻）
朱趙氏（照剛妻）
朱楊氏（允華妻）
朱楊氏（萃均妻）
朱解氏（子鍏妻）
朱王氏（仕德妻）
朱王氏（發駿妻）
朱趙氏（萃培妻）
朱張氏（吉儒妻）
朱李氏（仕文妻）
朱李氏（與泰妻）
朱蔣氏（錦文妻）
朱吕氏（秉彝妻）
嚴汪氏（監生春泉妻）
嚴戴氏（驥和繼妻）
嚴胡氏（明鋭妻）
嚴劉氏（登三妻）
嚴孔氏（永嘉妻）
嚴林氏（本智妻）
嚴馮氏（玉魁妻）
嚴姚氏（啓鍾妻）
嚴吴氏（士標妻）
嚴孫氏（學惠妻）
嚴陳氏（學溥側室）
嚴管氏（儒童士柄妻）
嚴茅氏（德音妻）
嚴王氏（邦煊妻）
嚴李氏（邦熙妻）
嚴黄氏（植妻）
嚴滕氏（玉湛妻）
嚴杜氏（文虎妻）
嚴汪氏（監生士桐側室。并道光十一年彙旌）
嚴郭氏（柏亭妻）
嚴劉氏（玉液側室）
嚴李氏（廩生應霖側室）
嚴楊氏（士林妻）
嚴姜氏（景符妻）
嚴談氏（秀岩妻）
嚴楊氏（爕序妻）
嚴張氏（良森妻）
嚴束氏（邦爕妻）
嚴陳氏（嘉煜妻）
嚴左氏（堡妻。以上并道光三十年彙旌）
嚴談氏（儒童晴川妻，道光朝旌）
華於氏（懋京妻）
華江氏（爾富妻）
華吴氏（喬年妻）
華楊氏（夏妻）
華張氏（匯妻）
姚徐氏（修監妻）
姚楊氏（順天籍庠生寶霖妻）
姚尤氏（敬堂妻）
姚孔氏（椿妻。以上并道光三十年彙旌）
汪吴氏（從九植妻）
汪陳氏（鴻遠妻）
汪陳氏（名遠妻）
汪陳氏（士鍾妻）
汪趙氏（封奉直大夫玉燕側室）
汪錢氏（策妻）
汪鄒氏（正登繼妻）
汪徐氏（漢齋妻）
汪吴氏（士錞妻。并道光十一年彙旌）
汪戴氏（吉科妻，道光二十七年旌）
汪徐氏（德振妻）
汪臧氏（志奎妻）
汪孫氏（學翰妻）
汪賈氏（文庠妻）
汪楊氏（文銓妻，年十九守節。并道光三十年彙旌）
毛范氏（宏泗妻）
毛張氏（幹章妻）
毛林氏（芝賓妻。并道光十一年彙旌）
毛張氏（學詩妻，道光三十年彙旌）
臧茅氏（積端妻）
臧鄔氏（公慶妻。并道光十一年彙旌）
臧宗氏（新元妻）
臧賈氏（多貴妻。并道光三十年彙旌）
戎孫氏（庠生梓妻）
祖王氏（長慶妻，年十八守節。并道光三十年彙旌）
武李氏（監生聲傳妻）
武包氏（儒童宗純妻。"純"字敬改。并道光十一年彙旌）
武程氏（宗漢妻，道光三十年彙旌）
劉陳氏（庠生恭壽妻）
劉某氏（缺）
劉夏氏（康祥妻）
劉周氏（宏洙妻）
劉戴氏（上驤妻）
劉朱氏（秉常妻）
劉張氏（明靄妻）
劉華氏（正平妻）
劉莊氏（之琳妻）
劉吴氏（之瑲妻）
劉范氏（樂山妻）
劉蕭氏（松喬妻）
劉尹氏（銓妻）
劉夏氏（標妻）
劉李氏（珝妻）
劉盛氏（本妻）
劉尹氏（鑑妻）
劉吴氏（垠妻）
劉茅氏（楷妻）
劉高氏（廷垛妻）
劉唐氏（兆坤妻）
劉范氏（松年妻）
劉嚴氏（一奎妻）
劉陳氏（天叙妻）
劉張氏（康衢妻）
劉管氏（啓源妻）
劉王氏（永安妻。以上并道光十一年彙旌）
劉盛氏（邦慶妻，道光二十一年旌）

吴眭氏（大有妻）
吴朱氏（書周妻）
吴朱氏（正連妻）
吴張氏（正初妻，三十年《譜》重見）
吴朱氏（彩瑞妻，三十年《譜》重見）
吴孫氏（志鵬妻）
吴何氏（鴻文妻）
吴鄭氏（文旂妻）
吴孫氏（惠吉妻。以上并道光十一年彙旌）
吴程氏（贈奉直大夫應泌繼妻，道光二十四年旌。應泌，字慕李）
吴章氏（庠生繼烈妻，道光二十六年旌）
吴畢氏（庠生玉燦妻）
吴萬氏（蔭祀生學圻妻）
吴張氏（朝基妻）
吴徐氏（福生妻）
吴蔡氏（啓楨妻）
吴謝氏（秉義妻，道光十一年已見，守節年异）
吴顧氏（樹堂妻）
吴韓氏（益杬妻）
吴魏氏（之奇繼妻）
吴仲氏（慶有繼妻）
吴陳氏（杨繼妻）
吴陳氏（江妻）
吴楊氏（文祥妻）
吴蔣氏（必貴妻）
吴邵氏（興全妻）
吴杜氏（忠杰妻）
吴曹氏（照仁妻）
吴李氏（錦泰妻）
吴王氏（必和妻）
吴殷氏（同文妻）
朱劉氏（玉璐妻）
朱唐氏（玉階妻）
朱張氏（相勳妻）
朱趙氏（鳴環妻）
朱冷氏（從貴妻）
朱張氏（祖吉妻）
朱張氏（里金妻）
朱宦氏（近仁妻）
朱殷氏（樹成妻）
朱王氏（從洲妻）
朱賈氏（聖機妻）
朱楊氏（如鈺妻）
朱趙氏（國璠妻）
朱錢氏（相周妻）
朱尤氏（瑞芝妻）
朱趙氏（順友妻）
朱陳氏（樹業妻）
朱陸氏（相儀妻）
朱姚氏（本蘭妻）
朱王氏（仕標妻。三十年《譜》重見）
朱盧氏（啓坤妻）
朱鄭氏（思忠妻）
朱徐氏（勖崑妻）
朱劉氏（啓高妻）
朱程氏（左黄妻）
朱茅氏（立禮妻）
朱陳氏（鳴岐妻。以上并道光十一年彙旌）
朱張氏（式點妻，割股救夫，道光二十二年旌）
朱馮氏（儒童稼園妻，道光二十五年旌）
朱趙氏（鳴珠妻，道光二十七年旌）
朱陳氏（鳴遠妻）
朱孫氏（文貴妻）
朱張氏（臨愷妻）
朱楊氏（兆洪妻）
朱趙氏（宏兆妻）
朱王氏（仕標妻）
朱黄氏（永明妻）
朱王氏（從周妻）
朱鄭氏（玉堂妻）
華施氏（臺妻）
華陳氏（本素妻）
華王氏（成蓮妻。以上并道光十一年彙旌）
華蔣氏（儒童煒妻）
華馬氏（監生錦漣妻）
華劉氏（廑元妻）
華潘氏（廑鳳妻。以上并道光三十年彙旌）
金馬氏（監生維玖妻）
金錢氏（玉璋妻）
金笪氏（春圃妻。并道光十一年彙旌）
金張氏（德堯繼妻）
金吴氏（如翼妻。并道光三十年彙旌）
魏道氏（玉書妻，道光二十三年旌）
魏吴氏（之奇繼妻）
魏王氏（世恭妻）
魏張氏（宏富妻）
魏翟氏（長萬妻。以上并道光三十年彙旌）
陶孫氏（鴻剛妻）
陶田氏（紹魁妻）
陶張氏（鴻譽妻）
陶吉氏（相全妻）
陶吴氏（嬀妻）
陶孫氏（鴻俊妻）
陶魏氏（志仁妻）
陶龔氏（天界妻）
陶朱氏（廣慶妻）
陶王氏（大鼎妻）
陶孫氏（采妻。以上并道光十一年彙旌）
陶陳氏（慎妻）
陶劉氏（燦妻）
成蔣氏（啓渭妻，道光十一年彙旌）
成王氏（正國妻，道光三十年彙旌）
戴吕氏（永仁妻）
戴陳氏（瑞章妻）
戴王氏（廷瑜妻）
戴王氏（一麟妻）
戴何氏（世宏妻）
戴郭氏（國安妻）
戴陳氏（鎰妻）
戴王氏（彪妻）
戴殷氏（國裕妻）
戴丁氏（筆元妻）
戴周氏（存本妻）
戴王氏（一荆妻）
戴韋氏（昌榮妻）
戴徐氏（明慧妻）
戴朱氏（士淑妻）
戴陳氏（學孟妻）
戴高氏（諤妻。以上并道光十一年彙旌）
戴尤氏（文閔妻）
戴史氏（世裕妻）
戴李氏（卓妻）
戴郭氏（職員森妻）
戴徐氏（炳成妻）
戴匡氏（位民妻）
戴宜氏（玉溪側室。以上并道光三十年彙旌）
談胡氏（縣丞安壽繼妻）
談于氏（璞徵妻）
談湯氏（于連妻）
談茅氏（文拓妻。并道光十一年彙旌）
談楊氏（玉琳妻）
談陳氏（士榮妻。并道光三十年彙旌）
宋姚氏（職員朝黼妻，道光十一年彙旌）
劉李氏（耕南妻，道光二十二年旌）
劉張氏（贈奉直大夫文元妻。子邦寯，孫用成，俱庠生）
劉李氏（庠生啓曾妻）
劉朱氏（庠生廷梓妻）
劉張氏（景貴妻）
劉王氏（康琳妻）
劉孫氏（友太妻）
劉王氏（武經妻，年十九守節）
劉胡氏（克明妻）
劉朱氏（聖生妻）
劉陳氏（學萬繼妻）
劉陳氏（聚魁妻）
劉王氏（成彦妻）
劉魏氏（普暉妻）
劉康氏（家美妻）
劉陳氏（恭仁妻）
劉錢氏（懷廷妻）
劉楊氏（世階妻）
劉凌氏（宗和妻，年十九守節）
劉楊氏（玗妻）
劉莊氏（珍妻）
景豐氏（士發妻）
詹張氏（在新妻）
詹史氏（汝漣繼妻。以上并道光三十年彙旌）
束高氏（監生於鼎妻）
束徐氏（志謙妻）
束徐氏（志常妻）
葉唐氏（瑞祥妻）
葉魏氏（世奇妻）
郜陶氏（紹顯妻）
郜田氏（紹儒妻）
黎萬氏（宗元妻。以上并道光十一年彙旌）
黎徐氏（仲昇妻）
黎解氏（啓游妻）

吴金氏(繼臨妻)
吴郭氏(士佳妻)
吴董氏(正大妻)
吴解氏(邦隆妻)
吴陳氏(紹彭妻)
吴周氏(正潚妻)
吴夏氏(邦順妻)
吴施氏(瑋妻)
吴朱氏(鶴妻)
吴淩氏(廷妻)
吴喬氏(熙妻)
吴真氏(鎮妻)
吴朱氏(鼎全繼妻)
吴王氏(雲江繼妻)
吴劉氏(繼瑞繼妻)
吴莊氏(必桂繼妻)
吴蔡氏(子嘉繼妻。以上并道光三十年彙旌)
鄭張氏(漢軍武生朝元妻)
鄭戴氏(遜修妻)
鄭吴氏(伯英妻。以上并道光十一年彙旌)
王吴氏(庠生埰繼妻)
王盧氏(監生恪妻)
王錢氏(克勤妻)
王董氏(鼎周妻)
王魚氏(煥文妻)
王杜氏(維馨妻)
王殷氏(維鉦妻)
王何氏(金蘭妻)
王吴氏(作邦妻)
王趙氏(英璐妻)
王吴氏(世有妻)
王吴氏(世傳妻)
王趙氏(鳳鳴妻)
王朱氏(度昭妻)
王戴氏(廷珍妻)
王戴氏(毓琇妻)
王陳氏(毓珍妻)
王徐氏(義超妻)

朱王氏(宏政妻)
朱卞氏(長清妻)
朱吴氏(錦焕繼妻)
朱周氏(鷺妻)
朱金氏(純繼妻。"純"避改)
朱張氏(正禄妻)
朱趙氏(龍章妻)
朱王氏(錫愷妻)
朱賈氏(如章妻)
朱顔氏(冬年妻)
朱晏氏(成鼎妻)
朱陳氏(志耀妻)
朱戴氏(育典妻)
朱盧氏(熙孝妻)
朱張氏(聿棠妻)
朱王氏(文魁妻)
朱周氏(爰昌妻)
朱束氏(仕珉妻)
朱仇氏(于潮妻)
朱顧氏(蔭乾妻)
朱晏氏(淑鉉妻)
朱孫氏(連發妻)
朱張氏(於禮妻)
朱胡氏(位中妻。以上并道光三十年彙旌)
秦支氏(德義妻，道光十一年彙旌)
秦曹氏(德培妻)
秦劉氏(耕禮妻。并道光三十年彙旌)

陶朱氏(大昕妻)
陶李氏(長茂妻。以上并道光三十年彙旌)
姜張氏(德盛妻)
姜朱氏(允坤妻)
姜嚴氏(于仁妻)
姜趙氏(豫川妻。以上并道光十一年彙旌)
姜喬氏(于宗妻)
姜楊氏(于亨妻)
姜何氏(于義妻)
姜何氏(子和妻)
姜朱氏(令鼎妻)
姜萬氏(有瑋妻。以上并道光三十年彙旌)
謝王氏(明照妻)
謝管氏(承峪妻)
謝蔡氏(之沐妻)
謝許氏(逢林妻)
謝酈氏(萬順妻)
謝葛氏(本明妻。并道光十一年彙旌)
謝紀氏(萬瞻妻)
謝吴氏(慶榜妻，年二十守節。并道光三十年彙旌)
鄒李氏(庠生錫齡妻。孫寶琛，廩生。道光十九年旌)
鄒嚴氏(庠生錫三妻，有傳，道光二十四年旌)
鄒張氏(仁和妻，道光二十五年旌)
鄒李氏(監生衍疇妻，道光二十八年旌)
鄒張氏(監生錫元妻)
鄒戈氏(錫書繼妻)
鄒李氏(錫田妻)
鄒戴氏(宜亭妻。并道光三十年彙旌)

宋劉氏(監生濤繼妻。道光二十年旌)
宋章氏(魯賢妻，年十九守節)
宋郭氏(延綿妻)
宋茅氏(家駿妻)
宋高氏(家祺妻)
宋王氏(蘭溪妻。并道光三十年彙旌)
茅成氏(興枝妻，道光十一年彙旌。三十年《譜》重見)
茅趙氏(振遠妻，道光十二年旌)
茅何氏(奎文閣典籍凝遠妻，道光二十八年旌)
紀許氏(如壽妻，道光十一年彙旌)
紀張氏(和禮妻，道光十五年旌)
紀陸氏(冠如妻，道光三十年彙旌)
祝霍氏(爲元妻，道光十一年彙旌)
董周氏(嘉文妻，道光三十年彙旌)
梁謝氏(松美妻)
杜季氏(紹荀妻。并道光十一年彙旌)
杜笪氏(瑞黄妻，年二十守節)
阮袁氏(星齋妻。并道光三十年彙旌)
閔馮氏(可炳妻)
席王氏(元先妻)
席趙氏(懋蘭妻)
席孔氏(昌國妻。并道光十一年彙旌)
席趙氏(頎仁妻)
席賈氏(鈉妻。并道光三十年彙旌)
季陸氏(蒼年妻)

黎解氏(宏瑜妻。并道光三十年彙旌)
鄂季氏(時泰妻)
喬包氏(監生國裕妻)
喬李氏(宗伯妻)
喬陳氏(玉成妻。并道光十一年彙旌)
喬唐氏(敬芳妻，道光二十年旌)
聞陳氏(振基妻)
聞嚴氏(應麟妻)
聞滕氏(進公妻。并道光十一年彙旌)
翟王氏(興佩妻)
翟趙氏(子明妻。并道光三十年彙旌)
莊王氏(本求妻)
莊偶氏(順勑妻)
莊吴氏(永通妻)
莊朱氏(啓秀妻)
莊汪氏(洪正妻)
莊朱氏(廷錦妻)
莊仇氏(國錦妻)
莊仇氏(明階妻。并道光十一年彙旌)
莊吴氏(耀中妻，年十七守節。嗣子美曾，拔貢。道光二十九年旌)
莊仇氏(武生文匯妻)
莊錢氏(文斗妻)
莊賀氏(廷瑞妻)
莊吕氏(國全妻。并道光三十年彙旌)
晏朱氏(宗聖妻)
晏殷氏(宗範妻)
閻李氏(遵妻。并道光十一年彙旌)
閻丁氏(增生通妻，道光三十年彙旌)

王貢氏(仁超妻)
王鄭氏(嘉愷妻)
王宋氏(朝聘妻)
王楊氏(起傒妻)
王胡氏(元襄妻)
王葛氏(衛公妻)
王張氏(劭全妻)
王李氏(恒德妻)
王戴氏(松巖妻)
王朱氏(士榮妻)
王于氏(士德妻)
王張氏(君析妻)
王張氏(上之妻)
王解氏(肇修妻)
王趙氏(翰達妻)
王趙氏(基英妻)
王鄭氏(章甫繼妻)
王錢氏(瑞川繼妻)
王徐氏(道深繼妻)
王吴氏(銓妻)
王胡氏(業妻)
王閔氏(樹妻)
王潘氏(軾妻)
王李氏(庠生廷晉妻)
王殷氏(監生毓璜妻,年十八守節)
王朱氏(在明妻)
王徐氏(懋昭妻)
王茅氏(應德妻)
王馬氏(衍宗妻)
王朱氏(玉鑣妻)
王左氏(慎紀妻)
王李氏(善雅妻)
王江氏(英時妻)
王孫氏(廣福妻,三十年《譜》重見)
王趙氏(文橋妻)
王趙氏(志棟妻)
王駱氏(興均妻,年二十守節)
王張氏(樹鵬妻)
王姚氏(廷振妻)
王華氏(裕元妻)

章陸氏(監生文林妻)
章馬氏(得貴妻。并道光十一年彙旌)
章戈氏(監生桂森妻)
章陳氏(勝士繼妻)
章蔣氏(元瑾妻)
章左氏(元佩妻)
章王氏(元球妻。并道光三十年彙旌)
蘇姚氏(學金妻,道光十一年彙旌)
蘇朱氏(職員銓妻)
蘇姚氏(學錦妻。并道光三十年彙旌)
潘陳氏(維振妻)
潘王氏(政隆妻)
潘劉氏(應昇妻)
潘劉氏(汸妻)
潘仇氏(心炤妻。并道光十一年彙旌)
潘金氏(貞賢妻)
潘吴氏(政寬妻)
潘張氏(心箴妻)
潘魏氏(文蔚妻)
潘楊氏(嘉興妻)
潘余氏(家銘妻,年十八守節。并道光三十年彙旌)
葛丁氏(其瀾妻)
葛喬氏(可朝妻。并道光十一年彙旌)
葛唐氏(大松妻)
葛蔡氏(如松妻)
葛吴氏(如桐妻)
葛嚴氏(鶴年妻)
葛朱氏(可久妻。并道光三十年彙旌)

賈趙氏(周瑾妻)
賈孫氏(周徠妻)
賈孫氏(周哲妻)
賈宗氏(秉才妻)
賈朱氏(玉珍妻)
賈趙氏(邦覺妻)
賈趙氏(邦恂妻)
賈朱氏(之儒妻)
賈吴氏(明孝妻)
賈田氏(儀徵妻)
賈朱氏(玉祥妻)
賈張氏(廣閎妻)
賈趙氏(進年妻)
賈張氏(從珊妻)
賈朱氏(炷妻)
賈丁氏(煉妻)
賈何氏(全妻)
賈王氏(元才妻)
賈倪氏(漢英妻)
賈張氏(廣英妻)
賈夏氏(宏萬妻)
賈劉氏(朝珍妻)
賈孫氏(美龍妻。以上并道光十一年彙旌)
賈吴氏(植繼妻)
賈嚴氏(孝廉妻)
賈吴氏(臨富妻。并道光三十年彙旌)
江王氏(文蔚妻)
江戴氏(尚福妻)
江茅氏(皋妻)
江高氏(以龍妻)
江聶氏(以孝妻)
江歐氏(德宏妻。并道光十一年彙旌)
江姚氏(廣興妻)
江王氏(德鶴妻。并道光三十年彙旌)
童王氏(星煒妻)
童華氏(盛修繼妻)
童葛氏(學德妻)
童朱氏(大椿妻。并道光十一年彙旌)

宦楊氏(瑞章妻)
艾吴氏(全周妻)
艾吴氏(盛元妻。并道光十一年彙旌)
艾王氏(承高妻)
艾蔣氏(大榮妻。并道光三十年彙旌)
魚何氏(錦江妻,道光十一年彙旌)
向朱氏(有餘妻,道光二十五年旌)
古戴氏(禮妻,道光三十年彙旌)
廖江氏(有鼐妻)
廖李氏(尚通妻。并道光十一年彙旌)
居冷氏(義倫妻)
居曹氏(慶壽妻,年十八守節。并道光三十年彙旌)
耿徐氏(錫蕃妻)
耿倪氏(蓬會妻)
耿蔣氏(蓬蓮繼妻。并道光十一年彙旌)
耿陳氏(廣興妻,道光三十年彙旌)
滿古氏(亨妻)
聶賈氏(元璘妻)
聶趙氏(宜能妻)
聶楊氏(純陽妻)
聶王氏(時行妻)
聶邵氏(時禮妻)
聶孔氏(可立妻)
聶解氏(元魁妻)
聶朱氏(敬貞妻)
聶胡氏(錫傳妻)
聶高氏(俊臣妻)
聶趙氏(文卿妻)
聶朱氏(裔順妻。以上并道光十一年彙旌)
聶高氏(俊成妻)
聶殷氏(士起妻)

王張氏(玉魁妻)
王任氏(宗泗妻)
王孔氏(聖文妻)
王田氏(秀賢妻,三十年《譜》重見)
王盧氏(興墉妻)
王張氏(廷燦妻)
王盧氏(宏達妻)
王陳氏(如鶴妻)
王張氏(彦高妻。兩報)
王趙氏(元弼妻)
王蔣氏(興春妻)
王陳氏(殿魁妻)
王姜氏(允太妻)
王馬氏(文明妻)
王楊氏(元緯妻)
王趙氏(志遐妻)
王杜氏(成連妻)
王印氏(汝需妻)
王趙氏(實柱妻)
王夏氏(綉文妻。“綉”,當作“繡”)
王張氏(廷連妻,年十九守節)
王李氏(德周妻,年二十守節)
王眭氏(治妻)
王葉氏(悦妻。以上并道光十一年彙旌)

續纂

吴朱氏(鳴鶴妻,道光二十九年旌,有傳)

奚徐氏(百川妻,道光二十五年旌)
范孫氏(庠生學麟妻)
范王氏(監生廷烺妻)
范朱氏(桂巖側室。并道光十一年彙旌)
范夏氏(儒貴妻)
范朱氏(學宏妻。并道光三十年彙旌)
郎嚴氏(儒童兆儼妻,道光十一年彙旌)
郎常氏(庚發妻)
郎郭氏(兆祺妻)
魯武氏(庠生孝子長齡妻。并道光三十年彙旌)
韋董氏(鵬逵妻)
韋張氏(學魯妻)
韋吴氏(世良妻)
韋黄氏(茂江妻)
韋蔡氏(學周妻)
韋吴氏(發盛妻)
韋戴氏(步倫妻。并道光十一年彙旌)
韋俞氏(炳鑽妻,道光三十年彙旌)

童滿氏(全源妻)
童楊氏(基發妻)
童李氏(廣和妻,年十八守節。并道光三十年彙旌)
顔張氏(贈奉直大夫于鎔妻)
顔黄氏(監生于錕繼妻)
顔劉氏(監生在丹側室)
顔李氏(福千妻)
顔嚴氏(士伉妻)
顔何氏(士瑞妻)
顔袁氏(廣順妻。并道光十一年彙旌)
顔陳氏(從九士畬妻,道光二十年旌)
顔吴氏(治衡妻,道光二十五年旌)
顔許氏(崇學妻)
顔姚氏(士奎妻)
顔趙氏(奇瑄妻)
顔殷氏(揚梓妻。并道光三十年彙旌)
郭朱氏(如蘭妻)
郭吴氏
郭藍氏(均附貢生上騰側室)
郭時氏(寅側室)
郭李氏(芙春妻)
郭程氏(玿繼妻。并道光十一年彙旌)
郭戎氏(景成繼妻,道光十四年旌)
郭李氏(内閣中書堃繼妻。子文錦,歲貢。道光十六年旌)
郭徐氏(庠生寅妻)
郭張氏(庠生佩繼妻)

聶許氏(嘉文妻。并道光三十年彙旌)
冷賈氏(慶秀妻)
冷張氏(士錦妻)
冷陶氏(慶榆妻)
冷唐氏(士璋妻)
冷解氏(美連妻。并道光十一年彙旌)
冷顧氏(之曦妻)
冷孫氏(宏友妻)
冷胥氏(春芳妻)
冷張氏(榮九妻。并道光三十年彙旌)
辛何氏(儒童揚勳妻,道光二十五年旌)
辛錢氏(永宗妻,道光三十年彙旌)
曾趙氏(庠生安妻)
豐江氏(志榮妻。并道光十一年彙旌)
關傅氏(忠良妻,道光三十年彙旌)
桓張氏(成緒妻)
歐陽貢氏(諤妻)
歐陽曹氏(允錫妻。并道光十一年彙旌)
歐陽酈氏(英妻)
歐陽貢氏(文妻。并道光三十年彙旌)
宇文王氏(潤章妻)
笪吴氏(庠生立元妻)
笪柳氏(監生仁麟妻)
笪朱氏(立鐮妻)
笪金氏(秀會繼妻)
笪何氏(榛妻。并道光十一年彙旌)

			郭江氏（志純繼妻。“純”，避改） 郭蔡氏（獻廷妻） 郭戎氏（景成妻） 郭馬氏（景行妻） 郭朱氏（景祥妻） 梅羅氏（翰園妻） 梅眭氏（豹君妻。并道光三十年彙旌） 盛法氏（庠生倫妻） 盛劉氏（世德妻） 盛陳氏（山東歷城縣主簿淮繼妻） 盛王氏（敦五妻。并道光十一年彙旌） 盛張氏（若周妻，道光二十五年旌） 盛姜氏（鳴遠妻） 盛蕭氏（長庚妻） 盛許氏（學淵妻） 盛吴氏（明德妻。并道光三十年彙旌）	笪吴氏（又新繼妻，道光十八年旌） 法李氏（嘉蘭繼妻，道光十一年彙旌） 道余氏（秉文妻，道光二十一年旌） 道周氏（元珩妻，道光三十年彙旌） 眭嚴氏（蔭祖妻） 眭姚氏（秉照妻） 眭宋氏（庠生承瑢妻） 眭沈氏（廷漣妻。并道光十一年彙旌） 眭徐氏（肯堂妻） 牟韓氏（佩金妻） 宜陳氏（德昌妻） 裔周氏（世臣妻。并道光三十年彙旌） 真章氏（乾泰妻） 真蔣氏（家瑞妻，年二十八守節。并道光十一年彙旌。三十年《譜》重見） 真居氏（家銓妻，道光三十年彙旌） 岳張氏（榮良妻，道光十一年彙旌） 涂張氏（壽彭妻，道光二十七年旌） 商趙氏（士廣妻，道光十一年彙旌） 商毛氏（茂順妻，道光三十年彙旌）

丹徒縣志卷四十三終

丹徒縣志卷四十四

人物二十二　列女七　完節表下　貞女表

國朝完節表下（此卷録咸豐以來完節諸婦，及凡女子之以貞節見者）

趙姜氏（監生正潆妻）
趙朱氏（儒童哲莊妻。并同治三年旌）
趙鄒氏（詹事府主簿培繼妻，同治四年旌）
趙鄒氏（職員葆德妻，年十九守節。傳見“才藝”）
趙朱氏（職員東明妻）
趙郭氏（儒童德耀妻）
趙茅氏（儒童我勤妻。我勤，名克于）
趙鄭氏（儒童廣逵妻）
趙朱氏（儒童明妻）
趙朱氏（候選州同體智側室）
趙朱氏（廣登妻）
趙蕭氏（廣涵妻）
趙張氏（秉文妻）
趙鄭氏（志良妻）
趙陸氏（秉奎妻）
趙王氏（廷祥妻）
趙朱氏（長禮妻）
趙王氏（廣惠繼妻）
趙張氏（濟亭繼妻）
趙鄭氏（廣魁妻）
趙朱氏（廣昭妻）
趙戴氏（廣圖妻）

吴嚴氏（士常妻）
吴張氏（士行妻）
吴莊氏（長發妻。兩報）
吴王氏（炳燮妻）
吴王氏（炳璜妻。并同治十三年彙旌）
吴戴氏（職員進修繼妻）
吴楊氏（職員祖裕妻）
吴李氏（庠生炳如妻）
吴陳氏（儒童士均妻）
吴周氏（文鳴妻）
吴李氏（在玟妻）
吴姚氏（友善妻）
吴謝氏（右箴妻）
吴陳氏（應魁妻）
吴田氏（信之妻）
吴劉氏（友鳳妻）
吴薛氏（敵妻）
吴何氏（正朝妻）
吴傅氏（鳳山妻）
吴道氏（兆椿妻）
吴殷氏（嘉士妻）
吴楊氏（萬祥妻）
吴石氏（益曾妻，年十八守節）
吴高氏（廷俊妻）
吴胡氏（華勳妻）
吴李氏（監生冠卿妻）
吴真氏（景鈺妻）
吴楊氏（玉林妻）
吴汪氏（之圯妻）

秦支氏（履平妻）
秦曹氏（志川妻）
秦張氏（德麟妻。德麟，名兆鳳。并同治十年旌）
秦王氏（學珍妻，光緒元年彙旌）
秦某氏（二妻，光緒三年彙旌）
尤殷氏（職員懷妻）
尤滕氏（鏡堂妻）
尤陳氏（楫妻）
尤蔣氏（惠卿妻。并光緒元年彙旌）
許吴氏（克寬妻）
許王氏（庭順妻，年十八守節）
許王氏（善有妻。并同治十年彙旌）
許王氏（監生在鼇妻）
許卜氏（秀池妻）
許王氏（錦懷妻。并同治十三年彙旌）
許戴氏（庠生培壽妻）
許姚氏（德頤妻）
許曹氏（學會妻）
許王氏（學賢妻）
許王氏（善源妻）
許莊氏（善信妻）
許陳氏（善祥妻）
許王氏（善徵妻）
許趙氏（善培側室。并光緒元年彙旌）

柳唐氏（嘉福妻，年二十守節）
柳高氏（静遠妻。并同治十年彙旌）
柳吴氏（儒童起宗妻，年十八守節）
柳顧氏（儒童長發妻）
柳淩氏（觀恒妻）
柳陳氏（柳舟妻。并光緒元年彙旌）
柳嚴氏（錦妻）
柳吴氏（璜妻）
鮑李氏（思敬妻，光緒三年彙旌）
史顧氏（台灣通判慶芬側室）
史吴氏（錦文妻。并同治十年彙旌）
史趙氏（永海妻）
史邵氏（遠恒妻）
史俞氏（文斌妻。并光緒元年彙旌）
史趙氏（永松繼妻，光緒三年彙旌）
唐張氏（庠生子澍妻）
唐王氏（芝谷妻。并同治十年彙旌）
唐張氏（職員鑄繼妻。兩報）
唐程氏（文楷妻）
唐王氏（鳳儀妻）
唐趙氏（明將妻）
唐龔氏（斯循妻。“循”，一報作“純”）

邱陳氏（本廉妻，光緒元年彙旌）
邱蕭氏（立三妻）
駱鄭氏（尚秉妻。并光緒三年彙旌）
高黄氏（布理問厚躬妻）
黄李氏（錦和妻。兩報）
高柳氏（錦春妻）
高李氏（學柱妻）
高陳氏（銘妻）
高蔣氏（玉振妻）
高卞氏（源妻）
高張氏（巡妻。并同治十年彙旌）
高趙氏（和會妻，同治十三年彙旌）
高夏氏（儒童厚餘繼妻）
高朱氏（厚陞妻）
高張氏（在乾妻）
高解氏（景洪妻）
高張氏（監生光鼎妻。并光緒元年彙旌）
高顧氏（增生雲騫妻）
高戴氏（庠生麟側室）
高張氏（君揚子婦，應選妻，年十九守節）
高蔣氏（儒童榕妻）
高蔣氏（作辛妻。“辛”，一報作“新”）
高戴氏（柏齡妻）

趙戴氏（廣度妻）
趙吳氏（廣學妻）
趙殷氏（如玉妻。兩報）
趙嚴氏（學禮妻。兩報）
趙徐氏（世堂妻）
趙翟氏（宗澎妻）
趙姚氏（錫常妻）
趙何氏（興泰妻）
趙王氏（懷曾妻）
趙張氏（縉文妻。以上并同治十年彙旌）
趙陳氏（志興妻，年十九守節）
趙王氏（宏先妻）
趙郭氏（壽元妻）
趙王氏（芝春妻，年十九守節）
趙孫氏（蘭園妻）
趙蕭氏（維嚴妻）
趙龔氏（學浩妻）
趙張氏（遐昌妻）
趙張氏（連高妻）
趙嚴氏（志言妻）
趙戴氏（其綱妻。兩報）
趙戴氏（庠生全榜妻）
趙方氏（志開妻，年十九守節）
趙彭氏（維霞妻，苦節。以上同治十三年彙旌）
趙姚氏（鄉舉應璜繼妻）
趙謝氏（職員瑞璋繼妻）
趙吳氏（職員雲龍妻）
趙殷氏（職員慶楨妻）
趙唐氏（職員澤之妻）
趙徐氏（職員繼良妻）
趙洪氏（職員春林妻）

吳楊氏（善慶妻）
吳陳氏（相魁妻）
吳石氏（徵妻，年十八守節。以上并光緒元年彙旌）
吳殷氏（之駒妻）
吳眭氏（灝元妻）
吳黄氏（商玉妻）
吳戴氏（大同妻）
吳馬氏（職員之塏妻）
吳吕氏（松江守備金麟繼妻）
吳顔氏（鍾福妻）
吳陳氏（學博妻）
吳劉氏（元鶴妻）
吳魯氏（頌平妻）
吳唐氏（謙光妻）
吳張氏（鋭妻）
吳嚴氏（職員鍾靈妻）
吳韓氏（武生遐齡妻）
吳蔣氏（大才妻。以上并光緒三年旌）
鄭李氏（職員書訓繼妻）
鄭楊氏（祉祥妻，年十九守節。并同治十年彙旌）
鄭吳氏（如松妻，光緒元年彙旌）
鄭張氏（邳州學訓導榮祺側室）
鄭謝氏（職員雨時妻）
鄭陳氏（職員子玉妻。并光緒三年彙旌）
王嚴氏（道宏妻，同治三年旌）
王嚴氏（贈奉直大夫其佩妻，同治四年旌）
王趙氏（職員新元妻）
王韓氏（職員静庵妻）

許莊氏（顒妻。見《節孝舊譜》）
許陳氏（經美妻）
許王氏（福齡妻）
許王氏（敔之妻）
許王氏（善友妻）
許王氏（之峰妻。并光緒三年彙旌）
何王氏（義妻）
何王氏（正餘妻）
何汪氏（英達妻）
何朱氏（汝功妻）
何李氏（函甫妻）
何魯氏（廷鏞妻）
何朱氏（汝成妻）
何謝氏（炳田妻）
何夏氏（元愷妻）
何王氏（秉鎰妻，年二十守節。并同治十年彙旌）
何楊氏（定文妻）
何孫氏（九富妻。并同治十三年彙旌）
何周氏（職員焜南繼妻）
何馮氏（容妻）
何夏氏（寶堅妻）
何崔氏（鎮妻。“鎮”，一報作“振”）
何楊氏（文淦妻）
何魏氏（夢筆妻）
何馮氏（香山妻。并光緒元年彙旌）
何陳氏（福建巡檢振榮妻）
何王氏（浙江通判文鎔側室）
何吳氏（附貢中書西銘繼妻）
何王氏（培楨妻。并光緒三年彙旌）
吕滕氏（永庚繼妻，年二十守節）
吕張氏（宏富妻。并同治十年彙旌）
吕嚴氏（候選州同炳文繼妻）
吕張氏（職員紹綜妻）

唐汪氏（祀生柏齡妻）
唐劉氏（庠生秀岐妻）
唐王氏（柏林妻。并光緒元年彙旌）
薛胡氏（肇祥妻）
薛吳氏（掄元妻）
薛張氏（士秀妻。并同治十年彙旌）
薛孫氏（元興妻，同治十三年彙旌）
薛袁氏（扶九妻）
薛吳氏（照奎妻）
薛宋氏（俊妻。并光緒元年彙旌）
薛吳氏（仁元妻，光緒三年彙旌）
賀蔡氏（起鳳妻）
倪徐氏（贈奉直大夫監生崇文繼妻。并同治十年彙旌）
倪薛氏（國光妻）
倪王氏（瑞庭妻。并光緒元年彙旌）
湯吳氏（文鋐妻）
滕李氏（國良妻）
滕蔣氏（國晉妻）
滕蔣氏（國時妻）
滕周氏（慶廷妻。并同治十年彙旌）
滕李氏（國宣妻，光緒元年彙旌）
殷方氏（庠生文龍妻。子元善，鄉舉）
殷王氏（朝樑繼妻）
殷戴氏（廣遐妻。并同治十年彙旌）
殷田氏（正鼇妻）
殷戴氏（廣慶妻。并同治十三年彙旌）
殷劉氏（職員聯元妻）
殷趙氏（職員心慈妻）

高殷氏（錫齡妻）
高仲氏（柳明妻。并光緒三年彙旌）
夏姚氏（鈺妻，年十七守節。兩報）
夏趙氏（豐茂妻）
夏李氏（有文妻，年十九守節）
夏柳氏（有義妻。并同治十年彙旌）
夏嚴氏（職員鋐妻）
夏蔣氏（儒童志仁妻）
夏邵氏（遐銓妻）
夏王氏（貢元妻）
夏張氏（長錦妻）
夏汪氏（有根妻）
夏尤氏（義盛妻。并光緒元年彙旌）
夏汪氏（芸妻）
夏馬氏（重福妻）
夏尤氏（允錡妻）
夏胡氏（允鏵妻）
夏莊氏（允錠妻）
夏尹氏（有成妻）
夏陸氏（有銓繼妻）
夏毛氏（有義妻。并光緒三年彙旌）
蔡談氏（濟寧衛千總長庚側室）
蔡郭氏（榮春繼妻）
蔡蓋氏（廷衡妻。并同治十年彙旌）
蔡唐氏（庠生長發妻）
蔡周氏（監生廷扆妻）
蔡傅氏（瑞仁妻）
蔡趙氏（福潤妻）
蔡王氏（寶堂妻）
蔡張氏（洪達妻）
蔡范氏（香亭妻。并光緒元年彙旌）
蔡徐氏（監生星園妻）
蔡陳氏（洪義妻）

趙高氏（職員雙葆妻）

趙殷氏（職員泰瑚妻。"泰瑚"，一報作"太湖"）

趙張氏（監生錦文妻）

趙朱氏（儒童問明妻）

趙吳氏（儒童志道妻）

趙殷氏（儒童柏齡妻）

趙張氏（儒童夢麟妻）

趙應氏（武進士慶恩側室）

趙王氏（監生其鵬側室）

趙吳氏（監生慶楨側室）

趙孫氏（大興妻，十九歲守節）

趙張氏（其濯妻）

趙施氏（瓚之妻）

趙戴氏（元贊妻）

趙蕭氏（維鼎妻）

趙解氏（明錦妻）

趙吳氏（景松妻）

趙黃氏（瑞玉妻）

趙周氏（恒進妻）

趙殷氏（壽齡妻）

趙王氏（士奎妻）

趙張氏（光璧妻）

趙何氏（景春妻）

趙陳氏（增禄妻）

趙朱氏（學英妻）

趙王氏（保義妻）

趙陳氏（國同妻）

趙葛氏（志興妻）

趙程氏（廷松妻）

趙陳氏（徵吉妻）

趙陳氏（慎矩妻）

趙解氏（紹春妻）

趙徐氏（景南妻）

趙李氏（全妻）

趙朱氏（穎鍾妻）

趙王氏（慎猷妻）

趙殷氏（榮芝妻）

趙王氏（採蘭妻）

王趙氏（武生煒妻）

王韓氏（監生溶妻）

王華氏（監生鎬繼妻）

王黃氏（儒童文富妻）

王蔣氏（儒童廣順妻。兩報）

王馬氏（儒童立功妻）

王劉氏（儒童其綬妻，年十九守節）

王戚氏（式如妻）

王楊氏（國榮妻）

王張氏（學高妻）

王夏氏（新堂妻）

王孔氏（介眉妻）

王仲氏（吉慶妻）

王丁氏（永良妻）

王陳氏（景春妻）

王許氏（源發妻）

王陳氏（長慶妻）

王石氏（錦林妻）

王高氏（洪源妻）

王卞氏（學仁妻）

王柳氏（盛洋妻）

王顏氏（公義妻）

王朱氏（同慶妻）

王潘氏（以昇妻）

王姚氏（同源妻）

王胡氏（焕文妻。子履端，庠生）

王姚氏（岳庵妻）

王秦氏（浩然妻）

王姚氏（撫之妻）

王許氏（其進妻）

王江氏（盛昌妻）

王劉氏（發懷妻）

王朱氏（玉鳳妻）

王張氏（桂林妻）

王趙氏（金元妻）

王尤氏（新蓮妻）

王吳氏（立言妻）

王田氏（明璋妻）

王柳氏（肇揚妻，年二十守節。以上并同治十年彙旌）

吕張氏（職員紹光妻）

吕張氏（永琦妻）

吕卞氏（宗如妻）

吕王氏（紹鼎妻）

吕姚氏（紹達妻）

吕陳氏（承德妻，年十九守節）

吕張氏（筱蘭妻。并光緒元年彙旌）

吕劉氏（紫如妻，光緒三年彙旌）

施趙氏（義鴻妻，光緒元年彙旌）

施趙氏（義綸妻，光緒三年彙旌）

張趙氏（儒童永麒妻，同治三年旌）

張葉氏（候選縣丞枚妻）

張夏氏（職員政鈺妻）

張吳氏（職員開元妻。子思再，鄉舉）

張鄔氏（雲南鹽提舉言敞側室）

張沙氏（職員全殿側室）

張嚴氏（庠生金聲妻）

張陳氏（庠生振玉妻）

張陳氏（庠生澤繼妻）

張嚴氏（庠生浯妻）

張唐氏（監生封妻）

張李氏（監生挹清妻）

張孔氏（監生廉妻。兩報）

張李氏（儒童培桂妻，年十九守節）

張李氏（元鑑妻）

張徐氏（佩蘭妻）

殷趙氏（監生耀祖妻，年十九守節）

殷朱氏（恒煌妻）

殷徐氏（汝賢妻）

殷趙氏（汝秀妻，與"義烈表"内同名）

殷王氏（乾壽妻）

殷趙氏（來元妻）

殷趙氏（全惠妻）

殷於氏（大曦妻）

殷趙氏（文階妻）

殷高氏（棟妻）

殷王氏（守約妻）

殷孔氏（迺成妻）

殷趙氏（裕愷妻）

殷戴氏（成章妻）

殷吳氏（兆標妻）

殷戴氏（廣霞妻，年十九守節）

殷羅氏（職員銓妻）

殷朱氏（性之妻）

殷馬氏（大椿妻）

殷王氏（廣泰妻）

殷孫氏（怡之妻。并光緒元年彙旌）

殷耿氏（大奎妻）

殷仇氏（啓惠妻。并光緒三年彙旌）

羅李氏（學信妻，同治十三年彙旌）

羅趙氏（明德妻，光緒元年彙旌）

畢嚴氏（缺，年十七守節）

畢吳氏（正亨妻，同治十年彙旌）

畢李氏（其義妻，光緒元年彙旌）

畢某氏（缺，見《節孝祠待旌舊譜》）

畢顧氏（鑑堂妻。并光緒三年彙旌）

鄔柳氏（文鑑妻）

鄔鄭氏（春妻）

鄔孫氏（成得妻。并光緒元年彙旌）

蔡劉氏（兆元妻）

蔡鄒氏（長如妻。并光緒三年彙旌）

田曹氏（森妻，同治十年彙旌）

田仲氏（之鼐妻）

田陳氏（敦標妻）

田朱氏（向禮妻）

田趙氏（金鎮妻）

田趙氏（敦臨妻，年十八守節）

田王氏（金悌妻）

田王氏（恒萬妻。并同治十三年彙旌）

田任氏（萬春妻，年十九守節）

田范氏（幹周妻。并光緒元年彙旌）

田趙氏（佩和妻，光緒三年彙旌）

樊張氏（職員永麟妻）

樊蔣氏（職員永安妻）

樊季氏（永定妻）

樊劉氏（堃妻。并同治十年彙旌）

樊王氏（俊山妻，光緒元年彙旌）

胡曹氏（職員玉清妻，傳見"才藝"）

胡陳氏（監生玉振妻。玉振，原名玉輝。并同治三年旌）

胡馮氏（聖美妻）

胡張氏（明恕妻）

胡董氏（福坤妻）

胡周氏（順開妻，年十九守節）

胡顏氏（堉妻）

胡張氏（明儀妻）

胡錢氏（文炡妻）

胡曹氏（朗亭妻）

胡陳氏（文輝妻）

胡黃氏（松妻。并同治十年彙旌）

趙王氏(採菽妻)
趙曹氏(發昌妻)
趙解氏(世堂妻)
趙孫氏(培芝妻)
趙戴氏(振萬妻)
趙王氏(雙鼇妻)
趙王氏(繹廉妻)
趙劉氏(朝舉妻)
趙殷氏(榮熹妻)
趙戴氏(祥圖妻)
趙朱氏(崇德妻)
趙蕭氏(懿愷妻)
趙卜氏(瑞南妻)
趙殷氏(泰滋妻)
趙洪氏(士楨妻)
趙唐氏(耀廷妻)
趙陳氏(厚榮妻)
趙王氏(瑞清妻)
趙惠氏(大志妻,年二十守節)
趙于氏(朝儀妻)
趙陳氏(大壽側室)
趙魏氏(監生工忠妻)
趙羅氏(監生岷源側室)
趙陳氏(生元妻)
趙胡氏(文鳳妻)
趙郭氏(載衡妻)
趙解氏(鍾太妻)
趙朱氏(狀之妻)
趙王氏(克繩妻)
趙陳氏(連科妻)
趙周氏(啓賢妻。以上并光緒元年彙旌)
趙朱氏(裕發妻。補請旌表)
趙袁氏(正祥妻)
趙洪氏(志敏妻)
趙劉氏(湘發妻)
趙徐氏(職員榮發妻)
趙某氏(文通妻,上甸村人)
趙陸氏(監生之堃妻)
趙顏氏(職員繼芳妻)

王朱氏(正炳妻,有傳)
王朱氏(懷玉妻)
王孫氏(秉善妻)
王左氏(道傳妻)
王張氏(在奎妻)
王陶氏(智見妻)
王朱氏(肇坤妻)
王朱氏(貢生煥妻)
王宗氏(盛元妻)
王洪氏(紹楣妻)
王張氏(錫璋妻)
王奚氏(佩琳妻,有傳)
王徐氏(秀鳳妻)
王孫氏(彥斌妻)
王徐氏(預庚妻。“庚”,一作“賡”)
王華氏(監生鎬妻)
王徐氏(廣昭妻)
王趙氏(庠生偉妻。以上同治十三年彙旌)
王趙氏(監生學澧妻)
王陳氏(職員新祉妻)
王朱氏(儒童錫琳妻。兩報)
王吴氏(儒童廷幹妻)
王趙氏(儒童廷紱妻)
王倪氏(儒童若濂妻)
王陳氏(職員燦之側室)
王真氏(承忠繼妻)
王真氏(承宗妻)
王朱氏(承明妻)
王紀氏(智高妻)
王吕氏(慎高妻)
王談氏(興懋妻)
王趙氏(耀才妻)
王徐氏(焯章妻)
王戴氏(永功妻)
王夏氏(新忠妻)

張吴氏(茂庭妻。茂庭,名椿)
張許氏(燦南妻)
張李氏(玉堂妻)
張顏氏(之衡妻)
張韋氏(之銓妻。“銓”,當作“權”)
張朱氏(其鐘妻)
張姜氏(榛妻)
張徐氏(昌錦妻)
張王氏(昌居妻)
張蘇氏(松玉妻)
張楊氏(明經妻)
張包氏(菊偕妻)
張趙氏(德焕妻)
張于氏(東序妻)
張高氏(其善妻)
張束氏(京璋妻)
張步氏(士興妻)
張楊氏(啓惠妻,年十九守節)
張茅氏(葆妻)
張包氏(杞妻。以上并同治十年彙旌)
張沈氏(職員炖繼妻)
張李氏(職員永泰繼妻)
張莊氏(職員沅妻)
張李氏(職員淦妻)
張戴氏(職員楨妻)
張陳氏(庠生鐸繼妻)
張王氏(監生長生妻)
張史氏(儒童坤元妻)
張楊氏(儒童本瀾妻)
張李氏(儒童炳文妻,年二十守節)
張陳氏(儒童永昌妻)
張王氏(儒童晴波妻)

于任氏(缺,年十八守節,光緒三年彙旌)
卞錢氏(樹敏妻。兩報)
卞陳氏(士元妻。并同治十年彙旌)
卞王氏(庠生道存妻)
卞陳氏(監生綏漳妻。并光緒元年彙旌)
康錢氏(景龍妻,咸豐二年旌)
康黄氏(秀夫妻,同治十年彙旌)
康周氏(中具妻,年二十守節,光緒三年彙旌)
余吴氏(贈奉直大夫鼎妻)
余楊氏(職員鍾祥妻,年二十守節)
余張氏(吉安妻)
余張氏(良謙妻)
余吴氏(城妻。并同治十年彙旌)
余吴氏(維弼妻)
余李氏(濟堂妻)
余張氏(金榜妻)
余王氏(職員鴻妻。并光緒元年彙旌)
余楊氏(達才妻)
余冷氏(金和妻。并光緒三年彙旌)
卜王氏(書田妻)
卜馬氏(光文妻,年十八守節。并光緒元年彙旌)
顧袁氏(監生潔香妻)
顧張氏(儒童榮貴妻)
顧袁氏(樹蒲妻)
顧劉氏(紳妻。并同治十年彙旌)
顧王氏(監生嘉瑞妻)

胡王氏(長海妻,同治十三年彙旌)
胡王氏(職員樹椿妻)
胡王氏(庠生培增繼妻)
胡錢氏(據璜妻)
胡楊氏(職員潤繼妻)
胡王氏(砥如妻。并光緒元年彙旌)
胡楊氏(儒童俊妻)
胡李氏(儒童慕堯妻)
胡笪氏(又謙妻)
胡張氏(桂山妻。并光緒三年彙旌)
凌汪氏(曉山妻)
凌姜氏(東盛妻。并光緒元年彙旌)
凌陳氏(登五妻,光緒二年彙旌)
霍胡氏(順和妻,光緒元年彙旌)
霍酆氏(明立妻,光緒三年彙旌)
虞支氏(候選縣丞榮祖妻)
虞華氏(傳彭妻。并同治十年彙旌)
虞張氏(心如妻)
虞趙氏(定和妻)
虞韓氏(秋輪妻)
萬郭氏(儒童沛蒼妻。并光緒元年彙旌)
萬楊氏(樸泉妻,光緒三年彙旌)
支王氏(道衡方春側室)
支張氏(即補道效林側室。并光緒元年彙旌)
支笪氏(昭坤妻,光緒三年彙旌)
管章氏(永漣妻,同治十年彙旌)

趙陶氏（職員繼賢繼妻）
趙邱氏（錫洪妻）
趙朱氏（鍾興妻）
趙王氏（瑞雲妻）
趙馬氏（正茂繼妻。"茂"，一作"懋"）
趙笪氏（儒童厚培繼妻）
趙劉氏（其德妻）
趙何氏（職員瑞彤妻）
趙解氏（計善妻）
趙田氏（麗中繼妻）
趙葛氏（志清妻）
趙王氏（殿鼇繼妻）
趙何氏（雲鵬妻）
趙朱氏（玉麟妻）
趙徐氏（開志妻）
趙劉氏（庠生大銓妻）
趙劉氏（武生清林妻）
趙范氏（允錫妻。以上并光緒三年彙旌）
錢張氏（庠生澍繼妻）
錢李氏（儒童以舉妻）
錢左氏（儒童克寬妻）
錢周氏（之常妻）
錢吴氏（以庚妻）
錢談氏（以連妻）
錢嚴氏（正川妻）
錢高氏（正路妻）
錢汪氏（正奎妻）
錢朱氏（春來妻，年十九守節）
錢周氏（守庸妻。以上并同治十年彙旌）
錢陳氏（春元妻）

王張氏（公禮妻）
王凌氏（世然妻）
王駱氏（興均妻，年十九守節）
王陳氏（鳳來妻）
王陳氏（浩繼妻）
王謝氏（埶妻）
王馬氏（漢儒妻）
王某氏（宗吉妻）
王李氏（立亭妻）
王劉氏（政言妻）
王李氏（兆祥妻）
王柳氏（嘉貴妻）
王蕭氏（學庠妻）
王劉氏（祥祐妻）
王道氏（雲彤妻）
王吕氏（遐乾妻）
王李氏（星樹妻）
王殷氏（若祁妻）
王楊氏（惟仕妻）
王茅氏（承佐妻）
王袁氏（承佑妻）
王楊氏（孝周妻）
王盧氏（蔭宜妻，年十九守節）
王程氏（裕蘭妻）
王笪氏（榮慶妻）
王高氏（鳳祥妻）
王劉氏（明先妻）
王許氏（紹秉妻）
王柳氏（浩妻，年二十守節。以上并光緒元年彙旌）
王包氏（職員錫祉妻）
王趙氏（庠生森妻）
王茅氏（監生尚選繼妻）
王趙氏（儒童恩澤妻）
王張氏（子貞妻）
王魏氏（監生起桂繼妻）
王吴氏（缺）

張殷氏（儒童金佑妻）
張劉氏（金選妻）
張李氏（錫珍妻）
張陳氏（永忠妻）
張王氏（永山妻）
張尹氏（國文妻）
張劉氏（永中妻）
張朱氏（國正妻）
張李氏（紹曾妻）
張蒲氏（學載妻，年十九守節）
張于氏（士茂妻，年十八守節）
張沙氏（鳳池妻）
張茅氏（長懷妻）
張聶氏（琢齋妻）
張蔣氏（振賢妻）
張劉氏（萬沅妻）
張劉氏（萬源妻）
張俞氏（錫康妻，年十八守節）
張李氏（柏林妻）
張秦氏（賢鼇妻）
張陳氏（明倫妻）
張樊氏（倫成妻）
張李氏（盛壽妻）
張方氏（聚元妻）
張陳氏（承昌妻）
張趙氏（植其妻）
張陳氏（昌元妻）
張蕭氏（昌耀妻）
張吴氏（昌儒妻）
張尹氏（昌淵妻）
張王氏（昌居妻）
張陳氏（文來妻）
張徐氏（振鴻妻）
張韋氏（之權妻）
張陳氏（煊妻）
張李氏（耀妻）
張沈氏（楷妻，年十九守節）
張周氏（鳳墀繼妻）
張蕭氏（昌後側室）

顧張氏（兆林繼妻）
顧劉氏（兆文妻）
顧陳氏（得傅妻）
顧童氏（嘉琪妻。"琪"，一作"淇"）
顧王氏（嘉瑞妻，年十八守節）①
顧朱氏（紹良妻）
顧吴氏（紹宗妻。并光緒元年彙旌）
顧吴氏（贊堯妻。并光緒三年彙旌）
黄朱氏（道權妻）
黄王氏（道衡繼妻，年十九守節）
黄馬氏（士高繼妻）
黄李氏（月耕妻）
黄陳氏（象洪妻）
黄李氏（士宏妻）
黄姚氏（養和妻。并同治十年彙旌）
黄顔氏（庠生鋭妻）
黄曹氏（煦妻）
黄戴氏（象奎妻）
黄趙氏（象堅妻）
黄徐氏（旭宇妻。并光緒三年彙旌）
蕭周氏（監生烺妻）
蕭趙氏（士寬妻。并同治十三年彙旌）
蕭王氏（世僑妻）
蕭李氏（世倫妻）
蕭盧氏（世福妻）
蕭孫氏（大士妻）
蕭于氏（得元妻。并光緒元年彙旌）
蕭趙氏（啓銘妻，年十九守節）
蕭趙氏（世儒妻。并光緒三年彙旌）
尹徐氏（陸妻）
尹陳氏（文鐸妻）

管蔡氏（顯堂妻。"顯"，一報作"善"。光緒元年彙旌）
盧張氏（監生家桂妻。十年重報作"繼妻"。同治三年旌）
盧徐氏（家桂妻）
盧尹氏（職員家善妻）
盧譚氏（思齋繼妻）
盧張氏（宏球妻）
盧姚氏（宏伏妻，年十八守節）
盧吴氏（燦妻）
盧尹氏（世濤妻。"濤"，一報作"檮"）
盧張氏（家椿妻）
盧劉氏（家祥妻，年二十守節。并同治十年彙旌）
盧王氏（監生金鼎繼妻）
盧王氏（監生家立妻）
盧張氏（監生逢吉繼妻）
盧李氏（家槺妻）
盧戴氏（貴妻）
盧李氏（頡園繼妻）
盧姚氏（世恒繼妻）
盧李氏（潤高妻）
盧陳氏（世麟妻）
盧陳氏（儒童起儆妻）
盧陳氏（儒童元基妻。并光緒元年彙旌）
盧丁氏（廣仁妻）
盧許氏（樹萁妻）
盧錢氏（錡妻）
盧徐氏（缺，聶村人）
盧戴氏（元桂妻。并光緒三年彙旌）

① 按：此处有兩"顧王氏"，皆"嘉瑞妻"。

錢薛氏（正昆妻）
錢卞氏（正明妻。并光緒元年彙旌）
錢某氏（世明妻）
錢楊氏（康齡妻）
錢王氏（昭祥妻）
錢陶氏（載清妻）
錢楊氏（曰祚妻。并光緒三年彙旌）
孫姚氏（鄉舉奎光繼妻）
孫程氏（克義妻）
孫江氏（正茂妻，二十七歲守節）
孫朱氏（冠益妻）
孫袁氏（冠玉妻）
孫陳氏（慎諸妻）
孫劉氏（仲豫妻）
孫劉氏（名揚妻）
孫胡氏（大齡妻，年十九守節）
孫孔氏（贊廷妻，年十九守節）
孫陳氏（朝珍妻）
孫張氏（錫桐妻）
孫袁氏（遐壽妻）
孫李氏（相妻。并同治十年彙旌）
孫田氏（庠生蔚章妻）
孫胡氏（昌義妻）
孫聶氏（純萬妻）
孫趙氏（懷鵬妻）
孫蕭氏（懷魯妻）
孫田氏（懷意妻。孫棨，庠生）
孫郭氏（明遠妻）
孫王氏（鑑然妻，年二十守節）
孫劉氏（廷邦妻）
孫殷氏（昌齡妻）
孫趙氏（廣蔚妻）
孫張氏（廣遠妻）
孫趙氏（元隆妻）
孫張氏（自愷妻）
孫馬氏（自雄妻）
孫吴氏（監生冠群側室）
孫王氏（監生殿魁妻）

王高氏（缺。三氏并見《節孝祠待旌舊譜》）
王吴氏（德春妻，年十九守節）
王茅氏（衡伯繼妻）
王盧氏（恒陽妻）
王張氏（浩妻）
王施氏（新紀妻）
王倪氏（楚生妻）
王李氏（春江妻）
王趙氏（金元妻）
王吕氏（雲鵬妻）
王柳氏（聲揚妻）
王蕭氏（大庠妻）
王趙氏（恒珍妻）
王趙氏（志禮繼妻）
王陳氏（魁倫妻）
王蔣氏（德甲妻。以上并光緒三年彙旌）
馮李氏（錫嘏繼妻。錫嘏，字介祺。同治十年彙旌）
馮王氏（文彬妻）
馮劉氏（景妻。并光緒元年彙旌）
馮何氏（監生春元妻）
馮唐氏（監生君禮繼妻）
馮錢氏（職員濂側室。并光緒三年彙旌）
陳茅氏（儒童楷妻。子秀鍾，庠生，保舉知縣，加同知銜。同治三年旌，有傳）
陳李氏（長沙同知書疇繼妻）
陳張氏（監察御史書曾側室）
陳張氏（拔貢宗起妻。傳見“才藝”）

張王氏（職員鴻春妻，年二十守節）
張何氏（職員培業繼妻）
張吴氏（庠生履思妻。與上表庠生節侯妻吴氏合傳）
張殷氏（儒童金友妻）
張金氏（職員培業側室）
張徐氏（職員昌喬側室）
張趙氏（德焕妻）
張田氏（錫壽妻）
張王氏
吉氏（并志初側室）
張潘氏（麗生妻）
張夏氏（振明妻）
張李氏（藻源妻）
張劉氏（萬元妻）
張劉氏（桂妻）
張李氏（兆元妻，年十九守節）
張解氏（藻妻。以上并光緒元年彙旌）
張王氏（天錫妻）
張陳氏（旋吉妻）
張王氏（克繩妻）
張蔣氏（庠生大受妻）
張程氏（監生鑑妻）
張吴氏（儒童慎機妻。慎機，字仲鋭）
張劉氏（玉田妻）
張陳氏（瑜克妻）
張金氏（永成妻）
張龔氏（永江妻）
張朱氏（炳連妻）
張錢氏（本源妻）
張宋氏（秉基妻）
張戴氏（志賢妻）
張顔氏（含美妻）
張洪氏（金城妻）

尹周氏（思聖妻）
尹周氏（思祺妻）
尹黄氏（兆華妻。并同治十年彙旌）
尹冷氏（監生思銓妻）
尹丁氏（文進妻）
尹張氏（思洄妻）
尹徐氏（文耀妻）
尹陳氏（子功妻。并光緒元年彙旌）
尹郭氏（灌妻）
尹吴氏（職員思清繼妻）
尹陳氏（思祚妻）
尹朱氏（序東妻。并光緒三年彙旌）
姚張氏（候選鹽提舉立名繼妻）
姚顔氏（監生遵贊繼妻）
姚明氏（德遵妻）
姚葉氏（仲謨妻）
姚浦氏（遵德妻）
姚嚴氏（冠揚妻。并同治十年彙旌）
姚朱氏（春元妻）
姚薛氏（裕周妻。并同治十三年彙旌）
姚周氏（凛妻）
姚費氏（全妻）
姚張氏（永祺妻）
姚焦氏（德林妻）
姚吴氏（立槐妻）
姚趙氏（德仁妻）
姚梅氏（在之妻。并光緒元年彙旌）
姚方氏（監生成義妻）
姚吴氏（儒童德全妻）
姚周氏（乃睿妻）
姚薛氏（道源妻。并光緒三年彙旌）
邵趙氏（職員振綱妻）
邵趙氏（廷楷妻，年二十守節）
邵趙氏（維泰妻）

莫李氏（經由妻）
裘王氏（麗川妻。并光緒元年彙旌）
繆嚴氏（衡夫妻）
解殷氏（穀華妻。“穀”，一報作“國”）
解趙氏（穀亨妻）
解王氏（彩旂妻）
解趙氏（載銓妻）
解趙氏（受權妻）
解趙氏（隆華妻。一報作“殷氏”）
解趙氏（貽棟妻）
解殷氏（載樹妻）
解殷氏（顯猷妻）
解趙氏（壽傳妻。并同治十年彙旌）
解張氏（佩乾妻）
解王氏（在桐妻。并同治十三年彙旌）
解時氏（連璧繼妻）
解趙氏（載浩妻）
解趙氏（載庭繼妻）
解朱氏（高舉妻。并光緒元年彙旌）
解杜氏（宏晉妻）
解趙氏（發錞妻）
解翟氏（達和妻）
解趙氏（敦祺妻）
解朱氏（達讓妻。并光緒三年彙旌）
宗馮氏（學善妻）
宗李氏（遵周妻。并同治十年彙旌）
宗韓氏（學鵬妻）
宗某氏（有恒母）
宗某氏（有恒弟婦。并光緒三年彙旌）
丁萬氏（職員兆祓妻）
丁鄒氏（廪生鵬妻）
丁嚴氏（增妻。并同治十年彙旌）
丁鄒氏（布政司理問紹聯妻）

孫趙氏(元庚妻)
孫張氏(監生冠群妻)
孫何氏(忠士妻)
孫陶氏(毓旺妻)
孫陶氏(元桐妻。以上并同治十三年彙旌)
孫周氏(庠生鑑妻)
孫胡氏(監生古春妻)
孫許氏(宗春妻)
孫戴氏(仁發妻)
孫袁氏(遐壽妻)
孫殷氏(覲光妻)
孫劉氏(斯柏妻)
孫焦氏(培南妻,年二十守節。"培南",一作"佩蘭")
孫朱氏(秉衡繼妻)
孫李氏(桐妻。桐,字琴夫)
孫陸氏(慶元妻。以上并光緒元年彙旌)
孫嚴氏(候選縣丞慶曾妻)
孫湯氏(六品軍功兆芝妻)
孫王氏(晉昌妻)
孫金氏(晉昌側室)
孫林氏(邦懷妻)
孫朱氏(起高妻)
孫王氏(維幹妻。并光緒三年彙旌)
李何氏(儒童樽妻,年十八守節,同治六年旌)
李曹氏(庠生大生繼妻,年十九守節。嗣子宗元,鄉舉。同治八年旌)
李茅氏(監生承先妻,年十七守節,同治八年旌。縣册作"同治三年旌")

陳尤氏(庠生錫朋妻)
陳高氏(儒童肇增妻)
陳張氏(志松妻)
陳張氏(補之妻,年二十守節)
陳阮氏(建南妻)
陳茅氏(以珪妻。子慶曾,庠生)
陳王氏(廷榮妻)
陳胡氏(時直妻)
陳李氏(啓後妻)
陳張氏(玉如妻)
陳真氏(牧妻。"真"又作"貞",疑誤。以上并同治十年彙旌)
陳朱氏(開林妻)
陳蕭氏(廣志妻。并同治十三年彙旌)
陳柳氏(職員世亦妻)
陳鄔氏(職員文捷妻,年十八守節)
陳朱氏(職員元慶妻)
陳王氏(職員景鈺妻)
陳楊氏(監生嘉元妻)
陳嚴氏(監生宗澤妻)
陳徐氏(監生皞如妻)
陳郭氏(監生功名妻)
陳朱氏(儒童伯言妻)
陳周氏(知雅州府書勳側室)
陳朱氏(功裕妻)
陳張氏(厚惠妻)
陳盧氏(信科妻)
陳莊氏(鍾佩妻)
陳蔣氏(正鋐妻,年十九守節)
陳王氏(運順妻)

張戴氏(錫平妻)
張解氏(廣昱妻)
張姚氏(文江妻)
張聶氏(文叔妻)
張徐氏(祖烈妻)
張袁氏(體乾妻)
張茅氏(静山妻)
張孫氏(言致側室。以上并光緒三年彙旌)
孔孫氏(照南妻,同治十年彙旌)
孔趙氏(繼璨妻,年二十守節,同治十三年彙旌)
孔李氏(儒童麗生繼妻,光緒元年彙旌)
孔葉氏(繼魁妻,光緒三年彙旌)
曹戴氏(議叙八品懋誠妻。子爾昌,庠生。同治十年旌)
曹余氏(克鏞妻)
曹張氏(克樞妻)
曹李氏(克榜側室,年二十守節。并同治十年彙旌)
曹張氏(職員一名妻)
曹宋氏(儒童克妻)
曹宋氏(克儒繼妻)
曹張氏(斗瀛妻)
曹王氏(傑妻)
曹包氏(監生時湛妻。并光緒元年彙旌)
曹李氏(麟繼妻)
曹吴氏(克穀妻)
曹謝氏(一澄妻)
曹周氏(銘妻)
曹姚氏(啓庚妻)
曹陳氏(子炳妻。并光緒三年彙旌)

邵於氏(維仁妻)
邵解氏(廷元妻)
邵趙氏(監生維龍繼妻。兩報。并光緒元年彙旌)
邵趙氏(監生碩輔妻,光緒三年彙旌)
汪韋氏(懷榮妻,同治三年旌)
汪李氏(吉銘妻)
汪徐氏(雅南妻)
汪吴氏(春圃妻)
汪卞氏(漳妻。并同治十年彙旌)
汪錢氏(缺)
汪喬氏(儒童厚貽妻)
汪李氏(熙和妻。并光緒元年彙旌)
汪陸氏(明貴妻)
汪劉氏(承基妻)
汪張氏(璁妻)
汪李氏(均妻。并光緒三年彙旌)
祁韓氏(耀庭妻,同治十年彙旌)
毛吴氏(加麒妻,年二十守節,光緒元年彙旌)
毛霍氏(大鶴妻,光緒三年彙旌)
臧宗氏(攀桂妻,同治三年旌)
臧錢氏(職員發桂妻)
臧賈氏(佾生多桂妻。并同治十年彙旌)
戴李氏(庠生守梧妻)
戴趙氏(增生桀繼妻)
戴顔氏(貤封奉直大夫棪妻。并同治三年旌)
戴夏氏(儒童保春妻)

丁虞氏(例貢生兆勳側室)
丁劉氏(昆全妻)
丁金氏(缺。并光緒元年彙旌)
丁趙氏(監生立榮妻)
丁朱氏(監生立恩妻)
丁朱氏(缺。年十九守節)
宣徐氏(乃發妻)
郁張氏(柏林妻。并光緒三年彙旌)
杭張氏(日寅妻,同治十年彙旌)
洪趙氏(肇祥妻)
洪王氏(元松妻)
洪楊氏(宅周妻。并光緒元年彙旌)
包袁氏(職員敦甫妻)
包華氏(裕德妻)
包魏氏(裕寶妻。并同治十年彙旌)
包虞氏(鄉舉森妻)
包趙氏(候選訓導慶安妻)
包殷氏(儒童德培妻,有傳)
包李氏(淡如妻。并光緒元年彙旌)
包孫氏(職員良幹妻)
包劉氏(監生祥松妻)
包霍氏(國琳妻。并光緒三年彙旌)
左錢氏(儒童春齡妻,同治十年彙旌)
左馮氏(庠生上林繼妻,年二十守節)
左嚴氏(監生承恩妻)
左嚴氏(監生金恩妻)
左劉氏(元鈺妻)

李趙氏（候選縣丞宗海妻）
李方氏（職員恒泰妻。光緒元年有泰恒妻方氏，守節年歲同，應是一人，今删）
李張氏（庠生金坤妻）
李劉氏（庠生文園妻）
李趙氏（監生熾妻）
李趙氏（監生濟妻）
李蔣氏（監生洪繼妻）
李趙氏（監生泰之繼妻）
李楊氏（儒童從禹妻）
李支氏（元昌妻）
李徐氏（桂祥妻）
李樊氏（根長妻）
李蔡氏（順祖妻）
李張氏（瀚波妻。瀚波，名澐）
李吴氏（儒童國楨妻）
李尤氏（司鉉繼妻）
李茅氏（湘妻）
李張氏（溶妻）
李柳氏（標妻）
李陳氏（鑑妻）
李張氏（玉春妻）
李顔氏（素同妻）
李許氏（仕煌妻）
李錢氏（恒厚妻）
李樊氏（根堯妻）
李徐氏（建如妻）
李顔氏（登齡妻，未婚夫故，年二十）
李霍氏（樹魁妻）
李仲氏（文松妻）
李顧氏（錫珍妻，年十七守節。以上并同治十年彙旌）

陳張氏（運理繼妻）
陳章氏（殿魁繼妻）
陳張氏（彭蘭妻）
陳吴氏（汝明妻）
陳陶氏（汝言妻）
陳張氏（運元妻）
陳王氏（雲逵妻）
陳張氏（松亭妻）
陳孫氏（立本妻）
陳余氏（夢元妻）
陳曹氏（士林妻）
陳吴氏（錫九妻）
陳顔氏（敬仁妻）
陳朱氏（以珍妻）
陳王氏（路周妻）
陳吴氏（金安妻）
陳葉氏（啓純妻）
陳喬氏（科第妻）
陳俞氏（廷瑞妻）
陳樊氏（璟春妻）
陳朱氏（運昌妻）
陳吴氏（智哲妻）
陳包氏（彦廷妻）
陳趙氏（學祖妻）
陳張氏（如驥妻）
陳殷氏（家瑚繼妻）
陳劉氏（漢章側室）
陳嚴氏（職員熙齡妻）
陳汪氏（監生玉妻）
陳范氏（聯綬妻）
陳劉氏（吉齋妻）
陳艾氏（學洪妻）
陳王氏（儒童慎廉繼妻。兩報）
陳孫氏（正純妻）
陳江氏（致和妻）
陳管氏（開恂妻）
陳楚氏（蕙軒妻。以上并光緒元年彙旌）
陳周氏（候選兵馬司副指揮葆齡側室。子世棟，庠生）

嚴胡氏（庠生炳元側室，咸豐元年旌）
嚴陳氏（儒童履祥妻，同治三年旌）
嚴盧氏（職員智增妻）
嚴楊氏（候補鹽庫大使學瀛側室）
嚴張氏（監生茂林妻）
嚴鄒氏（監生長年妻。長年，字静山）
嚴余氏（儒童維均妻）
嚴姜氏（良駒妻）
嚴趙氏（實庵妻）
嚴楊氏（楫妻，年十九守節）
嚴盧氏（禧增妻，年二十守節）
嚴劉氏（道發妻）
嚴任氏（嘉興妻）
嚴顔氏（樹齋妻）
嚴李氏（嘉元妻。以上并同治十年彙旌）
嚴趙氏（崇政妻，同治十三年彙旌）
嚴錢氏（庠生椿齡繼妻）
嚴汪氏（監生雲路妻）
嚴戴氏（監生如瑄妻）
嚴馬氏（儒童澐妻）
嚴趙氏（鼎亨妻）
嚴李氏（善宜妻）
嚴張氏（春渠妻）
嚴俞氏（永貞妻）
嚴道氏（登雲妻）
嚴茅氏（監生承棟繼妻）
嚴潘氏（監生臻妻。一報作“何氏”）
嚴霍氏（德恒妻）

戴盧氏（儒童保彤妻。并同治四年旌）
戴丁氏（職員棻妻）
戴丁氏（監生棟妻）
戴王氏（榮光妻）
戴王氏（文晉妻）
戴吴氏（永隆妻。并同治十年彙旌）
戴葉氏（職員曾慶妻）
戴李氏（監生焯妻）
戴李氏（監生如柏繼妻）
戴錢氏（儒童連璧妻，年十八守節）
戴懿氏（職員儀和側室）
戴潘氏（士雲繼妻）
戴殷氏（瑞廷妻）
戴王氏（允瑚妻）
戴趙氏（安興妻）
戴張氏（之釗妻）
戴張氏（昌璣妻）
戴張氏（昌珋妻）
戴馮氏（培元妻）
戴馮氏（之彦妻）
戴顧氏（春許妻）
戴陳氏（昆生妻）
戴丁氏（有良妻。并光緒元年彙旌）
戴姜氏（職員植齋繼妻）
戴李氏（儒童善才妻。“善”，一報作“先”）
戴吴氏（啓源妻）
戴鄒氏（庠生長發妻）
戴丁氏（友良妻）
戴王氏（繼月妻）
戴張氏（寶善妻）
戴劉氏（廷揚妻。并光緒三年彙旌）

左張氏（鑄妻）
左宋氏（儒童書林妻。并光緒元年彙旌）
崔何氏（定齋妻）
崔笪氏（芬妻。并同治十年彙旌）
崔李氏（元和妻，光緒元年彙旌）
龔丁氏（監生荃妻）
龔余氏（大興妻）
龔胡氏（誠妻。并同治十年彙旌）
龔唐氏（建元妻）
龔趙氏（鈞秀妻）
龔田氏（近信妻）
龔王氏（錫麟妻。并同治十三年彙旌）
龔吴氏（瑞齡妻）
龔吴氏（鳳齡妻。并光緒元年彙旌）
程金氏（職員佩妻）
程尤氏（庠生錫彭妻）
程嚴氏（棟妻）
程楊氏（禮和妻）
程吴氏（良弼妻）
程錢氏（蓮科妻）
程張氏（照妻。并同治十年彙旌）
程王氏（職員廷榮妻）
程高氏（儒童大有妻，年十九守節）
程倪氏（鶴鳴妻）
程王氏（西華妻）
程張氏（錫純妻）
程焦氏（興泰妻）
程吴氏（德昌妻，年十六守節）
程眭氏（永春繼妻。并光緒元年彙旌）
程蔣氏（啓學妻）
程郭氏（德昌妻，年十八守節）

李茅氏（庠生衍勳妻）
李錢氏（庠生培妻）
李韋氏（監生坦妻）
李茅氏（監生椿庭妻）
李徐氏（浙江候補府枏側室）
李張氏（儒童建林妻）
李嚴氏（儒童志桂妻）
李徐氏（儒童懋猷妻。子庭珍，庠生）
李盧氏（珍妻）
李徐氏（士林妻）
李瞿氏（監生士琳妻）
李范氏（瑞和妻）
李王氏（耀宗妻）
李薛氏（天貴妻）
李黄氏（彭泰妻，年二十守節）
李王氏（維瀛妻）
李夏氏（有成妻）
李曹氏（肇泰妻）
李朱氏（文濚妻）
李錢氏（廷福妻）
李何氏（紹焻妻）
李張氏（金臺妻）
李蔣氏（有坦妻）
李徐氏（大賓妻）
李陳氏（全福妻）
李顧氏（炳如妻，年十七守節）
李宋氏（世先妻，年十八守節）
李趙氏（萬之妻）
李顧氏（錦珍妻，年十七守節）
李包氏（學錕繼妻）
李吴氏（職員玉輝繼妻）
李喬氏（儒童漢祥妻）
李胡氏（嗣昌妻）

陳鄒氏（候補縣丞錫三妻。子鳳藻，拔貢）
陳胡氏（職員順清妻）
陳黄氏（儒童逢桂妻）
陳趙氏（士宏妻）
陳貢氏（維龍妻）
陳蔣氏（伯吟妻）
陳尹氏（大懷妻）
陳曹氏（大有妻）
陳楊氏（開俊妻）
陳朱氏（階平妻）
陳茅氏（以均妻）
陳陸氏（學瑛妻）
陳李氏（光第妻）
陳郭氏（洪年妻）
陳徐氏（禮齋妻）
陳馮氏（儒童克常妻）
陳胡氏（時珍妻）
陳張氏（運生妻）
陳楊氏（秉南妻）
陳李氏（光福妻）
陳徐氏（培壽妻）
陳某氏（實穎側室）
陳劉氏（國僑妻）
陳周氏（國治妻）
陳周氏（國佐妻）
陳朱氏（國琪妻）
陳王氏（國琳妻）
褚吴氏（水師額外建謨妻）
衛陳氏（潤明妻。以上并光緒三年彙旌）
蔣毛氏（寧紹台道廷瓚側室）
蔣王氏（雲程妻）
蔣王氏（維國妻）
蔣姚氏（維煌妻）
蔣李氏（磦妻。并同治十年彙旌）
蔣劉氏（州同銜元銘妻）
蔣滕氏（監生懋源妻）
蔣張氏（士庸妻）

嚴劉氏（河南知縣城側室）
嚴史氏（職員寓菴側室）
嚴王氏（時文妻。并光緒三年彙旌）
華高氏（金鼇妻）
華張氏（子賓妻。并光緒元年彙旌）
華潘氏（知冀州濬側室，年十八守節，光緒三年彙旌）
金朱氏（職員益之妻，同治十年彙旌）
金張氏（永全妻）
金吴氏（藻廷妻）
金陰氏（珍榮妻）
金張氏（忠輔妻）
金曹氏（淮妻）
金許氏（銘妻）
金殷氏（德榮妻）
金張氏（正明妻。并光緒元年彙旌）
金王氏（廩生堅繼妻，光緒三年彙旌）
魏吴氏（達夫妻，同治十年彙旌）
魏毛氏（昌髦妻）
魏衛氏（家發妻。并光緒元年彙旌）
魏吴氏（家智妻，光緒三年彙旌）
陶周氏（開華妻，同治十年彙旌）
陶王氏（大愷妻）
陶陳氏（迺珍妻，年十九守節）
陶高氏（之嚴妻）
陶馬氏（以仁妻）
陶王氏（大鼎妻，年十八守節）
陶陳氏（恒隆妻）
陶陳氏（以瑞妻，年二十守節）
陶朱氏（大興妻）
陶趙氏（以漢妻）
陶王氏（儒霆妻）

談笪氏（德琨妻，年十九守節，光緒元年旌）
談張氏（朝相妻，光緒三年彙旌）
宋魯氏（附監生佳士妻。子鳴昌，庠生）
宋章氏（魯賢妻，年十九守節。并同治十年彙旌）
宋張氏（職員珣繼妻，同治十一年旌。子沂，增生）
宋左氏（儒童汝霈妻。并光緒元年彙旌）
茅凌氏（庠生澍妻）
茅季氏（附監生元鎰側室）
茅鄒氏（監生淦之妻）
茅耿氏（儒童祐慶妻）
茅張氏（本立妻）
茅金氏（偉才妻）
茅林氏（有志妻）
茅金氏（淦妻。并同治十年彙旌）
茅張氏（儒童國良妻）
茅胡氏（玉林妻）
茅胡氏（楨祥妻）
茅劉氏（乃昌妻）
茅眭氏（本恭妻）
茅張氏（酉年妻）
茅王氏（官主妻）
茅張氏（崐璧妻，年二十守節）
茅夏氏（儒童純遠妻）
茅程氏（元鑑妻）
茅劉氏（光祖妻）
茅何氏（延年妻。并光緒元年彙旌）
茅潘氏（儒童際辰妻）
茅吴氏（春年妻）
茅吴氏（本宣妻）

程李氏（光第妻。并光緒三年彙旌）
裴余氏（儒童坦妻，光緒元年彙旌）
陸馬氏（韶九妻）
陸劉氏（連元妻）
陸姚氏（春岩妻。并同治十年彙旌）
陸邵氏（得鼇妻，同治十三年彙旌）
陸馮氏（壽昌妻，光緒元年彙旌）
陸韋氏（允祥妻，光緒三年彙旌）
於徐氏（武舉長惠妻，光緒元年彙旌）
汲王氏（文華妻）
段王氏（維濤妻。并光緒三年彙旌）
巫劉氏（佐之妻，同治十年彙旌）
巫張氏（熙元妻，光緒元年彙旌）
焦張氏（上達妻。木主名“廣治”）
焦葉氏（國華妻。木主名“廣文”）
焦張氏（廣志妻。并同治十年彙旌）
焦蕭氏（兆柏妻，光緒元年彙旌）
焦張氏（宗衡妻，光緒三年彙旌）
車葉氏（士魁妻，同治十年彙旌）
侯何氏（監生瑶圃妻）
仲盧氏（安保妻。并光緒元年彙旌）
仲張氏（仁慶妻，光緒三年彙旌）
仇湯氏（林福妻，光緒元年彙旌）
甘盧氏（封山妻，同治十年彙旌）
戎孫氏（梓妻，光緒元年彙旌）

李朱氏(善祥妻)
李王氏(湘圃妻)
李茅氏(林祥妻)
李曹氏(增書妻,三十歲守節)
李陶氏(炳南側室)
李戴氏(道珍側室)
李梁氏(秉錫妻。與舊志守節年异,當是兩人。以上并光緒元年彙旌)
李徐氏(振林妻)
李湯氏(天壽妻)
李吴氏(天喬妻)
李彭氏(銘德妻,年十九守節)
李陳氏(慶德妻)
李陳氏(恭發妻)
李孫氏(頂祖妻)
李唐氏(之溱妻)
李王氏(曉妻)
李茅氏(照妻)
李張氏(壽先妻)
李陳氏(之璞妻)
李袁氏(瓏妻)
李徐氏(逷祖妻)
李周氏(循度妻)
李賀氏(祥麟妻)
李吴氏(祥視妻)
李張氏(元勳妻)
李吕氏(廪生策勳妻。子黼猷,鄉舉)
李湯氏(壽勳妻)
李戴氏(本勳妻)
李湯氏(金勳妻)
李王氏(監生廷康側室)
李張氏(嘉祥妻)
李程氏(德明妻)
李張氏(喜德妻)
李鄒氏(祥甲繼妻)
李笪氏(映奎妻)
李楊氏(廷嶽妻)
李戴氏(應蕙妻)
李韓氏(職員同慶妻)

蔣王氏(儒童士錦妻)
蔣胡氏(貴妻)
蔣高氏(廉妻)
蔣王氏(監生方淇繼妻)
蔣管氏(法貞妻。“法貞”,一報作“發增”)
蔣裔氏(春山妻)
蔣夏氏(永昌妻。并光緒元年彙旌)
蔣胡氏(職員叔堅妻)
蔣左氏(哲先妻)
蔣張氏(元利妻)
蔣顧氏(監生圻妻)
蔣郤氏(監生釗繼妻)
蔣陸氏(拓庵妻)
蔣裔氏(增魁妻)
蔣方氏(如川妻)
蔣薛氏(咸妻)
蔣楊氏(震妻)
蔣田氏(學廣妻。并光緒三年彙旌)
沈嚴氏(監生令貴妻。“嚴”,一報作“韓”)
沈夏氏(之貴妻。并同治十年彙旌)
沈何氏(默妻)
沈吉氏(佾生魯妻,光緒元年彙旌)
沈何氏(職員傅良妻)
沈吴氏(池九妻)
沈高氏(茂林繼妻)
沈陳氏(贊常妻)
沈蔣氏(茂珍妻)
沈郭氏(焯妻)
沈姚氏(坤妻。并光緒三年彙旌)
韓徐氏(儒童然妻)
韓張氏(均恒妻。并同治十年彙旌)

陶黄氏(大穀妻。并同治十三年彙旌)
陶葛氏(玉森妻,年十九守節)
陶魏氏(職員兆科妻。并光緒元年彙旌)
陶楊氏(萬升妻)
陶顧氏(毓才妻。并光緒三年彙旌)
姜張氏(宏遠妻,同治十年彙旌)
姜吕氏(德榮妻)
姜徐氏(廷杰妻)
姜吴氏(德明妻。并光緒元年彙旌)
姜徐氏(世卜妻)
姜吕氏(德貴妻。并光緒三年彙旌)
謝徐氏(缺,同治三年旌)
謝蔣氏(職員之麒妻)
謝徐氏(大道妻)
謝馮氏(之銓妻。并同治十年彙旌)
謝李氏(金釗妻)
謝陳氏(蔚如妻)
謝趙氏(朝宗妻)
謝包氏(職員一彦妻。并光緒元年旌)
謝金氏(浙江候補縣丞承莊妻)
謝嚴氏(庠生彙征妻。彙征,名連茹)
謝毛氏(世煌妻。并光緒三年彙旌)
鄒陳氏(候選道文琦側室)
鄒包氏(職員錫魁妻,年十九守節)
鄒嚴氏(庠生增科妻。子寶深,廪生)
鄒趙氏(庠生增貴妻)

茅錢氏(穆堂側室。并光緒三年彙旌)
紀包氏(武舉長春妻,同治十年彙旌)
紀吴氏(幹康繼妻,光緒元年彙旌)
紀錢氏(振貴妻)
紀包氏(松平妻)
舒吴氏(錫五妻。并光緒三年彙旌)
祝周氏(燾妻)
祝錢氏(監生桂林繼妻。并同治十年彙旌)
祝龍氏(彭年妻,光緒三年彙旌)
董莊氏(景文妻,同治十年彙旌)
董汪氏(泰源妻,光緒元年彙旌)
董金氏(士貴妻)
董何氏(鼎妻)
梁王氏(思餘妻,并光緒三年彙旌)
杜王氏(天球妻,同治十年彙旌)
杜陳氏[鍾(缺)妻]
杜程氏(鉞妻。并光緒三年彙旌)
阮劉氏(廷傑妻,光緒元年彙旌)
閔嚴氏(職員從鑣繼妻)
閔方氏(庠生裕霖妻。一報作“王氏”,本王氏女)
閔余氏(監生從齡妻。并同治十年彙旌)
席張氏(庠生照妻)
席趙氏(銘初妻)
席何氏(春雲妻)

武包氏(庠生超妻,同治十年彙旌)
劉林氏(監生培長繼妻,字耀庚)
劉張氏(連枝妻)
劉謝氏(益庭妻)
劉吴氏(金茂妻)
劉朱氏(厚煜妻)
劉林氏(連魁妻)
劉宦氏(國泰妻)
劉戴氏(幹亭妻)
劉趙氏(文熊妻)
劉田氏(仁慶妻。兩報)
劉冷氏(文賓妻)
劉趙氏(青妻。并同治十年彙旌)
劉吴氏(職員柏年繼妻。子用霖、用儀,俱庠生)
劉焦氏(職員道純繼妻)
劉高氏(昱岩妻)
劉郁氏(長年妻)
劉趙氏(君正妻)
劉謝氏(石琴妻)
劉方氏(盛楨妻)
劉周氏(培德妻)
劉謝氏(元長妻)
劉陸氏(世乾妻)
劉陳氏(培訓妻)
劉潘氏(立文妻)
劉范氏(錫果妻)
劉朱氏(允慷妻)
劉陳氏(允慎妻)
劉吴氏(家瑞妻)
劉蔡氏(職員傳薪妻)
劉魏氏(監生金同妻,年十八守節)
劉王氏(子璋妻。并光緒元年彙旌)
劉道氏(監生元心妻)
劉王氏(職員椿年妻,年十九守節)

李吴氏（偉才繼妻）
李嚴氏（學泗妻）
李蔡氏（和之妻）
李胡氏（國金妻）
李陳氏（廣興妻）
李紀氏（贊廷妻）
李劉氏（文鳳妻）
李劉氏（大仁妻）
李劉氏（小垣妻）
李畢氏（熥妻，年二十守節）
李劉氏（贛榆教諭玉貴繼妻）
李吴氏（玉貴側室）
李支氏（教職永鎔妻）
李王氏（同知銜玉崑繼妻）
李嚴氏（職員椿繼妻）
李伊氏（武生宗江妻）
李劉氏（武生桂生妻）
李嚴氏（儒童鴻勳妻）
李王氏（儒童慎興妻）
李明氏（儒童本榮妻）
李某氏（缺，見《節孝祠待旌舊譜》。以上并光緒三年彙旌）
周劉氏（儒童源生妻，同治三年旌）
周蔣氏（宜福妻）
周王氏（職員錫慶妻）
周王氏（廩生藩妻）
周慎氏（監生國富側室）
周李氏（儒童名立妻）
周劉氏（柏臣側室）
韓陸氏（歲貢琮側室）
韓張氏（于正妻）
韓沈氏（桃林妻）
韓何氏（禮周妻。并光緒元年彙旌）
韓夏氏（儒童篤周妻，光緒三年彙旌）
楊莊氏（仁山妻，同治三年旌）
楊朱氏（永安妻）
楊茅氏（學樑妻）
楊曹氏（學椿妻。并同治十年彙旌）
楊蕭氏（采玉妻）
楊張氏（采胡妻。并同治十三年彙旌）
楊江氏（儒童士祥繼妻）
楊錢氏（儒童廷樞妻）
楊徐氏（儒童明允妻）
楊王氏（儒童正澐妻）
楊黄氏（職員秉祥側室，年十九守節）
楊潘氏（光烈妻）
楊范氏（成玉妻）
楊馬氏（學純妻）
楊李氏（文潮妻）
楊黄氏（文義妻）
楊張氏（缺）
楊吴氏（青來妻）
楊張氏（缺）
楊石氏（士銘繼妻。并光緒元年彙旌）
楊程氏（監生埈妻）
楊裴氏（儒童孟郊妻）
楊畢氏（儒童遇明妻）
楊張氏（宏業妻）
楊陳氏（先進妻）
楊王氏（學林妻）
鄒張氏（監生增第妻）
鄒左氏（佾生增銓妻）
鄒侯氏（錫珍妻）
鄒李氏（學文妻。并同治十年彙旌）
鄒蔡氏（佾生幹妻）
鄒朱氏（儒童增澤妻）
鄒李氏（鏡堂妻。鏡堂，名錫本）
鄒包氏（廩生桂生妻。并光緒元年彙旌）
鄒汪氏（增泉妻）
柏蕭氏（漢川妻。并光緒三年彙旌）
章杜氏（文涣妻）
章左氏（懋辰妻。并同治十年彙旌）
章張氏（心田妻，同治十三年彙旌）
章吴氏（職員烺妻）
章眭氏（庠生漣妻）
章杜氏（缺。并光緒元年彙旌）
章解氏（大鋐妻）
章王氏（泰標妻）
章陶氏（增妻。并光緒三年彙旌）
蘇王氏（京南妻）
蘇何氏（元因妻）
蘇陳氏（聖和妻。并同治十三年彙旌）
蘇徐氏（士純妻，光緒元年彙旌）
潘余氏（家銘妻）
潘余氏（西亭妻）
潘唐氏（芳桂妻。并同治十年彙旌）
葛虞氏（成名妻，年十九守節，同治十三年彙旌）
葛吴氏（如發妻，光緒元年彙旌）
席王氏（頗智妻。并同治十三年彙旌）
賈俞氏（儒童元杓妻，同治十年彙旌）
賈俞氏（儒童元程妻）
賈余氏（彭齡繼妻。并光緒元年彙旌）
賈嚴氏（職員鶴齡妻）
賈巢氏（贈員錦江妻。并光緒三年彙旌）
江高氏（全福妻）
江秦氏（匯川妻。并同治十年彙旌）
江陳氏（洪元妻，年二十守節，同治十三年彙旌）
江范氏（宗瑀妻）
江張氏（宗瑀妻）
江尤氏（美桂妻，年十九守節）
江尤氏（又馨妻，年十九守節）
江張氏（尚志妻。并光緒元年彙旌）
江滕氏（儒童正銘繼妻）
江劉氏（學彭妻，年十六守節）
江汪氏（維式妻。并光緒三年彙旌）
顔吴氏（維均繼妻）
顔李氏（布理問銜懷忠妻）
顔馮氏（士備妻）
顔柳氏（士侗妻）
顔徐氏（庠生錫康繼妻。子振復，鄉舉）
顔戴氏（庠生錫鬯妻）
顔左氏（監生錫蕃繼妻）
劉賈氏（儒童雄年妻）
劉韋氏（恭德妻）
劉張氏（塏妻）
劉吴氏（培妻）
劉曹氏（錫業妻）
劉戴氏（文堂妻）
劉余氏（錯然妻）
劉茅氏（玉曾妻。并光緒三年彙旌）
景孫氏（學麒妻，光緒元年彙旌。兩報）
詹李氏（監生庚繼妻，同治三年旌）
詹沈氏（士富妻，同治十年彙旌）
龍張氏（景堂妻）
龍張氏（守瑶妻。并光緒元年彙旌）
龍蔡氏（守圻妻，光緒三年彙旌）
葉陳氏（廷杓妻，同治十年彙旌）
葉沈氏（大福妻）
葉黄氏（遐齡妻）
葉沈氏（廷槐妻）
葉周氏（雅泉妻。并光緒元年彙旌）
葉沈氏（大德妻，有傳，光緒三年彙旌）
白張氏（壽堂妻，光緒元年彙旌）
翟殷氏（彩瑞妻，同治十年彙旌）
翟鄭氏（廣霞繼妻）
翟劉氏（啓春妻）
譚徐氏（惟發妻。并光緒元年彙旌）
貢童氏（盛祺妻，光緒三年彙旌）
冉陳氏（上林妻，光緒元年彙旌）
燕吴氏（學義妻）
浦陳氏（上春妻）
莊周氏（弟祁妻。并同治十年彙旌）

周薛氏(學貴妻)
周黄氏(道信妻)
周汪氏(開桂妻)
周李氏(迪士妻,年十七守節。以上并同治十年彙旌)
周殷氏(職員順瑶妻)
周郭氏(監生承澤繼妻)
周何氏(寶銘妻)
周高氏(兆仁妻)
周胡氏(祥發妻)
周駱氏(宗明妻)
周劉氏(吉甫妻,年二十守節)
周陶氏(雯妻)
周支氏(濬妻)
周畢氏(學培妻)
周張氏(善純妻)
周張氏(善夫妻)
周張氏(厚卿妻。以上并光緒元年彙旌)
周邱氏(庠生蘭林妻)
周鄭氏(監生雙弼妻)
周何氏(缺,見《節孝待旌舊譜》)
周謝氏(沐霖妻)
周鄒氏(木霖妻)
周李氏(忠義妻)
周高氏(敬山妻)
周劉氏(松橋妻)
周王氏(思瑞妻。以上并光緒三年彙旌)
周成氏(恩綬妻,光緒四年旌)
吴萬氏(儒童學圻妻,有傳,同治三年旌)
吴於氏(贈中憲大夫學增側室,同治四年旌)
吴李氏(教職柏才繼妻)
楊吴氏(世芬妻)
楊張氏(茅村人,夫名缺。并光緒三年彙旌)
朱邱氏(明浩妻,同治三年旌)
朱黄氏(庠生炳妻)
朱冷氏(高岱妻)
朱仲氏(悦董妻,年二十守節)
朱郭氏(汝鵬妻)
朱趙氏(又謙妻。一報作“有遷”)
朱嚴氏(鳳儀妻)
朱張氏(文球妻)
朱蔣氏(宏英妻)
朱徐氏(儒童景綸妻。兩見。并同治十年彙旌)
朱解氏(子韡妻。同子婦盧氏)
朱聶氏(熙洽妻)
朱盧氏(熙孝妻)
朱王氏(名超妻)
朱王氏(鍾敏妻)
朱趙氏(子恕妻)
朱邱氏(汝浩妻)
朱王氏(如甫妻)
朱羅氏(萬浩妻。并同治十三年彙旌)
朱許氏(職員開運妻,年十九守節)
朱蔣氏(監生開成妻)
朱曹氏(監生宏儒繼妻)
朱張氏(知福建寧洋縣廷標側室)
朱王氏(啓和妻)
朱賈氏(維德妻)
朱張氏(汝鴻妻,年二十守節)
朱孫氏(廣成妻)
朱胡氏(德泰妻)
朱趙氏(兆祥妻)
朱王氏(文鈺妻)
范史氏(東暹妻)
范史氏(肇初妻。并同治十年彙旌)
范何氏(儒童中立妻)
彭鄒氏(海妻。并光緒元年彙旌)
郎顏氏(儒童桂生妻。與娣婦張氏合傳,同治十年彙旌)
郎張氏(桂山妻,光緒三年彙旌)
魯陳氏(瀧妻,同治十年彙旌)
魯戎氏(武生三多妻)
魯高氏(慶葆妻。并光緒元年彙旌)
魯彭氏(慶簪妻)
魯楊氏(樹森妻。并光緒三年彙旌)
韋王氏(振祥妻,年二十守節)
韋陳氏(錦開妻。并同治十三年彙旌)
韋宋氏(振河妻,光緒三年彙旌)
馬嚴氏(文高妻)
馬王氏(廣裕妻)
馬曹氏(萬成妻)
馬鄭氏(春榮妻。并同治十年彙旌)
馬章氏(耀恭妻)
馬趙氏(延民妻。并同治十三年彙旌)
馬蔣氏(儒童長裕妻)
馬蔣氏(之鏞妻)
馬嚴氏(雲程妻,有傳)
馬王氏(長福妻)
馬吴氏(春海妻。并光緒元年旌)
馬何氏(兆麟妻)
馬陳氏(新妻)
馬徐氏(相妻)
顏丁氏(監生錫宜側室。子振鈞,廪生)
顏閔氏(監生錫琛繼妻)
顏李氏(錫鸞妻)
顏李氏(職員錫淦妻)
顏陳氏(文斗繼妻)
顏吴氏(承宗妻。并同治十年彙旌)
顏李氏(錫公妻)
顏周氏(儒童植妻。并光緒元年彙旌)
顏姚氏(士淦妻,光緒三年彙旌)
郭王氏(監生志泉妻)
郭管氏(儒童傳汾妻)
郭胡氏(明琨妻)
郭茅氏(貢廷妻)
郭管氏(紹文妻)
郭殷氏(恒元妻)
郭趙氏(晉元妻)
郭嚴氏(沛妻)
郭戈氏(階妻。并同治十年彙旌)
郭戈氏(庠生友蘭妻)
郭程氏(問山妻)
郭戴氏(理堂妻。子長年,鄉舉)
郭夏氏(懷恩妻)
郭嚴氏(奉恩妻)
郭王氏(澄妻。并光緒元年彙旌)
郭嚴氏(星原妻,年十九守節)
郭劉氏(學禮妻)
郭吴氏(桂林妻。并光緒三年彙旌)
盛唐氏(儒童兆麒妻)
盛王氏(濟周妻。并同治十年彙旌)
盛葉氏(東啓妻,光緒三年彙旌)
莊何氏(華甫妻,光緒元年彙旌)
莊劉氏(鹽提舉銜候選縣丞第熙妻)
莊盧氏(奇策妻)
莊張氏(尚品妻。并光緒三年彙旌)
宦趙氏(文祥妻,光緒元年彙旌)
向王氏(之瑞妻,同治十三年彙旌)
向馬氏(懷珍繼妻,光緒元年彙旌)
古金氏(敬修妻,光緒三年彙旌)
居夏氏(義門妻)
耿陳氏(宗海繼妻)
聶吴氏(監生嘉鳴妻)
聶嚴氏(學純妻。并同治十年彙旌)
聶茅氏(士榮妻)
聶黄氏(有進妻。并光緒元年彙旌)
聶吕氏(缺,光緒三年彙旌)
冷朱氏(友轅妻)
冷徐氏(友符妻。并同治十年彙旌)
冷王氏(監生秉懷妻,年二十守節)
冷劉氏(匯源妻)
冷程氏(星台妻。并光緒元年彙旌)
冷徐氏(伯玉妻,有傳)
冷趙氏(用儒妻。并光緒三年彙旌)
查楊氏(孝林妻)
蓋吴氏(馨之繼妻。并光緒元年彙旌)
桓羅氏(道通妻)
歐陽駱氏(楠妻。并光緒三年彙旌)
笪柳氏(銘鑑妻)

吴程氏(職員子兼繼妻)
吴謝氏(職員士銘妻)
吴郭氏(職員士佳妻)
吴李氏(職員紹俊妻)
吴左氏(文錦繼妻)
吴曹氏(之增繼妻)
吴劉氏(炳坤妻)
吴李氏(翊雲妻)
吴笪氏(玉坡妻)
吴劉氏(聖書妻,年十七守節)
吴莊氏(益震妻)
吴陳氏(清遠妻,年十九守節)
吴李氏(飛熊妻)
吴夏氏(崇焕妻)
吴張氏(德高妻)
吴鄒氏(心泉妻)
吴李氏(邦壎妻)
吴吕氏(紹曾妻)
吴張氏(紹忠妻)
吴盧氏(貫卿妻)
吴錢氏(學恭妻。以上并同治十一年彙旌)
汪楊氏(俏生六品封職厚庚妻,同治十年旌)
汪顧氏(候選訓導厚恒妻,同治十三年旌)

朱李氏(道遠繼妻)
朱曹氏(士綱妻)
朱姚氏(士琮妻)
朱蔣氏(迪裕妻)
朱張氏(吉安妻)
朱吴氏(增瑞妻)
朱聶氏(鳴桐妻)
朱趙氏(鳴球妻)
朱張氏(鳴信妻)
朱徐氏(友貞妻)
朱張氏(林塏妻,年二十守節)
朱賈氏(鳴鐘妻,年二十守節)
朱趙氏(鳴鷺妻,年二十守節)
朱葉氏(於淇妻)
朱於氏(元策妻。以上并光緒元年彙旌)
朱汪氏(松妻。暨三子婦)
朱張氏(映祥妻)
朱趙氏(日利妻)
朱高氏(尚明妻。并汪氏子婦)
朱包氏(監生怡繼妻)
朱尹氏(與禄妻)
朱趙氏(立三妻)
朱張氏(式典妻)
朱李氏(雲翔妻)
朱林氏(儒童鳴炳妻)
朱戴氏(儒童正俊妻)
朱嚴氏(順祥妻)
朱王氏(珮瑲妻。以上并光緒三年彙旌)

馬茅氏(職員文欽繼妻)
馬孫氏(明春妻)
馬陶氏(明鑑妻)
馬張氏(鼎愷妻)
馬徐氏(嘉珏妻。并光緒三年彙旌)
方沈氏(述增妻)
方唐氏(錦福妻)
方宗氏(壽妻)
方左氏(晉妻。并同治十年彙旌)
方茅氏(職員榛妻)
方趙氏(志信妻)
方楊氏(志美妻)
方孫氏(聖奇妻)
方胡氏(職員森繼妻)
方李氏(職員桂興妻)
俞曹氏(職員道善妻。并光緒三年彙旌)
任章氏(儒童宗康妻。子傳桂,庠生)
任曾氏(永玉妻)
任孫氏(國繡妻,年十八守節。并同治十年彙旌)
任陶氏(儒童承祖妻)
任尹氏(儒童灝妻)
任尹氏(楠繼妻)
任劉氏(成妻)
任王氏(德慶妻。并光緒元年彙旌)
任許氏(樟妻)
任余氏(澍側室。并光緒三年彙旌)
袁蔣氏(聞九妻)
袁田氏(德洪妻)
袁蔡氏(德興妻)
袁席氏(德鼇妻)
袁俞氏(紹明妻)
袁劉氏(式庵妻。并同治十年彙旌)
袁郭氏(墉妻)

林錢氏(儒童見山妻,光緒元年彙旌)
林耿氏(士愈母,光緒三年彙旌)
徐周氏(儒童明誠妻,同治二年旌)
徐李氏(職員毓奇妻)
徐冷氏(儒童在澤妻)
徐程氏(德榮妻)
徐朱氏(德龍妻)
徐陳氏(明瑶妻)
徐劉氏(在揚妻)
徐劉氏(在桂妻)
徐陳氏(貞書妻)
徐尤氏(麟高妻)
徐姚氏(兆椿妻)
徐蓋氏(健柏妻,年二十守節)
徐尹氏(美元妻,年二十守節)
徐趙氏(文濤妻,年十九守節)
徐王氏(在湧繼妻。并同治十年彙旌)
徐朱氏(維邦妻)
徐孫氏(茂賓妻)
徐薛氏(宏大妻)
徐姚氏(維彩妻)
徐張氏(紹餙妻)
徐王氏(大愷妻。并同治十三年彙旌)
徐郭氏(職員正英妻)
徐吴氏(庠生文明妻)
徐張氏(監生啓蘭繼妻)
徐黄氏(世瑗妻)
徐黄氏(世元妻)
徐耿氏(庚伯妻)
徐王氏(文祺妻)
徐高氏(光鼐妻)
徐張氏(掌綸妻)

笪柳氏(從周妻)
笪賈氏(名國妻。并同治十年彙旌)
笪王氏(庠生詢妻)
笪程氏(世傑妻)
笪姚氏(世佐妻。并光緒元年彙旌)
道陳氏(職員常綺繼妻)
道戴氏(庠生文瀾妻)
道徐氏(從九敬存妻。并同治十年彙旌)
道左氏(監生長興妻)
道馮氏(監生元林妻)
道吴氏(儒童常全妻)
道俞氏(傳經妻。并光緒元年彙旌)
道葛氏(傳先妻)
法吴氏(春第妻。并光緒三年彙旌)
眭姚氏(存禮妻,同治十年彙旌)
眭包氏(漢卿妻,光緒三年彙旌)
宜朱氏(德元繼妻,光緒元年彙旌)
順陳氏(士柏祖母)
順吉氏(士柏母)
順周氏(士柏叔母。右三氏(皆見《嘉慶志》注。光緒三年彙請補旌)
岳陳氏(福成妻,年十九守節,同治十年彙旌)
岳唐氏(松年妻,光緒三年彙旌)
楚魏氏(缺,光緒元年彙旌)

		袁曹氏（庠生林妻） 袁李氏（恒增妻。并光緒元年彙旌） 袁徐氏（德懿子婦） 袁張氏（厚卿妻，年十八守節） 袁錢氏（樸庵妻，年十八守節。并光緒三年彙旌）	徐劉氏（仁幹妻，年十八守節） 徐趙氏（高山妻） 徐劉氏（在明妻，年二十守節） 徐莊氏（文彬妻） 徐吴氏（向元妻） 徐吴氏（子齋妻） 徐胡氏（永昌妻） 徐朱氏（明諭妻） 徐湯氏（承連妻。“承”，一作“丞”） 徐程氏（仰宸妻） 徐羅氏（銓妻，年十八守節。并光緒元年彙旌） 徐方氏（大有妻） 徐王氏（瑞梁妻） 徐耿氏（鑑堂妻） 徐吴氏（士增妻，年十九守節） 徐趙氏（德魁妻） 徐萬氏（邦才妻，年十九守節） 徐畢氏（錫珍妻） 徐鄒氏（樹滋妻。并光緒三年彙旌）	

續纂

趙朱氏（莊妻） 趙許氏（喬齡妻，年二十守節） 趙鄒氏（職員蔭曾妻） 趙魏氏（監生廷楨妻） 趙殷氏（春明妻） 趙朱氏（繼岐妻） 趙解氏（武生正智妻） 趙胡氏（文鳳妻） 趙解氏（正鰲妻） 趙解氏（如璞妻） 趙聶氏（監生應明繼妻） 趙姚氏（國棟妻） 趙周氏（錦江繼妻）	王趙氏（文生森之妻） 王何氏（國材妻） 王蔣氏（德昭妻） 王李氏（美龍妻） 王吕氏（榮朝妻） 王笪氏（榮慶妻） 王沈氏（貴亭妻） 王吴氏（繼椿妻） 王宜氏（立亭妻） 王錢氏（星階妻） 王陳氏（長信妻） 王李氏（世義妻） 王趙氏（職員朝柱妻） 王束氏（在深妻） 王趙氏（儒童發梓妻） 王徐氏（夢琴妻）	朱王氏（學文妻） 朱劉氏（相皋妻） 朱虞氏（鴻問妻） 朱張氏（輔良妻） 朱張氏（聿棠妻） 朱趙氏（子恕妻） 朱陳氏（名鰲妻） 朱徐氏（名清妻） 朱蔡氏（符瑕妻） 朱趙氏（汝霖妻） 朱徐氏（甲義妻） 朱殷氏（皋達妻） 朱周氏（爰昌妻） 朱姚氏（希信妻） 朱邵氏（致祥妻） 朱林氏（友煌妻） 朱王氏（相謀妻） 朱徐氏（士璋妻） 朱殷氏（泰德妻）	張蔡氏（缺名妻，暨婦談氏） 張談氏（文福妻，十八歲守節。合傳） 張高氏（楚材妻） 張林氏（長生妻） 張李氏（根妻） 張朱氏（增華妻） 張戚氏（庭榮妻） 張陳氏（培端妻） 張戴氏（槼妻） 張徐氏（齡妻） 張侯氏（職員思齊妻） 張夏氏（振明繼妻） 張唐氏（世楨妻）	戴馬氏（泰倫妻） 戴高氏（保巽妻） 戴馬氏（廉瑛妻） 戴張氏（寶善妻） 宋高氏（武生鸞妻） 宋戴氏（爾純妻） 茅吴氏（視遠妻） 茅徐氏（國驊妻） 茅喬氏（興年妻） 茅周氏（監生之銓側室） 茅張氏（有年妻） 茅張氏（乃文妻） 紀陳氏（千文妻） 紀蔣氏（士卿妻） 董紀氏（監生仁齡妻） 董孫氏（裕洪妻）

趙馬氏(正茂妻)
趙吴氏(德裕妻)
趙孫氏(芝榮妻)
趙袁氏(世昌妻)
錢楊氏(樹棠妻)
錢李氏(儒童昭慶繼妻,十九歲守節)
錢施氏(啓周妻)
孫徐氏(朝俊妻)
孫王氏(覲祥妻)
孫羅氏(文生静妻)
孫張氏(懷源妻)
孫馬氏(奎松妻)
孫韋氏(純志妻)
孫郭氏(在渭妻)
孫韋氏(錫度妻)
孫趙氏(耀書妻)
孫時氏(覲發妻)
李茅氏(麟祥妻)
李紀氏(静山妻)
李沈氏(職員均繼妻)
李顧氏(顯之妻)
李殷氏(誠榮妻)
李蔡氏(際雲繼妻)
李范氏(維育妻)
李郭氏(雲裳妻)
李周氏(長春妻)
李段氏(昌勛妻)
李張氏(監生恩永妻)
李胡氏(國全妻)
李顧氏(蔚生妻)
李王氏(明響妻)
李嚴氏(豫之妻)
李茅氏(牧亭妻)
李趙氏(監生隆勛妻)①
李趙氏(監生隆勛妻)
周應氏(尊儀妻)
周張氏(又新妻,二十歲守節)
周趙氏(慶元妻)

王朱氏(文焕妻)
王何氏(堡妻)
王朱氏(五品銜朝榜妻)
王孫氏(廣福妻)
王倪氏(儒童若濂妻)
王張氏(遐邦妻)
王徐氏(錫元妻)
王黄氏(明揚妻)
王陶氏(恒耀妻)
王蕭氏(焕初妻)
王朱氏(采桂妻)
王田氏(錫庚妻)
王張氏(焕章妻)
王馬氏(學桂妻)
王朱氏(耀新妻)
王唐氏(衡妻)
王華氏(儒童桐妻)
王魏氏(鑄秋妻,二十歲守節)
馮錢氏(養之妻)
馮紀氏(慶餘妻)
馮焦氏(熏妻)
馮王氏(監生居福妻)
陳何氏(嘉禾妻)
陳曹氏(功常妻)
陳孫氏(國信妻)
陳李氏(懋康妻)
陳王氏(朝杰妻)
陳張氏(運元妻)
陳高氏(漢珍妻)
陳畢氏(功銘妻)
陳賈氏(如賓妻)
陳張氏(厚惠妻)
陳郭氏(位中妻)
陳唐氏(職員沅齡妻)
陳胡氏(順親妻)
陳馬氏(逢椿妻)
陳蔡氏(開順妻)
陳林氏(庭玉妻)
陳李氏(天順妻)
陳王氏(全明妻)
蔣趙氏(朝儀妻)

朱孫氏(士晉妻)
朱解氏(忻良妻)
朱戴氏(育馴妻)
朱張氏(鳴元妻)
朱陸氏(正義妻,十九歲守節)
朱王氏(正桂妻)
朱范氏(彦保妻)
朱嚴氏(政禄妻)
朱陳氏(士佐妻)
朱陳氏(賞智妻)
朱孔氏(熙有妻)
朱聶氏(協綸妻)
朱薛氏(富鵬妻)
朱袁氏(名進妻)
朱王氏(寵高妻)
朱耿氏(寵麟妻)
朱張氏(寵信妻)
朱吴氏(名聲妻)
朱許氏(成梧妻)
朱王氏(巽達妻)
朱王氏(開敖妻)
朱劉氏(開美妻)
朱林氏(監生友楻繼妻)
朱仲氏(步鶴妻)
朱王氏(士元妻)
朱趙氏(子禮妻)
朱張氏(勝財妻)
朱張氏(勝友妻)
朱牛氏(銘球妻)
朱孫氏(之觀妻)
朱王氏(孟經妻)
朱陳氏(懋宦妻)
朱張氏(監生琦妻)
朱王氏(能壽妻)
朱陳氏(昌祥妻)
朱殷氏(肇愷妻)
朱殷氏(梅芳妻)
朱吴氏(熙兆妻)
朱殷氏(泉達妻)
朱仲氏(聿棟妻)
朱邵氏(容海妻)
朱嚴氏(鳳儀妻)
朱王氏(舉銓妻)
朱史氏(名祥妻)

張茅氏(儒童坦妻)
張談氏(職員潤妻)
張李氏(昌鑾妻,十八歲守節)
張馬氏(庚三妻)
張王氏(耀卿妻)
張曹氏(希之妻)
張謝氏(儒童高第妻)
張錢氏(友騫妻)
張眭氏(金標妻)
張唐氏(職員若思妻)
張孫氏(正仁妻)
張蕭氏(定洽妻)
張蔡氏(玉文妻)
張殷氏(文童全卣妻)
張宗氏(安福妻)
張汪氏(職員蔭棠妻)
張孔氏(廉妻)
張鮑氏(文生大昕妻)
張宗氏(連三妻)
張范氏(儒童大韶妻)
曹江氏(子瑜繼妻)
曹張氏(承章妻)
嚴楊氏(鶴亭妻)
華張氏(元遴妻)
華倪氏(奎齡妻)
金紀氏(監生貢三側室)
魏張氏(守朋妻)
魏包氏(百庚妻)
陶范氏(開綸妻)
陶蔣氏(懷章妻)
陶張氏(錦魁妻)
陶陳氏(玉珍妻)
陶張氏(玉澄妻)
姜馬氏(以發妻)
謝笪氏(鶴鳴妻)
鄒侯氏(錫珍妻)

杜羅氏(遐貴妻)
席徐氏(紹儒妻)
席張氏(文生照繼妻)
賈王氏(桂年妻)
江王氏(炳升妻)
郭李氏(曉江妻,十八歲守節)
郭朱氏(廷燮側室)
郭嚴氏(雨亭妻)
郭周氏(開第妻)
郭王氏(監生志渭妻)
盛張氏(監生長恂妻)
盛蕭氏(長庚妻)
盛葉氏(長明妻)
盛沈氏(錫奎妻)
盛朱氏(錫麟妻)
徐吴氏(汝珮妻)
徐蘇氏(松玉妻)
徐朱氏(梓和妻)
徐黄氏(廣炘妻)
徐張氏(全道妻)
徐陳氏(監生均妻)
徐王氏(瑞梁妻)
徐薛氏(德堅妻)
徐馬氏(維韜妻)
徐楊氏(儒童鶴齡妻)
高唐氏(德均妻)
高李氏(闇齋妻)
高王氏(松妻)
高張氏(厚煌妻)
高唐氏(振遠妻)
夏吴氏(静生妻)
蔡郭氏(富先妻)
田郭氏(廷康妻)
田蕭氏(之祥妻)
田許氏(敦瑞妻)
田郭氏(允華妻)
田趙氏(敦順繼妻)
胡殷氏(依瑶妻)
胡馮氏(益齋妻)

---

① 按:此處兩“李趙氏”,皆“監生隆勛妻”,疑有誤。

周季氏(匯川妻)
周湯氏(長發妻)
周李氏(忠義妻)
周吴氏(德松妻,十九歲守節)
周趙氏(武生占魁妻)
吴王氏(洪謹妻)
吴殷氏(職員懋鴻妻)
吴顧氏(職員肯之妻)
吴趙氏(儒童鳳鳴妻)
吴蔡氏(天順妻)
吴趙氏(慶曾妻)
吴胡氏(華勛妻)
吴陳氏(缺名,行一繼妻,二十歲守節)
吴黄氏(學熙妻)
吴道氏(一林妻)
吴倪氏(聖壽妻)
吴劉氏(景曾妻)
吴王氏(監生庭楨妻)
吴張氏(汝庚妻)
吴張氏(和榮妻)
吴潘氏(紹同妻)
鄭嚴氏(仰籛妻,有傳)
范何氏(紹成妻)
祝曹氏(職員椿齡妻)
何吴氏(汝礪妻)
高張氏(厚和妻)

蔣胡氏(步亭妻)
蔣柳氏(兆慧妻)
蔣郎氏(維烜繼妻)
蔣顧氏(監生炘妻)
蔣蔡氏(溱妻)
沈汪氏(慶珍妻)
沈吕氏(静園妻)
沈陳氏(祥貞妻)
沈朱氏(恒福妻)
韓劉氏(堃妻)
韓趙氏(洪妻)
楊張氏(士忠妻)
楊張氏(大椿妻,十八歲守節)
楊張氏(洪業妻)

朱陸氏(歲貢生汝銜妻)
朱吴氏(鴻瀾妻)
朱林氏(佳福妻)
朱田氏(育蘇妻)
朱顧氏(育薪妻)
朱馬氏(育鵬妻)
朱宗氏(協玢妻)
朱趙氏(協庠妻)
朱吴氏(熙兆妻)
朱張氏(汝富妻)
朱尤氏(汝巧妻)
朱趙氏(汝賡妻)
朱顧氏(汝昇妻)
朱惲氏(用廷妻)
朱嚴氏(道輔妻)
朱劉氏(道廣妻)
朱仲氏(銘源妻)
朱周氏(素兆妻)
朱張氏(汝庚妻)
朱趙氏(正錫妻)
朱程氏(敦五妻)
朱王氏(汝德妻)
朱工氏(正朝妻)
尤巫氏(恒熏妻)
許沈氏(承觀妻)
許何氏(步卿妻)
許顔氏(殿元妻)
許趙氏(裕松妻)
許吴氏(克寬妻)
何管氏(楚金妻)
何魯氏(廷鏞妻)
何魏氏(孟弼妻)
何楊氏(監生潤亭妻)
何張氏(職員汝楫繼妻)
吕陶氏(廣仁妻)
吕張氏(義豐繼妻)
施王氏(仁焕妻)

鄒蔡氏(興基妻)
鄒王氏(增懋妻)
章杜氏(春池妻)
章嚴氏(金妻)
潘張氏(職員静齋妻)
葛陳氏(德源妻)
葛胡氏(金台妻)
奚黄氏(道愷妻)
范方氏(仁存妻)
韋莊氏(修五妻)
馬陳氏(又新妻,年二十守節)
馬朱氏(長齡妻,十七歲守節)
馬張氏(武生六品藍翎長春妻)
馬葛氏(耀文妻)
方錢氏(錦泰妻)
方顔氏(心一繼妻)
袁姚氏(鑑側室)
袁王氏(棠生妻)
袁李氏(杏妻)
袁解氏(振春妻)
史丁氏(桂林妻)
史湯氏(永耀妻)
史戴氏(元龍繼妻)
史姜氏(家興妻)
史戴氏(永隆妻)
史李氏(家恭妻)
唐鄒氏(秀章妻)
唐趙氏(紹舉妻)
薛陳氏(長庚妻)
薛耿氏(榦妻)
賀何氏(大成妻)
殷趙氏(鳳章妻)
殷孫氏(祥珍妻)
殷張氏(職員元梓妻,十七歲守節)
繆殷氏(道滿妻)
畢高氏(職員正桐妻)
卞鄭氏(樹森妻)
康劉氏(宣妻)
余汪氏(耀先妻)
余吉氏(錦坤妻)
黄張氏(士湘妻)

霍趙氏(順江妻)
虞劉氏(職員光祖妻)
萬楊氏(習洵妻)
盧宋氏(全吉妻)
盧孫氏(監生建臣妻)
盧陳氏(啓巽妻)
盧朱氏(文鵬妻)
繆華氏(家隆妻)
丁鄒氏(立言妻)
丁貢氏(監生立源妻)
丁鄒氏(蘭如妻)
包陳氏(前四川永寧道良丞妾。子國洵,廪貢生)
包丁氏(前四川永寧道良丞妾)
包吴氏(議叙知州晉培妻。子鳳章,鄉舉)
崔程氏(元銘妻)
程黄氏(海門妻)
程蔣氏(監生廷松妻)
程李氏(耀亭妻)
焦蕭氏(永年妻)
焦盛氏(廣源妻)
厲潘氏(世焕妻)
劉戴氏(德萬妻)
劉王氏(監生傳霖妻)
劉虞氏(職員吉雲妻)
劉王氏(金龍妻)
劉周氏(德周妻)
劉姜氏(傳儒妻)
劉張氏(世謨妻)
劉徐氏(傳沛妻)
劉謝氏(儒童國琮妻)
劉蔣氏(雲閣妻)
劉王氏(長齡妻)
劉姜氏(家福妻)
劉丁氏(儒童德一妻)
劉王氏(順鶴妻)
劉閻氏(儒童德九妻,二十歲守節)

			黃王氏（大元妻） 穆錢氏（增麟妻） 尹馬氏（監生長福繼妻） 尹王氏（賢順妻） 姚朱氏（成喜妻） 邵趙氏（維禮妻） 汪喬氏（厚貽妻） 汪朱氏（成之妻） 汪李氏（熙和妻） 汪王氏（文生焜妻） 毛沈氏（錫五妻） 談楊氏（春洋妻） 談楊氏（盛信妻）	白蕭氏（漢川妻） 喬謝氏（士宜妻） 譚蔣氏（祺妻） 莊尹氏（忠椿妻） 莊尹氏（鍾椿妻） 莊蔣氏（霞起妻） 莊鄔氏（懋曾妻，十七歲守節） 耿顧氏（壽全妻，年十八守節） 滿楊氏（承宣妻） 冷張氏（席恩妻） 眭李氏（紹彌妻） 眭張氏（紹仁妻） 道何氏（監生傳書妻） 法王氏（舉人石台側室） 裔左氏（餘耕妻）

以上各氏均於光緒五年彙題

國朝貞女表（凡女之以孝烈見者，各有本條，此不具録。凡貞女見舊志者，皆於各氏下注明。其續纂者，旌在道光三十年以前，皆見《節孝祠譜》；旌在咸豐以後，俱繫新采氏下，不復再注）

趙氏女（許嫁夏氏子） 趙氏女（許嫁王葆桐） 趙氏女（許嫁戴錫恩。并光緒元年彙旌） 趙二姑（丹徒官莊人，許嫁夏氏子，光緒三年彙旌） 孫氏女（許嫁袁樹，有傳，乾隆五十二年旌） 孫氏女（許嫁錢君和。二俱見《嘉慶志》，并道光十一年彙旌） 孫氏女（許嫁張公時，道光三十年彙旌）	馮氏女（許嫁凌方佩，見《嘉慶志》，道光十一年彙旌） 馮氏女（許嫁吴士壽，光緒三年彙旌。"士"，一報作"仕"） 陳氏女（許嫁李鐵，乾隆三十八年旌） 陳氏女（許嫁倪世德，嘉慶元年旌。二俱見《嘉慶志》） 陳氏女（許嫁劉瑞） 陳氏女（許嫁曹遇。并道光三十年彙旌） 陳氏女（許嫁楊朝貴）	張氏女（同知張宏章女，許嫁許朝柱之子，有傳，見《嘉慶志》） 張氏女（許嫁鄭懷遠） 張氏女（許嫁朱從先。并道光十一年彙旌） 張氏女（許嫁李之權，道光二十五年旌） 張氏女（許嫁楊培烺，有傳） 張氏女（許嫁金本。并道光三十年彙旌，同治十年重見） 曹氏女（許嫁儒童吴子嶠，同治三年旌）	余氏女（許嫁某氏子。《嘉慶志》） 余氏女（許嫁楊廷昇。并道光十一年彙旌） 顧氏女（許嫁道文福，道光三十年彙旌） 尹氏女（許嫁儒童張宗柟，有傳，乾隆五十年旌） 尹淑媛（許嫁卜氏子，有傳，道光十一年彙旌。二俱見《嘉慶志》） 尹氏女（許嫁監生朱式寬，光緒三年彙旌） 姚氏女（許嫁唐家望，乾隆五年旌。《嘉慶志》）	胡氏女（許嫁高國正，嘉慶二十一年旌） 胡氏女（許嫁趙士理，有傳，道光三十年彙旌） 胡氏女（許嫁臧祥德，光緒三年彙旌） 凌氏女（許嫁郁衍忠，道光十一年彙旌） 左氏女（許嫁吴芬圃，道光三十年彙旌） 程氏女（許嫁張金蘭，乾隆六十年旌。《嘉慶志》） 程二姑（父字冠山。姑許嫁陳氏子，道光十一年彙旌）

李氏女（許嫁朱世慶，有傳，雍正五年旌）
周氏女（許嫁錢之炎，有傳，乾隆九年旌）
周氏女（許嫁戴學振，道光十一年彙旌。以上三氏并見《嘉慶志》）
周氏女（許嫁儒童楊堃，道光二十七年旌）
周氏女（許嫁戴子秋，光緒元年彙旌）
吴冰玉（許嫁凌漣，有傳，乾隆三十八年旌）
吴遜玉（許嫁莊氏子）
吴氏女（許嫁莊秉鑰）
吴氏女（許嫁管汝爲。并道光十一年彙旌。以上四氏俱見《嘉慶志》）
吴氏女（許嫁林氏子，嘉慶朝旌）
吴氏女（許嫁李雲章，道光十一年彙旌）
吴氏女（許嫁李承祥，光緒三年彙旌）
王氏女（許嫁顧維梓，有傳，乾隆七年旌）
王氏女（許嫁金壇庠生于稼五，乾隆三十三年旌）
王氏女（許嫁凌樞，有傳，嘉慶二十五年旌）
王氏女（許嫁金接。以上四氏俱見《嘉慶志》）
陳氏女（許嫁梅正財）
陳氏女（許嫁趙志興。并光緒元年彙旌）
蔣氏女（許嫁監生徐沂，有傳，乾隆四年旌）
蔣氏女（許嫁盛世恒，有傳，嘉慶七年旌）
蔣氏女（許嫁監生茅元鑑。“鑑”，《譜》作“錡”。嘉慶十六年旌。按：氏嗣子枝，鄉舉。孫本泉，鄉舉。孫、曾亦多列膠庠。三俱見《嘉慶志》）
蔣十二姑（蔣家門人，許嫁丹徒鎮某氏子）
蔣氏女（許繼滕以滿。并光緒二年彙旌）
楊　詩（許嫁吴發林，見《嘉慶志》，道光十一年彙旌）
楊氏女（許嫁趙國炳，有傳，嘉慶二十二年旌）
楊氏女（許嫁吴通玉）
楊氏女（許嫁孔繼彩，光緒元年重見）
楊氏女（許嫁花階。并道光十一年彙旌）
楊氏女（許嫁趙載高。“楊”，一作“陽”，疑誤。同治十年彙旌）
朱氏女（許嫁張乃異，有傳，雍正八年旌。“異”，《譜》作“翼”）
曹氏女（許嫁儒童吴紹裘，同治十年彙旌）
嚴氏女（許嫁蔡寅，道光三十年彙旌）
嚴氏女（許嫁蔡元，同治十年彙旌）
奚氏女（許嫁孫志遂，有傳，乾隆五十年旌。《嘉慶志》）
魯氏女（許嫁陳澤民，光緒元年彙旌）
馬氏女（許嫁吴志廣，嘉慶十七年旌）
馬氏女（許嫁史學純，道光三十年彙旌）
馬氏女（父馬明金，許嫁陶懷斌，同治十三年彙旌）
馬氏女（許嫁史學韶，光緒元年彙旌）
袁氏女（許嫁洪世愛，道光三十年彙旌）
史氏女（許嫁陳圖，道光十一年彙旌）
唐氏女（許嫁周氏子，嘉慶朝旌）
滕氏女（許嫁吴正熙，有傳，乾隆五十九年旌。按《祠譜》，正熙，字洽和。志復出洽和，誤）
畢氏女（許嫁團鴻進，乾隆三年旌。二并見《嘉慶志》。《譜》作“雍正元年旌”）
姚氏女（許嫁蔣氏子，道光十一年彙旌）
姚氏女（許嫁王崇見，道光三十年彙旌）
汪氏女（許嫁程國賢，見《嘉慶志》，道光十一年彙旌）
汪氏女（許嫁周宏玉，光緒元年彙旌）
戴二姑（許嫁張受培，有傳，見《嘉慶志》，嘉慶二十二年旌）
戴氏女（許嫁劉幹廷，光緒元年彙旌。按：是年又有戴氏女，許嫁劉徵臣。蓋名字兩報也。“幹”，一報作“淦”）
茅氏女（許嫁李湜，嘉慶六年旌。按：《祠譜》，湜，字碧溪）
茅氏女（許嫁徐清益）
茅氏女（許嫁某氏子。并道光十一年彙旌，三俱見《嘉慶志》）
閔氏女（許嫁笪梧）
江氏女（許嫁史有元。并嘉慶十八年旌）
郭氏女（許嫁儒童王名增。嗣子玉鋼，庠生）
徐氏女（許嫁吴印。二俱《嘉慶志》①，并嘉慶二十四年旌）
陸氏女（許嫁職員朱正義，光緒元年彙旌）
武氏女（許繼庠生劉國元，撫前妻子樹勳入泮，同治二年旌）
劉氏女（許嫁張聖傳，道光元年旌）
貢氏女（許嫁儒童陳基，有傳，乾隆四十五年旌。《嘉慶志》）
莊氏女（許嫁張恩霖，有傳，光緒元年彙旌。或作“戴氏”，疑誤）
聶氏女（許嫁管荆樹，有傳，見《嘉慶志》，道光十一年彙旌）
聶氏女（許嫁張愷，道光三十年彙旌）
冷含芳（許嫁臧子明，見《嘉慶志》，道光十一年彙旌）
冷氏女（許嫁陳良浩，同治十三年彙旌）
冷氏女（許嫁職員陳曉山，光緒三年彙旌）
曾氏女（許嫁洪世英，道光三十年彙旌）
蓋氏女（許嫁周以成，有傳，道光二十五年旌）
裔氏女（許嫁馬長旭，道光十一年彙旌）

① 按：“二俱《嘉慶志》”，“二俱”後疑脱“見”字。

王氏女（許嫁殷曰德。并道光十一年旌） 王氏女（許嫁張儁恒） 王德英（許嫁黄治焘。并道光三十年彙旌。"治"，一作"志"） 王氏女（許嫁吴文棨） 王氏女（許嫁袁泰昇，截指矢貞） 王氏女（許嫁徐嘉肯） 王氏女（許嫁儒童莊桂。并同治十年彙旌） 王氏女（許嫁儒童袁星階，同治十三年彙旌） 王三姑（許嫁郭汝濟。補傳） 王氏女（許嫁曹秉義） 王氏女（許嫁紀大章） 王氏女（許嫁許之高。并光緒元年彙旌） 王氏女（許嫁李湜，光緒三年彙旌）	朱氏女（許嫁高輝，乾隆六十年旌） 朱氏女（許嫁王紹依，二十二歲守貞，嘉慶十三年旌） 朱氏女（許嫁高輝祖，嘉慶朝旌） 朱瑞英（許嫁趙氏子，道光十一年彙旌。五俱見《嘉慶志》） 朱氏女（許嫁黄治彬，道光二十五年旌） 朱氏女（許嫁張元肅，同治十三年彙旌） 朱氏女（許嫁王紹儀，二十六歲守貞。"儀"，一作"依"。光緒三年彙旌） 秦氏女（許嫁朱壽仁，光緒元年彙旌） 尤氏女（許嫁戎氏子，道光十一年彙旌）	畢氏女（許嫁張志順，道光三十年彙旌） 畢氏女（許嫁張巽含，光緒元年彙旌） 鄔玉潔（許嫁孫枝傑，乾隆五年旌。《嘉慶志》） 鄔氏女（許嫁冷景秀，道光三十年彙旌） 康氏女（許嫁周承慶，同治十年彙旌）	徐氏女（許嫁何璠，道光十一年彙旌） 徐氏女（許嫁楊洪緒，道光三十年彙旌） 徐氏女（許嫁錢士貴） 徐氏女（許嫁曹殿元。并光緒元年彙旌） 邱氏女（許嫁庠生龔雄，有傳，雍正五年旌。《嘉慶志》） 邱氏女（許嫁王召南，道光十一年彙旌） 高氏女（許嫁嚴清恪，嘉慶十八年旌） 高氏女（許嫁管裔） 夏氏女（許嫁梁元焜） 夏氏女（許嫁崔敦五。并道光十一年彙旌。四俱見《嘉慶志》）	

續纂

趙氏女（許嫁朱肇琛） 王氏女（許嫁趙慶善） 潘氏女（許嫁某氏，父恒泰）	楊氏女（許嫁趙在高） 白氏女（許嫁王姓，有傳）	許大姑（許嫁儒童施世華） 張四姑（字聞雲，職員潤生女，稼村侍御胞侄女，守貞養母）	陶氏女（許嫁沈姓，父世安）	畢氏女（許嫁楊學道）

以上九氏均於光緒五年彙題

丹徒縣志卷四十四終

丹徒縣志卷四十五

人物二十三　方外一　緇流

方外叙

江山靈秀，代有异人。二氏之教，行修真見性之徒，皆間氣也。佛氏書，精博之説，微緲汪洋；道家書，若魏伯陽、張端伯①，亦時時述之。今綜緇侶道流係於篇末。志方外。

晋

法安法師，義熙中，潤州山多虎，刺史王恭令鄉社立廟禳灾，終不息。恭聞東林遠公高弟法安有戒德，延入山。一夕，獨坐山麓古樹下，通夜禪誦。及曉，群虎跳躍來左右，爲説法授戒，虎踞伏不敢動，頃皆散去，虎患遂息。恭因建寺奉安像，安指其地曰："此處代有异人居此説法。"相傳鶴林有銀杏樹，大數十圍，即安伏虎處也。明萬曆中②，樹伐於土人潘氏。(《康熙志》)

梁

寶誌公，金城人，姓朱，少出家。宋泰始初，事多僻异，居處、飲食無常度，執錫杖，跣行街市。齊建元中，更多神奇，所言無不驗，士民敬禮之。武帝怒其惑衆，收繫獄，忽景陽山更見寶誌同七僧，分三處應食，因召侍，頗敬事之。祈雨立降，食魚魚忽活。已而，奏帝撰《水陸儀文》。天監中，詔誌同佑律師於金山大會，事載《唐書》《神僧傳》。(《康熙志》)

僧佑律師，姓俞，世居建業。生數歲，入建初寺，瞻禮踴躍，不肯還家。深精律部，武帝及臨川王知佑年老，有足疾，輿入大内，爲六宫請受戒。天監四年，奏召來金山證明《水陸儀文》，所徵祥瑞極盛十餘年。年七十六而化，有律學諸部行世。(《康熙志》)

唐

終南道宣律師，丹徒人，姓錢氏，其先出自廣陵太守讓之後。考諱申，陳吏部尚書。母妊，夢月貫其懷，復夢梵僧語云："汝所妊者即梁佑律師也。"(《高僧傳》)既弱冠，

---

① 按：張端伯，當即张伯端，宋台州天台人，一名用成，字平叔，號紫陽。相傳神宗熙寧中游蜀，遇异人傳授丹法。嘗著《悟真篇》，授河東馬處厚。元豐中卒，年九十九。

② 按："明萬曆中"：明釋明賢《鶴林寺志·紀异》："至萬曆五年，廢於土人潘姓者。"

專精釋典，感舍利現於寶函，乃晦迹終南仿掌之谷。所居之水①，神人指之，穿地尺餘，其泉迸涌，時號爲白泉寺。猛獸馴伏，多生名花奇草。隋末遷豐德寺，嘗因獨坐，護法神告曰："彼清官村，故净業寺地，可習成大道。"宣定時，有群龍禮謁，若男若女，化爲人形。沙彌散心，顧盼邪視。龍赫然發怒，將搏攫之，尋追悔，吐毒井中，具陳而去。宣乃令封閉，人或潛開，往往烟上，審其神變。或送异花一奩，形似棗花，大如榆莢，香氣馝馞，數載宛然。又供奇果李杏梨柰②，然其味甘，其色潔，非人間所遇也。貞觀中，隱沁部雲室山，人睹天童給侍左右。於西明寺夜行，足跌，有物扶持，履空無害。因顧視之，乃少年也。宣問何人，少年曰："某即毗沙天王之子那吒也，擁護和尚，侍久矣。"後安坐而化，乾封二年十月二日也③。(《康熙志》)

牛頭慧忠禪師，潤州人，姓王氏。(《五燈會元》)年二十三，受業於莊嚴寺。聞威禪師感悟微旨，遂給侍左右。後辭，詣諸方巡禮。威於具戒院見凌霄藤遇夏萎悴，人欲伐之，因謂之曰："勿剪，慧忠還時，此藤更生。"及回，果如其言。即以山門付囑訖，出居延祚寺。平生一衲不易，器用惟一鐺。嘗有供僧穀兩廩，盗者窺伺，虎爲之守。縣令張遜者，至山頂謁問："有何徒弟？"慧忠曰："有三五人。"遜曰："如何得見？"慧忠敲禪床，有三虎哮吼出，遜驚怖而退。後入城，居莊嚴舊寺，欲於殿東别創法堂。先有古木，群鵲巢其上，工人將伐之，慧忠謂鵲曰："此地建堂，汝等何不速去？"言訖，群鵲乃遷巢他樹。初築基，有二神人定其四角，復潛資夜役，遂不日而就。由是四方學徒雲集，得法者三十四人。大曆三年，石室前挂鐺樹、挂衣藤忽盛夏枯死。四年六月十五日，命侍者净髮浴身。至夜，有瑞雲覆其精舍，空中復聞天樂聲。詰旦，怡然坐化。時風雨暴作，震折林木，復有白虹貫於岩壑。五年春荼毗，獲舍利不可勝計。(《康熙志》)

焦山神邕法師，爲天台宗左溪下第二世，字道恭，晉太尉蔡謨之後，世居越之諸暨。在襁褓中聞唱經聲，必凝神静聽。年十三入道④，依法華俊師。開元二十六年，奉敕得度，從儼師學《四分律》。儼曰："此子必爲學者司南。"既而去依左溪，學《止觀》《法華玄義》。五夏敷衍，聽者悦服。天寶中，游長安，居安國寺，公卿問道，結轍而至。適安史繼亂，振錫東歸。自至德訖大曆，頻受衆請，登壇受戒，自丹陽以南金華以北，稱爲教授師。建伽藍於焦山，賜額。大曆初，中岳道士吴筠造論毁佛，觀察使陳少游請决之，遂著《翻邪論》三卷。弟子智昂、靈澈、進明、慧照等依學有年，咸明禪慧，爲當時聞人焉。(《佛祖統紀》)

鶴林元素禪師，延陵人也，姓馬氏。晚參金陵牛頭山智威禪師，遂悟性宗（四祖旁出）。於大曆年居鶴林寺。一日，有屠者禮謁，願就所居辦供，師欣然而往，衆皆見訝，師曰："佛性平等，賢愚一致。但可度者，吾即度之，復何差别之有？"僧問："如何是

① 按："所居之水"，贊寧《宋高僧傳》卷十四《道宣傳》作"所居乏水"，當是，應改。
② 按："李杏梨柰"，《宋高僧傳》卷十四《道宣傳》作"季孟梨柰"。
③ 按："乾封二年十月二日"，《宋高僧傳》卷十四《道宣傳》作"乾封二月十月三日"。
④ 按："年十三入道"，《宋高僧傳》卷十七《神邕傳》："年十二辭親學道，請業於法華寺俊師。"

西來意？”師曰：“會即不會，疑即不疑。”有僧叩門，師問：“是甚麽人？”曰：“是僧。”師曰：“非但是僧，佛來也不著。”曰：“爲甚麽不著？”師曰：“無汝栖泊處。”（《五燈會元》）

徑山道欽禪師，蘇州崑山人，姓朱氏。初服膺儒教，年二十八，遇素禪師，謂之曰：“觀子神氣温粹，真法寶也。”師感悟，求爲弟子。素躬與落髮，戒之曰：“乘流而行，遇徑則止。”（《五燈會元》）師剃度於鶴林寺，後爲徑山第一代祖。（《康熙志》）

金山靈坦禪師，太原之文水人，姓武，則天太后族孫①也。母夏侯氏，初妊坦，夢神僧授以寶鑒，光瑩然，曰：“以此寄汝，善保護之。”成童，博通三教諸書。長爲僧。大曆間，來潤州之金山。山北有龍穴，吐毒氣如雲，近者即病或死，坦居其中，毒雲輒滅。（《康熙志》）參洛陽荷澤寺神會禪師，又止潤州江中金山寺。（《高僧傳》）

裴頭陀，生而胎素，穎异不群，唐河東裴相國休之子也。休作文送其出家，行頭陀行，精煉形神，清齋一食。來潤之金山，重興山寺。北岩有蟒，頭陀入洞禪觀，蟒遂去，得金數鎰，助修建寺，寺成竟莫知所之。宋相張商英詩：“半間石室安禪地，蓋代功名不易磨。白蟒化龍歸海去，岩中留得老頭陀。”（《康熙志》）頭陀於江際得金數鎰，李錡鎮潤州，以表聞。（《九域志》）

夾山善會禪師，廣州廖氏子。幼歲出家，依年受戒，聽習經論，該練三學。出住潤州鶴林，因道吾勸發，往見船子，由是師資道契，微眹不留。恭禀遺命，遁世忘機。尋以學者交湊，廬室星布，曉夕參依。咸通庚寅，海衆卜於夾山，遂成院宇。僧問：“如何是夾山境？”師曰：“猿抱子歸青嶂裏，鳥銜花落碧岩前。”後來法眼云：“我二十年只作境話會。”中和元年十一月七日，召主事曰：“吾與衆僧話道累歲，佛法深旨，各應自知。幻質時盡即去②，汝等善爲保護，如吾在日。勿得雷同世俗，輒生惆悵。”言訖奄然而逝。塔於本山，謚傳明大師。（《五燈會元》）

五州③翠巖令參永明禪師，安吉州人也。僧問：“不借三寸，請師道。”師曰：“茶堂裏貶剥去。”開④：“國師三唤侍者，意旨如何？”師曰：“抑逼人作麽？”上堂：“一夏與兄弟東語西話，看翠巖眉毛在麽？”（長慶云：“生也。”雲門云：“關。”保福云：“作賊人心虚。”翠巖芝云：“爲衆竭力，禍出私門。”）問：“凡有言句，盡是點污。如何是向上事？”師曰：“凡有言句，盡是點污。”問：“何如是省要處？”師曰：“大衆笑汝。”問：“還丹一粒，點鐵成金。至理一言，轉凡成聖。學人上來，請師一點。”師曰：“不點。”曰：“爲甚麽不點？”師曰：“恐汝落凡聖。”曰：“乞師至理。”師曰：“侍者點茶來。”問：“古人拈槌竪拂，意旨如何？”師曰：“邪法難扶。”問：“僧繇爲甚寫誌公真不得？”師曰：“作麽生合殺。”問：“險惡道中，以何爲津梁？”師曰：“藥山再三叮囑。”問：

---

① 按：“族孫”，《宋高僧傳》卷十《靈坦傳》作“侄孫”。
② 按：《五燈會元》卷五“夾山善會禪師”條：“吾今幻質，時盡即去。”
③ 按：“五州”，明瞿汝稷《指月録》卷十九作“明州”。
④ 按：“開”，《五燈會元》卷七“翠巖令參禪師”條作“問”，當是，此處當改爲“問”。

“不帶凡聖，當機何示?”師曰：“莫向人道翠巖靈利。”問：“妙機言句，盡皆不當。宗乘中事如何?”師曰：“禮拜著。”曰：“學人不會。”師曰：“出家行脚，禮拜也不會。”師後遷龍册而終焉。(《指月録》)

焦山智昂禪師。

焦山靈澈禪師。

焦山進明禪師。

焦山慧照禪師。(《嘉慶志》曰：以上并見《佛祖統紀》，不詳事迹。)

《嘉慶志》曰：三代而降，釋家人物，照耀古今。吾邑江山秀氣，蔚爲偉人。金焦江海之交，南山靈奥之窟，高僧之所誕毓，道侣之所游盤。或清修梵行，或提唱宗風，其遐迹逸轍，他邑莫及。今分“緇流”“道流”爲二册，廣加搜輯，非真有得於宗旨者不録。至詩僧，亦載籍所不遺，附於歷代之後，用助博聞。按：《嘉慶志》所論良是，今從之。其緇道兩家，又或有以書畫琴學及醫卜聞者，分載“書畫”“方技”。

惟良，性冥悟，善通文，文人學士多與之交。劉禹錫《送惟良上人詩序》有曰：唐繼天[①]，德如黄帝，有外臣一行，亦聖之徒與。刊曆考元，書成化去。繼是丹徒惟良，生而能之[②]，非自外求。以乾坤之策，當十期之數。凝神運指，上感躔次。絶機泯智，獨以神會。數起於復之初九，音生於黄鐘之宫。積微本隱，與元化合[③]。李端、盧綸俱有《送惟良南歸詩》，見《潤州類集》。(《康熙志》。《嘉慶志》曰：惟良乃精於推步之學者。《遺教經》云：持浄戒者，占相吉凶，仰觀星辰，推步盈虚，曆算皆所不應。然則惟良推步雖工，其不得與高僧同傳明矣。然志乘所載僅一郡一邑之事，道釋爲人物傳中一門，既次以朝代，似難更爲區别，故惟良亦附唐代之後。至自省、亞齊輩，僅見於詩人吟咏中，大抵皆詩僧之類，亦附於歷代之後云。)

自省，李德裕有《懷甘露寺自省上人》詩云：“心悟覺身勞，雲中弃寶刀。久閑生髀肉，多壽長眉毫。”蓋自省嘗有戰功。[④] (《康熙志》)

亞齊，翁承贊有《劍浦送亞齊歸潤州》詩云：“一軸新詩劍潭北，十年舊識華山西。吟魂惜向江村老，空性元知世路迷。”(《康熙志》)

石冰，顧況有《送鶴林上人石冰》詩，見《潤州類集》。(《康熙志》)

日曜，僧皎然有《送日曜上人還潤州》詩。(同上)

默師[⑤]，羅隱有《錢塘遇默師憶潤州舊游》詩曰：“自吾識默師，倏忽綿歲時。平生負才氣，不肯空披緇。歌敲玉唾壺，俊擊珊瑚枝。石羊妙喜寺，甘露平泉碑。剔苔想豪

① 按：“唐繼天”，劉禹錫《劉賓客文集》卷二十九《送惟良上人并引》作“惟唐繼天”。

② 按：“繼是丹徒惟良”二句，《劉賓客文集》卷二十九《送惟良上人并引》作“今丹徒人惟良，生而能知”。

③ 按：“與元化合”，《劉賓客文集》卷二十九《送惟良上人并引》作“言與化合。”

④ 按：所引詩當是许渾詩，題爲《歲首懷甘露寺自省上人》，題下注云：“上人嘗有戰功。”

⑤ 按：羅隱有《寄處默師》，陶敏《全唐詩人名彙考》認爲“默師”即“處默”，當是。

杰，剥蘚看文詞。歸來北固山，水檻光參差。”（《康熙志》）

棲松、子祥二上人，李建勳各有詩贈之，見《潤州類集》。（《康熙志》）

宋

金山瑞新禪師，嗣福昌善法。僧問：“吾有大患，爲吾有身。父母未生，未審此身在甚麽處？”師曰：“曠大劫來無處所，若論生滅盡成非。”曰：“恁麽則周遍十方心不在一切處？”師曰：“泥裏撼樁①。”上堂：“世間所貴者，和氏之璧、隋侯之珠，金山唤作驢屎馬糞。出世間所貴者，真如解脱、菩提涅槃，金山唤作屎沸碗鳴。且道恁麽説話，落在甚麽處？故不是取舍心重，信邪倒見。諸人要知麽？猛虎不顧几上肉，烘爐豈鑄囊中錐？”（《五燈會元》）

夾山惟俊禪師，福昌善禪師法嗣。夾山遵禪師，惟俊法嗣。（《五燈會元》俱不列章次。）

金山曇穎達觀禪師，參谷隱聰，得明深旨，恍如夢覺，遂嘆曰：“纔涉唇吻，便落意思。盡是死門，終非活路。”過京師，寓止駙馬都尉李端愿之園。李公問曰：“人死，識歸何處？”師曰：“未知生，焉知死？”李曰：“生則端愿已知。”師曰：“生從何來？”李擬對，師揕其胸曰：“只在這裏，思量個甚麽。”李公曰：“會也，只知貪程，不覺蹉路。”師托開曰：“百年一夢。”後住金山，上堂：“山僧平生意好相撲，衹是無人答對②。今日且看首座答對③。”捲起袈裟，下座索首座相撲。座纔出，師曰：“平地上吃交。”便歸方丈。嘉祐四年除夕，遣侍者馳書，别揚州刁景純學士曰：“明旦當行，不暇相見，厚自愛。”景純開書大驚曰：“當奈何。”復書决别而已。中夜候吏報：“揚州馳書，船將及岸。”師欣然，遣撾鼓升座，叙出世本末，謝裨贊叢林者，勸修勿怠。下座，讀刁書畢。大衆擁步上方丈，師跏趺，揮令各遠立，良久乃化，五年元日也。（《指月録》）

普慈院崇珍禪師，金山曇穎法嗣。僧問：“如何是普慈境？”師曰：“出門便見鶴山④。”曰：“如何是境中人？”師曰：“入門便見珍長老。”（《五燈會元》）

金山懷賢圓通禪師，僧問：“師揚宗旨，得法何人？”師拈起拂子。僧曰：“鐵瓮城頭曾印證，碧溪崖裏祖燈輝。”師拂一拂，曰：“聽事不真，唤鐘作瓮。”（曇穎嗣法懷賢，見《五燈會元》。）

金山了元佛印禪師，幼稱神童，長慕空宗，遂剃染。謁開先得法。蘇子瞻與師善，師居金山寺時，蘇以書抵師，期相過晤言，且曰：“不必出山，當如趙州上等接人。”師

---

① 按：“泥裏撼樁”，《五燈會元》卷十五“金山瑞新禪師”條作“倪裏撼樁”。

② 按：“答對”，《五燈會元》卷十二“金山曇穎禪師”條、《指月録》卷二十四、《嘉慶丹徒縣志》卷三十一《緇流》皆作“搭對”。

③ 按：“今日且看首座答對”，《五燈會元》卷十二“金山曇穎禪師”條、《指月録》卷二十四、《嘉慶丹徒縣志》卷三十一《緇流》皆作“今日且共首座搭對”。

④ 按：“鶴山”，《五燈會元》卷十二“普慈崇珍禪師”條作“鶴林山”。

得書徑來，蘇迎笑問之。師答以偈曰："趙州當日少謙光，不出三門見趙王。争似金山無量相，大千都是一繩床。"蘇拊掌稱善。師入室次，蘇適至，師曰："此間無坐處。"蘇曰："暫借佛印四大爲座。"師曰："山僧有一問，學士道得即請坐，道不得即輸玉帶。"蘇欣然請問。師曰："四大本空，五蘊非有。居士向甚麽處坐?"蘇遂施帶，師答以一衲，蘇述偈曰："病骨難將玉帶圍，鈍根仍落箭鋒機。欲教乞食歌姬院，且與雲山舊衲衣。"李公麟爲師寫照，師令作笑容，自爲贊曰："李公天上石麒麟，傳得雲居道者真。不爲拈花明大事，等閑開口笑何人。泥牛漫向風前嗅，枯木無端雪裏春。對現堂堂俱不識，太平時代自由身。"元符元年正月四日，與客語，有會其心，軒渠一笑而化。(《指月録》)

甘露德禺禪師，法雲秀法嗣。(《五燈會元》不列章次)

金山善寧法印禪師，慧林本法嗣。上堂，顧視大衆曰："古人道：在眼曰見，在耳曰聞，在鼻嗅香，在舌談論，在身覺觸，在意攀緣。雖然如是，祇見錐頭利，不見鑿頭方。若是金山即不然，有眼覷不見，有耳聽不聞，有鼻不知香，有舌不談論，有身不覺觸，有意絶攀緣。一念相應，六根解脱。敢問諸禪德，且道與前來是同是别?莫有具眼底衲僧，出來通個消息。若無，復爲諸人重重注破。放開則私通車馬，捏聚則毫末不存。若是飽戰作家，一任是非貶剥。"(《五燈會元》)

甘露仲宣禪師、金山法慧禪師，俱慧林本法嗣。(《五燈會元》不列章次)

甘露達珠禪師，福州人。上堂："聖賢不分，古今惟一。可謂火就燥，水流濕。鑿井而飲，耕田而食。大衆，東村王老去不歸，紛紛黄葉空狼籍。"(《五燈會元》)

金山了心禪師，上堂："佛之一字孰云無，木馬泥牛滿道塗。倚遍欄干春色晚，海風吹斷碧珊瑚。""還有同聲相應，同氣相求者①?百鳥不來樓閣閉，祇聞夜雨滴芭蕉。"(《五燈會元》)

金山圓悟禪師，諱克勤，彭州崇寧縣駱氏儒家子。犀顱月面，骨相不凡。從師受書，日記千言，他生不敢齒。一日，游妙寂院，顧見佛書，讀之三復，悵然如獲舊物，曰："吾殆過去沙門也。"始弃家，祝髮爲浮圖氏。當是時，成都名僧文照公爲衆講説作佛事，執經立座下率常數百人。師往從之，晝誦夜思，遂通其學，爲高弟。又從敏行公講授《楞嚴經論》。或②得病瀕死，師嘆曰："朝聞道，夕死可矣！諸物③涅槃正路不在句文中，欲以聲求而色見，如一釜羹投鼠矢污之。吾知其無死也。"遂弃去，學禪於真覺勝公。勝公方創臂出血，指示師曰："此曹溪一滴也。"徑持一鉢，徒步出蜀，入山林，踐

---

① 按："同氣相求者"，《五燈會元》卷十六"金山了心禪師"條作"同氣相求者麽"。

② 按："或"，孫覿《鴻慶居士集》卷四十二《圓悟禪師傳》、《五燈會元》卷十九"昭覺克勤禪師"條作"俄"。

③ 按："諸物"，孫覿《鴻慶居士集》卷四十二《圓悟禪師傳》、《五燈會元》卷十九"昭覺克勤禪師"條皆作"諸佛"，當是。

荆棘，蒙犯霜雪，間關百罹，意所欲往，靡不至焉。者[①]見玉泉皓公、金鑾信公，又見大爲結公[②]、黄龍晦堂心公、廬山緫公。此五大比丘者，僧中龍也，見師皆以爲法器，而晦堂獨稱師曰："他日臨濟一派，當屬之子矣！"最後見演公於舒白雲，演訶之，師不顧，趨出去。抵吴中，已而復還，演迎笑曰："吾望子久矣！"會有部使者詣演作禮，問佛法大意，師從傍竊聽即大悟，立告演曰："今日去却胸中物，喪盡目前機也。"演曰："如是。"又從演於五祖，嘗伐一巨木，演固止之，師不聽，演怒，奮梃而起，師植立不動，演投所持梃，頷之而去。自是遇物，中無疑矣，衆推爲上首，學者宗焉。建炎初，宰相李公伯紀當國，奏師住金山龍游寺。車駕幸維揚，召詣行在，入對殿廬，賜號圓悟禪師。紹興五年八月己酉，得微疾，趺坐一榻，留偈示衆，投筆而逝。既荼毗，舌齒不壞，出舍利五色無數。壽七十三，臘五十五。明年三月，塔成，賜號靈照，謚真覺云。初在金山時，名賊趙萬據鎮江，擁數百卒，揉戰艦，乘風欲渡，會天反風，雲霧晦冥，連晝夜不得渡，乃止。比赴雲居，道長廬，而劇賊張遇奄至，盡一刹群摽無噍類，而師鉢囊獨無恙。又嘗斂上方賜物置一篋中，寓儀徵，師飭其徒往省之，答曰："儀徵連夕大火，餘燼尚燔，欲何求？"師笑曰："汝第往。"既至，而官寺民閭鞠爲瓦礫，惟一篋巋然，封識如新。（孫覿《圓悟禪師傳》）部使者解印還蜀，詣演問道，演曰："提刑少年曾讀小豔詩否？有兩句頗相近：'頻呼小玉元無事，衹要檀郎認得聲。'"提刑應："諾諾。"克勤適歸，侍立次，問曰："小豔詩提刑會否？"演曰："他衹認得聲。"克勤曰："'衹要檀郎認得聲'，他既認得聲，又何不是？"頃忽有省，遽出，見鷄飛上闌干，鼓翅而鳴，復自言曰："此豈不是聲？"遂袖香入室，呈一偈曰："金鴨香銷錦綉幃，笙歌叢裏醉扶歸。少年一段風流事，衹許佳人獨自知。"演曰："佛祖大事，非小根劣器所能造詣。"遍謂山中耆舊曰："我侍者參得禪也。"時堂上僧一十八人，皆大徹，因名大徹堂云。（《康熙志》）

焦山枯木法成禪師，崇德人，嗣法曹洞芙蓉楷。住東京净因，次住金山，移焦山，卒。（《傳燈録》）與照闡提俱嗣芙蓉楷，先後得法，未嘗相識。照在寶峰，名籍甚，成并不一通書，照因遣鵬侍者丐於江浙，自題其像曰："雨洗淡紅桃萼嫩，風摇淺碧柳絲輕。白雲影裏怪石露，緑水光中古木清。咦！你是何人？"成見，嘆曰："今日方知此人親見先師來！"鵬遂請益其贊，成曰："豈不見法眼拈夾山境話曰：'我二十年衹作境會。'"鵬忽有省。（《康熙志》）

焦山或庵師體禪師，姓羅氏，台州人，嗣法此庵元師。在天台，丞相錢公象先請主天封，即宵遁去。乾道中，訪瞎堂遠於虎丘，吴人請主報覺，師欣然從之，曰："先師教我逢老壽止，今信矣。"蓋報覺舊名老壽庵也。入院，侍郎曾公相就問。及公守潤，請主

---

① 按："者"，孫覿《鴻慶居士集》卷四十二《圓悟禪師傳》作"首"。從後文"又見"來看，當爲"首"。

② 按："大爲結公"，孫覿《鴻慶居士集》卷四十二《圓悟禪師傳》作"大潙喆公"；《五燈會元》卷十九"昭覺克勤禪師"條録爲"大潙喆"。當是，此處宜改。

焦山。淳熙己亥八月四日，示微疾，手書并硯一別公，逮中夜，書偈示衆曰：“鐵樹開花，雄鷄生卵。七十二年，摇籃繩斷。”擲筆而逝。（《指月録》）或庵師體禪師，參護國景元禪師得法（元乃圜悟勤法嗣）。上堂：“道生一，無角鐵牛眠少室；一生二，祖父開田說大義；二生三，梁間燕子語呢喃；三生萬物，男兒活計離窠窟。多處添，少處減，大蟲愛吃生人膽；有若無，實若虚，争掩驪龍明月珠。是則是，衹如焦山坐斷諸方舌頭一句，作麼生道？肚無偏癖病，不怕冷油鎚。”拍禪床，下座。室中常舉苕帚柄，問學者曰：“依稀苕帚柄，仿佛赤斑蛇。”衆皆下語不契。有僧請益，師示一頌曰：“依稀苕帚柄，仿佛赤斑蛇。棒下無生忍，臨機不識爺。”（《五燈會元》）

焦山慈受懷深禪師，姓夏氏，壽春人。師生時，室中光起如火，文殊堅禪師遥見。詰旦，知師生，往訪之，師見堅輒笑，父母許以出家。嗣法長蘆信，初住資福，後奉旨住焦山。（《五宗唱法録》）

夾山曉純禪師，嘗以木刻作一獸，師子頭，牛足馬身。每升堂時，持出示衆，令僧下語，莫有契者。師示衆曰：“軒昂師子首，牛足馬身材。三道如能入，玄門叠叠開。”上堂：“有個漢自從曠大劫，無住亦無依，上無片瓦蓋，頭下無寸土立足。且道十二時中，在甚處安身立命？若也知得，朝到西天，暮歸東土。”（《五燈會元》）

翠巖嗣元禪師，僧問：“如何是祖師西來意？”師曰：“現今買賣不曾賒①。”曰：“向上更有事也無？”師曰：“好不信人直。”（《五燈會元》）

别峰印禪師，嗣華藏民，湖州人，姓李。幼通六經，從德山清剃度，後居金山神游水府。（《康熙志》）

四世界，天聖間，丹陽廣福院有僧挂搭②，每出化緣，則常、潤、真、揚同日皆見，因號之曰“四世界”。後有僧言：“四世界，日光菩薩也。”僧聞之，即趺坐而寂。（《康熙志》）

壽涯禪師，居鶴林寺。周濂溪讀書於寺側，與壽涯交甚善。（《康熙志》）

祖可，字正平，其先泉人，蘇庠之弟，原名序。後爲僧，居丹徒。少病癩，人目爲“癩可”。工詩，有《東溪集》。（《康熙志》）

廣照大師，滁之蔣氏子也。既出家，得法於天衣義懷，號廣照大師。誘訓學徒，諄諄不倦。主甘露十有四年，聚徒常五百人，州將不敢縱飲其寺。曾肇銘其塔，謂：“使儒服而立朝，其才氣何愧於今之士大夫也。”（《輿地紀勝》）

元

黑漆光菩薩，名法明，示迹於萊州即墨縣荆溝村。以試經得度於郡之崇福寺。精練

---

① 按：“現今買賣不曾賒”，《五燈會元》卷十、《嘉慶丹徒縣志》卷三十一《緇流》皆作“現錢買賣不曾賒”。

② 按：“廣福院”，《輿地紀勝》卷七“四世界”條作“觀音院”。“挂搭”，《輿地紀勝》卷七、《至順鎮江志》卷十九皆作“挂塔”。

《法華》，每游州邑聚落間，遇有孕婦，爲講《藥草喻品》，其娠即輕便。至元間來鎮江，有木客爲風濤所敗，即示以觀世音號，俾即誦，遂獲安濟。居鶴林寺，值歲旱，籲禱不應。法明甚憫之，乃以積薪爲窣堵，遂捐身入化。火方焚，隨大霔三日，雨足天霽，衆奔聚觀，尚餘真身危坐灰燼，無少損，但益以光明如黑漆，州牧以聞，賜號“黑漆光菩薩”。(《康熙志》)

普照寺喜吉祥者，山東人也，黑而瘠脱①，類梵僧。早歲禀父母求出俗，父母責以無後爲大，因從娶。育二子，始獲爲沙門，習唯識業。至元二十年，創立江淮三十六御講所，普照居其一，詔師主之。講説外，日讀《華嚴》，以十卷爲常課。與雲南端無念相友。無念，唯識宗之魁也，與師詳論佛理，無念或有少誤，師正言救之，無念無不誠服。臨終火浴，舍利甚夥，其徒留骨，藏以髹函，奉二十餘年，始建塔於丹徒雩山。逮入塔日，開視，但見舍利沾綴函祆，若蜂屯蟻聚，觸之熠耀然也。鎮江之民多圖像祠之，稱爲吉祥佛云。(丹丘恕中和尚《山庵雜録》)

焦山鏡空聞叟禪師，主焦山席，奉詔入都，賜紫還山。至元二十八年，卒於山。(《焦山志》)

長溪，不知姓里，往來金山，多神迹。元學士虞集有詩送之歸山。(《康熙志》)

明

别峰長在禪師，洪武初，奉敕住金山。嘗赴京師賀聖壽，寓鷄鳴寺，太祖親臨幸，賜詩曰：“命駕鷄鳴訪老禪，知師昔日住承天。幼年參學心猶切，晚歲修持操愈堅。蓮發性天香馥郁，月澄秋水玉團圓。一毫照徹三千界，何必藏身北斗邊。”(《康熙志》)

甘露常欽禪師，字惟心，金壇王氏子。生不肉食，穎异過人。稍長，讀六經，過目不忘。爲僧住儀真天寧寺，時兵後，尸骨山積，并聚火葬之。洪武初，帝親選住持甘露，欽至説法，聽者千餘人。一日，忽斂篋中經衲諸物，悉以遺其徒，而書偈曰：“諸幻因緣本不有，怪怪奇奇心與口。只今舉似向人看，放下依然空兩手。”書畢，擲筆而逝。生平執行峻持，儀貌整潔，爲文下筆立成，詩亦清圓，有《損叟集》若干卷行世。一時名士，如翰林張翥、危素、參政滕毅暨俞希魯、顧觀輩咸與游焉。(《康熙志》)

師②，一號無二，邑之朱巷人，姓朱氏。主甘露，戒行精嚴，爲法門梁棟。明初，謁太祖於行在，以詩獻云：“天人西來乘赤龍，手持寶劍青芙蓉。出師百萬皆英雄，四方上下雲相從。斬蛟射鯨滄海中。須臾日出扶桑紅，波平浪息天無風。歸來奏凱登九重，斯民有賴歌年豐。祝聖壽比南山崇，邦家永永垂無窮。”③ 時有守戒法澄者，京口吴氏子，住金山，行高能文，亦獻詩稱旨。(《康熙志》)

---

① 按：“黑而瘠脱”，明釋無愠《山庵雜録》卷上“鎮江普照寺嘉吉祥”條作“黑而瘠肌”。

② 按：“師”即指常欽禪師。明陳全之《蓬窗日録》卷七録云：“甘露僧常欽，字惟心。能讀六經，過目不忘，戒行精專。高皇帝率舟師獲僞吴蠹院判，降其衆，大閲師拱真庵，師獻詩云。”

③ 按：此處所録詩僅十一句，據陳全之《蓬窗日録》卷七，知“斬蛟射鯨滄海中”前脱“大船椎鼓聲雷同”句。應補入。

鶴林一宗德乘禪師，廣陵房氏子。年三十，有以奸事誣之者，自腐以明。遂出而參學四方，遍游天台、南海、少室、五臺。已而，居金山大徹堂飯僧，郡守秀水鍾某請住鶴林，規復千餘年①已廢古刹。萬曆十七年冬，合掌語衆曰："今日有二人求見，勿令入吾室，老僧今日無暇矣。"頃，果有二人至，止之不入，跪俟門外，忽聞歌詩曰："泥牛纔出海，木馬又嘶風。欲解個中語，山重水又重。"歌罷，端坐而逝。（《康熙志》）

雪浪洪恩大師，姓黄氏，金陵人。博通内外典。萬曆丁酉，主焦山《楞嚴》講會。（《焦山志》）

淨業古松禪師，山西平陽人。童年入五臺山羅睺寺，剃度爲僧，得念佛三昧。山多虎，古松往往爲説戒，命以名，呼輒至，虎竟如戒不傷人。萬曆十三年，來京口，建淨業禪林。時潛深谷，坐樹下入定，凡三十九年。一日，合掌舉手，别衆而逝。入坐龕，未建塔。崇禎四年四月八日爲浴佛辰，龕中忽現五色光，聞於郡守程珣，啓龕視之，趺坐如生。郡守捐資飾以金，迎歸舊刹。（《康熙志》）

焦山問石宏乘禪師，姓熊氏，竟陵人（《法海心燈》作"金陵人"）。初游黄蘗雲門金粟之門，後參三參藏②，服勤六載，受付出住焦山。楚藩致書幣請法，住九峰正覺。復應相國何芝岳請，住白門天隆寺。（《宗統編年》）崇禎己卯，楚王請師至武昌，於洪山小塔寺説法。晚居神山白雲，爲逸老計。一日，示微疾，集衆訣别曰："吾若久住世間，恐汝諸人不生難遭之想。汝等當發精進勇猛，則悟理當機，無礙不破矣。"乃書偈，趺坐而逝，時順治乙酉八月二十日也。壽六十一，建塔於白雲寺後山之巔，謚曰"慧照"。（《法海心燈》）

江雲，名鑑。年七十餘，書《法華經》。一夕漏二下，客至呼之，猶書經，竟未知爲夜分也。因訝暗室何能書，衆始知其目有慧光。嘗語人曰："吾某日當去。"問其何去，不言。届期，竟不去。又問之，曰："綉頭延吾耳。"人曰："公禁足，又不見客，而綉頭久未至，何知之？"鑑曰："吾自知之，第往問可也。"及問綉頭，以素諷《法華》咒意，更三載爲滿，鑑前知之矣。後三載，綉頭果延鑑，作圓滿功德。訖而，鑑以無疾化去。憨山德清爲題其遺像，曰："筆頭無火夜生光，了了徐書經幾行。幽鳥一聲啼不盡，東風吹盡百花香。"（《康熙志》。《嘉慶志》曰：鑑師，舊志僅載其暗室書經，不言其住何山，嗣何人法。以憨山題像，確有可憑，姑仍其舊録，以俟考。）

國朝

焦山破闇净燈禪師，姓汪氏，桐城人。目有重瞳。少爲諸生，通内外典。謁博山來出家。後遍參天童磬山，次至弁山參瑞白雪，蒙心印，即繼住弁山，移五臺。凡三主焦

① 按："千餘年"，當爲"十餘年"。明陸光祖《一宗禪師塔銘序》："郡守秀水鍾公聞師道行，請住鶴林，古刹廢十餘年矣。余適過之，乃助師力爲規復，重構佛殿。臨川吴公復捐俸修飭焉。"

② 按："三參藏"，釋紀蔭《宗統編年》卷三十一《諸方略紀》上作"三峰藏"。《焦山志》卷十稱宏乘禪師"嗣法三峰藏"。《正源略集》卷五"潤州焦山問石禪師"亦言其"參三峰藏"。故"三參藏"實爲"三峰藏"。三峰藏即三峰漢月，名法藏，曾住常熟三峰清凉院，故稱三峰和尚。

山，四方參學者雲集。於順治十六年六月十三日示疾，告衆曰："來便恁麽來，去便恁麽去。"遂竪指曰："會麽？明月一輪天柱外，摩空老鶴出雲霄。"語畢而逝。（《焦山志》）其嗣法宏鑑、智先、德鏡三師，相繼主席。（并《焦山志》）

夾山林皋本豫禪師，晚號晦夫，崑山陳氏子。十九脱白於姑蘇之堯峰，誦《金剛經》"應無所住而生其心"句有省。初參博山來，來曰："未入金籠貯，誰家野鳥兒？"師曰："鶴有九皋翀碧漢，馬無千里不追風。"來曰："運斤非郢，未免傷痕。"師曰："祇如諸方竪拂揚眉，又得什麽邊事？"來曰："片雲橫海岳，樵子盡思歸。"師曰："怪來岩下虎，特地暗驚人。"次參密雲悟和尚。其日已晚，便問："夜宿投人時如何？"悟云："者裏歇不得。"師曰："豈無方便？"悟拈拄杖，師接住一送，云："看破也。"便出。後參磬山修和尚。修問："那裏來？"師云："武林。"修云："怎知我者裏？"師云："臭名難瞞。"修云："污汝耳。"師便問，修云："喝後何如？"師云："猶是不知。"修云："老僧不知，汝知個甚麽？"師擬掌，修云："猶弄虚在。"師禮拜。一日，修云："今時學人不肯著實用心，所以法門寥落。"師云："雖然如此，大約過在知識。如黄龍南公不得慈明和尚痛折，云何得知道出常情？"修云："豈口傳耳授之所得耶？"師吐舌。又一日，入室，修云："我疑你不會廓侍者與華嚴相會因緣。"師云："不但和尚疑某甲，盡大地人疑某甲。"修曰："盡大地人疑你則可，莫使老僧疑你。"師曰："恁麽則某甲罪過。"修曰："只如興化與明德①賓主四喝，化曰：'適纔若是别人，三十棒一棒也饒不得。何故？爲他會一喝不作一喝用。'那裏是他會一喝不作一喝用處？"師曰："放某甲，别通個消息。"修曰："不要下語。"師遂頌曰："賓主相逢縱奪家，喝下從雲見活蛇。棒頭突出通無犯，豈作親承解撒沙。"修然之。師開法中山石湫，乃過報恩謝法，修將如意付曰："此是老僧四十年用不盡底，將去揩磨，不得有忘。"師秉如意，入堂曰："者個是堂上老人爲豫上座作用不盡底公案。敢問，有同相證用者麽？"良久，擊板頭一下，便出。順治丙戌冬，預計逝日，説偈辭衆，窆全身於山門之右。天童忞禪師銘其塔。師著有《宗門成範》四卷，并語録行世。（《正源略集》）

金山箬庵問禪師，吴江俞氏子。參磬山看父母未生前話無入處，一日，聞風聲，驀然慶快，呈偈曰："千玄萬妙隔重重，個裏無私總不容。一種没弦琴上曲，寒岩吹落五更風。"磬山爲之印可。開法理安，後住金山。上堂，僧問："闡揚古佛家風，决斷現成公案。如何是古佛家風？"師曰："郭璞墓前江水黑。"僧云："龍吟霧起，虎嘯風生。去也。"師曰："看脚下。"僧云："忽遇傾湫倒岳時，如何？"師云："放汝三十棒。"乃曰："神龍窟宅，古佛名藍。我二十四圓悟禪師重開正覺之場，十八高人打失鼻孔一回徹證之地。洵江南之巨刹，誠衲子之寶坊。不勞彈指，樓閣門開；無所希求，風雲際合。直得臨濟有喝倒退三千，德山有棒未敢動著。抹過建化門，裂破囫圇句。風高浪涌，水沸波

① 按："明德"，《五燈嚴統》卷二十四"磬山修禪師法嗣"條作"旻德"，《嘉慶丹徒縣志》卷三十一《緇流》亦作"旻德"。應是。

騰。正當恁麽時，且妙高已到，寶所親登。誰遭毒手，劈開華岳連天色，放出鱗濤動地雷。”卓拄杖下座。（《續燈正統》）

鶴林天樹植禪師，虞山劉氏子。謁牧雲門於惟實居（牧雲乃密雲悟法嗣），跪問本來面目話，門驀竪拳曰：“者様大栗子汝吃得幾個？”師忽有省，遂起立，曰：“美食不中飽人餐。”門曰：“只恐不是玉，是玉也大奇。”師曰：“何奇之有？”門頷之。主席鶴林，上堂：“今朝四月十五，鶴林擊動法鼓。磨笄嶺忽爾點頭，鴻鵠山欣然起舞。蘇公院裏，好鳥鳴一聲兩聲；周子池邊，野花開三處四處。真如妙體，般若玄音。無蓋無藏，亘今亘古。報諸人休莽鹵説甚‘趙州無，雲門普’，若能直下便知歸，立地頓超諸佛祖。”師提綱舉要，具大法眼，有古德風。康熙己未冬，示微疾，書偈别衆而化。（《法海心燈》）

夾山蘧夫一禪師，林皋豫法嗣，宜章李氏子。年十八，投萬松出家。初謁憨山清①於曹溪，看萬法歸一話，三年不會。次謁天童悟，棒下有省。後見夾山豫，豫問：“甚處來？”師曰：“浙中。”豫竪起拂子曰：“還收得者個麽？”師曰：“阿誰不具。”豫曰：“試呈似老僧看。”師拂褏便出。未幾，命主石湫，次遷楚之九峰，復主夾山。示衆：“山上鯉魚，海底蓬塵。舌頭無骨，眼裏有筋。”驀竪竹篦曰：“國一欽禪師來也。眼裏有筋的，請出相見。”良久，曰：“本欲期君重話會，誰知覿面不相親。”塔於澧陽之大同。（《正源略集》）

夾山辯言海禪師，蘧夫一法嗣，住大同。僧云：“如何是大同境？”師云：“風弄鳥聲碎，日高花影重。”僧云：“大好一聯詩。”師云：“作詩會那？”僧云：“某甲衹作詩會，和尚作麽生會？”師云：“甜瓜徹蒂甜，苦瓜連枝苦②。”僧近前云：“和尚道什麽？”師云：“風流不在着衣多。”僧便拜，師便打。（《正源略集》）

漢隱汝汾恒禪師，江陰劉氏子。參大覺琇國師，琇舉“一口吸盡西江水”公案詰之，師不契。後渡錢塘，有省，頌：“西江一口直呑乾，鰕蟹魚龍命已安。大丈夫兒全意氣，始從今日肚皮寬。”回呈琇，適客至，師出，至晚復入，琇曰：“你頌我已閲過，你更説看。”師曰：“適來猶記得。”琇然之。出住夾山，舉“僧問雲門：‘如何是佛門？’曰：‘乾矢橛’。”乃頌曰：“千山鳥飛絶，萬徑人踪滅。孤舟蓑笠翁，獨釣寒江雪。”師寂於潤之八公洞漢隱庵，建塔庵右。（《法海心燈》）

汝山萬壽瑞明震禪師，參萬如微得法（微承嗣密雲悟禪師）。結制示衆云：“布袋結頭今日開，放出無毛鐵鷂來。撞破虚空渾不顧，横三竪四絶安排。”（《法海心燈》）

五州翠巖燈傳暉禪師，婁東王氏子。參碩揆禪師得法。出住翠岩。上堂：“提起無半字，放下有多般。自從遁迹雲深處，絶無一語到人間。”（《法海心燈》）

金山鐵舟海禪師，參理安問悟旨，後住金山。晚參：“晝入龍游禪寺，皓月當空；夜

① 按：“憨山清”，釋達珍《正源略集》卷四作“憨山清”。當是。
② 按：“苦瓜連枝苦”，《正源略集》卷十作“苦瓜連根苦”。

登妙高峰頂，太陽溢目。鐘鳴鼎食，天樂鏗鏘。① 石馬走江心，泥牛本入海，且道成甚麼邊事，鐵船撥轉浮江面，秋月高懸古渡頭。”師生萬曆己酉十月廿九日，康熙癸亥五月三日，集衆説偈而逝。塔建五峰之陰。(《法海心燈》)

招隱山衣濵禪師，晚號獨痴，桐鄉夏氏子。年二十，投竹林林皋豫禪師出家。參本來面目話久之，一日聞舉“僧問雲門：‘一念未生時，還有過也無?’雲門云：‘須彌山。’”師於言下有省。參報恩禪師機契（賢係密雲悟法嗣）。出住長蘆，繼住報恩。上堂：“一切障礙，即究竟覺。適纔二僧争鬥不已，惹得報恩拄杖怒發，即時頭破腦裂血淋淋地，還有旁觀内省底麽? 設或鴨聽雷鳴，争怪青天太煞炎熱。”(《法海心燈》)

招隱牧庵密禪師（嗣法山衣濵），除夕小參，拈拄杖云：“去年臘月三十日有者個，今年臘月三十日也有者個。”乃卓一下云：“還見麽? 若道有見有聞，却是隨聲逐色。若道不見不聞，又是避聲逃色。畢竟如何?”擲下拄杖云：“領取山頭開凍色，共擎茗碗薦春盤。”上堂：“今冬不結制，禪堂却打七。招隱門下，全無准的。無准的，誰委悉? 厨下柴無一莖，庫房米無一粒，只有鴟吻依舊咬斷佛殿脊。”(《法海心燈》)

金山法乳樂禪師，嗣法鐵舟海。頌百丈野鴨子語：“一群野鴨貼天飛，何用安名鼓是非。恨殺馬師施毒手，錯將鼻痛當知歸。”(《法海心燈》)

金山可達杰禪師，别號牧嵓，白沙李氏子。生而穎异。年十九，從偉燈老宿出家，因遍參海内名宿。晚謁金山鐵舟海，聞水聲悟，入山印可。師入五峰，單丁一钁者八載。堂構初成，郡守以吴陵三昧寺起師，勉應之。次遷金山，晚參：“夜雨滴空階，寒雲抱幽石。一片祖師心，無端俱打濕。”康熙己丑，偶過三昧，示微疾，跏趺，謂衆曰：“吾行矣。法門大事，汝等勉之。”怡然而逝，世壽六十四，僧臘四十二。塔全身於五峰中崖。(《法海心燈》)

金陵香林月潭達禪師，潤州張氏子。丱歲從金山中輪智脱白，受具華山。晚見法乳樂於金山，示看德山侍龍潭吹滅紙燈話，久之，入室請益，被打，出門脱履，朗悟其旨，山乃以偈囑：“覷破紙燈吹滅意，脚跟點地絶疑猜。横拈寶劍憑施展，殺活人天正眼開。”由是服勤有年，出世立兩序。小參舉臨濟謂普化、克符“我欲於此建立黄蘗宗旨”因緣。師曰：“臨濟吃得黄蘗之苦，却向甘草覓甜。”香林入院之初，不説建立成褫，且道：“意在於何?”卓拄杖云：“一鏃破三關，分明箭後路。”(《法海心燈》)

焦山古樵先禪師，真州張氏子。參破闇燈得法。(燈嗣瑞白雪，爲青原下宗鏡七世曹洞宗。) 上堂：“海雲連岫出，江水逐波來。分明都説盡，何必更疑猜。”喝一喝，僧問：“既是焦山，因甚樹木森森?”師曰：“不意闍黎問到者裏。”曰：“猶不是某甲問處。”師曰：“石頭路滑，非心非佛。”頌曰：“爲問故鄉何處是，一般烟水白雲中。驀然大地平沉後，惟有扶桑日正紅。”(《法海心燈》)

① 按：釋秋崖《續金山志》卷下據《法海心燈》録文，然無此“鐘鳴鼎食”兩句。

金山大曉實徹禪師，崇明黄氏子。諸方參學，自以爲大事了畢，即往臨安住山①。忽染大病，覺所得功夫全然無用。病愈，復詣諸方參學，無有能發疑情者，即自誓入終山②石洞，了此一生。山中亦屢有悟處。後有同參相訪，力勸出山，言："古人悟後，必須見人。"乃往鍾山，親近香林月祖。一日掃地次，祖云："各處俱要掃到。"師云："俱已掃到。"師云："那一處未曾掃著。"師即以帚向祖面前掃一下，祖云："猶未在。"師云："早已瞞他不得。"祖微笑，從此契合，付以南磵源流。後主金山法席。(《語録後記》)

金山天濤際雲禪師，嘉定王氏子。母唐氏善病，娠師後病即瘥，及生，體益健，父喜甚，曰："此子到是丹方。"因名師爲丹方。剃染後，擔簦行脚，參扣宗匠。時月潭主化香林，爐鞲赤甚，大曉職班首，重師舉止莊重，多方提掣，發明衲衣下事。自後復參天童、天台諸大知識。雍正十二年，月潭被旨住持金山，師歸省覲，潭喜甚，授以白拂一枝，爲南磵六世孫。師以邇來禪學多尚儱侗，不惜腕力提命周至。遇知見纏縛者，必廣引佛祖言教斷之，不至釋然不已。(《語録後記》) 師受法於金山大曉，初住江寧香林，庚午住金山。後住常州天寧，中間住杭州天長。(吴樹虚撰《塔銘》)

金山海宇常清禪師，蕭縣楊氏儒家子。剃染後，參萬法歸一話頭得悟。嗣金山天濤法。濤住常州天寧，金山法席命清代理。濤歸，退居江濱延壽庵三年。於是宗説兩通，尤善唯識，務在教觀齊修。教中有事未明，必於蒲團上了徹乃已。不肯以義學詮解，嘗著《無極太極説》，大旨謂：陰陽五行，皆一氣所流行，不一不二不五，而一而二而五，乃所謂無極也。其義至精，非前人所曾道。後主杭州天長寺法席，道俗景附。蓋近時一大善知識云。(王文治撰《真贊序》)

焦山敏修福毅禪師，武昌李氏子。年十九，至焦山參碩庵載。命看無字話，十餘年無所入，乃遍參名宿。大病幾死，忽猛省，曰："狗子佛性無，乾坤一火爐。擬議剛半步，徹底盡焦枯。"返焦山，遂繼法席。復主湖州弁山、金陵圓覺、荆州承天、揚州平山、潤之五州。乾隆二年，重主焦山。京口大旱，師至揚州募米二萬餘石助賑。凡爲區十有七，而諸村聚隸之坊二十有三，里二百四十胥有奇，凡爲户七萬，口二十有一萬，裸赤罔遺。宜興儲大文爲文記其事。後師無疾而化，塔全身於潤黄山之南。(《焦山志》)

甘露神縱明聖禪師，乾隆初年甘露寺住持。本北人貴家子。出家後，有親族官江南者，輒避之。戒行清高，持准提咒奇驗。見釋子不修行者，輒加罵詈，殆東坡所謂以嗔爲佛事者。弟子實賢，字希聖，續住甘露，善瑜伽焰口，有奇驗，亦真律師也。(《嘉慶志》)

雲林巨濤義果禪師，章氏子。年十一，父母命出家焦山。及長，操行清苦，自號嬦

---

① 按："即往臨安住山"，清曾燠《續金山志》卷二十"大清臨濟下三十五世沙門實徹"條作"即往臨安徑山"。

② 按："終山"，清曾燠《續金山志》卷二十"大清臨濟下三十五世沙門實徹"條作"鍾山"。

草行人。陳太守鵬年甚器重之。至杭州，侍雲林諦暉輅公，執役九年無怠容。命參三不是話，有省。雍正壬子，主雲林。未幾，入京師，於法門多所保護。乾隆戊午，復主席，道風丕振，凡諸殿堂廢墜一新。大中丞常安勒石志之。辛未年，翠華臨幸，奏對稱旨，賜紫衣。得復三峰舊規，爲三峰中興之嗣云。(《杭州雲林寺志》)

焦山碩庵行載禪師，泰州段氏子，嗣法鑒堂鏡。初出家江北曲塘之清净庵。距庵半里有橋，師數歲即至橋下取柴，十餘年未嘗過橋也。參學至焦山，充西堂，尋主法席，與江都謝家樹、山陰潘寧同輯《焦山志》。退居八港菩提寺，卒。(《焦山志》)

焦山古音祖琴禪師，淮安人。少參玉林宏覺，繼起具德諸名宿，皆投契。性孤冷，不願出世。老歸焦岩二十餘載。有偈頌一卷，及《旅山詩集》行世。(《焦山志略》)

焦山樵隱智澄和尚，辰州人，嗣法天隱修。歷主數席。過京口，愛焦山幽静，葛孝廉某建雲聲庵居之。卒年六十三。澄善詩能書，勤課誦，老不懈。(《焦山僧系雜録》)

焦山笠峰湛露和尚，高郵李氏子。父某，矢願年四十出家，未四十，卒。露養母盡孝，母卒且葬，乃出家，以竟父志。初住鎮江潮音洞，後參天童有得。入焦山，營半笠居居之。又移絶頂，習勞勤課，數十年不懈。(《僧系雜録》)

焦山天質和尚，安東人。少好酒，年五十始出家。入焦山，充知藏僧。太守陳鵬年爲葺知藏閣，後感揚州程氏重建，并建曬經臺於閣前。質行諸苦行，不尚文字，嘗以木棰自爲棒喝。(《志略》)

焦山問石德琨和尚，邑柳氏子。住石壁庵。善畫蘭竹，工詩，與冷秋江士嵋善，嘗爲作《石壁禪院記》。築秋屏閣，藏名人書畫。其詩選載《山水清音集》。(《志略》)

焦山獨醒際曉禪師，江寧陳氏子。曾主直隸回龍寺席，退居焦山别峰庵。躬自汲爨，行諸苦行。後擬鑿井於山，不果。再至京師，歸住碧山别墅，閱《大藏》殆遍。(《焦山志》)

焦山碧巖祥潔禪師，青陽人。初祝髮於清凉山，嗣兩主焦山，一主湖州弁山。師能詩，長沙彭延梅采入《國朝詩選》。(《焦山志》)師參焦山敏修，一日放參，問："既是萬里不挂片雲，爲甚麽青天也須吃棒?"修便打，師即豁然。主焦山十年，移錫弁山。乾隆三十年，迎翠華於焦山。八月朔，示微疾。至初七日，天未明，聞啼鳥聲，起坐沐浴，索筆書偈曰："去年八月初七來，今年八月初七去。海雲樓外木樨香，林鳥一聲天欲曙。"擲筆而逝，年六十三。塔於五州山。(《正源略集》)

焦山濟舟澄洮禪師，武昌梁氏子。遍歷吴楚名山，從碧巖自弁山至焦山。一日，聞江濤聲，忽悟，作偈曰："醉騎白鶴上揚州，夢繞聲歌十二樓。酒醒眼開渾不見，長江千古水東流。"乾隆四十五年、四十九年，翠華臨幸，叠荷寵錫。凡三主焦山，一主弁山，得法者八人。後退居焦山法界樓。世壽六十六。茶毗時，頂骨、齒牙俱不壞。(《正源略集》)

焦山淡寧，一號擔雲清鏡禪師，姓吴氏，海鹽人。主焦山席。師少爲諸生，喜吟咏，嘗過金粟，閱《大般若經》，至"如來所説十八空"，有省，即舍家落髮於海寧慶善寺。

來游焦山，見一切殿宇禪堂，皆可記憶如宿世。人謂："山中朗月之再來也。"兵部侍郎伊簾也一見如夙契，爲建華嚴閣以居之。(《正源略集》)

鐵夫和尚，淮陰人。卓錫焦山，著《耕煙詩鈔》。瓮無粒粟，爨無葉薪，而豪吟不輟。夏子用修謂其詩似陶靖節。(章性良撰《耕煙詩鈔序》)

甘露天惟超德禪師，丹陽人。遍歷吴越，謁大悲雄，參無字話，有省。後主甘露，以平等示人，不以玄妙。居常一衲，勤習衆務。乾隆六年，念佛而終。(《北固山志》)

甘露希聖實賢和尚，嗣神縱，住持甘露五十餘載。善瑜伽焰口，有奇驗。與王夢樓太守爲方外交。年九十二，無疾而終。塔於寺之西偏。(《北固山志》)

焦山慧超，别號練塘達瑛和尚，丹陽人。祝髮嘉山，爲焦山首座。工詩，江寧守李松雲愛其風格，請住攝山栖霞寺。三載而歸，復閉關焦山之鶴壽堂。又習静於萸灣精舍，煮茗焚香，覓句臨池，而外無他嗜好。畜一病鶴，愛之如好友，洪太史稚存有"懶僧病鶴"之句。著《旃檀閣詩鈔》，王豫與悟霈、清恒詩合刻之，名《京江三上人集》。示寂時年六十，葬攝山。稚存爲立石，篆"江左詩僧練塘之墓"。(《焦山志》)

焦山古巖悟霈和尚，丹徒黎氏子。童時，捨萬壽寺爲僧，别母詩云："母獨愛慈原似佛，兒因孤苦合爲僧。"乃京口三詩僧之一。晚年，殿撰茹棻薦作雲門寺方丈，寺僧兩次縱火延燒，募化修復，鬱鬱以死。(《焦東志》) 方外多蔬笋氣，惟上人與借庵獨無之。著《擊竹山房集》。(《群雅集》)

焦山巨超，號借庵清恒和尚，主席焦山。與古巖皆精程朱之學，忠孝爲心，利濟爲懷，僧有儒行。其詩名著海内。(清恒《枯木堂偶記》云：予主焦山二十餘年，與萬壽寺僧古巖論詩最契。古巖才具敏捷，格調清超，佳處直造中晚，趙偉堂大令、王柳邨山人嘗推爲近日詩僧之冠。蘗根、誦茗、寰宗諸人，或不逮也。後主席雲門。未幾遂殁，詩亦散佚。柳邨搜訪數十篇與予，暨《練塘詩》合刻之。) 與邑之詩人楊子堅、顧弢庵輩最契，年八十餘卒。

南山問樵明辰和尚，江都汪氏子。晚居揚州小金山，嘗檢藏三年，謂人曰："博而奇，曲而杳，究不若儒家，實有指歸。"精於琴理，夏日煩熱，隨手成曲，名《碧天秋怨》，滿座覺凉。善詩，著《琴堂詩草》。(《焦東志》)

銀山本悟，號心潭露芳和尚，遼東人。駐防京口，多疾爲僧。喜讀書，工楷法，不信浮屠家説。與鮑步江、殷石琴諸詩人唱和最多。年三十四卒。著《蕭爽閣詩鈔》，李琴夫爲之序。

焦山性海，别號一真法界覺源和尚，姓張氏，定遠人，嗣法巨超恒。年六十九坐化於漢隱庵。(高旻寺石谷和尚銘其塔，云：源俗姓張氏，字大鼎，號象九。幼穎悟，年九歲，四書五經俱成誦。十三應童子試。事母至孝，爲梁溪秦公諱潮督學安徽所拔士也。生一子，即有出世想。閲《華嚴圓覺》，即悟圓頓之旨。年四十，祝髮金陵耆闍寺，受浩清律師具足戒。自得戒後，從不妄語，不非時食，手不觸金銀寶物。南游吴越諸名山，得法焦山巨超恒禪師。復閲《大藏經》十餘年。每作文千萬言，不假思索，落稿即弃去。凡教學者，先明六藝，以孝悌忠信爲根本。日念彌陀十萬聲，夜禮普明觀法。膝不著床席者，三十年如一日。見犯戒者，必面斥之。於嘉慶二十四年八月二十六日，沐浴端坐而逝。遺命荼毗。毫光五色，直透虚空，得舍利三顆，瑩净如玉，供奉書藏樓。年六十九。檢其遺稿，有《普明觀法》一卷、《宗鏡目録》二卷、《海門合刻》二卷、《重訂畢竟毗尼》二卷、《出世上上禪》一卷、《淨土詩》一百首、《反約集》一卷、《拾遺集》二卷。建骨塔於潤州八公洞之右。）

焦山自律，號乳秋，别號又禪定源和尚，東臺黄氏子。覺燈《仰止軒雜録》云：予師又禪公，因水灾來山中，居法界樓上。日夕苦吟不輟，古人所云："苦吟争一死，佳句即長生。"真爲予師咏也。著《乳秋集》。

北固山房顯震，一號石雷如愚和尚，浙江四明陳氏子。幼多疾，遂祝髮於天台高明寺，習智者教觀，後得具於本寺。年二十，遍參諸方，北歷幽燕，南盡吴楚。後至虎林天華寺，深得密印。澹禪師命主法席，二載遂游京口，與蔡生甫太史、查篆仙觀察游。是時，北固山房缺員，請師住持，二十年修葺殿宇、開墾田畝，暇日賦詩自娱。有《石雷吟草》六卷。嘉慶二十四年，無疾而終，世壽七十有八。塔於本山之陰。（《北固山志》）

甘露妙能際果和尚，揚州東台縣人。實賢嗣，主席甘露。① 與太守策公善。策公爲捐廉，始修理大雄、接引等四殿及長廊諸屋。功甫②就得疾，自知不起，傳席於慈雲印公而寂。世壽五十有六。（《北固山志》）

上方寺聽泉大順和尚，貧無産，爲人誦經自給。嘗從師北游五臺，有母居丹陽，歲持數千錢往爲壽，留數日乃返。或以浮屠法誚之，對曰："貧道不生空桑，詎髡也而獨無毛裏之愛乎?"聽泉雖習浮屠，其於冥悟、薰修、機鋒、棒喝、福田之説絶口不談。遇人傴僂爲恭敬，無貴賤長幼，接待不倦不自滿。其詩有作輒佚去。疾，欲治棺，慮衆議。韞庵曰："佛嘗用棺何必龕。"議乃定。（《悔廬文鈔》）

象山陸沈，號韞庵了璞和尚，郡中林氏子。初住錫杭州，讀書十年，尤喜讀子，輯數百家，手録滿厨。（《焦東志》）初居半壑庵，習南北兩宗，説者與之語，莫能逮。詩落香山窠臼，古文善持論，小詞則南宋遺音也。爲人岸然自异，河帥聞而禮之，新其所居石隱庵，置香火田。（《悔廬文鈔》）道光乙未，所輯《北固山志》成，觀察李彦章序。

方外二　道流

漢

傅先生，少好道，入焦山石室中，積七年，而太極老君詣之，與之木鑽，使穿一石盤，厚五尺許，云："穿此盤，便當得道。"其人乃晝夜穿之，積四十七年，鑽盡石穿，

① 按："實賢"句，周伯義《北固山志》卷五作"繼實賢主席甘露"。
② 按："功甫"，《北固山志》卷五作"工甫"。

遂得神丹，乃升太清，爲南岳真人。（《真誥》）傅先生，未詳名字，隱丹徒之譙山①。相傳爲漢有傅先生云。（《康熙志》）

黄觀子，少好道。家奉佛道，朝朝朝拜叩頭，求乞長生，如此積四十九年，後遂服食入焦山。太極真人百四十事試之，皆遍②。遂服金丹而咏《大洞真經》。今補仙官，爲太極左仙卿。（《真誥》。按：黄觀，舊志謂未詳時代。然焦山之名起自漢代，當爲漢時人。）

晉

王纂，居馬迹山。永嘉末，中原大亂，饑饉疫癘，死者相繼。纂於静室焚香告天③，祈救生靈。夜，神人告之曰："子念生民，吾得以盼子矣。"（《康熙志》）

梁

桓法闓，字延舒④，陶隱居弟子，爲梁南平王清遠館主。已乃於鬱岡山右别築懸洲精舍⑤。周處士宏讓題精舍壁云："李基遺故鼎，趙嘯絶風雲。茫茫千載下，更復屬夫君。"王僧辯使陸晃圖闓及己與周處士像於障面，又飛白寫闓與僧辯書以遺闓⑥。（《康熙志》）南平王蕭偉所造清遠之館，即弘景弟子桓清遠所居。（《華陽隱居真迹》）

唐

周隱遥，洞庭山道士，自云角里先生⑦之孫。山上有其祖角里廟角里村。言其數世得道，嘗居焦山中，學太陰煉形之道。死於崖窟中，囑其弟子曰："檢視我尸，勿令爲他物所犯。六年後，若再生，當以衣裳衣我。"弟子視之，初則臭穢蟲壞，惟五臟不變，依言閉護之。至六年往看，乃身全却生。弟子備湯沐，以新衣衣之。髮鬒而黑，髭粗而直，若獸鬣焉。十六年又死如前，更七年復生，如此三度，已四十年餘。近八十歲，狀貌如三十許人。隋煬帝聞之，徵至東都，頒賜豐厚，恩禮隆异，而懇乞歸山，尋還本郡。貞觀中，召至長安，於内殿安置。問修習之道，對曰："臣所修者，匹夫之志，功不及物，利惟一身。帝王修道，一言之利，萬國蒙福。得道之效，速於人臣。區區所學，非九重萬乘之所修也。"懇求歸山，尋亦遂其所適。（《仙傳拾遺》）

王遠知，琅琊人。母嘗晝寢，夢靈鳳而娠。沙門寶誌謂其父曇選曰："生子當爲神仙

---

① 按："譙山"，《嘉慶丹徒縣志》卷三十一《道流》作"樵山"。

② 按："皆遍"，陶弘景《真誥》卷五作"皆過"。

③ 按："焚香告天"，《嘉慶丹徒縣志》卷三十一《道流》作"飛章告天"。

④ 按："字延舒"，《三洞珠囊》卷一引《導學傳》作"字彦舒"。《茅山志》卷十五《桓法闓傳》亦作"彦舒"。當是。

⑤ 按："懸洲精舍"，《茅山志》卷十五《桓法闓傳》作"玄洲精舍"。避清諱改。

⑥ 按："又飛白寫闓與僧辯書以遺闓"，《茅山志》卷十五《桓法闓傳》："又飛白寫闓與僧辯書於障背，仍以遺闓。"《嘉慶丹徒縣志》卷三十一《道流》："又飛白寫闓與僧辯書於障背，以遺闓。"

⑦ 按："角里先生"，《嘉慶丹徒縣志》卷三十一《道流》作"角里先生"。當是。後所言"角里廟""角里村"亦爲"角里廟""角里村"。

宗伯。”遠知少聰敏，博綜群書。喜京口山水，卜居焉。好老氏，學得玉笈幽文妙訣。入茅山師事陶隱君。唐貞觀九年，刺潤州①，太宗在藩邸爲舊交，降璽書稱之曰先生。遠知善《易》，知人生死，作《易總》十五卷。一日，州大雷雨，忽雲霧中見一老人，大叱曰：“所泄書何在？上帝命攝六丁追取。”遠知伏地，傍有六人青衣已捧書立矣。老人責曰：“上方禁文，自有飛天保衛，金科秘藏玄都，何得輒藏箱帙？”遠知曰：“青丘元老傳授也。”尋奏請歸山，詔封真人。（《康熙志》）

魏隆，字道真（一作“道崇”）。唐貞觀初，居京口之仁静觀，修正乙法，道行高朗。郡守李崇德薦之朝，太宗與語，悦之，賜號法師。無何，歸京口，卒，葬馬迹山。逾數月，人有遇之者。啓其棺，一鶴飛入雲中，獨冠劍存焉，咸以爲尸解而去。（《康熙志》）

宋

陳桷，京口人，號静真先生。紹興間，官待制。一旦挂冠，草衣芒屨，築八卦臺於茅洞之東。石室遺像，至今猶存。②（《康熙志》）

元

張留孫，字師漢，居京口之乾元萬壽宫，封開府儀同三司、特進、上卿、輔成贊化保運立教大宗師③，尋又加志道宏教冲元仁静大真人④，知集賢院事，領諸路道教事。年七十四，元至治元年，無疾而化。明年，以其冠劍歸葬於龍虎山，詔贈繪像，趙學士孟頫奉敕贊辭，命藏之萬壽宫。（《康熙志》）

余以誠，字孟賓，號泰宇。幼學道，師宗師上卿張留孫。師弟子七十五人，皆美材奇士，以誠居首。至元間，充御前法師。元貞初，授鎮江路道録，因捐己資，改創萬壽宫之門曰通玄，南築園池，移招隱山玉蕊花植於園中。大德丙午，重修玄妙觀藏殿兩廊、正一堂、方丈樓閣。元貞間，敕授通玄真應沖靖法師、鎮江路都道録、紫府觀住持提點，至大初，改授平江路道録、致道觀提點，游奉璽書，賜號元明宏道沖應真人。（《乾元萬壽宫志》）

吴全節，號閒閒，安仁人，系泰伯之後。居壽櫪山，屋盤石⑤上。宋咸淳己巳，有泉出東楹之礎，脉直如貫繩，上升梁間，達於西楹，乃生靈芝，光彩映日，久而不壞。

---

① 按：“刺潤州”，《舊唐書》卷一百九十二《王遠知傳》：“貞觀九年，敕潤州於茅山置太受觀，并度道士二十七人。”故此處言“刺潤州”有誤。

② 按：《京口耆舊傳》卷一、《夷堅志》丙卷九，陳桷，字元承。紹興中從韓世忠宣撫幕，積功爲右文殿修撰、敷文閣待制。

③ 按：“立教大宗師”，《元史》卷二百二《張留孫傳》作“玄教大宗師”。張留孫生平俱見《元史》卷二百二《張留孫傳》。

④ 按：“仁静大真人”，據趙孟頫所撰《大元敕賜開府儀同三司上卿輔成贊化保運玄教大法師冲玄仁靖大真人知集賢院事領諸道教事張公碑銘》，當爲“仁靖大真人”。

⑤ 按：“磐石”，虞集《道園學古録》卷二十五《河圖仙壇碑》作“磻石”。

是歲十一月七日，公生，丹光滿室。七月能言。其父抱膝上，因坐假寐，夢神人告之曰：“高仙托體君家，塵中不能留也。”四歲，能誦詩。七歲，其父叔[①]教之，日記千言。十歲，從其兄游仙岩之下，慨然有遺世之志。十二[②]，學道上清之達觀，從師張留孫。嘗有异徵，得公而應焉。及聞臨川雷空山有隱君，深明易老，往師焉，專受其業。十六，度爲道士。元世祖得江南，嗣天師張宗演入朝，張留孫在行在，奉敕留禁近，賜上卿。二十四年，開府徵公，得入見，上奇之。元貞元年，制授冲素崇道法師、南岳提點，主祀五岳[③]，尋加授元德法師、崇真萬壽宫提點。二年，奉旨偕近侍同江浙省臣修造大上清宫宇[④]。九年，作崇真觀於安仁，賜額。十一年，武宗制授元教嗣師、江淮荆襄道教都提點、崇文元德真人，給“元教嗣師”銀印，詔封三世及弟子皆爲真人。命學士元明善修《龍虎山志》，著序，賜崇真觀爲崇文宫。因請歸慶父母八十壽，上允之，旌其鄉曰榮禄鄉，里曰具慶里，降璽書護其家。六年，奔父喪，葬父母於山田，建明成觀以奉祀。至治二年，特進[⑤]、上卿、元教大宗師、崇文宏道元德廣化真人、總攝江淮荆襄等處道教、知集賢院事，賜以元教大宗師玉章一，一品銀印一，總攝道教事。二品銀印一，并敕。明年，大上清宫灾，率屬更新之。三年，奉敕葬開府於南山之月嶠，作仁靖觀以祀，及改造開府所建溪山真慶宫，改爲神德宫。至元元年，京師旱，命禱，得雨。冬，無雪，命禱，則雪。五年，畿田蟲蝗，命禱，悉滅。復命往南岳，過長沙，趙信公葵見待以禮，曰：“神氣冲爽而有福德，可以受吾道。”乃焚香密室，出其書以授道，則皆劉海蟾、李玉溪之秘文。過洛陽，見太守盧摯治民平易，言於上，即擢集賢院大學士。過浙西，遇翰林院大學士閻復，客之不忽也。後居翰林，益加厚敬。孔氏宗法金季大宗之嫡南遷，久而未正。延祐間，會李韓公居中書，元文敏公居禮部，公力言之，以五十四世孫思晦封衍聖公。元統初，思晦卒，仍有乘間覬覦者，公力争思晦之子克堅襲封，曰：“不惟聖系昭明，其於世教攸係。”進宋儒陸文安公九淵語録，人始知陸氏之學。翰林吴澄始用董忠宣士選薦，自布衣召授翰林應奉，不拜，復召爲國子監丞，升司業，與時宰論不合，去。公曰：“吴先生，天下大儒。聽其去，非朝廷美事。”作環楹堂，先天諸圖畫於壁，以玩心神，有詩曰：“要知顔子如愚處，正是羲皇未畫時。”道家之書曰《靈寶齋法》者，授受既久，浸失宗旨，集諸家所傳，手爲删定，類爲二十四門，總爲十卷，題曰《靈寶玉鑑》。全真之教，其祖傳有所謂《玄風慶會》。大德中，嘗使人譯之，莫達其意，命公論定。公曰：“邱真人所以告太祖者，不過以爲取天下之要，在乎不殺；治天

---

① 按：“父叔”，虞集《道園學古録》卷二十五《河圖仙壇碑》作“叔父”。

② 按：“十二”，虞集《道園學古録》卷二十五《河圖仙壇碑》作“十三”。

③ 按：“主祀五岳”，虞集《道園學古録》卷二十五《河圖仙壇碑》：“（元貞）二年，奉詔祠中岳、淮瀆、南岳、南海。大德元年，奉詔祠后土、西岳、河瀆、江瀆。（大德）二年，制授冲素崇道元德法師、大都崇真萬壽宫提點。”

④ 按：虞集《道園學古録》卷二十五《河圖仙壇碑》：“（大德）三年，太上清正一宫灾，公奉旨與近侍馳驛命江浙省臣更作之，公請與宫之人各以私財佐有司之不及。”

⑤ 按：據虞集《河圖仙壇碑》，“特進”前脱“制授”二字。

下之要，在乎任賢；修身之要，在乎清静寡欲，煉形致虛，則與天地相爲長久矣。"其所爲詩文曰《看雲集》，通二十六卷，學士揭傒斯爲序。其爲薦引善良，惟恐不及；憂患零落，惟恐不盡。其推轂之力，至於死生患難，經理喪具，不以恩怨异心，則尤公之所長也。御書"閑閑看雲"四字，書明仁殿以賜，識以皇帝之寶。御史中書馬祖常、太常歐陽玄爲贊。崇文宫賜名"龍章寶閣"，賜達觀爲"玉象閣"，而御書二榜揭其上。文惠觀、河圖仙壇，命廷臣集其事以記之。公有道術而不用，救旱潦外則自韜晦，人不知其能。一日謂門人曰："吾當赴仙會。"遂無疾而逝，壽八十有二。①（《萬壽宫志》，今增。）

王壽衍，號玄覽，道人張留孫弟子。博洽無所不通，句曲外史張嗣真師也。入集賢院，封真人。壽衍見嗣真，問曰："能篆隸否？"對曰："未能。"壽衍連書七十二家以示，嗣真嘆服，即執弟子禮。（《萬壽宫志》，今增。）

明

潘道泰，號無涯子，郡千夫長潘氏從子也。年八歲，入萬壽宫學道，遇异人，授以道法。一日登厠，誦咒，誤召辛君，君怒以火筆燃其頭，頭爛，人皆呼爲潘爛頭。師不事華飾，冬夏一袷，逍遥自適。性嗜酒，嘗食犬肉，無事時酣飲酒肆中，醉即命兒置錢一文於掌中，師取其錢，或以手或以所食物就兒掌書一字，握之，撒手聲光迸裂。出則群兒隨之，得錢輒飲，餘錢復擲之，兒争取嬉笑，師亦嬉笑。景泰間，旱，郡守郭公濟命禱雨，師約以時日，命備火酒一罎、綿被、黑犬。師登壇，飲其酒，抱犬以被覆卧，日中，鼾齁也。時將至，赫日如故，郭公命呼之起，師覺，叱之曰："何可唤我，我兩處社令未至也，惜雨不遍兩郡耳。"師握劍焚符揮叱，四方陰雲驟合，雷電交作。官屬立雨中，隸人張傘蓋郭公，各官俱張蓋。師下令曰："官將何不去有司傘？"霹靂電光，掀傘蓋於空中，官民震恐。俄傾②，雨沾足。贈金帛，不受。郭公冒雷雨，遂染瘧，藥不愈，延師往護視。師以掌撫郭公背，曰："大人病瘧乎？"汗出即愈，郭公敬服，郭公曰："余志慕道法，公能以法教我乎？"師曰："篤信可教也。"遂以其書授之。維揚屬邑旱，召師往禱。邑吏貪墨，師命置一大黑鯉於釜中，令炊之，溽暑，令吏董竈下。火愈熾，雨傾如霔，咸見雲中黑龍蜿蜒。雨霽，開釜視之，水寒，鯉游如故③。真州婦産數日不下，求師符，適遇師肆中食犬肉，即以犬骨一塊命握之，囑勿示人，歸擲床下。其人渡江，語舟人，人皆笑曰："此狂怪誑汝也。"其人慚，投骨江中，霹靂震空，舟人咸驚。至家，婦已産矣，問其故，曰："偶聞雷，即産。"其人愧悔，蓋以骨擲床下作雷聲震産故也。其神异如此。人有疾患來求者，或書符與之，或咒水噀之，或以氣呵禁之，無不瘥者。核妖厲爲蕩平，化旱潦爲豐年，不知凡幾。師幼孤，其姑氏命入元爲弟子。後姑氏欲設預修，知師行高，命主醮事。師曰："某行五雷法，於科教未諳也。"姑强之，師

① 按：此文節略于虞集《河圖仙壇碑》，可參看。

② 按："俄傾"，《嘉慶丹徒縣志》卷三十一《道流》作"俄頃"。

③ 按："鯉游如故"，《嘉慶丹徒縣志》卷三十一《道流》作"鯉洋如故"。

勉應之，里人咸相謂曰：“潘仙人設醮，天神降矣。”遠邇畢集，觀之如市。及降聖，師俯伏，起曰：“某獲譴矣！衆中有孕婦不潔者，帝回鑾矣。”越三日而逝，舉棺如空，葬寶蓋山。後有客自武林來者，見師逍遥湖上，謂客曰：“爲我言於宫中友，吾今在武林，不日適武夷矣。”客見即師仙游日也，蓋尸解矣。至今人無不知其有潘爛頭者。後奉璽書封通玄五雷法官、靈濟真人。(《乾元萬壽宫志》)客見師時，師授一橐云：“爲我歸致宫中。”客携至，付其徒，展視之，乃羽化時所戴鐵冠，所著朱履，知爲尸解所遺。其裔徒什襲藏之，五百年來屢遇兵火，一無缺失，惟冠經火後略損分餘。同治五年，甘泉高棨摹爲圖，郡守趙佑宸題曰“仙道遺踪”。其裔張耕雲藏於宫中，與冠履并珍之，兼徵詩云。(今增)

郭第，字次甫，蘇人也。少意氣，豪横好游。晚游京口，自號五游子。登焦山，斬莽棘，築室二層，曰“飛雲”；又築禮斗壇、丹室，置藥竈，旁列名畫、法書、鼎彝，間手題跋，殊矯异。所交多文人，嘗冬雪掩關，三四日絶食，暖氣煦煦若蒸，弗飢也。然好飲酒，酒後坐山巔高嘯，聲動林木。夜深，冠芙蓉冠，佩劍跣足登壇上，向北斗拜禱。王世貞、李攀龍、汪道昆、屠隆輩數入山訪第，與共談當世事，輒不平。屠隆向京口故老言，第似恶嚴相國嵩，圖之而未果，因遁迹荒山，修煉形法。居數載，盡散名畫、法書、鼎彝諸玩好，焚香枯坐，無疾而逝。(《康熙志》)

曹薰，名家子，少不識字，好放鷹，破産結客。遭家難，愈無賴。及壯，之曠野，遇异人，納一丸口中，醉七日。諸年少邀薰游，忽忽無意往，人咸怪之。後春月隨衆禮茅君於茅山，至乾元觀，松鶴寂歷，但聞泉聲，愀然改容曰：“此吾故宅也。”不復還家，結茅巉岩下，瞑目趺坐百日。時閻蓬頭、李徹度皆來指示道書，薰一目便記不忘。執筆作書，形如鸞鳳，殊有翔翥之勢。有以往事問者，恍隔世矣。然聞朝野不平事，則鬚眉奮掀，議論風起。一日有丈夫從旁叱曰：“狂奴尚復爾耶！”已忽不見，乃遂自悔責，掩關寂坐。後頂門闢開，訇然有聲，現蜃樓於腦中。薰自知幻妄，復鎮以混沌，號混成子。所著有《道德》《陰符》《悟真》《參同》諸經注，并警歌百首，皆談内丹。晚年歸掃丘墓，指塘左土曰：“可瘞吾骨。向者結胎茅山，今者遺蜕爾祖之旁，出世住世兩無負矣。”年九十有三，端坐瞑目而逝。子弟哭，其尸張目叱之者三。薰長髯，人因稱爲髯仙。蓋與八紘道人同時云。(《康熙志》)

羅維，字八紘。少遇异人，指維有仙骨，遂改號夢覺子。丹經靈文，一讀輒了，聞有名師，千里必訪。中年補諸生，已遂厭去，芒鞋竹杖，肆意冲舉。於城南構蝸牛廬，秘形煉氣，大藥遂成。自後和光同塵，嚼犬肉，飲濁酒，狡童妖姬，過眼不涉。性至孝，幼哭二親，得瘵疾。暮年走若飛，目有紫光射人。注《道德經》《參同契》《悟真篇》，皆力掃外事，以清净自然爲宗。人有以黄白、男女請者，叱曰：“獨不畏火鈴將軍耶！”年八十四，忽一夕飲酒數升，曼聲歌“朝游北海暮蒼梧”而逝。殁三日，體氣温香，識者以爲尸解矣。(《康熙志》)

國朝

趙本立，字蔚如，號桐門，玉皇閣黄冠也。所居大石山房，占江山之勝，爲諸詩人往來觴咏地。本立年十餘齡，即喜親近諸詩人，習韵語，或事臨池，久之，詩與書俱工，尤與詩人萬涵少滄友善。本立既爲黄冠，頗思修楊許之業，取《參同契》《悟真篇》諸書精研之，不得其旨，蓋道家金丹之術，非遇真師不能入也。聞京師光明殿婁近垣封妙正真人，本立意其有仙家秘旨，適萬涵館於近垣所，亟稱本立之才，近垣屬涵以書召①之，遂欣然往。及見近垣，惟通正乙符録②而已，本立私念正乙之術，縱能呵斥雷電、囚鎖蛟龍，與自家性命何與。雖得近垣秘傳，不欲輕試。近垣欲留之於光明殿，令其嗣法，爲道籙司，愈與本立性不近，乃决意辭歸。歸則與諸詩人放懷詩酒，嘗嘆曰："人生縱不得仙，但日與勝友游，放情山水間，亦與仙近矣！"偶得錢，輒延諸詩人，分題拈韵爲樂。書不苟作，一得意則揮灑不休。見俗士，必逃遁。一日，僧心潭邀諸詩人飲於蕭爽閣，月正高而酒將盡，忽本立叩門大呼曰："吾趙蔚如，携酒數石來矣！"相與極歡而散。所著詩爲其弟子失去，存者數十首云。(《嘉慶志》)

蔣尊湖，銀山關帝廟黄冠。善養氣，工徽弦（見"方技"），而性峻直。咸豐三年，在揚州遇賊，不屈死。(傳見"忠義")

李虚谷，蜀人，居火星廟。嘗酒後自哭，或謂曾爲軍官而亡命者。善醫，貴家延之，步至門，門者或不識，稍阻之，即百求不至矣。能爲詩，多與郡名士游。有孤而病者，憐其死即絶嗣，非藥石所能效，乃築臺遣將，欲以術回天，爲孝服所冲，隨歸即死。(張秋榭《筆記》)

丹徒縣志卷四十五終

① 按："召"，《嘉慶丹徒縣志》卷三十一《道流》作"招"。

② 按："符録"，《嘉慶丹徒縣志》卷三十一《道流》作"符籙"。

丹徒縣志卷四十六

藝文一　書目

藝文叙

志載藝文類有關於地方之掌故，民生之利弊，山川之形勢，非徒捃摭綈緗也。今仍舊志，條其篇目，分爲經、史、子、集。賦載自唐始，詩載自六朝始，詩餘自北宋始，雜文自漢始，迄於近今，风雅代兴，洪纖畢奏，後之人求瑰瑋之秘文，當有取焉。志藝文。

按：《嘉慶志》“藝文”有六：曰書目、曰碑目、曰賦、曰詩、曰詩餘、曰雜文，但碑志各有其地，今照《康熙志》例，碑目移入“輿地”，兹則仍自書目始，分經、史、子、集四類，仍以歷代先後爲序。

經類

晋

徐邈《周易音》一卷、《古文尚書音》一卷、《禮記音》三卷、《穀梁傳注》十二卷、《傳義》十卷、《音》一卷、《五經音》十卷（以上并《隋志》)、《論語》二卷（《隋志》注）、《注尚書逸篇》三卷（《唐志》)

劉毅《答范順尚書義》二卷（《隋志》)

宋

徐廣《毛詩背隱義》二卷、《禮論答問》八卷、又十三卷、《禮答問》二卷（以上并《隋志》)

闕康之《禮論》十篇、《毛詩義》（本傳）（《嘉慶志》曰：凡傳志所載，只存書名不紀卷數者，悉引録原書，缺卷數，下并同。)

何承天《禮論》三百卷、《三禮雜大義》三卷、《迎降義》一卷、《分明士制》三卷（以上并本傳，又《隋志》)、《孝經注》二卷（《隋志》)、《纂文》三卷（《唐志》)

戴顒《禮記中庸傳》二卷、《禮大義章》七卷、《喪禮雜義》三卷（以上并《隋志》)、《月令章句》十二卷（《唐志》)

齊

劉瓛《周易乾坤義》一卷、《周易四德例》一卷、《繫辭義疏》二卷、《毛詩序義疏》一卷、《毛詩篇次義》一卷、《喪服經傳義疏》一卷（以上并《隋志》)

梁

徐孝克《論語講疏文句義》五卷（《隋志》）

徐勉《五禮》一千一百七十六卷（有上表，本傳）

鮑泉《新儀》三十卷（本傳，又《隋志》）、《六經通數》十卷（《隋志》）

何僩（按：僩，何遜從子也。舊志竟作“何遜”，誤）《孝經注》《論語注》（《何遜傳》）

宋

都郁《周易説義》十四卷、《周易體裁》十四卷（以上并《京口耆舊傳》）

艾謙《易學理窟》一卷（《京口耆舊傳》）（《嘉慶志》曰：朱彝尊《經義考》、李氏《學易記》引京口先生，不知姓氏，或者即其人與?）

沈括《樂論》一卷、《樂器圖》一卷、《三樂譜》一卷、《樂律》一卷、《春秋機括》二卷（以上并《宋志》）

俞西發《經傳補遺》三十卷（《康熙志》）

辛次膺《春秋屬辭比事》五卷（《宋志》）

元

楊如山《春秋旨（一作“指”）要》丨卷（《康熙志》）

明

蕭鳴美《周易説意》一卷、《易圖説意》一卷（俱豫章張承詔《序》）

陳應昌《卦變論》《數學參同辨正》（《千頃》）

蔣遲《易義》六卷、《易旁訓》四卷（俱蔣豫《行述》）

丁璣《洪範正誤》一卷、《四禮儀注》四卷（俱《正志》）、《大學疑義》一卷（《明志》）

丁禮《周禮補注》（《正志》）

王豫《學庸識大録》（萬曆乙巳序。《千頃》）

錢瓚《春秋略》（《康熙志》）

蕭懋光《大易説意》《毛詩編次》《四書説意》（俱《康熙志·隱逸》）

何文熙《左國注》八卷（《康熙志》）

茅溱《韻譜（一作“補”）本義》十六卷（《明志》）

笪繼良《鵝湖讀易》十二卷（《康熙志》）

顧言《易編合珠》（《家乘》）

錢密緯《春秋略》（《嘉慶志》）

國朝

錢志騶《春秋特解》十二卷（《嘉慶志》）

柳可法《春秋左氏列傳》一百卷（笪重光、王際有序）

楊廷鍵《三禮解紛》（《家乘》）

柳加長《春秋補疏》二卷（《嘉慶志》）

秦汝霖《五經音韻》《四書音釋》（俱《嘉慶志·儒林》）

何淵《經史析疑》三十二卷

張光裕《詩疑》二卷、《詩疑補》四卷、《周官考義》六卷、《春秋輯略》一卷（俱《嘉慶志》）

嚴元燮《讀易卮言》一卷

楊淮《讀易一隅》二卷（《家乘》）

韓怡《讀易傳心》、《讀詩傳謁》三十卷、《四書釋字》

何志楷《六經同字異音録》

戴守梧《禹貢注》三十卷

楊文鼎《左傳同名録》

陳宗起《經義筆存》三卷、《考工記文字同異考》一卷、《考工記鳥獸釋》一卷、《周官車制考》一卷、《丁戊筆記》二卷、《思存堂佚稿》二卷

陳維謙《周禮補注》《説文補義》

柳榮宗《説文經字異同考》十二卷、《尚書逸傳》《書經補義》

張崇蘭《古文尚書私議》三卷

戴棠《鄭氏爻辰補》六卷

蔣寶素《春秋貫》一卷

何振銑《五經集證》二十卷

左焱森《説經囈語》

柳興恩《虞氏逸象考證》二卷、《尚書篇目考》二卷、《毛詩注疏糾補》三十卷、《續王應麟詩地考》二卷、《群經異義》四卷、《穀梁大義述》一百卷、《儀禮釋宫考辨》二卷、《説文解字校勘記》

顔錫名《春秋三傳求歸類纂》二十四卷、《春秋後傳》十六卷

謝廷蘭《讀尚書隅見》十八卷、《讀毛詩》八卷、《讀四書》四卷

楊履泰《周易倚數録》三卷

李恩綬《四書説苑補》

史類

晋

徐廣《晋紀》四十五卷、《車服儀注》一卷（并《隋志》）、《史記音義》十三卷、《孝子傳》三卷（并《唐志》）

朱鳳《晋書》十卷（《隋志》）

《尚書儀曹新定儀注》四十一卷（《唐志》）

宋

《永初雜詔》十三卷（《隋志》）

《孝建詔》一卷（《隋志》）

《景平詔》三卷（《隋志》）

《元嘉副詔》十五卷（《隋志》）

《孝武詔》五卷（《隋志》）

《大明詔》七十卷（《隋志》）

《永光景和詔》五卷（《隋志》）

《泰始泰豫詔》二十二卷（《隋志》）

《義嘉僞詔》一卷（《隋志》）

《元徽詔》十二卷（《隋志》）

《昇明詔》四卷（《隋志》）

劉義慶《徐州先賢傳》十卷（本傳）、《徐州先賢傳贊》九卷、《先賢集》三卷、《兖州先賢傳》一卷、《四海耆舊傳》一卷、《海内士品》一卷、《道學傳》二十卷、《幽明録》十卷（并《隋志》）、《後漢書》五十八卷（《唐志》）

劉謙之《晉紀》二十卷（《劉康祖傳》）

劉損《京口記》二卷（《隋志》）

山謙之《南徐州記》二卷（《隋志》）

何承天《春秋前傳》十卷、《春秋前雜傳》九卷（《隋志》）、《姓苑》十卷（《宋志》）、《禮論》三百卷（本傳）

齊

檀超《十志》（《南史·文學傳》）

檀道鸞《續晉陽秋》二十卷（《隋志》）

臧榮緒《晉書》一百一十卷（《隋志》）

劉澄之《永初山川古今記》二十卷、《司州山川古今記》三卷（并《隋志》）

梁

臧嚴《棲鳳春秋》五卷（《隋志》）

王僧孺《東宫新記》、《兩臺彈事》五卷（并本傳）

徐勉《選品》五卷（本傳，又《隋志》）、《流别起居注》六百卷（本傳）、《百官譜》二十卷（《唐志》）

蕭琛《漢書文府》《齊梁拾遺》（并《府志》）

隋

鮑宏《周皇室譜》一部（本傳）

唐

孫處玄《潤州圖經》二十卷（《唐志》）

宋

辛次膺《奏議》二十卷、《箋表》十卷（并《宋志》）

沈括《天下郡縣圖》一部（《宋志》）

《京口耆舊傳》九卷（《永樂大典》，不著撰人名氏）

熊克《鎮江志》十卷（《宋志》）

曾旼《潤州類集》（《嘉慶志·文苑》）

《嘉定縣志》

《咸淳縣志》

朱叔琉《京口七原略》

元

俞希魯《潤州志》《竹素鉤玄》二十卷（并《康熙志》）

陸友米《海嶽遺事》一卷（《千頃》）

楊如山《讀史説》三卷（《康熙志》）

明

丁元吉《陸丞相蹈海録》一卷（《明志》）

丁禮《鎮江府志》（《正志》）、《郡志三餘集》（《嘉慶志·儒林》）

王樵《鎮江府志》三十六卷（《明志》）

楊琬《丹徒縣志》（《千頃》）

張祚《南徐勝槩》《諸史要論》（并《行狀》）

陳仁錫《京口紀聞》二卷（《嘉慶志》）

吕高《勘定三城録》《湖南訓規》（并《千頃》）

張萊《京口三山志》十卷（或作“三卷”）、《鎮江人物志》（《明志》）

高一福《京口三山志》十二卷（附《鹿泉》《鶴林》二寺志。《千頃》）

盛祥《春陵志》（《千頃》）

朱文《京口三山續志》二卷（《千頃》）

陶振《紫金山等三賦》一卷（《明志》）

胡經《金山志》四卷（《千頃》）

張春《焦山志》四卷（《千頃》）

都穆《潤州遊山記》二卷（《千頃》）

笪繼良《先師廟祀考》一卷（《千頃》）

韋椿《史外别言》（《正志》）

楊一清《奏議》三十卷、《東征日録》一卷、《西征日録》一卷、《車駕幸第録》二卷（并《明志》）、《吏部題稿》五卷、《吏部獻納稿》一卷、《綸扉奏議》三卷、《督府奏議》三卷、《關中奏議》十八卷、《制府經略三疏》一卷、《閣諭録》七卷（并《千頃》）

費誾《聖駕臨雍録》《瀛洲奇處録》（俱《神道碑》）

張文光《丹徒志》

何文熙《讀史緒言》二十卷（《康熙志》）

何志楷《讀史隨筆》二十卷

張拱昌《義倉濬河二議》（《康熙志》）

談允謙《三山志》（《家乘》）、《闡幽録》《山海經注》

釋淨談《金山集》三卷、《雜録》一卷（《千頃》）

釋德清《鶴林寺志》二卷（《千頃》）

釋明汧《夾山竹林寺志》一卷（《嘉慶志》）

李宏仁《乾元萬壽宫志》八卷（《嘉慶志》）

国朝

钱志騶《茶庵史記評》十卷（《嘉慶志》）

錢邦寅《歷代徵信編》《稽古稗鈔》

錢邦韶《野史紀事》

張璿《地輿集要》（《嘉慶志》）

笪重光《茅山志》十卷（《嘉慶志》）

王錫極《開沙志》（丁時霈增修，王之瑚重修①。康熙五十二年陳士鑛序）

張光裕《史漢卮言》一卷

釋行海《金山志》四卷

盧見曾《金山志》十卷、《焦山志》十二卷（《嘉慶志》）

柳加長《三通辨證》（《家乘》）

顧沅《重修焦山志》

何絜、程世英同修《江南通志稿》

何絜、程世英同修《丹徒縣鮑天鍾志》《府志》②

馮錫宸《節孝傳略》四卷

法重正《史獵》

盧見曾《金山續志》四卷

楊淮《史論集評》（《家乘》）

鄧煊《京口先正典型》一卷（存府學）

蔣宗海《邑志稿》

---

① 按："丁時霈增修，王之湖重修"原列正文，今依例改爲小字夾注。

② 按：此條文字似有訛誤，或當作"鮑天鍾、何絜、程世英同修《丹徒縣志》"。

《寶晉書院志》九卷（《嘉慶志》，丹徒令貴中孚撰，鎮江守周樽重修）

李御《恒山志略》一卷（《嘉慶志》）

釋碩庵《焦山志》（大學士張玉書序。《嘉慶志》）

釋宏乘《名勝録》（《金山志》）

王豫《焦山志》

何志楷《讀史隨筆》二十卷

釋了璞《北固山志》十二卷、《象山志》一卷

法芝瑞《歷代史論》《甲子紀年表》

陳宗聯《增訂節孝祠譜》

張宗海《五代兵略》八卷

朱梓《潤東雜志》

楊棨《京口山水志》十八卷、《壬寅孝烈録》《圍城記》

謝啓琨《銅鼓考》一卷

蔣名甲《讀史著類》十卷

吉祥生《焦東志》

蔣寶素《儒林正紀》二十四卷、《史略》二卷

何振銑《地理志》三卷

柳興恩《劉向年譜》二卷、《史記校勘記》《漢書校勘記》《南齊書校勘記》《輔治要略》

解爲幹《芻蕘記》

顔錫名《京江忠義》《節烈録》各二卷

謝恩浩《再生記》

楊履泰《壬寅見聞録》

戴燮元《東牟守城紀略》一卷

李恩綬《續聖賢群輔録》

謝廷蘭《讀史隅見》四卷

子類

周

環淵《環子》上下二篇（《史記·田敬仲世家》。又注：又《孟子傳》，又《五音集韻》）

環齊《要略》（《五音集韻》）

晉

徐廣《彈碁譜》一卷（《隋志》）

徐邈《莊子音》三卷、《莊子集音》三卷（《隋志》）

宋

武帝所傳《神人書黄帝兵法》一卷、《雜兵法注》二十四卷、《兵法序》二卷（并《隋志》）

明帝《香方》一卷（《隋志》）

何承天《皇覽》一百二十三卷、《宋元嘉曆》二卷、《曆術》一卷、《驗日食法》三卷、《漏刻經》一卷（《隋志》）、《後漢待詔》三卷（《嘉慶志》曰：《隋志》在子類，未詳何書）

劉義慶《世説新語》八卷（《隋志》本傳作"十卷"）、《小説》十卷（《唐志》）

齊

臧榮緒《續洞冥記》一卷（《隋志》）

梁

徐勉《華林遍略》六百卷（《唐志》。舊書作《華林編略》）、《會林》五十卷（本傳）

劉孝標《注世説》十卷（《隋志》）

馬樞《道覺論》二十卷（本傳）、《學傳》二十卷（《唐志》）

王僧孺《百家譜》三十卷（《隋志》）、《十八州譜》七百十卷（《唐志》作"七百十二卷"）、《百家譜集抄》十五卷、《東南譜集抄》十卷（并本傳）

劉勰《文心雕龍》五十篇（《南史》。又《隋志》《唐志》俱作"《劉子》十卷"，故編入子集）

陳

徐陵《文府》七卷、《名教》十卷（《唐志》）

韋鼎《韋氏譜》十卷（《唐志》）

唐

權德輿等《元和格敕》三十卷（《唐志》）

宋

刁衎《治道中術》三卷（《宋志》）

沈括《熙寧詳定諸色人廚料式》一卷、《熙寧新修凡女道士給賜式》一卷、《諸敕式》二十四卷、《諸敕令格式》三十卷、《志（"志"，疑作"忘"）懷録》三卷、《良方》十卷、《夢溪筆談》二十五卷、《補筆談》四卷、《續筆談》一卷、《清夜録》一卷、《熙寧奉元曆經》三卷、《立成》十四卷、《備草》六卷、《比較交食》六卷（并《宋志》）

米芾《書史》一卷、《畫史》一卷、《海嶽名言》一卷、《寶章待訪集》一卷（并《宋史》）、《硯史》一卷（《硯譜》）

顧元慶《瘞鶴銘考》一卷（《千頃》）

蘇頌《魯衛信録》（本傳）、《校本草圖經》二十卷、《渾天儀象銘》一卷（并《宋志》）、《邇英要覽》

艾謙《治古事類》二十五卷（《墓志》）

許開《志隱類稿》（《宋詩紀事》）

俞德鄰《佩韋齋輯聞》四卷（《康熙志》）

堯允恭《德安堂方》一百卷（《康熙志》）

陳龍輔《傳家至寶》三十卷（《京口耆舊傳》）

明

鄭霦《孫子本義》《吴子增釋》

張萊《扶輿正氣録》

錢寶《醫案運氣説》（《正志》）

錢原濬《集善方》二十六卷（《正志》，一作“三十六卷”）

何瑭《醫學管見》（《千頃》）

胡信《齊東野録》（《正志》）

鍾嗣成《録鬼簿》

蕭懋光《射訣纂要》（《康熙志·隱逸》）

顧言《奏雅編》二卷（《千頃》）、《道學正宗》（《家乘》）

周鑑《將略標》《孫子緯》《金湯借箸》《祥刑二要》《金剛經解》（《家乘》）

陳應昌《天文躔次》《歲時占驗》《天文地理圖説》（《千頃》）

國朝

何嬪《傷寒全生論》一卷（《嘉慶志》）、《傷生全生集》五卷（《家乘》）

錢邦寅《家課提編》

錢邦韶《太乙籤》

何淵《内外證治大全》四十八卷（《家乘》）

張璿《叢集要略》《齊家要略》《通俗喪禮》《醫宗制沿圖》（俱《嘉慶志》）

何飛《慈幼論》一卷（《家乘》）

何游《醫學折衷論》十卷、《何氏十三方注解》一卷、《醫案》四十卷（俱《嘉慶志》）

毛志道《六壬經緯》（《嘉慶志》）

周宗藩《讀書鑑》三百二十卷

笪重光《書筏》一卷、《畫筌》一卷（《嘉慶志》）

何均《醫學緒言》一卷（《家乘》）

何金琇《金丹正理》二卷（《家乘》）

張弨《瘞鶴銘攷》一卷（《嘉慶志》）

何金瑄《何氏本草纂要》八卷（《家乘》）

汪士鋐《瘞鶴銘攷證》一卷（《嘉慶志》）

張光裕《桑榆雜著》一卷（一作“二卷”）

柳尹《語録古文》

李文榮《知醫必辨》

法嘉蓀《養疴讕語》

張學仲《秋榭雜著》一卷

戴守梧《蓮花字母》

釋性海《普明觀法》一卷、《宗鏡目録》二卷、《海門合刻》二卷、《畢竟昆尼》二卷、《出世上上禪》一卷

繆鐄《心得餘篇》《傷寒一百十三方精義》

張度《感應篇勸戒文二十條》

陸獻《蠶桑輯要》《横閘改建議》

戴楫《讀書録條貫》十三卷、《續録》十三卷、《薛子條貫篇》《小學人子禮》《文昌孝經注》《吕祖説孝書》

何渌《脈法心參》二卷、《臟腑發明》《運氣纂要》各一卷（《家乘》）

蔣名甲《醫林叢話》四卷

何龍池《醫學管窺》十二卷（《家乘》）

何楨《曉源醫略》九卷（《家乘》）

何樹功《金生鏡》六卷、《仰日堂醫案》十六卷（《家乘》）

蔣寶素《醫略》八十一卷、《問齋醫案》五卷、《傷寒表》一卷、《證治主方》一卷、《醫林約法三章》《五字經》、《詩略》《文略》《將略》各一卷

趙克宜《增補類腋》《蘇詩評注》

朱梓《小學節録直解》《啓蒙對字》《字體辨訛歌》《普勸蠶桑説》

楊文慶《學堂備覽》一卷

沙石安《醫原雜記》一卷、《傷科補苴》二卷、《蠶桑法》二卷

戴肇辰《求治管見》一卷、《續》一卷、《從公録》一卷、《續》二卷、又《三録》一卷、《學仕録》十六卷

戴槃《宦游記略》二卷（碑刻浙省）

戴櫄《弈贯》二卷

顔錫名《屈騷求志》五卷

楊履泰《潮汐説》《事物徵心録》《句股致用》各一卷、《句股循序》八卷

集類

晉

徐邈《楚辭音》一卷、《集》九卷（《梁》二十卷，《録》一卷，并《隋志》）

《劉毅集》二卷、《録》一卷（并《隋志》）

宋

《武帝集》十二卷（《梁》十二卷①、《録》一卷，《隋志》）

《文帝集》七卷（《梁》十卷，《隋志》）

《孝武帝集》二十五卷（《梁》三十一卷、《録》一卷，《隋志》）

《廢帝景和集》十卷、《録》一卷（并《隋志》）

《明帝賦集》四十卷（《隋志》：《樂器賦》十卷、《伎藝賦》六卷，亡）、《詩集》四十卷（《隋志》）

《皇帝瑞應頌集》十卷（《唐志》）、《五都賦》五卷（《唐志》）

《臨川王道規集》四卷、《録》一卷（《隋志》）

臨川王義慶《集林》一百八十一卷（《梁》二百卷，《隋志》）

《義慶集》八卷（《隋志》）

《長沙王道憐集》十卷、《録》一卷（并《隋志》）

《江夏王義恭集》十一卷（《梁》十五卷，《録》一卷，《隋志》）、《江夏王集別本》十五卷（《隋志》）

《衡陽王義季集》十卷、《録》一卷（《隋志》）

《南平王鑠集》五卷（《隋志》）

《竟陵王誕集》二十卷（《隋志》）

《建平王休祐集》十卷（《隋志》）

《新渝惠侯義宗集》十二卷、《賦集》五十卷②（《隋志》）

《何承天集》二十卷（《梁》三十二卷，《隋志》）

《徐廣集》十五卷、《録》一卷（并《隋志》）

齊

《徐孝嗣集》十卷（《隋志》）

《劉瓛集》三十卷（《隋志》）

《劉璡集》三卷（《隋志》）

《諸葛璩集》二十卷（《隋志》作“十卷”）

---

① 按：“十二卷”，《隋書》三十五《經籍志四》作“二十卷”。

② 按：原作“《新渝惠侯賦義宗集》五十卷”，据《隋志》改。《隋書》三十五《經籍志四》：“《新渝惠侯義宗集》十二卷”、“《梁》又有《赋集》五十卷，宋新渝惠侯撰”。

梁

徐勉《前集》三十五卷、《後集》十六卷并序録（《隋志》本傳作《前後集》四十五卷）、《左丞彈事》五卷、《齊太廟祝文》二卷、《婦人集》十卷（并本傳）

《王僧孺集》三十卷（《隋志》）

《何遜集》八卷（本傳。《隋志》《唐志》作“七卷”）

《江革集》六卷（《隋志》）

《何思澄集》十五卷（本傳）

《何子朗集》（卷缺，本傳）

《鮑泉集》一卷（《康熙志》①）

《臧嚴集》十卷（《康熙志》）

徐悱②妻《劉令嫻集》三卷（《隋志》）、妻《劉氏集》六卷（《唐志》）

劉臻妻《陳氏集》五卷（《唐志》）

任昉《贈樂海王僧孺詩》（本傳）

陳

《徐陵集》三十卷、《陳郊廟歌辭》二卷③、《玉臺新詠》十卷（并《隋志》）、《六代詩鈔》四卷（《唐志》）

隋

《鮑宏集》十卷（本傳）

唐

權德輿《童蒙集》十卷、又《集》五十卷、《制集》五十卷（并《唐志》）

李紳《追昔游集》三卷、《批答》一卷（并《唐志》）

戴叔倫《集述藁》十卷（《唐志》）

許渾《丁卯集》二卷（《唐志》。《全唐詩傳》作“十一卷”）

殷璠《丹陽集》一卷、《河嶽英靈集》二卷（《唐志》）

《陶翰集》（《唐志》）、《詩》一卷（《宋志》）

《包融集》（《全唐詩》小傳）

《殷遥集》（辛文房《唐才子傳》）

包佶《丹陽集》（辛文房《唐才子傳》）

宋

《曾肇集》四十卷、《西垣集》十二卷、《元祐制集》十卷、《曲阜外集》三十卷、

---

① 按：《鮑泉集》實見《隋書》卷三十五《經籍志四》：“梁平北府長史《鮑泉集》一卷。”

② 按：“悱”，《隋書》卷三十五《經籍志四》作“俳”。

③ 按：“二卷”，《隋書》卷三十五《經籍志四》作“三卷”。

《奏議》十二卷、《庚辰外制集》三卷、《内制集》五卷（并《宋志》）
《蘇庠集》三十卷（《宋志》）
沈括《長興集》四十一卷、《編集賢院詩》二卷（并《宋志》）
《蘇頌集》七十二卷、《略集》一卷（并《宋志》）
蘇景璋《芝山集》十二卷（《康熙志》）
《蘇炤集》（《康熙志》）
米芾《山林集》十卷（《宋詩紀事》）、《拾遺》八卷（《宋志》）
俞德鄰《佩韋齋集》十六卷（熊本《序》，《康熙志》）
宗澤《忠簡公集》四卷、《忠簡遺事》三卷（《家乘》。《四庫書目》作“八卷”）
周孚《蠹齋集鉛刀编》三十卷（《永樂志》）
艾謙《澹軒類稿》三十卷、《古文叢珍》五十卷（《墓志》）
張頡《菊坡集》（《康熙志》）
《堯允恭集》二十卷（《康熙志》）
孫吴會《煮石吟稿》（《宋詩紀事》）
朱南杰《學吟》一卷（《宋詩紀事》）
《霍箎集》一卷（《康熙志》。按：《嘉慶志》誤作“黄箎”）
張榘《芸窗詞》一卷（《御選歷代詩餘》）
《陳膺集》（《康熙志》）
曾旼《潤州類稿》十卷（《宋志》）
梁棟《隆吉詩鈔》（胡迺《序》）
熊克《京口詩集》十卷（《宋志》）
趙晟《金山詩》一卷（《宋志》）
《田曉集》（《嘉慶志·文苑》）
釋祖可《東溪集》十三卷（《康熙志》）

元

俞希魯《聽雨軒集》二十卷（《康熙志》）
湯炳龍《北邨集》（《康熙志》）
高皓孫《屠龍集》十卷（《康熙志》）
郭畀《快雪齋集》（《康熙志》）、《客杭日記》一卷（《嘉慶志》）
郭景星《寓意齋文稿》（《康熙志》）
顧觀《容齋集》二卷（《康熙志》）
謝震《望雲稿》（《正志》）
陳方《孤篷倦客集》（《嘉慶志》）
楊如山《詩集》十卷（《千頃》）
丁鶴年《海巢集》三卷（《千頃》）

蕭漢傑《友山集》(《康熙志》)

朱文瑛《北固山人集》(《嘉慶志·文苑》)

盛祥《寅清集》十卷、《逆耳集》一卷(《正志》)

岳伯川、羅光遠《夢斷楊貴妃》《吕洞賓度鐵拐李》傳奇二種(《嘉慶志》)

明

胡清《澹庵集》(《正志》)

費誾《自考集》《詔笑集》《向陽書舍稿》《補庵稿》(并《神道碑》)

唐成《天慵集》二十卷、《京江遺響》四十卷("遺",《千頃》作"逸")、《瓢稿》十卷(并《正志》)

楊一清《石淙類稿》四十五卷、《詩集》二十卷(《千頃》)

靳貴《戒庵集》二十卷(《明志》)、《抑誦齋文稿》四十卷、《詩》八卷、《正内編》六卷(《正志》)

鄔紳《中憲集》六卷(《明志》。《千頃》作"四卷")

何旻《京江小梅詩稿》四卷(《家乘》)

鄔佐卿《芳潤齋集》九卷、《纏頭集》十卷、《金陵篇》一卷(并《千頃》)

張萊《心庵集》《江山鍾秀集》(并《嘉慶志》)

茅溱《四友齋集》十卷(《明志》)

吕高《江峯漫稿》十二卷(《明志》)

韋椿《考槃集》《自鳴稿》《秋山漫稿》《答客言》(并《正志》)

張拱昌《燕游草》《入蜀吟》《歸來率筆集》(并《康熙志》)

《丁元吉集》六十四卷(《正志》。一作"一百四十卷")

丁禮《三餘集》《蘭室吟稿》(并《嘉慶志》)

丁璣《補齋集》十卷(《正志》。《千頃》作"八卷")

戈鎬《鳳臺集》(《正志》)

李熹《冰蘖稿》《琴清集》(并《正志》)

俞圭《三復齋文集》(《正德志》)

吴淵《拙庵集》(《正志》)

畢昇《慎齋稿》(《正志》)

俞桂《霽野漫稿》(《正志》)

湯允勣《風雅遺音》《蛙池鼓吹》《五雲漫稿》《演雅新聲》《六禮香奩》《東谷遺稿》(并《正志》。《千頃》:《東谷遺稿》十三卷,又有《五雲清唱》)

《吴芊遺稿》(《康熙志》)

《修謹集》(《康熙志》)

《錢志騫集》(《康熙志》)

郭第《廣篇》(《千頃》)

陳永年《懶真集》四卷（《千頃》）

倪嘉慶《靈潭集》《計樞銓諫棘遁諸草》（《千頃》）、《嘯峯五鐙語録》（《康熙志·隱逸》。倪，後爲僧，號嘯峰）

談允謙《樹蘐草堂集》（《千頃》）、《李賀詩注》《山海經注》（《家乘》）①

潘一桂《木公集》六卷（《千頃》）

張覲宸《培風閣遺稿》一卷（《嘉慶志》）

潘陸《穆溪詩草》（《康熙志》）

鄔仁卿《駢語集》（《嘉慶志》）

刘輪《撚須集》（《嘉慶志》）

章詔《遯園集》（《嘉慶志》）

錢寶《復齋集》（《嘉慶志》）

釋明賢《上方集》（《千頃》）

釋元棟《焦山五宗昌法録》（《焦山志略》）

國朝

錢邦芑《他山詩選》四卷、《十年堂詩選》一卷、《蕉書》四卷（《嘉慶志》）

錢邦韶《太乙籤野史紀事》②

錢邦寅《明詩鈔》《若華堂詩草》《楚游草》《稽古稗鈔家課提綱》③（并《嘉慶志》）

秦汝霖《杜律注》（見《儒林》）

何應仕《白雪齋詩文集》八卷（《家乘》）

何金蘭《揖石草堂詩集》六卷（《家乘》）

周綱《文選集注》六十四卷、《類苑提綱》一百卷、《行笈必攜》三十卷、《瓠庵文選》五十卷、《後八大家文鈔》八十卷、《秋吟集》（《家乘》）

冷士湄《江泠閣詩集》十二卷、《文集》四卷、《清風劍》一卷（并《嘉慶志》）、《緒風吟》

何絜《晴江閣詩集》八卷、《文集》二十二卷（并《嘉慶志》）

張九徵《閩游草》《艾衲亭存稿》《文陸堂文稿》（本傳）

章性良《種學堂詩文集》十卷（《嘉慶志》）、《詹詹吟》《交翠亭集》

何金蘭《桐署集》三卷、《桐溪唱和集》一卷（《家乘》）

張玉書《詩文集》十二卷④（《欽定四庫書目》）

張鵬《寧遠集》（《嘉慶志》）

---

① 按：原缺《山海經注》及出處《家乘》，據《嘉慶志》卷三十二《書目》補，當歸入“經類”。

② 按：此條原缺，據《嘉慶志》卷三十二《書目》補。

③ 按：《稽古稗鈔家課提綱》原缺，據《嘉慶志》卷三十二《書目》補。

④ 按：《四庫全書總目》卷一七三《集部·別集類二六》有《張文貞集》十二卷，實爲文集。又卷一八二《集部·別集類存目》九有《張文貞外集》二卷，亦後人掇拾之存文，皆未涉詩。

柳加長《易安軒詩文集》
夏慎樞《萬間堂集》一卷（《嘉慶志》）
何金驤《南劍草》一卷（《家乘》）
張冕《青山莊社集》一卷（《嘉慶志》）、《艾衲亭詞鈔》
程兆熊《澡雪吟》三卷
王厚《粤游草》一卷
王連城《遺草》一卷
何金鈺《梅花百詠》一卷（《家乘》）
柳可蔭《蓉軒集》
何鐵《秋墳集》八卷（《家乘》）
裴之仙《詩》一卷（《嘉慶志》）
張景蔚《銕墨堂集》二卷（《嘉慶志》）
秦之鑑《翻西厢》《賣相思》傳奇二種（《嘉慶志》）
何志彬《春暉吟稿》八卷（《家乘》）
劉上駟《漪園草》一卷、《洗情草》一卷①、《蜀道紀行詩》一卷（《嘉慶志》）
何志楷《桐蔭集》八卷（《家乘》）
張宏敏《雙桐軒集》六卷（《嘉慶志》）
祝應瑞《見山樓集》一卷（《嘉慶志》）
余京《江干詩集》四卷（《嘉慶志》）
鮑皋《海門初集》十卷、《二集》《三集》三十卷（《嘉慶志》）
張曾《石帆詩鈔》八卷（《嘉慶志》）
何華《愛羽集》一卷（《家乘》）
張學林《圖東學詩集》十六卷（《嘉慶志》）
楊淮《李杜集旁注》
何鵬霄《自怡詩草》二卷（《家乘》）
法重正《汨餘集》八卷、《裁雲樂府》《箇齋隨筆》
何如桐《海國堂音》一卷（《家乘》）
李天塹《湛露堂詩鈔》
管兆桂《詩》四卷
何如棽《丹山遺稿》四卷（《家乘》）
高從龍《韻典析疑》四卷
陳尚志《清新樓詩集》一卷
陳德裕《筠心堂集》《汲泉詩草》

① 按："一卷"，《嘉慶志》卷三十二《書目》作"二卷"。

何夢熊《覆瓿草》一卷（《家乘》）

陳鏊《聊徐集》

陳兆琛《澹皆詩鈔》

萬涵《櫟堂詩鈔》四卷、《鴻鶴山房詩》一卷（《嘉慶志》）

殷成柱《雙榴館隨筆》、《鶴邨詩鈔》二卷（《嘉慶志》）

柳蓁《舌耕齋稿》

何堃《秋雨詞》二卷（《家乘》）

張若[illegible]《百泉漁長詩集》、《蒙拾集》四卷

郭家駒《立齋詩遺》四卷（《嘉慶志》）

李御《北游夜鈔》一卷、《丁香館集》二卷、《懷人絶句》一卷（《嘉慶志》）

袁乾《笠山詩鈔》四卷（《嘉慶志》）

程夢湘《松廖山館集》十卷、《續集》十卷、《粤東游草》二卷（或作“三卷”。并《嘉慶志》）、《氿上吟》一卷

釋林皋《宗門成範》四卷（《正源略集》①，《嘉慶志》）

釋鐵夫《耕煙詩鈔》（章性良《序》，《嘉慶志》）

道士趙本立《遺稿》

江元謙《陸劒南詩選》

王文治《夢樓詩集》二十四卷

鮑之鍾《論山詩集》十五卷、《詩餘》一卷

张秉钧、秉锐《萱寿堂同懷遺集》各六卷

戴純《春萍集》十二卷

嚴元燮《淮海清風詩集》《江上詞源古文集》

張崟《晴佳閣書畫摘鈔》、《逃禪閣詩集》八卷、《文集》二卷

李豫《悦亭詩鈔》二卷

沈沆《列岫閣文集》《寸草吟百首》

汪廷楷《西行詩草》二卷

閨秀王瓊《愛蘭書屋正續集》五卷、《曲江亭唱和集》一卷、《同音集》二卷、《名媛詩話》四卷

閨秀陳蕊珠《課選樓合稿》

閨秀周素貞《傳經閣遺稿》

閨秀鮑之蘭《起雲閣吟稿》四卷

閨秀鮑之蕙《青娱閣吟稿》六卷

閨秀鮑之芬《葯繽吟稿》《海天萍寄吟稿》《三秀齋詞稿》

---

① 按：出處書名原缺，據《嘉慶志》卷三十二《書目》補。

何佳珣《味茗書屋詩稿》
張鉉《飲緑山堂詩集》
解檏《褒山楼集》、《芻蕘記》二卷
張深《悔昨軒集》四卷
何鈞《冬芳山館詩集》四卷
楊試昕《清響閣集》《棣華吟館集》
楊鑄《自春堂集》十二卷
茅元輅《香草堂集》
嚴元燮《南岑詩稿》
嚴學淦《海雲堂集》
閨秀駱綺蘭《聽秋軒詩集》三卷、《贈言》一卷
吴樸莊《簾波阁集》
鮑文逵《野雲詩鈔》十二卷
張學仁《青苔館集》八卷、增訂《杜詩律》、輯《京江耆舊集》
顧鶴慶《弢庵集》十四卷、《天台游記》二卷
錢之鼎《三山草堂集》十二卷、《繡笙詞》二卷（又名《雙花閣》）
王豫《種竹軒詩文集》二十一種
應讓《學吟偶存》《燕軺倡和集》《蜀軺倡和集》《澹雅山房詩鈔》《京江七子同音集》
鮑遵《舞鶴山房詩鈔》
鮑通《紅蕉館遺稿》
戴縉《補堂詩文集》
戴天錫《聽松軒初、二集》四卷
袁亨《雲峯诗钞》一卷
唐培英《觀我齋集》
張山《伯山詩鈔》一卷
嚴保庸《問樵集》、《同心言》《奇花鑑》《紅樓新曲》三種
嚴城《鐵生詩文集》
清瑞《江上草堂詩》一卷
趙念祖《自娱草》二卷
戴守梧《陳篋集》《青萍劍傳奇》《桐孫行篋草》
戴彦升《陳室遺稿》一卷
唐庸《倦遊草》二卷、《寄屐草》三卷
茅潤之《挹青閣吟稿》六卷
張世清《誦芬軒爐餘草》五卷

李寶緗《緺雲樓詩鈔》一卷
戴岑《客游草》十卷
閨秀趙鳳《巢雲吟館詩集》四卷
朱士龍《月樵詩集》
閨秀张闺文《天欽室詩集》一卷
左焱森《灰餘吟草》
張瀓《匏邨詩草》
張灝《秋吟山館集句》《稼邨遊草》
張澐《米邨詩草》
趙允泰《魯巖詩賦文鈔》六卷
劉植《芸若文集》
張煜《感應篇注證訓子録》一卷
吴燿《地山草堂集》《尚絅齋文集》
嚴文茂《蟻穿九曲珠》一篇
劉懷祖《薌巖詩賦鈔》二卷
魯湘《休休吟館遺稿》一卷
殷焯《課雨山莊文集》四卷
魯慶恩《退思室詩鈔》一卷
孫蘭居《詞鈔》
繆鑌《西征草》一卷、《西泠草》一卷、《香山詩選》四卷
錢藻濂《吟安詩詞鈔》二卷
歐陽楝《容安齋詩集》
李榮《留雲軒詩鈔》二卷
戴澤《停雲集》（上、下）二卷
周仲安、仲寬《二樂齋詩鈔》三卷
朱麟《三山草堂詩鈔》一卷
趙元益《深柳堂詩集》五卷
韓爲楨《蘭畦小集》四卷
何金《自怡軒詩稿》一卷
何鴻侶《茶軒詩稿》二卷
趙霖《東行雜詠》一卷
楊棨《蜨庵詩鈔》《蜨庵賦鈔》
曹士庚《黄梅花館詩集》
張崇蘭《悔廬文鈔》六卷、《悔廬詩鈔》四卷、《夢溪棹謳》一卷
包國璋《文稿》二卷、《來青閣賦鈔》二卷、《詩鈔》一卷

趙克宜《角山樓集》六種
韓嘉禾《墨莊詩集》
殷佳實《梅花書屋詩草》二卷
宋佳樹《半邨詩集》十卷、《紅春館詩餘》二卷
釋慧超、悟霈、清恒《三上人詩》（王豫選）
釋露芳《蕭爽閣诗集》
释性海《淨土诗》一百首、《反約集》一卷、《拾遺》二卷
釋自律《乳秋詩集》
釋悟霈《擊竹山房詩集》
釋如愚《石雷吟草》六卷
釋了璞《韞庵詩詞集》《清夢軒詩詞選》各二卷
釋清恒《借庵詩集》十卷
談安愷《瘦碧軒吟草》一卷
張學仲《雞跖集》二卷
王斗文《竹里詩鈔》八卷
張宗海《繭室集》八卷
張世清《誦芬軒詩鈔》五卷、《燼餘草》一卷
章炳蘭《無盡藏齋詩文集》《藉花吟館賦草》①
張坦《賞雨軒詩稿》一卷
蔣名甲《五峰草堂詩鈔》十卷、《詠史詩鈔》《劫餘詩草》《劫餘文鈔》
楊文慶《寄硯軒古文》二卷、《詩》一卷
閨秀殷月樓《吟香閣詩鈔》二卷、《�仙賸稿》二卷
閨秀張友書《倚雲閣詩詞》各三卷
陳世箴《敏求軒述記》十六卷
許桂森《薌岩詩鈔》
朱梓《宋元明詩選》《校訂秋江集》《聘棠館詩文集》
陳國華《巢雲吟館集》
楊元慈《石潭詩存》二卷
鄭小康《壯遊吟初、二集》
張掄奎《谷受齋詩集》一卷
程祖潤《妙香軒集》
柳守原《迴瀾集》二卷、《黄山游記》《黄山游草》各一卷
吴啓昌《逸廛詩鈔》二卷

① 按：“《藉花吟館賦草》”，當作“《藕花吟館賦草》”。詳見前卷三十四《文苑二·章炳蘭傳》。

丁紹周《蜀遊草》、《浮玉山房文鈔》一卷①、《浮玉山房詩賦鈔》二卷②

何振銑《國朝詩選》六卷③、《蘇詩選》二卷、《詩稿》六卷

戴燮元《聽鸝軒詩鈔》十六卷

王蔭槐《過學齋集》《蠙廬詩鈔》

李順祥《桂叢書屋詩文集》

殷宗洛《震樓古文鈔》

卞文光《雲津文稿》

支清佐《擬古百詠》

李黼猷《静觀齋集》

支昭鼎《遺稿》

劉炳勳《悟雲山館詩草》五卷、《雩麓山堂群讌集》二卷

馮春《字書音注》四十卷、《同字異音箋》四卷、《音注指南》十二卷

解爲榦《京江事蹟詩選》《題解氏家集詩》

趙增《飲渌軒楹聯》一卷、《詩草》二卷

戴椝《聽鸝山館文賦詩鈔》各一編

柳興恩《達心齋詩文集》《宿壹齋詩文集》

賈松年《蕭艾堂詩集》四卷、《擬樂府歌辭》一卷、《夢漁棹歌詞》一卷

韓弼元《翠岩室古愚詩集》

趙彦俞《瘦鶴軒詩餘》二卷

趙彦修《畫中九友歌》一卷

趙彦傳注《馬湘帆唐絶詩選》、注《姚姬傳唐宋詩選》

羅志讓《億堂文鈔》二卷、《詩鈔》十六卷、《江潭漁唱詞集》三卷

楊履泰《耕心書屋叢稿》八卷、《詩存》十二卷

李士林《留春館吟草》一卷

高壽昌《拙齋詩稿》四卷

李恩綬《尚友録刊誤》《續京口耆舊傳》《江鄉詩人小傳補》《訥盦文》《信天翁室詩存》

谢廷蘭《朱子晚年定論考證》一卷、《湘谷古文初稿》、《續稿》十六卷、《吟稿》四卷

戈煌《南華發蒙》一卷、《勾股要畧》一卷、《補園詩鈔》一卷、《詞選》二卷

包桂生《問經堂印譜》八卷

① 按：卷數原爲小字夾注，兹據體例改。
② 按：卷數原爲小字夾注，兹據體例改。
③ 按：卷數原爲小字夾注，兹據體例改。

閨秀趙静貞《紀恨吟稿》一卷

閨秀趙莊玉《柏舟室存草》一卷

丹徒縣志卷四十六終

丹徒縣志卷四十七

藝文二　賦

唐

白芙蓉賦（有序）　李德裕

金陵城西池有白芙蓉，數萼盈尺，皎如霜雪。江南梅雨麥秋之後，風景甚清，漾舟綠潭，不覺隆暑；與佳客泛玩，終夕忘疲。古人惟賦紅蕖，未有斯作。因以抒思，庶得其仿佛焉。（原注：金陵，謂潤州。城西綠潭，即放生池也。）

朱明夕霽，佳木凝陰，蘭未歇其秀色，鳥尚流其好音。泛迴塘兮清景暮，環修渚兮碧流深。誠有感於逝節，更新得於賞心。是時黛葉已繁，瓊英始發，摇瑞彩於波上，挺纖莖於蘋末。忽疑巨蚌濯漪，暫睹其明月；復似處子映松，遥覿其冰雪。焕列宿於長河，耀良玉於方折。點白露於葭菼，散飛鴻於林樾。予乃鼓輕枻，入澄瀛。度柳杞，越蘭蘅。裵裒容與，放志遺榮。近汀洲而菱密，出蓮徑而潭平。飛㶉鶒，起鵁鶄。揮水珠而濺葉，動波文而抗莖。傳羽巵而適性，合金絲而寫情。管度風而音遠，歌臨流而轉清。既而稍憩川陰，暫浮霄外。極望漪瀾，静無夕靄。又如游女解佩於漢曲，宓妃采蓮於湍瀨。舒蘊藻以爲席，倚芰荷以爲蓋。登巧笑之芬芳，感佳期之來會。嗟夫！楚澤之中，無蓮不紅。惟斯華以素爲絢，猶美人以禮防躬。銀輝光而流濁，玉精氣而舒虹。雖有貴其符采，且未匹其華容。由是南國之姝，以爲麗觀。延華頸於沿泚，曳羅裙於磯岸。且謂降懸實於瑶池，徙靈根於天漢。悵霄路兮永絶，與時芳兮共玩。聽高柳之蚤蟬，悲此歲之過半。彼妍姿之昭灼，待風雨而消散。乃爲歌曰："秋水闊兮秋露濃，盛華落兮嘆芙蓉。菖花紫兮君不識，萍實丹兮君不逢。想佳人兮密静處，顔如玉兮無冶容。"

招隱寺賦　劉乾

其始穿竹田以行，崎嶇詰曲，十餘里而後至。草木幽异，猱猿下來，空谷無人，水流花開。寺門東向，趾古構新。茅茨接於碧瓦，畫墻見乎苔侵；青山濬乎吾慮，潭影空乎人心。噫，予何來之晚也！寺之東南，山氣森肅。泉名虎跑，石泓萬斛。色若漬藍，聲如戛玉；下注三坎，雷奔雪觸。懸崖赴壑而不危，附川到海而氣足。嗚呼，奇哉！古人之文，流出肝肺，混混而不竭者，甚有似於斯，而今也不在。於僕舊聞有昭明太子，昔曾養晦讀書於此，安得起九原而與之言哉！忽然，天風吹衣，林木清嘯。仙邪？鬼邪？萬竅叫邪？客有五人者，携壺促予披雲上征，求所謂讀書臺而吊之。立孤峰以展眺，探古洞而搜异，拂蘚文之午封，悵石章之滅既。雲冉冉以閑飛，松飂飂而晴吹。驚怪木之如龍，悦鳥語之禪味。悟我生之無始，卑佛書之揭諦。假使昭明之猶在，將謂此語之不易。彼既與未死而俱往，吾故乘元化而再至。臺之上兮多月明，臺之下兮古道不可行。茅山青兮練湖平，美人不復兮我心如縈。遂與客躡雲根，緣鳥道，踞磐石而坐焉。烟霞極目，其平如席。殘陽一片，萬屋露脊。參蒼間赭，如畫如織，閲大塊之文章，嘆斯游之奇迹。已而，悲風凄其四起，瞑色合乎寒城。客待予而俱返，别遣謝乎山靈。

元

游朱方賦　朱德潤

丁亥之冬，僑寓朱方。客有談江山之勝，約予重游焉。於是携酒肴，摳衣躡屩，縱步山城之下。殘雪既消，寒烟弄晴。長江浩瀚，海門東傾。西連建業，北眺廣陵。碧樹參差，嵐光相縈。浮玉峙於中流，焦阜屹其棱層。甘露構而多景扁，華陽逸而瘞鶴銘。山横北固，水潔中泠。西津喧兮歸渡晚，瓜步隔兮風帆輕。汩雲濤之千頃，實可壯游觀而濯襟纓。客曰：子方登高而望遠，蕩瀟灑之心胸。獨不知南徐之舊鎮，歷六代而提封。晋宋則表其天根，齊陳則矜其地雄，梁則金甌無缺，吴則鐵瓮城空。郡實浙西之障，山爲江左之衝。近有虎跑之泉，遠有鶻栖之峰。京峴高兮龍目并，曲阿下而練湖滐。黄鵠旋西，白兔馳東。杜鵑開而鶴林仙去，很石卧而謀臣算同。崇丘升兮五州見，卯港埭兮千艘通。碧瓦鱗次，朱樓翠重。其陽則阡陌之饒，其陰則岩巒之叢。包吴越而帶楚尾，引淮泗而疏汴中。兹豈非京口之壯觀，而爲南郡之所崇哉！余謂客曰：子既已[①]悉兹境之勝，曾未厭乎吾心。蓋山川非人不勝，郡望惟前賢之登臨。余既與子觀江流而知海納，盍亦思往古而評來今？昔也，江表爲鎮、爲牧，轉運、節度、刺史、都督，世代旋移，幾千萬人之相躅躅。晋則謝玄、桓沖，唐則韓滉、德裕。旌旄擁於江皋，貔貅夾於津渡。辯士謀臣，歌姬舞女。蝸觸蜂衙，蠅鑽蟻聚。莫不樂其功賞，夸榮前度。偉言論於青史，騁英豪於兹土矣。觀其踴躍功名，際遇風雲。凌厲山川，指麾民人。恍千古如一日，追陳迹而無存。慨江流之如昨，情百感而難陳。吾方與子攬江山之勝概，瀕漁樵之洲島，渺天地之一身，若驚麀之栖草。嗟既往之難留，思無窮之奚了。於是挹林風而振長袂，坐磐石而飲清流。知天命之已定，與造物而同游。任去來之自得，復遑遑兮何求。

明

石淙賦　李東陽

石淙楊先生應寧，先世在雲南，其地曰石淙。及游寓巴陵，卜築京口，皆以名其所居。其入而仕於朝，出而官於外，撰述題識，亦以空名繫於文字之間，示不忘也。余嘗泛太湖，渡長江，山川情狀，概於心目。雖未獲睹所謂石淙者，愛其名，悉其所懷，爲

① 按："已"，原作"巳"，形近而訛，兹改。下同。

述短賦，主於體物叙事，兼比興之義。固不敢擬古作者，然同心之言，同聲之應，君子或有取焉。其亦先生之意也哉！其辭曰：

聳山骨兮崝嶸，中潺湲兮水聲。初濺涓以汩潏，忽澎湃兮砰鍧。或在遠以疑止，恒自昏而徹明。感天機於一觸，衆籟爲之不鳴。信江南之絶境，乃物類之至精。彼瀑布兮可擬，曷蹄涔之足稱！爰有三南居士，比象引義，取石淙以爲名。客從南湖而過者，曰："此非洞庭之波乎？碧浪千頃，青山一螺。揖虚秀於衡岳，激清風於汨羅。昔子之既丱既弁，來游來歌。興懷於某水之丘，寄迹於此山之阿。投風景於毫芒，羌孰少而孰多？"居士不答，如兹淙何？又有自滇南來者，曰："此非昆明之漪乎？平地仰噴，從天下垂。建長江而直瀉，指瀚海以同歸。昔子之乃祖乃父，生斯聚斯。倏星移而物改，方浥彼而注兹。訝江山之不可復識，抑疇是而疇非？"居士乃憮然而嘆曰："嘻！有是哉！吾固知石之爲石，淙之爲淙也。吾方手撫鏜鞳，耳聞舂撞；應噫氣於大塊，引希音於清商；挾涼飇以助爽，與皓魄而争光；達大觀於無外，諒至美之難雙。蓋將濯纓乎萬里之流，振袂乎千仞之岡。若乃東山在吴，以象舊邦；東坡在黄，遂名四方。彼二東者之偉迹，豈三南之敢望！且夫石者，吾知其爲堅；淙者，吾知其爲激。匪徒觀物以適懷，抑亦將身而比德。蓋將礪我粗鈍，蠲我宿癖；滌塵垢於七情，漱芳華於六籍。嗟人生之有涯，見道體之無息。彼群分而類聚，何物非兮太極？殆不知石之爲淙，淙之爲石也。"於是，二客携酒與琴，游於淙上。班荆雜坐，林歌迭唱。北南俱失，賓主皆忘。慨聚散之殊塗，顧行藏之异尚。三人者，各適其適，渺不知其所鄉也。

京口三山賦　盛恩

潤有金山公子，與焦山處士相遇於大江之東，公子嬉嬉然有怡色，詡詡然有夸容。乃語諸處士曰："潤自古昔，郡名朱方。控引全吴，凌躡大江。金焦并峙，東西相望。膾炙多口，震蕩遐荒。若有奚异，與台并揚。請各撰嫰詞，用質低昂。夫金山者，據京口之上游，界南北之中央。屹横流之砥柱，亘帝都之巨防。雄跨肇於太乙，嘉名錫於李唐。星紀牽牛，熒熒熀熀而垂耀焉；勢迎長江，滮滮溯溯而會交焉。其東則吞吐溟渤，枕倚扶桑。玉山爲肱，爾質我相。銀山作股，曲阜連岡。石堰儼户樞之闔闢，玉屏羅物色之弛張。爾焦峰以列嶂，彼北固以爲隅。含溪懷谷而獻巧，涴沙抱石而呈奇。咸俯躬而下首，可使氣而指頤。和風浩蕩拂其隈，初月滉瀁射其阿。延暘谷之朝旭，道尾閭之夕波。於是乎瓊桃早實，琪草先華。奇葩眩錦，雜卉流霞。葛覃莫莫而蔓衍，灌木萋萋而交加。黄鸝求友於薈蔚之岑，玄鳥掠雲於濡瀑之涯。其西則遐矚岷峨，邈挹荆楚。匯以潯陽，阻以瓜步。金陵道其脉，五洲袒其肩。下濞漱其腋，江流突其巔。龍潭峙而嶮巇，真州衍而平原。流漢湯湯，直瀉萬里。怒濤雷奔，驚湍電起。大火墜於虞淵，夕暉淪於濛汜。於是乎秋聲淅瀝，白露載零。井梧凋翠，崖菊敷英。雁陣驚寒於遠浦，芙蓉倒景於滄溟。木蘭梫桂，棕枒杞櫹。爰擢修幹，載竦長條。鵬鶚高騫乎雲漢，猿狖長嘯乎林皋。其南則百粤所届，四閩所通。兩浙紓其臂，三吴蕩其胸。長揖會稽於遂域，俯糾叠阜於邇封。

搏鵬星翥，警鶴雲翱。菊峰挺秀，峴嶺岧嶤。寶蓋亭亭乎豐蔀，磨笄翼翼乎清標。漕渠習坎，津驛通衢，舳艫鱗次，冠蓋塵驅。客子肩揮而競渡，舟人楫詬以争艤。於是乎薰風薦爽，水殿生涼。嘉木繁英，鬱鬱蒼蒼。虎兕風於水雲之窩，蛟龍沃於迴瀾之房。芰荷揚頳，葵榴送芳。絺綌紾而凉增，岸幘凛而燠忘。其北則燕冀在望，齊魯指掌。徐泗孔邇，淮揚接壤。黄河紆帶而横奔，吕梁巖㠑而流響。挹具區之大藪，鬱荭荁之無底。爰自泰而徂通，衍鹽田之千里。揚子之梁通其阬，太乙之峰委其體。穹然秋虹之麗空，藐爾蟻封之突起。瓜渚作鎮，天塹要津。翯翯燁燁，實我比鄰。於是乎朔風凄凄，玄雲漠漠。雨雪霏霏，石出水落。綺閣重闉，暖歌燠酌。雪藕冰桃，互爲酬酢。鬱鬱盤徂徠之松，猗猗撼昆侖之竹。癯鶴啄寒瀨之冰，梅花露先天之易。娱爾歲時，瞻望北極。爾其體勢，則鳥道陟其巔，龍宫守其基。滄浪流而爲隍，兩岸廓而爲隅。飀風無纖埃之集，潦雨鮮微津之淤。伏牛彷彿，浮玉依稀。獲苻互父，名與世移。爾其勝概，則金鰲中屹，妙高插空。善財頭陀，怪石巃嵸。崆峒嶱嵑，石簰之山；嵣屼岝峉，裴公之岩。璞墳噴薄而隱迹，中泠洄澓而寒泉。爾其梵宇，則大雄西敞，輝煌金碧。天王伽藍，前驅後翼。江天乘聽潮之軒，海岳載毗盧之宅。雄跨玉鑒，大徹悟心。三禁永安，養素涵清。雪月無邊，烟雨化城。留雲北偃，吞海西憑。廊腰紆折而蜿蜒，檐牙高啄而峥嶸。若乃日霽天晴，風和雲斂。朱履尋芳，士女游衍。挈榼提壺，登高望遠。鏤壁鎸崖，剥苔捥蘚。估客艤八方之舟，三老忽龍門之險。櫓聲咿軋於中流，漁唱悠揚於清淺。揭寰宇之奇觀，余耽樂而忘倦。若乃陰風號，怒浪起，蜃擁波，龍撼雨。暗若天昏，蹴如地圮。神蛟鼓鬛而嗔怒，江豚延頸而忭舞。舟子狂呼，傾檣毁櫓。余亦悄然而悲，肅然而怖。若乃貴介公子，墨客騷人，探奇攬勝，輝映古今。感真宗之夢寐，動文帝之哦吟。英廟巽申而晋錫，武皇駐蹕而來臨。宋學士之解帶，唐宰相之命輪。金玉充棟，珠貝盈垣。歐蘇溯其流，孫張啓其端。焕爾詞林，爛然文苑。托兹山而并久，終萬古而弗諼。若乃明神降靈，高僧接迹。頭陀能構，佛印善葺。菑畬薦千頃之租，水陸賚萬方之福。豈若野人之蹩躠，窶子之齷齪?”公子辭畢，洟涊欠伸。切齒怒目，奮臂攘衿。諒處士之見屈，敢怙勢而凌人。(右金山)

焦山處士於是色若不敢怒，口若不能言，羞與之争，將命履而還。公子固止之，前掣後曳，强而後可。乃相與班荆蟠石，從容而爲之説曰:“道在反始，士貴知方。揚己者絀，軋人者亡。被絺綉者，難與道疏布之麗密；醉醇酎者，豈復知玄醴之芬芳。翯翯煩穢，潰德之坊。瑰奇麗靡，戕性之良。夏蟲之疑冰者，篤於時也；鷦鷯之自足者，局於分也。吾子其未睹無方之大道、焦山之巨麗乎?且焦山之肇基也，資始於希夷，流形於混沌。蓋造化之所私，實靈鈞之所重。奠朱方之東域，屹崔嵬於汪洋。體坤維之妙質，萃水府之精英。飲江海之靈液，吸日月之休光。不炫奇以賈名，不近嘩而招累。恒守約而不矜，惟因循而簡易。任自然以爲華，無誘慕於世僞。若度長而絜短，豈金山之可類?辨方定位，則或跨其左，或伏其右，而尊卑定矣。角形比體，則或廓而豐，或邈而确，而小大形矣。雜物撰德，則或動而華，或静而質，而本末殊矣。正名熙號，則或命之唐，或錫之漢，而先後别矣。爾其體勢，則東延瀚海，西道長江，南抱徐陵，北倚維揚。體高鬱而幽爽，紛郁郁其難詳。金山塞其外户，北固植之旁垣。汝峰象阜，偃突連延。京峴東雩，叠嶂重巒。絶巘增石，簡積頽砿。兀嶁狋嶅，傾側倚伏。或倒景於重溟，或矗峰於空碧，遐睨蓬壶，俯瞰沃焦。洲渚肆衍，漫漫漉漉。庨窌巧老，港洞卑高。坑谷坎窞，寝洝穿漻。納夕景於桑榆，晞晨光於陽皋。爾其山勢，則盤紆隱深，糾紛岩岑。玄渚翠嶺，峉嵱嶇崯。丹崖嶮巇，青碧萬尋。藐昆山之高岳，劣扶疏之鄧林。重岩增起，連蹇雲覆。隆崇極壯，搜崛秀特。上干霄漢，亭亭翼翼。將躋巔而未半，忽思怵而駭惻。非伏波之矍鑠，孰究深而竟陟。消散氛埃，澄集清徵。雨師所駕，風伯所憑。瞰宛虹之長鬣，蒸靈液而出雲。爾其江流，則發源岷山，導流巴梁。泓量海運，滔泄淼茫。淏淏漚漚，稽天而白。盤渦谷轉，凌濤山仄。罔象暫曉而閃鑠，天吴乍見而彷彿。顛波奔突，狂瀾争流。觸崖抵隈，鬱怒彪𤝽。漸汩澎湃，蛩蟺相糾。碧沙遺涗而往來，巨石硉矶而却留。呼吸萬里，噴薄相陶。協靈通氣，吐納汐潮。環四隅而爲廓，望孤嶼而作標。爾其勝概，則海門松寥，兩山分峙。禮斗燒丹，兩壇并據。盤礴山巔，嶺曰焦仙。西南半麓，三詔洞懸。幽澗積岨而碆礭，修岡捎雲而褊褷。觀音羅漢，瘞鶴釣魚。各以岩名，獻怪呈奇。石屏浮玉，棧道纍纍。抵角鑽丹，諸石錯置。足音罕届而岑寂，閑介無蹊而可躋。惟霹靂之靈塊，倚羲之之名岩。偃青玉之曲塢，俯碧桃之幽灣。爾其宫室，則基以重困，垣以積石，苫以鱗刺，甃以雲覆。高門有閌，修廊旋複。玄墀碶礣而流霞，皓砌琳珉而瑩玉。大雄殿其中，海雲堂其側。焦光祠其右，善財閣其北。吸江亭其巔，水晶宫其麓。寶蓮擢穎於海峰，朝陽蘸光於寶墨。一漚浮於佳處，壯觀得於望江。飛仙煉丹而妙福，千佛贊善於東厢。於是乎秋蘭菅莎，葴蒯芷葱。薇蕨江蘺，荔芄載菁。枸杞春華，荼菊夏榮。彌岡被皋而蓊鬱，蔓岩縈壁而敷英。王蒻茼臺，戎葵懷羊。菁荎射干，揭車苞黄。香藹藹而遐襲，色芊芊而孔陽。於是乎蒼松翠柏，杉檜梓桐。樅栝棕楠，赤檉丹楓。大踰合抱，修竦雲叢。挺幹垂條於溪谷，繁陰布葉於岑峰。鳳尾慈孝，篔簹射筒。苞笋抽節，緑葉翠莖。傲霜競秀，凌雪逾青。鵉鷟食其實，鵷鸞巢其中。於是乎鶺鴒秋栖，鵊鴘春鳴。雎鳩麗黄，關關嚶嚶。鷫鷞鳭鴰，駕鵝鴻鶤，理翮整翰於其木，浴波啄藻於其溟。玄鶴白鷺，黄鵠青鵁。朝發河渚，夕宿江嵋。浮沉往來乎四側，雲集霧散乎高枝。於是乎猿父哀吟，犴子長嘯。梟羊麢狼，青兕玄豹，或失氣而恐吼，或拿攫而駭跳。狖鼯之群，於菟之屬，猓然之黨，貙貐之族，騰踔飛超於邃林，沸亂暈散於僻谷。於是乎白鯈頳魴，青鰋翠鯩，銀鰣夏泳，刀鮆春生，江豚吼浪，鶢鶋避風。汩汩没没，沆沆溶溶。鹿觡象鼻，虎鬚龍鬣。六眸之龜，三足之鱉，揚鬐擁波，掉尾噴雪。暴腮嘘沫於其岩，淹種育卵於其穴。於是乎巨生鴻儒，文史翰卿，揚帆直搗，鼓枻來臨。或嬉而游，或聚而吟。或飲於阿，或濯於濱。命楮揮翰，镌石紀文。華壁高標乎秀句，修篇錯落乎高甍。斷碑沉於芳瀨，古篆蝕於苔紋。於是乎遁世之士，避人之流，滎啓之侣，綺季之儔，長栖穴邃，静偃寶幽。藐綸綍之三詔，傲軒冕而悠悠。仙人釋子，蟬蜕鴻冥。跨飛梁而小構，臨青楮而浮生。説法而閬風發，入定而岩穴暝。龍延耳而夜聽，鶴軒馭而晨征。於是乎淵客築室，鮫人構宫。蘆子乘槎，漁父泛舡。洊㵐爲涔，羅筌洒筒。投網逐波，迴輪趁風。垂餌出入而連白，鳴榔厲響而殲紅。褫叔鮪於驚湍，曳玉鱣於巨瀠。貫鰓蜀尾而嬉語，掣三牽兩而歡容。於是乎萑葦被渚，蓼蘋拂涯。蘆笋菁菹，鬱鬱離離。潦水盡而是刈，春旭晞而采之。林無不縟，岸無不津。耕新畬之沃壤，播黍稷之蓁蓁。負耒引犢，荷鍤鋤雲。飯香秔而自足，豈逐丐而求人？若其幽遐闃邃，閑曠磈突，耳目之所不逮，足迹之所難入，勝不可窮之於言，妙不可殫之於筆。兹略舉其梗概，以復吾子之見屈也。”（右焦山）

公子之與處士辨囿既闢，辭鋒乃厲。各相誇詡，倦而就憩。北固山主人於是揖而進曰：“二君之談樂乎？蒙之竊聽久矣。嘗聞齊楚競利而漢得以信其威，吴蜀争長而魏得以成其功。敢申小子之末議，以厠大人之高風。公子固云失矣，處士其亦未爲得乎？夫太極肇判，陰降陽升。游氣紛擾，有萬不同。凝而爲山峙，流而爲川融。長江大河，天限南北，非以相蹙也。喬岳叠阜，界畫邦圻，非以相欺也。辨方正位者，以中土爲尊。體國經野者，以夷曠爲德。今公子列爲西藩，而佻夭以乘人；處士命之東土，而露才以揚己。皆不足以垂訓作則，而適足以貽譏致辟也。金、焦之事又焉足道？獨不聞北固之名山乎？吾將語二子以主客之勢，偏正之區，江城之要會，澤國之樞機。邃古之初，上帝命都。錫之潤土，以界楚吴。塹以長江，亘以喬岳。誰其尸之？實維天作！西峙金山，東偃焦峰。左紆吾臂，右引吾肱。巍然北固，雄跨在中。水陸之所輻輳，四方之所具瞻。陰陽之所委順，風雨之所周旋。日月之所毓秀，雲霧之所蒸液。珍怪之所化産，瑰奇之所窟宅。金精填其裏，玉英琗其表。驪蜯橑其趾，梢雲冠其嶿。據坤靈之寶勢，承蒼昊之殷純。萃五德之變化，含元氣之烟煴。玄醴涌騰於其麓，甘露被宇而屢臻。南臨鐵瓮之郭，北倚揚子之江，西控龍蟠虎踞之都，東引海門天蕩之鄉。且其郡治，直延黌宫，傍翼神祠，梵宇左起右伏。闢梁隆跨，廛市絡繹，河隍委蛇，閘堰交植，城堞百雉而連雲，烟火萬井而在目者，則星羅於其前也。其沖瀜沆瀁，渺瀰淡漫。波如連山，乍合乍散。潋滟瀲灩，浮天無畔。濤吼成雷，湍蹙爲林。崩雲屑雨，詭色殊音。舟人漁子，徂險極深。汩没於黿鼉之窟，挂罥於嶕嶢之岑者，則帶紆於其後也。其崇島巨壑，峌峴孤峰。俯劈洪波，仰指太清。柳溪鰻井，汩汩泠泠。秋月之潭，纖塵不凝。鳳凰之池，九苞英英。曲徑幽崖，海嶽争勝。樓挹多景，岩藏五聖。走馬澗浤，海涵河映。偃孫吴之很石，紀梁武之别名。則古今勝迹往往而在。其朱闕穹隆，梵宫高聳。負陰抱陽，前翼後擁。高閣齊雲，百級懸磴。誃門曲榭，邪阻原洫。修廊廣廡，俯連城堞。彤雲斐亹以翼櫺，皦日炯晃而耀室。則勝院名庵，不可殫述。其棱棱劍氣，蔌蔌鋒威。弧矢聲轟，驚塵横飛。牝牡驪黄，騰連風逸。旌旗蔽野，閃雲爍日。鉦鼓發而聞雷，凱歌旋而震谷。則演武之場闢於其址者也。其銅鏞鐵鑊，蘚蝕苔侵。容優百斛，重逾千鈞。浮圖鎔冶，挂日撑雲。方竹之杖，泥蠟之金，古鐵擊之而清越，斷碑叠之而嶇崟。則瑰奇名物藏於其中者也。其靈草冬秀，神木叢榮。岩峻嶕崒，金石峥嶸。珊瑚碧樹，周阿而生。布萋萋之纖卉，挺落落之長松。蔓樛木之修蘿，延葛藟之飛莖。朱桂黝儵於南北，紫芝阿那於西東。楩楠蕙芷，欝欝蓊蓊，則林麓之饒，於何不有？其長楊映沼，芳枳編籬。植以柜柳，坊以金堤。梅杏郁棣，葱韭薑芋。朱櫻碧蓼，芹薺萊蕪。諸葛之菜，張公之梨。周文之棗，房陵之李。磊落繁英於其林，負霜含露於其畦。則園圃之毓，實繁有叢。其猿蜼晝吟，鼯鼠夜叫。寒熊振頷，特麇昏彭。山禽晨鳴，野雉朝雊。虎豹貙兕，鵬鶚鷹鷂。飛揚躍竄而邁馳，翩翻駓騃而駭跳。則毛羽之群，草伏而木栖也。其魴鯉鮋鰋，海若鯨魚，玄牛紫貝，水豹耆龜，叔鮪王鱣，江豚海狶，交躍縱横，振鱗奮翼，曳曳淫淫，駭神奪目。中流濆薄而閃尸，滄瀨蹉跎而失足。則鱗介之族，晨游而夕泳也。其皇輿帝蹕，霸主道君。卿相之輻，刺史之輪。翰苑詞林之玉趾，幽人空谷之足音。旅子瑣尾而落魄，估客失歧而問津。則延頸繼踵，其從如雲。其宸翰綸音，雄文妙墨，雜焕斗星，錯置金玉。或榜之楣，或鏤之石。秀草熠爚於碧丹，鳥篆虬蟠於朱緑。則雨蝕塵蒙，不可盡識。若乃冬不凄寒，夏無輝炎。均調中適，四序便便。法鼓琅以振響，晨香馥以揚烟。琴高之所靈矯，王喬之所流連。釋子盤石而誦法，方士餐术以延年。丈人抱瓮而灌畦，農父負隴以耕田。蒙草塞溪，人迹罕至。風月無邊，丹青失技。望之者遄臨，至止者忘去。言有大而非誇，事足徵而可據。豈若孟浪之游談，無當之虚譽也?”主人之言未卒，金、焦二客乃矎然相顧，瞁然失色，再拜致恭，同聲而謝，曰：“聞韶濩者，然後知鄭衛之淫污；睹無窮者，然後悟井天之咫尺。僕黨疏狂，進退維谷。而今而後，庶幾有識。”主人亦莞爾而笑，油然以懌。乃相與啜中泠之茗，酌甘露之醴，飯新畬之禾，烹長江之鯉。歡然相得，擊壤而各爲之歌。公子歌曰：“望帝都兮葳蕤，屹中流兮巍巍。駕金鰲兮騤騤，鎮朱方兮無隤。”處士歌曰：“吸滄溟兮湯湯，聳具瞻兮東方。栖高士兮焦光，名萬古兮洋洋。”主人歌曰：“江浩浩兮山峩峩，鞏朔域兮潤之阿，振鴻濛兮撼鯨波。”（右北固山）

三山賦　潘一桂

粤若稽天地之奇迹，搜流峙之靈區。采登陟之近玩，緬烟霞之靚墟。維北固之名，雋軼宇宙而稱殊。爾其欲兩儀以俶基，參二嶼而分鼎。扆朱方以佾障，殿潤浦而敷屏。吐丹嶂於玄霄，樹華闕於青冥。絶儔黨以孤出，軋浮吹而遥騁。干雲霄以秀上，負日月而虧景。喦㕒巘以韞賨，勢險固而延亘。爰似鶴山拓脉，龍嶺騫樊。欒巒族巘，雲驤翠奔。賓立於南，抽而右旋，從從儦儦，騤騤蜒蜒。如郛如廓，爲輔爲藩。駿驤離奇，散而不尊。兹山鞏之，崔嵬静存。乃若岷嶓長波，荆揚亹潫。百川匯流，沃沃蕩蕩。颶風秋揚，桃汛春漲。凶瀾暴雪，烟瀧駭浪。泱泱既湊，滔滔斯壯。馮夷理轡，靈胥乘王。茫茫禹功，弱不能相。兹山砥之，殺其潰漾。故其苞吴孕越，奠湘控漢，則神皋之上扈焉。隍江墉河，蟠墮劼嵩，則天塹之嚴阻焉。其前則峻堞百雉，危甍萬井。長防曲蜿，采閣雄整。户衍人溢，烟蒸霧倖。山氣相鮮，昕夕殊景。嵐結如波，雲成似嶺。又有長楊列陣，細柳開營。尺籍伍符，彍弩抗旌。懸戚植鎩，用戢長鯨。其後，則重波浩淵，與空蒼然。寂寞東邁，逝而不還。浮觀蜀岡，出霧入烟。灝渺無際，群象鏡懸。乃有鼊鼉來戲，魚龍所都。鮫人卷綃，淵客弄珠。海豨夜拜，水豹宵呼。漁父榜人，垂綸汰艫。其左則焦岩圖岫，恊靈通氣。控海爲門，披山作礪。抗清引濁，争奇貢媚。螺黛可拾，鰲極如蔕。其間則遐阡矢界，近陌臚分。開竇引流，溝塍互輯。桔槔不事，潢潦爰臻。遺秉滯穗，滌場維勤。其右則芙蓉貽佩，浮玉標圖。通川互經，五土交輸。脉絡雄勝，膏衍儲胥。凌陸跨津，環塗委紆。乃有風鳴濤答，鏗鞫瀰洽。海舶江舠，楚檣越艓。隨潮掉槳，追霞命楫。分風共駛，交引逆折。蛟蜃并流，争馳競捷。簰靈之險，千古所懾。乃若稽其上岩，則有梵宇星臚，瓊雲構蔓。飛梁垂景，香臺切漢。危亭簪乎木末，巨門抗乎霞半。廊鱗次以旋翼，磴緣空而梯棧。樓絶鄰而多景，閣懸居而駕岸。揭軒廡之窈窕，締檐栱之璀璨。焕金碧而光煜，謝濁氣而塵斷。於是降覽壑背，俯循岩陰。鮮飇激響，凄烟出林。怒石昌目，空寒殷心。爾其嵬崖桀壁，負天奇出。神明所扶，削成屹立。競勢交峭，苔駁霜剔。奮若相勞，皵若相惕。濤文翠蒸，冰裂斧劈。幽洞泬漻，空飇遥集。與俗分氣，營魄載戢。若夫榜懸梁日，寺紀吴年。笻遺方竹，鏤引青蓮。浮圖范鐵，天津吐泉。鳳池濯月，麟冢横烟。贊皇捨宅，海岳名顛。皆兹山之遺事，妙可得而稱言也。若夫登薄躬以升降，閲陳迹之所留。殘地脉於赭衣，嗤秦政之東游。耽斯高之近禍，爲山川之深仇。覽策馬之餘塵，尋很石之舊趾。奠漢鼎於談笑，寄雄心於鞭弭。栖劍氣於礌磈，儼霸迹之未徙。慚晉元之一隅，藺予幅以自隘。恃地險於長江，置中原於度外。雖灑新亭之泣，莫軫横流之慨。拾遺音於延賞，樂梁武之宣游。駕翠翳以麟萃，分象奇而闡幽。咏賡和之奇藻，蕩妍韵於千秋。戲青霓之盤跚，參畫板之龍象。披研山之靈阜，忻裔流之可仰。雖筆墨之欲盡，垂典型而在望。嗟乎，噫哉！烟壑長封，微音遐逝。徙倚高風，凄涼伯氣。廣武興悲，牛山結涕。傷廢興之倏忽，愍波瀾之崎嶇。若風露之停草，曾不能以須臾。諒金石之非固，焉榮名之可愉？凋春秋於哀樂，積雲岫之欷歔。曷若睨蓬壺以褰裳，披方丈以濡足。極浮觀之杳渺，抗危睇以遐矚。往白日之豐暉，運榮光於若木。存元化之端倪，遡鴻濛之杼軸。原千變於微瞬，齊高深於一掬。流日月於巄嵷，蜚駿賞於兹谷。（右北固山）

岷源斥玉輪，割涪汶，匯沅湘，闢千流。既同百谷來宅，滮滮焉、灝灝焉，委蛇於后土，運元氣而不息焉。其邇滄瀛而趨於京口也，則灝漾潢漾，滭潏汪濊，湁潗澎濞，奔訇瀰湃。稽天絶漢，苞巒襄埭，馳波跳沫，怒薄天外。於是天紀蕩，地維隕。靈氣涣，神化隱。上帝東顧，爰咨而軫閔焉。乃命媧煽洪爐，鯀竊息壤，神禹操鐸，巨靈伐掌。驅玄圃之秀崿，割太華之嵣嶸。躨跜崒崒，虬據鰲峙而立乎泱漭。爾其峰巒之爲狀也，則巋嶷崱屴，嵂崒崚嶒，嶄嶄焉其陗孑也。斧脊劍鍔，霞駁雲彧，嫵嫵焉其煒燁也。排駭浪以卓矗兮，絶游氛而負青天。劈淫濤以隤怒兮，殺萬里之驕瀾。基以蛟宫，隍以鯨波兮，郭遥岸而衢奔流。苞牛曜以肇胎兮，奠朱方之上游。負躚蹮以碣起兮，絶氛坱而不留。仰天矯若龍游兮，俯蹲踐如伏牛。肇孕金而浮玉兮，錫嘉名於六朝（叶）。爾其靈脉之四協也，則肱焦股玉，引峴控雩。爾汝北顧，襟帶南圖。石簰揚袂，盤陀曳裾。發蒨貢妍，跂踵俯軀。若朋昵以相勞，亦綽約以共娱。蒼然鱗次，稱附庸之國，琛獻而賨輸。爾其灑睇之遥含也，則溟渤呼吸，暘谷瞳曨。朝日夕月，互經西東。五州蔀天，高驪刺穹。龐岩封閼，崚㺃而襲觀兮，黔靉旖旎，繁亂而洶洶。欲雲吐雨，靚何嫚姗兮，蓊然繽然，開陸海之芙蓉。千甍百雉，擁天塹以對峙兮，囂囂呰呰，烝以鬱葱。邇封遂域，限南北，界吴楚而分邦焉。至若林開波府，浪蹴香城。依險列構，循危載甍。龍蟠綉栱，鶴矯雕楹。珍臺彌乎巑岏，嶢榭抗乎峥嶸。檻騫翥以翬翔，亭敻奕以鸞擎。梁要渺以霓起，鈴答蠟以檐鳴。塔尋雲以上出，幢干烟以孤停。廓四闢以納爽，洞玄邈以延清。乃有瑞珉承陛，琅玕綷楯。玉版分輝，金繩對整。瓊函芝簡，梟棁藻井。縹碧鎏黄，争煜競耿。五色相耀，虚外含影。日月熒其晶瑩，星辰襲其彪炳。飛廉衙衙而斂轡，馮夷輯輯而延頸。迓景純於雲墟，禮頭陀於烟嶺。大徹標頓悟之門，玉帶落箭鋒之穎。處士擅響於絶唱，蘄王失寇於速騁。游魂依法以脱波，神龍夢游而鑿井。信神明之所廬，而栖心之静境。若夫餞寒迎和，淑氣初敷。夭桃揚頳，艷杏挺趺。柔藍净緑，貼霄而鋪。輕飈微瀾，若有如無。於是陶嘉月，藉芳辰。賓從鼎來，群楫競臻。銀鮒刀鰶，銜鮮漱新。既乃釋舲辭羽，躧步岩嶠。攀手顥氣，登軀林杪。蹻駘蕩，躡窈窕。踐飛鯤，軼游鳥。奇撫雲上，异拔霄表。岆突兮，遠岫之隱嶙而縹緲也。潎瀚兮，洪波之嘘虹弱日，浩漻而瀰淼也。織繹兮，吴帆楚纜，梟飛電寫，乘波途而踐雲道也。爾乃紛慮滌，煩憂捐。漱靈液，招游仙。吊梁衍，悲吴權。睆蓬壺，睇蕊囷。惝恍自顧，其樂忘年。爾其娱樂未終，流光將夕。緑霞盡滅，絳雲微集。摇海上月，下蕩秋汐。摇瓊曳玖，涣汗瀠淒。若金在鎔，飛躍注射。餘絢隱見，覽不可悉。起凄響於江溢，泣鮫珠於崖隙。鐘霏微以烟度，鵠鷩栖而不息。於是爲之歌曰："翔天波兮擁明月。與至清兮并游歇。安得冲舉兮慫超忽！"若夫長離南邁，融風扇氛。爽榭鬱燔，里閈如焚。更篁驟盥，揚炎益煴。爾乃逃暑山館，招凉江谷。風穴疑寒，陰岩却燠。移高蔭之蕭森，蔽琪枝與珍木。漸水氣之浥泫，落飛飈之穆謏。汲虚無之青熒，斯骨凛而神肅。結幽夢於華胥，與仙者而爲族。若乃濃雲威褭，猛吹欻侈。波如活山，乍伏乍起。霆崩箭疾，岳頽電駛。散類天裂，合疑地圮。飛沫摇岑，潎浄刷屺。攲檣側帆，倏忽生死。乃有怒龍憨蜃，水馬闖犀，陽侯海若，雲君霓師，揚鬛鼓浪，掉尾卷澌。友風子雨，妖譎多奇。駭心眩目，悚息而崩摧。信兹山之雄快兮，變昏旦以展媚。隔視聽於域表兮，栖神明於天際。雖靈迹之冥昧兮，猶夜浮乎金氣。願違世以税駕兮，脱人群之戰兢。向白雲以獨眈兮，濯靈腑於中瀊。（右金山）

噫嚱，猗哉！造化之迹，恢葛蕊霍而多奇。何波之以滃鬱，灝溔之涇流兮，乃嶼之以孑矗嵯崿之嵬巇。第駭其巉岩，怒石偃蹇而負波兮，不知其孤根千仞，峭立而爲之基。捍百川以爲砥兮，奮躨跜於艮之涯。崩濤沸浪突以汩隱兮，吼雲裂雪淆幻之洶洶。澌潟濞濯溆而成音兮，湱若迅霆之下乎太空。嚙磯漱礐，澼澹以高厲兮，浮活叛散千變而難窮。謐兹山之静專兮，屹一蒂而奠乎其中。鎮囂赅以寂立兮，聽群響之相攻。迴秀壁於蒼眉兮，若斷雲之忽停。擁危峰之縹緲兮，照霞彩之孤青。變昏旦以异態兮，静宎窔而含靈。爾其未討夫幽微也，固已鏡翠標而色爽，瞻靈際而神醒矣。若夫飛駿睇以遐矚，蕩遠眸以逖覽，透空朦而送目，紛指點而可判，則有鐵瓮南張，廣陵北列。瓜渚西控，圖汝東揭。靈洲綿衍，北固頏頡。金玉襟帶，可賓而接。雩象股肱，可梁而涉。二嶼贅以附庸，若雙星之旒綴。紛展采而振秀，環獻娱而貢悦。爾乃凌嵽嵲之崎崥，探溪嶠之窈窕。浥鞪黔之浸淫，揚岩巒之夭矯。則有崌岩封闕，棧石攢基，星壇雲洞，翠巘玄崥。媥斕鬱葱，倩何離奇。分背寒暑，别成陰曦。欹兮若危，正兮若端。冕而黼黻乎威儀。叠兮若蟉結而雄雌，翹兮若玄鳥鼓翼蹼縮而將飛。幽兮若窅渺而難窺，峭兮若妖姬揚袂而招所思。瘦兮若蛟之泣於玄溪，卧兮如嬾螭如伏犀。簇兮若斧劈劍鋒棧齒而相劘，又若怒龍憨蜃犕鬌而群嬉。信靈造而天琢兮，開水國之千華。頫焕詭其難寫兮，散奇照於江波。乃有琳宫梵寢，扶臺列榭。烟房互出，雲構儷亞。彌崖布麓，虹梁星駕，轇轕窌窱，翬飛鱗藉者三十餘所，莫不延衺磵壑，枕倚烟巒。寥寥兮停静，翼翼兮留寒。明月濯兮幽梵冷，鮮飇激兮疏鐘闌。亶息躬之深境，而玄邈之遐觀也。乃有蒼松黛篠，壽藤文木。嘉桐井立，名花櫛簇。碧桃向日而千笑，丹桂迎秋而一馥。鬱春華於石罅，韻夏采於岩曲。葉舒帷以暗岫，花張態以媚谷。艷鞞鞢以陸離，繪清流之郁郁。於是漱丹井，度松門，躋露寢，叩仙閣。式寂寞之蝸廬，仰三詔之清芬。迹孤栖於一壑，心獨玩於千春。保清妙之自然，繼羲皇而一人。嗟若人之焉往，慨斯理之空存。攀垂蘿而遥待，臨逝波以興言。懷前修之彷彿，薦江蘺與芳蓀。拂皺剥之莓苔，尋邃古之遺墨。胡霹靂之興妒，劃靈文於峭壁。嚙潢波之瀺灂，蝕奇迹而荒泐。傷胎禽之靈壽，修厥算而紀千。乃同凋於秋草，卧孤冢於岩陰。罷長吟於華表，辭凄響於鳴琴。撫沉碑而永念，重緬邈而哀心。爾乃捫虚梯漢，步霄軼景。登軀千仞，憑高散賞。吸清氣之無垠，眇獨立乎雲之上。鏡烟花之駘宕，擷秀色之莽蒼。耳目曠而神超，氛靄闢而空朗。渾一碧於清微，若咫尺乎昆閬。倩神飇而塍之，翼雲輜以孤往。信焦傅之可朋，何世塵之足網！嗟鶴駕之罔覿，悵徘徊而惝怳。飄輕颸之四動，灑風露之高寒。遞江瀅之悲響，興瑶水之微瀾。忽飛光之遥濺，涌明月之在天。罄千頃而雪照，映星河之倒懸。宛珠彩之可拾，激靈瀨而空傳。遺餘玩之無窮，願逍遥以永年。亂曰：洪波東會，困淪騰沸，深不可測兮。奇壑孤停，贔屭濤面，與濤敵兮。穹岩杰壁，含霞蓄翠，割陰陽兮。長松標韵，叢蘭寫芳，表幽光兮。朗月透林，凄風鳴谷，若有人兮。望而不見，廓落四顧，魂馮馮兮。裁氛却溽，抗塵寂處，天之私府兮。揮手人群，銷聲削影，玩終古兮。（右焦山）

國朝

北固山賦　湯寅

汨長山而東騖，截堆埼以孤棱。負崇構而杰起，嶸崱屴而嶈嶔。緬張氏之行役，云托植於金陵。乃其指天目，循迴龍。紆京峴而右剫，稱别嶺於鮫宫。跨黄鶴而南沿，凌寶蓋而西雄。汲天津之伏流，坼海涵之冲融。迅風切而落響，旭日起而升紅。邈飄摇於紫烟，蹴磊砢之長松。挺萌臺之妮妮，沾流泉而灑沫。漾颯遝之疏鐘，恍四山之鏜鞳。

顧青螭而依依，遂憑階而造闥。矖菡萏而何象，儼白榆之可剟。爾乃杖金策，側角巾。侵蕭瑟之寒曦，納亭皋之芳春。采江蘋而斜渡，蹙潛波而涣鱗。經畛畷而躑躅，俄陟砠而無垠。始凸悚而坳驚，漸虵蜷而縷曲。拂半天之胎禽，攀九垓之仙躅。遠嶧微而迎茜，石路欹而銜緑。樓臺冪而高騫，諸峰迴而起伏。其前則千雉萬堞，綺錯鱗次。伍兩雲屯，翟葆風厲。千畝之廛，五都之市。白地紞纚，珠琲瑆璲。摩肩而田甲輸金，拂袖而隱君懷覬。隱隱軥軥，澀讟糾刺。大胥之所不能名，隸首之所不能記。芝楣綉桷，麗厥芸堂。巘巘乎其干霄，視𥨊窅而迷方。鳴鐘食鼎，琪園玉圃。雜卉葳蕤以疏途，叢英阿那而分户。雕俎鼒勺，留賓歌舞。嘗瓊禾而詎甘，進臛蠵而停箸。匕盤紛而近郁，管弦嘐而遐赴。延邦蔽郭，朱蕞碧抽。荆杞凭原而隆翠，溝塍界路而承流。横唐頹之青葱，俯月華之雕鎪。其後則多景之樓，清暉之閣。枝峞峉而交撑，結媟姤而如托。瀰漫轇轕，矆焉神愕。曲碧盤根於虚堂，神鷹奮飛而下掠。窺望江之危亭，并蛾眉而依約。吴檣楚舶，於山之阿。前迎後距，擊汰揚波。集布帆而槸槮，眂鼊畜於盤渦。玄冥蕩日，飂飂風多。亮朱明之不燠，宜披裘而婆娑。朝暾夕櫇，旁睨邪眺。絢雲霞而作壁，插層濤之浩浩。潤烟生而迆揚，混太虚而皛溔。西則皓旰歙艴，浮玉相望。竦重巒於波底，壓澥泗而爲堂。東則焦岩蓊茸，彷彿乎懷襄。嵌霧樹於飛澇，漭肱碭於中央。惚兮惘兮，恤乎湯湯。徶曲江之巨麗，控海門之微茫。其左則殷殷繹繹，坡陁直下。隱莽之丘，曠罠之野。崇岡列而崟嶷，平林矙而瀟灑。道安遁迹，宋玉誅茅。襲龍經而泉沸，企曳尾而心遥。承密葉以爲幄，榷蒼松而爲橋。杳乎翳薈，晝爲阡陌。乍芊蕑以沃若，紛堀堁以求索。忽巀嶫而高緣，撊峛施而低迫。閑墝碑之田疇，惑近淪之大澤。藏鐘籠而有人，帶修巒之重碧。嘉樹列，蔦蘿延。倚室皃，傍潺湲。宛虹亘而翼張，礧瓜剖而星繁。鍛浮圖之峥嶸，見圖汝於東軒。信恢炱以儻閬，溯句曲以相纏。其右則岷嶺分派，波濤南析。川迆澮隱，霜葦風荻。噲乎其隅，湜乎其室。捷獵趹蔓，亭跨榭磧。濟濟鏘鏘，颷馳轂擊。斥闤闠之紛紜，肆譻猣而相適。歸蒜山之晴雲，停酒罌之勁翮。走馬之磵，硍乎中開。隔四空而闕迹，巨靈啄其崔嵬。狀庨豁以崆峴，驚矆睒而徘徊。扳葛而驚倏挂雨，捫壁而濕霧縈苔。仰硱磳之若墜，俯窋吒以頻猜。慄猥猥而屏息，蹠硠硠而成雷。怪石帷舒，乍前乍却。黝然而鑒，嘩然而鍔。岩嶙嶙峋，躋空欲落。磓碐碐以敷青，叠硇硇而獻萼。披半角而垂鋋，倬芙蓉之初削。羅衆卉而脅生，被蒨峭而猗靡。不根而綷，不土而宜。參高緑而先霜，糝卑紅而晚滋。其上則列刹言言，欝紆曲布。事存天監，名仍甘露。衍岏峞以儻莽，環堞霓而軼度。鏤窔有唼藻之鱗，碧題有不凋之樹。栱橑熠其斜錯，枅楄詭其扠枒。廲廔宿月，金輪栖霞。纍石伷其基，瑪珉攢其階。叢篠皺其閲，櫨櫪杌其限。煨爛爛而蹇産，傀欄棿其兼該。軼摩伽而遜製，其般爾之能裁。堂則雷音護勅，實實翼翼。宏彩緻而翬飛，揭離樓而并飭。亭則鎮海臨江，居山之陽。懸旅楹於崛岉，敞磊落而磅硠。其他曲檻燠房，填摛丹飾，詭形而殊狀者，不可殫述。出柳溪之游鰻，懷北軒之暮笛。法序弟而增高，月潭湫而清冽。鍡嵩丘之鏗鑿，入江聲而争急。鹹辛易候，昒昕异態。栟櫚溽暑而扇陰，樫椐艷陽而呈繪。丹楓凄其憯惻，樅栝簌其晻藹。花餘四時，目饒畸睞。鴰鶡則戒夜而鳴，鷫鷞則葉庇其背。他若六霙縈盈而溢素，螮蝀霍濩而吹帶。赤松匿景而垂絲，纖阿馳輪而眩采。氣候芃其易變，欻故更而新代。其下則培塿東走，落景西明。歸層櫨於石壁，勢嵷嶁而突升。面翠蘚以啓牖，接倒樹以安亭。幽篁觸砌而戛玉，菡萏灑露而鋪星。虚洞積香而中窈，鳳池含藻而波澄。南華垂青，海嶽浄名。纍以密檜，圍以山櫻。激流植援，匯爲清泠。文以翡翠，聲以和鶯。援鴸鵲孤嶼，鼊琢玉於遥汀。任公詹父，草樹爲廬。乘舟容裔，風水當居。挾素車與白馬，羌魚師而自呼。騰淼漫以天浮，沓浰淢而畢趨。設罶罩，施罾罛。鰋鯉鱴鰽，王鮪彈塗。鈎必逮雙，網必盈艀。潛鱗爲之駭徙，天吴爲之欷歔。估客之船，落帆之浦。叠槳聯篙，明滅洲渚。沙鴇慓其奄忽，楚岫濛而霞吐。蠏堁之田，多黍多稌。既腴壤之浮洝，况編町於兹滸。胡炎熚之鑠金，折江流而爲雨。眠碌磚於雲根，理稷鋤於繁楚。秩秩斯干，講武之堂。製宏敞以窌寮，映蘭薄而襟江。希丹浦而存戰，式河魁而制昉。吉日維戊，干戈戚揚。於是獲夷鐵杖之倫，曲踊超距之士，傚集洶涌，魚服象弭。驚帆逸足，照夜騄耳。金鎩飾而濩略，桃花縟而千里。乃逾唐陂，導坑衡。彎青檀而弸彄，奮軯磕之驚霆。百金命中，貫月穿星。琟弩具，臂釬并。搴旗格猛，其徒如林。足以讋海若，悸百靈。耀五兵於設險，榮李花而迄今。若夫衛公之柏，車蓋無存。明皇之像，遺真已諼。物既往而代非，愴靡徵而不尊。僧繇探微，是留殊繪。吴生擅場，妙麗神會。踐很石之如羊，虁阡眠於蕭艾。悵典午之更非，感孫劉而一慨。九陽届節，有鳴倉庚。于以修禊，于江斯清。于京斯依，髟然華纓。載忻載燕，鼓瑟吹笙。亦有嫝如姣好，先施陽文。細腰善徬，其從如雲。曳阿縞之纖袿，嚮綺紈而夕熏。娟眇閻而徙倚，袘瓡費之閶閭。婉徐步兮袆袆，樂莫樂兮青春。然則兹山者，綜其所宜，而程其所用。首藉藉於過江，永神皋之均重。徒觀其山形面勢，嵬㠑岓嵲，修竹良材，參差欑矗。足使寧封頤神而不返，支遁布金而存樸。總二善以同歸，陋榹瀻之往復。至於地非金闕，夙標名勝。謝玄釣鱸以冥志，令則凌雲而寄興。米顛托病以栖閑，客兒紛游而竊咏。美令軌於曩賢，實青丘而并競。若夫閬風層城，峨眉積雪，香爐恒霍之奇，女几天台之别，雖名羨於《山經》，終險巇而遼僻。未有聳城闉而邇峙，攬曲涯而吐納。果擇勝而逍遥，庶兹土之尤絶。

登金山賦（有序）　冷士嵋

長江發岷峨，會百川，奔放東注而入於海。及夫出京口，下海門，一峰孤起，崒然特立大江之中，控限南北者，則金山也。若黄天揚子，浸稽滉漭，崩觸勃怒，奮迅而下，猶碣石砥柱之不没。下是則長江盡處，潮汐吐納，委輸萬派，不可控約。造物者得無意其間哉？予登而壯之，爰著斯賦。

洪荒既闢，不知此山崒嵂崛岏，胡爲乎忽然而中開？根蟠大江之底，連蜷輪結，下千尋兮不測。長川潏至，懷襄澎濞。更奔吞怒嚙，訇礚而如雷。上當鵬路，烟雲萬幻，散聚於其上。下憑淵浩，蛟龍出没，窟宅化變於其隈。西來萬水出京口，卓爾特立何壯哉！陵谷遷變，衆山之峛崺巇㟴，爲摧崩剷削没泐者凡幾。此獨中流屹然孤峙，彌萬古而峥崔。即江海震蕩，風濤吼撼，日相與戰鬥而攻奪，終復無恙，曾未損其涓埃。立狂瀾於既倒，障百川之東頽。啓造化之蝸結，更疏鑿之橇欙。其所以岌然存此而不去，夫亦若乾坤有意其崔嵬。朋烟月以爲侣，托江海以爲根。曠寥廓其靡際，淼漫漫而混混。與天昊而上下，其冰夷而朝昏。鮫人室築於其下，淵客館構於其濆。若乃别流峙，分乾坤，敻乎邈哉，空明曠豁。若遠出乎太清泬寥之域外，何嘗與人間囂濁相接而紛紛？乃有神僧折葦，羽士凌烟。浮波流泛，空虚往還。遺蜕在石，布金於田。波心塔立，泉出深淵。琳宫層矗，瓊樓飛騫。珠疏窈窕，琪樹華鮮。靈物异境，莫可悉言。至於論要害直天塹於南紀，度形勝乃地險乎海門。時危則三江抗阻，道泰則百越通轅。此六朝而分旗壘，三國而捍虎賁，遏雄師之百萬，却猛騎於千屯者也。予乃特溯懸流，扳巔崖，盼三山，睇八垓。捫參井之高炅，凌倒景之中台。矚扶桑於東隅，覽虞淵於西陔。水流東而不返，日西没以相推。閲川上之如斯，逝者去而莫追。雲秦長兮秋暝，樹越緑兮春回。嗟楚漢之蝸角，慨曹劉之榛灰。水留雲而不去，山浮玉而空來。獨憑虚而曠觀，高振衣以徘徊。卑人世於蝗垤，藐滄海於一杯。临釃酒而傾罍，撫大塊之悠悠。念人事之已非，登憑千萬載而一盡。余獨何心，能不臨風長睇而興悲！

駕幸京口三山賦　劉星煒

於顯斗墟，蔚爲岷江。浮群玉於朱方，表嶤闕於南邦。抃鰲戴而爲三，納鯨呿而叠雙。襟吴楚之嶮介，匯潮汐爲擊撞。我皇乃建珠旗，束綢杠。蕩四溟，拓八窗。登神山之峨峨，俯通瀆之淙淙。爾其三島竦峙，大江中分。下臨無地，仰矗捎雲。闢幽崖於北府，聳古戍於西津。吸蒼景以内照，鼓殷雷而上聞。固真靈之窟宅，含元氣之烟煴。覩夫北固之爲山也，天目流乳，句曲分支。月潭倒影，柳溪四垂。很石䝟伏，鐵鑊瀾微。沙侵碕岸，水没苔磯。池平樹古，帆起泉飛。走馬跳珠而成澗，跳鰲臨閾而敞扉。若乃下滮舊基，獲荇故壘。玉柱宵浮，金精夜徙。火珠浴日而騰空，相輪連雲而倒水。撑礐石之盤陀，揭簰山之峎巊。其中則有妙高嶙峋，中泠清泚。入江百尋，去天尺咫。曉堂龍出而雹烻，夜渚豚翻而風駛。此則金山之崥岻。鏡海門而孤峙，迨夫維長梢，挂帆席，越漩流，經抵石。入松寥之神山，尋海門之佛國。探獅子之靈踪，訪沙户之遺磧。青玉作塢而甗皷，碧桃爲灣而徑仄。竹篠松釵，濤聲岳色。棧聳梯盤，岩轟霹靂。下瘞胎禽，上摩健翮。斯又焦先之隱居，永寥軼乎塵陌者也。合觀其形勢，則磊落奇拔，輪囷峥嶸。雲根虬結，督脉縱横。障百川而東注，揖九派於西傾。日月蔽虧，風雨迴伏。山裹寺而逾幽，寺裹山而非緜。遠而望之，皛皛晶晶，層臺三成，若岱輿之浮嶠，出玉京也；迫而察之，岳岳觥觥，碧紺朱明，若天台之霞起，接赤城也。其靈根鬱律，猥積崎嶇，則赤斧、昌容、羨門、安期之所居；其水府崛詭，澒洞淵潒，則奇相、海若、穹龜、長魚之所宅。遂乃高閣神行，精廬盤互。江天慧禪，澤心甘露。多景層樓，迴瀾古渡。蘇米爰游，孫劉曾住。竹院漚亭，星羅霞布。横嶺成梁，神亭無柱。鰻井不波，鶻峰少樹。海作堂皇，天開楹梐。洪惟皇祖，四巡景員。導河濟江，惟義所宣。懿吾皇之紹衣，奉珠櫶而游焉。於時天融素練，風静修柯。纖塵不動，綿羽相和。八神傳警，萬靈不嘩。龍艘啓途，鳳艒泛波。千品萬官，後舞前歌。觀夫禁扁星懸，豐碑屹起。維玉及瑶，聖謨佑啓。景神堯之孝德，貽駿烈於南軌。爾乃寶掌蓮開，鐘魚響答。禮大士之燈龕，掃頭陀之梵塔。祝萬年之綺甲，慶五緯而相叶。則有江魚白白，竹笋青青。絲絲柳翠，點點桃猩。藥園釣渚，岫幌岩扃。用以調法膳之芳腴，奉慈豫之芋寧。更有飛雲蓋海，蜀艇越艄。犀渠七札，魚甲萬重。射潮强弩，没羽唐弓。鰌魚拍浮，荼火耀空。羽旄揚蕤，鶴列翾風。所以陳師按屯，燀威棱而詰兵戎也。至若雀舫千艘，羊燈萬炷。金繭玉蛾，銀花琪樹。張冰嬉於顥天之臺，陳火戲於閶風之宇。則以勃律于闐之壤，纏帽鏤耳之徒。越二萬里而來王，載之後車。俾之艷靺，軨之軍容。震簫籟之棹歈，炫魚龍之妙技，飫炰鱠之行厨也。豈以是爲靡曼窈渺，習耳目之娱哉？爰乃下明詔，諭群列。撤曼衍，捐燕設。嘉山林之樸屬，但篁灑而可悦。其勿侈於金艧，雖成事而更説。慮大江以南，儲偫是營而東作。或輟也，惟是樂民俗之含和，慶天宇之時暘。覘簇薄之春蠶，驗栖畝之餘糧。慰山氣之夕佳，信海波之不揚。然後酌氿醴，烹靈液。剔蘚斑，眡畫壁。拊玉帶之琳腴，辨古鼎之媠嫿。翻羲獻之經幢，撫華陽之銘石。賁三詔之幽扃，吊四雄之遺迹。奎章藻朗於丹楹，龍文震蕩於靈魄。將以絢鴻筆於貞珉，紹珠徽於玉策。

硯山園賦　錢之鼎

山擁江城，天開雲海。突兀空樓，其人宛在。此米老硯山之園乎？爲仲恭之别業，若虚左以相待。羌岳氏之有懷，復繕修於幽塏。事閲千秋，價增十倍。夫其左掩北固之嶕崒兮，危峰森其竦削。右控演軍之廣場兮，牧馬嘯以騰踔。埤堄屹其拱峙兮，亘層岫之犖嶨。錯帆檣於檐脊兮，激瀰浪以瀺灂。粉垣繚繞，畫棟礲斫。垂茄倒景，聯芝犖确。樹彩纈而張幔，石蓮瓣而成岳。晞平烟於莎野，延虚翠於蘿幄。而况雲陰墨瀋，塔影筆卓。遥空紙展，斷碣篆削。宜盤桓乎容裔，馳幽情於渺邈。渺邈幽情，浮雲變更。韵事如昨，高風自清。緬元章之好古，袖拳石之峥嶸。停芳躅於京口，訪故人以郊行。叢薄隱曲，板橋齊横。叠巘迴牖，疏篁護楹。畫出樓臺，曷來何處？蒼茫烟水，聊慰平生。夫惟出硯山以相易，顔寶晉而爲名。蓋兹硯者，傳自李唐之代，置於後主之軒。澄心堂啓，按曲譜翻。花萼攢簇，蟠蛟蜷蜿。濺九折之瀑，涵衆星之源。天闕一綫，霞標數痕。盤渦洄洑，陰霾吐吞。盤陀縈互，磵壑紛繁。三十六峰，窈窕盈握。數百餘竅，玲瓏可捫。代展轉以交嬗，至宋季而猶存。用增光於翰墨，爰取值於林園。原夫米老之居此，别有因緣。實深眷戀，始卜南郊。林巒峭蒨，莊名黄鶴。鄰依竹院，所謂敝居丹徒，有漕河一帶上皇山樵，得奇石一片者也。兹乃山岩列障，江光如練，拂翠懸磴，摩崖作硯。鳥作鸜鵒流目，花合芙蓉吐絢。徘徊於風窟雲房之際，舊雨應來；想像夫龍池鳳蓋之形，他山相見。肅衣冠於廬事，只須仰拜崇阿；裝書畫於船窗，那羡旁通老堰。老屋三間，荒蘆一灣。平蕪斷楚，落日烟鬟。藏春塢寂，多景樓閑。聽鸝館啓，洗馬橋環。英雄劍石空試，名士車輪未還。北府兵營，濤聲猶怒。南朝禪窟，雲氣常關。溯往代之風流，幾多人物；稱高賢之雅負，如此江山。客有風塵落拓，詩酒清狂。衣嗟染素，鬢感將蒼。無田二頃，有書一囊。故國回頭，幾叢疏樹；天涯如夢，一抹斜陽。思少日之游憩兮，曾弦誦於此堂。極景仰以瞻慕兮，奠桂酒與椒漿。何先生之樂吾土兮，我流轉乎异方。歲冉冉其逼暮兮，束征車而來翔。懷遺硯以自給兮，恣泉石以徜徉。敦古處而偕作兮，結寤寐於形相。題壁而爲歌曰："山青兮樹碧，携樽兮布席，潔吾身兮顛吾癖。耽泉石兮此焉宅，千秋萬歲兮名不易。"

鐵瓮城賦（有序） 楊棨

鐵瓮城，顧野王《輿地志》云："吴大帝築，周六百三十步，内外皆固以甓。"程大昌《演繁露》云："陶城古號鐵瓮，人但知其所喻以堅而已。然瓮形深狹，取以喻城，似爲非類。乾道辛卯，予過潤，蔡子平置燕於江亭。亭據郡治前山，絶頂而顧，子城雉堞緣岡，彎環四合，州治諸廨在焉。員深之形，正如卓瓮。"始知喻以爲瓮者，指子城也。子城在郡城内，郡城即吴京城故基（按：京者，高也。非京都之京），周十三里（詳見"輿地"）。外又有羅城，周二十六里（俱詳"輿地"）。元初，凡郡之有城郭，皆撤而去之。見《至順志》。明時重建郡城，而子城、羅城皆未復，今遂以鐵瓮爲郡城矣。暇檢舊志，因成斯賦。

登郡城以周覽，見萬井之交縈。廛塞衢而霧列，車挂轊而風行。父老告予曰：此中舊有完整如鐵，員深如瓮，一帶彎環之子城。重門複闟之設，蓋孫吴之故京。方建安十有四年，大帝自吴趨而徙此也。南徐境闢，北固峰高。京峴枕後以衛郭，大江涌前而作濠。露櫓下臨而睥睨，霞樓上指而嶒嶆。京城之建，固已去銀漢而不遠，比金墉而更牢。而又加以重闉虎視，層堞雉翺。緊天地爲罏，陰陽爲炭，鑄成而冠之以巨鰲。城之堅兮，周遭無缺。鏦鏦錚錚，風磨有聲。疑百尺之冶城，屹屹巇巇，雲壓如結。聚九州之錯鐵，城何似兮，入猶入瓮。升其上，宛瓴建於高屋，勢可遠控。居其中，訝甌脱之古穴，深可容衆。由是放海門之戰艦，倚天塹而屯營。射亭虎而耀武，據石羊而論兵。赤壁騰東風之火焰，烏林播北伐之歌聲。猗歟休哉！其雄視一時者，實皆憑此以力争。雖石頭城之繼築，猶且以之爲門户，而奚數乎鐵鎖之江横？此外有小升城通乎白下，故丹徒城峙乎朱方。迨至唐代，加羅城而周寶興役，立五城而韓滉啓疆。宋史彌堅修土城而新門特闢，明吴撝謙增夾城而故址未荒。護瓮城而益增鞏固，彼蕭梁鐵鏤，衛公鐵塔，烏得而比强？然而盛世，衆志成城，止戈爲武。不尋壁壘於南朝，不問旌麾於北府。衛道自有藩籬，修身以爲弓弩。握鐵抓而誦習簡編，鑿瓮牖而婆娑衡宇。方將外户不扃，何假縮版而築乎百堵。

焦山讀書賦 張崇蘭

有獵華公子者，盛服高軒，訪潛暉處士於焦山之寺，值其讀書不輟，志專容寂。久之，乃揖客就位。公子從而嘲之曰："方今家擅曹倉，人誇邊笥。腹富者蚤歲蜚聲，記醜者英年得志。是以明經擢高第，通史課吏，治百家衆技，待詔而試。獨吾子詘於選士之場，逃於無人之地。菑畬目耕，糟粕心醉。終日孳孳，不知老之將至。若是者果誰爲也？”處士曰：“子何見之左也？夫萬物芸生，爲類實夥。人秀而靈，長蟲之倮。緊知覺之先開，將訂頑而警惰。著述代積以紛綸，議論日出而帖妥。後學是資，縱觀咸可。然而章句者守株，餖飣者嗜瑣。辨黑白而定一尊，洞是非於觀火。與古爲徒，此志亦頗。落花披卷之時，掃地焚香而坐。非惟恨我不見古人，所恨古人又不見我。當夫琅函鱗次，瓊笈齒排。百王揖讓以同席，列聖群居乎一齋。屈宋衙官於其側，班揚僕隸而爲儕。彼雜家與諸子，亦體别而義乖。稽舊文於策府，發古義於塵埋。跪捧成誦，德音孔皆。氣與鼓吹協，聲與金石偕。穿穴類羽陵之蠹，拘墟笑眢井之蛙。不以輕肥奪吾静趣，不以青紫移吾素懷。豈若求宦取徑，梯榮借階。秀才有不知書之誚，相公來宜覽古之諧。知我者不可作，如卿言亦復佳。”公子曰：“是固然矣。吾聞讀書者，下帷勵志，掩關絶慮。壁可鑿而光穿，園不窺而春去。貧家藉螢耀之輝，慈母有熊丸之助。打頭屋小而不辭，當膝榻穿而仍據。斯皆飢甘粗糲，寒擁敗絮。夏扇冬爐，弗揮弗御。效蛾子之時術，懔奔駒於朽馭。雖有名山大川，嘉木奇石，曾不足留其一盼也。況魚鳥之泳游與翔翥哉？今子眷戀松寥，徘徊柳淤。非隱士而耽岩穴之栖，异禪侣而托焚修之處。物態交縈，名勝夙著。一編未終，日月其除。何托業之甚尊，而宅心之多豫與？”處士曰：“否，不然。昔者舞雩之下，樊遲所爲從游也。沂水之旁，曾點樂用其唱酬也。是以李紳讀書於九龍之嶺，陶侃讀書於百花之洲。匡廬值乎太白，勝迹著於千秋。伊古以來，指不勝屈，已則請就吾澗而求之。彼夫文正書堂，倚壽丘之孤僻；昭明書舍，傍招隱之清幽。莫不樹根案設，花嶼床留。斯豈厭衡廬而癖泉石哉？藏焉修焉，則亦惟其地之優也。矧兹山藴乾坤之靈氣，挹焦傅之風流。睹鑽丹石而小塵世，憩三詔洞而輕王侯。由是榻從寺借，食就僧謀。聞晨鐘而發深省，乞宵火而未少休。誰得而議吾之偷哉？方其寸景堪惜，一編未拋。既目通其脉絡，遂意絶乎惛怓。無難字之徑過，鮮誤本以相淆。詞明白以坦易，味回甘而曲包。或句奇而語重，亦詰屈以牙聱。任口角兮流沫，免心曲兮塞茅。故書覆誦，吟袂頻捎。意義相著，宛如漆膠。況復行笈苦無秘本，一瓻借乎故交。發函熟視，脱手新鈔。疾讀百遍，蓄諸胸坳。斯時也，朱燼向壁，明蟾挂梢。有驚窺之宿鳥，與出聽之潛蛟而已。以視市廛之雜遝，闤闠之喧呶，賓客臨而駐車馬，家人就而問斗筲，曷若斯地之容吾嘐嘐也？若乃披吟意倦，游息是耽，時負手以引步，申娱玩於山南。朝舒霞采，夕絢明嵐。波瀾起而胸次壯，烟雲過而世態諳。覽鳶飛及魚躍，向造化以静參。聽漁歌與樵唱，識妙理之中含。日沐月浴，地負海涵。眼界因之恢廓，書味益以沉酣。忽獨居而寡適，資破寂於瞿曇。采薪汲水，蕭條兩三。宣密諦，破瞋貪，團蒲擁褐，香濃茗甘。喜辨才之無礙，共盤桓乎一庵。此又弛張之度，聖哲所談者也。客徒知軒冕之爲貴，而不知載籍之足耽也。徒識朝市之馳騖，而不知林壑之幽探也。”於是公子色沮詞屈，默然内慚，徐謝曰：“吾子東方生之流亞也。《詩》曰：‘考槃在澗，碩人之寬。’非吾子其誰堪之！”遂辭去。

丹徒縣志卷四十七終

丹徒縣志卷四十八

藝文三　詩一　南朝詩　隋詩　唐詩

按：舊志自六朝至元、明，所録諸詩體無弗備矣，然其間尚多缺略，今增補之，各於名下注一“增”字。

宋

廬陵王墓下作（按：墓在城東，宋武帝子義真廬陵王被廢殺，靈運以讒謫，後文帝悟，還之，問南行詩，運以此對。）　**謝靈運**（增）

曉月發雲陽，落日次朱方。含凄泛廣川，灑泪眺連岡。眷言懷君子，沉痛結中腸。道消結憤懣，運開申悲涼。神期恒若存，德音初不忘。徂謝易永久，松柏森已行。延州協心許，楚老惜蘭芳。解劍竟何及，撫墳徒自傷。生平疑若人，通蔽互相妨。理感深情慟，定非識所將。脆促良可哀，夭枉特兼常。一隨任化滅，安用空名揚。舉聲泣以漣，長嘆不成章。

從游京口北固應詔　**謝靈運**

玉璽戒誠信，黄屋示崇高。事爲名教用，道以神理超。昔聞汾水游，今見城外鑣。鳴笳發春渚，税鑾登山椒。張組眺倒景，列筵矚歸潮。遠岩映蘭薄，白日麗江皋。原隰荑緑柳，墟囿散紅桃。皇心美陽澤，萬象咸光昭。顧己枉維縶，撫志慚場苗。工拙各所宜，終以反林巢。曾是縈舊想，覽物奏長謡。

車駕幸京口侍游蒜山作　**顔延之**

玄天高北列，日觀臨東溟。入河起陽峽，踐華因削成。岩險去漢夷，衿衛徙吴京。流地自化造，山關固神營。園縣極方望，邑社總地靈。宅道炳星緯，誕曜應辰明。睿思纏故里，巡駕匝舊坰。陟峰騰輦路，尋雲抗瑶甍。春江壯風濤，蘭野茂稊英。宣游宏下濟，窮遠凝聖情。岳濱有和會，祥習在卜征。周南悲昔老，留滯感遺萌。空食疲廊肆，反税事岩耕。

車駕幸京口三月三日侍游曲阿後湖作（《嘉慶志》曰：後湖，不在丹徒境内。而其時則因從駕京口作，故録之。）　**顔延之**

虞風載帝狩，夏諺頌王游。春方動宸駕，望幸傾五州。山祇蹕嶠路，水若警滄流。神御出瑶軫，天儀降藻舟。萬軸胤行衛，千翼泛飛浮。彤雲麗璇蓋，祥飈被彩斿。江南進荆艷，河徼獻趙謳。金練照海浦，笳鼓震溟洲。藐眄覯青崖，演漾觀緑疇。民靈翕都野，鱗翰聳淵丘。德禮既普洽，川岳遍懷柔。

行京口至竹里（按：古竹里，在縣東三十里，俗稱苦竹里。） **鮑照**

高柯危且竦，鋒石橫復仄。複澗隱松聲，重崖伏雲色。冰閉寒方壯，風動鳥傾翼。斯志逢凋嚴，孤游值曛逼。兼塗無憩鞍，半菽不遑食。君子樹令名，細人效命力。不見長河水，清濁俱不息。

蒜山被始興王命作 **鮑照**（增）

暮冬霜雪岩，地閉泉不流。玄武藏水陰，丹烏還養羞。勞農澤既周，役車時亦休。高薄符好蒨，藻駕及時游。鹿苑豈淹睇，兔園不足留。升嶠眺日軌，臨迥望滄洲。雲生玉堂裏，風靡銀臺陬。陂石類星懸，嶼木似烟浮。形勝信天府，珍寶麗皇州。白日迴清景，芳艷洽歡柔。參差出寒吹，嘹唳江上謳。王德愛文雅，飛翰灑鳴球。美哉物會昌，衣道服光猷。

從過丹徒舊宫 **鮑照**（增）

肅裝屬雲旅，奉軔承末塗。嚴恭履桑梓，加敬覽枌榆。靈命藴川瀆，帝寶伏篇圖。虎變由石紐，龍翔自鼎湖。功冠生民始，道妙神器初。宫陛留前制，歌思溢今衢。餘祥見雲物，遺像存陶漁。泉流信清泌，原野實甘荼。豈伊愛酆鄗，天險兼上腴。東秦邦北門，非親誰克居。仁聲日月懋，惠澤雲雨敷。盧令美何歇，唐風久不渝。微臣逢世慶，征賦備人徒。空費行葦德，采束謝生芻。

侍宴蒜山 **謝莊**（增）

龍旌拂行①景，鳳蓋起流雲。轉蕙方因委②，層華正氤③氲。烟竟山郊遠，霧罷江天分。調石方④延霧⑤，裁金起承雲。

從拜陵登京峴 **鮑照**（增）

孟冬十月交，殺盛陰欲終。風烈無勁草，寒甚有凋松。軍井冰晝結，士馬氈夜重。

---

① 按：“行”，《藝文類聚》卷八“蒜山”條引謝莊詩作“紆”。
② 按：“委”，《藝文類聚》卷八“蒜山”條引謝莊詩作“委”。
③ 按：“氤”，《藝文類聚》卷八“蒜山”條引謝莊詩作“氛”。
④ 按：“方”，《藝文類聚》卷八“蒜山”條引謝莊詩作“飛”。
⑤ 按：“霧”，《藝文類聚》卷八“蒜山”條引謝莊詩作“露”。

晨登峴山首，霜雪凝未通。息鞍循隴上，支劍望雲峰。表裏觀地險，升降究天容。東岳覆如礪，瀛海安足窮。傷哉良永矣，馳光不再中。衰賤謝遠願，疲老還舊邦。深德竟何報，徒令田陌空。

齊

贈徐孝嗣　王儉

婉婉游龍，載游載東。靡靡行雲，并躍齊踪。無類不感，有來斯雍。之子云邁，嗟我莫從。歲云暮止，述職戒行。崇蘭罷秀，孤松獨貞。悲風宵遠，乘雁晨征。撫物遐想，念别書情。

梁

登北固樓　武帝（增）

歇駕止行警，迴輿暫游識。清道巡丘壑，緩步肆登陟。雁行上差池，羊腸料相逼。歷覽窮天步，矖矚盡地域。南城連地險，北顧臨水側。深潭下無底，高低常不測。舊嶼石若構，新洲花如織。

奉和登北顧樓　簡文帝（增）

春陵佳麗地，濟水鳳皇宫。况此徐方域，川岳邁周灃。皇情愛歷覽，游涉擬崆峒。聊驅式道候，無勞襄野童。霧瘇開早日，晴天歇晚虹。去帆入雲裏，遥星出海中。

示徐州弟　昭明太子統

宴君晝室，靖眺銅池。三墳既覽，四始兼摛。高宇既清，虚堂復静。義府載陳，玄言斯逞。①

循役朱方道路　沈約

分繻出帝京，升裝奉皇穆。洞野屬滄溟，聯郊溯河服。日映青丘島，塵起邯鄲陸。江移林岸微，岩深烟岫複。歲嚴摧磴草，午寒散嶠木。縈蔚夕飇卷，蹉跎晚雲伏。霞志非易從，旌軀信難牧。豈慕緇宫梧，方辭兔園竹。羈心亦何言，迷踪庶能復。

---

① 按：此詩實昭明太子統《示徐州弟》其七、其八兩詩删并而成，兹據《先秦漢魏晉南北朝詩》（中）《梁詩》卷十四録其兩詩如下：

宴居晝室，靖眺銅池。三墳既覽，四始兼摛。嘉肴玉俎，旨酒金卮。陰陰色晚，白日西移。

西移已夕，華燭云景。肙肙風生，昭昭月影。高宇既清，虚堂復静。義府載陳，玄言斯逞。

陸東海譙山集　江淹

杳杳長役思，思來使懷濃。恒忌光氛度，藉蕙望春紅。青莎被海月，朱華冒水松。輕氣曖長岳，雄虹赫遠峰。日暮崦嵫谷，參差彩雲重。永願白沙渚，游衍遂相從。丹山有琴瑟，不爲憂傷容。

下直出溪邊望答虞丹徒敬　何遜

夫君美章句，席丈珍梁楚。伊余忝攝官，含毫亦禁阻。直廬去咫尺，心期得宴語。休沐乃幽栖，别離未幾許。佇立日將暮，相思忽無緒。溪北映初星，橋南望行炬。九重不可越，三爵何由舉。

贈王僧孺　任昉

惟子見知，惟余知子。觀行視言，要終猶始。敬之重之，如蘭如芷。形應影隨，曩行今止。百行之首，立人斯著。子之有之，誰毁誰譽。修名既立，老至何遽。誰其執鞭，吾爲子御。劉略班藝，虞志荀録。伊昔有懷，交相欣勖。下帷無倦，升高有屬。嘉爾晨燈，惜余夜燭。

入蘭臺贈王治書僧孺　吴均

故人楊子雲，校書麟閣下。寂寞少交游，紛綸富文雅。予爲隴西使，寓居洛陽社。相思非不深，行行避驄馬。

北周

奉命使北始渡瓜步江　庾信（增）

校尉始辭國，樓船欲渡河。輴軒臨磧岸，旌節映江沱。觀濤想帷蓋，争長憶干戈。雖同燕市泣，猶聽趙津歌。

北齊

公館宴酬南使徐陵　裴讓之

嵩山表京邑，鍾嶺對江津。方域殊風壤，分野各星辰。出境君圖事，尋盟我恤鄰。有才稱竹箭，無用忝絲綸。列樂鼓鐘響，張旃玉帛陳。皇華徒受命，延譽本無因。韓宣將聘楚，申胥欲去秦。方期飲河朔，翻屬卧漳濱。禮酒盈三獻，賓筵盛八珍。歲稔鳴銅雀，兵戢坐金人。雲來朝起蓋，日落晚推輪。异國猶兄弟，相知無舊新。

隋

奉和晚日揚子江應制　柳䛒

詰旦金鐃發，驂駕出城闉。鮮雲臨葆蓋，細草藉班輪。千里烟霞色，四望江山春。梅風吹落蕊，酒雨减輕塵。日斜歡未畢，睿想良非一。風生叠浪起，霧捲孤帆出。掞藻麗繁星，高論光朝日。空美鄒枚侣，終謝淵雲筆。

奉和晚日揚子江應教　柳䛒

大江都會所，長洲有舊名。西流空岷蜀，東泛邇蓬瀛。未觀纖羅動，先聽遠濤聲。空濛雲色晦，浹叠浪華生。欲知暮雨歇，當觀飛旆輕。

和張丞奉詔於江都望京口　孫萬壽

回首觀濤處，極望滄海湄。流波去無限，喬木不勝悲。蓬萊雖已變，池塘尚所思。歸飛路窮此，悵望情難持。吾生乃民季，疇日佐藩維。尚想西園夕，猶懷北固時。城邑纔辨處，风烟忽何之。跂予未能已，顧嘆空遲遲。

唐

陪潤州薛司空丹徒桂明府游招隱寺　駱賓王

共尋招隱寺，初識戴顒家。還依舊泉壑，應改昔雲霞。緑竹寒天笋，紅蕉臘月花。金繩儻留客，爲繫日光斜。

渡瓜步江　駱賓王

捧檄辭幽徑，鳴榔下貴洲。驚濤疑躍馬，積氣似連牛。月迥寒沙净，風急夜江秋。不學浮雲影，他鄉空滯留。

秋夜送閻五還潤洲（并序）　駱賓王

閻五官言返維桑，修途指金陵之地；李六郎交深投漆，開筵浮白玉之尊。於時璧彩澄虚，漏輕光於雲葉；珪陰散迥，摇碎影於風梧。雖桂醑蘭釭，暫淹留於一夕。而青山黄鶴，將惆悵於九秋。請勒四言，俱伸五際。

通莊抵舊里，溝水泣新知。斷雲飄易滯，連露積難披。素風翻迥堞，驚月繞疏枝，無力勵短翰，輕舉送長離。

酬李丹徒見贈之作　宋之問

鎮吴稱奥里，試劇仰通才。近挹人披霧，遥聞境震雷。一朝逢解榻，累日共銜杯。

連巒登山盡，浮舟望海回。以予慚拙宦，期子遇良媒。贈曲南梟斷，征途北雁催。更憐江上月，還入鏡中開。

江南曲（五首録二） **丁仙芝**

未曉已成妝，乘潮去茫茫。因從京口渡，使報邵陵王。

始下芙蓉樓，言發瑯琊岸。急爲打船開，惡許傍人見。

渡揚子江 **丁仙芝**

桂楫中流望，空波兩岸明。林開揚子驛，山出潤州城。海盡邊陰静，江寒朔吹生。更聞楓葉下，淅瀝度江聲。

送丹陽采訪 **徐安貞**

郡縣分南國，皇華出聖朝。爲憐鄉棹近，不道使車遥。舊俗吴三讓，遺風漢六條。願言除疾苦，天子聽歌謡。

次北固山下 **王灣**

客路青山下，行舟緑水前。潮平兩岸闊，風正一帆懸。海日生殘夜，江春入舊年。鄉書何處達，歸雁洛陽邊。

下京口埭夜行 **孫逖**

孤帆度緑氛，寒浦落紅曛。江樹朝來出，吴歌夜漸聞。南溟接潮水，北斗近鄉雲。行役從兹去，歸情入雁群。

夜到潤州 **孫逖**

夜入丹陽郡，天高氣象秋。海隅雲漢轉，江畔火星流。城郭傳金柝，閭閻閉緑洲。客行凡幾夜，新月再如鈎。

登萬歲樓 **孟浩然**

萬歲樓頭望故鄉，獨含鄉思更茫茫。天寒雁渡堪垂泪，月落猿啼欲斷腸。曲引古堤臨凍浦，斜分遠岸近枯楊。今朝喜見同袍友，却喜家書寄八行。

揚子津望京口 **孟浩然**

北固臨江口，夷山近海濱。江風白浪起，愁殺渡頭人。

宿揚子津寄潤州長山劉隱士　孟浩然

所思在建業，欲往大江深。日夕望京口，烟波愁我心。心馳茅山洞，目極楓樹林。不見少微隱，星霜勞夜吟。

早春潤州送從弟還鄉　孟浩然

兄弟游吴國，庭闈戀楚關。已多新歲感，更餞白眉還。歸泛西江水，離筵北固山。鄉園欲有贈，梅柳着生攀。

題招隱寺絢公房　綦毋潛

開士度人久，空岩花霧深。徒知燕坐處，不見有爲心。蘭若門對壑，田家路隔林。還言澄法性，歸去比黄金。

鶴林寺　綦毋潛

道門隱形勝，向背臨層霄。松覆山殿冷，花藏溪路遥。珊珊寶幡挂，焰焰明燈燒。遲日半空谷，春風連上潮。少憑水木興，暫忝身心調。願謝携手客，兹山禪侶饒。

題丹陽陶司馬廳壁　薛據

高鑒清洞徹，儒風入進難。詔書增寵命，才子益能官。門帶山光晚，城臨江水寒。唯餘好文客，時得咏幽蘭。

泊揚子岸　祖詠（增）

纔入維揚郡，鄉關此路遥。林藏初霽雨，風退欲歸潮。江火明沙岸，雲帆礙浦橋。客衣今日薄，寒氣近來饒。

登潤州　邱爲

天末江城晚，登臨客望迷。春潮平島嶼，殘雨隔虹霓。鳥與孤帆遠，烟和獨樹低。鄉山何處是，目斷廣陵西。

送邢桂州　王維

鐃吹喧京口，風波下洞庭。赭圻將赤岸，擊汰復揚舲。日落江湖白，潮來天地青。明珠歸合浦，應逐使臣星。

送樊侍御使丹陽便覲　岑參

卧病窮巷晚，忽驚驄馬來。知君京口去，借問幾時回。驛舫江風引，鄉書海雁催。

慈親應倍喜，愛子在霜臺。

貽王侍御出臺掾丹陽　儲光羲

高高瑯琊臺，臺下生篬簬。照車十二乘，光彩不足諭。既當少微星，復隱高山霧。金丘華陽下，仙伯養晦處。茅茨對三峰，梧桐開一路。神溪繞皋陸，樵牧自成趣。時登青冥游，若從天江度。墟里獻薇蕨，群公致衣縷。深沉復清净，偃仰視太素。猛獸識賓僕，赬霞知早暮。峨峨雲龍開，忽有方伯遇。達人無不可，壯志且馳騖。融泄長鷄鳴，繽紛大鵬翥。赤墀高岹岃，一見如三顧。禮服正邦祀，刑冠肅王度。三辰明詔代，光啓元元祚。章臺收杞梓，太液滿鵷鷺。豐澤耀純仁，八方晏黔庶。沉沉閶闔起，殷殷蓬萊曙。旌戟儼成行，鷄人傳發煦。翔翼一如鶚，百辟莫不懼。清廟奉烝嘗，靈山扈鑾輅。天街時蹤踘，直指宴柱枑。四月純陽初，雷雨始奮豫。逆星孛皇極，鈇鑕静天步。酇鎬舒曜靈，干戈藏武庫。析椾增廣運，直道有好惡。迴迹清憲臺，傳騎東南去。列城异疇昔，近餞寡徒御。纏綿西關道，婉孌新豐樹。伊洛不敢息，淮河任沿溯。鄉亭茱萸津，先後非疏附。炎時方怵惕，有若踐霜露。惆悵長岑長，寂寞梁王傅。紛吾家延州，結友在童孺。岑陽沐天德，邦邑持民務。躑躅望朝陰，如何復淪誤。牙曠三千里，擊轅非所慕。秋濤連滄溟，舟楫凑北固。江汜日綿眇，朝夕空寐寤。中洞松栝新，東皋阡陌故。餘輝方焜耀，可以歡邑聚。南華在濠上，誰辨魏王瓠。登陟芙蓉樓，爲我時一賦。

京口題崇上人山亭　儲光羲

清旦歷香岩，岩徑紆復直。花林開宿霧，游目清霄極。分明窗户中，遠近山川色。金沙童子戲，香飯諸天色。叫叫海鴻聲，軒軒江燕翼。寄信清净者，閶閤徒自蹐。

寒夜江口泊舟　儲光羲

寒潮信未起，出浦纜孤舟。一夜苦風浪，自然生旅愁。吴山遲海月，楚火照江流。欲有知音者，异鄉誰可求。

临江亭五咏（并序）　儲光羲

建業爲舊都矣。晉主來此，而禮物盡備。雖云在德，亦云在險，京口其地也。嗚呼！有邦國者，有廢興焉。自晉迄陳，五世遞嬗。以今懷古，五篇爲咏。臨江亭得其勝概，寄以興言。雖未及乎辯士，亦其志也。

晉家南作帝，京鎮北爲關。江水中分地，城樓下帶山。金陵事已往，青蓋理無還。落日空亭上，愁看龍尾灣。

山橫小苑前，路盡大江邊。此地興王業，無如宋主賢。潮生建業水，風散廣陵烟。直望青波裏，衹言别有天。

城頭落暮暉，城外搗秋衣。江水青雲挹，蘆花白雪飛。南州王氣疾，東國海風微。借問商歌客，年年何處歸。

古木嘯寒禽，層城帶夕陰。梁園多緑柳①，楚岸盡楓林。山際空爲險，江流長自深。平生何以恨，天地本無心。

京山千里過，孤憤望中來。江勢將天合，城門向水開。落霞明楚岸，夕露濕吴臺。去去無相識，陳皇安在哉？

京口送别王四誼　儲光羲

江上楓林秋，江中秋水流。清晨惜分袂，秋日尚同舟。落潮洗魚浦，傾荷枕驛樓。明月菊花熟，洛東泛觴游。

京口留别徐大補闕趙二零陵　儲光羲

皇州月初曉，處處鼓鐘喧。樹出蓬萊殿，城開閶闔門。近臣朝瑣闥，詞客向文園。獨有三川路，空傷游子魂。

宿京江口期劉昚虚不至　王昌齡

霜天起長望，殘月生海門。風静夜潮滿，城高寒氣昏。故人何寂寞，久已乖清言。明發不能寐，徒盈江上尊。

萬歲樓　王昌齡

江山巍巍萬歲樓，不知經歷幾千秋。年年喜見山長在，日日悲看水獨流。猿狖何曾離獨嶺，鸕鷀空自泛寒洲。誰堪登望雲烟裹，向晚茫茫發旅愁。

諸官游招隱寺　王昌齡（增）

山館人已空，青蘿换風雨。自從永明世，月向龍宫吐。鑿井長幽泉，白雲今如故。應真坐松柏，錫杖挂窗户。口云七十餘，能救諸有苦。回指岩樹花，如聞道場鼓。金色身壞滅，真如性無主。僚友同一心，清光遺誰取。

芙蓉樓送辛漸（二首）　王昌齡（增）

寒雨連江夜入吴，平明送客楚山孤。洛陽親友如相問，一片冰心在玉壺。

丹陽城南秋海陰，丹陽城北楚雲深。高樓送客不能醉，寂寂寒江明月心。

---

① 按“柳”，《四庫》本《唐儲光羲詩集》卷五作“樹”。

暮秋揚子江寄孟浩然　劉昚虚

木葉紛紛下，東南日雨霜。林山相曉暮，天海空青蒼。暝色况復久，秋聲亦何長。孤舟兼微月，獨夜仍越鄉。寒笛對京口，故人在襄陽。咏思勞今夕，江漢遥相望。

途次維揚望京口寄白下諸公　蔣涣

北望情何限，南行路轉深。曉帆低荻葉，寒日下楓林。雲白蘭陵渚，烟青建業岑。江天秋向盡，無處不傷心。

冬日與群公泛舟登焦山　王瓚（一作"讚"）

江外水不凍，今年寒復遲。衆芳且未歇，近臘仍夾衣。載酒適我情，興來趣漸微。方舟大川上，環酌對落暉。兩片青石棱，波際無因依。三山安可到，欲到風引歸。滄溟壯觀多，心目豁暫時。况得窮日力，乘槎何所之。

焦山望松寥山　李白

石壁望松寥，宛然在碧霄。安得五彩虹，駕天作長橋。仙人如愛我，舉手來相招。

題瓜洲新河餞族叔舍人賁（按：《嘉定志》云：唐時瓜洲，遥隸潤州。）　李白（增）

齊公鑿新河，萬古流不絶。豐功利生人，天地同朽滅。兩橋對雙閣，芳樹有行列。愛此如甘棠，誰云敢攀折。吴關倚北固，天險自兹設。海水落斗門，潮平見沙汭。我行送季父，弭棹徒流悦。楊花滿江來，疑是龍山雪。惜此林下興，愴爲山陽别。瞻望清路塵，歸來空寂滅。

永王東巡歌（十一首録一）　李白

丹陽北固是吴關，畫出樓臺雲水間。千岩烽火連滄海，兩岸旌旗繞碧山。

丁都護歌（按：丹徒舊有夾岡河道，此詩蓋爲浚河而作。）　李白（增）

雲陽上征去，兩岸饒商賈。吴牛喘月時，拖船一何苦。水濁不可飲，壺漿半成土。一唱都護歌，心摧泪如雨。萬人鑿盤石，無由達江滸。君看石芒碭，掩泪悲千古。

京口懷洛陽舊居兼寄廣陵二三知己　劉長卿

川闊悲無梁，靄然滄波夕。天涯一飛鳥，日暮南徐客。氣混京口雲，潮吞海門石。孤帆候風進，夜色帶江白。一水阳佯期，相望空脉脉。那堪歲芳盡，更使春夢積。故國胡塵飛，遠山楚雲隔。佳人想何在，庭草爲誰碧。惆悵空傷情，滄浪有遺迹。嚴陵七里灘，携手同所適。

旅次丹陽郡遇康侍御宣慰召募兼別岑單父　劉長卿

客心暮千里，回首烟花繁。楚水渡歸夢，春江連故園。羈人懷上國，驕虜窺中原。胡爲暫爲害，漢臣多負恩。羽書晝夜飛，海内風塵昏。雙鬢日已白，孤舟心且論。綉衣從此來，汗馬宣王言。憂憤激忠勇，悲歡動黎元。南徐争赴難，發卒如雲屯。倚劍看太白，洗兵臨海門。故人亦滄州，少別堪傷魂。積翠下京口，歸潮落山根。如何天外帆，入此波上尊。空使憶君處，鶯聲催泪痕。

登萬歲樓（《山水志》作“皇甫冉詩”）　劉長卿

高樓獨上思依依，極浦遥山合翠微。江客不堪頻北望，塞鴻何事又南飛。丹陽古渡寒烟積，瓜步空洲遠樹稀。聞道王師猶轉戰，誰能談笑解重圍。

和樊使君登潤州城樓　劉長卿

山城迢遞敞高樓，露冕吹鐃居上頭。春草連天隨北望，夕陽浮水共東流。江天漠漠全吴地，烟樹茫茫故蔣州。王粲尚爲南郡客，別來何處更消愁。

發越州赴潤州使院留別鮑侍御　劉長卿

對水看山別離，孤舟日暮行遲。江南江北春早，獨向金陵去時。

送李判官之潤州行營　劉長卿

萬里辭家事鼓鼙，金陵驛路楚雲西。江春不肯留行客，草色青青送馬蹄。

初至京口示諸弟　錢起

還家百戰後，訪故幾人存。兄弟得相見，榮枯何足論。新詩添卷軸，舊業見兒孫。感慨平生事，焉能不杜門。

送元詵還丹陽別業　郎士元

已知成傲吏，復見解朝衣。應向丹陽郭，秋山獨掩扉。草堂連古寺，江日動晴暉。一別滄洲遠，蘭橈幾歲歸。

送王司馬赴潤州　郎士元

暫屈文爲吏，聊將禄代耕。金陵且不遠，山水復多名。楚塞因高出，寒潮入夜生。離心逐春草，直到建康城。

送鄭正則徐州行營（一作“皇甫冉詩”，題作《送鄭判官赴徐州》。） 郎士元

從軍在[①]隴頭，師在古徐州。氣勁三河卒，功全萬户侯。元戎閫外略，才子幄中籌。莫聽關山曲，還生塞上愁。

鶴林寺[②] 皇甫冉[③]

古寺傳燈久，層城閉閣閑。香花同法侶，旌旆入深山。寒磬虚空裏，孤雲起滅間。謝公憶高卧，徙[④]望欲忘還。

潤州南郊留別（一作“郎士元詩”） 皇甫冉

縈迴楓葉岸，留滯木蘭橈。吴岫新經雨，江天正落潮。故人勞見愛，行客自無聊。若問前程事，孤雲入剡遥。

徐州送邱侍御之越 皇甫冉

時鳥催春色，離人惜歲華。遠山隨擁傳，芳草引還家。北固潮當闊，西陵路稍斜。縱令寒食過，猶有鏡中花。

招隱寺送閻判官還江州 皇甫冉

離別那逢秋氣悲，東林更作上方期。共知客路浮雲外，暫愛僧房墜葉時。長江九派人歸少，寒嶺千重雁度遲。借問潯陽在何處，每看潮落一相思。

韋中丞西廳海榴 皇甫冉

梅（一作“海”）花争讓候榴花，犯雪先開内史家。末客朝朝鈴閣下，從公步履玩年華。（《嘉慶志》云：此與李嘉祐、皇甫曾二詩蓋同時賡咏之作。海榴冬花僅見於此。）

泊丹陽與諸人同舟至馬陵[⑤]溪遇雨 皇甫冉（增）

雲林不可望，溪水更悠悠。共載人皆客，離家春是秋。遠山方對枕，細雨莫迴舟。來往南徐路，多爲芳草留。

---

① 按：“在”，揚州詩局本《全唐詩》第四函第七册《郎士元詩》作“非”。

② 按．詩題，揚州詩局本《全唐詩》第三函第九册《皇甫曾詩》作《奉陪韋中丞使君游鶴林寺》。

③ 按：皇甫冉，又作“皇甫曾”。

④ 按：“徙”，揚州詩局本《全唐詩》第三函第九册《皇甫曾詩》作“徒”。

⑤ 按：“陵”，揚州詩局本《全唐詩》第四函第七册《皇甫冉詩》卷一作“林”。

北固山[①] **皇甫冉**（增）

悵望南徐登北固，迢遥西塞限東關。落日臨川問音信，寒潮惟帶夕陽遲②。

韋使君宅海榴咏 **皇甫曾**

淮陽卧裏③有清風，臘月榴花帶雪紅。閉閣寂寥常對此，江湖心在數枝中。

奉陪韋潤州游鶴林寺 **李嘉祐**

野寺江城近，雙旌五馬過。禪心超忍辱，梵語問多羅。松竹閑僧老，雲烟晚日和。寒塘歸路轉，清磬隔微波。

送裴五歸京[④] **李嘉祐**

君罷江西日，家貧爲一官。還歸五陵去，只向遠峰看。暮色催人别，秋風待雨寒。遥知到三徑，惟有菊花殘。

潤州楊别駕宅送蔣九侍御收兵歸揚州 **李嘉祐**（一作“張祜”）

沴氣清金虎，兵威壯鐵冠。揚旌川色暝，吹角水風寒。人對輜軿醉，花垂睥睨殘。羡歸丞相閣，空望舊門闌。

早秋京口旅泊章侍御寄書相問因以贈之時七夕 **李嘉祐**（一作“嚴維”）

移家避寇逐行舟，厭見南徐江水流。吴地征徭非舊日，秣陵凋敝不宜秋。千家閉户無砧杵，七夕何人望斗牛。祇有同時驄馬客，偏題尺牘問窮愁。

秋曉招隱寺東峰茶宴送内弟閻伯均歸江州 **李嘉祐**

萬畦新稻傍山村，數里深松到寺門。幸有香茶留釋子，不堪秋草送王孫。烟塵怨别惟愁隔，井邑蕭條誰忍論。莫怪臨歧獨垂泪，魏舒偏念外家恩。

韋潤州後亭海榴 **李嘉祐**

江上年年小雪遲，年光獨報海榴知。寂寂山城風日暖，謝公含笑向南枝。

上東門會送李幼舉南游徐方 **韋應物**

離弦既罷彈，樽酒亦已闌。聽我歌一曲，南徐在雲端。雲端雖云邈，行路本非難。

---

① 按：詩題，揚州詩局本《全唐詩》第四函第七册《皇甫冉詩》卷二作《酬張繼》，有序。

② 按：“遲”，依詩律當作“還”，《全唐詩》即作“還”，是。

③ 按：“裏”，揚州詩局本《全唐詩》第三函第九册《皇甫曾詩》作“理”。

④ 按：詩題，揚州詩局本《全唐詩》第三函第九册《李嘉祐詩》卷一作《送裴五歸京口》。

諸侯皆愛才，公子遠結歡。濟濟都門宴，將去復盤桓。令姿何昂昂，良馬遠游冠。意氣且爲別，由來非所嘆。

同長源歸南徐寄子西子烈有道　韋應物

東洛何蕭條，相思邈遐路。策駕復誰游，入門無與晤。還因送歸客，達此緘中素。屢暌心所歡，豈得顔如故。所歡不可暌，嚴霜晨凄凄。如彼萬里行，孤妾守空閨。臨觴一長嘆，素欲何時諧。

送秦系赴潤州　韋應物

近作新婚鑷白髯，長懷舊卷映藍衫。更欲携君虎丘寺，不知方伯望春①帆。

初發揚子寄元大校書　韋應物（增）

凄凄去親愛，泛泛入烟霧。歸棹洛陽人，殘鐘廣陵樹。今朝爲此別②，何處還相遇。世事波上舟，沿洄安得住。

江干　戴叔倫

江干望不極，樓閣影繽紛。水氣多爲雨，人烟遠是雲。予生何濩落，客路轉辛勤。楊柳牽愁惡，和春上翠裙。

京口懷古　戴叔倫

大江横萬里，古渡渺千秋。浩浩波聲險，蒼蒼天色愁。三方歸漢鼎，一水限吴州。霸國今何在，清泉長自流。

京口送皇甫司馬副端曾舒州辭滿歸東都　戴叔倫

潮水忽復至，雲帆儼欲飛。故園雙闕下，左宦十年歸。晚景照華髮，凉風吹綉衣。淹留更一醉，老去莫相違。

贈鶴林上人　戴叔倫③

日日澗邊尋茯苓，岩扉常④掩鳳山青。歸來挂衲高林下，自翦芭蕉寫佛經。

---

① 按："春"，揚州詩局本《全唐詩》第三函第七册《韋應物詩》卷四作"征"。

② 按："爲此別"，揚州詩局本《全唐詩》第三函第七册《韋應物詩》卷二作"此爲別"。

③ 按：此詩別見明劉崧《槎翁詩集》卷七。

④ 按："常"，明劉崧《槎翁詩集》卷七作"長"。

送太常元博士歸潤州　韓翃

過江秋色裏，詩興與歸心。客路隨楓岸，人家掃橘林。潮聲當晝起，山翠近南深。幾日華陽洞，寒花引獨尋。

寄徐州鄭使君　韓翃

江城五馬楚雲邊，不羨雍容畫省年。才子舊稱何水部，使君還繼謝臨川。射堂草遍收殘雨，官路人稀對夕天。雖卧郡齋千里隔，與君同見月初圓。

丹陽送韋參軍　韓翃

丹陽郭裏送行舟，一别心知兩地秋。日晚江南望江北，寒鴉飛盡水悠悠。

泊揚子津　盧綸

山影南徐暮，千帆入古津。魚驚出浦火，月照渡江人。清鏡悲雙鬢，滄波寄一身。空憐芳草色，長接故園春。

送丹陽趙少府（即給事中涓親弟）**盧綸**

恭聞林下别，未至亦沾裳。荻岸雨聲盡，江天虹影長。佩韋宗懶慢，偷橘愛芳香。遥想從公後，稱榮在上堂。

送從叔士準赴潤州司士①　盧綸

雲起山城暮，沉沉江上天。風吹建業雨，浪入廣陵船。久是吴門客，嘗聞謝守賢。終悲去國遠，泪盡竹林前。

送惟良上人歸潤州　李端

擬詩偏不類，又送上人歸。寄世同高鶴，尋仙稱壞衣。雨行江草短，露坐海帆稀。正被空門縛，臨歧乞解圍。

潤州水樓　楊淩

歸心不可留，雲桂一叢秋。葉雨空江月，螢飛白露洲。野蟬依獨樹，水郭帶孤樓。遥望山川路，相思萬里游。

寄江南鶴林寺石冰上人　顧況

山川重復重，心地暗相逢。忽憶秋江月，如聞古寺鐘。潮平南北岸，雲抱兩三峰。

---

① 按：詩題，揚州詩局本《全唐詩》第五函第二册《盧綸詩》卷一作《送從叔士準赴任潤州司士》。

定力超香象，真言慑毒龍。風中何處鶴，石上幾年松。爲報烟霞道，人間共不容。

晚渡揚子江却寄江南親故　權德輿

返照滿寒流，輕舟任摇漾。支頤見千里，烟景非一狀。遠岫有無中，片帆風水上。天清去鳥滅，浦迥寒沙漲。樹晚叠秋嵐，江空翻宿浪。胸中千萬慮，對此一清曠。回首碧雲深，佳人不可望。

自揚子歸丹陽初遂閑居呈惠公[①]　權德輿

移疾喜無事，卷簾松竹寒。稍知名是累，日與静爲[②]歡。蹇淺逢機少，迂疏應物難。只思閑夜月，共向沃州看。

送少清赴潤州參軍思練湖舊居[③]　權德輿

二紀樂簞瓢，烟霞暮與朝。因君宦游去，記得春江潮。遠别更搔首，初官方折腰。青門望離袂，魂爲阿連銷。

江上田家　包何

近海川原薄，人家本自稀。黍苗期臘酒，霜葉是寒衣。市井誰相識，漁樵夜始歸。不須騎馬問，恐畏狎鷗飛。

夏游招隱寺暴雨晚晴　李正封

竹林風雨過，蕭疏臺殿凉。石渠瀉奔溜，金刹照頽陽。鶴去岩烟碧，鹿鳴澗草香。山僧引清梵，幡蓋繞迴廊。

南徐别業早春有懷　武元衡

生涯擾擾竟何成，自愛深居隱姓名。遠雁臨空翻夕照，殘雲帶雨過春城。花枝入户猶含潤，泉水侵階乍有聲。虚度年華不相見，離腸懷土并關情。

金山寺（《山水志》云：此詩向與孫魴詩亂，據《南唐書·孫魴傳》更正。）　李翱

萬古波心寺，金山名日新。天多剩得月，地少不生塵。石室堪容膝，雲堂可憩身。

---

① 按：詩題，揚州詩局本《全唐詩》第五函第八册《權德輿詩》卷三作《自楊子歸丹陽初遂閑居聊呈惠公》。

② 按：“爲”，揚州詩局本《全唐詩》第五函第八册《權德輿詩》卷三作“相”。

③ 按：詩題，揚州詩局本《全唐詩》第五函第八册《權德輿詩》卷四作《送少清赴潤州參軍思練舊居（得銷字）》。

我來登眺處，能有幾閑人。

登潤州芙蓉樓　崔峒

上古人何在，東流水不歸。往來潮有信，朝暮事成非。烟樹臨沙静，雲帆入海稀。郡樓多逸興，良牧謝玄暉。

秋晚送丹徒許明府赴上國因寄江南故人　崔峒

秋暮之彭澤，籬花遠近逢。君書前日至，别後此時重。寒夜江邊月，晴天海上峰。還知南地客，招隱①住新豐。

潤州送友人　崔峒

見君還此地，灑泪向江邊。國士勞相問，家書無處傳。荒城閑馬迹，塞水②戍人烟。一路堪愁思，孤舟何渺然。

夏日再登北固③　竇常

水國芒種後，梅天風雨凉。露蠶開晚簇，江燕語④危檣。山址⑤北來固，潮頭西去長。年年此登眺，人事幾消亡。

丹陽作　陳存（一作“朱彬”）

暫入新豐市，猶聞舊酒香。抱琴沽一醉，盡日卧垂楊。

金山行⑥　竇庠（增）

西江中瀠波四截，涌出一峰青㟏嵲。外如削成中缺裂，陽氣發生陰氣結。是時炎天五六月，上有火雲下冰雪。夜色晨光相蕩沃，積翠流霞滿坑谷。龍泓徹底沙布金，鳥道插雲梯甃玉。架險凌虚隨指顧，榱桷瓌⑦瓏皆固護。斡流倒景不可窺，萬仞千崖生跬步。日華曈曈上金榜，丹楹碧砌真珠網。此時天海風浪清，吴楚萬家皆在掌。瓊樓菌閣分明媚，曲檻迴廊⑧深且

---

① 按：“隱”，揚州詩局本《全唐詩》第五函第四册《崔峒詩》作“引”。
② 按：“水”，揚州詩局本《全唐詩》第五函第四册《崔峒詩》作“木”。
③ 按：詩題，揚州詩局本《全唐詩》第四函第十册《竇常詩》作《北固晚眺》。
④ 按：“語”，揚州詩局本《全唐詩》第四函第十册《竇常詩》作“繞”。
⑤ 按：“址”，揚州詩局本《全唐詩》第四函第十册《竇常詩》作“趾”。
⑥ 按：詩題後，揚州詩局本《全唐詩》第四函第十册《竇庠詩》有注：“潤州金山寺，寺在江心。”
⑦ 按：“瓌”，揚州詩局本《全唐詩》第四函第十册《竇庠詩》作“玲”。
⑧ 按：“廊”，揚州詩局本《全唐詩》第四函第十册《竇庠詩》作“軒”。

邃。海鳥夜上珊瑚枝，江花時①落琉璃地。有時倒景沉江底，萬狀分明光似洗。不知水上有樓臺，却就波間②看閉啓。舟人忘却江水深，水神誤到人間世。欻然風生波出没，濯濩晶瑩無定物。居人相顧非人間，如到日宫經月窟。信知靈境長有靈，住者不得無仙骨。三神山上蓬萊宫，徒有丹青人未逢。何如此處靈山宅，清凉不與囂塵隔。曾到金山處處行，夢魂長羡金山客。

登金山③ **竇庠**（增）

一點青螺白浪中，全依水府與天通。晴江萬里雲飛盡，鰲背參差日氣紅。

京口送朱晝之淮南 **李涉**

兩行客泪愁中落，萬樹山花雨後殘。君到揚州見桃葉，爲傳風水渡江南④。

潤州聽暮角 **李涉**（一作“劉禹錫”）

江城吹角水茫茫，曲引邊聲怨思長。驚起暮天沙上雁，海門斜去兩三行。

招隱寺⑤ **李涉**（增）

兩崖古樹千般色，一井寒泉數尺⑥冰。欲問前朝戴居士，野烟秋草是丘陵。

題鶴林寺壁⑦ **李涉**（增）

終日昏昏醉夢間，忽闻春盡强登山。因過竹院逢僧話，偷得浮生半日閑。

小童薛陽陶吹觱篥歌（和浙西李大夫作） **白居易**

翦削乾蘆插寒竹，九孔漏聲五音足。近來吹者誰得名，關璀老死李衮生。衮今又老誰其嗣，薛氏樂童年十二。指點之下師授聲，含嚼之間天與氣。潤州城高霜月明，吟霜思月欲發聲。山頭江底何悄悄，猿聲不喘魚龍聽。翕然聲作疑管裂，詘然聲盡疑刀截。有時婉軟無筋骨，有時頓挫生棱節。急聲圓轉促不斷，轢轢轔轔似珠貫。緩聲展引長有條，有條直直如筆描。下聲乍墜石沉重，高聲忽舉雲飄蕭。明旦公堂陳宴席，主人命樂

① 按：“時”，揚州詩局本《全唐詩》第四函第十册《竇庠詩》作“曉”。
② 按：“間”，揚州詩局本《全唐詩》第四函第十册《竇庠詩》作“中”。
③ 按：詩題，揚州詩局本《全唐詩》第四函第十册《竇庠詩》作《金山寺》。
④ 按：“南”，揚州詩局本《全唐詩》第七函第十册《李涉詩》作“難”。
⑤ 按：詩題，揚州詩局本《全唐詩》第七函第十册《李涉詩》作《題招隱寺即戴顒舊宅》。
⑥ 按：“尺”，揚州詩局本《全唐詩》第七函第十册《李涉詩》作“丈”。
⑦ 按：詩題，揚州詩局本《全唐詩》第七函第十册《李涉詩》作《題鶴林寺僧舍》，下有注：“寺在鎮江。”

娱賓客。碎然①細竹徒紛紛，宫調一聲雄出群。衆音覶縷不落道，有如部伍隨將軍。嗟爾陽陶方稚齒，下手發聲已如此。若教頭白吹不休，但恐聲名壓關李。

贈浙西李相公　牟融

長庚烈烈獨遥天，盛世應知降謫仙。月裏昔曾分兔藥，人間今喜得椿年。文章政事追先達，冠蓋聲華羡昔賢。尊酒與君稱壽畢，春風入醉綺羅筵。

酬李浙西先因從事見寄之作　元稹（增）

近日金鑾直，親於漢珥貂。内人傳帝命，丞相讓吾僚。浙郡懸旌遠，長安諭日遥。因君蕊珠贈，還一夢烟霄。

奉和浙西大夫李德裕述夢四十韵　元稹

聞有池塘什，還因夢寐遭。攀禾工類蔡，咏豆敏過曹。莊蝶玄音②秘，羅禽藻思高。（本篇稱六句皆夢中作）戈矛排笔陣，貔虎讓文韜。彩繢鸞凰頸，權奇驥騄髦。神樞千里應，華衮一言褒。李廣留飛箭，王祥得佩刀。傳乘司隸馬，繼染翰林毫。辨穎（闕）超脱，詞鋒豈足囊。金剛錐透玉，鑌鐵劍吹毛。顧我曾陪附，思君正鬱陶。近酬新樂録，仍寄續離騷。阿閣偏隨鳳，方壺共跨鰲。借騎銀杏葉，横賜錦垂萄。冰井分珍果，金瓶貯御醪。獨辭珠有戒，廉取玉非叨。麥紙侵紅點，蘭燈燄碧高。代予言不易，承聖旨偏勞。繞月同栖鵲，驚風比夜獒。吏傳開鎖契，神撼引鈴絛。渥澤深難報，危心過自操。犯顔誠懇懇，騰口懼忉忉。佩寵雖緺綬，安貧尚葛袍。賓親多謝絶，延薦必英豪。分阻杯盤會，閑隨寺觀遨。祇園一林杏，仙洞萬株桃。渤③海滄波减，昆明劫火熬。未陪登鶴駕，已訃墮烏號。痛泪過江浪，寃聲出海濤。尚看恩詔濕，已夢壽宫牢。（本篇言此兩句是夢中作，故言“夢”字。）再造承天寶，新持濟巨篙。猶憐敝簪履，重委舊旌旄。北望心彌苦，西回首屢搔。九霄難就日，兩浙僅容舠。暮竹寒窗影，衰楊古郡濠。魚蝦集橘市，鶴鸛起亭皋。朽刃休衝斗（自謂），良弓枉在弢（竊論）。早彎摧虎兕，便鑄墾蓬蒿。漁艇宜孤棹，樓船稱萬艘。量才分用處，終不學滔滔。

寄浙西李大夫四首　元稹

柳眼梅心漸欲春，白頭西望憶何人。金陵太守曾相伴，共蹋銀臺一路塵。

蕊珠深處少人知，網索西臨太液池。浴殿曉聞天語後，步廊騎馬笑相隨。

禁林同直話交情，無夜無曾不到明。最憶西樓人静夜，玉晨鐘磬兩三聲。

---

① 按：“然”，揚州詩局本《全唐詩》第七函第五册《白居易詩》卷二十一作“絲”。
② 按：“音”，揚州詩局本《全唐詩》第六函第十册《元稹詩》卷二十八作“言”。
③ 按：“渤”，揚州詩局本《全唐詩》第六函第十册《元稹詩》卷二十八作“澥”。

由來鵬化便圖南，浙右雖雄我未甘。早渡西江好歸去，莫抛舟楫滞春潭。

和浙西李大夫晚下北固山喜徑松成陰悵然懷古題臨江亭①并浙東元相公所和依本韵　劉禹錫

一辭温室樹，幾見武昌柳。荀謝年何少，韋平望已久。種松夾石道，紆阻②臨沙阜。目覽帝王州，心存股肱守。葉動驚彩翰，波澄見頳首。晋宋齊梁都，千山萬江口。烟散隋宫出，濤來海門吼。風俗泰伯餘，衣冠永嘉後。江長天作限，山固壤無朽。自古稱佳麗，非賢誰奄有。八元邦族盛，萬石門風厚。天柱揭東溟，文星照北斗。高亭一騁望，舉酒共爲壽。因賦咏懷詩，遠寄同心友。禁中晨夜直，江左東西偶。將手握兵符，儒腰盤貴綬。頒條風有自，立事言無苟。農野聞讓耕，軍人不使酒。用材當構厦，知道非窥牖。誰謂青雲高，鵬飛終背負。

送惟良上人（并序）　劉禹錫

以貌窺天者曰：乾然健，單于然而高。以數迎天者曰：其用四十有九。天果以有形而不能脱乎數。立象以推策，既成而遺之。古所謂神交造物者，非空言耳。軒皇受天命，其佐皆聖人，故得之。惟唐繼天，德如黄帝，有外臣一行，亦聖之徒與？刊曆考元，書成化去。今丹徒人惟良，生而能知，非自外求，以乾坤之策，當十期之數，凝神運指，上感躔次，視玄黄溟涬。無倪有常，絶機泯知，獨以神會。數起於復之初九，音生於黄鐘之宫，積微本隱，言與化合。夫天人之數，極而含變，變而靡不通，神趣思③懾，不足駭也。惟良得一行之道，故亦慕其爲外臣。謬謂余爲世間聰明，孑孑來訪。初以説合，至於不言。言息而理冥，復申之以嗟嘆，曰：師其庶幾乎？信神與之而不能測神之所以付，信術通之而不能知術之所以，淺哉余聞乎，曾井蛙醯鷄之不若也！長慶四年冬十一月甲子，語至夜艾，遂爲詩以志焉。

高齋映寒水，是夕山僧至。玄牝無關鎖，瓊書捨文字。燈明香滿室，月午霜凝地。語到不言時，世間人盡睡。

和浙西大夫④霜夜对月聽小童吹觱篥歌依本韵　劉禹錫

海門雙青暮烟歇，萬頃金波涌明月。侯家小兒能觱篥，對此清光天性發。長江凝練樹無風，瀏慄一聲霄漢中。涵胡畫角怨邊草，蕭瑟清蟬吟野叢。冲融頓挫心使指，雄吼如風轉如水。思歸多情珠泪垂，仙禽欲舞雙翅起。郡人寂聽衣滿霜，江城月斜樓影長。

---

① 按：“題臨江亭”，揚州詩局本《全唐詩》第六函第二册《劉禹錫詩》卷二作“偶題臨江亭”。
② 按：“阻”，揚州詩局本《全唐詩》第六函第二册《劉禹錫詩》卷二作“組”。
③ 按：“思”，揚州詩局本《全唐詩》第六函第二册《劉禹錫詩》卷一作“鬼”。
④ 按：“浙西大夫”，揚州詩局本《全唐詩》第六函第二册《劉禹錫詩》卷三作“浙西李大夫”。

纔驚指下繁韵息，已見樹杪明星光。謝公高齋吟激楚，戀闕心同在羈旅。一奏荆人白雪歌，如聞雒客扶風鳰。吴門水驛接山陰，文字殷勤寄意深。欲識陽陶能絶處，少年榮贵道傷心。

送從弟郎中赴浙西（并序） 劉禹錫

從弟三復，十餘年間，凡三爲浙右从事。往年主公入相，薦揚登朝中。復從公鎮南，未幾而罷。昨以尚書外郎奉使至路①，旋承新命，改轅而東，三從公，皆在舊地。徵諸故事，敻無其倫，故賦詩贈之，亦其志也②。

銜命出尚書，新恩换使車。漢庭無右者，梁苑重歸歟。又食建業水，曾依京口居。共經何限事，賓主兩如初。

罷郡姑蘇北歸渡揚子津 劉禹錫

幾歲悲南國，今朝賦北征。歸心渡江勇，病體得秋輕。海闊石門小，城高粉堞明。金山舊游寺，過岸聽鐘聲。

招隱寺③ 劉禹錫

隱士遺塵在，高僧精舍開。地形臨渚斷，江勢觸山迴。楚野花多思，南禽聲例哀。殷勤最高頂，閑即望鄉來。

浙西李大夫述夢四十韵并浙东元相公酬和斐然繼聲 劉禹錫

位是才能取，時因際會遭。羽儀呈鸑鷟，銛刃試豪曹。洛下推年少，山東許地高。門承金鉉鼎，家有玉璜韜。海浪扶鵬翅，天風引驥髦。便知蓬閣閟，不識魯衣褒。興發春塘草，魂交益部刀。形開猶抱膝，燭盡遽揮毫。昔仕當初筮，逢時咏載橐。懷鉛辨蟲蠹，染素學鵝毛。車騎方休汝，歸來欲效陶。（大夫罷太原從事，歸京師。）南臺資謇諤，内署選風騷。羽化如乘鯉，樓居舊冠鰲。美香焚濕麝，名果賜乾萄。議赦蠅栖筆，邀歌蟻泛醪。代言無所戲，謝表自稱叨。蘭焰凝芳澤，芝泥瑩玉膏。對頻聲價出，直久夢魂勞。草詔令歸馬，批章答獻獒。銀花懸院榜，翠羽映簾絛。諷諫欣然納，奇觚率爾操。禁中時諤諤，天下免忉忉。左顧龜成印，雙飛鵠織袍。謝賓緣地密，潔己是心豪。五日思歸沐，三春羡衆邀。茶爐依緑笋，棋局就紅桃。溟海桑潜變，陰陽炭暗熬。仙成脱屣去，臣戀捧弓號。建節辭烏柏，宣風看鷺濤。土山京口峻，鐵瓮郡城牢。曲島花千樹，官池水一篙。鶯來和絲管，雁起拂麾旄。宛轉傾羅扇，回旋墮玉搔。罰籌長竪纛，

① 按："路"，揚州詩局本《全唐詩》第六函第二册《劉禹錫詩》卷四作"洛"。
② 按："亦其志也"，揚州詩局本《全唐詩》第六函第二册《劉禹錫詩》卷四作"亦志异也"。
③ 按：詩題，揚州詩局本《全唐詩》第六函第三册《劉禹錫詩》卷五作《題招隱寺》。

觥醆樣如舠。山是千重障，江爲四面濠。卧龍曾得雨（浙東），孤鶴向鳴皋（浙西）。劍用雄開匣（二公），弓開①蟄受弢（自謂）。鳳姿嘗在竹（二公），鷃羽不離蒿（自謂）。吴越分雙鎮，東南接萬艘。今朝比潘陸，江海更滔滔。

重送浙西李相公頃廉問江南已經七載後歷滑臺劍南兩鎮遂入相今復領舊地新加旌旄　劉禹錫

江北萬人看玉節，江南千騎引金鐃。鳳從池上游滄海，鶴到遼東識舊巢。城下清波含百谷，窗中遠岫列三茅。碧鷄白馬回翔久，却憶朱方是樂郊。

憶過潤州（并序）　李紳

元和二年，余以前進士爲鎮海軍書奏從事。秋九月，兵亂，余以不從書奏飛檄之詐（一作“請”），遭庶人李錡暴怒，腰領不殊者再三。後軍平，尚書李公欲具事以聞，余以本乃誓節，非欲求荣，請罢所奏。

昔年從宦干戈地，黄綬青春一魯儒。弓犯控弦招武旅，劍當抽匣問狂夫。帛書投筆封魚腹，玄髮衝冠捋虎鬚。談笑謝金何所愧，不爲偷買用兵符。

將②到金陵登北固亭　李紳（增）

龍形江影隔雲深，虎踞③山光入浪沉。潮蹙海風驅萬里，日浮天塹洞千尋。衆峰作限横空碧，一柱中維徹底金。還叱楫師看五兩，莫令辜負濟川心。

及第後過揚子江　施肩吾

憶昔將貢年，抱愁此江邊。魚龍互閃爍，黑浪高於天。今日步春草，復來經此道。江神也世情，爲我風色好。

寄許渾秀才　殷堯藩

文字飢難煮，爲農策最良。興來鋤曉月，倦後卧斜陽。秋稼連千頃，春花醉幾場。任他名利客，車馬鬧康莊。

還京口　殷堯藩

黄鶴山頭雪未消，行人歸計在今朝。城高鐵瓮江山壯，地接金陵草木凋。北府市樓聞舊酒，南橋官柳識歸橈。吏民莫見參軍面，水宿風餐鬢髮焦。

---

① 按：“開”，揚州詩局本《全唐詩》第六函第三册《劉禹錫詩》卷十作“閑”。
② 按：“將”，揚州詩局本《全唐詩》第八函第一册《李紳詩》卷三作“却”。
③ 按：“踞”，揚州詩局本《全唐詩》第八函第一册《李紳詩》卷三作“勢”。

訪許渾　殷堯藩

去郭來尋隱者居，柳陰假步小籃輿。每期會面初償約，却計論心舊得書。淺緑垣牆綿薜荔，淡紅池沼映芙蕖。爲言肯共留連飲，澗有青芹罟有魚。

寄許渾秀才　殷堯藩

萬木驚秋葉漸稀，静探造化見玄機。眼前誰悟先天理，去後還知今日非。樹擁秣陵千嶂合，雲開蕭寺一僧歸。漢廷累下徵賢詔，未許嚴陵老釣磯。

南徐春日懷古　楊乘

六代驕奢地，三春物象繁。靈湖通漲海，天塹隔中原。曉渡高帆駛，陰風巨艦翻。旌旗西日落，戈甲夏雲屯。豹變資陳武，龍飛擁晉元。風流前事盡，文物舊儀存。邪佞嘗移鬬，忠貞幾度冤。興亡山兀兀，今古水渾渾。露滴蜂偷蕊，鶯啼日到軒。酒腸堆麴蘗，詩思繞乾坤。愁夢全無蝶，離憂每愧萱。形骸勞大塊，玉石任炎昆。出處奚①由己，升沉未足言。且因②中聖樂，坐起任昏昏。

浙西李尚書奏毁淫昏廟　徐凝

傳聞廢淫祀，萬里静山陂。欲慰靈均恨，先燒靳尚祠。

夾山月夜對櫻桃花懷伊川别墅③　李德裕

皎月照芳樹，鮮葩含素輝。愁人惜春夜，達曙想岩扉。風静陰滿砌，露濃香入衣。恨無金谷妓，爲我奏思歸。

述夢四十韵④　李德裕

賦命誠非薄，良時幸已遭。君當堯舜日，官接鳳凰曹。目睇烟霄闊，心驚羽翼高。（此六句夢中作）椅梧連鶴禁，睥睨接龍韜。我后憐詞客，吾僚并隽髦。著書同陸賈，待詔比王褒。重價連玄璧，英詞淬寶刀。泉流初落澗，露滴更濡毫。赤豹欣來獻，彤弓喜暫櫜。非烟含瑞氣，馴雉潔霜毛。静室便幽獨，虚樓散鬱陶。花光晨艷艷，松韵晚騷騷。畫壁看飛鶴，山圖見巨鰲。綺筵⑤陰藥樹，落樑蔓蒲桃。（此八句悉是内署物色）荷

---

① 按："奚"，揚州詩局本《全唐詩》第八函第六册《楊乘詩》作"寧"。

② 按："因"，揚州詩局本《全唐詩》第八函第六册《楊乘詩》作"應"。

③ 按：詩題，揚州詩局本《全唐詩》第七函第十册《李德裕詩》作《峽山亭月夜獨宿對櫻桃花有懷伊川别墅》（金陵作）。

④ 按：揚州詩局本《全唐詩》第七函第十册《李德裕詩》此詩有序，本志無，兹從之。

⑤ 按："綺筵"，揚州詩局本《全唐詩》第七函第十册《李德裕詩》作"倚檐"。

静蓬池繪[①]，冰寒郢水醪。荔枝來自遠，盧橘賜常叨。麝氣隨蘭澤，霜華入杏膏。恩光惟覺重，携挈未爲勞。（此八句述恩賜）夕閱梨園騎，宵聞禁仗獒。扇回交彩翟，雕起揚金絛。轡待袁絲攬，書期蜀客操。盡規常謇謇，退舍尚忉忉。（此八句述内廷所睹）龜顧垂金紐，鸞飛曳錦袍。御溝楊柳弱，天厩驌驦豪。屢换青春直，閑隨上苑遨。烟低行殿竹，風拆繞垣桃。（此八句述沐浣日游戲）聚散俄成昔，悲愁益自熬。每懷仙駕遠，更望茂陵號。地接三茅嶺，川迎伍子濤。花迷瓜步暗，石固蒜山牢。（此兩句又是夢中所作）蘭野凝青[②]管，梅州[③]動翠篙。泉魚驚彩仗[④]，溪鳥避干旄。感舊心猶絶，思歸首更搔。無聊燃密炬，誰復勸金舠。嵐氣朝生棟，城陰瞑入濠。望烟歸海嶠，送雁渡江皋。宛馬嘶寒櫪，吴鈎在錦弢。未能追狡兔，空覺長江蒿。水國逾千里，風帆過萬艘。閲川終古恨，誰見暮滔滔。

題奇石（石在浙西公署。按：唐置潤州，隸江南東道，又爲浙西道。）　**李德裕**

蘊玉抱清輝，閑庭日瀟灑。塊然天地間，自是孤生者。

早春至言禪公法堂憶平泉别業　**李德裕**（增）

昔我伊原上，孤游竹樹間。人依紅桂静，鳥傍碧潭閑。松蓋低春雪，藤輪倚暮山。永還[⑤]桑梓邑，衰老若爲還。

招隱山觀玉蕊樹戲書即事奉寄江西沈大夫閣老　**李德裕**（增）

玉蕊天中樹，金閨昔共窺。落英閑舞雪，密葉乍低帷。舊賞烟霄遠，新[⑥]歡歲月移。今來想顔色，還似憶瓊枝。（自注：内署沈大人所居門前有此樹，每花落，空中回旋。久之，方集庭際。大夫草詔之日，皆邀予同玩。）

和玉蕊詩[⑦]　**沈傳師**（增）

昔對金鑾直，同敧[⑧]玉樹陰。雪英飛舞近，烟樹動摇深。素萼年年密，衰容日日侵。勞君想華髮，僅[⑨]欲不勝簪。

---

① 按："繪"，揚州詩局本《全唐詩》第七函第十册《李德裕詩》作"鱠"。

② 按："青"，揚州詩局本《全唐詩》第七函第十册《李德裕詩》作"香"。

③ 按："州"，揚州詩局本《全唐詩》第七函第十册《李德裕詩》作"洲"。

④ 按："仗"，揚州詩局本《全唐詩》第七函第十册《李德裕詩》作"妓"。

⑤ 按："還"，揚州詩局本《全唐詩》第七函第十册《李德裕詩》作"懷"，是。作"還"，與末句"還"重復。

⑥ 按："新"，揚州詩局本《全唐詩》第七函第十册《李德裕詩》作"前"。

⑦ 按：詩題，揚州詩局本《全唐詩》第七函第九册《沈傳師詩》作《和李德裕觀玉蕊花見懷之作》。

⑧ 按："敧"，揚州詩局本《全唐詩》第七函第九册《沈傳師詩》作"依"。

⑨ 按："僅"，揚州詩局本《全唐詩》第七函第九册《沈傳師詩》作"近"。

金陵渡[①]（按：西津渡，一名“金陵渡”，見《嘉定志》。） **張祜**（一作“杜牧”）

金陵津渡小山樓，一宿行人衹自愁[②]。潮落夜江斜月裏，兩三星火是瓜洲。

鶴林寺贈上人[③] **張祜**（增）

古寺名僧多异時，道情虚遣俗情知[④]。千年鶴在市朝變，來去舊山人不知。

金山寺[⑤] **張祜**

一宿金山寺，微茫水國分[⑥]。僧歸夜船月，龍出曉堂雲。樹影中流見，鐘聲兩岸聞。因悲在城市，終日醉醺醺。

金山[⑦] **張祜**（增）

古今斯島絶，南北大江分。水闊通[⑧]滄海，亭高宿斷雲。返潮千澗落，啼鳥半空聞。皆是登臨處，歸航酒半醺。

上方寺[⑨] **張祜**

寶殿依山險，凌[⑩]虚勢欲吞。畫欄[⑪]齊木末，香砌壓雲根。遠景窗中岫，孤烟海上[⑫]村。憑高聊一望，歸思隔吴門。

甘露寺[⑬] **張祜**

千尋構重險[⑭]，高步出塵埃。日月光先到，江山勢盡來。冷雲歸水石，清露滴樓臺。况是東溟上，平生意一開。

---

① 按：詩題，揚州詩局本《全唐詩》第八函第五册《張祜詩》卷二作《題金陵渡》。
② 按：“衹自愁”，揚州詩局本《全唐詩》第八函第五册《張祜詩》卷二作“自可愁”。
③ 按：詩題，揚州詩局本《全唐詩》第八函第五册《張祜詩》卷二作《題潤州鶴林寺》。
④ 按：“知”，揚州詩局本《全唐詩》第八函第五册《張祜詩》卷二作“悲”，是。
⑤ 按：詩題，揚州詩局本《全唐詩》第八函第五册《張祜詩》卷一作《題潤州金山寺》。
⑥ 按：“微茫水國分”，揚州詩局本《全唐詩》第八函第五册《張祜詩》卷一作“超然離世群”。
⑦ 按：詩題，揚州詩局本《全唐詩》第八函第五册《張祜詩》卷一作《登金山寺》。
⑧ 按：“通”，揚州詩局本《全唐詩》第八函第五册《張祜詩》卷一作“吞”。
⑨ 按：詩題，揚州詩局本《全唐詩》第八函第五册《張祜詩》卷一作《禪智寺》。
⑩ 按：“凌”，揚州詩局本《全唐詩》第八函第五册《張祜詩》卷一作“臨”。
⑪ 按：“欄”，揚州詩局本《全唐詩》第八函第五册《張祜詩》卷一作“檐”。
⑫ 按：“海上”，揚州詩局本《全唐詩》第八函第五册《張祜詩》卷一作“竹裏”。
⑬ 按：詩題，揚州詩局本《全唐詩》第八函第五册《張祜詩》卷一作《題潤州甘露寺》。
⑭ 按：“千尋構重險”，揚州詩局本《全唐詩》第八函第五册《張祜詩》卷一作“千重構横險”。

招隱寺[①] 張祜

千年戴公[②]宅，佛廟此重[③]修。古寺[④]人名在，清泉鹿迹幽。竹光寒閉院，山影夜藏樓。未得高僧旨，烟霞空暫游。

訪許用晦 張祜

遠郭日曛曛，停橈一訪君。小橋通野水，高樹入江雲。酒興曾無敵，詩情舊逸群。怪來音信少，五十我無聞。

觀徐州李司空獵 張祜

曉出郡城東，分圍淺草中。紅旗開向日，白馬驟迎風。背手抽金鏃，翻身控角弓。萬人齊指處，一雁落寒空。

秋夜登潤州慈和寺上方 張祜

清夜浮埃歇井廛[⑤]，塔輪金照露華鮮。人行中路月生海，鶴語上方星滿天。樓影半連深岸水，鐘聲寒徹遠林烟。僧房閉盡下山[⑥]去，一半夢魂離世緣。

留别南徐故人 周賀

三年蒙見待，此夕是前程。未斷却來約，且伸臨去情。潮迴灘鳥下，月上客船明。他日南徐路，緣君又重行。

春日重至南徐舊居 周賀

緑水陰空院，春深喜再來。獨眠從草長，留酒看花開。過雨遠山出，向風孤鳥回。忽思秋夕事，雲物却悠哉。

京口别[⑦]崔固 周賀

積雨晴時近，西風葉滿泉。相逢嵩岳客，共聽楚城蟬。宿館横秋島，歸帆漲遠田。别來[⑧]還寂寞，不似剡中年。

---

① 按：詩題，揚州詩局本《全唐詩》第八函第五册《張祜詩》卷一作《題招隱寺》。
② 按："公"，揚州詩局本《全唐詩》第八函第五册《張祜詩》卷一作"顒"。
③ 按："重"，揚州詩局本《全唐詩》第八函第五册《張祜詩》卷一作"崇"。
④ 按："寺"，揚州詩局本《全唐詩》第八函第五册《張祜詩》卷一作"井"。
⑤ 按："歇井廛"，揚州詩局本《全唐詩》第八函第五册《張祜詩》卷二作"暫歇鄽"。
⑥ 按："山"，揚州詩局本《全唐詩》第八函第五册《張祜詩》卷二作"樓"。
⑦ 按："别"，揚州詩局本《全唐詩》第八函第四册《周賀詩》作"贈"。
⑧ 按："來"，揚州詩局本《全唐詩》第八函第四册《周賀詩》作"多"。

送郭秀才歸金陵（按：唐時潤州亦稱金陵。） 周賀

夏後客堂黄葉多，又懷家國起悲歌。酒前欲别語難盡，雲際相思心若何。鳥下獨山秋寺磬，人隨大舸晚江波。南徐舊業幾時到，門掩殘陽積翠蘿。

杜秋娘詩（并序） 杜牧

杜秋，金陵女也。年十五，爲李錡妾。後錡叛滅，籍之入宫，有寵於景陵。穆宗即位，命秋爲傅姆①。皇子壯，封漳王。鄭注用事，誣丞相欲去己者，指王爲根。王被罪廢削，秋因賜歸故鄉。予過金陵，感其窮且老，爲之賦詩。

京江水清滑，生女白如脂。其間杜秋者（一作“娘”），不勞朱粉施。老濞即山鑄，後庭千蛾②眉。秋持玉斝醉，與唱金縷衣。（“勸君莫惜金縷衣，勸君惜取少年時。花開堪折直須折，莫待無花空折枝。”李錡常③唱此詞。）濞既白首叛，秋亦紅泪滋。吴江落日渡，灞岸緑楊垂。聯裾見天子，盼盼④獨依依。椒壁懸錦幕，鏡奩蟠蛟螭。低鬟認新寵，窈裊復融怡。月上白璧門，桂影凉參差。金階露新重，閑撚紫簫吹。莓苔夾城路，南苑雁初飛。紅粉羽林仗，獨賜辟邪旗。歸來煮豹胎，饜飫不能飴。咸池升日慶，銅雀分香悲。雷音後車遠，事往落花時。蒸媒⑤得皇子，壯髮緑緌緌。畫堂授傅姆，天人親捧持。虎睛珠絡褓，金盤犀鎮帷。長楊射熊羆，武帳弄啞咿。漸抱⑥竹馬劇，稍出舞鷄奇。嶄嶄整冠珮，侍宴坐瑶池。眉宇儼圖畫，神秀射朝暉。一尺桐偶人，江充知自欺。王幽茅士⑦削，秋放故鄉歸。觚稜拂斗極，回首尚遲遲。四朝三十載，似夢復疑非。潼關識舊吏，吏髮已如絲。却唤吴江渡，舟人那得知。歸來四鄰改，茂苑草菲菲。清血灑不盡，仰天知問誰。寒衣一匹素，夜借鄰人機。我昨金陵過，聞之爲歔欷。自古皆一貫，變化安能推。夏姬滅兩國，逃作巫臣姬（一作“妻”）。西子下姑蘇，一舸逐鴟夷。織室魏豹俘，作漢太平基。誤置代籍中，兩朝尊母儀。光武紹高祖，本係生唐兒。珊瑚破高齊，作婢舂黄糜。蕭后去揚州，突厥爲閼氏。女子固不定，士林亦難期。射鈎後呼父，釣翁王者師。無國要孟子，有人毁仲尼。秦因逐客令，柄歸丞相斯。安知魏齊首，見斷簀⑧中尸。給喪蹶張輩，廊廟冠峨危。珥貂七葉貴，何妨戎虜支。蘇武却生還，鄧通終死饑。主張既難測，翻覆亦其宜。地盡有何物，天高⑨復何之。指何爲而捉，足何爲而馳。耳何爲而聽，目何爲而窺。己身不自曉，此外何思惟。因傾一樽酒，題作杜秋詩。愁來獨

---

① 按：“命秋爲傅姆”，揚州詩局本《全唐詩》第八函第七册《杜牧詩》卷一作“命秋爲皇子傅姆”。
② 按：“蛾”，揚州詩局本《全唐詩》第八函第七册《杜牧詩》卷一作“雙”。
③ 按：“常”，揚州詩局本《全唐詩》第八函第七册《杜牧詩》卷一作“長”。
④ 按：“盼盼”，揚州詩局本《全唐詩》第八函第七册《杜牧詩》卷一作“盼眄”。
⑤ 按：“蒸媒”，揚州詩局本《全唐詩》第八函第七册《杜牧詩》卷一作“燕禖”，義稍勝，或是。
⑥ 按：“抱”，揚州詩局本《全唐詩》第八函第七册《杜牧詩》卷一作“抛”。
⑦ 按：“士”，揚州詩局本《全唐詩》第八函第七册《杜牧詩》卷一作“土”。
⑧ 按：“簀”，揚州詩局本《全唐詩》第八函第七册《杜牧詩》卷一作“簀”。
⑨ 按：“高”，揚州詩局本《全唐詩》第八函第七册《杜牧詩》卷一作“外”。

長咏，聊可以自怡。

春日寄許渾先輩　杜牧

薊北雁初去，湘南春又歸。水流滄海急，人到白頭稀。塞路盡何處，我愁當落暉。終須接鴛鷺，霄漢共高飛。

潤州二首　杜牧

句吴亭東千里秋，放歌曾作昔年游。青苔寺裹無馬（一作“鳥”）迹，緑水橋邊多酒樓。大抵南朝皆曠達，可憐東晉最風流。月明更想桓伊在，一笛聞吹出塞愁。

謝朓詩中佳麗地，夫差傳裹水犀軍。城高鐵瓮横强弩，柳暗朱樓多夢雲。畫角愛飄江北去，釣歌長向月中聞。揚州塵土試回首，不惜千金借與君。

送杜顗赴潤州幕　杜牧

少年才俊赴知音，丞相門欄不覺深。直道事人男子業，异鄉加飯弟兄心。還須整理韋弦珮①，莫獨矜誇玳瑁簪。若去上元懷古處，謝安墳下與沉吟。

寄題甘露寺北軒　杜牧

曾上②蓬萊宫裹行，北軒欄檻最留情。孤高堪弄桓伊笛，縹緲疑聞子晉笙。天接海門秋水色，烟籠隋苑暮鐘聲。他年會著荷衣去，不向山僧道③姓名。

寄浙西李判官　杜牧

燕臺上客意何如？四五年來漸漸疏。直道莫抛男子業，遭時還與故人書。青雲滿眼應驕我，白髮渾頭少恨渠。唯念賢哉崔大讓，可憐無事不歌魚。

金山寺　劉滄（增）

一點青山翠色危，雲岩不掩與星期。海門烟樹潮歸後，江面山樓月照時。獨鶴唳空秋露下，高僧入定夜猿知。蕭疏水墨清鐘梵，灝氣寒光動石池。

鶴林寺中秋玩月④　許渾

待月東林月正圓，廣庭無樹草無烟。中秋雲盡出滄海，半夜露寒當碧天。輪彩漸移

---

① 按：“珮”，揚州詩局本《全唐詩》第八函第七册《杜牧詩》卷六作“佩”。
② 按：“上”，揚州詩局本《全唐詩》第八函第七册《杜牧詩》卷四作“向”。
③ 按：“道”，揚州詩局本《全唐詩》第八函第七册《杜牧詩》卷四作“説”。
④ 按：詩題，揚州詩局本《全唐詩》第八函第八册《許渾詩》卷七作《鶴林寺中秋夜玩月》。

金殿外，鏡光猶挂玉樓前。莫辭達曙殷勤望，一墮西岩又隔年。

慈和寺移宴① 許渾（增）

高寺移清宴，漁舟繫緑蘿。潮平秋水闊，雲斂暮山多。廣檻停簫鼓，繁弦散綺羅。西樓半床月，莫問夜如何。

送無夢上人歸甘露寺② 許渾

飄飄隨晚浪，杯影入鷗群。岸凍千船雪，岩陰一寺雲。夜燈江北見，寒磬浦西聞。鶴嶺烟霞在，歸期不羨君。

懷甘露寺自省上人③（自注：上人嘗有戰功。） 許渾

心悟覺身勞，雲中弃寶刀。久閑生髀肉，多壽長眉毫。客棹春潮急，禪齋暮雪高。南泠一回首，山碧水滔滔。

甘露寺感事貽同志 許渾

雲蔽長安路更賒，獨隨漁艇老天涯。青山盡日尋黄絹，滄海經年夢絳紗。雪憤有期心自壯，報恩無處鬢④先華。東堂舊侶勤書劍，同出膺門是一家。

夜歸丁卯橋村舍 許渾

月凉風静夜，歸客泊岩前。橋響犬遥吠，庭空人散眠。緑⑤蒲低水檻，紅葉半江船。自有還家計，南湖二頃田。

京口津亭送張崔二侍御 許渾

愛樹滿西津，津亭墮泪頻。素車應渡洛，珠履更歸秦。水接三湘暮，山通五嶺春。傷離與懷舊，明日白頭人。

將赴京師蒜山津送客還荆渚（一作“將赴京師津亭别蕭處士”） 許渾

津亭萬里愁，楚塞與皇州。雲識瀟湘雨，風知鄂杜秋。潮平仍倚棹，月上更登樓。他日滄浪水，漁歌對白頭。

---

① 按：詩題，揚州詩局本《全唐詩》第八函第八册《許渾詩》卷二作《趨慈和寺移宴》。

② 按：詩題，《丁卯集箋注》（清許培榮箋注）卷三作《送無夢道人先歸甘露寺》。

③ 按：詩題，揚州詩局本《全唐詩》第八函第八册《許渾詩》卷五作《歲首懷甘露自省上人》。

④ 按：“鬢”，揚州詩局本《全唐詩》第八函第八册《杜牧詩》卷九作“髮”。

⑤ 按：“緑”，揚州詩局本《全唐詩》第八函第八册《杜牧詩》卷二作“紫”。

送僧歸金山寺　許渾

老歸江上寺，不忘舊師恩。駐錫逢山色，停杯見浪痕。秋濤吞楚驛，曉月上荆門。爲訪題詩處，莓苔幾字存。

下第歸朱方寄劉三復　許渾

素衣京洛塵，歸棹過南津。故里迹猶在，舊交心更親。月高蕭寺夜，風暖庾樓春。詩酒應無暇，朝朝問旅人。

京口閑居寄京洛故人[①]　許渾

吴門烟月昔同游，楓葉蘆花并客舟。聚散有期雲北去，浮沉無計水東流。一尊酒盡青山暮，千里書回碧樹秋。何處相思不相見，鳳城龍闕楚江頭。

竹林寺别友人　許渾

騷人吟罷起鄉愁，暗覺年光[②]似水流。花滿謝城傷遠[③]别，蟬鳴蕭寺喜同游。前山月落杉松晚，深夜風清枕簟秋。明日分襟又何處，江南江北路悠悠。

春日思舊游寄南徐從事劉三復　許渾

風暖曲江花半開，忽思京口共銜杯。湘潭雲盡暮山出，巴蜀雪消春水來。懷玉尚悲迷楚塞，捧金猶羡樂燕臺。薊門高處極歸思，隴雁北飛雙燕回。

泊蒜山津聞東林寺光儀上人故[④]　許渾

雲齋曾宿借方袍，因説浮生大夢勞。言下是非齊虎尾，宿來榮辱比鴻毛。孤舟千棹水猶闊，寒殿一燈夜更高。明日東林有誰在，不堪秋磬拂烟濤。

南海使院對菊懷丁卯别墅　許渾

何處曾移菊，溪橋鶴嶺東。籬疏還有艷，園小亦無叢。日晚秋烟裏，星繁曉霧中。影摇金澗水，香染玉潭風。罷酒慚陶令，題詩答謝公。朝來數花發，身在尉佗宫。

登蒜山觀發軍　許渾

羽檄徵兵急，轅門選將雄。犬羊憂破竹，貔虎極飛蓬。定繫猖狂虜，何須矍鑠翁。

---

① 按：詩題，揚州詩局本《全唐詩》第八函第八册《許渾詩》卷六題後有注："一作'兩都親友'。"

② 按："光"，揚州詩局本《全唐詩》第八函第八册《杜牧詩》卷九作"華"。

③ 按："遠"，揚州詩局本《全唐詩》第八函第八册《杜牧詩》卷九作"共"。

④ 按："故"，揚州詩局本《全唐詩》第八函第八册《杜牧詩》卷九作"物故"。

更探黄石略，重振黑山功。别馬嘶營柳，驚烏散井桐。低星連寶劍，殘月讓雕弓。浪曉戈鋋裏，山晴鼓角中。甲開魚照水，旗揚虎拏風。去想金河遠，行知玉塞空。漢庭應有問，師律在元戎。

甘露寺[①] **盧肇**（增）

北固岩端寺，佳名自上台。地從京口斷，山到海門迴。曙色烟中滅，潮聲日下來。一隅通雉堞，千仞聳樓臺。林暗疑降虎，江空想渡[②]杯。福庭增氣象，仙磬落昭回。覺路花非染，流年景漫催。隋宫凋緑草，晉室散黄埃。西蜀波湍盡，東溟日月開。如登最高處，應得見蓬萊。

甘露寺 **周朴**（增）

層閣叠危壁，因成千古名。幾連揚子路，獨倚潤州城。雲近銜江色，風高背雁聲。僧居上方久，端坐見營營。

法華微上人盛話金山境勝舊游在目吟成此篇 **李群玉**

江上青蓮宫，人間蓬萊島。烟霞與波浪，隱映樓臺好。潮門梵音静，海日天光早。願與靈鷲人，吟經此終老。

金山寺石堂[③] **李群玉**

白波四面照樓臺，日夜潮聲繞寺回。千葉紅蓮會高處，幾曾龍女獻珠來。

金山寺[④] **鮑溶**（增）

一朵蓬萊在世間，梵王宫闕翠雲閑。近南秋[⑤]水更清淺，聞道游人未肯[⑥]還。

送僧歸金山寺 **馬戴**

金山江色裏[⑦]，蟬急向秋分。迴寺横州[⑧]島，歸僧度[⑨]水雲。夕陽依岸盡，清磬隔潮

---

① 按：詩題，揚州詩局本《全唐詩》第九函第一册《盧肇詩》作《題甘露寺》。
② 按："渡"，揚州詩局本《全唐詩》第九函第一册《盧肇詩》作"度"。
③ 按：詩題，揚州詩局本《全唐詩》第九函第三册《李群玉詩》卷三作《題金山寺石堂》。
④ 按：詩題，揚州詩局本《全唐詩》第八函第一册《鮑溶詩》卷三作《望江中金山寺》。
⑤ 按："秋"，揚州詩局本《全唐詩》第八函第一册《鮑溶詩》卷三作"溪"。
⑥ 按："肯"，揚州詩局本《全唐詩》第八函第一册《鮑溶詩》卷三作"忍"。
⑦ 按："金山"句，揚州詩局本《全唐詩》第九函第二册《馬戴詩》卷一作"金陵山色裏"。
⑧ 按："州"，揚州詩局本《全唐詩》第九函第二册《馬戴詩》卷一作"洲"。
⑨ 按："度"，揚州詩局本《全唐詩》第九函第二册《馬戴詩》卷一作"渡"。

聞。遥想禪林下，爐香對①月焚。

甘露寺② 周繇

盤江上幾層，峭壁半垂藤。殿鎖南朝像，龕禪外國僧。海濤侵③砌檻，山雨灑窗燈。日暮疏鐘起，聲聲徹廣陵。

甘露寺東軒 周繇（增）

每日憐晴眺，閑吟只自娱。山從平地有，水到遠天無。老樹多封楚，輕烟暗染吴。雖居此廊下，入户亦踟躕。

甘露北軒④ 周繇（增）

曉色宜閑望，山風遠亦清。白雲連晉閣，碧樹盡燕城。水净⑤沙痕出，烟消野火平。最堪嘉此景⑥，爲我長詩情。

甘露寺⑦ 曹松

香門接巨壘，畫角間清鐘。北固一何峭，西僧多此逢。天垂無際海，雲白久晴峰。旦暮然燈外，潮頭振蟄龍。

慶封古井行⑧（并序） 陸龜蒙（增）

《春秋左氏傳》云：襄二十八年，齊慶封亂而來奔。既而，齊人來讓，奔吴，吴句餘與之朱方，聚族而居之，富於其舊。後七年，荆人使屈申圍朱方，執慶封，而盡滅其族。按《圖經》，潤之城南一里，則封所居之地。詢問故老，井尚存焉。因覽其遺甃，故歌之，以志其惡。

古甓團團蘚花碧，鼎渫寒泉深百尺。江南戴白盡能言，此地曾爲慶封宅。慶封嗜酒荒齊政，齊人翦族封奔迸。雖過魯國羞魯儒，欲弄吴民竊吴柄。吴分岩邑號朱方，子家負固心强梁。澤車豪馬馳似水，錦鳳玉龍森若牆。一朝雲夢圍兵至，胸陷鋒鋩腦塗地。因知富德不富財，顔氏簞瓢有深意。宣父嘗違盗泉水，懦夫立事貪夫止。今歌此井示吴

① 按："對"，揚州詩局本《全唐詩》第九函第二册《馬戴詩》卷一作"带"。
② 按：詩題，揚州詩局本《全唐詩》第十函第一册《周繇詩》作《登甘露寺》。
③ 按："侵"，揚州詩局本《全唐詩》第十函第一册《周繇詩》作"搖"。
④ 按：詩題，揚州詩局本《全唐詩》第十函第一册《周繇詩》作《甘露寺北軒》。
⑤ 按："净"，揚州詩局本《全唐詩》第十函第一册《周繇詩》作"静"。
⑥ 按："嘉此景"，揚州詩局本《全唐詩》第十函第一册《周繇詩》作"住此境"。
⑦ 按：詩題，揚州詩局本《全唐詩》第十一函第二册《曹松詩》卷一作《題甘露寺》。
⑧ 按：詩題，揚州詩局本《全唐詩》第九函第十册《陸龜蒙詩》卷五作《慶封宅古井行》。

人，斷綆沉瓶自兹始。

紀夢游甘露寺① 陸龜蒙（增）

昔卧嵩高雲，雲窗正寒夕。披裘忽生夢，似到空王宅。峨天一峰立，欄楯横半壁。級倚緑巔差，闕臨赤霄闢。捫虚陟孤峭，不翅千餘尺。叠掌望罘罳，分明袒肩釋。凌香稽首罷，嘹嘵（缺三字）。高户乘北風，聲號大波白。光中目難送，定驗方可覿。樹細鴻濛烟，鳥②疏零落碧。須臾群籟入，空水相噴激。積浪亞寒堆，呀如鬥危石。跳音簇鞞鼓，濺沫交矛戟。鳥疾帆亦奔，紛紛助勁敵。思非水靈怒，即是饑龍擘。怯懾不敢前，荷襟汗沾霡。迴經定僧處，泉木光相射。岩磴雲族栖，柖柯露華適。逍遥得真趣，邐迤尋常迹。山腹貯孤亭，嵐根四垂帟。谁題雪月句，乃是曹劉格。（自注：愛樹亭有故太尉房公詩。）閬闕一枝瓊，邊樓數聲笛。吟高矍然起，若自蒼穹③擲。短燭墮餘花，圓蟾挂斜魄。自從神錫境，無處不登陟。忽上南徐山，心期豁而獲。豈伊煩惱骨，合到清凉域。暗得胡蝶身，幽奇④盡相識。奈何有名氏，未列金閨籍。翻慚丱頂童，得奉真如策。雲濤觸風望，毫管和烟搦。聊記夢中游，留之問禪客。

算山 陸龜蒙（增）

水繞蒼山固護來，當時盤踞實雄才。周郎計策清宵定，曹氏樓船白晝灰。五十八年争虎視，三千餘騎騁龍媒。何如今日家天下，閶闔門臨萬國開。

京口與友生話别 陸龜蒙

共是悲愁客，相逢恨不堪。雁頻辭薊北，人尚在江南。名利機初發，漁樵事先諳。松門穿戴寺，荷徑繞秦潭（秦潭，始皇所開）。繩檢真難束，疏慵却易耽。枕當高樹隱，茶試遠泉甘。架上經惟一，尊前雅止⑤三。風雲勞夢想，天地入醺酣。曆自堯階數，書因禹穴探。御龍雖世禄，下馬亦清譚。國計徒盈策，家儲不滿甔。斷簾從燕出，敧弁倩人簪。木墜凉來葉，山横霽後嵐。竹窗深窅窱，苔洞緑龕弇。積行依顔子，和光則老聃。杖誠爲虎節，被信作鮫函。養鷺看窺沼，尋僧助結庵。功名思馬援，歌唱咽羊曇。乞食羞孤鳳，無衣羨八蠶。繫帆留宿客，吟句任羸驂。寵鶴空無衛，占烏未見郵。香還須是桂，青會出於藍。蜀酒時傾瓿，吴鰕遍發坩。玉封千挺藕，霜閉一筒柑。惜佩終邀禍，

---

① 按：揚州詩局本《全唐詩》第九函第十册《陸龜蒙詩》卷三詩題後有注："寺在京口北固山上。""第十四句缺三字。"

② 按："鳥"，揚州詩局本《全唐詩》第九函第十册《陸龜蒙詩》卷三作"島"。

③ 按："穹"，揚州詩局本《全唐詩》第九函第十册《陸龜蒙詩》卷三作"旻"。

④ 按："奇"，揚州詩局本《全唐詩》第九函第十册《陸龜蒙詩》卷三作"期"。

⑤ 按："止"，揚州詩局本《全唐詩》第九函第十册《陸龜蒙詩》卷七作"祇"。

辭環好激貪。宗溟雖畎澮，成厦必楩楠。碧石①雕琴薦，黄金飾劍鐔。烟緣莎砌引，水爲藥畦擔。博物君能繼，多才我尚慚。別離猶得在，秋鬢未鬖鬖。

京口　陸龜蒙

江干古渡傷離情，斷山零落春潮平。東風料峭客帆遠，落葉夕陽天際明。戰舸昔浮千騎去，釣舟今載一翁輕。可憐宋帝籌帷處，蒼翠無烟草自生。

潤州送人往長洲　陸龜蒙

秋來頻上句②吴亭，每上思歸意剩生。廢苑池臺烟裏色，夜村蓑笠雨中聲。汀洲月下菱船疾，楊柳風高酒旆輕。君住松江多少日，爲嘗鱸鱠與蒓羹。

潤州江口送人謁池陽衛郎中　陸龜蒙

山翁曾約舊交歡，須拂侯門側注冠。月在石頭摇戍角，風生江口亞帆竿。閑隨野醉溪聲闊，獨伴清談曉色殘。待取新秋歸更好，九華蒼翠入樓寒。

金山寺③　杜荀鶴

僧④愛無塵地，江心島上居。接船求化慣，登陸赴齋疏。載土春栽樹，抛生日飯魚。入雲蕭帝寺，畢竟欲何如。

按：此下應録鄭谷《甘露寺》七律一首。但玩其詞意，有“渭曲”句，乃少華山甘露寺，今删。

南徐晚望　褚載

芳草鋪香晚岸晴，岸頭含醉去來行。僧歸岳外殘鐘寺，日下江邊調角城。入浙孤帆知楚信，過淮疏雨帶潮聲。如今未免風塵役，奚⑤敢匆匆便濯纓。

送許渾侍御赴潤州　李頻

家山近石頭，遂意恣東游。祖席離烏府，歸帆轉蜃樓。陰氛出海散，落月向潮流。別有爲霖日，孤雲未自由。

---

① 按：“石”，揚州詩局本《全唐詩》第九函第十册《陸龜蒙詩》卷七作“玉”。
② 按：“句”，揚州詩局本《全唐詩》第九函第十册《陸龜蒙詩》卷八作“向”。
③ 按：詩題，揚州詩局本《全唐詩》第十函第八册《杜荀鶴詩》卷一作《題戰島僧居》（在江之心）。
④ 按：“僧”，揚州詩局本《全唐詩》第十函第八册《杜荀鶴詩》卷一作“師”。
⑤ 按：“奚”，揚州詩局本《全唐詩》第十函第八册《褚載詩》作“寧”。

南徐夕眺　司馬札①

行吟向暮天，何處不凄然。岸影幾家柳，笛聲何處船。樓分瓜步月，鳥入秣陵烟。故里無人到，鄉書誰爲傳。

重寄金山寺僧　方干

風濤匝山寺，磬韵達漁船。此處别師久，遠懷無信傳。月華妨静燭，鳥語答幽禪。已見如如理，灰心應不然。

鶴林寺②　方干（增）

得路到深寺，幽虚曾識名。蘚濃陰砌古，烟起暮香生。曙月落松翠，石泉流梵聲。聞僧説真理，煩惱自然輕。

自惠山至吴下寄酬南徐從事　李隲③

不接芳晨游，獨此長洲苑。風顔一成阻，翰墨勞空返。悠悠汀渚長，杳杳蘋花晚。如何西府歡，尚念東吴遠。瑶音動清韵，蘭思芬盈畹。猶及九峰春，歸吟白雲巘。

題④金山僧院　羅隱（增）

根盤蛟蜃路藤蘿，四面無塵輟棹過。得似吾師始惆悵，眼前終日有風波。

錢塘遇默師憶潤州舊游　羅隱

自吾識默師，倏忽綿歲時。平生負才氣，不肯輕披緇。⑤歌敲玉唾壺，醉擊珊瑚枝。石羊妙喜寺⑥，甘露平泉碑。捫苔想豪杰，剔蘚看文詞。歸來北固山，水檻光參差。

北固亭東望寄默師　羅隱

高亭暮色中，往事更誰同。水漫矜天闊，山應到此窮。病憐京口酒，老怯海門風。惟有言堪解，何由見遠公。

送臧濆下第謁竇鄜州　羅隱

賦得長楊不直錢，却來京口看鶯遷。也知絳灌輕才子，好謁尤（一作“元”）常醉

---

① 按：詩人名，揚州詩局本《全唐詩》第九函第七册作“司馬扎”，并注云：“高棅《品彙》作‘禮’。”
② 按：詩題，揚州詩局本《全唐詩》第十函第三册《方干詩》卷二作《游竹林寺》。
③ 按：詩人名，揚州詩局本《全唐詩》第九函第八册作“李騭”。
④ 按：揚州詩局本《全唐詩》第十函第四册《羅隱詩》卷十一無“題”字。
⑤ 按：揚州詩局本《全唐詩》第十函第四册《羅隱詩》卷十一未見首四句。
⑥ 按：“妙喜寺”，揚州詩局本《全唐詩》第十函第四册《羅隱詩》卷十一作“妙善街”。

少年。萬里故鄉雲縹緲，一春生計泪瀾汍。多情柱史應相問，與話歸心正浩然。

京口見李侍御　羅隱

傞傞江柳欲矜春，鐵瓮城邊見故人。屈指不堪言甲子，披風常記是庚申。別來且喜身俱健，亂後休悲業盡貧。還有杖頭沽酒物，待尋山寺話逡巡。

甘露寺看雪上周相公　羅隱

餙寒灑白亂溟濛，禱請功兼造化功。光薄乍迷京口月，影交初轉海門風。細黏謝客衣裾上，輕墮梁王酒盞中。一種爲祥君看取，半禳灾沴半年豐。

金陵思古　羅隱

杜秋在時花解言，杜秋死後花更繁。柔枝①曼態葬何處，夭紅膩白愁荒原。高洞紫簫吹夢想，小窗殘雨濕精魂。綺筵金縷無消息，一陣征帆過海門。

甘露寺火後　羅隱

六朝勝事已塵埃，猶有閑人悵望來。只道鬼神能護物，不知龍象自成灰。犀燃②水府渾非怪，燕入③吴宫未是灾。還識平泉故侯否，一生踪迹此樓臺。

寄處默師　羅隱

甘露捲簾看雨脚，樟亭倚柱望潮頭。十年顧我醉中過，兩地與師方外游。久隔兵戈長④寄夢，近無書信更堪憂。香爐烟靄虎溪月，終棹鐵船尋惠休。

題很石⑤　羅隱

紫髯桑蓋此沉吟，很石猶存事可尋。漢鼎未安聊把手，楚醪雖美⑥肯同心。英雄已往時難問，苔蘚何知日漸深。還有市廛沽酒客，雀喧鳩聚卧蹄涔。

金陵遇悟空上人（上人與故相國楊公有舊）吴融

東閣無人事渺茫，老僧持鉢過丹陽。十年栖止如何報，好與南譙剩炷香。

---

① 按："枝"，揚州詩局本《全唐詩》第十函第四册《羅隱詩》卷九作"姿"。
② 按："燃"，揚州詩局本《全唐詩》第十函第四册《羅隱詩》卷八作"㸌"。
③ 按："入"，揚州詩局本《全唐詩》第十函第四册《羅隱詩》卷八作"説"。
④ 按："長"，揚州詩局本《全唐詩》第十函第四册《羅隱詩》卷六作"常"。
⑤ 按：詩題，揚州詩局本《全唐詩》第十函第四册《羅隱詩》卷八作《題潤州妙善前石羊》。
⑥ 按："美"，揚州詩局本《全唐詩》第十函第四册《羅隱詩》卷八作"滿"。

南徐題友人郊居　吴仁璧

門前樵徑連江寺，岸下漁磯繫海槎。待到秋深好時節，與君長醉隱侯家。

陪金陵府相中堂夜宴　韋莊

滿耳笙歌滿眼花，滿樓珠翠勝吴娃。因知海上神仙窟，只似人間富貴家。綉户夜攢紅燭市，舞衣晴曳碧天霞。却愁宴罷青蛾散，揚子江頭月半斜。

題許渾詩卷　韋莊

江南才子許渾詩，字字清新句句奇。十斛明珠量不盡，惠林虚作碧雲詞。

秋宿潤州劉處士江亭　李洞

北夢風吹斷，江邊處士亭。吟生萬井月，看①盡一天星。浪静魚衝石②，窗高鶴聽經。東西渺無際，世界半滄溟。

登北固山望海　（道士）吴筠

此山鎮京口，迥出滄海湄。躋覽何所見，茫茫潮汐馳。雲生蓬萊島，日出扶桑枝。萬里混一色，焉能分兩儀。願言策烟駕，縹緲尋安期。揮手謝人境，吾將從此辭。

京口送盧孟明還揚州　釋皎然

蕭蕭北風起，孤棹下江濆。暮客去來盡，春流南北分。萋萋御亭草，渺渺蕪城雲。相送目千里，空山獨望君。

日曜上人還潤州　釋皎然

送君何處最堪思，孤月停空欲别時。露茗猶芳邀重會，寒花落盡不成期。鶴令先去看山近，雲礙初飛到寺遲。莫倚禪功放心定，蕭家陵樹誤人悲。

送人潤州尋兄弟　釋齊己

君話南徐去，迢迢過建康。弟兄新得信，鴻雁久離行。木落空林浪，秋殘漸雪霜。閑游登北固，東望海蒼蒼。

送僧　釋齊己

老憶游方日，天涯錫獨摇。凌晨從北固，衝雪向南朝。鬢髮泉邊剃，香燈樹下燒。

---

① 按："看"，揚州詩局本《全唐詩》第十一函第二册《李洞詩》卷一作"見"。

② 按："石"，揚州詩局本《全唐詩》第十一函第二册《李洞詩》卷一作"鎖"。

雙峰諸道友，夏滿有書招。

贈浙西李推官　釋齊己

他皆恃勛貴，君獨愛詩篇①。終日秋光裏，無人竹影邊。東樓生倚月，北固積吟烟。聞説鴛行裏，多才復少年。

寄南徐劉員外二首　釋齊己

竟陵兵革際，歸復舊園林。早歲爲官苦，常聞説此心。海邊山夜上，城外寺秋尋。應訝嵩峰約，蹉跎直到今。

晝公評衆製，姚監選諸文。風雅誰收我，編聯獨有君。餘生終此道，萬事盡浮雲。争得重携手，探幽楚水濆。

與節供奉大德游京口寺留題　釋齊己

柳岸晴緣十里來，水邊精舍絶塵埃。煮茶嘗摘興何極，直至殘陽未欲回。

再宿京口禪院　釋棲蟾

灘聲依舊水溶溶，岸影參差對梵宫。楚樹七回凋舊葉，江人兩至宿秋風。蟾蜍竹老摇疏白，菡萏池乾落碎紅。多病支郎念行止，晚年生計轉如蓬。

南唐

甘露寺紫薇花　孫魴

蜀葵鄙下兼全落，菡萏清高且未開。赫日迸光飛蝶去，紫薇擎艷出林來。聞香不稱從僧舍，見影猶思在酒杯。誰笑晚芳爲賤劣，便饒春麗已塵埃。牽吟過夏惟憂盡，立看移時亦忘回。惆悵寓居無好地，懶能分取一枝栽。

甘露寺　孫魴

寒暄皆有景，孤絶畫難形。地共②千尋險，天垂四面青。晝燈籠雁塔，夜磬徹漁汀。最愛僧房好，波光滿户庭。

金山寺③　孫魴

千載江心寺，魚龍是四鄰。樓臺懸倒影，鐘磬隔囂塵。④ 過櫓妨僧定，驚濤濺佛身。

---

① 按："篇"，揚州詩局本《全唐詩》第十二函第四册《齊己詩》卷一作"玄"。

② 按："共"，揚州詩局本《全唐詩》第十一函第四册《孫魴詩》作"拱"。

③ 按：詩題，揚州詩局本《全唐詩》第十一函第四册《孫魴詩》作《題金山寺》。

④ 按：首四句，揚州詩局本《全唐詩》第十一函第四册《孫魴詩》作"萬古波心寺，金山名目新。天多剩得月，地少不生塵"。

誰言題咏處①，流響②更無人。

金山寺③　韓垂

金山④一峰秀，岌然殊衆山。盤根大江底，插影浮雲間。雷霆常間作，風雨時往還。象外懸清景，千載常⑤躋攀。

送郝郎中爲浙西判官　徐鉉

大藩從事本優賢，幕府仍當北固前。花繞樓臺山倚郭，寺臨江海水連天。恐君到即忘歸日，憶我游曾歷二年。若許他時作閑伴，殷勤爲買釣魚船。

得浙西郝判官書未及報聞燕王移鎮京口因寄此詩問方判官田書記消息　徐鉉

秋風海上久離居，曾得劉公一紙書。淡水心情常若此，銀鈎踪迹更無如。嘗憂座側飛鴞鳥，未暇江中覓鯉魚。今日京吴建朱邸，問君誰共曳長裾。

使浙西先寄獻燕王侍中　徐鉉

京江風静喜乘流，極目遥瞻萬歲樓。喜氣蘢葱甘露晚，水烟波淡海門秋。五年不見鸞臺長，明日將陪兔苑游。欲問平臺門下吏，相君還許吐茵不。

京口江際弄水　徐鉉（增）

退公求静獨臨川，揚子江南二月天。百尺翠屏甘露寺⑥，數帆晴日海門船。波澄瀨石寒如玉，草接汀蘋緑似烟。安得乘槎更東去，十洲風外弄潺湲。

丹徒縣志卷四十八終

---

① 按："題咏處"，揚州詩局本《全唐詩》第十一函第四册《孫魴詩》作"张處士"。
② 按："流響"，揚州詩局本《全唐詩》第十一函第四册《孫魴詩》作"題後"。
③ 按：詩題，揚州詩局本《全唐詩》第十一函第六册《韓垂詩》作《題金山》。
④ 按："金山"，揚州詩局本《全唐詩》第十一函第六册《韓垂詩》作"靈山"。
⑤ 按："常"，揚州詩局本《全唐詩》第十一函第六册《韓垂詩》作"長"。
⑥ 按："寺"，揚州詩局本《全唐詩》第十一函第五册《徐鉉詩》卷一作"閣"。

丹徒縣志卷四十九

藝文四　詩二　宋詩　附金詩

宋

金山　孝宗（增）

崒然天立鎮中流，雄跨東南二百州。武士每登須破膽，毋勞平地戰貔貅。

寄獻潤州趙舍人　王禹偁

南徐城古樹蒼蒼，衙府樓臺盡枕江。甘露鐘聲清醉榻，海門山色滴吟窗。直廬久負題紅葉，出鎮何妨擁碧幢。聞説秋來自高尚，道裝筇竹鶴成雙。

次韵和潤州劉度支見寄之作　楊億

卜隱林泉未有期，春田耕事欲憑誰。一辭左掖鴛鷺侶，兩見南州橘柚垂。酌醴不妨留客醉，飲冰長是畏人知。頒條求莫①無他術，深恨期年報政遲。

滕子京魏介之二同年相訪丹陽郡　范仲淹

長江天下險，涉者利名驅。二公訪貧交，過之如坦途。風波豈不惡，忠信天所扶。相見乃大笑，命歌倒金壺。同年三百人，大半空名呼。没者草自緑，存者顔無朱。功名若在天，何必心區區。莫競貴高路，休防讒疾夫。孔子作旅人，孟軻號迂儒。吾輩不飲酒，笑殺高陽徒。

送識上人游金山寺　范仲淹

空半簇樓臺，紅塵安在哉。山分江色破，潮帶海聲來。烟景諸鄰斷，天光四望開。疑師得仙去，白日上蓬萊。

寄潤州龐籍　范仲淹

北固樓高海氣寒，使君應此凭闌干。春山雨後青無限，借與淮南洗眼看。

---

① 按："莫"，《四庫》本楊億《武夷新集》卷一作"瘼"。

金山寺　蘇紳

九派分流擁化城，登臨潛覺骨毛輕。僧依玉鑒光中住，人踏金鰲背上行。鐘阜雲開春雨霽，海門雷吼夜潮生。因思絶頂高秋夜，四面雲濤浸月明。

送人游金山　林逋

水烟霜樹矗層巒，點破江心一簇寒。見説天多剩得月，爲予閑上上方山。

答丹陽李公素學士　韓琦

與君爲郡不相遥，只隔瓜洲一信潮。誨字屢傳來客素，治聲常逐過江橈。詞垣暫爾淹鴻筆，宴席何妨引巨蕉。詩句滿筒煩借譽，爰居空自愧虞韶。

宿甘露僧舍　曾公亮

枕中雲氣千峰近，床底松聲萬壑哀。要看銀山拍天浪，開窗放入大江來。

題招隱寺　王琪

蒼崖何蟠回，嘗爲隱君宅（宋戴顒善琴，隱居此山）。孰謂人琴亡，松風正蕭瑟。花閑雪英舞（衛公玉蕊詩在焉），鹿去岩泉洌（山有鹿跑泉，唐蔣防爲之銘）。經聲草堂迥，天香中夜發。月落山氣深，清猿嘯亦絶。如何人外迹，輕爲世網別。

送焦千之秀才　歐陽修

焦生獨立士，勢利不可恐。誰言一身窮，自待九鼎重。有能揭之行，可謂仁者勇。吕侯（一作“倅”）相家子，德義勝華寵。焦生得其隨，道合若膠鞏。始生及吾門，徐子喜驚踊。曰此難致寶，一失何由踵。自吾得二生（一作“子”），粲粲獲雙珙。奈何奪其一，使我意紛氄。吾嘗愛生材，抽擢方鬱蓊。猶須老霜雪，然後見森聳。况從主人賢，高行可傾竦。讀書趨簡要，害説去雜冗。新文時我寄，庶可蠲煩壅。

送刁紡推官歸潤州　歐陽修

翹翹名家子，自少能慷慨。嘗從幕府辟，躍馬臨窮塞。是時西邊兵，屢戰輒奔潰。歸來買良田，俯首學秉耒。家爲白酒醇，門掩青山對。優游可以老，世利何足愛。奈何從所知，又欲向并代。主人忽南遷，此計亦中悔。彼在吾往從，彼去吾亦退。與人交若此，可以言節概。

甘露寺（按：《山水志》作“梅堯臣詩”。）　歐陽修

曾非遠城郭，寂爾隔囂氛。尚有南朝樹，能留北固雲。川濤觀海若，霜磬入江濆。

衛國丹青在，孤堂緑桂薰。

送潤州通判屯田　歐陽修

船頭初轉兩旗開，清曉津亭叠鼓催。自古江山最佳處，况君談笑有餘才。雲愁海闊驚濤漲，木落霜清畫角哀。善政已成多雅思，寄思宜逐驛筒來。

寄題景純學士藏春塢新居　歐陽修

清才四紀擅時名，晚卜丘陵遂解纓。欲借青春藏向此，須知白首尚多情。水浮花出人間去，山近雲從席上生。漫說市朝堪大隱，仙家誰信在重城。

甘露寺　歐陽修

雲樹千尋隔翠微，給園金地敞仁祠。講花飄雨諸天近，春漏敧蓮白日遲。引鉢當空時取露，殘灰經劫自成池。危欄徙倚吟忘下，九子鈴寒塔影移。

游金山寺　蔡襄

平日厭塵土，今游興味長。波濤圍四際，臺殿起中央。魚聽晨餐鼓，雲和夕炷香。薰風休遞吹，襟袂不勝凉。

題金山寺　蔡襄

畫梁詩板暗流塵，水石魚龍萬句新。誰識高僧最深意，慈航長護過江人。

游招隱道中　蘇舜欽

揚鞭望招隱，塵思漠然收。雲接青林合，泉兼碧草流。疏鐘傳别壑，晚日動前樓。嘉遁平生志，吁嗟得暫游。

丹陽子高得逸少瘞鶴銘于焦山之下及梁唐諸賢四石刻共作一亭以寶墨名之集賢伯镇爲之作記遠來求詩因作長句以寄　蘇舜欽

山陰不見①换鵝經，京口今存瘞鶴銘。瀟灑集仙來作記，風流太守爲開亭。兩篇玉蕊塵初滌，四體銀鈎蘚尚青。我久臨池無所得，願觀遺法快沉冥。

題花山寺壁　蘇舜欽

寺裏山因花得名，繁英不見草縱横。栽培翦伐須勤力，花易凋零草易生。

---

① 按：“見”，《四庫》本《宋詩鈔》卷五蘇舜欽《滄浪集鈔》作“是”。

金山寺　蘇舜欽（增）

孤峰涌滄江，突兀臺殿集①。驚波四面起，日夜走霹靂。陰壑滀風雲，陽崖産金碧。離披萬年樹，根抱太古石。修廊轉峻閣，窈窕壓山脊。寶像浮海來，珠纓冷光滴。扣②欄見黿鼉，揚首意自得③。又有翠羽禽，群飛喜賓客。口銜紺蔕花，近我欲相識。開軒心④曠絶，上下無异色。氣象特清壯，所覽輒快適。余心本高灑，誤爲塵土隔。不知人間世，有此物外迹。落日將發舟，低佪空自惜。

金山寺　司馬光

香（一作“秀”）刹冠嵯峨，松門絡薜蘿。風清塵不到，岸闊鳥⑤難過。欲雨江聲怒，新晴海氣多。行舟未摇棹，回望隔烟波。

寄題刁景純藏春塢　司馬光

藏春在何許，鬱鬱萬松林。永日門闌近⑥，東風花木深。主公今素髪，野服遂初心。時與鄉人醉，高歌散百金。

潤州錢祠部新建寶墨亭　蘇頌

王蕭書迹衛公詩，流落江南世少⑦知。古寺購尋遺刻在⑧，新亭龕置斷珉奇。模傳遂比黄庭字，埋没非同石鼓碑。墨藪書評多逸事，何妨揮翰與題辭。

金山⑨　王安石（增）

北檝南檣泊四垂，共憐金碧爛參差。孤根萬丈滄溟⑩底，除却蛟龍總⑪不知。

贈寶覺禪師集句（并序）　王安石

予始與寶覺相識於京師，因與俱東。後以翰林學士召，宿金山一夕，今復見之。聞

---

① 按：“集”，《四庫》本《宋詩鈔》卷五蘇舜欽《滄浪集鈔》作“積”。

② 按：“扣”，《四庫》本《宋詩鈔》卷五蘇舜欽《滄浪集鈔》作“叩”。

③ 按：《四庫》本《宋詩鈔》卷五蘇舜欽《滄浪集鈔》於此句下尚有“偃蹇互出没，日此飽餘食”兩句，可據補。

④ 按：“心”，《四庫》本《宋詩鈔》卷五蘇舜欽《滄浪集鈔》作“必”。

⑤ 按：“鳥”，《四庫》本《温國文正公文集（傳家集）》卷七作“烏”。

⑥ 按：“近”，《四庫》本《温國文正公文集（傳家集）》卷六作“静”。

⑦ 按：“少”，清鈔本《蘇魏公文集》卷六作“所”。

⑧ 按：“古寺”句，清鈔本《蘇魏公文集》卷六作“古寺遺尋遺迹在”。

⑨ 按：詩題，《四部備要》本《臨川集》卷三十三作《金山三首》，此爲第一首。

⑩ 按：“溟”，《四部備要》本《臨川集》卷三十三作“波”。

⑪ 按：“總”，《四部備要》本《臨川集》卷三十三作“世”。

化城閣甚壯麗，可登眺，思往游焉，故賦是詩。

大師京國舊，興趣江湖迥。往與惠詢輩，一宿金山頂。懷哉苦留戀，王事有朝請。別來能幾時，浮念劇含梗。今朝忽相見，眸子青炯炯。夜闌接軟語，令人發深省。化城出天半，遠色有諸嶺。向前①對汀洲，猶思理烟艇。

宿金山寺集句　王安石

招提憑高岡，四面斷行旅。勝地猶在險，浮梁裊相拄。大江當我前，颭灩翠綃舞。通流與厨會，甘美勝牛乳。叩欄見黿鼉②，幽姿可時睹。夜深殿突兀，太微凝帝宇。壁立兩崖對，迢迢隔雲雨。天多剩得月，月落聞津鼓。狂③風一何喧，大舶弄④雙櫓。顛沉在須臾，我自楫迎汝。始知象教力，但渡⑤無所苦。憶昨狼狽初，只見石與土。榮華一朝盡，土梗空俯僂。人事隨轉燭，蒼茫竟誰主？咄嗟檀施開，綉楹盤萬礎。高閣切星辰，新秋照牛女。湯休起我病，轉上青天去。攝身凌蒼霞，同憑朱欄語。我歌爾共聆，幽憤得一吐。誰言張處士，雄筆應千古。

示寶覺　王安石

宿雨轉歊煩，朝雲擁清迥。蕭蕭碧柳軟，脉脉紅蕖靚。默卧如有懷，荒乘豈無興。幽人適遇我，共取牆陰徑。

次平甫金山會宿韵寄親友⑥　王安石

天末海門横北固，烟中沙岸似西興。已無船舫猶聞笛，遠有樓臺只見燈。山月入松金破碎，江風吹水雪崩騰。飄然欲作乘槎⑦計，一到扶桑恨未能。

藏春塢詩獻刁十四丈學士　王安石

蒜山東渡得林丘，邂逅籃輿亦少留。今日更知萊氏隱，暮年常憶武林游。欲營垣屋隨穿劚，尚嘆塵沙隔獻酬。遥約句吴亭下路，春風深駐五湖舟。

次韵張子野竹林寺二首　王安石

澗水横斜石路深，水源窮處有叢林。青鴛幾世辭蘭若，黄鶴當年瑞卯金。敗壁數峰

---

① 按："向前"，《四部備要》本《臨川集》卷三十六作"白首"。
② 按："叩欄"句，《四部備要》本《臨川集》卷三十六作"扣欄出黿鼉"。
③ 按："狂"，《四部備要》本《臨川集》卷三十六作"夜"。
④ 按："弄"，《四部備要》本《臨川集》卷三十六作"夾"。
⑤ 按："渡"，《四部備要》本《臨川集》卷三十六作"度"。
⑥ 按：詩題，《四部備要》本《臨川集》卷二十二作《次韵平甫金山會宿寄親友》。
⑦ 按："槎"，《四部備要》本《臨川集》卷二十二作"桴"。

連粉墨，凉烟一穗起檀沉。十年親友半零落，回首舊游成古今。

京峴城南隱映深，兩牛鳴地得禪林。風泉隔岸①撞哀玉，竹月緣階帖碎金。藻井仰窺雲②漠漠，青燈對宿夜沉沉。扁舟過客十年事，一夢此山愁至今。

别和甫赴南徐　王安石

都城落日馬蕭蕭，雨壓春風暗柳條。天際歸艎那可望，只將心寄海門潮。

貢父在京口阻潮未渡　劉敞

向晦月消魄，楚濤爲之衰。坳堂無深涉，客子緩歸期。吟繞沙步闊，眺賞秋山奇。大川漲南島，落日明西垂。登高既易賦，懷古惟難詩。喟彼一帶阻，積此三歲思。何當命海若，利涉免調飢。

和孫少述潤州望海樓　沈遘

北固峨峨鐵瓮完，京江浩浩海門連。鵬搏羊角來天上，鰲戴方壺獻几前。西府旌旗猶壯睹，南朝宫殿盡蒼烟。登臨不用成悲感，自得開懷一曠然。

多景樓　裴煜

登臨每憶衛公詩，多景惟餘此處宜。海岸千艘浮若芥，邦人萬室布如棋。江山氣象迴環見，宇宙端倪指點知。禪老莫辭勤迓候，使君官滿有歸期。

陪潤州裴如晦游金山回作　楊蟠

世上蓬萊第幾洲，長雲漠漠鳥飛愁。海山亂點當軒出，江水中分繞檻流。天末樓臺横北固，夜深燈火見揚州。迴船却望金陵月，獨倚牙旗坐浪頭。

題多景樓　楊蟠（增）

滄江萬頃對朱欄，白鳥群飛去復還。雲捧樓臺出天上，風飄鐘磬落人間。銀河倒瀉分雙月，錦水西來繞幾山。今古冥冥難再問，且持玉斝慰愁顔。

刁景純東歸　王存

晨携一樽酒，送公汴河梁。嘆息不能飲，爲公歌慨慷。平生胸懷篤風義，往還弗論賤與貴。騎馬都城四十年，未嘗一毫及身計。後生不知共笑之，蹭蹬文館霜鬢垂。彼談

① 按："岸"，《四部備要》本《臨川集》卷十九作"屋"。
② 按："雲"，《四部備要》本《臨川集》卷十九作"塵"。

義利口流沫，對面不啻山與溪。因公東還輒悲咤，敦厚士風須長者。少年流輩輕老人，去矣唐山舊林下。

游焦山　王存

連山擁滄江，峭絶視茲鮮。由來一氣結，殊不麗衆巘。林深鳥聲悦，境静人自遠。吾方抱幽介，對此萬慮遣。

登北固山　王存

晚登北固頂，俯視南徐城。廢壘何茫茫，山川迴縱横。千載競誰有？六朝空戰争。豪氣不可問，古墳人正耕。

歸京口　王存

倦宦歸來故國春，此樓千尺絶飛塵。江山雄偉增人氣，城壁蕭條類此身。眼底交游隨物老，樽前歌舞逐時新。十年舊事無人問，目送斜陽下廣津。

京口水　梅堯臣（增）

江頭潮正平，日落①土山口。坐見遠來舟，高帆忽前後。將隨入浦風，稍渡遥圻柳。客無南北虞，始信承平久。

范公橋　梅堯臣（增）

謂公天下才，非專一方惠。及此作輿梁，力行無巨細。既异國僑②爲，將同傅岩濟。礱石亘長川，何③須伐山桂。

鶴林寺　梅堯臣（增）

松竹暗山門，飀飀給清吹。傳聞宋高祖，舊宅爲茲寺。地以黑龍升，經因白馬至。何必問興亡，山川應可記。

晚游金山　梅堯臣（增）

吴客獨來後，楚橈帶夕曛。山形無地接，寺界有波分。巢鶻寧窺物，馴鷗自作群。老僧忘歲月，生石看江雲④。

---

① 按："落"，《四部備要》本《宛陵集》卷十作"照"。
② 按："僑"，《四部備要》本《宛陵集》卷十作"喬"。
③ 按："何"，《四部備要》本《宛陵集》卷十作"寧"。
④ 按："生石"句，《梅堯臣集編年校注》卷十一作"石上看江雲"。

舟中值雨裴刁二君見過　梅堯臣（增）

江上滄凄凄，天形接野低。岸痕生舊水，馬迹踏春泥。風急催衣重，山昏掩幔迷。誰驚二客論，不愧巨源妻。

游金山寺作　曾鞏

候潮動鳴櫓，出浦縱方舟。舉箔見玆山，巋①然峙中流。朱堂出烟霧，縹緲若瀛洲。十年入夢想，一日恣尋游。屣履上層閣，披襟當九州。地勢已瀟灑，風飆更颼飀。遠挹蜀浪來，旁臨滄海浮。壺觴對京口，笑語落揚州。久聞神龍伏，况睹鷙鳥投。行緣石徑盡，却倚岩房幽。頗諧雲林思，頓豁塵土憂。昏鐘滿江路，歸榜尚夷猶。

招隱寺　曾鞏（增）

一徑入松下，兩峰橫馬前。攀緣②綠蘿磴，飛去③蒼崖巔。昔人此嘉遁，手弄朱絲弦。想當林間月，獨寫山中泉。此樂非外得，肯受世網牽。我亦本蕭散，至此更怡然。偏憐最幽處，流水鳴濺濺。

金山寺　曾鞏（增）

塵外岧嶢鷲嶺宫，架虚排險出青紅。林光巧轉滄波上，海色遥涵白日東。夜静神龍聽咒食，秋深蒼鶻起搏風。連荆控蜀長江水，盡在回廊顧盼④中。

延慶寺會景純正仲希道介夫明叟納凉同觀建鄴宫中畫象翰林墨迹延慶寺者劉裕故宅中有壽丘山　曾鞏

禪方壽丘山，平昔宋公宅。好風吹雨來，暑氣一蕩滌。我與二三友，歡然同几席。神清軼埃壒，趣合盡肝膈。嶺竹翠尚新，水花紅可摘。以此侑樽酒，隤然岸巾幘。建業舊丹青，金鑾餘翰墨。綽約桃李顔，超遥龍虎迹。眇矣霸王業，信哉文章伯。感古已躊躇，慕奇復⑤嘆息。泊無勢利心，自覺衿慮適。起坐相扳牽，遲留日將夕。

甘露寺多景樓　曾鞏

欲收佳景此樓中，徙倚闌干四望通。雲亂水光浮紫翠，天含山氣入青紅。一川鐘唄淮南月，萬里帆檣海外風。老去衣衿塵土在，祇將心目羨冥鴻。

---

① 按：“巋”，清刻本《元豐類稿》卷一作“巍”。
② 按：“緣”，清刻本《元豐類稿》卷一作“援”。
③ 按：“去”，清刻本《元豐類稿》卷一作“步”。
④ 按：“盼”，清刻本《元豐類稿》卷五作“眄”。
⑤ 按：“復”，清刻本《元豐類稿》卷一作“思”。

鶴林寺　曾鞏

昔人春盡强登山，只肯逢僧半日閑。何似一尊乘輿去，醉中騎馬月中還。

唐頹山風漪軒　蘇庠（增）

竹陰既疏朗，流泉復清駛。佳響聞山泉，凉風滄然至。幽人此安禪，閱世一游戲。何必周八垠，是中有能事。

蒜山二翁亭　楊傑（增）

來陪杖履躡孤峰，故老旁觀嘆二翁。海上波平千里白，江東兵壯萬旗紅。雲開雲合山頭月，潮落潮生渡口風。須約蒙莊老仙客，憑欄直下看龍宫。

次韵林子中蒜山亭見寄　蘇軾（增）

奇逸多聞老敬通，何人慷慨解憐翁。十年簿領催衰白，一笑江山發醉紅。聞道賦詩臨北固，未應舉扇向東①風。叩頭莫唤無家客，歸掃岷峨一畝宫。

再和蒜山亭并答楊次公詩②　蘇軾（增）

吡盧海上妙高峰，二老遥知説此翁。聊復艤舟尋紫翠，不妨持節散陳紅。高懷却有雲門興，好句真傳雪竇風。唱我三人無譜曲，冰③夷亦合舞幽宫。

金山寺與柳子玉飲大醉卧寶覺禪榻夜分方醒書其壁　蘇軾

惡酒如惡人，相攻劇刀箭。頹然一榻上，勝之以不戰。詩翁氣雄拔，禪老語清軟。我醉都不知，但覺紅緑眩。醒時山月上④，瑟瑟⑤風響變。惟有一龕燈，二豪俱不見。

送金山鄉僧歸蜀開堂　蘇軾

撞鐘浮玉山，迎我三千指。衆中聞謦咳，未語知鄉里。我非個中人，何以默識子。振衣忽歸去，隻影千山裏。涪江與中泠，共此一味水。冰盤薦琥珀，何似糖霜美。

寄題刁景純藏春塢　蘇軾

白首歸來種萬松，時⑥看千丈⑦舞霜風。年抛造物陶甄外，春在先生杖履⑧中。楊柳

---

① 按："東"，清王文誥輯注《蘇軾詩集》卷三十二作"西"。
② 按：詩題，清王文誥輯注《蘇軾詩集》卷三十二作《再和并答楊次公》。
③ 按："冰"，清王文誥輯注《蘇軾詩集》卷三十二作"馮"，本志誤。
④ 按："山月上"，清王文誥輯注《蘇軾詩集》卷十一作"江月墮"。
⑤ 按："瑟瑟"，清王文誥輯注《蘇軾詩集》卷十一作"摵摵"。
⑥ 按："時"，清王文誥輯注《蘇軾詩集》卷十四作"待"。
⑦ 按："丈"，清王文誥輯注《蘇軾詩集》卷十四作"尺"。
⑧ 按："履"，清王文誥輯注《蘇軾詩集》卷十四作"屨"。

長齊低户暗，櫻桃熟爛[1]滴階紅。何時却與徐元直，共訪襄陽龐德公。

同柳子玉游鶴林招隱歸呈景純[2]　蘇軾

花時臘酒照人光，歸路春風灑面凉。劉氏宅邊霜竹老，戴公山下野梅香。岩頭匹練兼天净，泉底珍[3]珠濺客忙。安得道人携笛去，一聲吹裂翠崖岡。

刁景純賞瑞香花憶先朝侍宴次韵　蘇軾

上苑夭桃自作行，劉郎去後幾回芳。厭從年少追清[4]賞，閑對宫花識舊香。欲贈佳人非泛洧，好紉幽佩與沉湘。鶴林神女無消息，爲問何由[5]返帝鄉。（按：此詩舊志題作《題鶴林神女》。）

刁同年草堂　蘇軾

不用長竿矯綉衣，南園北第兩參差。青山有約長當户，野水[6]無情自入池。歲久酴醿渾欲合，春來楊柳不勝垂。主人不用匆匆去，正是紅梅著子時。

藏春塢三首　蘇軾

退之身外無窮事，子美生前有盡花。更有多情君未識，不隨柳絮落人家。

莫尋群玉峰頭路，莫看玄都觀裏花。但解閉門留我住，主人休問是誰家。

朱閣前頭露井多，碧桃枝下美人過。寒泉未必能如此，奈有銀床素綆何。[7]

柳子玉以詩見邀同刁丈游金山[8]　蘇軾

君年甲子久相逢，難向君[9]前説老翁。更有方瞳八十一，奮衣矍鑠走山中。

哭刁景純　蘇軾

讀書想前輩，每恨生不早。紛紛少年場，猶得見此老。此老如松柏，不受霜雪槁。直從毫末中，自養到合抱。宏材乏近用，千歲自枯倒。文章餘正始，風節貫華皓。平生爲人耳，自爲薄如縞。是非雖難齊，反覆看愈好。前年旅吴越，把酒慶壽考。扣門無晨

---

① 按："熟爛"，清王文誥輯注《蘇軾詩集》卷十四作"爛熟"。

② 按：詩題，清王文誥輯注《蘇軾詩集》卷十四作《同柳子玉游鶴林招隱醉歸呈景純》。

③ 按："珍"，清王文誥輯注《蘇軾詩集》卷十四作"真"。

④ 按："清"，清王文誥輯注《蘇軾詩集》卷十一作"新"。

⑤ 按："由"，清王文誥輯注《蘇軾詩集》卷十一作"年"。

⑥ 按："野水"，清王文誥輯注《蘇軾詩集》卷十一作"流水"。

⑦ 按：此詩見清王文誥輯注《蘇軾詩集》卷五十，亦見唐《陸龜蒙集》，題云"野井"。第二句"碧桃枝"，王注《蘇軾詩集》作"碧桃花"。第三句"能如此"，王注《蘇軾詩集》作"能勝化"。第四句"銀床"，王注《蘇軾詩集》作"銀瓶"。

⑧ 按：詩題，清王文誥輯注《蘇軾詩集》卷十一無"柳"字。

⑨ 按："君"，清王文誥輯注《蘇軾詩集》卷十一作"人"。

夜，百過迹未掃。但知從德公，未省厭邱嫂。别時公八十，後會知難保。昨日故人書，連年喪翁媪。（自注：景純妻先亡。）傷心范橋水，漾漾舞寒藻。華堂不見人，瘦馬空戀皂。我欲江東去，匏樽酌行潦。鏡湖無賀監，慟哭稽山道。忍見萬松岡，荒池没秋草。

甘露寺　蘇軾

江山豈不好，獨游情易闌。但有相携人，何必素所歡。我欲訪甘露，當途無閑官。二子舊不識，欣然肯聯鞍。（自注：欲游甘露寺，有二客相過，遂與偕行。）古郡山爲城，層梯轉朱欄。樓臺斷崖上，地窄天水寬。一覽吞數州，山長江漫漫。却望大明寺，惟見烟中竿。很石卧亭下，穹窿如伏羱。（自注：寺有石如羊，相傳謂之很石云。諸葛孔明坐其上，與孫仲謀論曹公也。）緬懷卧龍公，挾策事雕鑽。一談收猘子，再説走老瞞。名高有餘想，事往無留觀。蕭公古鐵鑊，相對空團團。陂陀受百斛，積雨生微瀾。（自注：大鐵鑊二，按銘，梁武帝所鑄。）泗水逸周鼎，渭城辭漢盤。山川失故態，怪此獨能完。僧繇亦化人，霓衣挂冰紈。隱見十二叠，觀者疑誇謾。破板陸生畫，青猊戲盤跚。上有二天人，揮手如翔鸞。筆墨雖欲盡，典型垂不刊。（自注：畫師子一，菩薩二，皆陸探微之筆。）赫赫贊皇公，英姿凛以寒。古柏手親種，挺然誰敢干。枝撑雲峰裂，根入石窟蟠。（自注：衛公所留祠堂在寺，手植柏合抱矣。）刜草得斷碑，斬崖出金棺。瘞藏豈不牢，見伏理可嘆。（自注：近寺僧發古殿基，得舍利七粒，并石記，乃衛公爲穆宗皇帝造福所葬者。）四雄皆龍虎，遺迹儼未刓。方其盛壯時，争奪肯少安。廢興屬造物，遷逝誰控摶。况彼妄庸子，而欲事所難。古今共一軌，後世徒辛酸。聊興廣武嘆，不待雍門彈。

甘露寺彈筝[①]　蘇軾（增）

多景樓上彈神曲，欲斷哀弦再三促。江妃出聽霧雨愁，白波[②]翻空動浮玉。唤取吾家雙鳳槽，遣作三峽孤猿號。與君合奏芳春調，啄木飛來霜樹杪。

自題金山畫像贊　蘇軾（增）

心是[③]已灰之木，身如不繫之舟。問汝平生事[④]業，黄州儋州惠州[⑤]。（按：此石刻公像及贊，後入米公海嶽庵。至庵改寶晉書院，猶在壁間，今無存矣。）

題金山寺回文體　蘇軾

潮隨暗浪雪山傾，遠浦漁舟釣月明。橋對寺門松徑小，檻當泉眼石波清。迢迢緑樹

① 按：詩題，清王文誥輯注《蘇軾詩集》卷十二作《潤州甘露寺彈筝》。
② 按："波"，清王文誥輯注《蘇軾詩集》卷十二作"浪"。
③ 按："是"，清王文誥輯注《蘇軾詩集》卷四十八作"似"。
④ 按："事"，清王文誥輯注《蘇軾詩集》卷四十八作"功"。
⑤ 按："黄州"句，清王文誥輯注《蘇軾詩集》卷四十八作"黄州惠州儋州"。

江天晚①，靄靄紅霞曉②日晴。遥望四邊雲接水，碧峰千點數鷗輕。

金山妙高臺　蘇軾

我欲乘飛車，來③訪赤松子。蓬萊不可到，弱水三萬里。不如金山去，清風半帆耳。中有妙高臺，雲④峰自孤起。仰觀初無路，誰信平如砥。臺中老比丘，碧眼照窗几。巉巉玉爲骨，凛凛霜入齒。機鋒不可觸，千偈如翻水。何須尋德雲，即此比丘是。長生未暇學，請學長不死。

游金山寺　蘇軾

我家江水初發源，宦游直送江入海。聞得⑤潮頭一丈高，天寒尚有沙痕在。中泠南畔石盤陀，古來出没隨濤波。試登絶頂望鄉國，江南江北青山多。羈愁畏晚尋歸楫，山僧苦留看落日。微風萬頃靴文細，斷霞半空魚尾赤。是時江月初生魄，二更月落天深黑。江心似有炬火明，飛焰照山栖鳥驚。悵然歸卧心莫識，非鬼非人竟何物。江山如此不歸山，江神見怪驚我頑。我謝江神豈得已，有田不歸如江水。

大風留金山兩日　蘇軾

塔上一鈴獨自語，明日顛風當斷渡。朝來白浪打蒼崖，倒射軒窗作飛雨。龍驤萬斛不敢過，漁艇⑥一葉從掀舞。細思塵市有底忙，却笑蛟龍爲誰怒。無事久留童僕怪，此風聊得妻孥許。灊山道人獨何事，半夜⑦不眠聽粥鼓。

自金山放船至焦山　蘇軾

金山樓觀何耽耽，撞鐘擊鼓聞淮南。焦山何有有修竹，采薪汲水僧兩三。雲霾浪逐人迹絶，時有沙户祈春蠶。我來金山更留宿，而此不到心懷慚。同游盡返⑧決獨往，賦命窮薄輕江潭。清晨無風浪自涌，中流歌嘯倚半酣。老僧下山驚客至，迎笑喜作巴人談。自言久客忘鄉井，只有彌勒爲同龕。困眠得就紙帳暖，飽食未厭山蔬甘。山林飢餓古亦有，無田不退寧非貪。展禽雖未三見黜，叔夜自知七不堪。行當投劾謝簪組，爲我佳處留茅庵。

---

① 按："晚"，清王文誥輯注《蘇軾詩集》卷四十八作"曉"。
② 按："曉"，清王文誥輯注《蘇軾詩集》卷四十八作"晚"。
③ 按："來"，清王文誥輯注《蘇軾詩集》卷二十六作"東"。
④ 按："雲"，清王文誥輯注《蘇軾詩集》卷二十六作"雪"。
⑤ 按："得"，清王文誥輯注《蘇軾詩集》卷七作"道"。
⑥ 按："艇"，清王文誥輯注《蘇軾詩集》卷十八作"舟"。
⑦ 按："半夜"，清王文誥輯注《蘇軾詩集》卷十八作"夜半"。
⑧ 按："盡返"，清王文誥輯注《蘇軾詩集》卷七作"興盡"。

書焦山綸長老壁　蘇軾

法師住焦山，而實未嘗住。我來輒問法，法師了無語。法師非無語，不知所答故。若①看頭與足，本自安冠履。譬如長鬣人，不以長爲苦。一旦或人問，安睡無所措②。歸來視③上下，一夜無著處。展轉遂達晨，意欲盡鑷去。此言雖鄙淺，亦故④有深趣。持此問法師，法師一笑許。

以玉帶施元長老元以衲裙相報次韵⑤　蘇軾

病體⑥難堪玉帶圍，鈍根仍落箭鋒機。欲教乞食歌姬院，故與雲山舊衲衣。

此帶閱人如傳舍，流傳到我亦悠哉。錦袍錯落真⑦相稱，乞與佯狂老萬回。

金山夢中作　蘇軾

江東賈客木棉裘，會散金山月滿樓。夜半潮來風又熟（舊志作“烈”），卧吹簫管到揚州。

蒜山松林中可卜居余欲僦其地地屬金山故作此詩與金山元長老　蘇軾

魏王大瓠無人識，種成何翅實五石。不辭破作兩大樽，只憂水淺江湖窄。我材濩落無所用⑧，虚名驚世終何益。東方先生好自譽，伯夷子路并爲一。杜陵布衣老且愚，信口自比契與稷。暮年欲學柳下惠，嗜好酸鹹不相入。金山也是不羈人，蚤歲聞名晚相得。我醉而嬉欲仙去，旁人笑倒山謂實。問我此生何所歸，笑指浮休百年宅。蒜山幸有閑田地，招此無家一房客。

酬許郡公借隱居蒜山　蘇軾

鹿苑漁磯畫不如，石林秋氣共蕭疏。任移竹榻雲猶懶，可到松窗月自虚。蛺蝶人天身外夢，芙蓉星斗閣中書。酒泉鐘鼓還江左，青壁丹崖借隱居。

留别金山寶覺圓通二長老　蘇軾

沐罷巾冠快晚凉，睡餘齒頰帶茶香。艤舟北岸何時渡，晞髮東軒未肯忙。康濟此身殊有道，醫治外物本無方。風流二老長還往，顧我歸期尚渺茫。

---

① 按：“若”，清王文誥輯注《蘇軾詩集》卷十一作“君”。
② 按：“安睡”句，清王文誥輯注《蘇軾詩集》卷十一作“每睡安所措”。
③ 按：“視”，清王文誥輯注《蘇軾詩集》卷十一作“被”。
④ 按：“亦故”，清王文誥輯注《蘇軾詩集》卷十一作“故自”。
⑤ 按：詩題，清王文誥輯注《蘇軾詩集》卷二十四作《以玉帶施元長老元以衲裙相報次韵二首》。
⑥ 按：“體”，清王文誥輯注《蘇軾詩集》卷二十四作“骨”。
⑦ 按：“真”，清王文誥輯注《蘇軾詩集》卷二十四作“差”。
⑧ 按：“無所用”，清王文誥輯注《蘇軾詩集》卷二十四作“本無用”。

游竹林院[1]　蘇軾

行歌白雲嶺，坐咏修竹林。風輕花自落，日薄山半陰。澗草誰復識，聞香杳難尋。時見城市人，幽居惜未深。

游鶴林寺　蘇軾

郊原雨初霽，春物有餘妍。古寺滿修竹，深林聞杜鵑。睡餘柳花墮，目眩山櫻然。西窗有病客，危坐看香烟。

書普慈長老壁　蘇軾

普慈寺後千竿竹，醉裏曾看碧玉椽。倦客再游行老矣，高僧一笑故依然。久參白足知禪味，苦厭黄公（自注：鳥名）聒晝眠。惟有兩株紅百葉，晚來猶得向人妍。

同年王仲甫挽詞　蘇軾

先帝親收十五人，（自注：仁宗朝賢良十五人，今惟富鄭公、張宣徽、錢純老及余與舍弟在耳。）四方争看擊鵬鶤。如君事業真堪用，顧我衰遲不足論。出處升沉十年後，死生契闊幾人存。他年京口尋遺迹，宿草猶應有泪痕。

余去金山五年而復至次舊詩韵贈寶覺長老　蘇軾

誰能斗酒博西涼，但愛齋厨法豉香。舊事真成一夢過，高譚爲洗五年忙。清風偶與山阿曲，明月聊隨屋角方。稽首願思[2]憐久客，直將歸路指茫茫。

戲金山佛印　蘇軾（增）

遠公沽酒飲陶潛，佛印燒猪待子瞻。采得百花成蜜後，不知辛苦爲誰甜。

僕年三十九在潤州道上過除夜作此詩又二十年在惠州録之以付過[3]　蘇軾

寺官官小未朝參，紅日半窗春睡酣。爲報鄰鷄莫驚覺，更容殘夢到江南。

釣艇歸時菖葉雨，繅車鳴處楝花風。長江昔日經游地，盡在如今夢寐中。

次韵子瞻游甘露寺　蘇轍

去國日已遠，涉江歲將闌。東南富山水，跬步留清歡。遷延廢行邁，忽忘身在官。

---

① 按：詩題，清王文誥輯注《蘇軾詩集》卷十一作《游鶴林招隱二首》。

② 按："思"，清王文誥輯注《蘇軾詩集》卷十八作"師"。

③ 按：詩題，清王文誥輯注《蘇軾詩集》卷五十作《僕年三十九在潤州道上過除夜作此詩又二十年在惠州追録之以付過二首》。

清晨陟甘露，乘高弃征鞍。超然脱闤闠，穿雲撫朱欄。下視萬物微，惟覺滄海寬。潮來聲洶洶，望極雲漫漫。一一渡海舶，冉冉移檣竿。水怪時出没，群嬉類猵獺。幽陰自生火，青熒誰復鑽。石頭古天險，憑恃分權瞞。疑城曜遠目，來騎驚所觀。聚散定王業，成毁猶月團。金山百圍石，岌岌隨濤瀾。猶疑漢宫廷，屹立承露盤。狂波恣吞噬，萬古嗟獨完。凝眸厭滉漾，遶屋行盤跚。此寺歷今古，遺迹在①龍鸞。孔明所坐石，牂牁非人刊。經霜衆草短，積雨青苔寒。蕭翁嗜佛法，大福將力干。陂陁故鑊在，甲錯蒼龍蟠。衛公秉節制，佛骨埋金棺。長松看百尺，畫像留三嘆。新詩語何麗，傳讀紙遂刓。嗟我本漁釣，江湖心所安。方爲籠中閉，仰羡天際摶。游觀惜不與，賦咏嗟獨難。俸禄藉升斗，虀鹽嗜鹹酸。何時扁舟去，不俟官長彈。

和子瞻次孫覺諫議韵題郡伯閘上斗野亭見寄（按：鎮江無斗野亭，亦無郡伯閘。“郡”字，乃“邵”字之誤。《揚州志》：邵伯鎮有是亭。） **蘇轍**

扁舟未遽解，坐待兩閘平。濁水污人思，野寺爲我清。苦②游有遺咏，枯墨存高甍。故人獨未來，一樽誰與傾。北風吹微雲，暮寒依月生。前望邗溝路，却有③鐵瓮城。茅檐卜兹地，江水供晨烹。試問東坡翁，畢老幾時行。奔馳力不足，隱約性自明。早爲歸耕計，免慚老僧榮。（自注：僧榮，斗野主人也。子瞻將卜居丹陽蒜山下。）（按：此詩本當删，因懷此亭正當歸路，故云爾。子瞻在潤州，故存。）④

和子瞻金山　蘇轍

長江欲盡闊無邊，金山當中惟一石。潮平風静日浮空，縹緲樓臺轉金碧。瓜洲初見石頭城，城下波瀾與海平。中流轉舵疑無岸，泊舟未定僧先迎。山中岑寂恐不足，復將江水繞山麓。四無鄰家群動息，鐘聲鏗鍠答山谷。烏鳶力薄墮中路，惟有胡鷹石上宿。誰知江海多行舟，游人上下集⑤岩幽。老僧心定身不定，送往迎來何時竟。潮來⑥未厭夜未歸，愛山如此如公稀。不待游人盡歸去，恐公未識山中趣。

游焦山和子瞻　蘇轍

金山游遍入焦山，舟輕帆急須臾間。涉江已遠風浪闊，游人到此皆争還。山頭冉冉萬竿竹，樓閣不見門常關。金山共此一江水，只有絶勝無此閑。野僧終日飽一飯，與世

---

① 按：“在”，《四部備要》本《欒城集》卷四作“皆”。

② 按：“苦”，《四部備要》本《欒城集》卷十四作“昔”。

③ 按：“有”，《四部備要》本《欒城集》卷十四作“指”。

④ 按：此爲本志按語，然據《四部備要》本《欒城集》卷十四，“此亭正當歸路，故云爾”云云實爲詩人自注中語，故不應攔入。

⑤ 按：“集”，《四部備要》本《欒城集》卷十四作“奪”。

⑥ 按：“來”，《四部備要》本《欒城集》卷十四作“游”。

相視如髦蠻。門無舟楫斷還往，説法教化黿鼉頑。偶然客至話鄉國，西望落日低銅鐶。岷峨正在日入處，想像積雪堆青鬟。稻田一頃良自給，仕宦不返知誰扳。久安禄廩農事廢，强弓一弛無由彎。行逢佳處輒嘆息，想見茅屋藏榛菅。我知此地便堪隱，稻田旆旆魚斑斑。

將游金山寄元長老　蘇轍

粗砂施佛佛欣受，怪石供僧僧不嫌。空手遠來還要否，更無一物可增添。

元老見訪留坐具而去戲調之[①]　蘇轍

石霜舊奪裴休笏，坐具只今君自留。留放書房還會否，受降曾不費戈矛。

元老和示小詩自謂非戰之罪復作一絶并坐具還之　蘇轍

請君却領彌天具，不欲終收陷虎名。莫道昏沉非戰罪，何如不戰屈人兵。

子瞻與長老擇師相遇於竹西石塔之間屢以絶句贈之又留書邀轍同作遂以一絶繼之　蘇轍

遠老陶翁好弟兄，虎溪廬阜好逢迎。何須更要經平子，清議從來貴士衡。

題花山寺　沈括（增）

經旬花雨喜新晴，病馬緣畦取次行。老態只因隨日至，春心無意與花争。山川滿目浮烟合，樓閣侵天暮靄横。嗟我有身無處用，强携尊酒入峥嶸。

望海樓　沈括

雨聲林外盡，秋色望中添。落日挂疏柳，遠江横暮檐。好風疑有意，墮葉故争簾。爲問樓中客，胡爲盡日淹。

潤州甘露寺　沈括

丞相高齋半草萊，舊時風月滿亭臺。地從日月生時見，天到江山盡處回。三國是非春夢斷，六朝城闕野花開。心隨潮水漫漫去，流遍烟村半日來。

寄米元章　蔣之奇

京城汩没興如何，歸棹翩翩返薜蘿。盡室生涯寄京口，滿床圖籍鎖岩阿。六朝人物

---

① 按："戲調之"，《四部備要》本《欒城集》卷十四作"戲作一絶調之"。

東流盡，千古江山北固多。爲借文殊方丈地，中間容個病維摩。

題多景樓[①] 曾肇

屈曲危樓倚半空，詩情無限景無窮。江聲逆送[②]潮來往，山色有無烟淡濃。風月滿樓供一醉，乾坤萬里豁雙瞳。片雲迴逐斜陽去，知落淮山第幾重。

同大覺游金山寄介甫兄 王安國

憶同支遁宿嶔崟，不負平生壯觀心。北固山連三楚盡，中泠水入九江深。紛紛落月摇空影，杳杳歸舟送梵音。東去何時來蠟屐，天邊爽氣夢相尋。

甘露寺 晁端友

北固山頭寺，風烟昔縱觀。卧亭秋石很，環舍海濤寒。越舶樓前聚，江楓户外丹。最宜清夜月，虚閣憶盤桓。

多景樓 晁端友（增）

樓上無窮景，樓前正落暉。開軒跨寥廓，覽物極纖微。雲破孤峰出，潮平兩槳飛。東溟看月上，西渡認僧歸。木落吴天遠，江寒越舶稀。魚龍鄰海窟，鷄犬隔淮圻。草色迷千古，波聲蕩四圍。廢興懷霸業，融結想天機。浩浩群流會，沉沉百怪依。登臨真壯觀，回首重歔欷。

約東坡游金山 徐元用

黯淡灘頭一艇横，夕陽西下大江平。與君不負生平約，同上金鰲背上行。

宿金山 秦觀

山南山北江水流，半空金碧隨雲浮。我來仍值風日好，十月未寒如晚秋。山僧引客尋蒼翠，歷盡[③]參差到平地。萬里风來拂骨清，却憶人間如夢寐。夜深無風月入扉，相對老人如槁枝。流水與天争入海，共笑此心誰得知。下山却向中泠望，翻憶當時在屏幛[④]。老母思兒且欲歸，回首雲峰已天上。

陪子瞻游金山和子由詩 秦觀

江流會揚子，洶洶東南騖。海門劃前開，金山屹中據。鼓鐘食萬指，金鑊栖千柱。

---

① 按：詩題，《豫章叢書》本《曲阜集》卷四作《京口甘露寺》。

② 按："逆送"，《豫章叢書》本《曲阜集》卷四作"逆順"。

③ 按："盡"，《宋詩鈔·淮海集鈔》作"卷"。

④ 按："幛"，《宋詩鈔·淮海集鈔》作"障"。

夜庭游月波，曉顧摶香霧。天清猿鳥哀，風暗魚龍怒。雲物横今古，波濤閲晨暮。三州氣色來，上下端倪露。偉哉元氣間，此勝知誰聚。念昔憩精廬，登臨輒忘去。汲新試月團，飯素羹魁芋。妙興入芳藤，真境在芒屨。别來星暑换，寤寐經從處。忽蒙珠璧投，了與雲巒遇。幽光迥肝肺，爽氣森庭户。區中多滯念，方外饒奇趣。寄語山阿人，泠然行復御。

次韵子瞻贈金山寶覺大師　秦觀

雲峰一變隔炎凉，猶喜重來飯積香。宿鳥水干迎曉鬧，亂帆天際受風忙。青鞋踏雨尋幽境①，朱火籠紗悟②上方。珍重故人敦妙契，自憐身世兩茫茫③。

贈金山牛石山人　秦觀（增）

萬里長江萬里天，疏鐘半夜落漁船。老來羡却禪關客，一枕江聲抱月眠。

金山　王令

長江從天來，意欲以地分。西山避之逃，東山開爲門。木石所不捍，土④沙固隨奔。東西兩通海，勢已無完坤。如何中流居，獨遏萬里渾。坤維賴繫縛，坤靈煩窺捫。不然已飄泊，兩分不相存。禹力所不除，天意固可論。予欲沉（“沉”，一作“决”）九淵，下視萬古根。畏强激常情，中立愛此墩。詩成欲誰和（“和”，本作“知”），感慨心徒煩。

登金山　王令

馬蹄行盡九州間，無處歡娱得破顔。只有此中宜曠望，誰令天作海門山。

贈翟公巽　張耒

我昔出守來丹陽，江流五月如探湯。使君之居在山腹，繞舍樹石何青蒼。千年藥根蟠井底，靈液浸灌通寒漿。人言枸杞精變狗，夜吠往往聞空廊。金山蕩潏浪花裏，一舸遥去隨漁郎。最奇岩齋人迹少，乳水時滴白石床。翠黿陂陁負日色，白騎掀舞占風祥。我留金山凡十日，窮探力取無遺忘。南風吹我渡江去，已厭淮南塵土黄。二十年間多少事，身如疲馬起復僵。淮南窮栖衆人後，朝食不充藜莧腸。公來衰顔得一笑，側聽高論驚尋常。窮閻過我坐至暮，滿懷珠玉無秕糠。乃知世間有清議，未可盡以己意量。精金白璧天所寶，理無破碎委道旁。半年耳冷不聞此，遇公矍然神激昂。論交白頭已老醜，

---

① 按：“境”，《宋詩鈔・淮海集鈔》作“徑”。
② 按：“悟”，《宋詩鈔・淮海集鈔》作“語”。
③ 按：“茫茫”，《宋詩鈔・淮海集鈔》作“微茫”。
④ 按：“土”，原作“士”，形近而訛，因改。

從事理絶隨飛翔。斯文有屬不但爾，因公作詩我涕滂。

潤州書事　張耒

野蔓封城堞，疏松夾麗譙。樓臨寒洶涌，門揖翠岧嶢。客思閑易感，歸心去莫招。何時送客處，看我理歸橈。

金山行　郭祥正

金山杳在滄溟中，雪崖冰柱浮仙宫。乾坤扶持自今古，日月彷彿躔西東。我泛靈槎出塵世，搜索异境窺神功①。一朝登臨重嘆②息，四時想像何其雄。卷簾夜閣挂北斗，大鯨駕浪吹長空。舟摧崖斷豈足數，往往霹靂捶蛟龍。寒蟾八月蕩瑶海，秋光上下磨青銅。鳥飛不盡暮天碧，漁歌忽斷蘆花風。蓬萊久聞未成往，壯麗絶致遥應同。潮生潮落夜還曉，物與數會誰能窮。百年形影浪自苦，便欲此地安微躬。白雲南來入我望，又起歸興隨征鴻。

過金山　楊時

入望荆吴坼，清江日夜流。飛騰潮汐浪，飄泊利名舟。山涌鰲頭出，樓噓蜃氣浮。僧窗千古意，出没看輕鷗。

冬日游甘露寺　蔡肇

漕河膠舟水流咽，水關著鍵行者歇。大江伏槎卧長劍，萬頃濕銀寒不結。蓬萊諸仙亦避寒，海門冥冥凍欲折。朔風吹晚雁叫空，蓬卷松杉崖石裂。道人丈室最高處，地爐蒲團穩坐熱。我來乘閑不問道，方床相對無言説。

金山　蔡肇

曾訪山中支道林，厭聞鐘鼓日欽欽。百川赴海通三島，萬籟逢秋共一音。折戟戰痕誰與吊，浮杯足迹杳難尋。魚峰梵唄隨曹植，試聽人間鸞鳳吟。

立春日焦山留宿　蔡肇

歲爲兹山一再登，籃輿乘興驀溝塍。春生江海交流處，人在藤蘿最上層。晝鷁搶沙眠百賈，華鯨吼旦集千僧。道人邀上東岩宿，坐看冰輪半夜升。

---

① 按："功"，民國刻本《青山集》卷一作"工"。
② 按："嘆"，民國刻本《青山集》卷一作"太"。

大港即事（二首之一）　**蔡肇**（增）

村落家家有酒沽，黄童白叟醉相扶。恨無韓滉丹青手，更作豐年幾幅圖。

與曇秀師别垂二十年而後相會於金山　晁補之

詩筆多生習氣牽，老來經唄亦隨緣。何妨偶入東坡夢，未害閑依北固禪。萬里波濤憑檻語，一山風雨并窗眠。未甘白首塵埃地，更約相逢二十年。

次韵無極以道寄金山寺佛鑒七絶五首　晁補之

埋頭塵土欲忘年，重訪初禪第一天。惟有兒童見河性，不將老面共蒼然。

不應無手是無拳，且看毛端現四天。似向吾家得消息，鼓山餘響尚轟然。

鶖子猶應昧此緣，空中那有久如天。饒師擲過三千界，浮玉西津故儼然。

無極世緣如嚼蠟，人言當住夜摩天。此郎久學無生忍，此事吾知否不然。

鼓角聲中特地傳，只今鼻孔已撩天。不應常作裴休諾，掩口何妨也默然。

陪李泰發登潤州城樓　徐俯

十年不復上南樓，直爲狂酋作遠游。滿地江湖春入望，連天章貢水争流。青雲聊爾居金馬，紫氣還應射斗牛。公是主人身是客，舉觴登望得無愁。

贈朱方李道人　黄庭堅

顴骨横穿壽門過，年比數珠剩三顆。横吹鐵笛如怒雷，國初舊人惟有我。

甘露寺作呈夷曠　米芾

欲雨氣不透，庭梧有栖烟。回首望北固，雲藏净名天。呼童速具輿，凭高覽山川。隱見豈不好，開霽景固全。須臾剛風流，湛湛清露圓。歸途知有伴，華月上丹淵。

金山晚泊　米芾

插雲樓殿壓滄溟，笑語風生袢暑清。誰爲决雲開皎月，練飛雪捲看潮生。

秋登峴山之作　米芾

皎皎中天月，團團徑千里。震澤乃一水，所占已過二。娑羅即峴山，謬云形大地。地惟東吴偏，山水古佳麗。中有皎皎人，瓊衣玉爲珥。位惟列仙長，學與千年對。幽操久獨處，迢迢願招類。金飈帶秋威，欻逐雲檣至。朝隔輿馭飆，暮過光浮袂。雲育①有風驅，蟾餮有刀利。亭亭太陰宫，無乃瞻星氣。興深夷險一，理洞軒裳僞。紛紛夸俗勞，

① 按："育"，《宋詩鈔·襄陽詩鈔》作"盲"。

坦坦忘懷易。浩浩將我行，蠢蠢須公起。

西山書院丹徒私居也上皇樵人以异石來告余凡八十一穴狀類泗淮山一品石加秀潤焉余因題爲洞天一品石以麗其八十一數令百夫輦致寶晉齋又七日甘露下其石梧桐柳竹椿杉蕉菊無不沾也自五月望至廿六日猶未已因思之作此詩　米芾

我思岳麓抱黄阁，飛泉元在半天落。石鯨吐出流一里，赤日露下[①]陰紛薄。我曾坐石浸足眠，肘項抵水洗背肩。客時救我病欲死，一夜轉筋著艾燃。如今病渴擁爐坐，安得縮却[②]三十年。看往石上浸足眠[③]。

中秋登望海樓[④]　米芾

目窮淮海兩如銀，萬道虹光育蚌珍。天上若無修月户，桂枝撑損向西輪。

潤州甘露寺　米芾

邑故[⑤]（一作“改”）重重構，春歸户户嵐。槎浮龍委骨，畫失獸遺耽。神護衛公塔，天留米老庵。柏梁終厭勝，會副越人譚。

甘露寺　米芾

山晚烟栖樹，漁收露宿沙。曲生新月魄，遠淡滿川霞。依净家如寺，游頻寺是家。何須傅大士，芰製著袈裟。

多景樓　米芾

華嚴兜率梵天游，天下江山第一樓。坐想明廷萬靈接，莫談仙嶠六鰲愁。版開猛氣吞狂象，石記雄心觸不周。謝客平生追壯觀，豈知席上極滄洲。

觀音岩　米芾

秦驅禹鑿已寥寥，却爲高人得姓焦。飽餌有時邀楚釣，海雲常覺護山樵。岩多陰霧龍藏角，虹絓蒼林玉露膘。濁氣不侵靈覞下，方壇曾駐紫清飆。

---

① 按：“下”，《宋詩鈔·襄陽詩鈔》作“起”。

② 按：“却”，原作“脚”，據《宋詩鈔·襄陽詩鈔》改。

③ 按：“看往”句，“看”，《宋詩鈔·襄陽詩鈔》作“重”。又此句前尚有“嗚呼，安得縮却三十年”云云，作“重”，義稍勝。

④ 按：詩題，《宋詩鈔·襄陽詩鈔》作《中秋登海岱樓》。

⑤ 按：“邑故”，《宋詩鈔·襄陽詩鈔》作“色改”。

望海樓　米芾

雲間鐵瓮近青天，縹緲飛樓百尺連。三峽江聲流筆底，六朝山①影落樽前。幾番晝角催紅日，無事滄洲起白烟。忽憶賞心何處是，春風秋月兩茫然。

甘露寺　米芾

六代蕭蕭木葉稀，樓高北固落殘暉。兩州城郭青烟起，千里江山白鷺飛。海近雲濤驚夜夢，天低月露濕秋衣。使君肯負時平樂，長倒金尊②盡醉歸。

宿焦山　曾紆

雨足雲歸岫，潮回浪捲沙。苔侵懸磴蔓，竹隱斷岩花。江闊風來遠，山昏日已斜。當年期卜築，此興未應賒。

宿焦山方丈　汪藻

明發理烟艇，歡言濟遥岑。盤渦沸風雨，稍辨鐘磬音。行行并疏柳，迎客多幽禽。扶輿上犖确，始見江潮③深。臺殿明海色，嵌空憶龍吟。修廊④延客步，妙香慰人心。遐眺未云極，千岩忽秋陰。孤月欲生嶺，諸天悉浮金。兹游信奇絶，况接支道林。夜語不知旦，虚窗對横參。人間驚毫末，物外雄窺臨。稽首悟真理，微生安所任。蒼崖有奇字，霜乾待重尋。

焦山　翟汝文

水輪依風負坤輿，百川東流同灌輸。掀巾之陂莽吞受，沃焦之山初不濡。雲根終久插江湖，狂瀾滔天隨卷舒。空神迴標避突兀，海門排霄岌相扶。僧居蠔山迷向背，佛宇蜃氣成吹噓。我游玄冬崖壑枯，洪濤濺雨吹裳裾。風來駕潮愁海若，溟漲跛浪翻鯨魚。虞淵咸池相蕩潏，月阿日窟漂方隅。此身浮漚一緣聚，四大濕相迷空虚。針鋒懸持妙喜住，蚊睫坐睨焦螟居。山中老禪眼於菟，香飯遣化分雕胡。重淵垂涎舞蛟首，方丈晏寢凝熏爐。夜寒月黑照濁水，乞取壞衲摩尼珠。

亂後入城　張綱

未復錢塘郡，先收鐵瓮城。妖星隨月落，殺氣逐參横。已築鯨鯢觀，重新鼓角聲。大江應好在，流恨幾時平。

---

① 按："山"，《宋詩鈔·襄陽詩鈔》作"帆"。
② 按："尊"，《宋詩鈔·襄陽詩鈔》作"鍾"。
③ 按："江潮"，《宋詩鈔·浮溪集補鈔》作"江湖"。
④ 按："廊"，《宋詩鈔·浮溪集補鈔》作"郎"。

京口普照寺　孙覿

敗屋茨生草，崩崖蔓老藤。布金無長者，持鉢有殘僧。潑剌魚跳釜，睢盱[①]鼠瞰燈。炎炎三伏暑，岑絶冷如冰。

示鶴林山老二首　孫覿

應化來江右，乘流出嶠南。後身逢七七，前話續三三。坐見諸天繞，來聽二士談。更無木上坐，只有佛同龕。

一别三千里，重臨二十年。霜鬚今[②]老矣，雪相自依然。習氣詩情在，真心佛果圓。相看無一語，趺坐炷爐烟。

贈鶴林長老[③]　孫覿

玄豹文章霧沐，老龍頭角泥蟠。莫恨青苔踏破，要令紅柹分殘。

黄鶴林中佛國，杜鵑花裏仙山。粗了一生事大，來從半日僧閑。

焦山吸江亭二絶　孫覿

昔年携客寄僧龕，敗屋疏籬一草庵。白首重來看修竹，連山樓觀亦耽耽。

萬頃蒼茫一島孤，潭潭雲海現毗盧。問君吸盡西江水，中有曹溪一滴無。

送二十兄還鎮江　李處權

此行檢校幽栖事，佳處知公故未忘。新笋豈應過母大，舊松想已及人長。老來對客須靈照，貧後持家藉孟光。世亂身危何處是，二年孤負北窗凉。

瘞鶴岩　胡致隆

當年誰爲裹玄黄，潮打孤岩草木荒。華表竟無新信息，斷碑空有碎文章。雲埋紫蓋峰何在，烟鎖青田道正長。遥想華亭披鶴氅，擬隨明月過錢塘。

登金山　熊蕃

注海銀成壑，浮空玉作堆。鰲翻三島出，鷲駕一峰來。塔影波摇動，鐘聲潮拍回。猶嗟禪伯老，虚入妙高臺。

---

① 按："睢盱"，清刻本《鴻慶居士文集》卷五作"盱睢"。

② 按："今"，清刻本《鴻慶居士文集》卷五作"空"。

③ 按：詩題，清刻本《鴻慶居士文集》卷六作《六言贈鶴林山長老二首》。

葬妻京峴山結廬龍目湖上　**宗澤**（增）

一對龍湖青眼開，乾坤倚劍獨徘徊。白雲是處堪埋骨，京峴山頭夢未回。

與士繇游金山翌日分袂　**陳東**

早别金山恰曉鐘，離帆分破一江風。瓜洲渡口波聲遠，後夜相思明月中。

望金山　**薛靖**

一柱支空立，濤聲春寺聞。消來巴地雪，飛到潤州雲。寂寞江山色，縱横盜賊群。不堪形勝裏，北望涕紛紜。

登金山　**李燾**

金山何處好，四顧不相連。窗迥前無地，波澄下有天。堂留三楚客，門泊五湖船。晦色闕詩思，江籠兩岸烟。

登金山　**唐文若**

江流出岷蜀，萬折東南傾。玆山若巨舫，勢欲扼滄溟。天高象教尊，海岳朝百靈。雲水渺四極，下上涵日星。朱甍倚霄漢，倒影魚龍驚。重游十年舊，挂席鷗鳥盟。維揚魏公幕，回首劍戟明。行都望北固，鐵瓮高峥嶸。孤舟繫烟月，六尺僧窗横。印師支遠儔，静對如風鈴。曠懷憐此翁，得法世慮平。塵勞霜鬢秃，風月冰壺清。乞詩寫崖壁，指月雙浮萍。

金山貫道人跨水作亭余爲名以枕流亭成而僕欲去作二詩因以留别　**周紫芝**

聞説朱欄照眼新，一溪青淺共誰分。可憐橋下無情水，不遣龜魚識使君。

與師同是一山雲，吹落江西却再分。聚散人生俱是夢，虎溪重過不煩君。

游焦山觀瘗鶴銘　**吴琚**（增）

昔愛山樵書，今踏譙山路。江邊春事動，梅柳皆可賦。犖确石徑微，白浪灑衣屨。臨淵魚龍驚，捫崖猿鳥懼。古刻難細讀，斷缺蒼蘚護。歲月豈易考，書法但增慕。摩挲發三嘆，欲去還小住。習氣未掃除，齒髮恨遲暮。華亭鶴自歸，長江只東注。寂寥千古意，落日起烟霧。

金山　**朱熹**

浩浩長江水，東逝無停波。及此一回薄，潮平烟浪多。孤嶼屹中流，層臺起周阿。晨望愛明滅，夕游驚蕩磨。極目青冥茫，回瞻碧嵯峨。不復車馬迹，唯聞榜人歌。我願辭世紛，玆焉老漁蓑。會有滄浪子，鳴船夜相過。

登金山　晁公武

東游尋勝即登臨，浮玉知名冠古今。萬壑波濤喧海口，千年岩岫據江心。雨篷烟棹征帆遠，曉磬昏鐘佛屋深。詩客分留風景在，憑君一爲發長吟。

游焦山　晁公武

江勢東傾劇建瓴，中流岩壑隱禪扃。游僧誰渡降龍鉢，過客争摩瘞鶴銘。修竹捎雲凌北固，桃花吹浪漲南溟。上人勸賦斯山境，乞與微吟勒翠屏。

甘露寺很石①　程俱（增）

阿瞞長驅壓吴壘，飲馬長江投馬棰。英雄祇數大耳兒，彷彿芒碭赤松子②。幄中況有南陽客，布衣躬耕無甔石。當時鼎足計未成，聊出③一奇空赤壁。人隨流水去不還，卧羊頑石留空山。如今留石亦煨爐，山與長江相向閑。

隆興甲申歲閏月游焦山　韓元吉

荒村日晴雪猶積，繫纜焦公山下石。江翻斷崖石破碎，瘞鶴千年有遺迹。瘦藤百級躋上方，浮玉南北江中央。檣竿如林出烟浦，酒船遠與帆低昂。老鴟盤風舞江面，殺氣淮南望中見。神龍只合水底眠，爲洗乾坤起雷電。觀音岩前竹十尋，大士不死知此心。醉後④更唤殷七七，剩種好花開鶴林。

金山觀日出　陸游

繫船浮玉山，清晨得奇觀。日輪擘水出，始覺江面寬。遥波蹙紅鱗，翠靄開金盤。光彩射樓塔，丹碧浮雲端。詩人窘筆力，但咏秋月寒。何當羅浮望，涌海夜未闌。

夢韓无咎如在京口時既覺枕上作短歌　陸游

隆興之初客江皋，連樣結駟皆賢豪。坐中無咎我所畏，日夜酬唱兼詩騷。有時贈我玉具劍，間亦報之金錯刀。舊游忽墮五更夢，舉首但覺鐵甕高。樽前美人亦黄土，吾輩鬼録將安逃。死生一訣信已矣，所恨膏火常煎熬。平生不愛葱嶺話，方術亦陋葛與陶。但當東歸弃百事，爛醉海上觀雲濤。

---

① 按：詩題，清鈔本《北山小集》卷四作《北固懷古》。

② 按："赤松子"，清鈔本《北山小集》卷四作"赤龍子"。

③ 按："出"，清鈔本《北山小集》卷四作"此"。

④ 按："後"，《四庫》本《南澗甲乙稿》卷二作"歸"。

去年余佐京口遇王嘉叟從張魏公督師過焉魏公道免相嘉叟亦出守莆陽近辱書報魏公已葬衡山感嘆不已因用所遺柱[①]頬亭詩韵奉寄　陸游

河亭挈手共徘徊，萬事寧非有數哉。黄閣相公[②]三黜去，青雲學士一麾來。中原故老知誰在，南岳新丘共此哀。火冷夜窗聽急雪，相思時取近書開。

過玉山辱芮國器檢詳留語甚勤因寄此詩兼呈韓无咎右司　陸游

遼東歸老白襦裙，名字何堪遣世聞。便謂與君長契闊，不如留語故殷勤。詩章有便猶應寄，禄米無多切莫分。（自注：舊見檢詳俸甚薄，故有此戲。）倘見右司煩説似，每因風月愴離群。

將至京口　陸游

卧聽金山古寺鐘，三巴乍夢已成空。船頭坎坎回帆鼓，旗尾舒舒下水風。城角危楼晴靄碧，林間雙塔夕陽紅。銅瓶愁汲中泠水，不見茶山九十翁。（自注：頃在京口，嘗取中泠水寄曾文清公。）

讀許渾詩（自注：渾居丹陽丁卯橋，其詩《丁卯集》。）　陸游

裴相功名冠四朝，許渾身世落漁樵。若論風月江山主，丁卯橋應勝午橋。

金山行[③]　楊萬里

金山未到時，羡渠奄有萬里之長江。金山既到了，長江不見只見千步廊。老夫平生不耐[④]事，檢點[⑤]風光難可意。老僧覺我見睫眉，引入妙高臺上嬉。不知老僧有妙手，捲舒在懷袖[⑥]。挂在[⑦]西窗萬丈間，長江浮在爐烟端。長江南邊千萬山，一時飛入两眼寒。最愛檐前絶奇處，江心巉然景純墓。僧言道許乃浪傳，龍宫特書珠貝篇[⑧]。初云謝靈運，愛山如愛命。掇取天台雁宕[⑨]怪石頭，叠作假山立中流。又云王逸少，草聖入神妙。天賜琉璃筆格玉硯屏，仍將大江作陶泓。老僧[⑩]聞二説，沉吟未能决。長年抵死催上船，徘徊欲去空茫然。

---

① 按："柱"，《摛藻堂四庫全書薈要》本《劍南詩稿》卷一作"拄"。
② 按："公"，《摛藻堂四庫全書薈要》本《劍南詩稿》卷一作"君"。
③ 按：詩題，《宋詩鈔・朝天續集鈔》作《題金山妙高臺》。
④ 按："耐"，《宋詩鈔・朝天續集鈔》作"奈"。
⑤ 按："檢點"，《宋詩鈔・朝天續集鈔》作"點檢"。
⑥ 按："捲舒"句，《宋詩鈔・朝天續集鈔》作"卷舒江山在懷袖"。此句疑有脱字。
⑦ 按："在"，《宋詩鈔・朝天續集鈔》作"上"。
⑧ 按："篇"，《宋詩鈔・朝天續集鈔》作"編"。
⑨ 按："雁宕"，《宋詩鈔・朝天續集鈔》作"雁蕩"。
⑩ 按："僧"，《宋詩鈔・朝天續集鈔》作"夫"。

懷焦山闉[1]禪師贈趙居士　周孚

鍾山一馬駒，蹀躞九軌路。才高難爲兄，質妙不愧父。頃嘗造其室，握手宛如故。孤燈留我語，碧眼照窗户。寒珠湛塵源，朝日破昏霧。相期白蓮社，此意何可負。當時坐間客，子亦同此趣。忽忽[2]不得見，倏復[3]歲云暮。衝風戰夜窗，山氣想凝冱。扁舟欲問訊，恐觸蛟鰐怒。吾儕晚聞道，歲月忍虚度。聲名身外鴆，文采性中蠹。當求一轉語，共證十載誤。春江兩涘平，偕子稽首去。

冬日予與六人者游焦山謁闉禪師訪瘞鶴銘斷碑及焦公丹臺愴然有感[4]兼柬朱陳二友陳方病目而朱校易未畢　周孚

平生紈綺場，寧食三斗艾。江山豈宿緣，老去尚餘愛。兹晨幸休暇，共步青蓮界。風漪湛如熨，霜葉紅可畫。道人喜客至，棐几共清話。從容得一飽，老鉢席完菜。起遵岩下路，芒屩濯湍瀨。摩挲華陽碑，百代不一慨。高名竟誰氏，陵谷已遷壞。緬懷九轉丹，吾老庸可待。陳翁熬六藥，朱郎研八卦。雖云竹林集，尚欠二子在。發春吾將邀，負約幸無再。

登多景樓分樓高天一握爲韻得一字樓非舊址惟東面可眺三隅危甚時方改作榜稱米元章書蓋僞也語寺僧當易之　周孚

往時百仞山，丹樓麗朝日。江天富佳致，收攬不遺一。忽忽熙豐事，電往那可詰。故基誰爲徙，勝概從此失。如窺一面網，反墮三凌石。幽懷鬱塵霧，老眼暗髹漆。雖云一牛鳴，每至輒悔出。使君改築意，正欲名稱實。丁丁斧斤功，趁此元月畢。扁榜照華榱，仍須此翁筆。

金山海書記寄七騎圖　周孚

兩騎并驅争欲前，兩騎舍矢俱應弦。一騎揮撾一負箭，一騎力挽弓初圓。寒風颯颯沙漠漠，封豨可擒熊可搏。漢家飛騎未出關，政使渠儂尋此樂。君不見往年胡環寓此圖，宛陵詩翁最愛渠。戲將醉墨作長句，歲月正當嘉祐初。故家文物今星散，老筆從誰辨真贋。胡兒走馬大梁城，對君此畫空三嘆。

元日懷陳道人并憶焦山舊游　周孚

故人应白髮，今我尚華顛。舊約鷗能記，新詩雁不傳。功名畫地餅，歲月下江船。

---

① 按："闉"，《四庫》本《蠹齋鉛刀編》卷三作"圛"。
② 按："忽忽"，《四庫》本《蠹齋鉛刀編》卷三作"怱怱"。
③ 按："倏復"，《四庫》本《蠹齋鉛刀編》卷三作"忽復"。
④ 按："有感"，《四庫》本《蠹齋鉛刀編》卷三作"有懷"。

回首留題處①，凄涼已去年。

昨偕趙居士，同宿贊公房。林②暗朝疑雨，山寒夜得霜。經營煉丹地，拂拭坐禪床。忽忽紅塵裏，深慚鉢飯香。

清明日余與諸友游招隱山寺酌酒宋氏園亭謁蘇才翁墓而歸　周孚

小雨溟溟欲作泥，晨光不負老人期。綠陰蒼蘚初分坐，白石清泉共賦詩。酌醴焚魚漫今日，賣刀買犢定何時。傷心紫閣飛揚老，千載茫茫只斷碑。

次韵鶴林仲書記　周孚

不須沽酒飲陶潛，修竹陰陰翠滿簾。拂拭面前塵土案，與君相對課楞嚴。

花山衛公園　李公異（增）

當年花草徑，滿目舊林亭。無復東山妓，空門苔蘚青。

送劉德修時在京口　葉適

日日秋風江倒回，江邊執手重悠哉。兩山只欲當中住，一舸還應却下來。説與蛟龍息豪怒，亦令鷗鷺少嫌猜。吴頭楚尾何時極，拈就前詩并展開。

游金焦二山　程卓

揚子長江天際來，中流有山何壯哉。深根盤礴千萬丈，寸土不受雙崔嵬。金山屹據上流險，四面佛屋相環回。來帆去檠别艫舳，住僧過客煩追陪。排空杰閣揖滄海，海山亂點浮纖埃。龍潭列聳石峰巧，獨立野鶴慵毰毸。堂前回首指遺像，坡翁印老留青煤。其人已去詩尚在，唱酬風月相徘徊。再三瞻我二山去，縹緲又入雲濤堆。焦山一望二十里，舟師駕櫓如奔雷。行行滉蕩呼吸頃，繫纜确犖登山隈。山中僧少竹木古，瘦根迸石穿莓苔。幽姿野態隨步出，勝處往往多樓臺。洪崖路轉尋瘞鶴，幾年浪打風雨催。遺銘破碎石剥落，摩挲細讀心眸開。同行韵遠心未盡，飛仙亭上傾尊罍。酒酣我爲發絶唱，底須方外求蓬萊。

鶴林寺　劉光祖

竹院逢僧話，山門掃地迎。英雄猶有迹，般若太無情。玉樹春陰密，琅玕晚暑清。半年來往屢，只合送行旌。

---

① 按："留題處"，《四庫》本《蠹齋鉛刀编》卷三作"題詩處"。

② 按："林"，《四庫》本《蠹齋鉛刀编》卷三作"樹"。

留題金山寺　張栻

長江岷山來，灌注天下半。東行近海門，勇往更瀰漫。蒼巒忽中流，屹立助杰觀。孤根入層淵，秀色連兩岸。我來最奇絶，霜月與璀璨。褰衣到絶頂，恍若上河漢。悠然發遐思，俯仰爲三嘆。乾坤無餘藏，古今①有長算。更深寂群動，樹杪獨鳴鸛。回頭唤山僧，爲記此公案。

金山　張栻

萬頃洪濤裏，巍然閲古今。雲烟三島接，花木四時深。亂石維舟住，西風倚檻吟。朝宗知不斷，凄切此時心。

北固山望揚州懷古　劉宰

北固城高萬象秋，烟竿一縷認揚州。試乘緑漲三篙水，要見珠簾十里樓。泪濕宫衣朝霧重，愁薰寒草夕陽浮。隋堤舊事無人問，兩岸②垂楊繫客舟。

鶴林寺次岳珂韵　馮多福

春郊躬勸相，梲駕擬禪關。院古深藏竹，堂虚净對山。日曛農父醉，雲伴老僧閑。暇日還携茗，同來瀹虎斑。

鶴林寺　岳珂

秋枕竹鳴屋，晝棋松掩關。雨晴猶濕徑，雲薄不藏山。未洗中原恨，難消永日閑。西風動征隰，空愧鬢毛斑。

多景樓③　劉過

金焦兩山相對起④，不盡中流大江水⑤。一樓坐斷天⑥中央，收拾淮南數千里。西風把酒閑來游⑦，木葉漸脱人間秋。關河景物异南北⑧，神京不見雙泪流。君不見王勃詞華能蓋世⑨，當時未遇庸人耳⑩。翩然落拓豫章游⑪，滕王閣中悲帝子。又不見李白才思真

---

① 按："古今"，清鈔本《南軒先生詩集》卷一作"今古"。
② 按："兩岸"，明刻本《漫塘文集》卷二作"兩兩"。
③ 按：詩題，清鈔本《龍洲道人詩集》卷二作《題潤州多景樓》。
④ 按："金焦"句，清鈔本《龍洲道人詩集》卷二作"金山焦山相對起"。
⑤ 按："不盡"句，清鈔本《龍洲道人詩集》卷二作"挹盡東流大江水"。
⑥ 按："天"，清鈔本《龍洲道人詩集》卷二作"水"。
⑦ 按："游"，清鈔本《龍洲道人詩集》卷二作"愁"。
⑧ 按："關河"句，清鈔本《龍洲道人詩集》卷二作"烟塵茫茫路渺渺"。
⑨ 按："王勃"句，清鈔本《龍洲道人詩集》卷二作"王勃才名今蓋世"。
⑩ 按："耳"，清鈔本《龍洲道人詩集》卷二作"尔"。
⑪ 按："翩然"句，清鈔本《龍洲道人詩集》卷二作"琴書落魄豫章城"。

天人①，時人不省爲謫仙。一朝放迹②金陵去，鳳凰臺上望長安。我今四海游③將遍，東歷蘇杭西漢沔。第一江山最上頭，天地無人獨登覽。樓高意④遠愁緒多，樓乎樓乎奈爾何。安得李白與王勃，名與此樓長突兀。

題金山　真德秀

江来朱方注之东，海潮怒飛日夕相撞舂。天將古來義士骨，化作狂瀾中央屹立之青峰。孤根直下二千尺，動影裊窕冲融中。黄金側布蘭若地，鑿翠面面開窗櫳。雙橈伊軋破浪屋，恍忽置我高巃嵸。是時千山雪新霽，水面月出天清空。濤聲四起人籟寂，毛髮蕭爽琉璃宫。披衣明發躡烟靄，決眦俯入歸飛鴻。襟前渤澥斂暝色，袖裏岷峨吹曉風。越南燕北但一氣，塵埃野馬何時窮。蒼梧虞舜不可叫，王事更恨歸匆匆。

多景樓　高翥

一帶青山欲盡頭，精藍深處着危樓。下無餘地容車馬，上有重欄接斗牛。鴉落野田長趁晚，雁沉烟浦最宜秋。江南好景從來少，北望空多故國愁。

焦山　高翥

山擁中流翠作堆，四圍竹樹鬱崔嵬。殿前雲向欄牙出，門外潮從海口來。乞食僧歸齋鼓動，打碑人去渡頭開。焦公羽化將名迹，付與瞿曇實壯哉。

金山行次梁必大韵　張道元

二山砥柱江流中，下有水府之幽宫。巨靈設此天險重，怒濤欲起兩伏龍。山光對面山淡濃，朝暮雲起相過從。鐘聲兩漾飄江風，撞驚大夢醒塵胸。海門茫茫直其東，江山第一麗且雄。六朝形勝留遺踪，天荒地老代不同。登臨此地閲幾翁，公獨硬語盤高穹。長江滔滔去不已，千古名山占蕭寺。白髮印公心水止，嗟予勞生竟何似。人間平地風波起，誰能釣舟烟波裏。千年門限鐵臺址，不如流芳向文字。州縣之職徒勞耳，丈夫封侯待時至。以道事人直如矢，豈但弦歌化州里。人兮山兮有如此，我願學者梁夫子。

次梁必大金山行　費震

太倉一米梁魏中，梵王坐處如天宫。硨磲瑪瑙珊瑚重，護法更有諸天龍。醍醐浮香甘露濃，我欲問訊當何從。惟有一席西津風，快哉八九雲夢胸。海門直指扶桑東，金鰲

---

① 按：“天人”，清鈔本《龍洲道人詩集》卷二作“天然”。
② 按：“放迹”，清鈔本《龍洲道人詩集》卷二作“放浪”。
③ 按：“游”，清鈔本《龍洲道人詩集》卷二作“行”。
④ 按：“意”，清鈔本《龍洲道人詩集》卷二作“思”。

兩角争豪雄。蒜山房客送墨踪，妙高千偈佛印同。衲衣玉帶知何在，至今詩句撑蒼穹。江山如畫人往已，雲霾浪打寺復寺。華陽真逸曾至止，鶴銘筆法蘭亭似。老綸敗壁扶不起，沙户祈靄修竹裏。處士蝸牛空舊址，留得名山作焦字。年來俗事怕到耳，神尻氣輿隨所至。從渠烏兔走如矢，白雲之鄉吾故里。桑榆斥鷃安識此，大鵬逍遥問莊子。

金山行次梁必大韵　金遁初

江春淮水通吴中，深有萬丈天吴宫。珠樓貝闕知幾重，魚手①人面赤如龍。紫雲赫奕青霞濃，天帝下降百神從。鮫鯨無端怒生風，敕移三山填其胸。日纏月緯分西東，戴鰲方知策强雄。馬塵轍迹絶游踪，仙境直與蓬萊同。千濤萬濤②插兩峰，屹然對拱摩蒼穹。金山蜿蜒勢未已，焦山縈回藏古寺。大覺仙聖所廬止，人間畫圖那得似。鏡銅摩青鳥飛起，浮圖倒影澄波裏。六朝陵闕存故址，百戰功名數行字。相去清風半帆耳，此身未游心已至。君詩到手破的矢，我詩刻畫慚下里。三分之句豈辦此，舉杯一酹問蘇子。

清明游鶴林寺　王埜

蒿目黄塵擾擾間，出门偶到鶴林山。仙花僧竹俱陳迹，白日青天祇自閑。
竹院閑來春正遲，籜龍猶自有孫枝。野夫豈識尋芳意，爲愛光風面面吹。

鶴林寺次王埜韵　陳均

知有楓林坐竹間，每尋紆路試尋山。虚檐忽見籠中鶴，似我愛閑身未閑。
竹繞高僧逢話處，花留仙者舊開枝。道身虚淡元無著，付與東風爛漫吹。

按：舊志此下有汪莘《新豐市詩》一絶，按其詞意，乃陕西之新豐也，今删。

京口策應戍將歸營　武衎

老矣猶征調，新從淮上歸。盡知邊境事，曾解壽春圍。腥血封刀匣，黄沙漬鐵衣。奏功均得賞，沽酒醉斜暉。

甘露寺很石　武衎

二雄曾向此盤桓，鼎立功名各未安。留得坐時頑石在，至今人尚説曹瞞。

按：此下有徐照《題江心寺》五律一首，乃舊志誤入也。江心寺在温州府北江中，西南有謝公亭，兩山之中貫川流爲龍潭，見《浙江通志》，即《寰宇記》所謂孤嶼也。（徐照，永嘉人，以郡人題郡寺，固宜。而朱竹垞少客永嘉，有《對酒江心寺》詩二首，

---

① 按："手"，疑作"首"。《古今圖書集成·方輿彙編·山川典》卷一百二《金山部·藝文二》録此詩即作"首"。

② 按："濤"，《古今圖書集成·方輿彙編·山川典》卷一百二《金山部·藝文二》録此詩作"浪"。

見《曝書亭集》。《袁簡齋集》亦有《登永嘉華蓋山》詩，後次以《江心寺》一律①。凡此，皆足證舊志之誤，固不得以金山寺名。江天寺，古名澤心寺，牽合混淆也，今删。）

京口即事　翁卷

長江當下流，鐵瓮此爲州。前代多名迹，閑人欲遍②游。夕陽波上寺，明月戍邊樓。一曲漁家笛，生予無限愁。

京口喜雨樓落成呈史固叔侍郎　戴復古

京口畫樓三百所，第一新樓名喜雨。大鵬展翼到中天，化作檐楹不飛去。一日登臨天下奇，華燈照夜萬琉璃。上與星辰共羅列，下映十里蓮花池。泰山爲麴海爲釀，手挈五湖爲瓮盎。銀糟香沸碧瑶春，歌舞當爐多麗人。使君歌了人皆飲，更賞谷中花似錦。五兵不用用酒兵，折衝樽俎邊塵寢。兹樓屹作東南美，孰識黄堂命名意。持將此酒噀爲霖，四海九州同一醉。

鎮江别總領吴道夫侍郎愚子琦來迎侍③朝夕催歸甚切　戴復古

落魄江湖四十年，白頭方辦買山錢。老妻懸望占烏鵲，愚子催歸若杜鵑。濟世功名付豪杰，野人事業在林泉。難禁别後相思意，或有封書寄雁邊。

京口别石龜翁際可　戴復古

把劍樽前斫④地歌，有何留戀此蹉跎。心期難與俗子道，世事不如人意多。蓮葉已空猶有藕，菊花雖老不成莎。扁舟四海五湖上，何處不堪披釣蓑。

京口遇薛野鶴　戴復古

天下江山第一州，可能無地著詩⑤流。黄金不愛買官職，白髮猶堪⑥上酒樓。懊恨牡丹遭雨厄，叮嚀芍藥爲春留。狂吟有禁風騷歇，語燕啼鶯代唱酬。

送李秋堂赴京⑦　朱繼芳

客懷正賴春相與，苦欲留春天不許。送君一舸下南徐，落花起舞流鶯語。鮫人浴出

---

① 按：《袁簡齋集》，或即袁枚《小倉山房詩文集》，卷二十八有其《偕高苕發俞運昌兩秀才登永嘉華蓋山》五古一首及《江心寺》五律一首。

② 按："遍"，《宋詩鈔·葦碧軒詩鈔》作"通"。

③ 按："愚子"句，清刻本《石屏詩集》卷六作"時愚子琦來迎侍"。

④ 按："斫"，清刻本《石屏詩集》卷六作"砍"。

⑤ 按："詩"，清刻本《石屏詩集》卷六作"風"。

⑥ 按："堪"，清刻本《石屏詩集》卷六作"看"。

⑦ 按：詩題，清刻本《静佳乙稿》作《送李秋堂赴京口酒人》。

扶桑繭，天女染作紅雲段。君從何處得錦機，借與人間作①樣看。青杏園深暖漏長，柳綿如雪撲酒缸。吴姬道字未端正，當爐學唱新翻腔。貔貅百萬張頤仰，都將鐵瓮盛春釀。有客高談四座傾，王人②合序諸侯上。日邊此别各南北，君頤始髭我衰白。何以贈之折柳條，千絲萬絲心摇摇。

過北固山下舊居　方岳

池邊③燕子舊人家，楊柳春寒一徑斜。夜讀自生書帶草，朝飢曾對米囊花。侯誰在矣山如昨，今我來思鬢已華。舍館不知何日定，竹輿嗚雨又咿啞。

金山紀游　鮮於侁（增）

蓬萊三神山，横絶互鰲背。鰲傾海水動，一峰失所在。飛來大江中，盤礴幾千載。化爲金仙居，龍象錯朱貝。夙昔愛山水，江湖不暫忘。君前或剖竹，匏繫古維揚。隱然絶勝地，旦旦遥相望。不意二君子，招携一葦杭。高攀躡雲梯，闊視瞰溟漲。潮來隱天地，萬里捲白浪。波清霄漢净，澄徹迷下上。更深月正中，山影杳無象。蛟鼉四面穴，形勢三洲壯。融結既難窮，丹青殊莫狀。蘇侯韵高遠，邵子雅趨向。奇觀極無邊，幽情端末放。浮生閲流水，清晨造方丈。畢景趣言歸，侵星摇兩槳。

金山寺　翁逢龍

波濤涌處浮雙塔，塔影高低樹影邊。山下雖無歸寺路，門前却有過淮船。石峰隔水難尋水，井脉通泉易得泉。聞説老龍歸洞口，幾番驚起定僧禪。

金山寺　柴望

荻花蘆葉正珊珊，山在長江寺在山。門徑但從船出入，僧房多在④水中間。江空落日斜猶照，夜半秋潮去復還。吟興未闌天欲曙，一行斜雁起蒼灣。

多景樓　柴望

早被垂楊繫去舟，五更潮落大江頭。關河北望幾千里，淮海南來第一樓。昔日最多風景處，今人偏動黍禾⑤愁。烟霞⑥澒洞翻蘋末，欲擬⑦西風問仲謀。

---

① 按："作"，清刻本《静佳乙稿》作"爲"。
② 按："王人"，清刻本《静佳乙稿》作"主人"，是。
③ 按："邊"，明刻本《秋崖先生小稿》卷十九作"塘"。
④ 按："在"，清鈔本《柴氏四隱集》卷一作"住"。
⑤ 按："黍禾"，清鈔本《柴氏四隱集》卷一作"黍離"。
⑥ 按："烟霞"，清鈔本《柴氏四隱集》卷一作"湮沙"。
⑦ 按："擬"，清鈔本《柴氏四隱集》卷一作"倚"。

晚登京口倅廳富覽　陳鑒之

窮途逢偉觀，小閣江萬里。薄暮岸幅巾，寒烟四山起。天河注平淮，斗柄卧蘆葦。欲返還少留，燈青客船尾。

京口江閣和友人韵　陳鑒之

良辰仍我輩，斗酒大江邊。小閣納萬里，一帆來九天。世塵黄鵠外，詩興白鷗前。地勝吾衰矣，常懷李謫仙。

再到京口　陳鑒之

問訊金焦無恙否，雙鰲依舊據寒流。塔邊浪戰嵌岩石，木末雲浮縹渺樓①。楓葉蓼花新醉雨，山容客鬢兩添秋。海天一鏡舟如豆，忘却塵緇季子裘。

京口甘露寺登眺　陳鑒之

吹帽海風鴉背起，凴夷知我酒微醺。樓臺氣壓金焦浪，鐘鼓聲飛淮浙雲。戈甲虎争餘塊石，榛蕪鼪嘯幾斜曛。山僧不管兴亡事，清坐閑披貝葉文。

郭璞墓　劉克莊

先生精數學，卜穴未應疏。因捋虎鬚死，還尋魚腹居。如何師鬼谷，却去友靈胥。此理憑誰詰，人方寶葬書。（按：郭璞墓實不在此，詳見“地輿·陵墓”。此詩亦訛以傳訛耳，然可資之辨疑。）②

丹陽館　毛珝

渡江第一南來驛，幾度華堂延雁客。百年運逐曉雲空，愁殺鞮官老無職。南徐今日古陽關，不斷歌聲祖離席。國仇已復事尤多，折損年年春柳碧。

題多景樓　王琮

秋滿闌干晚共凴，殘烟衰草最關情。西風吹起江心浪，猶作當時擊楫聲。

漢荆王廟（廟在京口府治）　王琮

落落廟碑摩瘞鶴，陰陰宰木宿神鴉。可憐寶劍凌雲氣，散作金燈滿地花。

---

① 按：“木末”句，清刻本《東齋小集》作“木末雲扶縹緲樓”。

② 按：按語文字多有倒訛：“地輿”當作“輿地”；“此詩亦訛以傳訛耳”，或作“此詩亦以訛傳訛耳”。

鶴林寺　陸秀夫

歲月未可盡，朝昏屢不眠。窗前多古木，床上半殘編。放犢飲溪水，助僧耕秫田。寺門久斷掃，分食愧農賢。

飲中泠泉　文天祥（增）

揚子江心第一泉，南金來北鑄文淵。男兒斬却樓蘭首，閑品茶經拜羽仙。

鶴林寺　文天祥（增）

屐齒俱無登盡山，卧游多病遠公關。相思南國故人少，滿寺蕭蕭落葉斑。

多景樓　張蘊

暇日此登臨，凄凉北望心。戍峰孤嶂杳，塔影一江深。壯士投鞭想，將軍誓楫吟。所嗟人事异，天險古猶今。

金山　張蘊

江心臺殿渺空雲，夜月魚龍影不分。八十老僧相引説，潮痕不上郭公墳。

登北固山有懷　梁楝

思歸不覺歲華侵，倦撫旌旗感慨深。舊日家鄉今日客，一年時序百年心。城疑亂後俱非鐵，山以貧時盡願金。雨過何堪尋戰壘，沙中遺戟緑沉沉。

贈焦山僧頑石（并序）　**趙溍**

頑石爲山出色，冰壺欲援東坡故事，爲我佳處留茅庵。因説偈言，請師作證。

丹石無光古刹存，蘆沙漁鼓幾朝昏。江淮門户天分合，日月軒窗海吐吞。沙足半沉曾瘞鶴，雲腰中斷可呼猿。丁寧爲我留佳處，茅屋三間護竹根。

京口月夕書懷①　林景熙

山風吹酒醒，秋入夜燈凉。萬事已華髮，百年多异鄉。遠城江氣白，高樹月痕蒼。忽憶憑樓處，淮天雁叫霜。

焦山寺②　林景熙

山裹中流水作林③，寶蓮鰲背翠沉沉。半空但覺烟嵐合，三面不知風浪深。仙井浴

---

① 按：《四庫》本《霽山先生文集》卷二詩題下有注："鎮江路也。"
② 按：《四庫》本《霽山先生文集》卷二詩題下有注："在楊子江中，與金山相對。"
③ 按："水作林"，《四庫》本《霽山先生文集》卷二作"小梵林"。

丹開曉日，海門浮玉澹秋陰。洞深瑶草無人采，瘞鶴殘碑浸碧潯。

游金山寺次壁間韵　俞德鄰

水國微茫景物閑，洪濤九派護禪關。帆檣下上淮連浙，樓殿高低寺裹山。潮駕金鰲來海上，天留玉府在人間。凭欄落日蘆風起，時有魚龍聽法還。

甘露寺火後登多景樓故基有作　俞德鄰

西風散屧步崔嵬，霽色浮空望眼開。江勢亂奔滄海去，天形低約衆山回。一卷很石埋焦土，百尺危樓付劫灰。惟有沙鷗知我意，相親相近不驚猜。

賦得北府酒　謝翱

北府酒，吹濕宫城柳。柳枝著地春垂垂，秖管人間新别離。離情欲斷江水語，女兒連臂歌白紵。淮南神仙來酒坊，甲馬獵獵羽林郎。百年風物烟塵蒼，老兵對月猶舉觴。青帘泪濕女檣①下，曾識行軍舊司馬。

劉寄奴草詞　謝翱

榛中小草夏薈蔚②，葉如牡艾花如毳。少年防塞得命生，出鏃肉中無粟起。向來神奸見白晝，濕竹烟青聞杵臼。英雄奮臂徵此時，唾落虚空散林藪。漢家白蛇入本紀，况是天王舊支子。豈知苗裔在民户③，蛇鬼猶呼帝小字。

游金山　潘景良

嵌岩穹窿，屹立乎江中。崩湍下瞰不見底，巨石崛出高摩空。混沌破來到今幾萬歲，雄奇秀麗，胡爲乎此山兮獨鍾。長江西來一萬里，當空削出金芙蓉。上有金仙居，下有馮夷宫。寶坊櫛比列霄漢，塔影倒置驚魚龍。有時洪鐘咽烟響，潮音屬和驅群聾。鳥飛竟力不得到，我嘗拿舟一抵其雲峰。攝衣步樓閣，矯首觀無窮。齊州九點落眼底，岷峨西望何溟濛。忽聞長風破巨浪，芥蒂一洗平生胸。山僧喜殊常，握手何從容。杯擎陸羽水，茶泛玉川風。鶴翁散仙，恒齋老翁，把臂大笑聲融融。天風吹袂欲輕舉，白雲縹緲將何從。不知海外之三山，群仙之樂與此將异而或同。迄今别去五六載，我舟又復來掀篷。山靈偃蹇我倨傲，塵懷汩没不得追前踪。風帆一笑金山過，山頭日落飛冥鴻。

登金山　何千里

上妙空王殿，諸天不敢窺。雲霞捧兜率，日月繞須彌。八柱當如許，三山定有奇。

---

① 按："女檣"，明刻本《晞髮集》卷三作"女墻"。
② 按："薈蔚"，明刻本《晞髮集》卷三作"蔚薈"。
③ 按："户"，明刻本《晞髮集》卷三作"伍"。

波瀾吞巨海，正要十分詩。

寄鶴林辛上人　蘇莊

苦憶長廊清磬音，復懷贊公旃檀林。陽坡佳木鳥相喚，澗户曉行藤竹陰。日晴山路笋蕨晚，雨足野塘蒲稗深。短褐兀然聊戲劇，滄江鷗鷺本無心。

題多景樓　鄭思肖

英雄登覽處，一劍獨來游。男子抱奇氣，中原入遠謀。江分淮浙土，天闊楚吴秋。試望斜陽外，誰寬西顧憂。

多景樓晚望　趙師秀

落日欄干與雁平，往來疑有舊英靈。潮生海口微茫白，麥秀淮南迤邐青。遠賈泊舟趨地利，老僧指瓮説州形。殘風忽送吹營角，聲引邊愁不可聽。

多景樓　趙善倫

壯觀東南二百州，景於多處更多愁。江流千古英雄泪，山掩諸公富貴羞。北府如今惟有酒，中原在望忍登樓。西風戰艦今何在，且辦年年使客舟。

金山　趙汝鐩

自古稱浮玉，更名爲得金。一山藏寺腹，雙塔立江心。淮浙中流斷，風烟四岸侵。夢回禪榻悄，月午聽龍吟。

多景樓　趙汝鐩

北固危樓①最上層，身浮霄漢手捫星。江連淮海東南勝，山出金焦左右青。天水精神清雁骨，風烟圖畫入秋屏。蕭蕭古意凭欄久，目極②斜陽没遠汀。

史鎮江句祠得請仍進職　趙汝鐩

兩載南徐屈史③臣，笑談樽俎運精神。民無土木絲毫費，手挈山河④表裏新。千里舳艫渠水利，一團錦綉閬風春。夾河柳接甘棠影，下有攀轅卧轍人。

帝念承流欲報功，力祈閶闔請琳宫。固知槐鼎身將近，却愛蒓鱸味不同。寶閣風雲

---

① 按："樓"，清鈔本《野谷詩稿》卷六作"登"。

② 按："極"，清鈔本《野谷詩稿》卷六作"盡"。

③ 按："史"，清鈔本《野谷詩稿》卷六作"從"。

④ 按："山河"，清鈔本《野谷詩稿》卷六作"江山"。

雖學士，滄洲烟雨且漁翁。到家宣室思前席，又使猿驚蕙帳空。

鶴林寺　趙汝楳

仙去當年尋舊迹，傳來此日尚名山。花開花落朝昏事，惟有春風歲歲閑。

鶴林寺[①]　釋道潛（增）

招隱山南寺，重來歲已寒。風林驚墜雪，雨澗咽飛湍。壁暗詩千首，霜清竹萬竿。東軒謫仙句，洗眼共君看。

登京口古臺夜望　釋子熙

適意江天外，孤吟上古臺。海門帆正泊，京口雁初來。露冷蟾輪轉，河秋斗柄回。故山千里隔，歸思幾悠哉。

京口懷古　釋仲殊

一昨丹陽王氣銷，盡將豪侈謝塵囂。衣冠不復宗唐代，父老猶能道晉朝。萬歲樓邊誰唱月，千秋橋上自吹簫。青山不與興亡事，只共垂楊伴海潮。

潤州　釋仲殊

北固樓前一笛風，斷雲飛出建康宫。江南二月多芳草，春在濛濛細雨中。

三詔洞　釋了元

疇昔先生此掩關，紫泥三到石房間。若教便逐蒲輪起，安得清風鎮海山。

北固山　釋法平

不負南徐約，來看北固雲。金焦兩山小，吴楚一江分。雨意生蒼壁，潮聲起夕曛。半生流落恨，此日重殷勤。

金山次唐人韵　釋性嘉

江空山獨立，境與世平分。潮白多宜月，嵐青半是雲。梵宫鰲背起，仙籟鳥邊聞。飽啜中泠水，游人興欲醺。

金山　釋曇噩

峥嶸兩岸市廛開，愛静人尋静處來。水底有天行日月，山中無地著塵埃。塔擎燈影

① 按：詩題，《四庫》本《參寥子詩集》卷一作《載游鶴林寺》。

凌雲杪，船載鐘聲出浪堆。自喜平生有仙骨，好風吹上妙高臺。

金山　（附金）黨懷英（增）

我從渡淮涉高郵，雪風連日吹行舟。維揚地西闔夜色，星月隱見邊城樓。晴光破曉射瓜步，照見玉宇開瓊州。馮夷收威浪妥帖，容我一到金山頭。金山勝概冠吳楚，萬礎盤峙江中流。平生夢寐不到處，乃以王事從私游。鍾山雨花落眼底，海門鶴岩波際浮。川開林闔望不極，但見遠色明輕鷗。風烟渺莽异吾土，行役有程難久留。一杯未舉帆影轉，已看浙樹捎旗旒。

丹徒縣志卷四十九終

丹徒縣志卷五十

藝文五　詩三　元詩　明詩

元

登金山　文宗

巍然塊石數株松，盡日游觀有客從。自是擎天真柱石，不同平地小山峰。東連舟楫西津渡，南望樓臺北固鐘。我欲倚欄吹鐵笛，恐驚潭底老潛龍。

宿甘露寺　黄庚

山險疑無路，縈迴一徑通。鐘聲寒瀑外，塔影夕陽中。窗出茶烟白，爐分葑火紅。禪房遇耆舊，清話數宵同。

雨中渡揚子江見海怪出没　尹廷高

吴頭楚尾天一隅，長江浩渺雲模糊。中流風急浪花涌，船頭黄帽驚相呼。蜿蜒海怪互出没，踴躍與我爲先驅。神閑意定若無見，自信膽氣由來粗。江神惟識詩客意，故爾獻狀聊相娱。岸旁青帘酒可沽，拔劍割炙傾玉壺。與君痛飲留斯須，此時此意不可孤。山川慘淡百戰餘，古今變態難盡摹，且書雨裏金焦圖。

過金山[①]　耶律楚材

金山前畔水西流，一片青山[②]萬里秋。蘿月團團上東嶂，翠屏高挂水晶球。

多景樓　趙孟頫

層巔官閣幾時修，繞檻長江萬古流。白露已零秋草緑，斜陽雖好暮雲稠。平南籌策張華得，治内人才葛亮優。景物未窮登覽興，角聲孤起瓮城秋。

浮玉山　趙孟頫

玉壺[③]流水清且閑，中有浮玉之名山。千帆過盡暮天碧，惟見白雲時往還。

---

① 按：詩題，《元詩選乙集·湛然居士集》作《過金山和人韵二首》，此爲第一首。

② 按："青山"，《元詩選乙集·湛然居士集》作"晴山"。

③ 按："壺"，明刻本《松雪齋集》卷下作"湖"。

妙高臺① 趙孟頫

江水西來接太空，中流突兀涌鰲宫。妙高臺上一回首，看盡世途風浪中。

童時侍先人泊京口旅樓一月正對江山樓繁麗特甚江津流民散處不可悉數今皆不復有追憶舊事因成絶句十首（録八） 袁桷

碧瓦參差第一樓，風旗獵獵唤行舟。兵厨有酒真堪隱，不學弓刀也白頭。

紅袖娟娟舞旋齊，鑾江一曲唱尤奇。西湖院落曾翻得，未識君王知不知。

燈火闌珊月色低，少年乘醉馬東西。樓頭畫角聲悲壯，又聽歌聲促曉鷄。

白葦蕭疏野火焚，流民草舍各星分。沙田土瘦新耕得，寧死江頭不作軍。

朱門高插相風旗，千里船行總得知。稻米流脂江上去，健軍何處是男兒。

日日樓頭算酒錢，峨冠太守號籌邊。鳴騶傳入丹陽館，爲是行都過客船。

淮馬低如果下騮，春光②小隊打紅球。日斜臺上人争看，銀碗分明第一籌。

明月曾隨多景樓，幅巾長袖是清流。金焦山勢元相望，不掩諸公富貴羞。（原注云：劉改之舊有"山掩諸公富貴羞"之句。今按：此句乃趙善倫《多景樓》詩也，見前卷宋詩，原注誤。）③

送長溪長老回金山 虞集

長溪送到長江上，千古金山是寶山。晝永獻花天女下，夜深持鉢海龍還。諸天聽法蒼茫際，萬佛垂光紫翠間。幾欲題詩酬勝概，摩崖常愧雨苔斑。

晚渡揚子江未至甘露寺城下潮退閣舟風雨竟夕 柳貫

鼓枻凌江濤④，江光晚來薄。相望鐵瓮城，正值沙水落。灘長洲渚出，月黑風雨作。敧眠聽舂浪，夢枕生新愕。起吟不成魘，但怯體中惡。金焦兩浮萍，天塹何限著。意令制溟渤，帖帖就疏瀹。奈何潮汐舟，咫尺恨前却。方冬百泉縮，潦盡⑤海爲壑。乘流俟滿魄，明夕异今昨。快呼北府酒，暖客慰離索。庶因行路難，幸識還山樂。

宿焦山上方 郭畀（增）

揚子江頭風浪平，焦山寺裏晚鐘鳴。爐烟已斷燈花落，唤起山僧看月明。

---

① 按：詩題，明刻本《松雪齋集》卷下作《金山》。

② 按："光"，《元詩選丙集·清容居士集》作"風"。

③ 按："山掩諸公富貴羞"句，分别出自宋趙善倫《京口多景樓》詩，見宋韋居安《梅磵詩話》卷中；宋劉改之《題京口多景樓》詩，見宋羅大經《鶴林玉露丙編》卷五；宋趙善思《多景樓》詩，見元陳世隆輯《宋詩拾遺》卷二十一。"山掩"一句凡三見，故不能遽斷原注爲誤。

④ 按："江濤"，《元詩選丁集·待制集》作"濤江"。

⑤ 按："盡"，《元詩選丁集·待制集》作"净"。

題焦山方丈[①] 薩都剌

江風入霜林，寒葉下疏雨。蕭蕭復蕭蕭，可聽不可數。山僧亦好奇，呼童掃行路。何處[②]覓秋聲，肩輿入山去。

同曹克明清明日登北固山[③] 薩都剌

三月二日風日暖，千家萬家桃李開。白日少年騎馬去[④]，紅雨滿城拂[⑤]面來。共君且須飲一斗，處世不必歌七哀。孫劉事業今何在，百年很石生蒼苔[⑥]。

清明游鶴林寺 薩都剌

青青楊柳啼乳鴉，滿山爛[⑦]開紅白花。小橋流水過古寺，竹籬茅舍通人家。潮聲捲浪落松頂，騎鶴少年酒初醒。若[⑧]將何物賞清明，且伴山僧煮新茗。

送鶴林長老胡桃一裹茶三角 薩都剌

胡桃殼堅乳肉肥，香茶雀舌細葉奇。枯腸無物不可用，寄與說法談禪師。竹龍吐雪澗水活[⑨]，茅屋炊烟樹雲薄[⑩]。竹院深沉有客過，碎桃點茶亦不惡。

同朱舜咨王伯循登金山妙高臺 薩都剌

幾年無此客，同上妙高臺。落日地中去，長江天際來。英雄成往事，歲月付銜杯。無限登臨意，舟人莫重催。

夏日游鶴林寺 薩都剌

病餘乘野興，來扣了公房。竹笋迸出地，花枝垂過牆。雨聲鳴客枕，雲氣暗僧堂。歸路馬蹄滑，風吹酒面凉。

題北固山無傳上人小樓 薩都剌

瓮城春寂寂，石磴草斑斑。倚杖高低月，登樓遠近山。百年詩句裏，三國酒杯間。

---

① 按：詩題，《四庫薈要》本《雁門集》卷一作《題焦山方丈壁》。
② 按："何處"，《四庫薈要》本《雁門集》卷一作"到處"。
③ 按：詩題，清刻本《雁門集》卷一作《同曹克明清明日登北固山次韵》。
④ 按："去"，清刻本《雁門集》卷一作"過"。
⑤ 按："拂"，清刻本《雁門集》卷一作"排"。
⑥ 按："蒼苔"，清刻本《雁門集》卷一作"莓苔"。
⑦ 按："爛"，清刻本《雁門集》卷一作"亂"。
⑧ 按："若"，清刻本《雁門集》卷一作"計"。
⑨ 按："竹龍"句，清刻本《雁門集》卷二作"竹籠雪吐澗水活"。
⑩ 按："茅屋"句，清刻本《雁門集》卷二作"茅屋烟炊雲樹薄"。

自嘆黄塵客，來消半日閑。

題焦山方丈壁和僧韵① 薩都剌

故人不忍别②，野景亦相留③。白雁寒沙日④，黄雲老樹秋。風霜侵客鬢，鼓角入邊愁。滿目關河興，登臨倦倚樓。

寄石民瞻 薩都剌

京口石彭澤，詩懷似鶴形。蒼天容老健，白髮照江清。夜鼎薰鷄舌，秋袍織鳳翎。醉扶緑玉杖，應望石頭城。

用韵寄龍江 薩都剌

之子金山去，梅天霧氣沉。海風吹浪急，江雨入樓深。火盡無茶味，更長過燭心。明朝好晴色，應是寄新吟。

病中寄了上人 薩都剌

鶴林四月路，佳景集芳辰。花落石橋水，鳥啼庭樹春。吟歸山似畫，醉卧草如茵。衲子清游處，何妨問病人。

游金山 薩都剌

約客同游買渡船，閑觀古刹禮金仙。山中好景無多地，天下知名第一泉。佛閣齊雲浮海嶼，客帆過寺帶風烟。當年郭璞因何事？來葬江心作浪傳。

春日登多景樓奉即休長老二首⑤ 薩都剌

醉拍闌干起白鷗，登臨不盡古今愁。六朝人物空流水，三國江山獨倚樓。禿鬢⑥凉風吹木葉，孤城落日下簾鈎。海門不管興亡事，猶送春潮打石頭。

東風吹樹散晴嵐，獨上層樓酒半酣。拍岸潮聲來海外，滿江山色入淮南。當時霸主分三國，此日吴禪老一龕。唯有樓前舊時柳，年年三月色如藍。

---

① 按：詩題，《元詩選戊集·天锡雁門集》作《和權上人》。

② 按："不忍别"，《元詩選戊集·天锡雁門集》作"久不見"。

③ 按："野景"句，《元詩選戊集·天锡雁門集》作"悵望思遲留"。

④ 按："日"，《元詩選戊集·天锡雁門集》作"月"。

⑤ 按：詩題，清刻本《雁門集》卷三作《春日登北固多景樓奉即休長老二首》，又《元詩選戊集·天锡雁門集》作《春日登北固多景樓録奉即休長老二首》。

⑥ 按："禿鬢"，清刻本《雁門集》卷三作"短髮"，又《元詩選戊集·天锡雁門集》作"禿髮"。

游竹林寺　薩都剌

野人一過竹林寺，無數竹林生白烟。江近玉龍埋碧草，月明黄鶴下青田。樹銜宿雨啼山鷓，花落春風老杜鵑。何日來分雲半榻，故人不用買山錢。

招隱山分韵（得“生”字）①　薩都剌

龍飛鳳隱知何處，今日空餘黄鵠名。千古江山圍故國，五更風雨入空城。猿啼洞府暮雲合，花落祠堂春草生。何日結茅向青壁，抱琴坐石聽泉聲。

還京口②　薩都剌

黄鶴山頭雪未消，行人歸計在今朝。城高鐵瓮江山壯，地接金陵草木凋。北府市樓開舊酒，南朝官柳識歸橈。吏人莫見參軍面，水宿風餐鬢髮焦。

京口夜坐③　薩都剌

鐵瓮城頭刻漏遲，凉霜如雪撲簾飛。雁聲墮④地夢回枕，月色滿城⑤人搗衣。塞北將軍猶索戰，江南游子苦思歸。呼鷹腰箭從圍獵，苜蓿秋深馬正肥。

寄鶴林主人了即休⑥　薩都剌（增）

白頭不出城南寺，枯坐蒲團笑客忙。過暑葛衣渾破碎，逢秋竹院愈荒凉。空山雲濕龍歸鉢，古屋松低鶴在床。遥憶題詩舊游處，夜深東壁月蒼蒼。

題竹院壁　薩都剌（增）

門外好山青入户，階前芳草緑侵簾。山僧應笑游人醉，頭上花枝壓帽檐。

鎮江寄王本中臺掾　薩都剌

梅花落盡空吹笛，正月半頭思遠人。兩岸好山青不斷，一江微雨鷓鴣春。

登金山吞海亭了公請賦　張翥

危亭突兀戴鰲頭，俯視滄溟一勺浮。龍伯衣冠藏下府，梵王臺殿起中流。扶桑夜色

---

① 按：詩題，清刻本《雁門集》卷三作《招隱首山分韵得生字》。
② 按：此詩與前卷四十八殷堯藩《還京口》重出。至其歸屬，有學者考證，乃薩都剌所作。
③ 按：詩題，清刻本《雁門集》卷二作《秋夜京口》。
④ 按：“墮”，清刻本《雁門集》卷二作“到”。
⑤ 按：“城”，清刻本《雁門集》卷二作“船”。
⑥ 按：詩題，清刻本《雁門集》卷七作《寄京口鶴林主人了即休》。

三山日，灩滪江聲萬里秋。老我惜無吞海句，但磨崖石記曾游。

次韵劉伯貞與金山了長老唱和[①]　張翥

老禪居處水雲重，此地纖塵不可容。潮色平鋪無際海，日光先上最高峰。蹋花佛馭紅牙象，獻寶神奇[②]白耳龍。第一江山第一座，幾時來聽講時鐘。

夢溪圖[③]　顧觀（增）

榮丘俯平原，廢沼瀠[④]半玦。如何樵牧地，蕭條近城闕。沈侯玉堂仙，昔秉宣城節。神清遂遐想[⑤]，高情寄烟月。君今宛陵來，臨眺愛幽絶。懷哉甘棠咏，歸與仰前哲（時送人回潤州）。

萬壽寺[⑥]　迺賢

皇唐開寶構，歷劫扺金時。絶妙青松障，清凉白玉池。長廊秋屧響，高閣夜鐘遲。獨有乘閑客，扶藜讀舊碑。

風雨渡揚子江　吴萊

大江西來自巴蜀，直下萬里澆吴楚。我從揚子指蒜山，舊讀水經今始睹。平生壯志此最奇，一葉輕舟傲烟雨。怒風鼓浪屹於城，滄海輸潮開水府。凄迷灩滪恍如見，漭滉扶桑杳何所。須臾草樹皆動摇，稍稍黿鼉欲掀舞。黑雲鯨漲頗心掉，明月貝宫終色侮。吟倚金山有暮鐘，望窮采石無朝櫓。誰歟鼓齒咒能神，或有傴身言莫吐。向來天塹如有限，日夜軍書費傳羽。三楚畸民類魚鱉，兩淮大將猶熊虎。錦帆十里徒映空，鐵鎖千尋竟然炬。桑麻夾岸收戰塵，蘆葦成林出漁户。豈[⑦]知造物總兒戲，且攬長川入尊俎。悲哉險阻惟白波，往矣英雄幾黄土。獨思萬載疏鑿功，吾欲持觴酹神禹。

韓蘄王花園老卒歌　吴萊（增）

蘄王手種紅錦花，十載不挂鐵鋞鍜。花園老卒守花樹，睡着花磚聞曙鴉。白頭白盡身無事，古塞沙場戰餘騎。多士如雲足健兒，一奇在腹終憔悴。青銅萬緡滿地光，寶函矯節賜夷王。宫妝粉艷去酣酒，海貨珠琛歸壓檣。王家舍兒驚吐舌，御府珊瑚碎飛雪。

---

① 按：詩題，明刻本《張蜕庵詩集》卷三作《次韵劉伯貞與金山即休了長老唱和》。
② 按："奇"，明刻本《張蜕庵詩集》卷三作"騎"。
③ 按：詩題，《元詩選補遺・顧縣尉觀》作《送戴叔顧回陵陽分題得夢溪圖》。
④ 按："瀠"，《元詩選補遺・顧縣尉觀》作"濙"。
⑤ 按："神清"句，《元詩選補遺・顧縣尉觀》作"神栖遂霞想"。
⑥ 按：《元詩選戊遺・金臺集》詩題下有注："寺有許道寧畫屏。"
⑦ 按："豈"，民國刻本《淵穎集》卷四作"寧"。

口猶乳臭却帳前，矍鑠一翁嗟弃捐。君不見天下英雄本奴虜，左鼻成龍右鼻虎，頸血淋漓思釁鼓。史傳沉埋誰比數，花落花開幾風雨。

蛟溪書屋贈歐陽文亮　陶凱（增）

按：書屋在縣西南九十里巨村之西，元末劉基初隱於此，後歸青田應聘。

湛湛清溪水，下有長蛟蟠。蛟室深莫測，雲雨晝夜寒。隱君高世士，在澗歌考槃。歌長皓月出，取琴石上彈。朱絲何泠泠，感激摧心肝。神蛟出聽之，曲終更未闌。靈物負元氣，變化非所難。不聞磻溪叟，鷹揚振羽翰。今當聖明時，君子寧素餐。勖哉勵名節，抱道垂不刊。

金山寺　方瀾

江心勝絶處，人飲不知源。楚浪夜喧寺，浙山晴到門。清寒入僧夢，太古結雲根。欲問前朝事，松風若有言。

金山龍游寺　周權

金山突兀摩青冥，六鰲駕海來蓬瀛。風濤捲雪撼不動，中流涌出毗耶城。山僧眼底乾坤闊，俯瞰朝暾乘落月。鐘聲薄暮來蜃樓，燈影晴宵①入蛟窟。馬銜韜怪蒼龍蹲，聽法卧護孤雲根。參旗歷落倚欄楯，金碧照耀滄海門。天光萬頃涵虚碧，扁舟獨艤玻璃②國。六朝興廢幾英雄，往事雲浮江露白。窮高一覽雙眼明，天風灑我毛骨清。淮山數點不可寫，矯首九萬摶風鵬。

多景樓　周權

北固峰高翠色浮，斷崖千尺障東流。誰言宇宙無多景，今見江山第一樓。雲氣曉含檐箔雨，濤聲夜落海門秋。客來莫問孫劉事，很石苔深萬古愁。

寄金山普衲　鄭元祐

金鰲背上鬱藍天，長有神龍衛法筵。午夜江聲推月上，浪花如雪寺門前。

游焦山寺　周伯琦

涉江已閱裴公洞，復訪焦光到此山。險絶遠同巴蜀峽，巋然對峙海門關。神蛟戲浪時潛躍，野鳥巢林自往還。建業青山廣陵樹，開軒盡在酒壺間。

---

① 按："宵"，《元詩選己集・此山集》作"霄"。
② 按："玻璃"，《元詩選己集・此山集》作"玻瓈"。

過京口　高克恭

北來朋友不如鴻，幾個西飛幾個東。多少登臨舊臺觀，闌干閑在夕陽中。

焦山次韵①　俞希魯

山姓猶存迹豈非，神丹往往有餘輝。海門浴日霞光動，佛屋凝烟露氣微。半夜講經龍出聽，千年瘞冢鶴來歸。馬頭塵土深如海，羨殺雲堂老衲衣。

次朱知事焦山韵　俞希魯

滔滔南紀接東溟，天遣兹山鎮百靈。一榻烟雲空外影，四軒風浪静中聲。祈蠶沙户無來艇，瘞鶴山樵有刻銘。慚愧蝸牛廬下客，蒲團趺坐閱陰晴②。

游焦山　郭天錫（一作“郭畀”）

砥柱中流障北溟，海門對峙兩峰青。鶴歸幽竇雲烟冷，龍卷空江樹石腥。爲爾欲招蓮社侣，嗟予久負草堂靈。坡翁綸老知何處，西日荒寒照野亭。

聞定相死寇（丙申六月，死京口。）　楊維楨

三朝勛舊半凋零，京口雄藩孰老成。可是叔孫祈欲死（託吉柯），喜聞先軫面如生。東園草暗銅駝陌，北固潮平鐵瓮城。珍重子儀誰可繼，三軍氣色倍精明。

多景樓　楊維楨

極目心情獨倚樓，荻花楓葉滿江秋。地雄吴楚東南會，水接荆揚上下流。鐵瓮百年春雨夢，銅駝萬里夕陽愁。西風歷歷來征雁，又帶邊聲過石頭。

韓蘄王夫人　楊維楨

巫家卜偶不爲嫌，優女占夫事更堅。看取异時真畏友，九重書上議黄天。

登北固山多景樓　張昱

風月無邊地，乾坤有此樓。城隨山北顧，潮蹴海西流。眼界寬三島，胸襟隘九州。階前遺很石，誰復話孫劉。

金山寺　張昱

六鰲捧出梵王宫，樓閣居然積浪中。門外鷗眠春水碧，堂前僧散夕陽紅。揚州城郭

---

① 按：詩題，《元詩選補遺·俞同知希魯》作《次趙萬里游焦山韵》。

② 按：“陰晴”，《元詩選補遺·俞同知希魯》作“晴陰”，不足據。

高低樹，瓜步帆檣上下風。人世幾回江上夢，不堪垂老送飛鴻。

次遜學廣文舟出金焦山韵　倪瓚

眼前金芙蓉，一朵迎人青。焦山岌嶫蒼石棱，長江無波素練平。蛟鼉出没，魚龍變化，翕忽徙南溟。絳霞晴虹映朝日，光彩激射雲錦屏。指點齊州瞰吴楚，咳唾萬里吞爲吐。江水潺湲橫汨流，古人去我今幾秋。有子仲謀才不世，多情庾亮晚登樓。溯流轉舵鳴津鼓，歷亂沙鷗起檣櫓。當時行樂恣經過，舉酒觀魚登網罟。海若決水不滿酌，任公釣鰲且胥俎。棹謳清綿斷復續，瑶草琅玕動盈掬。豈意一朝憂患生，夫君處南予處北。江流東去不西迴，爾亦胡爲乎嗟哉。寒蟬①長吟送落景，砌蛩悲切助予哀。仙人王子喬，吹笙駕風雲。招邀女媧補天手，煉石看作五色文。

劉有之還京口簡梁中砥知宫　王圭

爲謝詩家塵外人，别來消息斷無聞。如何占得三峰住，不寄山中一片雲。

登北固樓　陳孚

北固閑迴首，荒城夕照中。烟光浮海闊，天影入樓空。星斗占吴分，江河見禹功。誰家兩翁仲，無語立秋風。

金山寺　陳孚

萬頃天光俯可吞，壺中别有小乾坤。雲移塔影横江口，潮送鐘聲過海門。僧榻夜隨蛟室涌，佛燈秋隔蜃樓昏。年年只有中泠水，不受人間一點塵。

登金玉岩　馮子振

雙塔嵯峨聳碧空，爛銀盤涌紫金容。江流吴楚三千里，山壓蓬萊第一峰。雲外樓臺迷鳥雀，水邊鐘鼓振蛟龍。問僧何處波濤險，郭璞墳前風浪衝。

京口　釋善住

車聲軋軋輾紅埃，北馬南帆日夕來。淮甸雪消江水漲，海門月上楚天開。堤邊行飯多逢柳，野外尋詩不見梅。會散金山即歸去，春風催我上琴臺。

題金山寺　釋明本

半江涌出金山寺，一簇樓臺兩岸船。月到中宵成白晝，浪翻平地作青天。塔鈴自觸

① 按："蟬"，汲古閣本《雲林集外詩》作"蜂"，不足據。

微風語，灘石長磨細浪圓。龍化楚人來聽法，手擎珠獻不論錢。

明

題金山圖[①]　劉基

岷山導江入海長，金山却在水中央。下有地軸連扶桑，上有鳥道通九陽。白波繞之如雪霜，杳然浮空或低昂。但見危樓峻閣造牛斗，有似蓬萊之㱆㱆[②]。撞金伐革殷朝夕[③]，丹蕤[④]翠葩相焜煌。岩崖洞谷蛟龍堂，斑鱗錦文頮頷張。𡾊嶙[⑤]窈窕變暄凉，虎蹄豹迹萬古不可到，海若夜出烟雲鄉[⑥]。牟尼[⑦]之珠明月光，目連持來自西方。謂能驅遣毒沴消灾殃，轉惡爲善回妖祥。嗟我欲往不能翔，畫中忽見心飛揚。涉水有黿野有狼，武陵桃花今渺茫，浩歌一曲增慨慷。

丙戌歲將赴京師途中送徐明德歸鎮江　劉基

疲馬懷空櫪，征衣怯路塵。那堪遠游子，復送欲歸人。月滿西津夜，花明北固春。論文應有日，話别可悲辛。

蛟溪書屋贈歐陽文亮[⑧]　劉基（增）

蛟乃龍之徒，隱顯异凡質。屈蟠深彎環，靈變不可悉。清溪潨百湍，漱滌見洌栗[⑨]。寒飆黯離晶，陰霓煬幽室。超騰雲雷徯，訶禁鬼神謐。應龍翔中天，涣汗濕箕畢。大江揚濁瀾，黿脣[⑩]恣狂譎。閉藏當有待，保養慎無失。搜奇凛精魄，跼步迷故術。溪[⑪]岩生長風，林木暮蕭瑟。

金山　錢宰

憶曾北固望揚州，萬里凉霄一雁秋。天下已無南北限，江流不盡古今愁。山横曉樹連京口，棹拂春雲下石頭。快我憑高看圖畫，長江釃酒賦重游。

---

① 按：詩題，《四庫》本《誠意伯文集》卷四作《題界畫金山圖》。
② 按："有似"句，《四庫》本《誠意伯文集》卷四作"似蓬萊之鏘鏘"。
③ 按："殷朝夕"，《四庫》本《誠意伯文集》卷四作"殷朝廊"。
④ 按："丹蕤"，《四庫》本《誠意伯文集》卷四作"葳蕤"。
⑤ 按："𡾊嶙"，《四庫》本《誠意伯文集》卷四作"隱嶙"。
⑥ 按："烟雲鄉"，《四庫》本《誠意伯文集》卷四作"雲霞香"。
⑦ 按："牟尼"，《四庫》本《誠意伯文集》卷四作"摩尼"。
⑧ 按：詩題，《四庫》本《誠意伯文集》卷三作《蛟溪詩》。
⑨ 按："栗"，《四庫》本《誠意伯文集》卷三作"溧"。
⑩ 按："脣"，《四庫》本《誠意伯文集》卷三作"蜃"。
⑪ 按："溪"，《四庫》本《誠意伯文集》卷三作"谽"。

甘露寺　高啓

勝地江山壯，名林歲月遥。刹藏京口樹，鐘送海門潮。月黑龍光發，天清蜃氣消。何當尋很石，閑坐話前朝。

送謝恭　高啓

凉風起江海，萬樹盡秋聲。摇落豈堪别，踟躕空復情。帆過京口渡，砧響石頭城。爲客歸宜早，高堂白髮生。

過戴居士宅　高啓

江邊戴公①宅，地好愜幽尋。高樹藏卑屋，新篁補舊林。鳥成留客語，雲作護花陰。不負滄洲約，重來論夙心。

渡揚子江　王偁

四月驚濤白，扁舟發大江。不因臨絶險，那使壯心降。天際群峰失，磯頭白鳥雙。勝游殊未已，聊爾駐行幢。

程仲庸游京口留金山寺　唐仲實

我正無心懶似雲，那堪奔走污緇塵。飛花岸柳偏留客，吹浪江豚忽拜人。玉帶暫抛煩轉語，楞伽會寫悟前身。异時好説金山寺，小小漁舟唤渡頻。

游金山（分得“微”字）　史遷

長江古天塹，浩浩無津涯。金鰲屹中流，白晝烟霧垂。大船聲號嘈，開篷若星馳。繫纜石壁側，天風吹我衣。攀蘿陟幽險，四顧心神怡。東觀浴赤日，光動扶桑枝。西拱蓬萊宫，銀潢抱神畿。上有五色雲，萬狀方獻奇。吴楚隔南北，間氣裂坤維。壯哉形勝地，恍若青琉璃。晚登妙高臺，飛步縱所之。其巔宿牛斗，其下蟠蛟螭。臨流不敢唾，轉懼神物疑。蕭爽給孤園，祇樹森陸離。臺殿雨花外，突兀摩穹倪。浮屠歷浩劫，千年今若兹。涓涓楊枝雨，灑向青蓮池。洪鐘吐崇岫，大荒西日微。再拂古碑碣，試讀前賢詩。長歌歸去來，清絶和者稀。

西津夜泊　周致堯

孤帆夜落石橋西，橋外青山入會稽。卧聽海潮吹地轉，起看江月向人低。一春衰謝憐皮骨，萬里艱虞厭鼓鼙。何處商船歌水調，令人歸思益淒迷。

---

① 按：“公”，清刻本《青丘高季迪先生詩集》卷十二作“顒”。

京口夜泊　李延興

醉客滿船歌月明，隔江燈影逐人行。帆銜雨脚回京口，鐘送潮頭打石城。南渡衣冠愁北望，東皋簫鼓報西成。桑田海水依然在，不管人間有變更。

丹徒何彦澄皆春堂（名淵，見“方技”。）　楊士奇

百畝藥畦春浩蕩，濟人渾是太和心。泉香橘畔蘇耽井，花滿雲邊董奉林。靈劑不須酬白璧，丹砂自可致黄金。南徐城下滄江水，會比君家世澤深。

登多景樓　姚廣孝

欲上南朝寺，先登北固山。天涯青嶂遠，樹杪白雲閑。烟磬兼潮響，風帆趁鳥還。只因多景致，過客自開顔。

京口覽古　姚廣孝

譙櫓年來戰血乾，烟花猶自半凋殘。五州山近朝雲亂，萬歲樓空夜月寒。江水無潮通鐵瓮，野田有路到金壇。蕭梁事業今何在？北固青青眼倦看。

甘露寺　王越

捫蘿臨絶頂，寂静已忘形。水影無邊白，山光不斷青。猿啼松外嶂，鷺宿柳邊汀。老衲降龍處，幽然一小亭。

甘露知名久，經過一扣鐘。空門愁獨步，老衲喜相逢。海闊天連水，林寒月在峰。何當因結足，持鉢夜降龍。

金山寺　丁敏（一作“趙文”）①（增）

水天樓閣影重重，化國何年此寄踪。淮海西來三百里，大江中涌一孤峰。濤聲夜恐巢枝鳥，雲氣朝隨出洞龍。幾度欲登帆去疾，蒼茫遥聽隔烟鐘。

登報恩寺超然樓　解縉（增）

帝城天近瓮城高，梵宇嵌岩結構牢。試向超然樓上望，大江東去漲銀濤。

何彦澄慈濟堂詩　王驥

青囊秘術有家傳，鐵瓮移居上九天。春雨杏林追董奉，秋風橘井慕蘇仙。壺中大藥誰能識，肘後神功子獨賢。珍重華堂慈濟扁，龍文封滿紫雲鮮。

---

① 按：小字注原在前，兹統一置後。

金山　邱濬

岷源萬里下，梵刹半空開。吳樹風吹斷，淮山水蕩回。潮聲雜鐘磬，波影動樓臺。千載張公子，題詩不再來。

金山曉鐘送陳巨源父南歸　何喬新

浮玉山前駐曉舟①，鯨音隱隱吼林丘。驚回幽壑潛蛟夢，唤醒孤舟倦客愁。遠逐角聲聞鐵瓮，清兼漁唱落滄洲。分明夜半楓橋泊，月色江光②滿目秋。

多景樓　陳連（連，原從“玉”。）

獨倚闌干久，涼風滿客衣。樹從京口斷，山到海門稀。雁影橫秋色，蟬聲送夕暉。蕪城纔咫尺，樓堞望中微。

北固山　陳以忠（增）

一登北固山，笑立在人頂。先得日月光，覽盡江山景。凭闌近青天，風雲生袖領。千里北闕思，丹心常耿耿。

靳充道少卿所藏杜思男朝母乳姑二圖請題其上爲賦古樂府二首③　李東陽

下帷哭穆伯，上堂訓文伯。不聞民勞逸，先問土肥瘠。后可織，母可績。爾食爾禄，我服我力，保我家祀成爾德。朝朝朝母得母憐，一朝責子令子賢。文伯賢，穆伯祀，敬姜之名名不死。靳家此母復此子，杜郎作圖如作史。（右朝母篇）

母乳兒，兒無齒，尚可飴。婦乳姑，姑無齒，亦可餔。兒本姑所生，一氣通吸呼。水有報本獺，林有返哺烏，人可以不如鳥乎。靳姑老生齯，朝笋暮復魚。千古④乳姑意，理一事則殊。母有兒，姑有婦，昔見崔山南，今聞靳京口。（右乳姑曲）

送楊應寧提學之陝西三首　李東陽

君來幾日前，屈指算君程。君行幾日前，使我夢先驚。問君孰爲來，問君孰爲行。倉皇六載間，展轉萬事并。欲語不得盡，欲别難爲情。

君從滇南游，意不在金寶。歸裝詩篇富，遠目江山飽。遺踪念丘壑，舊事懷父老。重爲宗祧計，澤後良亦早。達能洞大觀，孝足慰昭考。之子瑶瑜姿，兼聞嗜文藻。愛之不可見，見彼昆弟好。通家情所關，兹事况不小。願君自珍惜，遠向風霜道。

---

① 按：“駐曉舟”，清刻本《文肅公文集》卷二十四作“曉駐舟”。

② 按：“江光”，清刻本《文肅公文集》卷二十四作“江聲”。

③ 按：詩題中人名“靳充道”，《四庫》本《懷麓堂集》卷五十一《詩後稿一》作“靳克道”。俟考。

④ 按：“千古”，《四庫》本《懷麓堂集》卷五十一《詩後稿一》作“千年”。

江南形勝地，可游亦可居。君居僅六載，乃有田有廬。種苣晚成笋，買秧秋作魚。官程正發軔，歸計已有餘。君行世所重，君才此方無①。試看一家業，經濟我不如。不如南冠②去，衣冠就樵漁。有志③苦未遂，送君意踟躕。

題米南宫真迹卷贈邃庵先生④　李東陽

地坼山根斷，天空海氣開。乾坤此勝概，冠佩幾重來。揮灑餘⑤篇翰，風流寄酒杯。爲渠連夜夢，飛繞妙高臺。

游金山寺　李東陽

楚纜吴檣萬里還，夢魂長在水雲間。地當好景多逢寺，江到中流合有山。鶻嶺高秋增突兀，龍宫深夜鎖潺湲。謝公無限登臨興，不爲蒼生暫解顔。

長向名山憶所逢，偶來南國問仙踪。潮聲夜落江心寺，雲氣朝浮海上峰。玄圃樓臺通日月，石壇風雨護蛟龍。詩成却笑張公子，解道中流兩岸鐘。

金山⑥　楊一清（增）

爲學如爲山，且欲躋其巔。望道如望洋，誰能涉其淵。振衣妙高臺，濯纓中泠泉。兹行良有得，不在山水間。知音苦遼絶，俯仰復何言。

少宰石樓李公約游焦山得長句⑦　楊一清

金山之東復焦山，兩柱屹立洪流間。石樓先生好奇者，公暇拉我同躋攀。江波不動平於掌，鰲背穩踏心神閑。想當造物開混沌，鬼斧爲鑿蛟龍關。至今嵯峨鎮南極，吐納江海迴狂瀾。靈根不畏滔天没，真⑧與元氣相爲端。焦仙⑨托名亦幸爾，何物浮圖能踞蟠。與君尋幽兼吊古，梯磴歷歷披榛菅。龍叟生孫青玉塢，仙翁遺世桃花灣。華陽真逸有舊刻，名不可滅字已刓。病起曾游半山止，兩眼生花腰脚頑。君年稍長體力健，直上如挾雙飛翰。兒童攙扶强追逐，吸江亭前成大觀。仰窺空無俯渤海⑩，京口諸山如彈丸。倦來下憩水晶庵，旋烹竹笋燒沉檀。白雲自封三詔洞，亂石齒齒苔痕斑。帆檣如林出屋

---

① 按："無"，《四庫》本《懷麓堂集》卷六作"於"。
② 按："冠"，《四庫》本《懷麓堂集》卷六作"官"。
③ 按："志"，《四庫》本《懷麓堂集》卷六作"興"。
④ 按：詩題，《四庫》本《懷麓堂集》卷五十四《詩後稿四》作《題米南宫真迹贈邃庵太宰先生》。
⑤ 按："餘"，《四庫》本《懷麓堂集》卷五十四《詩後稿四》作"如"。
⑥ 按：詩題，清刻本《石淙詩鈔》卷二作《金山寺》。
⑦ 按：詩題，清刻本《石淙詩鈔》卷五作《奉陪少宰石樓李公游焦山餘興得長句兼以贈别》。
⑧ 按："真"，清刻本《石淙詩鈔》卷五作"直"。
⑨ 按："焦仙"，清刻本《石淙詩鈔》卷五作"焦光"。
⑩ 按："渤海"，清刻本《石淙詩鈔》卷五作"渤澥"。

外，鼓枻放歌時往還。酒酣間行繞山脚，稻田旆旆魚班班。古今解道惟蘇子，而我舊游徒汗漫。君如朝宗意先往，我獨佇立留應難。海雲堂深白日晚①，輕風水面②生微寒。詩成浩歌放舟去③，留向他時作畫看。

金山　楊一清

長憶波心寺，能清塵外心。乾坤自高下，魚鳥任浮沉。徑轉層樓險，雲深古洞陰。道人吹鐵笛，如和老龍吟。

山游次屠大理元勳韵④　楊一清

西風殘葉嫩寒初，兩日尋幽⑤興不孤。心愛竹岩留客坐，力窮雲磴倩⑥人扶。城頭山色遥連楚，樹裏江聲直至吴。莫怪居人誇勝地，分明此景是蓬壺。

重游焦山　楊一清

洞口孤雲面面生，百年身世坐來清。一般月色金山寺，十里烟光鐵瓮城。江閣雨餘秋水闊，海門風定暮潮平。青衫潦倒虚名在，耻向沙鷗問舊盟。

游甘露寺　楊一清

北固山頭甘露寺，亂藤深竹幾多年。江南江北兩岸景，城外城中萬井烟。霜露不凋栖鶴樹，風波徒羡打魚船。向來山水留題處，此是人間第一禪。

重游甘露寺　楊一清

已辦登臨罷遠游，倦知吾土故多幽。渡江形勝諸山小，到海風烟一目收。晴影抱樓僧寺午，寒聲飛雨釣岩秋。滄波滚滚何時定？贏得丹心伴白頭。

與屠大理元勳夜游焦山　楊一清

帆影參差月在窗，杳聞人語隔清江。山深地僻僧歸晚，木落天空鳥去雙。興盡冰弦還彩筆，坐消銀燭更青缸。平明再着登臨屐，梯遍層雲氣未降。

---

① 按："海雲"句，清刻本《石淙詩鈔》卷五作"海日堂深白雲晚"。
② 按："水面"，清刻本《石淙詩鈔》卷五作"吹面"。
③ 按："詩成"句，清刻本《石淙詩鈔》卷五作"揮毫賦詩兼贈别"。
④ 按：詩題，清刻本《石淙詩鈔》卷二作《登焦山》。
⑤ 按："尋幽"，清刻本《石淙詩鈔》卷二作"幽尋"。
⑥ 按："倩"，清刻本《石淙詩鈔》卷二作"遣"。

聞胡孝思獨游焦山　楊一清

聞君獨往探名勝，直上諸天最上梯。老病無緣陪盛賞，山靈應喜得新題。磯頭石刻苔全没，洞口桃花路已迷。落日長江望歸鷁，潮聲猶在海門西。

焦山　楊一清

八年不到焦山寺，今日重來一老翁。新渚忽生波島外，舊題多在薜蘿中。閑雲野鶴心俱寂，流水桃花事或同。記取吸江亭上飲，嘯歌休放酒杯空。

鴻鶴山莊　楊一清

鴻鶴冥冥事已遥，清溪曲曲下通潮。鏡中白髪誰能變，江上青山可待招。興到登臨隨短屐，客來傾倒醉長瓢。郡城相望無多路，也得幽居遠市朝。

登金山[①]　楊一清

坐上青蒼接淼漫，樓臺面面枕高寒。八窗帆影隨潮過，兩岸人家隔水看。地有江山成偉觀[②]，天將砥柱[③]障狂瀾。塵心到此消應盡，更欲凌雲[④]漱碧湍。

留雲亭上立多時，古木滄波動遠思。南北界分還此水，孫張題後豈無詩。風高鶻嶺驚秋早，江轉龍門到海遲。三十年餘塵夢裏，每因登眺嘆[⑤]吾衰。

拜宗忠簡公祠　楊一清（增）

宋家國運當陽九，金人南來帝北走。臨戎盡瘁賴有公，收拾中原惟一手。堪嗟事半業未成，三軍慟哭星墜營。上爲日星下河岳，忠魂耿耿猶平生。廟貌衣冠至今在，譜牒璽書藏不沬。靈旗彷彿渡河時，白馬猶將復燕代。臨安宫闕半林皋，豺狼聚兮狐狸嗥。獨有公祠永千古，入門稽首豐碑高。

七月三十日水灾紀异[⑥]　楊一清（增）

嘉靖之元壬戌歲[⑦]，維月建丑日己巳[⑧]。蜚廉怒號東北來，急雨猛厲隨風至。初疑蛟

---

① 按：詩題，清刻本《石淙詩鈔》卷五作《游金山三首》。

② 按："地有"句，清刻本《石淙詩鈔》卷五作"江有名山成偉觀"。

③ 按："砥柱"，清刻本《石淙詩鈔》卷五作"底柱"。

④ 按："凌雲"，清刻本《石淙詩鈔》卷五作"臨風"。

⑤ 按："嘆"，清刻本《石淙詩鈔》卷五作"覺"。

⑥ 按：詩題，清刻本《石淙詩鈔》卷十二作《七月二十五日紀异》。

⑦ 按："嘉靖"句，清刻本《石淙詩鈔》卷十二作"嘉靖之元壬午歲"。嘉靖元年，幾次壬午，即公元1522年。本志作"壬戌"，或誤。

⑧ 按："維月"句，清刻本《石淙詩鈔》卷十二作"維月建申日己巳"。

龍吼巨壑，復訝雷霆走平地。轟轟㕞㕞坤軸動①，恍惚神靈驅百魅。浪花千叠大如②山，震走天吴奔贔屭。江翻見底石露根，屋廬在田魚入市。大木千尋猶拔毛，萬瓦飄揚如③蝶翅。南艘北艦一時仆，未論千金輕委弃。漂尸積胔塞川澗，過者不敢張目視。夜半潮頭高數丈，遠近呼噪聲騰沸。江南老岸猶自可，哀此沙鄉禍尤熾。死者滅没隨洪濤，生者攀援繫高樹。廪無遺粟竈無烟，村鷄不鳴犬不吠。我來④扶病坐復興，達旦徬徨不能寐。耳目所及已如此，比邑殘傷將類是。杞人憂過⑤翻自嗤，夸父狂逐終徒斃。新皇御極海宇清，顧遣和風成沴氣⑥。洪範應徵須有念⑦，此變毋乃臣工致。人可勝天理則然，爲代民謡聊紀异。

贈義士歐陽檢庵（自注：檢庵毁家賑荒，朝廷聞之，旌以官爵，不受。）　**楊一清**（增）

君是歐陽幾代孫，耻隨聲利逐黄塵。百年久隱陶弘景，半世陰功竇禹鈞。白日山中堪采藥，清風江上好垂綸。弓旗原是清朝事，争似江南有逸民。

歐陽節婦袁氏　**楊一清**（增）

蚤薦蘋蘩晚辟纑，空房寂寂聽啼烏。持心不獨情堅苦，要與閨門作範模。

宗忠簡公祠迎神二歌（按：自前明正德三年，侍御江右謝琛按臨申舉，河南楊璡奏列祀典，禮加少牢。）　**靳貴**（增）

伐鼓兮坎坎，候我公兮山之坂。公之來兮駕雲騂，風淅淅兮雨冥冥。公夷猶兮入新廟，桂檀爲楣兮辛夷爲橑。懷故都兮㳘㳘，覽宇宙兮涕焉從。豺狼在都兮鰐在渚，皇不出兮公食無處。糜羞潔兮薦余誠，指北固兮奠中泠，公不樂兮我心靡寧。（右迎神）

屢舞畢兮神醉，神既醉兮欲返旆。公之歸兮朝帝宫，左朱雀兮右蒼龍。荷皇朝兮錫純嘏，奠江山兮永終古，施我人兮寧厥居。疫厲弗作兮禾黍于于，我人報稱兮永無怠。儼昭格兮神常在，歌公德兮横四海。（右送神）

焦山　**王鏊**

還將雙鬢白，來看一峰青。江海交流處，乾坤著此亭。山形雄虎勢，雨氣挾龍腥。

① 按："轟轟"句，清刻本《石淙詩鈔》卷十二作"長空轟㕞坤轉動"。
② 按："如"，清刻本《石淙詩鈔》卷十二作"于"。
③ 按："如"，清刻本《石淙詩鈔》卷十二作"飛"。
④ 按："來"，清刻本《石淙詩鈔》卷十二作"時"。
⑤ 按："憂過"，清刻本《石淙詩鈔》卷十二作"過憂"。
⑥ 按："顧遣"句，清刻本《石淙詩鈔》卷十二作"顧遣和氣成灾沴"。
⑦ 按："洪範"句，清刻本《石淙詩鈔》卷十二作"洪範庶徵須省念"。

尚記燒丹井，難尋瘞鶴銘。

甘露寺　王鏊

頗憶登臨勝，拿舟復此過。贏劉傷斷隴，梁刻認餘波。海霧晴噓蜃，江風夜吼鼉。孫劉何處問，很石卧荒坡。

過揚子江　王鏊

燕南倦客江東去，一見澄江眼爲開。紅日遠疑從地起，青山近欲傍人來。中流擊楫空懷志，南國持衡獨愧才。漸覺故鄉風物近，十年一到思悠哉。

金山　王鏊

石徑盤紆阻復通①，重重樓閣②半浮空。一林蒼翠瀟湘雨，萬頃青黄穲稏風。鈴語上方嵐氣濕③，詩成斷壁蘚痕封④。未留玉帶空歸去，慚愧山僧問長公。

蛟溪挽義士歐陽遺安　楊絅（增）

潤州古櫃村，名著歐陽氏。代不之隱賢，遺安步遐軌。足絶城市塵，耳洗蛟溪水。高義存古風，純德薰鄰鄙。東郊春雨柔，率農勤舉趾。竟畝禾與與，顧瞻生色喜。歸來進兒孫，燈前陳趣指。曰人執厥業，有遺有足恃。軒冕豈不華，岌若卵重累。功成衆所憎，位盛衆所毁。孰若從吾耕，相忘堯舜理。美哉詒孫謀，龐公差可擬。我昔拜公堂，行坐宛容止。歲序今幾何，九原呼不起。老成日傾喪，後進每澆詭。慨我遺安公，紛紛寧有此。我歌悲風揚，回首暮山紫。

拜宗忠簡公祠　費誾（增）

悦安社稷豈狂顛，千里東京一旅肩。勢可進圖成再造，誰知屢疏不西旋。拔才共事惟忠義，憂國忘家合聖賢。今日壽丘猶有廟，無慚配享泮宫前。

宿聽潮軒　儲巏

朝游歡未極，暮憩還自營。上方鐘磬落，虚室泠然清。起視夜何其，片月東南生。青山如改顔，隱隱攢高城。蛟龍寒尚蟄，波浪誰與争。乃知群動息，夕景涵空明。欻爾紫霞想，緬貽滄洲情。篝燈閉石閣，細聽江潮聲。

---

① 按："石徑"句，《四庫》本《震澤集》卷四作"石徑纔窮忽又通"。
② 按："樓閣"，《四庫》本《震澤集》卷四作"臺閣"。
③ 按："嵐氣濕"，《四庫》本《震澤集》卷四作"雲氣白"。
④ 按："詩成"句，《四庫》本《震澤集》卷四作"詩題壞壁蘚痕紅"。

挽義士歐陽遺安　喬宇（增）

丹徒隱君説歐老，雙足不踏塵中道。長栖草澤與世違，小結柴門面江好。有時載酒聊出游，醉後岸幘金山頭。放舟揚子春潮晚，極目鍾①陵烟月秋。年年種稻三百斛，高義還能激鄉俗。饑羸載道財屢施，水旱防田堤爲築。彼氓德我我固宜，投報底用黄金爲。踉蹌照眼萃蘭玉，彷彿同氣吹塤篪。悲風中夜傾大厦，白髮駝顔遽凋謝。應知賓客吊填門，定見衣冠祭於社。淮南遺操豈堪論，晉鄙遺風今尚存。關河欲吊不可往，遥寄哀吟慰令孫。

宿金山　喬宇

秋風江上踏金鰲，坐待冰輪影漸高。烟霧島中雙貝闕，乾坤壺裏一鴻毛。景逢勝地時堪惜，詩到名山語自豪。便欲尋仙東海去，蓬萊清淺不容舠。

金山　喬宇

丹梯百仞手可攀，重重樓閣參差間。龍宫下映海底日，鰲背迴浮雲外山。遥天千里影漠漠，洪濤萬古聲潺潺。壯游南北此第一，安用跨鶴超人寰。

挽義士歐陽遺安　喬宗（增）

一夢翛然與世辭，士林空繫百年思。青山有地嗟埋玉，白髮無人咏采芝。同里已回敦義俗，貧家猶説賑荒時。論交愧托賢孫子，惆悵臨風續楚詞。

金山寺吉公房小酌　沈周

嘗惜忙未到，到來方悟閑。過江如隔世，入寺不知山。風氣薄詩骨，夕陽浮醉顔。古人誇一宿，三宿我方②還。

金山　沈周

龍宫涌出玉嶙峋，乍看來時極悚神。滿地莫論無坐處，中流真見不羈人。牆低樹小多容月，石瘦花慳晏得春。舟楫一江名利路，烟波誰謂不生塵。

吊郭璞墓　沈周

氣散風衝豈可居，先生埋骨理何如。日中數莫逃兵解，世上人猶信葬書。漂石龍涎春霧後，交沙鳥迹晚潮餘。祇憐玉立三峰好，浮弄江心月色虚。

---

① 按："鍾"，原作"鐘"，形近而訛，因改。鍾陵，即鍾山。
② 按："方"，明刻本《石田先生詩鈔》卷八作"才"。

春日與喬白巖游金山　唐寅

山峙清江萬里深，上公乘輿命登臨。憑欄指顧分吴楚，滿眼風波自古今。春日客途悲白髮，祇園兵燹廢黄金。日斜未放滄浪渡，飽酌中泠洗宿心。

焦山　唐寅

鹿裘高士帝王師，井竈猶存舊隱基。日轉露臺明夜溆，潮隨齋磬韵江湄。天從西北開天塹，地到東南缺地維。翹首三山何處所，却看身世使人悲。

登京峴山吊宗忠簡公墓①　王祎（增）

艤舟大江口，矯首京峴山。山色近目睫，泄雲護層巒。吾鄉忠簡公，丘隴在其間。嗚呼靖康亂，九鼎紛播遷。建炎既南狩，國事已艱難。公方任社稷，百戰心力殫。神州將全壁②，抗疏請迴鑾。大誼表日月，衷言披膽肝。誰歟獨何心，忍使弃中原。星殞孔明死，王業遂偏安。惟留忠誠節，宇宙垂不刊。遺墳托兹土，孰敢樵牧干。客途有程期，無由拜荆菅。遺武幸可蹈，英風杳難攀。天昏白日落，凄然涕長潸③。

金山　李夢陽

狂瀾日東倒，此嶼忽中流。蜃學樓臺結，龍專澒洞游。光涵天上下，影遍地沉浮。解識超三象，何須問十洲。

歷險仍攀閣，窮高更指臺。一身銀漢上，四望鏡波開。吴楚地形伏，江淮秋氣來。暮潮益滚滚，風葉下崔巍。

京口楊相國園贈五嶽山人　李夢陽

遠客乘秋至，名園水竹分。林寒翻易雨，地静合偏雲。卧疴思知己，逢君愜素聞。蕭蕭緑雲裏，誰解有論文。

己丑八月京口逢五嶽山人　李夢陽

夜雨清池館，晨光散石林。一舟相過日，千里獨來心。樹擁江聲斷，潮生山氣陰。异時懷舊意，應比未逢深。

奉寄邃庵相公　李夢陽

徵書北闕朝朝下，不見東山起謝安。黄閣兩朝心自赤，蒼生四海泪曾乾。雲霄桃李

① 按：詩題，《四庫》本《王忠文集》卷一作《鎮江望京峴山有作》。

② 按："壁"，《四庫》本《王忠文集》卷一作"璧"。

③ 按："涕長潸"，《四庫》本《王忠文集》卷一作"洒清潸"。

猶門徑，歲月經①綸只釣竿。舟楫願公長好在，風江日夜有波瀾。

金山　陳言

枕水軒窗面面幽，六塵飛不上簾鈎。一聲清磬海門曉，數點殘燈山寺秋。萵笋薦荼香可啜，蒲團作榻倦堪投。靈觀閣上憑欄看，宦海奔馳若個休。

贈性空上人　王守仁

片月海門出，渾如白玉舟。滄波千里晚，風露九天秋。寒影隨杯渡，清暉共梗流。底須分彼岸，天地自沉浮。

楊邃庵待隱園五首②　王守仁

嘉園名待隱，專待主人歸。此日真歸隱，名園竟不違。岩花如共語，山石故相依。朝市都忘却，無勞更掩扉。

大隱真廛市，名園陋給孤。留侯先謝病，范老竟歸湖。種竹非醫俗，移山不是愚。對時存燮理，經紀③自成謨。

緑野春深地，山陰夜静時。冰霜緣徑滑，雲石向人危。半難心仍在，扶顛力未衰。江湖兵甲滿，吟罷有餘思。

兹園聞已久，今度始來窺。市裏烟霞静，壺中結構奇。勝游須記④日，虚席亦多時。莫道東山僻，蒼生或未知。

芳園待公隱，屯世待公亨。花竹深臺榭，風塵暗甲兵。一身良得計，四海未忘情。語及艱難意⑤，停杯泪欲傾。

焦山　王守仁

倚雲東望曉溟溟，縹緲諸峰數點萍。漂泊轉慚成竊禄，幽栖欲擬抱殘經。岩花入暖新凝紫，壁樹懸江欲墮青。春水特深埋鶴地，又隨斜日下山亭。

雪後登壽丘山次劉生希戴韵　韋椿

短裘高屐共清游，雪後憑危送遠眸。史局遺踪成獨慨，墓田深刻爲誰留。寒鴉野水丹陽郭，薄日孤烟北固樓。還愛晴川千頃碧，是非終不到閑鷗。

---

① 按："經"，明刊本《空同先生集》卷三十二作"絲"。
② 按：詩題，清刻本《王陽明先生全集》卷九作《楊邃庵待隱園次韵五首》。
③ 按："經紀"，清刻本《王陽明先生全集》卷九作"經濟"。
④ 按："記"，清刻本《王陽明先生全集》卷九作"繼"。
⑤ 按："意"，清刻本《王陽明先生全集》卷九作"際"。

和陶公輔金山見寄　韋椿

天影波光面面開，龍門白晝起晴雷。岷峨一派流不盡，建業千峰勢欲來。絶唱總輸承吉咏，清時誰效子山哀。明朝我欲來同醉，挹取長江入酒杯。

拜忠簡公墓　宗臣（增）

丞相塋前楓樹丹，潤州城外送波瀾。千秋不盡中原泪，此地真成故國看。一自燕雲孤騎入，至今龍氣大江寒。客游莫聽胡笳起，白日青天處處殘。

金山　沈固

鐘鼓晨昏出梵林，金山寺擁碧波心。塔凌霄漢青蒼近，樓倚松筠紫翠深。片水飛甍無客到，孤峰絶壑有僧臨。紅塵一點應難著，時有松風亂法音。

京口晚眺　周用

地坼東隅日，山懸北固樓。百年雙旅鬢，萬里一孤①舟。水白魚龍國，霜黄草樹秋。江湖從此遠，應有廟堂憂。

蜂冢（原注：其王斃，群蜂相揉藉死，敖郡丞義其事，於金山作蜂冢。）　徐問（增）

群蜂勢方屯，王蜂自殘折。意氣許與成君臣，義心欲奮秋陽烈。摧軀抉股同死君，田横門客多如雲。後人重死不重義，奉頭鼠竄何紛紛。微蟲感念乃至爾，吁嗟萬靈不如此。金山山高江水寒，孤冢蒼茫爲誰起。

簡桂②丹徒　殷雲霄

多病東甌客，空江獨問津。飄零屈壯志，汨没共時人。滄海風雲氣，他鄉草木春。江山憐地主，高興欲相親。

登焦山夜歸次韵　張翀

短棹乘風去，輕輿帶月歸。花香入徑細，漁火隔江微。遠寺猶聞磬，荒村半掩扉。石橋横渡處，醉看海雲飛。

同涵虚諸進士登金山　張翀

仙人五月戲潮回，浮玉峰頭一舉杯。雲起尊前孤鳥下，浪平天際片帆開。雙飛日月

---

① 按："孤"，明刻本《周恭肅公集》卷三作"歸"。

② 按："桂"，明刻本《石川詩稿》作"挂"，不足據。

隨波去，千里江山入座來。湖海勝游塵世幾，百年休負此登臺。

登江天一覽亭　謝琛（增）

兩岸青山翠作堆，大江東下海門開。乾坤到此分南北，風月無邊自去來。十里潮聲穿鐵瓮，千年王氣望金臺。傷心滿目前朝事，欲賦慚非宋玉才。

上妙高臺　鄭善夫

雲海溟溟①望不迴，鯨波東蹴巨靈開。中天樓閣虛無裏，南國烽②烟江漢來。世短動經多事日，愁長況上望京臺。白門金鼓維揚卒，落日空傳黄竹哀。

玉帶歌　方豪

長江東下幾萬里，金焦兩山相對起。兩山幽勝既不殊，山中故事合倫比。金有吞海亭，焦有吸江差可擬。金有留雲臺，焦有凝月宛相似。何爲玉帶鎮山門，金獨有之焦無此。得非山乏了元師，無乃世罕東坡氏。亭臺有無何重輕，山中無此山之恥。寥寥千古間，乃見楊夫子。夫子文章今老坡，得時行道還相過。功成拂衣卧江曲，佳辰載酒焦之阿。醉解玉帶付老衲，緹巾朱匱重包羅。佩久已知天子賜，藏珍自有鬼神呵。山門留鎮識公意，了元有無何足計。從今金焦無强弱，一解了却不平事。

東泠歌　方豪

焦山玉帶今已有，石淙相公垂不朽。僧徒歡喜過客談，山靈亦免居人後。不堪尚有中泠泉，怪哉此地非其偶。伽藍殿前有古井，清如明鏡甘如酒。昔者焦先此煉丹，山中老衲相傳久。方生品鑒今陸翁，一歃頓使塵襟空。名以東泠録其實，泉也本在江之東。合與中泠同一等，惠麓谷廉皆下風。玆泉玆帶二美備，長與金鰲相對雄。

金山　方豪

再宿金山寺，空堂坐夜分。開窗見新月，入洞破晴雲。水冷黿猶伏，春初鳥未聞。平生愛山水，無酒亦成醺。

金山次韵　唐鵬

閉户北鄰近，追君烟雨分。谷音開遠曙，島色濕輕雲。蜃閣參差出，鯨濤日夜聞。仙舟那可挽，愁絶不成醺。

---

① 按："溟溟"，《四庫》本《少谷集》卷七作"冥冥"。

② 按："烽"，《四庫》本《少谷集》卷七作"風"。

宿京口驛　陸金

風帆如馬過維揚，滿目烟花路渺茫。江上潮痕收暮雨，渡頭人影立斜陽。十年季子裘應敝，三月王孫草正芳。今夜月明京口驛，計程應喜近家鄉。（此下有杨慎詩二首，乃唐周繇詩。）

雪後登金山　黄綰

横江紫黛隱漣漪，正是龍宫雪霽時。虚閣捲雲天上見，孤帆掣海月中遲。坐忘擊磬紆清聽，望人乘槎快遠思。去去風塵消宿業，釣竿暫寄莫相疑。

月夜偕徐學士登妙高臺　張袞

風烟漠漠素秋開，紫氣真從北極來。鰲島十年流轉壑，龍宫深夜月升臺。依違樹色迷江浦，隱約山光入酒杯。此日登臨徐學士，莫教魚鳥漫相猜。

金山寺　董穀

孤絶江心寺，烟波接渺茫。浪花浮石磴，帆影落僧床。金碧輝天界，歌鐘起下方。月明潮落後，倚檻聽鳴榔。

甘露寺　顧元慶

絶壁倚江濆，千峰帶夕曛。斷岡餘王氣，古鑊隱雷文。滄海風烟接，高城鼓角聞。上方蕭索盡，一塔出塵氛。

舟中望金山　文徵明

一笑推篷見碧岑，可堪行役負登臨。舊游誰覓三年夢，回首空餘萬里心。初日樓臺相映照，凌波草樹自浮沉。無由去汲中泠水，卧聽潮聲①雜梵音。

焦山　文徵明

松寥閣外水潺潺，流盡年光是此間。一曲梅花來白鶴，幾時騎上碧雲山。

同李侍御游焦山　鄔紳

滄波擁碧岑，紺殿隱珠林。瘞鶴岩銘古，藏龍石洞陰。步花觀海國，題竹佇江潯。泛水烏臺使，澄清會夙心。

---

① 按："潮聲"，《四庫》本《甫田集》卷五作"寒潮"。

同友人游招隱寺　鄔紳

梁王弟子有仙臺，詞客春游騎鶴來。遠岫千重雲外出，澄江一道鏡中開。林垂桃實珠爲樹，酒泛梅英玉作杯。欲向山中招隱士，滿船明月未應回。

重陽前二日雨憶甘露舊游　鄔紳

昔年共上盤龍磴，此日誰登戲馬臺。四野雲霾連地起，三山風雨洗天來。曇花曉落疑輕霰，法鼓宵鳴應薄雷。净境未參祇樹會，空齋獨對菊花杯。

秋分日金山同友人賦　聞人詮

山閣坐凉月，高秋此日分。澄江四面合，静籟隔林聞。涉遠犯晴雪，攀危邀斷雲。喜能陪二仲，不飲自成醺。

題金山寺與僧惠傑①　唐順之

何處尋龍藏，停橈聽梵音。中流一塔影，遠樹萬家陰。僧定潮來去，月明江淺深。試將空水相，堪比惠②公心。

銀山寺説法臺　唐順之

秋山四面翠屏迴，孤石支撑説法臺。想見高僧開口處，諸峰曾與點頭來。

送王侍御重游焦山　吕高

鼓柑頻看寶地游，深杯何事數淹留。龍宫水月栖禪定，鷲嶺烟花散客愁。江樹近依香殿合，海雲長護法堂流。從今我亦靈丘隱，三詔何須到潤州。

秋日江上漫興　吕高

秋風江上思依依，濁酒蒼苔坐不歸。傍水芙蓉秋自好，向陽鴻雁夜深飛。孤槎落日停滄海，三殿祥雲接紫微。漫采莼鱸酬夙願，暫隨鷗鳥息塵機。

焦山别張上舍　吕高

秦淮苦憶相逢地，景色新亭坐落暉。風雨幾回芳草緑，江山重啓白雲扉。攀花鳥道同披屐，對酒龍門又拂衣。悵望珠林回首處，江鴻飛盡海雲飛。

---

① 按：詩題，《四庫》本《荆川集》卷三作《題金山寺付僧惠傑四首》。此爲第一首。
② 按："惠"，《四庫》本《荆川集》卷三作"慧"。

登望海樓　吕高

獨上高樓望海天，烟波何處接神仙。龍宫吞吐雲霞結，蜃閣虚無日月懸。白雉不傳洲島貢，浮槎欲上斗牛邊。漢皇秦帝俱黄土，玄圃丹丘夢杳然。

觀音閣和王給事韜孟　朱日藩

禁垣西畔夕郎家，匹馬岩扉玩物華。白下池臺厭鐘鼓，青春草奏入烟花。隱憂獨抱籌邊策，長嘯唯看泛海槎。落日三山懷謝眺①，隔江紅樹散餘霞。

訪唐子荆川到此因名山與己號音相同喜而賦之　楊繼盛

楊子懷人渡揚子，椒山無意合焦山。地靈人杰天然巧，瞬息神游萬古間。

金焦錢戚都督作　王世貞

大江聳金焦，兹實界宇甸。聖靈深推轂，懿好將離燕。春酒挹千流，祟肴指雙巘。柘鼓殷晴雷，綺紈銜驚電。迴睇銅柱標，蒼然天一綫。極目龍沙南，紫氣出葱蒨。慷慨豫州楫，颯爽褒公箭。分軀應北掃，餘烈留南填。賓僚富詞俊，文酒要酣戰。燕石尚可銘，疇當爲君先。

焦山訪郭山人次甫不值②　王世貞

愛彼江上山，息此塵中鞅。故人今何許，令我發遐想。云胡焦居士，亦復舍山往。鳥雀漸以驕，菉葹漸以長。人生貴適我，所向何必廣。慨焉發長謡，兹意存草莽。

焦山訪郭山人因柬馮汝思　王世貞

寥落故人盡，迢遥鄉路分。偶逢南郭子，云有大馮君。草色南徐雨，鐘聲北固雲。還應未相見，翻勝復離群。

望焦山　王世貞

石門東溟起，雲含北固青。江山分氣概，風定走精靈。處士輕龍詔，仙岩秘鶴銘。由來玄圃路，少許俗人經。

荆侍御邀登北固　王世貞

京口昔名鎮，兹游良壯哉。六朝天北顧，萬里水西來。潮壓金鰲小，雲低鐵瓮開。

---

① 按："眺"，誤，當作"朓"。下同。

② 按：詩題，《四庫》本《弇州山人四部稿》卷十二作《焦山訪郭道人次父不值用陶韵》。

亦知鐃感慨，吾豈大夫才。

長至前一夕丹徒道中　王世貞

積朔疑無際，微陽始漸臨。漏偏今夜永，寒自客途深。劍佩仙曹夢，衣裳稚子心。那堪更飄泊，擁被獨愁吟。

焦山作　王世貞

勝地幽能闢，奇探倦轉豪。一丸分鐵瓮，雙柱是金鰲。潮壓樓臺小，雲含薜荔高。中峰帶海色，半壁漱春濤。僧飯齋時得，鄉愁醉裏拋。欲尋焦處士，今古只蓬蒿。

青山望不斷，一一鳳凰飛。駕海雙輪古，襟天匹練肥。魚因聽梵出，鶴爲瘞銘歸。客坐苔能席，僧房薜自衣。争潮漁鼓斷①，離岸寺鐘微。餘興還能賈，長歌送落暉。

登金山　王世貞

山秋木葉翠將收，憩棹扶携到上頭。天柱中懸南北影，海門西拒古今流。層雲錫響空王座，落月珠明帝女游。便欲休餐旬日住，千帆風色使人愁。

重登金山作　王世貞

蒼藤絶巘鎖丹寮，忽有鐘聲到泬寥②。萬堞對分天塹色，千檣争上海門潮。雲低雁鶩行時斷，日落黿鼉卧轉驕。屈指舊游君莫哂，十年吾豈愧漁樵。

送羅山甫還潤州　梁有譽

羅含長笑出燕都，負笈空藏五岳圖。搔首風塵悲燕雀，浪游詩卷滿江湖。人憐玉樹秋陰③遠，家對金陵海月孤。爲問戴公④栖隱處，烟霞還似昔年無。

秋日諸君餞焦山⑤　徐中行

破浪扁舟興轉饒，憑虚杯酒坐烟霄。秋陰曉散千帆雨，海色晴連萬里潮。半壁樓臺藏窅窱，中天日月避岧嶢。青山况有焦君宅，白社他年可待招。

---

① 按："斷"，《四庫》本《弇州山人四部稿》卷三十二作"亂"。
② 按："寥"，《四庫》本《弇州山人四部稿》卷三十八作"寥"。
③ 按："陰"，明刻本《蘭汀存稿》卷四作"雲"。
④ 按："公"，明刻本《蘭汀存稿》卷四作"顒"。
⑤ 按：詩題，明刻本《青蘿館詩》卷五作《秋日諸君餞焦山作》。

登妙高臺[1]　吴國倫

春波浮玉起帆前，興發披衣到絶巔。江合萬流奔赴海，山蟠一柱上撑天。靈宫俯瞰蛟龍卧，石閣危憑象馬懸。騁望不知鄉國遠，鏡中吴楚接風烟。

飲中泠泉　吴國倫

峭壁當江截海潮，芙蓉千葉鎖僧寮。峰巒飛動疑三島，殿閣峥嶸自六朝。仙梵杳從空翠落，亂帆飛挂野雲飄。携壺自汲中泠水，一畝居然萬慮消。

北固山亭　吴國倫

爽氣朝來北固多，上方雲日擁嵯峨。逢君忽起登臨興，愛客偏能載酒過。甘露林開梁殿閣，妙香臺俯漢山河。中宵秉燭穿岩徑，歷亂群星點薜蘿。

同程蘿陽登北固山　葉向高

共有探奇癖，相將永夜游。潮來人語亂，江静蜃烟浮。萬井傳宵柝，孤燈辨客舟。不禁懷古意，惆悵海門秋。

游金山　張佳允

青擁芙蓉夾岸浮，躋攀更上最高樓。波分島嶼鮫人室，風散帆檣估客舟。遠近日銜滄海色，東南天豁大江流。舉觴萬頃真堪羡，氣蓋句吴百二州。

擬登焦山會風浪不果　張佳允

孤峰東插海門青，眼底烟波動杳冥。不爲雄風翻巨浪，好將片席破滄溟。江天虚擬磨崖賦，石壁誰探瘞鶴銘。自是勝游難并得，豈因詞客妒山靈。

焦山　汪道昆

初地徵書在，中流法界開。江山猶古廟，花柳自春臺。渡口潮聲上，墻頭海色來。清齋分苜蓿，極目望蓬萊。

水晶庵　汪道昆

孤舟仍未去，五夜更誰同。把臂江天上，觀身水月中。尼珠分色界，佛土入虚空。已悟無生法，明朝謝遠公。

---

① 按：詩題，明刻本《甔甀洞稿》卷二十九作《登金山寺二首》，此爲第一首。下《飲中泠泉》實爲第二首。

立秋後一日郭次甫掃三詔洞汲江水煮岕茶招余兄弟及少廉康虞挾飛卿同至　汪道會

秋風江介來，爽氣澄浮玉。洞口薜蘿深，蕭蕭謝煩燠。上有幽人居，無名常抱樸。神清寢不寐，晨游事遐矚。明月時在天，白雲滿空谷。引縻汲江流，敲火然石竹。招我二三子，相將訪岩曲。彼美西方人，峨峨新結束。拾翠臨高臺，飄飄翔袨服。恍若逢群仙，聯翩下王屋。海日倏東升，金波漾明旭。樂事不可耽，旋車命更僕。迴望江南山，青螺浄如沐。

登金山觀濤[①]　曹大章

秋入一江冷，烟横萬里陰。有雲皆墮水，無浪不飛岑。噴薄危天地，奔騰變古今。孤根自中植，蛟蜃莫相侵。

焦山夜歸　吴時來

古寺探幽去，山城倚醉歸。留人林月上，醒酒暑風微。漁唱摇江渡，村燈照夕扉。獨憐沙上鳥，已宿尚驚飛。

泊京口望金山[②]　陳鶴

南徐一片石，千古柱中流。繞樹開僧舍，緣空結梵樓。疏燈明月[③]底，落日挂潮頭。向晚禪鐘起，風吹到客舟。

金山晚眺　陳鶴

獨泛剡中楫[④]，遠尋江上山。魚龍晴出海，星月夜臨關。散迹憐雲往，羈心羡鳥還。無能習禪性，來伴野僧閑。

贈金山智公　施漸

四顧水皆繞，所居幽出塵。齋鐘不到岸，漁火自來親。心共寒潭徹，經翻貝葉新。住山如有道，一到了無因。

送太虚上人還金山[⑤]　李言恭

薜荔披山鬼，魚龍引客旌。帆檣京口渡，燈火廣陵城。鐘斷月初上，門關[⑥]潮正生。

① 按：詩題，明刻本《曹太史含齋先生詩集》上卷之十四作《金山雨中觀濤》。
② 按：詩題，明刻本《海樵先生全集》卷六作《泊京口望金山寺》。
③ 按："月"，明刻本《海樵先生全集》卷六作"水"。
④ 按："楫"，明刻本《海樵先生全集》卷六作"棹"。
⑤ 按：詩題，明刻本《青蓮閣集》卷六作《送太虚上人還金山寺四首》，此爲第二首。
⑥ 按："關"，明刻本《青蓮閣集》卷六作"開"。

爾能超彼岸，我益愧浮名。

送閔壽鄉讀書金山寺　李言恭

日日中流坐講堂，大江雲氣滿奚囊。叩門不借青藜火，展卷頻分舍利光。樹影夢回京口月，鐘聲客渡廣陵霜。懸知作賦憑高處，多少帆檣下夕陽。

諸公邀登甘露寺留别　吕時臣

天風飄忽苧袍輕，兩度登臨慰客情。疏磬雨催山寺曉，亂帆春放海門晴。江迴鐵瓮三吴盡，潮過金陵七澤平。明日别離何處問，斷腸烟樹漫蕪城。

金山　王寅

江漢千流合，淮吴兩岸分。此中開法界，孤秀絶人群。龍井浮仙液，珠樓度海雲。五游歸結社，先勒隱君文。

自金山放舟登焦山　王寅

霞服雲冠一舸輕，金山東下晚潮平。攀蘿且躡焦君洞，倚樹閑吹子晉笙。天上五雲明殿閣，人間雙闕接蓬瀛。十年彈鋏風塵路，萬里徒懸海岳情。

將游金山立馬江滸奉酬薛公　徐渭

江水東到海，萬流錯一帶。三山俯澄波，天鏡落微黛。立馬驕不發，維舟宛相待。我欲激方桴，高覽金刹界。凌空俯長川，扣檻出巨介。探囊得瑶篇，浩歌遏雲邁。願瞻下帷所，明滅遠天外。當年國士知，昨夕鷄黍會。十載并一朝，倏已成夢寐。惟餘諄復情，千秋永蓍蔡。

多景樓故址　陳朝用

昔年歌舞地，乘興一相過。鼓吹於今杳，江山依舊多。野花生敗砌，岩樹長新柯。惟有當時月，更深上薜蘿。

北固山亭秋望[①]　張祥鳶

孤雲縹緲赴江天，白石江[②]亭樹杪懸。一道澄波開斷壁，千林黄葉下寒烟。雕盤寥廓秋風急，山缺西南落日圓。萬里中原勞北顧，蕭梁陳迹酒杯前。

---

① 按：詩題，明刻本《華陽洞稿》卷二十作《登北固山》。

② 按：“江”，明刻本《華陽洞稿》卷二十作“紅”。

焦山看雨　張祥鳶

秋風江上采芙蓉，浮玉山高紫翠重。亭吸濤聲天萬里，窗含海氣雨千峰。拂檜帆過飄清磬，隔水雲歸濕暝鐘。一卧山中高士榻，十年回首愧塵容。

青山重到十年遲，曲磴盤雲赴杖藜。海月元知秋半好，江峰翻愛雨中奇。紺園四浸濤聲合，翠壁孤懸石勢危。最是徵君高隱處，琪花瑶草共襟期。

焦山訪郭五遊　張祥鳶

浮玉峰前訪隱淪，丹崖青壁總嶙峋。定從郭璞傳詩格，疑與焦光作後身。五岳烟霞青竹杖，三山花鳥白綸巾。知予亦是悠悠者，樽酒招尋月色新。

鶴林寺[①]　申時行

艤舟[②]遵鴻渚，扶笻到鶴林。花宫雲外迥，竹院雨中深。習静堪移日，高眠[③]且息陰。支公千載後，無復九皋音。

題米南宫石刻小像　倪元璐（增）

米公遺像刻堅珉，猶在荒烟野水濱。絶嘆莓苔迷慘澹，細看風骨尚嶙峋。山中仙冢芝應長，海内清詩語最新。地僻無人打碑賣，每懷英爽一傷神。

金山寺　王叔杲

騁望臨高閣，無邊景色新。洪濤翻日月，紺宇出風塵。形勝連三島，人烟絶四鄰。坐來忘去住，何必問迷津。

鑽丹石　郭第

丹洞在何許，仙嶺竹樹下。日影來何遲，無煩可消夏。

金山　王叔承

黿宅龍宫紫氣驕，壯游南北倚清霄。蜀江萬里來春水，吴嶼千峰帶早潮。夾岸帆檣揚子渡，隔天雲樹廣陵橋。臨流無限風塵思，濁酒淋漓倒影摇。

酬郭次甫賦七懷詩見及　王叔承

楚歌縹緲下蘭臯，雲白風清灑酒醪。夢爾三山京口月，懷予七發廣陵濤。焦光洞裏

---

① 按：明刻本《賜閑堂集》卷三詩題下有注："寺有竹院故址。"
② 按："舟"，明刻本《賜閑堂集》卷三作"棹"。
③ 按："高眠"，明刻本《賜閑堂集》卷三作"偷閑"。

開虚榻，郭璞墳前繫短舠。檢點五遊滄海遍，碧天無際客星高。

金山江天閣　王叔承

鳥外漁歌斷水烟，隔江喚過打魚船。鰣魚出網鮮猶活，笑擲船頭三百錢。

金山　方揚

虚閣疑無地，琳宫别有天。江空萬籟發，僧定一燈懸。七澤吞吴楚，孤峰自歲年。乘風興不淺，高眺已泠然。

登焦山　徐一檟

誰遣靈峰鎮海門，金鰲相望一江分。苔封鶴冢千年骨，坐擁僧房半榻雲。尚擬東林修净果，可無奇術問焦君。朝來爽氣知何似，拄笏應慚未策勛。

焦山次陸無從　王穉登

舍宅高人去，栖岩野衲來。旛垂江鴿下，帳寂曉猿哀。貝葉多新補，桃花是舊栽。不知焦處士，仙駕幾時回。

晚集中岸上人蘭若　屠隆

寂寂僧房歲月深，一樽聊具醉東林。濤生滄海飛晴雪，樹挂崩崖落晚陰。老去漫題招隱賦，酒中何礙坐禪心。山僧莫訝頭先白，人世風波總陸沉。

目斷吴山沙岸窮，忽然水上出孤峰。隔江晴見維揚樹，絶浦風迴建業鐘。日照牙旗明島嶼，天空叠鼓觸魚龍。捫崖手拄蒼藤杖，石濺寒潮上古松。

焦山　魏學禮

焦君得道幾千載，此山猶挂焦君名。飛濤萬里渺無際，遥望奇絶疑蓬瀛。凌雲孤石挺然在，摧撼不動長峥嶸。朱檻倚殿若閬苑，白石照映何晶瑩。石欄臨江江水闊，月明匹練參差横。憶昨仙人乘鶴馭，丹成一朝上天去。石床爐鼎漫寒烟，萬壑花香大江曙。谷變林移樵徑深，不識當時煉丹處。瘞鶴空傳筆法奇，華陽妙刻今何之。水落欲拓半行字，若有若無安從施。因思俯仰皆陳迹，徙倚斜陽掃苔石。且與江山作主人，他年來訪神仙宅。

鶴林寺　唐文獻

每逢山水地，便有卜居心。終歲風塵裏，何年滄海潯。林寒泉滴細，花暝石房深。青壁須留姓，他年好共尋。

送君杓游金焦[1]　焦竑

雙崖出水勢堪凭，才子乘春快一登。檻外烟巒低北固，望中雲樹接金陵。風迴兩岸聞人語，雨過千帆亂佛燈。好爲吾家尋舊隱，洞門蘿薜翠層層。

登金山多寶塔　謝肇淛

一柱接青霄，春江浪正驕。龍歸山寺雨，月落海門潮。水氣中峰合，人烟兩岸遥。振衣危塔畔，疑渡赤城橋。

過鶴林　劉覲文

因懷馬素迹，引杖出江城。日影穿林冷，風聲到竹清。片雲閑自散，斷字續無情。倦掩柴扉晚，歸來有月明。

游金山二首　周維京

天塹中流立，瀛洲鳥道標。晴開雲裏岫，寒涌日邊潮。梵宇通虚曠，禪關鎖寂寥。泠泠人境外，羽客坐吹簫。

南北飛天注，江山托地靈。烟波浮日月，漁火落寒星。濤石三峰削，春帆一葉青。空山明月色，龍出爲傳經。

焦山步周維京韵　孔承寵

神禹緣何事，江心留石標。亭亭亘今古，面面涌風潮。岸遠人烟隔，山孤秋氣寥。王喬本仙吏，來此數吹簫。

涉江知水險，陟嶼見山靈。今古疑浮玉，孤高似落星。月來連海白，潮滿接天青。聞道神僧在，降龍爲説經。

金山除夕　孔承寵

爲避塵囂住此山，此山獨立水雲間。風濤面面何常定，心事年年只等閑。今夕尊前送寒去，明朝江上待春還。吾身已自成孤鶴，歲月推遷總不關。

金山　孔承寵

孤巘浮空勢若懸，東風兩岸柳如烟。憑高雲影杯中落，何處鶯聲醉裏傳。緑水無邊連北極，青山不盡入南天。一尊春色願長滿，日向金鰲頂上眠。

---

① 按：詩題，明刻本《焦氏澹園集》卷四十一作《送君锡游金焦二山》。

登金山　周詩

絶島中流出，蓮宫匝杳茫。谷雲通北固，津樹隔維揚。海色朝看近，江聲夜聽長。獨憐臨眺者，千古逝湯湯。

吸江亭　周詩

盤紆青磴倚青冥，巾舄危攀最上亭。一水金山争砥柱，幾人雷火辨殘銘。江間豚吹風濤壯，樹杪龍過海氣腥。聞道妙高曾不似，月明雲表下諸靈。

歸渡揚子江　王心一

久客天邊路，言歸江上舟。山光分遠渚，塔影漾中流。薄霧籠江樹，平沙狎海鷗。乘潮片時渡，十里隔瓜洲。

金山僧舍懷歸　錢希言

寂寂空門晚，鐘聲濕翠微。渚烟和月聚，沙鳥背僧飛。北固帆猶阻，江南信尚稀。到家三日路，未得换春衣。

冬日登北固　鄔佐卿

百折江聲遠，雙林樹色荒。凍雲封雉堞，絶嶂見僧房。疏磬遲寒雁，遥帆下夕陽。無生應可學，何處問支郎。

丁卯橋尋許渾故宅　鄔佐卿

流水城南路，幽哉刺史橋。芙蓉秋對雨，楊柳晚通潮。高韵誰能繼，斯人不可招。門前有樵徑，落日草蕭蕭。

重游招隱寺　鄔佐卿

城南摇落後，一徑入林幽。山合聊容寺，松深獨影樓。葉飛千澗暝，雲起萬峰秋。叢桂年年待，風塵已白頭。

郭次甫焦山雲烟閣訪王承父　鄔佐卿

江上逢漁父，山中有客星。爲尋高士隱，來聽梵王經。檐挂寒流白，窗容叠嶂青。相看俱皓首，能不念飄零。

春霽登北固　鄔佐卿

不厭登臨數，杯前霽色寬。鳥啼林漸午，花落地纔乾。海日隨潮白，春山過雨寒。

禪扉閑自掩，清磬繞江干。

游招隱寺　鄔佐卿

凌虚高閣萬松間，落日餘暉映碧灣。孤鶴自隨黄葉舞，老僧常伴白雲閑。泉邊仙鹿今何在，洞裏神龍去不還。真隱欲招招未得，青山無主水潺潺。

郭次甫雲烟閣　鄔佐卿

縹緲烟雲護索居，石床丹竈近何如。濁醪自采松花釀，好句還牽柿葉書。亦有衣裳裁薜荔，漫將踪迹混樵漁。讀殘秋水渾無事，高枕寒江夜月虚。

焦山絶頂同郭次甫晚眺適兩畫眉遞囀因傳籌即其聲斷處進酒戲抵催觴鼓節　鄔佐卿

雲樹蒼茫一水通，峰頭長嘯海天空。酒籌不借花枝送，人醉禽聲斷續中。

京口過楊文襄故第　錢名相

鐵瓮城邊甲第崇，門庭蕭瑟相公風。御書題後樓常鎖，法輦過來宅尚空。徑老孤松巢野鶴，臺留片石蔭疏桐。懷賢停想當年事，花馬誰終築塞功。

月下登金山　陳繼儒

江平秋萬里，山静月三更。彷彿寒烟外，瓜洲有雁聲。

登甘露寺贈彬上人　茅溱

高臺臨絶巘，時見白毫光。甘露何年降，瑯函此地藏。天龍雲雨色，山鬼薜蘿香。一任韶華改，禪心已盡忘。

焦山　茅溱

鷲嶺三江匯，蛟宫六月寒。烟霞迷洞壑，竹樹雜梅檀。攬勝懷高士，憑虚得大觀。風塵吾已倦，從此學投竿。

登甘露寺　陳瀾

殿出青天外，臺依北斗邊。荒烟低海樹，斷嶺亘山田。潮涌晴沙没，雲空古塔懸。曠懷殊莫寫，登眺獨泠然。

寄題金山寺　劉一焜

長江流日夜，縹緲一峰殊。落景疑飛動，盤根定有無。雲端清磬濕，樹杪佛燈孤。

幾見登臨客，扁舟下五湖。

送張向之之京口　吴有涯

張子頭多白，隆冬獨往還。辭家一束被，踏葉萬重山。天末兵方擾，雲中詩自删。携笻更何處，笑别向昭關。

過京口　李奇玉

蕭條書劍下關河，芳草凄凄客裏過。原上鶯花三月暮，天涯愁病一身多。海門帆影移青嶂，山寺鐘聲到緑蘿。人望自知鄉國近，那堪斜日聽漁歌。

招隱洞　朱一是

人稱招隱地，我隱不須招。違俗漸迂闊，尋山愛寂寥。鹿馴眠洞月，松古捲江潮。他日移家住，生涯是野樵。

蔡瞻民邀同諸子游金山寺　王巖

不著看山屐，於今三十春。嚴城非舊迹，勝侶少前人。江繞吴宫曲，鶯啼晉苑頻。憑高登塔頂，低視衆星辰。

劉潤州邀游甘露　王野

曲阿偏雨露，北固繞烟霞。碧石臨江險，青山背郭斜。六朝空燕麥，三月自鶯花。回首俱愁思，孤雲萬里家。

發京口作　顧廷綸

潮來歸興發，落日下江門。客棹青山郭，漁家緑水村。蟬聲喧薄暮，樹色暗高原。坐對凉飆起，聊捐秋暑煩。

送楊明遠渡江　姜垓

書記從征日，軍咨入幕年。六朝京口樹，萬里海門船。裘馬誰爲主，才名自可憐。西風征雁急，遲爾菊花前。

仰止軒吊楊忠愍　姜垓（增）

太常鼓舵大江濆，頳宇書題白練裙。六義風流今不減，十行封事未全焚。原因報國成忠愍，翻似完身傍隱君。獨有兩賢真出處，蒼茫常鎖嶺頭雲。

金山　陳頤正

萬派空濛地，中流古寺分。塔移京口月，岩宿廣陵雲。楚塞天邊見，吴歌浪裏聞。登臺秋已晚，對酒不成醺。

訪一如上人不值　鄔憲

萬國秋容好，擔簦陟翠微。鐘殘衆鳥下，帆落幾人歸。石氣滋花徑，江雲閉竹扉。偶然同小朗，相對共忘機。

夏日過鶴林古竹院　彭宗孟

古寺荒凉後，相過問昔時。野花依席笑，山鳥喜人窺。竹徑非唐院，苔封尚宋碑。逢僧殊愛客，坐語夕陽遲。

丁卯橋尋許渾故宅　錢邦芑

偶然成獨往，隨意肆幽尋。石徑野花密，荒村古木陰。嘯歌天地闊，憑吊感懷深。似有圖書氣，翛翛映竹林。

焦山　錢邦芑

樹石蒙茸入杳冥，風濤千載集幽靈。雲迷山鬼松花暗，洞鎖頑蛟霧氣腥。冷刹禪燈明古佛，荒崖雷火蝕殘銘。於今高隱無由問，鶴帶寒烟下晚汀。

很石　錢邦芑

怪石横敧古寺東，薜蘿蕭瑟對秋風。廣陵濤壯雄圖盡，鐵瓮城高霸氣空。雨蝕殘碑苔影緑，霜沉斷劍土花紅。山樵不管游人恨，一派歌聲亂木中。

舟過金山寺貽錢經①　謝晉

江心孤寺②鬱崔嵬，一水中分兩岸開。風外晚鐘隨遠棹，雨邊春樹鎖層臺。龍驚洗③鉢山僧去，鷗送供厨賈客回。未及登臨君莫恨，更期歸日擬同來。

珍珠泉　陳永年

咫尺鮫宫一練開，杖驅清淺到蓬萊。軍持揮灑花千片，仙掌浮沉露幾杯。白虹渴飲

---

① 按：詩題，《四庫》本《蘭庭集》卷上作《再過金山寺貽錢經》。

② 按："寺"，《四庫》本《蘭庭集》卷上作"峙"。

③ 按："洗"，《四庫》本《蘭庭集》卷上作"咒"。

蒼烟底，冰壺玉綆扶雲起。明月明珠競走盤，不愁泪盡鮫人死。

送長世安世二子讀書焦山　陳永年

鶴丘塵不到，子去下帷初。練影春臨帖，潮聲夜讀書。兩峰青玉案，雙樹緑雲居。愛日悲親老，分陰事拮据。

秋日偕友人集北固山房分賦　陳永年

蠟屐裁成老桂叢，翠微城北翠微宫。黄花命酒留秋色，緑字分題借遠峰。鴻雁一天星斗逼，芙蓉雙嶼水雲通。不知珠玉爲陵谷，清淺移來賦草中。

白鷺洲横鷲嶺斜，漢臣高步似乘槎。吟邊落葉秋成雨，筆底飛香字有花。入手深杯浮日月，到江寒硯洗雲霞。蓬萊何苦褰裳去，城滿青山謝朓家。

登妙高臺上紫霞樓　陳永年

紫霞憑藉閣嵯峨，蜃結香臺拾級過。大壑雲濤行處合，九霄星斗摘來多。窗飛楚月臨天鏡，石綉珠衣遍女蘿。玉振妙高寥廓久，海潮音不散清歌。

雪中渡焦山　靳觀光

犯雪沙逾滑，乘舟下淺灘。望來千地白，渡盡一江寒。浪捲冰花亂，風吹玉樹殘。不知征雁起，還向冷雲看。

訪郭次甫同醉烟雲閣　靳觀光

高樓塵迹迥，小隱客心安。筆硯濤聲潤，衣裳竹色寒。入雲炊玉粒，分露醉金盤。笑指山中曆，梅花十月殘。

寄題劉思正焦山讀書處　靳觀明

誰起幽栖興，能通隱者心。結廬臨大壑，開徑過長林。几静山雲滿，簾疏海月深。掩關何所得，鐘磬助清吟。

九華山　靳觀明

崔嵬臺殿俯江流，絶巘新晴木葉秋。石壁半分歧路遠，楓林遥隔禁城幽。潮歸大壑風初滿，露起青山翠欲浮。杖屐不知鐘磬暮，閑情多爲白雲留。

宿焦山　張覲宸

掃榻尋幽地，憑欄眺遠洲。一龕松火夜，半壁海天秋。懸木侵雲影，飛濤響石頭。

覺來塵思冷，不必問禪修。

鶴林寺訪履中上人　劉汝弼

出郭探奇勝，清言喜共君。山迴溪路合，徑轉石梁分。菡萏紅銜雨，松篁翠攫雲。嗒然機已息，相伴鶴爲群。

北固山訪汪真長　章詔

竹林幽事愜，夏日訪真長。不睹花間屐，猶聞座上香。琴書淹客久，蜂蝶過鄰忙。直欲連僧榻，然燈咏海棠。

別峰庵　章詔

竹密疑無路，雲開忽到門。轉看諸院小，獨見一峰尊。海月夜中白，岩花天上繁。誰知布金外，更有給孤園。

雪浪坐禪甘露有寄　錢密緯

獨領空山約，隨緣且結禪。壁間閑白拂，舌底老青蓮。秋月瞻孤相，疏桐寄晚烟。清眠頻入夢，將與竟真詮。

丁卯橋懷許渾同大風用五微　潘陸

誰從兩岸問苔磯，想像田居隱少微。一自青山空麗藻，又看緑野冷雲扉。漁樵舊憶村邊住，烟火初經戰後稀。江國鼓鼙何日罷，老農還向此中歸。

登金山　潘陸

春風一放金山棹，古廟門開酒瓮香。瓜步遠烟含柳色，秣陵殘照動波光。杏花自發前朝樹，蘋藻還祠异代王。惆悵夜潮看月上，幾時重宿覺公房。

哭徵士歐陽仕振　吴履中（增）

鶴書飛下九重時，白髮蕭蕭兩鬢絲。十策未陳空飲恨，忠魂千載更誰知。

游金山　葛鱗

拳石拄江天，僧廬亦渺然。潮分南北渡，山護往來船。海氣朝含雨，嵐光夜抹烟。中泠不可汲，誰與品南泉。

陽彭山晚眺兼懷姚伯子　蔣瀾

陟嶺雲霄近，憑虚海岳空。翠將凋岸柳，丹欲染山楓。一水秋烟外，三山夕照中。

相思對明月，千里故人同。

焦山尋郭道人不遇　高爐

烟水三江闊，雲山五岳高。我來尋郭璞，君去訪盧敖。露濕青藜杖，風吹白苧袍。幾時歸種樹，重與看秋濤。

鶴林得深字　楊文炯

叢林饒秀竹，蒼翠鬱深深。禪榻留雲卧，僧房許鶴尋。衆峰青玉繞，四壁紫藤侵。兀坐真蕭寂，悠然隔世音。

過江秋咏（八首之一）　**侯方域**（增）

北固濤聲涌帝京，南徐秋色滿江城。潮連雨霡芙蓉濕，日落晴帆燕雀輕。豈可①新亭終有恨，從來故國總關情。鄰舟更奏清商曲，不管霜華旅鬢生。

午日與焦山僧話舊　冒起宗（增）

十六年餘别皎然，每瞻禪悦憶歸船。重看五日江心鏡，似續三生石上緣。塔影舊連京口樹，潮聲仍接秣陵烟。不堪世界如棋局，共坐東流落日邊。

金梅郎讀書金山著有梵嚴子石葉諸集没之前夕苾蒭夢梅郎來爲寺神肖貌祀之②　周亮工

誰謂③梵嚴子，遽乘白④鶴飛。魂摇殘月换⑤，骨冷斷雲依⑥。古貌⑦憑僧拜，高文任世譏。金山新有夢，顔色尚依稀。

多景樓⑧　釋宗泐（增）

水際一峰出，危樓倚泬寥。烟雲連北土，風物見南朝。山勢臨淮盡，江聲入海遥⑨。偶來閑眺客，倚檻興偏饒。

---

① 按："可"，校刊本《四憶堂詩集》卷六作"是"。
② 按：詩題，清刻本《賴古堂集》卷三作《金梅郎讀書金焦没之前夕苾蒭夢君來爲寺神肖貌祀之》。
③ 按："誰謂"，清刻本《賴古堂集》卷三作"不謂"。
④ 按："白"，清刻本《賴古堂集》卷三作"玄"。
⑤ 按："换"，清刻本《賴古堂集》卷三作"唤"。
⑥ 按："依"，清刻本《賴古堂集》卷三作"圍"。
⑦ 按："貌"，清刻本《賴古堂集》卷三作"廟"。
⑧ 按：詩題，《四庫》本《全室外集》卷五作《登多景樓》。
⑨ 按："遥"，《四庫》本《全室外集》卷五作"消"。

佳處亭望金山　釋法杲

迎風獨倚最高臺，漠漠平沙孤溆開。短塔正如看水立，危峰争欲渡江來。於時白浪千帆下，何處青天一鶴哀。興劇不知歸路晚，淡烟斜日滿蒿萊。

冬日送湛公還焦山　釋法杲

故人不易逢，幾番積語臨西風。故人難爲别，欲别忍看江上月。人生會合難再期，可惜花殘月輪缺。晴日滿江江鳥啼，楚天目極無端倪。咫尺江雲亂眉睫，片帆已下江之西。君歸山中閉山閣，我於城頭望丘壑。天風蕭蕭木葉丹，萬古閑雲宛如昨。噫吁嘻，山中樂。

上金山寺集元句　釋無方

神鰲屹立戴崔巍（丁鶴年），此地曾經幾劫灰（柳貫）。寶藏虎歸風撼樹（董紀），碧潭龍去水生苔（成廷珪）。雲移塔影横江口（陳孚），船載鐘聲出浪堆（僧雲壘）。獨倚闌干飛鳥外（楊鎰），不知身世是蓬萊（張昕）。

夜渡金山　釋傳慧

空山信森茫，月出水生光。入浦潮如雨，沾衣露欲霜。天清沙際白，月静海雲黄。漸覺鐘聲動，應知到上方。

春日焦山閲楞嚴　釋通潤

一枝懸笠處，三月聚糧時。日出人初醒，春深燕不知。細風梳石髮，新水皀江蘺。未入空王室，冥然尚有疑。

焦公洞　（道士）**陸長庚**

古洞陰沉鎖白雲，千岩靈氣正氤氲。天應爲我留佳處，世有何人似隱君。石室尚封丹鳳詔，草堂休勒北山文。年來已解逃名意，野鶴沙鷗自一群。

吊郭璞墓　（日本使臣）**中心叟**

遺音寂寂鎖龍門，此日青囊竟不聞。水底有天行日月，墓前無地拜兒孫。秋風野寺施香飯，夜月漁燈照斷魂。我有誄歌招不返，停船空見白鷗群。

華山畿　（朝鮮人）**金宗直**（增）

冢上青青連理枝，行人争唱華山畿。野棠花發當寒食，幾度春魂化蝶飛。

江樓留別　（占城貢使）**失名**（增）

青嶂俯樓樓俯波，遠人送客此經過。西風揚子江邊柳，落葉不如離思多。

丹徒縣志卷五十終

丹徒縣志卷五十一

藝文六　詩四　國朝詩

國朝（按：舊志多載游覽、酬贈之作，今采有關風化及考古、憑吊諸詩增入。凡增録者，於各家名下注一“增”字。）

焦石山歌　冷士嵋（增）

山有石兮水有丘，山獨立兮水長流。美人一云①渺無盡，白雲江海空悠悠。祇今去後已千載，惟有山頭明月在。松陰滿地生夜凉，猶似當年還相待。山頭明月落復生，長江江月照長明。直令孤石海門外，萬代千秋空復情。

海天别（有序）　冷士嵋（增）

己亥之難，余郡慘焉。攬涕興懷，因感《無家别》等作而成。

江南七月飄風發，海上艨艟走吴越。乘波直指京江來，快櫓輕帆悠超忽。官軍鏖②戰時鬱蒸，驍騎三千一時没。江頭枕藉紛如麻，流血青郊蔽枯骨。揚帆直上抵龍關，盛氣憑陵③欲拔山。豈料前車④先失利，萬艘飛下一時還。夜半殺聲城外起，城裏紛紛城外⑤死。兩岸人家百萬餘，盡被干戈⑥擁都市。京江焚劫夜如朝，烈焰騰空照江水。奔號投竄城東西，萬姓倉皇火烟裏。斯須擄盡三山空，滿舶良家少年子。海天一去何時歸，死别生離斷鄉里。父兮叫號母兮啼，欲歸無歸哭江涘。縱横涕泗出如流，不敢相親只相視。

圌山⑦　冷士嵋（增）

鑿石排南紀，連峰出大川。江回絶壁下，山立斷陘前。别嶂通吴會，平流⑧入海天。時愁波浪闊，風雨起龍眠。

---

① 按：“云”，清刻本《江泠閣詩集》卷三作“去”，當是。别本“云”字作“去”。
② 按：“鏖”，清刻本《江泠閣詩集》卷三作“屢”。
③ 按：“憑陵”，清刻本《江泠閣詩集》卷三作“憑凌”。
④ 按：“車”，清刻本《江泠閣詩集》卷三作“軍”。
⑤ 按：“城外”，清刻本《江泠閣詩集》卷三作“山城”。
⑥ 按：“干戈”，清刻本《江泠閣詩集》卷三作“戈兵”。
⑦ 按：詩題，清刻本《江泠閣詩集》卷五作《圌江關》。
⑧ 按：“流”，清刻本《江泠閣詩集》卷五作“荒”。

石公山蘭若　冷士嵋（增）

柴扉臨岸水，幽境絶塵煩。寒月隱江嶼，暮潮生島門。遠峰纔入定，清磬不聞喧。日日汀沙畔，看鷗無一言。

金山寺　冷士嵋

浮玉江心寺，來如鏡裏過。夜潮京口月，春樹廣陵波。緑水摇窗近，青山隔岸多。已居人世外，端可證維摩。

渡揚子津　冷士嵋

二月輕舟去①，京江兩岸春。水吞青嶂驛，山斷緑楊津。芳草天涯客，征帆海上人②。往來成碌碌③，烟艇愧垂綸④。

夏日訪友人金山寺　冷士嵋

水闊金山寺⑤，迢遥一棹過。石樓容暑少，江館集風多。晏坐忘深晝⑥，塵心净緑波⑦。不知川已夕⑧，僧磬雜魚⑨歌。

吊宗忠簡公⑩　冷士嵋（增）

英雄此地⑪埋弓劍，隴木荒蕪隧道平。慷慨一心歸二帝，艱難百戰保孤城。空山落日思旗壘，野老春風薦杜蘅。自爾渡河人去⑫後，倉皇⑬誰復守東京。

挽烈婦謝氏暨貞女巧媛（二首之一）　冷士嵋（增）

柏舟携手泛寒門，子母并看正氣存。共道鬚眉無日月，誰知巾幗有乾坤。雙忠事苦同袁粲，九死心悲似屈原。從此青陵臺下路，京江南畔更堪論。

---

① 按：“二月”句，清刻本《江泠閣詩集》卷四作“二月行舟渡”。
② 按：“海上人”，清刻本《江泠閣詩集》卷四作“何處人”。
③ 按：“成碌碌”，清刻本《江泠閣詩集》卷四作“成底事”。
④ 按：“烟艇”句，清刻本《江泠閣詩集》卷四作“沙上愧垂綸”。
⑤ 按：“寺”，清刻本《江泠閣詩集》卷四作“渡”。
⑥ 按：“晏坐”句，清刻本《江泠閣詩集》卷四作“洗幘就清瀨”。
⑦ 按：“塵心”句，清刻本《江泠閣詩集》卷四作“浮瓜濺渌波”。
⑧ 按：“川已夕”，清刻本《江泠閣詩集》卷四作“川上夕”。
⑨ 按：“魚”，清刻本《江泠閣詩集》卷四作“漁”。
⑩ 按：詩題，清刻本《江泠閣詩集》卷七作《宗忠簡公墓》。
⑪ 按：“地”，清刻本《江泠閣詩集》卷七作“昔”。
⑫ 按：“去”，清刻本《江泠閣詩集》卷七作“没”。
⑬ 按：“倉皇”，清刻本《江泠閣詩集》卷七作“宋家”。

過故靳相公宅　冷士嵋（增）

昔日城南韋杜家，而今寂寞付啼鴉。斷垣荒壁斜陽裏，落盡前朝一樹花。

甲申九月廿二日[①]江冷[②]閣集鏤板成寄存焦山枯木堂中[③]留以志過若云藏之名山傳之其人則吾豈敢[④]　冷士嵋（增）

到崖別出一世界，秋水浮空湛若虛。枯木堂中來作客，焦公岩[⑤]下好藏書。東坡説偈禪多悦，支遁談玄妙有餘。此日雙峰招五柳，何如慧遠在匡廬。

謁楊文襄墓　冷士嵋（增）

古柏荒杉半偃枝，大臣忠悃使人悲。鼠狐城社生前志，桃李菁莪死後貽。四海調元瞻玉燭，百年經濟著邊陲。蒼凉此日空山裏，秋草寒榛讀墓碑。

郭璞墓　談允謙

楚地兵凶犯石城，參軍義激遂捐生。崖邊尚有波濤怒，墓土曾無松柏聲。孤島寒雲山鬼嘯，荒江秋月漆燈明。止將一勺中泠水，日薦凄凉晉代塋。

萬壽寺（在汝山下，宗忠簡公墓、陸丞相故居皆相近。）　談允謙

烟寺蕭然不近城，僧勤禪誦又勤耕。每看峴首雲朝出，遥聽焦山鶴夜鳴。陸相門前新海漲，宗丞墓上古松聲。稻花香引江城路，一杖吾何憚遠行。

吊宗忠簡公墓　談允謙

荒墳宿草此山阿，留守英靈史不磨。治世未嘗掄使相，危時偏自任干戈。平生四拔皆飛將，臨死三呼欲渡河。最是陸公居第近，幽魂應與往來多。

按：冷、談二子皆明季遺賢，故楊棨《山水志》收其詩於明代。《嘉慶志》以冷入"文苑"之首，談入"儒林"，皆列於國朝詩文亦然。蓋以其卒年在國朝也，而其詩則次於諸老後，尚未允當，今改列卷首。

送張素存太史歸省兼訊其尊人公選吏部　魏象樞

文章德業舊通家，幾世名題御墨斜。彩筆故承蓮燭近，白雲却望鐵城賒。多君有屋

---

① 按："九月廿二日"，清刻本《江泠閣詩集》卷六作"九月廿日"。

② 按："冷"，清刻本《江泠閣詩集》卷六作"泠"，是。

③ 按："寄存"句，清刻本《江泠閣詩集》卷六作"寄存焦山碩公枯木堂中"。

④ 按："則吾豈敢"，清刻本《江泠閣詩集》卷六此句下尚有"擬句代謝而已"。

⑤ 按："岩"，清刻本《江泠閣詩集》卷六作"山"。

藏金鑒，愧我無詩附雪槎。到日高堂如問訊，爲言頭白客京華。

次京口　梁佩蘭（增）

帆檣京口路，利涉一茫然。水色含元氣，潮聲吐大川①。乍疑人入海，轉覺地浮天。何事菰蒲外，漁歌來扣舷。

繞郭盡江水，長虹跨不來。地形山勢截，天塹海門開。白晝黿鼉出，中宵鼓角哀。往時争②戰處，臨泛重徘徊。

很石　梁佩蘭（增）

霸氣銷沉盡，還餘一石頭。路③旁人不識，相向説孫劉。

江行雜咏（録二）　**梁佩蘭**（增）

北固④江山稱第一，絶奇兩點是金焦。移船便向瓜洲去，徹夜鍾聲應海潮。

白竈青鐺活火煎，芥茶香發滿秋烟。此來不飲中泠水，那識人間第一泉。

京口舟中　陳恭尹（增）

小小舟，長數尺。濛濛雨，移水驛。西風起，淫淫黑。羈孤臣，年年客。釜中著水當自乾，腹中著愁當自寬。男兒眼大天地小，麒麟閣，蟣虱肝。

舟至焦山　屈大均（增）

驚濤起東海，千里雪山來。飛楫過天塹，狂歌把玉杯。雲迷三詔洞，月出八公臺。草草齊梁代，興亡總可哀。

京江舟中望金焦二山作　屈大均（增）

一水分京口，雙峰作海門。潮蒸寒日氣，天插白雲根。十里鐘聲接，中流塔影奔。茫茫吴楚派⑤，嗚咽與誰論。

和人北固山下作　屈大均（增）

垂竿四十九鱸魚，北固山前我不如。花草無情先白下，江山有恨首南徐。金焦浩渺

---

① 按："川"，原作"用"，據清刻本《六瑩堂集》卷六改。
② 按："争"，清刻木《六瑩堂集》卷六作"征"。
③ 按："路"，清刻本《六瑩堂二集》卷八作"道"。
④ 按："固"，清刻本《六瑩堂二集》卷八作"顧"。
⑤ 按："派"，清刻本《屈翁山詩集》卷四作"恨"。

空天險，龍虎盤迴豈帝居。最苦流鶯催泪易，聲聲都是六朝餘。

出京江口　屈大均（增）

至此風濤闊，江聲作海聲。飛飛兩浮玉，欲與白波平。

京口集何庸夫白雪齋　法若真

輕舟載書史，開閣燕逍遥。斗轉壬寅柄，書傳丁卯橋。高齋懸白雪，新竹拂青霄。吾道南來久，江深春雨潮。

春日登甘露寺　蔣超

山寺蜃雲開，江光放紫回。斷虹埋閣道，倒景薄崇臺。古戍烟初息，野芳春欲來。新晴繞檻處，孤客且停哀。

金山　蔣超（增）

江烟日暮正高秋，雪壁銀巒據上頭。老衲不知風勢惡，自提燈火入鐘樓。

吊宗忠簡公墓　張九徵（增）

宋代園林秋草邊，夕陽遺址尚依然。松杉剥落精靈在，父老悲吟諫疏傳。彈指已成千古事，傷心莫話靖康年。陸公居第還相望，兩地忠魂泣杜鵑。

九日招隱寺和韵　張九徵（增）

白露團團濕紫芝，一聲鴻雁起秋思。六朝烟雨昭明寺，九日天風杜老詩。短髮自驚霜漸滿，衰顔强借酒相持。與君舊日三茅約，采术蒸梨共一卮。

鶴林寺　張九徵

昨歲逢僧話竹樓，重來驚見雪盈頭。杜鵑花老人天夢，黄鶴山空禾黍秋。壁破字隨風雨去，珠還像借鬼神留。夕陽莫漫催歸騎，明月松風好夜游。

挽龔烈婦謝氏暨貞女巧媛（三首）　張九徵

何來鬼伯逞淫威，鳩鴆奚知是與非。劈水携兒猶治命，牽衣抱母是全歸。三更孤月啼猿泪，五夜零霜别鶴飛。從此京江清見齒，居人不唱華山畿。

夜壑凄其泣百靈，雙魂赴義霧冥冥。兩間正氣存巾幗，此日高名炳日星。黄絹碑前濤是泪，青陵臺畔石爲銘。可憐江水聲嗚咽，欲訴湘妃不忍聽。

弱質何緣叩九閽，但留完璧此身尊。沉冤已白瞻華表，國法方明照覆盆。郢曲楚些俱寫怨，椒漿桂醑總招魂。（時挽詩數百首，路祭者不絕於道。）他年青史成雙傳，釜鼎山前指墓門。

八公洞　張九徵（增）

竹塢僧龕傍水灣，八公丹竈寄人間。雲中鷄犬歸何處，猶向城南賦小山。

送張公選吏部視學中州①　梁清標

中原擁節更談經，雒下生徒識典型。自昔君家古劍氣，於今吏部是文星。褰帷二室秋山碧，校藝孤燈乙夜青。行矣進賢猶主爵，風流莫漫悵飄零。

妙高臺夜坐懷無可　施閏章

日落水烟起，茫茫連岸白。褰裳陟高臺，凉月皎秋夕。古人不我待，露氣沾瑶席。忽憶龍眠叟，遠引就禪寂。桂嶺舊擔簦，匡廬復飛錫。游咏與之俱，屢折金山屐。勸我學無生，危言同振溺。心迹未能并，出處尚狼籍。解帶思同游，天末久離析。人生無老少，皆爲天地客。東望海門深，南睇江雲碧。岩壑留清暉，浩歌傷往昔。

金山寺　施閏章

水國東連海②，中流島嶼青。風帆争落日，佛火亂寒星。洞穴通雲漢，魚龍上杳冥。忽聞喧鼓角，愁絕不堪聽。

北固山　杜濬

西郊諸嶺見，北顧③稱其名。石壁從④空下，江天插水生。鳥飛孤閣半，人上翠微平。有路⑤金焦合，辭山更遠行。

金山　杜濬（增）

極目非無岸，滄波接大荒。人烟沙鳥白，春色嶺雲黄。出世登初地，思家傍戰場。咄哉天咫尺，消息更⑥茫茫。

---

① 按：詩題，清刻本《蕉林詩集·七言律二》作《送張公選學憲之中州》。
② 按："東連海"，清刻本《愚山先生詩集》卷二十六作"連東海"。
③ 按："顧"，清刻本《變雅堂遺集·詩六》作"固"。
④ 按："從"，清刻本《變雅堂遺集·詩六》作"憑"。
⑤ 按："路"，清刻本《變雅堂遺集·詩六》作"處"。
⑥ 按："更"，清刻本《變雅堂遺集·詩六》作"轉"。

焦山　杜濬

觸處迷人代，兹山尚姓焦。上頭仍棟宇，到眼忽雲霄。樹色南徐近，江聲北岸遥。衣冠留洞壑，不必問①松寥。

登金山塔　杜濬

憑闌專眺聽，指點勿②悲歌。歲月荒龍窟，乾坤此鸖河。愁雲天畔起，烟草潤州多。遑復悲身世③，飛霜滿薜蘿。

八公岩看梅　韓豫

竹雨今春霽，松聲古壑哀。鄰林僧静掩，穀日客初來。境寂堪栖鶴，山寒獨問梅。此中城郭遠，懷抱暫時開。

渡揚子江④　錢謙益（增）

京江南北路，不到十餘年。歲月看如此，風波意渺然。浮生催渡客，宦況釣魚船。何事眉山老，歸期只問田。

江干客舍　孫允恭

酒樓歌向暮，客舍一樽遲。山色僧歸處，江聲月到時。戍烟侵磴石，夜火接旌旗。惆悵啼鶯路，春風入夢思。

京口懷古　沈荃

潤州形勝地，落日一登臨。山到南徐斷，江迴北固深。嚴關屯虎旅，絶壁聽龍吟。招隱讀書處，蒼茫不可尋。

曉渡揚子　沈荃

曙色初開揚子渡，片帆遥挂海門西。横江曉霧千峰失，隔岸寒雲萬堞齊。短棹⑤蒼茫漁浦外，長天縹緲雁行低。中流倚檻頻回首，吴楚山川極望迷。

---

① 按："問"，清刻本《變雅堂遺集·詩六》作"訪"。
② 按："勿"，清刻本《變雅堂遺集·詩六》作"忽"。
③ 按："世"，清刻本《變雅堂遺集·詩六》作"事"。
④ 按：詩題，點校本《初學集》卷一作《渡江二首》，此爲第一首。
⑤ 按："短棹"，民國刻本《一硯齋詩集》卷二作"孤艇"。

焦山訪禪友[①]　笪重光

步屧出城東，江邊訪遠公。舟横沙脚斷，潮洗石頭空。樹密疑無寺，雲歸不礙風[②]。獨憐塵外客，來往此山中。

飲張湘曉吏部鶴林别業　笪重光

讀書曾愛杜鵑樓，霜葉紅時坐未休。别後烟霞常入夢，重來松菊正逢秋。欲尋老衲精藍改，話到青山白髮羞。好是結茅鄰仲蔚，不教城市隔林丘。

過八公洞招隱寺二首　笪重光

洞中精舍密爲鄰，信宿偏宜老病身。伏澗流泉幽響續，抽籬修竹翠痕匀。八公勝迹傳無定，兩叟經過興復新。縱戀[③]金門頭白盡，肯將蕭散嘆沉淪。

迴環蘿磴隱危樓，三十年前憶舊游。精舍已隨僧臘改，清泉猶爲客心留。南村烟樹重重出，北郭春潮渺渺流。閑叩寺門增悵望，青山應笑野人頭。

宿九華山　笪重光

峰頂旁通一徑斜，披荆誰建梵王家。江聲東注同三峽，山勢南迴作九華。聞有高僧傳妙偈，豈無天女散空花。禪關獨卧秋風起，時聽晨鐘伴曉鴉。

策杖登臨思渺然，憑虚趺坐有青蓮。千峰遠抱金陵氣，萬井低浮鐵瓮烟。瑟瑟秋風聞雁度，迢迢江水想龍眠。南徐到處多名勝，此地應通兜率天。

和張風妙高臺壁間韵　笪重光

少年長嘯波心寺，老去登臨嘆[④]白頭。揚子渡船連夜月，米家山色隔江秋。鐘聲環繞雲堂静，塔影遥支天漢流。壁上題詩成往事，倚闌還憶客同游。

贈笪江上柱史　湯寅（增）

由來勝地自林泉，却憶金門已十年。狂酒牧之真御史，著書弘景是神仙。韭花作字春移榻，桃葉迎歌夜泊船。衹是避名居谷口，論詩今更萬人傳。

登甘露多景樓　王錫琯

大江流不極，迴帶有金焦。匹練臨吴會，寒砧入楚濤。雲歸村樹静，月上海天遥。

---

① 按：詩題，清刻本《江上詩集》卷二作《焦山》。
② 按："風"，清刻本《江上詩集》卷三作"峰"。
③ 按："戀"，清刻本《江上詩集》卷九作"念"。
④ 按："嘆"，清刻本《江上詩集》卷九作"欲"。

咫尺通霄漢，何人教弄簫。

鼎石山野眺（山在鎮江郭外） 汪琬（增）

城南倚孤棹，極望但蒼蒼。白馬吴門迴，青山楚塞長。桃華臨斷岸，蘭若出斜陽。惟羡東流水，潺湲到故鄉。

宿天寧洲 汪琬

寒江吹荻晚，澤國駐雲閑。澹月涵秋水，疏楊逗遠山。槎人携石去，鮫客弄珠還。爲訪成都易，應疑犯斗間。

泊三江口 汪楫（增）

月出日未落，大江生晚烟。舟停宿鷺起，潮落薄冰懸。列戍吹笳地，黄蘆賣酒船。比來長道路，盡醉水雲邊。

焦山次韵 周宸藻

層層青靄望中生，絶島應知夢寐清。路接藤蘿瞻海岳，雲開烟樹見山城。振衣飛閣千尋立，泛棹空江萬頃平。此日何人聊信宿，敢言隱士締新盟。

京口晚渡與德如望江 黄永

千帆斜挂晚風寒，明月蒼茫亦大觀。萬頃玻璃堆白雪，中流樓閣涌青巒。魚龍夜伏恬波浪，鴻雁晨飛鎩羽翰。爲怪桃根衣更薄，莫教雙袖倚闌干。

烟雨渡京口 秦松齡

天涯極望盡空濛，水闊潮平識禹功。千樹遠迷烏榜外，一江長亘白雲中。魚龍著雨還吹浪，樓閣依山不畏風。南去北來春色繞，浪游何計慰飄蓬。

蘇公竹院 蔣寅

昔人種竹後，今日尚成園。猶有此君在，知爲何代孫。風聲夜未静，雨氣曉猶昏。新籜驚雷出，山僧好護存。

北固山多景樓臨眺放歌 王士禄

危樓颯爽臨江開，襟江冠嶺何崔嵬。振衣直上俯千仞，恍惚疑躡金銀臺。朱方麗崎在襟帶，陵巒膠葛紛烟埃。長山遠勢接天目，鬱爲京峴形奇瑰①。别嶺入江此突兀，神龍昂首窺九垓。江流如練盡一眴，當樽仿佛堪流杯。高檣大舸過枕席，來鳬去雁相沿洄。金焦猊蹲復鵠峙，左犄右角儼星台。仙人播遷海上②徙，二山終古洪濤堆。噫吁嚱！北固之鳥道五十里③，了了下見蕪城隈。荀生④嘆聲已寂寞，蕭公游處餘蒼苔。人生不飲亦胡待？爲我長江化酒歸金罍。左拍浮丘右洪崖，玄暉微吟太白續，蘇公大笑揚其頦，庶幾陶寫心中⑤哀。古今繚紹不堪把，大江赴海無西迴，掉頭長嘯歸去來。

焦山古鼎歌⑥　王士禄

海雲堂中暮相索，古鼎照人光駁犖。龍文獨許吾丘知，篆銘略辨周京作。宛同石鼓出陳倉，那數銅狄傳西洛。韓公摩挲指向余，曾入秦家格天閣。雲烟過眼已成虚，劍去珠還事堪愕。安陸飛龍亦英主，玄修晚慕軒轅樂。一德何人曰相嵩，金鉉只用青詞博。朝廷仍收養士報，楊沈謇謇⑦如雕鶚。鼎當⑧有耳豈不聞，耻向迴風作秋籜。蓴山先生厮養耳，紛紛冠蓋多酬酢。當時不鄙趙師羼，于今誰憐賈秋壑。從來鑄鼎戒饕餮，此物胡爲亦遭攫。山頭尚有椒山詩，三尺古碑墨光錯。隻字重於神禹金，猶向山林辟不若。老奴真欲愧歐陽，廿載鈐山空寂寞。培壘已拉冰山摧，有鐵誰能鑄此錯。徘徊三嘆軒几旁，極目江天莽寥廓。

韓如石邀游八公洞二首　王士禄

櫻桃花似雪，遥映夕陽幽。向背春山路，蕭疏蠟屐游。潭邊逢鹿迹，竹杪見僧樓。一道泉聲細，隨人幾曲流。

遂就池邊酌，壺觴破蘚斑。老梅香覆席，斜照遠銜山。人影竹中亂，鶴聲松際閑。無能戀餘賞，惆悵曳笻還。

萬歲樓程崑崙别駕招飲⑨　王士禄

千尋江閣引諸峰，夕景登臨策短笻。參佐風流如謝朓，樓臺瀟灑憶王恭。三年夢裏西津雨，五夜燈前北固鐘。明日芒鞋别君去，城中遥望白雲重。

---

① 按：“瑰”，清刻本《考功集選》卷三作“傀”。
② 按：“上”，清刻本《考功集選》卷三作“山”。
③ 按：“北固”句，清刻本《考功集選》卷三作“北固之勢真雄哉，回眸惘然見萬里。蓬壺方丈如浮杯，何止青霄鳥道五十里”。
④ 按：“荀生”，清刻本《考功集選》卷三作“中郎”。
⑤ 按：“心中”，清刻本《考功集選》卷三作“中心”。
⑥ 按：清刻本《考功集選》卷三詩題下有序，本志删略。
⑦ 按：“謇謇”，清刻本《考功集選》卷三作“蹇蹇”。
⑧ 按：“當”，清刻本《考功集選》卷三作“鐺”。
⑨ 按：詩題，清刻本《考功集選》卷三作《程崑崙招同韓如石文選錢日菴太守孫無言山人集萬歲樓》。

鶴林寺[①]　王士禄（增）

寺門曉日引孤筇，黄鶴幽栖憶隱踪[②]。客到不知風物改，逢人猶問十三松。

夾山林公泉　王士禄（增）

林公得泉處，日暮[③]僧厨通。聞説秋岩雨，傳聲滿寺中。

焦山古鼎詩同西樵賦[④]　王士禛

曉入枯木堂，怪禽驚翩翻。清露滴松杪，下見古鼎蹲。寶光耀昆吾，中有飛廉魂。上文爲雷回，下文爲雲紜。獰[⑤]狀饕餮伏，兵氣蚩尤昏。辛壬與丁甲，世次迷夏殷。初疑周虎彝，復惑虞蜼敦。尊從不可辨，牛豕誰能論。瑰怪壓織鼎，譎詭旅紀甗。蛟龍雜蝌蚪，五指不敢捫。在胙想贔屭，識字驚蜒蜿。月黑鬼神泣，峽束波濤奔。籀書失趯𧾷，斯篆摧窺軛。爰歷邁府令，凡將駭文園。史游久已没，皇象不復存。甄豐與董逌，抉剔窮本根。不遇博雅流，孰爲洗煩冤。諒比岐陽狩，或同泗水淪。山僧與道古，感激聲還吞。分宜昔枋國，氣勢傾昆侖。斯鼎出京口，上燭光絪緼。役使萬指衆，負戴千蹄犍。大哉宗廟器，詎屑豪貴門。威力鎮禪窟，寂寞歸祇洹。午夜鳴鐘魚，清晝啼林猿。閲人恒沙劫，如彼虱在褌。我昔訪焦先，望氣矜不言。五年隔揚子，無翮思騰騫。吾兄癖好古，八書探河源。三日松寥游，坐卧忘囂喧。扁列折[⑥]螺書，卷尾搜薑文。作爲奇偉辭，大海搏鵬鯤。春江壯風霆，響激雲濤渾。三嘆繼高唱，海門上朝暾。

米海嶽研山歌爲朱竹垞賦　王士禛

海嶽研山不可見，人間空説研山圖。研山之圖亦遭毁，雲烟過眼徒嗟吁。宣和艮岳已塵劫，矧乃片石輕錙銖。永嘉流落幾百載，昭陵玉匣今亦無。詎知神物有呵護，星芒夜隕三天都（舊藏許文穆家）。太平宰相盛文物，寶此何啻千璠璵。古藤書屋花未放，主人愛客招吾徒。眼中突兀忽見此，乍疑几席羅衡巫。壺中九華那足擬，仇池枉用誇髯蘇。三茅地肺互鉤帶，二華雲氣相縈紆。蛟龍屈蟠待雷雨，仙靈彷彿迴軿車。華蓋一峰獨秀拔，宛插玉笏翹犀株。翠巒玉笋左右列，脽尻股脚相皴扶。上洞下洞閎曲折，潛通小有涵空虛。龍池幽窈驗雨候，頗疑中有驪龍珠。峰獨者蜀屬者嶧，上泉有埒下有瀆。坐客摩挲三嘆息，蒼然古色生眉鬚。海嶽之庵書畫舫，幾伴此老浮江湖。巧偷豪奪歷千劫，閲盡春秋如蟪蛄。翰林好事過顛米，日餐蛾緑忘機劬。滄江夜夜虹貫月，莫令光怪

---

① 按：詩題，清刻本《考功集選》卷三作《鶴林寺口占》。

② 按："憶隱踪"，清刻本《考功集選》卷三作"憶戴顒"。

③ 按："日暮"，清刻本《考功集選》卷三作"竹溜"。

④ 按：詩題，清刻本《帶經堂集》卷十七《漁洋詩十七》作《焦山古鼎詩三十四韵》。

⑤ 按："獰"，原作"獰"，避清諱改，兹徑改，下同。

⑥ 按："折"，清刻本《帶經堂集》卷十七《漁洋詩十七》作"析"。

鶩菰蘆。

海門歌　王士禎

岷峨東下江水長，遠從井絡來吴鄉。奔濤萬里始一曲，古之天塹維朱方。北界中原壯南紀，焦龍日月相遣[①]翔。中流一島號浮玉，登高眺遠何茫茫。長空飛鳥去不盡，江海一氣同青蒼。山外兩峰遠奇絶，雙闕屹立天中央。左江右海辨雲氣，如爲八裔分紀疆。江流到此一縛束，早潮晚汐無披猖。燭龍曉日出雲海，山光照耀[②]連扶桑。年來海戍未停罷，峨舸大艦來汪洋。胡豆洲前起烽火，徒兒浦上披裲襠。古聞京口兵可用，寄奴一去天蒼凉。我願此山障江海，七閩百粵爲堤防。作歌大醉卧岩石，起看江月流清光。

丹徒行吊宋武帝　王士禎

曲阿之北京口東，寄奴王者真英雄。新洲伐荻殺龍子，大業遂是丹徒宫。桓家小兒亂天紀，投袂勤王夜中起。樗蒲百萬皆人豪，龍行虎步非凡理。從兹大運屬彭城，中原趙魏歸經營。峽口千軍五龍涸，藍田一戰二崤平。南北推移幾千載，太息雄圖竟何在。宿麥寒原少昔人，神鵶社鼓成空塞。王氣銷殘帝宅荒，悠悠江水不勝長。忠臣徒嘆袁開府，天命還歸蕭建康。

竹林寺　王士禎（增）

超超[③]夾山道，幽幽竹林寺。林公闢山處，泉澗饒古意。鐘磬聞諸天，花藥覆平地。森梢萬竿竹，烟景滿空翠。慈鳥識禪心，清猿起愁思。平生江海情，蕭然但高寄。回首禮白雲，何時謝塵累。

自[④]招隱登夾山入竹林寺　王士禎（增）

籃輿俯高嶺，石磴轉幽谷。諸峰亂空翠，澄江叠輕縠。迴望戴公宅，秋氣益蒼肅。紺壁隱奇杉，危亭蔽荒竹。孤僧遠獨歸，山鳥暮相逐。樹杪見古寺，松栝散林麓。絶壁尚千尋，紆徑非一曲。初蠟阮公屐，逝將訪金粟。瞑坐竹林深，山山静寒緑。

招隱寺　王士禎（增）

笋輿越黄鶴，連岡帶平楚。歷歷南朝松，風吹落寒雨。石楠紅始垂，沙泉碧方吐。遂造戴公山，風氣何清古。山門映殘照，雙泉咽寒嶼。玉蕊不復見，空亭閑荒塢。戴公

---

① 按："遣"，清刻本《帯經堂集》卷八《漁洋詩八》作"迴"。
② 按："耀"，清刻本《帯經堂集》卷八《漁洋詩八》作"曜"。
③ 按："超超"，清刻本《帯經堂集》卷八《漁洋詩八》作"迢迢"。
④ 按："自"，清刻本《帯經堂集》卷八《漁洋詩八》作"由"。

昔通隱，風流照岩户。潄泉彈名琴，東巡動人主。風清一銷歇，初地留空宇。金碧漸凋殘，林壑自清①舉。蕭條黄葉落，寂歷幽禽語。迴澗起凉吹，經堂罷齋鼓。緬想剡中人，蒼茫久延佇。

林皋和尚塔院觀林公泉 王士禎（增）

祖堂白雲裏，岧嶢俯林樾。昔人不可見，岩桂花猶發。惟有林公泉，涓涓漾明月。

昭明讀書臺 王士禎（增）

王孫讀書處，梵宇自蕭森。無復維摩室，空餘雙樹林。荒臺梁碣盡，夕景楚江陰。古像悲猶在，風流不可尋。

海嶽庵拜蘇米二公像 王士禎

前輩風流地，爲庵易研山。净名猶故迹，摩衲識清顔。江月長如此，高人去不還。惟應餘翰墨，終古照人間。

登金山二首 王士禎

振衣直上江天閣，懷古仍登海嶽樓。三楚風濤杯底合，九江雲物坐中收。石簾落照翻孤影，玉帶山門訪舊游。我醉吟詩最高頂，蛟龍驚起暮潮秋。

三山縹緲望如何，有客褰裳俯逝波。絶頂高秋盤鸛鶴，大江白日踏黿鼉。泠泠鐘梵雲間出，歷歷帆檣檻外過。京口由來開府地，不堪東望尚干戈。

潤州懷古② 王士禎

楚雲直下大江流，鐵瓮城高落木秋。宋帝南徐猶作鎮，蕭公北顧更名樓。江山勝迹留三國，海道烽烟動五州。見説孫盧西犯日，青磷白浪使人愁。

金山僧舍有似舫者題一絶句 王士禎

叢篁片石冷於秋，檻外寒江深不流。漁笛一聲天際起，不知是舫是僧樓。

江上 吴偉業（增）

鐵馬新林戰鼓休，十年軍府笑謟謀。但虞莊蹻争南郡，不信孫恩到蔡州。江過濡須誰築壘，潮通滬瀆總安流。蘆花一夜西風起，兩點金焦萬里愁。

---

① 按：“清”，清刻本《帶經堂集》卷八《漁洋詩八》作“軒”。

② 按：詩題，清刻本《帶經堂集》卷八《漁洋詩八》作《潤州懷古二首》，此爲第一首。

張節孝詩（并序）　賀國璘（增）

癸丑季秋，羽臣道兄見顧道尊人節孝事，并贈志傳，感賦長歌。

節婦張氏，丁岡孫誌妻，孝子尚魁母也。孕尚魁甫三月，誌逝，家貧甚。節婦矢志懔懔不可奪。撫孤尚魁，以十指兼教養。屏膏沐，顏色憔悴，未嘗啓口而笑也。守節四十年，年七十卒。

悲哉！孫郎之言何太苦，欲言未言泪如雨。爲言大父早弃捐，吾父生時不識父。伶仃大母撫遺孤，膏沐長辭十指枯。悼亡血染年年草，教子心摧夜夜纑。四十年來事畢矣，一笑重泉慰夫子。有子呼天天不聞，長號一聲陵石徙。至苦人間誰最奇？未亡人共甫生兒。我生無父有母在，母更往矣生奚爲。刲股不得盡兒肉，奉餐不得飽母腹。披幃晨尚寢堂呼，抱苦夜向封塋宿。顰蹙平生未破顏，忽然撫掌親知前。自言三日當永訣，意氣揚揚神色閑。腹中未識吾父面，夜臺見母應相見。生亦何歡死亦遲，撒手泉途掣飛電。孫郎慘結心更悲，一字傷心一泪垂。聞言我亦雙袖濕，勸君且止無終辭。母兮天自誓，子兮祈速死。孫郎凄絶不欲生，有是父兮生是子。長歌爲助孫郎哀，徵聲蕭颯悲風來。何人聞歌不痛哭？天下安有無父之人哉。

鶴林寺　龔鼎孳（增）

武帝草猶緑，空堂迴不關。日斜何代寺，松冷一樓山。往事隨花盡，浮生讓竹閑。登臨寬戰伐，旅鬢未應斑。

游八公洞次王西樵韵　鄒祗謨

維摩當日境，洞壑意偏幽。地作談經苑，人堪載酒游。橋平通碧澗，徑小接紅樓。爲有松聲急，真成飛瀑流。

北固　吴淇

信宿千秋渚，言登萬歲樓。星辰仍北極，江水自東流。秋色浮瓜步，斜陽照石頭。凄然傷往事，因憶及孫劉。

登金山海嶽樓次壁間韵　吴淇

偶上金山海嶽樓，沿江風景動人愁。群峰帶雨横吴甸，亂草拖烟遍楚州。六代繁華何處是，三山縹緲信難求。古今祗有枚生賦，不覺濤聲又報秋。

四月三十日龍見於金山　陳廷敬

余月月夕明欲蘇，金山傳漏方午餘。微波吹江江水舒，靈風欻吸雲四鋪。蒼龍挾雨光有無，濃靄畫出一縷粗。自南亘北横天樞，度之十丈長自逾。圓徑數尺不可摹，白雲周遭中糢糊。我未見龍誠有諸，同時見者皆呀吁。指點似有鱗爪俱，倚空流盼争斯須。儵恍自北而南趨，斂形就小尾不逋。摇曳撇簸重雲膚，天晴日晶景氣殊。吾聞龍者德之符，感應和氣游沼湖。自從羲皇河出圖，榮光休至當有虞。舜東巡狩龍當塗，五彩負卷留舜車。爾後寂寥栖八隅①，無道②則隱見不渝。漢皇有道來不誣，及其矯僞分龍居。吾君聖德同古初，神靈表瑞盈亨衢。作歌紀祥徵策書，塵埃載筆愧雅儒。

淮南放舟抵金山作　陳廷敬

太行窈窕穿林麓，千里相隨到京國。我本崎嶇山谷人，泛泛江河③望平陸。人生無奈是有情，流水香山④憶茅屋。十日見水不見山，今朝喜見三烟鬟。船頭低昂如有意，招我紫金浮玉間。忽焉江天萬里豁，丹青幻出峰巉巉。鵾鵬摶風乍羈紲，龍象截流猶峥潺。靈岩涌出多寶塔，隨身宫殿忘却還。帝釋冥搜巧施設，豈同工力煩人寰。廬山面目在山外，此山在水尤孱顔。天下江山難遍到，得此已足栖幽閑。故山有夢不歸去，江神抵掌笑我頑。

送張素存太史省覲還丹徒⑤　陳廷敬

暫解西清直，南旋涼漸侵。游非司馬倦，興似季鷹深。山寺翻書處，江魚視饌心。君親恩并重，相送一沉吟。

登金山浮屠遇雨　高龍光

浮屠突兀絶塵埃，面面朱門手自開。四顧水雲連岸合，半空江雨截天來。山根浪急聲如沸，樹頂風多勢若摧。欲渡蒼茫舟楫晚，登臨此際轉徘徊。

寄題江泠閣（并序）　魏禧（增）

江泠閣，在丹徒鎮，冷秋江先生著書處也。生平著有《江泠閣文集》四卷，《詩集》十二卷，載入《四庫全書存目》。

海門江畔江水深，江泠閣中人素心。漁舟自放獨垂釣，琴柱孤調高擬音。明月清風空嘯傲，川雲漁島狎浮沉。有時散髮讀周易，曠然天地爲枕衾。何當直泛山陰棹，共醉江東白玉岑。

---

① 按："隅"，《四庫》本《午亭文編》卷七作"虚"。
② 按："道"，《四庫》本《午亭文編》卷七作"聖"。
③ 按："江河"，《四庫》本《午亭文編》卷七作"湖河"。
④ 按："香山"，《四庫》本《午亭文編》卷七作"青山"。
⑤ 按：詩題，《四庫》本《午亭文編》卷十作《送素存歸覲二首》，此爲第一首。

京口　崔華

京口千帆集，江天一望遥。人烟沙市没，樓閣海雲飄。瓜步連春雨，燕城隔暮潮。何人夜吹笛，風月坐蕭蕭。

渡鎮江　馬世俊

北固烽烟已盡消，南歸猶喜見金焦。津頭鼓發争先渡，岸外鐘鳴動早潮。父老相迎言戰伐，田園漸近夢漁樵。請看眼底風波静①，多少黿鼉不敢驕。

金山　馬世俊

片石凌空萬仞開，不須世外覔蓬萊。滔滔碧海連天去，歷歷青山拍面②來。帆過濤聲迴洞壑，城低烟氣浸樓臺。憑欄何事生長嘯，我憶中流砥柱才。

焦山　馬世俊

過江每訝山藏寺，到岸方知境絶塵。極目無從辨江海，不貪猶自望金銀。雲生亂水晴如濕，樹鎖琳宫③老復春。夜半魚龍聽説法，安心堂上果何人。

黄鶴山重晤笪江上侍御　孫應先（增）

雅志慕丘壑，服食引長年。鬒髮雖已素，顔色一何妍。我聞茅君洞，其上多神仙。乘風吸沆瀣，嘘氣霏霜烟。君住第幾峰，翛然古洞天。

游招隱寺④　吴光

晨策窮崎崟⑤，披茸陵徑峴。天路淼浩浩，虚無忽在眼。岧亭嶺岫複，潺湲溪⑥溜淺。谷邃猿嘯幽，林清鳥吟緩。白雲臯空山，因悟孤往善。伫期岩阿哲，晞髮任縱誕。朝濯石下潭，夕憩松間巘。呼吸玉蕊餐，徜徉紫芝緬。駘蕩性可適，鬱陶悰孰展。紆眄崇山岑，静琴且游衍。

寄題八公洞　張玉裁（增）

蒼崖四圍合，古寺中峰鑿。徑窄飛鳥穿，石陰虬龍攫。躡蹻恣野游，一步一盤錯。

---

① 按："静"，清刻本《匡庵詩集》卷六作"净"。
② 按："面"，清刻本《匡庵詩集》卷二作"岸"。
③ 按："琳宫"，清刻本《匡庵詩集》卷二作"紺宫"。
④ 按：詩題，民國刻本《使交集》作《游招隱山六洞》，凡三首。此爲第三首。
⑤ 按："崎崟"，民國刻本《使交集》作"巀嵲"。
⑥ 按："溪"，民國刻本《使交集》作"澗"。

言尋最佳境，修竹蔭幽壑。倦卧當夕陽，微風暗相薄。别來經十載，烟靄應如昨。惆悵復春深，無人花自落。

多景樓送錢馭少　張玉裁

故山頻入夢，小築乞歸休。知己别初聚，高朋倦復游。河流天外伏，山色望中收。遥識陳蕃榻，清言破旅愁。

寄友人黄鶴山樓　張玉裁

竹籬莎徑憶追從，擬買青山學種松。花發杜鵑人獨遠，夢尋黄鶴路千重。侵衣露冷三春樹，踏月僧歸五夜鐘。最是東南賓從盛，天涯曾得幾回逢。

竹林寺　張玉裁（增）

千盤石磴蘚花鮮，絶澗泉流樹杪穿。行到春山山盡處，亂雲都繞杖藜前。

焦山古鼎　張玉書（增）

海風吹雲捲枯木，星斗離離光夜燭。虚堂古鼎蛟螭蟠，精熒鬱律駭心目。獰狰距地二尺餘，百乳雙夔銘在腹。甲戌紀日不紀年，召史受册錫鞶服。蝌斗省識七十八，剥蝕瘢胝難卒讀。齊鐘宋緻那足擬，已爵丁卣差比躅。器款未入宣和圖，奇文遺載金石録。當時收藏好古家，青詞相公恣貪黷。一朝攫取渡江水，江濤晝黑神鬼哭。寶物耻爲饕餮用，過眼須臾覆公餗。此鼎復溯江流回，栖語僧寮氣肅穆。春風霽日映珠纓，秋雨澄波對松菊。吁嗟鈐山已蕪蕚山枯，椒山石峙焦山麓。年年古鼎壓驚濤，江峰千載無傾覆。

憶山詩　張玉書

此地蒼烟滿，藤蘿尚可攀。無梁嘆江水，落木想秋山。苔磴侵衣濕，漁歌棹月還。空留高隱迹，雲覆洞門閑。（焦山）

百折霜楓路，危樓縱目賒。江青秋雨後，山紫夕陽斜。岸樹摇帆影，漁燈亂水涯。遥憐鐘磬寂，隱隱聽吹笳。（北固）

過鎮海江[①]軍營　張玉書（增）

六纛雙旌隱晝扉，月明霜白路人稀。燕歸不識將軍壘，猶認烏衣舊宅飛。

渡江至京口作　金鎮

伐鼓臨江放棹行，江雲黯黯欲相迎。樓臺樹壓山平出，蘆荻風迴潮漸生。落日西津同作客，新年北府又增兵。匡時無計聊舒嘯，鷗鷺全能减宦情。

---

① 按：“江”，别本作“將”。

北固懷潘江如江如家在山下[①]　顧夢游

暝色[②]俯蒼然，波光接遠天。清霜初染樹，新月忽平弦。有客秋爲别，懷人夜可憐。望中栖隱處，高柳出墟烟。

江如雨過北固樓[③]　顧夢游

雨勢接江過[④]，山風滿竹扉。此時逢客到，望處當僧歸。豁達凉生閣，空濛翠撲衣。高林兼絶頂，暑氣向來微。

辛卯北固送春　顧夢游

歲歲留春春不住，今年别處是[⑤]天涯。窗前[⑥]黄鳥清江樹，樓外青山古佛家。南浦蘼蕪烟似[⑦]夢，東風楊柳雪爲花。老[⑧]僧對[⑨]此還惆悵，况是愁人坐日斜[⑩]。

壬辰北固送春　顧夢游

留春不住奈春何[⑪]？樓上愁人愁緒多。九十日逢晴色少，兩三年是客途過。淒烟林黯頻啼鳥，欲雪江寒獨釣蓑。擁絮當窗一杯酒，和風和雨酹清波。

新秋集甘露寺晦公房[⑫]　顧夢游

道人住處暑全收，客到添衣木末樓。江上數峰遥隔雨，山中六月早驚秋。屢[⑬]更物候還飄泊，久聚朋情重去留。蓮社但能長置酒，豈因蕭瑟問歸舟。

九日登多景樓　錢邦寅

山樓風起角聲哀，秋色千峰入望開。華髮行藏還殢酒，黄花節序但登臺。烟籠遠浦孤帆隱，雨洗空江一雁來。指顧孫劉征戰處，眼前誰是濟川才。

---

① 按：詩題，清刻本《顧與治詩》卷四作《北固月夕十首》，題下注云："庚寅十月坐北固山，入夜至十七夜，即景懷人，各成一咏。"此爲第一首，題曰《初八夜北固西閣懷潘江如江如家在山下》。

② 按："暝色"，清刻本《顧與治詩》卷四作"獨閣"。

③ 按：詩題，清刻本《顧與治詩》卷四作《潘江如雨遇北固山樓》。

④ 按："接江過"，清刻本《顧與治詩》卷四作"截江至"。

⑤ 按："是"，清刻本《顧與治詩》卷七作"又"。

⑥ 按："前"，清刻本《顧與治詩》卷七作"邊"。

⑦ 按："似"，清刻本《顧與治詩》卷七作"若"。

⑧ 按："老"，清刻本《顧與治詩》卷七作"枯"。

⑨ 按："對"，清刻本《顧與治詩》卷七作"到"。

⑩ 按："况是"句，清刻本《顧與治詩》卷七作"况我停觴坐日斜"。

⑪ 按："留春"句，清刻本《顧與治詩》卷七作"難爲别奈不留何"。

⑫ 按：詩題，清刻本《顧與治詩》卷七作《新秋集晦公房》。

⑬ 按："屢"，清刻本《顧與治詩》卷七作"又"。

集北固懷汪舟次　吴綺

棹爲看山倚，登臨憶往年。樓臺百戰後，江海一樽前。醉眼横天闊，離心向日懸。有懷春不極，又上木蘭船。

舟次京口①　吴兆騫

高樓城堞倚天開，瓜步鐘聲隔岸迴。皎月臨江珠樹遠②，春星横海暮潮來③。南徐士馬推雄略，北府旌旗繞鳳臺④。回首桓公高宴處，短簫清夜⑤倍堪哀。

過京口　黄雲

重鎮南徐作楚關，江清草緑水潺潺。臨風鼓吹烟中舫，映日樓臺雲外山。往事憶來歸蝶夢，故園荒盡隔萸灣。蹉跎二十餘年後，霜鬢頻憐過此間。

金山　魏際瑞

大江東下海門寬，萬里奔流激箭湍⑥。不信山從水底出，却忘身在畫中看。龍窩燈火千株動，蜃氣樓臺一點寒。誰道風波不可涉，風波危處却平安。

坐北固山徑　宗元豫

巨石何年闢，微茫一徑分。下臨千仞壁，高入幾重雲。也僻人蹤絶，山空鶴唳聞。遥知塵市客，羨我坐氤氲。

同冷又嵋王季守宿松寥山房喜何雍南後至　宗元豫

久訂看山約，相邀破浪行。到崖尋舊徑，倚樹聽啼鶯。雨霽遠山出，潮生巨艦輕。機心吾已盡，好共野鷗盟。

晴山登眺遍，暮色更堪娱。宿鳥争枝噪，征帆帶月徂。長江流浩浩，擊節唤烏烏。南北風塵日，憑闌想壯圖。

江干聊徙倚，愛此數峰青。蘿徑欣頻到，漁歌憶屢聽。濤翻疑驟雨，螢遠亂疏星。濁酒無從得，吾今羨獨醒。

小艇信樵風，高情訪戴同。名因一諾重，詩愛八叉工。鮮鯽前村市，嘉蔬野衲供。

---

① 按：詩題，清刻本《秋笳前集》卷五作《夜次京口》。
② 按："皎月"句，清刻本《秋笳前集》卷五作"夜月迴臨江樹遠"。
③ 按："春星"句，清刻本《秋笳前集》卷五作"春星遥動海潮來"。
④ 按："北府"句，清刻本《秋笳前集》卷五作"北府風流憶賦才"。
⑤ 按："清夜"，清刻本《秋笳前集》卷五作"横笛"。
⑥ 按："湍"，清刻本《魏伯子文集》卷八作"端"。

何年定卜宅，投老大江東。

送子發弟之京口度歲僧齋兼寄雍南千一　宗觀

渡江歡送汝，京峴有程何。得意千秋業，論文除夕多。椒花親佛火，車騎隔烟蘿。久斷紅塵路，無須魂夢過。

甘露寺　梅磊

一到幽栖地，身心相與閑。閉門收竹色，選石坐苔斑。茶味中泠水，僧房北固山。磬聲深夜寂，殘月帶潮還。

金山　程康莊

寂寂澄江淺復深，帝鄉遥動白雲心。神仙有術能浮玉，老衲無言識藏金。潮過蓬壺通夜息，風分吴楚散秋陰。峨然怪石憑虚峙，南北帆檣自古今。

焦山　程康莊

一山浮翠落城隈，清磬聲聞兩岸開。樹杪人家縹雨出，海門魚浪逐風來。雲公講法還留石，焦子辭徵不起臺。極目江山①千古思，塵勞慚説佩刀才。

甘露寺　程康莊

山樓高擁白雲平，萬壑千峰面面生。絶壁幾人堪試馬，雙柑若個解聽②鶯。窗寒夜月迷秋色，石古松濤起梵聲。羡得鱸魚垂釣叟，曾來沽酒向江城。

晚過北固山　楊滋夔

日暮耽游興，悠然著屐過。雲沉山色遠，風急樹聲多。古寺來鐘磬，高城挂薜蘿。壯心猶未已，徒自羡烟波。

送張禮存太史還丹徒　嚴我斯

高槐晴日曉參差，曾憶河橋聯步時。一自還家盧橘美，何人不賦白華詩。帆收北固秋潮遠，夢入西堂苑柳垂。近日天章多筆札，知君定勿戀蒓絲。

京口江上寄林茂之隱君白下　陳允衡（增）

寒月散篷隙，皎皎争朝暉。不寢學跏趺，如掩山窗扉。啓視闃無人，遠水長天圍。眷懷在高館，既醉未言歸。

---

① 按："山"，《山右叢書》本《自課堂集》卷三《詩選》作"天"。
② 按："聽"，《山右叢書》本《自課堂集》卷三《詩選》作"啼"。

避風館　田雯

避風館在江東岸，瓜步帆回四月初。鴨嘴①小船趁潮上，櫻桃時節打鰣魚。

焦山　王子京

江擁諸峰插漢青，蛟龍憤薄水猶腥。山栖隱士從焦姓，鶴瘞深崖有晉銘。風急片帆迴鷺渚，夜分微火落漁汀。浮雲斷處天疑斷，浪迹年來總似萍。

京口望江　陳玉璂（增）

行子乘江望，凄然發浩歌。海雲浮客棹，江樹接官河。雁去吴天盡，潮來楚國多。妙高臺上月，日夕逐流波。

同友登京口避風館高閣望江　陳玉璂

衮衮登樓興，披襟坐上頭。果知天地大，不盡古今愁。孤塔衝烟立，諸峰拍浪浮。憑闌一長嘯，明月夜横秋。

竹林寺　汪懋麟

潤州到處皆幽絶，最愛城南古竹林。無數亂山藏寺小，幾多籬徑入門深。老松千尺響天籟，疏磬一聲來梵音。勝地殷勤數②回過，翻憐身世久浮沉。

送張禮存編修南還寄詢尊人湘曉先生　徐乾學

鐵瓮誠開壓潮汐，長江混混連天碧。上有黄鶴峻嶒之高峰，下有神仙留侯之第宅。留侯家世玉爲堂，兄弟連翩③珠樹行。一朝裘馬辭天闕，詎爲蓴鱸返④故鄉。君恩特許羞甘旨，秋水揚帆幾千里。屈指登堂拜慶時，蟹紫花黄家醞美。君家堂上老司空，海内人呼張長公。玉佩⑤池頭身是鳳，冰壺洛下岳爲崧。公才自合推公望，御書姓氏丹扆上。東山暫許謝安閑，洛下還須司馬相。文采風流世莫倫，膝前都是珮⑥魚人。丹心共吐酬明主，白髮争先奉老親。君家父子有至理，子舍朝堂總一視。大男省侍中男留，君親之間差可矣。走也詩因愛弟題，兩間瓦屋各東西。浮名遠愧鷄栖樹，返哺空憐烏夜啼。送客南歸魂欲動，况忝通家李與孔。贈子金莖露百壺，彩衣歸向高堂捧。花發驪駒不肯留，

① 按："鴨嘴"，《四庫》本《古歡堂集》卷十三作"白板"。
② 按："數"，清刻本《百尺梧桐閣詩集》卷五作"幾"。
③ 按："連翩"，清刻本《憺园文集》卷五作"聯翩"。
④ 按："返"，清刻本《憺园文集》卷五作"憶"。
⑤ 按："佩"，清刻本《憺园文集》卷五作"珮"。
⑥ 按："珮"，清刻本《憺园文集》卷五作"佩"。

有人天際識歸舟。秋風直上三山頂，江月長懸萬歲樓。

萬壽寺訪友　何金蘭

層層山抱寺，曲曲水當門。數折松楸路，幾家薜荔垣。寒烟迷遠浦，落日冷荒原。獨有幽人住，相携倒一樽。

望金山　李光地

碣石韜靈迹，兹山矗立頎。東南分砥柱，河漢落支機。月出連天近，潮來帶海飛。風帆斷雲散，漁火點星稀。禹會留科斗，堯階鎖翠微。烟嵐長日護，溪壑萬年歸。聳色排今古，孤根眩是非。還躋嚴子嶮，更上武夷巍。（按：此詩中言禹會，末言嚴子武夷，疑是嚴州之金山。而"潮來帶海飛"句，又似指此，姑存之。）

鶴林寺　王士祜

緬邈尋幽壑，殷勤訪鶴林。蕭然古竹院，朝日翠微深。奇石媚幽賞，清泉流至今。米顛復千載，高望寄長吟。

江上聞鐘用張祜金山詩韵　張仕可

山鐘何處起，清響一江分。破夢頻敲枕，衝風半入雲。無心逐歸鳥，有意感離群。夜静漁歌歇，烟中裊裊聞。

五州山　張恕可

到此自幽杳，牛羊尚未還。忽看飛鳥亂，不使澗雲閑。衰草醉秋雨，勞人戀晚山。山空萬籟静，月色滿禪關。

癸巳再游焦山①　陳鵬年

朝氣散林麓，春來水生波。遥山若相待，靄靄流②青螺。言從笋輿出，旋及桂楫過。海天近澄霽，風日柔以和。招提本靈境，結宇山之阿。既躋絶壁石，更捫雙峰蘿。楚津③見歸鴻，廣陵聞棹歌。同游飯④香積，信宿依維摩。江流去不息，日暮青山多。後來復幾時，我勞當如何。

---

① 按：詩題，清刻本《滄洲近詩》卷一作《再至焦山》。
② 按："流"，清刻本《滄洲近詩》卷一作"浮"。
③ 按："津"，清刻本《滄洲近詩》卷一作"澤"。
④ 按："飯"，清刻本《滄洲近詩》卷一作"飽"。

花朝日章江蘺招游焦山同余文圻楊石濱徐飛六顛客勞宗維家小阮涵谷即席限月字　陳鵬年

春風次①衣興勃勃，梅花照酒飛如雪。踏盡空林不見人，萬里江流涌明月。江光月色兩無塵，一片清冰同皎潔。酒酣意與烟霧深，直欲扁舟泛溟渤。主人愛客客亦豪，青天去人但咫尺。來朝更上雙峰巔，坐看陽烏上林樾。

和江服懿飲焦岩觀瘞鶴銘建亭歌原韻　陳鵬年

松寥宜晴亦宜雨，萬里江流在庭户。主人選勝開層軒，當杯似看蛟龍舞。酒酣散步焦岩巔，誰云煉石能補天。割取雲根八十字，摩挲舊刻慚新鎸。此物傳疑著江國，華陽逸少無人識。豐隆肆虐海若貪，但見光芒射斗極。偶來②水落窺坡陀，殘銘幸不全銷磨。挽之重淵陟青嶂，翼以危亭臨碧波。成勞本自衆擎出，呵護千年龍象窟。依稀尚見鵝群書，仿佛猶存鼠鬚筆。回思汩没波浪時，萬仞鑱削非人爲。遭逢明時乃復見，山海效順神靈知。君不見寶物顯晦原無端，澤宫石鼓還舊觀。又不見龍劍韜藏雙入水，須臾躍出澄潭底。文通插貂會有日，莫嘆采樵長困此。洗盞何妨傾十石，歡呼勇角千金擲。笑問蓬萊清淺無，座中况有騎鯨客。

竹林寺次柏里韻　陳鵬年

聞説春山路，迢遥入竹林。鶴巢松徑古，龍伏鉢雲陰。白社留幽轍，青門長道心。上方回望處，鐘磬靄沉沉。

招隱寺次柏里韻　陳鵬年

招隱知名寺，雲山路幾重。前朝迷玉殿（寺故梁昭明太子讀書處），古佛暗金容。階草晴馴鹿，春泉夜起龍。流連歸徑晚，夕照在東峰。

京江雜詩③　陳鵬年

杰閣俯城陰，闌干每一臨。曲阿秦郡縣，北府宋園林。山色分吴楚，江流自古今。春風滿天地，無限望鄉心。

浮江東下望金焦　姜宸英

金焦何處是，吴楚望中分。樹老光浮翠，鐘清響入雲。然犀千里客，瘞鶴六朝文。忽漫成今古，檣烏倚夕曛。

---

① 按：“次”，清刻本《滄洲近詩》卷三作“吹”，别本亦作“吹”。
② 按：“來”，清刻本《滄洲近詩》卷三作“乘”，是。
③ 按：詩題，清刻本《滄洲近詩》卷五作《京江雜詩十首》，此爲第二首。

金山春泊　查慎行（增）

片帆重過潤州城，曙色東來海氣晴。千點桃花一江水，妙高峰下作清明。

阻風瓜洲望金山　查慎行

狂飆高駕海門開，雪浪千堆倒捲迴。霧氣欲吞吞不得，紺宫浮出小蓬萊。

月下渡揚子江次西溟韵　查慎行

妙高峰下曉鐘撞，隔岸吴船正發幫。風露一天人擁被，櫓枝摇夢過春江。

雪後渡揚子江　查慎行

十里江風一霎間，海門晴色帶潮還。白頭浪裏參差影，看盡江南雪後山。

焦山古鼎歌　夏慎樞

君不見汾陰之水深千尺，神物一沉難再得。又不見漢皇好奇靈貺來，改年告廟真雄哉。由來古器半泥土，苔蘚剥落勞疑猜。世無張華與雷焕，紫氣往往埋塵埃。焦山古鼎何年至，雲雷斑駁螭龍麗。千年自鎮隱君山，一銘猶識周王字。吁嗟乎鶴冢半没山之陰，蝸廬踪迹難重尋。離離春草滿崖緑，吊古空憐江水深。兹鼎胡爲屹常在，抱材自老烟霞外。呵護常疑有鬼神，摩挲忽覺成光怪。昨夜風雷下太空，六丁回斡勞神工。烟雨冥濛老樹拔，碎石斷岸驚濤舂。人間靈物難攫取，光氣直射蛟龍宫。對此流連興何極，江天東去雙眸碧。

重游北固山甘露寺從磵道過放生池慨然有作　宋犖

凌晨訪名山，細草芳洲路。崒嵂亘江天，樓臺出烟霧。盤紆叢篠深，淅瀝清泉注。探奇憶疇昔，如駛流年度。兹游氣象殊，初地添新戍。嵯峨舊講堂，列戟老兵住。當時飯僧釜，刀劍久鎔鑄。雕楹梁帝書，摧折等林樹。游人偶經過，踧踖生恐懼①。山巔右石亭，曠覽欣如故。依稀揚州塔，突兀雲間露。洪濤萬里來，蕩潏朝還暮。孰知人事遷，抑鬱傷情愫。老僧三四人，幾載禪房寓。較予②爲後來，安能話平素。山陰放生池，磵道莽回互。蒙茸荆棘生，樵牧不復顧。我行曳短笻，石磴屢停步。既至殿宇頹，誰氏新加堊。（按：此字入聲，音鄂。疑誤用。）曩者三尺魚，游泳生意足。（此字本韵，音巨，過也，添物也。詩意乃充足之足，入聲，亦疑誤用。）臨流倚曲檻，朱鬣不知數。一旦化爲田，牟麥青青布。惟餘蘿洞存，絶壁斜陽駐。三嘆共僧徒，俯仰得深悟。望望野薔薇，

---

① 按："懼"，清刻本《綿津山人詩集》卷五作"怖"。

② 按："予"，清刻本《綿津山人詩集》卷五作"余"。

薇香風際吐。

妙高臺拜東坡佛印銅像　宋犖

誰鑄二銅像，曰東坡佛印。相對儼問答，氣宇一何俊。坡翁長不死，望并雲峰峻。高興留玉帶，永作山門鎮。印公霹靂舌，觸處機鋒迅。與髯相周旋，其人已千仞。我來妙高臺，天畔策一振。肅然仰二公，再拜瓣香進。捫壁讀札子，江風吹短鬢。黄昏月東升，鐘鼓蛟宫震。

金山二首　宋犖

不盡滄江水，中流涌一峰。雲霄開殿閣，鐘鼓震蛟龍。海逼風濤壯，波翻紫氣①重。山腰添斥堠，寥落幾游踪。

妙高臺上月，郭璞墓邊濤。今古傳靈境，登臨倒濁醪。楚天雙過鳥，吴苑一秋毫。漁父烟波裏，吾將共汝曹。

同譚長益周廣庵玉叔兄游焦山暮宿海雲堂四首　宋犖

不負名山約，登臨快此時。片帆投斷岸，斜日到荒祠。江俯盤龍窟，人尋瘞鶴碑。長風來萬里，倚杖步遲遲。

三詔高風在，千秋詎可攀。烟霞留古洞，江海蕩空山。絶壁飛蘿挂，深林暮鳥還。振衣峰頂上，漁唱起沙灣。

竹響參差發，松陰遠近舒。長歌傳澗壑，歸路俯空虚。梵放雲堂静，尊開海嶠孤。坐間饒古迹，風調辨才殊。

一榻山房静，燈光四壁開。驚濤天外轉，殘月夜深來。極目塵喧隔，驚心歲序催。白蓮期結社，禪誦傍香臺。

陳滄洲太守出瘞鶴銘於江中以拓本見示作歌②　汪士鋐（增）

焦山山崖瘞鶴銘，雷擊墜江江冥冥③。一旦④水底出至寶，神物焜耀含精靈。此碑書家最珍惜，欲拓恐犯⑤蛟龍腥。致令贋本遍天下，刻劃嫫母誇娉婷⑥。或傳此是右軍

---

① 按："氣"，清刻本《綿津山人詩集》卷五作"翠"。

② 按：詩題，清刻本《秋泉居士集》卷十作《瘞鶴銘歌》，題下注云："陳滄洲重出《瘞鶴銘》於江中，以拓本見示，因作此詩。"

③ 按："雷擊"句，清刻本《秋泉居士集》卷十作"雷轟石裂沉江溟"。

④ 按："旦"，清刻本《秋泉居士集》卷十作"朝"。

⑤ 按："恐犯"，清刻本《秋泉居士集》卷十作"惟怕"。

⑥ 按："刻劃"句，清刻本《秋泉居士集》卷十作"刻畫嫫姆誇娉婷"。

迹①，逸少二字疑足徵②。或云弘景或顧况，未睹真迹憑圖經。滄洲使君好古士，搜奇抉怪心無寧。揭來江邊問遺碣，太息墨寶存空亭。時當窮冬江水涸，巉岩洗刮平沙汀。或側或仆露奇字，磊落散布如天星。命工舁石置江岸，殘筆剩畫稀留形。重依舊石定方位，安排字迹還③儀型。屹如陰崖立華屋，恍然峭壁開新硎④。字體寬綽近⑤古隸，鋒棱雖刓光晶瑩⑥。睇視山中宰相筆，齊梁風格我所憑。⑦ 何年埋没忽露⑧泄，水府倏忽仍丘陵⑨。吾吴太守素⑩神异，驅使直可到六丁。狼貪虎視且弗避⑪，麾斥水怪如蝘蜓。世間寶物久必顯⑫，雲日肯被烟塵暝。扶傾固待巨人手⑬，此舉便已喧驚霆。遠道寄我喜創見，從今摹畫希精能。⑭ 此石此銘不再得⑮，毋使日夜椎拓無留停。

扈從自金山放船至焦山用東坡韵　高士奇

佳山佳水性所耽，將浮畫楫江之南。金焦相望十數里，山與北固名爲三。沙洲居人業何事，提筐挈網惟魚蠶。我隨紫雲駕仙鷁，才非顔謝令人慚。遠溯洪波肆曠覽，幽崖倚棹臨幽潭。手捫懸蘿入虚谷，塢桃未放梅花酣。摩挲蘚銘讀瘞鶴，何年隱士僧能談。叢篁夾地徑蒙密，層巒崒嵂開花龕。時方春和二月朔，小憩偶飲山泉甘。江天斜照霞散綺，留連奇境非爲貪。朱旄玉節降天帝，若圖法從吾何堪。夜帆歸宿雲水外，夢思煨芋山中庵。

竹林寺　孫枝蔚

漸近雲中⑯寺，山容四面蒼。松門聞法鼓，竹徑見天香。乞食春風裏，思家老衲傍。長江不可斷，處處對維揚。

登北固山　孫枝蔚

幾年思北固，不忍倦南游。遥對千帆影，能空六代愁。人行江鳥路，樹帶海雲秋。

---

① 按："迹"清刻本《秋泉居士集》卷十作"筆"。
② 按："逸少"句及下"或云弘景或顧況"，均不見清刻本《秋泉居士集》卷十。
③ 按："還"，清刻本《秋泉居士集》卷十作"存"。
④ 按："恍然"句，清刻本《秋泉居士集》卷十作"恍如江畔開新硎"。
⑤ 按："近"，清刻本《秋泉居士集》卷十作"具"。
⑥ 按："光晶瑩"，清刻本《秋泉居士集》卷十作"精光瑩"。
⑦ 按："睇視"二句，清刻本《秋泉居士集》卷十缺。
⑧ 按："露"，清刻本《秋泉居士集》卷十作"漏"。
⑨ 按："水府"句，清刻本《秋泉居士集》卷十作"奪取龍藏歸蒼冥"。
⑩ 按："素"，清刻本《秋泉居士集》卷十作"例"。
⑪ 按："狼貪"句，清刻本《秋泉居士集》卷十作"魚龍遁藏避神劍"。
⑫ 按："世間"句，清刻本《秋泉居士集》卷十作"天生寶物世必顯"。
⑬ 按："扶傾"句，清刻本《秋泉居士集》卷十作"扶傾固須待好手"。
⑭ 按："遠道"二句，清刻本《秋泉居士集》卷十缺。
⑮ 按："得"，清刻本《秋泉居士集》卷十作"出"。
⑯ 按："中"，清刻本《溉堂前集》卷四作"邊"。

望裏山皆好，全將爽氣收。

多景樓送吳園次赴任湖州　孫枝蔚

出城送客共躋攀，萬里烟雲杳靄間。天下江山如此少，古來冠蓋幾人閑。潮頭日午添帆影，樓角風微散酒顏。五馬臨行重回首，故知魚鳥最相關。

焦山遇風作　孫枝蔚

風起中流浪打船，秦翁失色海雲邊。也知賦命原窮薄，尚欲西歸太華眠。

潤州早發　毛奇齡

東楚驚秋暝，南徐趁早程。星飛京峴口，水落潤州城。海日連雲起，江風拂浪生。徑行高唱遠，徒有謝公情。

舟過金山　毛奇齡

昔年曾取中泠水，正值梁王北顧時。楊子驛前雲漠漠，潤州城下草離離。千秋鐵瓮横江險，三渡金山破浪遲。當日妙高臺上路，岧嶢不見使人思。

舟次京口　陳維崧

連夜蓬窗宿，彌深旅客情。泊船愁日暮，解纜及秋晴。潮打東城路，風高北府兵。蕭然何限意，燈火隔江生。

題韓蘄王廟　尤侗（增）

忠武勛名百戰回，西湖跨蹇且銜杯。英雄短氣莫須有，明哲保身歸去來。夜月靈旗摇鐵瓮，秋風石馬上琴臺。千秋遺廟還香火，杜宇冬青正可哀。

舟泊京口[①]**　尤侗**（增）

紅日燒空行路難，長年（舵工之稱）悶坐只如閑。袍（字疑訛）船截住横江口，便是南徐第一關。

華山畿三首　朱彝尊（增）

華山畿，弩張不發箭，知子未投機。

兩相望，儂非弧矢星，安能常對狼。

---

① 按：詩題，清刻本《于京集》卷一作《舟阻京口》。

奈何許，安得鳳凰子，迎接儂與汝。

焦山剔銘圖爲王副使煐作　朱彝尊（增）

華陽真逸昔瘞鶴，井穴乃在焦山根。銘文不省誰氏作，紀年第有干支存。審視要非唐後勒，昔年曾與張弨論。兹山不與浮玉伍，其地僻左希攀援。旋渦轉湍奔溜急，沐日浴月驚濤翻。峰坳集海舶，浪嚙藏江豚。銘辭汩没露日少，誰揭①地户開天門。丈人守靈威，真官降趙尊。若非神人護，遺迹安可捫。廬臺王君信好事，躬自荷鍤操犢褌。剜苔剔蘚竟深入，先以前趾次尻臀。手摸其文無闕失，一紙價已當瑶琨。西江道士爲傳寫，衣袂尚帶寒潮痕。惜哉韡馬且北去，山游未遂栝與温。何年金石共搜討，疑義相析窮其源。

金山登妙高臺　朱彝尊

高臺堪極目，落景一登臨。衆水金陵下，孤城鐵瓮深。平沙依雁宿，横笛想龍吟。不見安禪叟，寥寥江上心。

寶晉齋硯山聯句　朱彝尊

有石産京峴，近在龍目灣（周篔）。外史火正後，愛好怡情顔（彝尊）。棱分岩穴岫，垢洗黄朱斑（周）。俄看千仞峰，勢拔方寸間（朱）。亭亭華蓋倚，隱隱却月彎（周）。岡巒各殊狀，一一相迴環（朱）。其下陷深窪，彷彿龍所寰（周）。有時風雨至，大小青來還（朱）。玩物不在多，對此心神嫻（周）。以之易園廬，勝絶臨江關（朱）。觀其賦詩意，猶自心偏慳（周）。年深异顯晦，幸未委榛菅（朱）。君家藏四葉，泠光古益黰（周）。且以娱寂寞，豈復論銖鍰（朱）。舉世重黄白，孰營几上山（周）。好語玉蟾蜍，勿用清泪潸（朱）。

曉上焦山絶頂至暮歸宿山莊　潘高（增）

初日江荒荒②，曉烟不可罷③。稍行辨青螺④，漸次辨蘭若⑤。人行穿鶻巢，路窄盤石罅。逾⑥時攀險絶，早已驚衰謝。樹古岩就穿⑦，樓高雲許藉⑧。一盡巔崖趣，旋從别

---

① 按："揭"，《四部備要》本《曝書亭集》卷二十一作"抉"。
② 按："初日"句，清刻本《南村詩稿》卷五作"初日江瓏瓏"。
③ 按："曉烟"句，清刻本《南村詩稿》卷五作"荒烟不可罷"。
④ 按："稍行"句，清刻本《南村詩稿》卷五作"稍見蘆洲出"。
⑤ 按："漸次"句，清刻本《南村詩稿》卷五作"茅茨已如畫"。
⑥ 按："逾"，清刻本《南村詩稿》卷五作"幾"。
⑦ 按："樹古"句，清刻本《南村詩稿》卷五作"峭蒨插寒空"。
⑧ 按："樓高"句，清刻本《南村詩稿》卷五作"孤騫勒奔瀉"。

徑下。落木響蕭騷①，寒潮勢奔瀉②。欲③歸路非遠，問④渡風稍借。可憐江上月，先我在茅舍。酌酒勸影形，嗒然坐清夜。⑤

多景樓　潘耒

蕭颯江樓坐，烟光向晚重。寒村攢橘柚，落日沸魚龍。帆送中流笛，杯傾隔岸鐘。三山不敢賦，彩筆有前蹤。(家木公先生《三山賦》刻石在壁)

竹林寺　邱象隨

十里江城外，山開古竹林。厨通一澗遠，寺俯萬松深。石乳清僧骨，花潭静客心。隔簾荒草合，招隱念知音。

至京口早渡揚子江　黄始

吹船如雪浪花迎，江北江南十里程。幾點白雲收宿靄，半竿紅日報初晴。客衣漸染風塵色，鄉語猶聞欸乃聲。一尺潮頭三尺槳，青青烟柳是燕城。

烟雨渡江　嚴繩孫

京江春樹隔芊綿，咫尺神靈意惘然。青壁近迷山寺雨，緑蓑遥入海門烟。江魚水闊難通市，石燕風多不避船。我欲然犀照幽渚，夢魂猶自怯潺湲。

江上贈何雍南程千一兼懷同學諸子　董以寧

吾愛何程迥絶倫，雄懷共對大江濱。文章論定誰千載，天地中間此數人。款語高齋忘病去，結交末路覺情真。天涯更與憐同調，日日山頭遠望頻。

陽彭山春望　董文友(增)

遍訪桃花徑幾回，陽彭山下一株開。招呼共向壚頭飲，已有輕紅墮酒杯。

夜泊京口　邵長蘅

驚濤一片大江明，估客帆檣鐵瓮城。暮雨瓜洲人北去，秋風瓠子雁南征。潮聲夜落

---

① 按："蕭騷"，清刻本《南村詩稿》卷五作"空山"。
② 按："寒潮"句，清刻本《南村詩稿》卷五作"潮聲杳清夜"。
③ 按："欲"，清刻本《南村詩稿》卷五作"既"。
④ 按："問"，清刻本《南村詩稿》卷五作"欲"。
⑤ 按："酌酒"二句，清刻本《南村詩稿》卷五作"山重一雁呼，窗暗青燈灺。有酒即相傾，無酒還當貰"。

黿鼉窟，鐃吹晨喧鵝鸛營。見説年來消戰鬥，樓船還駐下江兵。

登妙高臺　佟世南

高臺淩碧漢，倒影入江心。烟水連天地，人寰自古今。海風吹短鬢，山月對披襟。不盡登臨興，寒潮落夜深。

金山曉望　卞永吉

孤峰分巨浪，秋色望中明。水自朝宗急，山從戍壘平。晴雲連海氣，旭日射江城。極目烟波外，蒼茫動客情。

登北固山　李雯

山形稱北固，地勢壯南州。海氣迷揚子，江聲到石頭。片帆吴岫出，半壁楚天流。梁帝旌旗没，蕭蕭松柏愁。

丹徒　朱昆田

望裏雲帆曲曲遮，縈紆一綫走修蛇。晚潮入浦舟難上，高岸如山日易斜。軋軋小車裝酒母，紛紛鄉客買魚花。丹徒不似江南景，到此令人便憶家。

金山蘄王廟　趙吉士

古廟巋然控上游，雲帆戰艦夕陽收。江烟時帶魚龍氣，潮水猶傳鼓角愁。南渡衣冠空半壁，中泠俎豆竟千秋。可堪驢背投閑去，長使厓山作帝州。

金山雜咏四首　張景蔚

雨佳晴亦好，一日一番新。風定江聲緩，雲開樹色真。遥天烟似水，古洞月無塵。領略山光盡，誰能及懶人。

每到忘歸去，烟霞有夙因。山雲常伴我，山鳥不疑人。坐①石逢僧話，餐芝遇道真。幽栖偏適意，難得是閑身。

最愛焦山遠，中流翠一團。危峰包古寺，斷岸激荒瀾。濤響晴如雨，林深暑亦寒。孝然祠外月，千載有誰看。

高隱中流地，孤峰果异哉。好因多樹木，全不藉樓臺。浪急舟難渡，山遥客少來。方知真面目，天地絶塵埃。

---

① 按：“坐”，原缺，據别本補。

登金山　嚴應肇

奔濤何浩蕩，孤嶼抵中流。氣潤魚龍聚，天空日月浮。江聲連楚蜀，山色變春秋。無限登臨意，難爲薄暮留。

登金山悟影樓　孫汝謀

空山一棹恣奇游，選勝高登悟影樓。縹緲雲連瓜渚樹，蒼茫烟暗白雲舟。濤聲遠溯通三峽，山色晴摇見五州。醉倚危欄看日暮，蕭蕭蘆荻正深秋。

宿甘露山房二首　章性良

尋幽携勝友，曲磴共躋攀。古樹撑危石，疏鐘下半山。暮烟當户合，歸鳥傍巢閑。塵涴都消盡，何年獨掩關。

酒酣重散步，乘興上層巒。籬落吹殘葉，江流瀉急湍。輕雲籠月淡，重露入風寒。漸覺秋衣薄，盤桓已夜闌。

甘露山房次張處沖韵　章性良

炎暑山房罥客踪，閑緣危磴一支笻。新苗飽雨青長畝，殘日烘雲赭遠峰。潮涌片帆遲泊岸，崖深六月早聞蛩。星河耿耿漁燈亂，屋角林虚起夜鐘。

壽丘晚霽　何絜（增）

壽丘夕澄霽，雲歸日西沉。近山多蒼靄，遠峰含餘陰。連嶂叠指點，青翠杳深深①。落霞楓葉映，斜曛嵐氣森②。久霉積霃苦，一爲開煩襟。哀鴻戀舊主③，迷鳥慕古林。含情尚有愛，何能離賞心。

焦山和宋射陵四首之一④　何絜

空江禁渡暮烟多，策杖登山意若何。絶壁誰人探鶴冢，枯僧有地結雲窩。頻年戍火愁中大，萬頃驚濤定裏過。此際不須論往事，衹堪相對放清歌。

蓮子庵　徐沂

城南多勝地，此地更幽森。木落山容瘦，烟濃野色深。晚鐘宣梵語，歸鳥助樵吟。一入禪房内，頻增世外心。

---

① 按："深深"，清刻本《晴江閣集》卷二作"森森"。
② 按："森"，清刻本《晴江閣集》卷二作"深"。
③ 按："主"，清刻本《晴江閣集》卷二作"侶"。
④ 按："之一"，清刻本《晴江閣集》卷五作"之二"。

焦山坐月　程世英

空山飄素月，坐久澹予情。相對意言寂，獨看魂魄清。竹陰圍鳥夢，秋氣濕蟲聲。澄澈遥天静，悠然新悟生。

北固山　陳之遴（增）

危磴侵雲策杖遥，琳宫積翠擁岧嶢。烟開鐵瓮生殘照，風起金山急暮潮。飲馬幾回虚割據，卧龍從古混漁樵。六朝佳麗依稀在，花月春江響玉簫。

月夜汲中泠泉　謝方連（增）

新月泉上出，江華照衣冷。扁舟蕩秋槳，汲取波中影。昨與山僧期，煮月翻瓦鼎。

吊宗忠簡公墓　沈德潛（增）

徑走澶淵溯上游，渡河直欲復神州。晉元已作南遷計，諸葛空懷北伐謀。當日廟堂違奏議，只今樵牧護松楸。請看京峴山邊水，日落濤聲恨未休。

次京口作　沈德潛（增）

山頭甘露寺，隔岸佛狸城。爲憶南朝事，因談北府兵。天空寒雁落，人静晚潮生。鄰舫聞吹笛，偏傷旅客情。

高沙從二丈約夜汲中泠泉月黑不果因放舟登金山　余京（增）

甓湖老叟有水癖，水經補注手自芟。品泉常鄙瓮城俗，河流渾濁土井鹹。遥指中泠近郭墓，有約乘月張孤帆。銀山道士路留客，網魚沽酒供飢饞。帶醉下山月忽暗，到灘唤渡舟人諵。爲言江黑湍溜險，況復崖石多巉嵌。趦趄却步興未竭，揚舲鼓枻頭陀岩。有泉甃石覆亭子，大書第一豐碑劖。此泉聞道孕龍窟，洪流在上如鐍緘。名高大隱反汩没，贋者遂得膺其銜。垂綆汲啜亦清冽，個中誰復分仙凡。

登金山塔　余京

半空身忽住，陡覺下方浮。白浪連山走，青天入海流。塵埃吹野馬，城郭動蜉蝣。極目窮巴蜀，風帆萬里愁。

米南宫墓　余京

山荒樵徑十三松，米老孤墳此地逢。斷隴牛羊青草卧，殘碑風雨緑苔封。像栖破屋春澆酒，魂傍空門夜聽鐘。我欲揖君供片石，壺中無復九華峰。（按：南宫墓自在長山。若鶴林寺前，乃南宫葬其母之墓也，沿誤已久。詳見“輿地·陵墓”。江干此詩猶不免從俗耳。）

薄暮登木末樓即事[①]　余京

雁背遥翻落照來，樓登木末客徘徊。江山曠劫争棋局（座中卞邠，原與客争劫不休。卞，國手也），燈火光陰促酒杯。萬井人烟秋慘淡，百年戎馬地蒿萊。西風歸路吹殘醉，雲掩高城畫角哀。

登北固山　余京（增）

北固嵯峨枕碧流，登臨霸迹憶孫劉。百年戎馬三分國，千古江山一倚樓。鐵瓮日沉殘角起，海門風静暮潮收。故宫舊壘知何處，野荻寒蘆歲歲秋。

暮春同沈歸愚登蒜山憩清寧道院[②]　余京（增）

老去攀躋興尚存，蹣跚與[③]客躡雲根。天晴烟樹分瓜浦[④]，春漲波濤拓海門。野馬絪緼頻過眼，蟲沙[⑤]變滅幾招魂。亂藤荒草山前路，鐵騎曾經十萬屯。

北固遠眺　談志

南徐三月後，北固大江邊。雨脚收將盡，潮頭落未全。野田平緑水，村樹帶輕烟。不盡鷗鳧興，沙汀向遠天。

鶴林寺　高鳳翰

修篁面面護青霞，斷壁殘烟古佛家。四百寺中無過客，十三松下有啼鴉。仙人樓拆前朝瓦，米老墳荒野麥花。往事祇應憑吊好，不須補插杜鵑芽。

笠庵　韓采

千丈芙蓉嶺下堂，白雲自分少炎凉。來探七月江楓信，因悟三生石佛香。山海氣雄吞大壑，魚龍秋冷抱斜陽。却憐老向林泉卧，世路風帆夢已忘。

鶴林寺　徐時允

南郭路紆折，鐘聲出鶴林。塵心初地遠，修竹曉烟深。梅綻石墻外，苔荒古殿陰。

---

① 按：詩題，清刻本《欽定國朝詩别裁集》卷二十八作《秋杪薄暮登北固木末樓即事》。
② 按：詩題，清刻本《欽定國朝詩别裁集》卷二十八“沈歸愚”前有“吴門”二字。
③ 按：“與”，清刻本《欽定國朝詩别裁集》卷二十八作“陪”。
④ 按：“浦”，清刻本《欽定國朝詩别裁集》卷二十八作“步”。
⑤ 按：“蟲沙”，清刻本《欽定國朝詩别裁集》卷二十八作“沙蟲”。

杜鵑花去後，無復問知音。

金山月夜　祝應瑞

登臨興不淺，月在最高亭。雲氣浮天白，風光接海青。水澄龍隱窟，岩響鶴歸庭。漠漠飛花落，山僧夜講經。

白沙翠竹江村（十三首之四）①　**程夢星**（增）

虛閣延清②光，白雲飛不去。沃衍江之濆，布穀鳴春樹。耦耕人荷鋤，村烟深處處。（耕烟閣）

山堂雙古柏，偶立何蒼蒼。風烟飽閑曠，永辭斧斤③戕。衆鳥各有托，于兹栖鸞凰。（香葉山堂）

連延南岸山，嵐光幻無已。木落雙眼空，天遠一帆駛。高樓嘯清風，山靈同徙倚。（見山樓）

菑畬及良辰④，耕穫當樂歲。潔志薦馨香，孝思以無匱。望古補笙詩，明發恒不寐。（華黍齋）

題祝荔亭老漁圖　盧見曾（增）

披圖重認舊同官，白眼名流謝過難。烟月一竿綸在手，而今真作老漁看。

秋日同人由招隱寺登獅子窟　韓嘉禾

高秋清興發，携手上書臺。曲水穿山徑，深林長石苔。樵歌雲外去，仙梵竹間來。處士今何在，臨流每溯洄。

穿雲過別嶺，一望草芊芊。樹密山藏寺，潭清石吼泉。夕陽剛入岫，游屐半生烟。歸路無愁晚，僧房許借眠。

圌山尋隱公禪院　朱祜

風塵閑不易，聞達興還違。秋草尋僧路，寒江閉客扉。一籬花自笑，千嶂葉初飛。記得題詩處，琅玕翠濕衣。

登潤州城樓呈郡侯高公（名龍光，見“名宦”。）　**朱祜**

麗譙百尺接天開，北府登臨更壯哉。海息長鯨宜卧鼓，政成神爵好銜杯。千山夕照

① 按：清刻本《今有堂詩集》卷一《江峰集》有《至白沙翠竹江村讀書》詩，此詩下有《江村十三咏》。

② 按：“清”，清刻本《江峰集》作“晴”。

③ 按：“斧斤”，清刻本《江峰集》作“斤斧”。

④ 按：“辰”，清刻本《江峰集》作“晨”。

依山盡，半壁江聲入檻來。過客莫題王粲賦，使君自有謝公才。

唐頽山　關漁

雙屐雨中來，襟懷此際開。峰巒帶城郭，江海接樓臺。嘆息昔人去，空勞我輩哀。唐頽千古事，鴻雁自徘徊。

游萬壽寺　關漁

春陰散步過荒村，松柏參天護寺門。野鳥狎人隨入院，山僧留客旋開尊。嶺南雨氣嵐添色，江面雲光水作痕。歸去何愁衣履濕，狂歌不覺已黄昏。

上巳後集章江蘺交翠亭　楊湆

蘭亭高會屬傳聞，眼底何曾見右軍。祓禊重修三日後，詩篇互許六朝分。伊蒲特爲留開士，肉食還宜對此君。晚雨霏霏歸路黑，半規新月障浮雲。

見山樓落成賦贈　茅紱

拓地編茅傍古槐，樓成一望信佳哉。人從天水中間立，窗與金焦對面開。海底月升穿樹入，城頭霞散撲檐來。客過莫道無供給，檻外長江是酒杯。

游何將軍園亭四首　李天塹

泉脉遥分海外潮，山根當户勢嶕嶢。天教靈境留餘地，闢出南塘第五橋。
雅歌選勝愛投壺，松奏笙簧水奏竽。褒鄂弓刀閑不試，且開江上輞川圖。
鈎輈樹底鳥音稠，門①静庭閑任客游。行到水邊鷩潑剌，柳陰斜纜打魚舟。
戴公園上剩荒雲，米老祠前草不耘。獨有北郊棠蔭茂，由來大樹屬將軍。

玉山晚眺　陳世章

何處最清曠，兹山可暫停。飛雲出海白，宿鳥帶烟青。隔岸漁懸網，緣江石列屏。浩然幽興發，斜月碧泠泠。

奉同半石夫子雍南又嵋兩先生宿松寥山房限韵分賦　王待

曉日挂江城，江亭暗復明。帆歸烟外杳，人入鏡中行。路憶曾游地，詩看舊識名。披雲尋老衲，趺坐聽啼鶯。

江急濺濺白，峰高兀兀青。竹聲清午夢，梧色冷空庭。雲畫山容斷，風驅水氣腥。

---

① 按："門"，别本作"門"，是。

憑欄一迴眺，斜日網疏欞。

卒聞風雨響，聲在半山中。回眺碧天際，始知松柏風。宿雲歸海暮，烟棹入江空。向夕漁歌起，悠然興不窮。

把酒看江月，雲山一望孤。水光侵几席，螢火散虚無。地脉潜通楚，濤聲暗入吴。中流懷擊楫，誰爲展雄圖。

三詔洞拜焦隱君像　厲鶚

呀然石房闢，栝柏互森竦。下有黄犢廬，山因姓氏重。炎靈失其政①，四海浩呼洶。先生獨緘口，絶世一何勇。魏吴公與卿，彌望盡闒茸。去之斯已而，孤寄此巃嵸。入獸不亂群，露寢甘自擁。至今拂岩花，真氣使人拱。何哉天書帝，機祥共慫慂。通夢謬加封，高靈肯污②寵。（祥符中，真宗卧疾，夢隱君而愈。詔封明應公。）我疑駕蜚鴻，瑶草拾遺氄。爲君迴俗駕，落葉寒到踵。

别峰庵　厲鶚

平岡連筠杉，石棧下奔峭。幽林天光入，凄神歷衆妙。結茅但孤僧，啓户延客眺。云此東峰半，微茫見海嶠。濤聲寒鼉管，烟色斷雁叫。浩劫水仙琴，長往任公釣。揮手謝時人，與爾不同調。

瘞鶴銘　厲鶚

我生好讀浮丘經，焦山來訪瘞鶴銘。纍纍之冢令威嘆，羽化誰使傳千齡。乃知仙家重文字，不异人世[illegible]幽扃。崩崖皷浪下無路，直待水縮霜霰零。墨痕濺面葉藉背，仰卧乃③可摹真形。張王近事僧指説（張弨、王焕），奇險欲動魚龍聽。長沙陳公發天秘（陳鵬年），抉取覆以屋建瓴。繕亭何必歷三癸，鑿石直疑煩五丁。上皇樵書今得覿，尤慮氈椎日敲擊。比量北海遇趙岐，特護翠珉藏複壁。敢辭米老河豚譏，贋本重鏤外加羃。篝燈側足窺大幽，彈渦親剔筆畫遒。真官若掌女青律，筦牡失職當窮搜。百番赫蹄走書估，三日卧看毋自苦。摩挲後此五百年，鋒棱就視空茫然。吁嗟神物非近玩，不如天吴什襲猶能全。

焦山古鼎　厲鶚

古之彝器篆最奥，佚籀已遠誰稽探。横舟持刀或立旆，簡質妙若繪事妉。姬周尚文備衆體，款識不慮供魚蟫。二千年物落山寺，王詩大小傳東南（西樵、阮亭兩先生）。兹游一見發絶詫，熊熊光溢燕子龕。腹深八寸唇尺四，叩之清越微聲韽。雲雷周匝峙饕

① 按："政"，《四庫》本《樊榭山房集》卷六作"馭"。
② 按："污"，《四庫》本《樊榭山房集》卷六作"汗"。
③ 按："乃"，《四庫》本《樊榭山房集》卷六作"劣"。

飺，生砂活翠浮朱藍。無專世惠釋文异，不獨立位形相參。邍父鄭郱誤考据，尚功妅婦迷研覃。惟王酬庸錫册命，鑾旗鋚勒兼戈錟。忠忱對揚懼隕越，孝思用享調滑甘。鈐山不識此二字，廿年辛苦成虚談。天池釣叟假盜柄，大鷄亦應台星三。（明世宗，自號天池釣叟，見沈虎臣《野獲編》。）鑄氣爲兵事豪奪，攸熺一例如狼貪。上河圖子偶僞托，思質陷法人何堪。吉金肯冒辱金辱，得不异送行趍趲。子孫永寶意爾爾，雜厮[1]尊勺娱宴酣。豈知袁州詔簿録，清玩件繫文嘉譜。此鼎潛藏幸神助，同時輩行歸瞿曇。空諸所有乃常有，雲烟過眼休嘲哈。壑舟恐遭大力負，請視覆轍應懷慚。何如留與客吟賞，茶具更携都統籃。

雙峰閣　厲鶚

絶磴盤空出，危峰架屋低。雲光在其下[2]，帆影盡於西。身世浮杯似，年華過鳥齊。禪寮容自恣，筇杖約重携。

游金山[3]　馬曰琯

渡頭晴色風帖然，行盡寺廊如有緣。江光四圍佛屋頂，洞雲幾片僧床邊。開尊留客黑鹽豉，打槳載人紅板船。今夜蕪城定生夢，夢在聽潮軒裏眠。

京口懷古　陈璋

滄桑回首思依依，三國江山嘆夕暉。走馬磵邊秋草亂，釣魚臺畔浪花飛。撝蒱刺史豪名在，販履英雄霸業非。最是五湖思范蠡，一竿烟水坐忘機。

華山畿　葛筠（增）

可憐華山畿，郎自爲儂死。儂生獨何爲，父母不下堂，兄妹俱成行。何必戀阿儂，切切空悲傷。啓我黄泉道，换我新衣裳。古墓横路旁，陰陰松柏長。下有同心草，上有雙栖鳥。

京口待潮繫舟北固山下　夢麟

水國多晝陰，輕霏散空宇。維舟候暮潮，孤帆落前渚。北風生薄寒，青山動孤溆。天盡海門烟，雁下蘆洲雨。殘霧滿空江，卧聽舟人語。

渡江望金山放歌　夢麟

我行五岳歷其四，翠巘丹屏涌平地。兹山窟宅誰經營，竦峙波心炫金翠。朝江暮江

---

① 按："厮"，《四庫》本《樊榭山房集》卷六作"厠"。
② 按："下"，《四庫》本《樊榭山房集》卷六作"上"。
③ 按：此詩另見厲鶚《樊榭山房集》卷六（《四庫》本）。

濤不窮，珠宮梵宇江當中。晨暉夕秀光磨銅，面面寫出金①芙蓉。芙蓉蒼翠丹樓紅，香烟淡沱②紆輕虹。穹崖羅植皆喬松，蔦蘿下垂驚魚龍。霧鬟螺髻黛色濃，晞髮朝入馮夷宮。鏡中一一如其容，丹黄紫翠窺覘同③。昨日今日天生風④，波紋如縠縱而横。飄摇石笋如欲行，飛甍動蕩僧徒驚。玉皇之吏來神京，翺翔寥廓下太清。卧吹簫管聲沉冥，蛟龍雜遝紛吾迎。江神出没鞭長鯨，濤頭打山山不平。綉桷雕檻渾相傾，金光摩蕩波層層⑤。咄哉所睹真不恒，方壺圓嶠得未曾。得非浮丘洪崖所經住，夜拔海島飛來成⑥。家中郭景純，遺蜕留空名，蓬萊瑶草十⑦回榮。鱗波終古環佳城⑧，靈妃不見余長征。雲梯萬丈誰能登，蜉蝣龜鶴隨所經。吾生不化愁吾情，何年折桂凌紫庭⑨。

北固絶頂遠眺⑩　夢麟

鐵瓮城高落木荒，支笻北顧一迴腸。天容帶雨連空没，日氣沉波到海黄。客足秖今歸汗漫，江聲終古慟興亡。傷心龍虎皆銷歇，薄暮風吹鬢有霜。

鶴林寺口占二首　何又珣

竹院清陰鎖暮烟，十三松老寄奴泉。如何閬苑將花去，不管春風泣杜鵑。

咏歸徐步石橋邊，優鉢天香散碧烟。樹杪風傳清磬出，誰人爲問馬師禪。

小九華晚坐　王連城（增）

暝色鬱蒼然，落日下西嶺。梵放散迴風，更覺香林静。嗟予何勞生，聞鐘發深省。坐久山月來，疏竹漏清影。

題黄石屏畫石　王連城（增）

王宰五日畫一石，石屏五石成一日。自是胸中有丘壑，飛墨雲烟隨腕出。面面側嶺界横峰，野客對此清興濃。請君留我一片地，擬向彈琴坐看松。

---

① 按："金"，清刻本《夢喜堂詩》卷四作"青"。

② 按："沱"，清刻本《夢喜堂詩》卷四作"淹"。

③ 按：清刻本《夢喜堂詩》卷四此句下尚有"玉盤夜挂瀲江空，驪珠點滴莓苔封"二句。

④ 按："天生風"，清刻本《夢喜堂詩》卷四作"天風生"。

⑤ 按：清刻本《夢喜堂詩》卷四此句下尚有"崇臺玉闕交迴縈"句。

⑥ 按：清刻本《夢喜堂詩》卷四此句下尚有"鷺鷥鸕鷀輕雲輕，鵁鶄白鳥相飛鳴。毋乃王喬之所乘，招摇名岳遨滄溟。不然恐是遼東丁，學仙得仙游仙甍"諸句。

⑦ 按："十"，清刻本《夢喜堂詩》卷四作"千"。

⑧ 按："佳城"，清刻本《夢喜堂詩》卷四作"飛楹"。

⑨ 按：清刻本《夢喜堂詩》卷四此句下尚有"雙眸洗滌須中泠"句。

⑩ 按："遠眺"，清刻本《夢喜堂詩》卷四作"眺望"。

獅子窟　王連城

陟險尋蘭若，墻陰遍古藤。山堪招大隱，鳥不避孤僧。怪石高於屋，禪心冷似冰。上方天色暝，墟落見秋燈。

江上懷古　王連城（增）

烟雲渺渺算山頭，蒲柳蕭蕭瓜步洲。半壁金湯雄北顧，大江天塹逝東流。海門三詔仙人洞，城上千秋刺史樓。勝地只今虚想像，欲將往事問沙鷗。

石公山樓待月（同楊青橋、李愚亭、殷芷溪、程隱皤度中秋）　王連城（增）

千尺浮空江上閣，雲蘿石壁俯潺湲。絶憐月是今宵滿，况復人同此日閑。片雨霏微瓜步鎮，夕陽明滅海門山。好歌水調坡仙曲，聽徹昏鐘未忍還。

秋仲同楊青橋李愚亭登雲臺山　王連城（增）

尋秋勝侣樂爲群，直上懸崖撥亂雲。石徑高低雙屐穩，大江南北片帆分。蒹葭洲闊潮初落，薜荔山深日易曛。欲問二翁舊亭子，一聲漁唱隔烟聞。

冬日同人游何氏山莊　程兆熊（增）

冬山轉蒼翠，呈態尤萬端。木葉既已脱，霜風欣未寒。招我素心侣，岩壑恣盤桓。雅咏兼嘯歌，一一發清歡。誰人結茅屋，幽敞依層巒。繞屋碧溪水，蔭屋青琅玕。曝背古松根，煎茶白石闌。恨不携五弦，踞坐此中彈。余久厭囂塵，對此空慨嘆。何當成小住，息機萬慮安。低徊不能去，短景山外殘。歸途重回首，林際烟漫漫。

招隱寺　程兆熊（增）

曲曲清溪路，潺湲出翠微。一聲黄鳥寂，數片野花飛。殿古松杉合，山深笋蕨肥。戴公何處問，高咏對斜暉。

分賦南山諸勝得蓮花洞限江韵　程兆熊（增）

不覺入山遠，清鐘聞一撞。栗林風簌簌，石澗水淙淙。古洞飄金粟，枯藤繞佛幢。何時携杖笠，高卧此幽窗。

柳溪橋訪潘江如先生故居　程兆熊（增）

高士淪亡久，書堂剩落暉。空憐芳草路，止有白鷗飛。悵望春江晚，蕭條過客稀。年年橋畔柳，猶自拂人衣。

哭鮑海門先生二首　程兆熊（增）

海内今詞伯，江鄉老布衣。墻東星忽隕，華表鶴何歸。頓覺騷壇冷，回傷往事非。案頭遺稿在，欲展泪頻揮。

片言開後學，一代傾遺風。畫法南宗正，詩傳北地雄。雅音從此斷，古道與誰同。忍過西州路，羊曇恨未窮。

五州山净因寺　程兆熊（增）

兹山游客少，想爲遠塵寰。松密疑無寺，僧高只閉關。井荒千佛廢，路曲一樵還。欲去仍延佇，鐘聲暮靄間。

冬日同石帆山人過城東直指庵喜晤桃花塢中諸道人　程兆熊（增）

布袍烏帽一閑身，不到城東又隔旬。江上舊交垂釣叟，塢中今識種桃人。撲窗落葉聲偏韵，照日寒花色倍新。莫怪往還游屐數，逃名我亦厭風塵。

秋日登黄鶴山絶頂　程兆熊（增）

一上孤峰萬木秋，江城點點亂雅投。雲山四顧皆東向，寒浪千重盡北流。太傅松高餘夕照，佛狸祠廢剩荒丘。欲尋戴女磨笄處，烟草迷離動客愁。

逭暑黄鶴山莊臨流宴飲同秦勉齋阮東岑賈文山鮑步江陳壑淙楊青橋李醉石殷芷溪張莪村江亭吟客雲岑静庵諸先生作　程兆熊（增）

一俯溪流一舉觴，此身依約在滄浪。熏風入座驅歊暑，緑樹留人到夕陽。高會漫誇河朔飲，清言端比竹林狂。酒闌好共尋源去，白石粼粼藻荇香。

雨後登唐頹山　程兆熊（增）

鵓鴣聲裏雨初停，春去登山眼倍青。古廟梁空餘燕壘，名園地廢少茅亭。隔江烟樹浮殘照，繞郭峰巒列遠屏。獨愛城隅多野水，芰荷楊柳似沙汀。

秋日坐石公山樓　程兆熊（增）

山門幽敞面迴汀，楓葉蘆花列錦屏。孤磬數聲穿竹冷，雙峰兩點入樓青。樵薪野衲攲烟笠，沽酒村童挈瓦瓶。我欲此間同避世，一竿雲水佩苓箵。

木末樓夕眺　程兆熊（增）

樓占諸峰最上層，凭欄先覺意飛騰。白雲常在檐端宿，明月翻從杖底升。一徑清鐘歸野衲，半林黄葉挂魚罾。殘秋風景多蕭瑟，極目能無百感增。

同殷芷溪李醉石柳溪步月　程兆熊（增）

緑水橋邊萬柳枝，翠烟漠漠月來遲。江東佳麗銷沉盡，剩有樊川數首詩。

溪邊古寺説青苔，斷碣難尋半草萊。祇有寒潮還似舊，夜深隨月入城來。

殷遥李白總風流，日日相携上酒樓。我欲一竿相共老，柳溪先買釣魚舟。

別峰庵訪心耕　周玉立

雲卧一僧冷，門開亂葉黄。非心同槁木，肯住此茅堂。竹外天爲壁，階前石作床。鉢盂隨藥洗，猶帶野花香。

甘露寺　徐鋮

絶頂寺仍開，孫劉安在哉。闌干憑鐵瓮，鐘鼓接蓬萊。雁破吴雲去，江吞蜀雪來。旌旗從此渡，直到海東迴。

芙蓉樓　劉鑣

北固多兵壘，烽烟接海門。城高雲集晚，江闊雨來昏。野色芙蓉渡，秋聲楓樹村。昔人送别處，今日尚銷魂。

同人集練光樓即席限韵二首　張學林

江上巍巍五岳樓，横拖匹練檻前浮。乍晴天色明如拭，欲逝春光挽莫留。泥飲未妨群作達，苦吟無奈猝相酬。忘形人對渾忘老，鎮日長閑不用偷。

郊游雅愛踏春陽，快意何知鬢有霜。帆影滿空風乍軟，樹陰停午日初長。閑憑心友尋歡伯，老卸頭銜讓釀王。酒半懷人在天末，箋端高咏播騷場。

九日江干小集　張學林

每逢佳節偏追往，對溯游踪各异辭。昨歲未知今在此，明年争識去何之。江雲射日無常影，野鳥巢林有故枝。赢得樽前身現在，醉餘萸菊好重持。

鶴林寺十三松歌　鮑皋

鶴林寺前十三松，聞名始自杨太傅。一松直上干雲路，兩松夭矯勢反拒。三松四松各抱地，其餘數松皆如怒。寒翠晴浮鴻鵠巔，空濤静溢魚龍嗚。磊砢劇憐多節目，根株痛惜連厨顧。武皇先年倚楊公，如龍得雲虎生風。日晚江湖高卧足，歲寒霜雪後凋同。市骨都能走赤電，留身端藉拄蒼穹。豈但齊劉視螻蟻，直看璁蕚等沙蟲。撫此盤桓偃林下，扶持造化補天功。嗚呼太傅有此松，嗚呼此松太傅松。

甘露寺兩畫壁歌[①]　鮑臯

山上老鶴側下地，山下老竹直上天。上山下山數千仞，中有雲氣青連綿。畫師故是最神筆，流傳好事疑神仙。金焦簸動地維坼，大小盤空落雙翮。崩雲屑雨不敢侵，返景三竿留素壁。誰歟畫竹宗大成？畫鶴依稀記姓名。第一江山對磅礴，無數擅場此两生。甲巳[②]之際何草草，北府臨江兵氣繞。莫識柯亭中笛材，空嗟遼海歸華表。切雲麗漢屬烽烟，丹青黝堊重依然。何物神明相爲守？至今圖畫獨能全。張僧繇、陸探微，霓衣冰紈亦已化，青猊盤跚安可追。當時亦遣鬼神守，烟楮冥茫嗟已久。況兹瓦礫與荆榛，奚憑妙迹千年後。妙迹千年摹不得，今日烟煤聊拂拭。接引殿前游屐稀，歲歲櫻桃花笑客。

觀碑圖爲祝荔亭作[③]（自序：焦山《瘞鶴銘》，陳勤恪公既出之江中，祝子荔亭乃集《銘考》一卷，寫像作圖，屬同人題其上。）　鮑臯（增）

蛟龍不識字，偷嚙神仙書。焦岩水落見碑版，志士往往搜其餘。我聞長沙老子滄洲客，千尺長絙挽穿[④]石。鋸鋙割波壯士怒，直奪蛟龍口中物。奪歸秘室立重扃，黑夜時復驚雷霆。中間奇字七十二，字字俱作風濤形。君本長沙佳子弟[⑤]，不惜黃金换青史。構作齊雲百尺樓，劈[⑥]破剡溪千丈紙。山之鬱[⑦]，江之沮，斯碑復出誰功歟？移山神力君與俱。長沙逝後識此無，多君示我觀碑圖。惜哉全本久摧落[⑧]，人間摹勒非真書。真書世眼那能辨，但從完好求肌膚。吁嗟乎，月可修，天可補。媧皇石，吴剛斧。華陽仙去鶴不歸，兹銘缺落終千古。

月華山　鮑臯

月華山上月，月月一回圓。明月有今古，青山無歲年。樓臺名士地，風露美人天。今夜憑闌者，誰家不惘然。

焦山[⑨]　鮑臯

日向懷中落，江從掌上流。何人騎白鶴，今夕到滄洲。酒化雙峰雨，簫吹大海秋。醉呼焦處士，汗漫與偕游。

---

① 按：清刻本《海門詩鈔》卷三詩題中無“兩”字。
② 按：“巳”，原作“已”，據清刻本《海門詩鈔》卷三改。
③ 按：詩題，清刻本《海門詩鈔》卷一作《觀碑圖歌爲祝荔亭作》，無序。
④ 按：“穿”，清刻本《海門詩鈔》卷一作“穹”。
⑤ 按：“子弟”，清刻本《海門詩鈔》卷一作“弟子”。
⑥ 按：“劈”，清刻本《海門詩鈔》卷一作“擘”。
⑦ 按：“鬱”，清刻本《海門詩鈔》卷一作“麗”。
⑧ 按：“落”，清刻本《海門詩鈔》卷一作“剥”。
⑨ 按：詩題，清刻本《海門詩鈔外集》卷二作《登焦山佳處亭》。

展魯子敬墓　鮑皋

破虜封何在，巍然魯大夫。霸圖更代有，長者至今無。日暮烟平塹，江春酒滿壺。指囷猶可作，差免哭窮途。

月夜宿銀山蕭爽閣贈心潭上人①　鮑皋

半峰藏紺宇，片月涌銀屏。江海無邊白，林巒太古青。鳥依香閣住，蟲倚石床聽。福地真蕭爽，高眠夢本醒。

宿焦山　鮑皋（增）

静處疑山動，乾坤到此浮。冰②光終夜曉，海氣不時秋。沙月窺蘿壁，龕燈厭石樓。不眠聞發擂，身世兩悠悠。

焦山謁漢處士祠　鮑皋（增）

三峰盡與一江争，只此中流静不驚。天闢海門容大隱，人從石室得長生。少微星傍吴分野，太古山傳漢姓名。尚有魚龍妒高卧，風潮夜夜動秋聲③。

五州山因勝寺　鮑皋（增）

山翠横秋冷四天，兩峰平處一江懸。松陰無數當門黑，林虎時來白晝眠。

北固山醉歌　張曾

海魚吐霞半空紫，霞飛散入秋江裏。薄晚風濤捲地來，片片石帆吹不起。隔江蒼莽寒烟蘿，海門一峰跳白波。坐久風收江面闊，明鏡皎潔何人磨。江南諸山翠如擁，落日奔濤浮玉動。不知月向海底生，夜光已照魚龍夢。山人把酒吟且謳，斯須月到山間樓。倚樓問月月不語，海若奮怒山鬼愁。天邊桂樹又吹落，直愁月去人寂寞。月來月去幾何時，江山顔色都非昨。山人一歌復一杯，更酌再歌呼月來。噫吁嘻！明日見月還把酒，無使酒盡月空走。

八公洞　張曾

漢隱人何在，僧寮星散居。泉流分壑細，山翠納窗虚。澗水秋陰薄，岩花夕照疏。杳然塵思冷，清磬一聲初。

---

① 按：詩題，稿本《海門二集》卷七作《月夜宿銀山蕭爽閣呈心潭》。

② 按："冰"，清刻本《海門詩鈔》卷四作"水"。

③ 按："風潮"句，清刻本《海門詩鈔》卷四作"風濤日夜動秋聲"。

丁卯橋　張曾

詩名直到今，橋斷迹難尋。落日人獨立，春風鳥一吟。徑幽蒼靄積，石絶碧苔侵。惟有溪旁水，年年自賞音。

雨宿笠庵　張曾

山雨忽然收，風生古石樓。飛來半輪月，洗出一江秋。水鳥栖仍起，寒螢濕不流。此時孤枕興，吟嘯助漁謳。

試劍石　丁士佺（增）

江濱峻嶺青岧嶢，秋深草木寒不凋。想見英雄尚豪氣，劍光拂拭天爲高。有時把酒顔色赤，壯心陡起提三尺。腰間隱隱聞雷鳴，一聲斫地裂白石。石如掌劈露古痕，至今一片蒼雲屯。神鞭流血驚復見，飛皺没羽詎足論。英雄大去劍亦失，青山未改當年色。欲尋舊迹心茫然，君不見石上苔斑半侵蝕。

江上[①]次竹村韵　張光裕

潮平風細夜歸時，遠翠横江步步移。野屐穿山知有興，輕橈破浪杳無期。榴皮醉寫霜林暮，柿葉高燒夕照遲。散步不知村路遠，寒汀深處暗塵絲。

金山　顧陳常

峻絶金山寺，樓臺障碧波。翠屏盤鸛鶴，石檻抱黿鼉。海嶠歸雲細，江天得月多。長風如可借，一葦到岷峨。

金山用張祜韵　柳誼

塔自鮫宫出，山從鰲背分。夜窗觀海日，禪榻卧江雲。波撼樓臺動，濤連鐘磬聞。迴非人世境，争忍不微醺。

張烈女詩（有序）（按：此詩并序俱選入《汩餘集》。）　法重正（增）

烈女小字紫姑。潤之貧家女也。鄰人衣工艷其姿，數挑不從。乘間竊其履出，揚言於外。女聞恚甚，因自縊。郡守風聞，驗實。狂且服辜，其冤始白。余江干爲作《烈女傳》。時康熙五十七年八月事也。

青蠅不玷玉，穢溉能隕蘭。古之勵節人，寧死不受殘。昔聞竇氏女，拒逆越井闌。又聞龔小媛，殉母入急湍。張氏有弱息，秉心貞以端。何來外物侮，投繯一身完。芳魂

① 按：上，原作“土”，形近而訛，因改。

從此逝，悲啼絶肺肝。床頭剩明月，夜夜懸高寒。

陳滄洲先生出瘞鶴銘於江中　法重正

姑蘇太守瀟湘客，隻手常操補天石。衝波逆浪來海門，海底先褫毒龍魄。圖汝之北松寥巔，華陽鶴迹垂千年。阿香車來收寶物，穹碑一旦沉深淵。黿鼉贔屭共相戲，百丈龍宫永幽閉。挽畀不有有力人，赤文緑字終沉淪。姑蘇太守膽如斗，驅鰐除蛟施巨手。渚犀夜然天四青，燭幽起頹攬海腥。神明弈弈還舊觀，精采躍躍通仙靈。焦公傅公兩相守，勿任風雷薄蝌蚪。朱方鶴化夜歸來，裂竹一聲江月走。

舟過象山洞　法重正

湍溜險極蒼山盤，上篙下篙撐水難。灘風如烟石似鬼，舟人脱褌没深水。巨黿張牙窺洞中，一舟膽落呼石公（洞有石公山神廟）。陂陀歷盡潮忽大，須臾帆正人亦暇。前山緑潑雨痕天，老僧麈塵①松杉下。

夜登金山　法重正

山涌水光中，軒窗四面通。月隨潮上下，帆挂寺西東。俊鶻秋摩漢，神魚夜吼風。到來鐘梵寂，濁浪拍天空。

丁卯橋懷古　法重正

流水城南路未遥，行吟三里到溪橋。鵓鴣樹樹啼春雨，楊柳家家帶晚潮。古墓秋山惟我識（韋秋山②墓），南湖舊隱更誰招。月凉風静詩情好，歸客岩前興正饒。（“月凉風静”“歸客岩前”，俱許渾《歸丁卯橋詩》。）

韓蘄王故園（一名“西園”）　法重正

步屧春游放鶴門，花明柳暗過江村。狹斜樓上停歌管，金鼓城邊載酒尊。飛蓋不來雲寂寞，留仙無迹月黄昏（園有“飛蓋堂”“留仙洞”）。蘄王功業高千古，終老先荒十畝園。

吊羅將軍墓（在談家洲）　法重正

十獻龍韜志未成，英雄肝腦殉孤城。南徐水失攔江計，北府烟銷鎮海兵。沙上忠魂悲向日，波間浩氣怒吞鯨。蕭蕭孤冢埋蘆荻，犄角金焦陣勢横。

---

① 按：“塵”，别本作“麈”。
② 按：山，原作“出”，誤。别本即作“山”。

清寧道院看梅　法重正

銀山道士鋤雲石，種得梅花賽嶺頭。雪海光天晴不夜，香城古月冷於秋。清虚自是青牛社，飄落殊非黄鶴樓。何日塵緣教脱盡，咀英高卧此丹丘。

栖雲山閣望焦山賦寄萬涵　殷成柱

一閣栖雲歲月深，閑開倦眼獨微吟。雷霆既識仙人字，風雨奚亡處士心。海市霜鴻來遠近，名山水國半晴陰。七年前事君記應①，檐蔔題詩直到今。

憶焦山　萬涵

碧桃灣口舊精廬，勝事逢秋入憶初。茶鼎就棚烹豆莢，紅船唤渡買鱸魚。栖遲丘壑徒多愧，商略漁樵總不如。昨夜山窗有歸夢，竹風吹冷一床書。

早春登凌雲亭賦山麓新種桃柳　郭家駒

萬木春回到古亭，俯看桃柳補雲屏。未知何日開如錦，且喜名山色更青。天外巡花應有使，石根種樹豈無經。不須再訪漁郎去，江上②還尋舊釣汀。

春日八公洞山樓吟憩　陳深

最憐春向翠微看，披豁層岩一倚闌。雲暖梅花山閣曉，雪晴松影石床寒。憑依吾道遺經在，濩落生涯伏枕安。得訪淮南真訣妙，年來芝草定加餐。

宿八公洞漢隱庵③　李豫

緑樹接重陰，幽徑少人迹。明月出林中，照見溪光碧。孤亭山之巔，天落垂青幕。忽覺秋風來，桂花衣上落。

多景樓夕眺遥和步江　劉夢僖

乘興人登多景樓，層檐曲檻俯江流。輕烟暖樹千家暮，素練横天一水秋。城背雁聲催畫角，江心鷺影趁漁舟。嗟余岐路分南北，未共參軍覽勝游。

焦山古鼎　戴縉（增）

古鼎香銷冷碧烟，摩挲斑剥佛燈前。篆同石鼓留周碣，寶認汾陰記漢年。山海入圖

---

① 按："君記應"，依詩律當作"君應記"。

② 按：上，原作"土"，或訛。別本即作"上"。

③ 按：詩題後原有"二首"二字，實録一首，故删。

驚百怪，風雷交護擁諸天。一龕寂寞秋江净，覆餗當時究枉然。

挽鮑海門　戴純（增）

百卉苦嚴霜，長松有殊致。如何冰雪姿，一旦竟憔悴。啞啞樹上烏，夜半聲凄咽。哀哉反哺心，徒此永訣絶。玉樹挺新枝，輝光照閭里。嗟彼老幹摧，沉痛曷能已。山川不改移，日月相迴薄。失此斧藻才，雲樹共寂寞。悠悠身後名，不如一杯酒。相與薦清尊，吞聲復搔首。

八公岩　戴純（增）

林際散秋陰，南山轉蒼翠。一徑八松蘿，時有葉飄墜。僧居傍高岩，緑篠自明媚。列坐淡無言，頗愜尋幽意。緬懷淮南客，翛然謝情累。雲中鷄犬鳴，天外儒仙萃。朅來此地栖，水木餘森邃。桂樹幾重生，幽岩綴香穟。秋山日夕佳，秋風颯然至。何當築茅檐，林卧醒餘醉。

從笠庵放舟登焦岩　戴純

江風吹竹徑，春入海門寒。水木叠青靄，蛟龍護紫壇。浪高帆影側，山老石紋乾。長嘯登舟去，烟波正未闌。

杜鵑樓　戴純（增）

林外啼鵑苦不休，我來獨倚杜鵑樓。數聲清磬山雲破，一樹奇葩劫火收。閬苑只今應伴月，僧居從古最宜秋。美人空憶良宵夢，披拂松風與散愁。

登銀山絶頂　袁乾

路折未云險，藤蘿徑久諳。潮聲連北固，山色盡江南。野闊烟光合，天空水氣含。鐘魚何處響，便擬叩茅庵。

由獅子窟至蓮花洞　袁亨

一綫繞層崖，路窄不盈尺。衆山照眼青，孤雲天際白。升陟不憚煩，爲叩高僧宅。風微緑竹疏，洞古寒烟積。晚蟲喧籬根，秋棠滿岩隙。此山如蓮花，無花但有石。玲瓏天削成，不待人功闢。西風從何來，秋氣滿几席。宛憶昔年游，幽林攬空碧。

三詔洞　袁亨

亮節不可辱，名賢信有之。濤聲閱千古，山色寒四時。樹老過雲淡，峰高落照遲。蕭然塵外意，惟許老僧知。

招隱寺　袁亨

林空知木脱，水净識秋寒。遠岫烟千叠，清風竹數竿。梅花虚舊約，菊蕊得新餐。凉月宵來滿，相期坐夜闌。

八公洞二首　袁亨

爲向青山訪八公，昔賢高隱有誰同。濤聲蕭颯松間起，樵徑紆迴寺外通。流水何曾驚鶴夢，浮雲原不礙秋空。蒼烟萬點盤深澗，漏出斜陽一半紅。

浮生踪迹總難期，古洞依然似舊時。四載名山非小别，一籬叢菊是相知。酒酣不覺雲來冷，秋好何妨客去遲。昨日樹間微雨過，尚餘清氣在茅茨。

雨中登北固　袁亨

扶杖來參晝裏禪，衆山齊到此山巔。何人放眼空千古，憶我題詩又十年。匝地樓臺雙徑合，際天江海一帆懸。而今木末同僧倚，凉雨蕭蕭冷暮烟。

再同李琴夫游八公洞　袁亨

孤烟黄葉望中分，蕭寺林深日易曛。遠澗潺湲流石滑，疏鐘縹緲帶風聞。四圍山色凉於水，一片秋聲化作雲。霜後紫螯堪共把，好將杯酒重論文。

揚子江救生船歌（集唐句）　陳榮杰

八月秋高風怒號（杜甫），長江滚滚起銀濤（劉商）。回頭瞪目時一看（李頎），我心懸旆正摇摇（杜牧）。天迷迷（李賀），地密密（孟遲），掀天蹴地股爲栗（劉滄）。山叠叠（釋齊己），海漫漫（白居易），驅山倒海置眼前（韓愈）。江豚初起浪如屋（韓愈），千峰將頽樹欲禿（孟遲）。震地江聲似鼓聲（元稹），掩耳不敢凝雙目（熊孺登）。濕雲黯黯天四周（王表），罔象悲泣天吴愁（李昭象）。塔勢如涌出（岑参），沙岸似浮漚（王建）。大江横萬里（戴叔倫），巨浪吼千牛（陳陶）。中有一船欲渡不得渡（無可），浮沉滅没當中流（韋渠牟）。偃復起（唐球），風來矣（唐彦謙）。忽見船頭忽船尾（紀唐夫），顛覆只在俄頃耳（王灣）。眉睫之間判生死（杜荀鶴），九閽無迹叫不聞（鄭畯）。不道殘生竟如此（劉希逸）。忽然寶筏從天來（皎然），破浪乘風一何駛（劉希夷）。操舟捩舵下急湍（獨孤及），捷於生猱速於鬼（盧仝）。向前且道不須哀（陳上美），我能救爾眼前水火之奇灾（邵謁）。直欲蛟室鼉宫裏（殷光藩），濡手援君出浪堆（崔涯）。水犀之軍何足道（柳宗元），存亡生死屬吾儕（劉之復）。全君軀命解君厄（伊播），與我同舟歸去來（張召丙）。結束行裝渡江去（張賁），那怕風浪如山摧（冷朝陽）。已出顛危登衽席（徐疑），驚魂未定還疑猜（于濆）。勸君更進一杯酒（王維），世間何處無波頽（陳羽）。吁嗟乎（皇甫松），公無渡河（樂府），河水激嚙而瀠洄（竇犟）。其險也如此，嗟爾遠道之人，胡爲乎來哉（李白）。不有小舟能蕩槳（杜甫），此身何計免喧阸（張謂）。更生須拜仁人賜（曹松），功德真不可思議（釋處默）。誰能赤手挽銀河（令狐德棻），宰相經綸菩薩慧（黄滔）。吾聞聖人造舟以爲梁（談用之），已饑已溺何皇皇（白敏中）。安得如公十數輩（崔涯），坐令萬物無凋傷（包何）。莫笑生涯寄一葉（雍陶），從此長年歌利涉（陸龜蒙）。頃聞天子側席而求賢（來鵬），看爾清時作舟楫（釋道融）。

春杪登麗春臺舊址　黄澄

麗春臺下暮春游，臺廢春殘今古愁。簫鼓六朝空廢壘，烟花三月尚寒流。登臨謝朓朱霞晚，賦别江淹碧草秋。正是夕陽人獨立，亂山無處不鈎輈。

同桂大翼昭游遠塵庵　李御

馬踏春雲去，風光蕭寺清。護門惟竹色，贈客有鸝聲。話舊愁偏易，看花眼尚明。難逢櫻笋候，莫厭酒頻傾。

鴻鶴山莊尋李桐階不遇莊故明楊文襄公别業也　李御

昔賢留古柏，异代啓柴扉。鴻鶴坐相對，讀書人未歸。板橋因雨壞，水鳥貼荷飛。吟望幾回首，高樓好夕暉。

宿自然庵　李御

到門塵迹少，小圃樂清真。籬豆經秋實，垣衣綉古春。隨時忻果熟，過客愛僧貧。一榻臨秋水，晨昏共苦辛。

暮秋獸窟山四首　李御

舊别鶯花去，重來閲五年。梵宫今得所，我髮竟皤然。秋老鐘先斷，霜初菊愈鮮。欲安居士座，誰似戴公賢。

雲物古豐稔，江村入望斜。高田生早麥，枯樹絡秋瓜。風定陶烟直，租寬瓮酒奢。頻年飄泊慣，踪迹愧歸鴉。

雲護獅岩白，天垂鳥道青。祇疑臨絶域，還擬著孤亭。黄葉飛晴雨，蒼蘿鎖翠屏。夕陽明點點，鷗鳥宿沙汀。

再宿因明月，樓居接太清。光連江不夜，静到鳥無聲。心已空三界，香尤妙五更。塵緣嫌未斷，重起别山情。

游蓮花洞　馬寬

岩洞承趺坐，蒼鼯竄古藤。桂堪招隱士，鳥似和吟僧。怪石碧過屋，塵心冷競冰。

徘徊歸路暝，墟落見秋燈。

焦山　程夢熊

石磴盤空翠，孤亭聳碧霄。雙峰真可隱，獨鶴恨難招。雲水連三楚，烟花厭六朝。上方森竹樹，白日自蕭蕭。

招隱寺　何鼎

性愛招提山水清，小奚閑捧筆筒行。名泉風細魚知樂，老樹樵稀鳥不驚。琴閣書臺燒燭夜，雙柑斗酒聽鸝聲。伊人遠致超千古，一笑紅塵富貴輕。

游象山洞　盛舉

老衲禪扉掩佛幢，水樓何處一鐘撞。霞明古塔雲生海，潮上危磯浪拍窗。隔岸暮林青入楚，舉甌春酒碧連江。今宵踏月歸家後，有夢應過翠岫雙。

江孝子詩　蔣士銓

右臂之肉，不可療母。左臂之肉，不可療父。兒身親身親已亡，血肉之軀亦何補。朝視母墳，夕憑父棺。茅堂凄凄，臘日苦寒。嘻嘻出出妖鳥語，風卷檐茅屋①莫舉。孝子拜火火弗許，飛廉揚揚祝融怒。抽刀斷指驚祝融，神急止火神反風。父棺不動孝子死，老翁叫孫孝子起。翁欲告人兒止止，翁拾斷指裹以紙。丹徒舍人啓衾視，右手垂垂缺小指。兩臂創痕況若此，把筆傳之泪如水。江家五世居丹徒，兒名延祚未讀書。生年二十但知父與母，不知肢體爲我有。呼爲孝子兒不受，倘以爲言兒却走。父曰懷德祖曰珩，闇史書之存姓名。事在壬辰十二月，孝子不願朝廷旌。

瘞鶴銘　蔣士銓（增）

殘縑斷碣遺迹殊，誰見古人捉筆書。俗儒小慧逞博辨，雀鼠聚訟堪焚如。幽人養鶴作妻子，偕老岩阿同卧起。帷蓋留埋犬馬身，何況胎禽嗒然死。序之銘之泐斷崖，波浪蕩洗魚鱗揩。零行剩字作寶貴，會稽平原何有哉。注疏流弊事考訂，鼷鼠入角求溪徑。古人已死當闕疑，牽附支離争質證。是王是顔惟爾稱，暗室何曾有一燈。大哉皇言論乃定，曰非晉人知不能。

古鼎　蔣士銓（增）

文王伐西戎，南仲城朔方。宣王伐淮夷，厥孫在戎行。中興崇武功，整旅歲有常。申伯封謝樊築齊，方叔召虎何②揚揚。紀勛述德賜彝器，吉甫秉筆堂哉皇。不須夾③泗覓

---

① 按："屋"，清刻本《忠雅堂詩集》卷二十一作"棺"。
② 按："何"，清刻本《忠雅堂詩集》卷二十一作"同"。
③ 按："夾"，清刻本《忠雅堂詩集》卷二十一作"郟"。是。

九鼎，法物所畀臣家藏。嗚呼此鼎真贋難考録，九十三①字差可讀。光明轉覺銅氣新，斑駁都無土花緑。權門寶此亦太愚，赫赫師尹天其誅。巧偷豪奪概若是，辨論嘖嘖煩迂儒。唐宋之人目未睹，嘉靖時方移浄土。釋文稱美覺辭費，一鼎存亡何足數。

潤州小泊　蔣士銓（增）

孤城浪打朔風驕，鐵瓮陰陰鎖麗譙。微雨夜沽京口酒，大江横截廣陵潮。船膠涸水帆俱落，人擊層冰凍未消。小泊不妨侵曉②去，海門寒日射金焦。

過金山二首　蔣士銓（增）

飛青刺眼雪團團，臺殿真如夢裏看。十幅布帆收不③及，塔鈴風緊一江寒。

當年戰苦陣雲低，江水東流歇鼓鼙。日午魚龍呼不起，郭公墳上④郭公啼。

逢僧處（在古竹院中）　程夢湘

鶻樓蔽晴嵐，竹院出高樹。優曇一徑深，日午疏鐘度。松陰覆檐霤，群壑倏已暮。遂造拈花室，空香領清晤。以子静者心，得此尋幽趣。回首禮白雲，高僧竟難遇。我欲往從之，更向雲深處。

晚過五州山翠岩禪室　程夢湘

路轉千峰秀，溪迴一徑微。松陰静人影，崖翠濕僧衣。樵響白雲散，鐘鳴黄葉飛。東林月稍上，習静坐忘歸。

初夏同人集多景樓　程夢湘（增）

欄檻空明過雨涼，攀林踏閣俯蒼茫。樹無剩緑分瓜渚，山有餘青入建康。獨客送春愁并遠，群公消夏日初長。銀鱗玉笋開樽好，笑指沙鷗醉夕陽。

蓮花洞　程夢湘

山鼠戲藤花，溪禽窺梵書。高高青蓮臺，信爲佛所居。

獅子窟　程夢湘

森森獅子林，石窟晝長陰。山外日未落，山中夜已深。

---

① 按："三"，清刻本《忠雅堂詩集》卷二十一作"二"。

② 按："曉"，原缺，據清刻本《忠雅堂詩集》卷二補。

③ 按："不"，清刻本《忠雅堂詩集》卷二作"未"。

④ 按："上"，原作"士"，據清刻本《忠雅堂詩集》卷二改。

招隱寺　程夢湘

石磵人踪滅，書臺冒薜蘿。臨風聽粥鼓，破寺夕陽多。

笠庵　程夢湘（增）

竹屋岩花的的，稻田流水潺潺。只有漁兄漁弟，日日門前往還。

鰣魚　程夢湘

春潮緑盡海門東，雪白鮮鱗出網中。只此江南羹一箸，也應醉倒楝花風。

石公山　程夢湘（增）

曉發茶檣倦眼開，好山都在水雲隈。門前日日江潮長，無數白鷗樓上來。

霧篠烟蒲石磴斜，三間水閣一僧家。晚來敲罷漁兒鼓，風色滿江開楝花。

郭公墓　程夢湘（增）

二月春江雨打篷，浪花開處墓門空。背人江鳥不相識，但聽自呼名郭公。

笠庵晚步　嚴本

暝色重檐下，幽尋古渡前。寒流亂斜日，破寺冷孤烟。犬吠編籬徑，僧歸種芋田。却憐塵俗遠，心賞自泠然。

小九華僧舍留宿　嚴本

一宿招提境，蒼茫萬慮空。鐘聲烟靄外，樹影月明中。陟磴驚栖鶻，憑崖送去鴻。何能息塵鞅，高卧梵王宮。

江上晚泊　王澐（原名朝鼎）

前峰微雨霽，艤棹渚烟平。遠樹澹無影，空江暮有聲。凉雲移别浦，征雁過高城。欲訪前宵夢，寒濤極望生。

秋晚過五州山翠岩室筤江上先生栖隱地也　張堂

幽閣閟岩腹，諸峰碧四圍。樵歸黄葉徑，鐘到白雲扉。江海久行役，烟霞甘息機。昔賢栖隱處，默坐戀斜暉。

石公山　張堂

絶壁臨江一徑通，小樓斜倚夕陽東。僧煨燕笋過三月，客憶鰣魚挂短篷。新緑已肥榆莢雨，殘紅初瘦楝花風。年來踪迹雲烟似，不傍焦公傍石公。

笠庵　臧本端

峭壁面江立，北顧峙高岑。下有古笠庵，掩映疏竹林。入門聞妙香，闃静禪房深。慈烏啄苔坂，鼯鼠跳松陰。蒼暝日易暮，生我塵外心。於焉供吟賞，瀟灑披青襟。

坐寶蓮庵　馮垂範

開窗見青山，如對古人語。一帶緑陰中，秋聲在何許。

秋季同人游招隱寺　馮垂範

木葉黄間紅，山泉清且澈。回首望秋山，如與故人别。

雨中同桂岩宿觀化樓有懷華亭雪村　法嘉蓀

路滑層樓把火登，高檐憑眺醉猶能。雲來月黑江無影，風作春寒夜有棱。山曉不聞人唤渡，窗明尚見鼠窺燈。京華迢遞人千里，逸興迢迢記昔曾。

初夏八公洞聽鶯　法嘉蓀

一串牟尼何處尋，洞門濃樹鎖幽深。重憐睆晚相關意，善轉玲瓏不住心。暗水欲停清助響，晚烟微抹碧成陰。雙柑底用追前轍，玉笋香膠已不禁。

秋分後游八公洞即事　張秉鈞

坐石掃苔迹，孤吟谷磬清。所難知己共，况復逸情生。凉雨山將瘦，秋風蜩尚鳴。紛然辨歸路，好趁夕陽明。

登木末樓　袁新

振衣直上山之巔，萬頃一碧何蒼然。長江西來日東騖，直赴海門不回顧。南北誰分孫與曹，蕭梁事業如鴻毛。旌旗戰壘尋三國，歌管樓臺記六朝。無端俯仰成今昔，春草青青沙鳥白。禪房鐘磬寂無音，惟見寒烟散空碧。

宿深雲庵　潘恭壽

寂寂松間閣，悠悠三宿停。雲根裁作枕，蘿蔓結爲欞。山鼠窺厨黠，鳴鳩唤雨靈。聞鐘就僧飯，供給漸忘形。

自八公洞登小九華山訪何江樓　潘恭壽

一笠白雲頂，下窺諸界天。路隨峰宛轉，花與屐纏連。忽聽清鐘發，遥看蘿徑烟。孤樽勞久待，暫醉亦前緣。

深雲庵聽雨同舍弟樵侶用鮑海門先生翠淙閣坐月韵　潘恭壽

擬向山中坐月華，鐘聲初定雨聲斜。僧徒話舊疑經劫，兄弟連床宛在家。點點空階净塵夢，泠泠幽澗落岩花。此間自是清凉界，欲問三乘出宅車。

蒜山渡口造别　潘恭壽

山寺梅開明月樓，春風江上木蘭舟。前宵歡宴今宵别，不爲多情也白頭。

立春前一日焦山探梅　高春榮

江風吹宿霧，侵曉片帆來。人已先春到，花應冒雪開。寒光連水石，香氣入樓臺。擬向僧房宿，鐘聲莫漫催。

同半齋徐丈登獅子窟絶頂　馮佩事

攝衣陪杖履，直上最高亭。林撲雙眉翠，岩迴一角青。清閑皆福分，登覽即仙靈。況對丹丘客，能談道德經。

雨後登月華山　嚴士杏

銀蟾皎皎出林端，乘興登臨放眼寬。雲净山巔新翠濕，月流江渚晚潮寒。何人畫角吹城堞，幾處輕舟宿釣灘。緑水橋西歸路近，市樓燈火未應殘。

米南宫硯山歌　袁燮和

南唐寶硯异凡石，峭鑿峰巒有奇迹。玲瓏本是天生成，三十六峰鬼神闢。方壇玉笋相鈎連，捲旗華蓋留餘妍。陂陀矗立翠岩接，東西位置如摩肩。九華日月壺中始，五岳烟雲方寸起。洞分上下含虚明，一點靈犀暗通裏。龍池驗雨藏驪珠，經旬滴水猶沾濡。良田方廣復温潤，筆耕定有心花舒。襄陽購得清齋供，神物莫作等閑用。呼兄百拜何狂顛，日夜摩挲自珍重。仲恭入手再見難，償以别墅心奚安。寶晉建閣繪圖在，遂教秀氣無摧殘。古來名物由人顯，周鼎商彝存舊典。可憐兵火遭沉埋，剩水殘山澀苔蘚。梅花道士能繪摩，旁留隸注名非訛。空齋披閱識真迹，翰墨千載光秋螺。

蓮花洞訪秋　袁燮和

玲瓏古洞誰開闢，此地秋回八月先。千片海棠濃化雨，四圍石壁峭生蓮。青捫苔蘚疑無路，緑暗雲霞别有天。好約不辭今夕倦，擬過招隱一參禪。

丹徒縣志卷五十一終

丹徒縣志卷五十二

藝文七　詩五　國朝詩

題嚴鏡湖還金圖（事見"尚義"）　袁枚

賢哉嚴君平，赴義常若熱。曾行道路中，偶把遺金拾。坐待失主來，歸還一笑別。我聞元海言，耳鳴如陰德。只許自家知，不要他人述。當時先生心，豈肯自表白。賴有後嗣賢，肫肫孝思切。追寫一幅圖，當作丁蘭刻。宛然授受情，此笑彼感泣。遥知仁里中，過者車必式。野老尚能記，兒童尚能說。我忝太史官，采風是所職。獨行傳中人，生前悔未識。

甘露寺感舊呈夢樓主人（二首之一）①　袁枚

木天署裏老詩翁，曾綰仙符碧海東。要把江山付詞客，特教公子伴花驄。西州賓從人重到，北海琴樽事已空。難得多情王太守，開筵重與醉西風。

焦山江上爲張世傑與元阿珠董文炳血戰處見宋元二史舟行過此補吊以詩②　趙翼

江山峰浮一螺碧，鳥啼花落③僧寺僻。豈知曾閱古烽烟，往往山根見折戟。白鷂④雄排水寨開，戎旃萬舸截江來。箭風炮火吼水立，蛟鼉駭走不敢回。可憐殺氣乘潮漲，南北戈船互衝蕩。一貪佐命立奇勛，一誓捐軀保危障。功臣忠臣共戰場，運异興衰氣同壯。終然浩劫入滄桑，縱有赤心天不諒。烟焰横空背蔽江，十萬健兒魚腹葬。我來斜渡一帆風，往日兵氛久洗空。閑把陳編撫遺事，江山如舊哭英雄。山前一片飛濤洶，想見當年戰血紅。

---

① 按：袁枚《小倉山房詩文集》卷二十五録有《甘露寺感舊呈夢樓主人》，序曰："己未冬，予乞假歸娶，路過京口，值商寶意前輩爲郡中司馬，命公子某陪游甘露寺，今四十年矣。中秋前一日，王夢樓侍講招飲此間，追憶前游，凄然有作。"本志漏載，可據補。所録爲第二首。

② 按：詩題，清刻本《甌北集》卷三十七作《焦山江上爲張世傑與元阿珠董文炳血戰處事見宋元二史從未有咏之者舟行過此補吊以詩》。

③ 按："鳥啼花落"，清刻本《甌北集》卷三十七作"啼鳥落花"。

④ 按："白鷂"，清刻本《甌北集》卷三十七有小字注："船名。"

鎮江觀都天會[①] 趙翼

神會蓋始鄉人儺，黄金四目揚雕戈。漢家原廟亦遺制，衣冠月游長樂坡。城陽景王歲一駕，用二千石儀衛多。南朝蔣侯更出蕩，張弓拔白聲驅魔。有元帝師泥銀傘，至撥鹵簿爲撝呵。流俗相沿遂成習，附會神鬼訛傳訛。潤州城東都天會，年年四月大報賽。七香亭導八掆輿，彩仗前驅一對對。金童玉女乘雲軿，夾以鐃簫溢闤闠。刀矛浴鐵皆似銀，旗幟綉絲不用繪。列隊幾長十餘里[②]，糜財不在萬金内。但求角勝肯惜費，富者破慳貧者貸。不知是何神，擅此大富貴。或言唐張巡，睢陽百戰捍賊塵，保障功在江淮民。或言一儒巾，夜遇疫鬼散毒氛，獨以一死活萬人。究竟未識何者是，徒令世眼滋擬議。我思天下祠廟多，原可不必一一考姓字。大凡人間所祭神，非必此神來受祭。韓擒虎作閻羅王，未必至今尚占閻羅位。即如關壯繆，血食通海澨。安得百千萬億身，處處明禋悉親莅。是必有衆神，分享牲牢饋。可知香火區，有同衙署地。三層殿閣尺五祠，一樣流官屢更替。倘憑祠額廟號辨真僞[③]，竊恐頂缺冒名不勝計。都天神，來何途，我不復索稽神樞。但覺不呼能使萬衆集，必其靈爽能感孚。君不見大官旌麾耀市衢，乃是官募非人趨。

金山咏韓忠武事 趙翼

滿江風捲怒濤聲，千載如聞戰鼓鳴。南渡君猶能將將，中權帥竟出卿卿。時清兵燹無遺迹，事往英雄尚大名。愧我亦曾身執戟，至今仍作一書生。

和保堂甘露寺咏李德裕之作 趙翼

千步禪林列岫環，衛公曾此躡孱顔。杖無方竹留蕭寺（公以方竹杖贈寺僧，僧圓而漆之），泉有中泠敵惠山（公在長安，用水遞致惠山泉）。口福想應羊食盡（《清波雜志》：公應食一萬羊），羈魂難附鳥飛還。（公在海外有詩："獨上高樓望帝京，鳥飛猶是半年程。"）倘恢相度消朋黨，千載[④]英名孰許攀。

題實[⑤]晉書院壁間畫龍 貴中孚

九天雲垂海水立，精光閃爍聞噓吸。長毫倏忽回雄猋，夭矯神龍初發蟄。幾年蟠屈幽潭空，蜿蜒却與凡鱗同。沐日浴月養真性，一朝變化凌蒼穹。頗疑昨朝風雨激，尺木森張怒相敵。大珠弈弈芒角寒，滿堂震讋驚霹靂。浮漚磐薄滿銀屏，咫尺噴欱翻滄溟。飛騰不假扶持力，俯視齊州幾點青。爪鬣之而陡健舉，造化鍾靈妙吹煦。挽取甘泉入錦鱗，宇内方需作霖雨。

---

① 按：詩題，清刻本《甌北集》卷四十作《都天會》。
② 按："十餘里"，清刻本《甌北集》卷四十作"十里餘"。
③ 按："辨真僞"，清刻本《甌北集》卷四十作"辨僞真"。
④ 按："載"，原作"戴"，誤。清刻本《甌北集》卷五十即作"千載"。
⑤ 按："實"，别本作"賓"，是。

焦山水晶庵題故相國張文貞公手迹即用公所書詩韻[1]（自注：大小共六十三字，幅長三尺，廣二尺，書公自作《游西山詩》二首，藏於焦山之水晶庵。） 王文治

波光連海嶠，林翠接山巔。愛此水晶域，凜然冰雪懸。猊雄蹲大石，鷹細掠秋天。墨瀋猶新在，人間已百年。

當日論聲價，蓬萊直到巔。青山謝安石，紫禁柳誠懸。寂寂初禪地，茫茫浩劫天。但須留禊帖，應記永和年。

烈女詩爲家仲姑作 王文治

吾本節母孫，慈顔猶及睹。携我話悲辛，老泪續如縷。自從失所天，食貧備諸苦。績麻手屢龜，汲井腰頻傴。桂薪翦髮貰，蘿屋賣珠補。葛衣霜前縫，菜把雨中煮。白日疾復遲，青燈爐還吐。定力閲升沉，貞心耐寒暑。凛凛冰雪[2]姿，堂堂女士譜。顧我學術疏，兼之才質魯。家風有清白，世德愧揚詡。今聞仲姑事，烈性更如許。弦絶響逾清，蘭煎香不腐。捐生已非易，况乃得死所。豈[3]惟光吾宗，直欲邁前古。吿生吾畏友，立傳亟褒與。從來闡幽微，隻字嚴衮斧。苦節發高文，金石爲酸楚。讀之觸予哀，泪濕秋墳土。

貞女詩 王文治

按：貞女貢氏許配陳基。年二十，基没。翁老失明，姑亦老。女過門守貞，以針黹所出奉養翁姑。

烏雲雙鬢正盤鴉，深鎖金堂護碧紗。從此杜鵑千點血，一時開作女兒花。

喪明喪子痛何如，暗揾啼妝拜舅姑。温凊居然人子職，不知新婦却無夫。

屈戌重重春復秋，伶仃門户不勝愁。傷心生怕高堂覺，强理殘書明月樓。

夢向丹臺注姓名，因緣何處問三生。仙家淪謫應如此，不向人間哭一聲。

甘露寺鐵塔歌 鮑之鍾

江干鐵塔何巍峨，凌雲亭外撑岩阿。衛公創建自唐代，支撑日月凌滄波。我來甘露親摩挲，絶頂光耀何人磨。昔聞彦章雄鼓鑄，鐵篙争看琉璃河。又聞旌陽鎖鐵柱，鎮以符籙驅妖魔。此塔崚嶒亦自有奇氣，毋乃下燭幽怪驚蛟鼉。嗚呼孫劉霸業故宫在，西風

---

① 按：詩題，清刻本《夢樓詩集》卷十一作《焦山水晶庵題故相張文貞公手迹二首》。題下序云："吾邑故相張文貞公手迹大小共六十三字，幅長三尺，廣二尺，書公自作《游西山詩》，藏於焦山之水晶庵。公故不以書名，而兹幅字畫古媚，神采奕然，爲後學日夕臨池者所不能及。乃知前輩於書法一道未有不留意者，歲久僧貧，將就殘失，友人鮑根堂爲之重裝，予爲詩綴其後，即用公所書詩韵，并示山僧，知所珍惜焉。"可補自注之不備。

② 按："雪"，清刻本《夢樓詩集》卷十一作"蘗"。

③ 按："豈"，清刻本《夢樓詩集》卷十一作"寧"。

牧馬空黍禾。登樓一覽吊千古，沉沙折戟含烟蘿。劍鋒斫石石已裂，斜暉淡淡迎坡陀。孤塔獨受風霜多，不隨荆棘埋銅駝。况兼七塔隱約現，參差回晤山如螺。（按：所謂七塔者，揚州二、儀徵一、圌山一、金山一、釜頂山一，并此鐵塔也。登凌雲亭四顧，了然在目。）

木末樓春望　鮑之鍾

杰閣俯春郊，登臨宿靄消。磵懸盤馬峻，峰綰緑螺嬌。暖樹遲移蔭，平江懶送潮。幾年塵外路，回首意迢迢。

石公山樓秋望分韵　鮑之鍾

蘆花風捲雨廉纖，漸洗澄江出鏡奩。石閣濤聲迴斷岸，海門山翠落虚檐。岩秋未點丹黄筆，洞古常垂薜荔簾。幾載鄉關重極目，買魚沽酒興還兼。

挑河　張山

河務工乍興，農閑值歲晏。何因疏浚勤，漲淤礙漕轉。聖世不妨農，樂爲官長遣。畚插齊萬夫，努力各相勔。况復天久晴，無寒侵足跣。尺寸須恪遵，功成方期善。風餐早自安，露宿詎能免。明晨大尹來，牛酒還勞勉。

書東王夢樓先生　蒲忭

李白騎鯨不上天，天公留作地行仙。曾經雪浪三千里，又占名山四十年。海市笙歌縈鶴夢，龍宫筆札染蛟涎。不知孤米山頭月，可比中華分外圓。（夢樓曾隨使臣往琉球，詩意故云。）才名豈借探花郎，落筆都成萬丈光。詩冠楊盧成四杰，書參羲獻是三王。美人絳帳傳經地，居士清齋選佛場。細數千秋詞賦客，輸公福慧兩無量。

金山（四首録二）　曹仁虎

亭亭紫翠涌中流，貝闕珠宫最上頭。地闊魚龍時隱現，天低日月共沉浮。千家樹色西津渡，一片烟光北固樓。極目盛時清海戍，舟船縹緲達滄洲。

海門東望晝冥冥，碧磴丹梯次第經。絶頂千盤巢鸛鶴，陰崖一綫走風霆。水連鐵瓮無邊白，山到金陵不斷青。回首蘄王轉戰處，蕭蕭荻葦滿沙汀。

尋瘞鶴銘　李懿曾

焦山峭摩空，其下則水國。誰知懸崖間，挂此數行墨。愛鶴成鶴癖，鶴死瘞山側。鶴本神仙姿，魂魄游八極。兹銘亦天人，人間詎易得。或云逸少銘，或云貞白刻。或云顧逋翁，好事競窺測。我愛竹垞言，必非唐後勒。萬古照寒流，魚龍不敢蝕。我尋潮落時，蘚深半不識。風濤夜有聲，月影松檜黑。

與王柳村處士丁柏川觀察方静也茂才焦山僧借庵同立焦山書藏詩以紀事　阮元

書賴名山藏，山向古書覯。禹貢逮爾雅，滄桑①亦傳授。岳鎮若非書，其名久舛謬。我昔立書藏，錢塘置靈鷲。兹復來江南，焦山藏新構。焦山本譙山，人罕識其舊。於詩見江淹，於典稽杜佑。樓倚椒山祠，正氣充宇宙。周漢二鼎間，常有海雲覆。鵠銘殘字多，編列籤厨富。萬卷壓江濤，千函寄烟岫。付與詩僧收，何异長恩守。况是仁者静，山壽書亦壽。千載傳其人，更有史遷副。

封股祠（事見"孝友"）　阮元

靈烏反哺，覓食四方。孝子出門，中心徬徨。謂妻曰嗟爾，翁老矣，以婦兼子，朝夕惟爾。謂子曰嗟爾，祖老矣，以孫兼兒，左右惟爾。衰柳善蠹，古木多瘿。高年易病，思兒益增。婦念夫言，自怨自咎。事翁無狀，惟余之故。孫念父言，自怨自咎。事祖無狀，惟余之故。事隔三日，母子一心。中夜祝天，願代以身。婦刲股進，翁病差已。孫刲股進，霍然而起。各不相告，合家大喜。孝子歸來，終身孺慕。靈烏結巢，日在庭樹。

文丞相祠（文信國祠，舊在壽丘山，遷於金山，合祀韓蘄王、魏忠壯公，稱三忠祠。）　阮元

獨向江心挽倒流，老臣投死入東甌。側身天地成孤注，滿目河山寄一舟。朱鳥西臺人盡哭，紅羊南海劫初收。可憐此嶼無多土，曾抵杭州與汴州。

阮中丞得陶陵鼎送置焦山邀同人以詩塍之作五言一首　焦循

晻麋鼎之鄉，陶陵鼎之國。自西而徂東，祝事薦鬼食。歲月既久遠，深汩不得息。所歷知幾家，主人今始得。琅嬛仙館中，摩挲辨古式。平湖朱孝廉，考古有特識。定陶亦稱陶，泲水徑西北。將軍大司馬，送葬奉上敕。定陶共王陵，官厨器不嗇。此鼎洴所供，有據匪私臆。僉曰鼎幸哉，得依主人側。主人曰否否，萬事不易測。我生保護之，子孫難世德。萬一鼎失所，我心能無惻。爲鼎計久長，窮思周四極。焦山江海間，卜之蔡食墨。筮人諏日吉，飭匠備裝飾。匱以文木雕，衣以古錦織。設醴衎嘉賓，酬酢日西昃。人各譜新聲，歌以壯行色②。從此鼎入山，烟霞自深匿。評議任游人，永勿墮貨殖。鼎身廿一鎸，鼎蓋卅五刻。陳列非一枚，消磨歸朽蝕。悠悠二千載，獨傳豈人力。寄語

---

① 按："滄桑"，清刻本《揅經室四集》卷十作"桑欽"，或是。

② 按："歌以"句，清刻本《雕菰集》卷三作"工歌壯行色"。

山之僧，晨夕慎瑩拭。文王舊鼎存，與山同不泐。此地無嘩囂，相從守玄默。

焦山仰止軒拜楊忠愍公遺像　王效成

仰止軒，舊在焦山水晶庵。阮芸臺中丞屬王柳村徵君移建海西庵。丁峴山觀察建樓五楹，中奉楊忠愍公遺像。置忠愍石刻於壁，并藏墨迹卷子與海内書籍爲書藏。

于役向江渚，泛泛從兹杭。瞻①彼夏日烈，翳薈灼何明。昔賢有遺像，言拜焦山旁。筋肉亦猶人，憂深痛自忘。煌煌十罪疏，老奸氣益張。臣何惜一軀，恫國元氣傷。忼慨赴西市，婦孺泪②縱横。孰爲救匍匐，祀宜并袒裳。同兹山澤游，昔賢有餘光。韋布分不同，大義所共防。神其或在斯，鑒兹蘋藻芳。

鶴林寺重修陸丞相祠堂敬題　賀寬

按：祠在鶴林寺側。乾隆九年，自金山移建。此後又經重修，賀此詩蓋作於是時也。又按：咸豐間，祠遭兵毁。同治間，其裔孫改建忠烈公祠於城内。事見“祠廟”。公今從祀文廟。又見“儒林”及“忠義”“古宅”等類。《潤州詩鈔》序曰：“陸秀夫當厓山國變，從帝投海，三子與焉。其一子名繇，以耽游獵見逐，得留粤中。”

厓門山頭海波立，丞相從君弃舟楫。六宫不動委波流，千人萬人不敢泣。此時大海波濤翻，黿鼉徙窟蛟龍奔。陽侯天吴盡懾伏，一空水府涵精魂。丞相見君不見水，正笏垂紳等冠履。一人鼓勇衆議成，吾君吾相先如此。吁嗟乎古來慕義大有人，墨胎雙骨枯千春。彭屈沉身不沉族，闔門填海無其倫。家國乘除如轉轂，摧枯助焰何促速。非忠非孝聊斡旋，人笑彼蒼徒碌碌。張公暨公如遠巡，燕山信國尤酸辛。累朝理學維國是，千秋俎豆存君臣。潮陽攝齊瞻賜額，書館麻園渺遺宅。澳山青徑理衣冠，不敵摩厓一片石。招魂曷來歸故鄉，乘龍駕螭莅新堂。奠桂酒兮陳椒漿，翩然叱馭還大荒。珠宫貝闕依君王，敢令溟渤遥相望。

寸草吟（按：《寸草吟》百首，乃沈灝波哭母之作，兹録其一首。）　沈沆

憶昔衾寒夢不成，琵琶凄絶夜三更。銀瓶鐵騎渾難似，却似孤兒戀母聲。

登吸江亭　吴錫麒

證此獨往言，意極飛鳥外。江流莽莽聲③，孤峙一亭大。岷山所來脉，萬里元氣會。風定閃餘明，雲流挾虚籟。樓臺俯下方，日午静鐘唄。北固嶺嵯峨，南徐樹罨靄。流觀六朝迹，荒冷閟遺蜕。乘時秣陵潮，過耳石頭瀨。海色來何方？吹緑上衣帶。頗冀從期

① 按：“瞻”，别本作“瞻”。
② 按：“泪”，清刻本《伊蒿室詩集》卷一作“涕”。
③ 按：“江流”句，清刻本《有正味齋詩集》卷十二作“江流莽奔赴”。

佺，即兹謝塵壒。冥冥歸徑循，林香鎖松檜。

晚至京口　吴錫麒

飛鳥虚空過影忙，南徐北府閲興亡。幾人戰伐稱名士，如此江山剩夕陽。風利石頭帆乍去，雲埋鐵瓮草全荒。城西畫角黄昏近，吹①得垂楊爾許長。

楊忠愍公手書二卷一爲阮芸臺中丞物一爲丁研山物今并藏焦山②　吴錫麒

此是先生骨，常撑宇宙間。聲猶颯風雨，名偶借江山。蛇膽奚③勞瀝，龍鱗莫再攀。一庵焦隱在，袍笏夜來還。

京口懷古　陳鈺

山勢蟠京口，雄關壓上游。夕陽空戰壘，漁笛起孤舟。霸業齊梁盡，江聲日夜流。憑高無限意，愁倚仲宣樓。

張睢陽廟（即都天廟，詳“廟祠”。）　顧堃

孱弱能當虜騎衝，鬚髯張處想英風。孤城竟作江淮障，一死方開李郭功。餘血化從芳草碧，此心耿并夕陽紅。漫將廟食誇靈异，國典褒稱只勸忠。

海嶽樓感懷　蔡之定

銅坑京峴脉迴環，北固名區繚曲間。蘇米風流餘翰墨，晉唐形勝屬江山。四圍雲樹深藏塢，幾處烟鐘静掩關。百尺樓頭新月上，憑闌喜得趁蕭閑。

焦山古鼎用昌黎石鼓歌韵　劉奎年

我昔讀書寄京口，江山到處留詩歌。海門（鮑臯）石帆（張曾）日酬唱，忘年往往稱羊何。朅來焦岩最幽古，周遭竹樹森矛戈。蝸廬雲開足嘯傲，鶴銘潮退經銷磨。王幢蔡贊久難見，愛古心切徒搜羅。偶然踏入枯木堂，兀見古鼎驚嵬峨。乃知周王册南仲，用錫至寶歸岩阿。形奇製古非近玩，令我縮舌不敢呵。支離篆字偏在腹，有似窪坎容蟲蝌。日斜方丈起烟霧，月黑沙浦鳴黿鼉。眼前風雨恍馳驟，雷電擾壑無停柯。吁嗟疑有鬼神護，忽忽虚擲千年梭。流傳漢唐幾更變，歷劫兵燹徒委佗。狻猊狰獰踞地吼，縱欲移動慚夸娥。深藏僻壤少拂拭，肯自洗濯浮江沱。憶昔趙宋録金石，兹鼎未見圖宣和。

---

① 按：“吹”，清刻本《有正味齋詩集》卷十二作“催”。

② 按：詩題，清刻本《有正味齋詩集續集》卷三在“今并藏焦山”後尚有“付秋屏上人，仿坡公玉带例也”云云。

③ 按：“奚”，清刻本《有正味齋詩集續集》卷三作“寧”。

當時雜亂采真贋，神物掉臂標殊科。有明青詞秉樞要，饕餮貪黷求惟多。會遭爾鼎臨厄運，私門載去兼牛駝。旋辭覆餗返山窟，瞬息騰躍來重過。能經患難完本素，精金就煉玉就磋。從兹遠近慕高節，翹首江上飛洪波。波濤朝夕撼山麓，堅蹈前烈終無頗。區區顯晦固有數，但守貞默焉知佗。我生骨鯁耐撓折，不辭世俗隨婥娿。相憐臭味本同調，對此一日三摩挲。床頭新釀一樽緑，兀坐手挾陳編哦。山僧愛客不异古，亍元燒豬今炙鵝。我時啖飲意感激，欲擬篇什追猗那。齊鐘宋繼久淪没，末學删訂無丘軻。幸逢彝器見三代，急引古道迴江河。鼎兮鼎兮汝將出，慎勿丘壑終蹉跎。

神女墓（自注：蕭梁樂府《華山畿》，吾里也。覓舊迹，無所據，悵望久之。）

楊元盛

山高高兮水沉沉，春華發兮秋蟲吟。萬物有情都不死，千年古木留貞心。蕭梁往迹半荒忽，至今樂府歌聲歇。江沙已辦作桑田（梁時華山便已瀕江，今平沙數十里，村居稠叠，古今异觀），漠漠墟烟空照月。草樹丰茸北隴平，安知鬱鬱非佳城。舊鮮碑銘認遺石，香魂化作黄鵠鳴。如何唤作神靈女，雙飛不知何處所。從此纏綿盡海山，西風一任吹菰黍。

以銅鼓施焦山作詩紀事[1]　張井

我有漢代之銅鼓，來自南昌司馬家（萬廉山承紀）。蠻風瘴雨幾何載，鞔骨完好無缺瑕。闊徑三寸厚[2]殺一，三叠微學蜂腰窪。鼓心隆起儼茶[3]局，周遭怒踞六蝦蟆。腰垂四耳便貫索，其中空洞下口奓。黝然古澤光可鑒，通體細縝牛毛花。恨乏款識紀年月，定伏波耶諸葛耶（據酈湛若考，當是“伏波駱越鼓”）。二竹齋中作[4]清供，偶逢過客時[5]矜誇。常恐神物工變化，不甘閉置羈籠笯。忽憶焦山擅名勝，中藏古物頗紛拿。周漢二鼎自[6]奇絶，得此踵事或增華。梅溪老人笑絶倒，云此位置真不差。豈知此語有漏泄，山靈日夕思拜嘉。筌詩使僧屢問訊[7]（僧借庵致書梅溪，問銅鼓來山期），前言欲食愁揄揶。一朝决計送汝去，不須墮泪隨風斜。東過廣陵下揚子，扁舟兩槳聲呷啞。千年老銅足精氣，蛟龍未敢輕要遮。天吴潜逃黿鼉徙，鮫人泣竄奔魚鯊。布帆安穩到初地，山中童叟拍手嘩。諸天龍象大歡喜，紫衣前導隨袈裟。三熏三沐好庋閣，幸少泥蘚勞剔爬。鐘魚齋鼓供晨夕，障幕那無金條紗。時有寒芒逼牛斗，莫放光怪驚黁麚。當時煉銅

---

① 按：詩題，清刻本《二竹齋詩鈔》卷五作《送銅鼓藏焦山紀事》。
② 按：“厚”，清刻本《二竹齋詩鈔》卷五作“高”。
③ 按：“茶”，清刻本《二竹齋詩鈔》卷五作“棋”。
④ 按：“作”，清刻本《二竹齋詩鈔》卷五作“充”。
⑤ 按：“時”，清刻本《二竹齋詩鈔》卷五作“出”。
⑥ 按：“自”，清刻本《二竹齋詩鈔》卷五作“最”。
⑦ 按：“筌詩”句，清刻本《二竹齋詩鈔》卷五作“坐使詩僧屢問訊”。

采赤堇，陰陽供炭龍火加。雷雨晦明①降神异，亦如歐冶成鏌鋣。鑄成此鼓寄威信，要息民夷争犬牙。大勝草龍要誓約，底須歃血形豚豭。賽神合樂醉且舞，峒丁溪女紛擊撾。方今聖治曠無外，梯航冠帶通幽遐。坤維炎徼在庭户，蘆笙吹②沸喧銅琶。此鼓投閑供玩賞，何如祓濯歸耆闍。八德水與洗兵氣，懺除凡俗③祛塵沙。摩挲免嘆在荆棘，聽法或證波羅伽。吐吞潮汐浥神霧，沐浴日月涵靈霞。佛天不老山不滅，銅鼓之壽其無涯。

宋祥符封焦隱士墨敕　張井

劫火摧金石，奇哉此獨完。生存却明詔，夢獻忽靈丹。④ 封侈三公號⑤，人還大隱看。一函勞⑥守護，莫作鶴銘殘。

和張芥航河督送銅鼓入焦山韵　王欽霖

我聞伏波將軍鑄銅鼓，分布三十六種諸苗家。南人歃血誓不反，終漢之世無疵瑕。餘威震蕩慴諸國，風行真臘兼瓜窪。千年遺器出南詔，月輪未蝕金蝦蟆。牛尾細碎土花紫，未須款識詞繁奓。曲江先生負真賞，摩挲老眼猶無花。靈物鬼神共呵護，三代法物同矜誇。却愁變化發光怪，海王欲奪蛟龍拿。君不見金銅仙人墮鉛泪，露盤無復承朱華。又不見湛盧寶氣化爲虎，劍池寂寞沉秋蛇。過眼雲烟幻泡影，古懷勃發徒咨嗟。不如名山供老佛，不愁山鬼相揄揶。焦山東去海波闊，海雲堂外雲周遮。竹林寺古梵音絶，鐘魚晝静無喧嘩。周初寶鼎最奇古，雷紋象篆盤夭斜。我生好古乏真賞，眼光疑隔千重紗。此鼓沉淪弃蠻越，千金價值無人加。持配周鼎實相當，有如干將偕鏌鋣。當年鑄就鳶跕水，震驚大纛兼高牙。雲羿金釵扣不絶，木郎賽罷争輿豭。犵鳥蠻花幾變滅，漁陽絶調留參撾。佛廬從此閟幽异，不與銅柱留荒遐。大聲應可發聾聵，人間俗耳哀箏琶。我爲此鼓三嘆息，空門閉置歸黎闍。方今西域正蠢動，貳師萬騎屯流沙。跳梁雖已縛頡利，馱經猶未迎僧伽。安得援枹畀飛將，旌旗天半明朱霞。昆侖一鼓蕩群醜，雷霆夜震青海涯。

將赴南河留别寶晉書院諸生（四首之一）　黎世序

江天海嶽壯文瀾，北固山齋拭目看。問字我慚一日長，研經君耐九秋寒。曾追蘇米敦弦誦，敢向河淮策治安。臨别片言須記取，科名容易立身難。

---

① 按："明"，清刻本《二竹齋詩鈔》卷五作"冥"。
② 按："吹"，清刻本《二竹齋詩鈔》卷五作"歡"。
③ 按："俗"，清刻本《二竹齋詩鈔》卷五作"濁"。
④ 按："生存"二句，清刻本《二竹齋詩鈔》卷五作"生方却明詔，夢乃獻靈丹"。
⑤ 按："號"，清刻本《二竹齋詩鈔》卷五作"貴"。
⑥ 按："勞"，清刻本《二竹齋詩鈔》卷五作"牢"。

仰止軒　**馮錫宸**

蝸廬倘肯圖高隱，馬市何須抵死争。要信忠臣濺熱血，原殊處士乞閑名。江山遠擅千秋勝，心迹剛符一樣清。賴有巨公尋斷碣，夜燈常映月華明。

人皮鼓（明嘉靖時，都督湯寬戮海寇王艮皮所鞔，予見於甘露寺。）　**李仙枝**

昔聞海中有小醜，依倚島嶼爲屏藩。時出大洋犯海口，嘯聚儔類如雲屯。都督湯公神且武，如貔如虎師旅振。即日掃平渠魁執，髑髏殘血污轅門。其肉可食骨可醢，其皮不寢鞔作鼖。鼖鼓鼓軍軍氣作，三軍踴躍毋逡巡。异樣制作古未有，韗人疏增周禮文。羯鼓鼉革誰得似，肌理細膩無微皴。逢逢響震賊膽破，殷殷聲飛壯魄奔。海若驚聞亦吐舌，魍魎叫嘯都亡群。至今流傳二百載，殷紅釁染猶鮮新。我聞馬援征交趾，銅鼓一擊成奇勛。馬革裹尸名不朽，凛凛正氣千秋存。撫此亦當共揚推，胡爲寂寞歸祇園。君不見文明累洽六宇泰，安瀾四海無妖氛。禪堂發擂天魔悸，鐘磬細響徒錚錚。

韓蘄王廟　**秦瀛**

百戰波濤舊壘空，勛名汗馬泣英雄。沉冤獄已成三字，絶塞①人誰問兩宫。南渡江山驢背雨，中原鼙鼓鬢絲風。千秋巾幗還留迹，祔祀荒岡廟食同。

睢陽廟　**秦瀛**

一慟元都廟，登陴百戰難。孤城無鼠雀，諸將共心肝。死欲吞阿犖，生當滅賀蘭。猶憐聞笛後②，辛苦陣雲寒。

焦山訪瘞鶴銘　**石韞玉**

偶過避風館，言尋瘞鶴銘。臨摹傳翠墨，呵護仗神靈。月涌江潮白，雲封石骨青。直思三日住③，未④忍遽揚舲。

唐石佛入焦山歌　**齊彦槐**

石佛造自初唐民，永隆二年歲在辛。季秋九月朔丙申，安陽縣東高穴村。村人傅氏弟及昆，兵成兩方白足尊。座高八寸有四分，抵八萬四千之由旬。超拔七代父母親，普爲衆生渡迷津。淮陰古寺漳河湄，年湮寺廢石佛淪。天龍八部呵護勤，忽如浮磬出泗濱。惠州客載留於真，芸臺尚書嘆其神，曰當歸焦鎮海門。宋子芝山名保淳，補二侍者記以

---

① 按："絶塞"，清刻本《小峴山人詩文集》卷一作"投老"。

② 按："後"，清刻本《小峴山人詩文集》卷一作"夜"。

③ 按："住"，清刻本《獨學廬初稿》卷四《江湖集下》作"宿"。

④ 按："未"，清刻本《獨學廬初稿》卷四《江湖集下》作"寧"。

文。記中同游凡八君，大都好古而多聞。詞賦瑋麗吴穀人，詩歌豪健洪稚存。經籍著述孫伯淵，金石考據張敦仁。胡劉韋趙皆不群，或工書法善討論。嘉慶甲子鎸石墩，又益三客江焦秦。曰歸曰送徒云云，兩處刻石終因循。今年我入揚州闉，訪求鷄林游兔園，驚見此石卧墻根。日之夕矣眼復昏，字不能讀以手捫。問主者價日不言，但言昔富今甚貧。購之以錢二十緡，奉歸舟中三沐熏。臘月恰到焦山垠，長老清恒徒性源，迎入海西仰止軒，同時觀者楊子堅。是日天朗氣候温，梅花爛熳明朝暾。折枝供佛香氤氲，我爲長老談夙因。皆大歡喜伊蒲陳，亦記數語雕貞珉。道光十年歲庚寅，冬十二月日壬辰，距千三百三十春。其字與石完如新，不知兵燹歷幾巡，輾轉乃與焦仙鄰。江流浩蕩山嶙峋，廣長之舌清净身。是衆香國國士芬，是水精域無纖塵。更萬萬古轉法輪，不動不壞留乾坤。

金山方丈僧出蘇文忠公玉帶見示并恭讀純皇帝御製四詩敬賦三首　洪亮吉

八尺囊裁宋刻絲，調盤中有上清詞。平生不合時宜處，輸與團團碧玉知。

七百年來步後塵，乘雲游戲任天真。更從以上追前輩，只有金貂换酒人。

蓬萊謫下已多時，肯向紅塵挂一絲。莫笑寶山空入手，髯翁留帶我留詩。

楊文襄公玉帶還焦山①　陶澍

五祖戒師老偏鈍，玉帶曾輸作山鎮。石淙老人亦效顰，轉語不須參佛印。金山之帶至今傳，焦山帶已無人問。山僧合眼失玄珠，象罔從誰索塵坌。雪泥爪印迷飛鴻，好事忽逢長樂公。晉璧居然返垂棘，魯寶俄聞歸大弓。特比金山十六玉，蜿蜒對挂雙青虹。我昔采蘭過澧浦，豐碑親拭龍潭古。（文襄公父官於岳，遂居之。文襄生澧州，以巴陵籍舉於鄉。其前母劉夫人，葬澧城北龍潭寺在②。墓前誥敕碑尚存，字魯公體③。予④主講澧陽時屢過之。）頻年騎馬登北固，落帆更向焦山往⑤。屢詢此帶竟無踪，祇怪神靈失呵護。風雅何期得替人，作畫若爲留讖句⑥。未論公案入禪宗，且添佳話供詞賦。焦仙⑦洞口應大書，題曰梁公還帶處。

---

① 按：詩題，清刻本《陶文毅公全集》卷五十六《詩集》作《梁茝鄰玉帶還山圖》。

② 按："葬澧城"句，清刻本《陶文毅公全集》卷五十六《詩集》作"葬澧州城北龍潭寺左"。"在"，或"左"之訛。

③ 按："字魯公體"，清刻本《陶文毅公全集》卷五十六《詩集》作"字作魯公體"。

④ 按："予"，清刻本《陶文毅公全集》卷五十六《詩集》作"余"。

⑤ 按："往"，誤。清刻本《陶文毅公全集》卷五十六《詩集》作"駐"，可據改。"往"或即"住"之訛。别本即作"住"。

⑥ 按："作畫"句，清刻本《陶文毅公全集》卷五十六《詩集》此句下尚有注："文襄《辭焦山》詩有云：'留向他時作畫看。'茝鄰作此圖，謂作畫句成讖也。"

⑦ 按："仙"，清刻本《陶文毅公全集》卷五十六《詩集》作"先"。

焦山漢窑瓦爐歌　管幹貞

海門鬘雨吹壬公，梟鐘午渡梅花風。松寥丈室試茗戰，珠泉自汲三瀍東。恰看磁鼎列髹几，山僧指畫開熏籠。爲言此物自炎漢，厥質非玉非金鐲。規圓二尺徑八寸，彭亨之腹窪其中。弇穿卍字細墇紫，雙耳攫緺斜蚴龍。摩挲肉好光以黝，寘豆盉鬲形相蒙。心知年深器古樸，中縣中脯函虛盅。細看規格髻墾凈，小印成篆如春蟲。隆中黄氏見彷彿，愛玩轉覺心忡懵。趪燓并少周鼓字，窺觓更遜秦碑豐。漢窑魏范詎可識，什襲但等圭璋琮。我聞隆中豫州地，豈有陶旊稱神工。烏泥建安或相埒，汝窑雀瓦將無同。其聲玲瓏色斑剥，神光黯淡雙獅峰。永鎮山門匹周鼎，千秋呵護煩豐隆。

阮中丞[①]以楊忠愍公書藏之焦山　伊秉綬

深宫青詞媚奸佞，絶徼陰雨愁孤忠。積霾翳空不見日，猶望杲杲當天中。涕零和墨走蛇蚓，心苦舉義追龍逢。自言戍所之[②]佳紙，神物乃護傳無窮。丸螺浮烟漢隱洞，東瞻滄海西岷江。於是妥靈兼寶墨，定有雲氣凌青空。公同荆川渡揚子，談兵檢韵意氣雄。玆讀詩騷懷俊彦（卷中有鳳洲、繼津諸公名），如張廣樂開予聾。中丞寶此良有以，欲使頑懦聞其風。三代鼎摩蟲篆古，六朝碑拓鶴夢翀。同蔣[③]玆山作砥柱，不與江水同[④]流東。

焦山最高閣[⑤]　鐵保

佛光面面湛鴻濛，浮玉岩高四望通。京口峰巒迎檻碧，海門日月浴波紅。山如有姓人何在，鶴不留名[⑥]色本空。自笑浮踪容小住，雪泥鴻爪記飄蓬。

鶴林懷古　解檴

荒寺晚烟中，空山翠影重。林深不見鶴，人静但聞鐘。七七高風遠，三三古徑封。白雲低澗水，秋意澹孤松。

蓮花洞　何佳玟

細徑緣山轉，遥林對澗分。僻知人罕至，時有磬孤聞。石氣欲成雨，檐陰常宿雲。我來秋已老，岩桂落繽紛。

---

① 按：“阮中丞”，清刻本《留春草堂詩鈔》卷四作“阮伯元中丞”。

② 按：“之”，清刻本《留春草堂詩鈔》卷四作“乏”，疑是。

③ 按：“蔣”，清刻本《留春草堂詩鈔》卷四作“藏”，疑是。别本即作“藏”。

④ 按：“同”，清刻本《留春草堂詩鈔》卷四作“俱”。

⑤ 按：詩題，清刻本《梅庵詩鈔》卷四作《登焦山最高閣》。

⑥ 按：“名”，清刻本《梅庵詩鈔》卷四作“銘”。

贈周亦次明府（按：明府名以勳，時令丹徒。見“名宦”。）　陳鴻緒

忽驚饑饉頓相加，目睹流離衹自嗟。荒政何從籌貸粟，實心不比唱量沙。羞争郡邑尋常績，遍活瘡痍十萬家。官吏到來惟飲水，清風滿袖路人誇。（嘉慶甲戌歲大祲，明府竭力倡賑，郡人輸銀至二十二萬之多。大吏嘆爲未有，交章上聞。）

呱呱赤子動哀音，四野啼飢直到今。能養萌芽真厚澤，縱加斧鉞亦慈心。督郵枉奪鄰封界，伯起常辭暮夜金。從此芳洲蘆荻長，青青生意滿春林。（育嬰洲，每歲所出，活嬰甚衆，丹陽奸民恃衆攘奪，明府獲其魁，置之法。洲賴以全。）

寄答鮑野雲明府文逵（并序）　張問陶

去年，野雲自海陽引退，歸丹徒，先予數月，頃以詩札見貽，故不能已於言也[①]。

芻牧難求最愴神，牛羊猶在且抽身。東方冠蓋如雲積，去就分明只此人。

翁懷墨綬子擔簦，雲水迢迢苦行僧。淮海江湖攔不住，自揺舟楫渡南能。

封鮓方知禄養難，歸來藜藿轉加餐。（太夫人苦節三十餘年，不能迎養。）脂膏總飽他人腹，要報親恩不在官。

行藏無據那知非，爲感君歸我亦歸。一樣思親家較遠，暮雲猶自隔庭闈。

大尹迂拘太守狂，譽先無用毁何妨。陶潛松菊胡威絹，還被人疑陸賈裝。

山塘賣字影秋蛇，京口傳經展絳紗。各保書生真面目，是非休論别人家。

題宗忠簡公遺像卷子　鮑文逵

星墜前營大旗折，宋室山河竟分裂。誰寫精雲入素縑，眼角猶看泪横血。昔公首議倡勤王，十三戰捷如驅羊。東京留守勢益振，貔貅百萬環其疆。是時大事尚未去，將士用命民贏糧。譬如常人得瘵疾，二竪猶未深膏肓。奈何還京策不用，授柄汪黄任愚弄。五丈原頭汴水濱，千古英雄俱一痛。嗚呼滕公拔韓功不磨，公知武穆終如何。天心人事總難測，杜鵑啼血冤魂多。東陽茅屋空鄉土，京口靈旗尚祠宇。高墳未許象祁連，古柏猶能嘯風雨。炎宋興亡似弈棋，不如尺幅仍留遺。丹忱貫日（四字奉純皇帝御題額）新恩重，夜夜神光燭尾箕。

題魯子山西華記事詩後[②]（事見“名臣”）　鮑文逵

談兵自[③]古笑書生，誰料奇功一夕成。虎穴獨探身是膽，鳥巢全毁夜無聲。鐃歌自擬長楊賦，花縣翻爲細柳營。安得如公三五輩，西南妖焰掃俱清（時川楚賊氛未盡[④]）。

---

① 按：詩序，清刻本《船山詩鈔》卷十九并作詩題。“故不能已於言也”，作“故不能已于言中”。
② 按：詩題，《京江七子詩鈔》本《野雲詩》作《題魯子山明府西華紀事詩後》。題後有序。本志略。
③ 按：“自”，《京江七子詩鈔》本《野雲詩》作“從”。
④ 按：“盡”，《京江七子詩鈔》本《野雲詩》作“靖”。

儲胥不費廟堂籌，兵練櫌鋤甲出丘。小邑何堪旋驥足，此公真合號魚頭。都忘生死謀方遂，但計功名事早休。天子非常顔色動，驟膺千石擬通侯。

哭王夢樓先生四首之二[①]　鮑文逵

江左南徐比小邦，公才磊落士心降。寶刀夜月横滄海（先生佩刀得自海外[②]），鐵板秋風唱大江。賈至和章名第一，茂漪授筆健無雙。凄凉城北團瓢地，花鳥鐘魚冷石幢（寶蓮精舍[③]）。

憐予隻影走京師，强起歌驪手重持。久薄馬卿詞賦賤，肯因狗監姓名知。先生有道傳非偶，後死斯文拙敢辭（先生修邑志未成，嘗命逵采輯）。擬奠椒漿雲樹杳，疏蛩永夜助哀思。

題楊子堅生公石上論詩圖　祁寯藻

老作諸侯客，詩名四十年。仙心托黄鶴，時論比青蓮。片石今誰語，扁舟集早傳。海鷗還浩蕩，相對轉茫然。

翠屏洲春望同王柳村　楊試昕

春堤楊柳烟，新水釣魚船。紅雨晚來歇，白鷗閑獨眠。人家斜照外，牧笛晚風前。倚杖吾何事，幽情自渺然。

宿笠庵　楊試昕

山居秋夜長，横琴復垂釣。遥見一僧歸，江月微相照。

二喬村曲　楊鑄

溪流泠泠響哀玉，騎驢客訪喬公屋。屋旁古柏鬱春烟，老幹紛披漢時緑。每從青史思明眸，江東僚婿偏風流。伯符公瑾作佳偶，英雄國色皆千秋。弓刀隊裏森華燭，酒邊對把孫吴讀。環珮聲兼絲竹聲，魚水君臣同顧曲。翩翩羽扇揮風雲，龍騰虎奮真超群。燒兵擲戟雄圖定，豈甘割據終三分。金輪墮地獅兒夭，將星又落長江表。美人自古難偕老，豪杰由來無壽考。軍中縞素蹙蛾眉，寡鵠孤鸞并一時。慢拭寶刀啼玉貌，各揩青鏡泣奇姿。君不見黄金曾把文姬贖，製就哀笳身已辱。袁家少婦更凄凉，洛神賦裏誇疁睩。何似天全窈窕容，芳名貞淑艶江東。我來吊古重澆酒，村外桃花落晚風。

---

① 按：詩題，《京江七子詩鈔》本《野雲詩》作《挽王夢樓先生》。
② 按：自注，《京江七子詩鈔》本《野雲詩》作“先生至琉球國，得寶刀，名流題咏甚夥”。
③ 按：自注，《京江七子詩鈔》本《野雲詩》作“嘗栖禪寶蓮精舍”。

高孝子萬里省親詩[①]（事見“孝友”） 楊鑄

愚孝人不易，全孝人尤難。我歌高孝子，愴惻摧心顔。耶戍邊，兒隨之。兒臨行，母斷炊。兒身隨耶心傷悲，兒不隨耶耶賴誰。吞聲别母去，爲耶擔行李。天山八月雪没脛，虎豹叢中二萬里。夜眠土穴日食煤，窮荒唯有青磷飛。此時猶幸全骨肉，耶顛兒蹶相扶持。窮邊一朝至，耶身毋乃勞。阿耶工文詞，幸有將軍招。階下囚爲座上客，阿兒中心自凄惻。江鄉有母方愁飢，阿兒誓願歸哺糜。再拜辭耶耶頓足，兒身安得平安歸。朝别穹廬捧餒腹，白草茫茫鬼雄哭。黄雲落地吹成花，渾同江水無情緑。出關思阿母，入關思阿耶。朔雁嗚嗚出關去，蕭條大漠聞悲笳。歷遍關山飲霜露，草青知是江南路。江水何茫茫，半夜返故鄉。蓬頭跣足餓欲死，腰底一錢餘破囊。入門呼阿娘，喜極抱娘首。挑燈拭兒面，娘哭執兒手。問耶平安不離口，兒歸阿耶若爲偶。阿兒踟躕更抖擻，兒身親身兒不有。經營兩月兒更行，願耶歸鄉兒背走。噫吁嘻，吾聞朱人龍，割肝療父刀摧鋒。又聞趙希乾，割心療母肠出胸。一時至性忘生死，全孝愚孝將毋同。阿兒萬里忘辛苦，孝子之行我親睹。南山石爛海水塵，一片堅心自終古。

遺履篇紀宋公楚望事（事在[②]乾隆二十六年） 楊鑄

縣官色變將軍驚，縣官緝凶入大營。逞威殺良都護子，縣官執法要汝死。樓上盈盈李家婦，公子豪强婦恚怒。白壁蒼蠅血如雨，公子跳墻遺一履。縣官來驗凶人無，獲得此履如獲珠。功名擲去寢食廢，切齒虚心察其蔽。縣官得實故敞筵，公子入署來擊鮮。縣官上堂坐，公子雙脛破。鋃鐺繫汝頸，汝父威難逞。縣官捨命先殺凶，將軍膽落貌益恭。安得縣官盡如此，百姓無冤獄如水。

負尸行爲義僕過元作[③]（見“尚義”） 楊鑄

紙錢四飄揚，僵骸抱人起。負尸在背骸骨輕，晝宿宵行二千里。陰風漠漠野鬼嗔，僕與主人同一身。凍膚皸裂汗流血，石棱割足沙封唇。中夜不敢哭，忍泪還逡巡。猩猩啼霜來攫人，跪告土地呼山神。過元一命不足惜，此心萬古空沉淪。乾糧食盡食煤土，過元有身不知苦。一時天性所激發，過元何曾計千古。噫吁嘻，人間孝烈子與孫，高坊大柱旌其明[④]。子孫盡孝僕守義，姓名亦足留乾坤，我今秉笔書過元。

輿人哀 楊鑄

大府朝向京口行，大府夜跕歸金陵。主簿持鞭縣官走，馬啼騰踔堅冰鳴。大府輿儓

---

① 按：清刻本《自春堂詩》卷五詩題有序，其曰：“孝子名燦，高秀才林之子。秀才以事戍古北口，孝子隨之行。間年歸省母於家，往反戍所。鄉人重之，爲繪圖，屬楊子作詩。”可據補。

② 按：“事在”，清刻本《自春堂詩》卷二作“時”。

③ 按：清刻本《自春堂詩》卷二詩題下有序，其曰：“縣吏金某以事遣河南，死於戍所。其僕過元逾二千里負尸歸葬里閭，莫不稱義。”可據補。

④ 按：“明”，清刻本《自春堂詩》卷二作“門”。

氣如虎，呵斥縣官視如鼠。縣官惴惴供應忙，輿夫三百肩衣箱。驛程二百錢五十，足蹂泥濘餐冰漿。酸風攪雪龍潭黑，輿夫僵踣行敧側。白桿如刀裂凍膚，夜深獨立吞聲泣。東鄰同伴昨到家，五人凍死埋江涯。兒啼母哭縣門訴，縣官沉醉難排衙。

層樓火（并序）　楊鑄

潤州西城外，臨江有三層樓。湘潭陳君寓吾鄉，遂賃居眷屬。四月十六夜，不戒於火。妻子女婢六人皆①焚死。陳君倉皇負生母逾垣獲免。予見而哀之，作此紀事。

層樓矗天祝融怒，火起樓心出無路。七人酣眠一人寤，黑烟瀰空火穿樹。兒驚蹈火先覓娘，負娘走下鄰家墻。兒時見娘不見火，火焰四射兒踉蹌。風威愈猛火愈酷，鬼伯環人捉人足。妻孥子女死者六，未死抱兒火中哭。手足拘攣筋骨蹙，額爛膚焦已無肉。水龍十道齊仰攻，銀河瀉火浴火龍。青天變色大地紅，鬼神肆虐人無功。四更火滅撥煨燼，巑岏亂骨堆烟中。烏乎兹樓初起常游宴，士女笙歌路人炫。複道飛梯盡鬼門，可憐焦土還親見。昨夕團圞樓上坐，今日枯骸一棺卧。月明寂寞魂歸來，照見兒娘泣寒餓。

傅先生石室②　楊鑄

名共焦先永，眠從水石間。蟄龍窺定性，山鬼拜仙顔。薇蕨無心采，藤蘿少客攀。何年謝人世，廬結碧桃灣③。

過寶蓮庵懷王鮑兩先生　楊鑄

梧竹摧殘亂草長，飢鼯荒雀竄頹墻。换鵝書早傳瀛海，舞鶴魂歸認草堂。詞賦并懸天壤重，江山還對酒人狂。座中剩有鯫生在，落魄城南鬢已蒼。

書李琴夫先生遺稿　楊鑄

高隱江潭晚境幽，知心門外一沙鷗。溪山興遠尋樵徑，絲竹情闌卧酒樓。寄托每裁香草賦，蕭疏不負菊花秋。孤懷自愛無人賞，獨向西風感白頭。

雙鬢横秋氣自豪，功名且合付兒曹。畫肩恒岳前峰雪，冷看昆吾出匣刀。四海飄零通縞紵，一生哀艷續離騷。長留天地空詩卷，寂寞江樓擁布袍。

冬晚南郊閑步因訪竹林寺　錢之鼎

曲折入幽徑，半山明夕陽。梅花不知處，溪水但聞香。磬響來深寺，雲開覓上方。疏篁帶殘雪，寒翠滿衣裳。

---

① 按："皆"，清刻本《自春堂詩》卷五作"俱"。
② 按："室"，清刻本《自春堂詩》卷十作"屋"。
③ 按："灣"，清刻本《自春堂詩》卷十作"彎"。

京畿嶺樓見趙偉堂先生題壁[1]　**顧鶴慶**

江上碧峰遥，僧樓夜寂寥。天垂秋入户，雲蕩月如潮。古夢苔連壁，幽懷酒一瓢。渺然琴鶴想，獨聽樹[2]蕭蕭。

咏鱘衕（自注：鱘眼小，鼻長可半於身，通腦髓爲梅花粉，俗呼鱘衕。）　**顧鶴慶**

秋水凝爲質，春江贈更宜。誰將鼻功德，噓出緑玻璃。骨鯁從教化（自注：凡頭骨烹爛俱美），頭銜亦大奇。梅花無風刺（自注：梅花粉中有刺，如梅瓣，須去净），應爲續新詩。

海嶽庵咏懷呈蔡生甫先生[3]　**王豫**

古人不可作[4]，誰嗣大雅音。四顧感知己，孤鶴鳴高岑。遠懷及硯山，飄零無由尋。蘇米有遺像，瞻拜夙所欽。松涵月色澹，樓俯江光深。萬古此江月，如見古人心。古人亦今人，修士當自箴。

望圌山放歌送解子輔山　**王豫**

五丁開鑿驅神龍，二龍盤踞江光中。一龍夭矯復東走，到海忽插青芙蓉。長江蜿蜒浩無已，圌峰一束七千里。陰晴變化十二時，海門屏障雄無比。我友解子有仙骨，家居乃在烟霞窟。我今遇之北固山，狀貌歷落非等閑。忽然長嘯拂衣去，使我悵望滄波間。龍女擊鼓江水裂，白黿拜獻珊瑚玦。驚濤奔浪雲涌山，寒星墜水光明滅。雲車風馬時往來，靈旗翻空北風掣。霜沉笛咽天吴趨，孤帆直向長空没。遠樹微茫接滄溟，極目圌山青復青。

馬節婦詩　**張學仁**

應讓曠代才，與我爲好友。有妹年十六，已能執箕帚。阿兄爲擇配，嫁作馬家婦（諸生馬雲驤室）。終身得所歸，生死永相守。新婦入門來，姑病已在床。三日病漸篤，舉室皆驚惶。縗絰忽加身，弃置羅衣裳。中饋無所主，自去相扶將。妾如凌霄花，郎似孤根樹。孤樹無旁枝，托根愁不固。兩命共一身，相與度朝暮。樹根無動摇，花枝得依附。姑没郎忽病，纏綿未半載。鬼伯相催促，黄泉已相待。内無期功親，懷無藐孤在。撫膺長號啕，矢死志不改。阿兄得知之，爲言老母存。拭泪勸登車，言返舊家門。獨處十二年，命盡歸荒墳。以侄繼其姑，用慰地下魂。南山石峨峨，石久有時爛。寒冬夜漫

---

① 按：詩題，清刻本《京江七子詩鈔》卷四《斆庵詩》作《京畿嶺樓見趙偉堂先生題壁感賦》。
② 按："樹"，清刻本《京江七子詩鈔》卷四《斆庵詩》作"葉"。
③ 按：詩題，《京江七子詩鈔》本《種竹軒詩》作《海嶽樓懷蔡生甫先生（之定）》。
④ 按："古人"句，《京江七子詩鈔》本《種竹軒詩》作"蘇米去已遠"。

漫，夜盡有時旦。貞節永不磨，誰與表里閈。

寄奴泉　張學仁

蛇王甲裂流血水，箭鏃夜飛光閃紫。龍騰蛇伏不敢鬥，寄奴王者命不死。鶴林寺前留舊井，波明照見衮冕影。義旗一舉烟塵清，彭城歸來六師整。凌歊臺上樂未終，宫殿蕭條霸業空。山頭十日響春雨，雲氣還生古井中。

題宗忠簡公遺像卷子　張學仁

按：卷中有建炎丁未誥敕，及真像世譜，藏祀孫文燦家。題跋最著者，如：虞忠肅允文、陸忠烈秀夫、朱晦翁、文信國、胡世將、吴璘、宋文憲濂、王文成守仁、解文毅縉、黄忠端道周。康熙間，有力者謀奪之。宗氏不與，今其裔孫尚藏焉。

騎驢不醒青山夢，飲酒不慰黄龍慟。偏安無復望中興，諸將奇才誰倚重。壯哉留守起下吏，獨守開封統萬衆。諫書但望兩宫還①，狂寇不容一日縱。如何病革呼渡河，竟使孱弱成南宋。子孫零落在京口，清門未得分薄俸。焚香再拜展遺像，秉笏朝天勤扈從。鬚眉戟張毛髮竪，尚疑血泪沾衣縫。後起名臣多杰出，揆文奮武才博綜。爲感英雄一片心，墨迹蟠螭詞吐鳳②。古來經國有大計，寬仁神武兼爲用。大張撻伐示天威，朝廷白上升平頌。安得如公一二輩，力支大厦成梁棟。冠裳赫弈畫雲臺，賈復岑彭相伯仲。

漢荆王廟　應讓

討逆走兵符，吴都及楚都。運纔開赤帝，鋒豈避黥奴。萬姓懷宗室，孤身殉版圖。千秋祠墓在，不使瓮城蕪。

琴娘怨（事見“紀聞”，詩録卷末。）　吴樸

心在孤雲迹在泥，幾番飄泊恨誰知。可憐心似傷春鳥，不到江南不敢啼。

同石遠梅游焦山　唐培英

一拳危石横江起，萬里驚濤到海平。瘞鶴獨尋王内史，鑽丹誰識傅先生。魚龍夜静澄江氣，鸛雀風高撼樹聲。十載塵機仍未息，摩崖愧問舊題名。

丹徒閘　夏寶晉

天塹限南北，京口通往來。非爲便行旅，亦以達貨財。糧艘自出丹徒閘，古制原愁京口狹。近來直達繞城行，邪許千人同一聲。泥沙滚滚日南下，河流更與江潮争。猪婆

---

① 按：“還”，《京江七子詩鈔》本《青苔館詩》作“返”。
② 按：《京江七子詩鈔》本《青苔館詩》此句下有注：“卷中多南宋名賢題跋。”

灘忽成平地，大挑小挑全不利。去年糧艘歸最遲，遂致啓閉皆失時。中丞勘工久在此，南漕御史坐視耳。通途窒塞咎在誰？何惜彈劾一警之。昨夜雷電雨如注，事敗垂成使者怒。

第一泉　吕叔蘅

昔怪瀑布水，倒瀉廬峰疾。今笑中泠泉，翻從江底出。造化本渺茫，鑿空恣奇崛。初疑涌鼉城，不則穿蛟窟。風静碧波澄，珠沫常汩汩。遐哉張陸流，品味稱第一。我欲携銅瓶，呼童汲長繘。煮茗三山巔，獨坐撫瑶瑟。

北固山秋望（四首）　吴曰鼎

第一江山古潤州，黄花開過客登樓。海門風月長天迥，瓜步人烟夕照收。水落潮聲猶近郭，時平軍令亦防秋。寄奴事業空塵土，荒草寒雲竟日愁。

滿地西風氣莽蒼，樽前懷古思茫茫。無邊白浪横京口，不斷青山擁建康。野鳥亂飛天欲雨，悲笳争起鬢先霜。誰知一片繁華地，盡是當時戰鬥場。

每將峰勢作雲看，征雁高飛欲度難。地闢金焦雙島闊，天連吴楚一江寒。塔無風過鈴聲小，山有人行木葉乾。笑問謝公吟眺後，誰曾拈筆再登壇。

海上樓船憶往年，江南久已罷戈鋋。霜堆楓葉霞千嶺，水浸蘆花雪一天。瘦馬蕭條當道立，哀鴻離散任風旋。讀書憂國男兒事，争奈浮槎未有緣。

五州山雜咏（録三）　茅元輅

天上老人心，化作老人峰。老人有定見，終古居山中。品期五岳并，心與四皓同。俯視下群峭，一笑皆兒童。（老人峰）

挂錫在虬枝，山靈亦珍重。至今盤太陰，風雷不敢動。崛强龍未飛，庇蔭鶴有夢。終古卧岩阿，羞作棟梁用。（挂錫松）

滄江一雨後，烟滅净如洗。水光抱峰來，直入萬松裏。中有忘機人，高卧不肯起。五州幾點青，放眼便千里。（卧看滄江）

登香山　繆鑌

直上最高處，峻嶒石徑斜。白横江一线，青散樹千家。泉曲通僧竈，山香帶野花。結廬曾不遠，吾欲老烟霞。

爲于子道徵士作第一村圖并題　繆鑌

江左名流地，溪山此最真。濤聲來北固，樹色接西津。野水浮舟淺，歸人唤渡頻。桑麻風景好，却勝武陵春。

帆影樹中出，嵐光雲外多。江山今若此，栖隱昔如何。我亦動幽興，誰能不浩歌。繪圖良有意，臨楮幾追摹。

胡貞女詩　趙元益

有閨中秀生丹徒，女家郭東女氏胡。字我趙氏子業儒，二十未嫁髮彼殂。女聞訃至欲與俱，奔喪不得少踟蹰。阿母禁錮高樓居，憤投樓下絶復蘇。臂折其右淋血污，躍起直向夫家趨。撫床一慟雙泪枯，鬼爲晝哭烏夜呼。欲生不得已無夫，欲死不得尚有姑。殮時自把生辰書，深深納向夫衣裾。貼合夫體粘夫膚，願將生辰代妾軀。未婚與既婚何殊？書以從夫赴鬼途。内顧更無升斗儲，孀姑事奉己所圖。隻手操作良拮据，恃此僅將姑口餬。妾難自給誰知乎。自啖餅二粥一盂，幸而姑飽妾吞麩。不然妾餓有餘辜，憂勞致疾藥勿扶。一朝瞑逝嗟何如，十有九年志不渝，到今始得明區區。身完處女仍還渠，見渠地下樂只且。遺言合葬冢不孤，連理樹應生兩株。士大夫過爲嘆吁，如此苦節世所無。

吊李騎尉墓（二首之一）（自注：李騎尉，名海，二十三卒，葬圌山。）　趙元益

雕弓羽箭足空群，年少風流更數君。豈有虎頭封萬里，頓教馬鬣吊孤墳。圌關劍影寒猶見，瓜步笳音静尚聞。落日磨旗墩下過，竟無人説李將軍。（按：李海係嘉慶甲子科武舉一名，弟清道光乙酉科一名。）

趙節婦詩（自注：山北港孫元庚妻趙氏，二十夫殁，卒年七十。）　殷焯

孫元庚夭趙氏孀，願矢柏舟稱未亡。孀時二十年尚艾，殁時七十名始彰。族人感夢入家乘，清名百世垂枌鄉。（原注：修家乘時，孫之同支族人夏九者，曾感夢節婦。）

謁陸忠烈公祠　張學仲

戎馬倉皇大海東，靈旗風雨泣孤忠。五庚運已終全宋，四子書猶勖幼冲。七廟有靈應復國，九州無地更移宫。荒祠合與厓山并，松柏蕭蕭夕照中。

寶晉書院古檜歌　張學仲

齋前老檜勁且直，枝幹槎枒勢敧側。翠葉濃分翰墨香，霜皮厚染詩書色。不與桃李争春華，暗淡亦如人悃愊。鳥剥蟲穿春復秋，柏葉松身人不識。一朝真賞荷名公，始信奇材殊杻檍。根株定從闕里分，輪囷合向書堂植。吁嗟名材困荆棘，一例薪樗誰拂拭。願如老檜荷垂青，生成也藉栽培力。

貞婦王氏詩（五首）（事見“貞烈”，并詳“陵墓”。） 魏堃

趙貞婦，王氏女，姑則不義同室處。厥有强暴姑所私，婦惟正色無敢侮。并欲污之姑與語，婦泣不從泪如雨。賢矣哉，王氏女。

姑出婦，婦遂歸。母令改適志，則非母言則，是兒心實違。婉言答母母亦憐，婦人從夫節爲先。吾完吾節志已堅，得侍慈母何求焉。污泥不染花中蓮。

姑復召婦回，厥計愈奇詭。陽爲好言謝其意，殊不爾密合所私。匿而俟突出，相逼僅尺咫。貞婦禦暴揮袂起，大呼奮擲怒目視，與其失身不如死。

竊更衣，先沐浴。閉户牖，自飲毒。身爲無玷圭，心比光明燭。衣裳三襲皆縫紉，聊示此身潔如玉。從容就義人所難，婦身雖死亦瞑目。

使君下車始，廉訪論如律。爲之闡幽微，豐碑記其實。强暴伏誅婦節伸，清操苦志鐫貞珉。凛然知大義，鄉里弱女身賢哉，節婦何其純。

貞婦王氏詩 陸毓元

提刑示墓碣，命作貞婦詩。貞婦丹徒人，氏王爲趙妻。十五工織素，十六甫結縭。灼灼凌霄花，裊裊纏兔絲。其上巢姑惡，引類來鴞鴟。咄嗟冬青樹，肯受狂飆吹。入室聞嘆泣，上堂前致辭。妾若緑波蓮，不染水底泥；妾若畫梁燕，不逐林間栖。聒耳復聒耳，日聽姑惡啼。撲棗尋細故，落花辭故枝。鴆媒議改醮，阿母復憐兒。涕泗謝阿母，兒心實難移。姑惡姑不惡，轉爲蜜中砒。歡言迎接汝，入門復來歸。誰知還巢日，已伏毁卵機。驚天泣神鬼，大呼搴帷誰。幸脱狂且辱，反受讒言摧。姑惡姑誠惡，掊擊繼以錐。一朝具湯沐，三襲縫裳衣。畢命生鴉片，視死甘如飴。讞牘具疑獄，舉槥斂遺尸。提刑使者至，軒然洗沉埋。門前樹綽楔，冢上題豐碑。惠政及巾幗，禮教先閨闈。覆盆大昭雪，行路皆咨嗟。勝國張貞女，煌煌名同垂。不湔詩禮訓，自植綱常維。嚴霜見貞木，朽壤生靈芝。作歌和輿論，彤管揚芬蕤。

哭徐竹初先生（四首之一） 劉懷祖

按：先生名玉立，甘泉人。由進士入中書，乞養家居，不復仕，晚慕江山之勝。道光十八年，來主寶①晉書院講席。越二年，庚子夏，風雨大作，徒邑諸山各有崩裂。是日，先生卧海嶽樓，下樓後石崩，木拔壓屋，樓傾，先生竟以覆壓死。

官辭薇省舊逃名，暮齒來尋海嶽盟。六代衣冠原是夢，一樓風雨太無情。文章竟被山靈妒，人士猶傳月旦評。米老風流長已矣，荒齋誰繼讀書聲。

何烈婦詩（原注：何蘭舫上舍之媳錢氏，壬寅六月，城陷，投井死。） 林壽春

六月妖星出青海，北固山前嘯奇鬼。蓮花不向戰場紅，碧血長埋井中水。吁嗟京口

---

① 按：“寶”，原作“實”，别本作“寶”，據改。

何烈婦，少小金閨習詩禮。二十于歸傅粉郎，三載芙蓉艷連理。誰知鼙鼓江上來，鐵騎縱横滿城市。腥風吹上胭脂花，妾身未亡妾心死。上堂拜舅姑，下堂别夫子。宛轉掌中珠，嬌啼不忍視。死别生離頃刻間，奮身一擲悲風起。骨肉倉皇烽火中，心神明潔清泉裏。嗚呼懼辱遂捐軀，不至辱兮遑暇計。湘靈腸斷曲中人，落日金焦暮雲紫。

壬寅秋襄事義糶義葬寄顔柳橋　楊煦

寇至驚人嘩，寇退聞鬼哭。腥風送臭腐，處處横遺髑。不共劫灰蘇，早受秋陽暴。居人幸生還，尸氣苦迫促。生死同一城，死慘生亦蹙。誰歟作德者，衆力擎以獨。丹心一捐金，白骨齊就木。鍬鋤向水涯，畚鍤尋山麓。古井縋修綆，長河下高簏。餘燼剔頹墻，斷繩搜破屋。纍纍原上土，新冢亦已築。經營未浹旬，胔骼盡掩覆。憶昔吾鄉饑，窮黎死甚速。枕藉道路間，義葬兼水陸。期年以千計，傷心實慘目。（辛卯、壬辰間，迭遇水災，道死甚衆。余時督辦義葬，不一年施棺千計。）今者兵燹餘，鄉情一何篤。棺殮二千奇，數附孝烈録。嗚呼此何心，義正即仁育。地慘肝腦塗，天佑瘡痍復。

千棺入山去，萬粟浮江來。出彼稻粱謀，一紓鴻雁哀。唱籌謹嘉量，善價妙善裁。豈與較銖粒，法立人無猜。豈云務施濟，愛博義乃賅。貧家計升斗，孝子耻瓶罍。困民每無告，况值兵厄摧。救荒昔備賑，人事弭天灾。糶米兮發倉，廣厦集衆財。餱糧纏橐裹，御鑿秏囊開。負肩及戴首，陋巷兼荒街。飢軀在遠方，或亦聞風回。空城無宿食，今乃得所推。嗚呼此何心，生德誠恢恢。炊烟忽四起，從知元氣培。

新歌六章志壬寅諸義舉也　楊煦

壁立不寒，骨立衣裳單。無家則兮無褐還，質庫已飽封狼貪。昔年刀尺聲，今作中婦嘆，霜華泠逼秋光殘。秋光殘，歲將改。綈袍來，葛衣解。滿城絖纊人不知，持告南檐負曝者。（施寒衣）

死婦泣姑嫜，生婦憐兒女。稚笋抽芽慈，竹苦輾轉冬。心向誰語駡，賊死避賊生。黄金却白璧，擎撫孤且納。鄉人情鄉人，有情婦不謝，但道有時畢昏嫁。（助孤孀）

安不忘干櫓，心危不輟弦誦音。班侯有長筆，韓公有短檠。長筆不可投，短檠誰復顧。芒鞋踏遍山中路，避寇歸來故人故。故人故，明月明。書帷延入寒光清，頓使管城以内增心兵。（贈膏火）

呱呱復呱呱，小兒有口不能呼。唧唧重唧唧，大兒能言惟有泣。雛燕傾巢兮羔羊逸，雀鼠争衡兮諸兒鵠立。兒鵠立兮可奈何，此際乳哺兮良足多。良足多兮誰氏？父兮母兮蓼蓼者莪。（育遺嬰）

峨峨兮江城，轟轟兮炮聲。望炮堤兮登城樓，眩耳目兮新修。金彌億兮樓頭，勒工名兮臨流。小醜兮斂迹，自今以始兮江濤息。（修備禦）

神人饗，神人饗春秋。黌宫勸學兮城隍薦，羞祀蘇米兮海嶽樓。奠木主兮靈修，昭忠兮崇節。表貞兮揚烈，大匠宗工兮踵相接。嗚呼誠兮，誠兮人兮，歆兮神兮。（復祠廟）

張姑節母九十壽詩（四首之一）　**楊煦**

六十年來慶我生，高堂次第祝長庚。（余時年六十一，家嚴九十三，家慈九十二，姑母又慶九十。）兩家互遣孫曾拜，一脉回思教養成。（姑母于歸甫一載，姑丈殁。時年十九，遺腹三月生男沅。沅生壽春，壽春生浩。三世俱列膠庠。）食蔗光陰佳境入，種松節操睿皇旌（姑母年五十已建坊表）。從今更願身多健，百歲坊題妹與兄。

焦山西漢鼎歌（考見"古迹"）　**蔣圻**

山靈好古殊絶倫，矜奇炫博如詩人。夜間寶光燭天起，不願驚落蛟龍魂。周鼎夙昔久擅絶，復有漢鼎來同陳。銅質五色更班駮，腹棱純素多奇紋。三鐶兩耳下三足，其高七寸餘三分。喻麋汧共奥難讀，銘詞鑿鑿深可捫。蓋第卅五器廿一，彼此互錯迷前因。汾陰好畤惜未見，此鼎得之恭皇園。漢家中葉苦不造，卯金運衰火德昏。王孫慘受飛燕啄，諫議大夫論鬼薪。共皇世子哀帝欣，入繼大統由分藩。追尊上去定陶號，廟厨祠祝薦苾芬。惜乎漢鼎已暗移，土起石立妖紛紛。司馬覆餗鼎折足，法堯禪舜何愚惛。東園秘器不足惜，珠襦玉柙侔至尊。滄桑閲歷劫灰黑，銅仙泪滴秋苔痕。數千年後此鼎出，陶陵想亦空烟塵。禪床位置殊得所，從今無復悲沉淪。翰墨緣深喜相結，考據亦足徵見聞。松寥閣中　樽酒，茫茫古事誰與論。

道光甲辰夏五月得遂啓諆大鼎周宣王時物也將置之金山以垂久遠作歌紀事用新城王西樵焦山古鼎歌原韵　**葉志詵**

我生嗜古勤搜索，左右羅陳殊卓犖。岐山有客携鼎來，神物乍見緣耕作。（壬寅春二月，陜西岐山縣城北滎陽村，史姓耕地得之。）其文百有卅四字，載記元戎刊鑾洛。命汝出師遂啓諆，嘉績用張達陛閣。經維四方實乃功，玁狁薄伐邊陲愕。折首六百執五十，先行威震軍聲樂。十有三年正月吉，史減册命賴貝博。作廟作器薦馨香，乘飾服飾褒鷹鶚。想像宣王中興年，桓桓撥亂如摧擇。石鼓著辨徒滋疑（自來言石鼓者，迄無定論，歐陽《集古録》尚不免有三疑之説，今得此鼎相印證，確知爲周宣王時物），銅盤取證足相酢。（先是戊戌歲，郿縣禮村田間溝岸中掘得虢季子白盤，是十二年正月丁亥作，與此鼎銘文極相類。）方今偃武際升平，寶鼎一出光岩壑。求珠何幸值因緣，懷璧從來戒貪攫。吉卜合付名山藏，浮玉嵯峨江流錯。摩挲傳誦詡游人，典守呵護憑海若。焦山之鼎閲四年（焦山周鼎銘文：九月既望甲戌，是宣王十六年戊子之九月十六日，後此四年），伯仲相望慰寂寞。見聞詫兹稀有珍，注經校史群攻錯。（西樵元韵，重因用韵，姑仍之。）烟雲過眼如是觀，萬古光芒燭高廓。

高孝子詩（原注：孝子姓高氏，名燿。年十六，從父發配黑龍江。期年後，歸省大母及母氏，跣足六千里，命幾殆。還家逾月，將復往。同里哀其志。贈以詩。）　**張澐**

匹馬關山路，驚魂兩地飛。邊城風虎避，沙磧旅人稀。捧袂心私喜，傷懷泪暗揮。

又隨秋燕去，再拜別玆闈。

孫孝子詩（名尚魁。事見“孝友”。） 張灝

難將寸草報親恩，憶面圖容積泪痕。晨暮生來違定省，歲時終復薦鷄豚。白頭共識松筠貴，青史争傳孝烈存。飲血在心非在股，先幾長往表貞魂。

冬日同人凌江閣晚眺 李志

縱目高樓外，詩情薄暮增。落霞飛不起，遠隼勢孤凌。天净氣逾肅，江空心自澄。憑誰吹鐵笛，催月向東升。

同人過上方寺 李志

欲識招提鏡，因來訪豫公。秋聲禪榻雨，花氣午窗風。地僻塵囂遠，心閑色相空。香山曾寄興，聯步過城東。

鐵瓮城（考詳“輿地”） 清瑞

群山巖巕西南來，瓮城如鑄連山開。登樓一覽浩無際，畫出雲水多樓臺。昔聞笳聲動地起，京口甲兵古無比。城頭鐵弩守烽烟，兩點金焦并如砥。孫劉霸業今何存？鐵騎蒼茫空草痕。一聲鐵笛沿江月，花柳春帆下海門。

甘露寺鐵浮圖歌 清瑞

巍乎高哉！卓立千尺摩蒼穹，不與尋常浮圖同。聚幾妙鐵經爐冶，鑄千佛像昭尊崇。考古究於何代始，有唐肇基李衛公。謂與金剛同不朽，難逃浩劫遭祝融。幸有裴璩重修整，莊嚴樓閣營花宫。我聞建塔藏佛典，或迎舍利居其中。衆塔木石皆易朽，獨此鐵鑄堅難攻。插地穿雲十一級，峥嶸八角飛玲瓏。想因魑魅肆荼毒，仗倚佛力驅群凶。神靈呵護蛟鰐避，力敵造化天無功。鷲嶺宏開縱披豁，更見六塔來朝宗。揚州三塔若拱揖，或隱或見烟濛濛。城南一塔如卓筆，金山一塔如騫鴻。焦山之下一塔聳，海天表識圖山東。蕭公鐵鑊何足數，孫郎鐵瓮差争雄。慈恩題塔詩具在，光焰萬丈聲摩空。我登凌雲詩賦此，唐賢應許吾追踪。此塔已歷千餘載，風雨剥蝕苔花封。會當鐵柱峰頭立，俯視金焦兩點青芙蓉。

水灾行（道光戊申及己酉） 清瑞

江頭六月風怒號，海門吹起無邊濤。天吴震奮馮夷舞，奇灾天降民安逃。幾日膏腴成澤國，潮來忽變江天色。初如萬弩突發不可測，又如萬馬齊奔不可勒。沙洲見樹一尺高，城市行船半篙直。更驚水自江北來，維揚五壩同時開。水與民命争一瞬，山崩地坼

如奔雷。十丈潮頭作山立，淮陰不見韓侯臺。流離目睹無栖止，呼號聲比征鴻哀。白晝魚龍與人伍，况經無日無風雨。陰霾彌月黯青天，問天何日民安堵。眼下灾民已苦饑，再遲霜雪寒無衣。縱使江潮有時退，嗷嗷幾至無遺類。墻頹屋倒何所歸，對江空灑窮途泪。可憐赤子誠何辜，流亡滿目誰其蘇。我亦有心摹鄭俠，揮毫細繪流民圖。

尋芙蓉樓故址　清瑞

飛樓縹緲已無踪，極目高城鎖亂峰。落日平原秋牧馬，連江寒雨夜聞鐘。櫓聲欸乃吟邊過，客路蒼茫畫裏逢。幾度欲將遺址覓，不知何處采芙蓉。

京口竹枝詞　清瑞

春漲來時漫水關，畫船小泊緑楊灣。城頭看厭真山好，對岸河泥看假山。

鴻鶴山頭有墓田，清明祭掃夕陽前。當年拜石留荒冢，今日何人拜米顛。

平原牧馬長春燕，北府軍門擁萬夫。夢後城頭聞觱篥，吹青聲斷又吹枯。

重過大覺寺感賦（自注：少時與次山兄讀書於此。）　**戴岑**

鬢絲塵榻繞茶烟，舊地逢僧話昔緣。山色青堆樓角外，野花紅到寺門前。一龕佛影燈殘夜，滿座書聲客少年。此景分明疑再世，不堪長夢隔重泉。

游南山（四首之一）　**戴澤**

石磴路紆折，松岑靄冥濛。攫身探鳥巢，健步追樵踪。密樹擁杰閣，幽谷鳴晨鐘。磵花候冬艶，檐實凌霜紅。林深不逢人，仰首見飛鴻。古泉清以深，土脉春溶溶。谷隱豈爲名，習静予所宗。共矢考槃志，毋爲嗟固窮。

清風橋（俗呼范公橋）　**戴澤**

两字清風憶舊題，范橋景色正清凄。細循石齒尋殘碣，遠認潮痕過夢溪。製錦坊前芳草歇，藏春塢裏亂鶯啼。懷人吊古空惆悵，徙倚危欄日又西。

京口竹枝詞（録六）　**戴守梧**

邊馬初驚觱篥聲，霜寒北府角弓鳴。韓公五堞今何處，明月斜飛上子城。

當日南園有舊牌，司名都統宋官階。設酤定爲京清美，赢得人稱税務街。

溪水潺潺入鄭湖，花如覆錦滿平蕪。夢中山水縈情處，沈括風流絶世無。

溟濛山色一痕遥，岸柳蕭疏入畫描。尚記算山宵定策，伐烏林曲唱韋昭。

小徑尋幽到竹林，戴公當日入山深。月明時有哀猿嘯，古鐵一聲清客心。

住近東城半里遥，登登白石路條條。傷心刁約歸何處，流水潺湲過范橋。

甘露寺石壁歌　陳宗聯

大塊之大此一卷，北固之北此插天。壁立江渚高且堅，障蔽鐵瓮藏金船。甘露佛寺誰安禪，鐘鼓響徹江雲邊。紆迴突兀崖如懸，秋月潭映峰之巔。矗立忽聳鈎弋拳，敧坐誰削洛女肩。離奇變幻横相連，虎伏更有虬龍眠。斑斕五色醜亦妍，采繪都成霞與烟。捫蘿拾級鳥道穿，羊腸九曲盤且旋。褰裳欲上心駭然，登高况復臨深淵。下拜漫學南宫顛，達摩久立空塵緣。吁嗟乎孫吴棟宇猶亥延，戰争無謂嗤當年，萬古飛躍唯魚鳶。

壽凌貞母王孺人　羅延樞

庭有女貞木，布葉何繁滋。歷盡雪與霜，不凋舊貞姿。卓哉我凌母，所遭良崄巇。十七未于歸，夫病已不治。夐夐誓永守，茹蘗甘如飴。尊章拜堂上，嗣子侍絳帷。賴婦代厥子，維母兼嚴師。毁家克再造，大厦一手支。朝廷旌貞操，綽楔何巍巍。佳辰逢設帨，述德視期頤。

江城六咏　唐庸

紫金山傍六街前，除却中泠更有泉。剔取吴興舊題字，不知風雨自何年。（紫金泉）
一灣春水緑摇波，不見橋邊畫舫過。畢竟家家種楊柳，令人還億酒樓多。（緑水橋）
春深古寺見樓臺，歷代興亡付劫灰。吹遍東風無鳥迹，落花猶認六朝苔。（青苔寺）
此間終不近塵埃，鶯囀春林花自開。惟有多情樓上月，昔年曾見戴公來。（戴公園）
春事匆匆付酒杯，携壺還認酒家來。河豚入市蘆芽白，昨夜梅花帶雪開。（梅花市）
高倚層城接翠微，簾前歸燕語還飛。祇今春水年年緑，斗酒無人對落暉。（斗酒閣）

很石　王商霖

楚甸吴山入莽蒼，霸功猶自説孫郎。三分割據隨流水，一片嶙峋卧夕陽。北府軍兵空逐鹿，西陵門户早亡羊。太平幾度苔斑坐，不見當時舊戰場。

甘露寺很石歌　朱士龍

大江之濱北固陬，横亘此石何代留。江山浩劫百千秋，爾尚卧如㹀兮攫如虬。紫髯碧眼孫仲謀，羽扇綸巾忠武侯，相逢踞石何夷猶。是時老瞞下荆州，雄吞眼已無孫劉。兩公對坐此運籌，英氣噴薄大江頭。天驚石破神鬼愁，東南風蹴水倒流。艨艟千里一炬投，爾雖不言能記不。吁嗟乎三分事業久已休，惟見兩岸蕭蕭蘆荻洲。石兮石兮，我欲煉爾補天遠應媧皇求，又欲鞭爾下海聊當騎鯨游。不然呼起米顛子瞻重唱酬，研山雪浪爲汝儔。載汝金焦酒船相拍浮，下視塵世如浮漚。

竹林寺　蔣名甲

雲深不見樹，竹深不見路。路轉曲穿林，寺在雲深處。山草碧於烟，山花紅帶露。

澗鳥鳴間關，聽鸝人不遇。長嘯倚禪關，蒼茫天欲暮。

八公洞懷古　蔣名甲

群山拱揖地險窄，招隱一峰尤突兀。上有昭明讀書臺，下有八公藏修窟。八公昔日厠天家，賜侍昭明寵有加。呼茗手瀹珍珠瀑，設几親攀玉蕊花。軒楹高敞連雲起，勤學有如寒畯士。左圖右史伴披吟，月夕花晨任驅使。一朝風雨黯山阿，敕宣參問手書多。滿朝飲恨悲雲鶴，終古奇冤説蠟鵝。君王耄老政親理，不信儒經崇佛氏。笙歌已厭建康城，梵唄猶喧同泰寺。如此林泉不更歸，幽栖有托誓相依。傍晚盤飧燒白石，終朝鼓吹囀黄鸝。一徑燒丹還煉汞，中宵有夢空悲哽。鳳闕迢遥白髮間，鸞驂縹緲青山冷。八公從此隱仙踪，雲樹蒼茫洞口封。清泉灩灩追劉帝，落日依依戀戴公。

過藏春塢　蔣名甲

惆悵萬松嶺，樓臺幾變更。峨峨新第宅，寂寂舊簪纓。白髮有餘興，青山無盡情。藏春春自在，樹暖鳥争鳴。

雙峰雜咏（十首之三）　蔣名甲

闢開一徑際江天，徵詔連番士不前。漢室興亡留尺土，青山有地著焦先。（三詔洞）

烟霞有味一泉清，清畏人知少識名。若使茶神評入譜，集泠未必讓中泠。（東泠泉）

隱若誰識傅先生，石室蕭然几榻横。如此青山長寂寂，不教猿鶴一知名。（石室）

蒜山訪周公瑾與諸葛武侯議拒曹兵處（見“輿地·蒜山下”。陸龜蒙詩：“周郎計策清宵定，曹操樓船白晝灰。”蓋謂此也。）　楊棨

江流不涌青山去，蒜嶺峨峨入雲霧。漁郎拾得舊刀槍，猶説當年駐軍處。阿瞞意氣何縱横，樓船直下武昌城。出師未遇東風便，議戰先屯北府營。顧曲周郎年最少，瀟灑登壇計何妙。更有武侯人中龍，綸巾羽扇談從容。掌中秘策誰可測，一笑同心用火攻。轉眼興亡已千載，英雄借箸今何在。潮聲日夜打城西，惟有青山青不改。我來閑倚山下樓，蕭蕭故壘蘆花秋。吞吴之事不可説，一樽聊酹江心月。

周孝子詩①（見“孝友”）　楊棨

孝子生小居村墟，有父年已七十餘。無田常苦甘旨無，爲親不惜舂樵俱②。舂樵③瘁精力，吾父得飽食。食可療父饑，不能療父疾。父疾求良醫，醫云不可治。孝子仰天垂

---

① 按：詩題，清刻本《蜨庵詩鈔》卷五作《周孝子歌》。

② 按：“爲親”句，清刻本《蜨庵詩鈔》卷五作“爲親屈作爨下奴”。

③ 按：“舂樵”，清刻本《蜨庵詩鈔》卷五作“爲奴”。

涕洟①，磨刀霍霍左股刲②。父疾既瘥旋又作，幸有右股③是良藥。至再至三不嫌數，不憚兩股肉盡削，惟祈吾父長矍鑠。嗚呼樵④不識字不讀書，但知此軀親遺軀。吾親生死在須臾，安敢爲親惜髮⑤膚。至性所發不知此，事之爲孝，遑知此孝之爲愚。多少絶裾兒，紛紛曳青紫。汝獨降心備滫瀡，我詢其事堅云無。我叩其名，默默而已。謹識其人在，緑水橋邊樵且舂。⑥ 孝哉！黄鵠山前周氏子。

京口竹枝詞（録二） **楊椝**

楊子津頭水接天，徒兒浦外亂峰連。他鄉争及家鄉好，第一江山第一泉。

踏雪淘河河未乾，北風渡江江水寒。年年風雪歸宜早，風雪江河行路難。

挽陳敬庭（名宗起，傳見"儒林"。） **何振銑**

松柏性本直，結根高山巔。鸞鶴异群鳥，聳身向九天。君質既純厚，志復金石堅。宏毅學所貴，道業欲仔肩。卓識越凡俗，盡力追前賢。天誠假以壽，造極何難焉。胡爲造物忌，路半身忽顛。年少李長吉，命短顔子淵。古今同恨事，令我泪潸然。

補糧州雪天打虎歌（自序：洲四面濱江，不知虎何自來也。時大雨雪，戕一人，洲衆哄觀。一健者持械與虎角，亦傷。衆鳴金逼之，虎漸怯，於竹籬之凹而憩焉。相持久，虎張口舒息，謂人無如何也。忽持槍自口剚入喉，茹刃乃斃。時庚寅除夕事。歌以紀之。） **虞攀桂**

腥風吹水水怒號，雪花飛作昆吾刀。風饕雪虐助威勢，人聲虎聲相咆哮。虎聞人至虎心喜，以爪攫人人立死。掀腰舒頸快所欲，果腹誰云肉食鄙。是時雪壓雲亂鋪，家家閉户懸桃符。屠蘇好酌守歲酒，一聲爆竹兒童呼。忽聞此語駭奇絶，此地由來無虎穴。一人語十千人來，雜沓紛拿踐飛雪。持刀挾杖聲洶洶，却立遠望群情同。虎畏人衆衆畏虎，自非馮婦孰敢攖其鋒。中有一人號佽飛，袒胸直上當虎威。虎見勢猛伏而待，兩足踞地如引機，陡然人立向空撲。人急俯首出其腹，迴身矗尾尾上擎，人亦作勢如相迎。觀者萬人盡辟易，但見片片雪光赤。人即虎勢虎即人，人虎空中共一擲。鉦聲鍠鍠動地起，鉦聲漸逼虎漸靡。急從口内搤其吭，四蹄僵立石飲羽。我聞猛虎多在深山中，懸崖峭壁矜雄風。爾胡爲兮來水國，居不擇地戕其躬。又聞九江賢太守，負子渡河虎盡走。

① 按："孝子"句，清刻本《蜨庵詩鈔》卷五作"孝子痛無藥餌施"。

② 按："左股刲"，清刻本《蜨庵詩鈔》卷五作"股肉刲"。

③ 按："右股"，清刻本《蜨庵詩鈔》卷五作"股肉"。

④ 按："樵"，清刻本《蜨庵詩鈔》卷五作"奴"。

⑤ 按："髮"，清刻本《蜨庵詩鈔》卷五作"肌"。

⑥ 按：自"多少絶裾兒"至"緑水橋邊樵且舂"，清刻本《蜨庵詩鈔》卷五作"我詢其事堅云無，是我叩其名默然而已。但識其人爲緑水橋邊趙姓奴，黄鵠山前周氏子"。

矧今麒麟白澤在郊藪，爾胡爲乎逞一吼。食人人食理固當，舞爪張牙亦徒醜。天公好生惡殺罰必伸，肯令猛虎能噬人。吁嗟乎豈獨猛虎能噬人。

壽貞孝凌母　張崇蘭

門前列車騎，堂上羅賓友。清樽湛芳醪，前席爲母壽。借問衆賓何以爲母壽①。（一解）四坐且勿喧，賤子請一言，請歌母之生平以當祝延。（二解）今日壽母，昔日孝女。女年未笄知有父，父病在床不得愈。女也沉思心獨苦，磨刀霍霍刲其股，洵哉孝女。（三解）今日壽母，昔日貞姑。姑年及笄知有夫，衾裯未同疾不蘇，髽而成禮栖閨窬。容服誠可毁，寸心不可渝，洵哉貞姑。（四解）今日壽母，昔日孝婦。事舅如父，事姑如母。終舅姑之身，以左以右，論其所難，莫能述以口，洵哉孝婦。（五解）母今壽六十，去者日以多。不歷冰雪，焉逢陽和。陽和誠可念，當時義在食苦志不磨，遑知其他。（六解）慈烏啞啞，啼女貞之木。木是萬年枝，烏化摩霄之黄鵠。壽兮，人所同名母所獨②。（七解）

贈柳翼南（名榮宗。傳見“儒林”。）　張崇蘭

藐小此丈夫，於世何落寞。言方趙孟訥，貌類鬷明惡。獨抱古性情，無窮發哀樂。看君真至意，益覺俗態薄。處窮固無悶，爲學不厭博。筆墨脱恒蹊，解人難遽索。暇時頻過我，道故共杯酌。謂當題新詩，一爲叙崖略。百年同過客，轉盼委溝壑。及身③見投贈，差勝哀挽作。斯言實沉痛，義在安忍却。所愧下筆難，遲迴幾負諾。憶與諸昆交，君時方舞勺。拱立無儳言，此景宛如昨。光陰難把玩，朋舊半零落。早衰余髮素，善病君體弱。繼嗣尚無人，遺書欲誰托。同憂互相慰，戚慮靡止泊。謀食乏長材，駐顔無大藥。矧兹邊寇警，羽檄走郊郭。萬事不可知，誰能叩冥漠。

爲陳敬庭題寒燈課讀圖　張崇蘭

荒鷄終④夜啼，比户眠正熟。書聲與刀尺，歷亂斷還續。陳侯幼聰穎，十行歸一目。嚴君事宦游，慈母勤董督。朔風撼虚牖，密雲⑤壓老屋。呼燈命温經，開卷必三復。瞋喜隨荒勤，苦辛成教育。猶憶初識君，執手話款曲。讀書期立身，安問爵與禄。積年窺行誼，此志頗不辱。乃知寒窗功，母訓越流俗。嗣此益自强，常恐白日速。春暉不可留，歲序如轉燭。殘編猶在抱，遽聽皋魚哭。極思發無聊，爲圖實窮蹙。一昨邀我題，展

---

① 按：“爲母壽”，清刻本《悔廬詩鈔》卷二《中聲集下》作“爲壽母”。
② 按：“人所”句，清刻本《悔廬詩鈔》卷二《中聲集下》作“人所同名兮母所獨”。
③ 按：“身”，清刻本《悔廬詩鈔》卷二《中聲集下》作“生”。
④ 按：“终”，清刻本《悔廬詩鈔》卷一《中聲集上》作“中”。
⑤ 按：“雲”，清刻本《悔廬詩鈔》卷一《中聲集上》作“雪”。

卷[1]心震肅。賤子昔垂髫，貧難就鄉塾。母也口授經，毛詩膝前讀。忽忽三十年，秋霜凋鬢緑。性情失温[2]厚，心氣傷褊促。至今侍庭闈，内愧色常恧。羡君儒術就，便便五經腹。匡張孔馬後，此席定君屬。不負當時心，青燈照氈褥。績學在初年，何人實詒穀。我方慚菽水，君乃痛風木。親恩詎有窮，子職或不足。爲善貽令名，懷哉爲君勖。

甘露寺舊有陸探微所畫獅子東坡先生猶及見之爲之作贊又游寺詩云[3]破板陸生畫青猊戲盤跚[4]此外題咏無聞楊君石瓢既惜名迹之就湮又以咏歌之不廣也索余賦詩　張崇蘭

青猊盤跚好毛骨，破板曾邀陸生筆。空堂斗覺生風沙，欄檻敧危愁欲出。吾聞此物多威神，産自康居與大秦。百年中國不一見，畫圖往往疑失真。怒則威在齒，喜則威在尾。修硑茸毿颯然起，擾擾毛群怖欲死。何年西域貢玉墀，觀者如堵駭且奇。陸生旁睨偶得之，却思异物難數覯，迅筆一掃留奇姿。毫端全具搏象力，不爾此態誰能爲。千秋粉墨易剥蝕，迹則已失名猶垂。我今未睹陸生畫，頗憶蘇公昔嘆詑。蘇公一贊能寫生，筆力不在陸生下。

京口竹枝詞（録一）　**張崇蘭**

潤東獵獵運河乾，沙積中流草積灘。十萬役夫齊荷鍤，蘆篷雪壓不勝寒。

論京口詩人絶句[5]（自序：秋宵岑寂，以翰墨自娱。念吾鄉詩人踵相接也，耳目所及，近代爲詳。其詞成一家，譽滿衆口者，蓋亦落落可數。披尋遺緒，疑信參焉。今昔异趣，不無進退之詞。）　**張崇蘭**

江泠閣外草離離，負杖行吟日暮時。魏埜林逋人一輩，古情落穆寄聲詩。（冷秋江）

艾衲亭中好兄弟，詞章流播有家風。曲江相業分明在，餘事爲詩亦自工。（張禮存、素存）

托興緣情領解微，江干一叟得天機。不逢沈約相推許，誰識丹徒老布衣。（余江干[6]）

慷慨敢言朱叔子，詩才清老异胥鈔。當時獨有茶邨叟，一見能成爾汝交。（朱叔子）

雪江冷淡荔亭豪，聲夏偏弦獨自操。寂寞江山憑點綴，諸君染翰不辭勞。（闞雪江、祝荔亭、張聲夏）

龍若游踪半天下，醉餘往往發詩歌。夜凉檢點秋墳集，只覺纏綿感慨多。（何龍若）

---

① 按："卷"，清刻本《悔廬詩鈔》卷一《中聲集上》作"册"。

② 按："温"，清刻本《悔廬詩鈔》卷一《中聲集上》作"淵"。

③ 按："又游"句，清刻本《悔廬詩鈔》卷一《中聲集上》作"又《游甘露寺》詩云"。

④ 按：清刻本《悔廬詩鈔》卷一《中聲集上》"青猊戲盤跚"句後尚有"亦謂此也"云云。

⑤ 按：詩題，清刻本《悔廬詩鈔》卷一《中聲集上》作《懷國朝京口詩人絶句》。

⑥ 按：余江干，清刻本《悔廬詩鈔》卷一《中聲集上》作"余文圻"。文圻，余京字。

老去江蘺名譽傳，舊時壇坫莫能先。祧唐祖宋多新語，别派終愁誤後賢。（章江蘺）

江山文藻目紛紛，吴體卑卑未出群。獨主吾鄉風雅席，向來低首鮑徵君。（鮑海門）

石帆山人何落拓，痛飲狂歌氣未平。莫倚偏師能制勝，可知當代有長城。（張石帆）

規仿臨摹色漸陳，蘿村吐屬劇清新。華妝儉服看都好，姿致生來獨過人。（李小花①）

荆南浮艷皆刊落②，清健爲詩刻意多。使事能新强韵穩，慣從北宋與揚波。（程荆南）

王郎才調是吾師，獨殿騷壇理亦宜。風雅近來凋喪盡，孤軍特起更須誰。（王夢樓）

周石簃明府督開象山絳道作詩紀事偶和其一　楊嘉樹

正愁磯溜急，到眼忽平夷。曲徑行相引，扁舟路不迷。苔痕緣石上，樹影著帆低。商旅渾忘險，論功邁鄭陂。

羅將軍歌（事見“陵墓”及“廟祠”。）　周承彦

揚子江頭陣雲黑，海氛動地來倉猝。將軍奮勇不顧身，執鋭披堅親矢石。我聞將軍善用兵，止齊步伐常嚴明。陣前氣奪吴元濟，塞上勛高薛廣平。忽然矢盡驚援絶，眼底貔貅散行列。叱咤猶聞殺賊聲，征袍竟染萇弘血。男兒報國死沙場，戰士何人不激昂。太息百身嗟莫贖，獨留千載姓名香。土人槁葬濱河滸，七尺昂藏埋淺土。當時父老述遺聞，猶説將軍力如虎。聖祖南巡特沛恩，親頒天語慰忠魂。洲前立廟臨江水，血食端應萬古存。南徐水勢頻遷徙，潮汐侵凌洲竟圮。浪捲沙吞勝迹湮，沉淪遺像洪波裏。埸來卜築傍河干，移祀常教毅魄安。門前對峙睢陽廟，忠義還應一例看。去年狂寇摧京口，鐵瓮雄區嗟不守。烈焰連天若燎原，荒祠又屬無何有。吁嗟乎將軍靈爽自在天，棟宇廢興亦偶然。顯微闡幽吾所望，願告來兹守土賢。

潤州懷古　吴啓昌

金焦北固足烟霞，形勝山川自昔誇。三國雄圖餘很石，六朝佳事剩鶯花。驚濤東下圖關險，叠嶂西連建業斜。漫指長江作天塹，祇今四海永爲家。

過丁卯橋訪許渾故宅　吴本

鐵瓮城之南，古多名勝地。濱河錯壤間，溝洫資水利。略彴通往來，丁卯名久識。緣以是日成，因之垂不易。卜築於其旁，何止千萬輩。草木同腐耳，杰出無一二。卓哉唐詩人，許子宅久廢。代遠名益彰，大集傳勿替。迹其平生時，淡泊有素志。釋褐忘榮名，解組謝禄位。去職民歌思，翻幸初服遂。桑麻雜野老，晴雨課童稚。山樓起林陰，溪閣臨水次。十畝樂閑閑，把卷吟且醉。求之古名賢，陶令頗相類。豈惟淡榮利，遠引

---

① 按：李小花，清刻本《悔廬詩鈔》卷一《中聲集上》作“李琴夫”。琴夫，李御字。

② 按：“落”，清刻本《悔廬詩鈔》卷一《中聲集上》作“削”。

禍可避。夷考甘露時，豈無稱吏治。一朝投濁流，玉石俱焚弃。只緣首鼠間，棧豆有所繫。知幾脱敝屣，先生信大智。迄今槃澗中，誰與繼歌寐。故址絶俗塵，翛然見丰致。

京口竹枝詞（録一）　殷佳實

陣陣隨潮上鯗魚，春江水暖杏花初。漁人亦解調風味，入市盈筐雜笋蔬。

擬顔延年車駕幸京口侍游蒜山作原韵[①]　李大倫

岱宗聳目觀，翠巘凌雲溟。砰湃長江遠，峰尖似削成。層巒環烟髻，險岩侍玉京。甲舍多巨麗，庚堂巧經營。北固同峭卓，西津鍾秀靈。薰風褰帷納，晴嵐照眼明。睿思厪郊甸，宣游遍林坰。白日閃華箔，紅霞飛綉甍。窮遠極瓜步，巡野觀蘭英。岳瀆欣和會，衿衛怡聖情。百姓沾惠德，四方息徂征。鸞車膏澤降，龍隰草木萌。騰輦思設教，省稼勸深耕。

秋日訪夢溪　李寶緗

我生原是夢，今向夢溪來。瘦石没荒草，疏林綴古苔。一灣流水去，幾處野花開。斜日經山冷，猶尋點易臺。

昭明井　賀鳴謙

古井在山陰，相傳直至今。一泓清澈底，照見古人心。

京口嘆　孫運錦

粤嶠頻年苦戰争，磨牙豺虎任縱横。欃槍未聽銅鞮曲，風鶴先空鐵瓮城。禍始西番應有鑒，雄如北府竟無兵。不知樂土終何是，枉作哀鴻肅羽聲。

亂後過招隱寺　張掄奎

迎風策蹇過溪橋，暫向禪關避市囂。古寺蕩然僧久散，戴公去矣隱誰招。空山闃寂餘荒冢，流水凄凉咽暮潮。坐久不知天欲晚，忽聽岩下唱歸樵。

馬迹山　王斗文

策杖獨行行，以意適所至。百折出寒烟，一徑入蒼翠。懸崖如崩雲，仰面勢欲墜。桃源生幽思，松篁鼓寒吹。怪石峙平坡，剥苔認殘字（石上古有“福地”二字）。雙洞昔栖龍，嶙嶙鬱深邃。幽林明夕陽，四山增嫵媚。長歌歸去來，飄然不知瘁。

---

① 按：“原韵”二字，原爲小字注，兹依體例改列詩題。

圌山形勢　錢楨

東南據形勝，重鎮在京口。圌峰峙其前，險要實居首。川途去無際，日夕帆檣走。防海設兵屯，保障由來久。常潤扼吭背，狼福辨跟肘。犄角勢既成，進戰退堪守。孫盧昔西犯，迴夜傳刁斗。卓哉劉寄奴，再戰殄群醜。人地兩相宜，堤防庶无咎。誰當領健兒，習此好身手。

烈婦吟　錢楨

梧桐經霜凋，杜鵑啼血死。烈婦不辱身，效節亦如此。繄彼鄺氏女，來嫁歐陽兒。入門盡婦道，進退無非儀。食貧而作苦，家室從兹宜。雖當亂離日，舉族猶雍熙。忽聞賊氛惡，兵力危不支。兵潰賊繼至，此理人皆知。堂上謂阿婦，禍變今如斯。夫病姑又老，安能遠奔馳。苟無自全計，相守徒爾爲。汝有膝下兒，宗嗣誠賴之。便携返母門，急往毋遲遲。阿婦聞斯言，不語自忖度。姑年及衰暮，惟婦事帷薄。夫病在床蓐，惟婦侍湯藥。舍此而之他，煢煢將安托。大義苟有虧，雖生亦何樂。天日鑒此心，言辭安用却。計决神轉間，唯唯復諾諾。無何賊衆至，舉室皆倉皇。牽衣出乘舟，河水何洋洋。東船復西舫，女伴相扶將。不聞河中流水聲，但聞求哀乞命惻愴而懈惶。婦也當斯時，沉思心獨苦。大難在須臾，作計不立徒見侮。自舉襁中兒，含悲授老姥。“婦有禦賊計，母也勿憂暫安聚。”一語猶未終，翻身向秋浦。觀者心爲摧，狂寇色亦沮。吁嗟乎妖氛一起天地愁，專閫上將無遠謀。遂使樂土遭踐蹂，愚民畏死甘事仇。餘生孰不苟且偷，於彼女子夫何尤。女子視義如山丘，矢志不貽巾幗羞。直與河水同千秋，我願此水東西南北流，憑將節烈之氣被九州。

聞官軍收鎮江喜而作歌（咸豐七年冬月）　楊晉泰

熊羆怒奮豺狼驚，將軍入城安大營。五年負險賊巢固，三月合圍賊命傾。岩城鐵瓮羅山壑，楚尾吴頭此鎖鑰。賊恃頑鋒據要津，竟來與我争疆索。潤州門户金陵堂，欲登堂者先門墻。相持壁壘久難下，賊亦詭譎能提防。霜秋之天歲丁巳，和帥（春）張侯（國傑）合踪至。是時軍從全勝來（是年夏，克復溧水、句容），拔幟早謀立吾幟。西山山下通雁關（金陵一路諸山綿亘，古稱小雁門），西江江上連金山。蜂屯蟻聚斷復續，賊憑水陸多凶頑。將軍扼險揚新令，斷彼運糧絶援應。大艇中流更溯洄，諸將前矛復後勁。深溝高壘賊勢窮（自城北象山至城西高資鎮，連營百許里。復鑿大溝，迤邐繞之，以斷賊踪），困獸在柙鳥入籠。遁逃無術救援死（金陵賊屢來援，經中途痛剿乃絶），隔江瓜步音難通（賊自癸丑以來，屯聚瓜洲，以爲犄角。今被軍船阻隔，不得肆其往來）。十旬困城賊群涣，更示寬容許亡散。賊心愈變膽愈寒，稽首倒戈免淪陷（余軍門步青駐守京峴山。被脅者往往來歸，俱留用之，曰“忠義勇”，頗得力。至是圍合，逸出者更衆。訊問得實，俱給資遣去。或亦用作義勇）。陰陽消長日至時，七日來復天心奇（時在冬至後六日）。麾旗登堞猛如虎，獲醜執魁輕若鷄。此時夜半月將落，萬火齊明照城郭（是爲十二日亥時，或傳子丑時）。飛章急慰宸衷厪，舃藻歡聲振軍幕。我離故土三百程，書其大略陳欣鳴。軍門智勇歌難到，待取金陵續凱聲。

聞瓜洲與鎮江同時俱復續歌　楊晉泰

糞除蕪穢京江路，便掃蠻烟向瓜步。南兵逐寇正呼船，北軍已入巢深處。北軍策馬及夜中，羽書成約交相攻。同仇敵愾無畛域，隔江火射旌旗紅。大江澎湃子潮急，一片軍聲江欲立。逾溝迅若秋雕飛，搗穴不容群獸逸。南賊欲北北欲南，竄逃半落波濤間。月光西下水東逝，照見群賊無生還。巨艦雷轟發銅炮，水面飛騰兵踴躍。蒜峰石裂應鳴鉦，浮玉雲垂張大幕。金陵賊目雀處堂，聞斯喪敗應倉皇。已斷長途伺蘇浙，更無前路窺淮揚。揚州兩度兵機失，五年風鶴無虛日（癸丑二月廿二日，賊陷鎮江。二十三日，陷揚州。冬十月，琦帥克揚州。丙辰三月，北軍潰，賊復入揚州，焚掠而退）。文武軍民半死生，子婦欲歸歸不得。忽聞江上烽烟消，歡欣抃舞應相招。可惜蕪城等吾潤，燼餘終覺人寥寥。且喜滄波净如練，江上風雲態無變。骨鯁喉吭一旦除，口碑道路同時遍。下游清肅期上游，雄師夜發無遲留。蝥弧西指白門道，殊勛定卜今年收（相傳諸帥成約，一月内克復金陵）。從此人和聯將士，賊巢地利真難恃。擬繪沿江殺賊圖，題詩處處懸軍次。

亂後同秦郵張評菊石帆樓感望　張坦

干戈擾擾極天涯，兩字功名感歲華。淮海南來同作客，大江東去已無家。藏身敢羡山中屋，却賊思吹月裏笳。共有請纓豪氣在，少年底事老魚鰕。

讀京口詩人諸集　李逢辰

羲熙年代老吟身，白首編詩八十辰。一事獨羸陶處士，唱隨却勝翟夫人。（冷秋江士嵋《江泠閣集》）

名譽當年荷巨公，江鄉壇坫著詞雄。杜陵有子承家學，文學居然是父風。（章江蘺性良《種學堂集》）

情旨遥深自著詞，江山戎馬有餘悲。尚書賞後無人識，苦向風塵賤賣詩。（余文圻京《江干集》）

吹臺慷慨酒杯銜，醉態狂吟兩不凡。千古才人齊下泪，不應君獨濕青衫。（何龍若《鋳秋墳集》）

羸得頭銜署老兵，苦吟頗耐發幽情。唐頹山下頹唐客，今日無人識姓名。（闕雪江漁《伴松齋集》）

隴西家學古文詞，刘麥行真逼退之。信是騷人多感喟，他年流作采風詩。（家西津公

天塹《湛露堂集》)

垂老無家雪滿頭，詩才獨媿海門儔。霜鴻一隻嗷嗷語，歸度殘春又到秋。(張祖武曾《石帆集》)

羡君自鑄不刊詞，漢魏初唐一手持。今日江南數風雅，吟壇争唱鮑家詩。(鮑步江皋《海門集》)

澡雪吟從冥志成，苦吟誰酹酒盈觥。深宵譜就空江曲，中有秋風荻葦聲。(程隱磻兆熊《澡雪吟集》)

貧境詩情老杜如，知君白髮也慵梳。禪扃落葉蕭蕭下，與佛分燈尚讀書。(梁古愚振宗未梓詩集)

行間清麗窺司李，字裏雄深匹浣花。砭盡騷人諸痼疾，詩才醫術兩名家。(管秋巖兆桂《結浣花社集》)

久作西江旅邸身，新詩不染客途塵。休嗤大賈便便腹，貯得文章有幾人。(萬少滄涵《櫟堂集》)

聞道珊珊骨相奇，倦飛癯鶴已襹褷。閉門風雪孤吟處，貪賦梅花七字詩。(談鶴雛開《僅存集》)

上舍才情邁等儕，黄花秋色淡盈階。莘田稿紀隨園語，唐代詩原中晚佳。(唐菊坪培英《觀我齋集》)

席帽憑人誚秀才，才名馳走命多乖。臨風試展丁香集，一樣春愁結不開。(李琴夫御《小花山樵集》)

白也飄然思不群，才名海内布衣聞。秋江月夜曾吹笛，黄鶴飛來恐是君。(楊子堅鑄《自春堂集》)

北固書壁詩(自序)　(閨秀)**衛琴娘**(增)

妾，赤城弱質也。姓衛，小字琴娘。于歸三月，忽遘難端。匝地鼓鼙，擁之北上。悲門外即是天涯，慟生離更難死别。歷吴渡淮，欲死無所。幸而琵琶擊碎，得脱虎口潛逃。破面毁形，蒙垢廢迹。晝乞窮途，夜伏青草。吞聲背泣，生恐人知。托流水之飄花，以來京口。偶登北固，江山滿目，不覺涕泣如狂。憶昔爹媽，空勞魂夢，良人天遠，存殁何知。一時顧影自憐，則花容盡毁於風塵，衣衫全屬於泥塗矣。此夕此心，如焚如刺。回首雁峰，何年得到。惟思游魂帶血，夜化啼鵑。又恐不解南歸，家鄉信遠。因爲短吟數絶，泣書壁間。倘得仁慈德士，傳其言於妾家，亦足以達孤親云爾。

夢裏還家拜阿娘，相逢泣訴泪千行。窗前緑樹依然在，那得看來不斷腸。

衣片鞋幫半委泥，千辛萬苦有誰知。幾回僻處低頭看，獨自傷心獨自啼。

目斷天台旅雁長，青山緑水杳茫茫。不知憔悴中途死，魂夢何時返故鄉。

絶命詞　（烈女）**聶含玉**（增）

按：烈女，遼之開原人。父熙之，徙居丹徒。碧山進士之女弟也。性至孝，博通經史及《孝經》、性理諸書。許字李氏子某。某客死，烈女聞訃，即斂衣服簪珥給諸婢，叩之曰：已無所用此矣。父母防少懈，即投繯死。遺絶命詞二首，繫衿帶間。冷秋江爲撰《烈女傳》。

菽水宜將日，高堂暮景長。劬勞羞未報，留取待兄行。

閨閣耽書史，其如大義摧。見危應授命，何得不泉臺。

答外子（按：冷秋江室秦氏，先秋江卒。秋江年逾八十，猶夢與談詩。）　**秦芷**（增）

匳網珠絲久不開，天涯人去幾時回。也知零落雙蛾瘦，總只無心傍鏡臺。

關河望斷不還家，落盡春風幾度花。强付音書飛雁去，未知何日到天涯。

送子爲光赴選　（閨秀）**趙性成**

按：錢爲光，字紫芝，見"儒林"。其母夫人趙氏，《京江耆舊集》云：夫人通經史，好施與。紫芝先生爲一郡名儒，皆夫人義方之教也。

漠漠晴空雁陣還，秋風行李損愁顔。鞭絲遥指斜陽裏，萬里黄沙一片山。

有書須解頻頻寄，回首離亭意轉哀。若憶倚閭人望久，得官兒便早回來。

渡江吊郭景純墓（自注：相傳爲爪髮墓。）　（閨秀）**徐德音**

江豚隱現吹風浪，扁舟危坐如天上。茫茫六合景空濛，小米丹青恐難狀。須臾擊楫泛中流，砥柱三山叠青嶂。山隅丘隴茂林楸，云是景純埋几杖。遥把清醪酹一杯，臨風憑吊生惆悵。記得當時典午朝，江左偏安悲草創。黄髮天子賂金鞭，蜂目將軍開虎帳。危邦當法默以容，清虚何事生悲壯。冀將至理悟奸雄，赤子蒼頭保無恙。泥中曳尾耻偷生，厠上銜刀亦虚妄。八卦思迴采石兵，一身拌向金山葬。堪嗟化碧義從容，自是驂螭返蓬閬。清溪千仞白雲居，洪崖子晉頻相訪。猶餘仙蜕大江間，千秋留作狂瀾障。

與諸姊艾衲亭玩月（亭見"古宅"）　（閨秀）**張采芣**

多時抱病卧深閨，且喜今宵手共携。芳徑草衰蟲語歇，碧天雲净雁行齊。吟成新句茶初熟，話到殘更月漸低。清露濕衣渾未覺，怪他花影過窗西。

木末樓晚眺（二首之一）　（閨秀）**陳蕊珠**

柳青橋畔柳烟輕，人士嬉春照水行。幾樹斜陽摇絶壁，半天歸雁落孤城。南山勢接江濤闊，北固雄連海氣平。六代銷沉俱似夢，白雲深鎖古今情。

蒜山　（閨秀）周素貞

形勢南徐壯，登臨宿霧收。興亡千載事，今古大江流。清磬聞諸刹，長烟攬數州。山僧更幾輩，未解話孫劉。

石帆樓懷古　（閨秀）鮑之蘭

很石千年剩①舊名，孫劉霸業嘆空成②。平原牧馬③秋圍獵，古木驚風夜渡兵④。天際檣烏沙嶼迴⑤，雲中雉堞暮烟輕⑥。微生幸有攄懷處，暢咏高樓坐晚晴。⑦

丁卯橋　鮑之蘭

春漲平堤翠浪浮⑧，忘機竟日屬閑鷗。荒村莫辨⑨詩人宅，空剩斜陽照渡頭。

雪後游竹林寺同舸齋　（閨秀）鮑之蕙

萬竹響天風，蒼蒼雪徑通。峰陰沍殘白，春色動晴紅。燈事城中過，蔬盤世外同。丘園真可老，廡下笑梁鴻。

緑水橋訪江碧岑夫人　（閨秀）駱綺蘭

緑水橋頭訪素娥，扁舟一葉雨中過。讀殘新句重回首，道韞墻邊柳色多。

緑蓋樓曉起　（閨秀）茅桂芬

地僻人踪少，鶯啼曉夢殘。窗迎四圍緑，樹壓一樓寒。山静聞松籟，亭荒有藥欄。他年婚嫁畢，長願住烟巒。

華山畿謁神女冢　（閨秀）殷月樓

生未同歡，死乃同棺。兩情固結，終古團欒。（一解）相逢一面，中心戀戀。從此長別離，生死不相見。（二解）相見雖無緣，相思劇可憐。一病不復起，情緒空纏綿。（三解）阿女聞之，幽情若痴。君竟爲儂死，儂生亦奚爲。（四解）義無可守，情不容

---

① 按："剩"，清刻本《起雲閣詩鈔》卷一作"尚"。
② 按："嘆空成"，清刻本《起雲閣詩鈔》卷一作"竟何成"。
③ 按："牧馬"，清刻本《起雲閣詩鈔》卷一作"笳吹"。
④ 按："古木"句，清刻本《起雲閣詩鈔》卷一作"大海風濤夜渡兵"。
⑤ 按："天際"句，清刻本《起雲閣詩鈔》卷一作"天際危檣來遠舶"。
⑥ 按："雲中"句，清刻本《起雲閣詩鈔》卷一作"雲中古堞起嚴城"。
⑦ 按："微生"二句，清刻本《起雲閣詩鈔》卷一作"自慚登覽無椽筆，斜倚高樓咏晚晴"。
⑧ 按："春漲"句，清刻本《起雲閣詩鈔》卷三作"春水平堤浪拍浮"。
⑨ 按："莫辨"，清刻本《起雲閣詩鈔》卷三作"無復"。

負。生不爲君婦，死必爲君偶。（五解）魂魄思追隨，杳茫不可知。强欲與同穴，形神隔絶。（六解）徘徊山隈，靈床忽來。望棺遥祝，棺爲儂開。（七解）轟然一聲，棺蓋斜横。翻身入抱，不計死生。（八解）雙珠藏合匱，埋香在幽麓。一曲華山畿，留與後人讀。（九解）

登馬迹山　殷月樓

何人策馬上天門，石上空餘馬迹存。清磬一聲山寺寂，幾家犬吠夕陽村。

岡巒矗矗勢凌空，吴楚青蒼一望中。爲訪當年諸勝迹，盤旋直上禹王宫。

春日歸焦東第一村作　（閨秀）張閏文

柳翠花香總是春，桃花十里笑迎人。願教日日花常在，冷伴嫦娥了一身。

聞江南粤賊肅清喜成集唐　（閨秀）張友書

舊業已隨征戰盡（盧綸），青春作伴好還鄉（杜甫）。行人莫問當年事（許渾），兵氣銷爲日月光（王維）。

吸江樓（自序）　（閨秀）**嚴永華**

隨宦潤州，喜得江山之助，嘗作《三山勝概圖》，欲綴以詩，而未果也。今吸江樓成，憑欄四顧，吟興勃然，率成二律。同治辛未新秋，鴛湖不櫛書生漫吟并書。

到此游踪倦，山椒舊有亭。一椽聊可憩，四達不容扃。古佛低眉坐，雄濤側耳聽。枝柯紛眼底，未得瞰滄溟。（山巔向有小亭，《山志》載齊梅麓先生詩云："自笑根塵濁，翻嫌竹木稠。何當掃濃翠，豁達望滄洲。"四圍蓊鬱，不能眺遠。游人雜沓，亭亦將傾。今改建此樓，江山佳趣，盡在眼前矣。）

絶頂建層樓，蒼茫一望收。山含太古意，月照大江秋。雲水通呼吸，帆檣自去留。何須掃濃翠，面面豁吟眸。

登金山　釋然修

蒼茫落日下藤蘿，身在荆關畫裏過。飛去斷雲雙白鳥，浴殘寒浪一青螺。蘄王有廟疏烟冷，郭璞無墳亂石多。千古寂寥俱莫問，且聽江月送漁歌。

蕭爽閣新成喜鮑步江張石帆殷石琴李琴夫黄月坡王夢樓程衡帆諸詩人見過　釋本悟

小閣新裝白板檐，無錢沽酒醉陶潛。梅花爲我留佳客，時送清香入破簾。

裴公洞　釋智超（增）

石屋崩崖到最難，白雲栖老此岩間。裴公一去無消息，夜冷蒼梧月一彎。

青玉塢用韓昌黎山石韵　釋悟霈

蒼蒼一徑梯翠微，短笻撥處烟霞飛。潮沉山脚石骨瘦，空崖春綉苔花肥。蕭蕭萬玉截江立，塢深地僻人迹稀。我愛焦山山水秀，秀色殊可療人饑。安得林下一短榻，夢冷不掩蝸廬扉。濤聲竹聲雜風雨，山翠竹翠争紛霏。到此澹然百慮息，底須酒解愁城圍。天地誰爲了事者，薜蘿好製栖山衣。横江一棹夕陽裏，欲返不返如有機。北岳四湖行脚後，焦山當許重來歸。

逢僧處　釋巨超

空山下夕陽，再到逢僧處。門掩竹蕭蕭，秋風自來去。

卧看雙峰閣　釋了璞

昔携謝公屐，越東訪山水。何如居此閣，卧看雙峰峙。長江風浪静，孤嶼松竹美。蝸廬與石室，一一皆可指。緬想宗少文，卧游具妙理。終朝對畫圖，親切猶遜此。

韓公墩　釋了璞

二帝車駕北，金人車騎南。韓公遏其歸，戰艦排江潭。沿江置烽火，旗幟疏林參。登高笑指揮，中流戰正酣。遺迹半已湮，往事誰復諳。山頭墩尚存，野老猶能談。

退居海西庵　釋清恒

端居仰止軒，息影詩徵閣。朝來啓竹扉，一笑岩花落。掃葉墮西風，司閽隨①白鶴。草堂春不管，細雨垂簾幕。

登圌山望海　釋清恒

極目圌山頂，蒼茫海一杯。潮聲吞日月，蜃氣結樓臺。酒量憑誰較，胸襟向爾開。須知三萬里，隔水是蓬萊。

過擊竹山房懷趙丈偉堂（在汝山麓萬壽寺内）　釋清恒

夜半不成寐，起看山月明。竹聲當户亂，松影壓身輕。地滿霜華白，人同鶴骨清。遥懷倚樓客，無夢到江城。

---

① 按：“隨”，清刻本《借庵詩鈔》卷七作“留”。

宿緑蓋樓贈蓮性上人　釋清恒

櫻桃花放杜鵑紅，掃塔年年至八公。緑蓋一樓山影裏，雲藏半鶴水聲中。石頭路遠須防滑，貝葉經多豈盡空。竹榻知余春睡美，道人不打五更鐘。

重建大徹堂　釋行海

卷石鷲峰脉，疏林古法筵。樓臺環水月，亭塔出雲天。莫道此山小，能迴萬里川。浮幢重建立，勉繼後來賢。

自題大石山房　（道士）趙本立

大石聳空庭，丹房夜不扃。白雲生硯匣，碧蘚上窗欞。覓句鶯調韵，朝真鶴聽經。金焦山色好，分我一分青。

續補

八公洞十咏　王文治

佛法没①些子，唯兹平等心。破壁漏殘月，曉來無②處尋。（平等寺）

高樹列森梢，女羅垂羃䍥。山翠夜淙淙，風牖晨寂寂。（翠淙庵）

雲生深山中，俄頃滿岩谷。今夜住山人，商量伴雲宿。（深雲庵）

門内夕陽樓，門前古溪水。新竹出墻來，影落溪流裏。（大林庵）

日暮柴扉裏，蕭蕭紫竹林。櫻桃花落後，扃鎖到如今。（紫竹庵）

縛竹作門扉，横石爲略彴。秋來黄葉多，風吹填半壑。（半壑庵）

化城本無城，陽焰空中過。當日妙莊嚴，如何今破墮。（化城庵）

薜荔覆墻頭，青苔積門外。欲聽海潮音，喬林迸③虚籟。（海潮庵④）

庵中最高樓，林光驚乍曙。但聽有啼鶯，不見鶯飛處。（遠塵庵）

漢隱讀書處（自注：少時讀書於此⑤），落花沾客衣。白頭重到此，惆悵故人稀。（漢隱庵）

石公山樓秋望分韵　鮑之鍾

蘆花風捲雨廉纖，漸洗澄江出鏡奩。石閣濤聲迴斷岸，海門山翠落虚檐。岩秋未點丹黄筆，洞古常垂薜荔簾。幾載鄉關重極目，買魚沽酒興還兼。

---

① 按："没"，清刻本《夢樓詩集》卷十五作"無"。
② 按："無"，清刻本《夢樓詩集》卷十五作"没"。
③ 按："迸"，清刻本《夢樓詩集》卷十五作"送"。
④ 按："海潮庵"，清刻本《夢樓詩集》卷十五作"潮音庵"。
⑤ 按：自注，清刻本《夢樓詩集》卷十五作"余幼時讀書處"。

郎園看梅留贈（園在城南靳家巷，爲張文貞公舊園。）　**鮑之鍾**

名園勝日鎖芳梅，綺户臨風爲我開。知有玉溪名字熟，不勞金谷主人陪。詩篇大曆追前輩，花木平泉屬後來。遲暮江鄉耆舊侶，與君應結歲寒媒。

贈張石帆　張山

江山吟獨立，傭保醉相輕。直以詩爲命，還從酒得名。恒饑看稚子，俗學陋諸生。多有同予處，清剛見性情。

贈梁丈古愚　張山

老歲雖無地，深窮樂有天。托僧同度日，許我結忘年。有癖空懷硯，多情合近禪。幾回曾折簡，留話晚山前。

唐竹院　張山

古迹憑誰問，蕭蕭萬竹蒼。名詩猶著李，廢院尚遺唐。鳥影下殘壁，禪心破夕陽。逢僧空有處，已愧半生忙。

何將軍圖　張山

剩有荒基在，烟横落木紛。馬還嘶秃柳，雕尚識寒雲。樵影夕陽入，書聲午夜聞（自注：地半入寶晉書院）。我來臨大樹，空憶故將軍。

題程澡雪小傳詩前　張山

之子年來落拓真，新詩卅一絶風塵。文章小法龍門贊，數筆居然逼肖人。

馬迹山黄龍洞（自注：山有禹王廟，相傳即大禹舊游其上。黄龍洞，龍迹宛然可睹。）　**楊元盛**

山頭古廟空蘚碑，馬蹄層踏連嵌根。蠻江颯沓瘴雨來，老龍一呼立起蹲。口傳文命歸洞宫，九華深殿緘石門。宛然山骨森剞劂，鬃鬣怒獰雙爪捫。塞霧濛濛溜滴濺，陰崖白壁風哨奔。我生好奇窈以深，咄叱欲驚龍者閽。

寶晉書院瞻坡公遺像　孫露

第一江山着此人，飄然玉局想前身。天回奏疏鬚眉古，地重東南俎豆新。千載文章餘舊碣，三州功業剩清塵。憐才尚記宣仁語，笻屐風流仰蜀岷。

鶴林寺贈超凡上人二首　戴天錫

支公修最上，相遇古禪林。行脚撥雲住，題詩愛客尋。泉分秋草冷，樓鎖夕陽深。

坦步探遺迹，長松風滿襟。

我亦如雲影，飄流歲月多。幾回思在昔，今日得重過。古竹林逾茂，碑殘字已磨。浮生何處著，深夜叩維摩。

秋日訪寄奴泉　許鯉躍

南朝天子此曾經，舊井依稀附德馨。霜後梧桐無葉落，雨餘石甃有苔青。大風空捲雲千里，小字偏留水一瓶。夜半蒼茫凉月裏，繞闌明滅吊殘螢。

赴埤城作（在縣東南五十五里，與丹陽分隸。）　**吉夢熊**

東郭秋風萬疊清，巉岩歷盡到埤城。河流暗挾江潮入，山脉潛根地肺行。兩縣界分南北岸，千家聚有葛懷民。豚蹄盂酒符嘉祝，喜聽村莊打稻聲。

三詔洞　貴青萬

一嘯入松關，天空鶴夜遠。月光全在水，潮勢欲吞山。古洞仙雲合，深林鳥夢閑。從來真隱士，不必絶人寰。

焦山吊楊忠愍公　貴青萬

一柱中流熊虎蹲，長流浩氣壯乾坤。波濤風涌山疑動，樓閣春深晝易昏。兩疏捐軀堅許國，空閨乞代只私恩。雙峰滴翠孤臣泪，并落滄江下海門。

京口　張景崧

身外茫無際，横江老雁秋。芙蓉皆别思，風雨獨歸舟。斷岸隨烟合，奇巒破浪浮。自從南北限，萬古逐東流。

金山覽古　彭澧

盡年淮海日東流，横插金山水面浮。遠近螺鬟連北固，有無燈火望南州。古來事業看青簡，地上風波趁白鷗。更訪高臺誰説法，老僧一衲已空留。

凌虚樓下水茫然，景物依稀幾變遷。剩有孤峰疑絶地，留將一塔欲擎天。六朝花柳非今日，两晉雲山似昔年。最屬傷心聽不得，數聲鐵笛晚江邊。

焦山夜渡圖　湯金釗

月明招我上焦山，挂席乘潮夜叩關①。一院梅花邀客住，萬竿翠竹伴僧閑。坐多佳

① 按："關"，原作"闕"，據别本改。

士良談劇，醉聽新詩俗慮删。更向崇椒看日出，勾留同載夕陽還。

藏春塢歌　**馮曙**

春風淡蕩春無主，暖欲成烟寒作雨。我欲尋春載酒來，東風送入藏春塢。憶昔刁公此宴游，杯觴絲管最風流。至今花鳥能言語，似訴當時一段愁。藏春藏得春如許，舊日春光今可數。惟有櫻桃背曉風，依然爛熟滴階紅。

第一村圖（并序）　**洪亮吉**

于徵君宗林家在蒜山麓，相傳即晉時孫子荆所居第一村也。壬戌六月十日，徵君招余過洲上信宿，并命幼弟淵問字[①]於余，坐次出此圖索題，因作長句以贈。

京江西頭第一村，大水細入吞柴門。柴門開處一峰立（對門即九子山），直上棱棱百千級。水邊楊柳分三層，鳥巢人屋魚有罾。水光不動山雲化，魚鳥與人皆入畫。東瞻北固南五州[②]，屋背更壓金山頭。徵君兄弟文筆優，闢屋别築藏書樓。草堂時來第一流，十日五日能勾留。萬株青竹竿，百頃香花稻，九派江流入懷抱。君不見晉人風流安可效，合署此村名有道。（余過介休日，曾兩詣郭有道村。）

曉登慈壽塔　**洪亮吉**

孤笻摩青蒼，一塔壓白日。棱棱開四牖，絶頂海門出。濃雲浮江帆不舉，江北江南洗春雨。高寒鐘磬已絶聲，自在一鈴天上語。

法界樓夜坐（樓在焦山，僧碧巖建。）　**洪亮吉**

龍界與人界，相去僅咫尺。夜半驅潮來，知憑夜叉力。枯僧樓上坐，親見髮如戟。復恐漁叟驚，懸燈照昏黑。

焦山訪隱君洞　**洪亮吉**

此山開何年，此客殊突兀。形骸坐即萎，真性任汩没。遂令岩樹上，飛鳥性皆拙。想見千載籐，猶纏隱君骨。

鶴林懷古[③]　**解檏**

荒寺晚烟中，空山翠影重。林深不見鶴，人静但聞鐘。七七高風遠，三三古徑封。白雲低澗水，秋意澹孤松。

---

① 按："字"，清刻本《更生齋詩集》卷五作"業"。
② 按："州"，清刻本《更生齋詩集》卷五作"洲"。
③ 按：此首與前所録解檏《鶴林懷古》詩重出，不當續補。

三賢祠古柏　解懷

不見古人見雙柏，雪霜千載老蒼顔。古人久出塵埃外，雙柏長存天地間。

題走馬磵　解懷

千秋豪杰半消沉，古磵長存獨到今。可恨蒼苔迷舊迹，馬蹄踏處不堪尋。

米襄陽祠　詹肇堂

何年配食祀於菟，顛米荒祠北固隅。不見玉蟾蜍泪滴，壞墻苔蝕研山圖。

神女冢　賀錫範

霏霏花霧暗斜陽，遮莫魂香土亦香。七尺玉棺巢翡翠，一雙金碗葬鴛鴦。春風不展青綾被，夜月空開黄竹箱。怪殺多情紅豆樹，年年結子贈吴娘。

圌山秋望　於震

古寨秋高萬木殘，臨風岸幘俯奔湍。帆移沙磧魚龍穩，浪涌桑田貢賦寬。三島雲開滄海上，五峰陰落大江寒。望中一帶盈盈水，底事端居欲渡難。

北固　於震

江城木落戍樓高，鴉帶長烟下古濠。鐵瓮樓臺横夜氣，金山鐘鼓出寒濤。鄭虔才調空三絶，庾信關山感二毛。丘壑豈真容我輩，仰天長嘯獨揮毫。

人日游焦山　曾燠（增）

海潮浮不去，青積漢時烟。人物千秋姓，風濤四面天。雲含江氣濕，日對寺門圓。此即蓬萊島，焦公竟作仙。

過玄妙觀雲墟山房訪黄含山尊師（按：觀即今之武廟，見“寺觀”及“廟祠”。）　宋大樽

蕉花爲我放，相待雲陽墟。五老顧而笑，千年此敝廬。乍逢褚高士，猶著養生書。携手青霞洞，山中好隱居。

登焦山　張問陶

四面江聲涌翠鬟，海門高處豁心顔。志存舟楫知誰了，歷盡風濤是此山。呼吸

便宜①通帝座，扶摇直欲去人間。滿岩松石皆仙骨，應笑狂奴不肯閑。

晚泊京口驛② 張問陶

船頭風静白鷗雙，萍葉隨潮也渡江。沽酒自尋京口驛，六朝山影在篷窗。

題楊子堅自春堂詩集 張問陶

短句長篇無不好，舉杯驚嘆此全才。君當準備今宵夢，我欲南飛載酒來。

松存閣坐月（閣爲張贊皇歸田傳經之所③，見"儒林"。） 鮑文逵

雨霽天無雲，坐對虚閣晚。微風散松影，涼月何清婉。傾觴就前除，曠若凌高巘。蛙聲滿池草，露氣滋苔蘚。一咏歸來辭，前賢意何遠。

題楊時庵前溪訪友圖 鮑文逵

雪廬高士詩中仙（徐熊飛，號雪廬），前溪釣雪耕荒烟。讀書三十不求仕，公卿未識斯人賢。楊君嶔崎湖海客，論交願執齊卿鞭。風流騎省建安骨，心傾妙悟仙人篇（《雪廬集》中作）。古人不見且恨晚，之子况在溪山邊。飄然挂席指苕霅，子猷興發心難捐。是時月白秋水闊，蒹葭受露風娟娟。漁郎指引入浦漵，推篷一嘯波摇天。比鄰無人犬聲寂，槿籬茅屋環清泉。先生詩成夢初醒，忽聽剥啄驚高眠。登堂相揖不相識，但道好句爲君先。呼童吹火煮芋栗，舊醅新壓蘆芽便。形忘爾汝見真宰，意興所到言難傳。伊誰點筆寫此景，林巒蕭瑟波淪漣。蘆花飛雪壓篷背，直疑便是山陰船。吁嗟吾生久寥落，鑿坏無地耕無田。長安竭來八九載，閉門翻似空山巔。門前衮衮富車騎，結交苦乏銅山錢。夷吾三北已弃甲，士元百里將施韉。故山何時挈柑酒，故交何日相周旋。世人愛士盡如子，即我未必無奇緣。重移短棹肯相待，草元同就前溪前。

題楊子堅生公石上論詩圖 朱爲弼

月下兩詩翁，同坐生公石。驚起頑石飛，圓鏡一方白。

題楊子堅生公石上論詩圖 陳用光

生公不可見，頑石至今留。我意論詩友，前塵悵虎丘。

生公石上圖爲楊子堅題 林則徐

談詩如説法，索解入三昧。空靈有錘煉（張船山先生評君詩如此），真諦出肝肺。

---

① 按："宜"，清刻本《船山詩草》卷二作"疑"。

② 按：詩題，清刻本《船山詩草》卷十九作《晚泊鎮江京口驛》。

③ 按：題注，《京江七子詩鈔》本《野雲詩鈔》作"閣爲張寄槎令祖松存先生歸田講學處"。

當時神劍遇，不惜唾壺碎。點頭片石知，抗手兩人對。今宵夢山塘，南飛酒誰載。寥寥廣陵散，渺渺青霞珮。喜君吟身健，勿使詩力退。

次林少穆制府韵題贈子堅　陳鑾

詩禪本一家，根塵不容昧。石頑尚點頭，人悟宜削肺。談深乳入酪，妙解遺細碎。湛湛詩人心，静與明月對。生公去已久，此客亦千載。豪氣尚江湖，深情想襟珮。哦君七字詩，令我三舍退。

由夾山入蓮花洞　楊鑄

入山秋已殘，寒色滿磵户。亂峰開一徑，谷底見村塢。度嶺聞花香，隨風送微雨。竹間泉暗流，林杪月初吐。時有還山雲，飄飄落檐宇。

晚入招隱寺　楊鑄

萬緑抱危磴，檜柏陰冥冥。殘陽晃林隙，了了明秋屏。我來携雙柑，獨酌磵上亭。鸝音滿岩谷，秋老無人聽。齋堂暮鐘動，門外墟烟青。

喬村古柏行　楊鑄

一枝横穿出地肺，一枝輪囷壓山背。長根齧石如鐵堅，紫菌青霞育其内。霜鱗雪甲蟠怒蛟，天風颯沓吹烟濤。夜深常許网兩伏，月黑亂捲星辰摇。芳村野曠春雲冷，苔花綉緑喬公井。姊妹當時侈艷名，嬉游曾照傾城影。客來吊古重摩挲，龍形拳曲辭斧柯。不可移植孔明廟，擎天幛日森岩阿。

住八公洞喜時庵兄至　楊鑄

翠微聞笑語，風卷白雲開。初熟松花酒，君隨明月來。山光寒照水，竹乳濕浮苔。痛飲休辭醉，同游得幾回。

曝書日展讀時庵兄手稿感題　楊鑄

舊稿叢殘蝕蠹魚，篇篇猶是廣陵書。夢中握手情逾好，天下論心信不如。黄土骨埋空奠酒，白頭親老願貧居。孤兒漸有伸眉日，慰汝泉臺恨有餘。

同楊時庵過鶴林寺　錢之鼎

積雨浮嵐光，虚翠落檐宇。飛泉映斜日，空山忽明嫵。草香沿磵曲，細水齧岩户。簾陰風徘徊，鶴夢正亭午。高懷揖米公，千載澹神遇。竹影裊茶烟，此是逢僧處。

焦山老梅歌同何江樓作　顧鶴慶

焦山老梅幹屈鐵，勁欲露骨瘦欲①折。夜深江上吞素輝，百萬朵花千尺雪。盤根錯節太離奇，樹杪歷亂如棼絲。琉璃天光秋水洗，隙月仄入無交枝。繞枝潛膩無聲風，結束香霧浮空濛。罨檐蓋張四壁静，凌波影落衆流競。海雲變滅蛟龍蹲，仙萼於今不記春。有靈能起漢隱士，試問當年培植人。

舟泊諫壁江口　王豫

中流鼓枻發高歌，爲戀松楸歲幾多。五世農桑沾雨露，半生閱歷慎風波。大江月落魚龍静，極浦霜寒鴻雁多。安得築廬守丘墓，不辭種秫老岩阿。

深雲庵　王豫

入門不見雲，出門雲氣亂。回頭何處尋，已與紅塵斷。

杜鵑樓　張學仁

昔聞殷七七，妙術信通神。勝地偏經劫（樓屢毁），仙花不戀春。雨荒生砌蘚，風冷落梁塵。不及山幽桂，能留招隱人。

竹林寺　應讓

路曲沿溪水，春深見老農。村庬時吠客，寺鳥不驚鐘。野饌供新笋，僧厨爨古松。白雲何處住，飛過兩三峰。

光風霽月亭　應讓

日精對月華，儒風振賢路。學人登此亭，悠然見尼父。

謁米南宫墓（考辨見"陵墓"）　戴巖

寶晉曾將姓字留，硯山誰復擅風流。百年文物歸荒土，一代衣冠拜古丘。斷碣春殘鋤碧草，石麟夜静響青楸。十三松畔重回首，落日蒼茫下酒樓。

焦山　石鈞

蝸牛廬畔落帆斜，山翠巃嵸浪涌花。到海一卷高士宅，夾江兩岸故人家。雲兼鸞鶴來青嶂，潮夾魚龍走白沙。千載焦先如可接，欲從此地卧烟霞。

---

① 按："欲"，《京江七子詩鈔》本《弢庵詩》作"疑"。

圌山鷹洞泉　王瑗

物産有殊情，至理甚堪述。在山出山泉，清濁有可必。浚瀹不尋常，色味自非一。圌山有鷹洞，泉自石隙溢。鎸劖盤峻嶺，奥竅開窟室。石髓此中流，一泓鍾乳出。澄澄涵冰玉，湛湛映橙橘。夏暑不慮乾，秋零未見汩。我時携數友，促此坐從密。竹爐安使牢，松枝羅勿失。活火親手煎，輕烟揚風疾。芽尖瀹瓷碗，細啜盡終日。鮮甜不足云，清洌未盡實。濃醞味莫窮，渾厚似玉質。又如親正士，風骨自遒逸。中泠泉固佳，三峽水無匹。彼得賢流品，遂使古今暱。惜哉此洞泉，不逢竹林七。

禹王廟（在馬迹山）　殷綬

野老供蘋藻，階墀謁冕旒。汩陳傷父績，洚洞懔君憂。四載功臣後，千秋祀未休。迄今懷古士，憑吊在山頭。

紫府觀（在馬迹山）　殷綬

四壁隱樵歌，沿山入澗阿。清虚紫府觀，縹緲白雲窩。村野嵐光接，峰巒石浪多。廣寒當日景，祝此竟如何。

净土庵（在圌山之陰）　王文光

不入雲深處，安知净土幽。怪松盤曲磴，野竹蕩層樓。客愛空山静，僧憐殘菊秋。蕭蕭風景暮，歸路漫吟謳。

石婆石鏡二首（俱在圌山之陰，兩石相距里許，舟行始見。）　王文光

卓身叉立儼如人，更寫丰標面目真。豈似小姑空有廟，不同妒婦但名津。浮雲白日朝還暮，流水青山秋復春。底事不關兒女劫，也應無夢到囂塵。

獨立江灘歲月淹，輕妝無計鬥穠纖。莓苔漫共青眉展，霜雪頻將白髮添。江日曉山開寶鏡，星迴昏野挂珠簾。年年綉得春如錦，針綫還應老更拈。

登香山　繆鐼

直上最高處，崚嶒石徑斜。白横江一綫，青散樹千家。泉曲通僧竈，山香帶野花。結廬曾不遠，吾欲老烟霞。

爲于子道徵士作第一村圖并題　繆鐼

江左名流地，溪山此最真。濤聲來北固，樹色接西津。野水浮舟淺，歸人唤渡頻。桑麻風景好，却勝武陵春。

帆影樹中出，嵐光雲外多。江山今若此，栖隱昔如何。我亦動幽興，誰能不浩歌。

繪圖良有意，臨楮幾追摹。

梁武帝鐵鑊歌　趙元益

空山叱咤走雷雨，危樓撼動鳴鐘鼓。是何寶物佛所呵，晝晦不許蛟螭取。异哉古鑊徑幾尺，曾否水火供烹役。鐵鑄蕭梁武帝時，日久年深氣猶碧。上鎸天監五年製，字體蒼勁勢傍魄。螺紋蝸篆態陸離，微瀾中深雨餘積。我觀此鑊摩挲遍，可憐閱盡滄桑變。大寶曾傳幾十年，故鐵惟留此一片。當時同泰起大工，金碧交輝觀者眩。捨身施佛兩三番，宗廟不用牲牢薦。一朝侯景逼臺城，玉馬銅駝都不見。舊物難留故主家，遺珍竟獻何王殿。不隨兵火劫成灰，鼎鑊猶存此僧院。世間寶貴不多得，贊皇李公手植柏。畫師伏㸌同見珍，東坡題咏稱佳客。更兼鐵鑊列其中，甘露千秋聚遺迹。諦視恍惚烟雲繞，内容香飯知多少。佛緣竟不護山河，吁嗟鑊兮令人惱。

壬寅六月七日㖞夷由海入江破圌山關逆流而上至甘露港又七日郡城陷
趙元益

海風倒趨江作山，夷船蟻聚盤上關。黑烟騰空疾如馬，轟擊萬鬼去復還。關口萬弁那能守，八十餘人同日走。夷摇船過鬼長嘯，火箭在腰槍在手。郡城西指揚帆來，火輪碾起江中雷。焦山象山炮不發，問設此備何爲哉。是時城閉已十日，不放一民私出入。縣官愁殺城内饑，載米叫城開不得。青州兵勁將敵摧，黑夷被傷稍退回。八旗有守而無戰，衆寡不敵齊心灰。夷鬼登梯斬關進，官兵紛紛各逃命。將軍下令誅漢奸，不殺外夷殺百姓。滿城號哭聲震天，火焚西門屋萬千。死焚死殺等死耳，民命雖多不值錢。老夫避寇山南處，日對妻孥默無語。知他夷逆幾時平，回首江城泪如雨。

貞女朱福姑詩（貞女，辛豐鎮朱鳳儀女。守貞不字，足不逾閾，人無有識其貌者。日事蠶績，積緡錢若干。年五十一卒，卒時分散以惠貧寡。郡學師路應廷題額。）
蔣景曾

包羲三百八四爻，惟貞一字探符苞，行健不息天人交。吁嗟乎士惟貞行女貞操，匪曰不貞難勉蹈，鬚眉男子終身悼。福姑之勉勉惟孝，十三哭别雙親貌，勞心慱慱棘人效。福姑之勉勉惟弟，我生弟生天日誓，束書奠雁功名繼。福姑之勉勉仁義，宗祊俎豆頻牽思，飢軀枯骨賑橋寺。焚香告天歸瀛島，法華唄誦皈三寶，大士歡稱弟子好。乘真一去哀動天，精光啓匣環鈿堅，我今不哀頌聲宣。美哉福姑之福榮，族黨表額書乘繪，圖像赤文緑字光。莽蒼福姑之福譽，膠庠如椽大筆翰墨香（謂路質軒學師），南譙師表且激揚（謂同里殷竹虚廣文）。福姑之福荷天章，五花金誥下椒房。胡爲不朝留長嘆，吁嗟乎貞爾勉兮福爾勉，古來名義由屯蹇，抑塞磊落乃通顯。老夫執律告都儒，一畫太初貞能扶，君不聞嬰兒子兮偉丈夫。

北固山志題詞贈象山僧了璞　張學仲

危樓倚絶壁，寒水繞禪廬。燈下一僧坐，風濤夜著書。

高孝子詩　張瀓

動足輕萬里，雙親各一天。艱難重識面，雨雪慣吞氈。大漠飛狐外，長城落雁邊。此行須忍泪，莫滴爾翁前。

哭夢樓夫子　張瀓

淮海憑誰一問津，百年天地失吟身。不緣富貴移禪悦，肯使詩書讓古人。謝傅管弦娱暮齒，太常齋戒續前因。此生出處俱關福，撒手西歸解脱真。

家五雲以文貞公全集二部付予及茶農弟收藏（二首之一）　張瀓

能傳端不藉公卿，手筆須同燕許争。只有文章堪壽世，勛名易寂况科名。

葛村文昌閣看桑臺歌（自注：溧邑蠶桑興後，吾鄉相繼以起。若麟里，若鴻溪，皆種數十畝，坐收其利。村東文昌閣，左右多瘠田，植萬餘株，作高壘於其際，以備行巡者瞭望。即事賦詩以志喜。）　解南

蒼靄接天萬山紫，一臺聳入青霄裏。翠影離披一望迷，恍似碧雲從地起。碧雲扶我入紫虚，天風浪浪靡所止。我聞扶桑萬丈碧海中，上有東海天王宫。兩兩根通三泉下，更相依倚撑蒼穹。從此直上青雲署，唤同玉女麻姑采桑去。采得枝頭椹共啖，體作金色成仙御。憑虚乘風高中天，文昌鬱鬱烟霧連。景星慶雲呈瑞彩，文光直射斗牛邊。輝映箕星同照耀，東方神木形堪肖。天上誰看繫六龍，且作人間一閑眺。東望海隅日出時，浴罷瞏瀷势多奇。更愛碧雲隨日轉，黄道中央度不移。須臾夕陽返照霞飛綺，飛到北海圜丘之南涘。十畝閑閑何所求，四顧蒼茫有如此。

古重陽日過西郊永業寺　左增堉

尋秋經野寺，樹老緑猶濃。廢苑無黄菊，高原矗古松。蟲聲續清梵，人語答疏鐘。日暮碧雲合，西南翠萬重。

瘞鶴詩碣（自序：前得一鶴，馴而善舞。隨余宦江左久矣。夏月偶爾示疾，數日仙去。同人共瘞於焦山之麓，爲石幢，而悼之以詩。時道光二年七月。）　王赓言

從余剛五載，傷逝已經年。生死原非夢，游行總是仙。寒梅空弄影，玉軫已摧弦。倘返緱山去，吹笙尚有緣。

聽鸝館　清瑞

空山人去午陰深，剩有幽栖喜獨尋。可是到門無俗客，却憐隔葉送佳音。一林新翠縈流水，千古名園對遠岑。如此春風好柑酒，更誰識得戴公心。

藏春塢　清瑞

清風橋畔有甘棠，九十春中一塢藏。漫以蕭閑成小築，肯教漏泄此韶光。柳陰倒映琴樽緑，花氣潛隨杖履香。我憶先生向東郭，逢人猶問萬松岡。

麗春臺晚眺　戴澤

苔封斷礎古臺荒，遠眺無憀祇自傷。平野四圍天漠漠，高原獨立暮蒼蒼。三春極目惟疏柳，萬事回頭又夕陽。廢冢纍纍歸路黑，紙錢灰咽晚風涼。

擬東坡游金山寺即用其韵　戴守梧

我持鐵笛凌金鰲，吹落浮雲墮滄海。六朝寺古占高峰，江天峙有經臺在。禪林小憩循坡陀，吴船楚舫圍清波。蒲牢一聲遞兩岸，碧雲吹皺魚鱗多。欲向飛岩倚孤楫，中泠泉畔翻斜日。晴霞片片映春洲，半空碎散珊瑚赤。移時冰蟾微吐魄，兩三漁火隱深黑。憶昨桂棹擊空明，夜半山頭栖鶻鶩。解來玉帶無人識，聊爲雲堂留信物。蓬萊何必求三山，兹山靈异驚愚頑。掉頭歸思真難已，寒雁微茫渡烟水。

秦始皇馳道　王商霖

方丈瀛洲欲到難，當年馳道集龍鸞。一鞭影落烟痕斷，萬馬聲驕石磴盤。百二關河隨日指，五州山色倚雲看。豈知扶得鑾輿過，萬里東南力已殫。

梁武帝鐵鑊　王商霖

百斛陂陀尚未乾，雷文帶雨綉衣寒。金甌已見山河闕，鐵面能無社稷殘。一錯竟成呼荷荷，千秋空復對團團（東坡詩“相對空團團”）。物金神滅真孤陋，休笑諸臣守井幹。

焦山雜詩（録二）　孔繼鑠

雲氣北風緊，客子殊夷猶。蘆花已深雪，未改江之秋。側身眷西顧，銀漢胸中流。陂陀三萬里，嬉戲東壺洲。夜黑失真月，世外清光留。蛟龍不受餌，江漢空垂鈎。

日月敞洪波，江氣先昏旦。浮玉厭真姿，帔綴乞樓觀。野航月沉燈，水郭烟浮岸。東天星摇摇，海色珠繩貫。遣境示心力，斟理寡愁嘆。天風無參差，葭菼自零亂。

京口南山雜詩（録一）　孔繼鑅

始躡茅頭山，山頂平宜耕。上戴土無石，其下多榛荆。夷船昔横江，窺我西南城。客帥東海來，樹栅連行營。邀敵陣於此，草木摇心旌。曾聞京峴北，三月多黄鶯。銷沉一戰後，窮谷春無聲。濺濺大江水，昔濁今澄清。北禽時南啼，乃哭青州兵。

焦山雜詩（録二）　王裻之

崖崩攫潛虬，危磴逐飛鳥。不知所歷高，側耳江聲小。天風拂衣塵，海色洞窗曉。鐵瓮既彈丸，金鰲亦鱗爪。却顧適來徑，其下有晴昊。何處聞樵歌，蒼烟横絶島。

邃古閟丹房，岩扉弆碧血。發函溢英爽，晴巒驟飛雪。奇開日月光，出自虀粉骨。一柱亙天擎，諸陵久電滅。豈關姓字合，漫與出處别。身碎身乃完，願以諗來哲。

汲中泠泉烹茶　包國璋

江水何淪漣，西來翻地軸。坎中復有坎，名泉隱水腹。清似畏人知，中流浪花簇。雅懷不憚險，棹向金山麓。鐵綆千尺垂，引之以車軸。探底驚蛟龍，奪得珠萬斛。蒼頭支瓦鐺，名茶搜桂櫝。白乳兼石乳，蒙頂尤芬馥。坐聽瓶笙鳴，蕭然和琴筑。炊烟寒猶沍，松聲來謖謖。先爲活火煎，三沸候煮熟。齒牙散餘芬，腸胃清如沐。我昨汲西江，解吻已嘆服。何如此味真，暢飲足清福。乃知造化奇，珍异故隱伏。日暮打槳回，兩腋風肅肅。迴望妙高臺，懸崖漱飛瀑。

謁宋宗忠簡公祠　何振銑

夙慕經世學，宋廷無人知。處以下僚位，掣肘安有爲。蹉跎年既老，寇亂國已危。軍事雖委任，一木焉能支。邀還謀未遂，令人偏安悲。公有知人鑒，豪杰賴扶持。倘允迎鑾請，恢復豈無時。奈何功莫就，渡河空繫思。精神凝正氣，疏奏非虚辭。肝膽未磨滅，史册恒昭垂。臨安詢舊迹，宫闕毁無遺。壽丘建公廟，詎隨時世移。

羅郡守重修荆王廟　何振銑

興來踏遍秋城路，面面江山列雲霧。每從北郭相經過，黯然神廟僧防護。榱桷傾欹基址荒，夜月凄凉伴古墓。古墓歷今千百年，荆王遺像猶赫然。想見在昔騁馬拂長劍，賈勇出入烽烟前。漢家多難兵結連，千軍萬軍身當先。夙昔久懷忠烈志，列陣何惜微軀捐。精魂縹緲依京口，子孫繩繩爲墓守。反逆不從身見幽（丹陽縣荆氏言即荆王後。不從反逆事，據《荆氏家譜》言之，正史不載。原注），繼述信能承厥後。妥侑先靈奠玉觴，廟與河山共悠久。歷代遷流世既遥，古樹蒼翠風蕭蕭。後裔散移四方去，祭享於今亦非故。我公賢明守是邦，大興學校文運昌。眼見遺廟不忍廢，修建用爲神靈光。足勸人臣死王事，綿遠百世能流芳，意見孰如我公良。吁嗟意見孰如我公良。

壽丘山尋宋武帝故居（今爲丹徒學署，舊井存焉。） 張崇蘭

寄奴王者良不死，蛇鬼焉能仇一矢。江山不出孫伯符，王氣千秋屬君耳。典午偏安運祚移，竊窺神器者誰子。繞床五木喝成盧，草澤英雄從此起。勤王事大謀早成，受禪功高勢難已。中原雖未一車書，正統猶堪魏晉齒。壽丘山前蒿艾蓬，世間有此田舍翁。故居咫尺足憑吊，往迹不數丹徒宫。人事推移陵谷改，猶有寒泉至今在。虎步何人説姓名，弦歌比户生光彩。吾廬近隔一溪居，遥望前山滿緑蕪。時清萬類易藏拙，容我識字耕田夫。

魯肅墓 張崇蘭

年少粗疏未可輕，榻邊規畫最分明。直將諸葛同心事，空被張昭識姓名。大業竟從身後定，豐碑自向墓前横。指囷風義人争説，細故何能概一身①。

京口懷古 金衍宗

肯放金師匹馬還，蘄王旗幟截江環。徒聞上將三呼渡，但畫西湖一角山。地蹙金甌衣帶水，兵鏖錦傘鼓桴間。鸛河决後妖氛逸，恨不書生頸血殷。

李衛公祠 趙克宜

古潤江山此壯觀，衛公遺烈舊碑刊。招降西域僉壬忌，駐節南徐父老歡。塔影不隨飛浪去，檜聲猶入斷雲寒。銅符安得如公握，鐵瓮堅城萬載完。

讀甘露寺碑記 談安愷

山寺殘碑卧曲廊，我來拂拭認前唐。歷觀古事苔文瘦，行到高峰松影凉。六代風流隨逝水，千年陳迹剩斜陽。只餘寶晉書聲滿（山麓書院，乃米南宫故園），尚間疏鐘徹上方。

五峰山 徐成璐

好山行欲盡，望裏大江分。忽見五峰立，飄然迥出群。石喧雙澗水，人上一樓雲。此地堪栖隱，終年少俗氛。

雩山口號 錢藻濂

昔日游山人，今爲山下土。今日游山人，顧盼一無語。

---

① 按："身"，清刻本《悔廬詩鈔》卷一《中聲集上》作"生"。是。

京口嘆　**孫運錦**

粤嶠頻年苦戰争，磨牙豺虎任縱横。欃槍未聽銅鞮曲，風鶴先空鐵瓮城。禍始西番應有鑒，雄如北府竟無兵。不知樂土終何是，枉作哀鴻肅羽聲。

長城壞（讀《南史》小樂府十六首之一）　**楊棨**

陶竈死一徐，郭門誅一傅。赫赫檀江州，不早見幾去。一歌白浮鳩，勛高竟見收。脱幘投地張兩眸，長城自壞誰爲謀。魏人聞之驩然喜，佛狸馬飲瓜步水。

金釧篇（鄭成功之亂，張氏婦駡賊赴火死。檢遺骸，釧在臂。今補旌。）　**楊棨**

嘻嘻詘詘聲滿屋，潤城白晝聞鬼哭。孫恩劫掠何慘酷，馬前擁去蛾眉緑。誰敹金釧雙臂束，戟手駡賊義不辱。飲刃甘若飲醽醁，蹈火蹈仁無觳觫。遺骨千秋有餘馥，常與積金照人目，大書節烈維世俗。己亥七月二十六，婦氏曰夏夫張焴。

新樂府四首録一　**楊棨**

木客樂（陳漕河之弊也）①

丹徒閘門一何廓，打鼓發船木客樂。木簰下閘如下灘，一老旁觀重慨嘆。借問老翁嘆何故，自言家鄰此閘住。閘門舊日窄且高，收束江潮洗泥淤。漕河一浚動十年，千艘絡繹皆飛渡。木客臨流子細看，漕艘雖利木簰難。不惜青蚨輸大吏，豁然闢得閘門寬。盡放泥沙入河裏，歲歲淘河見河底。江南丁壯荒耕耘，淮北窮黎困遷徙。桔槔十里踏斜陽，畚鍤三更立寒水。積土人愁屋漸埋，壓城我見山隆起。居民思叩大官轅，木客聞之又斂錢。一簰五百兩簰千，陸續輸官閘不遷。會見漕河填作路，木客有錢無使處。

舟泊金山　**朱麟**

落日大江紅，蒼茫接太空。山光明滅裏，帆影有無中。把酒看長劍，推篷倚晚風。狂吟不敢發，龍卧水晶宫。

北固山　**戴楫**

北固聳雙峰，雙峰相盤互。後峰之勝處，石壁峰陰踞。嶙峋自今古，下壓江濤怒。昔此來悵悵，潮上不能渡。邇值江水落，豁達山足露。峭壁數十丈，突兀而容與。招我重來游，歷覽屢迴顧。石壁我石友，久别今一晤。

按：徒邑江山雄秀，林壑幽深。而地當孔道，凡高人逸士之所題咏，舟車冠蓋之所

---

① 按："陳漕河之弊也"，原列爲標題，兹改爲小字夾注。

唱酬，歷代迄今不可勝紀。舊志多載游覽贈答之作，今又增其遺闕。模山範水，殆無不盡。兹采輯續纂，惟登其情關憑吊，志存考核，事涉風厲，言寫真懷者。若登眺宴集諸詩，概弗備録。蓋嘉慶以來，詩人輩出，難覼列也。

丹徒縣志卷五十二終

丹徒縣志卷五十三

藝文八　詩餘

按：《康熙志》所録詩餘，除削去龔鼎孳《風中柳》一闋外，僅得二十七闋。《嘉慶志》增至五十闋，而冶蕩猥鄙之作，亦間厠其中。今汰去六闋，增補二十三闋，續録三十七闋，共得一百四闋。

宋

潤州多景樓與孫巨源相遇　采桑子　**蘇軾**

多情多感仍多病，多景樓中。樽酒相逢。樂事回頭一笑空。　停杯且聽琵琶語，細撚輕攏。醉臉春融。斜照江天一抹紅。

離京口作　一斛珠①　**蘇軾**

輕雲微雨，三更②酒醒船初發。孤城回望蒼烟合。公子佳人③，不記歸時節。　巾偏扇墜藤床滑，覺來幽夢無人説。此生漂蕩何時歇？家在西南，長作東南别。

别潤州④許仲途　南柯子　**蘇軾**

欲執河梁手，還升月旦堂。酒闌人散月侵廊。北客明朝歸去、雁南翔。　窈窕高明玉，風流鄭李⑤莊。一時分散水雲鄉。惟有落花芳草、斷人腸。

金山月夜　水調歌頭　**蘇軾**

明月幾時有，把酒問青天。不知天上宫闕，今夕是何年。我欲乘風歸去，又恐瓊樓玉宇，高處不勝寒。起舞弄清影，何似在人間。　轉朱閣，低綺户，照無眠。不應有恨，何事長向别時圓。人有悲歡離合，月有陰晴圓缺，此事古難全。但願人長久，千里共嬋娟。（按：此詞《康熙志》不載。但詳其事於軼事中。蓋以本非作於金山，特在金山歌之故也。然自髯翁起舞以來，是闋久成金山佳話，從《嘉慶志》列入，應不嫌於牽拽也。）

---

① 按：詞調"一斛珠"，《四印齋》本《東坡樂府》（下）作"醉落魄"。
② 按："三更"，《四印齋》本《東坡樂府》（下）作"二更"。
③ 按："公子佳人"，《四印齋》本《東坡樂府》（下）作"記得歌時"。
④ 按："潤州"，《四印齋》本《東坡樂府》（下）作"潤守"。
⑤ 按："鄭李"，《四印齋》本《東坡樂府》（下）作"鄭季"。

甘露寺法堂試賜茶[1]　滿庭芳　米芾

雅燕飛觴，清談揮麈，使君高會群賢。密雲雙鳳，初破縷金團。窗外爐烟自[2]動，開瓶試、一品香泉。輕濤[3]起，香生玉塵[4]，雪濺紫甌圓。　嬌鬟。宜美盼，雙擎翠袖，穩步紅蓮。坐中客翻愁，酒醒歌闌。點上紗籠畫燭，花驄弄、月影當軒。頻相顧，餘歡未盡，欲去且留[5]連。

泊北固山下　漁家傲　晁沖之（增）

浦口潮來沙尾漲，危橋[6]半落帆浮漾，水調不知何處唱。風飄[7]蕩。鱖魚吹起桃花浪。　雪盡小橋梅總放。層樓一任愁人上。萬里長安回首望。山四向。澄江月色如春釀。

乙卯八月八日登北固絶頂與客賞月同作[8]　臨江仙　葉夢得（增）

絶頂參差千嶂列，不知空水相浮。下臨東[9]海見三洲。落霞横晚[10]景，爲客小遲留。　卷盡微雲天更闊，此行不負清秋。莫[11]驚河漢近人流。青霄原有路，一笑倚瓊樓。

明日與客復登[12]再用前韵　葉夢得（增）

一醉三年那易得，應須大白同浮。已知絶景是吾洲[13]。嫦娥[14]仍有意，更肯爲人留。　萬籟無聲遥夜永，人間未識清[15]秋。從來我客盡風流。故知憐老子，猶[16]勝在南樓。

三月十七日雨後同張敏政程致道游北固亭[17]　滿庭芳　葉夢得（增）

麥隴如雲，清風吹破，夜來風雨纔晴。滿川烟草，殘照落微明。縹渺危欄曲檻，遥

---

① 按：此首另见《彊邨叢書》本秦觀《淮海居士長短句》（中）。
② 按："自"，《彊邨叢書》本《淮海居士長短句》作"似"。
③ 按："濤"，《彊邨叢書》本《淮海居士長短句》作"淘"。
④ 按："塵"，《彊邨叢書》本《淮海居士長短句》作"乳"。
⑤ 按："留"，《彊邨叢書》本《淮海居士長短句》作"流"。
⑥ 按："橋"，《全宋詞》作"檣"。
⑦ 按："飄"，《全宋詞》作"淡"。
⑧ 按：詞題，《全宋詞》作《乙卯八月九日南山绝頂作臺新成與客賞月作》。
⑨ 按："東"，《全宋詞》作"湖"。
⑩ 按："晚"，《全宋詞》作"暮"。
⑪ 按："莫"，《全宋詞》作"忽"。
⑫ 按："復登"，《全宋詞》作"復登臺"。
⑬ 按："洲"，《全宋詞》作"州"。
⑭ 按："嫦娥"，《全宋詞》作"姮娥"。
⑮ 按："清"，《全宋詞》作"高"。
⑯ 按："猶"，《全宋詞》作"尤"。
⑰ 按：詞題，《全宋詞》作《三月十七日雨後極目亭寄示張敏叔程致道》。

天盡、日角①初平。青林外，參差暝靄，縈帶遠山橫。　　孤城。春已過，緑陰是處，時有鶯聲。問游絲落絮②，畢竟何成。信步蒼苔繞遍，真堪付、閑客閑行。微吟罷，重迴皓首，江海渺遺情。

南歸渡揚子作雜用淵明語　念奴嬌　**葉夢得**

故山漸近，念淵明歸意，翛然（讀仄）誰論。歸去來兮秋已老，松菊三徑猶存。稚子歡迎，飄飄風袂，依約舊衡門。琴書蕭散，更欣有酒盈樽。　　惆悵萍梗無根。天涯行已遍，空負田園。去矣何之窗户小，容膝聊倚南軒。倦鳥知還，晚雲遥映，山氣欲黄昏。此間③真意，故應欲辨忘言。

登北固山　水龍吟　**朱希真**（增）

放船千里淩波去。略爲吴山留顧。雲屯水府，波④隨神女，九江東注。北客蒼⑤然，壯心偏感，年華將暮。念伊嵩舊隱，巢由故友，南柯夢、遽如許。　　回首妖氛未掃，問人間、英雄何處。奇謀報國，可憐無用，塵昏白羽。鐵鎖横江，錦帆衝浪，孫郎良苦。但愁敲桂棹，悲吟梁父，淚流如雨。

登北固　南鄉子　**辛棄疾**

何處望神州？滿眼風光北固樓。千古興亡多少事？悠悠。不盡長江滚滚流。　　年少萬兜鍪，坐斷東南戰未休。天下英雄誰敵手？曹劉。生子當如孫仲謀。

京口病中起登連滄觀偶成　瑞鷓鴣　**辛棄疾**

按：觀即望海樓，在府署後。

聲名少日畏人知。老去行藏與願違。山草舊曾呼遠志，故人今又寄當歸。　　何人可覓安心法，有客來觀杜德機。却笑使君那得似，清江萬頃白鷗飛。

京口有懷山中故人　瑞鷓鴣　**辛棄疾**

暮年不賦短長詞。和得淵明數首詩。君自不歸歸甚易，今猶未足足何時。　　偷閑定向山中老，此意須教鶴輩知。聞道至⑥今秋水上，故人曾榜北山移。

---

① 按："角"，《全宋詞》作"脚"。
② 按："問游絲"句，《全宋詞》作"問落絮游絲"。
③ 按："間"，《全宋詞》作"還"。
④ 按："波"，《彊邨叢書》本《樵歌》卷上作"濤"。
⑤ 按："蒼"，《彊邨叢書》本《樵歌》卷上作"翩"。
⑥ 按："至"，《全宋詞》作"只"。

京口北固亭懷古　永遇樂　**辛棄疾**

千古江山，英雄無覓，孫仲謀處。舞榭歌臺，風流總被，雨打風吹去。斜陽草樹，尋常巷陌，人道寄奴曾住。想當年，金戈鐵馬，氣吞萬里如虎。　元嘉草草，封狼居胥，贏得倉皇北顧。四十三年，望中猶記，烽火揚州路。可堪回首，佛狸祠下，一片神鴉社鼓。憑誰問，廉頗老矣，尚能飯否。

北固二首①　祝英臺近　**岳珂**

瓮城高，盤徑近。十里笋輿穩。欲駕還休，風雨苦無準。古來多少英雄，平沙遺恨。又總被、長江流盡。　倩誰問。問②甚衣帶中分，吾家自畦畛。落日潮頭，漫寫鐲鏤憤。斷腸烟樹揚州，興亡休論。正愁盡，河山雙鬢。

淡烟横，層霧斂。勝概分雄占。月下鳴榔，風急怒濤颭。闗河無限清愁，不堪臨鑒。正雙鬢、秋風塵染。　漫登覽。極目萬里沙場，事業頻看劍。古往今來，南北限天塹。倚樓誰弄新聲，重城門掩。歷歷數、西州更點。

登甘露寺多景樓望淮有感　水調歌頭　**程珌**

天地本無際，南北竟誰分。樓前多景，中原一恨杳難論。却是③長江萬里，忽有孤山兩點，點破水晶盆。爲借鞭霆力，驅去附昆侖。　望淮陰，兵治④處，儼然存。看來天意，止欠士雅與劉琨。三拊當時頑石，唤醒隆中一老，細與酌芳樽。孟夏正須雨，一洗北塵昏。

北固樓次辛稼軒韵⑤　永遇樂　**姜夔**（增）

雲隔⑥迷樓，苔封很石，人向何處。數騎秋烟，一篙寒汐，千古空來去。使君心在，蒼崖緑嶂，苦被北門留住。有樽中酒差可飲，大旗盡綉龍虎⑦。　前身諸葛，來游此地，數語便酬三顧。樓外冥冥，江皋隱隱，認得征西路。中原生聚，神京耆老，南望長淮金鼓。問當時、依依種柳，至今在否。

西津渡　齊天樂　**張輯**（增）

西風揚子江頭路。扁舟雨晴呼渡。岸隔瓜洲，津横蒜石，摇盡波聲千古。詩人⑧一

① 按：詞題，《全宋詞》前闋作《登多景樓》、後闋作《北固亭》。
② 按："問"，《全宋詞》作"因"。
③ 按："是"，《全宋詞》作"似"。
④ 按："治"，《全宋詞》作"冶"。
⑤ 按：詞題，《彊邨叢書》本《白石道人歌詞别集》作《次稼軒北固樓詞韵》。
⑥ 按："隔"，《彊邨叢書》本《白石道人歌詞别集》作"鬲"。
⑦ 按："龍虎"，《彊邨叢書》本《白石道人歌詞别集》作"熊虎"。
⑧ 按："詩人"，《彊邨叢書》本《東澤綺語》作"詩仙"。

去。但對峙金焦，斷磯青樹。欲下斜陽，長淮渺渺正愁予。　中流笑與客語，把貂裘爲浣，半生塵土。品水烹茶，看碑憶鶴，恍似舊曾游處。聊憑陸謫。問八極神游，肯重來否。如此江山，更蒼烟白鷺。（按：此調又名《如此江山》，以此詞得名也。）

金山寺月[①]　水調歌頭　張孝祥（增）

江山自雄麗，風露與高寒。寄聲月姊，借我玉鑒此中看。幽壑魚龍悲嘯，倒影星辰摇動，海氣夜漫漫。擁[②]起白雲闕，危駐紫金山。　表獨立，飛玉佩[③]，整[④]雲冠。漱冰濯雪，眇視萬里一毫端。回首三山何處，聞道群仙笑我，邀我欲俱還。揮手從此去，翳鳳更驂鸞。

金山吞海亭　霜天曉角　黄機

長江千里。中有英雄泪。却笑英雄自苦，興亡事、類如此。　浪高風又起。歌悲聲未止。但願諸公强健，吞海上、醉而已。

京口南園　夜行船　黄機

紅濺羅裙三月二。露桃開、柳眠又起。百尺游絲，罥鶯留燕，判與南園一醉。　歷歷斜陽明野水。倚危欄、暮雲千里。説似游人，直須燒燭，早晚緑陰青子。

丹陽浮玉亭席上作　浪淘沙　陸游

緑樹暗長亭，幾把離尊。陽關長[⑤]恨不堪聞。何況今朝秋色裏，身是行人。　清泪浥羅巾，各自消魂。一江離恨恰平分。安得千尋横鐵鎖，截斷烟津。

多景樓　水調歌頭　陸游

江左占形勝，最數古徐州。連山如畫，佳處縹渺著危樓。鼓角臨風悲壯，烽火連空明滅，往事憶孫劉。千里曜戈甲，萬竈宿貔貅。　露沾草，風落木，歲方秋。使君宏放，談笑洗盡古今愁。不見襄陽登覽，磨滅游人無數，遺恨黯難收。叔子獨千古[⑥]，名與漢江留[⑦]。

---

① 按：詞題，《全宋詞》作《金山觀月》。
② 按："擁"，《全宋詞》作"涌"。
③ 按："玉佩"，《全宋詞》作"霞珮"。
④ 按："整"，《全宋詞》作"切"。
⑤ 按："長"，《全宋詞》作"常"。
⑥ 按："古"，《全宋詞》作"載"。
⑦ 按："留"，《全宋詞》作"流"。

招韓无咎游金山　念奴嬌①　陸游

禁門鐘曉，憶君來朝露，初翔鸞鵠。西府中臺推獨步，行對金蓮宫燭。蹙綉華韉，仙葩寶帶，看即飛騰速。人生難料，一尊此地相屬。　回首紫陌青門，西湖閑院，鎖千梢修竹。素壁栖鴉應好在，殘夢不堪重續。歲月驚心，功名看鏡，短鬢無多緑。一歡休惜，與君同醉浮玉。

登多景樓　念奴嬌　陳亮

危樓環②望，嘆此意、今古幾人曾會。鬼設神施，渾認作、天限南疆北界。一水横陳，連岡三面，做出争雄勢。六朝何事，止③成門户私計。　因笑王謝諸人，登高懷遠，也學英雄涕。憑却江山，管不到，河洛腥膻無際。正好長驅，不須反顧，尋取中流誓。小兒破賊，勢成寧問强對④。

送劉澄齋制幹歸京口　賀新郎　張榘

匹馬鍾山路。悵年來只解，郵亭送人歸去。季子貂裘塵漸滿，猶是區區羈旅。謾空有、劍峰如故。髀肉未消儀舌在，向樽前、莫灑英雄泪。鞭未動，酒頻舉。　西風亂葉長安樹。嘆離離、荒宫廢苑，幾番禾黍。雲棧縈紆今平步，休説襄淮樂土。但滚滚⑤江濤東注。世上豈無高卧者，奈草廬、烟鎖無人顧。箋此恨，付金縷。

多景樓　賀新郎　李演（增）

笛叫東風起。弄樽前、楊花小扇，燕毛初紫。萬點淮峰孤角外，驚下斜陽似綺。又婉娩、一番春意。歌舞相繆愁自猛，捲長波、一洗空人世。間熱我，醉時耳。　緑蕪冷葉瓜洲市。最憐予、洞簫聲盡，闌干獨倚。落落東南墻一角，誰護山河萬里。問人在、玉關歸未。老矣青山燈火客，撫佳期、漫灑新亭泪。歌哽咽，事如水。

元

北固亭月夕⑥　念奴嬌　劉因（增）

廣寒宫殿，想幽深、不覺升沉圓缺。天上人間心共遠，如在瓊樓玉闕。厚地微茫，高天凉冷，此際紅塵歇。翠陰高枕，并教毛骨清澈。　爲問此世，從來幾人吟望，轉

---

① 按：詞調，《全宋詞》作“赤壁詞”。

② 按：“環”，《全宋詞》作“還”。

③ 按：“止”，《全宋詞》作“只”。

④ 按：“强對”，《全宋詞》作“疆場”。

⑤ 按：“滚滚”，《全宋詞》作“衮衮”。

⑥ 按：詞題，《彊邨叢書》本《樵庵詞》作《飲山亭月夕》。

首俱烟滅。蟣虱區區尤可笑，幾許肝腸如鐵。八表神游，一槎高泛，逸興方超絶。嫦娥留待，桂花且莫開徹。

明

游金山寺和大江東去詞　念奴嬌　**夏言**

砥柱乾坤，鎮長江、萬古中流獨立。橫遏驚濤排駭浪，直負擎天巨力。吞吐烟雲，奔騰日月，壯觀東南壁。三山海上，孤根不與同植。　蛟宫貝闕玲瓏，海色浮空，日抱鼋鼍出。人世光陰如一瞬，惟有滄波不息。吞海亭前，江天閣下，目送飛鴻翼。振衣長笑，墨花醉灑岩石。

招隱看梅　沁園春　**鄔仁卿**

十里江城，共向春風，尋到梅花。想三更幽夢，影①移石罅。一聲梵誦，香沁窗紗。②鐵骨崚嶒，冰姿修潔，可是神仙萼緑華。今宵醉，且休吹玉笛，只按紅牙。　槎枒綺席橫斜，恨知已難逢好句賒。但已拌③零落，金鈴莫繫。不甘争媚，錦幕休遮。冷欲侵人，清能絶俗，肯讓狂蜂坐晚衙。風流話，道林逋妻汝，端不争差。④

北固山步壁間韵　唐多令　**王皋**

斜日到滄洲，長江天際流。偶來閑徙倚危樓。懷抱近來殊激烈，胸貯海，氣橫秋。　談笑取旄頭，世人曾識否。這雙眉不著閑愁。五尺焦桐三尺劍，任到處，是佳游。

京口　蝶戀花　**萬壽祺**（增）

荆楚東來增古戍。鐵瓮城西，月下前朝樹。風景不殊天四宇，驚飆驅雁誰爲侣。　洲渚年年芳草渡。依舊江山，擺到丹陽住。瑟瑟秋風吹暮雨，夜深不見潮回去。

國朝

江行望金山　浪淘沙　**宋琬**

誰削玉嶙峋，千尺雲根。蛟龍深護海西門，金碧樓臺青黛樹，小李將軍。　雁影落紛紛，浪起江豚。鐘聲兩岸客邊聞。登陟不如遥望好，倒景斜曛。

---

① 按："影"，清刻本《明詞綜》卷四作"悄"。
② 按："一聲"二句，清刻本《明詞綜》卷四作"一枝春影，扶上窗紗"。
③ 按："拌"，清刻本《明詞綜》卷四作"攠"，即"拚"。
④ 按："風流話"三句，清刻本《明詞綜》卷四作"争憐惜，怕角聲吹徹，片片飛霞"。

郭景純墓　酹江月　宋琬

弘農太守，挽羲輪、三舍乃心王室。驅策如神撩蠆尾，臣命盡於今日。氣作長虹，魂歸華表，骨葬金鰲脊。馮夷舞罷，數聲欸乃漁笛。　安得温嶠懷中，通天犀借，我下窺龍國。江左夷吾今在否，石馬沉埋荆棘。鐵瓮旌旗，金山鐘磬，閲盡興亡迹。中泠滿酌，一帆高挂遥碧。

京口歸舟　念奴嬌　嚴沆（增）

扁舟歸去，喜渡江，正遇早春時節。吹浪江豚都未起，任我朗吟蘭枻。路指南徐，雲横北固，十里輕帆截。金山晴了，蒜山猶帶殘雪。　依舊日映中流，鼓聲兩岸，風景真清絶。斫石談兵何處是，歷歷舟人能説。劉尹荒廳，孫郎斷冢，總被寒潮齧。晚汀孤泊，玉龍誰叫霜月。

寄程崑崙京口　山花子　王士正（增）

黄鶴山前黄鶴鳴。杜鵑樓外杜鵑聲。記得戴公招隱地，共經行。　北固雲烟春望遠，南徐風雨暮潮生。一片澄江如練影，接蕪城。

揚子江上作　水龍吟　王士正

岷峨萬里滔滔，荆吴九派來南紀。潯陽東下，秣陵西望，吴頭楚尾。鐵瓮風高，海門雁斷，角聲初起。嘆從來多少，英雄割據，都付與，東流矣。　盡道長江天塹。暗銷沉、幾番戰壘。獅兒年少，寄奴老矣，正堪相匹。北府風流，子有孫權，甥如無忌。到而今洗馬，臨江愁絶，一天烟水。

京口懷古　風流子　曹貞吉

三山圍鐵瓮，孫郎後，今古幾英雄。憶北府參軍，寄奴王者，金戈鐵馬，横據江東。凌歊上，歌風追漢帝，置酒宴群公。一代偉人，龍行虎步，十年征戰，洛下關中。　祇今憑吊處，佛狸祠下路，烟樹溟濛。爲念尋常巷陌，社鼓連空。算磝碻①戰地，幾多白骨，金焦名勝，兩點青峰。惟見驚濤滿眼，東去匆匆。

京口晚望　更漏子　朱彝尊

秋風清（李白），秋色白（李賀），瓜步寒潮送客（劉長卿）。望極浦（王維），度飛梁（盧照鄰），吟詩秋葉黄（杜甫）。　幽蘭露（李賀），香風樹（皇甫冉），吠犬鳴鷄幾處（同上）。蒼翠晚（劉長卿），染羅衣（李賀），鳥還人亦稀（李白）。

---

① 按："磝碻"，《四庫》本《珂雪詞》卷下作"碻磝"。

金山寺　滿江紅　朱彝尊

巨石孤根，作①弄出、寒潮嗚咽。映焦山遠樹，蒜山晴雪。水品中泠誰載取，鐘聲兩岸何曾歇。試層層、路轉妙高臺，簾齊揭。　　哀笛響，風鳴葉。樓船静，沙沉鐵。望揚州一片，海雲明滅。浪裏江豚空自舞，天邊塞雁飛相接。把題詩、張祜問山僧，猶能説。

金山秋夕　南柯子②　程康莊

暮天晴，暮潮平，一片紅霞月③底明，漁舟入浦輕。　　凉吹生，夕露清，嘹唳長空早雁聲，寒衣催未成。

望焦山　雙紅豆　程康莊

上金山，望焦山，潮没平沙擁④翠鬟，蘆洲斷一灣。　　白雲還，白鷗還，兩岸人家烟水間，西風片舸慳。

北固晚眺　鷓鴣天　錢陸燦

楊柳蕭條水拍天，漁舟落網就人烟。野田一半連漁扈，估客逢迎换蛋船。　　南郭璞，北焦先。西風窣到葉紅邊。莫將日暮登臨恨，去聽伊家十四弦。

江樓醉後與程千一　點絳唇　陳維崧（增）

絶憶生平，蹉跎祗爲清狂耳。酒酣直視，奴價何如婢。　　斷壁崩崖，多少齊梁史。掀髯喜。笛聲夜起。燈火瓜洲市。

京口贈何晴江⑤　西江月　陈维崧

一榻棋⑥書繚繞，三間老屋攲斜。天寒沽酒撥琵琶，銷盡丹徒客夜。　　南浦零簫剩管，西風社鼓神鴉。他年夢亦識君家，家在寄奴山下。

闻西樵方爲京口三山之游却寄　渔家傲　陈维崧

晴日南徐風景异，蒲帆飽趁春濤駛。一片江山千古事，同兒戲，伯符志業何曾

---

① 按：“作”，稿本《江湖載酒詞》卷一作“做”。

② 按：詞調，民國排印本《自課堂詩餘》作“長相思”。

③ 按：“月”，民國排印本《自課堂詩餘》作“水”。

④ 按：“擁”，民國排印本《自課堂詩餘》作“涌”。

⑤ 按：詞題，清刻本《湖海樓詞集》卷二作《夜宿何雍南齋中》。

⑥ 按：“棋”，清刻本《湖海樓詞集》卷二作“奇”。

遂。　　月下租船人咏史，使君大有凌雲氣。滿目茫茫愁對此，横笛裏，妙高臺上吹新水。

泊舟京口　南浦　**陈维崧**（增）

吴檣晚眺，看隔江螺髻碧離離。龍虎銷沉無據，往事不勝悲。憶昔曹公飲馬，對江流横槊賦新詩。羡三吴人物，伯符公瑾，年少更雄姿。　　今古茫茫天塹，捲神鴉、日暮舞空祠。多少南朝事業，斷岸矗殘碑。月白估船銅斗，唱西風外雲水瀰瀰。嘆多愁洗馬，銷魂偏在渡江時。

京口何明瑞先生筵上作辛巳歲先生在陽羡令幕中拔予童子試第一[①]　滿江紅　**陳維崧**（增）

陽羡書生，記年少、劇于健馬。公一顧、風鬃霧鬣，盡居其下。兩院黄驄佳子弟，三條燭盡[②]喬聲價。恰思量、已是廿年前，凄凉話。　　鐵笛叫，南徐夜。玉山倒，西窗下。且樗蒲[③]六博，彈箏行炙。被酒我思張子布，臨江不見甘興霸。只春潮、濺雪白人頭，堪悲咤。

過京口和賀天山見寄韵（二首録一）　滿江紅　**陈维崧**（增）

剩壘殘崖，有多少、英雄經此。也則爲，風吹浪打，趲成如是。北固[④]髻鬟晴欲笑，南朝君相生如[⑤]寄。嘆齊梁、一片好江山，都非矣。　　茶沸乳，廉[⑥]泉旨。楓綉瘦，酡顔紫。倘鶴猿招我，欣然曰唯。夔縱憐蚿何所益，信偏伍噲徒增耻。踞篷窗[⑦]、吹火騁雄談，臧三耳。

游京口竹林寺　念奴嬌　**陳維崧**（增）

長江之上，看枝峰蔓壑，盡饒霸氣。獅子寄奴生長處，一片雄山莽水。怪石崩雲，亂岡淋雨，下有黿鼉睡。層層都挾，飛而食肉之勢。　　只有鐵瓮城南，群山羅秀，畫出吴天翠。絶似小喬初嫁與，顧曲周郎佳婿。竹院盤陀，松寥峭蒨，最愛林皋寺。徘徊難去，夕陽烟磬沉未。

---

① 按：詞題，清刻本《湖海樓詞集》卷七作《何明瑞先生筵上作》，“辛已歲，先生在陽羡令幕中拔予童子第一”，爲題下自注。

② 按：“燭盡”，清刻本《湖海樓詞集》卷七作“紅燭”。

③ 按：“樗蒲”，清刻本《湖海樓詞集》卷七作“摴蒱”。

④ 按：“固”，清刻本《湖海樓詞集》卷七作“顧”。

⑤ 按：“如”，清刻本《湖海樓詞集》卷七作“同”。

⑥ 按：“廉”，清刻本《湖海樓詞集》卷七作“簾”。

⑦ 按：“窗”，清刻本《湖海樓詞集》卷七作“艙”。

京口渡江用辛稼軒韵 永遇樂 陳維崧

如此江山，幾人還記，舊争雄處。北府軍兵，南徐壁壘，浪捲前朝去。驚帆蘸水，崩濤颭雪，不爲愁人少住。嘆永嘉，流人無數，神傷只有衛虎。　　臨風太息，髯奴獅子，年少功名指顧。北拒曹丕，西[1]連劉備，霸業開東路。而今何在，一江燈火，隱隱揚州更鼓。吾老矣，不知京口，酒堪飲否。

南徐春暮程崑崙別駕招飲南郊外園亭同方爾止孫豹人談長益鄒程村何雍南程千一賦 風流子 陳維崧

来时寒食近，且近耳、詎料竟殘春。正僕本多愁，何妨作達，官如不醉，遮莫傷神。見此際，酒旗斜唤客，榆莢弱縈人。燕子風前，是何言語，柳條烟裏，别樣腰身。　　名園行樂處，追歡笑何限，寶馬香輪。况遇風流刺史，瀟灑遺民。奈西[2]望蔣州，春潮拍拍，北來瓜渚，暮雨紛紛。還怕當歌對酒，忽又沾巾。

月夜渡江 沁園春 陳維崧（增）

粉月一規，雪浪千條，何其浩然。工稀微吴語，佛狸祠下，參差楚火，胡豆洲邊。忽聽江樓，誰吹横笛，今夜魚龍詎穩眠。推篷望見，秣陵似夢，瓜步成烟。　　揚州更鼓遥傳。記小杜，曾游是昔年。奈邇來情事，鬢絲禪榻，當初况味，緑羋紅弦。萬古精靈，六朝關塞，都在蟂磯牛渚前。吾長嘯，把一杯在手，好個江天。

金山觀競渡[3] 贺新郎 陈維崧

一鼓魚龍急。看滔滔，妙高臺下，鐃吹沸溢[4]。彷佛雲旗和翠蓋，貝闕鱗堂齊葺。料此際，百靈都集。十萬黄頭皆突鬢，挽湘纍，今日誰先集[5]。有人在，江潭泣。　　吴兒舵尾飄紅褶。但迴飄、水雲颭處，翻身竟[6]入。掉向龍門争鬥捷[7]，江水駭時欲立。惹商婦，銀筝聲澀。一霎悲歡纔過眼，漸日斜，桂楫紛收拾。山如睡，黛還濕。

京口江上作[8] 渡江雲 董元愷（增）

極潯陽九派，岷山初導，浩汗六州中。看驚濤捲雪，千古江流，閲盡幾英雄。寄奴

---

① 按："西"，清刻本《湖海樓詞集》卷七作"南"。

② 按："西"，清刻本《湖海樓詞集》卷七作"東"。

③ 按：詞題，清刻本《湖海樓詞集》卷十八作《丁未五日程崑崙别駕招同談長益何雍南石崖程千一金山看競渡》。

④ 按："鐃吹"句，清刻本《湖海樓詞集》卷十八作"乾坤嘘吸"。

⑤ 按："集"，清刻本《湖海樓詞集》卷十八作"及"。

⑥ 按："竟"，清刻本《湖海樓詞集》卷十八作"徑"。

⑦ 按："掉向"句，清刻本《湖海樓詞集》卷十八作"不鬥黄金惟鬥捷"。

⑧ 按：詞題，清刻本《蒼梧詞》卷九作《揚子江上作》。

何在，有獅兒、便與争鋒。算北軍、飛來天塹，猶唱水中龍。　　匆匆。永嘉南渡，建業西風，指斜陽影動。偏則見、揚州城郭，雲樹葱蘢。無端落木蕭蕭處，閑停棹、楓葉題紅。拌①沉醉，沽來一飲千鍾。

登望海樓②　望海潮　**董元愷**（增）

層霄插翠，霞梯拾級，危亭斜倚崔嵬。萬里噌吰③，一天蕭瑟，驚看雪浪千堆。沃日復奔雷。却鰲身雲映，蜃市烟開。浩④氣空濛，飄然獨立到蓬萊。　　鯨宮久息塵⑤埃。有靈妃玉女，笑舞徘徊。鬱島如萍，扶桑若薺，空中金闕樓⑥臺。彷佛羨門來。我欲乘槎去，林嶼遭迴。對此茫茫，客星西望轉悠哉。

京口　水調歌頭　**董以寧**

一點欄江石，幾葉趁潮船。當年載酒曾到，却又景重看。呼起寺中佛印，唤起墓中郭璞，今夜好評詮。注水寧因葬，燒肉是何禪。　　笑人痴，空説法，浪談玄。爲仙爲佛總非，名异不堪傳。多少菟裘安穩，多少閉門枯誦，寂寂夜臺寒。試問滔滔者，天下盡皆然。

江口有感和章無恤⑦　喜遷鶯　**董以寧**

迴腸九折。正我問青天，君歌白雪。吞吐江潮，低徊畫艇，分寫銀箋幾葉。謾説放懷依舊，不禁傷心疇昔。南望處，見鍾陵初造，將軍孫策。　　悲咽。君不見，吊古留題，拓遍金山壁。點綴烟濤，横吹蘆荻，唤到弓腰初月。還問千年寒照，曾見幾朝興滅。停舟處，有殘山剩水，不堪評閲。

金山　滿江紅　**吴綺**（增）

一點青青，是媧后、補餘殘石⑧。向此處、洪流獨砥，嵬然千尺。縱步欲凌鷹隼背，盤根直下蛟龍宅。問當年、留帶舊風流，空陳迹。　　山兩岸，分南北。水一派，流今昔。把天風海水⑨，儘教收拾。孤磬聲摇殘照紫，亂帆影挂秋雲碧。上危樓、極目送歸鴻，吹横笛。

---

① 按：“拌”，清刻本《蒼梧詞》卷九作“拚”。
② 按：詞題，清刻本《蒼梧詞》卷十作《登望海亭》。
③ 按：“噌吰”，清刻本《蒼梧詞》卷十作“峥泓”。
④ 按：“浩”，清刻本《蒼梧詞》卷十作“灝”。
⑤ 按：“塵”，清刻本《蒼梧詞》卷十作“纖”。
⑥ 按：“樓”，清刻本《蒼梧詞》卷十作“銀”。
⑦ 按：此詞即和下頁章惟《江口有感索文友和》韵。
⑧ 按：“補餘”句，《四庫》本《林蕙堂全集》卷二十五《藝香詞》作“補殘餘石”。
⑨ 按：“水”，《四庫》本《林蕙堂全集》卷二十五《藝香詞》作“月”。

京口阻風　一枝花　周珂

萬里長空白，千樹斜陽碧。看洪濤捲起、堆銀磧。我欲挂輕帆，乘風破潮汐。水怒蛟龍立，無計渡江來，天水蔚藍同色。　　波涌白日晻嵫匿，聽西風蘆荻。又蕭蕭、漏暮秋消息。落照鎖金山，山上孤雲直，遥望揚子驛。城郭依微，盼不到、江南江北。

江口有感索友文和①　喜遷鶯　章惟

驚濤千折。看拍岸濺銀，捲天飛雪。畫裏揚州，望中瓜步，時有風帆幾葉。眼底山河如故，回首韶華非昔。此處②，見蔽江木杮，斷流鞭策。　　風烟③。遥望是，金焦兩點，障東南半壁。點綴烟霞，徘徊蘆荻，剩有漢時明月。君記臨春灰冷，難禁景陽烟滅。且進酒，覶山水清評，梟鷗閑閲。

焦山懷古　鶯啼序　賀國璘

《康熙志》原注：何相如招集姜我英家，瞻度唯一游焦山，即席限賦，示何雍南、程千一索和。

突兀中流柱，横被焦牛雄據。君王其奈布衣何，三詔催人不去。留得雙峰凌萬里，天將一鶴同千古。只斷崖，孤嶼撑住，驚濤跋扈。　　玉敕模糊，石碑剥蝕，雷劈痕如鋸。尚依然、周鼎斑斕，閲盡滄桑無數。拱金陵、獅象猶存，跨鐵瓮、魚龍何處。到如今，冷落江天，凄凉雲樹。　　水田漠漠，又見梵宇深深，一徑烟霞路。忘却此身，今在江心，波浪間住。更上危巒，重驚巨浸，回頭不覺身如霧。望海門，隱隱樓船聚。悲笳戰鼓，憑渠牧馬揮戈，閑煞扁舟漁父。　　二三狂客，千百芳樽，莫把興亡訴。但問草鋪曲徑，花護前溪，鷹掠遥天，蝶窺新圃。江網魚鮮，僧寥茶熟，我來正值三春暮。却萍踪，又問斜陽渡。去時長揖，山靈應笑，茫茫半生真誤。

焦山　和前調　賀寬

日夜東流去，直接海門烟霧。一拳特立障狂瀾，休信斷崖孤嶼。鍾嶺龍盤從左折，石頭虎踞還西顧。有蹲獅，調象鎖定，金陵門户。　　周鼎摩挲，梁碑捫讀，應是山靈護。算只有、高士焦生，不問三分氣數。紫髯翁、江表如斯，赤帝子、京華何處。想當年、據石孫劉，隔江甘露。　　武功榜額，又見揚子殘碑，意氣凌千古。臺殿巍峨，羅列松篁，深嚴梵宇。曲徑迴廊，蕭條闃寂，此時不信江心住。更平濤，漠漠明飛鷺。遲余問渡，試看茶熟香清，只道桃蹊梅塢。　　攬衣歷級，攀葛緣崖，遥指松寥樹。俯見洪濤吞吐，兀特無朋，激漩盤渦，分波齊注。火烈旌旗，風檣叠叠，樓船銜尾連瓜步。

---

① 按：此詞即和前董以寧《江口有感和章無恤》韵。
② 按："此處"，據前董以寧所和詞，當爲三字格，似有脱字。
③ 按："烟"，據前董以寧所和詞，或作"咽"。

早迴帆，遇灞陵呵怒。果然海外三山，隨風上下，茫茫難遇。（《康熙志》原注：先是，千一、玉從以余輩未登此山，代爲聯句嘲之，有“何來兩金焦，突兀江心中。可望不可即，疑是蓬萊宫”等語。）

焦山 和前調 **姜文燦**（增）

濟勝應無具，桂楫中流堪溯。懸崖千仞任攀躋，人在碧雲深處。木末倒懸孤刹穩，波心遥注群山附。看軼塵，落帽那禁，此風跋扈。　　緑玉雕花，天鷄映日，恍入昆侖圃。又何須、金闕銀扉，遥向滄洲問渡。掠垂楊、三五香鶵，浴晴波、一雙屬玉。儘虚談、吮血肥蠵，磨牙馬御。　　鶴何時瘞，更問洞何人隱，鼎是何年鑄。消得人間，海市風烟，江聲戰鼓。劉宋南徐，蕭梁北固，興亡莫向斜陽訴。但記取，高人白雲塢。我方揮麈，那禁搔首青天，携得謝公詩句。　　房開帝女，峰插芙蓉，隱隱疏鐘度。奚似娥媚高踞，華子宵燈，青蓮摩詰，風標如許。客散孤亭，人歸畫舫，牙檣徐擁輕鷗去。便醉餘，回首江天暮。他時蠟屐重游，寄語山靈，爲余呵護。

托樵史買京口酒 水龍吟 **汪仲鈖**

江流舊繞南徐，郡豈獨勝兵堪使。百花法釀，銜杯眺歷，古今同醉。品數吾州，月波香瓮，輸他滋味。憶鰣魚春上，青錢抛與，初試口，沙頭市。　　分手落帆亭際。問歸期，楝花風裏。昔游尋去，詩應題遍，妓樓僧寺。滿載方舟，兼之土物，金山鹽豉。有湖湄小閣，共君細嚼，話南朝事。

中泠泉 魚游春水 **陳鶴翔**（以下新增）

翠色危無底，蘸萬頃烟波如綺。一泓清冷，分出江心瀰瀰。舀來銀碗波紋縐，煮入茶鐺松火細。味似詩人，淡而彌旨。　　最愛晚來天氣，水面映月光清駛。試將玉茗匀分，瓷甌净洗。喜是客航携帶便，還看蟹眼聲聲沸。七碗怡情，三卮并美。

懷王進士景郕客京口 古調笑 **柴才**

楊柳（王建），楊柳（重句），京口情人别久（張繼）。年華近過清明（韓翃），寂歷山深夜深（嚴維）。深夜（皇甫松），深夜（重句），揚子江頭月下（子蘭）。

月夜渡江 念奴嬌① **韓騏**

大江東去，好揚帆、破浪扁舟一葉②。江面蟾蜍光倒映，上下玉輪皎③潔。龍女珠

---

① 按：詞調，清刻本《補瓢存稿》卷五作“大江東去”。
② 按：“好揚帆”句，清刻本《補瓢存稿》卷五作“片帆輕、萬里西風一葉”。
③ 按：“皎”，清刻本《補瓢存稿》卷五作“交”。

沉，鮫人泪掩，不用然犀揭。夜深風利，船頭噴沫如雪。　　所惜南岸諸山，奔騰似馬，有目難容接。身在水晶宫殿裏，大地山河都澈①。不耐②江程，偏隨夜短，曙靄篷③窗發。金焦浮翠，海門遥峙雙闕。

潤州秋曉　定風波　**沈光裕**

戍角吹殘鐵瓮秋，哀鴻一片過城頭。望裏蒼茫連楚尾，江水，長風吹浪去悠悠。　　自古英雄多事業，磨滅，不須酹酒吊孫劉。折戟沉沙難取認，惟剩，蘆花深處釣魚舟。

甘露寺懷古　人月圓　**厲鶚**

夕陽江上吴朝寺，曾記昔留題。火焚松徑，塵埋蓮鏤，雨洗苔碑。　　樓空多景，鐘聲今古，帆影東西。花開花謝，潮生潮落，物是人非。

癸未秋送海門先生再歸京口　水龍吟　**程兆熊**

入秋晴日無多，良朋長恨難時聚。分箋刻燭，偶然小集，無非聽雨。正擬虹橋，還思蘭槳，尋詩荷浦。忽驪歌早唱，江邊有客，柔枝櫓，催歸去。　　因想頻頻離緒，望旗亭、暮雲千縷。應憐弱柳，幾經攀折，不堪低舞。遥指金焦，一江烟水，半山紅樹。縱相思滿紙，傳情兩地，總銷魂句。

多景樓秋眺　浣溪紗　**姜藻**

飄渺朱欄近碧霄，西風樽酒動江簫。吴雲楚水望迢迢。　　無數烟帆隨落雁，幾重沙樹鎖迴潮。醉餘飛興到金焦。

揚子江阻風　賀新郎④　**吴錫麒**

塔上鈴何語。颭檐端、聲聲唱出，公乎無渡。今日孟婆能合皂，截斷中流萬櫓。只一派、浪花飛⑤舞。辛苦江豚招且拜，料我生鷁退寧關汝。船尾坐，酒堪煮。　　矯然白鷺翻濤起。看星星、飛來碎沫，滿身如雨。莫是三山仙客會，搬演魚龍舊譜。定笑我、忙忙⑥羈旅。那得使船如使馬，算不如竟打回帆鼓。風且息，勸君住。

---

① 按："澈"，清刻本《補瓢存稿》卷五作"徹"。
② 按："耐"，清刻本《補瓢存稿》卷五作"奈"。
③ 按："篷"，清刻本《補瓢存稿》卷五作"當"。
④ 按：詞調，清刻本《有正味齋詞集》卷八作"賀新凉"。
⑤ 按："飛"，清刻本《有正味齋詞集》卷八作"掀"。
⑥ 按："忙忙"，清刻本《有正味齋詞集》卷八作"茫茫"。

渡江至京口　百字令①　黄景仁

銅琶鐵板，問何人解唱，大江東去。如此江山②纔稱得，一個寄奴家住。花月茫茫，魚龍混混，淘洗英雄處。金焦兩點，爲誰閱盡朝暮。　　却好南控③金閶，北連淮海，劃斷繁華路。我渡此江凡幾遍，自對夕陽低訴④。送客依依，笑人碌碌⑤，多少⑥閑鷗鷺。卸帆京口，聲聲萬歲樓鼓。

泊鎮江⑦　南浦　黄景仁

蛟門中劈，看天邊、一葉忽飛來⑧。又向斷磯荒嶼，泊入浪花堆。多少鬢帆蜑雨，和龍吟、夜半似驚雷。更衝風⑨驟起，含腥帶濕，白日冷如灰。　　此地孫盧戰後，警烽烟、幾度海門開。還笑建炎南避，君相總傖才。回首亂鴉，殘堞外⑩，沉沉戍鼓有餘哀。嘆蕭條身世，海天深⑪處獨銜杯。

潤州舟次　臨江仙　顧翰

黯淡江雲天欲暝，海門催上新潮。佛狸城外買輕舠。便無風起，已涌浪花高。　　今夜爐頭拌⑫爛醉，薄寒可典征⑬袍。酒樓紅影一燈遥，打篷落葉，又誤雨蕭蕭⑭。

醉題焦山月波臺　蘇幕遮　洪亮吉

屋禪關，樓法界。十仞高臺，更在危樓外。奇氣尚能除百怪。穩坐蒲團，且受江豚拜。　　舉杯遲，吟句快。乞篆題箋⑮，總仗孤僧介。一日已償詩畫債。興來不學，□□前人派。（按：末句少二字。）

魯肅墓下作　瑞鶴仙　劉奎年

到江山險處。看潮洗殘碑，漢朝遺墓。姓字尚書魯。憶孫郎帳下，謀臣如虎。紛紛

---

① 按：詞調，清刻本《兩當軒集》卷十九作“念奴嬌”。
② 按：“江山”，清刻本《兩當軒集》卷十九作“山川”。
③ 按：“控”，清刻本《兩當軒集》卷十九作“倚”。
④ 按：“訴”，清刻本《兩當軒集》卷十九作“數”。
⑤ 按：“碌碌”，清刻本《兩當軒集》卷十九作“鹿鹿”。
⑥ 按：“多少”，清刻本《兩當軒集》卷十九作“不少”。
⑦ 按：詞題，清刻本《兩當軒集》卷十七作“泊鎮海”。
⑧ 按：“一葉”句，清刻本《兩當軒集》卷十七作“一葉破空來”。
⑨ 按：“衝風”，清刻本《兩當軒集》卷十七作“颶風”。
⑩ 按：“殘堞外”，清刻本《兩當軒集》卷十七作“殘堞聽”。
⑪ 按：“深”，清刻本《兩當軒集》卷十七作“空”。
⑫ 按：“拌”，清刻本《拜石山房詞鈔》卷二作“拚”。
⑬ 按：“征”，清刻本《拜石山房詞鈔》卷二作“青”。
⑭ 按：“蕭蕭”，清刻本《拜石山房詞鈔》卷二作“瀟瀟”。
⑮ 按：“箋”，清刻本《更生齋詩餘》卷一作“縑”。

竊據，誰肯念、王孫失路。捋髯鬚，慨惜荆州，偏使英雄用武。　　還慕。深交公瑾，醉飲醇醪，指囷相助。能恢器宇，共僚友，初無忤。怎伯陽，偶爾埋香瘞玉，偏自逢君之怒。歷千年，昔日精靈，不隨黄土。

題近村先生海嶽庵分韵詩册　水調歌頭　**計椿**

圖係同游王夢樓太守所書，彭芝亭尚書補圖其景。

拜石有顛趣，品重米襄陽。遺庵海嶽猶在，倒影瞰長江。有個忠貞後裔，結侣登臨吊古，擊鉢賦詩章。寫者固名筆，圖亦秀而蒼。　　我披讀，驚照眼，盡琳瑯。南宫勝迹無恙，得此愈增光。但惜未隨杖履，分韵吟安五字，藝苑也流芳。册尾喜題句，又恐顧周郎。

南徐道中　闌干萬里心　**劉嗣綰**

月落天涯長短亭。兩三家店帶春星。殘夢模糊酒未醒。一鞭停。山在江南樹上青。

江南三月詞（有引）　浣溪紗（十八首録五）　**錢之鼎**

子身在客，佳日工愁。花以艷而彌傷，酒雖濃而莫醉。迢遥遠目，樹密如烟。悵恨前游，人妍似月。仿蕭郎之賦，家園則節届重三。數蔡女之笳，异地而詞成十八。悲來擁鼻，聊同莊舄越吟。事去關心，漫笑賀公吴語。

三月江南似畫圖。白雲磨鏡水光鋪。春山描翠草痕蘇。　　到處黄鸝聲可聽，雙柑携過酒家壚。人生只好住丹徒。

三月江南淡沱天。風光微漾欲生烟。菜花蝴蝶鬥暄妍。　　細草緑侵揚子渡，斜陽紅上寄奴泉。絶無人處也堪憐。

三月江南土脉酥。鵓鴣啼遍雨疏疏。雪香風定柳花居。　　細叠肥波鱗緑皺，落英黏網攏船初。刀魚鯗鱷又鰣魚。

三月江南賈舶稠。蒜山銀阜合句留。春波閣上聽清謳。　　萬里晴光遮不住，隔江平遠是瓜洲。桃花紅到海東頭。

三月江南景色幽。縱無歌板也風流。詩壇酒社恣清游。　　千古江山青不改，南朝雲樹惹春愁。土花荒冢吊孫劉。

家居無緒芳郊獨行春城歷歷如畫江光山色都入明鏡與琳宫貝闕相焕映西控金陵東瞰海門慨然如見古之豪杰而予骯髒一身壯歲已及回念三五少年時雄氣飛揚俊游跌宕且杳不可得負此景矣　金縷曲　**錢之鼎**

誰把春城綉。擁樓臺、雲嵐皺緑，韶光照酒。千點輕帆吹不盡，半入冥濛烟柳。送多少、才人京口。只有大江流日夜，颯悲風化作鯨魚吼。山寂歷，浪痕漱。　　荒原牧馬空馳驟。問斜陽、三分六代，蒼烟前後。我欲剜苔題峭壁，却向青天搔首。悵花月、相看非舊。聞道周郎能顧曲，倚閑情側帽歌場走。消鬢影，鏡中瘦。

臘月七日大雪新霽渡江作　摸魚兒　汪潮生

倚篷窗、絮雲低捲，千層晴白如鏡。乘風何處瓊樓是，拍岸接天波瑩。江上静，聽柔櫓、咿啞摇破寒鷗影。蒼烟弄暝。有蓑笠漁翁，杳無人處，垂釣繫孤艇。　中流外，幾點青山冷映，殘年如此光景。衝寒不怕游踪倦，也勝戴溪幽興。灘遠近，待沽酒、前村還策疲驢穩。明朝試問。問玉笛江城，聲聲清澈，曾動早梅信。

題陳葉篪三山紀游圖　満庭芳　孫雲錦

雪浪千堆，烟螺數點，漫猜方丈蓬壺。掎裳連襼，乘興恣清娱。僥幸金焦北固，經游屐、風趣全殊。參三處，浪痕塔影，情狀費臨摹。　江天憑一覽，吟箋畫稿，都付吾徒。底事輕，離索遠覓蒓鱸。叫他雲乖雨譎，抛客影、江月同孤。饒多少，歡悰别緒，分夢易模糊。

戴公山感舊　賣花聲　張崇蘭

獨立向蒼茫。無限思量。緑陰深處自徬徨。冉冉漸如人意淡，樹①杪斜陽。　一水瀉方塘。不斷聲長。潺潺流盡好年光。重過舊時携手處，剩有悲凉。

象山②　南鄉子　張崇蘭

衰柳映漁灘，游興難從雪後删。流水夕陽千萬里，江山，人與孤雲自往還。　隨意款禪關，枕石臨流屋數間。一個孤僧三畝竹，荒寒，容我來偷半日閑。

初夏宿招隱寺次日清晨象山輼上人至有新詞見示依韵酬之　虞美人　張崇蘭

曉凉濃緑陰如許，流水聲中住。一春鳥夢與花魂，都逐風前絮影去無痕。　看山夙有平生約，裙屐穿林薄。登臨多半費清才，又喜湯休遥共碧雲來。

西津某氏購一妾大婦妒甚主人死大婦遣嫁舟子船發至中流投水死③里人哀之爲繪春江飲恨圖索余題詞　定風波　張崇蘭

買笑何人購艷姿，春歸剩有好花枝。燕子樓中容不得，可惜，嗚椰生遣逐篙師。　但渡可能無所苦，且住，波瀾不起妾心知。一片京江清滑水，見底，千絲何處

---

① 按："樹"，清刻本《夢溪棹謳》（下）作"林"。

② 按：詞題，清刻本《夢溪棹謳》（上）作《過象山題輼公精舍》。

③ 按："投水死"，清刻本《夢溪棹謳》（下）作"妾投水死"。

網西施。（按：此婦例合旌表，惜不得其姓氏，姑録此詞，以志梗概。）

題戴雪農詞集　百字令　張崇蘭

清圓亮折，有一編嗣響，花間集後。鏤玉爲魂花作骨，門盡錦心綉口。兒女情多，風雲氣少，白了詞人首。檀槽細譜，便須分付紅袖。　　僕愧才盡江淹，懷中彩筆，禿後還如帚。竪抹横拖隨意掃，未肯旁觀袖手。滴粉搓酥，偷聲减字，此妙吾何有。從今把筆，慚①他秦七黄九。（按：雪農先生詩詞，自《停雲集》外，皆罹於兵燹，無可復睹。詳玩此詞，其詩餘之工麗、纏綿亦可見矣。）

焦山月夜和韞庵上人原韵　齊天樂　張崇蘭

凉蟾萬古同圓夕，江山自流②清照。開士奇懷，畸人野性，及此推襟送抱。平生枯槁。對一二高流，還能傾倒。物外行踪，似曾相識有魚鳥。　　人生白駒過隙，莫教行樂緩，空嘆衰老。剔蘚尋銘，衝烟著屐，處處堪容幽討。快心多少。儘卧酒吞花，發揮才藻。準擬相携，向西興買棹。

鰣魚　摸魚子　張崇蘭

正江頭、楝花風起，嘉魚鮮美③時至。輕舠撑出垂楊外，細散千絲沉水。漁郎喜，看挂網、銀鱗照眼明如此。論他風味。便笠澤寒鱸，苕溪清鮆，持較也難比。　　尋常見，槐葉藉來籃底，柳條穿過城市。何人下箸翻增恨，應怪彭郎多事。依稀記，記一種、佳名自昔呼君子。紛紛魚婢。笑不露文章，深藏自愛，也復被羅致。

初到郡城愴然有感是夕宿古梅溪十硯齋　永遇樂（用辛稼軒《北固亭懷古》韵）　趙彦俞

記得分明，范橋東畔，舊釣游處。巷陌模糊，樓闌破碎，燕子先秋去。懷人江上，吴頭楚尾，多少可兒曾住。嘆於今，山川銷歇，峰高但説如虎（賊壘在城南虎頭山）。　　旌旗影裏，粘天衰草，獨客何堪回顧。落日揚州，西風皖水，烟雨臺城路。登臨易倦，蕭齋一宿，怕聽夜深更鼓。凄然問，花前月下，酒徒在否。

柳耆卿墓相傳在真州仙掌路而避暑録謂柳永死潤州王和甫爲守葬之土山俗以清明上冢吊柳七據此則柳墓似在吾邑鄉關一别卅載於兹節近清明感而賦此　琵琶仙　趙彦俞

芳草西津，那堪問、故里清明時節。鄉思遥隔天涯，懷人轉凄絶。春去也、荒墳一

---

① 按："慚"，清刻本《夢溪棹謳》（上）作"學"。

② 按："流"，清刻本《夢溪棹謳》（下）作"留"。

③ 按："鮮美"，清刻本《夢溪棹謳》（上）作"新以"。

掬，但聽得數聲啼鴂。往日浮名，千秋過客，遺恨嗚咽。　　更休指、仙掌真州，望烽火、微茫便難說。惟有土山深處，記王郎碑碣。低唱到、屯田樂府，忍黯然、再賦離別。寄與一曲招魂，曉風殘月。

訪法又白見山樓舊址頽垣敗瓦滿目蒼凉僅餘流水一池作嗚咽聲而已

驀山溪　　**趙彦俞**

故人知否，門徑都非舊。此地果誰家（樓係誰家樓故址），剩今日、夕陽巷口。遠峰青峭，緊對晝樓西，書左右，花前後，往迹難回首。　　周郎老去，記曲抛紅豆（又白喜音律）。玉笛怕重聽，愁正入、聲聲折柳。一池春水，何事最相干，風吹縐，徘徊久，總是銷魂候。

北固晚眺[①]　滿江紅　（閨秀）**張友書**

怪石松根，寫木落、江寒時節。吟未了、金山老樹，象山殘雪。獨自臨江亭上望，風濤兩岸無休歇。問憑今、吊古幾回來，眥空裂。　　千古事，翻風葉。千古恨，横江鐵。望秣陵何處，晚霞明滅。林際蟾光猶未吐，空中雁影摇相接。聽怒潮、東下海門來，聲嗚咽。

寶晉齋古檜　凋底松　（方外）**了璞**

童童車蓋，與衛公祠柏，略同年輩。心枯遭劫，火竅邃栖山魅。雪埋不死，屈伸化作蒼龍態，老極能佳，佳極能奇，奇極翻成怪。　　千載圖難繪，化工造物，直在人情外。根入九原，枝撑霄漢，但覺行雲礙。天上榆高還易落，道旁樗古空能大。想當年，米公愛石，此樹也應拜。

吴中顧湘舟沅得楊文襄公二私印送藏焦山與玉帶并傳　疏影　**了璞**

蛟螭蟠紐，看篆文隱隱，鈎畫深秀。圭角依然，拂拭如新，名字邃庵鎸就。當年肘後懸金印，算富貴、那堪回首。翻不如、徑寸銅章，猶足動人懷舊。　　想見石淙精舍，圖書堆鄴架，拂衣歸後。暇日揮毫，尾款初添，染出紅泥肥瘦。飄零偶在人間世，問好古、何人能有。便從今、藏向名山，好與帶圍同壽。

吊柳屯田墓事見縣志　邁陂塘　**了璞**

想生前、一官鷄肋，屯田苦把人繫。柔情旖旎渾難遣，下筆宛如花麗。堪歔欷，竟客死，江南荒冢何人記。亂山流水，比楊柳河邊，曉風殘月，一倍動愁思。　　誰曾聽，

---

① 按：詞題，清刻本《倚雲閣詩餘存》卷一作《北固山晚眺》。

二八女郎歌細，相思渺渺無際。銘詞漫滅難成讀，只剩一灣玉篦。無人祭，但衰草、寒烟樵唱悠然逝。臨風灑涕。悵去我千年，清詞吟罷，夢想結遥契。

丹徒縣志卷五十三終

丹徒縣志卷五十四

藝文九　雜文一

漢

封荆王劉賈詔　高帝

齊，古之建國也，今爲郡縣。其復以爲諸侯，將軍劉賈有大功，及擇寬惠修潔者王齊荆地。

蔡邕《焦光徵君贊》（見“輿地志”）

吴

答華覈辭東觀令詔　吴主皓

得表，以東觀儒林之府，當講校文藝，處定疑難。漢時皆名學碩儒，乃任其職。乞更選英賢，間之，以卿研精墳典，博覽多聞，可謂悦禮樂、敦詩書者也。當飛翰馭藻，光贊時事，以越揚、班、張、蔡之疇。怪乃謙光，厚自菲薄，宜勉修所職以邁先賢，勿復紛紜。

晉

下刁協詔　元帝

尚書令協，抗志高亮，才鑒博朗。朕甚嘉之。

下晉陵内史張闓詔　元帝

夫二千石之任，當勉勵其德，綏齊所莅，使寬而不縱，嚴而不苛。其於勤功督察，便國利人，抑强扶弱，使無雜濫，真太守之任也。若聲過其實，古人所不取；攻乎异端，爲政之甚害。蓋所貴者本也。

又　元帝

丹陽侯闓，昔以勞役部人免官。雖從吏議，猶未掩其忠節之志也。倉廪，國之大本，宜得其才。今以闓爲大司農。

復刁協詔　成帝

協情在忠主，而失爲臣之道。故令王敦得托名公義，而實肆私忌。遂令社稷受屈，元皇銜耻。致禍之原，豈不有由？若極明國典，則曩刑非重。今正當以協之勤有可書，敦之逆命不可長，故議其事耳。今可復協本位，加之册祭，以明有忠於君者，纖介必顯。雖於貶裁未盡，然或足有勸矣。

追封檀憑之詔　安帝

夫旌善紀功，有國之通典。没而不朽，節義之篤行。故冀州刺史檀憑之忠烈果毅，亡身爲國。既義敦其情，故臨危授命。考諸心迹，古人無以遠過。近者之贈，意猶恨焉。可加贈散騎常侍，本官如故。既隕身王事，亦宜追論封賞。可封曲阿縣公，邑三千户。

册劉裕策　安帝

有扈滔天，夷羿乘釁，亂節干紀，實撓皇極。賊臣桓玄，怙寵肆逆。乃摧傾華霍，倒拔嵩岱。五岳既夷，六地易所。公命世英縱，藏器待時。因心資敬，誓雪國耻。慨憤陵夷，誠發宵寐。既而歲月屢遷，神器已遠。忠孝幽寄，實貫三靈。爾乃介石勝機，宣契畢舉。訴蒼天以爲正，揮義旅而一驅。奔鋒數百，勢烈激電。百萬不能抗限，制路日直植城，遂使衝鯨潰流，暴鱗奔漢。廟勝遠加，重氛載滌。二儀廓清，三光反照，事遂永代，功高開闢。理微稱謂，義感朕心。若夫道爲身濟，猶糜厥爵。况乃誠德俱深，勛冠天人者乎！是用建兹邦國，永祚山河。言念載懷，匪云足報。往欽哉！俾屏余一人，長弼皇晋。流風垂祚，暉烈無窮。其降承嘉策，對揚朕命。

贈何無忌官謚詔　安帝

無忌秉哲履正，忠亮明允。亡身殉國，則契協英謨；經綸屯昧，則重氛載廓。及敷政方夏，實播風惠。妖寇構亂，侵擾邦畿。投袂致討，志清王略。而事出慮外，臨危彌厲。握節隕難，誠貫古賢。朕用傷慟於厥懷。其贈侍中、司空，本官如故，謚曰忠肅。

册劉裕爲宋公詔　安帝

夫嵩岱配極，則乾道增輝。藩岳作屏，則帝王成務。是以夏殷資昆彭之伯，有周倚齊晋之輔。鑒諸前典，儀刑萬代。翼治扶危，靡不由此。太尉公命世天縱，齊聖廣淵，明燭四方，道光宇宙。爰自（闕二字）初迪，則投勤王國。妖螢孔熾，則功存社稷。固以四維是荷，萬邦攸賴者矣。暨桓玄僭逆，傾蕩四海。公深秉大節，靈武霆震。弘濟朕躬，再造王室。每維勛德，銘於厥心。遂北清海岱，南夷百越。荆雍稽服，庸岷順軌。克黜方難，式遏寇虐。及阿衡王猷，班序内外。仰興絶風，傍嗣逸業。秉禮以整俗，遵王以垂訓。聲教遠被，無思不洽。爰暨木居、海處之酋，被髮、雕題之長，莫不忘其陋險，九譯來庭。此蓋播諸徽策，靡究其詳者也。曩者永嘉不綱，諸夏幅裂，終古帝居，淪胥戎虜。永言園陵，率土同慕。公明發遐慨，撫機電征。親董侯伯，棱威致討。旗旝首塗，則八表響震；偏師先路，則多壘雲徹。舊都載清，五陵復禮，百城屈膝，千落景從。自篇籍所載，生民以來，勛德懋功，未有若此之盛者也！昔周吕佐叡聖之主，因三分之形，把旄仗鉞，一時指麾，皆大啓疆宇，跨州兼國。其在桓文，方兹尤儉。然亦顯被寵章，光錫殊品。况乃獨絶百代，顧邈前烈者哉！朕每宏鑒古訓，思尊令圖。以公深秉冲挹，用闕大禮。天人引領，於兹歷載。况今禹迹齊軌，九隩同文。司勛抗策，普天增佇。遂公高挹，大愆國章。三靈眷屬，朕實祇懼！便宜顯答群望，允崇盛典。其進位相國，總百揆，揚州牧，封十郡，爲宋公。備九錫之禮，加璽紱、遠游冠，位在諸侯王上。加相國緑綟綬。

加宋公九錫策　安帝

朕以寡昧，仰纘洪基。夷羿乘釁，蕩覆王室。越在南鄙，遷於九江。宗祀絶饗，人神無位。提挈群凶，寄命江滸。則我祖宗之業，奄墜於地。七百之祚，翦焉既傾。若涉淵海，罔知攸濟。天未絶晋，誕育英輔。振厥弛維，再造區物。興亡繼絶，俾昏作明。元勛至德，朕實賴焉。今將授公典策，其敬聽朕命。乃者桓玄肆僭，滔天泯夏。拔本塞源，顛倒六位。庶僚俯眉，四方莫恤。公精貫朝日，氣凌霄漢。奮其靈武，大殲群慝。克復皇邑，奉帝歆神。此公之節，始於勤王者也。授律群后，溯流長騖。薄伐峥嶸，獻捷南郢。大憝折首，群逆畢夷。三光旋采，舊物反正。此又公之功也。出藩入輔，宏兹保弼，阜財利用，繁殖生民，編户歲滋，疆宇日啓，導德明刑，四境有截。此又公之功也。鮮卑負衆，僭盜三齊。狼噬冀青，虔劉沂岱。介恃遐阻，仍爲邊毒。公搜乘秣駟，夐入遠疆。衝櫓四臨，萬雉俱潰。竊號之虜，顯戮司寇。拓土三千，申威龍漠。此又公之功也。盧循妖凶，伺隙五嶺。乘虚肆逆，侵覆江豫。旌拂寰内，矢及王城。朝野喪沮，莫有固志。家獻徙卜之計，國議遷都之規。公乘轅南濟，義形於色。嶷然内湛，視嶮若夷。攄略運奇，英謨不世。狡寇窮衂，喪旗宵遁。俾我畿甸，拯於將墜。此又公之功也。追奔逐北，揚旌江瀆。偏旅浮海，指日遄至。番禺之功，俘級萬數。左里之捷，魚潰鳥散。元凶遠迸，傳首萬里。海南肅清，荒服來款。此又公之功也。劉毅叛涣，負釁西夏。凌上罔主，志肆奸暴。附麗協黨，扇蕩王畿。公御軌以刑，消之不日。倉兕電溯，神兵風掃。罪人斯得，荆衡清宴。此又公之功也。譙縱怙亂，寇竊一隅。王化阻閡，三巴淪溺。公指命偏師，授以良圖。凌波浮湍，致届井絡。僭竪伏鑕，梁岷革偃。此又公之功也。馬休、魯宗，阻兵内侮。驅率二方，連旗稱亂。公投袂星言，研其上略。江津之師，勢逾風電。迴旆沔川，實繁震慴。二叛奔迸，荆雍來蘇。玄澤浸育，温風潛被。此又公之功也。永嘉不兢，四夷擅華。五都幅裂，山陵幽辱。祖宗懷没世之憤，遺氓有匪風之思。公遠齊伊宰納隍之仁，近同小白滅亡之耻。鞠旅陳師，赫然大號。分命群帥，北徇司兖。許鄭風靡，鞏洛載清。僞牧逆藩，交臂請罪。百年榛穢，一朝掃濟。此又公之功也。公有康宇内之勛，重之以明德。爰初發迹，則奇謨冠古。電擊强妖，則鋒無前對。聿寧東畿，大造黔首。若乃草昧經綸，化融於歲計；扶危静亂，道固於苞桑。辯方正位，納之軌度。蠲削煩苛，較若畫一。淳風美化，盈塞宇宙。是以絶域獻琛，遐夷納貢。王略所宣，九服率從。雖文命之東漸西被，咎繇之邁於種德，何以尚兹！朕聞先王之宰世也，庸勛尊賢，建侯胙土，褒以寵章，崇其徽物，所以協輔皇家，永隆藩屏。故曲阜光啓，遂荒徐宅，營丘表海，四履有聞。其在襄王，亦賴匡霸。又命晉文，備物光錫。惟公道冠前烈，勛高振古。而殊典未加，朕甚懵焉。今進授相國，以徐州之彭城、沛、蘭陵、下邳、淮陽、山陽、廣陵，兖州之高平、魯、泰山十郡封公，爲宋公。錫兹玄土，苴以白茅。爰定爾居，用建冢社。昔晉鄭啓藩，入作卿士。周召保傅，出總二南。内外之重，公實兼之。命使持節、太尉、尚書、左僕射、晉寧縣五等男，湛授相國印綬，宋公璽紱，使持節，兼司空散騎常侍、尚書，楊遂鄉侯泰授宋公茅土，金虎符第一至第十左，竹使符第一至第十左，相國位無不總，禮絶朝班，居常之名，宜與事革。其相國總百揆，去録尚書之號。上送所假節侍中、中外都督、太傅、太尉印綬豫章公印策。進揚州牧，領征西將軍、司豫北徐雍四州刺史如故。公紀綱禮度，萬國是式。秉介蹈方，罔有遷志。是以錫公大輅、戎輅各一，玄牡二駟。公抑末敦本，務農重積。采蘩實殷，稼穡惟阜。是用錫公衮冕之服，赤舄副焉。公閒邪納正，移風改俗。陶鈞品物，如樂之和。是用錫公軒縣之樂，六佾之舞。公宣美王化，導揚休風。華夷企踵，遠人胥萃。是用錫公朱户以居。公官方任能，網羅幽滯。九皋辭野，髦士盈朝。是用錫公納陛以登。公當軸處中，率下以義。式遏寇仇，清除苛慝。是用錫公虎賁之士三百人。公明罰恤刑，庶獄詳允。放命干紀，罔有攸縱。是用錫公鈇、鉞各一。公龍驤鳳矯，咫尺八紘，括囊四海，折衝無外。是用錫公彤弓一、彤矢百、盧弓十、盧矢千。公温恭孝思，致虔禋祀。忠肅之志，儀刑萬方。是用錫公秬鬯一卣，圭瓚副焉。宋國置丞相以下，一遵舊儀。欽哉！其祇服往命，茂對天休。簡恤庶邦，敬敷顯德，以終我高祖之嘉命。

加劉裕宋王策　安帝

朕聞先王之莅天下也，上則大寶以尊德，下則建侯以褒功。是以成勛告就，文命有玄圭之錫；四海來王，姬旦饗龜蒙之封。夫翼聖宣績，輔德宏猷，禮窮玄賞，寵章希世。况明保冲昧，獨運陶鈞者哉！朕以不德，遭家多难，雲雷作屯，夷羿竊命。失位京邑，遂播蠻荆。艱難卑約，制命凶醜。相國宋公，天縱睿聖。命世應期，誠貫三靈。大節宏發，拯朕窮於巢幕，迴靈命於已崩。固已道窮北面，暉格八表者矣。及外積全國之勛，内累戡黎之伐，芟夷强妖之始，蘊崇奸猾之源，顯仁藏用之道，六府孔修之績，莫不雲行雨施，能事畢舉。諒已方軌於三五，不容於典策者焉。自永嘉喪師，綿逾十紀。五都分崩，然正朔時暨。惟三秦懸隔，未之暫賓。至今羌虜襲亂，淫名三世。資百二之易守，恃函谷之可關。廟算韜略，不謀之日久矣。公命世撫運，闡曜威靈。内研諸侯之慮，外致上天之罰。故能倉兕甫訓，則許鄭風偃；鉦鉞未指，則瀍洛霧披。俾舊闕元陽，復集萬國之軫；東京父老，重睹司隸之章。俾朕負扆高拱，而保大洪烈。是用遠鑒前典，延即群謀。敬授殊錫，光啓疆宇。乘馬之制，有陋舊章；徽稱之美，未窮上爵。豈足以顯報懋功，允塞民望，藩輔王畿，長轡六合者乎？實以公每秉謙德，卑不可逾。難進之道，以寵爲戚。是故降損盛制，且有後命也。自兹迄今，洪勛彌劭。棱威九河，魏趙底服。迴轅峭潼，連城冰泮。遂長驅灞滻，懸旌龍門。逆虜姚泓，係頸就擒。百稔梗穢，滌於崇朝。祖宗遺憤，雪於一旦。陟禹之迹，方行天下。至於海外，罔有不服。功固萬世，其寧惟永。豈金石雅頌所能贊揚，實可以告於神明，勒銘嵩岱者已！朕又聞之，周道方遠，則鸑鷟鳴岐；二南播德，則麟騶呈瑞。自公大號初發，爰暨告成，靈祥炳焕，不可勝紀。豈伊素雉遠至，嘉禾近歸而已哉！朕每仰鑒玄應，俯察人謀，進惟道勛，退惟國典，豈得遂公冲挹，而久藴盛策！便宜敬行大禮，允副幽顯之望。其進宋公爵爲王。以徐州之海陵、東安、北琅琊、北東莞、北東海、北譙、北梁，豫州之汝南、北潁川、北南頓凡十郡，益宋國。其相國、揚牧、領征西將軍、司豫北徐雍四州刺史如故。

下劉裕詔　安帝

逋寇阻隘，宴安暇日。舉斧函谷，規延三誅。群師勤王，將離寒暑。公躬秉鈇鉞，棱威首塗，戎輅載脂，則郊壘叠卷，崤陜市踐，則潼塞開扃。姚宏窘逼，弃城送死。蓝田偏師，覆之霸川。甲首成林，俘獲蔽野。僞首奔迸，華戎雲集。積紀逋寇，旦夕夷殄。

禪宋詔　恭帝

夫天造草昧，樹之司牧，所以陶鈞三極，統天施化。故大道之行，選賢與能，隆替無常期，禪代非一族。貫之百王，由來尚矣。晉道陵遲，仍世多故。爰暨元興，禍難既積。至三光貿位，冠履易所，安皇播越，宗祀隳泯。則我宣元之祚，永墜於地。顧瞻區域，翦焉已傾。相國宋王，天縱聖德。靈武秀世，一匡頹運。再造區夏，固已興滅繼絶，舟航淪溺矣。若夫仰在璇璣，旁穆七政，薄伐不庭，開復疆宇。遂乃三俘僞主，開滌五都。雕顔卉服之鄉，龍荒朔漠之長，莫不迴首朝陽，沐浴玄澤。故四靈效瑞，川岳啓圖。嘉祥雜遝，休應炳著。元象表革命之期，華裔注樂推之願。代德之符，著乎幽顯。瞻烏爰止，允集明哲。夫豈延康有歸，咸熙告謝而已哉！昔火德既微，魏祖底績。黄運不競，三后肆勤。故天之歷數，實有攸在。朕雖庸暗，昧於大道。永鑒廢興，爲日已久。念四代之高義，稽天人之至望。予其遜位别宫，歸禪於宋。一依唐虞漢魏故事。

禪宋策　恭帝

咨爾宋王：夫玄古權輿，悠哉邈矣，其詳靡得而聞。爰自書契，降逮三五，莫不以上聖君四海，止戈定大業。然則帝王者，宰物之通器；君道者，天下之至公。昔在上葉，深鑒兹道。是以天禄既終，唐虞弗得傳其嗣；符命來格，舜禹不獲全其謙。所以經緯三才，澄序彝化。作範振古，垂風萬葉，莫尚於兹。自是厥後，歷代彌劭。漢既嗣德於放勛，魏亦方軌於重華。諒以協謀乎人鬼，而以百姓爲心者也。昔我祖宗欽明，辰居其極。而明晦代序，盈虧有期，翦商兆禍，非惟一世。曾是弗克，矧伊在今！天之所廢，有自來矣。惟王體上聖之姿，苞二儀之德，明齊日月，道合四時。乃者社稷傾覆，王拯而存之。中原蕪梗，又濟而復之。自負固不賓，干紀放命，肆逆滔天，竊據萬里，靡不潤之以風雨，震之以雷霆。九伐之道既敷，八法之化自理。豈伊博施於民，濟斯黔庶；固以義洽四海，道威八荒者矣！至於上天垂象，四靈效徵，圖讖之文既明，人神之望已改。百工歌於朝，庶民頌於野，億兆抃踊，傾佇惟新。自非百姓樂推，天命攸集，豈伊在予，所得獨專。是用仰祇皇靈，俯順群議，敬禪神器，授帝位於爾躬。大祚告窮，天禄永終。於戲！王其允執厥中，敬遵典訓，副率土之嘉願，恢洪業於無窮。時膺休祜，以答三靈之眷望。

禪宋璽書　恭帝

蓋聞天生蒸民，樹之以君。帝皇寄世，實公四海。崇替係於勛德，升降存乎其人。故有國必亡，卜年著其數；代謝無常，聖哲握其符。昔在上世，三聖係軌，疇咨四岳，以宏揖讓。惟先王之有作，永垂範於無窮。及劉氏致禪，實堯是法。有魏告終，亦憲兹典。我世祖所以撫歸運而順人事，乘利見而定天保者也。而道不常泰，戎夷亂華，喪我洛京，蹙國江表，仍遘否運，淪没相因。逮於玄興，遂傾宗祀。幸賴神武光天，大節宏發，匡復我社稷，重造我國家。惟王聖德欽明，則天光大，應期誕載，明保王室。内紓國難，外播宏略。誅大憝於漢陽，逋僭盜於沂渚，澄氛西岷，肅清南越，再静江湘，拓定樊沔。若乃永懷區宇，思一聲教，王師首路，則伊洛澄流；棱威崤潼，則華岳褰靄，僞酋銜璧，咸陽既序。雖彝器所銘，詩書所咏，庸勛之盛，莫之與二也。遂偃武修文，誕敷德政。八統以馭萬民，九職以刑邦國。思兼三王，以施四事。故能信著幽顯，義感殊方。自歷世所賓，舟車所暨，靡不謳歌仁德，抃舞來庭。朕每敬惟道勛，永察符運。天之歷數，實在爾躬。是以五緯升度，屢示除舊之迹；三光协數，必昭布新之詳。圖讖禎瑞，皎然斯在。加以龍顔英特，天授殊姿，君人之表，焕如日月。《傳》稱："惟天爲大，惟堯則之。"《詩》云："有命自天，命此文王。"夫"或躍在淵"者，終饗九五之位；"勛格天地"者，必膺大寶之業。昔土德告沴，傳祚於我有晋；今歷運改卜，永終於兹，亦以金德而傳於宋。仰四方之休義，鑒明昏之定期。詢於群公，爰逮庶尹，咸曰休哉，罔違朕志。今遣使持節、兼太保、散騎常侍、光禄大夫澹，兼太尉、尚書宣範，奉皇帝璽綬，受終之禮，一如唐虞漢魏故事。王其允答人神，君靈萬國，時膺靈祉，酬於上天之眷命。

請加贈劉穆之表　劉裕

臣聞崇賢旌善，王教所先；念功簡勞，義深追遠。故司勛執策，在勤必記。德之休明，没而彌著。故尚書左僕射、前將軍臣穆之，爰自布衣，協佐義始。内竭謀猷，外勤庶政。密勿軍國，心力俱盡。及登庸朝右，尹司京畿，敷贊百揆，翼新大猷。頃戎車遠役，居中作捍。撫寧之勛，實洽朝野。識量局致，棟幹之器也。方宜贊聖化，緝隆聖世，忠績未究，遠邇悼心。皇恩褒遠，班同三事。榮哀既備，寵靈已泰。臣伏思尋：自義熙草創，艱患未弭，外虞即殷，内難亦薦。時屯世故，靡有寧歲。臣以寡乏，負荷國重，實賴穆之匡翼之勛。豈惟讜言嘉謨，溢於人聽？若乃忠規密謨，潜慮帷幕，造膝詭辭，莫見其際。事隔於皇朝，功隱於視聽者，不可勝記。所以陳力一紀，遂克有成，出征入輔，幸不辱命。微夫人之左右，未有寧濟其事者矣。履謙居寡，守之彌固。每議及封爵，輒深自抑絶。所以勛高當年，而茅土弗及。撫事永念，胡寧可昧？謂宜加贈正司，追甄土宇，俾忠貞之烈，不泯於身後；大賚所及，永旌於善人。臣契闊屯彝，旋觀終始。金蘭之分，義深情感。是以獻其乃懷，布之朝聽。

鎮京口時與臧燾書　劉裕

頃學尚廢弛，後進頽業，衡門之内，清風輟響。良由戎車屢警，禮樂中息，浮夫近志，與情事染。豈可不敷崇墳籍，激勵風尚？此境人士，子姓如林，明發搜訪，想聞令軌。然荆玉含寶，要俟開瑩；幽蘭懷馨，事資扇發；獨習寡悟，義著周典。今經師不遠，而道業無聞，非惟志學者鮮，或是勸誘未至耶？

宋（南朝）

幸丹徒謁京陵寬恤詔　文帝

丹徒桑梓綢繆，大業攸始。踐境永懷，觸感罔極。昔漢章南巡，加恩元氏。况情儀二三，有兼曩日。恩播遺澤，酬慰士民。其蠲此縣今年租布。五歲刑以下，悉原遣。登城三戰，及大將家，隨宜隱恤。

幸丹徒謁京陵大赦詔（京陵，《嘉慶志》作“金陵”。下同。）　文帝

朕違北京，二十餘載。雖云密邇，瞻途莫從。今因四表無塵，時和歲稔，復獲拜奉舊塋，展罔極之思；饗宴故老，申追遠之懷。固以義兼於桑梓，情加於過沛，永言慷慨，感慰實深。宜聿宣仁惠，覃被率土。其大赦天下。復丹徒縣僑舊，今歲租布之半。行所經縣，蠲田租之半。二千石官長，并勤勞王務，宜有沾錫。登城三戰，及大將戰亡墜没之家，老病單弱者，普加贍恤。

幸丹徒謁京陵詔　文帝

京口肇祥自古，著符近代。襟帶江山，表裏華甸。經塗四達，利盡淮海。城邑高明，士風醇一。苞總形勝，實維名都。故能光宅靈心，克昌帝業。頃年岳牧遷回，軍民徙散，廛里廬宇，不逮往日。皇基舊鄉，地兼蕃重，宜令殷阜，式崇形望。可募諸州樂移者數

千家，給以田宅，并蠲復。

幸丹徒謁京陵詔　文帝

吾生於此城。及盧循肆亂，害流兹境。先帝以桑梓根本，實同休戚，復以蒙稚，猥同艱難。情義繾綣，夷險兼備。舊物遺踪，猶存心目。歲月不居，逝逾三紀。時人故老，與運零落。眷惟既往，倍深感嘆。可搜訪於時，士庶文武今尚存者，具以名聞。人身已亡，而子孫見在，優賜賚之。

贈劉康祖官謚詔　文帝

康祖班師尉武，戎律靡忒。對衆以寡，殲殄大半。猛氣雲騰，志伸力屈。没世殉節，良可嘉悼。宜加甄寵，以旌忠烈。可贈益州刺史，謚曰壯。

贈劉秀之官謚詔　孝武帝

秀之識局明遠，才應通暢。誠著蕃朝，績宣累岳。往歲逆臣交構，首義萬里，及職司端尹，贊戎兩宫，嘉謀徽譽，實彰朝野。漢南法繁民嗛，屬佇良牧。故暫輟心膂，外宏風規，出未逾期，德庇西服。詳考古烈，旅觀終始，淳心忠概，無以尚兹。方式亮皇猷，入衛根本，奄至薨逝，震慟於朕心。生榮之典，未窮寵數；死哀之禮，宜盡崇飾。兼履謙守約，封社弗廣，興言悼往，益增痛恨。可贈侍中、司空，持節、都督、刺史、校尉如故，并增封邑爲千古。謚曰忠成。

幸舊宫頌　孝武帝

維皇敬眷，永慕徐京。列裝青野，動軌丹廷。榮和首律，景澤開年。林坰發色，川郊列泉。沿泝遥衍，登陟回旋。踐域負外，即宫臨山。思申陵寢，懽結枌都。渺懷沛濟，勤念宛吾。納壽遺老，設飲先居。堂序朝秀，廷集里閭。（據楊棨《山水志》補）

梁

答徐勉上修五禮詔　武帝

勉表如此，因革允厘，憲章孔備，功成業定，於是乎在，可以光被四表，施諸百代，俾萬世之下，知斯文在斯。主者其按以遵行，勿有失墜。

沈約《齊丹徒故宫頌》（見“輿地志”）

爲柳兖州世隆上舊宫表　沈約

舊宫蘊靈千古，合祥白代，萬祇相祉，八神警室，事超齊甸，義邁譙宫，故能屬輦道於天階，命帝闕於霄路，實宜樹闕疏壤，寫極上穹，克播徽塵，永光盛烈。（據《山水志》補）

陳

贈徐陵官謚詔　後主

慎終有典，抑乃舊章。令德可甄，諒宜追遠。侍中、安右將军、左光禄大夫、太子少傅、南徐州大中正、建昌縣開國侯陵，弱齡學尚，登朝秀穎，業高名輩，文曰詞宗。朕近歲承華，特相引狎，雖多卧疾，方期克壯，奄然隕逝，震悼於懷。可贈鎮右將軍、特進，其侍中、左光禄、鼓吹、侯如故，并出舉哀。喪事所須，量加資給。謚曰章。

唐

答李德裕丹扆六箴詔　敬宗

卿文雅大臣，方隅重寄。表率諸郡，肅清全吴。化洽行春，風澄坐嘯。眷言善政，想嘆在懷。卿之宗門，累著聲績。冠内廷者兩代，襲侯伯者六朝。果能激愛君之誠，喻詩人之旨，在遠而不忘忠告，諷上而常深慮微。博我以端躬，約予以循禮。三復規諫，累夕稱嗟。置之座隅，用比韋弦之益；銘諸心腑，何啻藥石之功。卿既以投誠，朕每懷開諫。苟有過舉，無忘密陳。山川既遐，眷屬何已。必當克己，以副乃誠。

秋夜送閻五還潤州序　駱賓王

閻五官言返維桑，修途指金陵之地。李六郎交深投漆，開筵浮玉斝之樽①。於時璧②彩澄虚，漏輕光於雲葉；珪陰散迥，摇碎影於風梧。雖桂醑蘭缸，輕③淹留於一夕，而青山黄鶴，將惆悵於九秋。請勒四言，俱申五際。（據《康熙志》補）

招隱寺上方送馬典設歸上都序　權德輿

扶風馬諫茂直，直方中和之性。發於恬曠，放言遣詞，示有餘力。知名舊矣，故相得甚歡。觀覽其卷，則警會心府。三復不倦，若霜鴻清唳，松雪孤映，或諸生所不能至者，而茂直至之。且多持操，尤病苟進。故調於南宫，仕於東朝。戰勝無悶，官閑更適。適相遇於南徐，俄愴離居。官局所係，言旋上國。予乃與一二疏放之客，詣精廬上方。主人又以啜茗藉芳，代夫飛觴舉白；玄言至論，代夫握手流涕。時物具舉，靈臺曠然，晴江有楓，千里在目。茂直深於詩者，衆君子以詩貺之。

授馬懷素秘書監制（蘇頲行）

黄門：乃眷文籍，填於外府，旁求儒雅，掌彼中縄。左散騎常侍、常山縣開國公，

---

① 按："開筵"句，宋刻本《駱賓王文集》卷八作"開筵浮白玉之樽"。

② 按："璧"，宋刻本《駱賓王文集》卷八作"壁"。

③ 按："輕"，宋刻本《駱賓王文集》卷八作"暫"。

仍每日入内侍讀。馬懷素，有舒向之風，擅東南之美，貫穿從學，博而多能，沉鬱成章，麗而有則。自朝趨鎖闥，日侍金華，事必討論，言惟潤色，故可以發揮秘奥，詳核异同。俾徵荀勖之才①，更允潘尼之拜可秘書監。如故②，主者施行。

南唐

潤州甘露寺新建舍利塔記　徐鉉

維皇宋二葉，改元五祀，潤州丹徒縣令王紀，改築縣墻，掘地得石函。驗其刻文："梁大同五年道人法序瘞真身舍利於此。"函中銅龕一，龕中銀合一，合中銀瓶二，舍利七粒存焉。而銅龕復有刻文，則"唐貞觀十二年再加營奉"。掌役者張遇獲之以獻。遇也感貞③，應之在己，念妙門④之可修，因投郡之慈雲寺，削髮爲沙門，易名閏真⑤，精心苦行，誓復前迹，廣募衆施，疇咨協心，數年之間，克果其願。即以端拱元年夏四月八日遷致於郡之甘露寺東隅，建浮屠焉。獻狀而來，求志其績。粤聖人在上，欽若靈心，政無不修，神靡不舉，玄貺交感，坤元效珍，用能使幽瘞之質，焕然景彰，騫崩之迹，蔚然雲爛⑥。然則澤及微隱，福被含生，其可知也。是郡也，揚州之都會，京口之重鎮，六代之風流人物，綜萃於斯；三吴之山川林泉，肇發於此。高深自改，氣象常存。是寺也，北固山之陰崖，贊皇公之遺迹。峥嶸飛閣，迴瞰滄江，邐迤岩房，周行數里。（闕）植之作⑦，遠邇雲臻。故真師因人之心，相地之勝，獲此空隙，建兹崇封。材用工役，必求善良，規模制度，必據經法。其高七十尺，其周二十步，八隅瑩玉，五盞凌霄。冠星珠於觚棱，海日⑧先照；圖雲氣於棼橑，宿霧常栖。中嚴睟容，肅然月滿；旁繢靈變，焕若霞舒。游居之徒，莫不稱嘆。愚嘗見釋氏子爲此役者多矣。如真師者，其涉道也淺⑨，其居處也卑，上無詩⑩史之托，下無猗陶之助，苦節以感物，積⑪微而著功，不溷民，不愆素，而能事以立，亦可尚也，故嘉而志之。⑫

---

① 按："俾徵"句，《文苑英華》卷三百九十九《中書制誥二十》"秘書監"條作"俾微疑荀勖之才"。

② 按："如故"，《文苑英華》卷三百九十九《中書制誥二十》"秘書監"條作"餘如故"。

③ 按："貞"，《四庫》本《騎省集》卷二十八作"真"。

④ 按："門"，《四庫》本《騎省集》卷二十八作"道"。

⑤ 按："閏真"，《四庫》本《騎省集》卷二十八作"閏"，并無"真"字。

⑥ 按："爛"，《四庫》本《騎省集》卷二十八作"構"。

⑦ 按："（闕）植之作"，《四庫》本《騎省集》卷二十八作"浮屠之作"。

⑧ 按："海日"，《四庫》本《騎省集》卷二十八作"旭日"。

⑨ 按："淺"，《四庫》本《騎省集》卷二十八作"深"。

⑩ 按："詩"，《四庫》本《騎省集》卷二十八作"許"。

⑪ 按："積"，《四庫》本《騎省集》卷二十八作"績"。

⑫ 按：文末，《四庫》本《騎省集》卷二十八尚有"端拱二年二月一日記"云云。

宋

真宗《賜漢隱士焦光明應公詔》（見“輿地志”）

賜蘇頌乞致仕不許詔　哲宗

敕蘇頌：吾聞有志之士，以身御道而遺名；有道之君，使人樂用而忘老。今卿不安於位，豈吾有愧於古哉！夫難進之士，年僅及而即退；則已試之才，吾莫得而盡用矣。激揚多士，方資崔毛之德；講誦舊聞，未卒褚馬之業。事非小補，卿其少安。

蘇州長洲縣尉富翱遷潤州丹徒縣令制（王安石行）

敕某：朕布爵賞之令，以待吏之有勞。爾能舉其官，以除盗賊，遷以爲令，使之牧民。又將試爾爲政之才，非特示朕報功之信。可。

檢校少保安德軍節度使龍神衛四廂都指揮使充鎮江府駐札御前諸軍都統制張子蓋守本職致仕制（周必大行）

敕：我太上皇帝之中興也，首命將臣峻整我六師，經營四方，勛在王室，像在雲臺，始終無疵。非明於知人，能如是乎？及倦於勤，復起世將以授朕。朕方倚之如長城，恃之如爪牙，乃以病聞，屢上印綬，雖欲不聽其去，不可得已。具官某忠足以衛上，廉足以服衆，勇足以戡敵。故分閫而師，律振薄伐而重圍解。志方馳於伊吾之北，而病則止之。嗟乎！翦鬚可以已爾之疾，吾弗靳也。弃事可以延爾之生，吾弗强也。汝往矣，雖在里居，毋忘我家之厚遇。可。

賜韓絳赴闕詔二首（蘇軾行）

敕韓絳：卿擢自祖宗，輔翼先帝。德望之重，天下聳聞。與其置之一方，勞以民事，不若歸安闕下，式瞻儀刑。請老閑居，固非所望；嘉猷入告，夫豈不能？遲卿言旋①，及此初夏。

敕韓絳：爲天下計，則賢者常勞；爲人臣謀，則老者當逸。今朝廷待卿之意，酌處其中。奉朝請於琳宫，所以系②民望；釋負荷於留鑰，所以慰雅懷。勉及清和，亟還朝著。

賜韓絳乞致仕不允詔二首（蘇軾行）

敕韓絳：向以宏才，卧護北道。凡斯民之利病，蓋一方之安危。朕方虚懷以待元老。

① 按：“旋”，《摛藻堂四庫全書薈要》本《東坡全集》卷一百九作“還”。
② 按：“系”，《摛藻堂四庫全書薈要》本《東坡全集》卷一百九作“繫”。

冀疾病之有間，得雍容而造朝。時聞嘉言，以輔不逮。告老之請，殊非朕心。

敕韓絳：元老在位，邦之榮華。徒以精神折衝，非以筋力爲禮。游神道館，擁節家庭。於卿圖告老之安，而國有貪賢之美。勉自輔養，期於少留。

鎮江與胡安定書　范仲淹

近改丹徒，并獲雅問。豈君之心不易改弃而然耶？某念入朝以來，思報人主。言事大急，貶放非一。然僕觀大過之象，患守常經。九四以陽處陰，越位救時，則王室有棟隆之吉；九三以陽處陽，固位安時，則天下有棟撓之凶。非如艮止之時，思不出其位者也。吾儒之職，去先王之經，則茫乎無從矣。又豈暇學人之巧，失其故步？但惟精惟一，死生以之。

與刁景純學士書　歐陽修

近自罷乾德，遂居南陽，始見謝舍人，知文丈内翰凶訃，聞問驚怛，不能已已。文丈位望并隆，然平生亦嘗坎坷，數年以來，方履亨塗，任要劇，其去大用尺寸間爾，豈富與貴不可力爲，而天之賦予多少有限耶？凡天之賦予人者，又量何事而爲之節也？前既不可詰，但痛惜感悼而已。某自束髮爲學，初未有一人知者。及首登門，便被憐獎，開端誘道，勤勤不已，至其粗若有成而後止。雖其後游於諸公而獲齒多士，雖有知者，皆莫之先也。然亦自念不欲交①世俗子，一遭人之顧己，不以至公相期，反趨走門下，脇肩諂笑，甚者獻讒諛而備使令，以卑暱自親，名曰報德，非惟自私，直欲②待所知以不厚。是故懼此，惟欲少勵名節，庶不泯然無聞，欲③以不負所知爾。某之愚誠，所守如此，然雖胥公，亦未必諒某此心也。自前歲得罪彝陵④，奔走萬里，身日益窮，迹日益疏，不及再聞語言之音，而遂爲幽明之隔。嗟夫！世俗之態既不欲爲，愚誠所守又未克果，惟有望門長號，臨柩一奠，亦又不及，此之爲恨，何可道也！徒能惜不永年與未大用，遂與道路之人同嘆爾。知歸葬廣陵，遂謀京居，議者多云不便，而聞理命若斯，必有以也。若須春水下汴，某歲盡春初，當過京師，尚可一拜見，以盡區區。身賤力微，於此之時當有可致，而無毫髮之助，慚愧。不宣。

金山寺詩序　梅聖俞

昔嘗聞謝紫微言金山之勝，峰巒攢水上，秀拔殊衆山，環以臺殿，高下隨勢，向使善工模畫，不能盡其美。初恨未游，赴官吴興，船次瓜洲，值海汐冬落，孤港未通，獨

---

① 按："交"，宋刻本《歐陽文忠公集·外集》卷十八作"效"。
② 按："欲"，宋刻本《歐陽文忠公集·外集》卷十八作"亦"。
③ 按："欲"，宋刻本《歐陽文忠公集·外集》卷十八作"用"。
④ 按："彝陵"，宋刻本《歐陽文忠公集·外集》卷十八作"夷陵"。

行江際，始見故所聞金山者，與謝公之説無异也。用①借小舟以往，乃陟迴閣，上上方，歷絶頂以及②山阿，危亭曲軒，窮極山水之趣。一草一木，雖未甹發，而或青或凋，皆森植可愛。東小峰謂之鶻山，山有海鶻雄雌栖其上。每歲生雛，羽翮既成，與之縱飛，迷而後返，有年矣。惡禽猛鷙不敢來兹以搏魚鳥，其亦不取近山之物以食③，可義也夫。薄暮返舟，寺僧乞詩，强爲之句以應其請。偶然而來，不得仿佛，敢與前賢名迹耶？

金山寺重建水陸堂記④　曾鞏

慶曆八年，潤之金山寺火。明年，寺之僧瑞新來治寺事。某月，擇山之陽，亢爽之地，勸州之人某氏爲水陸堂積錢之數百三十萬，積日之數若干而成。夫金山之以觀游之美取羨⑤於天下，非獨據江瞰海，并楚之衝，而濱⑥吴之要也。蓋其浮江之檻，負岸⑦之屋，椽摩棟揭，環山而四出，亦有以夸天下者。則天下之東馳而莫不顧慕者，豈特一山之好哉？而其作之完，蓋非一人一日之力。及火⑧，余固嗟夫未嘗得與時之君子者游，而縱夫余心之所樂焉。至於今未及也，則聞夫山之窮⑨堂奥殿、環杰之觀滋起矣。此非佛之法足以動天下，蓋新者，余嘗與之從容，彼其材且辯有以動人者，故成此不難也。夫廢於一時，而後人不能更新⑩者，天下之事多如此。至於更千百年，委弃鬱塞而不振行於天下者，吾之道是也。豈獨牽於勢哉？蓋學者之難得，而天下之材不足也。使如此寺之壞而有新之材，一日之作，軼於百年累世之迹，則事廢者豈足憂，而世之治可勝道哉？新方以書告某氏之世善，而其子某又業爲士，因以求余記堂之始，故爲之歷道其興壞之端，而并余之所感者寓焉。

與金山佛印書　蘇軾

軾啓：人至辱書。承體佳勝，離維揚，日忙迫，不復知公在郡也。但略見焦山耳。行承示諭，知世外人尚劫劫如此，吾輩何足道耶！妙高詩聊應命耳。僕不知大顛何如人，若果出世間，豈一退之能輕重哉！今日過邵伯埭，自此入塵土猍猾之鄉矣。回望山水間，麈塵妙談，豈可復得？惟千萬爲重。不具。

---

① 按："用"，明刻本《宛陵先生文集》卷八作"因"。
② 按："及"，明刻本《宛陵先生文集》卷八作"問"。
③ 按："以食"，明刻本《宛陵先生文集》卷八作"以爲食"。
④ 按：《四庫》本《元豐類稿》卷十七題作《金山寺水陸堂記》。
⑤ 按："羨"，《四庫》本《元豐類稿》卷十七作"勝"。
⑥ 按："濱"，《四庫》本《元豐類稿》卷十七作"瀕"。
⑦ 按："岸"，《四庫》本《元豐類稿》卷十七作"崖"。
⑧ 按："及火"，《四庫》本《元豐類稿》卷十七作"及此矣"。
⑨ 按："窮"，《四庫》本《元豐類稿》卷十七作"穹"。
⑩ 按："新"，《四庫》本《元豐類稿》卷十七作"興"。

與寶覺禪師書　蘇軾

去歲赴官，迫於程限，不能住舟。一别中流，縱望雲山，杳然有不可及之嘆。既渡江，遂蒙輕舟見餞，復得笑語一餉之樂。慚荷之懷，殆不可勝言。别來因循，未及奉書。專人至，辱教累幅，慰喻反覆，讀之爽然，如對妙論，仍審比來法體佳勝。某比粗遣，但未有會見之期，臨紙惘然，惟萬萬自重。《至游堂記》，即當下筆，遞中寄去。近有《後杞菊賦》一首，寫寄，以當一笑。人還，草草。

金山楞伽阿跋多羅寶經集注題詞[①]　蘇軾

《楞伽阿跋多羅寶經》，先佛所説，微妙第一，真實了義，故謂之佛語心品。祖師達摩以付二祖，曰："吾觀震旦所有經教，惟《楞伽》四卷可以印心。祖祖相授[②]，以爲心法。如醫之《難經》[③]，句句皆理，字字皆法。後世達者，神而明之。如槃走珠，如珠走槃，無不可者。若出新意而弃舊學以爲無用，非愚無智，則狂而已。"近歲學者，各宗其師，務從簡便。得一句一偈，自謂了證。至使婦人孺子，抵掌嬉笑，争談禪説[④]。高者爲名，下者爲利。餘波末流，無所不至，而佛法微矣。譬如俚俗醫師，不由經論，直授方藥以之療病，非不或中。至於遇病，輒應懸斷生死[⑤]。則與知經學古者不可同日語矣。世人徒見其有一至之功，或捷於古人，謂[⑥]《難經》不學而可，豈不误哉！《楞伽》義趣幽渺[⑦]，文字簡古，誦[⑧]者或不能句，而況遺文以得義忘義以了心者乎？此其所以寂寥於世，幾廢而僅存也。太子太保樂全先生張公安道，以廣大心，得清净覺。慶曆中，嘗爲滁州。至一僧舍，偶見此經。入手恍然，如獲舊物。開卷未終，夙障冰解。細視筆畫，手迹宛然。悲喜太息，從是悟入。常以經首四偈，發明心要。軾游於公之門三十年矣。今年三月[⑨]，過南都，見公於私第。公時年七十九，幻滅都盡，惠光渾圓，而軾亦老於憂患，百年灰冷。公以爲可教者，乃授此經，且以錢三十萬，使印施於江淮間。而金山長老佛印大師了元曰："印施有盡，若書而刻之，則無盡。"軾乃爲書之。而了元使其侍者曉機，走錢塘，求善工，刻之板，遂以爲金山常住。[⑩]

---

① 按：宋刻本《東坡集》卷四十題作《書楞伽經後一首》。
② 按："授"，宋刻本《東坡集》卷四十作"受"。
③ 按："如醫"句，宋刻本《東坡集》卷四十作"如醫之有《難經》"。
④ 按："説"宋刻本《東坡集》卷四十作"悦"。
⑤ 按："生死"宋刻本《東坡集》卷四十作"死生"。
⑥ 按："謂"宋刻本《東坡集》卷四十作"因謂"。
⑦ 按："渺"宋刻本《東坡集》卷四十作"眇"。
⑧ 按："誦"宋刻本《東坡集》卷四十作"讀"。
⑨ 按："三月"宋刻本《東坡集》卷四十作"二月"。
⑩ 按：文末，宋刻本《東坡集》卷四十尚有"元豐八年九月日，朝奉郎新差知登州軍州兼管内勸農事騎都尉借緋蘇軾書"云云。

蘇軾《自題金山畫像贊》（見“輿地志”）

金山長老寶覺師真贊　蘇軾

望之儼然，即之也温。是惟寶覺，大士之像。因是識師，是則非師；因師識道，道亦如是。

磨衲贊（并序）　蘇軾

長老佛印大師了元游京師，天子聞其名，以高麗所貢磨衲賜之。客有見而嘆曰：“嗚呼善哉！未曾有也。嘗試與子攝其齊衽，循其鉤絡，舉而振之，則東盡嵎夷，西及昧谷，南放交趾，北屬幽都，紛然在吾針孔綫蹊之中矣。”① 於是蜀人蘇軾憫②而贊之曰：

匣而藏之，見衲而不見師；衣而不匣，見師而不見衲。惟師與衲，是一是兩③。眇而視之，蟣虱龍象。

蘇軾《甘露寺陸探微畫獅子贊》（見“輿地志”）

剛説　蘇軾

若孫君介夫諱立節者，直可謂剛者也。始吾弟子繇④爲條例司屬官，以議不合引去。王荆公謂君曰：“吾條例司當得開敏如子者。”君笑曰：“公過矣。當求勝我者。若我輩人，則亦不肯爲條例司矣。”公不答，徑起入户。君亦趨出。君爲鎮江軍書記，吾時通守錢塘，往來常、潤間，見君京口。方新法之初，監司皆新進少年，馭吏如束濕，不復以禮遇士大夫，而獨敬憚君，曰：“是抗丞相不肯爲條例司者。”

潤州金山二使君祠堂記　沈括

江南爲國時，昇、揚、潤宫室邑閣環江相望。金山能盡有三州山川之盛觀。衣冠往還，非東府、西川之貴人大族，則諸侯之重客也。其舊勢餘澤，至本朝爲之借資出力者，尚未衰也。慶曆中，錢使君因其徒以罪相訟訴於有司，擊去其主者，而表以爲禪院，使吴⑤瑞新居之。其徒度其勢不得⑥復得所欲，一夕火其屋⑦。比東方明，一山盡赭。新既至，因其殘破，一切刮去故迹，隤高培下，穹山大谷，一日皆變化廪殘。人始莫不怪之，

---

① 按：此下删略“佛印听然而笑曰”一段，見宋刻本《東坡集》卷四十。
② 按：“憫”，宋刻本《東坡集》卷四十作“聞”。
③ 按：“是一”句，宋刻本《東坡集》卷四十作“非一非兩”。
④ 按：“繇”，民國印本《蘇東坡集後集》卷九作“由”。
⑤ 按：《四庫》本《長興集》卷十“吴”字下有“僧”字。
⑥ 按：“得”，《四庫》本《長興集》卷十作“能”。
⑦ 按：“屋”，《四庫》本《長興集》卷十作“居”。

已而爲廣堂複殿，翼然臨無窮之大江，葅巨石梁魚鼈之宅，朝江而暮廬，殆於必完矣。會新死，復中廢爲講舍。久之，鞠使君復召禪者達觀、圓通代居之。或卒或去。寶覺師相因十餘年，斤斧之聲相聞。而昔之言金山之盛者，今復過之矣。予少時，自金陵來潤州，初望見金山，纔若鳧雁，渺渺浮沉江波中。順流張帆，不半日至其下。予猶記其室廬，略皆鹵莽，非若今之嚴煥也。未三十年而廢興且三四，然每廢，輒復加壯。雖任之在其主者，而能使之興，且在二使君也。熙寧四年，寶覺師爲二使君之祠於山中，而求予文以記。其説曰：二人之才能，皆爲潤人之所思，不獨寺之所賴，如此云。錢使君，名彦遠，官終祠部員外郎。鞠使君，名真卿，今爲太常丞、集賢校理、知普州。寶覺，南漳道人務周也。

夢溪自志　沈括

翁年三十許時，嘗夢至一處，登小山，花木如覆錦。山之下有水，澄澈極目，而喬木翳其上。夢中樂之，將謀居焉。自爾歲，一再夢，或三四夢，至其處，習之如生平之游。後十餘年，翁謫居宣城。有道人無外，謂京口山川之勝，邑之人有圃求售者。及翁以錢三十緡得之，然未知圃何在。又後六年，翁坐邊議謫廢，乃廬於潯陽之熨斗洞，爲廬山之游以終身焉。元祐元年，道京口，登道人所置之圃，恍然乃夢中所游之地。翁嘆曰："吾緣在是矣。"於是，弃潯陽之居，築室於京口之陲。巨木蓊然，水出峽中，渟瀠杳冥，繚繞地之一偏者，目之曰夢溪。溪之上，聳然爲丘，千本之花緣焉者，百花堆也。覆堆而廬其間者，翁之栖也。其西，蔭於花木之間，翁之所憩殼軒也。軒之瞰有閣，俯於阡陌，巨木百尋閧其上者，花堆之閣也。據堆之顛集茅以舍者，岸老之堂也。背堂而俯於夢溪之顔者，蒼峽之亭也。而花堆有竹萬個，環以激波者，竹塢也。度竹而南，介途濱河，鋭而垣者，杏觜也。竹間之可燕者，蕭蕭堂也。蔭竹之南，軒於水澨者，深齋也。封高而締，可以眺者，遠亭也。居在城邑，而荒蕪古木與鹿豖雜處，客有至者，皆頓遏而去，而翁獨樂焉。魚於泉，舫於淵，俯仰於茂木美蔭之間，所慕於古人者，陶潛、白居易、李約，謂之三悦。與之酬酢，於心目之所寓者，琴、棋、禪、墨、丹、茶、吟、談、酒，謂之九客。四年，而翁病。涉歲而益羸，濱柩木矣。豈翁將蜕於此乎！（據《康熙志》補入。原注：存中居夢溪八年而卒，歸葬錢塘。）

龍游寺宴堂記　沈遼

金山在揚子江中流，南直蒜山渡，視丹陽城下，人物皆可識。其望揚州，山川隱隱如屏障。而白沙在其西，飄帆舳艫夕至。順趨大海，波濤洶涌，雲霧晦冥，雖在數百里外，止於一瞬也。四方之游士始望其山，峻特不群。其上翠微，森森如冠帽，珍禽翺翔，雅音不絶；其下魚龍出没，千變萬化，莫知其際。及登其間，重樓複壁，横出縟迴，顧瞻眺聽，氣象雄壯，渺然不知其身之在世網也。近世衣冠人物多出於東南，而往來金山者，冠蓋相望於道。丹陽太守有重客，乃出游其上，爲雅集，而皆設饌佛右。雖過客欣欣，莫不爲止，而前爲主或病之。今長老寶覺師住持二年，始作堂於其東，以延太守者。囑客以其意請名於余。余爲題之曰“宴堂”。語其客曰：“若宴者，豈特爲太守宴哉？上人所以宴坐也。日出而人境喧嘩，釃酒擊鮮，慢舞夭歌，而賓客歡然，太守宴爾。江無微飆，山氣清泠①，寂不聞世俗之聲，而虚白生者，上人宴也。”余以爲在人情者不足而今有餘。而寶覺師是能爲轉物者耶？無以吾言爲是而所以是者在此。客以爲知言，請以示其師，因以叙其粗云②。

米芾《净名齋記》（見“輿地志”）

汪藻《月觀記》（見“輿地志”）

金山大殿上梁文　孫覿

萬川東注，一島中分。長江介吴楚之衝，故刹踵梁陳之舊。肇新蘭若，寅奉金仙，都統、太尉得正法眼藏，而現宰官了一大因缘。而作佛事，玆勝地獨有顔墓。鐘鼓不鳴，龍象皆泣。毗耶城大居士已屬當仁③，妙高臺老比丘而爲説法。指囷④分粟，除地布金。嗣開祇树給孤之園，首延⑤釋迦文佛之殿。六鰲負出三神山仙聖之宫，一鷲飛來四大海神龍⑥之會。迥起諸天之上，中嚴兩足之尊。仰止仁祠，俯伸報禮⑦。太安國步如北海若之難窮，永錫帝齡等西方佛之無量。爰屬修梁之舉，共賡擊壤之音：抛梁東，赤岸銀河一水通。萬叠彤雲竞天起，六龍推出半輪紅。抛梁南，一勺中泠乳水甘。殿閣風來鈴自語，曼陀花雨落毿毿。抛梁西，草舍蕪城望眼迷。日脚未收霓飲海，濤頭初上雪平堤。抛梁北，比户星光珠灼爍⑧。夜鶴休驚蕙帳空，古佛同龕有彌勒。抛梁上，堂堂丈六⑨真金相。光明五色爛摩尼，八部龍天盡回向。抛梁下，二十三生本同社。庭前古柏自長春，袖裹靈珠光不夜。伏願上梁之後，四恩擁佑，十力護持，萬德從衷⑩香之鉢而來，群魔分一炬之燈而去。三登歲美，百順人康。六合混同，城池有金湯之固；千齡際會，山河書帶礪之盟。凡在見聞，共玆快樂。

---

① 按：“泠”，《四庫》本《雲巢編》卷八作“冷”。
② 按：此句下，《四庫》本《雲巢編》卷八有“熙寧五年二月八日記”云云。
③ 按：“仁”，《四庫》本《鴻慶居士集》卷二十八作“城”。
④ 按：“囷”，《四庫》本《鴻慶居士集》卷二十八作“困”。
⑤ 按：“延”，《四庫》本《鴻慶居士集》卷二十八作“建”。
⑥ 按：“神龍”，《四庫》本《鴻慶居士集》卷二十八作“龍神”。
⑦ 按：“禮”，《四庫》本《鴻慶居士集》卷二十八作“地”。
⑧ 按：“灼爍”，《四庫》本《鴻慶居士集》卷二十八作“的礫”。
⑨ 按：“丈六”，《四庫》本《鴻慶居士集》卷二十八作“文文”。
⑩ 按：“衷”，《四庫》本《鴻慶居士集》卷二十八作“衆”。

送焦千之序　劉攽

攽嘗論鄉舉里選之法，難全行於今。自三代之盛，諸侯列國與郡縣不同。及事久遠不傳，且置不言。夫東、西漢之時，賢士、長者未嘗不仕郡縣也。自曹掾、書史、馭史、亭長、門幹、街卒、游徼、嗇夫，盡儒生學士爲之①。才試於事②，情見於物，則賢不肖較然。故遭事不惑，則知其節；③ 臨財不私，則知其廉；應對不疑，則知其辯。如此，故察舉易，而賢公卿大夫自此出矣。今時，士與吏徒异物。吏徒治文書，給厮役，戇愚無智，貪詬無節，乘間窺隙，詭法求貨，笞傌僇辱，安以爲己物，故無可以興善者。而儒生學士之居於鄉里，不過閉門養高；其外，則游學四方，以崇名譽，然後可以出群過人矣。而欲法前世，一使郡縣議其行實而察舉之，固難矣。前年，天子祫祭宗廟，施慶天下，閔太平之時，賢士有遺逸而不仕者，因詔州郡推擇上名於朝間。一歲，處士之應詔而至④十三人，果多游學成名者。天子皆以禮接之，館於太學，而使有司策問以經術之要，當世之宜，而爵命之，皆得顯名美仕焉，凡十二人⑤。吾所素識者，焦君伯疆⑥，介直好學，數應進士舉，至禮部輒罷去，時人皆嘆惜之。謂之遺逸，不亦宜乎！夫州郡推擇之公也，有司考試之明也，方將爲國得賢，必且精心審⑦慮，拔士於千萬，豈其崇虚徇名，苟得舉逸民之稱而已？則夫十二人者，吾雖未盡識之，殆皆焦君之倫無疑。於是焉，使之從政治⑧，譬猶發敖倉以周貧乏，决江河以灌下濕，沛然其有餘矣。然若⑨聞焦君之名在第三，而他郡有辭禮命而不至者。夫焦君之才既盡美矣，况復有過其一二者乎？彼辭此命而不至者，又其故何哉？彼以迎之致敬之禮未盡其數歟？抑彼皆伊尹、太公儔，至三聘而後幡然改志⑩，爲太師然後載而與之歸乎？天下之大，未可誣也。吾甚樂之，於焦君樂道焉。⑪

米友仁《海岳庵米元章畫像贊》（見“輿地志”）

潤州類集序　曾旼

潤州，《春秋》所書“朱方”也。嬴氏鑿之，因曰“丹徒”。孫氏城之，因曰“京

---

① 按：“盡儒生”句，《四庫》本《彭城集》卷三十四作“盡儒生士爲之”。
② 按：“才試”句，《四庫》本《彭城集》卷三十四作“才試詩于事”。
③ 按“故遭事”二句，《四庫》本《彭城集》卷三十四作“故遭事不惑，則知其智。犯難不避，則知其節”。
④ 按：《四庫》本《彭城集》卷三十四“至”下有“者”字。
⑤ 按：“十二人”，《四庫》本《彭城集》卷三十四作“十三人”。
⑥ 按：“疆”，《四庫》本《彭城集》卷三十四作“强”。
⑦ 按：“審”，《四庫》本《彭城集》卷三十四作“慎”。
⑧ 按：“使之”句，《四庫》本《彭城集》卷三十四作“使之從政治民”。
⑨ 按：“若”，《四庫》本《彭城集》卷三十四作“吾”。
⑩ 按：“志”，《四庫》本《彭城集》卷三十四作“立”。
⑪ 按：“吾甚”二句，《四庫》本《彭城集》卷三十四作“吾甚慕之，故于焦君之行樂道之焉”。

口”。晉人渡江，僑立州郡。至宋、齊、陳，曰“東海”。獨梁，曰“蘭陵”。而皆以徐州治之。隋一天下，始爲“潤州”。唐謂“建康”，諸縣屬之，故更以丹陽郡名之；又以浙江諸州屬之，故加以鎮海軍額。蓋朱方之重，非一日也。江山清絶，襟吴帶楚。芙蓉名樓，甘露表寺。幽賞麗觀，不出城市。水嬉則焦廬、裴岩相望於西江之中，陸走則鶴嶺、鹿泉映帶於南郛之外。秦潭、慶井，則暴君戾臣之可鑒戒；謝堂、許澗，則賢人端士之可想象。其遠若碑書十字，泉沸四井，則餘光遺烈，風高千古；青童馬迹，紫陽鶴馭，則洞天福地，事隔人境。下至練塘諸湖、荆溪簡瀆之類，涵清蓄潤，浸灌田野。或能吏之所建立，或隱士之所栖息，詩什爲之感懷，文人爲之銘載。鈎綿棋布，境内不可勝數，則東南他州，豈能過之！國朝選守，未嘗輕授。歲在壬戌，朝議許公來領州事。公至之初，歲荒民飢，則躬爲之發廪；歲凶民疫，則躬爲之發藥。大抵以仁莅政，於是人悦氣和，雨暘應之。比其次年，麰登於夏，稻登於秋，蠶者衍絲，績者衍麻，訟簡政成。乃於暇日，佳與賓僚，共江山之勝，登高賦咏以侑酒，而又多識前人詩章，吟諷之以爲樂。因謂旼曰：“前世之徜徉於斯者，不知幾人也。其歡悲感發，志見於言，而磨滅之餘者猶在也。可爲編次，當刻諸牘。”旼乃采於諸家之集，始自東漢，終於南唐，凡得歌賦詩贊五百餘篇，厘爲十卷，名之曰《潤州類集》。竊謂先王之巡狩也，命太史陳詩以觀民風。季子之歷聘也，觀其詩而知其國，考其宴享之禮，登歌造賦，而又可知其人之得失。詩之不可廢如此，則公今集之之意也。然前編往載，固亦多矣。所集止此，不能無遺，當俟多聞，補之异日。《類集》既成，公又命旼序其概云。

申提刑司乞浚甘露港狀　黄震

國事以軍餉爲急，軍餉以漕運爲急。古人欲貫串河渠，至有鑿平地三百餘里者。我藝祖最愛惜民力，猶首置斗門於五丈河。良以大計所關，雖勞費有不憚爾。今京口轉般倉，實依大江而立，一水環其前後。前引上河頭以南，致浙右之米；後出甘露港以北，餉兩淮之軍。通徹無礙，措置曲盡。養兵百萬，不費一夫擔夯力也。近年來，甘露港日就乾澀。一月間，惟兩大汛潮僅及之。舟楫不通，糧運中痞。問其弊源，皆曰：“自往歲，郡將拆去甘露閘板。”始夫智者謀餉，變陸爲水，今反堙之。寸步千里，何哉？或者弗之思耳。某嘗竊謂此港之不可不浚，其事有十。轉般倉，今所交者，多江西米。每米一担，自港外步般至倉，傭錢五百。是一綱所費，日增數千貫。綱梢如之何不愈侵盗？是此港之不可不浚者一也。無港泊舟，往往退藏焦山之阿。候潮旋艤，艱難萬狀。港若開通，則舳艫相銜，徑入城市，其至如歸。是此港之不可不浚者二也。候潮艤舟，既待風色。隔沙步卸，能復幾何？若徑近倉，朝交卸而夕絶矣。是此港之不可不浚者三也。退泊不塈，舟閣硬沙。或近斗岸，爲風濤所撞。若纜，爲他舟所絶，往往損破失米，皆由無所梢泊之故。是此港之不可不浚者四也。米舟急於梢泊，每大汛，輒數舟占港，共作一壩截水，旋雇小舟剥淺。作壩之費三千貫，剥淺之費不預焉。舟之急欲得港若此。是此港之不可不浚者五也。兩淮諸司，支請军食。其步卸出江而去，重費久淹。與綱户之來入倉者同是。此港之不可不浚者六也。米舡近倉，檢柅亦易。今在僻遠，恣雜濕惡。是此港之不可不浚者七也。南北之舟，皆泊倉岸。或遇對剥，徑可就舟。是此港之不可不浚者八也。脱有緩急，軍糧豈宜少滯？國朝閑暇，此事正當講明。是此港之不可不浚者九也。不獨轉般倉爲然。大軍北倉，正與轉般倉夾河而立；南倉亦由此河而北。此河通，則凡裝運皆便。是此港之不可不浚者十也。至若京口爲淮浙之要衝，舟楫苟便，百貨可以駢集。甘露實京口之主山。港脉苟通，臺郡皆有關係。兼此邦地仰，易盈易涸。苟有閘，以時其啓閉，農田之利益尤多。此又軍餉外無窮之便也。某人微位下，凡事何敢僭越？實以目擊本倉交卸、支運，兩極其難。到任數日，即親歷其地。見大江之入京口者，其道有四。最西自京口閘，總領所見，於此支運，河流亦淺，頗費撇夯。其二曰海鮮河，甚淺，見係江西綱作壩，截大汛潮以剥米。其三曰鱔魚港，尤淺，亦江西綱乘大汛潮隱舟此地，隔塘撇米。以上詢之故老，皆吴尚書任内所嘗開浚，日久漸湮。其四則今來所指之甘露港，實居四港之最。東則北固山甘露寺下。北固山純土如粉，獨其北峭石壁立，奇枝竦人，蓋游觀者所不見，豈北固之所以得名歟？石之下爲田，田之外爲港。自利涉門外，繞土城而西，入倉約二里，可容米舟二十萬石。最外爲舊石閘之基，風濤所不及。今居民橋其上。稍深折而西，爲舊木閘之基。今綱户乘大汛，用椿蘆截水。其地又漸入，則港漸狹。蓋居民時采其傍。然古岸猶存，其闊也。自嘉定間，史待制名彌堅，嘗浚治，今五十年。初本不至堙塞。自廢閘十年，渾水漸入，舟始澀而不通。某嘗意：他港必未暇浚，莫若先浚甘露港。石閘亦未易復，莫若且改置外閘爲木閘。如此則易害爲利，當盡如前項所陳。不然湮且日甚，害亦不止，如目前所見而已也。區區欲望，台慈詳酌！其可特賜申明朝省，乞從行下所屬，作急開浚修復，國事幸甚！

重修轉般倉記　黄震

景定元年春，聖天子奮張天威，再安區夏。四閲祀而當癸亥歲。於是，邊烽之熄侵久矣，方且兢兢軍國事。凡切於邊者，日益搜講。謂京口轉般倉，尤兩淮軍饟襟喉。賜緡錢五十萬，米以石計者千有三百，用鳩工新其舊。歲十一月，建鼛鼓。明年春，告成。董役官劉安輩石請記工役。余曰："是奚足哉？盍記其大者乎？"或曰："倉舊八十廒，今修六十有二，已仆不存者十有八，行且并新之，盍記諸？"余曰："是亦奚足哉！盍記其大者乎？紹興七年，我高宗用向子諲之請，始以昔之置於泗、真者，置京口。當是時，諸侯方會師江上，勃勃乎争驅而進，指日恢中原。轉般之事，如之何可一日緩？未幾，柄國者摧一世之豪杰而奪之兵。托名四大屯廩之不容出，尚安以轉般爲哉？倉於是易名曰大軍。君子觀薛雄飛書倉之廳壁，謂今大軍倉尚榜稱轉般，使人於邑不自勝。淳熙初，我孝宗復度地舊倉之西，爲今倉。方是時，上親閲精鋭，日夜感勵。雖一飯，未嘗忘中原。如之何不於轉般留意！嘉定更化，增飭唯謹。雲屯百萬，今猶賴之。奈何法久而弊，至有張大糴事者，嘗倚轉般爲子母相私之地。雖營葺之費，一毫不以請於朝，識者終不以爲忠於職。然則轉般之關繫，不其大矣乎！蓋倉之興也，未嘗不出於朝廷；而其弊也，未嘗不由於有司。出於朝廷也，未嘗不爲經久博大之規；而其屬於有司也，未有不流於侵尋便私之失。倉之更革乎，軍实所繫；軍之張弛乎，國勢所關。惟我宗功祖德，格於皇天。聖子神孫，繩繩克肖。由紹興而有淳熙，由淳熙而有今日，復核其事而一新其修。其費胥朝廷出，無异疇曩建立之初意。汰有司之蠹冗，昌三軍之司命，此其規模功用，當何如而獨記工役哉！”言未既，衆慷慨動容。於是知大義之在人心，其不可磨滅如此！乃拜手稽首，歌以揚之，曰：“轉般之新兮紹興，常饟軍兮三京。誰歟易之兮猶名大軍？轉般之再兮淳熙，將何爲兮規恢。誰與專之兮轉而自私？轉般之修兮吾皇，士飽馬騰兮行輝故疆，增光二宗兮世世其毋忘！”

高宗賜忠簡公親札碑陰記　黄震

臣震。洪維高宗皇帝受命中興，一時風雲際遇之臣相與馳驅艱難之會。凡其羽書往來，纖悉洞達，無不親灑奎畫，推置赤心，與之斟酌可否，如家人父子面謀熟議於几席間。故能動中事機，而其臣亦感激思奮。中興之本，特繫於此。非尋常從容燕閑留心翰墨比也。故其事定功成，或勛臣角巾私第，或後嗣追榮先烈，莫不珍其所賜，勒之堅珉，崇之杰閣，以誇示無窮。嗚呼盛矣！然此猶南渡後事爾。方翠華之未南渡，中原尚皆我有，則有若故贈觀文殿學士忠簡宗公，實爲佐命元勛。當高宗以康王出使，獨請無勤北行。虜圍既解，獨公請即位南京。位號既定，又獨公結忠義兵百八十萬，旁及四夷諸國，約克日滅金。前後二十五表疏，力請車駕還京師。使當是時，無從中沮撓之者，則金甌無間之天下，正自無所謂南渡，又安有南渡後事可誇其爲盛如今日者哉？然則以公視諸臣際遇之先後，其謨謀關係之大爲何如？而雲漢昭回之章，最初燦於公之家者，反猶散逸而未之顯。豈混一偏安之數不同，故臣子家所遇盛衰之相反，亦勢然與？景定五年冬，臣震官京口，識公之五世孫忠翊郎、前知光山縣臣有大。一日，捧複焚香，蜕封出龍章玉軸者二書，相與肅拜敬觀，則我高宗戒公速生還虜使，及宣諭差舟事。且曰：“先忠簡蒙被之真迹存者僅此爾。先父提舉朝奉公遺命，俾有大模而刻之，力不逭者，今又二十年。而有大亦老矣。所當遵先戒，惟謹幸子可以發其意。”臣震謹按，公以不共戴天之仇，械繫其使，乞斬之。此爲事君盡忠。高宗以二聖未還，投鼠有忌，戒勿殺，此爲事父盡孝。向若公親在君側，斬使釁鼓以出兵，公固勝任之有餘。奈何鑾輿未歸，大計未决，公即奉詔釋其使八人，使采葛之讒無由興。此爲處君臣之際，盡義一舉而關繫之大者有三。越今百三十有九年，五世孫如得壽之石，是又忠之義孝之事，且義之久而不忘者也。即此而觀，推此而往，又安知非天運循環，無往不復而混一之占，此其碩果不食者耶？於是不勝悲喜之交集，而記其碑之陰。

重建金山佛殿記　洪邁

江自岷山而下，歷巴、夔、湘、楚，包吞前沫，横漾浯流。沱、潜、澧、沔、盱、淦，巨川數千百，演迤横放，薄於朱方。極沛以大，然後東入於海。舉天下之水，莫甚此焉。金焦二山，崒然天立。鎮乎東流，皆有大蘭若岧嶢其上。古記謂紫金浮玉者是矣。浮玉處其左，如幽人逸士，岩栖谷隱，恐入林之不密，故航葦罕至。而僧居觸事隨亦泯歇。惟紫金超遥擅勝，不復與同。蕩然開闢，八面應敵。所謂江心一峰，水面千里，潭月雙映，雲天四垂。真能“雄跨東南二百州”，如宸章所表揭者。千帆下來，萬客鱗萃。魚龍之所憑怙，人天之所賓抱。古今推勝，無得擬議。寺舊名“澤心”。天禧中，真宗皇帝感宵夢所抵，更爲龍游。飛白扁額，以賁方來。室廬峥嶸，概與境稱。遭罹魔劫，鞠爲爐墟。中興以還，視力開葺。軍師劉寶奮營大殿幾成，而厄於火。明年，郡守韓及祖又嗣爲之。築於道謀，旋即蠹敗。淳熙四年，樞密沈公復出治。慨然嘆曰：“吾行四方多矣，未有如此刹者，住山非本色人，其可哉?”乃卑禮厚帛，延金華藴衷師於焦山，俾主張是。舍寂而居囂，去安而即煩，人以爲介介，師不屑也。遍行其疆，悲智欻起。自念己身逢此壞相，亟倒空鉢囊，先衆募捨。前所未及，一切趨新。展前資以安耆舊，抗塔院以壯瞻睹。壽坊、經室、庖浴、湢槃，易翳爲明，寬潔敞靚。江濱故址，隘而不舒。累石拓基，堤護榆楊。作屋二十四楹，中建亭，名曰烟雨奇觀。游士戾止，洗心儲清。又捨法施，爲後人買田六十頃。惟雄殿尊居，役巨費侈。居之六年，而後敢議。擇廉謹僧入閩，即山伐木。如約浮海歸。命黿鼉而協謨，節定星而揆日。道充於内而迹張於外。其聲遠揚，如谷應響。施者惟恐不克豐其獻，匠者惟恐不克既其功。度爲崇五十有五尺，爲廣七十有四尺，糜錢六十萬，閱四寒暑而成。廓如穹如，輪奂華弈。却顧城闕，根塵聿清；前瞻海潮，法音如在。吴頭楚尾，莫之與京。功甫訖，師移錫錢唐靈隱。邦人願有記。使來謁。當紹興之季，戎馬飲江，暴骨堆莽。是時長老淨信誘化童隸，收拾瘞藏。予再奉使，往來親見，爲之啓於太上。被褒寵，而僧徒二十人，則於兹山疑若有宿。因故書而不辭。殿經始於癸卯之孟夏，成於乙巳之仲春。而訖於丁未之秋八月二十有四日癸巳云。

跋京口集　熊克

元豐中，曾彦和纂《潤州集》，起東漢，迄南唐，至宋朝則未暇也。乾道壬辰夏，太守文昌常伯、當塗宋公因命克裒開寶以來别爲一集，與彦和所次并行，且以見宋之文風焕出前代。於是盡模境内石刻，又遍閱諸集，仍訪前賢子孫，得詩文六百餘篇，厘爲二十卷，目之曰《京口乾道集》。給錢十五萬，屬克刊焉。會宋公被旨奏事，郡緡不繼，僅能雕詩集十卷。而雜文十卷，姑藏之學宫。他日好事君子羅網轉多，詮釋愈精，則當悉取而厘正之，勒成巨編，以垂久遠，乃克之志也。

題京口續集　熊克

《京口集》既成，久之，又得一卷，遂續於末。噫！自南唐以上，諸集具存。曾彦和之纂《潤州集》也，宜無所遺。而克最爲淺聞，猶能爲補八十餘篇。矧近世文集，人所未見者甚多。區區掇拾，正恐未得其半。他日豈無望於君子！

嘯齋銘　周紫芝

鎮江蘇元藻作室於廳事之東。而窗有修竹，其聲飀然。静寄老翁，名曰嘯齋，而爲之銘。取東坡之語，所謂“竹一得風，天然而嘯者也”。

風以竹而響，竹得風而鳴。竹應自爾，風實何情。南徐之蘇，世有詩聲。誰其似之，配此令名。明窗净几，琢雪鏤冰。祈君之詩，似竹之清。詩豈可作，以鳴不平。如竹嘯風，自然而成。

回鎮江錢參政良臣啓　周必大

兹審起從①緑野，往鎮朱方。千騎一臨，群情胥慶。恭惟某官，才宏而德備，學粹而文雄。天子以爲通儒，國人皆②曰良弼。茂擴經紀之術，久著襄贊③之功。將遂冠於台衡，乃暫儀於岳牧。昔以王人總餉，已得軍民之歡；今由政路分符，宜增棨戟之重。適千里洊飢之後，正九重旰食之時。條教甫頒，顧憂頓釋。傾耳袴襦之咏，指期衮綉之歸。某方治書郵，首勤緘翰。深佩撝謙之抱④，難施愧汗之顔。氣序益暄，撫綏多暇。願精調於鼎養，以大慰於岩瞻。

賀鎮江葉知府啓　周必大

升華中秘，擢守南徐。綸綍初頒，旄倪胥悦。伏惟某官，忠存霸府，譽冠時髦。雖回翔久試於外庸，而東注不忘於上聖。乍奉楓廷之對，亟參蘭省之班。逮出總於軍儲，仍就紆於州紱。三年考績，方稽虞氏之舊章；滿歲爲真，姑用漢京之盛典。矧寓石渠之直，彌增銅虎之光。言念衰衷，密依鄰庇。跂棠陰之在望，知河潤之旁沾。欣幸居多，敘陳奚既。

陸游《城隍忠祐廟記》（見“輿地志”）

京口唱和序　陸游

隆興二年閏十一月壬申，許昌韓无咎以新番陽守來省太夫人於润。方是时，予爲通判郡事，與无咎别葢逾年矣。相與道舊故，問朋儕⑤，游覽⑥江山，舉酒相屬，甚樂。明年，改元乾道，正月辛亥，无咎以考功郎徵。念别有日，乃益相與游。游之日，未嘗不更相和答，道群居之樂，致離闊之思，念人事之無常，悼吾生之不留。又丁寧相戒以窮

---

① 按：“從”，《四庫》本《文忠集》卷二十六作“家”。
② 按：“皆”，《四庫》本《文忠集》卷二十六作“僉”。
③ 按：“襄贊”，《四庫》本《文忠集》卷二十六作“贊襄”。
④ 按：“抱”，《四庫》本《文忠集》卷二十六作“德”。
⑤ 按：“儕”，《四庫》本《渭南文集》卷十四作“游”。
⑥ 按：“游覽”，《四庫》本《渭南文集》卷十四作“覽觀”。

達死生毋相忘之意。其詞多宛轉深切，讀之動人。嗚呼！風俗日壞，朋友道缺。士之相與如吾二人者亦鮮矣。凡與无咎相從者六十日，而歌詩合三十篇。然此特其略①也。或至於酒酣耳熱，落筆如風雨，好事者從旁掣去。他日或流傳樂府，或見於僧窗驛壁，恍然不復省識者，蓋又不可計也。潤當江淮②之衝，予老益厭事，思自放於山巔水涯，與世相忘。而无咎又方用於朝，其勢又未能遽合。則今日之樂，豈不甚可貴哉！予文雖不足與无咎并傳，要不當以此廢而不録也。③

跋許用晦丁卯集　陸游

許用晦居於丹陽之丁卯橋，故其詩名《丁卯集》。在大中以後，亦可謂杰作。自是而後，唐之詩益衰矣。悲夫！

跋張敬夫書後　陸游

隆興甲申，游佐郡京口。張忠獻公以右丞相督軍過焉。先君會稽公嘗識忠獻於掾南鄭時，事載《高皇帝實録》。以故游辱忠獻顧遇甚厚。是時，敬夫從行而陳應求。參贊軍事馮圜仲、查元章館予於廨中，蓋無日不相從。迨今讀敬夫遺墨，追記在京口相與論議時，真隔世事也。

鎮江謁諸廟文　陸游

游以隆興改元夏五月癸巳，自西府掾出佐京口。明年春二月己卯至郡。洪惟上恩不可量數，敢不夙夜祇懼④，圖稱所蒙！區區之心，神其監之！

募⑤建多景樓疏　周孚

江山故刹，尚存梁蜀之遺；臺觀危基，未復豐熙之舊。欲維⑥承平之迹，可忘興作之功。普勸邦人，同兹勝事。宿雲清露，嘗聞張祐之詞；晚照殘霞，不异蘇公之日。苟少加於輪奂，豈止助於登臨？邀江月以同參，聽風林之説法。唱蘇⑦禪師之曲，在某甲以雖慚；賡米襄陽之詩，况使君之默許。倘蒙垂諾，佇見薄⑧成。

---

① 按："其略"，《四庫》本《渭南文集》卷十四作"其大略"。
② 按："江淮"，《四庫》本《渭南文集》卷十四作"淮江"。
③ 按：文末，《四庫》本《渭南文集》卷十四尚有"二月庚辰笠澤陸某務觀序"云云。
④ 按："祇懼"，《四庫》本《渭南文集》卷二十四作"祇惕"。
⑤ 按："募"，《四庫》本《蠹齋鉛刀編》卷二十六作"重"。
⑥ 按："維"，《四庫》本《蠹齋鉛刀編》卷二十六作"繼"。
⑦ 按："蘇"，《四庫》本《蠹齋鉛刀編》卷二十六作"殊"。
⑧ 按："薄"，《四庫》本《蠹齋鉛刀編》卷二十六作"落"。

記甘露李文饒事　張栻

予過京口，登北固山甘露寺，訪求舊迹。及觀曾旼所編《丹陽類集》載，熙寧中寺僧應夫因治故殿基獲舍利，并李文饒手記云："寶曆間，創甘露刹，以資穆皇之冥福。"文饒有《祭言禪師文》云："因甘露之降瑞，立仁祠於高標。"與此記合。予嘗怪文饒不樂釋氏，毁其室廬貌像，沙汰其徒，若真疾惡之者。至其諭張武仲之辭，則又疑其太甚。而觀其奉道士法甚至，則文饒豈真知异教者哉！今考甘露刻所謂"建刹以資冥福"，此在釋氏説爲最陋者，文饒方且惑之。以此崇奉其君，則文饒之欲絶弃釋氏，又豈本心也哉！以予觀之，文饒雖有才氣，然富貴中人耳。武宗素重道士，故其勢必排釋氏。文饒極力爲此，不過逢迎其君之意耳。不然，與建刹藏舍利之事何大不類耶？孰知數百載之後，斷刻出於土中，其不可掩有如此者！或曰："文饒謂建刹可以資福，而寧不畏毁刹之招禍乎？"殊不知，富貴移人之意豈獨此哉！嗟乎！异端之爲害烈矣！文饒乃以此心蘄勝之，不亦難乎？宜其復之之速，且益熾也。予重爲之嘆息云。

鎮江府祝文　真德秀

乃者，吾鎮秀民歲以上春良日，相帥祇薦於神，因飲福焉。所以答鴻休而迓靈貺也。某以持節過，蒙獲與斯會。敢陳菲奠，因控悃忱。吁！自慶元龍飛以來，南宫捷音不聞於鎮人之耳者，蓋十四年於今矣。豈神無意於此邦之士，其寥寥而弗嗣也？明天子將復下求士之詔。惟神其大庇兹土，俾濯纓天池，驤首霄漢者，繼踵而起。豈非神之大賜乎！仰翳明靈，監此誠禱。

陸秀夫《丹陽館記》（見"輿地志"）

五顯王廟記　高桂

唐埠山一峰崒嵂，敻出萬有之表。左瞰大江，右俯修嶺。河源演迤，環繞前向。山脉起伏，拱護後岡。天造地設，實爲京口奇觀。祠五顯於其上，昭地靈也。歷年滋久，舊宇浸頹。嘉定甲戌，羅允諧、盛拱辰裒楮興工，鼎創獻殿。規模開拓，視前過之。然正殿尚缺。淳祐甲辰，王之杞等既建大殿，以安聖像，又翼兩廊，以隆廟貌。初，殿基逼山。後多爲窶人斸土以貨，日朘月圮，存不能半。至是始植木，以培後岸塹溝，以限人迹。屏蔽周密，基址堅固。廟門有街，歲久多壞，則又一新甃砌，東西凡百餘丈。景定辛酉，垣墉榱桷，間以損告。何有元等撤敝而華，飾舊而新，疇曩功績，始得無廢。諸公屬余記，辭不獲，於是爲志修建之歲月。至若述明神發靈之迹，紀古徐闡祠之因，有廟之舊碑在。（據《家乘》補）

金

跋米元章多景樓詩　趙秉文

海岳老人書惟《華陀帖》與《多景樓詩》最爲豪放，偃然如枯松之卧澗壑，截然如快劍之砍蛟鼉，奮然如龍蛇之起陸，矯然如雕鶚之盤空鳥。獲之扛鼎，不足以比其雄且壯也；養由基之貫七札，不足以比其沉著痛快也。千石之鐘①，萬石之簴，其厚重有如此者；浙江之潮，涿鹿之戰，其噴薄蹴踏有如此者。鍾王之清潤，歐虞之簡潔，顔柳之端嚴，誠爲鮮儷。至於雄入九軍，氣凌百代，而於古今有一日之長，其筆陣之堂堂者乎？

元

米元暉雲山圖跋　吴師道

往來②過京口，登北固，眺金焦，俯臨大江。時春雨初霽，江上諸山，雲氣漲漫，岡嶺出没，林樹隱見，恨無老杜"蕩胸"之句爲之發揮。乃今倏見此圖，知海嶽庵中人筆力之妙，能盡得予當日所睹。掩卷追念，不覺惘然。

萬壽閣記　虞集

南徐古治，限大江之堧，受衆川之委，東趨而將至於海也。其浸汪洋以無涯，其流舒肆而莫止，拳然屹立中江以迎其衝者，金山也。山有佛祠，始建於晉明帝時，梁武帝著水陸齋儀，親幸其寺。至宋真宗，賜名龍游禪寺。國朝至大己酉，僧應深以天子之命主之，兼畀以馬薛里吉思所據銀山、東西二院，且敕使者修水陸大會，如梁之儀。延祐、至治間，又兩敕建會，如至大故事。於是，應深以辛酉之歲，即寺之右建大閣焉。上嚴萬佛之像，下肖羅漢之容，爲位五百。後三年，今上皇帝潛邸之日，由江引舟而親登是閣。壯其締構雄偉，而善深之爲也，出帑金成佛像千以贊之。又三年，皇帝既登大寶，建元天曆，三遣使賫名香白金往祠之。山祇波神，魚躍龍舞，幽顯咸若應感著焉。至順元年秋，應深來朝京師。十月乙未入見，上御奎章閣，奉佛像以進。上曰："閣中萬佛已莊嚴乎？"對曰："像具而未完以金也。"上曰："朕悉爲，若成之。"即出内府寶鈔五萬緡以賜之，仍歸以羅漢莊陷江沙汰之田。明日，應深入謝曰："臣僧請以萬佛祝萬壽，願萬壽等萬佛。"上曰："朕之從佛，豈私朕躬所願？含生均被佛力。"因名其閣曰萬壽。又明日，敕學士臣集勒文以記之。臣集聞諸浮屠氏之説曰："充乎法界，一佛身也，何有於萬？及其化現，至百千億恒河之沙，析爲微塵，猶不能擬，豈萬可言？用像設教，取數於圓以表也。臣請喻之以言，今我聖皇運至善大慈之心，位乎億兆萬民之上。一念慮之善，一佛之全體也。一號令之善，一佛之大用也。一日二日已具萬幾，至於歲時積善

① 按："鐘"，清刻本《閑閑老人滏水文集》卷二十作"鍾"。
② 按："來"，《四庫薈要》本《吴禮部文集》卷十八作"年"。

無數，即佛之言，非萬可計。然則聖天子萬幾之施，豈獨見於斯閣而已哉？有生之類，無間遠邇大小，知上之念已也。仰而望之，一一如親涵上之恩惠焉。辟如瞻日於天，人各見日，如日視己，不知所見共一日也。觀月於水，人各見月，如月視己，不知所見同一月也。散之諸有，名之爲萬，歸之於無，其實一佛也。一佛，萬佛也。我聖天子，一佛萬佛之所具乎？一佛之壽，已不勝計，即至萬佛，其壽無量。即壽即佛，即佛即壽，是故斯閣可得而名矣。請書其事，以志諸來者，而深之勤，亦得繫於無窮焉。"

丁卯詩集序　王璜

晚唐詩人彬彬，輩出名家，當時傳誦來裔，可謂甚盛。比年以來，學者惟多宗許郢州，其故何耶？豈非絶類離倫，可以則而象之也？嘗觀杜牧之寄許詩曰："薊北雁初去，湘南春又歸。水流滄海急，人到白頭稀。塞路盡何處，我愁當落暉。終須接鴛鷺，霄漢共高飛。"玩味是詩，可以知郢州見推行輩，相期以遠，非止於詩也審矣。何怪後學俯焉孳孳，必欲追其雋軌哉？惟昔郢州自紀其篇目多至五百，而今之書肆見於版行者纔逾一半，同志之士，恨莫窺其集之全也。信安祝得甫，好學不倦，尤篤志於詩。一日，從容訪舊，偶得《郢州類稿》若干卷，復旁搜遠紹，幾足五百之數。吁！其勤摯矣。亟命録梓，以廣其傳。謂璜曰："牧之之作所以期待郢州者，實而不華，倘大書深刻，以信後世，彷彿一序矣。子其贊一辭，以載華編之歲月，而不假乎其他也！"璜謂："郢州之精微，學詩者當自得之。若夫青黄犧尊，或得以戕木之性，抑璜非其人也，曷敢妄加藻繪，以來躐易之譏耶？"得甫曰："然。"遂書以識。

題宋宗忠簡與妹婿朱主薄昉帖　柳貫

忠簡請迴鑾諸表奏，與諸葛忠武侯出散關二疏，皆執理不回，發義激烈，以其出於血誠故也。公之從曾孫諴①，出公與妹婿朱主簿彦昭手帖示予。所謂"將兵冒暑，隨分粗遣"。又謂"投老任事，所責甚重，更藉爹祖積善之庇，存四五年，庶有絲毫可沾骨肉"。藹然仁義之言，而孝弟忠信之實不可掩矣。蓋此帖是由京口赴滏陽時所遣。使天心未厭，奸孽不萌，豈但骨肉藉其絲毫之沾，將神州全璧社稷靈長實嘉賴之！嗚呼！臧孫有後，予之所望於諴者，肆其在是！

送録事司達魯花赤薩都剌序　俞希魯

聖朝制天下爲路、府、州、縣。路又設録事司，以掌其城居之民獄訟、錢穀、工役、簿書、期會之務，一與州、縣等，非若古録事參軍，惟勾稽案牘，以糾郡事而已。潤雖鹵下路，然當南北衝要，爲江浙重地。其民具五方之俗，達官寓公第宅鱗比，而窮閻敗

① 按："諴"，《四庫》本《待制集》卷十九作"誠"。下同。

室凋瘵尤甚，故往往號爲難理。達魯花赤燕山薩都剌君天錫之始至也，設格闤闠而制權衡焉，俾市物者各得其平。天曆己巳，歲大祲，民嗷嗷飢甚。官出粟捐直以糶。君慨然曰："民命如縷，縱斗米三錢，錢從何出?"乃爲辭白大府，意氣懇激。於是盡發倉廩以濟焉。既又勸分巨室，飢者食，病者藥，死者殣，流離者轉移，以口計者八十餘萬，多賴以生。民張成等四家，俱逼官廩，府議徙居他所。請於府，曰："窮民當歉歲，糊口之不計，毀其屋而逐之，是致之死地也，豈爲民父母之意哉!"不允。適君以送兵仗赴京師。比行，取白金壺質緡錢百，呼四家與之，使各僦屋以遷。府聞之，愧而止。又卜嫗者，鄉里稱悍婦。一日詣庭訴厥子。君察其非罪，謂嫗曰："母道貴慈，今汝妄加罪汝子，使汝子當罪，汝得無悔耶?"即逮其子，械送獄。嫗果叩頭泣請，曰："兒實無罪，幸見宥。"君再三諭遣之。嫗遂爲慈母，而子益孝。時郡守有幸奴，黠橫爲民擾。偶市民有宴客者，奴以主命，輒入座。索歌妓不得，徑造君，誣民詈其主，君叱使出。守聞之怒，立呼至府，責曰："部民詈守告爾，爾曷弗之直?"君徐對曰："凡詈，法親聞乃坐。且以三品官，與百姓争一妓，較是非，適以累盛德，不可使聞於鄰郡也。"守撫案起，謝曰："終是讀書人。微爾言，吾幾冤吾民。"淮安張士謙，以儒籍爲府吏，八年不得（疑脱一字）。其父兄相繼歿，貧無以爲斂。君時方病起，即肩輿往吊，割己俸賻之。吴俗尚禨，有巫舉木偶市，閑言禍福，動人取錢物，君悉抽其黨笞決之，焚木偶於庭，毁其祠。凡君之敦孝讓，禁豪猾，恤貧匱，類若此。若夫通幣法，平穀價，修廢補墜，凡職之所當舉者，知無不爲。故三載之間，吏不犯，民不欺。而其既去也，則宜思之者衆矣。君丁卯進士也。嘗謂："選舉得人，前代故不論。自我朝設科以來，搜羅俊彦，濟濟在官，廉聲能續，烜赫中外。然則儒者之效，誠有益於國家也。"觀君所爲如此，其去是而登要津，據華貫，使益展其抱負，將必大有可觀者焉。其行也，郡之父老道其事，而屬予書於祖行之帳云。

乾元萬壽宫記　俞希魯

大哉乾元，此天之所以爲天也。《易》卦六十有四，乾居其首，而乾之德四，元爲之先。乾元者，萬化之原始，品彙之根柢也。亘古今，閲宇宙，於穆不已，孰非兹道之運①哉！與天同德②，體元居正，以一心之乾，合在天之乾，宜乎其萬壽無疆也。安仁余公以誠嗣業前宗師上卿張公，受朝③（疑脱"廷"字）重熙累洽之恩，思所以歸美報上，歷選天下形勝之地，以爲祝厘所。乃大德辛丑④，被璽書來領道教。爰始得乾元宫舊址，捐資復拓城西葉氏故宅，⑤ 面勢宏敞，棟楹壯麗，載經載營，一新改飾，建大殿

① 按："運"，清刻本《至順鎮江志》卷十作"運量"。
② 按："與天"句，清刻本《至順鎮江志》卷十作"聖人與天同德"。
③ 按："朝"，清刻本《至順鎮江志》卷十作"皇朝"。
④ 按："乃大德"句，清刻本《至順鎮江志》卷十作"乃於大德辛丑"。
⑤ 按："爰始得"二句，清刻本《至順鎮江志》卷十作"爰始捐資得城西葉氏故宅"。

以奉三清，開①後堂而事元帝。修廊洞②宇，神雕像塑，威肅儀整，齋堂庖湢，倉廩帑藏，丈室燕處，備③。前樹三門，飛橋跨水，旁植櫰榆④，隱壯⑤左右。晨昏鐘鼓，鏗鍧鏜鞳。步虛之聲，飄渺⑥霞外。冠珮雍容，跪拜升降，以躬致華封之祝。耶⑦（疑當作"既"）又爲經久計，置腴田，采⑧租入，以供常住，解⑨庫質物，以便貧乏。環宫之旁，繚以比屋，俾民就⑩居出息，用贍羽衆。又其南爲園，列花木亭館，歲時州人士女游觀，爲一時之盛。丙午，敕賜乾元萬壽宫額，郵⑪頒璽書，護侍⑫（疑當作"持"）加號公元明弘道冲應真人，流傳甲乙，以主宫事。於戲！是宫也，昔爲繁華歌舞之區，今爲神仙清凈之境，豈天地造物，儲兹還⑬嚴（句内疑有錯誤），以俟今日者耶？余嘗訪公於是，相與遨於珠泉之涘，憑檨⑭欞俯視，江潮盈縮，時刻無爽。因悟夫天地之所以壽者，其呼吸吐納，静而有常也。人主⑮瞬存息養，動與天合，故能以一身之壽，爲天下國家壽，俾斯世民物，咸歸乎壽域之中，而余公又能以道脉之壽，祝人主⑯壽。然則是宫，宜與天地相爲悠久，以仰副加⑰號之義。猗歟盛哉！公欲⑱文與⑲余（句内疑有脱誤），敢即鄙見爲之記，自⑳識歲月於㉑方來，庶毋忘經始之功云爾。（據《萬壽宫志》補）

馬迹山紫府觀碑文㉒　王禕

鎮江丹徒縣西若干里，有山曰馬迹，是爲天下七十二福地之一。左抱㉓三茅，右控五州之境。岡嶺綿屬，林壑深茂。其址盤亘數十里。相傳東海青童君所治，而老君嘗乘

① 按："開"，清刻本《至順鎮江志》卷十作"闢"。
② 按："洞"，清刻本《至順鎮江志》卷十作"棟"。
③ 按："備"，清刻本《至順鎮江志》卷十作"靡不畢備"。
④ 按："櫰榆"，清刻本《至順鎮江志》卷十作"槐柳"。
⑤ 按："壯"，清刻本《至順鎮江志》卷十作"映"。
⑥ 按："渺"，清刻本《至順鎮江志》卷十作"緲"。
⑦ 按："耶"，清刻本《至順鎮江志》卷十作"既"。
⑧ 按："采"，清刻本《至順鎮江志》卷十作"課"。
⑨ 按："解"，清刻本《至順鎮江志》卷十作"設"。
⑩ 按："就"，清刻本《至順鎮江志》卷十作"僦"。
⑪ 按："郵"，清刻本《至順鎮江志》卷十作"洊"。
⑫ 按："侍"，清刻本《至順鎮江志》卷十作"持"。
⑬ 按："還"，清刻本《至順鎮江志》卷十作"邃"。
⑭ 按："檨"，清刻本《至順鎮江志》卷十作"欄"。
⑮ 按："人主"，清刻本《至順鎮江志》卷十作"聖人"。
⑯ 按："人主"，清刻本《至順鎮江志》卷十作"聖人"。
⑰ 按："加"，清刻本《至順鎮江志》卷十作"賜"。
⑱ 按："欲"，清刻本《至順鎮江志》卷十作"徵"。
⑲ 按："與"，清刻本《至順鎮江志》卷十作"于"。
⑳ 按："自"，清刻本《至順鎮江志》卷十作"且"。
㉑ 按："於"，清刻本《至順鎮江志》卷十作"諗"。
㉒ 按：《四庫》本《王忠文集》卷十六無"文"字，另有序，本志删略。
㉓ 按："抱"，《四庫》本《王忠文集》卷十六作"挹"。

白馬授《相骨經》於兹。蹄迹猶存，故山因以得名。山之東有二洞，最爲邃險。與華陽潛通，水出岩閣①間，冬夏不竭，雨暘愆期，有禱輒應。其南有隱君之泉，有煉丹之井。而岩谷之幽，常産玉蘭，香异凡卉。歲將大稔，則非②根而茁焉。按郡志："宋武永初二年，歲在辛酉，肇基觀宇，以處羽流。榜曰福業。唐上元令王仲康爲之記。"所存鐘鉦，驗其銘文，乃唐天祐七年庚午歲所造。鎮江於時爲潤州，屬楊氏。時梁已代唐，而楊氏仍稱天祐。其歲則梁開平四年，而楊隆演之三年也。逮宋治平間，始賜今額曰紫府，且賜田及山地三千畮，而復其租。建炎後，嘗一新之。歷歲浸久，棟宇日頹，未及復新，時若有待。國家既一海宇，崇尚道教。皇慶癸丑，今洞玄冲靖，崇教廣道。大真人薛公實領觀事。睹其闕壞大懼，無以承景貺而薦鴻厘。以興廢舉墜爲己任，即捐私橐，合公帑，徵工簡材，撤其舊而大新之。是歲秋冬，外建三門，内創方丈。而財用不能繼，爰畜爰積，閲十年，當至治癸亥之冬，而大殿乃成。又十年，當元統甲戌之春，而兩廡始備。凡庫庾庖湢之屬，莫不次第具完。密宇廣庭，華飾炫耀，穹檐隆棟，光景蔽虧，儼然太清之居，列仙之館矣。至正甲午，觀成。二十年，其徒以謂觀之托基於是山，公之致力於斯觀，宜有登載，屬予爲辭。夫宇宙間，名區奥壤，大抵扶輿清淑之氣之所鍾。然必得至人高士，爲之增重，而後益有以顯其靈。所謂地以境而勝，境因人而著也。是故自有是山，不知幾千百年，老君乃來，馬③迹開秘而山以得名。及有是觀，又九百餘年，薛公於是昭被帝命，主兹法席，而觀以復新。地以境而勝，境因人而著，殆有數存其間，豈偶然哉？公名廷鳳，字朝陽。早學道龍虎山，故特進玄教大宗師吴公之弟子。而今大宗師于公又其弟子。既領是觀，至正丁丑奉璽書，賜號稱真人，領杭州四聖延祥觀。明年戊寅，兼領鎮江道教，兼住持乾元、玄妙、凝禧三觀。大宗師之傳，以次及公，而公固辭。集賢以聞，特命（缺）④ 其故號，進稱大真人，復領杭州道教，且主領大開元宫云。銘曰：

巍巍兹山名馬迹，發祥應异自古昔。陰岩密洞閟幽闃，福地宜爲仙聖宅。爰自棟宇基肇闢，閲歷寒暑歲九百。廢興相尋事叵測，皇元道教致崇極。有大真人尸法席，宏宣至化昭帝力。改舊圖新興巨役，土木莊麗功匪亟。餘二十年乃就績，耽耽潭潭衆楹植。塗塈丹堊絢金碧，林谷輝映咸改色。寶旛繽紛華蓋羃，雲璈石磬振朝夕。天神來游畢歡懌，錫美降康永如式。壽我天子年萬億，國祚綿綿與山積。勒以兹銘示無斁。

重建圜悟接待庵碑記　釋思修

焦山寺居大江之心。江之南有山曰石公，山之陽有庵曰圜悟。環庵左右，皆歷代祖師藏骨之所。隆興元年，住山淡庵圓禪師，閩人也，裒己帑，易良田，課歲入，以贍庵，

① 按："岩閣"，《四庫》本《王忠文集》卷十六無"閣"字。
② 按："非"，《四庫》本《王忠文集》卷十六作"不"。
③ 按："馬"，《四庫》本《王忠文集》卷十六作"赤"。
④ 按：缺字，《四庫》本《王忠文集》卷十六作"加"。

與夫庶事合供者悉備。亦自營一穴，爲歸藏地。遇其諱日，主庵者作飯供僧，以資追遠。閱歲滋久，椽梠差脱，居者患之。至元丙子，先師鏡堂前置高郵萬安莊田，次置開沙新莊田。復以塔祠不振，泛掃者不虔，遂重創數椽，僅蔽風雨。既而厭其卑陋，必欲更之。僧殘屋老，未遑暇及。又以紫金命下，辭不獲免。身雖勤而事愈左矣。後以乞閑，復歸於此，竟賫志以殁。實辛卯年二月十二日也。余即詢諸衆，謀於蓍龜，穴地於西南隅，奉遺骨葬焉。世壽六十有九，僧臘三十有二。由當山而遷金山，共一十五祀。先師在日，矩範嚴毅，或有愆失，必面質之。言既脱口，亦釋然無間。是以與衆無後言。凡有興頽起廢，莫不樂爲多助。後六年，大德丁酉，遂度材賦工，植基闢地，不數月而告成。雨檻風檐，疏通明潔。視前日之卑且陋，則宏廣倍矣。於是市膏腴若干，添入庵，仍立庵主掌之。遇先師遠諱，一如淡庵修設，取其羡以洗往來雲水之鉢。予亦將謀穴地於其旁，庶不離先師左右，兼附列祖於冥冥也。

丹徒縣志卷五十四終

丹徒縣志卷五十五

藝文十　雜文二

明

賜大藏經敕諭（正統十年二月十五日）　**英宗**

朕體天地保民之心，恭成皇曾祖考之志，刊印大藏經典，頒賜天下，用廣流傳。兹以一藏安置南直隸鎮江府焦山禪寺，永充供養。聽所在僧官、僧徒看誦贊揚。上爲國家祝厘，下爲生民祈福。務須敬奉守護。不許縱容閑雜之人私借觀玩、輕慢褻瀆，致有損壞遺失。敢違者，必究治之。諭。

賜大藏經敕諭（萬曆二十七年三月）　**神宗**

朕發誠心，印造佛大藏經，頒施在京及天下名山寺院供奉。經首護敕已諭。其由爾住持，及僧衆人等，務要虔潔供安，朝夕禮誦，保安眇躬康泰，宫壼肅清，懺已往愆尤，祈無疆壽福，民安國泰，天下太平。俾四海八方，同歸仁慈善教。朕成恭已無爲之治道焉。今特差内漢經廠掌壇御馬監太監王忠，賫請佛大藏經，供安鎮江焦山寺，各宜仰體知悉。欽哉，故諭。

賜金山龍游禪寺藏經敕諭（萬曆二十一年二月）　**神宗**

朕惟佛氏之教，具在經典。用以化導善類，覺悟群迷，與護國佑民，不爲無助。兹者，聖母慈聖宣文明肅皇太后，命工刊印，續入《藏經》四十一函，并舊刻《藏經》六百三十七函，通行頒布本寺。爾等務須莊嚴持誦，遵奉珍藏。不許諸色人等顧行褻玩，致有遺失損壞。特賜護持，以垂永久。欽哉，故諭。

拙庵記　**宋濂**

京口徐君德敬，爲中書管勾。居京師，處一室，不堊不華，僅禦風雨，環庋圖書，置榻其中，每退食即徒步歸，晏坐誦古人言。賓客不交，請托不通，自號曰拙庵。襲封衍聖公、魯國孔侯希學書拙庵，字以遺之德敬，復徵文於余。余，天下之拙者也。德敬豈若余之拙乎？世之人舌長且圓，捷若轉丸，恣談極吐，如河出昆侖而東注，適宜[①]中

① 按："宜"，《四庫》本《文憲集》卷三作"直"。

理，如斧斷木，炭就火，猱援木以升，兔走壙而攫之以鶻也。其巧於言也如此。余則不能。人問以機，謝以不知；人示以秘，瞪目顧視，莫達其旨；人之所嘉，余縱欲語，舌大如杵，不可以舉；聞人之言，汗流顙泚；人之所諱，余不能止，開口一發，正觸禁忌，人皆駭笑，余不知恥。余言之拙，海内無二。他人有識，洞察纖微，揭首知尾，問白意緇。未入其庭，已覘其形；始瞰其貌，已盡其肺肝而究其藴奥；福來熒熒，出身以承；禍方默默，預防而避匿。其巧於識也如此。余夢夢不知，憒憒無所思。人之笑吾，吾以爲善；人之怒吾，吾徑情而直趨。綱羅當前，吾以爲織絲；虎豹在後，吾以爲犬狸。吾識之拙，當爲舉世師。此二者，乃吾所大拙。其餘痴經戇緯，錯綜紛披，良平不能策其數，游夏不能述以辭，德敬豈有之乎？然吾亦有不拙者。聖人既没，千載至今，道存於經，岳海崇深，茫乎無涯，窅乎無塗。衆人游其外而不得其内，舐其膚而不味其腴。吾則搜摩刮剔，視其轍軌①而足其迹，入孔孟之庭而承其顔色。斯不謂之巧不可也。生民之叙，有政有紀。離爲六府，合爲三事。周公既亡，本摧末弊。秦刻漢駁，而世以不治。吾握其要而舉之，爬瘍搔②類，取巨捐細，德修政舉，禮成樂備。廣厦細旃，每資之以獻替。吾於斯藝，雖管仲復生，猶將扼其吭，而鞭其背。是不謂之巧不可也。而德敬豈有是乎？蓋人有所拙者必有所巧，有所巧者必有所拙。拙於今必巧於古，拙於詐必巧於智，拙於人必巧於天。蘇張巧於言而拙於道，孟子拙於遇合而巧於爲聖人之徒，鼂錯號爲③智囊而拙於謀身，萬石君拙於言而爲漢名臣。余誠樂吾之拙，蓋將全吾之天而不暇恤乎人也。今德敬居位處世，誦古人之言，而以拙自晦。其殆巧於天者與？巧於智者與？巧於古者與？然則德敬之巧也至④矣。過於人也，遠矣。爵禄之來，有不可辭矣。烏可以不記？

陸秀夫像贊　宋濂

身抱龍髯兮，眼不見水；鳳闕雖遐兮，龍堂則邇。玉雪皦如兮，肯污泥滓；赤日出海兮，爾心不死。

宗忠簡公奏疏序　方孝孺

國之廢興存亡，蓋天也，而有人事焉。由其已然之迹而觀之，人謀之從違，事變之得失，皆如預定而不可易者，人力若奚所用？自其未成之始而論之，成敗禍福之機，待人而發，豈皆出於天命哉？故善爲天下者，盡人事以回天道；不善者，委天命以怠人事。田單，齊之壯士，用一邑瘡痍⑤之民，復七十餘城不數月之間。諸葛孔明，以王者之佐，驅全蜀之衆，欲取中原之尺寸，終其身而不能遂，非特天命也，人事之難易固不同也。

---

① 按："轍軌"，《四庫》本《文憲集》卷三作"軌"。
② 按："搔"，《四庫》本《文憲集》卷三作"擇"。
③ 按："爲"，《四庫》本《文憲集》卷三作"稱"。
④ 按："至"，《四庫》本《文憲集》卷三作"大"。
⑤ 按："痍"，《四庫》本《遜志齋集》卷十二作"殘"。

率赤子以救父兄，疾呼而可集。説途之人，使拯其鄰於難，雖善其辭令，有所不從。賢者能勉人以其所樂爲，不能强人以所難勉。單之用齊，人人皆有亡國喪家之憤，而自爲戰，故其成功也易。孔明之時，人知有曹氏，不知有漢德久矣。孔明徒欲以忠義激之，安能必其從己乎！宋敗於金而不可復興①，人以爲天命，而不知人事失其機故也。張浚、趙鼎，可謂天下之賢相，而韓世忠、岳飛、劉錡之徒，亦一時之將材。高宗雖庸懦，豈遽出法章下哉？然而沮撓而不足以成事者，以其初不用宗忠簡公之言耳。徽欽之亡，在乎兵不足戰。而忠簡公既入都城，百萬之兵立具，争欲爲之致死。忠簡之賢固足以得衆，而斯民戴宋之心亦安可誣哉？當是時也，正田單復齊之機，而忠簡公，孔明之流亞也。使高宗能用其策，公少延數歲未死，則覆没之地可迅掃而平②，豈有蹙國事仇之辱哉？失此不聽，至于竄伏東南，而欲圖之，則民心之忘③宋，亦已遠矣。是以終不能有所成，非特秦檜、湯思退之罪也。人無勇怯，惟其所用。乘其方鋭而用之，中人皆可爲壯夫。及其氣衰志懾，雖烏獲亦投劍而却顧。公之拳拳欲高宗都汴者，欲用天下之鋭氣，以復仇雪耻。而高宗信小人畏避之謀，弃不復聽，而公亦死矣。斯豈天命使然耶？實人爲之不盡也。公没今三百餘年，而請高宗還汴之疏二十有四，不盡載於史氏。其九世諸孫濬録藏於家，而屬予序之。公忠義著於後世，不待疏而後見。疏之所著，不待言而後明。然世皆知宋之不復振，由於秦檜之相，而不知始於不用公之言。余是以論之，使知此④疏之不從，實宋室之所由分也。

仁宗宸翰後題辭　楊榮

仁宗皇帝昔在春宫，禮賢重士，推誠用人。士之才行端謹者，雖在韋布，亦見優待。丹徒何彦澄以名醫侍左右，學精行飭，上深重之，特被眷遇。仁宗御極，屢官之，固不拜，禮之若賓臣。至於需藥，不待面諭，多用親札，或直授成方，或詳書體候，亦間識以圖書，而悉著日月，稱其字彦澄，不名，蓋慎之也。彦澄前後所得積三十一紙，自慶千載之遇，獲至寶之多，恒珍襲之。鼎湖龍去，於今八年，感慕無已，又懼久而或散逸也，謹裝潢成册，永爲家寶。少傅楊士奇既爲題識，彦澄復屬臣榮識之。臣榮謂世有先代聖賢墨迹者，皆知寶愛，以傳於家。况彦澄親荷仁廟之知，眷遇之厚，天語告詔，如家人父子然者，又豈前代聖賢之迹所可擬哉？何氏子孫尚當藏之，以傳於世世。

贈太醫⑤錢宗嗣序　李東陽

丹徒錢宗嗣，以醫名江南，名徵（疑當作“震”）京師，爲郡太守所薦，隸太醫院籍，

① 按：“不可復興”，《四庫》本《遜志齋集》卷十二作“不復中興”。

② 按：“則覆没”句，《四庫》本《遜志齋集》卷十二此句下尚有“中原群盗可縛而獻諸太廟”句。

③ 按：“忘”，《四庫》本《遜志齋集》卷十二作“亡”。

④ 按：《四庫》本《遜志齋集》卷十二無“此”字。

⑤ 按：“太醫”，《四庫》本《懷麓堂集》卷二十五作“御醫”。

穎脱儕輩。禮於公卿，下及里巷，皆争爲延接。尋被選供奉①内局，以姓名見録，上遂擢官爲御醫，蓋特命也。夫醫之言，意也。脉絡有道，氣候有數，土地有宜，藥餌有法。不以意推之，則數者牴牾而不能相通。故張仲景之論方術，説者謂其不宜於東南。陶隱居之論藥物，説者謂其獨謬於西北。郭玉之治病，每盡法于貧賤，而自謂不能于富貴。張子和以攻擊爲法，宋②彦修謂其可施于有餘，而不可施于不足。夫專門名家者，猶不能盡天下之藝，今蠡測株守，概而施之，以有限之法，應無窮之疾，未精其所已知，而取必其所不能。噫嘻！亦難矣。然必通髖髀之理，而後可以爲庖；明尺度之分，而後可以爲梓；諳坐作攻守之法，而後可以爲將。不知夫天下之常者，豈復能與於變哉！宗嗣之學，吾嘗聞之矣。於其書，未始不讀，而能推以意。形色證候之大，起居飲食之細，參究互用，擿抉攻伐，巧發奇中者，往往有之。故其在物議，君子謂之不愧其名；在國事，君子謂之不瘝其官。然宗嗣宜有進於此者。蓋南歷江湖，北登川陸，貧諳藜糗之味，而貴識膏粱之性。見愈多則試愈習其視，居一鄉試一邑者，功殆相百也。人之材藝，亦係於所用如此哉？子③嘗病天下之藝，未復于古，而醫爲甚。宗嗣其有意乎？吾將望之矣。大夫士之德宗嗣者，皆喜其得官。中書舍人楊君應寧其尤厚者，謂予於宗嗣亦不薄，請有以張之，於是乎書。

京口靳氏祠堂記　李東陽

禮部尚書兼翰林學士，京口靳君充道謂予曰："貴之喪先通議府君久矣。自入仕籍十有餘年，丁母范淑人憂，歸先人舊廬，已孫于從兄，乃構城南隙地以居，首營祠堂于正寢之東。前復爲堂，曰敦叙，以爲享餕之地。名公著作有及于世德者，皆刻于壁之四周。又前爲兩廡：東貯祭器，西爲致齋之所。經始于正德丙寅之冬，落于丁卯之春，凡五閱月而成。祭之儀，一準文公家祀，如不作佛事，不用楮錢之類，關大義者，皆不敢悖。而亦有不能盡同者。若四世之位，以中爲尊。蓋用生者之序，亦先人之所嘗行者也。每朔望，行參拜儀，餘日灑掃，則令子弟將其事。蓋慮其不繼，或至于曠也。器用今制，品用時物，若古式所具者，亦兼用之，以存其舊，不敢廢也。奉先考妣遺像于堂之東室。俾更世之後，主以次祧，而此像存焉。蓋念家所由起，而因以自私其親者也。置祭田百畝于瓜渚。出其餘以周宗人，又推以贍母氏之族。蓋本于敕葬我母之恩，亦母之望于我者。雖非治命，而亦不敢忘也。嘗慨夫世之庸人愚婦，禮佛飯僧，以爲報恩者，固習俗使然，亦以吾儒祭享之禮，不行于天下，彼其哀慕孝敬之情，不得不于此乎？托使儒名而禮學者，皆行于家而成教于國。習久而人自化之，亦庶乎無惑於此也。"余聞而嘆曰："人子之于親，無所于報，惟視其所得爲者。爲之生，則盡養；死則盡哀。如是而已矣。顧養有窮，而哀則無窮。慎終者止于一時，而追遠者及于累世。世世而傳之，雖至於無

---

① 按："奉"，《四庫》本《懷麓堂集》卷二十五作"俸"。

② 按："宋"，《四庫》本《懷麓堂集》卷二十五作"朱"。

③ 按："子"，《四庫》本《懷麓堂集》卷二十五作"予"。

窮可也。聖人恐人之忘其親，故制爲祭祀之禮。又恐其泛而厭也，而爲之節服。止乎三年數，止于四代。儀文器度，皆有限而不得過。夫然後可以常行，而至于無窮。古者官師適士而上，皆有廟。中世以降，廟制不修，乃有世家、廷臣，朝廷爲之立廟，以愧其心者，朱子之作家禮，蓋首建之。又謂世遠俗异，略爲斟酌，以求其可必行。顧猶有未成。若延及于今，非獨此禮之廢，而習俗之异，亦已甚矣。非大臣君子，蹈行而振勵之。其將誰責哉?”靳氏爲江南族望，高祖諱實，曾祖諱誠，自元季入國朝，皆隱弗耀。祖諱榮，以行義聞。考諱瑜，爲温州府經歷，廉慎有才略，皆贈通議大夫、禮部右侍郎。而温州尤以遺愛爲邦人所祀。世德所從來遠矣。充道碩學慎行，考古禮，稽時制，修譜乘，以合宗族祠堂之建，蓋竭志盡力而爲之者。故雖細事末節，必審而後定，非苟爲旦夕計也。爲子孫者，慎守而善繼之。由堂構之務，以盡烝嘗之義。移孝爲忠，自家而國，以及于天下君子之澤，其有窮乎? 充道繼以記請，因述其辭，識其所爲作者。又爲诗，俾祭畢而歌之，以爲旅酬之侑云。其詩曰:“我生有身，吾親何之。我居有廬，吾親曷依。我食我飲，必先醴粢。我繒我帛，必陳裳衣。我有新堂，可烝可嘗。茅莎于陰，薰燎于陽。有誠則神，豈幽弗明。神盍斯來，子孫在旁。揭揭徵君，嚴嚴郡幕。勤勤舊業，先世有作。祠堂峨峨，既樸而臒。祭田芃芃，既播而穫。有虔祀事，惟愛惟慤。源源世澤，百世無涸。”

韋秋山詩序 楊一清

潤州固多詩人。國初，顧利賓、郭天錫、戈仲京俱有名詩壇，然未脱元末氣息。視虞、楊、范、揭諸作家，已不逮，况可班諸盛中唐間耶? 顧自諸君之後，名家益寡。予成化初，僑居鎮江。得丁易洞先生，隱居教授，名能詩，根極理致而格，固宋元家也。弘治間，得易洞弟子韋秋山，詩名尤著，深沉蘊藉，成一家言。鄉人士從之學詩者甚衆。今自庠校至閭野，凡負才藻以聲律相高者，皆其徒也。秋山學道安貧，不求聞達，蕭然環堵中，屢空弗厭。郡邑大夫招致之，非其人輒避不見。鄉論亦多之。稽其行，不忝其文，顧不壽以殁，幾二十年有奇矣。其所著作，多散失不存。羽士何守元，嘗從學詩。哀其遺稿，得若干篇。將屬秋山門人台州同知俞君燦刻以傳，請予志一言。予讀宋詩，嘗愛陳后山，亦於其行，不於其文也。后山有壁立萬仞之氣，如“冒禁送子瞻，忍死却緼袍”之類，皆非世俗所及。秋山伉直矯厲，庶幾近之。今後進之士，以才美相雄長，習奢衒靡以爲常，聞秋山之風，當稍知改革。否則，古今作者何限，板刻遍天下，又安用刻是爲哉! 秋山名椿，字大年，姓韋氏。秋山，其號，潤之丹徒人。(按:“詩名尤”下疑脱“盛由”二字。)

楊元性初冠禮記 靳貴

正德癸酉秋，九月二十六日，辛卯，今少保兼太子太保、吏部尚書邃庵先生楊公，冠其孫元於京師寓第。先期，卜禮部尚書東川劉公仁仲爲賓。東川辭，公遣[1]介以書，

① 按:“遣”，明刻本《戒庵文集》卷十作“遺”。

固請。東川乃復書，如所介。至期，詣公第。禮部員外喬宗本大爲之贊。兵部主事于湛瑩中侍公爲擯，其諸執事，則吾潤孫貢生瑶充焉。朝紳大夫來與禮者，吏部侍郎敬所蔣敬之、東沂王廷釆、禮部侍郎悔軒李希賢、寧庵吴克温，暨尚寶崔少卿世興、李司丞繼伯，皆盛服嚴恪①。貴以門墻義切，雖孺子懋仁，亦辱召隨侍觀禮。其三加諸儀，率遵紫陽朱子所定，有弗能同者，冠裳帶履，參用今制。蓋儒巾襴衫緣靴，實今諸生釋菜之所服。故于三加用之，亦古禮彌尊之意也。其祝詞始加曰："月維授衣，卜日孔吉。振振公姓，始加玄服。小子有造，敬明爾德。以介眉壽，錫兹祉福。"再加曰："穀旦于差，月維其吉。俾爾戩穀，載加爾服。淑慎爾止，其儀不忒。於萬斯年，宜其遐福。"三加曰："惟兹令辰，濟濟多士。咸加爾服，以燕翼子。介爾昭明，必恭敬止。永觀厥成，用錫爾祉。"醮曰："爾酒既旨，有飶其香。拜受祭之，以定爾祥。受天之祐，申錫無疆。"字冠者曰："禮儀既備，吉月令日。昭告爾字，古訓是式。髦士攸宜，服之無斁。我求懿德，永錫爾極。"曰：元性初甫，亦與古詞不同。然紀事録實，重成人之責，則東川尤爲合禮。雖不同，猶同也。當是時，公以名德重望，爲世儒宗。一言一動，四方則焉。矧當令辰，舉嘉禮，斟酌適宜，儀物交盛。東川又以大宗伯爲重賓。凡與會②者，又多名公巨人，賓主終事，肅肅雍雍，無有一愆于度。宜其觀者動色，聞者興嘆，以爲斯文盛事③，絶無而僅有也。於此，可以見公之所以統百官、均四海、副天下具瞻之望者，蓄有道矣。元甫成童，行古禮，作止應對，彬彬可觀，又可以見公之家教有素。而元他日德器之成就，未可量也。冠已，東川既爲字説，致仕少師兼太子太師、吏部尚書、華蓋殿大學士西涯先生李公，又爲箴勖之。其辭有云："名爾者祖，字爾者賓。祖名從乾，賓字從仁。其則不遠，慎爾書紳④。"蓋以公之勛德、東川之學行願之也。故并記之不敢遺，且以見冠之有箴，自西涯公始也。

太醫何彦澄挽詩序　王直

余友彦澄何公⑤，在太醫院二十餘年⑥，仁宗皇帝最信任之。用藥多出御批⑦。彦澄進藥，輒⑧收奇效。由是寵遇日隆。京師公卿貴人，以至閭閻細民有疾，多走其門求治。公不擇高下，皆爲⑨治之。凡其謂可者，無不愈；其不可者卒，皆如其言。蓋其心仁、

① 按："嚴恪"，明刻本《戒庵文集》卷十作"胥會"。

② 按："會"，明刻本《戒庵文集》卷十作"斯會"。

③ 按：明刻本《戒庵文集》卷十此句前有"咸"字。

④ 按：明刻本《戒庵文集》卷十此句作"慎書爾紳"。

⑤ 按："余友"句，《四庫》本《抑庵文後集》卷十四作"彦澂，鎮江人，其於醫無所不通，非特擅一長而已"。

⑥ 按："在太醫院"句，《四庫》本《抑庵文後集》卷十四作"其在太醫院二十年"。此句下又有"有名兩京"云云。

⑦ 按："用藥"句，《四庫》本《抑庵文後集》卷十四作"凡用藥御批付彦澂"。

⑧ 按："輒"，《四庫》本《抑庵文後集》卷十四作"必"。

⑨ 按："爲"，《四庫》本《抑庵文後集》卷十四作"往"。

其術精，故其所施無不效①。予交彦澄久，居相鄰②，食其德③也多矣。今益衰，病益滋出，方恃以爲安，而彦澄卒矣。嗚呼！此予所以傷悼而不已也。然豈獨予傷之，凡公卿貴人，以至閭閻細民④，莫不傷之也。方其病時，予亟往視之。公自謂不起，而予輩之愛之者，方幸其速愈也。孰知其言信然耶？嗚呼⑤！予既衰且病，欲求安，復何所恃哉！况與交又甚久，雖欲不傷悼，可得耶？予嘗謂醫者聖賢之學也⑥，必其心仁厚⑦，然後能施德⑧及人。今之爲醫者衆矣⑨，視財利之豐約，以輕重其施，而於病之可否，則後焉。或妄爲抑揚，以大肆其貪戾⑩。甚且知其不可，姑爲好言，以鉤致其財利。若此者，皆仁之賊，而余友彦澄之所深惡也⑪。彦澄既薄官秩不受，視富貴如浮雲，故其心仁厚，而施德於人爲無窮。⑫ 乃或者謂彦澄既已獲夫上矣⑬，終未仕以卒。彼不爲彦澄者，反尊榮⑭而久焉。余獨謂彦澄雖未仕，而仁惠之施，與夫清介之行，自足以不朽。⑮ 彼尊榮而久者，惡知其不若彦澄哉？士大夫之傷悼不已者，皆爲哀挽之詩，予故爲序其説，使觀者知所擇云。

恩壽雙慶詩後序　王守仁

正德丙寅歲，丹徒沙隱王公壽七十，配孺人嚴六十有九。其年，天子以厥子侍御君貴，封公監察御史，配爲孺人。在朝之彦咸爲歌詩，侈上之德，以祝公壽，美侍御君之賢。又明年，侍御君奉命巡按貴陽，以王事之靡盬，將厥父母之不遑也，載是册以俱。每陟屺岵，望飛雲，徘徊瞻戀，喟然而興嘆，黯然而長思，輒取是册而披之，而微諷之，而長歌咏嘆之，以舒其懷，見其志。雖身在萬里，固若稱觴膝下，聞《詩》《禮》而趨於庭也。大夫士之有事於貴陽者，自都憲王公而下，復相與歌而和之，聯爲巨帙，屬守仁叙於其後。夫孝子之於親，固有不必奉⑯觴戲彩以爲壽，不必柔滑旨甘以爲養，不必

① 按："無不效"，《四庫》本《抑庵文後集》卷十四作"如此"。
② 按："居相鄰"，《四庫》本《抑庵文後集》卷十四作"居相鄰者六七年"。
③ 按："食其德"，《四庫》本《抑庵文後集》卷十四作"受其惠"。
④ 按："以至"句，《四庫》本《抑庵文後集》卷十四作"以至閭閻細民嘗受惠者"。
⑤ 按：《四库》本《抑庵文后集》卷十四"嗚呼"下尚有句云："安得復有小心謙慎愛人如己若彦澂者哉?"
⑥ 按："聖賢之學也"，《四庫》本《抑庵文後集》卷十四作"仁術也"。
⑦ 按："必其"句，《四庫》本《抑庵文後集》卷十四作"必其心厚於仁"。
⑧ 按："德"，《四庫》本《抑庵文後集》卷十四作"惠"。
⑨ 按："今之爲醫"句，《四庫》本《抑庵文後集》卷十四此句下尚有"而薄於仁者不少也"云云。
⑩ 按："戾"，《四庫》本《抑庵文後集》卷十四作"利"。
⑪ 按："而余友彦澄"句，《四庫》本《抑庵文後集》卷十四作"彦澂不爲也"。
⑫ 按："彦澄既薄官秩"諸句，《四庫》本《抑庵文後集》卷十四作"乃今已矣。然豈有咎哉？命也"。
⑬ 按："乃或者謂"句，《四庫》本《抑庵文後集》卷十四作"或者謂彦澂之善益已獲夫上矣"。
⑭ 按："尊榮"，《四庫》本《抑庵文後集》卷十四作"光榮"。
⑮ 按："余獨謂"諸句，《四庫》本《抑庵文後集》卷十四作"惡在其爲善哉？嗚呼！此亦命也。君子安於命而已矣，彦澂雖未仕，而善足以不朽"。
⑯ 按："奉"，清刻本《王陽明先生全集》卷五作"捧"。

候起居奔走扶携以爲勞者。非子之心謂不必如是也，子之心願如是，而親以爲不必如是，必如彼而後吾之心始樂也。子必爲是不爲彼以拂其情，而曰吾以爲孝，其得爲養志乎？孝莫大乎養志。親之願於其子者，曰：“弘乃德，遠乃猷。嘻嘻旦夕，孰與名垂簡册，以顯我於無盡？飲食口體，孰與澤被生民，以張我之能施？服勞奔走，孰與比迹夔皋，以明我之能教？”非必親之願於子者咸若是也。親以是願其子，而子弗能焉，弗可得而願也；子能之，而親弗以願其子焉，弗可得而能也。以是願其子者，賢父母也，以是承於其父母者，賢子也。二者恒百不一遇焉，其庸可冀乎？侍御君之在朝，則忠愛達於上。其巡按於兹也，則德威敷於下。凡其宣布恩惠，起赤子之疾而乳哺之者，孰非公與孺人之慈！凡其懾大奸使不得肆，祛大弊使不得作，爬梳調服，撫諸裔而納之夏，以免天子一方之顧慮者，孰非侍御君之孝！而凡若此者，亦孰非侍御君之所以壽於公與孺人之壽哉！公、孺人之賢，靳太史之《序》詳矣。其所以修其身，教其家，誠可謂“有是父，有是子”。是詩之作，不爲虚與諛，故爲序之云爾。

奉邃庵先生書　李夢陽

既見遽違，瞻念①增劇。心旌去旆，摇摇共西。伏念天生李晟，本爲社稷。朝有君實，吏戒邊隙。顧經綸早卷，岩壑淹栖，塞塵既起，廷論乃歸。大相元宰，老就金革。窮沙大漠，殘城羸馬，焦勞心骨，想見先憂之容。然秦隴舊民，伏威涵澤，望公之來，真如日月之照，雨露之濡。斯所謂事半而功倍者也。某少耽章句，曲荷陶成。迂執忤時，中歲淪斥。無由操策轅門，時聆邊略。然金鼓之聲②，旌旗之色，恒若親之。斯雖想像之餘懷，亦聞見之素心也。委箋名作，自慮知識蕪淺，黑白或混，青黄自嗇。然命嚴意懇，弗敢固遜。緣節鉞過汴，時内人暴病，夜警困瘁，會風又襲之，逾月始平。諸帙定③，涉秋畢矣。鄙詩二篇，敢上左右。非能步驟來章，幸置贈什卷末，亦驥尾之附也。聞有脇痛之疾，事體定後，想勿藥矣。伏惟强食節勞，爲社稷、爲生民自愛，不宣。

奉邃庵先生書　李夢陽

伏念日者，途館趨侍，河舟登別。踟蹰春野，佇望風帆。感慨今昔，衷曲凄惋。憶在冲年，獲叨鎔範，萍蓬飄逐，忽焉衰暮。公逾七秩，愚過半百。曾④不信宿，復此違隔。人非木石，誰堪此懷也！大作十册，校定者九，遺者自訟稿耳。愚嘗静繹潜究，推求旨緒：西巡諸作，矜持嚴整，大而未化；立朝之作，廊廟冠冕，俊拔典則；邊塞之作，忠誠奮揚，規畫概見；歸田之作，幽渺流行，情涣意層，變化百出矣。原之者厚⑤，故

① 按：“念”，明刻本《空同先生全集》卷六十二作“戀”。
② 按：“聲”，明刻本《空同先生全集》卷六十二作“音”。
③ 按：“諸帙定”，明刻本《空同先生全集》卷六十二作“諸帙校定”。
④ 按：“曾”，明刻本《空同先生全集》卷六十二作“會”。
⑤ 按：“原之者厚”，明刻本《空同先生全集》卷六十二作“揆厥原之者，厚决沛，藴深光淵”。

觸之則發，驅之則伏，寫之無逸景，用之無梗事，鋪之無留情。遂使工詞者，畏其渾淪；負氣者，讓其雄高；攻意者，服其巧妙。雖唐宋調雜，今古格混，瑜瑕靡掩，軌步罔一。然所謂千慮一失者也，一代名筆，後必有知子雲者。縷縷之談，未及面陳，敢附此以聞。

奉邃庵先生書　李夢陽

徐州使至，知蒲輪北矣。公之出處，天下關之。初，公之南也，愚嘗私計，出則利國，處則利身。且今夢傅卜尹之秋，孰能使公獨以身利哉？夫治朝亦有雜進，君子不無异同。今欲主張國是，定雜爲一，合异爲同，非公是利，而將誰利哉？往者，公之柄政也，議者謂公喜通才、獎辯給、拔門士、優故吏，故其顯名高位者，程事簿書之夫多，而雅裕鎮俗之徒寡；爽快取辯①之流揚，而先憂識微之士抑；委曲活變之風行，而守死執義之心灰。至今言官，猶以此病。公而不知，道以正行，事由通濟。聖人通天下之情，達天下之變，而後成天下之亹亹。夫日有中昃，時有孟季。愚嘗竊觀，今天下之才，正德不如弘治，弘治不如成化，豈否泰消長，生才有高下耶？抑有之而未用耶？用之而未盡耶？斯非後生小子之所知，亦非所宜言者，以道義骨肉，弗覺縷縷至此。大作四種五册，勘檢各畢。敢緘付來使以還。企瞻光範，北斗在天，斟酌元氣，霖雨四海，畎畝之民②，伏俟太平。無任慰幸歡忭之至！

石淙精舍記　李夢陽

昔周子起濂溪之上，倡明其學，天下宗焉。其後，自濂溪徙廬山，遂名廬山之溪曰濂溪，名其室曰濂溪之堂。今天下之學，宗我師楊公。而公亦自安寧石淙渡徙鎮江，于是築精舍丁卯橋，名曰"石淙精舍"。嗟乎，事固有偶同者，非謂是哉？愚往觀眉山蘇氏，愛陽羡山，欲徙之，蓋卒不返眉山。今其墓在郟鄏之間，曰小峨嵋者是也。愚謂其特，文章士不足法。及觀周子自濂溪徙廬山，則又訝曰："玆非有道者爲耶？"蓋天壤間，物無常主。自吾之所自出，言濂溪也，眉山也，石淙也，固吾土也；自天壤間物言，吾安往而不得主耶？嗟乎，古今人用心豈异哉！愚不佞，少幸從公游，以故得竊聞石淙焉。石淙有虎丘之丘，曹溪之溪，螳螂之川。自昆明池來者，奔流數千里，其地崩湍激石，兩崖菰葦交合，水汩汩循其間，泠然金石之音，故曰石淙。石淙視二子故土，吾不知其孰愈。乃若丁卯橋負山帶江，據東南之會。上游之地，其泉石岩壑之佳，要不在廬山、陽羡下也。陽羡姑置勿論，且廬山其志奚爲者耶？顧卒幽抑不見于世。今公際明天子，拔茹嚮用，功著邊徼，顯名中外③，利澤在社稷天下。其還也，登橋據水崖，坐石磯，不一再吟嘯去矣。故金焦大江之雲，不能奪京洛之塵；而甘露、鶴林之情，不能已龍沙、雁塞之行也。

---

① 按："辯"，明刻本《空同先生全集》卷六十二作"辨"。
② 按："民"，明刻本《空同先生全集》卷六十二作"氓"。
③ 按："中外"，明刻本《空同先生全集》卷六十二作"四夷"。

雖然，君子豈以此易彼哉？故孔子曰："樂則行之，憂則違之。"夫廬山，豈固濂溪意耶？愚不佞，徒及公之門，力不足浚流揚波。南瞻石淙，特望洋耳。是何敢言記？

邃庵辭　李夢陽

石淙夫子舊居京口①，有室一區，穾静幽紆，左圖右史，前授生徒，是之謂庵，而稱邃焉。愚也竊嘗慕之，而未獲游也。後夫子提學關輔，愚始得隨鄉邦士摳衣講坐下。然自恨限於勢分，未幾竊科第輒復違去，不得從容左右，如庵中諸子，卒業以立於世，而有私幸究緒論。遵顯則若有自得焉者，雖不敢自謂得其門而入，亦不敢苟焉以自弃。乃作《邃庵辭》以志愚衷。辭曰：

蓀壁兮桂宇，葯橑兮在下。水潏潏兮溜渠，蘭葳蕤兮當户。庵之構兮何所接，紫闥兮崇期。庵何爲兮閉寂，窈棼楣兮參差。蔽修櫳兮連延，錯瓴甓兮委蛇。穆空洞兮内啓，豁連②隅兮外直。回庵前通兮嘉樹後植，邇莫可探兮遐乎可即。匪邃曷名兮？厥維庵德。庵中兮何有？玉佩兮青衿。惠我人兮不貌以心，適我人兮可杗可桷。可楝可楹兮維庵是學，赤帷兮翠幰。庵中人兮西游，斗暉暉兮晝揭，岳岩岩兮夕秋。予邊鄙兮賤夫，悵瞻庵兮弗早。幸門墻兮未麾，矢貞心兮恒保。（據《康熙志》補）

京口三山志序　顧清

山之有志，本《禹貢》《山海經》，《周禮·職方氏》而廣之。宋范致能③之桂山，近代之石鐘皆是也。北固、金、焦爲京口三名山，其形勝之雄，風物之美，文人墨客之品題，皆足以勝於天下。而未有爲之志，如桂與石鐘者，山之僧以是爲闕典也，稍裒集其事，各爲一編，志於此濫觴矣。然統紀未一，篇帙舛訛，間或失之蕃蕪，溺於神怪，而遺其大者，亦有之。平陽史宗道以名進士來爲其郡推官，聽斷之暇，覽而興④焉，乃謀諸郡人張君廷心，彙而輯之，合爲一書，曰《京口三山志》。既成，不遠數百里，走書雲間，屬爲是正，而後乃付之梓人。廷心舉於鄉，與余爲同年。史君博雅好古，又余所習知也，意不可以虚辱。而三山者，近在吾鄉邑間，舟航南北。今老矣，追維平生，非局於程期，則累於憂患。雖褰篷引領，神爽飛越，而岩蘿磴蘚之側，猶未有一迹焉。每披圖按牒，未嘗不悵然興懷。意奇觀勝賞，亦必造物者有以予之。而昔人所謂意行、所謂卧游者，特巧於自遣，而終非其本情也。乃今因是編而得以盡窮其勝，龍宫塔廟之外，至於林谷之杳邃，泉石之幽奇，崖鎸水刻之瓌瑋，譎怪之迹，莫不羅列并進，舉集於目前，而無一隱遁。异時肩輿徑造，不問主人而所至，皆爲熟境。頭陀、元老諸公，

---

① 按："京口"，明刻本《空同先生全集》卷六十二作"京國"。
② 按："連"，明刻本《空同先生全集》卷六十二作"廉"。
③ 按："致"，原作"至"。范成大，字致能，吴郡人。見《宋史》卷三百八十六《范成大傳》，據改。
④ 按："興"，明刻本《京口三山志》卷端《京口三山志序》作"痛"。

亦不以予爲生客也。則二君之惠，不既多矣乎！乃爲略詮次其後先，考訂其疑闕，定爲若干卷，而述其大意以歸之。史君名魯，張君名萊，宗道、廷心其字。余所從考實者，北固山僧存景，焦山僧智鉉。始來致史君意者，余同年友王君國儀；終志事者，新守羅君遵善也。（按："舟航南北"下疑有脱句。）

重建靈觀閣記　王徽

金山之陽有閣焉，榜曰"靈觀"。其興替始末，志刻莫載，莫可考。歷歲既久，岸石崩塌，閣蕩然無存。惟餘頽垣壞砌，蒙蔽榃翳，土像偶軀，剥蝕風雨。有秀頭和尚者，至其處，見而憫焉。乃募材庀工，鑿他山之石，伐他林之木，而重建焉。累岸爲基，高七十尺有奇。比舊益開拓，爲閣五間，重檐覆宇。其高深廣丈尺各若干，雄偉壯麗。宲桷楝榱，繪以青碧；扉闥窗壁，塗以漆堊。中塑華光像，後塑五顯像。旁列諸侍從，及諸神像。金粉采色，崇飾尊嚴，光眩人目。於凡供具，罔有不備。創始於弘治乙卯八月。越明年八月，閣成。其土木圬墁，陶瓦鐵石，漆膠之用，工匠傭役，食飲之需，費白金千數百餘兩，皆秀頭孑身爲之者。秀頭名定清，廣德州民家子。自少削髮入僧籍。初，廣德有耆舊僧，來金陵募緣，造佛像。清與俱來。其僧每出募，無所得。清出，輒充牣而歸，歸即悉與僧。後僧頗爲私藏，清遂弃去。聞祖堂山幽栖寺之勝，往栖焉。幽栖，去城南三十餘里，梁武帝時舊刹也，殿廡傾側。清一見之，頃即以興復爲己任。遂入城募緣，重新造修，三逾歲而功始成。其所費，不啻比靈觀加數倍，亦皆清孑身爲之者。余嘗慨夫天下自三代以迄於今，忠臣義士有功德於民；節婦孝子有關於風教，其祠廟湮廢於荒郊之墟、野水之濱者，不知幾處矣。安得吾士大夫輩，有如清者，而爲之修復哉！清，質狀樸野，語言甚拙澀，未嘗以巧令干人。人無富貧，見者皆樂爲施與。豈清一誠，有以動人也？與每募緣暇，輒躬薪水以助役。夜則入山，叫佛蚤暮，勤苦不少休。頭髮復長出，不暇剃。及長長，亦不暇櫛沐髮，遂纏結如氈，歲久積高尺餘，峨然在頂，如一塔然。雖盛暑間，亦不作汗膩氣。人見而异之，因稱之曰"秀頭和尚"。平生惟食淡飯，凡滋味未嘗入口。一衲數年寒暑，晝夜不脱，足惟草履而已。先後所募物貨，累巨萬，未嘗以一毫爲己私用。嗚呼！若秀頭者，誠可謂戒行精清，無愧於學佛者矣。士大夫有居高位、食厚禄、不顧義理，取非其有而有者，視秀頭能不少愧也耶？僧宗文者，楚石上人之嗣孫也，來求予記，遂刻諸石。

唐順之《丹徒縣洲田記》（見"輿地志"）

答茅丹徒鹿門書[①]　唐順之

兄始至邑，而巽峯公有所齟齬，僕深疑於兩賢之不相厄。故嘗懇懇以下交之説，勸

① 按：清刻本《唐荆川先生文集》卷六題作《答茅知縣鹿門》。

之巽峯，而復以上交之説，爲吾兄言之。既而同心共濟，歡然無間，則既免於睽孤之吝，而果獲利元夫之吉矣。不謂中路乃復猜嫌，如兄所示，令人太息。則是既脱之弧，而復張之弧也。若有鬼神焉交鬥其間，奈何？雖然，在巽峯，則不免爲不能容才；在吾兄，則不失爲動心忍性之一①助也。自古上下相順，則爲益猶少；惟上下相忤，則操心慮危委曲相濟爲益尤多。此昔人以愛惡比之惡②石美疢而益之，爲卦益用凶事反勝於益之，以十朋之龜也。兄更參透此關，則何往而非受益之地哉？乞歸一節，雖所謂冷暖自知，非人之所能勸阻。然願兄更濡忍審處其間③，勿輕爲去就可也。不得一面談，耿耿何極！

復丹徒邑諭唐白野先生書　茅坤

解官南還，承公手書，嗚咽嗟咨。若將吊不肖之奪官，而又憐非其罪者。雖然，公讀古今傳記，嘗④上下數千年矣。其間，可悲可詫⑤、可憤可涕之事，不知其幾。金焦之下，大江之滸，得無猶有漁父鼓枻歌而過者乎？歸來山中，左手持《南華》，右手持棋局，醉則援筆賦文章；稍稍淋漓宴嬉，以恣其丘壑之思，或自一道也。幸公姑置之門下之士，所當從吏時舊游，或他鄉先生訊及，爲報曰："已草《北山移文》久矣。"其言事⑥不恭，不當以聞於丈人。行恐公遠念，故不得不以所自適者發公一笑也。

再復唐司諫書　茅坤

日者，痛故郎中唐公孝廉至衰白不改，今且没矣。非得海内大賢厚望之士題其墓，令士大夫共傳之，則唐君之誼，當與露草同委矣。死者泯泯，則生者泄泄。士大夫之出而仕，孰不甘心於富貴紈綺、池臺歌舞之侈其身及其子孫？而亦何羡於彼之死不屬棺、棺不及其葬爲也？某忝縣吏之後，則采其誼而聞之海内大賢厚望之士，固某之責矣。故敢因王生之抱經南來，而具書以請先生云云，得無重於采僕之鄙陋，而輕於恤唐氏之行誼矣乎？且唐君無過人才智，獨其當父繫獄者三年，卒爲之號慟⑦。而土寢蚊處於其外，没之日，亦如之。自起家至刑署郎，綰州縣印綬，并大夫以上二十年於兹。而身没之日，無一椽以栖其棺。據某言之，雖未必與聞乎道，謂非孝廉不可也。先生猶以未及面爲辭何與？古人有聞其風而吊其墓者矣，亦有得其道路之遺而爲之傳記者矣。往往悲歌慷慨，借之詞采，以遺後世。先生惟計其人可與否耳，而何暇擇其面不面乎？星附光於月則爍，鐸因響於風則遠。唐君潔白之誼，非先生之文不傳，傳之亦不遠。百年之後，士大夫載

---

① 按："一"，清刻本《唐荆川先生文集》卷六作"大"。
② 按："惡"，清刻本《唐荆川先生文集》卷六作"藥"。
③ 按："然願"句，清刻本《唐荆川先生文集》卷六作"然願兄更忍性其間而審處焉"。
④ 按："嘗"，明刻本《茅鹿門先生文集》卷三作"當"。
⑤ 按："詫"，明刻本《茅鹿門先生文集》卷三作"咤"。
⑥ 按："事"，明刻本《茅鹿門先生文集》卷三作"似"。
⑦ 按："慟"，明刻本《茅鹿門先生文集》卷一作"痛"。

質而出，猶且讀其文，思慕其人，徘徊於唐氏墓草之側。而或不售意於彼之富貴紈綺、池臺歌舞者，是則先生之賜也。是亦予有司之事也。惟高明亮焉。外承示文稿①，且命坤稍爲議評，詮②次其後。某慚非工於文者，初不敢妄屬而繼至者，再私揣先生之情，或欲令不肖竊與聞金石之末，而使之同爾③。謹忘鄙陋，略加商確，如别楮教之，幸甚。

丹徒縣洲田志序④　茅坤

郡太守巽峰先生洲田之法行，其川隰江海沃野之利，既入於官，而勢家巨室無所厚射以滋訟門。卿大夫之過道理⑤者，郡縣歲計其入，以待委積。故時供帳⑥、宴飲、車馬、饋遺一切無會之徵，所由朘民脂膏⑦以赴交締之壑者，悉已罷去。司諫荆川先生記行事，書而藏之名山矣。先生復請鄉大夫自山吴公爲志。以事必詳始，則其情見。故爲公移以田之塗澮不分，則民有血氣不能無争心。故爲圖以財之出入無式，嬴⑧縮無式，則司費者或起而攘，非所以勾郡縣之籍以遲其久也。故爲例。以法必公議，則來者可守，而采風者有劑也，故爲記議賦頌書，凡若干卷。刻既成，其隸邑吏。茅坤乃讀而題其端⑨，以告繼今日之有司者，曰：是法行，其資入於公府，其出入悉總於司財者，書之以待歲弊。郡縣非爲公費不得書爲公費，而郡縣之事不得書郡縣之事，而上司命書之以待歲弊也，則得書。其或上官欲有所費，命於有司，而不欲有司書之也，亦不得書。不得書，則不得以其財出入。故嘗按書者之所籍以考故時里甲之費。郡縣佐貳寮幕所自爲奉御者，什去其九。過卿大夫所籍，以爲款澤絡繹道路之間者，什而去其六七。及其上官官司所轄，歲至之常，以爲奔走供億者，什而去其四五。他日郡縣之長吏，於此使其約己治官，守之百世可也。稍令内不厭其子女童婢之欲以事奉御，外奪於連騎結駟者之紓求，以納款澤中，復惟上官者之所涎頤滂洪泂泖，以爲奔走供億，則以是法爲贅疣，所甚不適意於有司，呶呶焉訛言摇亂而去之，惟恐其不早且力。譬若薪之待燎，行之數年，不可得也。而況至於久乎？《易》曰："窮則變，變則通。"遲之數十年之後，而洲田之存者或没，没者或復，時之沿革，財之消息，與司財者之庸與否，相攝而行之，以不失乎今日之意，是則巽峰先生之所望於有司也。予故表而出之，以待後之同志者又題而告郡之勢家巨室者，曰：是法行則齊民蒙故業。凡以氣力雄食郡縣者，既不復能射江

---

① 按："外承示"句，明刻本《茅鹿門先生文集》卷一作"外承示文稿一帙"。
② 按："詮"，明刻本《茅鹿門先生文集》卷一作"筌"。
③ 按："同爾"，明刻本《茅鹿門先生文集》卷一作"同聲耳"。
④ 按：明刻本《茅鹿門先生文集》卷十題作《叙丹徒縣洲田志後》。
⑤ 按："理"，明刻本《茅鹿門先生文集》卷十作"里"。别本即作"里"。
⑥ 按："供帳"，明刻本《茅鹿門先生文集》卷十作"共張"。
⑦ 按："膏"，明刻本《茅鹿門先生文集》卷十作"理"。
⑧ 按："嬴"，明刻本《茅鹿門先生文集》卷十作"贏"。
⑨ 按："端"，明刻本《茅鹿門先生文集》卷十作"後"。

海之利，以競擊鐘鼎食之富，當共苦之。然而齊人死鹽策、粵人死璣翠，利之所在①，民共惑而犯焉，故也。故聖王禁利，以定四海；諸侯禁利，以保境内。況郡縣大夫之獵其所入，以待所出，凡以爲民也。因公家之帑，以寬什一之誅，非爾鄉黨、鄰里、朋友、姻戚乎？語曰："君子富，好行其德；小人富，以適其力。"蓋言唯人也。予故表而出之，以待郡之行富而附仁義者。

季子廟記　茅坤

季子廟之在丹徒者，予不詳其所自始。按司馬遷撰次《史記·世家》云："季子封於延陵。"則延陵，季子所食於吴之采邑也。而延陵，即今昆陵，去丹徒二百里。土之人非其故君，特廟而食之，豈愛其道歟？然亦不附郡邑之祀。里中父老，歲時伏臘争走之②，以禳年攝福田。而廟址舊隸鄉大夫吴公所爲别業山之隘，頹甚。公間請有司改廟於其山之最高處。予過謁之，而攬所爲江流，金、焦、北固諸勝若左右翼於襟帶之間，可以眺而游宴③焉。遂屬予加亭於其前，而爲記其事。問於予曰："季子之讓國，非與？何傳《春秋》者謂：孔子惡其辭國而生亂，於其聘魯，書'吴子使札來聘'，不稱公子，示貶也？"予應之曰："非也。季札使魯，在餘祭之四年。又夷昧立十七年而卒，而始致位乎季札。季札讓而去，然後國人謀立夷昧之子僚。又十二年，而公子闔閭弑之。由是言之，方其聘魯，君命也，非讓國而逃也。其聘魯，陳詩而徵存亡、考小大，蓋浸浸乎有禮矣。弑之事未兆也。《春秋》以忠恕明王道。聖人安得以其十二年後去國之亂，而預罪之哉？"曰："然則，孔子其與之與？"曰："春秋之世，臣弑君、子弑父，以力相攘，而成篡殺之亂者，踵相接。其能以兄弟遜國者④，於商得泰伯、仲雍焉，又百年而得伯夷焉，又五百年而後季札者出。紹明泰伯之風，彼其屣視千乘之國，而世之所稱；分茅胙土，聲名文號之寵，澹然無所緇於其心，泠然若蟬之飲露而處焉，然後能舉而蜕之。其於春秋之世，何如也？而孔子惡乎不與之哉？使其非與之，則何以爲之哭其死，而題其墓也？然則，傳《春秋》者妄與？曰，蓋未能明乎季札父子兄弟之間，而何以服其心也？夫太王之授，季歷也。泰伯、仲雍相與逃之荆蠻，斷髮文身，示不復用。然後國人得以推太王之意，立季歷。季歷得以傳諸子昌，是爲文王。使當時泰伯、仲雍而苟在，則國君死而立其子，制也。季歷其能以一日朝泰伯、仲雍而南面於其上乎？而又得以傳諸子乎？壽夢卒而諸樊攝行事以待札，札當以此時逃而去之。或髡鉗自廢，然後諸樊不得不自立。使諸樊又如伯夷之讓國人，不得不如孤竹立其仲子之義，以及餘祭。然後國有定君也。季子而一日在吴，則諸樊以爲父之遺命，蓋嘗告之先公之廟，書之簡册，布之國人，所共聞者，安得不倡兄終弟及之義，以次致位於札？諸樊卒而餘祭也立，餘

① 按："在"，明刻本《茅鹿門先生文集》卷十作"下"。
② 按："争走之"，明刻本《茅鹿門先生文集》卷二十作"走争之"。
③ 按："游宴"，明刻本《茅鹿門先生文集》卷二十作"宴游"。
④ 按："遜國者"，明刻本《茅鹿門先生文集》卷二十作"遜国於其間者"。

祭卒而夷昧也立，兄弟相及之義。國人固已目見而心習之矣。及夷昧之卒也，而莫之立，季札始窮而逃焉。闔閭其能甘心於公子僚之自立乎哉？胡亥殺公子扶蘇以自立，而陳勝者，詐稱公子扶蘇，一呼而天下大亂。且闔閭不言，國人猶陰拱而議也。况闔閭之雄很①，其於公子僚，鼠畜而犬視之。彼其謀任伍子胥而進專諸，其篡弑之志非一日矣。特以國無内外之釁，而季子猶位僚肘腋間，不敢急逞耳。吴伐楚喪，而季札且出使晉，以觀諸侯之變。當是時，彼闔閭囂然其左右也，能無動乎哉？故其言曰‘吴方外困於楚，而内無骨鯁之臣’，是幸札出聘之辭也。然猶不敢擅立，而曰‘季子雖至，不吾廢也’。言不吾廢者，其義懼於心之辭也。季子至而曰：‘苟先君無廢祀，乃吾君也。’然則闔閭蓋已早諒之矣。季子必何如而可？曰：‘未及諸樊之除喪，當先去以避之；不之去，當請諸樊立公子闔閭以爲太子，諸樊不從，則必去；或又不及去，則夷昧之立也，必當以闔閭死争之，如言諸樊時。’且曰：‘國本闔閭所有也。不吾從，吾將東西南北而之焉。是教諸子他日兄弟相篡弑也。’夷昧其能不聽之哉？季札内無所處，以授夷昧；外無所處，以待闔閭，乃欲默然以去，嗚呼晚矣！予故竊謂，季子非不當讓國而去，惜其去之處乎父子兄弟之間，或未盡也。雖然復命而哭諸墓，終身焉不入吴之市。季札其始終能自靖以持亂矣。其履古之仁義之遺者與？”公以爲然，因書之爲記，以質士大夫之過廟而謁者。

三山志序　屠隆

余登三山，然後悟天地靈秀、瑰异跌宕之觀無盡。而六合内外之變幻要渺②，而莫可究詰者，何量也。夫茫茫元氣，谽谺翕張而出之，聚而成象，名之曰天，聚而成塊，名之曰地。又天地之氣結而爲山，融而爲川。川之大者，是爲江海；而江海之中，又復有山。東方朔《神異經》所傳蓬萊、方丈、瀛洲三山在大海中，多珍禽异獸，靈藥瑶草，往往爲高情勝氣者所艷慕。又相傳以爲巨鰲戴之，横波乘漲，世罕得登，幾於恍惚汗漫。而所謂金、焦、北固三山者，在潤州。靈詭空闊，庶幾大海三山之亞。北固峙潤州北，俯臨長江，沙岸若崩，海門若畫，業稱南徐巨觀。而金、焦兩山，則屹然大江中流，琳宫金刹矗其上，而黿鼉蛟蜃走其下。極烟雲之吞吐，洪波之礴擊，古今之遞遷，朝市之互更，人物之銷沉，而了莫之易也。振衣崇岡，濯足長流。俯仰之間，何其適也！美哉，斯觀！標韵者可以濟勝，抱奇者可以宣藻。立功者可以扼險，知道者可以觀化。曠③朗之士，栖迹清曠。島嶼中起，洪波四周，晝大江而居之。纖埃不到，自爲一丘，與市廛隔絶。每當烟銷霧散，潮生月出，海天萬里，一碧無滓，灑然樂之，超若羽化。蜉蝣塵壒，如古焦先者流，穆乎清風，直出六合之外。故曰標韵者可以濟勝。文人名流，

---

① 按：“很”，明刻本《茅鹿門先生文集》卷二十作“狠”。
② 按：“渺”，明刻本《白榆集》卷一作“眇”。
③ 按：“曠”，明刻本《白榆集》卷一作“玄”。或是，不與下“曠”復。

登而捫焉。覽其幽勝，收其巨麗，而吐爲瑶華，文彩照乎江山，而名字留於千古。如張處士、孫宗正，名章秀句，至今與此山争雄。故曰抱奇者可以宣藻。英雄經略之才，乃心王室。憑高眺遠，顧瞻形勢。澤國設險，海門雄踞。扼咽喉而守要害，則萬夫莫能濟，奸人不敢窺，而大江南北，高枕而卧。故曰立功者可以扼險。江胡然而流？山胡然而峙？其翕蕩而不泐也，孰爲之宰？其浮空而不墜也，孰爲之根？是天地之至妙也。故曰知道者可以觀化。而又在東南内地，與三神山之遠浮海中恍惚汗漫而不可究詰者异矣。其地勝，其形奇，其本巨，其理該，故足賞也。萬曆辛巳冬日，余陪都憲零陵吕公登三山，公言於督學使者蘄水李公，李公欣然命二博士治《三山志》，而以前序見屬。夫天下名山，其高且巨者，無如五岳；其神秀而幽邃者，無如三十六洞天；其奇峭而險絶者，無如峨眉、武彝①。今三山，高巨不及五岳，神秀幽邃不及三十六洞天，奇峭絶險不及峨眉、武彝，而空曠有之，又兼兹四美，庸可無紀乎？都憲、督學兩公，皆當代名賢巨儒，一時咸以觀風而來，覽物紀勝，行垂不朽。而余得以職事厠名其間，則厚幸矣。山靈有知，又寧不愉快此舉也耶？

趙昌期《重修米元章海嶽庵記》（見“輿地志”）

題净名齋壁　賀朗

丹徒令趙君，捐橐金建净名齋，祀蘇、米二公。築研山閣於西偏，自爲文記之。戊午春，余僦居兩月餘，每愛研山閣左壁，竹樹蒙茸，枝影娟净，月痕日浪，朝昏摇曳，光氣上下，恍恍靡定。壁間尊罍書卷，亦映帶生動。暫作數十日净名主人，知南宫不嫌捉刀也。潤州士女好春游。數日來，香車闐陌，藉草提壺，笑語散落烟靄間。倚樓望北固岡上，衣影軋軋，與樹影相亂。今日輕雷暴雨，自曙達暝，寂無人聲。檐溜淙淙，蟲鳴幽幽。静憩一榻上，焚水沉香，誦《楞伽》數過，如坐深谷，蕭然塵遠。時穀雨前一日。（增）

金陵辨　林魁

杜牧之②詩：“金陵津渡小山樓，一宿行人自可愁。潮落夜江斜月裏，兩三星火是瓜洲③。”蓋唐人指京口曰金陵。按張氏《行役記》：“甘露寺在金陵山上。”李約初至金陵，於李錡坐，屢贊招隱寺標致。杜審權自潤州刺史除尚書左僕射，制曰：“頃罷機務，鎮於金陵。”駱賓王《送閻五還潤州》詩序云：“言返維桑修途，指金陵之地。”元稹《寄浙西大夫李德裕》詩云：“金陵太守曾相伴。”如此者，不可枚舉。蓋當時江寧、句容，俱隸潤州故也。

---

① 按：“彝”，明刻本《白榆集》卷一作“夷”。下同。
② 按：此詩一作張祜詩《題金陵渡》。見揚州詩局本《全唐詩》第八函第五册《張祜詩二》。
③ 按：“洲”，揚州詩局本《全唐詩》作“州”。

京城辨　林魁

京城，説者謂荆王賈居之，故名。或又以爲由孫權所居而然。舊志云：荆字既不同權，未嘗稱尊號，奚爲名京？二説者非也。按：京者，人力所爲高丘也。亦有非人力所爲者。人力所爲，公孫瓚所築，易京是也；非人力所爲，滎陽京索是也。今地名徐陵，即此京。非人力所爲也。京上郡城，城前浦口，即是京口。又《獻帝春秋》：“劉備至京，謂孫權曰：‘吴去此數百里，即有驚，急赴救爲難。將軍無意屯京乎？’權曰：‘秣陵有小江，二百餘里，可以安大船。吾方理水軍，當移據。’”蓋吴先都京，後都建業，則京口亦謂之京。今按：孫策兄弟蓄問鼎之志，故以殊稱加其居地耳。或史傳追稱之辭，亦未可知也。

蒜山考　林魁

蒜山，在丹徒縣西三里。北臨江上，無峰嶺，山生澤蒜，因以爲名。按：晉孫恩浮海，奄至丹徒，率衆登蒜山。劉裕奔擊，大破之。投崖赴水，死者甚衆。唐劉展叛，田神功將三千軍於瓜洲，將濟江，復將步騎萬餘陳於蒜山。又徐知誥常游蒜山。除地爲廣場，編虎皮爲大幄，率僚屬會於下。舊志又謂，蒜山松林中可卜居。蘇子瞻詩：“蒜山幸有閑田地，著此無家一房客。”觀此，售寬廣可容萬人。宋時猶可居止，不知何年淪入於江也。（以上三篇并據《康熙志》補入）

鎮江府丹徒縣二學義田記　薛應旂

古者建國，君民教學爲先。而設官讀法，考勸糾戒，至周大備。惟時邦國都鄙，州閭族黨，咸受教令。而其羞服匪頒之繫於學者，則不經見。豈其田以井授而百畝常制之外又有餘夫之田？故俊秀皆得以自給而專致于學，譽髦比屋①，宅俊滿朝，唐虞以還，周之人才，斯其最盛矣。迨后田卒污萊，青衿挑達，狂童游士，散在寰區。家各殊尚，人自爲説。先王之道，不明不行。仲尼憂之，設教東魯，弟子彌衆。而伐木絶糧，已且不免。雖賢如顔、季，簞瓢屢空，藜藿不厭，自非上知。學稼干禄，又何怪哉？至漢元、成間，謂孔子布衣，且養徒三千。遂增學官，弟子不限員數，卒以用度不給而罷。彼謂三千人者，聚食孔氏，其見固妄。至以天下之力而養士之需，乃不能繼，曾謂處得其道而若是耶？惟兹鎮江，實江東首郡，而丹徒爲之附邑，故各有學，而田則未置。惟是生徒日盛，貧寠者或無以自給。乃莆田林侯守是邦之三年，爲嘉靖癸卯，政成化行，民隱具悉②，置公田以省班坊之費，寬常賦之徵，民既鼓舞樂利矣③。乃復因尚寶楊君紹芳，

---

① 按：“比屋”，明刻本《方山薛先生全集》卷二十二作“盈野”。

② 按：“悉”，明刻本《方山薛先生全集》卷二十二作“恤”。

③ 按：“民既鼓舞”句，明刻本《方山薛先生全集》卷二十二作“鼓舞樂利者，籍籍道路矣”。

所捐族人訟田一千二十九畝[1]有奇，計歲輸租若干，分給兩學，以爲常業。請諸撫按諸公，咸如其議。提學御史衡水楊公宜懼其久而無稽也，謂當刻石以傳。侯因屬記于薛子。先之以丹徒令茅君坤，申之以王生合節、萬生木，薛子遂次其事而書之曰：憂道不憂貧，斯謂君子。無恒産而有恒心，惟士能之。學者受天地之中以生，而誦法孔孟，固當自興，而無待於外者。矧侯盡師帥之道，隆教養之法，以至薪水膏火之資，冠昏喪祭之費，罔不爲二三子慮矣。二三子有不觀感而益奮者乎？夫士之于學也，猶農人之于田也。二三子果能修禮以耕之，陳義以種之，講學以耨之，本仁以聚之，播樂以安之，則窮可自養，達可兼濟。[2] 而兹田之裨于學也，不徒爲貧士之助爾也。不然，其殆有田而弗耕，耕而弗種，種而弗耨，耨而弗穫，穫而弗食，食而弗肥，將不負侯今日之舉乎？且吾聞侯清夷古淡，切近精實，每聽政之暇，集二三子于海嶽書院，闡明體用之學。郡聞者，莫不顒然嚮風，而况親炙之者，其忍負侯也哉！昔文翁守蜀，而諸生比于齊魯，安定教蘇湖而四方皆知胡公弟子，吾兹有望焉矣。然侯治行卓异，陟明有日。嗣至者，固將踵侯之高義，而繼承勿替；其筦鑰出内者，亦自當慎，乃攸司必無旁落下移之虞也。余又何言？侯名華，字廷彬（按：唐順之《洲田記》云：字廷份）。學者稱爲巽峯先生云。

前丹徒令鹿門茅公荒政記　姜寶

嘉靖歲甲辰，鹿門茅公自青陽服除，來視丹徒縣事。是年，適江南旱爲灾。他令長講荒政而莫知所從事也。公以江淮、吴越間數千里雖飢甚，而徐沛以北歲頗登，既嘗移檄諸司，請開閉糴禁通商矣。又聞京師因徐沛以北歲頗登也，而米價不甚踴，于是議請蠲之。外又請議折。折于歲額不爲損，而每石省耗費且三之二。其爲民賜，蓋大略與蠲等。巡撫丁公是其議而疏行之。時江南歲漕以請得蠲者四十萬，而折倍于蠲。其以本色挽僅十之三四而已。公爲丹徒請，而兼及於江南如此。又以丹徒之民枕江山而田者殆相半，山田旱而赤地矣。猶幸洲于江者因潮以濟，溉已而稍稍收。于是爲通融酌處之法以請而得蠲者，與其不盡蠲而折者，皆歸山田，而山田之民得無税。又于里甲、均徭、夫差三者皆援弛力薄征故事，請于院、司、府，減免其半，以歸于山田。而山田之民得無辦里甲、均徭，即夫差亦不以及也。由是江南不加賦，而山田之民因寬税役也。人得以謀生，而自食其力。公又以此但施及有田者爾。若其無田者，與有田而田少稱下下户者，未遍也。於是乃議賑。先是，公以徐沛間歲頗登，而請開閉糴禁也，括倉金共五千餘充官糴之本。而民有厚於資者，恣令自往糴，官不禁，亦若不與也。但令棋置所糴，于各鄉以待行事。既而又虞里胥者，藉飢户往往欺也。則悉召長鄉賦者，予以實徵之册，令檢下下户以聞。陽示檢有漏，則責令代之輸。彼方以代輸爲病已，故悉檢以聞，而不知公以此核飢户也。凡飢户之籍于官也，既得矣，公又以故無籍于官，而流且傭于山谷間

---

① 按："一千二十九畝"，明刻本《方山薛先生全集》卷二十二作"一千二十四畝"。

② 按："則窮可自養"二句，明刻本《方山薛先生全集》卷二十二作"處可以善俗，出可以長民"。

里間者，未遍也。于是又議爲沿鄉審放之法。以單騎遍行縣，每至一鄉，則故嘗籍于官，與未及籍而來告者，并聽核，核而信則皆粥食，而予之印符，令飢者執符以受粟。而主賑者按户收符爲券。前此厚資者之家，其所貯私糴，但令飢下户轉相糴，或貸以取償而已。公蓋以此爲佐賑之一策，亦未嘗奪其有，以盡予飢下户也。計通邑受賑者萬八千户，賑而得全活者數萬人。蓋前此飢下户以聽審而守支城市中，其爲勞且費，與聚而爲疫癘之患，既因公以免，而里胥者，又無緣得售其奸欺。貧者蒙惠，而厚資之家亦不至失其利。又如山田被施而江田亦未嘗加賦也，皆亦他令長凡救荒者之所無也。於乎，可謂有造于丹徒矣！故公去丹徒二十有六年，而士民思之如一日。凡來屬予爲記者，玉山嚴公等數十人，其言亦如出一口也。於乎難矣！予嘗謂救荒如醫病，然醫者意也。意有所獨到，斯神有所獨通。盧扁視病人能盡見五臟癥結，人謂盧扁非常人，能通神如此。不知其能通神如此也，意到故也。公於丹徒荒政，豈亦所謂意獨到能通神者歟？不然，事至難處，至難濟，何其善處能兼濟如此也！史遷云："人之所病，病疾多；醫之所病，病道少。"今年適大水爲灾，正疾多而病道少之時也。丹徒士民，安得不思公？予亦安得不爲公記其事歟？雖然，予爲公記其事，乃爲盧扁者傳寫其方書也。而水灾與旱灾异，江田漂没，與山田赤地同。又在後之長民者，按方書而善用其意，民病庶有瘳。於公通神之治，庶亦得其心傳矣。公名坤，字順甫。湖之歸安人。嘉靖戊戌進士。所可見於世不止此。而予所記者，荒政也。故荒政外不及云。

吕江峰集序　李開先

古有建安七子、大曆十才子，今嘉靖十年後，更有"八才子"之稱。八人者，遷轉憂居，聚散不常。而相守不過數年，其久者亦止八九年而已。不知天下何以同然有此稱？詳其所作，任忠齋以奇警，熊南沙以簡古，唐荆川以明暢，而陳後岡之精細，王遵巖之委曲，趙浚谷之雄渾，各隨其材力。吕江峰獨以雅致擅名，七子所長果是不可及。但任失之靡麗，熊失之慳澁，唐失之軟弱，而失之深晦者陳，失之疏蕩與纏繞者乃趙與王也。吕亦自謂有方板之失，其短處自不可掩。古人多有諱短①，如曹子建貽楊德祖書，備論同時數子，不少假借。《雪浪齋集》於大曆詩人各有評駁。惟予兼七病，素無一長，亦幸得厠名於其間。任有《考功集》，熊有《内外集》，并《周易象旨決録》；唐集十二卷，陳集不分卷，二册；王有《家居玩芳堂二集》，各七卷，而趙集十五卷。予亦②《雜著外集》，亦不分卷，凡十一③厚册。惟江峰不知其集之多少存亡。忽其長子克念致書云："編定先君遺稿，頗有次第，已托桂陵胡子爲之後序。"而以前序屬予。予方爲其集繫心，聞此不勝喜慰，遂爲之序。其概以見諸子同游之美，及得譽之隆如此。雖爲之作序，

① 按："古人"句，明刻本《李中麓閑居集》卷五作"古人多不諱短"。
② 按："亦"，明刻本《李中麓閑居集》卷五作"自"。
③ 按："十一"，明刻本《李中麓閑居集》卷五作"十二"。

尚未得其全集。止據平日所見，詩則沉著痛快，文則平正詳明，而雅致不足以盡之，方板不足以病之矣。

焦山忠節祠祭碑記　鄒元標

余應命北上，以疾就醫京口。登焦山，檢《藏經》彌月。得庵中僧舒庵，與之談世外語，甚契。相接忘形骸，時與散步於山之陰。則見有祠者，其主爲故宋揚州都統制徐公芳，及夫人王氏肖像，心竊异之。僧乃具言徐公事云：公在孝宗朝，以名將子居世職，歷寧宗，禦寇江中，大敗之，遂留鎮此山。理宗紹定三年，李全反，計取通泰。趙范、趙葵會公師，先入揚州。全乃駐兵平山堂，立長寨，以困三城。公與范、葵分守諸門，約同出擊之，與全戰。自辰至未，殺傷相當。而公益奮勇，深入賊圍，乃遇害。其軍士感公之德，憫其忠，因爲之立祠於山。夫人復以田百六十畝给庵。僧主之，俾歲入，奉祀不乏。後夫人殁，并肖其像祀之，至今與此田俱存。余聞之，爲慨然生嘆。徐公以殉節，夫人以厚施，故廟祀數百年，其忠猶不殁於山僧之口。當時全生遠害、擁禄自封者，不知能保至今否也。余因勤官，無暇他及，遽促舟北行，然心時邑邑，不欲令公之無傳。會公後人徐君鎮及浦，以余悉其事，祈著焦山祠祭碑，固余素志也。抑聞公殉節時，夫人率其二子往揚州收葬，煢煢孤露，未蒙有褒恤者。今其子孫蔓衍，衣冠之盛，甲於他族。余復慨然，嘆謂天地之報施，不於其身，必於其後，不信然歟！余故樂記之，以勸人臣忠事之心，而羞貪穢之士。

貞録序　蔣德璟

予嚮以使事入盱江，則聞益藩某鄉君，許字某千户子，八歲殤。鄉君幼即誓不再字。及笄，往舅姑家成服，修婦道甚謹。盱人歌咏之。璟爲言於當事：“此奇女宜亟旌。”而鄉君年裁三十許耳。比復得丹徒吴公九見之姊，姊許金沙曹生，年十四而生殤。即力請於父，奔夫喪，哭甚哀，殮已，即還父家，趺閉一室，斷葷血，禮大士，誦經五十年如一日。課二弟，以己未、戊辰連舉進士。與其弟游者，皆知有姊，呼曰“吴貞姊”。或曰貞姊不女不婦，宜呼爲曹貞室，然“室”即“婦”也。陳眉公先生曰：在吴稱“貞女”，在曹稱“節婦”，宜兼署曰“貞節”。蔣德璟曰：以爲“姊”，緣弟名，未緣夫名也。以爲“婦”，緣夫名，婦其名，未婦其實也。然則，奈何？古者，女子之字也，其姓從夫，其名從父。《春秋》書紀伯姬、鄫季姬、宋共姬之類，皆名以父姓，而共姬獨稱謚。《公羊》曰：“其稱謚何？賢也。”左氏曰：“君子謂宋共姬女而不婦，女待人，婦義事也。”蓋以逮于火爲過。而夫子賢而特書之。至删詩，于變風，首衛共姜自誓曰：“母也天只，不諒人只。”《傳》曰：“天，謂父也。”言其父母不相信也。然而，皆以謚顯。《列女傳》書楚昭王夫人漸臺事，亦曰“貞姜”。《易》曰：“女貞不字。”女言貞婦，言節夫人也，而謚之“貞”，猶以女待人之義格之也。吴氏姊以夫則曹，以父則吴，以不字則貞，宜書之曰“曹貞吴”，以附於“共姬”“共姜”“貞姜”之列。難者曰：彼二姜一姬者，則既字矣。吴未字也，奈何？夫貞則“不”字之稱也，惟“不”字故稱貞，字而矢靡他，則節之而已矣。雖然，未盡也。貞吴非獨能婦也，更能爲子。世有女而老於父母之膝下者哉？曹娥、饒娥死孝矣，未若生孝之愉也；更能爲姊，魯義姑，姊抱兄子而弃其子；聶政姊，欲名其弟，而死弟之旁，皆非比。獨辛憲英教其弟敞，差相似耳。而予更爲貞吴幸者，及其父母二弟皆异人也。父母壯其志而成之，共姜之父母不如；二弟能自成名，又能名其姊而布之，憲英之弟不如也。令甲節婦年非五十不旌，璟祖母吴太恭人二十一而寡，九十六而始旌，蓋以先受家君封故。雖恨其晚，而猶幸其有百歲之壽。若貞吴與益鄉君，皆以童稚抗志，與日月争光，終身處子，千百年一再見耳。此豈可以常格論者？予故并表而出之，以見國家風教之盛，而并以告采風之臣，使早爲之表章，以附於《春秋》特書之義。

張王廟記　吴之望

潤祠山行宫，自漢建武始。蓋舉以德庇民、禦灾捍患，則祀之典也。厥後或修或起，靡得而詳。迄于今，則歲月滋久，漸就榛蕪矣。乃神之精神、赫赫行天而相與尸而祝之者，不以祠敝不舉。余嘗一過祠下，瞻仰之，而愀乎其有感焉。人依神，神亦依人。廟貌若此，且蔑以妥。神靈而何有于民，甚非崇祀事軫元元意也。余於是先郡民言之邑令姚江張公。公憮然曰：“吾志也。”命邑耆唐道桂、殷練總其事。亡何，張公遷汶上。龎公來其治事如初，而郡守王公貳守于公郡。倅唐公、王公司理，張公咸俞可之工。始於萬曆壬辰十月，洎甲午，而後乃畢工。祠之前因澗爲池，而跨橋其上。橋之北爲石坊，玲瓏巧繪，爲今日是之首創。坊左右築垣，而丹墀之進，列于階而上。祠之正門在焉，左右各屋三楹：一爲文昌；一爲武曲；蓋大比挽漕，皆得禱。而後行武曲祠下，爲觀音閣，爲施茶篷，後爲衛生祠，各三楹。正門中入甃石爲甬道，爲月臺。左爲化紙爐，右碑亭，中央新構獻殿户牖軒，豁丹青絢采。上則正殿舊址，而修飾丹堊，視昔有加焉。殿左右各有小殿、新廊，左則舊爲瘟司殿，新則爲元壇，爲和合，爲郡邑生祠，右則舊爲劉李殿，新爲龍王水神，爲招財利市，爲本鄉善人祠。其工巨而費不資，蓋仍舊者什一，而道桂所勸募，以從民情者什九。自是神之廟貌一新，民益得以罄禱。祠之精誠，而豁然通其志于神也。余聞之，神生而立壇，禮斗功成上升，雖出于一時傳述之口，無考信然。歷唐宋以來，上之褒封崇祀，下之血食禱祈，千秋一日，其必有貫千萬世千萬心不朽之精神在。不然，祀之舉於鄉，或興或廢，或香火一時，而湮滅後世，縷縷不可指記也。何獨神之尸祝俎豆若是之久而愈新也哉？倘所謂福國祐民者，將在兹乎？則余之所以無斁于神也者，又在宫室崇侈之外矣。夫道桂能妥神以迹，而我輩能事神以心，庶幾乎神之精神孚格，而一切水旱盜賊爲吾民患者，永永其無逢也。斯無負於兹舉云，是爲記。

請置江南鎮守海口疏　蕭鳴美

臣按：鎮之守禦，單弱异常。江頭有水兵，一營不滿三百，陸營兵不滿千。圌山在本郡之極東，爲三江口。設有把總一員，兵亦不過千數。分泛設防，尚恐支抵不給。一旦强寇擁至，何以應之？且吴越之民，儇巧而健悍，善於操舟，當阽危水火之時，爲偷生旦夕之計，賊衆一至，勢必乘機，又何以應之？臣稽，在昔秦璠、王艮爲亂，出没江沙。兵部議置總兵官，駐節鎮江剿之，已而盜平，相沿不革。至嘉靖二十九年，始有御史趙錦建言罷設。夫罷以無事，在昔誠不爲過。而設以有事，在今尤不可遲。則總兵之應復，似無容再計矣。然有將必有兵。臣謂宜募壯鋭，兼募浙勇，多則三千，少則二千，又於本衛軍按册屯種者，核屯課軍，不但練得軍勇，抑且稽察屯糧，或可以補召募之窮耳。至議設餉，臣按，練餉二百六十餘萬，原爲增兵二十餘萬而設，奈兵已成點鬼，而餉竟付填溪業已有日。今議添兵，即以江南四府之所出者，量移而給之，不愈於虚擲之無用乎哉？或又虞添兵未免擾民，不知兵之不戢，衹以將之不良，是在擇一廉勇威望之將，以膺其任。令水陸各營將士，并歸統轄。新舊操練，壁壘一新，宛爲天塹築一長城矣。

很石亭記　龐時雍

漢諸葛孔明與孫仲謀共議破曹瞞計，曾據此石。後人因名“很石”。唐羅隱、宋蘇文忠俱有詩。迄今時异勢殊，物改而石隨湮没。尋幽吊古者，止按空籍而興遐想。余令此覓古迹，得石於北固西隅蔬圃積土中。其狀如羊者，固宛然在也。睹其石，猶足動忠臣義士誅奸屏邪之思焉。於是因白之郡守龍溪王公并滕公，碑記移之演武場側，建亭，置扁曰“武侯遺石”，用以鼓三軍之氣云。

樂志園記　張鳳翼

郡城之南，有戴氏之圃二：一歸之邃庵楊少師，造待隱園，西崖、崆峒諸公俱有詩；一歸之戒庵靳少傅，歲久不治，荒塘數畝，老樹嶔崎，去余家不一牛鳴地。余每過之，愛其幽曠，輒作濠濮閑觀。癸未首夏，靳氏以屬于余，余乃誅茅鋤莠，雜藝花木數百章，爲亭三楹，顔之曰心遠。亭外枕水爲臺，砌以文石，覆以朱欄。池下蓄五色玳瑁魚數千頭。亭右爲曲廊十餘間，取所藏晉唐以來墨迹，鈎填入石，懸壁間，署曰翰墨林。廊前則爲陶真室，南北相望。碧桃紫竹，森蔚階砌，予率兩兒講書處也。廊後精舍以奉大士，爲雪珂庵。庵中一几、一蒲團、一鉢、一磬，佛書數卷。雪浪及吾家道允兩師時居之。陶真室傍，出爲來爽閣。池之東，新月初升，竹樹隱蔽，水中荇藻相亂，憑閣以望心遠亭，咫尺有縹緲莫厘想。閣外有松一株，是數百年物，虬枝龍幹，覆蓋畝許，風起濤鳴，泠泠然，空山幽澗，余製聽濤亭以賞之。松下磐石，質理奇古，修廣一丈。長日手談，足以忘世。雪浪師爲作《長松》《磐石》二銘，刻石亭中。會許晉安自吴門來，許故畸人，有巧思，善設假山，爲余選太湖石之佳者，于池中梯岩架壑，横嶺側峰，徑渡參差，洞穴窈窕，層折而上，其絶頂爲臺，可布席，坐十客。城外諸山，若鴻鶴，若磨笄，若天福，若五洲，環回帶擁，烟嵐變現。每冬雪初晴，余與客振衣其間，遠近一色。池之東，仿大痴皴法，爲峭壁數丈，猙獰崛兀，奇鬼搏人。上建文昌閣，下立一亭，與峭壁正相對。落成時，友人陳從訓曰："此冷泉看飛來峰者也，當名爲飛來亭。"靳浮玉曰："此天平山萬笏朝天處也，當名爲萬笏亭。"兩君辯難肆出。郭五游據石梁、攀籐枝，而笑曰："二君且憩矣！未聞李伯時《西園圖》中有此雅哄也？"余曰："請爲二君解，名之且憩，可乎？"三人各大笑而起。心遠亭之後扉，則爲飛翠堂，凡五楹，頗宏廠，南軒北牖，喬木陰森，深夏不受隙日。後爲牡丹臺，花時爛若張錦。游人藉茵携酒，不禁也。堂之左，客用孫知微法，畫水滿壁，驚瀾蹴波，中夜有聲。出左壁則爲虚和室，曲房小構，緑蔭垂檐。下有盆梅三十本，長不盈尺，而蒼蘚離奇態不一狀。北向而間以短垣，則爲桐廬，中製地爐。堂之右爲余菊圃。長廊翼之，名曰寄傲軒。圃中有海棠數株，花時頗妨種菊，有議他徙者，余謂："美人與高士，氣韵正不相妨耳！"客游吾園者，頻有詩，余和之，共成一册，冠以乩仙，曰《樂志園彙集》，藏其板于寄傲軒中。客有問余者，曰："子志存五岳，學在先憂，平泉草木之戒，午橋松嶺之悲，莫不嗤爲大惑、有异達觀，今沾沾一園之樂也，將無泉石膏肓乎哉？"余曰："唯唯否否。以吾園之泉石，不足當弇山、愚谷之培塿，而謂足膏肓我乎？然我見高厦飛樓、凌雲凝霧者矣。問其主人，栖金門，遲玉漏、垂白不見者，豈少哉？即以楊邃庵之曠也，林居幾何時，銀州命下冒暑西行，耋歲綸扉，中讒委頓，有待而隱，豈能隱乎？余以天縱之閑，偕諸酒人詞伯，杖履相從，春朝與朝，秋夕與夕，核字析疑，賡句鬥險，繼以浮白敲枰，徵歌度曲，不自覺其露晞而星没也，三十年矣。手種之樹，已合抱而干霄，出胎之雛，已唳風而展翮，天與吾曹以不争之福也，豈偶然哉？且子不聞倪雲林之清閟閣，顧仲瑛之玉山草堂乎？高人韵士，原宜置一丘一壑間，而兵燹倉皇，竄身避地，寄食黄冠以老；又吾郡襟江控海，六朝以降，北府建鎮，金戈鐵馬，錯置三山間，誰能與攸飛蹶張共晨夕乎？今天下承平累葉，四裔賓貢，扶杖之老，不識鼓鼙，而廟堂禁疏網闊，萬物熙然，夜行無醉尉之訶，狂吟絶詩案之獄，其去雲林、仲瑛，何可以道里計？是吾儕所際，千百年未有之一日也。此而不樂，誰當樂者？若夫園林逆旅，過眼雲烟，短簿割虎丘別業以造寺，子瞻付東坡雪堂于賈耘老兄弟，物理應然。貪痴何有？予身後頗作判斷，安能下峴山之泣，爲後人笑哉！"客曰："噫嘻！子真見道人也。謂此園爲莊生逍遥之游可矣！"（按：此園後歸郎氏。兵燹後，蕩然無存矣。）

張氏賑饑記　劉覲文

今上御極之十六年，江南守臣以奇荒告：江湖水溢，千里洪流，而高岸赤壤，三時失雨，寸草不茁，斗米一鍰，男婦僵仆者，日以數百計。天子惻然，下詔蠲本年本折色錢若干。特遣省垣臣賫帑金散賑。又允計臣議開事例，以勸好義出粟，至三千石者，予兩殿中書。千石者，予署丞及兩司幕官，仍令有司旌其門。吾邑則紹南張公首應詔，爲廠于城西之四區。其地距城百里許，近三茅之峰，素稱山瘠，人尤獷野，易爲非。公請于令曰："不亟賑，且爲盜。幸有餘粒，當傾庋以安此一方，不煩公慮也。"時值仲冬，陸運米千石以往，費倍于他地，而一切薪水、工役、鍾釜、杓箸之需，又皆手自區畫，朝夕拮据，如經家事。婦女孩稚，別置一廠，先于男子；疾病者，爲具醫藥；無衣者，爲製絮棉。凡五閱月，至庚寅之夏，麥登場，而後告止。公之倉廩，如洗矣。計所出不下三千緡。公默默不以告人。郡邑核賑數，公遜謝曰："吾儕自爲桑梓謀，敢言功乎？"令廉知其事，嘆息曰："君自爲德于冥冥，不必章服相報也。然子路拯溺而不受報，夫子曰：'自此魯無拯溺者矣。'"亟以千石聞。撫案彙題賑饑姓氏，公如例遥授布政司經歷。凡諸知交争爲詩，以咏歌其盛。余竊惟周禮遺人之職，自邦國以及鄉里門關郊里野鄙縣都，皆歲有委積以待用；後世遺人失職，而歲多薦饑，至虚郡國倉廩以賑贍貧困，猶且不給。漢武時，因下令募豪富，人相假貸；永始中，又令吏民以義收食貧民，視所給多寡爲賜爵差等。於是勸民輸粟之事沿爲令甲矣。夫不懸爵賞以鼓舞天下，雖有義舉莫爲之倡。今張公罄家資以存活千百人，而有德不市，辭榮如遺，其植善嚮義，豈區區鬻名利者所可同日語乎？覲文自家君子獲交于公，而季弟九劬又爲公子婿，習見公家世德爲最詳。公祖父逸江、南橋兩先生，俱以輕財好施聞于閭里。家君述南橋公，歲以冬月作糜于門以待饑者。甲戌十月，有道人以募化至。南橋公入將具食餉之，出則見題詩壁間，置紅旗白金於几而去，遍覓之不可得。里人傳其异，以爲禎祥。今又二十年矣，天道福善久而益昌。公之二子君羽、仲欽，俱以高才生爲吾鄉領袖。三槐志王，五桂表竇。余小子拭目爲公券矣。公名栢，字汝憲，別字紹南，萬曆庚寅年六月志。（《嘉慶志》原注：文爲笪重光書，碑石在張氏艾衲亭廊壁。張九徵跋其後，云：右儀制劉體寰先生記先祖紹南公賑饑事。時先君銓部公猶未生。後五十年，而爲崇禎庚辰辛巳。歲饑，米價至四兩一鍾。先伯修羽公，首捐三百石爲倡，撫按疏聞，得褒獎如制。迨本朝壬子、己未、庚申，不肖亦董司賑局三載，所捐俱不及百石。見義不勇，爲善不誠，愧前人多矣。今附録於後，俾後世知張氏發祥，其來有自，洵可爲尚義者勸云。）

重修褒忠廟記　章綸

宋忠州刺史兼山東路忠義軍都統制、知楚州魏公勝，及金徒單克寧，戰於淮陽，無援死之，詔贈保寧軍節度使，謚"忠壯"，立廟於鎮江府京口鎮，賜號"褒忠"。官其二子，重死節也。年代既久，廟乃隳。本朝正統中，郡守郭濟乃重創而歲祭之。天順壬午，郡守四明姚堂見是廟復壞，乃捐俸倡募，冠帶義民。丹徒孫敬，助資葺理。經始於是年秋八月甲子，落成於冬十一月癸巳。於是中堂、後寢、前門、兩廡、齋堂、庖厨一時盡完。復加繪神像，重立外門，而繚以周垣。規模氣象，焕然可觀。將立石爲碑，走書徵余記而銘之，以垂永久。余按《宋史·列傳》：魏公勝，字彦威，淮陽宿遷人也。當女真内侵、二帝北狩、高宗中興、孝宗嗣位、志圖恢復之秋，張、韓、劉、岳諸將用兵，竭忠報國，角力恢復之際，公生於此時，多智勇，善騎射。召募爲弓箭手，居山陽。紹興三十一年，金人南下。將籍諸路民爲兵。公躍然曰："此其時也!"乃經畫市易，課酒榷鹽，勸糴，聚義士三百，北渡淮，取漣水軍，諭以忠義，遂復海州，擒其郡守高文富。權知州事，自兼都統制。而朐山、懷仁、沭陽、東海諸縣皆定。乃蠲租税，釋罪囚，發倉廪，犒戰士，紀律明肅如宿將，益募忠義，圖收復，遠近響應，得兵數千。聞統制董成謀取沂州，又諜知金兵至。遂入沂州巷戰，殺其守，降其衆三千，得器甲數萬。金遣蒙恬鎮國，以兵萬餘攻海州。公出兵迎戰於新橋，大敗之，殺鎮國，軍聲益振。傳檄山東，招諭結集，以待王師之至。沂州民壁蒼山者數十萬，被金人圍。寨首滕彔告急。公提兵往救，陣於山下，遇金人伏發，以伍佰騎圍數重。公單騎，以大刀馳突四擊。陣開復合，移時被創，冒刃出圍，馬踣步而入寨，無敢當者。寨中絶水，公默禱而雨作。又度金兵必復攻海州，乃間出寨，趨城中。金兵果來，公出戰皆捷。爲矢所中，自鼻貫齒，不能食。督戰益力。金主亮，舉兵渡淮，分兵攻海州。公與沿海制置使李寶，帥舟師邀擊於膠西之唐島，又獲金兵之在舟中者，殺其將鄭家奴等。既還，爲捍禦固守計。金兵又來攻城。公開門諭以逆順，單騎往逐，數拒却之，始奏功。授閤門祗候，知海州，兼山東路都統制。招集山東忠義，激厲士卒，竭力捍禦。金兵至，望見魏字旗即走。又厚遇金諜者，及恩惠來歸人。自山東、河北，歸附日衆。金遣山東路都總管，以兵十萬攻海州。公率衆合李寶軍，大破之。金又遣五斤太師，發諸路兵二十餘萬來攻海州。公擇悍士三千餘騎，拒於石碰堰，鏖戰，殺數千人；拒却其圍城之兵，又大戰，斬首不可計。轉閤門宣贊舍人，充山東路忠義軍都統制，兼鎮江路前軍統制，仍知海州。後被讒於督府，罷其職。既而知其誣，復之。仍遣還海州鎮撫，改忠州刺史。公在軍，未嘗一日懈弛。築城浚隍塞隘，恒如寇至。又自創如意戰車數百輛，炮車數十輛，乘載輜重，行止禦敵，進退俱利。上其制于朝，詔諸軍遵其式造焉。孝宗皇帝隆興二年，以議和撤海州戍，命公知楚州。時和議未决，金兵乘其懈，以舟載器甲糗糧，詐稱運糧往泗川，自清河口出，欲入淮。公覘知之，身率忠義士，拒于清河口。勝負未决，金徒單克寧帥生兵至，公與之力戰，告急于都統制劉寶，寶不之救。公矢盡，謂士卒曰："我當死此!"遂中矢墮馬，卒年四十五。事聞，詔加贈謚，立廟祀之。又官其二子：郊，中州刺史；昌，承信郎，復賜賚之。於戲！臣子負忠勇之氣，報君父之仇，不幸失援而罹死難，若魏公者，人豈以死視之哉！將事之如長生焉，何也？以其負正氣，全正理，于死生之際，雖死猶不死也。如歷代死節之臣，翟義死于賊莽；卞壼死于賊峻；顔杲卿死于賊禄山；顔真卿死于賊希烈；張巡、許遠死于賊子奇；段秀實死于賊泚；岳飛死于賊檜；與此魏勝死于金，皆爲國而罹死難者。蓋以君父爲天之經、地之義、民之彝，而臣子所當致死以報之者也。是以寧死于不幸，而其忠憤痛切之心，天理民彝之懿，足以感動後人，使之廟祀，竦然起敬，凛然如生，雖至於千萬世之遠，事之如一日者，此人心之所以不死者也。於乎！其烈矣哉！銘曰："金人北軫，宋室中興。忠臣奮勇，創義興兵。敵王所愾，恢復邊城。遠近響應，赫赫厥聲。招降救難，莫之敢膺。屢敗强敵，爲其背盟。戰弗顧身，竭力推誠。屹爲保障，長城可名。議和中沮，猶力戰爭。不幸無援，死于忠貞。綱常正理，於此不傾。天經地義，日月同明。贈謚立廟，世祀其靈。一時之死，萬古之生。”

重建五州山因勝寺碑記　曹廷傑

潤之山，自高驪支分金陵涌叠而東，爲曹王山，爲長山。自分流岡北，忽突起，矗爲九峰如飛龍，是爲五州。望之谽谺嵂崒。入其中，又甚平彝空曠。而揚，而真，而通，而泰，皆在望。而吾潤固又在指顧間，故曰“五州”云。山舊有寺，曰因勝。起晉永熙中，擴於齊梁，更唐宋，俱稱名刹。有石橋、水陸堂、白衣、大雄、天王殿。由殿而陟，有嶺，若鵰蹲。嶺而降，有洞，洞中宴坐可二十餘人。夜時聞猛獸怒嗥。洞左有墩曰木棋墩。由墩蜿蜒而下，可數百步許，有卓錫泉。泉甚深，一曰千尺井。井甃萬佛，又曰萬佛井。山生蘭蕙，每歲春，蒨蒨葱菁，紅翠萬狀。翠岩真禪師嘗栖隱於此。宋丞相張商英，因問機禪師曰：“野僧迎客下烟嵐，試問如何是翠岩？”機禪師隨應之曰：“門徑横岩千尺井，石橋分水繞松杉。”丞相嘆异之。宋末，兵燹頻仍，寺僧散，殿宇灰燼。山魈栖號，而千載琳宫，一旦銷歇。游人徘徊其上，往往嘆息而去。樵夫牧豎，時見神蟒戴巨冠，來往盤旋卓錫泉下。又見關武安王，時手大刀，環步廢殿左右，知是山尋，當再興矣。萬曆辛亥歲，終南僧智公來，周覽形勝，悟法藏輪迴，遂自誓建興。是日，僧數人，見嶺上群白牛，乍隱現，若伏若起狀。智公乃爲披荆棘，犯霜霧，露坐山頂十八晝夜。蛇虺豺虎，魑魅悉潛遁。夜，有物紛紛藉藉於側。旦，忽地藏像一，極莊嚴，置地上。智公曰：“异哉！神鑒我矣。”郡人笪某、何某、劉某、曹某，捐給地，以助興建。智公刪蕪削阻，聚石鳩工，不日，成精舍三間。閱歲，元默益廣規模。載歲，昭陽遂成。綺錯廣殿崇臺，高廊密室，懸墀鉛砌，華榱璧橑，焕然旭然，鱗鱗爛爛。時當上巳，召彼都人，冠蓋雲從，簪裳霧涌，承崖依水，扶携叟童，緣谷被山，馳驅輿馬，蓋幸叢林之久頹而再振，嘉高僧之宏力而廣慈也。予竊聞之，智公居終南時，精修貝葉，令譽播聞。時在戊申，有詔博延名僧，集五臺，焚修法戒，祝厘聖母。是時智公應詔，事竣褒异，特賜袈裟，上綉千佛，非常榮遇。智公視之平平，蓋由智公操修堅白，故願誓易副若此也。宜刻諸石，以著厥美，而繫以詩，乃作詩曰：“峨峨崇山，作鎮潤西。大江湯湯，爰止其湄。昔我往矣，草莽瀰瀰。今我登焉，金碧輝輝。問誰爲此，終南智師。智師來斯，神人焉依。”

京口張氏義田記　王政新

三代之時，宗法立而民無私財。其有餘、不足之數，互相灌輸於宗子。宗子之法廢，而族無所聯屬。於是數傳之後，有若途人。或身都台司，擁膏腴，鐘鳴鼎食，而族人莫得窺其門。甚至歲時伏臘，吉凶慶吊，男女婚葬之節，不復相聞問。君子傷之，以爲是斷本忘源，而以不仁不孝訓也。尊祖收族，以維宗法之窮，其惟義田乎？吾吴自范希文創始數百年來，太倉之王、無錫之華、宜興之徐、丹陽之姜，相與踵其事，節目科條，增所未備。徐、姜又俱聞於朝。部議免其征徭，以風厲天下。余友張修羽先生，以博學、工文章，名著一時。繼其尊人紹南公之志，首建宗祠，捐腴田千四百畝。夏秋之入，以千二百石。計四時薦享外，族之貧者，計分受廩：娶者聘若干；嫁者奩若干；櫓者、瘞者助喪若干；就塾者脩脯、筆墨若干；鰥寡孤獨者倍；婦女之守節者倍；孝於親、友於昆弟者倍；周族之餘則及异姓親友。甘露禪堂三冬之月日，爲糜一石，以飽饑者。其條例詳，君自爲記中。余讀之，作而嘆曰："三代禮樂，盡在此矣！徐、姜諸公，俱以累葉膴仕，俸禄優渥，爲力猶易，當時相詫爲盛舉；君以一諸生，守先人緒業，非有陶白什一之術，以雄於閭里，而毅然割所有而不私，非所謂仁至義盡者，而能之乎？聞君之風者，鄙可敦，薄可寬，所關世道人心，豈淺鮮哉？予愧不及！"錢公輔記其事，以告天下，使知樂施行義，古今人未嘗不相及也。

萬曆辛丑恩賜南京刑部郎中嘿庵唐公侃祠祭紀略　鄧旭

人臣之有禆於國，而一旦死於權奸，竟不得顯名於其時，必待後世邀天子褒寵，祠祀於春秋。雖曰有數存乎其間，實亦忠烈之不能終於湮没也。京江先達嘿庵唐先生，生平與忠愍楊椒山先生交最篤。官又與椒山差等，而其死獨先於忠愍十年。當分宜初掌機務時，先生附南北科道沈良材等，同劾其父子貪婪，遂陰致先生於死。先生之死，與椒山之死，時有不同，而死則一。死先生之死，與死椒山之死，死有不同，而兩先生之慷慨從容、忠貞揭日，正千古并峙。先生死之日，見之鍾陵建業，黄沙蔽天，江水勝沸，傾城罷市，男婦雜踏，悲聲動地，黄童白叟，無不詫嵩之巧於致先生。而陰死之時，則嘉靖乙巳三月之二十九日也。迨數十年後，得顯皇帝起忠義於兩朝之前，從而褒之地下，令本籍專祠諭祭。與成祖時因靖難兵入金川門、不屈而死之户部侍郎郭公任同祀焉。嗚呼，是非忠義之不能終於湮没歟！先生居家服官數十年，品概已悉載荆川、念庵兩先輩文集中。余以束髮之年，隨先君子讀書長干里，荷蒙先生耳提面命，至今憶之，猶歷歷如昨事。爲先生身後紀實，固有不嫌於詞贅者耳。（據《家乘》補）

丹徒縣志卷五十五終

丹徒縣志卷五十六

藝文十一　雜文三

國朝

制府于大司馬修金山記　張九徵

金山之有寺，始東晉時，初名澤心，梁天監中加修設焉。宋、元、明以來，屢有增建，歲久漸傾圮。緣爾年，四隅有烽火之警，加以荒旱相仍，遂無有修復之者。今以聖天子威福遠方，僭亂盡以削平。比年，時和年豐，四民樂業，居者無狗吠之警，行者有萬里不持寸兵之安，賈舶商帆蔽空而至此，正熙熙攘攘，歌咏太平之日也。從來有大興作，大修築，非時不舉焉。蓋有事之時，雖以城郭宫室之役，而民力告詘，君子亦不以爲非。苟其無事，當從容晏安之際，即浮屠、老子之宫爲之庀材鳩工，聳焕金碧之觀，亦必以其所舉爲當然，而有所不容已，何也？是皆時爲之也。竊嘗遍考宇内諸名山志，見其所載興造年月，皆屬太平無事之時，而又有一時公卿之賢者爲之倡。于是共傳爲名山勝事，以稱述之不朽。歲癸亥二月，大司馬制府于公，以公事適淮浦，回棹過金山。登覽之暇，見其棟宇垣墉將有頹落之憂，慨然有意修復，因出猩猩羢一，授郡守高公，命爲之易價，用倡修葺之舉。高公以余爲郡人，因謀之余。余曰："事莫重乎倡，倡莫重于天下之大賢。公以公忠清正大臣總制兩省。兩省之人，其戴公也，淪肌膚，浹夢寐。今金山有公爲之倡，吾民將踴躍以助，其誰肯後者？吾見大江湯湯，定日有人焉。操舴艋，破巨浪，奉金粟，以至紛紛藉藉，相踵相續，以共贊兹舉，經之營之，不日成之矣。"余因請於高公，願留此猩猩羢，永鎮兹山，比於蘇文忠公、楊文襄公留玉帶鎮金焦兩山故事云。自此吾民群相鼓舞，樂效捐助，增修前迹，頓復舊觀，亭閣巍焕，樓宇宏敞，鏤朱錯彩之色，下照江水。其有來游兹山者，忻勝地之重新，感精藍之復舊，請觀公所留之衣，盥手捧視，燦如丹霞。什襲以藏，垂示有永。山經水志，艷爲异聞。此真太平之軼事，名賢之盛舉，爲可羨可頌者也。按：猩猩羢，色殷紅，於"輿地志"載在方物中，最稱殊貴，不易得。公所留計身長若干尺寸，袂長若干尺寸。

重修丹徒縣儒學碑記　張九徵

江南以京口爲關鍵，故其山川人物冠冕今古。數百年來，文教翔洽，於兹極盛，豈徒地靈爲之助乎？然其學址據壽丘之盛，青烏家往往盛稱之。乃予嘗論聖人之道，淑世澤民。古者教化大行之日，比屋弦誦，孝弟仁讓，三物六行之典，恒修舉罔缺。蓋唐虞之司徒，三代之庠序學校，典教明倫，不獨爲子衿升選之階也。後世以泮茆爲學地，鼓儳爲學事，學古、入官爲學者之始終，於風教民生何所關？揆聖人立教之初指，其然乎哉？慨自莅民者罔識師師之責，惰窳玩愒，本之撥矣。士修文不修行，民失其德。有世道人心之慮者，爰是亟亟焉，以興學爲首事。丹徒在郡城中，其學與郡學相望屬。以地勢高廣，風雨剥蝕，聖宫賢廡，悉就廢弛。臨洮張君來領是邑，喟然興嘆，爲請之督學張公。張公率先倡助，集紳士謀焉。與諸生之復身免役者而合計之，共得若干金。以廣文婁東朱君董其事，毘陵吴君繼之。二君晝夜竭蹶，經年而學宫畢新，又未病民也。初，張君以家學成進士，有才名。下車逾月，百廢具舉。退食之暇，力學不倦。士民皆以興學誦其功。予不佞爲之載筆焉。因是，進士若民而告之，曰："今之學猶古之學也。十室之邑必有忠信，此師尼父之所訓也。四教之目以是爲歸於以知忠信之愈於聰明才辨也。有文不可無行，修行莫過存心。子思言至誠，子輿言充實，皆忠信之旨也。質而求之，言行之間，剗其浮夸詐慢、詭僻不經之私智，偕天下而相喻，以忠信切近精實，風醇俗美，士與民寧有二歟？與其誘之以功名富貴，漸入於矯僞欺蔽，甚非。所以習聖賢之道，報朝廷興學，右文之至意，則何如學爲忠信之爲安也？夫聰察而明悉者，學之薄也；居業而立誠者，學之本也。孝弟仁讓、三物六行之道，皆于忠信乎求之，明倫致治之要，其在斯乎？後之君子，游聖人之宫，以恪守聖人之遺訓，當必有興起于其中者。"

育嬰社序　張九徵

京江育嬰之社，舉於癸丑。夏君爾範首事，余與同人襄之。仿廣陵、吴門兩郡例也。每一嬰月給乳婦銀三钱，同社有認一嬰者，有倍認、三倍認者，有數人共認一嬰者。丙辰，爾範赴道山，而余董事兩載。戊午，則郡中紳士與新安同志分月輪執，定會所於月華之萬歲樓，徵資驗乳，察弊厘奸，各有耑司，頗稱嚴密。規模既定，遠近樂觀。不意午未之秋，旱魃相仍，人無宿飽，遺嬰在道，日積月增，捐資所入不足半給。蓋廣陵所恃鹽闕兩使者及行商大賈，吴門則撫軍藩司爲政。我郡皆無之。獨十數寒士呼號，將伯奔馳托鉢耳，相顧唏嘘，莫知爲計。適道臺璜石公自楚來臨，下車問俗，聞之，欣然親莅會所，首捐俸爲倡。而郡守暨兩少府縣尹諸公莫不踴躍分俸，共成盛舉。群嬰之生已絶而復續，是天心仁愛畀以福星，而當事諸公情深保赤，古稱召父杜母何以异此！不佞敢再拜手敬告同里樂善者，夫怵惕惻隱，行道所同，赤子顛連，乍見思救。况衆擎易舉，寸壤成山，省一親朋游戲之酒資，减一兒女帽領之裝飾，即可廣種福田，普度多命。所費薄而所獲厚，事理至明，奚待智者而後歡喜從事乎？但尤有進者，善必積而後成，德必久而後大，勿始勤而終怠，勿偶應而旋忘。施三分以至於三錢三两，總曰發心化一人，以至於十人、百人，總名同善，樂施遂成仁里，善氣可革兵刑，從此旱澇不作，時和年豐，且將於此舉見其大端也。

重修圌山塔小引　張九徵

吾潤固所稱名山大川之域也。長江之中，金焦雙峙，圌山下横。往形家言，金山建塔，而秣陵以第一人及第者三。焦山塔未毁，而楊文襄、靳文僖接迹。圖山蜿蜒磅礴，逆流而障東逝之波，儼然一夫當關，萬馬不前。塔之建也，於吾潤關係尤巨。蓋圖爲大江門户，而塔又爲門户間鎖鑰云。故郡前輩蕊亭陳公以年倡首拮据築基，偕郡邑牧伯暨諸紳士義民合力成之。余先伯父修翁亦捐資千金以助焉。以故潤之科第幾倍於前，名甲諸郡，异日昌熾烜赫不識，又當何如也？邇因歷年既久，風雨剥蝕，漸有傾圮之憂。此亦吾潤士君子之責也。夫建塔與修塔，其難易不待較矣。陳公勉爲其難者於前，吾黨士君子焉得不勉爲其易者於後？縱不必據形家之説，而陳公之志已不容泯。徒使塔之成者坐視其廢，爲可惜也。况於秣陵之科第，與楊、靳之勛名，又安在不足生後人之奮勉？即據形家之言，何必非吾郡人士讀書之一助也耶？

生生庵題名　王士正

永豐程公峋守京口，日與林皋大師爲山澤游，不减王、謝之與①。林公乃更作放生池，作生生庵於甘露寺春秋樓下，其風流照映，有足多者。予以庚子來游，去公守潤日未二十年，而風流摇落，遂無復繼，况於數千百世之下乎？

焦山古鼎圖詩後序　汪琬

古之祀典有彝器，彝之爲言，常也，俯者爲鐘，卬者爲鼎。鐘鼎固彝器之大者也。《左氏傳》曰："諸侯有勛而不廢，有績而載，則撫之以彝器，此天子所以錫有功也。"然則焦山之所蓄，與二王子之所咏，殆即其類歟？予嘗論之，古器之與法書、名畫并重也，自宋代始。蓋當累世承平之後，朝廷無事，士大夫讀書好古，如歐陽永叔、劉原父者，争以博雅相高。延及政和、宣和之間，天子更創禮樂，亦浸慕三代之法物，搜奇索幽，取而貯諸殿閣者，不可以數計。於是李伯時、黄伯思②、薛尚功、趙德甫之屬，復相次而起，莫不規模③其款識，研窮其字畫，而諷咏④其文章，繪之有圖，述之有譜。夫然後鐘鼎之器益見尚於世。今二王子從登眺之暇，摩挲鑒賞，作爲詩歌以傳道之，不啻數百言，迹其風流好事⑤，其何减於前宋諸君子哉？抑予有感也。昔春秋桓公二年，書取郜大鼎於宋。説者曰："取者不當取也。"又曰："得非其有之稱也。"夫魯桓、宋莊，其人皆孔子之所深惡，然則一賂一取，其辱此鼎也多矣，此可謂鼎之不幸也。至於焦山所蓄者，雖嘗見污嚴氏父子，然猶幸而得反，其故深自藏匿於窮岩絶壑，浮屠氏之精舍，固不可以郜鼎者相提而語。譬諸山林隱遁之士遭罹患難，而卒能潔身以自全，豈不尤爲可尚也哉？予故并論之。若二王子之詩，雄偉奇麗，儼然子美、退之復出，則有程通判、

---

① 按："與"，疑爲"興"之訛。
② 按：黄伯思，《四庫》本《堯峰文鈔》卷二十五作"黄長睿"。長睿，黄伯思字。
③ 按："規模"，《四庫》本《堯峰文鈔》卷二十五作"規摹"。
④ 按："咏"，《四庫》本《堯峰文鈔》卷二十五作"味"。
⑤ 按："事"，《四庫》本《堯峰文鈔》卷二十五作"尚"。

雷山人之評騭在。

焦山志序　張玉書

江自岷山導源，迤邐數千里而至京口。兩岸崖壁嶂峽，紆青繚白，奚翅萬里。其特立中流，不爲怒濤奔浪所摧崩坼泐，屹然終古長存者，蜀之灩滪、豫章之小孤、京口之金焦而已。金焦兩山峷嵂相望，較灩滪、小孤之獨立爲尤奇。而金以麗勝，焦以幽勝，氣象各有取焉。蓋潤之爲州，瀕江瞰海，而焦山獨挺結於百派同歸、萬峰欲盡之地，以渟、以峙、以筦元氣而鑰神州。漢有焦處士者，肥遁離俗，嘗結蝸牛廬于兹，以徜徉肆志其間。岩崖層矗，竹木繁陰，梵宇琳宮，復與山水烟雲相掩映，動蕩空明，皛然靈异，固非群山可得而比擬者。但以僻近海隅，商賈仕宦之所不至。間有耽奇好事拿舟來游，亦莫克摹碑版、考圖牒、遍覽斯山之名勝。故雖秀絶寰區，而書志缺有間矣。余少讀書山中，嘗謂兹山不志，雅稱處士藏名，意顧名山洞隱，初不待表見于一時，而終使其没焉不彰，亦後來之耻也。既而備官禁輦，未嘗不南望雲巒，時繫於懷。碩庵禪師，主定慧寺有年，承其祖古樵上人之志，與邗江謝笠庵、山陰潘仲寧同輯爲《焦山志》，凡若干卷，以求序于余。披覽一過，爲之色喜。余向者故屢欲從事，誠懼考訂弗詳，今師以空山一衲，乃能博采圖經、史集、碑銘、文翰以富其材；尊宸游，崇處士以正其體；獎善録長，祛浮辨僞，以精其識；博而不繁，質而不俚，居然可傳之書也。試鏤以行之，則人人几席間現一焦山，莫不欣欣然，動游覽品題之興。邃古幽光，一朝焕發，即金山未易定其甲乙，謂非斯志之大有功歟？山舊稱樵山，以處士居之故名。歷今二千年來，仙真之栖托，金石之鐫題，銷沉漫滅，不克與處士高風并著者，蓋不知凡幾。得斯志而傳之永久，又奚獨山之厚幸也哉？

謁焦先生祠堂記　冷士嵋

《京口志》載：先生嘗處是山，三聘不起。殁後，陳留蔡邕爲之贊，後人因以名其山云。逮考史及《高士傳》，稱先生中平末，以避白波賊客揚州，建安初西還。聞魏既代漢，乃絶口不出言，去而獨處河壖之上。野火焚其廬，即露寢雪中，煮白石食之。時司馬景王洎河東安定太守迎問，皆不答，後百歲餘卒。據史及傳，結廬、詔聘，當在河東安定間，不合在是。且司馬景王時，京口已爲吴地，不知兹山何以有是説？豈先生既結廬河上，後又去河上來江東，復遁迹於此耶？或白波①客揚時居此，亦未可知，然史與傳何以皆不之述？又傳宋真宗祥符間，夢東南隱者焦光持丹獻。詔封光祀之京口山中，山之名始此。然六代時，江淹輩已有詩，又何以故？抑又疑先生殁後，邕始爲贊。邕死於漢初平三年，計去魏代漢時，尚三十餘載，寧邕所贊與是非一人耶？或先與光，字形相混而致然耶？然又竊怪邕云："猗與，徵君長此玄默！"兩先生豈皆焦姓，皆羔雁不

① 按："或白波"，清刻本《江泠閣文集》卷三作"或避白波"。

起，皆絶口不出語者耶？何一時同合若是？將古有神仙説而“煮石寢雪”事，皆奇詭幻怪，得無尸解蟬蜕不死而來此耶？或祥符時，考東南無隱，而焦姓①故即兹山而實其説也。世代遼邈，咸不可徵，獨是山迄今之官而祀之，夫豈不以先生之處濁世，蹈末流，高標卓軌，清操獨行，有可以激天下而風後世者，顧何地不可以祀，又胡必鰓鰓然執一説而不之達耶？且欲俾此後之人，登其山而曰：“巍乎，先生之山！”臨其水而曰：“淵乎，先生之水！”江山無盡，而先生之風之高直與之而俱無盡。是其祠之所沾被，豈復有涯涘哉？先生舊有像，在翠微石下，崖穴隅隘②，不堪展祀事。議者移主③江滸。既圮矣，復拓而新之。庭楹俱飭，丹黝備舉，比舊特加④。吁，哲人之思，吾人其可謂誦義不衰矣！余以庚子重九後三日，來謁先生祠。既退，書其説壁左⑤，復繫之詩，俾歌以祠之。其辭曰：“卓彼高山兮，流水湯湯。所謂伊人兮，蹈彼一方。溯洄從之兮，道阻且長。溯游從之兮，宛在水中央。江水清且淪兮⑥，惟孤山以幽獨⑦。皎皎白駒兮，逝彼空谷。流風千載兮，爲余之淑。采薇⑧西山兮，酌水於潁。薦之⑨先生兮，明德惟耿。山長水遠兮，懷之滋永。”

秦臣溥詩序　冷士嵋

吾嘗謂山水之於詩文，似遠而實近，似异而實可通。若不相涉，而實有資於開益。蓋山與水之在天地間，其扶輿磅礴囷涵岳立，而川流幽奇寥廓之氣象，即之，輒能洗人心目之陋，而發人性分之靈奇，第其入人也，無迹而人多莫之覺，是其潛默之化遷，有微言妙喻之所不能通，而山水多能通之者，蓋微言妙喻以形用，而山水以神用故也。伯牙學琴於海外，至精神窅冥，曰：“先生將移我情。”《語》曰：“知者樂水，仁者樂山。”夫知仁⑩内也，性情也，以知仁之至性而樂之，尚不能不借資於山水，而況於區區文字之外乎？是以古今來，才賢明達之士，能以詩文擅絶，業如龍門康樂者，莫不皆有山水之助焉。秦君臣溥，少負才氣，岸嶄峭。家故貧，然特好山水游。國變，弃諸生，自放於外，間爲詩，多感慷不平悲凉擊筑之聲。性尤嗜酒，每醉，輒登高拊髀，悲歌慷慨，嗚咽不自勝。久之，益窮，益不羈。遂泛彭蠡，出五嶺外，走百粤，北抵塞上，西之楚，浮雲夢而返，再東陟天台、四明，望大海，觀扶桑日出。自是而君之氣益奇，目益曠，

① 按：“而焦姓”，清刻本《江泠閣文集》卷三後有“者”字。
② 按：“隘”，清刻本《江泠閣文集》卷三作“墜”。
③ 按：“移主”，清刻本《江泠閣文集》卷三作“移其豆”。
④ 按：“特加”，清刻本《江泠閣文集》卷三作“加特”。
⑤ 按：“書其説”句，清刻本《江泠閣文集》卷三此句後有“用志焉”句。
⑥ 按：“江水”句，清刻本《江泠閣文集》卷三作“惟水清且淪漣兮”。
⑦ 按：“惟孤山”句，清刻本《江泠閣文集》卷三作“惟山孤以獨”。
⑧ 按：清刻本《江泠閣文集》卷三“采薇”後有“于”字。
⑨ 按：清刻本《江泠閣文集》卷三“薦之”後有“于”字。
⑩ 按：“知仁”，清刻本《江泠閣文集》卷一作“仁知”。下同。

襟期益廓落，而言益工。作爲詩歌①，則磊砢蕭寥歷落，謝去一切，而獨爲清皦之音，與所謂感憤悲凉者殊矣。吁，豈非山水之移人，資君於開益者耶！君能以是而爲詩，詩之工尚須問耶？君既没，家有祝融厄，詩無一②存者。君之子某某，方拮据謀朝夕，然特深痛其先人馳驅跋涉之險艱，遭時之坎壈，與夫生平胸懷期許之寄托，莫不皆於是乎在！安忍俾之灰滅而無存？求之十餘歲，始得詩若干首，謀授之③梓。以余夙與其先人爲素交者，一旦④裒其稿，造余再拜而丐一言。余惟君之詩顧惡足以盡君？然讀君之詩，而君之爲君可知矣，抑讀君之詩而詩之不足以盡君更可知矣。二子者可不謂能用其孝思哉？遂書其説。前簡既以道君之詩所由工，亦因以見君之志之所在云。君名汝霖，字臣溥，潤之丹徒人。（增。按：《京江耆舊集》小傳云：臣溥，負性疏宕，不事生産，嘗自書於斗室云："多情懷酒伴，餘事作詩人。"所謂酒伴者，陳延喜，檀禧也。二子明才、明極，皆工詩。）

宗元豫《宗忠簡公墓重建享堂記》（見"輿地志"）

張素存内翰詩草序⑤　魏裔介

玉堂鸞坡，文章之府也，故文章之士必歸焉，而發之於詩文之尤易感人者也。是以春秋大夫燕享之際，賦詩見志。而漢唐以來，文人罔不厭飫於兹。其光焰之盛者，一時傾慕，奕世傳誦焉。乃説者謂詩必窮而後工，彼《東山·豳風》諸什，行行十九首之作，豈盡騷人逸士之所爲耶？大約國家值昌大之運，光岳氣闢，貞元會合，則必有英偉魁碩之彦，起而申暢之。宗方城有云：朝廷可使無文章之士，則鳳鳥不必鳴岐山，而麒麟爲檮杌也，壯哉言乎！余於詞林諸君子，雖謬叨同署，而東華奔走，聆誨之時頗少。蓋自癸巳、甲午以後，諸同人散而官於四方，或存，或没，唱和之事遂成絶響矣。今年夏初，張君素存以其所爲詩示我，曰："公言詩已久，必有以益我也。"余讀未盡⑥，而光氣逼人，若干將之燭牛斗⑦，并刀之翦夫秋水也；若騕褭之不可覊靮，而江河之一瀉千里也，則⑧喟然嘆曰："是其宣揚⑨昌大之運，而以文章名世者乎？"雖然，詩之爲教，優柔敦厚，足以和人性情。故唐人謂天子近臣不可以不親風雅，其學之所自，亦往往有傳。昔杜子美謂"詩是吾家事"，而實本於祖審言。蘇子瞻筆舌妙天下，而實本於其父

① 按："詩歌"，清刻本《江泠閣文集》卷一作"歌詩"。
② 按："一"，清刻本《江泠閣文集》卷一作"一二"。
③ 按："之"，清刻本《江泠閣文集》卷一作"諸"。
④ 按："旦"，清刻本《江泠閣文集》卷一作"日"。
⑤ 按：清刻本《兼濟堂文集》卷三題作《張素存詩草序》。
⑥ 按："盡"，清刻本《兼濟堂文集》卷三作"竟"。
⑦ 按："燭牛斗"，清刻本《兼濟堂文集》卷三作"燭於牛斗"。
⑧ 按："則"，清刻本《兼濟堂文集》卷三作"因"。
⑨ 按："揚"，清刻本《兼濟堂文集》卷三作"暢"。

明允。今素存曲江風度，玉山照人，顧循墻傴僂，其身弱如不勝衣，其言呐如不出口，蓋本於公選先生之教。是其爲①詩也，以秋實蔚爲春華，而非僅鑾龍綉虎，爲世人坫壇之赤幟已也。余故述而序之，以質諸今之爲詩者。（據《康熙志》補）

陽彭山春望詞序　湯斌

京口形勝甲東南，金、焦、北固其名特著。故畫舫、籃輿日萃其下，而未有知所謂陽彭山者。是山也，雖無奇峰危巘、深澗絶壑之觀，然登其上，而三山雲樹，環翠如屏，長江洶涌，風帆隱見，與潤州城堞、樓櫓、烟火十餘萬家，無不近在几席。俯仰指顧，亦登臨之勝概也。特其名不見於山經、輿志，故騷人之游屐不至。即或至焉，而文字不足以發之，世亦莫得而傳焉。則山川之幸不幸，豈不以人哉？戊申三月，董子文友來自毘陵，與何子雍南、程子千一偶登此山，乘春騁望，各賦詩十章，曰《陽彭山春望詞》。三子皆以詩文擅名當世，其詞雖記一時聞見所及，而江山形勝如指諸掌。余聞京口盛時，名家巨族，競選山水靚冶之區，治園亭臺榭，極歲時游覽之娱。自海艘告警，山川如故，風景頓殊。三子懷古眷今，感慨係之，宜其詞之婉麗而凄愴也。夫天下幽岩邃壑，徒爲樵夫漁子所栖游者多矣。此山南望，則元章之遺墓在焉，其西則昭明太子讀書處也。風流文章，想見其人。何從來游者篇什零落乎？此詞流傳於世，吾見尋奇探幽者，詫爲奇聞异迹，必將載酒登高，窮極眺望，墨版淋漓，侈爲游覽盛事。四方聞而不得至者，與金、焦、北固同入夢想也。故余謂仙宫佛窟，士女繽紛，不可言游。游陽彭山者，自三子始，書此所以慶此山之遇也。（同上）

京口二家文選序　魏禧

京口二家之文，何雍南意思深厚，程千一才氣英多，然其工古人格調，出入諸大家，則皆同，故能蔚然爲東南之望。南北士過京口，識不識，必以二子爲歸。辛亥夏，余自揚州渡江游金焦，就訪二子，則知姓名甚熟，蓋曾得余文鄒程邨處，選入《文槩》中，於是屬余序其二家之文。余曰：夫二子豈獨當以文名天下哉？《易》曰："二人同心，其利斷金。"朋友之議相濟以异，而相成以同。吾聞二子之爲朋友也，學同業，居同財，疾病患難同扶持，出入同交游，數十年未之有變，世以管鮑目之。己亥之難，京口被兵火，雍南將逃死，紆迴烈焰中，逾數時求千一，既得，然後同去。山在水中央者恒名孤，金焦皆峙水中，而二山相望終古，若朋友之相同，宜其有二子以應之。故游京口者，山必曰金焦，友必曰何程。然余竊疑焉，天下之衆不可億萬計，二人力甚微，而《易》稱其利至於斷金，理未可以遽明。蓋嘗深觀古今得失成敗之故，而有以知之。今夫天下之勢，始於以衆用寡，卒於以寡御衆。今以二人合志并力而臨一人，則一人服矣；以三人臨二人，則二人服矣。是二人常得五人之用也。以五臨人，積而至於十、百、千、萬，勢莫

---

① 按："爲"，清刻本《兼濟堂文集》卷三作"於"。

之有异，其端實自二人同心始。故曰：一介之士，必有密友，大有爲之；君必有所不召之臣，蓋言同也。周之共和，齊之管仲、鮑叔①，鄭之子皮、子產，以至霍光、田延年之廢立，羊祜、杜預之平吴，裴度、李愬之平蔡，寇準、王瓊之渡澶淵，李綱、吴敏之請内禪，率由是道。二子推是以往，豈惟文章？雖濟天下之事可也。（同上）

正德重修金山寺志跋　朱彝尊

葬師言：禍福多本于郭景純之《葬經》。然試與百人分謀之，無一人同者。所云龍穴沙水向背，如枘鑿齟齬不相入，其説業已難擇，加以日者配以年神，方煞吉神，袛百二十凶神倍之，規避實難，以是不克葬者多矣。世傳景純墓在金山足，過於詭奇，沈啓南詩："氣散風衝豈可居，先生埋骨理何如。日中數莫逃兵解，世上人猶信《葬書》。"如叩晨鐘，寐者可以發深省矣。日本中心叟"墓前無地拜兒孫"一語，亦足發笑。詩載廬陵胡經用甫《金山志》。志成于正德辛巳，文待詔徵明②序之。

北固山圖記　陳玉璂

《北固山圖》，明布衣沈石田作也。山川明秀③之狀，及亭池臺榭，游觀士女，悉淹細可愛。予少時常携此圖，登山而望，四時之景，歷歷如畫，未嘗不嘆工且肖也。南徐爲④用武之地，自吴王⑤建都，下至宋元，當時壯士健馬，劍槊相摩，幾無有虚日。至明，天下晏然⑥已久，人民樂業，而布衣適當最盛時，故得怡情翰墨，一寫其風俗山川之美。越皇清受命，南徐獨頓首效順，又無争戰之擾，富完休養，不殊明盛。按之此圖，未相懸絶。戌亥間，海艘突犯，邑屋燒燔幾盡，所云北固者，雖山水依然，而其爲亭池臺榭及游觀士女杳無復睹。余未知前代用武時亦復何如，倘以今日視⑦此圖，余反咎圖之不肖矣。嗟乎！豈布衣所及料哉？昔周顗宴新亭，嘆曰："風景不殊，舉目有山河之异。"予嘆山河無异，風景已殊。一圖而盛衰係之，能無感歟⑧？

兩張太史制義序⑨　熊伯龍

人而能文難矣，父子兄弟能文，則益難；父子兄弟能文難矣，父子兄弟有道而文則尤難。古之父子兄弟能文者，帝王家莫如曹氏；士大夫莫如蘇氏。今執塗之人而命之爲

---

① 按："齊之"句，清刻本《魏叔子文集》卷八作"齊之鮑叔、管仲"。
② 按："明"，清刻本《曝書亭集》卷四十四作"仲"。
③ 按："明秀"，清刊本《學文堂文集》卷七作"秀媚"。
④ 按："爲"，清刊本《學文堂文集》卷七作"古"。
⑤ 按："王"，清刊本《學文堂文集》卷七作"主"。
⑥ 按："晏然"，清刊本《學文堂文集》卷七作"晏安"。
⑦ 按："視"，清刊本《學文堂文集》卷七作"合之"。
⑧ 按："能無"句，清刊本《學文堂文集》卷七作"可不悲與"。
⑨ 按：清刻本《熊學士文集》卷之中題作《兩張太史制義合刻序》。

曹氏，必勃然怒；命之爲蘇氏，必囅然喜。豈賤帝王而貴士大夫哉？彼其所以爲父子兄弟者，蓋不可同日而語矣，余故曰有道而文者爲尤難也。乃今讀兩太史制義而論其人，可不謂賢乎？夫制義非古也。然昌黎《原毁》諸篇，已有漸趨八股之勢。至於有明，遂與氣運相盛衰。古人而生今日，未必不窮年盡氣於此矣。公選張公崛起本朝，冠冕南國，摧陷廓清，微言不墜。余二十年前之王充也。久之，素存先生以辛丑會魁①，禮存先生以丁未及第。第二人先後官太史，人不多其遇而多其文。眉山一瓣香，轉而之南徐焉，可謂盛矣。乃禮存太史爲余言：不肖兄弟，甫及毁齒。兩版一檠，遂與俗絶。亦惟是我嚴君之訓詞。礱諸錯諸，懼其爲一家言，無以厭服天下士也。余應之曰：今世所稱天下之士，尚有逾於君家兄弟者乎？孟宗之母以大被貽子，冀其招貧士共②卧。聞君子之言，亦門以内鮮才子耳。使有伯淮仲海之才之美，而自幼至長，依依硯席，含英咀華，如共乳鐘，賞奇不益樂，析疑不益精乎？抑余又聞，素存之上公車也，禮存忘己之未售，而裹糧相從。羈旅之勞，登朝之喜，一如素存所自爲者。及禮存佹③得佹失，至於再三，素存亦忘己之已售，而庀其膏火，相其估僤，夜雨連床，隕涕繼血。《詩》不云乎："凡今之人，莫如兄弟。"嘗讀而悲之。如两太史，則《棠棣》可以不作矣。近代科舉之法取士，則欲其如古人，而教士則不必如古人，以至《南陔》《白華》廢則俱廢，孝友廉恥缺則俱缺。求其得人，如博之中呼，又何可望哉？吾於兩太史，悠然張仲之思，依稀小雅之作，於世道有無窮之幸焉。故爲言其有道而文者如此。至其文，或經余僭爲論定；或膾炙人口已十餘年，皆必傳無疑者，可以不言也。

代里民壽大學士張公六十序　章性良

今上御極之四十年六月下浣，爲大師相張公六十攬揆辰。吾儕小民皆公鄉人也。著籍兹土，非一世矣，所以知公者不爲不詳。蓋公之正色立朝，文章冠古今，勛業蓋天地，非吾儕之所能知也。公之世有令德，濟人利物之事，施及鄉里，則固少者之所傳聞，而老者之所目睹者也。請臚舉其説以爲公壽。公之先世爲素封之家，值歲歉，出粟數百石以賑貧乏，所全活者無算。父老嘗曰："張氏其興乎？"迨學使公以乙酉發解，丁亥成進士，由吏部衡文中州，需次歸里門，爲善益力。東鄉地磽确，不可耕，而有司計畝征糧，民不能堪。則昌言於督撫請於朝，蠲賦以萬計。又東南薦饑，扎瘥流行。則復修祖德，煮粥餮施之，病者設醫坊療之。大荒大疫之後，凋敝已極，容有嬰兒置之隘巷者，則立育嬰堂，月出廪餼，募阿姆哺之，至今奉行未艾。又京口百貨輻輳，已賦其廛，而不征其貨，古之制也。近則榷關之外，更有落地之税，廛而征矣。則争於官，力除其弊，商賈稱便。又吾鄉地濱大江，或風狂浪涌，問渡者有覆舟之患，則置救生紅船拯人於溺，

① 按："素存先生"句，清刻本《熊學士文集》卷之中此句前有"令子"二字。
② 按："共"，清刻本《熊學士文集》卷之中作"之"。
③ 按："佹"，清刻本《熊學士文集》卷之中作"危"。

而又給人冬衣木楷之屬。貧不能婚嫁喪葬者，皆竭力佽助。范文正公曰："吾擇親而貧，疏而賢者，吾施之學。"使公有焉，蓋終學使公之世，其德之施者愈普，而吾儕之蒙其澤者愈衆矣。至公方弱冠，即迴翔翰苑，歷官四十年。居公孤師保之尊，與吾儕相見之日蓋寡。然嘗聞之矣，有事不利於民者，吾儕方以爲憂，已而議寢，僉曰："公寢之也。"而公不以爲功。事有利於民者，吾儕方以爲便，已而議行，僉曰："公行之也。"而公不以爲德。蓋聖天子必以公之是非爲得失，而天下亦以公之好惡爲安危，此則吾儕日居帡幪之下，所以食公之德者益遠且大，而究不得而名言之也。戴天而不見其高，履地而不知其厚，吾儕之於公也，其類是乎？今公服闋家居，又念坍江之賦較苦於石田浚河之役患，兼乎凍餒，力言於當路諸公，欲蠲賦，緩期以蘇民困。雖事之行止未可知，而公所以惠我桑梓者，亦已至矣。夫吾儕沐公累世之德，至學使公則周而詳，至公則大而遠。天之報學使公者，於公見之；天之報公者，又將於公之子孫見之。考張爲漢之著姓，皆累葉簪紱，奕世榮寵，所以有許史金張之號也。行見公之復出而澤被蒼生，再進通侯上公之爵，而又令子文孫振繩繼美，或四世三公，或三世宰相，所以躋六合於春臺，鑄八荒爲壽域，而爲吾鄉之光寵者，寧有涯哉？是則吾儕小民壽公之意，而亦公之所不得而辭者也。

中泠泉記　潘介

中泠，伯芻所謂"第一泉"也。昔人游金山，吸中泠，胸腋皆有仙氣，其知味者乎？庚辰春正月，予將有澄江之行。初四日，自真州抵潤州。舟中望金山，波心一峰，突兀雲表，飛閣流丹，夕陽映紫，躊躇不肯艤岸。但不知中泠一勺，清徹何所耳！次日覓小舟，破浪登山。周石廓一匝，聽濤聲噌吰，激石哮吼。迤邐從石磴陟第二層，穿茶肆中數折，得見世所謂中泠者。瓦亭覆井，石龍蟠井闌，鱗甲飛動。寺僧爭汲井水入肆。是日也，吴人謂錢神誕，爭詣寺中爲壽。摩肩連衽，不下數萬人，茶坊滿不納客。凡三往，得伺便飲數甌。細啜之，味與江水無异。予心竊疑之，默然起，履巉陟險，窮盡金山之勝。力疲小憩，仰觀石上，蒼苔剥蝕中依稀數行，磨刷認之，乃知古人所品，别在郭璞墓間。其法：於子午二辰，用銅瓶長綆入石窟中，尋若干尺，始得真泉。若淺深先後，少不如法，即非中泠正味。不禁爽然，汗下浹背，然亦無從得銅瓶長綆如古人法，而吸之飲之也。郭公爪髮，故在山足西南隅洪濤巨浪中，亂石嶙峋，森森若奇鬼异獸，去金山數武，而徘徊躑躅，空復望洋，蓋杳乎不可即矣！日暮歸舟，悒怏若有所失，自恨不逮古人。佛印談禪，坡公解帶，爾時酒瓮茶鐺，皆挾中泠香氣，奈何不獲親見之也！越數日，舟返澄江，同舟憨道人者，有物藏破衲中，琅琅有聲。索視之，則水胡盧也。朱中黄外，徑五寸許，高不盈尺。傍三耳，銅紐連環，亘丈餘，三分入環。耳中一縷，勾蓋上銅圈，上下隨綆機轉動。銅丸一枚，繫胡盧傍，具一綰盖上。怪問之，秘不告人。良久，謂予曰："能從我乎？願分中泠一斛。"予躍然起，拱手敬謝。遂别諸子，從道人上夜行船。兩日抵潤州，則譙鼓鳴矣。是夕上元節，雨後遲月出不見，然天光初霽，不甚晦冥。鼓三下，小舟直向郭墓。石峻水怒，舟不得泊。携手彳亍，躡江心石五六步，石竅洞洞然。道人曰："此中泠泉窟也。"取胡盧沉石窟中。銅丸傍鎮，胡盧横側，下約丈許。道人發綆上機，則銅丸中鎮，胡盧仰盛，又發第二機，則蓋下覆之，笋闔若膠漆不可解。乃徐徐收銅綆，啓視之，水盎然滿。亟旋舟就岸，烹以瓦鐺。須臾沸起，就道人瘿瓢微吸之，但覺清香一片，從齒頰間沁入心胃。二三盞後，則薰風滿兩腋，頓覺塵襟滌净。乃喟然曰："水哉水哉，古人誠不我欺也！嗟乎！天地之靈秀，有所聚必有所藏，乃至拔而爲山，穴而爲泉。山不徒山，而峙于江心；泉不徒泉，而巽乎江水層疊之下。而顧令屠狗賣漿，菜傭傖父，皆得領兹山，味兹泉，則人人皆有仙氣矣。今古以來，真才埋没，贋鼎争傳，獨中泠泉也乎哉？"次日辰刻，道人别去，予亦發棹渡江。而鄰舟一貴介，方狐裘箕踞，命俊童敲火，煮井上中泠未熟也。道人姓張，其先蓋閩人云。

焦山慈航碑記　何絜

浮屠氏不大异聖賢哉！其不异者，惟是救死扶傷，悲憫群生，有合於聖賢仁愛施濟之旨，此亦儒者所樂得而嘉與者也。潤焦山①，浮屠氏所居也，僻在金山下流②，舊稱海門。金山當南北渡口，問渡者日不知幾千人。爰設有數舟，專拯覆溺者，名曰"慈航"，利誠溥哉！焦山既僻在下流，又無有問渡者，向僅設慈航一。金山慈航間拯之不得，焦山一航③當怪風駭浪山崩雷吼時，藐焉孤棹，與蛟螭黿鼉争得失，一二舟子目定魂搖，當必有却而不前者矣。覆溺者呼號風浪中，過兹焦山，飄蕩入海，飽蛟螭黿鼉之腹已耳。浮屠氏孝愉顧而憫焉，涕泣哀悼，更募造一大慈航，當怪風駭浪山崩雷吼時，懼舟子却而不前，身操櫓楫出入江濤，拯爾覆溺者，不令飽蛟螭黿鼉之腹。一歲中生者無算，死而葬者無算。但惟資費繁殷，不能時時入城市請乞，又切切④焉弗克有繼是懼。此其意，與浮屠氏務爲肖像建刹、飯僧誦經者迥异。歲丁未，朱孝廉若臣來游兹山，嘉其事，爲張君聘之誦焉。張君亦嘉其事⑤，出白金二百兩，俾紀綱者市一廛，授孝愉取其息，月給舟子四人工力，人各銀如干；拯一生者，舟子受賞銀如干；一死者，賞給十之六，給銀如干，葬之南岸。嗟嗟長江，流數千里，下海門而入海，使得有浮屠如孝愉數十輩，又得如張君聘之數十輩助之資，當沿江急湍泛溢處，盡設慈航以拯爾覆溺，且更令聞風者有所興感，而好行其德其利之溥，不誠爲仁愛施濟之大者哉！記之刻於石，以示後之善繼者。孝愉名德舜。聘之名某，新安人⑥。

---

① 按："潤焦山"，清刻本《晴江閣集》卷二十六作"我丹徒之焦山"。
② 按："僻在"句，清刻本《晴江閣集》卷二十六此句下有"入海頗近"句。
③ 按："一航"，清刻本《晴江閣集》卷二十六作"一小航"。
④ 按："切切"，清刻本《晴江閣集》卷二十六作"竊竊"。
⑤ 按："張君"句，清刻本《晴江閣集》卷二十六此句後尚有"歸江都，稱説孝愉不置"句。
⑥ 按："新安人"句，清刻本《晴江閣集》卷二十六此句後尚有"寓居江都"句。

中泠泉記　何槊

陸子次惠泉曰“第二泉”。金山崖下，郭弘農墓側有泉名“中泠”，劉子伯芻品曰第一。自春迄秋，江湖澎湃，泉隱秘窟。冬深，石骨崎岈，旋縈吐沸，雖澄碧足鑒，然操舟蕩忽易攖石怒，終莫可汲。《易》曰：“井渫不食。”又云：“寒泉食。”信是中泠之不食，宜在惠泉下。劉子既上之，豈以人力所易致者？當出難致者下，固借斯泉以托喻耶？何子有感於斯，因書而記之。

東坡佛印小像記　何槊

萬曆中，金山僧深公者，重築妙高臺，於土中得銅比丘像，欹坐自念，必有以配之。無何，入城西市廛，有高冠、長髯銅像，與比丘像等尺寸，對欹坐，知其爲東坡、佛印也，持入山，建留玉閣奉之。嘻，异已！越歲，道邗上，遇盂城賈家傭，懷兩銅人，一爲童子捧帶，一爲小沙彌挾禪裾，又知其爲東坡、佛印贈答事也。市歸，置之側，抑愈异已。僧若冰述以告余，且曰：“人生顯晦離合猶此像，何莫非數?”余曰：“不然，東坡、佛印相與之深，寧在此像哉？即此像之設，其成之也不知在何時，其晦與離也不知在何時，繼自今，其顯而復晦、合而復離，不知又在何時。要惟相與深，故數百年來，顯晦離合猶不失彼此形迹，然亦因存此形迹，故多此顯晦離合耳。若夫知己盟心，貫日星，開金石，同垂功名姓字於竹帛，否則相與著書名山，傳之千萬世，赫赫如生，何所顯晦？何所離合？又何用此像爲?”

江上觀競渡記　何槊

丁未夏五前一日，龍舟集江上，何子往觀焉。舟尾各繫彩帛，懸一童，衣錦衣朱褌，演鞦韆盤舞。舟首演玄壇神，傅黑面，騎虎者。一冠束髮金冠，披紅戰服，束金帶，執戟，演吕温侯者。三烏紗巾、黑袍、持劍，演鍾馗神者。一金甲胄，演大將狀者。二龍袍玉帶，演吴王夫差。采蓮、划舟人皆演爲内官狀者。一又演南極老人，乘鹿揮玉麈尾者。亦①有三舟上立層樓飛閣，丹楹碧檻，掩映雲霞。二童演善才參大士，演漁樵相對。傳奇中荒唐不經故實，更番迭演。有（缺）② 舟，四旁圍錦綉，（缺）③ 金翠彩綺爲奇花异卉，珍禽（缺）④ 鳥綴其中，舟凡十有七，窮極工巧，天下莫能⑤加焉。噫嘻，盛矣哉！諸仕宦貴官豪室張幕鼓棹，縱鵝鴨落水，群舟相攫逐，驚濤怒立，山崩雷吼，群舟

---

① 按：“亦”，清刻本《晴江閣集》卷二十五作“一”。
② 按：缺字，清刻本《晴江閣集》卷二十五作“五”。
③ 按：缺字，清刻本《晴江閣集》卷二十五作“剪”。
④ 按：缺字，清刻本《晴江閣集》卷二十五作“怪”。
⑤ 按：“能”，清刻本《晴江閣集》卷二十五作“有”。

出没飛櫂①，望之目元②（當是“炫”字）。先是，戊午③夏五，江上晏安，闢門不閉，城内外男婦觀者，如屏列，如蜂擁，龍舟較倍于今，工巧不及半。越歲己亥夏，遭兵火劫焚，城内外蕩爲灰燼。今纔歷七八歲耳，盛而衰，衰而盛。帶甲數萬，屯集兹土，小民承流亡之後，掇拾之餘，芻秣粟米，力役一時交迫，宜室家衣食岌岌是謀，不圖競渡之盛復至於此！何子既追念乎昔，因重感乎今，爲之記。（據《康熙志》增補）

題京口游山詩後　程世英

《京口游山詩》，乃宇内賢大夫士游京口題咏諸名山，或古詩，或今體，而武鄉程崑崙先生（按：先生名康莊）倅京口時彙梓以行者也。先生官不過一郡倅，非有古者藩鎮刺史之尊，其禄位、氣勢足以招致天下之游客。而天下之客，凡過京口未有不以先生爲歸者，乃知好賢愛客出自天性，不係乎官之崇卑。此中感召之故，未易爲俗吏道也。方先生爲倅時，正京口兵燹之後，初設重鎮倅之職，又當贊理大將軍軍府，宜日無暇刻。乃先生顧時時從諸賢大夫士游金、焦、北固、八公、黄鶴、招隱諸山，文宴從容，流連倡答。予與何子雍南每共追陪，而毘陵之董子文友、鄒子訏士、陽羡之陳子其年以鄰郡相近，嘗經年住京口，相酬和。賢大夫士之來者，亦往往因余輩數人輒不忍别去。如此者，凡六七年。往聞屠長卿、陳木叔諸公令江南時，所致賓客爲極盛。使先生生數十年或二三十年之前，其氣類所通，當不止此，然此亦足以傳矣。方是時，吴冉渠先生相繼貳守京口，王阮亭、李維揚、謝獻庵倅毘陵，吴伯成令梁谿，周公櫟園、盧公澹巖、李公石臺又同時爲監司重臣。故凡客至江南者，比壤接境，館舍相望，俱握手綢繆，極盡主客之好。至今未十年，諸公或死，或遷官去，或罷謪去，今者獨梁谿在耳。先生則以歲戊申稍遷貳守皖城，今左遷刺耀州。撫覽前刻，回憶曩者風流賡答，杳不可復得。而余輩數人中，文友、訏士相繼夭殁，其年窮而游四方，輒隔二三年不一見。然則江山文酒之樂，不轉盼間，離合聚散已惘然，動人今昔之感如此已。

姜宸英《京口義渡贍産碑記》（見“輿地志”）

焦山北角抵石記　儲大文

焦山北麓，巨石二，半立江中，以其形之有似角抵也，曰角抵石。石西面者，上鋭出而下却，磐石承之，中分，環合爲一，上可坐二十人。有坎焉，水春秋不涸，其下，江波蕩齧，聲鏗而遠。旁皆亂石雜列，或點江中，如鳧栖，如黿鼉闖首焉。坐磐石而望，

① 按：“櫂”，清刻本《晴江閣集》卷二十五作“躍”。
② 按：“元”，清刻本《晴江閣集》卷二十五作“眩”。
③ 按：“戊午”，清刻本《晴江閣集》卷二十五作“戊戌”。

自霹靂石始，若金①峴，若北固，若銀山、金山，遠近拱侍，而潤州南金陵諸峰參差綴之，江涌巒停，走練叠黛。蓋予二月七日再入山，以兹石全得江山之勝，雅以此爲甲，而怪游者多不至。又磨崖諸刻，雖多蝕泐，然率在山西南石壁下，策屨稠濁之地。而插江峭石，自《瘞鶴銘》外少題勒者。然則世之嗜奇而極其所至者，蓋鮮哉！蘇文忠曰："西湖山水絶處，往往得坡題字。"余竊三復其語，而深悲之。自角抵石東，候潮落，行亂石間，得斗②壁，可書大字。又得巨石，如門對峙，與霹靂、角抵相望，然以道少遠，且潮汐之多梗也，故游者尤罕至。予因并書之，以附記角抵石之後。

焦山敏修禪師賑荒記　儲大文

今敏修之舉常平荒政③，而賑饑京口也。其地曰育嬰堂，曰新豐鎮，曰蒜山，曰鎮西倉，曰西南糜廠④。其廣袤所暨，東界南蘭陵，南界曲阿良常，西界江乘，北止大江之浮玉山萬壽圩⑤，凡爲區十有七，而諸村聚隸之，坊二十有三，里二百有四十胥有奇。其歲曰戊午⑥，鄉賑肇於己未之戊寅朔⑦，蕆於三月之己酉。坊賑肇于二月之壬戌⑧，蕆于四月之戊寅。而綜壬子、乙卯二賑計之，凡三底厥庸焉。其核實賑米，曰育嬰堂八百石，曰揚州義捐萬四千八百石，又五千石胥有奇，而朱提五百兩，暨運米、散米諸費胥具焉。其核實户口，曰鄉賑户七萬，口二十有一萬，賑米萬二千二百石，又賑糜二千石。坊賑五千石胥有奇，而裸赤襟素罔有遺。七里墩、石梁亦克蕆厥工焉⑨。始議賑曰⑩："携人以就粟，不若携粟以就人。"乃裁留糜廠二，而諸村聚胥莅核焉，則騰蹊無虞，疾疫無患矣。稽實而予之票，晝期而予之米，則黠不詐愚，强不凌弱矣⑪，此實協符于富。文忠公之賑青州，載諸《蘇文忠公碑》，趙清獻公之賑越州，載諸《曾文定公記》者也。

修丹徒縣學記　馮詠

嘉定王君焜爲丹徒縣學教諭，且十年，於時年七十有九矣。將以年老告歸，諸生固

① 按："金"，清刻本《存研樓文集》卷十二作"京"。
② 按："斗"，清刻本《存研樓文集》卷十二作"平"。
③ 按："今敏修"句，清刻本《存研樓二集》卷十作"今敏公之以給孤慈恩舉常平荒政"。
④ 按："西南糜廠"，清刻本《存研樓二集》卷十作"西南二糜廠"。
⑤ 按："圩"，清刻本《存研樓二集》卷十作"圍"。
⑥ 按："其歲"句，清刻本《存研樓二集》卷十作"其歲月日潦於戊午"。
⑦ 按："鄉賑"句，清刻本《存研樓二集》卷十作"鄉賑肇於己未，二月之戊寅朔"。
⑧ 按："坊賑"句，清刻本《存研樓二集》卷十作"坊賑肇於三月之壬戌"。
⑨ 按："七里墩"句，此句後，本志有删略，兹據清刻本《存研樓二集》卷十補録："其書賑籍姓氏曰：大章汪君、漢炎吴君、秋玉馬君、雲存江君，而魏笏洪君總紀之。董賑、司賑亦胥著厥勞焉。至其肇賑、蕆賑，濟江募賑之權，實照用胥備也。"
⑩ 按："始議賑曰"，清刻本《存研樓二集》卷十作"始議賑，公激然曰"。
⑪ 按："强不凌弱矣"，此句後，本志亦有删略，兹據清刻本《存研樓二集》卷十補録："洎夫獲米而運之，舟劣達江瀕，亟令運蒜山高阜山房，俾受賑者，人以村序，口以票發，則無可化爲有，遠可化爲近，雖變不失常，雖繁不擾約矣。"

留之。王君亦自以嘗治邑之學宫，懼後人之不克守也，不果去。師道之廢久矣。本朝設縣學教官，例以舉人歲貢爲之。後有以納粟、納駝馬草料充貢生者，往往濫厠其間，諸生以是輕之。自爲博士弟子，白首不一謁其師，鄙其無以爲教，而耻爲之徒，無怪其然。今聖天子新即位，以興學爲先，下詔教官毋用捐納出身。其已任者，令年滿改授他職。于是教官一途，非科目不得與焉。王君以名孝廉得教諭于十年前，固已先倡師道于兹邑，諸生咸樂親其教。所謂師道立，則善人多，非耶？初學宫廢壞不理，王君至，始謀修葺。俸故薄，持身儉嗇，菲衣惡食。歲得餘錢以治。舊者新之，圮者易之，一木一石，必親督理。諸生感其義，莫不相勵而趨事。積十年之久，自夫子廟與啓聖王廟至于兩廡，又至于講藝之堂，名宧鄉賢之祠，皆完以固，而未嘗白於有司，丐於鄉老，以益其財。以是知有道之士篤于任事如此。值天子鋭意興學，崇尚科目，王君既有道而篤于任事，其教化之潛入人心者且久，以此佐聖明右文之治，爲不愧矣。古者年七十致仕于鄉，始得教其鄉之子弟，號爲父師、少師。君雖老，宜爲諸生師，是尚可去與？

丹徒縣義學記　馮詠

雍正二年，詠莅丹徒之秋七月，始與教諭王君謀立義學，擇學宫東偏爲舍館，宋范文正讀書處也。博士弟子劉子浣初立爲齋長，邑諸生以經義來質者日十數輩。今且期年，駸駸乎士知以通經學古爲務，教纛成矣。於是，邑中之士願有記，遂爲之記曰：三代作人之制莫盛於周，見於《詩》《書》《禮》者可考已。《書》曰："天降下民，作之君，作之師。"教之權操於上也。《詩·棫樸》之章曰："周王壽考，遐不作人。"《菁莪》①之章曰："既見君子，錫我百朋。"教之逮下者然也。《周禮·司徒》以五禮、六樂教民於中和，凡民八歲入小學，在閭有閭胥，進於族有族師，由族而黨有黨正，由黨而州有州長，由州而鄉有鄉老、鄉大夫，并以大比之法校比其德行、道藝，上之司徒，然後升之司馬。教之者如此其備也。當是時，文武成康，道洽政治，禮樂興而刑罰措。人才之成，風俗之美，於斯爲盛，有由然矣。及周之季，師道不立於上。以孔子之聖，僅得聚列國之英，教諸泗水。自是化導之權，不由朝廷。賢智之士，家自爲師，相延千數百年。人才風俗之不能復古者以此。今天子御極，方新詔郡縣教職，盡以科目出身者充之。入學生員俱令就教學宫，《菁莪》之樂且有儀，《棫樸》之追琢其章，金玉其相，無以逾此。當朝廷右文之日，人心莫不向學。有司果能循古者閭、族、州、黨諸制，使世之人皆知上之所以教我者如此，其備有不踴躍鼓舞自進於善者哉？遂歷道學之興衰，與遭時之盛，成教之易，而并詠之慶幸焉。

京口東西炮臺記　馮詠

京口爲江南重鎮，三面距江，帶海負山，通淮泗，控吴楚，連百越，天下之險，無

① 按："《菁莪》"，即《詩·小雅·菁菁者莪》。

逾此者。順治十三年，海寇之變，江左州縣爲之騷動。始命漢軍都統伯石公挂鎮海將軍印，統八旗兵，屯北固山下。其後，復命都統劉公以甲二千分駐城西南民房，自是朝廷非重臣不令在此職。今雍正元年，念將軍何公素爲兵民倚賴，特召陛見，會江寧巡撫，難其人，命公署理，而以駙馬李公署鎮海將軍。李公至鎮，治軍有法，屢飭八旗兵毋得欺凌百姓，兵民大和。明年，余奉命令丹徒公閱江口。舊炮臺距江稍遠，且鎮城舊炮尚多移檄下縣，宜更置處所。余視沿江要害，渡江自金山者先避風臺，自焦山者先東馬頭。於是，西於避風臺前置炮六位，東於東馬頭置炮十二位，築垣建柵，旬日兩炮臺成。李公喜。《易》曰："王公設險，以守其國。"《書》曰："事事乃其有備，有備無患。"當此江海清晏，昔時爭戰之地，人民雍熙，農桑畜牧六七十年。官無文武之异，籍罕兵民之殊，樂利均平，泄泄然太平無事。而李公仍不忘炮臺之建，於《易》《書》所垂不既然歟？余爲守土官，實經理斯臺，故嘉其成，而志其事。（據《山水志》增補）

焦山重建忠節祠碑記　彭澤令

焦山故名譙山，一曰樵，以漢末焦光先生曾隱此，遂易今名。其上有焦光祠，春秋享祀不絶，而焦祠之東北隅，舊復有忠節祠者，爲宋忠臣徐公芳。公以鎮撫率兵同節制趙公范及葵討揚州李全之亂，力戰没於軍。其軍士感公之德，爲立祠於海峰堂。公夫人王氏捐田若干畝入山寺，後并肖夫人像祀之。明萬曆，南部鄒元標題爲忠節，美二難也，復撰碑以紀其事。獨惜書缺有間，今鄉里亦罕有聞者。大江東下數千里，直抵潤州，金焦二山，崒然峙其中流。而焦尤秀絶，顧明以前古人游屐鮮至，焦之名遂出金下，人之所遇，有幸有不幸，殆亦猶是歟？覽古者，北固以孫劉故壘，金以韓蘄王，而此山則但餘一焦隱君名，浮沉隱顯間，於公不之及，此南部所爲嘆也。雖然，由公之没距今，灰燼者何限，而公猶有若南部之憑而吊之者。《傳》曰："有功德於民祀之。"又曰："善人宜有後。"不虚耳。自海峰堂之建，傳本朝康熙中，五百載無廢。丙戌夏大雨，祠宇崩塌，寄寓周生且甏，而公主與夫人肖像兀然獨存。寺僧駭其异，因暫祀之伽藍殿。尋與公後人，議重新之。蓋自公父伯亨公爲宋制置使，守東江一路，駐牧馬嘶江口，因家焉，今子孫日繁衍，多讀書，識大義，誼不忍忘其先祀，而寺僧亦起敬慕心，爲計久長。則公及夫人之忠節，其感者深，而所貽者遠也。今所建祠在舊祠之南，前後六楹，堂宇崇以潔，與焦光祠夾立左右。其有湖海之士拿舟登此山者，訪焦先生之遺迹，既悠然仰其高風，及反覆徐公殉國之事，久爲闕然，亦可以慨焉，而賦之矣。

京口蔣氏焦岩書院記　賀寬

太僕蔣亮天先生，世居京江，既生名山大川之地，而尤篤志讀書，以科名顯，洊歷中外，居家之日少。深念子孫，慮其不植將落也。囑介弟惟允公，建學舍於焦山之麓，凡若干楹。堅樸高爽，不加丹雘，有門，有堂，有樓，庖湢皆具，樓隔以扉，分前後。後倚石壁，高樓十尺。壽藤古木，叢翠交碧，顔曰秋屏；前眺大江，噌吰鞺鞳，不名一聲，顔曰江聲。其他閑寮曲房，皆書舍也。甲申初夏，鄮侯何君自别業遷此。招余來游，留連信宿。嘗閉閤默坐，杳然上浮太虚，不知身在山中，山又在水中也。迨夫憑欄肆眺，曉則烟霧霏霏，波濤瀰瀰，鐘聲未絶。旭日初升，輕舠隨潮，捷于飛鳥。及山銜斜陽，欲落未落。少焉，遠山如薺，遠樹如烟，漁火雜葭菼中，明滅不定，陰晴朝夕，變化萬狀。此山去江天寺數里。南望海門，空濛無際，長艑官舫，不經于此，山之隱者也。焦山隱此以全其高。諸君讀書久，静極智生，企仰前哲，必能峻潔其躬。淵渟而岳峙，發於文辭，巉岩浩瀚，不事穿鑿，歸于自然。公之善教子弟，即此築舍山中，已寓不傳之秘矣。兩公門内之修，冠于吾郡，啓迪後人，又周詳如是，以故諸君彬彬乎質有其文。君子之澤，方自此起也。遂爲之記。

丹徒縣在城各紳士捐賑碑記　蘇凌阿

聞之《周禮》"以荒政十二，聚萬民"，其始莫先於"散利"。蓋推有餘以補不足，則困乏者蘇。此其道在上行之，足以保黎庶；而下行之，亦足以惠一隅。苟能盡乎力之所能爲，發其心之所難遏，正不必高言利濟，而桑梓誼篤，已堪傳誦于勿衰。乙亥秋，余自江右虔州，蒙聖恩調守鎮郡。時因天降淫雨，四邑均被偏灾，而丹徒逼近大江，風潮更烈，淹及田禾。余即次第履勘，將被灾情形，具詳各憲，上達九重。荷蒙聖天子軫念民食，蠲賑兼施。又以無業貧民糊口維艱，令各州縣動項煮賑。凡屬群黎百姓固已共沐保赤之仁，咸戴如天之德矣。緣丹徒係附郭首邑，總計户口不下數十萬。是歲收成胥屬歉薄，因之家鮮蓋藏，興嗟懸磬。迨丙子春正，官廠既停，屈指麥收，爲期尚遠。余與徒邑徐令正在商籌接濟間，即有好義樂施之士，如左君等，俱各倡義捐輸，争先恐後。或千兩，或數百兩、數十兩不等，共計捐銀二萬六千九百有奇。遴選董事，分設三廠，發價以買米，煮粥以待饑。一時老幼男婦匍匐就食者，日計數萬。自二月以迄四月，當青黄不接之際，待哺嗷嗷，獲有饘粥之施，全活無算。且各廠董事，如左君椝、李君蓮、袁君文、嚴君玉溪、笪君壽、劉君金書、郭君家麟、卞君士標、趙君德修、吴君光表、姚君士富、茅君華、程君文玠，既著勤勞，更行善事。凡遇病斃窮民，捐棺收殮；在廠産婦，舁歸其家，以至捐棚，不敷，復行添蓋。一切需費，俱於正捐之外，出自己囊，又計數百。嗚呼，諸君之功，顧不偉歟！夫以惻怛慈愛之良，人所同具。目擊顛連之狀，得食則生，不得食則饑而死，鮮不皇然動念，維持拯救之恐後。至於力有未能，亦止悼嘆旁觀而莫可如何！然天下固有殘忍之輩，家擁厚資，平昔惟利是圖，既於族黨之間，未能稍爲分惠。一遇凶荒之歲，惟恐勸募踵門，捐其錙銖升斗之需，每深自閉藏，多方推諉。其於同井共里，如越人視秦人之肥瘠，漠然不加喜戚於其心，所謂恤饑問寒者安在乎？今徒邑之捐賑諸君，不以身處豐盈，任顛沛而莫之顧，慨然解橐，周恤灾黎。是即就其力之所能爲，已迥絶乎秉心。維忍者之自安，其封殖而惠人之名，亦從兹起矣。余忝守是邦，高諸君行誼，業經分别捐數之多寡，上陳各憲，以邀請獎勵，尤欲使一時美舉，垂之不朽。倘异日采風問俗，群相追溯曰："某歲灾，有某某者，邑之人，資其保護焉。”豈不盛哉？爰是臚列諸君之名，與其所捐之數，鎸之於石，并作文以記之。

徒邑紳士煮賑碑記　姚翀

救荒者，有司之責也。責在官而不在民。分財散粟，祇聽鄉人好義者之自爲，官不得而强之。故徵義舉于歉收之歲已不易，而徵義舉于非全歉之歲，則尤難。不謂余下車潤州，即見都人士之樂善不倦，慷慨好施，其高風有足尚者。戊子冬，余以冬曹奉命來守鎮郡，知夏秋少雨，成偏灾。先是特詔蠲免全漕，鎮郡是歲應輸免，而各大憲又以旱入告，上廑宸衷，發帑賑濟。丹徒首邑，灾雖輕，既免挽輸之粟，復邀賑恤之仁。宜蔀屋之慶，登春臺感皇恩，而戴憲德。固已無失所之虞矣。惟是潤州，固繁郡，附郭徒邑户口不下數十萬，而又地當孔道，轂擊肩摩，人烟凑集。其間寄居旅食之衆，尤難數計。今官賑既行，而家鮮蓋藏者，謀食維艱。且距麥秋尚遠，當籌所以接濟之。余於查辦官賑之餘，即與邑令方舟戈君熟商全局。戈君謂余曰：“兹邑饒有古風。其縉紳敦仁而興讓，其士庶好義而樂施。前此歲不一登捐金以助者，屢矣。特今一隅偶歉，事稍不同乎昔。未可以是望之鄉人。”余曰：“是誠未可强也。”乃籌議未及，而諸紳士早有成論，踵昔年煮賑故事，且以不敢邀奬爲辭。余與戈君聞之喜甚，即白於觀察憲圖公。公亟命申各大憲，咸嘉與不置。且夫賑在民而不在官，意雖美，恐法不良耳。而諸君之斟酌盡善者，仿舊章，參新議，意以法行，而民事一如官事。時共得捐銀三萬三十兩。内以二萬七千三百四十一兩易米一萬二千一百九十六石有奇，購薪四萬八千七百八十束有奇。給在廠水火夫工值銀五百一十五兩零，諸釜甑爨具事竣易價外，實置買銀一千五百四十一兩零。於郡城設廠五，列以東西，别以男女，應時而集，計籌而授。日就食者六萬餘人。其作糜也，米惟其鑿，水惟其潔，炊爨之，更使火候得其法。他如疾病給藥餌，澹食給蔬菜，外至給棚廠，孤寒、老疾、孕婦、嬰兒，則分别優恤之，皆另出。已資不支。捐項賑止之日，先以餘資一千八百六十六兩，易錢分給，使之盡歡而去。又以餘資八百二十三兩設立醫藥局，俾無染疫氛。而且念流寓於兹者，靡所依歸，更公捐入栖流所銀一千五百兩。統賑事之前後，而熟籌之意周且密，利溥而公。噫！諸君以鄉賢俊而寓良有司之政，何盡善乃爾也！斯時也，捐資則有嚴君玉湘、玉溪、李君時騰、文發、光裕、映奎等一百十人。捐資而又爲董事者，則嚴君玉湘、玉溪、李君鏞、張君成璧、李君時騰、趙君德修、袁君亨、胡君樟、顔君文灴、何君家榮、馮君士煜、孫君貴先、陳君國楝、王君紹、吴君至德、劉君金書、笪君壽、郭君炎、鄒君光國、吴君文光、李君丹、范君桂巖、吴君光表、郭君家麟、張君明瑾、袁君恭、左君然、袁君肅等二十八人。或輸其財不少吝，或既傾其囊，復盡力乃事。至董事中，設法勸捐，悉心籌畫，數十日内經理之曲當，不辭勞瘁，而各廠皆資其布置者，則郭君家麟、趙君德修、鄒君光國之力獨多。而中翰天津蔣公、前河間明府勁庵焦公，與余同年友、前臨安太守夢樓王公，適居鄉，更出而襄贊其間，以董其成。俾大江南北，携妻挈子而至者，鼓腹歡呼，共拜仁人之賜。如《周禮》所云“黨相收、州相賙”，徒邑誠多古風哉！當煮賑之既舉也，官惟委員彈壓稽查，并派吏胥供役。余固樂臨廠，日親勞之。未幾，以公赴蘇、常，不獲常隨。觀察圖公時至其地。幸參鎮松亭趙公率弁兵往來稽察。戈君尤與措置一切，日一再至，贊助以成諸公之功。至余公回旬餘，而賑事告蕆。蓋始于二月十六日，竣于四月十六日，閱兩月乃止也。玆余以病去，諸君行誼，即當邀各上憲獎勵，而心則有耿耿不安者。史遷謂："君子富，好行其德。"又謂："名高歸於富厚。"今歲非全歉，而諸君全活甚衆。即不望報，報必厚。徒邑鄉先輩張紹南先生，以歲荒行賑事，厥後代有科名，相國文貞公，文章事業尤膾炙人口，非其左券哉！余病痊，例仍來玆土，將親見諸君之彪炳蔚起。與文貞公後先輝映，以彰國華，以表志乘。故援筆而記之，并臚列姓氏於左。（按：吾邑士夫性好義舉。自是以來，凡遇歉歲莫不慷慨捐輸。大則一二十萬金，小則數萬金。道光朝，江潮屢溢，且有不待官勸，不俟公籌，而亟市餅餌，棹艅艎拯救贈糧於洪濤巨浪中者，特惜當日視爲故常，無人表而出之。其猶能記憶者，俱附見"尚義"篇中。）

重修甘露寺碑記　袁鑒

甘露寺踞京口北固山上，舊傳吴主孫皓甘露間建。唐李衛公德裕鎮浙西，施州後地增拓寺基。或云寺即衛公建，適甘露降，因名。今考之，皓都建業，改元甘露，不一載，又移都武昌，似未暇在京口建寺。《南史・蕭正義傳》："正義位南徐州刺史，武帝幸朱方，城西有別嶺入江，號曰北固。蔡謨起樓其上以置軍實。樓壞，頂猶有小亭，登降甚狹，上升，下輦步進。正義乃廣其路。翌日，遂通小輿。"按：蔡謨以晉明帝咸寧末鎮京口始建樓，則晉以前未嘗有寺可知。至謂唐李衛公增拓寺基則誠有之，謂寺即衛公建亦不然。蓋寺實建自梁武時。寺故有天監中所鑄栽蓮華供佛鐵鑊，載在《東坡集》及《墨莊漫録》《涌幢小品》諸書，毁弃固不久。唐羅隱詩："六朝勝事已成埃。"周繇詩亦云："龕鎖南朝佛。"皆切證也。今山上下各有山門、殿廡，肖諸佛菩薩像。豈山上者，梁武時所建，而山下則衛公所拓與？衛公三鎮浙西，皆穆宗太和年間事。前此詩人多稱北固樓，未有稱甘露者。則甘露之名，始自衛公，不疑也。寺自唐以來千有餘載，屢廢屢興，近年益加毁圮。工大費繁，鮮有能任其役者。乾隆三十八年，歲在癸巳三月，今大學士制府高公，以公事至山，謂古迹不可廢，而名山之不可就荒也。况爲我聖祖仁皇帝、今上皇帝叠幸江南、翠華駐蹕之所，行殿巍峨，龍章炳焕。玆寺實映帶其間，顧荒蕪不治，非守土者之責，而誰責歟？乃以其事屬鑒。鑒首節廉俸倡捐，諸寮屬暨此邦紳士繼之，庀材鳩工，争先恐後。卜吉於歲之六月，落成于次年之十月。計糜白金八千三百有奇，工一萬三千五百有奇。舊有屋一百八十餘間，今即其舊而葺之者十之三，撤其舊而新之者十之七。復增所未備，共爲屋二百四十餘間，而大工以成。鑒復侍公登山。則向之缺者完，頹者起，剥者焕，荆榛瓦礫之場，悉易以樓臺，周以闌楯。可登而眺，可俯而凭，瞻御藻之輝煌，挹金焦之列峙。摩挲衛公手植之檜，尋海岳庵，拜蘇、米二公遺像，公欣然樂之。命鑒爲文，刻石以紀歲月。鑒不敢辭，爰徵諸載籍，考建造所由始，并詳著興復之顛末，使後之人知千餘年故迹還舊觀者，實公之大有造於兹山，而山之賴公以不朽者也。至諸君捐助姓氏則書之於陰。是爲記。

小焦山游記　鮑皋

尾焦山而起者石二拳，一松山，一寥山，俱在大江中。寥山去焦一里許，松迫近，往往冬日水涸可至，秀匹焦，故名小焦山，然極險僻，又沙路絶屬不恒。山僧老，居風濤，率無問津者。壬子春二月十八日，游焦山，同游趙采同。采同年少豪縱，爲文尤嗜奇。清晨涉江，飯於水精僧舍。飯畢，登絶頂，尋吸江亭故址。坐雙峰閣，久乃下。亭午，由焦公洞升棧道岩，捫霹靂石，右折經陀羅尼石，路絶。石柯沙篠，蔽翳交牾，岩竇窪狹，容頭過身。透迤數十折出，小焦山近在前，屬潮落，江面沙影纔一綫。微步徑濟水，稍稍侵履襪，弗顧。小焦廣約三間屋，斗絶不可上。螿緣至山背，造頂。身外皆水，若無山者。東望海門，圌峰五點。青烟浮浮，拂之欲動。白沙瀰漭，草痕樹色，與烟浪相滅没。金山如神人，冠冕佩玉，飄飄從西來。五州諸山，若欲浮江，亂流從其後者。山既小，無草木障蔽。故視焦山頂，所見險豁尤不同。日晡，颶風忽作，江流震蕩。予悚然。采同方坐山下，快意歌《大江東去》詞。逡巡，尋采同，會沙際得一魚，纖鱗如雪，長徑尺。放之石窪，宛轉可愛。相視俳個，江水驟高。石窪没。趣走，而水與崖會，路没。跣涉水，没至胯。却回，暴風益大作。是日，俗傳“馬和尚過江”。江無行舟，又屬海潮大汛，風潮轟震。四面如百萬霹靂，叫呼不聞聲。天層陰，須臾徑夜，黑雲排山東北至，雨矢迸射。采同得石罅，才容一人。予倉皇亦求庇，失足墮江。江底凸凹皆石。墮當凸處，水淺得不死。衣裘束濕，弃襪，赤足走。石冷滑如層冰，潮頭高漫，山石可坐立者没盡，漸逼至頂。山頂尖仄，足不任，委以腹，益洶洶將并山没，大恐。有間，旋渦黑子若髻椎，向所没石，蓋稍稍露角矣。風亦少息。采同喜復歌。歌半，江天乍瑩，寒氣削骨，衣領霏霏雪下。采同歌聲愈清裂。予歌太白詩和之：“石壁望松寥，宛然在碧霄。安得五采虹，駕天作長橋。”焦山故名松寥，今割名兩小山，誤也。夜半雪止，月見不明，大江沉景，欻黑吸白。海天冥茫，殊氣异狀，恍惚神鬼，輒瞑目不敢視。四更後，天復深墨，寒不可忍。兩人抱持，洒洒猶瘧狀。久之，天始明。狼狽褰衣共濟，路旋没。早潮益大至。水精庵僧大本者，聞之驚曰：“小焦故老黿窟。往有木客繫巨筏山趾，白晝輒攫去。又對面爲焦山，僧衆茶毗所化度塔在焉。天陰，往往有若人者，瀕水行，皆目睹。他怪物更不可測，二客幸免耳。”采同作《松山記》，文甚奇險。爲得真顧，松山非古。或言在佛書名海門山。海雲菩薩事尤奇，一名海門国。而小焦最近人大本，今年七十五云。

薦周綱於所知書　韓曉

曩承委覓一記室，藏之胸中久矣。而未有以報者，非忘之也。夫以執事之雄才大略，而欲付人以捉刀之任，苟使戔戔者當之，必有僨轅覆轍之虞。非得倜儻不群之士，固未敢以聞於左右。兹有敝友周子瓠庵，才而好學。文既習爲專家，詩亦兼通衆體。衹以家貧貌陋，因而隱德韜光，靡由表見於當世，其同郡竟無一人知之者。邇來，僕幸與之比鄰而居。因物色得之，閑叩其所韞，不禁爲之嘆悼！舉世悠悠，大都皮相，誰能索駿於牝牡驪黄之外乎？且夫高山流水之調，不遇鍾期，不過一琴工已耳；追風躡電之材，不遇孫陽，不過一凡乘已耳；連城之寶，裂石之聲，不遇卞和、蔡邕，不過一頑石弃薪已耳！安能顯試其所長，使當時共睹希世之珍哉？伏惟執事，深情巨眼，迥出尋常。倘一聽嶧陽之桐，策渥洼之馬，睹荆山之璧，見柯亭之竹，其爲賞識，固無异於鍾、孫、卞、蔡也。苟推其憐才之念，不以形迹相求，進敝友而庭教之，使得奏其哀音，逞其逸足，剖其美質，而呈其逸響，當必爲之慨然太息，悲其所遇之窮，而恨其相得之晚，無俟僕之多贅也。异日僕當買棹溯鸞江而上，爲執事能得士賀，執事亦當浮大白以酬僕薦士之功，庶幾吾兩人行事，可以不愧古人。而敝友亦可因以免虞翻之恨，豈非千古之快事乎？（以下新纂）

秋吟序　劉自强

嘗覽古今騷人墨客，每牢騷感慨，以悲不遇，乃其所爲詩，則又以發於窮愁困厄中者爲最工。昌黎韓子求其解而不得，則曰："詩能窮人。"歐陽子又從而解之曰："非詩窮人，乃窮者而後工詩也。"於是世之人懼其禍己，多漫爲之。而古人性情獨至之處，遂因以不傳，天下於是乎無真詩。周子瓠庵，少有詩癖。家君賞其工詩也，爰訂牽絲之約。其後周子迭攖禍患，以致貧窶。迫於丙辰，更遘閔凶，當沉疴劇患中，僦人廢屋數椽以居，户無門，牖無窗。粒粟如珠，勺水如甘露。追逋索負者如猬，下石者如豺如虺。平日以意氣相結納者，避而不敢問也。予輩愛而弗能助，不忍見也。詩能窮人，其窮斯極矣！竊意周子之於詩，必下逐客之令，出絶交之書，爲之吹齏畏影，易轍而趨。乃周子方置一編於枕間，注目凝思，神游往古。直欲吐弃塵世，不復知病苦，不復知困厄，不復知虎狼蝮蝎，叫嚎而吮螫也。有愛之者，從而咎之。周子顧予而言曰："詩不可咎也。寒吾以之爲衣，飢吾以之爲食，顛沛吾以之爲安車。自吾以之爲耳，而不聞横逆之聲；自吾以之爲目，而不睹猙獰之狀。至吾奄奄欲絶之時，則又以之爲返魂香、續命散。詩之爲德於吾，靡有紀極。至於吾之窮命也，安得咎詩哉？"嗟乎！周子之志如此。宜乎其窮愈極，而學詩愈力；詩益工，而窮益甚也。近予授徒北郭，每切懷思。忽惠鴻編，俾予卒讀。予不知天既畀周子以能詩，而何以委委曲曲，引之迫之，使底於人所不堪之境，將使其窮而後得以工詩耶？抑妒其工詩而遂使之窮也！今其詩具在，無庸予贅。姑述其工詩之所以窮，與窮而益以工詩者如此，以與知周子者共論之。

名流贈言序　周綱

古今文士之權最重。自有書契以來，凡人之嘉言懿行，潛德幽光，以及夫奇才异能，豐功偉烈，莫不藉文人之紀載、論著以傳。故昔人謂文士之權，與君相埒。夫君相操宰制天下之權以進退予奪，爲人之榮辱，勢至赫矣。彼文人學士之所褒譏彰癉，空言何補，乃欲躋權於君相之列，將無大謬乎？不知君相之進退予奪，可以榮辱人於一時，而未必皆當。文士之褒譏彰癉於一時，雖若無所損益，而千百世後，莫不信而傳之。其所以榮辱人者遂無窮盡，以較君相一時之權，殆尤重焉。故凡仁人孝子之欲顯其親者，視文士之一言，不啻華衮也。叔祖鏡夫公，少之時，去儒業醫。久之，見醫師所傳弗善，因心許曰："夫醫者，人之死生繫焉。使徒抄掇方書，剿襲聞見以稱醫，醫不當，傷人必多。"乃謝去之，退取古今名家所論著，研求考核。上自軒岐，下迄近代王、李諸家，靡不得其指要，凡五運六氣之理，寒熱温凉燥濕之宜，情欲之感，金石草木、牛溲馬勃之性，皆貫通焉。而後自任爲醫，於是人以患苦求治者，無不應手愈，名遂遠出郡城諸醫上。公治人不計所獲，雖傭夫販婦，不持一錢而至者，爲之按脉劑藥，必誠必謹，未嘗有纖毫厭苦倦怠心。以是，四方之人有疾者，莫不願得公治之。其後年老，遭己亥亂離之變，憂鬱喪明。然人以疾告，未嘗辭診視，已則命弟子以某藥畀之，患者輒應手愈如前。時適歙有奇士，挾异術游天下。道過京口，聞公之賢，乃爲公開瞽復明。一時，德公而患無以報者，咸相與鼓舞嗟嘆，以爲公之德有以致之。郡故當南北之衝，天下之文人學士，往往經過者衆。次叔建西君，雖處窮約，素有能詩聲。每致諸公貴人車騎過從，諸公貴人知公之德，足以感人，而致兹美報，咸爲歌詩贈公，以紀其异。建西君得，輒受而藏之。後數年，公既謝世，建西君念無以表公之德於將來，爰取其詩編次之，壽諸梨棗以傳，命綱爲引其端。綱雖不文，義弗敢辭。敬爲述其顛末，如右云。

楚吟序　周綱

《詩》亡，然後《春秋》作。孔孟没，而天下無知詩之人。厥後，楚大夫屈原氏不得於君，藴其忠君憂國之懷無所施，乃取六義之道長言之，著爲《離騷》，以發其志意。自是詩學之源流，不在天下，而在於楚。歷覽古今英賢之所撰著，與夫遷客羈人之所悲傷而憑吊者，非楚莫能達其辭、暢其意。凡楚之城郭、人民、山川、草木，舉而入之於詩，蓋益覺其詩愈工，而情益愴也。從弟天緯，少有大志。中遭大故，慷慨自奮，走數千里，游京師。久之無所遇，弃而歸。康熙甲寅，今大將軍張公，率師復楚，頓兵於岳陽城下者四載，未有尺寸功，乃建議水戰。回京口，調取戰艦，思得帷幄之士佐其謀。因致天緯偕往，已而大勝。遂入岳州，且連復數郡。既有成效，天緯辭歸省親，手一編名《楚吟》者，示予曰："凡楚之情形、文物與夫戰攻勝負之故，以及羈情旅思，盡在是矣。"予受而讀之，且讀且駭，竊滋愧赧。夫天緯素未從事於詩，今乃於矢石波濤中，磨盾爲之，舉其生平之所抱負，耳目之所涉歷，心志之所悲慨，悉以歸之於詩。其爲言也，閎中肆外，博而不浮，清而不癯，憂深而思遠，悲壯而不慘瘁。豈楚之城郭、人民、山川、草木獨宜於詩耶？豈詩之源流不在天下而獨在於楚，能使游楚者即能工詩耶？抑豈才大者於凡天下之事固不待尋章摘句而後能耶？何天緯有得於楚之深也？予自學詩以來，惡蹈時人剽竊之弊，而力矯之，刻求自得。乃才不逮志，囁嚅嘎嚶，終屬小兒伎倆。

何如天緯，剖藩决籬，浩然自將，直抒胸臆之爲快哉？予蓋不能不退三舍以避之矣。

秋吟自序　周綱

僕自垂髫染翰，即辨四聲。束髮操觚，遂研衆體。無如時逢厄會，事不利於雕蟲；命與仇謀，計難成於畫虎。當其春風椿殞，秋雨荆枯。桐焦烽燧之中，鶯化鴟梟之族。莫營兔窟，恨九徙以靡依；既覆鵲巢，哀六孥之俱夭。鼠牙雀角，亦有株連；虱怨蟣仇，每多芒刺。傷心射影之凶，回首觸藩之悔。凄其欲絶，孑爾誰憐四壁，非吾一寒；自我人都弃置，鬼且揶揄。歷年廿載有奇，閲境萬端不足。所賴筆花未謝，尚解窮愁；文陣猶雄，堪扶骨性。然而目治雖存，魂亡難復，春花秋月，興至時歌，短咏微吟，悲來即止，不耐雕鏤。但抱陵陽之璞，誰聆弦奏？因懸靖節之琴，初猶病於作輟，繼且任其荒蕪。既未守玄，幾成曳白。内弟子莊，英年霞舉，藻思雲飛。遵庭訓而流長，擷奇文而葩茂。且復不憚嗜痂，每勤載酒。於時秋也，居北郭以窮經；想我人兮，臨西風而寄簡。既慰秋士之悲，兼索愁吟之句。雖逡巡而未應，實慚恧而難辭。夫以一時之景物，不解拈毫；則此半世之辛勤，將無刻棘。於是拂拭羅文，鞭笞毛穎；借資楮子，試效筆卿。負長吉之錦囊，策浩然之驢背。游神六合，涉想八荒。山巔水涯之際，時肆冥搜；清風皓月之中，每窮坐照。若夫金飆夕起，玉露晨流；黄葉初飛，紅荷已褪。寒砧四響，村墟改蕭瑟之容；曉角孤吹，草木呈變衰之狀。誦文通之《别賦》，黯然銷魂；歌平子之《愁詩》，潸焉出涕。潘岳之興徒深，宋玉之悲何極？遇目所見，意到成文；觸耳有聞，思成落筆。雖巴人下里之歌，未足相當於旗鼓；而思婦勞人之咏，亦堪自述其心思。聊爲黄鳥之鳴時，譬若山鷄之愛羽。陸士衡以之覆瓿，所甘心也；蔡中郎因而賞音，非敢望焉。

游蒜山記　沈德潛

予少讀《文選》，顔延之有《車駕幸京口侍游蒜山》詩。後屢過京口，不得所謂蒜山者。戊戌秋，訪之土人，土人指江濱石磧應，高三四丈，廣葰之，石芒峭立，不可攀登。予疑焉。退考《潤州志》所載，亦云然，予亦不之信也。按延之侍車駕從晏游，决非石芒峭立之處。又晋史記海寇孫恩驅十萬衆據蒜山，劉裕擊之墜崖下，以長刀斫敵破賊於此。以情事度之，必無驅十萬衆據一石磧者。而蘇子瞻詩亦云："蒜山大有閑田地，招此無家一房客。"就今所見，安得云"大有閑田地"也？己亥春，與余子文圻①游銀山，及山之半，藉草而坐，俯瞰城郭，面臨大江，浩浩千里，奔赴履舄。竊意是山形勢與金、焦、北固相埒，而其名不見於古，心頗疑之。詢之余子，余子曰："此古所云蒜山也。古有蒜山，無銀山，地與金山相望，土人易以今名，復以旁一山爲玉山，而蒜山之名移之江濱石磧矣。今衆人所稱，蓋兩失之也。"予聞之恍然，遂相與造其巔，相度高

---

① 按："圻"，清刻本《歸愚文鈔》卷九作"�"。

下，旁廣中平，豐土少石，與劉禎《京口記》所云“山無峰嶺”者合，由是蒜山之名始有定所。蓋事不詢之學者而憑衆人之言，鮮不貿貿者也。噫！天下之大，事之名實混淆者何可勝道？衆人之陋，知有貨賄，寶玉名宜矣。而文學之士秉筆作志者，亦不考諸古人之書，其賢於衆人幾何？予是以不能無嘆也①。

重修鎮江府學記　劉台拱（代作）

潤之廟學，宋以來始頗見於圖經。太平興國中，太守柳開所建，在舊東夾城朱方門内。寶元初，范文正公知州事，實增修之。今其故址堙廢，不可考。明初，府學在定波門内。景泰三年，移建丹徒縣治之東，距今三百四十有五年矣。屢經修葺，近復圮壞。前觀察梁公群英，與守令博士及邑之士大夫，議更新之。景從響應，風行水流。鳩工庀材，百廢具舉。廟則爲殿、爲廡、爲門、爲橋、爲坊；學則爲堂、爲齋；祠曰崇聖、曰名宦、曰鄉賢、曰忠孝、曰土地；閣曰文昌；亭曰敬一。或建，或修，或增，或徙。又以其餘力，葺博士燕居之所②，設有司待事之廳。其南泮池，則疏其淤濁，植以芙蓉③；其北曰精山，則峙以光風霽月之亭，植以梅杏桃李百餘本。山下舊有巨竹數千梃，周以欄楯，以爲息游之所。其外繚垣二百丈，基以巨石，甃以堅甓，以爲藩衛之固。其道塗，則自廟中之唐堂下之陳，以至於門外之街衢，無弗治者。其用木之數三千四百，瓦甓之數九十萬，其他物稱是。其營構、畚築、髹漆、杇墁、畫繢之工，凡四萬。其用財之數，凡爲錢萬七千緡。邑之搢紳鄒光國等九人，掌其會計，督其匠作。毛髪絲粟，皆歸實用，而無或有侵漁欺盜者，其用心與力可謂至矣。是役也，經始於乾隆五十八年三月十六日。余以其年十月到官，嘉邑之人勤而虞其財之不繼也。與前太守賀君賢志，前署丹徒令楊君兆鶴，各捐金割俸，以佐其費。而署守汪君廷昉、令黎君誕登，又日勞來其民，高訾競輸，衆工勸作。至嘉慶二年某月某日，興器用幣，告成事焉。余觀《春秋》，於國之土功、城築、興作之類皆書，而泮宫之役不見於經，嘗竊惑焉。及得孔氏《正義》之説，以謂魯之有泮宫，舊矣。僖公特修其教學之法耳，功費微少，例所不書。然後知《春秋》之法與詩人之義，固各有在也。今兹廟學，致萬金之訾，殫數年之力，侈前人之規，垂永久之制，其功不可謂不巨，其費不可謂不多矣。據《春秋》土功之例，固不可以不書也。誠能修其教學之法，本之以明德，敬之以威儀，浹之以色笑，而其所教之士，亦皆烝烝皇皇，有克廣德心之美，其流風餘思，被於無窮。豈無睹泮水泮林之勝，而俯仰興懷，咏歌不足者乎？余故記其興造之歲月，以志邑人之勤，而并備④所聞，以爲守令、師生告也。

---

① 按：清刻本《歸愚文鈔》卷九文末尚有“時三月十有六日”句。

② 按：“所”，清刻本《劉端臨先生遺書》卷八作“舍”。

③ 按：“芙蓉”，清刻本《劉瑞臨先生遺書》卷八作“芙蕖”。

④ 按：“備”，清刻本《劉瑞臨先生遺書》卷八作“誦”。

見山堂記　劉台拱（代作）

鎮江府署居山上，因山爲城，因城爲垣，門阿屋翼與雉堞争高下，郛廛之内，烟火萬家，可俯而窺也。署之西南①，地尤高曠，而蹊隧荒蕪，屋宇敝陋，不足以展眺望。乃闢榛艿，修灌栵，爲堂於舊亭之南，東西七筵，南北五筵，不下几席，而東南諸山，蹲者、伏者、竦而立者、絡繹而奔馳者，皆可以坐而致之，名之曰“見山”，著其實也。余以辛亥正月，始莅兹土，簿領紛紜，日不暇給，比視事年餘，而後摒擋略盡。俗好訐訟，稍以條教禁止而儆其不率，民亦駸駸嚮化，政簡刑清，郡中無事，乃得休其餘閑，而與賓客僚吏優游觴咏於是間。嘗舉酒而屬客曰：“客亦知夫‘見山’之説乎？攀危躡險，窮高極深，襆被贏糧而後進，兼旬累月而後反。雖獲一時之樂，而事過境遷，邈然無睹，彼其於山也，不亦求之者勞，而得之者少乎？若夫坐乎堂皇，而視數十里之外，晴雲杳靄，陰雨空濛，晦明朝昏，千態萬狀，無意於見而無不見者，乃真見也。夫無意者常逸，有意者常勞，勞者不足，而逸者有餘，豈特觀山而已哉？”客曰：“然。”遂書之，以爲記。

京江耆舊集序　王豫

豫年十五六，留心聲韵之學，思甄録天下詩人之詩，彙爲一集，俾不致湮没於後世。大家名家，專稿遺集，與夫一篇之善，一句之工，期必得而後已。積年既久，充棟盈笥。每當荒村月落，牢騷侘傺，寂寞無聊之際，浮白相對，覽古人今人，俱在左右。蓋從事於兹者，已忽忽不知老之將至矣。記辛亥歲，讀書松存閣，與張子寄槎，共筆硯。寄槎曰：“《詩》云：‘維桑與梓，必恭敬止。’子讀而忘之乎？”豫曰：“唯！”因與寄槎搜采潤州一郡之詩。豫出所藏二百餘家，付寄槎。寄槎閲。二十餘年以來，留心采訪，得五百餘家。商榷去取，總以敦厚和平、不失性情之正爲職志。人各系以小傳，或附詩話，如《明詩綜》例，彙成十二卷，名曰《京江耆舊集》。一日，寄槎以書抵豫，謂兩人年俱老矣，此集亟宜開雕，以見京口前賢詩學源流之正。豫自偃息菰蘆，屏弃一切。惟念表章之責，是在後死者。近佐宫保阮公，纂輯江蘇一省之詩，得六千餘人，編成二百卷。又佐阮明經梅叔，纂輯《淮海英靈》己、庚、辛三集，得九百餘人，編成二十四卷。寄粤中付梓氏，丹黄讎校，迄無寧晷。而《耆舊》一集，竟不克。渡江贊襄卒業，寄槎獨肩其任。其爲功於郡之文獻大矣。噫，豫滋愧矣！賢如韓子且云：“莫爲之前，雖美弗彰；莫爲之後，雖盛弗傳。”識者曰：“何其智也！”李穆堂云：“拾人殘編，如掩暴露枯骨，哺失乳嬰兒。”識者曰：“何其仁也！”勿謂此爲小技也，蓋智仁兼之矣。好學近乎智，力行近乎仁。爰序之，以質張子，且志愧云。

---

① 按：“南”，清刻本《劉瑞臨先生遺書》卷八作“偏”。

翠屏洲記　解檏

天地精靈之氣，砰隱鬱積必鍾諸山水，以發其奇；山水之精靈，必生异人以挺其秀。而山水之美，亦傳翠屏洲友人王子所居也。洲環江水中，群山排擁如屏幃。其東獅象聳踞，其西金銀交拱，其南北固峭壁，青色撑雲，遠者五峰、五州、八公、九華，巒壑窈窕，影混碧虚，天地鍾秀，於此不少矣。曩者，予登北固，望大江，波濤瀑瀠，風雲迅掃，洶洶渾渾。孫仲謀之所控馭，周將軍、陸公之所經畫，杜預、王濬之所掖拓，恍然遇諸目中。然求其遺迹餘風，則與江流俱逝，爲之感慨欷歔。而大江之北，青靄接空，雲垂岸闊，水浮天低。繞之以茂樹，亂之以蒹葭，葱鬱滃渤。居民屋舍，望之，出没烟雲杳靄中，疑有隱君子，足爲當世輔者。繼古人而起，爲山川草木榮也。然當其時，固未知爲王子所居也，地亦不以翠屏洲名。壬子春，予始交王子。王子出所謂翠屏改名説，示予而囑余爲之記，曰："洲之名佛感久矣。然不能肖其美，又以佛稱爲儒者所屏。後有慕古好游之士，憑吊遺文，如斯洲之名不如實，而徒得虚無神怪之傳，不重爲之悼嘆耶？洲而有靈，其抱憾於今日也。故改其名，而命之以'翠屏'云。"嗚呼，使天下後世知有翠屏洲者，非王子乎！九華稱於太白，白紵號自桓温。峴山隱漢上，非得叔子，則與培塿齊名。楚南諸勝，非子厚居之，荒陬遐墟，莫知其奇矣。今斯洲境僻荒江，游客罕至。王子玩之几席之上，予以美名，則洲之稱翠屏自今始。即斯地之有翠屏洲，而翠屏之獨爲王子有，亦自今始。夫王子抱壯懷，方以天地爲室廬，烟霞爲藩籬，滄溟爲檐溜水渦。懸扶桑之景以爲燈，摘列星以爲酒錢，邀閬苑之清風、太虚之明月以爲賓從，其以群山爲屏障也，亦宜。而長波矗立，一望千頃。東抵海門，西吞瓜步，遠樹浮空，飛鳥墮影。疏雨一簾，閑雲滿窗。蛟龍起於波間，帆影懸於天上。四時朝暮之景，頃刻异狀。非又自然之圖畫爲翠屏增色哉！蓋不獨山水之美待王子傳也，造物者若特爲王子設一翠屏。

朱方非丹徒辨　顔于鈞

朱方之名，見於《左氏》襄二十八年。《傳》云："齊慶封奔吴，吴句餘與之朱方，聚其族焉而居之。"杜注："朱方，吴地，而不詳其所在。"《公羊》作"防"，云："慶封走之吴，吴封之于防。"按：防，與朱方蓋一地也。古"防"字多省作"方"。《漢書·功臣表》"汁防侯"，《史記》作"什方侯"，是"方"，即"防"也。"防"字，又通作"房"。《左》昭十三年，《傳》云："楚靈王遷許、胡、沈、道、房、申於荆。"杜注作"防"，云汝南有吴防縣，即防國。《史記①·項羽本紀》封楊武爲吴防侯。《漢志》作"吴房"。孟康注云："本房子國。以楚封吴王弟夫概於此，爲棠谿氏，故名吴房。"然則"房""防"與"方"皆得通用。左公所記，字异而地則同一，謂之朱方者，《路史》云："有虞氏國，丹朱于房爲房侯。"（注："房"，同作"防"。）《周語》亦云："昭

① 按："記"，原作"紀"。本文三處徵引《史記》，唯此處作"紀"，或誤，别本即作"記"，因改。

王娶於房，曰房后。”丹朱馮身以儀之，以其爲丹朱，所封故曰朱方。猶之楚昭封吴夫概于房，而謂之吴房也。魯襄之世，房尚未遷，而得有朱方以封慶封者，朱方不過房地一邑。房之立國，不必即在朱之所封。統而言之，則曰房；析而言之，則曰房國，曰朱方。稱以朱方，正所以别於房也。其地在今汝寧府遂平、西平，及許州之郾城等境。（《唐書》：元和十二年，李愬攻吴防，克其外城。既平吴元濟，遂改號曰遂平。《括地志》：棠谿縣故城在郾城縣西北八十五里。《寰宇記》：西平縣西北有棠谿村。三縣地境相接，蓋皆古房國之地。）與潤之丹徒絶不相關。《邑乘》引張勃《吴録》第云“朱方後名谷陽”，亦無丹徒爲朱方明文。其以朱方爲丹徒，則自顔師古始；而合丹徒、朱方、谷陽爲一地，則又自杜佑始。《漢書·地理志》：“會稽郡丹徒。”師古注云：“即春秋朱方。”杜佑《通典》云：“丹徒，古朱方，後名谷陽。”厥後《太平御覽》引《十道志》遂云：“潤州丹陽郡，春秋吴國地，謂之朱方。”羅泌《路史》亦云：“潤之丹徒東二十里曰朱方。”是直以朱方爲在吾郡之東路而從，而點綴之者且謂城南有慶封宅、慶封井也。則嘗以《春秋》考之，昭公四年《經》云：“楚子、蔡侯、陳侯、許男、頓子、胡子、沈子、淮夷伐吴，執齊慶封殺之，遂滅賴楚子者，楚靈也。”執齊慶封，執之於朱方，（《左傳》云：“圍朱方克之，執齊慶封盡滅其族。”）即執之於防也。春秋之世，吴境北極淮陽，丹徒在其腹裏，靈於慶封并非有所積怨深怒，必欲得而甘心。其合諸侯于申（今南陽府），而伐吴以戮之，不過假借仁義之名，以求濟其所欲。且當時用兵，迥非後世流寇之比。靈雖横暴，亦惡能帥八國之師，深入吴境千有餘里，大具舟楫，涉長江之險，直至潤之丹徒，而殺齊慶封哉？至謂朱方後名谷陽，則是牽合《春秋》滅賴之文爲説，然愈足以證朱方之非丹徒。賴者，近乎房之小國。其音與“厲”相諧，故《公》《穀》經文皆作“滅厲”。而僖十五年《經》亦書“齊師、曹師滅厲”（杜注誤），其地後世實名谷陽。《史記·老莊申韓列傳》云：“老子者，楚苦縣厲鄉曲仁里人也。”注引《括地志》云：“苦縣，在亳州谷陽縣界。”厲，音賴，是賴即厲。厲，在谷陽。谷陽，則苦縣。苦縣，則屬亳州。（春秋時别有一賴，在今湖北隨州。《左》桓十三年，《傳》云：“楚子使賴，人追之。”是也。字亦可讀作“厲”，解者多混而一之，非是。）《漢志》云：“淮南苦縣。”然則谷陽自是一地，雖與防相去不遠，而要非朱方之异稱，且更非會稽之丹徒所得而冒稱者也。説者徒以朱方之“朱”與“丹徒”之“丹”同訓赤色，因誤以丹徒爲朱方，又欲陰取《春秋》滅賴之文爲證，知賴有谷陽之稱，遂於丹徒之左近求谷陽。既不可得，則以爲“朱方”一名“谷陽”耳。又按：《穀梁傳》云：“慶封封乎吴鍾離。”鍾離，楚邑淮南縣。（按：鍾離，亦有時屬吴。）在今爲鳳陽府。雖與左公不同，而其地要不出乎淮、汝，是奚可移而屬之江南之丹徒也哉？

丹徒横閘改建議　陸獻

鎮江府城西有大閘；城東十餘里曰丹徒鎮，有横閘；又十餘里曰越河，有越閘。三閘皆引江水入漕河濟運。横閘俗名丹徒閘。舊制金門狹而長，西向，閘底高。金門狹而長者，欲其長潮力猛，而泥活不淤也；西向者，欲其長潮直衝而上，落潮從大閘口出也；閘底高者，欲其蓄水也。以故丹徒河數年一挑，縻費不重。近年以來，閘壞而修之，不利，又拆修之，仍不利。見在金門寬而短，東南向，閘底極低。金門寬而短，則長潮無力而易淤，年年挑浚，所費不貲矣；東南向，則潮不上涌而下漫，横閘之潮不能到大閘，而大閘之潮反出横閘，長潮之勢平，落潮之勢更平，而淤日積。丹徒之運河淤積，而徒陽全河亦日以淤積矣。閘底低，則不能蓄水，雖曰下版，而有名無實，利閘官，不利漕運。今冬寒水落之時，閘塘水深不見底，而運河中潴河灘一帶斷流，此閘底低於河底之明驗矣。夫潮之長落，均以閲一時爲度，今則長潮雖仍閲一時，然以移向不得力，而潮落則遲至三四時之久，雖欲不淤，烏得而不淤？然而閘敗河淤非壞於官也，實壞於安徽之奸商也。數十年前，徽商木簰由長州之江陰進口，後以江陰稍遠，改由大閘而入。當京口糧艘正開行時，木簰齊停江口，俟糧艘開畢，然後入大閘而南，故至今大閘口之江滸土人尚謂之簰灣。簰灣者，木簰灣泊之所也。不知何年木簰擅入横閘。横閘金門狹而長，閘底又高，木簰之大，不足以容焉。且口門西向，潮水西注，而木簰入閘，礙於左臂之伸長，轉折不便，故於閘圮之時承任修築，施其詭計，陰改舊制，朦溷經營，而横閘遂成變局，再壞再修，再經營，而變爲有閘不如無閘之局矣。今欲有益運河，必須改建横閘以復舊制。如今之金門則須收小一半，增長一半，改東南向爲西向，俾閘之右臂縮短，左臂伸長，逼潮水西注，閘底填高三尺，使蓄多而泄少，如此則長潮勢猛；長潮勢猛，則落潮從大閘口出江，而徒河不至大淤；河不大淤，則歲挑可議減矣。又須明白諭示，通詳定案，勒石永禁木簰由横閘入口。如此則撓阻無人，賄賂無用，横閘之舊制可復，而運河受其利矣。夫改閘之費有限，歲挑之費無窮，司籌者曷不加之意焉？

北固山志序　李彦章

京口北固山，在大江南岸，距府治一里。望之佳氣鬱葱，峰巒秀异，蓋諸山之最著者。其佛宇之盛，亦冠江左。道光甲午，余莅任兹土，嘗登山遠眺，群峰如螺，大江如帶；雲堆浪立，壑走岩飛。猶多六朝遺迹，及唐宋以來古木穹碑。雖苔蘚模糊，猶隱隱可辨。想贊皇之建寺，嘆古哲之高風；讀米芾之貞珉，奇文儒之妙墨。山川秀麗，人物繁華，衣冠人物①，遠勝②他方，而乾坤之大觀，盡萃於此矣。惜自昔未有專志。而《三山志》之所載，十僅二三。余謂名山有志，猶家之有乘、國之有史也。不有紀述，後世無聞焉。乙未夏，因公過象山。主僧韞庵出一編示余。發而觀之，乃纂輯《北固山志》也。索余爲序。余曰：是舉也，先得我心，誠爲可喜。余惟志之爲體，徵故實，詳名勝，考山川之形勢，紀梵刹之廢興，雖小道也，有史裁焉，固鄉之學士大夫所宜究心

① 按："人物"，清刻本《北固山志》十二卷，卷端李彦章序作"城郭"。

② 按："勝"，清刻本《北固山志》十二卷，卷端李彦章序作"甚"。

者也。今乃出諸方外之手，而爲歷來文人墨客所未逮。詎非記載中一大韵事乎？吾聞昔之開士，若遠公之主廬山，智者之開天台，皆未嘗有所纂述，爲山靈一開生面。雖《傳燈法録》自有所以可傳者，在要亦支那藏中缺略事也。韞庵於禪定之餘，涉獵群書，吮筆抽思，曇花璀燦。首列宸翰，外附七門，繪圖標勝，各紀其實。浩森浸潤，可以傳矣。嗚呼，韞庵遁於荒江寂寞之濱，獨以山水文章爲樂，豈無得而然乎！想其清舉曠覽，兩儀一指，萬象雙眸，其樂何恣！彼世之人①日營營於金玉錦綉以竟其身者，視韞庵爲何如哉？余是以執筆三嘆，而不能自已也②。

壬寅義葬義糶記　楊煦

吾鄉義舉多矣。惟壬寅之秋，暎寇退後，其義葬、義糶二事，意美法良，尤稱盡善。義葬者，施棺於死寇之家，而代爲瘞葬也。義糶者，糶米而廉其值以賑濟流民也。是年六月，暎寇入境。都統海公，閉城相拒，七日城陷。是爲月之十四日。當七日前寇船突至，城居者猝欲引避，而四門扃鑰已固。初意，萬家男婦可生全於高壘堅壁中。迨城陷之日，奔而竄者十之七，匿而避者十之三。其奔竄而遭矢炮，或力盡自斃，與匿避而遇焚掠，乃心驚甘死者，蓋十之四五焉。其死之形狀，或水，或火，或繩，或墜樓，或觸柱，或飲刃，或吞針。其死之情由，或孝，或義，或節，或勢迫，或格傷，或飢極，或病甚。其死之處所，或梁間，或井底，或池畔，或空屋，或深林，或漕河，或大江。八月寇退，尸氣滿城。雖夏秋以來大雨凡幾，不能解也。其生者，鳩居四鄉，寇退輒返，返輒多病。蓋尸氣薰灼所潛致云。鹺商包氏，籍潤州，居維揚，素稱好義。廉得斯情，乃亟備棺木數千百具，舟載渡江，設局於城南公所，而先於近郊高阜，廣購冢地。即於寇退之初，募工收葬。自江河道路，以至井屋間隙之處，搜尋瘞殮，無一遺者。是役也，除死者之家有人自殮外，凡施棺二千有奇。先後僅十餘日，而骨免暴，骸免露。返者安，病者起。又值秋清露白，依舊桂香月滿，橘柚烟寒矣。當是時，遠徙者多富，近避者多貧。返則貧者先，富者後。其先返者雖有破椽，類無宿飽。矧值清風戒寒，滿城質庫，被掠已空。凡夏葛而出，室無一綿，枵腹而歸，釜無一粟者，不可更僕數。包氏廉得斯情，乃又亟發錢粟，舟載渡江。仍設局於城南公所。散籌出糶，其法賤值以售。只計升斗，不許盈石。蓋所以防貪奸之射利，而有妨於貧食也。錢粟往來，兩月不絶，返者賴焉。余長子履泰有句云："千棺入山去，萬粟浮江來。"蓋紀實也。此二事者，爲兵燹後之先務，流離者之實得。知其先而先之，知其實而實之，吾於包氏有取焉。任其勞者，爲顔氏柳橋及鄉之父老輩。雖經費所出，不止包氏一人，而急其先以濟其實，惟包氏爲之倡云。因述而記之，以信於後。

---

① 按："彼世之人"，清刻本《北固山志》十二卷，卷端李彦章序作"彼世人之"。
② 按："而不能"句，清刻本《北固山志》十二卷，卷端李彦章序此句後尚有"書而與之"云云。

郡城埋胔義冢記　顔崇禮

郡城遭暎寇之禍也，自六月十四日城破後，軍民死者不一其狀。然死之狀不同，死而不葬則無不同。非不葬也，勢不得葬也。大抵兵丁之死於城下、濠邊、路衢衝要者，皆埋輪縶馬之國殤也。抛弃戈甲，死於水火，或投繯屋壁者，則戰創奔迸之餘也。至若居民死者，婦女尤衆。蓋黑夷强暴，迥出常情。有抗節不辱而死者，有被污捐生以明志者，有畏其淫毒以趨死爲避禍者。其男子，則有捍其父母而死者，誤中槍炮而死者，畏而自盡者。當是時，幸而獲生者，率以奔竄逃匿爲計，雖目擊其親戚骨肉之就死，槁葬弗暇也。故城内外尸骸狼藉，觸地皆是。加以時當盛夏，霖雨間作，烏鳶之所攫，犬豕之所殘，穢氣薰蒸，致行者掩鼻，見者隕涕，非一日矣。嗚呼，吾郡自鄭成功亂後，休養生息垂二百年。一旦變起倉卒，僵僕如麻。豪華與襤褸俱灰，耿介共闒茸并盡，此何如冤慘也！時余以揚州都轉，但公命籌辦賑恤事，旋里。心實惻之。命兒子懷景與共事諸君商之曰："今賑局既設，生者免枵腹之虞，而死者獨無歸骨之所。即生者何以爲情？盍思斂而藏之？"諸君莫不慨然，願身任其事。於是竭力規畫。先爲治櫘數百具。其一切經費倉卒不給者，權向西南兩賑局撥濟。遂購地二區：一爲城南鴻鶴山；一在吕家灣。爰召土工若干輩，令幹練一二人率以往。若道路，若房闥，搜訪靡遺。其井中池内，則不惜工費，務竭水以出之。自七月下旬至九月，僅六百餘櫘，即兩地瘞之。夫此六百餘櫘，遂足以盡之哉？姑就耳目之所及者耳。若夫耳目之所不及，不無遺憾，尚有待焉。其瘞之也，皆剖竹編號，紀其次第。可考者，并書姓氏里居；不可考者，亦志發自某地，俟其親戚辨識而遷葬焉。嗟呼，此纍纍者人第以爲亂後叢冢焉已耳，烏知孝慈貞烈者在其中，英魂毅魄亦在其中，死而不朽者固大有人也？徒以海氛内熾，玉石既已俱焚；蒿里地荒，賢愚於焉莫辨。際風悲日熛之會，月寒霜白之辰，青磷不化，黄壤銜哀，不知號幾許煩冤也。然此特計出權宜，免暴露耳，非欲其終於此而已也。倘其家人一一能遷去，依其祖宗塋墓，俾復空爲隙地，生雖不得，其死葬猶獲其所歸，是則余之厚望也。夫是舉也，治櫘之銀若干，土工之費若干。冢墓幾何，两地四至廣袤幾何，與夫捐助之項，悉紀碑陰。共襄是舉，不憚勞悴，以董厥成者，則爲河間張君芸亭、儀徵蕭君荔亭、邑人姚君賓玉、張君友笙、嚴君蔭之、張君實之、茅君吉儀、趙君厚之、張君德芬、紹先昆季、聶君鳳池、暨兒子懷景也。

重刻江泠閣集序　張崇蘭

士不幸終老岩壑，一切無所表見，其胸中奇偉鬱勃，不能自遏。則舉而發之於文，而耳目睹聞，情態萬狀，無之不與夙心相左，又適足以激發其無聊不平之氣。而微言莊論，以寄其憫時病俗之懷。方其握管疾書，如物在喉，必吐之而後快。及屬草既定，則又環顧，無可舉示。不得已，鋟木染紙，以俟諸异世。不詳爲誰之人，斯其所冀，亦僅矣。嘗覽藝文志，有集而不傳者，十常八九。意天不欲使之傳耶？抑無有能永其傳者也？漢揚雄文，當時不知貴重，至韓愈乃大好之，而愈文亦俟宋歐陽而後著。以韓與歐陽之識，不枉所當，好固宜然。使雄、愈没後，無有維持寶護其集以傳者，則且與糞壤同，盡在异世，亦何從好之？故鎸人遺集，論者比於瘞暴露之枯骨，哺遺弃之嬰兒。誠知絶續之幾所繫，故不覺言之沉痛也。吾邑冷秋江先生所著《江泠閣集》，當時鏤版置焦山枯木堂，有藏之名山傳之其人之意。未幾，而散失不存。其宗人竹亭、笑渠求得舊本，參校訛脱，手録而付之梓人，庶幾能永其傳者。夫以先生人品之峻潔①，學問文章根柢深厚，世有韓、歐陽其人，必能好之。乃殁後百有餘年，著述湮没，藏書家都無其集。今得此舉，而後《江泠閣集》粲然復顯於世。此其絶續之幾間不容髮。雖先生不敝之精神，自足以永之，然亦危矣。余嘗病今世人士，以舉業伎倆，妄意古文詞，可以幸托日出其説，授剞劂氏，紛綸成帙，所至投贈，受之者漫不一視，庋諸②書格以爲群籍薦席，誠可謂梨棗之不幸。若竹亭兄弟此舉，豈不有功於昔之作者甚偉，而所以貽後進者甚厚歟？

詞説彙鈔序　張崇蘭

詞者，詩之餘裔。其情婉以篤，其思密以切，其氣和以柔，其趣博而不過乎物，其致曲而不紆，其緒引而不放，其境坦夷而可悦，其味咀之而油然以長。其指遠，而其文近。其大要與詩同歸，故君子所不廢。萌芽於三唐，濫觴於五代，方軌於兩宋，附庸支孽於遼、金、元、明。或以爲專門，或以爲餘事，各有所造，傳之至今。顧其體晚出，夸者恒藐之，往往弗屑以爲則，亦非文章家議論所必及。故論③詩者著録之書無慮數十，而詞説寥寥。自張叔夏、陸輔之外，若元美、升庵、西河、葯園，以及吾郡賀、黄公，雖各有其緒論，率以己意爲説，未能博綜群言，徐電發輯《詞苑叢談》，意取網羅，而挂漏特甚。余友高君南舫，酷嗜詞。剌取昔賢著述有涉於詞者，録之得若干卷，分爲三集。以兩宋爲正集，唐、五代爲前集，遼、金、元、明爲後集，題曰《詞説彙鈔》，殆於囊括無遺矣。竊嘗取而讀之。見其述緣起，志流别，則知變本踵事之由；以詞繫事，以事繫人，則知因端托興之旨。或悟主而釋猜嫌，或格君而邀恩寵，或留一闋而從父增悲，或譜數章而故姬殉死。則知聲足感人，誠能動物之效。其他雜聞瑣義，皆資考證。信乎，有功於詞學者也！抑余又有説焉。詩之變而爲詞，猶三百篇之變而爲楚騷也。淮南王安曰：“國風好色而不淫，小雅怨誹而不亂。若《離騷》者，可謂兼之。”爲詞者，本詩人之咏嘆淫泆，以寫其難已之懷，庶幾與古樂府同風。若逐其迹，而流爲佚宕，則宜爲藐之者所不屑，而詞幾於廢矣。或者矯之，穿鑿古人字句，統歸於微文刺譏，附變雅之義，爲詞家立幟。又所謂村夫子强作解事者，賊性情而妨翰墨。雖與佚宕殊科，其爲可廢，均也。夫國風首言淑女，而《離騷》津津於宓妃、有娀二姚。必以《關雎》爲

① 按：“潔”，清刻本《悔廬文鈔》卷三作“絶”。
② 按：“諸”，清刻本《悔廬文鈔》卷三作“置”。
③ 按：“論”，清刻本《悔廬文鈔》卷三作“説”。

刺晏朝，而屈原有荒淫之意，則兩失之。故作者思總衆流，才兼群致，隨感而發，不執一途。得此意，以讀南舫是書，其必有引伸觸類，不可勝用者矣。

清夢軒詞序　張崇蘭

樂府遺音，詩家别調。澄思要眇，托興幽微。本色語自擅勝場，會心人獨標超詣。自温韋之啓秀，逮姜史而極妍。往轍既遥，末流斯詭。飄零法曲，幾疑絶響於人間；綺麗餘波，敢望嗣音於方外。然而學佛特多慧業，拈毫豈落鈍根。泥絮從沾，空花偶著。墨緣未斷，詞債先酬。所以亂鴉殘照，首倡仲殊；烟柳長亭，仍傳覺範。但使畫簾夢破，《菩薩蠻》一闋長留；定知吟篋香生，僧祖可千秋不泯。韞庵上人夙包種智，允具勝因。笠白鞋香，少嗜東南山水；窗明几净，老耽左右圖書。庵宜石隱爲名，地有岩栖之樂。草承趺坐，燈火一龕；門逐江開，烟波萬頃。雖界接人天，西來有意；而浪淘今古，東去無情。因之空與色參，感從寂構。緣情體物，换羽移宫。《草堂》《蘭畹》以兼采成奇；竹屋、梅溪以多師得雋。金壺墨馨，玉楮集成。或謂春水風吹，何關白足；寒潭月印，安問紅牙。不知翻净名之夾，方寸未遽成灰；披壞色之衣，七尺曷嘗如柱。影難入石，根豈離塵。試觀遺像於鷄園，由未忘情故泣；必若驅車於鼠穴，乃爲涉想無因。上人心鏡能周，舌花自粲。長言永嘆，半屬石門文字之禪；减字偷聲，一空綺語泥犁之障。分舊譜於笛家，别外篇爲琴趣。斯通流之高致，亦大雅所樂推已。僕夙有倚聲之癖，恒以妙悟爲宗。叩寂寞以求音，離酸鹹而得味。謂詞苑之去留迹泯，亦禪關之頓漸機分。聞木犀香，依然無隱；待梅子熟，將以語誰。一編入手，聊同迦葉之破顔；三復移情，更學豐干之饒舌。是身如夢，何語非痴。吟來流水孤村，我聞如是；唱到曉風殘月，於意云何。

焦山紀游詩序　柳榮宗

癸卯八月旬有一日，張君猗谷，集諸同好，税止焦岩。秋光未老，山氣正清。鴻雁在天，凉燠得宜之候；蒹葭滿地，烟波無恙之時。榮宗追思往歲，逼處危城。此地周遭，盡爲海舶。平居城市，變作鬼區。疏欞月透，故國之更鼓無聞；遠樹風來，傑佅之簫笳迭奏。於焉念知交於异地，凄入肝脾；更復睹夜燧以驚心，情攖生死。自分今生會合，難擬夢中；昔日登臨，殆爲陳迹矣。何幸和夷底績，故土人歸。翹望三益，未弱一个。有中壘更生之慶，無山陽感舊之悲。今者獲以餘閑，復游勝境。文人不死，泉石增其瑰奇；山鬼有靈，烟霞護其板蕩。嶂巒猶是，間遠近而殊形；殿宇依然，隨幽通而麗景。伏象蹲其前，浮玉帶其右。惟所息宴，致足流連。若乃晨月猶明，宿霧收碧；曉河未落，旭日散丹。長天秋水，誦子安江渚之詞；淺霞駮雲，歌文通遠山之賦。結輕烟而聳翠，巨木森森；照落景而開紅，危峰點點。登臺遐矚，憑闌遠睇，固足以蕩滌煩襟、消除世慮，已至於暮靄已沉，林烟盡斂，雲歸洞壑，月點波心。於時風柯不驚，寒蟲息響。估客卸帆於遠渚，沙鷗罷浴於盤渦。仰觀天影，寥泬清泠；俯視江光，表裏澄澈。萬象歸根而復命，四座緘默以無言。則又心迹雙清，如行玉山之上；冲和在抱，有餐沆瀣之思。夫四序之光景常新，而朋舊之盍簪有數。頃者知交落落已數晨星，重以塵世勞勞難偷暇日。攬宿草於荒烟，往事豈容再憶；鏡華顛之白髮，後來渺不可知。幸以斸有存人值時，難後相與。聚首名山，連床累夕。爲樂無及時之須，嘉賓有難再之遇。不有佳什，終負勝游。榮宗興切登高，才慚能賦。諸君以文犀健筆，白鳳雕章，驅風雲於江山，變陰陽於洲渚。請陳四始，用慰九秋。無忘舊歲之虞，且志今時之樂。

重修荆王廟記　柳榮宗

王名賈。《史記·荆燕世家》云："不知其何屬。初起時，漢王元年，還定三秦，王爲將軍，定塞地。"《漢書》本傳則謂王爲高祖從父兄。而《同姓諸侯王年表》又謂王爲高祖從父弟。同是王也，本傳則爲從兄，年表則爲從弟。兩相歧出，必有一誤。然據其説，則王與高祖爲從父昆弟，自無可疑。《史記索隱》謂班固或别有見，是也。今鎮江府治前有王廟，墓在其後，議者不知所自始。余按：《史記》云："高祖六年，欲王同姓，以鎮天下。以王有功，封荆王，王淮東五十二城。"《索隱》云："《漢書》謂以東陽郡封王。東陽，即臨淮，故云'王淮東'。"《史記·漢興以來諸侯年表》云："荆王都吴。"又《世家》云："十一年，淮南王黥布反，東攻荆。荆王與戰，不勝，走富陵。"考《漢書·地理志》："吴屬會稽郡。"班固自注云："會稽郡，秦置。高帝六年，置荆國。十二年，更名吴。"以《史記·年表》參之，置荆國者，即荆王都吴也，《史記》據後更名言之耳。更名吴者，以王戰没富陵。高帝以其地封兄子濞，而改荆爲吴也。據《地理志》，曲阿、丹徒并屬會稽郡。然則臨淮五十二城，今鎮江府治在其中，明矣。但王都吴，爲今蘇州富陵，於《地理志》屬臨淮郡。《括地志》云："富陵故城在楚州盱眙縣東北四十里。"今屬直隸泗州。王於此戰没。是其墓不得在今鎮江府治。惟樂史《寰宇記》云："王本都丹徒。黥布攻之，敗奔富陵，没於布軍。後人思其功德，因具衣冠以葬，爲之立廟以祀。"其説蓋别有所據。此則鎮郡廟墓所由來。豈王先都丹徒，後徙於吴，《史》《漢》據後而書歟？今丹陽荆氏相傳出王後，其《家乘》謂："王有二子，曰文，曰武，以侯食采朱方。後吴王濞幽其次子，以田禄伯得釋。徙於曲阿，别姓荆氏。"然《漢書·年表》明云："荆王無後。"《史記·年表》云："國除爲郡。"若王有子，則平黥布後，必立王之子，而不别封吴王矣。《吴王濞傳》："有田禄伯者，爲吴大將。"不言釋王子事。荆氏《家乘》所云，疑不能明也，顧第弗深考。惟是王從高祖定天下，戰勝攻取之事，史册昭然，方略固有足多者。乃爲王僅六年耳，能使後之人因思以建墓，因墓以立廟。墓者，慕也，愛慕無已也。廟者，貌也，想其靈貌也。王之功德及人何如哉！今廟漸就傾圮。太守羅公喟然嘆曰："《祭法》云：以勞定國則祀之，以死勤事則祀之。王均有焉。血食兹土，誰曰不宜？而顧令棟折榱崩，神靈露處，不亟爲修，久將湮滅。使賢王功德不彰，非仁也；没前人甘棠之思，非義也。"於是慨然捐廉，作而新之，以安神靈。修墜祀，甚盛舉也，是不可以不記。因謹詳王與廟墓之始末，與公之所以修舉廢墜之意，爲後之守土者覽焉。

五代兵略自序　張宗海

兵，凶器；戰，危事也。一不自懲，禍必從之。縱事有濟，而一將功成，萬夫暴骨，可不慎歟？學士文人鑒於州吁縱火，徒以自焚。趙括讀書，未能合變。因懲覆轍，口不言兵。乃至事出非常，半籌莫展。等宋襄之無術，似徐厲之縻軍。加以袁紹懷疑，苻堅畏敵，乳犬犯虎，伏鷄搏狸。雖有鬥心，隨之斃矣。竊謂古者用兵，法制俱善。惟泥於古，而不通於今，斯以拘牽敗事。若英謀偉略，運用存乎一心，而臨機遇變，實能進退孫、龐，屈伸衛、霍。崇龍抑鳳，逐馬驅羊。參八法於蛇門，變六花於虎帳。此其作用，非綜貫乎全史之得失，究何以悉其精微？余涉獵諸史，罔不留心。而於五代十國之兵革不休，機變百出，其時其勢尤致意焉。因考證歐薛异同，而後特采録其兵略之較著者，參以雜史，妄附末議，以爲紙上談兵，未必不等於登壇决勝也。搜妙算於樊川，册内即是智囊；練精兵於小范，腹中何殊武庫。倘援五代例搜討全史，則武備之用，更層出而不窮也。惜此時猶未逮焉。

雨木冰説　錢楨

道光壬寅（二十二年）正月六日，京口雨木冰。雨木冰者，雨著於木而冰也。《春秋》成十六年："雨木冰。"《公羊》《穀梁》皆曰"雨而木冰也"。雨，讀"如"字（三傳釋文并同）。在天爲雨，著地成水，遇木輒冰，故二傳皆曰"志异"。是在《漢書》謂之"木介"，又謂之"木稼"。是歲㖃寇陷城，副都統海齡死之，府縣尹皆遣戍。語云："木若稼，達官怕。"斯言驗矣！昔之人未嘗目睹其异，往往以霜淞、霧淞當雨木冰，非是。淞者，霜霧之氣凝結而成。或寒夜月明之際，或隆冬日出之時，著於枯木之上，燦若冰花，瑩潔可玩。曾子固《齊州冬夜》詩："月淡千門霧淞寒。"注引諺曰："霜淞重霧淞，窮漢備飯瓮。"是爲豐年之兆。此則數年一見，或一年數見，不足以爲异也。

吸江樓記　沈秉成

焦山屹立大江，層巒嵂崒，與北固諸峰雄峙。天半其上，有亭翼然，矗與雲齊，人迹罕到。亭址舊爲浮圖，在西峰頂。明洪武初，毁於火。弘治中，都綱妙福、妙瑛就塔基建亭，名曰"吸江"。後屢修，不離故址。我朝乾隆二十六年，亭圮，改建東峰頂。亭内莊嚴佛像名"四面佛"，而吸江之名不傳。同治己巳夏，余於都門廠肆，得盧雅雨都轉所輯《焦山志》。披覽一過，神游目想，恍置身於兹山之巔。不數日，即奉命觀察是邦。莅任後，屢欲載酒往游，輒以事阻。今春，簿書稍暇，邀同人披蒙茸，履巉巇，盤旋而上，且行且憩，達亭所。林木鬱茂，雖據山巔，苦難眺遠。亭亦欹斜欲傾。乃出俸錢新之，改建爲樓。俯瞰大江，蒼茫萬頃，眼界頓豁。仍其名曰“吸江”，不忘舊也。既蕆事，山僧芥航乞爲記。余曰：“是役也，成於游兹山之後，實兆於得《山志》之時。殆亦釋氏所謂緣耶?”乃書而鑱諸石。

北固山多景樓記　（方外）了璞

乙未春，觀察李公重修《焦山志》。使幕賓顧湘舟入山搜拓碑版，采録藝文。以舊所輯《象山遺文逸事》①，囑顧君編入志尾。公知象山舊有送江亭，思復其迹。以六月朔，過象山，視地之宜。是時，璞方刻《北固山志》。公見之喜甚，以爲北固之寥落久矣，此舉差强人意。璞因請曰：“多景樓，米公所謂‘天下江山第一樓’也，廢且百年。懷古者往往求遺址於荒榛灌莽之間，徘徊累嘆。一若樓之不存，景亦因而失其舊者。公能從而復之，是則兹山之幸也。”公雖未允，意頗然之。厥後，公修長廊、三賢祠，而樓終未復。今年春，公過焦山。璞渡江往謁，仍以建樓爲請。公慨然許之。於是即山椒爲樓三楹。經始於四月甲寅。工將半，而公逝矣。既成，璞偕寺之長老性公，登樓四望。見西南諸山，岡嶺起伏，峰奔壑走，若駿馬之不受鞚。江流萬里，銀濤雪浪，蕩雲沃日。海門而下，遠混天碧。其城郭樓臺，烟霞草木，無遠近纖濃，咸獻媚於几席之下。至於晦明風雨，四時變態，口之所不能言，筆亦不能書也。昔范文正公作《岳陽樓記》，以爲覽物之情，因人而异。其説固然。然人當襟抱閑曠，意思高遠，其於江山之勝，若有夙契。而或所得不過一丘一壑，則耳目之賞易窮。即其胸中，必有鬱而未暢者。若夫萬景紛布吾前，如聽約束，隨其所得，皆足自怡。則兹樓曷可少哉？惜乎，樓成而公不及見也！璞方輯山志，采録遺文②。雖遠在千古，猶不敢忽。况公近事，可使無聞於後世耶？故不揣鄙陋，而爲之記。公諱彦章，字蘭卿，亦號榕園云。

甘露寺改建禪堂記　了璞

佛法之入中國也，自後漢摩騰、竺法蘭，來自五天館於洛陽鴻臚寺，是時有經而無精舍。至吴赤烏中，僧康會架茅茨以行道，是時有精舍而無學衆。長干男子朱士行，最初落髪，是時有僧而不分禪律。迨唐之朝，禪法并行，曹溪獨號禪宗，而律學不能與之抗行。元和間，百丈大智禪師，方創禪學叢林，爲九州四海作大禪堂以處學者，此禪堂之始也。甘露寺者，六代時遠，不可考，唐李衛公乃廣寺基，成大法席。當其盛時，萬指圍繞，角立杰出者比比領名剎。蓋諸方道流之統會也。歷宋元以迄於明，興廢不一。宣德間，巡撫周公忱延理玹③禪師④，百廢俱⑤舉。又百年分禪堂而爲私室，嗚呼，其衰

① 按：“以舊所輯”句，清刻本《北固山志》卷十二此句前有“璞”字。
② 按：“文”，清刻本《北固山志》卷十二作“聞”。
③ 按：“理玹”，清刻本《北固山志》卷十二作“玹理”。
④ 按：清刻本《北固山志》卷十二“禪師”後有“住持”二字。
⑤ 按：“俱”，清刻本《北固山志》卷十二作“并”。

也矣！嗣有五峰禪師者，來自東魯，見而悲之，發大誓願，建禪堂，安學衆，草創甫畢而寂，到今二百餘年矣。道光初，慈雲長老視禪堂而病之，謂禪者必資於静，游踪絡繹，曷足安禪？遂有改建之意。值歲歉，未果。嘗語門人智岸曰："改建禪堂，吾之志也。今老矣，恐不能償吾志。衣鉢之餘，止數十金，汝其爲我募衆檀而足成之。"智公嗣席，叠遭水患，不克速成，歷五年而始就緒，移建於接引殿之西北隅。其舊基爲齋堂，縻①金錢五十餘萬。既成，粥魚齋鼓，戢戢而趨，會四海於一堂，休萬緣於方寸。冰懷雪慮，枯株而坐者，咸有以致其道焉。吾聞道可致而不可求。《語》云："百工居肆以成其事，君子學以致其道。"然則學者之有禪堂，其猶工之居肆也歟？余居象山，去兹山咫尺，慈公之志，智公之力，既素聞而熟睹之矣，於是乎書。

丹徒縣志卷五十六終

① 按："縻"，清刻本《北固山志》卷十二作"糜"。

丹徒縣志卷五十七

雜綴一　史事

雜綴叙

拾遺摭言，蓋取識小之意。正史而外，如稗官，紀載雖奇，而不背於經。博而綜之，亦可廣見聞而資考核。至五行之變，六沴之警，董子不云乎？善言天者，必有徵於人。宜慎思也。志雜綴。

周

齊慶封奔吴。吴句餘予之朱方，聚其族焉而居之。（《春秋左氏傳》）

漢

吴王濞與條侯戰，大敗。士卒多飢死，乃畔散。於是吴王與其麾下壯士數千人渡江，夜亡去，走丹徒。（《史記·吴王濞傳》）

劉繇避亂淮浦。詔書以爲揚州刺史。時袁術在淮南。繇畏憚，不敢之州，欲南渡江。吴景、孫賁迎置曲阿。術圖爲僭逆，攻没諸州縣。繇遣樊能、張英屯江邊以拒之。以景、賁、術所授用，乃迫逐使去。於是，術乃置揚州刺史，與景、賁并力攻英、能等。漢命加繇爲振武將軍①，衆萬餘人。孫策東渡，破英、能等②。繇奔丹徒。（《季漢書·劉繇傳》）

吴

孫河初爲將軍，屯京城，爲嬀覽、戴員所殺。河從子韶年十七，收河餘衆，繕治樓櫓。權聞亂，從椒還，定覽等亂。引軍歸吴，夜至京城，下營試攻，驚之。兵皆乘城，傳檄備警，歡聲動地，頗射外人。權使曉諭乃止。明日，見韶，甚器之。即拜丞烈校尉，統河部曲，食曲阿、丹徒二縣。（《季漢書·孫韶傳》）

孫桓，河之子也。拜安東中郎將，與陸遜共拒劉備。備軍衆甚盛。桓拔刀奮命，與遜僇力，備遂敗。桓斬上兜道，截其徑要。備逾山越險，僅乃得免，忿恚嘆曰：“吾昔初至京城，桓尚小兒，而今迫孤乃至此也！”以功拜建武將軍，封丹徒侯。（《季漢書·孫桓傳》）

---

① 按：“漢命加”句，清刻本章陶《季漢書》卷八《劉繇傳》作“詔加繇爲牧振武將軍”。

② 按：“孫策東渡”句，清刻本章陶《季漢書》卷八《劉繇傳》作“興平二年，孫策東渡江，破英、能等，曲阿失守”。

晉

郗鑒於丹徒立大業、曲阿、庱亭三壘拒蘇峻。峻將張健來攻大業，城中乏水，三軍失色。會峻死，大業圍解。及蘇逸等走吴興，鑒遣李閎追斬，降男女萬餘口。時賊帥劉徵聚衆數千，浮海抄東南諸縣。鑒遂城京口，率衆討平之。（《晉書·郗鑒傳》）

郗鑒疾篤，請蔡謨代己。謨聞石季龍掠緣海諸縣，乃募，得賊大船者，賞布千匹，小者百匹。是時謨統數千人①，所戍東至土山，西至江乘，鎮守八所，城壘十一處，烽火樓望三十餘處。（《晉書·蔡謨傳》）

郗愔，字方回，鑒子。褚裒鎮京口，以愔爲長史。累遷都督徐、兖、青、幽、揚州之晉陵諸軍事、領徐、兖二州刺史，假節，在北府。徐州人多勁悍，桓温曰："京口酒可飲，兵可用。"深不欲愔居之。而愔暗於事機，遣箋詣温，欲共獎王室，修復園陵。子超取視，寸寸毁裂，乃更作箋，自陳老病，甚不堪人間，乞閑地自養。温得箋大喜，轉愔爲會稽太守。（《晉書·郗愔郗超傳》）

桓沖寧康三年解揚州，自求外出。桓氏黨與以爲非計，莫不扼腕苦諫，郗超亦深止之。沖皆不納。忠言嘉謀，每盡心力。於是改授都督徐、兖、豫、青、揚五州之六郡軍事、車騎將軍、徐州刺史，以北中郎府并中軍，鎮京口，假節。又詔沖及謝安并加侍中。時丹陽尹王藴以后父之重昵於安，安意欲出藴爲方伯，乃復解沖徐州，直以車騎將軍都督豫、江二州之六郡軍事，自京口還鎮姑孰。（《晉書·桓沖傳》）

褚裒以近戚，懼獲譏嫌，上疏固請居藩。於是授都督徐、兖、青、揚州之晉陵、吴國諸軍事、衛將軍、徐、兖二州②，假節，鎮京口。後除征討大都督青、揚、徐、兖、豫五州諸軍事。石季龍死，上表請伐之。代陂之敗，上疏自貶。詔以逋寇未殄，方鎮任重，不宜貶降，使還鎮京口。以遠圖不就，憂慨發病。及至京口，聞哭聲甚衆，問："何哭之多?"左右曰："代陂之役也。"益慚恨，遂卒。（《晉書·褚裒傳》）

王藴以后父，封建昌縣侯，自以恩澤受③爵，非三代令典，固辭不受。朝廷敦勸，終不肯拜，乃授都督京口諸軍事。謝安謂藴曰："卿居后父之重，不應妄自菲薄，以虧時遇，宜依褚公故事，但令在權貴於事不事爾。可暫臨此任，以紓國姻之重。"於是乃受命，鎮於京口。（《晉書·王藴傳》）

王恭上表討王愉、司馬尚之兄弟。朝廷使元顯及王恂④、謝琰等拒之。恭夢劉牢之坐其處，且謂牢之曰："事克，即以卿爲北府。"元顯遣廬江太守高素説牢之，使叛恭，事成，當即其位號。牢之許焉。恭參軍何澹之以其謀告恭。牢之與澹之有隙，故恭疑而不納。乃置酒請牢之於衆中，拜牢之爲兄，精兵利器悉以配之，使爲前鋒。行至竹里，牢之背恭歸朝廷。恭既死，遂代恭爲都督兖、青、冀、幽、并、徐、揚州、晉陵軍事，

---

① 按："數千人"，《晉書》卷七十七《蔡謨傳》作"七千人"。

② 按："徐、兖二州"，《晉書》卷九十三《褚裒傳》作"徐、兖二州刺史"。

③ 按："受"，《晉書》卷九十三《王藴傳》作"賜"。

④ 按："恂"，《晉書》卷八十四《王恭劉牢之傳》作"珣"。

鎮京口。(《晉書·王恭劉牢之傳》)

王恭始與王建武甚有情，後遇袁悦之間，遂致疑隙。然每至興會，故有相思時。恭嘗行散至京口射①堂，於時清露晨流，新桐初引。恭目之曰："王大固②自濯濯。"(《晉書》)③

孟昶未達時，家在京口。嘗見王恭乘高輿，披鶴氅裘。於時微雪，昶於籬間窺之，嘆曰："此真神仙中人!"(《晉書·孟昶傳》)④

刁協之孫逵富而縱横，固吝，爲京口之蠹。⑤ 逵之誅也，其子彌亡命，率數十人入京城。太尉司馬陸仲元擊斬之。劉裕散其資蓄，令百姓稱力而取之，彌日不盡。時天下飢敝，編户賴之以濟。(《晉書·刁逵傳》)

劉襲爲劉牢之參軍。牢之降桓玄，復議據江北以拒玄。襲曰："事不可者莫大於反，將軍往年反王兖州，近年反司馬郎中⑥，今復欲反桓君⑦。一人而三反，豈得立也?"語畢，趨出，佐吏多散走。而子敬宣先還京口援⑧其家，失期不到。牢之縊死。將吏共殯斂牢之，喪歸丹徒。(《晉書·劉牢之傳》)

桓修字承祖，沖子。元興中，以撫軍將軍鎮丹徒。從弟玄篡位，劉裕舉義，斬修以徇。(《晉書·桓修傳》)

江州刺史庾悦，隆安中爲司徒長史，曾至京口。劉毅時甚屯窶，先就府借東堂與親故射。而悦後與僚佐徑來詣堂，毅告之曰："毅輩屯否之人，合一射甚難。君於諸堂并可，望以今日見讓。"悦不許。射者皆散，唯毅留射如故。既而悦食鵝，毅求其餘，悦又不答，毅嘗銜之。義熙中，故奪悦豫章，解其軍府，使人微示其旨，悦忿懼死。(《晉書·劉毅傳》)

劉裕嘗爲劉牢之參軍，與何無忌素相親結，因共密圖桓玄⑨。劉毅家在京口，與無忌素善，言及興復之事，無忌曰："桓氏强盛，其可圖乎?"毅曰："天下自有强弱，雖强易弱，正患事主難得爾!"無忌曰："天下草澤之中非無英雄也。"毅曰："所見唯有劉下邳。"無忌笑而不答，還以告裕，因共要毅，與相推結，遂共舉義兵，襲京口。(《晉書·何無忌傳》)

諸葛長民領晉陵太守，鎮丹徒。既又領淮南太守。驕縱貪鄙⑩，不恤政事，多聚珍

---

① 按："射"，《世説新語·賞譽第八》作"謝"。

② 按："固"，《世説新語·賞譽第八》作"故"。

③ 按：引文出處似有誤，此則見《世説新語·賞譽第八》。

④ 按：引文出處似有誤，此則見《世説新語·企羡第十六》。

⑤ 按："刁協之孫"諸句，《晉書》卷六十九《刁逵傳》作"刁氏素殷富，奴客縱横，固吝山澤，爲京口之蠹"。

⑥ 按："近年"句，《晉書》卷八十四《劉牢之傳》作"近日反司馬郎君"。

⑦ 按："桓君"，《晉書》卷八十四《劉牢之傳》作"桓公"。

⑧ 按："援"，《晉書》卷八十四《劉牢之傳》作"拔"。

⑨ 按："因共"句，《晉書》卷八十五《何無忌傳》作"因密共圖玄"。

⑩ 按："鄙"，《晉書》卷八十五《諸葛長民傳》作"侈"。

寶美色，營建第宅，所在殘虐，爲百姓所苦。見劉毅被誅，懼禍及，謂所親曰："昔年醢彭越，今年①殺韓信，禍其至矣!"欲謀亂，謂劉穆之曰："人謂太尉與我不平，其故何也?"穆之曰："相公西征，老母弱弟委之將軍，何謂不平!"弟黎民素輕狡好利，固勸長民：因劉裕未還，可以圖之。長民猶豫未發，既而嘆曰："貧賤嘗思富貴，富貴必履危機②。今日欲爲丹徒布衣，豈可得也!"（《晉書・諸葛長民傳》）

殷仲堪爲桓玄追兵所殺。子簡之，載喪下都，葬於丹徒，遂居墓側。義旗建，率私僮客隨義軍躡桓玄。玄死，簡之食其肉。（《晉書・殷仲堪傳》）

宋

武帝微時，嘗游京口竹林寺，獨卧講堂前，上有五色龍章。衆僧見之，驚以白帝。帝獨喜曰："上人無妄言。"皇考墓在丹徒之候山，其地秦史所謂曲阿、丹徒間有天子氣者也。時有孔恭者，妙善占墓。帝嘗與經墓，欺之曰："此墓何如?"孔恭曰："非常地也。"帝由是益自負。（《南史・宋武帝紀》）

武帝微時，躬耕於丹徒。及受命，耨耜之具頗有存者，皆命藏之，以留於後。及文帝幸舊宫，見而問焉，左右以實對。文帝色慚，有近侍進曰："大舜躬耕歷山，伯禹親事土木。陛下不睹列聖之遺物，何以知稼穡之艱難?何以知先帝之至德乎?"（《南史・宋武帝紀》）

劉道隣，裕弟。元熙元年，解尚書令，進位司空，出鎮京口。素無才能，舉止多鄙，蓄聚常若不足。去鎮日，府庫爲空。（《南史・宋長沙景王道隣傳》）

劉粹家在京口，爲州從事。劉毅克京城，參建武軍事。盧循逼京口，裕次子義隆，時年四歲。裕使粹奉之鎮京口。（《南史・劉粹傳》）

蕭惠開，思話長子。丁父艱，居喪有孝性。家素事佛，凡爲父起四寺：南岡下名禪岡寺；曲阿舊鄉宅名禪鄉寺；京口墓亭名禪亭寺；所封陽縣名禪封寺③。（《南史・蕭惠開傳》）

建平王景素好士，江淹隨在南徐州④，以郭彦文辭連繫州獄，淹獄中上書得釋。尋爲南徐州秀才，對策上第，再遷府主簿。及景素鎮京口，與腹心日夜謀議。淹知禍機將發，乃贈詩十五首諷焉。（《南史・江淹傳》）

建平王景素刺⑤南徐被誅，左右離散。王思遠嘗爲其州主簿，親視殯殮⑥。手種松柏，與廬江何昌寓、沛郡劉璡上表理之。（《南史・王思遠傳》）

徐廣，永初元年詔除中散大夫。廣言墳墓在晉陵丹徒，又生長京口。息道玄忝宰此

① 按："今年"，《晉書》卷八十五《諸葛長民傳》作"前年"。
② 按："危機"，《晉書》卷八十五《諸葛長民傳》作"機危"。
③ 按："所封"句，《南史》卷十八《蕭惠開傳》作"所封封陽縣名曰禪封寺"。此句或有脱字。
④ 按："南徐州"，《南史》卷五十九《江淹传》作"南兗州"。
⑤ 按："刺"，《南史》卷二十四《王思遠傳》作"辟"。
⑥ 按："殮"，《南史》卷二十四《王思遠傳》作"葬"。

邑，乞隨之官，歸終桑梓，許之。(《南史·徐廣傳》)

新安王子鸞以盛寵爲南徐州，割吴郡屬焉。高選佐史，孝武召張岱謂曰："卿美效夙著，兼資宦已多。今欲用卿爲子鸞别駕，總刺史之任。無謂小屈，終當大申也。"(《南史·張岱傳》)

李安民行南徐州事。王迥素是其所親，盗絹二匹。安民流涕斬於軍門，厚斂祭之，人人震服。(《南史·李安民傳》)

齊

袁彖，字偉才，粲從子。初以微言忤世祖，免官。役①東冶。世祖游陵，望東冶。明日，釋之。尋，白衣行南徐州事。(《南齊書·袁彖傳》)

謝朓行南徐州事，文章盛於一時，見西曹到洽，深賞之。② 日引與談論，每謂洽曰："君非直名人，乃亦資兼③文武。"(《梁書·到洽傳》)

崔慧景之授平西將軍、假節④，率軍水路征壽陽。時江夏王寶玄鎮京口，聞慧景北行，遣左右余文興説之曰："朝廷任用群小，猜害忠賢。君今度之，與⑤有功亦死，無功亦死，欲何求所免？機不可失。今擁强兵，北取廣陵，收吴楚勁卒，身舉州以相應，取大功如反掌耳！"慧景常不自安，聞言響應。於是廬陵長史蕭寅⑥、司馬崔恭祖守廣陵城。慧景以寶玄事告恭祖，恭祖還以告寅，共爲閉城計。俄而，慧景至，恭祖閉門不敢出。中軍參軍⑦張慶延等勸慧景襲取廣陵，密遣軍主劉靈運間行突入。慧景俄傒至，遂據其城，仍使子覺領兵襲京口。寶玄本謂大軍并來，及見人少，極失所望，拒覺，擊走之。恭祖及覺精兵八千人濟江。恭祖心本不同，反至蒜山，欲斬覺，以軍降京口。事既不果而止，覺等軍器精嚴，柳燈⑧等謂寶玄曰："崔護軍威名既重，乃誠可見，既已脣齒，忽中道立异，彼以樂歸之衆，亂江而濟，誰能拒之？"於是登北固樓，并千蠟燭爲烽火，舉以應覺。帝聞變，以右衛將軍左興盛假節都督下水陸衆軍。慧景停二日，率大衆一時俱濟江，趣京口。(《南史·崔慧景傳》)

梁

臨川王正義初以王子封平樂侯，位太常卿、南徐州刺史。屬武帝幸朱方，正義修廨宇以待輿駕。初京城之西有别嶺，入江，高數十丈，三面臨水，號曰北固。蔡謨起樓其

---

① 按："役"，《南齊書》卷四十八《袁彖傳》作"付"。

② 按："謝朓行南徐州事"諸句，《梁書》卷二十七《到洽傳》作"洽年十八，爲南徐州迎西曹行事。洽少知名，清警有才，學士行謝朓文章盛於一時，見洽，深相賞好"。本志所引似有錯亂。

③ 按："資兼"，《梁書》卷二十七《到洽傳》作"兼資"。

④ 按："崔慧景"句，《南史》卷四十五《崔慧景傳》作"即授崔慧景平西將軍、假節、侍中護軍如故"。

⑤ 按："與"，《南史》卷四十五《崔慧景傳》作"舉"。

⑥ 按："於是"句，《南史》卷四十五《崔慧景傳》作"于時廬陵王長史蕭寅"。

⑦ 按："中軍參軍"，《南史》卷四十五《崔慧景傳》作"中兵參軍"。

⑧ 按："柳燈"，《南史》卷四十五《崔慧景傳》作"柳燈、沈佚"。

上以置軍實。是後崩壞，猶有小亭①，登降甚狹，及上升之，下輦步進。正義乃廣其路，傍施欄楯。翌日，上幸，遂通小輿。上悦，登望久之，敕曰：“此嶺不足須固守。然京口實乃壯觀。”乃改曰北顧，賜正義束帛。（《南史·臨川王正義傳》）

安成康王秀爲南徐州刺史。京口自崔慧景亂後累被兵革，人户流散。秀招懷撫納，惠愛大行。仍屬飢年，以私財贍百姓，所濟甚多。（《南史·安成康王秀傳》）

王勵爲南徐别駕從事。大同末，武帝謁園陵，道出朱方。勵從輦側，所經山川，莫不顧問，隨事應對，咸有故實。從登北固賦詩，帝甚嘉之。（《南史·王勵傳》）

南康簡王績持節南徐，時年七歲。主者有受貨，先改解書，長史王僧孺弗之覺。績見，輒詰之，人皆服其聰敏。（《南史·南康簡王績傳》）

邵陵攜王綸普通五年以西中郎將權攝南徐州事，在州輕險躁虐，喜怒不恒，車服僭擬，肆行非法，遨游市里，雜於厮隸。嘗問賣鮰者曰：“刺史何如?”對者言其躁虐。綸怒，令吞鮰以死。自是百姓惶駭，道路以目。嘗逢喪車，奪孝子服而著之，匍匐號叫。籤帥懼罪，密以聞。帝始嚴責綸，不能改，於是遣代。（《南史·邵陵攜王綸傳》）

邵陵王綸初鎮京口，大造器甲，既涉聲論，投之於江。及後出征，戎備頗闕，乃嘆曰：“吾昔造仗，本備非常。無事涉疑，遂使零散。今日討抄，卒無所資。”（《南史·邵陵攜王綸傳》）

侯景叛逆，邵陵王綸刺南徐，率步騎三萬發京口，將軍趙伯超曰：“若從黄城大道，必與賊遇。不如徑路直指鍾山，出其不意。”遂大破景，斬首千餘級。（《梁書·邵陵王綸傳》）

簡文帝爲晉安王刺南徐。劉遵爲州治中，甚見賓禮，大同元年卒。王爲皇太子，深悼惜之。令曰：“吾昔忝朱方，從容坐首，良辰美景，清風月夜，鷁舟乍動，朱鷺徐鳴，未嘗一日不追隨，一時不會。遇酒闌耳熱，言志賦詩，校核忠賢，推揚文史。益者三友，此實其人。”（《南史·劉遵傳》）

到藎早聰慧，守太子洗馬、尚書殿中郎。② 嘗從高祖幸京口，登北固樓，賦詩，受詔便就。上以示到溉曰：“藎定是才子，翻恐卿從來文章假手於藎。”因賜絹二十匹。（《南史·到溉傳》）

蕭眎素位司徒左西屬、南徐州治中。性静退，少嗜欲。好學，能清言。榮利不關於中③，喜怒不形於色。在人間及居職，并任情通率，不自矜，尚④天然簡素。及在京口，便有終焉之志。（《梁書·蕭眎素傳》）

南徐州近畿重鎮，前後吏士數十人皆致巨富。蕭洽爲南徐治中，清身率職，饋遺一無所受，妻子不免飢寒。（《梁書·蕭洽傳》）

---

① 按：“猶有”句，《南史》卷五十一《臨川王正義傳》作“頂猶有小亭”。

② 按：“守太子洗馬”句，《南史》卷二十五《到溉傳》作“位尚書殿中郎”。

③ 按：“中”，《梁書》卷五十二《蕭眎素傳》作“口”。

④ 按：“尚”，《梁書》卷五十二《蕭眎素傳》作“高”。

孔休源屢佐名藩，甚得民譽。普通中，爲晉安王府長史，别敕專行南徐州事。王深相倚仗，嘗於齋中别設一榻，云此是孔長史坐，人莫得與焉。①（《南史·孔休源傳》）

侯景之亂，蕭藻刺南徐。遣長子彧率兵入援。景遣其儀同蕭邕代之，據京口。或勸其奔江北，藻曰："吾，國之台鉉，既不能誅賊，當同死朝廷，安能投生异類，欲保餘身?"遂不食，薨。（《南史·蕭藻傳》）

蔡景歷在侯景中，與南康嗣王會理通謀匡復，事泄被執。賊黨王偉保護之，獲免，因客游京口。侯景平，陳武帝鎮朱方，素聞其名，以書要之。景歷對使人答書，筆不停輟，文無所改。帝得書，甚加欽賞，即日授征北府中記室參軍。（《南史·蔡景歷傳》）

侯景於松江戰敗，惟餘三舸，下海欲向蒙山。會景晝寢，羊鵾語海師："此中何處有蒙山，汝但聽我處分。"遂直向京口，至胡豆洲。景覺，大驚，問岸上，云"郭元建猶在廣陵"。景大喜，將依之。鵾拔刀叱海師，使向京口。鵾與王元禮、謝答仁弟葳蕤，并景之昵也，三人謂景曰："我等爲王，百戰百勝，自謂無敵。卒至於此，豈非天乎？今就王乞頭以取富貴。"景欲透水，鵾抽刀斫之。景乃走入船中，以小刀抉船。鵾以矟刺殺之。以鹽納景腹中，送其尸於建康。景僕射索超世時在别船，以景命召之②，斬於京口。（《南史·羊鵾傳》）

貞陽既受③僞位，仍授王僧辯大司馬，領太子太傅、揚州牧。陳霸先時爲南徐州刺史，與諸將議。④ 因自京口舉兵十萬，水陸俱至，襲於建康。（《梁書·王僧辯傳》）

韋鼎兄昂，侯景之亂於京口戰死。⑤ 鼎負尸出，寄於中興寺。求棺無所得，鼎哀憤慟哭。忽於⑥江中有物流至鼎所，竊异之，往視，乃新棺也，因以充斂。陳武帝在南徐州，鼎望氣知其當王，遂寄孥焉，因謂武帝曰："明年有大臣誅，死後四歲，梁其代。終⑦觀明公天縱神武，繼絶統者，無乃是乎？"武帝固有圖僧辯志⑧，聞其言大喜，遂定策。及受禪，拜黄門侍郎，累遷太府卿。至德初，鼎盡質貨田宅，寓居僧寺。友人大匠卿毛彪問其故，答曰："江東王氣盡於此矣，吾與汝當葬長安。期運將及，故破産耳。"（《南史·韋鼎傳》）

---

① 按：與《南史》卷六十《孔休源傳》相較，此則所引有顛倒、异文處，兹作調整："普通中，復爲晉安王府長史、南蘭陵太守，别敕專行南徐州事。休源累佐名蕃，甚得人譽，王深相倚杖，常於中齋别施一榻，云此是孔長史坐，人莫得預焉。"

② 按："以景命"句，《南史》卷六十三《羊侃傳附子鵾傳》作"葳蕤以景命召之"。

③ 按："受"，《梁書》卷四十五《王僧辯传》作"踐"。

④ 按："陳霸先時"二句，《梁書》卷四十五《王僧辯傳》作"陳霸先時爲司空、南徐州刺史，惡其翻覆，與諸將議"。

⑤ 按："韋鼎兄昂"二句，《南史》卷五十八《韋鼎傳》作"侯景之亂，鼎兄昂於京口戰死"。

⑥ 按："於"，《南史》卷五十八《韋鼎傳》作"見"。

⑦ 按：引語多有删削，據《南史》卷五十八《韋鼎傳》，"終"當作"僕"。

⑧ 按："武帝"句，《南史》卷五十八《韋鼎傳》作"武帝陰有圖僧辯意"。

陳

陳武帝剋廣州，平蔡路養，破李遷仕，計畫多出於徐度。侯景平，封廣德縣侯。武帝鎮朱方，除蘭陵太守。武帝遣衡陽獻王往荆州，度率所領從焉。江陵覆亡，間行東歸。武帝東討，杜龕奉敬。帝幸京口，以度領宿衛，并知留府事。（《南史·徐度傳》）

陳武帝誅王僧辯，程靈洗率所領來援，其夜力戰於石頭西門。武帝軍不利，遣使招諭，久乃降。帝深義之。授蘭陵太守，仍助防京口。（《南史·程靈洗傳》）

蕭摩訶年未弱冠，隨侯安都在京口。性好獵，無日不畋游。及安都征伐，摩訶功居多。《隋史》：賀若弼鎮廣陵，① 後主委摩訶禦之，授南徐州刺史。禎明三年②，元會徵摩訶還朝，弼乘虛濟江，襲京口。摩訶請率兵逆戰，後主不許。及弼進③鍾山，摩訶復請，又不許。後遂被禽。（《陳書·蕭摩訶傳》）

後主禎明三年，隋將賀若弼攻下京口，缘江諸戍望風盡走。弼分兵斷曲阿之衝而入，庚午，攻陷南徐州。（《南史·後主紀》）

賀若弼兵渡京口，京口人密啓告急，而後主正飲酒，不知省。高熲至，猶見京口啓在床下，未開封也。（《南史·後主紀》）

隋

賀若弼濟江，襲陳南徐州④，執其刺史黄恪。軍令嚴肅，秋毫不犯。有軍士於民間沽酒者，弼立斬之。（《隋書·賀若弼傳》）

江南人李稜等聚衆爲亂，大者數萬，小者數千，共相影響，殺害長史。楊素爲行軍總管⑤，帥衆討之。賊朱莫問自稱南徐州刺史，以盛兵據京口。素率舟師入，自揚子津進擊，破之。（《隋書·楊素傳》）

麥鐵杖，始興人。驍勇有膂力，日行五百里。性疏誕，不治産業。陳大建中，結聚衆爲盜⑥，没爲官户，配執御傘。每罷朝後，行百餘里，夜至南徐州，逾城劫盜。旦還，及時執傘。如此者十餘度。物主識之，州以狀奏。朝士每旦見其常在，不之信。後數告變。尚書蔡徵曰："此可驗耳。"於仗下時募以百金，求人送詔書於⑦南徐州刺史。鐵杖出應募，賫敕而往，明旦，及奏事，帝曰："信然爲盜⑧。"惜其勇健⑨，釋之⑩。隋平陳

---

① 按：《隋史》，疑誤。《陳書》卷三十一《蕭摩訶傳》作"會隋總管賀若弼鎮廣陵"。

② 按："禎明三年"，《陳書》卷三十一《蕭摩訶傳》作"禎明三年正月"。

③ 按："進"，《陳書》卷三十一《蕭摩訶傳》作"進軍"。

④ 按："襲陳"句，《隋書》卷五十二《賀若弼傳》此句後有"拔之"云云。

⑤ 按："楊素"句，《隋書》卷四十八《楊素傳》作"以楊素爲行軍總管"。

⑥ 按："結聚"句，《隋書》卷六十四《麥鐵杖傳》作"結聚爲群盜"，下有"廣州刺史歐陽頠俘之以獻"云云。

⑦ 按："於"，《隋書》卷六十四《麥鐵杖傳》作"與"。

⑧ 按："信然"句，《隋書》卷六十四《麥鐵杖傳》此句後有"明矣"云云。

⑨ 按："健"，《隋書》卷六十四《麥鐵杖傳》作"捷"。

⑩ 按："釋之"，《隋書》卷六十四《麥鐵杖傳》作"誡而釋之"。

後，江東反。楊素使鐵杖覘賊，爲賊所擒，縛行至庱亭。① 衛者憩食，哀其餒，解手以給其餐。鐵杖取賊刀，殺衛者皆盡。割其鼻，懷之以歸。素大奇之。(《隋書・麥鐵杖傳》)

煬帝幸江都時，劉元進作亂江南，以兵攻潤州。帝徵吐萬緒，率衆至揚子津。元進至②茅浦，將渡江，緒勒兵擊走。因濟江，背水爲柵門。旦，元進來攻，又大挫之。賊解潤州圍而去。緒進屯曲阿，元進復結柵拒。緒挑之，元進出戰。陳未整，緒以騎突之，賊衆遂潰，赴江水死者數萬。(《隋書・吐萬緒傳》)

唐

沈法興定江表十餘州，稱梁王，自意南方諸城可跂而平，專事威殺③。李子通圍陳稜，法興遣子倫救之，屯兵揚子間數十里，反爲所敗。子通乘鋒渡江，破京口。使將蔣元超戰庱亭，大敗，死之。法興懼，弃城，與左右數百投吴郡。(《新唐書・沈法興傳》)

杜伏威命輔公祏拔丹陽，進屯溧水。李子通戰敗，糧且盡。弃江都，保京口。伏威盡得其地。子通俄東走太湖。(《新唐書・李子通傳》)

李思文刺潤，從子敬業兵起，以間道聞。思文固守逾月。(《新唐書・徐敬業傳》)

劉延嗣司馬潤州④，徐敬業攻潤。城陷，敬業邀以降。延嗣曰："吾世蒙國恩，城不守所負多矣！詎能苟生，爲宗族羞?"敬業怒，將斬之。其黨魏思温救止，繫江都獄。後録忠當叙以裴炎近親，裁遷梓州長史，轉汾州刺史。(《新唐書・劉昇傳》)

徐敬業反揚州，問計於魏思温。對曰："公既以太后幽縶太子⑤，宜身自將兵，直趨洛陽。山東韓魏知公勤王，附者必衆，天下指日定矣。"薛璋曰："不然。金陵負江，其地足以爲固。且王氣尚在，宜先并常、潤爲霸基，然後鼓行而北。"思温曰："鄭、汴、徐、亳，士皆豪杰，不願武后居上。蒸麥爲飯，以待我師。奈何欲守金陵，投死地乎?"敬業不從，自引兵擊潤州，下之。署李宗臣爲刺史。思温嘆曰："不知掃地渡淮，率山東士襲東都，⑥ 吾知其無能爲也。"及兵敗，與李敬猷、駱賓王等輕騎遁江都⑦，悉焚其圖籍，携妻子奔潤州，潛蒜山下，將入海逃高麗。(《新唐書・徐敬業傳》)

齊澣刺潤，時州北距瓜步沙尾紆匯六十里，舟多敗溺。澣徙漕路，繇京口埭治伊婁渠，以達揚子，歲無覆舟，减運錢數十萬。又立伊婁埭，官征其入。招還流人五百户，

---

① 按："楊素使鐵杖"諸句，《隋書》卷六十四《麥鐵杖傳》作"楊素遣鐵杖頭戴草束，夜浮渡江，覘賊中消息，具知還報，後復更往，爲賊所擒。逆帥李稜遣兵仗三十人衛之，縛送高智慧，行至庱亭"。

② 按："至"，《隋書》卷六十五《吐萬緒傳》作"自"。

③ 按："殺"，《新唐書》卷八十七《沈法興傳》作"戮"。

④ 按："劉延嗣"句，《新唐書》卷一百六《劉昇傳》作"從弟延嗣爲潤州司馬"。

⑤ 按："太子"，《新唐書》卷九十三《徐敬業傳》作"天子"。

⑥ 按："不知掃地渡淮"二句，《新唐書》卷九十三《徐敬業傳》作"兵忌分，今敬業不知掃地度淮，率山東士先襲東都"。

⑦ 按："與李敬猷"句，《新唐書》卷九十三《徐敬業傳》作"敬業與敬猷、之奇、求仁、賓王輕騎遁江都"。

置明州以安輯之。(《新唐書・齊澣傳》)

肅宗遣永王璘朝上皇天帝於蜀郡。璘反，丹徒郡太守閻敬之同元景曜將兵拒之。景曜降。敬之及璘戰於伊婁埭，死之。(《新唐書・肅宗紀》)

杜佑以故人子過潤州刺史韋元甫①，元甫無加禮。他日，元甫有疑獄，不能決，試訊佑。佑爲辨處，挈要無不盡。元甫奇之，署司法參軍。(《新唐書・杜佑傳》)

潤州刺史韋詵休日登樓，見人於後圃有所瘞藏者。問諸吏，曰："參軍裴寬居也。"與偕來。詵問狀，答曰："寬義不以苞苴污家。適有以鹿來餉，致而去，不敢自欺，故瘞之。"詵嗟异，引爲按察判官，妻以女。(《新唐書・裴寬傳》)

韓滉建節潤州，綏輯百姓，均租調。不逾年，境内稱治。時李希烈反。聞京都未平，乃閉關梁，禁牛馬出境，築石頭五城。自京口至玉山，修塢壁。起建業，抵京峴，樓雉相望。以爲朝廷有永嘉南走事，置館第數十於石頭城。造樓艦三千柁，以舟師由海門大閱，至申浦乃還。陳少游在揚州，以甲士三千臨江大閱。滉亦總兵臨金山寺，少游會②，以金繒相餉酬。然滉握强兵，雖不赴難，而調發糧帛，當時實賴以濟。李晟方屯渭北，滉運米饋之，船置十弩以相警，悍賊不能剽。始漕臨江③，滉顧僚吏曰："天子蒙塵，臣下之耻也。"乃自舉一囊，將佐争負之。(《新唐書・韓滉傳》)

潤州承王國清亂，竇易直傾府庫賚軍，資用空殫，而下益驕。李德裕刺潤，自檢約以留州財。贍兵雖儉而均，故上無怨。再期，則賦物儲牣。後召中書門下平章事。以事更徙鎮海軍，以代王璠。(《新唐書・李德裕傳》)

李德裕在鎮日，賓客無敢忤。杜顗時爲賓佐，數諫正之。及謫袁州，嘆曰："賓客愛我皆如顗，無有今日。"(《新唐書・杜顗傳》)

李錡以賂結李齊歡，遷潤州刺史。募兵選善射者爲一屯，號挽硬，隨身。以胡奚雜類虬須者爲一將，號蕃落健兒，皆錡腹心，禀給十倍，使號錡爲假父，故樂爲其用。憲宗復鎮海軍，以錡爲節度使。(《新唐書・李錡傳》)

李錡愛李紳才，辟掌書記。錡浸不法，紳數諫不入，欲去，不許。會使者召錡，錡稱疾，脅使者，爲衆奏天子，幸得留。召紳作疏，坐錡前。紳陽怖栗，至不能爲字，下筆輒塗去，盡數紙。錡怒，罵曰："何敢？爾不憚死邪？"對曰："得死爲幸④！"即注以刃，令易紙，復然，因囚之獄中。錡誅，乃免。(《新唐書・李紳傳》)

李錡判官王澹以促錡入朝忤意，陰教士臠食之。監軍使聞亂，遣衙將趙琦慰諭，又臠食之。錡反，遣鎮將李奉仙、田少卿、張子良領兵分略宣、池⑤。而三將與錡甥裴行

---

① 按："杜佑以故人子"句，《新唐書》卷一百六十六《杜佑傳》作"佑以蔭補濟南參軍事、剡縣丞，嘗過潤州刺史韋元甫，元甫以故人子待之"。

② 按："少游會"，《新唐書》卷一百二十六《韓滉傳》作"與少游會"。

③ 按："始漕"句，《新唐書》卷一百二十六《韓滉傳》作"始漕船臨江"。

④ 按："得死爲幸"句，《新唐書》卷一百八十一《李紳傳》作"生未嘗見金革，今得死爲幸"。

⑤ 按："遣鎮將"句，《新唐書》卷二百二十四《李锜傳》作"初，锜以宣州富饒，遣四院隨身兵馬使張子良、李奉仙，田少卿領兵三千，分下宣歙池"。

立同謀效順，既受命出，乃迴戈趣城，執錡送京師，斬闕下。三將皆遷擢，封王公，免潤州今歲租。（《新唐書·李錡傳》）

路隋爲潤州參軍。李錡欲困辱之，使知市事。隋怡然坐視，不以爲屈。韋夏卿高其節，辟置東都幕府。後出爲鎮海軍節度使。（《新唐書·路隋傳》）

杜審權建節潤州，清重寡言，視事有如常處，坐必斂衽，日入始就内寢。龐勛亂徐州，審權與令狐綯、崔鉉連師犄角，饋粟相銜，王師賴濟。（《新唐書·杜審權傳》）

周寶爲鎮海軍節度，兼南招討使。以婿楊茂實爲蘇州刺史，重斂，人不聊。田令孜以趙載代之。茂實不受命。寶表留，不聽。乃殘郛署，污垣牖而去。詔以王藴代載。載留潤州。嗣襄王下令搜田令孜黨，寶收載殺之。寶與高駢有隙，駢遣人請會金山，謀執寶，寶訢絶之。會部將劉浩、薛朗等叛。寶方寢，外兵格門，火照城中。寶驚出，諭曰：“爲吾用，則吾兵，否則寇也。”乃自青陽門出奔。浩奉朗領府事。寶奔常州死。錢鏐於文德四年拔潤州①，劉浩亡，不知所在。執朗，剖其心祭寶。使阮結守潤州。（《新唐書·周寶傳》）

孫儒爲招討副使，悉兵攻宣州。楊行密取淮南。儒還，行密表。始得潤、常、蘇三州，兵益强。使劉建鋒守潤、常。大順元年，行密取潤，以安仁義守之。儒怒，三分其軍渡江。建鋒復拔常、潤。仁義走。朱全忠遣將龐從等軍十萬掩至高郵，儒悉師禦之，故仁義間取潤州。行密諸將在潤、常者，皆爲建鋒所逐。安仁義、田頵弃潤州走。明年，儒引兵自京口轉戰，召建鋒皆行。行密諸將屯險者，聞儒至，皆走。（《新唐書·孫儒傳》）

丹陽軍，乾元二年置。元和二年廢。（《新唐書》。按：以下二條《嘉慶志》綴於“紀聞”末，實史事也，今移此。）

潤州丹陽郡，武德三年，以江都郡之延陵縣地置，取潤浦爲州名。土貢：衫羅、水紋、方紋綉、葉花紋等綾、火麻布、竹根、黄粟、伏牛山銅器、鱘鮓。（《新唐書·地理志》）

吴

安仁義反，入潤州。太祖潛令王茂章、李德誠等圍之。軍中推朱瑾槊、米志誠射皆爲第一，而仁義常以射自負，曰：“志誠之弓不當瑾槊之一，瑾槊之十不當仁義弓之一。”每與王茂章等戰，必命中而後發。以此外軍畏之，不敢近。仁義守潤，百端攻之不下。茂章乘其怠，穴地而入。仁義以家屬保城樓，兵不敢登。召德誠曰：“汝可委命，且以愛妾贈之。”乃就縛，斬於廣陵。（《十國春秋·安仁義傳》）

李德誠爲江南馬步軍使，與諸將圍安仁義於潤州。諸將每見仁義臨城督戰，必嫚駡之，德誠獨否。及城陷，仁義操弓矢坐城上。忽見德誠至，曰：“汝見我不失禮，且有奇

① 按：“錢鏐”句，《新唐書》卷一百八十六《周寶傳》作“鏐以杜稜守常州，文德元年拔潤州”。

相，它日必大貴，吾以爲汝功。”因擲弓矢就執。太祖即拜德誠潤州刺史。(《十國春秋·李德誠傳》)

王輿少時從軍，圍潤州，爲大弩射中右耳，自左耳出。旁一人中之死。輿卧病百許日。及愈，耳亦不聾。① 南唐昇元二年，爲鎮海軍留後。卒年七十四。(《十國春秋·王輿傳》)

王茂章爲潤州刺史。楊行密登城，望見茂章營第，曰：“天下未定，而茂章居寢鬱然。渠肯爲我忘身乎?”茂章毁第。(《十國春秋·王茂章傳》)

徐温以鎮海軍節度使，爲管内水陸馬步諸軍都指揮使、守侍中、齊國公，鎮潤州。(《十國春秋·徐温傳》)

徐知誥刺昇州，治城市府舍甚盛。徐温行部至昇州，愛其繁富。潤州司馬陳彦謙勸温移鎮海軍所於昇州。温從之，徙知誥爲潤州團練使。知誥因求宣州，不許，意殊不樂。宋齊邱密言於知誥曰：“三郎驕縱，敗在朝夕。潤州去廣陵隔一水耳，此天授也。”知誥悦，即之官。及朱瑾殺徐知訓，馬仁裕自蒜山渡，馳告知誥，即日以州兵入廣陵定亂。遂代知訓爲淮南節度行軍副使。(《十國春秋·睿帝紀》)

齊王知誥受睿帝禪，上帝尊號曰讓皇帝。昇元二年，帝屢請徙宮。五月，齊王改潤州牙城爲丹陽宮，以李建勳充迎奉讓皇使，徙帝居丹陽宮。命馬思讓爲丹陽宮使，以嚴兵守衛之。冬十月，有使命來徙所。帝方誦佛書於樓上，使者趨前，帝以香爐擲之。俄而報晏駕矣。(《十國春秋·睿帝紀》)

南唐

保大八年，訛傳漢將大舉南侵。詔燕王宏冀爲宣潤二州大都督，鎮潤州。(《十國春秋·元宗紀》)

保大十四年，遣園苑使尹延範護送讓皇之族於潤州，延範殺其男子六十人。命腰斬延範以謝國人。(《十國春秋·元宗紀》)

李德誠在潤州，常秉燭夜出。候者以告，義祖疑有變，徙江州。德誠猶慮讒②，間遣子建勳入謁義祖。見之，嘆曰：“有子如是，非惡人也。”即以女妻建勳。(《十國春秋·李建勳傳》)

馬仁裕事烈祖爲牙吏。烈祖領潤州，仁裕監蒜山渡。首聞朱瑾之亂，馳入告之。即日，渡江定亂。禪代後，拜鎮海軍節度使。(《十國春秋·馬仁裕傳》)

盧文進節度宣、潤，委任賓佐，政績甚美。潤州市大火，文進使馬步使救之，益熾。文進怒，出府門斬馬步使。傳聲而火止。(《十國春秋·盧文進傳》)

盧絳亡命，往來金陵、丹陽間。久之，上書論事，未報。詣樞密使陳喬，口陳所上

---

① 按．此則與《四庫》本《十國春秋》卷七所載略异，因録出以資比勘：“輿少從軍，攻潤州，爲巨弩所射，中右耳，矢自左耳出，復中旁一人，猶立死。輿扶歸營，卧百餘日，故無恙，至老不聵。”

② 按：“慮讒”，《四庫》本《十國春秋》卷二十一《李建勳傳》作“不自安”。

書。喬异之①，用爲本院承旨，授沿江巡檢，募亡命，習水戰，使馬雄、王川等分將之。要吴越兵於海門，屢獲舟艦，以善戰聞。宋師南侵，遣絳出援潤州，乃授昭武軍節度使、留後。帥八千人陳於潤州城下，北軍不敢逼，入城拒守。而節度使劉澄謀因計事斬絳，以城降。絳覺之。澄故謂絳曰："都城危甚，守此何爲?"絳曰："君爲守，不可弃城。宜赴難者，絳也。"是夕，澄遣裨將出送降款。絳帥部下馳出②，乃走保宣州。(《十國春秋·盧絳傳》)

劉澄，後主藩邸舊人也。後主末，吴越克常州，兵勢日逼。朝議以潤州最要害，當得良將以守，乃以澄爲節度使鎮之。臨行，後主諄諭曰："卿本未合離孤，孤亦難與卿别。但此非卿莫可委付，勉副孤意!"灑泪而别。吴越兵初至，澄已懷向背，於是率將吏開門降，金陵益震。後主惶惑，欲置其家於不問。陳喬憤切曰："人臣受重寄，一旦降敵，此豈可容!"悉收其父母妻子斬之。(《十國春秋·劉澄傳》)

乾貞二年，封東海爲廣德王、江瀆廣源王、淮瀆長源王、馬當上水府寧江王、采石中水府定江王、金山下水府鎮江王。(《南唐書》)(按：此下二條，亦載正史。《嘉慶志》綴於"紀聞"，今當移此。)

李建勳女，名進暉，捨身潤州本起寺爲女僧。宋咸平初，其人猶存。(《南唐書》)

吴越

吴越王錢俶遣沈承禮等率兵隨宋平潤州，進討金陵。江南平，奉表稱賀，且請入覲。宋帝因王入覲，敕遣供奉官張福貴等開古河一道，自瓜洲口，至潤州江口，達龍舟堰，以待王舟楫。(《十國春秋·忠懿王世家》)

阮結平潤州，充潤州制置使。初，徐約黨三千餘人來降，結撫之失所。因散香甘露寺，輒爲亂，投結於江，遂成疾而卒。(《十國春秋·阮結傳》)

宋

徽宗爲端王時，曾以平江、鎮江節度使③封，出就傅。政和三年，升潤州爲鎮江府。宣和七年，詔内禪，皇太子即皇帝位。尊帝爲教主道君太上皇帝。靖康元年正月，詣亳州太清宫，行恭謝禮，遂幸鎮江府。四月還京師。(《宋史·徽宗紀》)

高宗建炎三年，金兵至，帝被甲馳幸鎮江府。是日，金兵過揚子橋，游騎至瓜洲。王淵請幸杭州。命留朱勝非守鎮江，劉光世充行在五軍制置使，駐鎮江④，控扼江口。是夕，發鎮江，次崇德縣。吕頤浩從行，即拜江淮制置使⑤，以兵三千⑥還屯江口。辛

---

① 按："异之"，《四庫》本《十國春秋》卷三十《盧絳傳》作"聳然异之"。

② 按："絳帥部下"句，《四庫》本《十國春秋》卷三十《盧絳傳》此句後尚有"欲冒圍入金陵，圍堅，不可入"云云。

③ 按："鎮江節度使"，《宋史》卷十九《徽宗紀》作"鎮江軍節度使"。

④ 按："鎮江"，《宋史》卷二十五《高宗紀》作"鎮江府"。

⑤ 按："江淮制置使"，《宋史》卷二十五《高宗紀》作"江淮兩浙制置使"。

⑥ 按："三千"，《宋史》卷二十五《高宗紀》作"二千"。

巳，次鎮江府，遣祭張慤、陳東墓，詔恤其家。九月，諜報金人治舟師，將由海道窺江浙，遣韓世忠控守圌山①。十二月，戚方叛鎮江府，殺守臣胡唐老。金人至鎮江府，世忠屯焦山寺邀擊之，徙都督於鎮江。五年，郭仲威犯鎮江，遣岳飛擊之。② 紹興八年五月，詔鎮江府募横江軍千人。十年，令樞密行府置司鎮江，令編行巡歷措置。③ 張俊、岳飛至楚州。俊以海州城不可守，毁之，遷其民。統韓世忠軍，遷鎮江。是月，張俊復如鎮江，措置軍務。(《宋史·高宗紀》)

寧宗嘉泰四年，詔立韓世忠廟於鎮江府。嘉定元年，江淮制置司汰雄淮軍歸農，淮東揀剌八千餘人以補鎮江大軍及武鋒軍之闕。(《宋史·寧宗紀》)

宗室趙彦逾知④鎮江府，郡適旱饑，彦逾節浮費，發粟賑糶，民賴以濟。(《宋史·趙彦逾傳》)

劉蒙正隨師征江南，命乘傳軍中事⑤。盧絳以舟師來援潤州，蒙正白部署丁德裕，請分精甲百人，出與絳戰，矢中左脅⑥，戰逾力。及下潤州，獲知州劉澄、監軍崔亮⑦，送闕下⑧。(《宋史·劉蒙正傳》)

范仲淹知潤州，親學校，請賜閑田，具經史傳疏諸子書，禮聘處士李覯以教士子。薦通判向約，舉觀察推官許渤。善政極著。⑨ (《宋史·范仲淹傳》)

王琪知潤州。轉運使欲浚常、潤漕河，琪陳其不便，詔寢役。而後議者卒請廢古城埭，破古函管而浚之，河反狹，舟不得方行，公私交病。(《宋史·王琪傳》)

王覿以論胡宗愈，出守潤州。曾鞏⑩言："寄腹心於大臣，寄耳目於臺諫，二者相須，闕一不可。今覿論執政即去之，是愛心腹而塗耳目也。"帝悟，加覿直龍圖閣。(《宋史·曾鞏傳》)⑪

蔡京以曾布私其親，争於上前，罷布爲觀文殿大學士，知潤州。京積憾未已，加布以贓賄，令吕嘉問，逮捕其諸子，鍛煉訊鞫。後落職，卒於潤州。(《宋史·曾布傳》)

張遇焚真州，距行在六十里。許景衡以扈衛單弱，請避其鋒，黄潛善、汪伯彦以爲不足慮，方率同列聽浮屠克勤説法。俄泗州報金人且至，帝大驚，决策南渡。御舟已戒，

---

① 按："遣韓世忠"句，《宋史》卷二十五《高宗紀》作"遣韓世宗控守圌山、福山"。

② 按："五年"句，郭仲威犯鎮江，遣岳飛擊之，事當在建炎四年六月乙未，見《宋史》卷二十六《高宗紀》。

③ 按："十年"句，命樞密行府置司鎮江，令遍行巡歷措置，當在紹興十一年五月甲寅，見《宋史》卷二十九《高宗紀》。

④ 按："知"，《宋史》卷二百四十七《趙彦逾傳》作"改知"。

⑤ 按："命乘"句，《宋史》卷二百六十三《劉蒙正傳》作"命乘傳軍中承奉事"。

⑥ 按："脅"，《宋史》卷二百六十三《劉蒙正傳》作"臂"。

⑦ 按："崔亮"，《宋史》卷二百六十三《劉蒙正傳》作"崔諒"。

⑧ 按："送闕下"，《宋史》卷二百六十三《劉蒙正傳》作"部送闕下"。

⑨ 按：《宋史》卷三百十四《范仲淹傳》未載本則所録。所據未詳。

⑩ 按："曾鞏"，當爲曾肇。

⑪ 按：本則所録見《宋史》卷三百十九《曾肇傳》。

潛善、伯彦方會食，堂吏大呼曰："駕已行矣。"二人相顧倉皇，鞭馬南馳。居民①争門而出，死者相枕籍。會司農卿黄鍔至江上，軍士聞其姓，以爲潛善也，揮刃而前，鍔欲辯，首已斷矣。帝幸鎮江，敵兵躡其後。潛善、伯彦聯疏言艱難之時，不敢具文求退。御史張澂劾之，乃罷。(《宋史·黄潛善傳》)

高宗在揚州，金騎掩至天長，劉光世迎敵，未至而軍潰。倉卒渡江，命光世爲行在五軍制置使，屯鎮江府，控扼江口。苗、劉爲亂，素憚光世，遷淮南制置使。張浚在平江，馳書諭以勤王，光世不從。吕頤浩遣使至鎮江説光世，乃引兵會於丹陽。召赴行在，授浙西安撫大使、知鎮江府。又請鑄淮東宣撫司②印，給錢糧，增將吏，皆從其請。仍給鎮江③、常州、江陰軍苗米三十七萬斛，爲軍中一歲費。建炎二年，移屯揚州，時至鎮江視師。光世每以乏糧爲辭。頤浩與光世有故怨，頤浩將出視師，首言光世兵冗不練，乞移其軍還闕。帝曰："光世軍糧不足，若驟移，必潰，先犒軍而後料簡可也。"頤浩至鎮江，光世軍果告乏，頤浩奏光世虚縻④，乞差官考核。詔御史至軍點校，不實⑤。尋詔兩漕臣措置鎮江酒税務，助其軍實⑥。(《宋史·劉光世傳》)

建炎三年，命劉光世與韓世忠易鎮，同赴闕，授光世太傅、江東宣撫使。世忠既至鎮江城下，奸人入城焚府庫，光世擒之，皆云世忠所遣。世忠屯登雲門，光世引兵出，懼其扼己，改途趨白鷺店。世忠遣兵襲其後，光世以聞。帝遣使和解。(《宋史·劉光世傳》)

劉光世鎮京口，以王德爲都統制。金兵復南，光世退保丹陽，德請以死捍江，諸將恃以自强。分軍扼險，渡江襲金人，收真州數郡⑦。光世宣撫江淮，當移屯建康，命韓世忠代之。德從數十騎自京口逆世忠，度將及麾下，徒步立道左，抗言曰："擅殺陳彦章。王德迎馬頭請死。"世忠下馬握其手曰："知公好漢，鄉來纖芥不足置懷。"乃設酒盡歡而别。(《宋史·王德傳》)

高宗倉卒渡江，王淵與内侍康履從至鎮江。劉光世見帝泣告："淵專管江上海船，每言緩急决不誤事。今君所部數萬，二千餘騎，皆不能濟。"淵忿其言，斬江北都巡檢皇甫佐以自解。朱勝非馳見淵督之，乃始經畫，已無所及，自是淵失諸將心。帝欲如鎮江以援江北，群臣固請。淵獨言："鎮江止可捍一面，若金人自通川⑧渡，先據姑蘇，將若之何？不如錢唐有重江之險。"議遂決。(《宋史·王淵傳》)

建炎二年，金人逼揚州，車駕南渡鎮江，召從臣問去留。吕頤浩叩頭願且留此，爲

---

① 按："居民"，《宋史》卷四百七十三《黄潛善傳》作"都人"。
② 按："司"，《宋史》卷三百六十九《劉光世傳》作"使"。
③ 按："鎮江"，《宋史》卷三百六十九《劉光世傳》作"鎮江府"。
④ 按："虚縻"，《宋史》卷三百六十九《劉光世傳》作"軍月費二千萬緡"。
⑤ 按："不實"，《宋史》卷三百六十九《劉光世傳》作"終不得實"。
⑥ 按："實"，《宋史》卷三百六十九《劉光世傳》作"費"。
⑦ 按："收真州"句，《宋史》卷三百六十八《王德傳》作"收真、揚數郡"。
⑧ 按："通川"，《宋史》卷三百六十九《王淵傳》作"通州"。

江北聲援；不然，敵乘勢渡江，愈急矣。駕幸錢唐，拜江淮兩浙制置使，還屯京口。車駕幸建康，聞金人復入，召諸將問移蹕之地，頤浩曰："金人謀以陛下所至爲邊面，今當且戰且避，奉陛下於萬全之地，臣願留常、潤死守。"上曰："朕左右不可以無相。"乃以韓世忠守鎮江。(《宋史·吕頤浩傳》)

張浚受命視師江上。時兀术擁兵十萬於揚州，約日渡江决戰。浚長驅臨江，召韓世忠、張俊、劉光世議事。壯士[①]見浚，勇氣十倍。浚既部分諸將，身留鎮江節度之。世忠麾下王愈詣兀术約戰，且言張樞密已在鎮江。兀术曰："張樞密貶嶺南，何得在此?"愈出浚所下文書示之。兀术色變，夕遁。(《宋史·張浚傳》)

兀术自廣德破臨安，帝如浙東。韓世忠至行在，奏：留江上截金人。帝親賜札[②]，聽其留。會上元節，就秀州張燈高會，世忠忽引兵趨鎮江。及金兵至，韓兵已先屯焦山寺。兀术遣使通問，約日大戰，許之。戰將十合，梁夫人親執桴鼓，金兵終不得渡。盡归所掠假道，不聽；請以名馬獻，又不聽。世忠與二酋相持黄天蕩者四十八日。以海艦進泊金山下，預以鐵綆貫大鈎授驍健者。明旦，敵舟噪而前，世忠分海舟爲兩道出其背，每縋一綆，則曳一舟沉之。兀术窮蹙，祈請甚哀，不聽。[③] 會兀术鑿大渠三十里遁去。初，世忠謂敵至必登金山廟，觀我虚實。遣兵百人伏廟中，百人伏岸滸，約聞鼓聲而出，岸兵先入廟，合擊之。[④] 金人果五騎闖入，廟兵喜，先鼓而出，僅得二人，逸其三。中有絳袍玉帶者，既墜復跳，馳而脱，[⑤] 詰之，兀术也。(《宋史·韓世忠傳》)

韓世忠治兵京口，解元隸其麾下。金人攻浙西，世忠邀其歸路，以海艦横截大江。金人出小舟數十，以長鈎扳艦。元在别舸躍入敵舟，以短兵擊殺數十人，擒其千户。明年，世忠罷兵柄爲樞密使，以元爲鎮江府駐札御前諸軍都統制，以統其衆。(《宋史·解元傳》)

金人趨瓜洲，適李顯忠至自蕪湖，虞允文語之曰："敵人入揚州，必與瓜洲兵合，京口無備，我當往，公能分兵相助乎?"顯忠分李捧軍萬六千往京口，葉義問亦命楊存中將所部來會。允文還建康，即上疏言："敵敗於采石，將徼幸於瓜洲。今我精兵聚京口，持重待之，可一戰而勝。乞少緩六飛之發。"甲申，至京口。敵屯重兵滁河，造三閘儲水，深數尺，塞瓜洲口。時楊存中、成閔、邵宏淵諸軍皆聚京口，不下二十萬，惟海鰌船不滿百，戈船半之。允文謂遇風則使戰船，無風則使戰艦，數少恐不足用。遂聚材冶[⑥]鐵，改修馬船爲戰艦，命張深守滁河口，扼大江之衝，以苗定駐下蜀爲援。金主亮至瓜洲，

① 按："壯士"，《宋史》卷三百六十一《張浚傳》作"將士"。

② 按："親賜札"，《宋史》卷三百六十四《韓世忠傳》作"賜親札"。

③ 按："兀术窮蹙"三句，《宋史》卷三百六十四《韓世忠傳》作"兀术窮蹙，求會語，祈請甚哀。世忠曰：'還我兩宫，復我疆土，則可以相全。'兀术語塞"。

④ 按："約聞鼓聲而出"三句，《宋史》卷三百六十四《韓世忠傳》作"約聞鼓聲，岸兵先入，廟兵合擊之"。

⑤ 按："中有絳袍"三句，《宋史》卷三百六十四《韓世忠傳》作"中有絳袍玉帶、既墜而復馳者"。

⑥ 按："冶"，《宋史》卷三百八十三《虞允文傳》作"治"。

允文與存中臨江按試，命戰士踏車船中流上下，三周金山，回轉如飛，敵持滿以待，相顧驚愕①。會亮爲其下所殺，敵退屯三十里，遣使議和。奏聞，召入對，上嘆曰②："虞允文公忠出天性，朕之裴度也。"（《宋史·虞允文傳》）

金人再攻常州，岳飛四戰皆捷；尾襲於鎮江東，又捷；戰清水亭③，又大捷，横尸十五里。（《宋史·岳飛傳》）

劉錡病，求解兵柄，留其侄汜以千五百人塞瓜洲渡，又令李横以八千人固守。詔錡專防江，遂還鎮江。十一月，金人攻瓜洲，汜以克敵弓射却之。時知樞密院事葉義問督師江淮，至鎮江，見錡病劇，以李横權錡軍。義問督鎮江兵渡江，衆皆以爲不可，義問强之。汜固請出戰，錡不從，汜拜家廟而行。金人以重兵逼瓜洲，分兵東出江皋，逆趨瓜洲。汜先退，横以孤軍不能當，亦却，失其都統制印，左軍統制魏友後、軍統制王方死之，横、汜僅以身免。方諸軍渡江而北也，錡使人持黄白幟登高望之，戒之曰："賊至，舉白幟，合戰舉二幟，勝，舉黄幟④。"是日二幟舉，逾時，錡曰："黄幟久不舉，吾軍殆矣。"錡憤懣，病益甚。都督府參贊軍事虞允文自采石督師，與金人戰。允文過鎮江，謁錡問疾。錡執允文手曰："疾何必問。朝廷養兵三十年，一技不施，而大功乃出一儒生，我輩愧死矣！"（《宋史·劉錡傳》）

劉汜戰敗於瓜洲，命楊存中爲御營宿衛使，往京口，爲守江計。虞允文自采石來會，存中與之協力拒敵，敵不能濟。金人請和，存中請拘之江口。會金兵已深入，朝議欲舍淮保江，存中持不可，乃已。金兵在揚州，或勸存中擊之。存中不敢渡，獨臨江固壘以老之。金人尋請盟。（《宋史·楊存中傳》）

葉義問素不習軍旅，視師鎮江，聞瓜洲官軍與敵相持，大失措，乃役民掘沙溝，植木枝爲鹿角禦敵。一夕潮生，沙溝平，木植盡去。會建康留守張燾告急，義問乃遵陸，云往建康催發軍，市人皆媟駡之。又聞敵據瓜洲，采石兵甚衆，復欲還鎮江，諸軍喧沸曰："不可回矣，回則有不測。"遂趨建康。（《宋史·葉義問傳》）

洪邁知樞密院事葉義問出視師⑤，奏以邁參議軍事，至鎮江，聞瓜洲官軍與金人相持，皇懼⑥失措。會建康走驛告急，義問遽欲還，邁力止之曰："今退師，無益京口勝敗之數，而金陵聞返旆，人心動摇，不可。"（《宋史·洪邁傳》）

魏勝充山東路忠義軍都統制兼鎮江府駐札御前軍統制，知海州。都督張浚聽讒，呼勝至鎮江計事，罷其職，後浚知誣，復舊職，仍遣鎮江御前後軍屯海州，代前軍還鎮江。後在楚州與金人戰，劉寶不援，遂戰死。事聞，謚忠壯。時淮南未平，詔於鎮江府江口

---

① 按："驚愕"，《宋史》卷三百八十三《虞允文傳》作"駭愕"。

② 按："上嘆曰"，《宋史》卷三百八十三《虞允文傳》作"上慰藉嘉嘆，謂陳俊卿曰"。

③ 按："戰清水亭"，《宋史》卷三百六十五《岳飛傳》作"戰于清水亭"。

④ 按："勝，舉黄幟"，《宋史》卷三百六十六《劉錡傳》作"勝則舉黄幟"。

⑤ 按："洪邁"句，《宋史》卷三百七十三《洪邁傳》作"知樞密院事葉義問出視師"。可見，"知樞密院事"乃葉義問所任官職，"洪邁"二字誤植。

⑥ 按："皇懼"，《宋史》卷三百七十三《洪邁傳》作"遑遽"。

鎮立廟，賜號褒忠，仍俟事定更祠於戰没處。且令有司刻木以斂，葬於鎮江。（《宋史·魏勝傳》）

高宗視師江上，見王友直於金陵，賜金帶、章服，以忠義軍統制隸鎮江都統司。乾道元年，移鎮江御前諸軍統制。四年，繇京口入覲，進神、龍衛四厢都指揮使、總殿步司。大閲於茅灘，鎧仗精明，號令閑肅。（《宋史·王友直傳》）

劉子羽以張浚薦知鎮江府兼沿江安撫使。金人入寇，子羽建議清野，淮東之人皆徙鎮江，撫以恩信，雖兵民雜居，無敢相侵者。（《宋史·劉子羽傳》）

兀术與劉豫分道渡淮，楚州守①樊序弃城走，韓世忠自承州退保鎮江，既而大敗金人於大儀。豫露榜有窺江之言。帝發臨安，下詔討豫，暴豫罪恶，士氣大振，欲濟江决戰。趙鼎曰："退固不可，渡江亦非策。豫不親來，至尊豈可與逆雛决勝負哉？"（《宋史·劉豫傳》）

苗、劉之變，轉運判官劉寗止自毘陵馳詣京口，② 見吕頤浩、劉光世，勉以忠義，退而具軍需，佐勤王，以功進秩知鎮江③。寗止言："京口控扼大江，爲浙西門户，請分常州、江陰軍，崑山、常熟二縣隸本司，庶防秋時沿江號令歸一，可以固守。"（《宋史·劉寗止傳》）

沈與求知鎮江府兼兩浙西路安撫使，召除參知政事。金人將入寇，上諭輔臣曰："朕當親總六軍。"與求贊之，因奏請："命將分屯江岸，遣岳飛自上流取道乘虚擊之。"④ 上曰："當如此措置。"（《宋史·沈與求傳》）

建康失守，潰卒戚方等趣鎮江，城堡頹圮，兵不滿千。時胡唐老知鎮江，度力不能敵，因撫之。無何，方等欲犯臨安，妄言赴行在，請唐老部衆以行。唐老不從，諭以順逆，衆環脅之，唐老怒駡，遂遇害。（《宋史·胡唐老傳》）

劉公彦通判鎮江時，倉廪久虚，軍無見糧，交相攘奪。大帥劉光世不能禁。公彦進足食足兵之計。光世即檄權府事調度，給足軍民安妥。（《宋史·劉光世傳》）

張子蓋爲鎮江都統制。金人攻海州急，遂往援之。即日渡江，馳至海州，遂大捷。招金大將蕭鷓巴等將其衆來降⑤。尋以疾還鎮江。（《宋史·張子蓋傳》）

李迨授金部郎⑥，從駕至維揚，敵犯行在⑦，即取金部籍有關於國家經賦之大者載以

① 按："楚州守"，《宋史》卷四百七十五《劉豫傳》作"楚州守臣"。

② 按："苗、劉之變"二句，《宋史》卷三百七十八《劉寗止傳》作"苗傅、劉正彦之變，寗止自毗陵馳詣京口、金陵"。

③ 按："以功進秩"句，《宋史》卷三百七十八《劉寗止傳》作"録勤王功……知鎮江府兼沿江安撫，進右文殿修撰"。

④ 按：沈與求奏語，《宋史》卷三百七十二《沈與求傳》作"諸將分屯江岸，而敵人往來淮甸，當遣岳飛自上流取間道乘虚擊之，彼必有反顧之憂"。

⑤ 按："招金大將"句，《宋史》卷三百六十九《張子蓋傳》作"招金大將蕭鷓巴、耶律造哩將其衆來降"。

⑥ 按："授金部郎"，《宋史》卷三百七十四《李迨傳》作"改金部郎"。

⑦ 按："行在"，《宋史》卷三百七十四《李迨傳》作"行在所"。

行，及上於鎮江。時建炎三年二月也。宰相吕頤浩言於上，即日召見。（《宋史·李迨傳》）

成閔除淮東制置使，駐鎮江。既而言者論諸軍皆聚鎮江，恐敵出不意擣上流，於是詔閔發鄂州張成、華旺軍回駐鄂。乾道初，聽自便，歸湖州；尋詔復節，都統鎮江諸軍。（《宋史·成閔傳》）

沈晦知鎮江府兼兩浙西路安撫使，過行在面對，言："藩帥之兵可用。今沿江千餘里，若令鎮江、建業、太平、池、鄂五郡各有兵三萬①，以本郡財賦易官田給之，敵至，五郡以舟師守江，步兵守隘，彼難自渡。假使能渡，五郡合擊，敵雖善戰，不能一日破諸城也。若圍五郡，則兵分勢弱，或以偏師綴我大軍南侵，則五郡尾而邀之，敵安敢遠去？此制稍定，三年後移江北，糧餉、器械悉自隨。"又自乞"分兵二千及募②敢戰士三千，參用昭義步兵法，期年後京口便成强藩"。時方以韓世忠屯軍鎮江，不果用。（《宋史·沈晦傳》）

洪擬初自海州還居鎮江。趙萬叛兵逼郡，守臣趙子崧戰敗，遁去。擬扶母出避，遇賊至，欲兵之，擬曰："死無所避，願勿驚老母。"賊舍之。他賊又至，臨以刃，擬指其母曰："此吾母也，幸勿怖之。"賊又舍去。（《宋史·洪擬傳》）

黄裳進對，論重鎮，謂自吴至蜀，綿亘萬里，曰漢中，曰襄陽，曰江陵，曰鄂渚，曰京口，當爲五鎮，以將相大臣守之，五鎮强則國體重矣。（《宋史·黄裳傳》）

山陽舊屯軍八千，雷世方乞止差鎮江一軍五千，周必大曰："山陽控扼清河口，若今減而後增，必致敵疑。揚州武緯③軍本屯山陽者，不若歲撥三千，與鎮江五千同戍。"（《宋史·周必大傳》）

淳熙九年，淮東總領朱佺言："鎮江一軍，乃韓世忠部曲，造克敵弓以當敵騎衝突，其發可至百步，其勁可穿重甲，最爲利器。"（《宋史·朱佺傳》）

汪綱淳熙十四年中銓試，調鎮江府司户參軍。時馬大同鎮京口，强毅自任，綱言論獨不詭隨。議者欲以兩淮鐵錢交子行於沿江，廷議令大同倡率行之，綱遺④書陳不便，大同始悟。後提舉淮東常平。淮米越江有禁，綱念"淮民有警則室廬莫保，歲凶則轉徙無歸，豐年可以少蘇，重以苛禁，自分畛域，豈爲民父母意哉！請下金陵糴三十萬以通淮西之運，京口糴五十萬以通淮東之運"。又言："兩淮之積不可多，昇、潤之積不可少。平江積米數百萬，陳陳相因，久而紅腐，宜視其收近貯久⑤，取餉輦下百司、諸軍。江上歲餫當至京者，貯之京口。"（《宋史·汪綱傳》）

---

① 按："三萬"，《宋史》卷三百七十八《沈晦傳》作"一二萬"。
② 按："募"，《宋史》卷三百七十八《沈晦傳》作"召募"。
③ 按："緯"，《宋史》卷三百九十一《周必大傳》作"鋒"。
④ 按："遺"，《宋史》卷四百八《汪綱傳》作"貽"。
⑤ 按："宜視"句，《宋史》卷四百八《汪綱傳》作"宜視其收貯近久"。

紹興中，鎮江大旱，時移陳居仁爲守。請以緡錢四十萬①給兵食，不報；爲書以義撼丞相，然後許。發時密往覘之。間遣糴運於荆楚商人，商人曰："是待制耶?"争以粟就糴。居仁區畫有方，所存活數十萬計。因饑②治古海鮮界港，爲石磋丹徒境上，蓄泄以時，通濟漕運③。(《宋史·陳居仁傳》)

傅伯成知鎮江府，全活饑民，瘞葬野殍，不可勝數。時制置使④欲移焦山防江軍於圌山石碑，伯成謂："虚此實彼，利害等耳。包港在焦、圌之中，不若兩寨之兵迭戍焉。"圌山寨兵素與海盗爲地，伯成廉知姓名，會都郡試捕之⑤，無一逸去。獄具，請貸其死，黥隷諸軍。(《宋史·傅伯成傳》)

董槐因特差權通判鎮江府。至州，會李全叛，涉淮臨大江，大府急發州兵。槐即日將兵濟江而西，全遁去，乃還。(《宋史·董槐傳》)

王萬通判鎮江。時金初滅，當路知萬人豪，咨問者旁午。鄭清之初謀乘虚取河洛，萬謂當急爲自治之規。已而元兵壓境，三邊震動，理宗下罪己詔，吴泳起草，又以咨萬，萬謂："邊民生意如髮，宜以振厲奮發，興起人心爲務。"因條具沿邊事宜，上之。(《宋史·王萬傳》)

畢再遇爲鎮江中軍統制，又除鎮江副都統制。揚州有北軍二千五百人，再遇請分隷建康、鎮江軍，每隊不過數人，使不得爲變。更造輕甲，長不過膝，披不過肘，兜鍪亦殺重爲輕，馬甲易以皮，牌⑥易以木而設轉軸其下，使一人之力可推可擎，務便捷不使重遲。敢死一軍，本烏合亡命，再遇能駕馭得其用。(《宋史·畢再遇傳》)

李全游金山，作佛事，以薦國殤。知鎮江府喬行簡方舟逆之，大合樂以饗之。總領程覃迭爲主禮，務誇北人以繁盛。全請所狎娼，覃不與，全歸語其徒曰："江南佳麗無比，須與若等一到。"始造舢艕舟，争⑦舟楫之利焉。(《宋史·李全傳》)

王孝忠爲鎮江統制。時楊貴反，孝忠率衆迎戰，勝氣百倍。俄水軍統制朱信降賊，孝忠孤軍，力不可敵，死之。(《宋史·王孝忠傳》)

吴淵守鎮江，會歲大祲，⑧ 爲粥以食流民，令其客黄應炎主之。應炎見一人有异，問其姓氏，爲汪立信，言於淵，⑨ 淵大奇之，禮以上客，供帳服御視應炎有加⑩，應炎甚怏怏。淵解之曰："此吾輩人，君非其倫也，盍少下之。"是年，試江東轉運司，明年登

---

① 按："四十萬"，《宋史》卷四百六《陳居仁傳》作"十四萬"。

② 按："饑"，《宋史》卷四百六《陳居仁傳》作"饑民"。

③ 按："通濟"句，《宋史》卷四百六《陳居仁傳》作"以通漕運"。

④ 按："制置使"，《宋史》卷四百十五《傅伯成傳》作"制置司"。

⑤ 按："會都郡"句，《宋史》卷四百十五《傅伯成傳》作"會郡都試捕而鞫之"。

⑥ 按："牌"，《宋史》卷四百二《畢再遇傳》作"車牌"。

⑦ 按："争"，《宋史》卷四百七十六《李全傳》作"謀争"。

⑧ 按："吴淵守鎮江"二句，《宋史》卷四百十六《汪立信傳》作"會歲大祲，吴淵守鎮江"。

⑨ 按："應炎見一人有异"諸句，《宋史》卷四百十六《汪立信傳》作"應炎一見立信，與語，心知其非常人，言於淵"。

⑩ 按："供帳服御"句，《宋史》卷四百十六《汪立信傳》作"凡共張服御視應炎爲有加"。

第，以朝請大夫、集英殿修撰、知鎮江，後爲沿江招討大使，死義於高郵。① （《宋史·汪立信傳》）

丁大全，鎮江人。面藍色。以戚里婢壻，夤緣以取寵位，封丹陽郡侯。寶祐中，拜右相兼樞密使，進封公。太學生陳宗等四人，伏闕上書訟大全。② 臺臣翁應弼等爲大全鷹犬，鈐制學校③。開慶中④，罷相，以觀文殿大學士判鎮江府。（《宋史·丁大全傳》）

陶居仁爲鎮江録事參軍。元兵攻鎮江，守臣洪起畏遁，統制官石祖忠舉城降，居仁見執，抑使降。居仁曰："吾固知曆數窮而世運更也，詎可失忠義求苟生耶？得以死報朝廷，夫何憾！"竟不屈，遂見殺。（《宋史·陶居仁傳》）

王埜以察防⑤使出視江防。至京口，增修官民兵船守險備具。後知鎮江府，兼都大提舉浙江⑥兵船。江面幾千里，調兵捍禦，以守江尤重於淮，瓜洲一渡甚狹，請免鎮江水軍調發，專一守江，置游兵如吕蒙所言"蔣欽將萬人巡江上"，增創水艦，就揚子江習水戰，登金山指麾之。是冬，揚子橋有警，急調湯孝信所領游兵救之而退。後遷安撫三郡屯田、行宫留守。巡江，引水軍大閲，舳艫相銜幾三十里。憑高望遠，考求山川險扼⑦，謂要務莫如屯田。講行事宜，修飾⑧行宫諸殿室，推京口法，創游擊軍萬二千，蒙衝萬艘，江上宴然⑨。（《宋史·王埜傳》）

元兵至鎮江。文天祥與其客杜滸十二人，夜入真州。苗再成出迎，喜且泣曰："兩淮兵足以興復，特二閫小隙，不能合從耳。"文天祥問："計將安出？"再成曰："今先約淮西兵趨建康，以通、泰兵攻灣頭，以高郵、寶應、淮安兵攻揚子橋，以揚兵攻瓜步，吾以舟師直搗鎮江，同日大舉。合攻瓜步之三面，吾自江中一面薄之。瓜步既舉，以東兵入京口，西兵入金陵，要浙歸路，其大帥可坐致也。"天祥大稱善，遺書二淮閫⑩，因間未果。（《宋史·文天祥傳》）

文天祥北行，諸客無敢從者，杜滸慨然獨請行。特改兵部架閣，從京口，以計賂守夜劉千户者，得官燈，脱天祥，偕走淮甸，由海道以達永嘉。（《宋史·杜滸傳》）

吕武，太平州步卒也。文天祥出使，武應募從行，偕脱鎮江之難。沿淮東走海道，賴武力爲多。（《宋史·吕武傳》）

---

① 按："以朝請大夫"諸句，《宋史》卷四百十六《汪立信傳》作"後其蹉歷略如淵而卒死於難，人謂淵能知人云"。

② 按："太學生陳宗"句，《宋史》卷四百七十四《丁大全傳》作"太學生陳宗、劉黻、黄鏞、曾唯、陳宜中、林則祖等六人，伏闕上書訟大全"。

③ 按："鈐制"句，此句後，《宋史》卷四百七十四《丁大全傳》有"貶逐宗等"句。

④ 按："開慶中"，《宋史》卷四百七十四《丁大全傳》作"開慶元年九月"。

⑤ 按："防"，《宋史》卷四百二十《王埜傳》作"訪"。

⑥ 按："浙江"，《宋史》卷四百二十《王埜傳》作"浙西"。

⑦ 按："扼"，《宋史》卷四百二十《王埜傳》作"阨（厄）"。

⑧ 按："修飾"，《宋史》卷四百二十《王埜傳》作"修飭"。

⑨ 按："宴然"，《宋史》卷四百二十《王埜傳》作"晏然"。

⑩ 按："淮閫"，《宋史》卷四百十八《文天祥傳》作"制置"。

張世傑與劉師勇諸將大出師焦山，令以十舟爲方碇江中，非有號令，毋發碇，示以必死。敵載彀士，以火矢攻之。世傑兵亂，無敢發碇，赴江死者萬餘人。大敗，奔圌山。上疏請濟師，不報。(《宋史·張世傑傳》)

元

世祖十二年七月，阿术集行省諸翼萬户兵船於瓜洲，阿塔海、董文炳集行院諸翼萬户兵於西津渡，宋沿江制置使趙溍、樞密都承旨張世傑、知泰州孫虎臣等陳舟師於焦山南北。阿术分遣萬户張弘範等，以拔都兵船千艘，西掠珠金沙。阿术、阿塔海登南岸石公山，指授諸軍水軍萬户劉琛循江南岸，東趨夾灘，繞出敵後。董文炳直抵焦山南麓以犄其右；招討使劉國傑趣其左；萬户忽剌出搗其中；張弘範自上流繼至，趣焦山之北。大戰自辰至午，呼聲震天地，乘風以火箭射其箬篷。宋師大敗，世傑、虎臣等皆遁走。追至圌山，獲黄鵠白鷂船數百艘。宋人自是不復能軍。(《元史·世祖紀》)

伯顔以舟師與宋軍戰，宋軍潰，宋臣賈似道奔揚州。遂分兵四出，克池州，取太平，順流東下至建康，丹徒等州縣皆望風迎降。時揚州未附，諜告揚州人將夜襲丹徒，守將乞援。塔海出，設伏以待。揚州軍果夜至，塔海出扼西津邀擊之，殺獲溺死者甚衆。(《元史·阿塔海傳》)

世祖詔伐，宋張晉亨在選中，聞命就道，曰：“此報效之秋也。”分道由安慶渡江，丞相伯顔留之戍鎮江，兼與民政，壹以鎮静爲務，戰焦山、瓜洲，皆有功。(《元史·張晉亨傳》)

焦德裕從征，下安慶，至鎮江，焦山寺主僧誘居民叛，丞相阿术既誅其魁，欲盡坑其徒，德裕諫止之。命德裕先入城撫定。(《元史·焦德裕傳》)

董文炳兵駐鎮江。時揚州、真州堅守不下，常、蘇既降復叛。張世傑、孫虎臣約真、揚兵誓死戰，真、揚兵戰每敗，不敢出。世傑等陳大艦萬艘，碇焦山下江中，勁卒居前。文炳身犯之，乘輪船，建大將旗鼓。子侄士選、士表船翼之，大呼突陳，諸將繼進，飛矢蔽日。戰酣，短兵相接，宋兵亦殊死戰，聲震天地，横尸委仗，江水爲之不流。自寅至午，宋師大敗，世傑走，文炳追至①於夾灘。世傑收潰卒復戰，又破之，遂東走於海。文炳船小，不可入海，夜乃還。俘甲士萬餘人，悉縱不殺，獲戰船七百艘。是時，張弘範以一軍横衝之，宋師遂敗。追至圌山之東，奪戰艦八千②艘，俘馘千數。(《元史·董文炳張弘範傳》)

管如德從征，進軍焦山江上，復大戰，奪宋師③夏都統牌印衣甲及餉軍海船，悉送阿术所。事聞，帝命賞之。軍至鎮江，如德招安諸郡，守將皆望風降附。(《元史·管如德傳》)

---

① 按："至"，《元史》卷一百五十六《董文炳傳》作"及"。

② 按："八千"，《元史》卷一百五十六《張弘範傳》作"八十"。

③ 按："宋師"，《元史》卷一百六十五《管如德傳》作"宋帥"。

趙宏偉起僉浙西道肅政廉訪司事。鎮江旱，蠲民租九萬餘石。吏畏飛語，復徵於民，民無所出，行臺令宏偉核實，卒蠲之。大風海溢，潤、常等州廬舍多蕩没，民乏食。宏偉將發廩以賑，有司以未得報爲辭，宏偉曰："民旦暮饑，擅發有罪，我先坐。"遂發之，全活者十餘萬。(《元史·趙宏偉傳》)

曹鑑，宛平人。既冠，南游，具通《五經》大義。大德五年，用翰林侍講學士郝彬薦，爲鎮江淮海書院山長。(《元史·曹鑑傳》)

順帝十四年，命平章政事也先帖木兒討沿江賊。立鎮江水軍萬户府，命江浙行省右丞佛家閭領之。(《元史·順帝紀》)

明

元將定定扼鎮江。太祖命徐達爲大將，帥諸軍東攻，拔之。號令明肅，城中宴然。時張士誠已據常州，挾江東叛將陳保二以舟師攻鎮江，達敗之於龍潭。太祖如鎮江，謁孔子廟，遣儒士告諭父老，勸農桑。尋還應天。(《明史·太祖紀》)

沐英年十八，授帳前都尉，守鎮江。(《明史·沐英傳》)

李善長從克集慶，將取鎮江。太祖慮諸將不戢下，乃佯怒，欲置諸法，善長力救得解。鎮江下，民不知有兵。(《明史·李善長傳》)

吴良從徐達克鎮江，進鎮撫，守丹陽。大兵取淮東①，克泰州。張士誠兵復出馬馱沙，侵鎮江，巨艦數百，泝江而上。良戒嚴以待，太祖親督大軍禦之，士誠遁，追至浮子門，良出兵夾擊，獲卒二千。(《明史·吴良傳》)

繆大亨爲同僉樞密院事，總制揚州、鎮江。大亨有治略，寬厚不擾，而治軍嚴肅，禁暴除殘，民甚悦之。未幾卒。太祖過鎮江，嘆曰："繆將軍生平端直，未嘗有過，惜不見矣！"遣使祭其墓。(《明史·繆大亨傳》)

秦從龍，字元之，洛陽人。仕元，官江南行臺侍御史。兵亂，避居鎮江。徐達之攻鎮江也，太祖謂之曰："聞有秦元之者，才器老成，汝當詢訪，致吾欲見意。"達下鎮江，訪得之。太祖命從子文正、甥李文忠奉金綺造其廬，聘焉。從龍與妻陳偕來，太祖自迎待②於龍江。至正二十五年冬，從龍子澤死，請告歸。太祖出郊，握手送之。尋病卒，太祖驚悼。時方督軍至鎮江，親臨哭之，厚恤其家，令有司營葬。(《明史·秦從龍傳》)

單安仁率衆歸附，太祖悦，即命將其軍守鎮江。嚴飭軍伍，敵不敢犯。(《明史·單安仁傳》)

黄鉞，常熟人，丁父憂。方孝儒吊之，屏人問曰："燕兵日南，蘇、常、鎮江，京師左輔也。君吴人，朝廷近臣。今雖去，宜有以教我。"鉞曰："三府唯鎮江最要害，守非其人，是撤垣而納盗也。指揮童俊，狡不可任，奏事上前，視遠而言浮，心不可測也。"

---

① 按："大兵"句，《明史》卷一百三十《吴良傳》作"大發兵，取淮東"。

② 按："迎待"，《明史》卷一百三十五《秦從龍傳》作"迎之"。

建文四年，燕兵渡江，盛庸戰於高資港，敗績。① 鎮江守將童俊果以城降②。（《明史·黄鉞傳》）

劉辰守鎮江，勤於職事。瀕江田八十餘頃，久淪於水，賦如故，以辰言得除。京口閘廢，轉漕者道新河出江，舟數敗。辰修故閘，公私皆便。漕河易涸，仰練湖益水。三斗門久廢，辰修築之，運舟既通，湖下田益稔。（《明史·劉修傳》）

英宗復辟，仿先朝故事，出廷臣爲知府，林鶚得鎮江。召見，賜膳及道里費，諭所以擢用意，鶚感激。革弊舉廢，治甚有聲。漕故經孟瀆，險甚。巡撫崔恭議鑿河，自七里港，引金山上流通丹陽避之。鶚言："道里遠，多石，且壞民廬墓，請按京口閘、甘露垻故迹浚之，令通舟，春夏啓閘，秋冬度垻，功力省便。"恭從其議，遂爲永利。（《明史·林鶚傳》）

正德初，霸州賊劉七、齊彦名等敗，復率五百人舟行，自黄州順流抵鎮江。南京告急，右都御史陸完疾趨而南，帝命都御史彭澤、咸寧伯③、仇鉞會完軍進剿。大兵盡集，江南北賊猶乘潮上下肆掠。操江趙弘澤④、都御史陳世良遇之，敗績，死者無算。七月，賊治舟孟瀆，完等至鎮江，留鉞防守。追賊趨福山港。（《明史·陸完傳》）

楊一清力請骸骨歸，賜敕褒諭，給夫廪如制。帝南征，幸其第，樂飲兩晝夜，賦詩賡和以十數。一清從容諷止，帝遂不爲江浙行。（《明史·楊一清傳》）

楊慎嘗奉使過鎮江，謁楊一清，閲所藏書，叩以疑義，一清皆成誦。慎驚异，益肆力古學。（《明史·楊一清傳》。此條舊志入"紀聞"。按：當移此。）

喬宇幼從父京師，學於楊一清。及楊公卒，宇渡江吊之，南都父老皆出迎。因爲南京禮部尚書時内應故斬宸濠，皆舉手加額曰："活我者公也。"（按：此條見《明史》⑤。《嘉慶志》入"紀聞"，今移此。）

嘉靖中，江洋有警，議設總兵官於鎮江，南京御史趙錦言："小寇剽掠，不足煩重兵。"帝乃罷之。（《明史·趙錦傳》）

舊志此下有毛文龍捷鎮江事，誤。按：毛公於天啓間守遼東，其地有鎮江城，非京口也。事見《綱目》，并詳載《國朝先正事略·佟圖賴傳》。

祁彪佳督輔部將劉肇基、陳可立、張應夢、于永綬駐京口，浙江入衛都司黄之奎亦部水陸兵三四千戍其地。之奎御軍嚴。四將兵恣横，刃傷民。浙兵縛而投之江，遂有隙。已而守備李大開統浙兵，斫鎮兵馬。鎮兵與相擊射，殺大開。亂兵大焚掠，死者四百人。彪佳至，永綬等遁去。彪佳劾治四將罪，賙恤被難家，民大悦。（《明史·祁彪佳傳》）

楊文驄以兵部郎中監軍京口，以金山距大江中，控制南北，請築城以資守禦，從之。

---

① 按："建文四年"諸句，事見《明史》卷一百四十四《盛庸傳》。

② 按："鎮江守將"句，《明史》卷一百四十三《黄鉞傳》作"既而童俊果以鎮江降燕"。

③ 按："咸寧伯"，《明史》卷一百八十七《陸完傳》無此人名，疑誤植。

④ 按："操江趙弘澤"，《明史》卷一百八十七《陸完傳》作"操江武靖伯、趙弘澤"。疑有脱誤。

⑤ 按：所録喬宇事，見《明史》卷一百九十四《喬宇傳》。

遷兵備副使，分巡常、鎮二府，監大將鄭鴻逵、郑彩軍。及大清兵臨①，文驄駐金山，扼大江而守。擢巡撫兼督沿海諸軍，乃還駐京口。合鴻逵等兵南岸，與大清兵隔岸相持。大清兵編大筏，置燈火，夜放之中流。南岸軍發炮石，以爲克敵也，日奏捷。初九日，大清兵乘霧潛濟，迫岸，諸軍始知，倉皇列陣甘露寺。鐵騎衝之，悉潰。文驄走蘇州。（《明史·楊文驄傳》）

丹徒縣志卷五十七終

① 按："臨"，《明史》卷二百七十七《楊文驄傳》作"臨江"。

丹徒縣志卷五十八

雜綴二　祥异

按：《康熙志》云：祥异之志，猶史家之有天官、五行也。《府志》云：漢董仲舒、劉向之徒，取皇極、庶徵附於五行，言之甚備。公孫弘對策有曰：心和則氣和，氣和則形和，形和則聲和，聲和則天地之和應矣。然則人事之相爲感召，誠有不可誣者。顧陽九百六載於《太乙肘後》頗詳，而亦未嘗不屢遇於舜、禹、成、康之世。舜、禹得百六之數凡七成，康得百六之數凡十一焉。漢文帝時，一日而山裂者二十九，又四年六月大雨雪。而鳳凰之出，反一見於桓之元嘉，再見於靈之光和。此何以故？毋亦所謂祥异者或杳邈而難稽，而人事之修救則斷乎不可忽與？自有鎮江以來，所見祥异歷代都有。謹詳於左，以備法戒。今考二志所載，皆紀至康熙二十三年止。而《嘉慶志》則僅録至明末止，其亦略數術、屏誣惑之深意歟？然衆耳共目所及，究不可略。而天灾弭，以人事即寓其中，何不可録之有？兹仍依《康熙志》之例，備登而續纂之。其無關徒邑及年遠無徵者，概弗之載。自晉迄今，謹記之於左。

晉

元帝大興三年四月庚寅，晉陵地震。

康帝建元二年，晉陵風。

廢帝太和六年，晉陵五郡大水。

孝武帝太元末，晉陵謡。十七年六月甲寅，京口西浦濤入殺人。（以上《晉·五行志》）

穆帝永和五年十月，月犯昴星。占曰："將軍死。"十二月，褚裒薨。（《晉·天文志》）

竟陵王誕初爲南徐州刺史，在京口。夜大風，飛落屋瓦，城門鹿床倒覆。（《南史》本傳）

元帝大興三年，徐州蝗。四年，地震。

康帝建元元年，風。七月庚申，晉陵、吴郡灾風。（以上《宋·五行志》）

安帝元興三年三月己卯，甘露降丹徒。（《宋·符瑞志》）

元帝大興三年四月，白鹿見南東海、丹徒。

穆帝昇平二年，晉陵等五郡大水，稻稼傷，饑甚。

太和中，劉波居京口。晝寢，聞屏風外咆咤聲，見一狗蹲地而語，語畢自去。

孝武帝太元末，王恭鎮京口。民間謡曰："黄雌鷄，莫作雄父啼。一旦去毛衣，衣披拉颯栖。”又云：“黄頭小兒欲作賊，阿公城下指縛得。”又云：“黄頭小兒欲作亂，賴得金刀作蕃扞。”黄字頭，恭字上也。小人，恭字小也。恭尋起兵，誅王國寶，旋爲劉牢之所敗。（以上《康熙志》）

宋

武帝永初元年九月庚辰，甘露降丹徒。

文帝元嘉十八年六月，白燕産丹徒縣，南徐州刺史南譙王義宣以聞。

元嘉二十七年，青雀産京口，甘露降丹徒。

孝武帝孝建元年正月庚申，鳳凰見，丹徒渴賢亭雙鵠爲引衆鳥陪從。

大明五年，白鹿見丹徒。

明帝太始三年，白麞見丹徒，甘露降丹徒。（以上《宋・符瑞志》）

文帝元嘉二十六年二月，幸京口。有黑氣暴起，占有兵。明年，魏南寇，至瓜步飲馬於江。（《宋・五行志》）

文帝元嘉十七年八月，大水。二十一年，大水。二十六年，大水。

元嘉二十七年，白燕産京口，南徐州刺史始興王濬以聞。

元嘉中，徐湛之爲丹徒尹，夜西門内有氣如練，西南指，長數十丈，又白光覆屋，良久而轉駛，乃消。

孝武帝大明四年，大水。

明帝泰始二年九月庚寅，青雀見京城。（以上《康熙志》）

孝建間，南徐州大風，飛屋瓦，城門倒覆。

泰始三年十一月癸亥，甘露降南東海、丹徒建岡。（以上《府志》）

梁

簡文帝大寶二年，京口人於藏兒年五歲，登城西南角大樓打鼓，作長江擂鼓兵象。是時，侯景亂江南。（《隋・五行志》）

武帝中大同元年，邵陵王綸在南徐州卧内。方晝，有狸鬥於檻，又有野鳥如鸛者百飛屋梁上，彈射不中。俄頃，失所在。（《康熙志》）

敬帝紹泰二年三月，自去冬至是，甘露頻降。京口或至三數升，大如弈棋子。（《梁書》）

隋

煬帝大業十三年十一月景辰，上起宫丹陽，將遜於江左。有烏鵲來巢幄帳，驅不能止。有石自江浮入於揚子。（《隋書・煬帝紀》）

唐

玄宗開元九年七月丙辰，揚、潤等州暴風，發屋拔樹，漂没公私船舫一千餘隻。

憲宗永貞元年，潤州旱。

元和四年，浙西蘇、潤等州旱。十一月，賑潤州。

元和十四年，潤州水。（以上《舊唐書》）

高祖武德七年，河間王孝恭征輔公祏，宴群帥於舟中。孝恭以金碗酌江水，將飲之，則化爲血，孝恭曰："碗中之血，公祏授首之祥。"

武后大足元年七月乙酉（《康熙志》作"乙亥"），揚、楚、常、潤、蘇五州地震。

玄宗開元十四年秋，潤州大風，自東北涌海濤，没瓜步。德宗貞元三年（《康熙志》作"二年"），潤州魚鱉蔽江而下，比忽無首（《康熙志》作"皆無首"）。

貞元十四年，潤州有黑氣如堤，自海門山横亘江中，與北固山相峙；又有白氣如虹，自金山出，與黑氣交，將旦而没。

憲宗元和七年夏，潤州旱。十月辛酉，甘露降北固山。

元和十一年六月，潤州水害稼。

文宗太和四年五月己卯，浙西觀察使王璠治潤州。城隍中得方石，有刻文，曰："山有石，石有玉，玉有瑕，瑕即休。"（《舊唐書·王璠傳》：璠得石①，莫知其旨。京口老人曰②：尚書祖名崟，崟生礎，是山有石也。礎生尚書，是石有玉也。尚書之子名遐休，休絶③。此非吉徵。果赤族。）

宣宗大中十二年八月，潤州水害稼。

僖宗中和二年秋，丹徒狗與彘交。

光啓元年正月，潤州江水赤，凡數日。（以上《唐·五行志》）

憲宗永貞二年二月，虹入潤州大將張子良宅。初入漿瓮，漿盡，入井飲之。

元和七年，甲仗庫灾。

敬宗寶曆中，甘露降北固山。（按：《三山志》：二年三月乙亥，甘露降北固山。）李德裕建寺，因以爲名。

文宗太和七年十月辛酉，潤州水害稼。

武宗會昌元年，江南大水。

僖宗光啓中，金山寺西石上有异獸，狀如牛，無角，長可數十丈，色黄而毛，引首顧望城中。久之，復回顧廣陵寺。觀者漸衆，方躍入水。波濤洶涌，如衆車馬聲。頃乃止。（以上《康熙志》）

天祐十二年冬，浚揚子江。水中出火，可以然。（《五代史·吴世家》）

南唐

烈祖昇元年間（《康熙志》作"太清二年"），徐知諤鎮潤州，游蒜山，除地爲場，連虎皮爲大幄，號虎帳，與賓僚會飲其中。忽暴風，裂帳盡碎，如飛蝶。（《康熙志》：

① 按："得石"，《舊唐書》卷一百六十九《王璠傳》作"視"。

② 按："京口老人曰"，《舊唐書》卷一百六十九《王璠傳》作"京口老人講之曰"。其首句爲"此石非尚書之吉兆也"。

③ 按："休絶"，《舊唐書》卷一百六十九《王璠傳》作"休，絶也"。

蜀估所獻雉頭裘亦失去。）諤懼而歸，屬疾數日，卒。（《南唐書》）

後晉

高祖天福中，潤州市大火。（《康熙志》）

宋

太宗淳化三年，潤州丹徒饑，死者三百户。

真宗大中祥符三年，潤州屢火。

高宗紹興七年二月丁酉，鎮江府火。

寧宗慶元六年，潤州旱。（以上《宋史》）

太宗太平興國七年四月，潤州水害稼。

雍熙四年十月，知潤州程文慶獻鶴，頸毛如垂纓。

端拱元年五月，潤州雨雹傷麥。

大中祥符三年夏，潤州旱。

神宗熙寧六年，潤州饑。七年，常、潤等州饑。

元豐四年七月甲午夜，丹徒縣大風潮（《康熙志》作“風雨”），飄蕩沿江廬舍，損田稼。

徽宗大觀元年三月，潤州芝草生。

高宗紹興七年二月辛丑，鎮江等府火。

紹興十二年二月辛巳，鎮江府火，燔倉米數萬石，芻六萬束，民居尤衆。

紹興十九年，鎮江府旱。

紹興二十七年，鎮江等府州大水。

紹興二十九年四月，鎮江府火，焚軍壘、民居。

孝宗隆興二年，鎮江等府艱食。七月，鎮江等府州軍皆大水，浸城郭，壞廬舍、圩田、軍壘。操舟行市者累日，人溺死甚衆。越月，積陰苦雨，水患益甚。

乾道元年二月，潤州等郡寒，敗首種，損蠶、麥。大饑。

淳熙二年秋，鎮江等府皆旱。

淳熙五年，鎮江等府旱。

淳熙七年，諸道自四月不雨。至九月，鎮江等府大旱。

淳熙八年，七月不雨，至十一月，鎮江等府旱。

淳熙九年七月，蝗飛絶江，墮鎮江府，害稼。

淳熙十六年六月庚寅，鎮江大雨水五日，浸軍民壘舍三千餘區。

光宗紹熙三年七月壬申，大雨。鎮江大水，害禾麥。

紹熙四年四月（《康熙志》作“五月”），自辛未至丙子，鎮江府大雨，水浸軍壘六千餘區。

紹熙五年八月辛丑，鎮江等府水（《康熙志》作“旱”），冬無麥苗，鎮江等府州人食草木。

寧宗嘉泰元年，饑，鎮江府爲甚。

嘉泰二年春，旱，至於夏、秋，鎮江府爲甚。

嘉定二年，大旱，常、潤尤甚。

嘉定四年（《康熙志》作“元年”）四月，鎮江府後軍妻生子，一身二首四臂。

嘉定十一年秋，不雨，至於冬。鎮江等府旱，蔬、麥皆枯。

嘉定十七年春，鎮江府饑。

理宗淳祐二年七月辛巳朔，潤州大水。（以上《宋·五行志》）

仁宗天聖六年七月，揚、真、潤三州江水溢，壞廬舍。

天聖中，近輔獻龍卵。詔送金山，櫝藏之。是歲，大水，金山廬舍飄者數十間。

神宗熙寧八年八月，江南諸路旱。

高宗紹興三年七月，雨，害禾。

紹興四年，鎮江旱。

紹興六年七月壬子，江水溢，壞官私廬舍。

紹興二十八年九月，沿江海郡縣大風，水溢，鎮江府爲甚。

孝宗淳熙十四年，鎮江旱。

寧宗嘉泰二年，大旱，蝗飛蔽天數十里。

開禧二年秋，潤州大歉。

開禧十七年，鎮江府饑，郡爲糜以賑者，日千餘人。（以上《康熙志》）

紹興元年秋七月乙未朔，浙西大帥劉光世以枯桔生穗爲瑞奏之，高宗曰：“歲豐，人不乏食，朝得賢輔佐，軍中有十萬鐵騎，此外不足瑞也。”

慶元六年，鎮江大旱，水竭。

慶元六年冬，潤州乏食。（以上《府志》）

元

世祖至元四年十二月乙丑，鎮江地震。

至元二十八年三月，鎮江饑。

至元二十九年六月，鎮江路水。

成宗元貞元年五月，鎮江丹徒縣蝗（《康熙志》作“水”）。

英宗至治三年（《康熙志》作“二年”）十一月，鎮江丹徒縣饑。

泰定帝泰定二年，鎮江等路饑。

文宗天曆元年八月，鎮江等郡水，没民田。

順帝元統二年五月，鎮江路水。

至正四年八月，鎮江旱。

至正六年，鎮江旱。十一年，又旱。

至正十五年，鎮江民家豕生豚，如象形。（以上《元·五行志》）

世祖至元二十八年，鎮江路饑。
成宗元貞二年六月，鎮江蝗。
泰定帝泰定四年六月，鎮江等路饑。
文宗天曆二年，鎮江等路饑。
至順元年二月，鎮江路饑。六月，鎮江饑。閏七月，鎮江諸路大水，没民田。
至順三年九月，鎮江路大水。（以上元舊史）
成宗大德元年九月，飛蝗蔽空。
仁宗延祐三年十一月，饑。
泰定帝泰定元年七月乙亥，地震。
順帝至正五年四月，雨紅霧，草木葉及行人衣皆濡成紅色。十二月乙丑，地震。
至正十一年，旱。十五年，旱。（以上《康熙志》）

明

英宗正統四年七月，鎮江大風，拔木，殺稼。八月，大水。
正統八年夏，鎮江饑。
正統九年七月，揚子江沙洲潮水溢漲，高丈五六尺，溺男女千餘人。
孝宗弘治七年，鎮江潮溢，平地水五尺，沿江者一丈，民多溺死。
弘治十六年，鎮江夏、秋旱。
弘治十八年九月甲午，鎮江地震。
武宗正德四年，饑。
正德七年，旱。
正德十二年，鎮江大雨，殺禾麥。
正德十三年，大雨彌月，漂室廬、人畜無算。
世宗嘉靖二年八月，鎮江大水。
嘉靖三年正月辛巳，鎮江地震。是年，南畿諸郡大饑，道殣相望。
神宗萬曆三年九月，鎮江水。
萬曆三十三年八月丙午，鎮江西南花山裂。（“花山”，舊志作“華山”。）
萬曆四十四年七月，鎮江土鼠千萬成群，夜銜尾渡江，絡繹不絶，一月方止。
熹宗天啓七年四月壬戌，鎮江雨雹，傷麥。
懷宗崇禎六年正月，鎮江地裂數尺。
崇禎八年夏，鎮江民婦産一子，頂戴兩首，臀贅一首，與母俱斃。
崇禎九年十二月，鎮江京畿嶺土山崩。
崇禎十三年，三吴皆饑，樹皮食盡，至發瘞胔以食。
崇禎十五年二月，群鼠渡江，晝夜不絶。（以上《明史》）
代宗景泰五年，大水。
景泰六年，大旱，蝗。

憲宗成化八年，大水。

成化十七年，先旱後潦，升米百錢。

孝宗弘治元年、二年，大水。

武宗正德元年、二年，大旱。河底生塵，餓殍塞道。

正德五年五月，狂風霪雨，經月不止。廬舍垣墻傾圮，漂溺不可勝數。

正德六年、七年，大水。

正德末，北固山鷙鳥殺大蜂。群蜂環守，數日俱死（詳“義蜂冢”）。

世宗嘉靖二年春夏，大旱，處暑後大水，升米百錢。

嘉靖五年、六年，旱，蝗，蘆荻篠簜一空，幸不食苗稼。

嘉靖十一年，大水。

嘉靖二十二年，大水。

嘉靖二十三年，大旱。至二十五年四月方雨，斗麥二錢。

嘉靖三十一年，大水。

嘉靖三十八年，大旱，河底生塵。

嘉靖四十年，大水，民居水至半壁，粒米無收。自後水灾六年。

穆宗隆慶三年七月，江潮卒涌，平地水高丈餘，沿江洲沙溺死居民不計其數。

神宗萬曆六年八月，禾生蜚苗，皆黄萎，秀而不實。

萬曆七年，大水。八年，尤甚。

萬曆九年八月，大風，拔木飛瓦，甘露寺鐵塔折。九月、十月，地震者六。

萬曆十七年，大旱，升米二百錢。前後三年大疫。

萬曆二十一年，唐里灣朱旺一家牛産麟，斃之。郡侯王應麟瘞於北固山（詳“雙麟冢”）。

萬曆二十四年，先旱，後大水。

萬曆二十五年，朱旺一之族某家復産一麟，數日自死，亦瘞北固山（詳“雙麟冢”）。

萬曆三十三年，華山裂，下視昏黑，又天鳴累日，聲如怒濤。

萬曆三十六年，大水。

熹宗天啓二年十二月二十二日，地震。

天啓四年五月，大水，歲大祲。六月初五日，大寒，夜微雪。十一月初八日，大暑，人裸體三日。

天啓五年，大饑，人采楢樹皮食之。

天啓六年六月初三日，蝗渡江南。秋，大旱。歲大祲，人食樹皮。

天啓七年，大饑。有道人取石，手捻爲粉，作餅，示饑者，人因争取食之，名觀音粉。秋，大旱。生异蟲，狀如蟬，食禾根，禾盡死。

懷宗崇禎元年正月望日，雷。

崇禎三年二月，大雨雹。三月、四月，又大雨雹。傷麥及人，破屋折樹，鳥獸死。九月，復雷、雹。

崇禎五年六月，甚寒，人多衣棉者。是年大旱。

崇禎七年四月，大雨雹。七月，螟。冬十一月二十九日，大熱。十二月五日，大雨雪，震雷及雹。

崇禎八年三月，雀飛滿天，食麥幾盡。

崇禎九年正月望日，雷。二十八日，又雷、雹。是月，桃李花。

崇禎十一年，蝗。是年大饑。

崇禎十二年四月，蝗。是月，每夜聞天有聲如泣。

崇禎十三年，有"人食人"之謡。上元日，民間爲米粉人，食之以應。是年旱、蝗，民多疫，人果相食。

崇禎十四年春，疫甚，大旱。五月，蝗蔽天，穀極貴，饑殍載道。

崇禎十五年，蝗。

崇禎十七年春，民間有羊毛瘟疾，多死。七月十八日，北來鼠數萬，銜尾渡江。次年春，城中民家産一子，三頭。頭有二角三目二口四臂，聲如野獸，溺死。(以上《康熙志》《嘉慶志》所録，止於此。)

國朝

順治九年，大旱。

順治十六年五月中戌時，有黑氣從江北瓜渚飛捲而來，且有聲，罩壓郡城，一二刻方消盡。未幾，海寇陷城。

康熙七年六月十七日戌時，地震。先數日，微震一二次。是夕震甚，山動揺，江河之水皆爲鼓蕩，停泊之舟多覆溺，城内外震倒墻屋無算。

康熙九年初夏，郡城東鄉見一龍，自黄里橋至圩裏，首尾共長四五里；復伸至華山，約又十餘里。鱗甲閃動，中露紅色，震傾民房數百間。

康熙十年五月十八日未時，有二龍，去地僅十餘丈。自西而東，若相戰鬥狀。所過四瓣山、桃莊、南渚庵、前潘家村、戴港、埤城諸村鎮，震傾房屋數百家，震壓男婦死者數百人，傷而未死者尤衆，而埤城爲甚。埤城大樹拔起，從空中紛碎落。下有人爲龍氣挾去，飄五六里，竟未傷。桃莊河内泊大舟，亦挾之而上，板木亦從空紛碎落下。是年大旱。(《筠廊二筆》：康熙十年五月十八日，鎮江迅雷烈風。月河地方隕酒數十罏，平置河側。)

康熙十一年，蝗蔽天。

康熙十七年春，霪雨。夏秋，旱。

康熙十八年，大旱，民屑榆樹皮食。

康熙十九年，大水，沙潮田無禾。十二月，地震。

康熙二十年十二月，雨雪中雷電作。

康熙二十一年秋七月，霜傷禾。

康熙二十二年春，霪雨。夏，無麥。冬，十二月九日，雷電作。

康熙二十三年春正月八日，雷電時雨雹、大雪，雪後雷復鳴。（以上《康熙志》。《府志》同此。後志皆不載，百年無考，僅據"恤政"所書及所共聞者歷登之。）

康熙三十二年夏，旱。

康熙四十六年，旱，大饑。

康熙五十五年，旱，大饑。

康熙六十一年，旱，饑。

雍正元年，歲饑。二年，又饑。七月，大水，沙洲田廬漂溺百里。

雍正五年秋，大水。

雍正十一年，歲饑。

乾隆三年，旱，饑。

乾隆四十九年，濱江大水。

乾隆五十八年，大旱，饑民塞道。

嘉慶十九年，大旱，人食地肥。（"地肥"，見《楞嚴經》。俗謂"觀音粉"。）

嘉慶二十五年正月十九日，大雷雨。

道光元年八月十四夜，大雨。明日，人拾得赤子如皂莢子無算。是年海嘯。夏、秋，水。

道光九年二月二十九日巳刻，有五星繞日。夏，大水。

道光十一年，大水。十三年，又水。

道光十四年十月，地震，繼以霹靂。十一月，雷。

道光十六年九月，蝗。

道光十九年九月初六夜，地震。十一月，竹笋茁。

道光二十年夏五月，霪雨不止。諸山拆，石傾木拔，焦山、北固爲甚。（焦山禪堂後樓、寶晉書院後樓均圮。山長徐玉立壓死其下。）九月十七日，雷鳴。二十一夜，地震。

道光二十一年除夜，流星如織，是年水。

道光二十二年正月初六日，雨木冰（説見"藝文"）。是年冬至日，大熱，雷雨，震電。六月十四日，城陷。

道光二十三年，小沙田出黑鼠食稻。冬至前一日，雷電。冬月，蘭皆多花，花九瓣。

道光二十八年七月初四日，大風拔木。夏秋，水。

道光二十九年四月，麥秀兩歧。六月，江潮溢，沙洲盡没，西市行舟。

道光三十年，大水未退。四月，竹開黄花。五月初一，月見。

咸豐元年，竹盡花，蘭多并蒂，重花結實。是年冬，孩溪地方江竭見底，棱起如田，片刻乃復。

咸豐二年十一月初六晚，地大震，壞垣，夜大風。

咸豐二年十二月某日，初昏，有光如電，遥見火塊，自空而下。

咸豐三年元旦日，黄霧四塞。是年二月十九，萬歲樓灾。二十二日，粤寇陷城。二月至三月，地屢震。

咸豐四年十一月初五日，水摇。（南北往復蕩漾，如人持注水器左右傾側者。然江河池井溝洫，同時同狀，而地并不震，半時許方定。）

咸豐四年五年夏，雨針，長一二寸。

咸豐五年正月十九日，迅雷，急雨。五月十六，大雨，濱江水。

咸豐六年夏旱，秋蝗，升米百錢。夏月，地生毛。

咸豐七年正月二十七日，大雷雨。四月二十六，霜。五月，千柳村麥秀雙岐。夏蝗。

咸豐八年三月，大霜。九月二十六日，流星晝見，自西而東，自辰至午，兩時許。三、五、七、八不等，皆長尺許。

咸豐十年三月十一日，雹、雪雜下。十四日清明，積雪數寸，寒甚。閏三月十五日，立夏，又微雪。十月初四，地小震。是年，野多狗頭虎傷人。

咸豐十一年十一月十一日夜，大雷雨以風。十三日，聞鳩鳴。

同治元年十月二十一日，雷，急雨，氣暖。十一月初二，冬至，聞鵓鴣鳴。是年，旱。六月，見蝗。

同治四年正月初一日，雷。十一日，雷雨。十三日，大雷雨以風。十二月十四日，雷鳴，驟雨。暮，又雷雨。氣暖如夏，土大潤。

同治六年十月初四日，晴雷。

同治七年正月十五夜，甘露寺鐵塔頂折。三月，沙洲桃李實。九月十四日，地兩震。十七夜，又震。

同治十一年二月十九日、六月十九日、七月十二日，并地震。八月十九日，地微震。十九日，大震。壁摇，天有聲。

同治十二年十一月二十一日，見虹。

同治十三年十二月二十六日，大風，地微震。

光緒二年夏旱，秋蝗。蝗不傷稼。

丹徒縣志卷五十八終

丹徒縣志卷五十九

雜綴三　紀聞一

“紀聞”一編，别乎正史而名者也。史事而外，凡雜録、日鈔、稗史、野史，皆可補史書所闕，而較之正史爲詳。《康熙志》按歷代紀之，不注所出。《嘉慶志》則逐條注其下。其不注者，皆舊志也。今依其例而補其遺。至嘉慶以後之事，則據所見聞書之，不能概求何本。

漢（補）

高祖從弟賈戰死九江，土人立廟祀之，曰荆王廟，并立墓其中，曰荆王墓。祀典以七月五日祀之。丹陽荆氏是其裔。（《荆氏家乘·祝文》，見“廟祠”。《高祖敕詔》，見“藝文”。）

吴

韋昭有《伐烏林曲》。《古今樂録》云：伐烏林者，言魏武既破荆州，欲來争鋒，孫權命周瑜逆擊之，於烏林而破走也。熊克論曰：操之東下，仲謀自吴徙居於京，乃遣瑜逆擊破之。居四年，始遷秣陵而置督於京。然則是役雖獲捷於赤壁，實决機於丹徒。故陸龜蒙《算山詩》云：“周郎計策清宵定，曹氏樓船白晝灰。”（舊志）

徐墮，東吴人，有道術。居丹徒，左慈過之，墮門下有賓客，車牛六七乘，欺慈云：“徐公不在。”慈知客欺之，便去。客即見牛在楊樹杪行，適上樹即不見，下即復見行樹上。又車轂皆生荆棘，長一尺，斫之不斷，推之不動。客大懼，即報徐公：“有一老翁，眇目，吾見其不急之人，因欺之云公不在。去後須臾，牛皆如此，不知何等意?”公曰：“咄咄，此是左公過我，汝曹那得欺之！急追可及。”諸客逐之，及慈，羅布叩頭謝之。慈意解，即遣還去。及至，車牛等各復如故。（葛洪《神仙傳》）

晉

謝玄與兄書云：居家大都無所爲，止以垂綸爲事，足以永日。北固山下大有鱸魚，一手釣得四十九枚。

荀令則嘗登北固望海，云：雖未睹三山，便使人有淩雲之意。若秦漢之君，必當褰裳濡足。

交州阮朗，晉永和中出都，至南徐州西浦泊舟。見一青衣女子，朗彎弓射之，即軒雲而去。朗尋被害。

庾希，字始彦，亮從子，爲徐州刺史，以罪免。與故青州刺史武沈子遵聚於海濱，略漁人船，夜入京口城。司馬卞耽逾城奔曲阿，與曲阿人宏戎發諸縣兵擊希。希敗，閉城自守。東海太守周少孫討之，城陷。執希，斬於建康。

鄧艾廟在京口港，止一草屋。晉安北軍司馬恬病，夢老翁曰："我鄧公廟壞，君爲治之。"後訪之，易以瓦。

桓温云："北府兵可用，酒可飲。"謝元度《與親舊書》，稱京口酒美。《輿地志》："京口出酒，號曰京清。"（以上《康熙志》）

郡城東北有謝公伎堂遺迹，唐李德裕《題北固山》詩云："班劍出伎堂。"（《嘉定鎮江志》補）

宋

鮑照《從過舊宮詩》云："東秦邦北門，非親誰克居。"舊宮，蓋宋武帝微時所築，後爲宫，所謂丹徒宫也。文帝以後數幸焉。初，武帝遺詔，京口要地，去都密邇，非宗室、近戚不得居之，故邱希逸詩亦曰："實惟北門重，匪親孰爲寄。"照詩以京口爲東秦者，取《漢書》東西秦之義。

戴仲若春携雙柑斗酒，人問："何之？"曰："往聽黄鸝声，此俗耳針砭，詩腸鼓吹，汝知之乎？"

沈巑之爲丹徒縣令，性疏直。在縣以自清廉，不事左右。浸潤日至，遂鎖繫尚方，嘆曰："一見天子足矣。"上召問曰："復欲何陳？"答曰："臣坐清，所以獲罪。"上曰："清復何以獲罪？"曰："無以承奉要人。"上曰："要人爲誰？"巑之以手板四面指曰："此赤衣諸賢皆是。若臣得更鳴，必令清譽日至。"巑之雖微言，上亦不責。後知其無罪，重除丹徒令。入縣界，吏人候之，謂曰："我今重來，當以人肝代米，不然則清名不立。"

《古今樂録》曰：華山畿者，宋少帝時，南徐一士子從華山畿往雲陽，見客舍女子，悦之，因感心疾而死。及葬，車載從華山畿度，比至女門，牛不肯前。女出而歌曰："華山畿。君既爲儂死，獨活爲誰施？歡若見憐時，棺木爲儂開。"棺應聲開，女遂入棺，乃合葬焉，號神女冢。自此有《華山畿》之曲。（以上《康熙志》）

武帝貧賤時，嘗蓋布被，用牛尾作蠅拂子。及登極，亦不弃之。故其女彭城公主謹收藏以遺子孫。（《獨異志》）

劉穆之，小字道民。高祖初剋京城，謂何無忌曰："急須得一府主簿，如何？"何無忌曰："無過劉道民也。"（《小名録》）

梁

梁武帝夢僧告曰："六道、四僧幽囚者衆，何不建水陸大齋而濟拔之？"帝既寤，謂十大高僧披尋《大藏》，撰成儀文，始於金山建此大會。（釋宏乘《名勝録》）

潤州興國寺苦鳩鴿栖梁上，穢污尊容。張僧繇乃東壁上畫一鷹，西壁上畫一鷂，皆側目向檐外看。自是鳩鴿等不復敢來。（張鷟《朝野僉載》）

梁武帝大同末幸京口，宴帝鄉故老於迴賓亭。見《建康實録》。(《至順志》補)

唐

京兆李元紘司馬潤州，發離百里，士民號泣遮路，烏鵲之類飛繞行車，後位至宰相。

《蔡寬夫詩話》：潤州大江本與揚子橋爲對岸，而瓜洲乃江中一洲耳，故潮水悉通揚州城中。唐李頎詩云："鸕鷀山頭微雨晴，揚州郭裏暮潮生。"以爲自大曆後，潮汐始不通。今瓜洲既與揚子橋相連，自揚子距江尚三十里，山川形勢固有時遷易也。

《詩話》云：金山留題甚多，而佳句甚少，以地勝難稱也，惟張祜爲古今絶唱。《青瑣集》謂，孫魴"結宇孤峰上，安禪巨浪間"可以相亞，然移之南康落星、永嘉江心亦可。而楊蟠"天末樓臺横北固，夜深燈火見揚州"，王平甫又譏爲莊宅牙人語。惟王介甫"天末海門横北固，望中沙岸似西興"，始爲中的。又孫魴"天多地少，過櫓驚濤"二聯誠亦可喜。魴高自許，負其末云："誰言張處士，詩後更無人。"

韓滉廉問浙西，强悍自負，陰蓄不軌。商人李順舟泊京口，夜深漂船，不知所止。及旦，止一山下，風波稍定。李上岸，見有鳥徑，行五六里。一人烏巾岸幘，古服异常，引之登山。其山宫闕巍峨，臺閣靚麗。李望之遥拜，有人自簾中捧一函出，曰："爲我寄金陵韓公。"贊者引之出門。李問曰："此爲何處？恐韓公詰問何人致書。"答曰："此東海廣桑山也。宣父仲尼得道爲真官，理於此山。韓公即仲由也。性强自恃，大了恐其掇刑網，致書喻之。"將别，復謂李曰："語舟人，安坐勿顧船外，否必覆舟。"李如其言，舟行如飛。頃之，達京口舊所，既而投書。韓公發函視之，皆蝌蚪文，博訪莫識，因拘縶李順爲妖妄。一客龐眉古服，自稱能識古文。韓公以書示之，客捧書於頂，再拜，賀曰："此孔宣父書，夏禹蝌蚪文也。"文曰："告韓滉，謹臣節，勿妄動。"韓驚异，以殊禮遇之。客出，莫知所之。因厚遺李順，恭默謙謹，以臣節終焉。

代宗朝李秀卿刺湖州，至維揚，逢陸處士鴻漸。李素熟陸名，因赴郡，抵揚子驛，將食，李曰："陸君善於茶，蓋天下聞名矣，况揚子南零水又殊絶，二妙千載一遇，可曠之乎？"命軍士挈瓶操舟，深詣南零。陸執器以俟之。俄水至，以杓揚其水，曰："江則江矣，非南零者。"既而傾諸盆，至半，陸遽止之曰："此南零者矣。"軍士大駭，跽曰："賫至南零，舟蕩水覆。懼其鮮，挹岸水以增之。處士神鑒也，其敢隱焉？"又李德裕居廊廟日，有親知奉使京口。李曰："還日，金山下中泠水可與汲一盎來。"其人舉棹，日醉而忘之。泛舟至石城下，方憶。乃汲一瓶於江中，歸京獻之，李飲後，嘆曰："江表水有异於頃歲矣，頗似建業石城下水。"其人謝過不隱。

潤州得玉磬十二以獻，張率更叩其一，曰："是晉某歲所造也。是歲閏月，造者法月，數當十三，今缺其一，宜於黄鐘東九尺掘，必得焉。"敕州求之，如其言而得。(按：沈括《夢溪筆談》云：是妄也，法月律爲磬，當依節氣，閏月自在其中，閏月無中氣，豈當月律？按其一，豈遂知其是晉某年所造？既淪陷在地中，豈暇復按方隅尺寸埋之？)

道士范可保夏月獨游甘露寺，將登北軒。忽有人衣故褐衣，自旁入，肩帔相拂。范素好潔，衣新，心不悦。俄牽一黄狗，駕肩而出。范怒形於色。褐衣回顧，目光如電。范始知懼。久而山下人至，曰："山上霹靂取龍，知之乎?"范固不聞也。①

甘露寺一僧，道行孤高，李贊皇廉問，日嘗與之游。及罷日，以方竹杖一枝留贈焉。方竹杖出大宛國，堅實而正方，節眼、鬚牙四面對出，實衛公所寶也。及再鎮浙右，其僧尚在。公問曰："所奉竹杖無恙否?"對曰："已規圓而漆之矣。"公嗟惋彌日。

杜牧之《杜秋娘詩》"京口水清滑，生女白如脂"云云。序云：杜秋，金陵女也。年十五爲李錡妾。錡叛滅，籍之入宫，有寵於景陵。穆宗即位，命秋爲皇子傅母。皇子壯，封漳王。鄭注用事，誣王。王被罪，廢秋，賜歸故鄉。予過金陵，感其窮且老，爲之賦詩。按：泰和三年，漳王養母杜仲陽歸浙西，有詔貞觀院安置，兼加存恤。時李德裕被召，至宿州，奉詔乃檄留後，李瞻行之。後二年，漳王以罪廢。又二年，王播自浙西還朝，誣德裕嘗賂仲陽，結托漳王。德裕坐貶。仲陽，蓋所謂秋娘也。但據牧之序，則漳王廢後，秋始放歸矣。

李德裕詩："地接三茅嶺，川迎伍子濤。"兼用錢塘事，誤也。舊志謂枚乘《七發》已有廣陵觀濤之語，廣陵與京口相對，此圖經失著也。今按：《七發》："觀濤乎廣陵之曲江。"曲江，疑即錢塘。錢塘江形曲，故謂之浙江。廣陵曲江，猶曰"揚州浙江"耳，恐亦未可認爲京口也。（謹按：純皇帝南巡，嘗定《七發》所謂浙江即揚子江。然則此條所辨亦誤也。李詩固不誤耳。）

《樂録》云：《望江南曲》，始自李太尉鎮浙西日，爲亡妓撰，亦曰《夢江南》。所謂江南，多指京口。又丁仙芝有《江南曲》云："未曉已成妝，乘潮去茫茫。因從京口渡，使報邵陵王。始下芙蓉樓，言發琅琊岸。急爲打船開，惡許旁人見。"② 言邵陵王者，大同中，以其嘗鎮京口。然則江南指京口，其來久矣。

唐兵部員外郎李約曾佐李庶人錡浙西幕。約初至金陵，于錡座上屢贊招隱寺標致。一日，庶人宴於寺中。明日，謂約曰："嘗聞誇招隱寺，昨游宴細看，何殊州中?"約笑曰："某所賞疏野耳！若遠山將翠幕繞，古松用彩物裹，腥膻涴鹿跑泉，音樂比山鷄聲。此實不如在叔父大廳也。"庶人大笑。

唐兵部員外郎李約有山林之致，不好俗談。多蓄古器，在潤州嘗將古鐵一片，擊之清越。又養一猿，名山公。嘗以隨逐月夜，泛江登山，擊鐵彈琴，猿必嘯和，傾壺達夕，醉而後已。又於焦山得一石，號寶峰，後載歸洛中。

---

① 按：此條所録見宋徐鉉《稽神録》卷一"甘露寺"條，字句頗多歧异，兹據明崇禎毛晉校刊本移録之："道士范可保夏月獨游浙西甘露寺，出殿後門，將登北軒。忽有人衣故褐衣，自傍入，肩帔相拂。范素好潔，新衣恐污，心不悦。俄而牽一黄犬，又摩肩而出。范怒形於色，褐衣回顧張目，其光如電。范始畏懼。頃之，山下人至曰：'向者山上霹靂取龍，子聞之乎?'范固不知也。"

又按：毛本《稽神録》明言范道士獨游浙西甘露寺，則此甘露寺非北固山之甘露寺，故此條似不應録入。

② 按：所引丁仙芝《江南曲》有殘缺，兹據《至順鎮江志》卷二十《文事》"撰望江南"條補録，其首云："長干斜路北，近浦是兒家。有意來相訪，明朝出浣紗。發向横塘口，船開值急流。知郎舊時意，且請攏船頭。昨暝逗南陵，風聲波浪阻。入浦不逢人，歸家誰信汝。"

李約爲李錡節度幕僚，與判官盧坦屢諫錡，不悛，皆去之。

唐若山刺潤州，好方術爐鼎，侵用府庫官錢市藥，遂遇异人，授煉形法。與賓僚同游金山，自中流隱去。有遺表留郡中几案間。明皇省表，异之，命優恤其家。又召其弟若水，與内臣賫詔尋訪，未得。後二十年，有若山舊吏自浙西奉使淮南，於魚市中見若山鬻魚於市。睨其吏，延入陋巷中華第。哀其久貧，以鐵二十鋌化爲金遺之。

相國李紳嘗習業於華山。山齋糧盡，徒步出谷，求糧於遠方。抵暮，忽暴雨至，避巨岩下。見一道士艤舟石上，一楫而立。與之揖，道士笑曰："公垂至此耶?"因問紳曰："頗知唐若山乎?"對曰："嘗覽史，見若山得道之事，每景仰焉!"道士曰："余即若山也。將游蓬萊，偶值江霧，維舟於此。與公垂曩昔之分，得暫相遇，詎忘之耶?"乃携紳登舟。江霧已霽，山峰如畫，月光皎然。其舟凌空而行，俄頃已達蓬島。金樓玉堂，森列天表。神仙數人，皆舊友也，將留連之。中有一人曰："公垂方欲佐國理務，數畢乃還耳。"衆仙於是復命。若山送歸華山後，果入相，連秉節鉞。

唐敬宗時，杜景光上言，其友周息元壽數百歲。帝遣宦者往潤州迎之。至京師，館之禁中山亭。李德裕論奏息元誕譎不情。文帝即位，逐之。

唐王灣《題北固》："海日生殘夜，江春入舊年。"張燕公居相府，手題於政事堂。每示能文家，令爲楷式。

上元中，劉展叛，潤州刺史韋儇同江淮都統李峘、浙西節度使石令儀屯京口。展引兵入廣陵。峘闢北固爲兵場，插木以塞江口。展軍於白沙設疑兵，瓜洲張大鼓噪，若將趨北固者。如是累日，峘悉鋭兵守京口待之。展乃自上流濟，襲下蜀犯升。上元二年正月，田神功使范知新等將四千人自白沙濟，西趨下蜀，自將三千人軍於瓜洲濟江。展將步騎萬餘陳於蒜山。神功以舟載兵趨金山。會大風，不得渡，還軍瓜洲。而知新等兵已至下蜀。展遂敗。初，展陷潤州，以其將許澤爲潤州刺史。展敗走，澤死。

張潾事鎮海節度使，高駢爲衙將。王仙芝敗，殘黨過江。帝以駢嘗治鄆，威化大行，仙芝黨多鄆人，故授駢鎮海節度。駢遣潾與梁纘分兵窮討，降其驍將畢師鐸數十人。賊走嶺表。

蕭定刺潤。大曆中，有司差天下刺史治最，定與常州刺史蕭復、濠州刺史張鎰爲第一。其勸農桑、均賦税、勞來游口，更在二人右。

薛苹刺潤，加御史大夫。一緑袍十餘年不易。因賜朱服，然後易去。

泰和八年，齊休爲浙西團練副使，卒於潤州官舍。三更後，將小殮，忽大聲曰："娘子且止哭，當有處分。"其妻大驚。齊休曰："娘子聞鬼語驚悸耶?"妻曰："非畏悸。但不分與君遽隔幽冥，孤懷無所依怙。不意神識有知，誠俟明教。"休曰："死生之期，涉於真宰。夫婦之道，重在人倫。今其尸骸具在，足寬懷抱。家事不小，且須商量，不可空爲兒女悲泣，使某幽冥更憂妻孥也。"良久語絶，即各營辦喪事。方旦，又聞呼聲曰："適到張清家，造得阜屋三間。"其夕，張清夢休至，謂："我昨日已令買塋三畝，可速交闞布置，一一分明，請依其命。"及將歸，自擇發日，呼唤一如常時。凡僕婢有私竊者，無不摘發。

馬素禪師，延陵人，姓馬氏，名法照。唐開元間，潤州刺史韋銑請居京口之鶴林，登座説法。頃霞光燭天，林鶴翔舞，忽寶花彌空而下，紛繞法座，衆莫辨。素曰："此天花也。"一日説法，聽者千餘人。説罷衆退，惟縞衣百人立不去。素詰之，衆應曰："我等仗師聖法，各脱縞衣矣。"遂謝師，翔空而去。以天寶十一載冬夜坐滅。左補闕李華爲銘其塔。

周寶爲浙西節度使，治城隍，至鶴林門得古冢，棺櫝將腐。發之，有一女子，面如生，鉛粉衣服皆不敗。掌役者以告。寶親視之，或曰："此當是嘗服靈藥，待時而發，發則解化之期矣。"寶即命改葬，具車輿聲樂以送。與僚屬登城望之，有紫雲覆輀車上。行數里，咸見一女子，出自車中，坐於紫雲，冉冉而上，久之乃没。啓棺則空矣。（以上《康熙志》）

孝明鄭太后，潤州人也，本姓朱氏。李錡據浙西反，相者言於錡："朱氏有奇相，當生天子。"錡取致於家。錡誅死後入掖庭①，爲郭太后侍兒。憲宗皇帝愛而幸之，生宣宗皇帝，爲母天下十四年。懿宗即位，尊爲太皇太后。又七年崩，以郭太后配享，出祭列廟②。（《東觀奏記》）

上性至孝，奉鄭太后供養，不居别宫，只於大明宫朝夕侍奉。親舅鄭光，即位之初連任平盧、河中兩鎮節度使。大中七年，自河中來朝。上因與光商較政理。光素不曉文字，對上語，時有質俚。即命宰臣别選河中節度使，留光奉朝謁。后或以光生計爲憂，即厚賜金帛，不復更委方面。（《東觀奏記》）

李德裕《北固懷古》詩曰："自有此山川，於今幾太守。近世二千石，畢公宣化厚。丞相量納川，平陽氣衝斗。三賢若時雨，所至躋仁壽。"注：畢構政事爲開元第一丞相，陸象先、平陽齊澣③皆爲此郡。僕考之傳，獨象先不聞爲潤州，此恐史之佚耳。畢構，中宗景龍初爲潤州，有惠愛④。景龍末，召爲御史大夫。謂政事爲景龍間第一可也。（《山房隨筆》）⑤

天寶三載，揚州進水心鏡一面，縱横九寸，青瑩耀目，背有盤龍。進鏡官李守泰曰："鑄鏡時，有老人自稱姓龍，名護，謂鏡匠吕暉曰：'老人解造真龍鏡。'遂入爐所，扃户三日。後開户，失所在。爐前獲一書，書云：'盤龍，盤龍，隱於鏡中。分時有象，變化無窮。興雲吐霧，行雨生風。'吕暉遂移爐於揚子江心（一作"金山"），以五月五日午時鑄之。"帝詔有司掌此鏡。七載，大旱，召葉法善祠鏡龍。忽龍口有白氣，須臾滿殿，甘雨如澍。（《鏡龍記》補）

---

① 按："錡誅死"句，《藕香零拾》本《東觀奏記》上卷作"錡既死，后入掖庭"。

② 按："列廟"，《藕香零拾》本《東觀奏記》上卷作"别廟"。

③ 按："平陽齊澣"，《四庫》本《野客叢書》卷十七下有"三賢"二字。

④ 按："有惠愛"，《四庫》本《野客叢書》卷十七前有"政"字。

⑤ 按：此則出處有誤，非《山房隨筆》，實見宋王楙《野客叢書》卷十七。

揚州舊貢江心鏡，五月五日揚子江中所鑄也。或言無有百煉者，或至六七十煉，則已易破難成。（李肇《國史補》）

錢起至京口客舍，夜聞吟聲："曲終人不見，江上數峰青。"及就試，以爲落句，擢高等。（《才子傳》補。又《古今詩話》與此不同。）

潤州城南門萬歲樓，俗傳樓上烟出不祥。開元前，以潤州爲凶闕。董琬爲江東采訪使，嘗居此州。其時盡日烟出，刺史皆憂懼。乾元中，復然，圓可一尺餘，直上數尺。吏密伺之，烟乃出於樓角隙中。逼而視之，則蚊蚋也。（《辯疑志》補）

羅浮石，李德裕有《題浙西公宇羅浮山石》并《浙西公宇奇石》詩①。（《至順志》補）

《春明退朝録》云：潤州有千岩樓②。唐刺史王播創。（《嘉定志》補）

楊吴

吴王收浙右之明年，夏六月，月瑩無雲，長江如畫。甘露有僧持課。俄，數百人自西軒上江亭，坐定，命列肴果，取酌。僧思，中夜必爲幽靈。於窗隙伺之。東向一人，朱衣霜簡，清瘦多髯。飛杯之次東向者，曰："今日恣江南游，皆不乏風流矣！僕嘗記公'何時種得西施花，千古風流開不盡'，可謂越古超今矣。"酒至西戎服者，曰："各述曩日臨危一言，以代絲竹，自吟自誦，可乎？"衆曰："可。"戎服者執杯而言曰："趙壹能爲賦，鄒陽解獻書。可惜西川水，不救轍中魚。"次至縫掖，舉杯而歌曰："偉哉横海鱗，壯矣垂天翼。一旦失風水，翻爲螻蟻食。"巡至南向，云："功遂侔昔人，保退無智力。既涉太行險，兹路信難陟。"次至朱衣，高吟曰："握裏龍蛇紙上鸞，逡巡千幅不爲難。顧雲已老羅隱耄，更有何人逞筆端。"吟罷鐘鳴。僧户軋然而啓，忽散去。（《康熙志》）

潤州處士，失姓名，高尚有道術③。安仁義之叛也，郡人咸欲奔潰④。或曰："處士居此，必無恙。"於是人皆安堵。處士有所親，挈家出郡避難。有女不往⑤，托於處士。既而圍急，處士謂女曰："可取⑥汝家一物來，吾令汝免難。"女乃取家中一刀以往。處士以手仰⑦按之，復與之，曰："汝但持此，若端簡然。伺城中出兵，隨之，可無患。"如言⑧，在萬衆中無有見之者。至城外數十里，村店中見其兄，兄亦不見。乃弃刀水中，復往，兄乃見之。驚曰："安得至此？"女具以告。兄復令取刀持之，則不能蔽形矣。後

---

① 按：《至順鎮江志》卷二十一《考古》"題羅浮石"條，"詩"字前有"二"字。

② 按：宋宋敏求《春明退朝録》卷下云："唐成都府有散花樓，河中有薰風樓、緑莎廳，揚州有賞心亭，鄭州有夕陽樓，潤州有千岩樓。今皆易其名，或不復見。"唐刺史王播創，或《嘉定志》所云。

③ 按："高尚"句，《四庫》本《江淮異人録》卷下此句下有"人皆敬信之"句。

④ 按："郡人"句，《四庫》本《江淮異人録》卷下作"郡人惶駭，咸欲奔潰"。

⑤ 按："有女"句，《四庫》本《江淮異人録》卷下作"有女已適人，不克同往"。

⑥ 按："取"，《四庫》本《江淮異人録》卷下作"持"。

⑦ 按："仰"，《四庫》本《江淮異人録》卷下作"折"。

⑧ 按："言"，《四庫》本《江淮異人録》卷下作"教"。

城陷，處士不知所之。(《江淮異人傳》)①

南唐

盧絳上書後主，陳京口至潤壁要衝之地，宜立柵屯戍。其餘利害數十事。召募便習舟楫水道者，得馬雄、王川軍等數十人，立爲偏裨。習水戰，節以金鼓，麾以旗幟，迴船轉戈，動如節制。

盧絳微時，往還潤壁，病痁且死。夜夢白衣婦人，頗有姿色，歌《菩薩蠻》，勸絳樽酒。其辭曰："玉京人去秋蕭索，畫檐鵲起梧桐落。攲枕悄無言，月和殘夢圓。背燈惟暗泣，甚處砧聲急。眉黛小山攢，芭蕉生暮寒。"歌已，謂絳曰："子病，食蔗即愈。"詰朝，求蔗食之，果差。數夕，又夢前白衣人，曰："妾，耿玉真也。他日富貴，相見於固子坡。"後入金陵，上書陳京口至潤壁要害之地，宜立柵屯戍。累官至潤州節度使。後以殺歙州刺史龔慎儀，侹款求報季父之仇，命斬絳。臨刑，有白衣婦人同斬，姿貌宛如所夢。其受刑之地，即固子坡也。婦人果姓耿，名玉真，其夫死，與前婦之子通，當極法。

柳開自常徙潤，招誘群盜，分俸金給之。又解衣與賊酋，置諸左右。境内輯寧。(以上《康熙志》)

讓皇一族，已徙居泰州。至是，命尹延範迎置京口②。時道路已亂，延範慮有變，執③其二弟六十餘人殺之，以其婦女渡江。嗣主大怒，腰斬延範，楊氏遂絶。既而嗣主泣謂左右："延範之死乃成濟之徒與？孤非不知之，不得已矣！"(《江南野史》)

宋

錢塘沈周守潤，爲治簡易。訟有可已者，輒諭以義，使歸思之，獄以故少。

皇祐中，張昪由御史守潤郡。有民出外數日，忽有人報果園井中有尸，其妻往視之，哭曰："此吾夫也。"昪令其親屬鄰右往驗之。衆以井深不可辨，請出尸。昪曰："皆不能辨，何以獨其妻知之？"收付所司鞫問。果奸夫殺之，而妻與謀也。

蘇子瞻往來常、潤間，見書記孫立節於京口，甚重之。方新法之初，監司皆新進少年，不以禮接士大夫，而獨敬憚立節，曰："是抗丞相不爲條例司者。"

嘉祐間，歐陽文忠公舟泊采石，夜聞呼聲曰："去來。"舟尾有應之者曰："參政宿此，不得擅離。齋料幸爲我帶來。"公念舟尾無人，其聲必出之鬼。五鼓，又聞岸上馳驟，舟尾者呼曰："齋料如何？"岸上且行且走，答云："道場不清净，俱無所得。主者已降之罰矣。"公异其事。後半月，因游金山寺，告之寺僧。寺僧曰："半月前，都城錢邦寧詣寺，建設齋醮。其妻乳卧，即於壇前跌折一足，腥風滅燭，時皆駭异。"公泝其日，即宿采石夜也。

---

① 按：出處似有誤，當作《江淮異人録》，宋吴淑撰。

② 按："命尹延範"句，《四庫》本《江南野史》卷二作"命園苑使尹延範迎置京口"。

③ 按："執"句，《四庫》本《江南野史》卷二作"取"。

臨川王和甫安禮知潤州，當官持正，遇事立斷，下不敢欺。

楊次公守潤，米元章過丹徒，留數日去。元章好易他人書畫。次公作河豚羹飲之，其實他魚。元章疑而不食。次公笑曰："此贋本耳。"迨其行，送以詩，有"淮海聲名二十秋"之句。林子中見之，謂次公曰："公言無乃過歟?"次公笑曰："二十年來，何處不知有米顛子?"

米元章好奇，葬親丹徒之山間，不封不樹，莫有知其穴者。有王相者，子韶之子也，素與米游，獨知之。米一日與游山，因至墓前，周覽之次，相忽泄於草間。米色變，意甚怒。然業已諱之，竟不敢止相。

蘇丞相頌藏書數萬卷，秘閣所傳居多。頌自維揚，拜中太乙宫，使歸鄉里。葉夢得每對士大夫言親炙之幸，其所傳遂爲葉氏藏書之祖。

東坡歸自儋耳，舟次京口。蘇子容初卒，東坡已病，遣叔黨來吊。自作飯僧文，略云："在熙寧初，陪公文德殿下，已爲三舍人之冠。及元祐際，綴公邇英閣前，又爲五學士之首。雖凌厲高躅，不敢言同，而出處大概無甚相愧。"明日，子容諸孫往謝之，東坡側卧，泣下不能起。

《東坡雜紀》云：東坡居士醉後，單衫游招隱。既醒，著衫而歸，問大衆曰："適來醉漢，向甚處去?"衆無答。明日，舉以問焦山，焦山叉手而立。

東坡自錢塘被召，過京口。林子中作郡守，宴會坐中，營妓鄭容出牒求落籍，高瑩求從良。子中坐呈，東坡爲作《減字木蘭花》，書牒後云："鄭莊好客，容我樓前先墮幘；落筆生風，籍籍聲名不負公。高山白早，瑩骨冰肌那解老；從此南徐，良夜清風月滿湖。"用"鄭容落籍，高瑩從良"八字於句端也。

歌者袁綯，乃天寶之龜年也。宣和間，供奉九重，嘗言："東坡公昔與客游金山，適中秋夕，天宇四垂，一碧無際，加江流澒涌，俄月色如晝，遂共登山頂之妙高臺。命綯歌其《水調歌頭》曰：'明月幾時有，把酒問青天。'歌罷，坡爲起舞，而顧問：'此便是神仙矣。'"

王介，衢州人，居丹徒。舉制科，累官秘閣校理。與王安石游甚歡，然未嘗降意相下。初，安石累召不起。後受學士之命，介以詩寄之，有云："草廬三顧動春色，蕙帳一空生曉寒。"蓋諷之也。

王覿，熙寧中爲編修。不樂久居職，求潤州推官。因旱，郡遣吏視苗傷。承監司指，不敢多除税。覿受檄，嘆曰："旱勢如此，民食已竭。倒廪贍之，猶懼不克濟，尚可責以賦耶?"數日盡除之。

虞奕龍知鎮江軍府，往見丹徒處士李迵，時論美之。

張于湖知京口，王宣子代之。時多景樓落成，于湖爲書樓扁，公庫送銀二百（按：

周密《癸辛雜識》①、潘氏《宋稗類鈔》皆作"三百星"）爲潤筆。于湖却之，但需紅羅百匹。於是大宴合樂，酒酣，于湖製詞，命諸伎合唱甚歡，以紅羅賞之。

邑中刁氏子字鱗游，十歲賦《竹馬》詩云："小兒騎竹作驊騮，任走東西意未休。我已童心無一在，十年渾付水東流。"後十載，果卒。有志其墓者，以比李長吉，言："文章夙成，古人有之。然亦天所忌也！"

孫皐、姚從道、蘇預、張英、周鼎、蔣可久、楊烈，皆元符中上書言事，時預名者千餘人。其後，蔡京分等定罪，潤士有此七人。

辛稼軒守潤，多病謝客。每燕，必令侍伎歌其所作，特好歌《賀新郎》一詞。自誦其警句曰："我見青山多嫵媚，料青山見我應如是。"又曰："不恨古人吾不見，恨古人不見吾狂耳。"每至此，輒拊髀自笑，顧問坐客何如。既而，又作《永遇樂》，序北府事。首章曰："千古江山，英雄無覓孫仲謀處。"又曰："尋常巷陌，人道是寄奴曾住。"其寓感慨者，則曰："不堪回首，佛狸祠下，一片神鴉社鼓。憑誰問，廉頗老矣，尚能飯否？"使伎迭歌，益自擊節。遍問諸客，使摘其疵字。客或指一二，辭弗契其意，又弗答，揮羽四視不止。(《侯鯖録》作蘇東坡事)

吕祖謙曰："久客江湖，不見偉人。昨至金山見滕元發，乘小舟，破巨浪來，巍然使人神聳。"

陳亞少卿，維揚人，善詩什，滑稽尤甚。嘗遇蔡君謨於金山僧舍，酒酣，君謨題句屏間曰："陳亞有心終是惡。"亞即索筆對曰："蔡襄無口便成衰。"

紹興丙子，郡守某欲私其鄉之士，俾冒郡籍以試。來者數十郡人，援貢舉制争不勝，則期以試日遏焉。守知其謀，親以兵衛擁入之。郡人不勝，忿群起譸張，兵衛前却。守愧且怒，因誣以犯上，發卒大捜，儒冠者輒執之。金壇錢弼其一也，執者七人。弼謂同列曰："今日之事，爲之者闔郡人也。雖然，闔郡之人既免矣，而吾七人以不幸執。倘因吾七人者而遂究其餘，則被禍不已多乎？盍相與自執其咎？"守欲竟黨，與煆煉百計。七人以身任，不及其他。會言者直其冤，守以是去，七人遂得末減。

嘉定中，郡守史彌堅重建金山龍王廟，記云："夏旱，禱雨，膚寸之雲，起於祠旁。次日午，焦山外濃雲如墨，冷風掠人，如冰雪。兩龍現，水波逆立有聲，上與龍接。疾雷震電，大雨隨。至歲大豐。"

大觀中，葛蘩爲鎮江太守。有一官於京師鋪中見靴一隻，是其父殉葬物也。詰之，鋪翁云："適有官人携來修補，少頃則至矣。"至，果其父。拜之，不顧，徑取靴乘馬而去。奔隨一二里，度力不可及，乃呼曰："生爲父子，何無一言見教？"父曰："但學鎮江太守葛蘩，則終身庶無瑕纇。"其子謁蘩，因詢何以爲幽冥所重，蘩對曰："予生平無他長，唯事至則擇其利人者行之，四十二年來，未嘗少輟。"又問："何以爲利人事？"

① 按：周密《癸辛雜識續集下》"多景紅羅纏頭"條即作"送銀二百兩"。此處按語"周密《癸辛雜識》"不當攔入。

虆指坐間坐踏曰：“此物置之不正，則蹴人手足，予爲正之。若人渴，與之杯水，皆利人事也。隨遇而行，上自公卿，下至乞丐，皆可以行。唯行之久，乃有利益。”後有异僧見虆在净土中云。

韓蘄王至鎮江，一日抵晚，令帳前提轄王權往金山，戒不得用船渡，給浮環偕一卒。至西津，遂浮以渡。登山，寺僧疑爲鬼神。詰得其詳，以手加額，因指適所歷處，皆黿鼉穴，曰：“官既不死，他日必貴。”後果建節。

靖康亂後，揚子江中遺弃物最多。京口漁户於西津河際，有得北珠一囊者。

建炎之亂，鎮江歲輸米率不如數。轉運使按視，計倉粟存者尚負數萬，扃鑰而去。軍食不繼，官吏憂窘。汪藻知鎮江，命破鐍給之，曰：“官軍張頤待哺，米在廩中而不與之食，群黔饑餓無聊，雖錮南山，猶有隙也。”守雖重得罪，不敢辭。會言者讒藻，除宮觀。

蘇忠規爲鎮江都統制，時郡多盗，魏勝以諸軍部分伺察，於是奸偷屏迹，居人安堵。

淳熙十二年，耿秉作守。因建炎失印，借用觀察使印。至是，言於朝，詔思文院重鑄府印。給印之日，僚吏祇拜受賀。視之，“府”字畫偏。識者曰：“使君必不久於此，當移他郡。”纔一月，果徙四明。二年之間，蓋經、張杓、張子顔連莅兹土，吴琚兼領亦數月。其或召或罷，鮮有滿兩歲者。

蔡洸知鎮江軍府，會西漢卒移屯建康。時正大旱，郡民築陂，瀦水灌溉。漕司檄郡决之。父老泣訴，洸曰：“吾不忍獲罪百姓。”却之。已而大雨，漕運通，郡亦大熟。民歌之曰：“我瀦我水，以灌以溉。俾我不奪，蔡公是賴。”

耿直之秉知鎮江，時三縣合催畸零税，總爲錢三千貫，被擾者數萬家。秉下令蠲之，代以公餘帑之贏。去後，民猶思之。嘗上疏曰：“如遇亢旱，聽民車河水。”孝宗問大臣曰：“水豈可不令百姓灌田?”對曰：“尋常人使來時恐水淺，故不許。”孝宗曰：“稼穡事大，可從秉請。”

鞠真卿守潤，民有相鬥者，本罪之外，别令先毆者出錢。小人靳財，兼不憤輸財於所仇，紛争遂息。

閒樂先生陳伯修以祠官居丹徒。一日晝寢，夢至一所，殿宇巍然。中有冠服而正坐者如天帝，侍衛環列。贊者引公拜殿下，俄命升殿，慰藉久之，曰：“卿平生奏疏，可悉録以呈覽。”公對曰：“臣在杭州日，因陳正彙事，郡守賈偉搜取焚滅矣。”帝曰：“擇能記者録之。”即有仙官導公至簾下。幕中設几案筆硯，上置一青册。公沉吟間，仙官曰：“不必追記，盡在是矣。”開册，則前日所草章疏具在也。公即捧進，帝喜曰：“已安排卿第六等官矣。”遂覺。呼其子大理丞昱至前，引手按其頂，則十字裂如小兒顖，熱如火，謂之曰：“與吾書謁刺數十，將别親舊，吾去矣。”其子請曰：“大人何往?”公告以夢。子謂：“夢與帝面，此爲吉兆。内詔將臨，大人何疑?”公曰：“不然。豐相之終，小夢朝帝，蓋永歸之兆也。”俄太守虞純臣遣人招其子，告曰：“適尊公有狀，丐挂冠。正康强，何乃爾言?”未既，聞傳“呼陳殿院來”，若已知其故者，謂太守曰：“死生定數也，公何訝?”戒其子曰：“凡吾治命事，不可妄易。”日置酒，别衆親戚。迨夜，咳逆不止。諸子至，則已趺坐而終矣。七日，忽有僧來，唁曰：“昔在瓜洲，夢一官人，朱衣騎馬，導從甚盛，凌波而北，人馬不濡。或指云：‘陳殿院也。’故欲瞻其遺像。”時名公多有挽章以紀其事。

趙善湘知鎮江，教浮水軍五百人。以黄金沉之江，使探得者輒與之，於是水技極精能，潛行水底數里。又製多槳船五百艘，捷如飛梟；又製赤馬、白鷁二大舟，舟可載二千人。舟式大小凡六七種，依八陣爲法，每一搜閲，舳艫參錯，雜以浮水諸軍，履波濤爲隊伍，角技奏樂，如陟康莊。(以上《康熙志》)

信國公文文山天祥《指南録後序》云：德祐二年二月十九日，予除右丞相兼樞密使，都督諸路軍馬。時北兵已迫修門外，戰守遷皆不及施。縉紳大夫士萃於左丞相府，莫知計所出。會使轍交馳，北邀當國者一見①。衆謂予一行，爲可以紓禍。初，奉使往來，無留北者。予更欲一覘北，歸而求救國之策，於是辭相印不拜。翌日，以資政殿學士行。初至北營，抗辭慷慨，上下頗驚動。不幸吕師孟、賈餘慶構惡獻諂，予羈縻不得還。未幾，賈餘慶等以祈請使詣北，北驅予并往。至京口，得間奔真州，即以北虚實告東西二閫，約以連兵大舉。留二日，維揚帥下逐客之令。不得已，變姓名，草行露宿。已而得舟，避渚洲，出北海，然後渡揚子江，展轉以至於永嘉。予在患難中，間以詩記所遭。脱京口，趍真揚高泰通五州爲一卷。《至京口》：“鐵瓮山河舊，金甌宇宙非。昔隨西日上，今見北軍來②。豪杰非無志，功名自有機。中流懷士雅，風雨濕雙扉。”《回京口》：予回京口，幸得間問舟，爲脱去計。連日不如志，賦是詩：“早作田文去，終無蘇武留。偷生寧伏劍，忍死欲焚舟。逸驥思超乘，飛鷹志脱鞲。登樓望江上，日日數行艘。”《踏路難》：京口無城，通衢多隘，去江尚十里。偶得一老校馬，引間道出，三數巷即荒凉野。走至江岸，路甚近。若使不知間道，只行市井，無可出之理。“烟火連甍鐵瓮關，要尋間道走江干。何人肯爲將軍地？北府老兵思漢官。”予至真州，守將苗再成不知朝信，於是數月矣。問予京師事，慷慨激烈，不覺流涕。已而諸將校、諸幕皆來，俱憤③不自堪，云：兩淮兵力，足以復興。惜天使李公怯不敢進，而夏老與淮東薄有微嫌④，不得合從。得丞相來，通兩淮脉絡，不出一月，連兵大舉，先去北巢之在淮者，江南可傳檄而定也。予問苗守計安出？苗云：先約夏老以兵出江邊，如向建康之狀，以牽制之；此則以通泰軍義打灣頭；以高郵、寶應、淮安軍義打揚子橋；以揚州大軍向瓜洲；某與趙刺史孟錦以舟師直擣鎮江，并同日舉，北不能相救。灣頭、揚子橋皆沿江脆兵守之，且怨北。王師至，即下。聚而攻瓜洲之三面，再成則自江中一面薄之，雖有智者不能爲之謀。此策既就，然後淮東軍至京口，淮西軍入金城，北在兩浙無路得出，虜

---

① 按：“一見”，明刻本《文山先生全集》卷十三《指南録後序》作“相見”。
② 按：“來”，明刻本《文山先生全集》卷十三《指南録》卷之二作“飛”。
③ 按：“俱憤”，明刻本《文山先生全集》卷十三《指南録》卷之三“俱憤北”。
④ 按：“微嫌”，明刻本《文山先生全集》卷十三《指南録》卷之三作“嫌隙”。

帥可生致也。予喜不自制，不圖中興機會在此。即作李公書，次作夏老書。茁各以覆帖副之。及欲予致書戎帥及諸郡，并白此意。予已作朱涣、姜才、蒙亨等書，諸郡將以次發。時與議者皆踴躍，有謂李不能自拔者；又有謂朱涣、姜才各做起來，李不自由者；又有謂李恨不得脱重負，何幸有重臣輔之。予既遣書，盼盼焉望報。天之欲平治天下，則吾言庶幾不枘鑿乎？揚州兵了約廬州，某向瓜洲某鷺洲。直下南徐侯自管，皇親刺史統千舟。（《嘉慶志》節録。《康熙志》删潤原文，又注云：録須至此者，以公脱京口之本意在此也。）

本朝翰林蘇公紳嘗題潤州金山寺一联云：“僧依玉鑒光中住，人踏金鰲背上行。”時公方舉大科，識者以“人踏金鰲背上行”乃榮入玉堂之兆，已而果然。公位止於内相，豈亦詩之讖耶？（《青箱雜記》）

陳秀公罷相，以鎮江軍節度使判揚州。其先塋在潤州，而鎮江即本鎮也。每歲十月旦、寒食，詔許兩往鎮江展省。兩州送迎，旌旗艫舳，官吏錦綉，相屬於道，今古一時之盛也。是時，王荆公居蔣山，騎驢出入。會荆公病愈，秀公請於朝，許帶人從往省荆公。詔許之。舟楫銜尾，蔽江而下，告銜於舟中喝道不絶，人皆嘆之。荆公聞其來，以二人肩鼠尾轎，迎於江上。秀公鼓旗艦舳正喝道，荆公忽於蘆葦間駐車以俟。秀公命就岸，大船回旋，久之，乃能泊而相見。秀公大慚。其歸也，令罷舟中喝道。（《默記》）

蘇軾在金山，嘗作一小詩戲佛印，云：“遠公沽酒飲陶潛，佛印燒猪待子瞻。采得百花成蜜後，不知辛苦爲誰甜。”蓋軾性喜燒猪，佛印住山，每製以待其來。一日，爲人竊去，故有是作。（周紫芝《竹坡詩話》）

潤州大火①，惟存李衛公塔、米元章庵。元章喜，題詩云：“神護衛公塔，天留米老庵。”有輕薄子於“塔”“庵”二字上添注“爺”“娘”二字。元章見之，大罵②。蓋元章母嘗乳哺宫中，故云。（杨誠齋《詩話》）

潤州鶴林寺有馬素塔，唐人詩“因過竹院逢僧話”，即此地也。襄陽米元章愛其松石沉秀，誓來生爲寺伽藍，永③護名勝。公没時，鶴林伽藍無故塌下。里人知公欲還宿願於此，至今祠於寺之左隅④。（《避暑録話》）⑤

柳永死，旅殯潤州僧寺。王和甫爲守時求其後不得，乃爲出錢葬之。（《避暑録話》）

王韶晚年頗悔取熙河時事。嘗游金山寺，以因果問衆長老，皆言以王法殺人，如舟行壓殺螺蚌，自是無心。韶猶疑之。時有刁景純者，比韶爲前輩，亦學佛，多在金山。

① 按："大火"，《四庫》本《誠齋詩話》作"爇盡室廬"。

② 按："大罵"，《四庫》本《誠齋詩話》作"大罵輕薄子。"此句後尚有"再於'塔''庵'二字下添注'颯''糟'二字"云云。

③ 按："永"，明刻本《眉公筆記》卷一作"擁"。

④ 按："隅"，明刻本《眉公筆記》卷一作"偏"。

⑤ 按：出處有誤，當見明陳繼儒《眉公筆記》卷一。

忽一日，與韶邂逅於長老坐間，復舉前話以問，衆答如前①，刁獨無語。韶曰："十八丈爲②何如?"刁曰："但打得過賢心下否?"韶曰："不知十八丈打得過否③?"刁曰："以某所見，賢打過不得。"韶曰："何以知之?"曰："若打得過，自不問也。"韶益不自安。(《避暑録話》)④

潤州蘇氏家書畫甚多。書之絶异者有太宗《賜易簡御書》、宋玉《大言賦》《并名真戒酒批答》、鍾繇《賀吴滅關某⑤上文帝表》、王右軍《答會稽内史王述書》《雪晴寄山陰張侯帖》、獻之《秋風詞》、梁蕭子雲《節班固漢史》、褚遂良模本《蘭亭》、李太白《天馬歌》、賀知章《醉中吟》、張長史《書逸人壁》、顔魯公《進文殊碑讀⑥》、李陽冰篆《新泉銘》、永禪師《真草千文》、齊己題贈，并皆真迹。名畫則顧凱之《雪霽圖》《望五老峰圖》、北齊《舞鶴圖》、閻立本《醉僧圖》、吴道子《六甲神》、薛稷《戲鶴》、陳閎《蕃馬》、韓幹《御馬》、戴嵩《牛圖》、王維《卧雪⑦圖》、邊鸞雀竹、李將軍曉景屏風、李成山水、徐熙草蟲、黄筌墨竹、居寧翎毛、董羽龍小、劉道士鬼神、刁處士竹石、鍾隱乳兔。物之尤异者有明皇賜蘇小許公四代湘玉印、贊皇父子石研、石兔、竹拂、連理拄杖、陳後主宫娃七寶束帶、雷公斧、珊瑚筆架、玉連環，皆希世之寶。後皆散逸，或有歸御府者，今不知流落何處。(《墨莊漫録》)

祆神，本出西域，蓋胡神也，與大秦穆護同入中國，俗以火神祠之。鎮江府朱方門之東城上乃有祆神祠，不知何人立也。(《墨莊漫録》)

鎮江府甘露寺在北固山上，江山之勝，烟雲顯晦，萃於目前。舊有多景樓，尤爲登覽之最，蓋取李贊皇《題臨江亭》詩有"多景懸窗牖"之句，以是命名。樓即臨江故基也。裴煜守潤日有詩："登臨每憶衛公詩，多景唯於此處宜。海岸千艘浮若芥，邦人萬室緯⑧如棋。江山氣象回環見，宇宙端倪指點知。禪老莫辭勤候迓，使君官滿有歸期。"自經兵火，樓今廢，近雖稍復營繕，而樓基半已侵削，殊可惜也。(《墨莊漫録》)

曾旼以《瘞鶴銘》、蔡邕《焦光贊》、江淹《焦山集》、王瓚詩爲山中四絶。(《潤州類集》)

韓蘄王之夫人，京口娼也。嘗五更入府，伺候賀朔。忽於廊柱下見一虎蹲卧，鼻息齁齁然，驚駭亟走出，不敢言。已而人至者衆，復往視之，乃一卒也。因蹴之，起問其姓名，爲韓世忠。心异之，密告其母，謂此卒定非凡人。乃邀至其家，具酒食，卜夜盡歡，深相結納，資以金帛，約爲夫婦。蘄王後立殊功，爲中興名將，遂封兩國夫人。蘄

① 按："如前"，《宋稗類鈔》卷七作"如初"。
② 按："爲"，《宋稗類鈔》卷七作"以爲"。
③ 按："不知"句，《宋稗類鈔》卷七作"不知十八丈以爲打得過否"。
④ 按：出處有誤，當見《宋稗類鈔》卷七。
⑤ 按："某"，《稗海》本《墨莊漫録》卷一作"羽"。
⑥ 按："讀"，《稗海》本《墨莊漫録》卷一作"贊"。
⑦ 按："雪"，《稗海》本《墨莊漫録》卷一作"披"。
⑧ 按："緯"，《稗海》本《墨莊漫録》卷四作"布"。

王嘗邀兀术於黄天蕩，幾成擒矣。一夕，鑿河遁去。夫人奏疏：世忠失機縱敵，乞加罪責，舉朝爲之動色。其明智英偉如此。（《鶴林玉露》）（按：梁夫人，小字紅玉，見陳文述《西泠閨詠》。本楚州人。楚州，今淮安城也。宋禮部尚書趙雄奉詔撰《韓蘄王墓碑》，有云：楊國家楚州，織薄爲屋。楊國者，夫人封號也。又封蘄國，故稱兩國夫人。夫人嘗衛隆祐太后，定苗、劉之亂，自碩人超封國夫人。制曰：知略之優，無愧前史。給内中俸，以示報焉。功臣妻給俸，自杨國始。又按：韓蘄王起銀州，積功進武副尉。宣和二年，部勇敢五百人隨討方臘。然則夫人固非京口人，而蘄王初至京口，亦非小卒矣。後王鎮楚州，與士卒同甘苦，故夫人亦織箔爲屋。《玉露》此條曰"娼"、曰"小卒"，尤誤也。夫人之盛傳於京口者，惟助王扼金兵一事耳。豈得强著其始事哉？又按：《墓碑》：蘄王四夫人，白氏秦國夫人、梁氏楊國夫人、周氏蕲國夫人、茅氏亦秦國夫人。四妻皆啓國封，蓋宋世封功臣彝典如此。）

洪起畏知京口日，乃北軍入境之初，嘗大書揭榜四境曰："家在臨安，職守京口，北騎若來，有死不走。"其後舉郡以降，或謂人改其末句云："不降則走。"（《癸辛雜識》）

辛稼軒守京口，時大雪，帥僚佐登多景樓，劉改之敝衣曳履而至。辛令賦雪，以"難"字爲韵，即吟云："功名有分平吴易，貧賤無交訪戴難。"從此莫逆。（《山房隨筆》）

廬陵劉改之過以詩鳴江西，厄於韋布，放浪荆楚，客食諸侯間。開禧乙丑，過京口，余爲餉幕庾吏，因識焉。廣漢章以初升之、東陽黄幾叔機、敷原王安世遇、英伯邁，皆寓是邦。暇日，相與摭奇吊古①，一郡勝處皆有之。不能盡憶，獨録改之《多景樓》一篇云："金焦兩山相對起，不盡中流大江水。"（全篇見"藝文"）以初爲之大書，詞翰俱卓犖可喜，囑余爲刻樓上，會兵事不暇也②。（岳珂《桯史》）

東坡《松》詩："根到九泉無曲處，世間惟有蟄龍知。"余少年過金山，一老僧爲余言："韓蘄王嘗選軍中善没者，於三門下淵潭最深處遣入水，視有何物。没者駭叫騰出，云有一大龍，抱山足而戲。"（李雁湖《王荆公詩注》）

鎮江府兵火之餘，有石一株在瓦礫中，勢如掀舞，色紺而澤，奇物也。上有刻字云："有唐上元甲子歲，潁川陳良參叨尹延陵獲此石。置石齋之前，銘曰：嵯嵯峨峨，蒼翠其多。是禀混元，非因琢磨。置於庭隅，公退常過。疑乎乃身，居高之阿。後期來者，見兹若何。"其後又有今人刻字云："皇宋治平丙午歲仲夏晦日，邑令黨文紀於壞垣得之，立於此。"後爲都統王侯勝所得，移置於所居園中。有一士大夫見而愛之，紿曰："此本吾家舊物也，先君昔寶惜之，不意尚存於兹，願復歸我。"王侯勝欲許之，有一將校聞之，謂主帥曰："不可與之。此石上有'上元甲子及皇宋治平'之語，恐朝廷聞之來取，當以此意拒之。"王用其説，遂止。今按：唐之上元甲子，德宗之興元元年也，距今紹興上元甲子三百六十年矣。堅頑閲世如是之久，信乎金石之壽也！（《墨莊漫録》）

---

① 按："相與"句，《四部叢刊續編》本《桯史》卷二作"相與跖奇吊古，多見於詩"。

② 按："會兵事"句，《四部叢刊續編》本《桯史》卷二作"會兵事起，不暇也"。

郭祥正有逸才，詩多新意。丞相荆公過金山寺，於壁間得長篇，讀之，反覆諷誦。聞知祥正所爲，由此見重。最愛其兩句云："鳥飛不盡暮天碧，漁歌忽斷蘆花風。"（《宋稗類鈔》）

京口諺云："金山屋裹山，焦山山裹屋。"（周必大《泛舟游山録》）

俞似妻趙夫人，曾親書一詩於金山壁，云："轉食膠膠擾擾間，林泉高步未容攀。興來向有平生屐，管領東南處處山。"字畫徑方四寸，遒勁類薛稷。（《容齋隨筆》）

治平元年，常州日禺時，天有大聲如雷，乃一大星，幾如月，見於東南，少時而又震一聲，流著西南，又一震，而墜在宜興縣民許氏園中，遠近皆見，火光赫然照天，許氏藩籬皆爲所焚。是時火息，視地中有一竅，如杯大，極深，下視之，星在其中，熒熒然，良久漸暗，尚熱不可近。又久之，發其竅，深三尺餘，乃得一圓石，猶熱，其大如拳，一頭微鋭，色如鐵，重亦如之。州守鄭仲①得之，送潤州金山寺，至今匣藏，游人到，發視，王無咎爲之傳甚詳。（《夢溪筆談》）

熙寧中，李賓客及之知潤州，園中菜花悉成荷花，仍各有一佛坐花中，形如雕刻，莫知其數，暴乾之，其相依然。或云：李氏②奉佛甚篤，因有此异③。（《夢溪筆談》）

宋祥符敕書一道，前題"御書之寶"四大字。慶元戊午冬（缺）月甲子，太子少傅、觀文殿學士陳騤書其文，即《祥符六年賜漢故隱士焦光明應公詔》。《三山志》云：見夢真廟封明應公親製詞以告，刻石幢於殿中。今石幢已泐，墨敕猶存。（《焦山志略》）

淳祐間，丹陽太守重修多景樓，高宴落成，一時席上皆湖海名流。酒餘，主人命妓持紅箋徵諸客詞，秋田李演④廣翁詞先成，衆人驚賞，爲之閣筆。其詞曰："笛叫東風起。弄尊前，楊花小扇，燕毛初紫。萬點淮峰孤角外，驚下斜陽似綺。又婉娩⑤，一番春意。歌舞相繆愁自猛，捲長波，一洗空人世。間熱我，醉時耳。緑蕪⑥冷葉瓜洲市，最憐子，洞簫聲盡，闌干獨倚。落落東南墻一角，誰護山河萬里。問人在，玉關歸未。老矣青山燈火客，撫佳期，漫灑新亭泪。歌哽咽，事如水。"（《浩然齋雅談》）

二十二日，郡集衛公堂後圃。比舊唯增染香亭，飲半，登壽丘普照寺終宴。壽丘者，宋高祖宅，有故井尚存。寺本名延慶，隆興中，復泗州，有普照寺僧奉僧伽像來歸，寓焉，因賜名普照寺，僑置僧伽道場。東望京峴⑦，連亘抱合，勢如繚墻，官寺樓閣如畫。西瞰大江，氣象極雄偉也。（陸游《入蜀記》）

二十三日，至甘露寺，飯僧。甘露蓋北固也，有很石，世傳以爲漢昭烈、吴大帝嘗據此石，共謀曹氏。石亡已久，寺僧輒取一石充數。游客摩挲太息，僧及童子輩往往竊

---

① 按："鄭仲"，元刊本《夢溪筆談》卷二十作"鄭伸"。
② 按："李氏"，元刊本《夢溪筆談》卷二十作"李君之家"。
③ 按："异"，元刊本《夢溪筆談》卷二十作"意"。
④ 按："潢"，《四庫》本《浩然齋雅談》卷下作"演"。
⑤ 按："婉娩"，《四庫》本《浩然齋雅談》卷下作"婉婉"。
⑥ 按："蕪"，《四庫》本《浩然齋雅談》卷下作"舞"。
⑦ 按："京峴"，《叢書集成初編》本《入蜀記》卷一作"京山"。

笑也。拜李文饒祠，登多景樓，亦非故址，主僧化昭所築，下臨大江，淮南草木可數。登覽之勝，實過於舊。此山多峭壁①如削，然皆土也。國史以爲石壁峭絶，誤矣。(《入蜀記》)(按：放翁以峭壁皆土，實誤。度其時未之見耳，辨見“山”。)

二十五日早，以一豨、壺酒謁英靈助順王祠，所謂下元水府廟也。祠屬金山寺，寺以二僧守之，無他祝史。榜云：“賽祭猪頭，例歸本廟。”觀者無不笑。初，紹興末，完顔亮入寇。樞密葉公審言督視大軍守江，禱於水府祠，請事平奏加帝號，既而不果。隆興中，敵再入，有近臣申言之，議者謂：“四瀆止封王，水府不應在四瀆上。”乃但加美稱而已。(《入蜀記》)

二十六日，五鼓，發船。是日，舟人始發②鼓，遂游金山，登玉鑒堂、妙高臺，皆窮極壯麗，非昔比。玉鑒蓋取蘇儀甫詩云：“僧依玉鑒光中住，人踏金鰲背上行。”儀甫果終於翰院，當時以爲詩讖。新作寺門亦甚雄，翟耆年伯壽篆額，然門乃不可泊舟。凡至寺中者，皆由雄跨閣。長老寶印言：“舊額仁宗皇帝御書飛白，張之，則風波洶涌，蛟鼉出没，遂藏之寺閣。今不復存矣。”印住山近十年，興造皆其力。寺有兩塔，本曾子宣丞相用西府俸所建，以薦其先者。政和中，寺爲神霄宫。道士乃去塔上相輪而屋之，謂之鬱羅霄臺。至是五十餘年，印始復爲塔，且增飾之，工尚未畢。山絶頂有吞海亭，取毛③吞巨海之意，登望尤勝。每北使來聘，例延至此亭烹茶。金山與焦山相望，皆名藍，每争雄長。焦山舊有吸江亭，最爲佳處，故名“吞海”以勝之，可笑也。(《入蜀記》)

二十八日，夙興，觀日出。江中天水皆赤，真偉觀也。因登雄跨閣，觀二島：左曰鶻山，舊傳有栖鶻，今無有；右曰雲根島，皆特起不附山，俗謂之郭璞墓。(《入蜀記》)

自京口抵錢塘，梁陳以前不通漕。至隋煬帝始鑿渠八百里，皆闊十丈。夾岡如連山，蓋當時所積之土。朝廷所以能駐蹕錢塘，以有此渠耳。汴與此渠皆假手隋氏，而爲吾宋之利，豈亦有數邪？過新豐小憩。李太白詩云：“南國新豐酒，東山小妓歌。”又唐人詩云：“再入新豐市，猶聞舊酒香。”皆謂此非長安之新豐也。然長安之新豐，亦有名酒，見王摩詰詩。至今居民市肆頗盛。(《入蜀記》)

金山寺中有輪藏、大鐘鼓，取水，必渡橋汲之。宋僧别峰印入定之頃，神游水府，見龍王曰：“上刹每推藏，鳴鐘鼓，吾宫爲所震動。况汲水者，每多污穢。願請去之。”師既諾，出，語其徒，咸莫信，乃探袖中龍鬚襪示之，遂將龍藏移於江南鶴林寺，鑿中泠於寺，鐘鼓亦不鳴，故建三禁堂。(《名勝録》)

米元章好潔，一日，與東坡晤對。東坡襟上偶有一虱，元章惡其垢膩。東坡曰：“此綿絮所生耳。”遂兩執不相下。因約偕往金山，質諸佛印。東坡恐負，遣人先往，許如所言，餉以冷淘。元章亦恐負，遣囑之，許以餺飥。明日偕至，同問之。佛印曰：“垢膩生

① 按：“壁”，《叢書集成初編》本《入蜀記》卷一作“崖”。
② 按：“發”，《叢書集成初編》本《入蜀記》卷一作“伐”。
③ 按：“毛”，《叢書集成初編》本《入蜀記》卷一作“氣”。

身，綿絮生脚。先食冷淘，後食餺飥。”（《蘇米志林》補）

金山龍游寺有蘇養直所書《心經》及白衣觀音像，并鎸於石。（《至順志》補）

宋天聖中，近輔獻龍卵，云得自大河中，遣中使送金山寺。沈括居潤時屢見之。（《至順志》補）

丞相陳秀公治第於潤州，極爲閎壯，池館綿亘數百步。宅成，公已疾甚，惟肩輿一登西樓而已。人謂之“三不得”：居不得，修不得，賣不得。（《宋稗類鈔》補）

晁景迂謂，周子與胡武平同師潤州鶴林寺僧壽涯。（《困學紀聞五箋集證》補）

馮去辨①之游京口也（去辨，名可訥），岳肅之（名珂，晚號倦翁，武穆裔）持饟節在焉，相得甚歡。岳倦翁嘗自叙云：“司馬長卿故倦游，注謂‘厭宦游也’。是時長卿方以士客臨邛令所，固未嘗宦焉，知倦耶？如予所謂倦者，乃真知之。嘗賦二詩，有云：‘片雲出岫猶知倦，流水吟湘肯伴牢。’又云：‘尚有奏篇煩狗監，肯辭馳傳爲驍臣。’可訥次韵云：‘饟節十年當結局，襟期千古與同牢。’又云：‘琴心自誤誰料理，犢鼻雖貧未主臣。’肅之爲之擊節不已，題其末云：‘此小馮君讀珂之文也。’”（周密《浩然齋雅談》補）

元

至元十九年仲冬，大雪。有道人貧迫，暮詣真武道院求宿。時羽衆雲集，無可容者，因宿於厨舍。明旦，莫知所往，惟一盆覆地。啓視之，畫兩“口”字及一圈於地，圈中有足迹，旁有詩云：“會得青蛇玄妙，識破師門孔竅。價值萬兩黄金，識破一文不要。”人以爲吕純陽也。盛伯真刻像於石。

元太平，也里可温人，爲鎮江路總管府達魯花赤。在郡均月課，革海漕吏奸，復豪貴所占學田，一時稱之。

段廷珪爲總管，兼管内勸農事。戢强滑，禁嘩訐，奏免新增夏税鈔二百八十七定，秋糧米三萬七千有奇。大德丙午以來，頻歲灾疫，民匠流徙，廷珪勸募復業，郡人德之。

天曆己巳，大旱，郡民饑疫。知事沈德華陳救荒之策，言：“今司縣申至飢民四十萬三千五百口，命懸旦夕，有甚焚溺。設官分職，本以爲民。民既危亡，而居官守者豈可全身自保，坐視而不加之意耶？擬將松江所撥赤籼米四萬石，擇其貧甚，驗口賑濟，餘復平糶。”民賴以全。

高麗李子淵入元朝，登甘露寺，愛江山勝致。及還，與從行三老，六涉寒暑，擇形勝與京口相近者，凡樓閣池臺一仿潤州。（以上《康熙志》）

萬壽宫舊有玉冠、《度人經》石板、古簫，趙孟頫書神牌七十六位，大楷書，松江袁履善嘗欲集入《子昂碎金帖》，未果。後遭回禄，今俱不存。今止存上卿像贊、石刻《度人經》、上卿碑銘叙，俱趙文敏書。東岳仁聖宫碑，虞忠靖公八分書。潘公令牌，原有元御賜上卿張公玉劍一，刻文曰：“大元皇帝賜張上卿佩之玉印。”一文曰：“元教大

① 按：“辨”，《四庫》本《浩然齋雅談》卷中作“辯”。

宗師印。”玉圭一，約長一尺五寸，廣四寸，厚一寸餘，瑩然白玉，略無纖瑕，上鋭下方，圭面碾四小山，上卿所執圭也。玉珮、珮環、玦等八事，穿以大珠，亦上卿所佩。金冠一，甚大，并俯仰簪，共用黄金二十五兩，前北斗，後爲南斗，每面嵌紫金捺子五粒，斗星皆大鋭珠，大如彈者，爲之通計，大白珠三十四粒，俯仰如意簪亦嵌大珠。法衣一，領納織金，胡椒眼者下闌并被膝，皆金織細花。八寶宫錦朱舄一雙，皆綉宫錦，綴以珠寶。後諸物俱歸藏龍虎山。（陳眉公《秘笈》）

張褘，字子偉，少不昏。宦居京口，得刁景純廢圃，啜菽飲水，嘯傲長松修竹之下十餘年。一日，聞湖湘山水之勝，策杖獨往。登廬阜，泛彭蠡，絶洞庭，南至衡山，數年而後返。（《研北雜志》補。又見漁洋《古懽録》。）

張懷遠，泰定間廷議，東南近海處，潮日至，淤爲沃壤，有力能築堤捍水、墾田多者，爲萬夫長；就所儲，給以禄，佩符印，得傳子孫。遠以資宣力，任海口萬户，與朱清、張瑄同起任事，禦島夷有功。殁，葬長安圍，有墳庵，後名時思院。明初，以子犯法，詔籍没其田巨萬。（《開沙志》）

丹徒縣志卷五十九終

丹徒縣志卷六十

雜綴四　紀聞二

明

太祖取鎮江，命徐達爲大將，率諸將浮江東下，戒之曰："爾等當體吾心，戒輯士卒，城下之日，毋焚掠殺戮。有犯令者，處以軍法。縱之者，罰無赦。"達等受命。師至鎮江，元平章定定遁去，即日克其城。城中晏然，不知有兵。遂分兵下丹陽、金壇諸縣。

太祖擒僞吴戴院判。時幸拱真庵，僧無二獻詩。其日移蹕北固山鳳凰池，諭以守成、守法、守業之訓。暮泊江岸。金山僧法誠朝見，亦應制獻詩，曰："賊寇臨京口，王師出海邊。四方喧動地，萬姓獨瞻天。笳鼓驚栖雁，旌旗耀戰船。生擒五千士，齊唱凱歌旋。"皆嘉賚之。

顧成歸太祖，以勇選爲帳前親兵，擎蓋出入。嘗從上出，舟膠於沙，成負舟而行。從攻鎮江，與勇士十人轉鬥入城，被執，十人皆死。成躍起，斷縛，仆持刀者，脱歸。導衆攻城，克之。

嘉定顧光遠，元末爲掾京口。明太祖下江南，京口首納款，光遠有力焉。從入金陵，命監大軍倉支納。

浦城楊遵，洪武初守鎮江，廉明有爲，流離復業，百廢具舉。性好學，工詩善書。在郡多所題署，文章政事一時稱之。

徐誼爲守，賄賂不行，政理甚著。入覲，治績推循良第一，特被嘉獎。

薛巖，字孔瞻，河南閿鄉人。守鎮江，性沉毅剛果，豪强爲之斂迹。先是，郡當要衝，民多困於轉運。巖爲置牌約甲乙更代，由是，民不勞而事集。朝廷聞其能，徵拜大理卿。父老數百人乞留不能得。

劉辰守鎮江，時宗忠簡公墓蕪穢不治，墓田爲守僧所侵，皆爲之復其故。

南京都御史邱閭莅事之初，有誣鎮江民周志廉主盗者。廉富民，畏刑，以資囑諸權貴請間。閭益疑，竟杖殺之。已而鎮江郡丞盧仁謁閭，閭曰："汝何故帶囚周志廉來?"仁茫然不省，閭復曰："立隸旁者廉也。"是日，閭即昏仆地。自是廉常在目，坐守其死乃已。

正統間，大水。巡撫周文襄公忱令置石於邑南九里廟前水涯，使後人驗水以勘灾。後仆水中。今蔣家渡北百步許，尚有其一，名"文襄水寸"。

景泰中，上虞張巖由御史出守鎮江。性剛果，有幹局。先是，郡麗譙爲戎司所據，昏曉失度，巖奏隸有司。郡學在城南隅，隘陋不稱，奏請遷學，報可，乃度地於日精山營建。方半，以憂去。後學成，人文蔚興。至今德之。

徐文貞登北固峰，有超出六合之想。忽大風吹，幾墮岩下。退飲佛殿，觀人皮鼓，蓋以沂東所戮海寇王良皮鞔之也。（按：《堅瓠集》云：甘露寺人皮鼓，擊之，并無聲響，蓋究不若獸皮之堅緊也。）

英宗復辟，命擢前日諫官得大體者，俾知大郡，林鶚得鎮江。至郡，立清風大節祠於郡學，祀范希文、陳少陽、陸君實三賢。訪境内先賢之後，俾入鄉塾。

姚堂由蘇州守改鎮江，嘗就郡中先賢最著者，彙其行履爲《潤州先賢録》。方自蘇被調時，童謡有“雙木撑篙不如摇”之句在，竟爲“林去姚代”之驗。一日，坐廳事，有蘇人士投以《野人懷惠圖》，列詩文其上，不言姓氏。

成化中，華容毛瑄通判鎮江。每按獄，見民有犯辟者，輒動色，咨憫至累日不懌。時太守黎福，治郡有聲，與推官歐陽仲同心佐理，威化大洽。

副使嚴經遭劫，家人遇害。巡吏挾私誣富民若干人繫獄。推官歐陽仲率民兵數十人，跟捕至常州孟瀆河。盜窮，謀入海。仲遣吏馳白太倉巡海將官，并力掩捕，果得真盜，置之法。

霍州史素，成化中守郡。愛民節用，尤嚴祀典。修築壇壝，躬自相視一切。處官事如家。

黎福守郡，遇旱得雨，喜甚。起，出廳事，鳴鼓集吏士。出諸坐事輕繫者若干人，悉散歸農，衆歡呼而出。

成化中，僧雪堂於金山閲藏。熊郡守給糧供之。一日，疾終。熊坐署中，見雪堂竟入私室。頃之，報生子。命吏往金山探之，果沐浴入滅矣。

王文成，年十一，隨父龍山公游京師。過金山，龍山公與客酒酣，擬賦詩。先生從旁賦曰：“金山一點大如拳，打破維揚水底天。醉倚妙高臺上月，玉簫吹徹洞龍眠。”客大驚异，命賦《蔽月山房詩》，先生隨口應曰：“山近月遠覺月小，便道此山大於月。若人有眼大於天，還見山小月更闊。”

三原王端毅公恕巡撫江南，薦鎮江守熊佑有公輔才，以佑嘗請捐逋，出官儲平糶，興學校，舉孝義，範銅爲祭器，以嚴廟享，種種善政也。

鄞縣孫紘司理鎮江，勤於政事，吏無所容其奸。退食，則閉閤静坐，門庭寂然。雅嗜文史，嘗討論不輟也。

禮部尚書席書疏曰：“生臣前者見一人曰楊一清；生臣後者見一人曰王守仁。”於是楊一清入閣辦事。

楊文襄公在靈州，人有笑其演營習陣者，公謂：“余誠書生，不諳軍旅。嘗以古人‘行必謹哨探，止必修戰備’爲法。故每論諸將曰：‘無事常如有事時提防，有事常如無事時鎮静。’又念武侯李靖未嘗廢營陣，世無岳武穆，豈可恃野戰爲能耶?”或惡文襄公於劉瑾，謂其築邊太費，屢以爲言。王文恪鏊曰：“楊公有高才重望，爲國修邊，乃可以功爲罪乎?”楊文襄公居首揆，以才受主知。然不能如張文忠孚嘉之深世宗所密，問張月以十數，自是張楊有間。詔張暫歸俟用，而桂公萼亦削保傅以免。張歸自天津，世宗又念之，即詔行人召復相張。張入，而文襄爲霍公韜所論逐矣。

楊文襄被霍韜劾，其《乞罷疏》有云："方臣被召入京，璁、萼俱爲詹事，衆皆嫉之，不與往來。臣以其議禮之精，持論之正，獨嘉服之，并無猜疑。璁入閣，萼擢吏部，臣嘗贊成之。及同事之久，每見其志驕氣横，常直言規之，婉詞諷之。論事之際，時有异同，旋即歡好，未嘗有忿嫉見於詞色。"又云："臣於韜，愛其淹貫之學，嘉其剛厲之氣。近見言多過激，竊嘗惜之。每欲引而納諸中正和平之地，不意其懷忿至此。"

霍文敏初亦無憾於文襄，因定武侯郭勳與公有隙，乃以危言聳文敏，謂文襄深惡議禮之臣，指張桂及霍也。比霍論公後，而張主之力。霍又解於張者，至再久之。霍以内艱南歸，過京口，爲文奠公於祠。文有"中遭讒變，遂難兩全"之嘆。

武宗幸楊文襄一清第，宴於茂祉堂，御製詩十二章。《神童出身》詩曰："文英天賜本神童，錦綉才華滿腹中。一紀之年先拔萃，當爲太宰建奇功。"《總制三邊》詩曰："三邊之地多才幹，施謀用智平邦患。發行軍令甚威嚴，曾鎮（缺缺）不敢犯。"《平定寧夏》詩曰："置鐇背逆違天命，自惹灾殃行不靖。赤膽忠心報帝王，平安一鎮蒼生幸。"《内閣學士》詩曰："有德有行超群志，忽然恩命門庭至。經天緯地掌絲綸，武英殿内大學士。"《致仕還鄉》詩曰："時光疾箭催人老，先後恩榮世間少。雖然私第保餘年，每日心懸待天表。"《保障城池》詩曰："宸濠反叛苦生靈，意急心忙豈暫停。財賦之地賴保障，護守江南第一城。"《出粟安民》詩曰："美意丹衷實可誇，愚頑逃竄鬧喧嘩。自周米粟千千石，爲國安民忘却家。"《鑾輿幸第》詩曰："喜遇班師得勝回，昂昂威武世爲魁。幸逢龍虎風雲會，賢宰從今第宅輝。"《宴終徹樂》詩曰："車駕親臨茂祉堂，璽書高挂耀龍章。升平宴罷明良會，盛事流傳萬載香。"《攔門勸酒》詩曰："攔門勸酒乞詩留，嘉意殷勤捧巨甌。聊展胸襟光爾後，用垂千古永無休。"《出第進鍾》詩曰："勸飲醺醺出相門，勞卿再四勸金樽。南征已定旋師旅，去暴除殘第一人。"《上馬留題》詩曰："正德英名已播傳，南征北剿敢當先。平生威武安天下，永鎮江山萬萬年。"

僧妙福，楊文襄方外友也。武宗幸公第，一清引妙福朝。武宗曰："福僧，命爲三山都綱，修建諸刹并本山大殿。"方丈建水晶庵，文襄解玉帶鎮山。

楊文襄公生而隱宫，貌類寺人。七歲能屬文，讀書過目成誦。人欲試其心計，戲取市家日曆鱗雜米鹽之數，令目一過，輒無遺脱。八歲以奇童薦入翰林爲秀才。中進士，爲中書舍人。交海内名士，從學者日衆。後同縣靳閣老貴、太原喬宇，皆執弟子禮。公葬，喬自太原至丹徒，持服奔喪。公爲提學，謂都人曰："吾於陝得三士，康海、吕柟、馬理也。"後皆顯名。

楊文襄公薨之日，爲嘉靖九年八月十四日夜四鼓。是夕，寒風颼颼，堂户閉皆洞開。有一卒過公門，恍惚見公輿出，騎從甚盛。卒私念曰："吾聞公病，今將何之？意公病起耶？"及間出大市，又遇公如故。天明，方聞公薨矣。

山陰胡怡爲郡司理，精《易》學，郡士從游者頗衆。怡留心獄訟，刑不輕試，而多得其實。有兄弟競財，積年不决。怡曉以義，訟遂息。句容令嘗被誣，怡爲直其冤。令德之，密懷金以謝。正色拒之，令愧而去。

戴仲綸絲材於屋舟先生之葬題其主，執筆向壙呼“屋舟來歸”者三，然後著筆。或見而疑曰：“古無是也。”仲綸曰：“喪禮：始死，則生者登屋執其衣，北向招呼，云‘某人復’者三，然後捲衣下屋，以之覆尸上。據此，則冀其魂之復也。况既葬，題主之時，正欲魂之歸主也，故吾類推而增於此，所謂以義起者也。”

李侍御鳳翺按江南四郡，一日，莅事鎮江，往觀焦山。因問山所由名，或以焦光對。遂造禮祠下，見袞然衮冕者，則焦光像也，謂所從郡守以下曰：“光處士也，崇而祀之可，衮冕不可。生且弗廬、弗食、弗衣，而衮冕被焉，華質弗倫，乖先生之志。”即命易以野服，伐石紀事。

河南高鑑同知鎮江。鑑博綜衆藝，尤長於詩。詩語豪宕自喜，篇章流播，時人珍之。在任時，往賓日本使臣。使臣以詩上，鑑和章立就。使臣俯首嘆服，曰：“中國詩人也。”

眉州張朝用，弘治中，判鎮江。資性鯁介，偶與大吏一言不合，單騎即行。

巨寇劉七，自金陵流入境中。郭外居民皆奔入城，而指揮使閉門自守。太守羅循斧鑰納之。復多爲旗幟江上諸山，以小舟載炮石，發諸洲蘆葦中，爲疑兵。守躬自乘城，鳴炮鼓，令老弱各執戈矛，擊釜銚。寇遥望不敢逼。未幾，四將軍將北軍來，而總督諸大臣且至。凡軍行諸大費，盡取之府。循措辦諸費，不就寢者四十餘日，鬚髮爲白。已而狼山奏捷，上功，賜大紅衣一襲。

龍溪林魁守郡，剛正清介，不可干以私。楊、靳二家子弟，足迹不敢入其門。桂萼令丹徒，才氣横溢。魁稍裁抑之，迹若相忤，而事實相成。有廣文於魁爲先輩，謁見，尊以賓席。有詩文八册、《歸田録》二册在郡齋。舊刊郡志“人物卷”多所是正云。

劉儲秀爲守，磊落大度，外寬内明。人人得輸其情，而奸民、黠吏不能售其欺。

劉可守郡，宰相有家奴犯法，執而治之，使荷校於市而法行。

吕江峰高提學山東。高以文章名，而《鄉試録》叙舊多出提學手。葉御史經不用，於二千里外求唐荆川順之文。高以一册寄章丘李開先，曰：“録中無僕一字，不敢冒他人之美。其間紕繆處，必爲禮部之所參駁。是又往年一余光也。”又與趙文華書，亦具此意。嚴分宜嵩時爲宗伯，憾葉御史。舊曾彈劾，遂假此報復，摘其辭，誣以譏訕。上聞，世宗大怒，械御史，并藩臬之有職事者，繫之獄，罪謫有差，而葉御史竟死於杖。臺中移憾於高，大計罷歸。

嘉靖中，王艮猖獗。都督僉事湯慶都募鹽徒，及專解鹽銀長箭手，與江海習水船隻，部署精明，長短相衛。多遣間諜，直抵賊巢，一鼓成功。後以争執體統去官，人皆惜之。

莆田林華，窮居時嘗乏食，惟竟日危坐，讀《易》。或雪夜絺衣，覆草取温，讀書達旦。及守鎮江，日坐忠愛堂視事。召諸生，以次質疑問難，所發明皆切問近思之學，著有《忠愛堂口義》，士多宗之。

林太守華以奸民造謗，謂擅徵赦宥錢糧，大吏執以劾奏，遂逮問。士民送者頃刻萬人，官校相顧動色。至京，下獄驗問，無實。釋之歸，貧無餘資。莆田知縣賀邦泰，丹陽人也，助之，始克具棺以葬。倭犯莆田，不入其家。

明鎮江衛世職，中亦多卓卓可傳者，如指揮使程鍾，著《愚庵集》；程翱有幹禦才，人服其能；陳一悳以平倭功，歲加禄米四十八石。時寇攻嘉定城甚急而不下者，皆一悳捍禦之力，至今嘉定人猶德之。指揮同知，則樊邦勇，戮力陣亡；指揮僉事，則程岳生，喜讀書，有將略；沈宗玉有禦倭功，皆克光前績，不忝世禄者也。

鶴林有一僧人，無姓名，不知從何來。萬曆初年，可五六十歲。見人作顛語。問之，則不復言，掉臂而去。嘗卧竈下，執爨汲水，禮佛念佛，食殘飯，補破衣，捫虱間則撫掌大笑。睹其形若垢，即之無穢氣，日日浴池中。冬月，大小便後，必往池邊敲冰洗滌，數次乃止。雲間陳眉公异其人。一日，舉野菜一把與陳曰："彀了。"又問其年，答曰："有何年歲?"眉公謂寺僧曰："此异人也。"後莫知所終。

朱光以把總守圖山，紀律嚴明。寢卧怒濤之上，終其任，江洋無警。後歷官都督。

潘爛頭師有道法（事詳《釋道本傳》），逝後及葬，舉棺如空（事詳《本傳》）。

流僧汪洪源等妖言惑衆，既擒，詞連數百人。當事欲張之以爲功，太守王事聖力持之，但誅首惡而已。

范世美守郡，清儉簡素，出於天性，一物無所取於民。不屑屑以理訟爲事，三邑喜訟之風爲之一變。

王應麟守郡，從訓導李天培議，修郡學，清學宫基址，於對山植樹三千餘株。又延聘鄉先生及諸名士纂修郡志。

孔承寵，山東曲阜人。隱金山幾二十年。與太學生陳永年交善。弟某爲僧，甘露寺募建堂殿，工竣，餘千金。病將死，呼承寵取之，承寵笑弗顧，起謝曰："若兄苟取此，何寂寂久居爲也?"後卒金山，無子。生平工詩。初，永年葬五游子郭第城南勝果寺。承寵卒，葬其墓側。歲時潔樽酒并奠焉。

孔承寵初住藏殿，書補殘經。一僧至，問曰："汝書經費自何出?"孔曰："自辦。"僧袖出丹砂數兩，曰："此養成熟砂，三分可成一兩。"語畢即去。時有僧楚山者，素好此術。偶見問之，求少許。孔平日極惡此術，置砂於佛座，令僧自取去，因是僧自炫其能點化也。有大理卿某，聞僧名，聘去，欲得其訣。惡其秘不肯授，遂閉之一室，餓而死。

鎮江從無殿元。擬殿元者，惟徐君希孟。按《廣仁品陰騭録》所載，以徐先拾得乙未狀元圖書。後有隱微事，圖書忽遺失，乃出之金陵朱之蕃篋中。天曹改選，查之蕃世不食牛犬故也。後朱第一，徐二甲三名。據徐自記云："趙閣學志臯謂，朱徐字悉敵石大司馬星，曰還當讓徐。惟張閣學位以朱私謁，知有'初登仕籍便謁權貴'之語，進呈時藏卷，以二甲三名湯賓尹卷易之。"

萊州王貫同知鎮江，廉儉博學，同僚皆師事之。

許國誠守郡，居官廉静，家人無綺之飾。

華尚寶鈺家居，有富人子殺人，祈尚寶間於當道，券千金，嚴却之。明日，而倍其券；又明日，再倍其券。尚寶曰："吾豈與若計券金哉？若罪固無生理，吾分亦無間理。"其人不得已，拜泣而去。郡邑試，諸生、鄉大夫各爲其所親致先容，尚寶獨無所謁。或私於尚寶之戚，僞署尚寶之牘以進。尚寶廉得之，不白非是，但語署牘者毋納諸生金。於是皆服尚寶清介不失長者。

華尚寶逮詔獄，從一蒼頭潘仁詣闕受杖。潘仁見尚寶血肉狼藉，慟欲絶，哭呼朝門外。朝士皆爲感動。

華尚寶易簀之日，神明淵澈，能自刻死期。嘗言："吾前生曾修净土於某寺，爲苦行頭陀。荆州之役，如昨夢云。"

郡有虎患，郡守康邦濟檄於神，虎自渡河。

河南賀仲軾精《春秋》學，著有《春秋歸義》二十二卷。守鎮江時，丹陽姜志禮以忤璫在籍。會有部札下，巡撫緣吏部尚書趙南星案，注志禮名於札末。巡撫嚴檄提勘志禮，仲軾竟不肯奉檄。頃擢副使，以母喪歸籍，死流寇之難。手書："今日方知賀景瞻。"景瞻，仲軾字也。

晉江周廷瓏，年甫冠，司理鎮江。清姿玉貌，望之如神仙中人。至即誓於神，不持京口一錢。分校南闈，首拔吴梅村偉業。

印司奇守郡，有神明之稱。鄰郡有疑獄，往往來質成。郡試，童子副使曾某以書役子來囑，司奇弗聽。曾銜之，同司理某間於大中丞，遂疏參司奇。諸生葛麟等率郡民數千人，走闕下鳴冤。格不報。去之日，焚香遮車，擁塞道路。

蜀人杜繩甲同知鎮江。以郡多盗，屏騶從，操小舟，身入順江洲，擒盗於卧内，立成獄正法，宿盗以清。

崇禎間，教諭高應虚用堪輿家言，遷改縣學大門，向東首數武，科第當倍於昔。自乙酉迄今，果元魁接踵。堪輿，故溧陽人，年七十餘，日行二百里，疾走如飛。今忘其姓氏。門之廣袤向對，悉其人手定。

郭五游居焦山，與陳從善永年友善。冬日大雪，五游與一僧立山岩，望大江中有孤舟，自金山冒雪鼓棹而下。五游曰："是必靈峰山人來矣。"僧疑未答。頃舟泊，果靈峰載酒相訪也。僧笑曰："較王子猷興致，不爲更高耶？"

陳吏部觀陽，以形家言，爲郡城培護風水計，矢願爲焦山建塔。以焦山舊有塔，經倭亂毁，故郡科第寥落不振也。因沙渚人先請以圖山建塔，先圖後焦，庶於郡、於沙渚皆利。吏部從之。然圖塔已建，於沙渚果利。焦山塔則詘於資，卒未竟吏部之志云。

卞應聘令新會，歿之前一日，夢謁城隍神。神起以迎曰："此座專待公也。"及黎明，行香主簿見應聘頂上火光騰騰上冲，未敢言。其日，坐衙作審語，未終，投筆而逝。

崇禎間，山東陳副院贊化引疾歸，其家以醫迎之。至臨清，已垂殆矣。忽起書："本司於某月某日到任。”醫曰：“公不書本院，而書本司，何也？”曰：“吾到鎮江焦山伽藍司任耳。”擲筆即瞑。後數日，其縣有隸暴卒，復蘇，曰：“陳公到焦山伽藍任，呼我隨侍也。”越一夕死。

崇禎十七年甲申六月，史閣部可法督師駐揚州，調總兵官于永綬、張天禄、劉肇基、陳可立四鎮兵赴軍前，時稱小四鎮。四鎮將以家口寄居鎮江城中。持監軍萬元吉書與推官李曰池。萬、李皆江右人。時城中堅不納。適于兵又與調防浙兵日相角，而守土者不善爲調解。于兵於二十六日射殺浙將李大開，縱火焚燒西城外數千家，攻銀山浙營，殺傷甚衆。督師馳飛檄召永綬等赴軍前，將罪之。以靖南侯黄得功爲之請，僅削永綬職，之鎮，許立功償。明日，皇清大兵至揚，張復謀南渡未得，遂降。肇基敗，自死西山下。乙酉，高興平傑死歸德，部下兵潰，奔江南。四月十五日，水師總兵鄭鴻逵與戰江上。十六日午時，又大戰，斬獲甚衆。十八日，張總鎮兵又將奔渡，鄭以火攻之。（以上《康熙志》）

陳杰，先世良鄉公仕宋爲尚書。祖敬文，由河南贅居丹徒高平鄉之丁村。父君鼎遷豐城。杰自幼穎敏异常，生平豪俠好義，慨然有濟世安人之志。明太祖時，張士誠據東吴，常鎮騷動。杰率鄉勇守禦。會徐、吴二將軍東下，録其功，授民兵屯田二萬户。杰披堅執鋭，寢食不遑，號令嚴明，附從者衆。嘗設仗擒魁俘於帳下，餘黨震懾，徒邑得無虞。年六十八卒。（《家乘》）

金山舊有東坡、佛印二像，李伯時筆，蘇子由贊①。廣東道都元帥本齋王者申命工裝褫，仍付常住。②（《永樂鎮江府志》）

往有高僧呼龍曰：“汝能現首乎？”龍即現一頭如山。僧曰：“汝能大，却不能小。能入吾鉢中乎？”龍即入鉢中。僧曰：“汝能出乎？”龍百伎莫能出。僧因與之説法，降其毒惡，即今順濟龍王，是爲本山伽藍之一。（《金山舊志》）

金山灘瀨下多黿鼉窟宅。每泝洄順流，噞喁沉浮，或近或遠，出没浪花間，頗類馴擾可玩，故蘇子美詩云：“扣闌見黿鼉，揚首意自得。”王介甫亦云：“扣闌見黿鼉，幽姿可時睹。”（張萊《三山志》）

山谷所書俞紫芝秀老《釣魚船上謝三郎》一帖石刻，在金山寺鶏林。每入貢，輒市數百本以歸。（《詩人玉屑》）

明正統十年，賜《大藏經》。敕書一道，見存山中。（《焦山志略》）

王瓚詩祇四句云。宋尤文簡公云《瘞鶴銘》側一小碣云：“徒步不知遠，夕陽猶未回。好花隨意發，流水逐人來。”無名氏與刻石之歲月碣傍復一小石，刻詩云：“江外水不凍，今年寒苦遲。三山在何處，欲到引風歸。”題云：“丹陽掾王瓚作。”《京口志》

① 按：馬蓉等點校《永樂大典方志輯佚》第一册《鎮江志·古迹》“蘇子由贊”句後有“歲久損裂”云云。

② 按：“廣東道都元帥”二句，馬蓉等點校《永樂大典方志輯佚》第一册《鎮江志·古迹》作“至順壬申，廣東道元元帥本齋王都中，請觀敬嘆，命工裝褫，仍付常在”。

作："江外水不涷，冲際無因依。"（大石山人《〈瘞鶴銘〉考》）

弘治中，京口人錢寶者善醫。嘗游齊魯間，遇一老僧，能卧大雪中，雪爲不積。問其年，數百歲矣。後至金陵居天界寺，撫摩能療諸疾。後尹蓬頭客於錢氏，錢偶言僧狀，尹曰："吾師祖也。别來久，尚無恙耶？"已而尹去，老僧復至京口。錢爲述尹語，僧曰："是吾孫也。"徐出度牒示錢，則唐大中四年所給，已八百矣。僧秦人，不知姓字。（《外史》）

楊文襄在金山，有角巾人訪之。一棹船郎鼓枻而至。文襄布席，角巾人共舉之，搬换盡一室，如世人揖遜狀，多不發一言而去，寺僧莫測所由。宸濠既就擒，知是與王文成指授兵法，其鼓枻者徐曰："仁愛文成妹婿也。"（《梅花草堂集》）

茅深，字潛庵，官布政司右參議。正德間，楊文襄罷邊事，釋歸。武宗至京口，幸其第。時深方營室，未成。武宗過而問之，文襄以參議臣茅深對。上即入幸，賜聯云："春色早歸宫苑樹，恩光先到世臣家。"（《茅氏家譜》）

鎮江靳翁五十無子，訓蒙於金壇。其夫人鬻釵梳，買鄰女爲侍妾。翁以冬至歸家，夫人置酒於房，以鄰女侍，告翁曰："吾老不能生育，此女頗良，買爲妾，或可延靳家之嗣。"翁頰赤俯首，夫人謂己在而翁赧也，遂出而返扃其户。乃翁繼起，户已閉，遂逾窗而出，告夫人曰："汝用心良厚，不特我感汝，我祖考亦感汝矣。但此女幼時，吾嘗提抱之，恒願其嫁而得所。吾老且多病，不可以辱。"遂憐而還其女。逾年，夫人自受妊，生貴。十七歲，發解元。明年登第，爲賢宰相。（《座右編》）

靳文僖，康陵舊學。南巡時，臨其喪。命詞臣撰祭文，皆不稱旨。御製一首云："朕居東宫，先生爲傅。朕登大寶，先生爲輔。朕今南巡，先生已矣。嗚呼哀哉！"代言嘆息斂手。（《静志居詩話》）

靳文僖公卒時，繼夫人年未三十。比老，有司以其孫爲嚴氏客，爲之奏請旌典。事下禮部，禮部尚書吴山曰："婦人節旌，制也。第令甲所載諸旌典，原爲匹夫匹婦發潛德之光。若士大夫家，何人不當爲節義孝順者？文僖公身爲鼎臣，夫人已生受殊封，奈何與匹夫匹婦争寵靈乎？"執寢之大學士徐階亦以爲言，山正色曰："相公亦慮閣老夫人再醮耶？"階語塞。（《玉堂叢話》）

楊璡授丹徒知縣，會中使如浙，所至，縛守令置舟中，得賂始釋。將至丹徒，璡選善泅水者二人，令著耆老衣冠，先馳以迎，中使怒曰："令安在？汝敢来謁我耶？"令左右執之。二人即躍於江中，潛遁去。璡徐至，紿曰："聞公驅二人溺死江中。方今聖明之世，法令森嚴，如人命何？"中使懼，禮謝而去。（《座右編》，又見《智囊》。）

弘治庚戌科，南直隸錢福狀元，靳貴探花，榜眼則廣東劉存業也。殿試未揭曉時，靳以明瓊（即骰子）六枚禱於神前，明早欲擲以决先後。翼日，適錢福至，亦欲與擲。①

① 按："翼日"諸句，明刻本《七修類藁》卷四十七"三元先兆"條作"翼日，適錢與譙至，亦欲與擲明瓊"。

靳不得已，告以昨故。錢喜曰：“當與子賭也。”下擲，則錢乃六紅，靳乃六緑，二人皆喜。後錢果中①狀元，靳爲探花。而劉則舊嘗有夢，無福中狀元，有福中榜眼。是歲應之。（《七修類藁》）

舊説，大江金山寺有行者，素佻達。嘗晝寢，同袍者戲畫一龍於其臂，頭尾鱗鬣，狀頗逼真。行覺而見之，戲曰：“吾寐而臂出龍，豈非天授乎？當黥之以成其异。”乃以針刺而加墨焉。積數月，墨色漸紫。又數月，其紋稍稍隱起，約高一黍米。每風雨之夕，此龍蜿蜒如動，一臂爲之摇摇不安，行病之。他日，澡於江，水爲之開豁數丈。此臂騰掉上下，如非己有者，行益以爲神。時時潜没水中，見黿鼉魚鱉，歷歷在目。一日，自念曰：“金山盤踞江心，其下宜有根著，盍探之？”乃下投，窮至江底，見山根大僅數抱，若一柱擎其山焉。因運臂撼之，山爲摇�不止，屋宇皆動。僧怖，以爲地震，焚香祝三寶，食頃而定。行登山，知而竊笑之。旬日，乃爲同袍説其實，因具言臂龍之神。同袍驚，以白長老，曰：“此妖人也。”潜詣鎮江告官，請殺之。官謂誣罔，不爲理。僧懼其累己，醉行而縊之。行既亡，龍亦頓逝，訖無靈焉。（《庚己編》）

揚子江金山寺故不擊鐘。相傳永樂間有師主山，一日入定，忽魂游水府，爲水族請至江濱，其水開成白色大道。既入宫，龍君相見後，俄頃夫人出，作禮，白師曰：“氏有所疾，苦聞鐘聲。此後望和尚勿令人敲擊，當有少報。”師敬諾。夫人遂入室，持出手爲師製襪一緉。將完，未綴系。寺中僧打飯鐘，大人聞之，遽趣師令出。又忽有夜叉來與龍王言：“時至，水道將合矣。”龍君亦急令報，師遂出。夫人因不克完襪，便以一帶經其襪兩端，令翻，兜足而著之。師既領受，謝而出。入覺，襪果縛其足，遂傳此式於世。今僧家多着，號“趕齋襪”也。（《漱石閒談》）

錢先生屋舟精岐黄，工辭賦。有司辟主醫學。奉職三載，乞休，致部使者，知其賢且才，重違其志。又逾年，卧不視事，始遂其請。時先生年才三十有六，乃於郡城西十里許營别業，爲游息之所。澄江如玦，環抱左右。五州諸峰，拱揖於前。遂縛木爲筏，以竹爲榱楹之屬，覆之以茅，命之曰“屋舟”。置古書畫、尊卣、酒壺、釣具於其間。每風日晴煦，蘭芷郁芬，或月露交光，水天一碧，不棹不櫓，聽其止而休焉。沈石田爲之圖。（《章秋山文集》）

潤州士大夫如徐行甫、華德夫、劉叔熙，可謂君子，惜乎皆無年。德夫被逮時，劉中翰許嫁女，與其嗣宗洙，其嗣甚偉。行甫既死，遺孤學古方稚小，中翰亦許嫁女與之。每月朔，必就徐檢校器物，量度錢布出入。既長，則籍而還之。（《梅花草堂集》）

朱之蕃未第時，夢一神曰：“今年狀元當是鎮江徐布孟，因彼私一奔女，黜之。汝家世陰德，與彼相等，次當及汝。但彼父子三代不食牛肉，汝父子獨未戒此。倘能早戒，狀元屬汝無疑也。”覺，語其父，父以夢境渺茫。明夜，父夢亦如之，始大驚。次早，父子焚香告天，誓不食牛肉。是年，果狀元及第。徐止二甲第三。（《不可不可録》。按：

---

① 按：“中”，明刻本《七修類藁》卷四十七“三元先兆”條作“爲”。

此與《康熙志》大同小异。）

吴琚書，自米南宫外，一步不窺。京口北固山有“天下第一江山”榜書，即其筆也。始於都下見七言律詩一帖，不款名姓，但有“雲壑居士”印。偶閲《經籍志》：“《雲壑集》，吴琚撰。”知爲琚書。已於新安白岳下山，客持晦翁書《歸去來辭》，乃絶似米元章，後有“雲壑”二字，因得審定。今藏余家。此詩没於焦山江中，潤州守霍君爲余拓墨本，然已在若明若晦間，不可臨摹矣。（《容臺集》）

丹徒縣一田婦新産。雷神起牖外，爲所厭，不得升。百里内外，觀者潮涌。見雷神長丈許，鷄形，人手。觀其執斧鑿處，則火光迷離。三日後，一震而升。（《樗鄉集》）

嘗聞丹徒縣民周錦善搏虎，身無完膚。嘉靖壬辰，予過丹徒而見焉。觀其人，乃無懼者也，自言曾殺大小三十餘虎。惟一虎走而不鬥者，不能搏焉。（《七修類藁》）

鎮江丁氏一族，家多顯宦，少長盡皆白髮。（《七修類藁》）

潤州丁璣，督廣東學政。渡江，有司具牲醴，請祀水神。公笑曰：“舟乎或沉或浮，神何預焉?”至中流，風浪作而舟覆。李夢陽督江西學政。渡江，有司亦有此請。公怒，命從者縛神投諸江，且曰：“水神而投諸水，得其所哉?”竟無恙。（《中洲野録》）

王莊妃有四弟：繼、繡、繒、繪。以貴妃恩，得一人籍錦衣。其家以繒名上，上攬筆加“人”字，曰：“何不繪也?”繪遂得錦衣，補宿衛，而繒尋死。（《列朝詩集》）

錢密緯、潘無隱、趙石生觴予甘露寺僧舍，是日，小雨甫晴，修篁罷洗，空翠滿人襟袖，凉風颯颯從東北來，與歌聲相答響。徐姬喜行酒，作吴吟數闋，不覺大醉。密緯得戴仲若故宅，有《聽鶯詩》百十篇，雙柑斗酒，且更俟之。（《梅花草堂集》）

天啓七年，鎮江地名大港[1]，挖出一石碑，云：“九世悠悠地上休，巍巍福地返洪州。人間若問消磨事，只在龍盤蛇上頭。三十八歲算八字，江上東邊江水流[2]。寅卯起，辰巳止。淡淡水，不用米。還在常不在，揚星在日邊。出摇在五年。頭碑出，干戈動，東邊血水流。寅卯辰巳午，人難過，鬼神愁。”（《寄園寄所寄》）

《陸右丞蹈海録》一卷，京口丁元吉撰。首《宋史·陸秀夫列傳》，次《熊開傳》，次《挽詩》，有龔序。五言，方回：“曾微一坯土，魚腹葬君臣。”龍仁夫：“無地參黄鉞，終天慘玉衣。”仇遠：“甘投白日没，不知滄海深。”方鳳：“鰲背舟中國，龍湖[3]水底天。”七言，湯炳龍：“人心有感興元詔，天意難同建武時。”盛彪：“平地已無行在所，丹心猶數中興年。”數聯最警策。末載吴萊《桑海遺録序》、右丞遺文《丹陽館記》一首。（《居易録》）

郭第隱於焦山，有向平五岳之願，自號五游。圖其石曰“玉臺執蓋郎”。（《列朝詩集》）

---

① 按：“大港”，清刻本《寄園寄所寄》卷五作“戴港”。

② 按：“江水流”，清刻本《寄園寄所寄》卷五作“黑水流”。

③ 按：“湖”，《四庫》本《存雅堂遺稿》卷一《哭陸丞相秀夫》作“胡”，或是。

城南張王廟石坊，城内關帝廟木坊，皆無鳥雀作巢。相傳坊下皆荆州土，萬曆間，有道士夢神言："若要兩廟興，除是荆州土。"醒，因募楚船載荆州土來，積成小山，然不知何以興也。未幾，有荆州撫官赴任。渡江遇風，默禱入城酬願。至則適值募修，乃以土築坊基，建坊其上。(《焦東閣日記》補)

倭寇數犯鎮江，天啓初，寇復至。參軍毛文龍禦之，於圌山水陸并進，大敗之，斬獲甚衆。自是，倭寇不敢復窺鎮江。(《寄園寄所寄》補)

張東海題詩金山："西飛白日忙於我，南去青山冷笑人。"有一名公，見而物色之曰："此當爲海内名士。"東海在當時以氣節重。其書學醉素①，名動四夷。(董其昌《畫禪室隨筆》補)

米元暉又作《海嶽庵圖》，謂於瀟湘得畫景，其次則京口諸山，與湘山差類。今《海嶽圖》亦在余行笈中。元暉未嘗以洞庭、北固之江山爲勝，而以其雲物爲勝，所謂"天閑萬馬皆吾師"也。但不知雲物何心，獨於兩地可以入畫，或以江上諸名山，所憑空闊，四天無遮，得窮其朝朝暮暮之變態耳。此非静者，何以深解？故論書者曰："一須人品高。"豈非以品高則閑静，無他好縈念故耶②？(《畫禪室隨筆》補)

國朝

順治三年十一月，甘露寺有一婦人死於楊公祠内。僧啓其户，見壁上炭書字數行，云："妾赤城弱質也，姓衛，小字琴娘……"(《康熙志》載一序三詩甚詳。今移入"藝文·閨秀詩類"。)

康熙十年五月十八日，鎮江迅雷烈風，晝晦如夜，掣去漕船一隻，民船二隻，不知去向。月河鎮地方隕酒數十罏，平置河側。四面山地方，掣去鄉民莊建源房屋百間，瓦礫無存，傷死男婦無算。遠見四龍鬥於雲中。是日也，楚中亦大雨，寒凛如冬。(《筠廊二筆》。按：此條互詳"祥异"。)

金山郭墓下江心泉，爲天下第一。然有龍窩洄流甚急。相傳泉爲龍所禁，不敢汲。康熙己巳（二十八年）六月，余避暑山之七峰閣，命寺僧拿四舟，相連若井，抵洄流。用繩沉錫桶，桶上開五眼。綫繫木屑塞之，無令濁水入。下沉十數丈到底，方拔綫，提起木屑，則真泉入矣。三沉其桶，江波大作。予急回岸，烹泉，與僧共飲，清香透骨，非復人間味。試以松蘿，較惠泉色更不變。僧曰："衲等老死此山，未獲嘗江心真泉。"再取山中井水較之，味迥别。越數日，復拿舟，繫墓畔，意欲取水。風濤掀翻，棹不可泊。如此者三，竟如海上三山，舟至輒引去。謂之龍禁，誠然。(《寄園寄所寄》)

焦山多竹，有一種石罅挺生，天生屈曲，可以爲笻，世傳爲焦仙杖。(《焦山志略》)

鄭成功於順治十六年己亥七月，集諸將議曰："瓜鎮爲金陵門户，宜先破之。"乃會僞右提督馬信、前鋒鎮統領余新，奪譚家洲。僞材官張亮，督善泅水者蕩舟，斬斷滾江

① 按："醉素"，清刻本《畫禪室隨筆》卷三作"懷素"。

② 按："無他好"句，清刻本《畫禪室隨筆》卷四作"無他好縈故耶"，無"念"字。

龍。僞兵侍張煌言，會僞水師提督羅蘊章，候滚江龍，既斷進據瓜洲上流，焚奪滿州木城。成功與甘輝、翁天祐等直搗瓜洲。我操江朱衣祚、城守左雲龍，率兵一萬會戰，背港而軍。戰末，會張亮已斷滚江龍，對岸夾擊。僞右武衛統領周全斌，率兵帶甲浮渡，直抵城下。僞正兵鎮韓英奪門入城，遂破。雲龍陣没，祚逸去。其譚家洲及滿州木城俱潰。成功令僞援剿左鎮劉猷守瓜洲，餘皆渡江趨鎮江。我提督管効忠以步兵駐守銀山，騎兵移當大路。成功以銀山迫府治，爲必争地，夜引兵奪之。遲明，大軍分五路，三叠壓壘而軍。成功令發火炮，多鼓鈞聲，江水震沸。兵士皆下馬殊死戰。効忠北鎮江，守將高謙降。成功以周全斌、黄昭守之。屬邑皆下。甘輝進曰："斷瓜洲，則山東之師不下；據北固，則兩浙之路不通。但坐鎮此南都，可不勞定也。"不聽。率師薄金陵。八月，至觀音門，以黄安總督水師，守三汊河口。成功率諸將由儀鳳門登陸，屯岳廟山。甘輝以守禦既固，恐難卒拔爲諫。不聽。大軍以千騎來薄，僞前鋒鎮余新擊敗之。遂輕敵，不設備，軍士捕魚飲博爲樂。我副將梁化鳳偵知之，由儀鳳門穴城出，軍皆銜枚疾走，薄新營，不及甲，遂就擒。成功急令翁天祐馳援，已無及。大兵既敗，余新遂以步卒數千直搗中堅，而以騎兵數萬繞山後，出其背，前後夾擊。成功大敗，諸僞將各潰走不相顧。成功麾軍急退。甘輝且戰且走，騎能屬者三十人，被執，殺之。九月，成功還師，攻崇明不下。僞正兵鎮王起鳳傷炮，死。十月，還島。(《三藩紀事本末》補)

順治己亥，客京師日，聽劉公畩吏部鼓琴，賦詩贈之云："與君更作他年約，黄鵠山中訪戴行。"至壬寅歲，相遇於京口。京口有黄鵠山，在城南五六里，即招隱寺宋戴顒故居也。始信前詩蓋有定數云。(王士禎《池北偶談》補)

丹徒張玉裁(原本誤作"九裁"，今改正)，字禮存。九歲，通五經。壬午，未冠，領鄉薦。丁未，對策，直刺部院督撫陋弊，讀卷者嘆曰："此長沙痛哭書也!"既奏，擢一甲二名，授編修。(余金《熙朝新語》補)

張文貞公玉書文，舂容典雅，渢渢乎盛世之音。其《拖諾仙》《狼居胥山》二碑，叙述聖武神功，尤爲詳贍，足以昭示萬世。紀平定江南事，紀滅闖獻二賊事，紀三路進師下雲南事，皆端緒詳明，足以彰開國之鴻烈。紀陝西殉難官事一篇，足與史傳相參。紀順治間樂章及錢糧户口三篇，皆資掌故。他若《游玉泉山記》《游化育溝後苑記》《游喀喇河屯後苑記》《游熱河後苑記》，皆足揄揚太平愷樂之象。其餘碑志，亦多國初將相事迹，可備考。(《熙朝新語》補)

《留青采珍》一書，陳枚所著，搜羅尚賅備。其《輿圖輯玉》一門内《鎮江府》云："鎸銘瘞鶴，識篆迹於焦山。"《留帶參禪》："品名泉於中冷。'冷'字的是'泠'字之訛。吾鄉中泠泉，爲天下第一。彰彰耳目，乃猶舛誤如此！邢邵所謂'思誤書，亦是一適也'，恐謭陋者沿用之，遂成笑柄。"(《戒快讀軒筆拾》補)

王士禎《游山題名記·金山》云：焦山幽冶，金山綺艷。焦山骨勝，金山肉多。惟登妙高臺，拜東坡居士像，想見袁綯歌《水龍吟》① 於此，公爲起舞，差强人意。《焦山》云：來焦山有四快事：觀返照吸江亭，青山落日，烟水蒼茫中，居然米家父子筆意；晚望月孝然祠外，太虛一碧，長江萬里，無復微雲點綴，聽晚梵聲出松杪，悠然有遺世之想；曉起觀海門日出，始從遠林微露紅暈，倏忽躍起數十丈，映射江水，悉成明霞，演漾不定；《瘞鶴銘》在雷轟石上，驚濤駭浪，日夕噴激。予來游，以冬月江水方落，乃得踏危石於潮汐汨没之中，披剔盡致，實天幸也。《北固山》云：焦山與昆侖别，遂遵江岸，獨尋北固甘露之勝。登凌雲亭，憩多景樓，緬孫劉之雄風，憶梁帝之勝游，吊海嶽净名之故迹，江山猶可彷彿，而其人已邈。搔首四顧，慷慨不能已。《鶴林寺》云：米元章卒後，爲鶴林寺伽藍。墓在黄鶴山下，風氣清鬱，松影嵐翠，四時供養。先生有潔癖，此是衆香國中矣。順治庚子十二月十一日。《招隱寺》云：昔人謂招隱水深山秀，烟霞澗毛皆不凡。予以庚子仲冬月，同崑崙子來游。紅葉滿山，石骨刻露，泉流蕭瑟。登玉蕊亭上，遠眺江影，惝怳久之。《竹林寺》云：自招隱至竹林，山路紆曲，長松如畫，修竹數萬竿，清風拂戛，上捎雲日。與崑崙小憩鉗錘室，聽中上人説林公開山舊事，移晷不能去。憶唐人詩"殷勤竹林寺，能得幾回過"，惘然自失也。(《漁洋文略》補)

世傳郭璞墓在金山足，過於詭奇。沈啓南詩："氣散風衝豈可居，先生埋骨理何如。日中數莫逃兵解，世上人猶信葬書。"如叩晨鐘，寐者可以發深省矣。日本中心叟"墓前無地拜兒孫"一語亦足發笑。(朱彝尊《〈正德金山志〉跋》補。按：明許國誠《〈三山全志〉序》云：山之前，復就水中聳起三石。舊傳爲郭璞墓，殆不可信。至於水落石出，就罅取水，而舊傳揚子江心水，或其然也。又按：《入蜀記》曰：俗謂郭璞墓。《方輿勝覽》曰：俗傳郭璞墓。是皆明知其誤也。璞《别傳》云：璞明卜筮。永嘉中，海内將亂。緒親暱十餘家南渡江，居暨陽。《晉書》云：璞以母憂去職，卜葬地於暨陽，去水百步許。人以近水爲言，璞曰："當即爲陸矣。"其後，沙漲數十里，皆爲桑田。《郭弘農集》有《題墓詩》，曰："北阜烈烈，巨海混混。壘壘三墳，惟母與昆。"璞蓋隨其母與昆俱葬江陰。江陰縣北近海，後人因之誤爲揚子江中耳。墓在今暨陽城北九里馬鞍山東黄山。見《太平御覽·南徐州記》。或謂金山下乃璞衣冠墓，理或然歟?)

萵苣絶勝於京口。(《學圃雜疏》補)

顔尚義早卒，妻柳氏毁容截髮以撫遺孤。晚年得痞疾，時嬰痛苦。一旦，有客踵門而來，言善治積痞。問其治術，曰："刳去惡物即愈。"氏難之。其人曰："吾敬汝節孝，故來治汝。第閉目片時，毋畏，無所苦也。"氏依其言。須臾，痞塊落盤，猶恍惚動。隨敷以藥，戒之曰："勿啓視，勿漏風，今愈矣。"不告姓名而去。顔氏以爲仙。其曾孫文灴爲文以志其德。

孫貢玉，雍正、乾隆間人，丹徒世家子。少嘗遠貿，遇盜，資空。自恨不武，不能禦侮，乃求得名師，習勇技。三年藝成，然後歸里中。諸拳勇聞其名，期約於軍場堂上

---

① 按：《水龍吟》，或王氏誤記。袁綯所歌，當爲《水調歌頭》。見宋蔡絛《鐵圍山叢談》卷三。

角技。孫至，謂衆曰："無須相搏。公等能躍起，上至屋，以指捻椽，孤懸片刻乎?"衆以爲難。孫曰："不但爾也。先須指定第幾椽，然後上捻之。又先須指定地磚第幾，方立而上升，降則仍立，分寸不移。而椽之兩旁則有指痕，磚則爲之破。"衆笑其妄。孫曰："姑試之。"上下輕捷，身如猿猱。觀其捻處，指迹宛然。立處，磚碎矣。衆咋舌，悉師事之。後爲大賈護送資物，但署貢玉名，無敢窺者。有盜魁貌，爲賈客遇於旅次，款洽甚殷。因共杯杓酒，次忽拔佩刀割肉，倏入其口，曰："以此奉敬。"孫即以齒接而啖之，徐吮吐曰："好塊大骨。"蓋刀尖已折也。盜拜服去。由是名益震。既而久於跋涉，年且老，乃退。而卜築虎踞門外，種竹灌花。時與親串，杯酒往還，謙謹和厚，狀貌如不勝衣。一日，方烹茶，聞剥啄聲。啓門視之，一僧拄大杖直入，登堂，倚其杖而坐。杖頭繫一竹片，書曰："打盡天下無敵手。"率問曰："孫師傅何在?"貢玉异之，紿曰："主人遠出矣。"僧嘆曰："訪之數年，今又不值。"因索茶飲。貢玉乃采新竹，手裂而斷之，就爐爲薪。須臾，水沸瀹茗以進。僧首肯曰："僕尚如此，主人可知。"遂起立，以指畫案云："五臺僧奉訪。"囑曰："吾不再來，留此以代名柬。"曳杖去。視其指畫處，如鑱刻然。貢玉暗驚，呼其子女，示之曰："幸我貌作僕。否，何以當彼之畫木以答吾之裂竹也?"年八十餘，拄短笻，曲躬而行，似頹甚者。歲方新，赴宴於友家，友故盛族，門閭高大，門閾曉脱暮扃。宴罷，時已夕。貢玉忘其有閾，出而蹴其足，驚而躍。同行者方欲掖之，貢玉已逾閾數重，應於大門外矣。年九十餘卒，子一，女二，皆精父技。臨卒，呼子至前，以手折其一足，曰："汝性不和平。仇我者，將報於汝。聊示殘廢，庶足保身也。"卒後，仇果率衆夜至。二女各著小鐵鞋，踢翻之，無不傷走。自是無復圖報者。(《江鄉雜識》補)

鎮江以東，獨輪小車，一推一挽，名羊頭車。張文潛（名耒，宋人）詩用之。(《蓉塘詩話》補)

予觀焦山周鼎，篆文軟弱，緑心浮黯，信其非三代物也。相傳真鼎被嚴世蕃取去，而以贋者易之，其信然歟?（袁枚《隨園隨筆》補）

世傳《瘞鶴銘》爲陶貞白書，又傳爲顧況書。獨程南耕以爲皮日休書也，云:《瘞鶴銘》"上皇山樵"下增入"逸少書"三字，乃依陳氏《玉烟堂帖》而僞作，原文無此三字。按：皮日休，先字逸少，後字襲美。見《北夢瑣言》。有《悼鶴詩》云："却向人間葬令威。"此瘞鶴之證也。又自序其詩曰：華亭鶴，聞之舊矣。今來吴，以錢半千，得鶴一隻。養經歲而卒，悼以詩。陸魯望和云："更向芝田爲刻銘。"此撰銘之證也。襲美爲唐咸通八年進士，崔璞守蘇，辟爲軍事判官。自叙以九年從北固至姑蘇。咸通十三年壬辰、乾符元年甲午，襲美正在吴中。集内《與茆山廣文南陽博士》詩，皆不書姓氏。魯望有《寄華陽山人》詩，與石刻"華陽真逸""上皇山樵""丹陽仙尉""江陰真宰"諸稱謂相似，故疑此銘爲日休所作。(《隨園隨筆》補。按：此與夏之蓉《跋程南耕寄示張力臣〈瘞鶴銘〉辨書後》同。《京口山水志》引皮詩，用瘞鶴事對莊子，辨非皮作，則此説亦未可據。詳"古迹"。)

經營門外，驛舍河干，舊有成公堂，本土神祠也。相傳上江有老漁父，孤身操小艇，日捕魚换酒，獨飲水涘。酒之多寡，以魚數爲量。一日薄暮，有老叟來對飲。叩爲成姓，相得甚歡。久之，漁父患酒罄。叟曰："無慮也。某非人，乃數十年溺鬼也。當爲君驅魚。"由是魚倍於常，酒遂不匱。忽一日，叟謂之曰："今當痛飲，與君作别。"問："何之?"曰："明日某當有替身，得投生矣。"迨翌晚，復至。問之，乃因孕婦投水，不忍其死，掖之出水也。於是歡飲如故。又一日，含笑至，曰："今真與君别矣。鎮江某處新建土神祠，某日開光。上帝念某救生之仁，命作神，届期當往。君如念舊，可去一訪。"漁父志之，如約至祠。果有司事者候迎之，曰："昨數人同夢，神告故也。"乃於神龕前入坐暢飲，且與神相酬酢。自此，因改額爲成公堂云。（隨園《子不語》補）

余京，生三歲考没，母張食貧撫孤，口授以經。後江干寓大姓家，發匱得所藏書，漸次讀之，兼通詩學。力食奉母於市間，時聞誦讀聲，錢刀騷雅相間也，緣此得疾。母氏取其詩燒之，奉命斷吟咏十年。（沈德潛《處士余江干墓志銘》補）

焦山《瘞鶴銘》，陳勤恪公既出之江中，祝子荔亭乃集《銘考》一卷，寫像作圖，屬同人題其上。（余京《觀碑圖詩序》補）

抵三詔洞，洞在半屋間，穴深丈許，相傳即焦處士隱處，以其三詔不起，故名。中有處士像，深衣大帶，神氣蕭閑，有屋覆之，疏櫺短楹，最爲深静。明月入户，不异瓜牛之廬；白雲被岩，惟通野鶴之夢。無煩招隱，自足栖神。再上爲雷轟石，即往時《瘞鶴銘》所在。傾崖凌虚，流湍奔激，履舄之下，直走濤聲。由雷轟石而東，一徑幽异，群木蕭森，則有碧桃灣在焉。自此而上，路益狹，山益峻，盤迴詰曲，更數折而至别峰庵。蔣氏錫震記云："别峰庵者，東西兩峰間别出一峰。《華嚴經》言善才石參德雲於此也。"翠嶂横穿，丹梯直透，竹合無縫，雲開有聲。樵步之過，捷若猿影。禪房之綴，危如鳥窠。老僧本色、住山不設瓶鉢，客至瀹茗爲供，虚烟在榻，坐久愈清。下瞰江心，離絶千尺，凉氣飄泊，浮身若没。復有小艇載漁，孤帆送客，柔櫓之韵，上與鳥聲相亂。幽樓迥杳，如隔人間。其絶頂爲焦仙嶺，上有吸江亭，一稱四面佛亭，即鎮寺塔舊址也。《永樂志》云："元大德二年，江浙僉省周文英建塔於焦山。"時耆舊云，焦山形如黿，不宜建。及舉鍤啓土，果得石黿數枚。其後塔毁，遂建斯亭，名曰吸江，以對金山吞海亭也。岧嶢表峻，遠勢畢收。左峙圖山，右倚北固，揚州之塔，瓜洲之樓，人烟冥浮，草樹澄映。風鳶水鳥，矯翅而游，估舶商帆，乘虚耐過，目量所及，直接蒼茫，海色易秋，日氣皆緑。徘徊久之，恍惚遙塵埃，游溟渤，與浮丘、洪厓相揖讓也。（吴錫麒《游焦山記》補）

京口焦山，竹木蓊鬱，獨有柏無松。鮑海門山人嘗於松寥閣壁間畫一古松，奇姿夭矯，題一絶句於上，云："只栽竹柏不栽松，空負青青海上峰。我爲山靈添一幹，莫因風雨又成龍。"後此壁竟頽於江，説者以爲化去。（法式善《梧門詩話》）

釜鼎山塔，嘉慶初，邑處士唐培英修建。培英好讀書，善風鑒。閲邑志，丹徒從無狀元；又見郡縣學前皆無魁星閣。因此山在城之巽地，舊移塔於上，以振文風。時漸圮，因修之。既成，謂人曰："不但元魁輩出，三十年後定有大魁。"後果歷驗，如張深、嚴保庸、張培壽，皆省試第一。至道光庚子，一甲第一爲李承霖。（《江鄉雜識》補）

蔣舍人春農，見山中周層崖畫像，携歸數十年，已忘之矣。後病篤，夢游焦山，見一少年，曰："廣陵周增，字層崖，昔讀書山中。雷雨，爲崩石所壓。上帝憐之，命爲後山土神。"未幾，舍人病故。嘉慶四年，家人見其畫像，仍歸山中，且告予以故。恒即書於冷秋江、賀岑居詩後。（釋清恒《枯木堂筆記》）

周層崖讀書焦山雲聲庵，清才好學。冷秋江、賀岑居諸老輩皆與往來。嘗祈夢焦處士祠，夢關帝呼之曰"兄弟"。旦以告人，謂必他年佳兆。後雷雨夜作，崖崩庵圮，生遂壓死。時年二十有一，康熙乙酉五月二十八日也。人始恍然，夢語乃凶地耳。生未死時，曾倩畫師畢暹繪小照，補景未就。生既死，暹歸之方丈。京口人士多作詩題其上。山僧歲時祀以蔬果，至今沿爲故事。（盛舉《葯房雜志》）

楊子堅鑄《焦山聽琴詩》云："明月在水不在天，秋聲在空不在弦。"題長歌於海西庵壁，曾都轉燠見而賞之，曰："此太白佳境也。"叩其人，主僧借庵以丹徒布衣對。燠即日致訪，延至揚州，屬訂《淮海英靈詩集》。（《江鄉雜識》）

焦山書藏，揚州阮文達元立，自記云：元在杭州立書藏於靈隱寺，且爲之記。蓋謂漢以後，藏書之地曰觀，曰閣，而不名藏。藏者，本於《周禮》宰夫所治、《史記》老子所守。至於開元釋藏，乃釋家取儒家所未用之字以示异也。人因史遷之書藏之名山，白少傳藏集於東林諸寺，孫洙得《古文苑》於佛龕，閑僻之地，能傳久遠，故仿之也。繼欲再置焦山書藏，未克成。十八年春，元轉漕於揚子江口，焦山詩僧借庵、清恒，翠屏洲詩人王君柳村豫來瓜洲舟次，論詩之暇，及藏書事，遂議於焦山亦立書藏，以《瘗鶴銘》"相""此""胎""禽"等四十餘字編號，屬借庵簿領管鑰之。復刻銅章，書樓扁，訂條例，一如靈隱。觀察丁公百川淮爲治此藏事而藏之。此藏立，則凡願以其所著、所刊、所寫、所藏之書藏此藏者，皆裒之。且即以元昔所捐置焦山之宋元鎮江二《志》爲"相"字第一、二號，以志緣起。千百年後，當與靈隱并存矣。督漕使者揚州阮元記。（王豫《重修焦山志》。按：《焦山志》末著《書藏條例》云："書不分部，惟以次第分號。收滿'相'字號厨，再收'此'字號厨。"又云："書既入藏，不許復出。縱有翻閱之人，照天一閣中之例，但在樓中，毋出樓門。烟燈毋許近樓。寺僧有鬻借霉亂者，外人有携竊塗損者，皆究之。"又云："編號用'相、此、胎、禽、華、表、留、爲、髣、髴、事、亦、微、厥、土、惟、甯、後、蕩、洪、流、前、固、重、爽、塏、勢、掩、亭、爰、集、真、侶、作、銘'三十五字爲三十五厨。如滿，則再加'歲、得、於、化、朱、方、天、其、未、遂、吾、翔、也、迺、裹、以、元、黄、之、幣、藏、乎、山、下、仙、家、石、旌、篆、不、朽、詞、曰、徵、君、丹、陽、外、尉、江、陰、宰'四十二字，爲四十二厨。"）

京江杜童子克俊者，以詩見寄，云："大雅於今孰典型，德星兼是老人星。編成文字五千卷，名著乾坤一草亭。北固江聲流月去，南徐山色向人青。荷衣此日來趨謁，敢望高人啓性靈。"《登月華山》云："孤磬驚飛鳥，微風送落花。"《過擊竹山房》云："渡口梅花曾有信，門前松柏不知冬。"《偕聞抱蓀抑庵訪蔡芷衫師不遇》云："忽憶停雲來二妙，未邀明月作三人。"童子年甫十三，而詩已清妙如此。(《隨園詩話》)

河帥麟慶於淮泗間獲巨鼉。道光初，舟致焦山，畜於池。碣曰："某年月，某放鼉處。"鼉在池甚馴。人呼以老鼉，則昂首向人，若相應者。或投以餅餌之屬，則就而啖之。池故濱江，時或越畔，出游於江，晚必歸池。夜鳴數次，若更鼓然，如是者三十年。至咸豐間，粵寇方據城，鼉忽逾江，憩於雩山之陰。鄉人不識由來，以爲怪，聚田器斃之。當是時，人多罹劫。物亦不免如此。(《江鄉雜識》)

有潤州太守新修廳事，執贄於吴山尊學士，求作楹帖。學士不假思索，即對客揮毫。上聯用"金山銀山"組織成文，云："山色壯金銀，惟以不貪爲寶。"以譽太守廉能。觀者歡呼，亟請其下聯。學士率爾操觚，實未有以對也。適幕賓郭香生明經曰："想是'江流環鐵石，居然衆志成城'。"蓋以鐵瓮城爲金陵石頭城門户，竟成强對。學士既服其敏，且有解圍之功，因以所得潤筆分贈之。(梁章鉅《楹聯叢話》)

丹徒張伯冶巡檢騏，偕其嘉耦錢蓮因女史守璞，并以詩畫擅名。論畫則伯冶爲精，論詩則蓮因尤健。粵西邊瘠之區，蓮因間關隨宦，甘於末秩，不以富貴利達薰其心，不愧女士之目。嘗因伯冶豪飲健談，爲手書楹帖於座右云："人生惟酒色機關，須百煉此身成鐵漢；世上有是非門户，要三緘其口學金人。"以閨媛能爲此格言，真不愧女士也。(《楹聯叢話》)

甘露寺中有三賢祠，不知建於何時，祀唐李文饒、宋蘇東坡、米海嶽三公也。李蘭卿撰聯云："溯後先三百載游踪，异代同堂能結有情香火；冠今古第一流人物，文章事業也如無盡江山。"(《楹聯叢話》)

鄭板橋題焦山自然庵聯云："山光撲面經新雨，江水回頭爲晚潮。"又云："汲來江水烹新茗，買盡青山作畫屏。"又有贈焦山長老聯云："花開花落僧貧富，雲去雲來客往還。"今此聯墨迹猶存山中。(《楹聯叢話》)

焦山之麓，有松寥閣，俯臨大江，雄勝之概，爲江南北第一。閣中聯句，以陳恪勤公"月色如畫，江流有聲"八字爲佳。惜字迹太弱，不稱其句。僧堂有伊墨卿太守聯云："龕收江海氣，碑出魚龍淵。"下句謂《瘞鶴銘》也。語亦杰創，而分書尤奇偉，直逼漢京，當入焦山長物志也。(《楹聯叢話》)

嚴問樵曰："嘗習見書春聯者云：'槐爲弈世承恩樹，杏是春風及第花。'不知此乃王夢樓先生自署門聯也。原句作'槐爲王氏傳家樹，杏是唐人及第花。'先生又構一樓，題曰'夢樓爲演家樂之所'，集句聯云：'人世難逢開口笑，老夫聊發少年狂。'前輩風流，發人遐想。"(《楹聯叢話》)

陳春海恩澤與楊子堅鑄偕游焦山。山僧慕其篆書，乞題一聯於人勝坊。坊即殿前之石坊也。春海驟難得句，鑄曰："前輩鮑海門詩有云：'天闢海門容大隱，人從石室得長生。'何不用之？"恩澤欣然命筆，躬自緣梯，手鎸坊柱上。(《江鄉雜識》)

道光八、九年間，有鷄失尾翅，人失辮髮，婦失乳頭事。北鄉人入城，辮髮忽斷。千柳村盧氏乳媪二，一被截髮，一失乳頭。又有黑人爲妖，顧氏僕婦被迷，以刀自斷其乳，并有人自宫者。然數人卒皆無恙。（《焦東閣日記》）

山缺口地方有義犬冢碑，載道光辛丑，犬之主人死，犬饑數日，跪靈前斃。見義堂葬之，爲立碑。又咸豐三年，鄧營潰後，賊至朱方鎮殺人。有一尸卧河邊，一犬守之。或弃尸於河，犬即赴河死。（《焦東閣日記》）

城南大覺寺對衡有高氏酒肆，迫於逋逼，鍵户而逃。向畜一犬，無所得食，乃仰食於市，夜則伏於高氏之門。十餘年，不少間，人以爲義。（《羅憶齋義犬記》）

道光二十年庚子五月，雷雨大作，鎮江諸山并多崩裂。北固南麓書院後樓，即海嶽樓，爲崩石大樹壓圮。時山長徐舍人玉立方假寐樓下，猝被壓死。郡守黄冕屬幕賓汪廷儒挽以聯云："搔首問蒼穹，覽第一江山，六代衣冠都夢幻；驚心趨絳帳，看三千弟子，滿天風雨助悲思。"院中人士哀其死，思其勤教，爲立木主，朔望奠之。舍人揚州人，憶康熙間有周生者，讀書焦山，嘗死於崩石，周生亦揚州人，後先一轍，名山有靈，何厄揚州人之甚也！（《江鄉雜識》）

李述齋，邑諸生。嘗游幕粤東，所在以明獄慎刑諷勸當事。有命盗大獄，株連甚衆。述齋潛心細究，一一厘剔之，止誅首惡，衆皆活。道光己亥庚子，其子承霖鄉會聯捷，殿試一甲第一人，咸謂陰德之報云。（《江鄉雜識》）

道光二十二年壬寅，海氛不靖。自春迄夏，歷偵兩浙及吴淞、上海等處，皆受創。赴浙省之揚威將軍弈經，師潰而退。江蘇巡撫裕謙率師往援，陣亡於寧波。松江提督陳化成戰殁於吴淞。寇船遂入江，薄江陰上至圌山。六月初四、初五等日，寇連艦屯泊於北固山下，兩江總督牛鑑由蘇州走漕河，過京口，回江寧省駐防，京口都統海齡率同調來青州駐防兵五百人，協守鎮江。先是弈經過鎮江赴浙時，大閲青兵，盛稱武勇。至是海齡遂分派各城登陴協守。初七日，四門皆閉，城内獲七人悉斬之，言係漢奸，爲導寇者，居民不得出城，薪糧漸絶。十四日辰刻，寇率衆登北固山，施放火箭火炮，飛入城中，守陴兵亦施槍炮。持一時許，忽聲如巨雷，屋瓦皆震，乃寇用大炮攻城。城之十三門旁垣墻中炮，已傾卸十餘丈也。寇由此一鼓而上，我兵潰，青兵猶悉力拒之，死者十八九。寇既入城，焚城之敵樓，入駐防營，我兵亦死數百人，海都統因署中火死之。郡守祥齡自縊於署，又自縊於郡學明倫堂，皆遇救不死。邑令錢燕桂潛於民家，逸出北門。居民被火被戕者無數。明日，寇收兵回船，出殺人禁，然不禁攘奪，城門四開，不禁出入，以故城内居民得出引避，城外奸民，反入肆擾，其未出之家，聞叩門，婦女往往自戕，畏寇辱也。既出之家，則被掠一空矣。（《壬寅見聞録》）

寇既陷城，朝入暮出，示無據守志也。致書於江寧、揚州、儀徵等處。總督牛鑑以事上聞，兩淮轉運使但明倫與鹺商謀退寇計，聚資爲餌，苦無間説者。丹徒顔柳橋、陳潤生時在揚州，皆通達能言之士，受衆請，且奉運使命，義不能辭，顔乃赴瓜洲，陳赴儀徵，俱登寇船關説之。寇喜諾，約期退兵。自七月下旬，至八月初旬，寇船盡退出江，惟留廣東通使吴某等數人，泊舟京口，以通音問。嗣牛鑑去任，耆英繼之，議乃大定。無何，以福州將軍璧昌來督兩江，檄鎮江修城池，築炮臺，營善後事宜，民捐資數十萬，逾二年始竣事，居民始相繼返里云。(《壬寅見聞録》)

鮑某，揚州人，世以寫真爲業。至某，又兼通青烏術，有奇技，能於墟墓間仆地輾轉，便知冢内男女狀貌，且能心摹而手繪之。談者由是佚其名，咸稱爲“鮑打滚”云。乾元宫道士張宗漢，幼失怙恃。既長，哀慕弗衰。聞鮑名，思欲藉其術以得父母真容，弗能致也。既而郡有富室，招鮑相冢，作寓宫中。張曲致殷勤，遂陳衷曲。鮑諾之，約登其隴，未果。會富室招飲焦山，邀張偕往，爲平原十日之歡。張乘間復訂後期。鮑曰：“是亦不必親詣其處。子第於十二支中任舉二辰，余當有以報。”命張從之。翌日，鮑謂張曰：“子之先君子，其鼻有贅疣，先孺人，其腹有暗疾者歟?”張驚曰：“然。”鮑遂蘸筆繪二圖以進。張奉歸，繪飾衣冠，裝潢成軸，懸諸卧室。凡識其先人者，莫不詫以爲神。張君字宥涵，行五，鼻右有墳起處，生時嘗以瘤名。孺人徐氏，以痞疾終。鮑於素不謀面之人，故後幾三十年，乃能一一知而繪之，是果操何術以致此!(《江鄉雜識》)

道光二十九年己酉六月，江潮暴漲，南北上下沙洲盡没於水。水高數丈，洲人皆舟居。不及舟者，漂溺無算。其倉猝升樹者，苦無舟援，且無一食，瞬息待斃。丹徒楊文慶，字仲餘，邑廩生，素好濟急，亟作手書十數通，達於揚州各鹾商。略曰：議賑猶後，救死爲先。洲民在舟、在樹，争一息於洪濤巨浪間。施錢固無可用，施糧亦無可炊，惟多備船隻，接引登陸，多具乾餱，予以充饑，乃目前之急務。語意切中，惻惻動人，應者極衆。連夜募舟數十隻，屬司事分往各洲。又購麥麵數百石，即日分屬市肆作餅餌之類。緣文慶之義，即乞其載往各洲，躬給飢衆。文慶乘夜登舟，隨潮而下，凡三日夜，活人以數萬計。回舟至圌山下，遇大風，時已夕，欲泊無所，忽聞岸上大聲曰：“此船人命極多，不可覆舟。”遂近岸，若有牽之者。厥後，邑人捐金二十餘萬，以爲賑。然非文慶之倡議冒險，恐不免亡羊補牢耳。文慶有記，自紀其事。(《江鄉雜識》)

咸豐三年癸丑正月，偵得粤賊已陷武昌，過九江，兩江總督陸建瀛率水師迎之。未幾，退守金陵。賊聚戰艘數千，直逼城下，屯營壘攻城。無何，金陵陷。陸建瀛及駐防將軍滿漢各員俱死於難。京口告警，巡撫楊文定自金陵來檄駐防守城。郡守團練遂赴蘇省去。駐防都統文藝、郡守豫立，鑒於道光壬寅閉城之困民也，乃開城任民出徙，再謀守禦。城内外舟車步擔如涌如沸。諸不逞率衆乘間攘奪，獲其魁立斬之。民稍定。十日而城空。又二十日，賊至，時二月二十二日也。先是，楊文定調來海艇數十號泊江上，又調來廣東潮勇五百人屯城西江口。文都統陳師北固山下。至是，皆退走。文武員弁俱由東門出，賊由西、北二門入，城陷。

賊目僞元帥吴如嘯、僞檢點羅大剛據城，爲堅守計，四處掠人，增築新城，拆毁廟宇、民屋，以大木架城上添造炮臺，并出僞示，令人餽米麥牲畜，又嘗率兵往丹徒鎮掠民財物，如是者兩旬有餘。其城内未及出徙者，以空屋分男女居之，各立男女僞司馬掌之，屋各數十人，逃者、偶語者、出屋者，皆立斬。既又逼令各婦女，或陸或舟，派僞官解往金陵，謂之登天堂，其實爲節糧計也，沿途投江觸地死者無算。

三月初旬，鄧提督紹良奉大帥向榮令，率軍三千至，屯五營於城南二十里楊巷村官路旁，駐防文都統由丹陽整兵來合。遂移營，進距城十里包家岡。賊知之，率勁賊數千來薄大營。駐防將弁以未有以保城也，願先驅迎敵。鄧、文兩帥許之，分兩翼而前，戰於菊花山下。我軍敗，陣亡三百餘人。後軍援之，賊始退。

四月中旬，鄧移營屯京峴山，分營守包家岡。京峴山距城五里許，居高馭下，俯瞰全城，頗據勝勢。又得劉參戎領潮勇營駐釜鼎山下，并舟師屯運河。又海艇數十號，自焦山至北固山下，分屯南北江岸。又由蘇、浙載來大炮，重二萬斤、萬餘斤者，凡二具。一架於京峴半山，一架於南水關運河對岸，晝夜施放。城中屋宇及守城諸賊多被擊。賊皆懼，彌月不敢出城。久之，我兵漸懈，至暑月，或飲，或博，或浴，或納凉，午後鮮有不出營者。或謂鄧帥曰："兵法言：'守如處女，行如脱兔。'又言：'出其不意，攻其無備。'今我兵浸懈，而中營墻外不禁買賣，往來毋乃不慎乎！"不省。六月十三日申刻，中營火起，各屯無來援者。衆出營遠近不等，見有變，俱驚走，不敢歸營，營遂潰。幸包家岡營堅守未變，鄧帥走丹陽，江上海艇亦皆退泊焦山。

京峴山營潰，東路遂通。十四日侵曉，賊率衆至丹徒鎮，以安民爲辭，周巡至暮始歸。時潮勇各舟退至辛豐鎮。有奮氣者二百餘人，潛於丹徒鎮首，俟其歸，突出截之，殺傷數十賊而去。衆賊歸城，白於賊帥。帥怒，以爲居民之伏兵也。下令：明早列隊至鎮，不分男女老幼，盡殺之。而在鎮者，方恃其昨已安民無傷也。月方落，賊已至，逐户搜殺，死者幾三千人。

金陵大營援兵至，督兵者和大帥春也。仍屯京峴山，并營壘環至城北。不數月，調援廬州，以余軍門萬青代之。余以堅守爲拒賊計，静俟增兵。

黄天偉，貴州守備，屯京峴山前營，奉令攻西路賊營，中炮死。

劉廷英，廣東人，以道員用督潮勇。攻城，中炮死。子守鎮，亦以攻賊，中炮死。

松壽，江蘇候補縣。隨吉公克上海，來屯鎮江後營，與賊戰死。

京口副都統綳闊，咸豐六年春，與賊戰江上，赴水死。

咸豐四年春，撫軍吉爾杭阿由上海滅滬賊後，引軍來助，屯西路九華山。令虎嵩林、周兆熊、王夢熊等諸裨將分屯烟墩山、破岡等處，以當賊衝。與余萬青約，犄角相應，攻守會戰，悉相聲援。賊據城甚堅，急不能下。持至六年四月，賊與金陵賊合，忽圍困西路各營。吉撫軍引兵往援，亦遇困，三日不得出。西路營皆潰，撫軍死焉。而城中賊又分路薄余營，東路牽制不得往救。於是，九華山營悉潰。（詳見《吉勇烈公祠碑》，載"地輿①·廟祠"。）

劉存厚，江寧知府，從屯吉營。吉亡，負尸出，被賊圍，自刎死。

周兆熊，四川懋功鎮總兵。其守破岡也，賊圍數重。又聞吉撫軍陣亡，營中又斷水

① 按："地輿"，當作"輿地"。

飲，嗣見各壘皆空，賊踪不斷。乃朝服升帳，謂諸軍："願散者去，願隨者聽。"諸軍欲保兆熊突走，兆熊已入，軍遂散，從者僅十餘人。兆熊復出，令鋪火藥於地，帳下皆滿，端坐以待，暗袖火繩在手。俄賊入，見而疑之。良久，乃入帳，欲擒之。兆熊忽擲火，火藥轟。舉兆熊及從人皆死，賊亦猝斃多人。

東路賊之撲余營也，分兩路進：一由南向東；一由運河邊向東，夾攻京峴山。余萬青部署艱迫。而張總統國樑援軍由丹陽已至辛豐鎮，偵知之，亦分兩路迎擊。南路遇賊於洪山凹，隔田相拒，以數十騎突入賊叢。賊驚退，斬獲數人。河邊賊聞之，不敢渡河。余軍隔河拒之。援軍繼至，賊亦退。京峴山營及包家岡分營皆得無恙。

張總統既解京峴圍，聞金陵大營有變，急回軍。未至，營已潰。向帥榮退丹陽，賊亦踵至。張遂赴丹陽援之，分路擊賊。十餘晝夜，賊始退，復撲金壇。時六月中旬，向帥憤疾，卒於丹陽。金壇告急，張總統繞路往援。至八月初，乃及金壇之南，敗賊於南門外。守將迎之入城。賊夜遁，總統追之不及。是時，和大帥春已屯金陵，張遂返大營。

七年夏，和帥檄張總統攻鎮江。張用困城法，自雩山江口，迤邐而南，折而西，復折而南，至高資鎮江口，爲寬深濠塹四十餘里。皆依地勢，或抱山，或負水，凡山巒岡阜皆設營壘，相度夷險，分軍守之。又調置各舟師，守江之要隘，務使金陵賊、鎮江賊不通來往，兼以斷賊糧道。濠工既成，安壘已畢，城中困甚。金陵賊數來援，鎮江賊數出攻，皆擊退。冬十一月，和帥自來會攻，并檄江北諸營，約期同舉。蓋瓜洲、金山賊壘相屬，意在盡殲也。是時，賊目羅大剛已死。吴如嘯困極，乃不告賊衆，潛率數騎，僞裝官軍，夜巡各壘。從山僻小徑，乘間遁，城中自亂。十二日亥刻，東南兩門啓，被掠者紛紛出。和及張帥由南門入，余軍門由東門入，下令毋妄殺。惟開西門，争出者皆賊黨，執斬之。瓜洲、金山賊亦走。江南北合追之，斬獲甚衆。落江死者無算。鎮城復。

八年，喬觀察松年督諸紳辦理善後事宜，紳民捐資二十餘萬。至明年，各工未畢，喬擢運司赴任去。

十年春三月，金陵大營復潰。鎮江戒嚴。張總統國樑率兵至，向副將奎亦至。總統偵和帥退丹陽，乃急往援。屬馮督辦子材協同副都統巴棟阿守鎮江。閏三月晦，張總統墜馬死於河，丹陽陷，和帥走常州。常州陷，亦死。四月初二日，賊率萬衆來攻鎮江。先攻銀山三壘。壘乃檄調江北兵勇協守者也。見賊至，皆走。向奎怒，率所部二百餘人猝往擊之。賊甫登山，不及成列，驚而退。向追之數里，搴賊旗而還。向奎字星五，向帥之從子也。

是年歲暮，守軍缺餉，士卒將嘩。郡守師竹庵榮光乃從民訛言"府堂前有賊遺窖"，揚白於衆，集兵開掘，軍心稍定。明年春，躬赴上海乞餉。越江陰、福山賊巢，涉險而歸。各營得濟，窖工始停。此殆古人"唱籌量沙"之法。昔以紿敵，今以定我軍心者也。

自四月而後，江蘇各郡城及各屬邑次第皆陷，賊蔓延直至浙東，所未陷者，鎮江一城、上海一城而已。馮子材督理水陸諸軍，閉城嚴守。又恃奏留之，賊築新城足資防禦，足通芻粟，乃於近城山阜築壘十數處，各令裨將守之。江北有賊，則令水師拘民船至南岸，使無可渡；江南有賊，則檄調揚州兵弁，入城登陴協守。賊迫城十餘次，皆擊走，多所斬獲。人民由是安堵無恐者幾四年。

同治三年四月，賊衆數萬，圍城十餘日。忽乘夜緣梯將登，守陴者連施槍炮不退。倏見南山一路燈光明滅，愈多愈近。賊疑伏兵，懼而退。群見燈有“張”字，詫曰：“張國樑已死，豈又有張姓能軍者耶?”未曉，賊盡退。自是，遂不復來。鎮俗嚮以都天神爲張睢陽，僉謂神助，馮督辦因以奏聞，請加封號，奉旨賜加“彰威”二字。(按：咸豐四年七月初六日，汝山二郎神廟亦有神燈退賊事。見《焦東日記》。)

徒邑東鄉與陽邑北鄉接壤，賊陷丹陽之明日，以小隊出而略地。及徒邑界，鄉民故有團練，鳴金聚衆，迎而擊之。賊退，鄉民以爲能取勝也，頗自豪。又明日，賊衆大至。鄉民怯不敢出，始謀逃避，已不及矣。且東鄉盡於江濱，逃亦無路。賊於數十村搜殺三日。其掠於路者，則牽至姚家橋盡殺之，凡六百餘人。各村死者三千有奇。其間由城出避之家，不計其數。慘何如之。

陳兆榮，邑廩生，武技精到。軀幹雖小，力能舉重。刀矛各法，得傳於王清之、王北人。道光間，授徒揚州。好勇者延之來邑，師之者甚衆。王有獅、虎、猴等五形拳法，惟兆榮盡得之。父聲揚，及兄一弟二，俱能武，然趫捷不如兆榮。咸豐初，萬青藜督學浙省，延入幕，閲文卷，兼資保衛。萬秩滿去浙，人聞其名，延爲團練師。數年，庚申之變，杭州陷。兆榮以一身與賊衆巷戰得脱。時其兄兆元以從九品在杭候補，亦與賊戰，死之。(恤典及專祠，分見“廟祠”“忠義”。)兆榮歸里，山東捻賊正熾。某軍帥聘之，教習練勇。未幾，營潰。兆榮無尺寸柄，遂遇賊死。

同治三年甲子，金陵復，西洋各國來賃地、建屋、通商，踵至者數年不輟。凡銀山上下廟祠、寺觀、民居、市肆等地，兵燹後屋毁者，洋商皆租用之。西國設領事府，并建耶穌、天主等堂。江濱立鎮江關，理輪船、税務，轄於常鎮道。(詳見“輿地·關津”。)

洋商樓宇雖建，而邑之外貿與避寇者未敢遽歸。適鹽艘奉檄屯泊江之北岸，納載淮引。土人乃闢沙灘，建市屋，招人就鹽艘以售各貨。地長數里，曰“六號口”，曰“七號口”。徒邑人賈其地者居十之八。貨幣泉刀，儼然成聚。而徒邑近在對岸，竟廖落無人過問。郡守李春生仲良憂之，乃聞於諸大吏，招徠民衆，并移檄揚州、江都守令，愷切勸諭六號、七號各坐賈刻期渡江。衆始猶疑慮，繼聞先遷者甚獲利，乃接踵至。人民由是漸多，稍勝前焉。

同治三年，江有魚數萬，結成大球，隨流而東，皆仰浮水面，似傷而未斃者。(《焦東閣日記》)

同治八年元旦四更，時西方見霞，俄雲黑而雨，忽雷震一聲，六洲地方擊死不孝子兄弟三人。(《焦東閣日記》)

同治九年五月，郡中有妖孽迷人拐去，及夜放紙人作祟事。他處亦然。由省傳來破術咒云：“龍城柳，神所守。驅厲鬼，出匕首。福四民，制群醜。”朱書黄紙，以囊佩之。邑令懸賞示擒，未逾月滅。光緒二年夏，又有妖人放紙人、翦取辮髮、夜放紙虎魘人，又於人臂肩背股間打印，或紅或紫或黑，以穢物洗之乃去。詢之各處皆然，至八月後始定。通省擒獲及邑人擒獲者，斬示甚多。然遭其術者，卒亦無恙。（《焦東閣日記》）

光緒二年二月十五日，象山軍戍開山取土，得古墓一所。墓中大石長丈餘，以多塊石甃之作頂。分三楹，兩壁留小洞如門者甚多，并不穿透。最後粉壁有字云："洪武十九年，正榮堂内大小二十三口，嘉興府人。"軍士白諸營帥，命亟掩之。（《焦東閣日記》）

東鄉儒里朱氏，族廣人衆。當咸豐十年四月，賊陷丹陽，爲接壤地。賊令居民投順，其族人朱梓、朱開基、朱紹基、朱應奎乃集族衆，諭以大義。且曰："與賊拒敵，未免人心不齊，或多畏避。試各書意見於掌，以覘异同。"書畢，開視，皆曰"不降"。於是率衆執械，與賊拒戰，相持八日，殺賊數十，并獲其酋僞一天侯，臠割之。時水營小龍船欲購其尸報功，衆無貪功志，乃與之去。既聞其爲賊所啖，將還其尸，朱衆大嘩。奮集江上，涉水奪尸投於江。賊聞益仇朱。然欲爲渡江假道計，仍詭言勸降。朱益不屈，堵拒愈堅。賊銜之深，俟衆稍懈，大聚醜類，焚殺數十里，朱族被戕及自盡者二千餘人。其宗祠、村舍，概火無存。且懸萬金賞，欲得朱姓首義者而甘心焉。

唐李衛公方竹杖，今不再見。光緒二年，邑人張福鑕，字小秋，游衡湘得其一杖歸，贈甘露寺。僧定然爲之銘曰："虚其中，方其外。飛錫凌空此可代。敢擬坡仙留玉帶，願永寶之無有害。"

丹徒縣志卷六十終

《丹徒縣志》後序

國家功令，凡州縣志六十年輒一編纂，而成之顧不易易。一邑之事，必審其顛末，辨其劇易，資於經史百家，核之朝章國故，雖方隅之言，隱與國史相表裏。又况條例之增損，教令之遷改，因時變通，不相沿襲。其間封域陵谷，建置興廢，災祥政事之紀，忠誼偉績、循吏名賢、孝子悌弟、貞婦淑女之行，風俗、徭賦、版籍、齋祀之數，祠墓、遺迹、詩文、歌咏之傳，日久湮没，即文獻無徵。是以守土之吏，及時典修，罔敢怠。鎮江爲江東首郡，丹徒其岩邑焉。春秋時，屬吴，爲朱方。漢、三國以來，封國置帥，屹若重鎮。金、焦、北固諸山，俯臨大江。圌山在郡之東，爲三江口。揚、真、通、泰，隱隱在望。攬其雄麗，文采炳乎古今，扼咽喉而守要害。又王公設險之所求治者，擇前事以爲之師，志乘尤所汲汲也。舊鎮江志，創於宋嘉定間，修於元至正、明正德、崇禎間。《丹徒志》，係國朝康熙二十二年編輯，嘉慶八年再修。其事迹截至乾隆六十年止，迄今八十餘年矣。丹徒縣學教諭王君實庵、訓導夏君次濱，見舊志零落，板毁無存，竊恐代遠年湮，文獻愈難考訂。乃與前令何君嘯賡往復籌商，積有多日。何君於是捐廉設局采訪，并由學舉邑之孝廉楊履泰、李宗元、唐秀森，歲貢生顔錫名，廪貢生羅志讓等，經之以事，緯之以文，補缺搜遺，闡幽彰顯。凡爲圖十一，爲目十，爲卷六十，冠之以宸翰，終之以紀聞。積之數歲，勒有成書。觀察沈公又與陽湖編修吕庭芷先生郵筒往復，删并移易，歸於盡善，以付剞劂。壽鏡適承令斯邑，披覽之下，良無遺憾。又幸紳耆殷户，向義輸資，得以蕆事。因思丹徒兩經兵燹，民氣方蘇，恭逢聖化廣被，一意休息。文治聿修，期以復詩書之氣，拯飢溺之憂，修扞衛牧圉之防，開聲名文物之美。犂然見諸設施，其庶乎彰勸萬民，咸和庶政。若徒編采故實，尋繹緹素，猶其末也。知丹徒縣事馮壽鏡謹序。

重修縣志照會

運同銜即補直隸州署丹徒縣知縣何，爲籌修縣志，照會舉辦事案。奉各大憲札，行設局修輯通志，飭將新、舊志書，搜輯呈送。業經前縣汪，因縣志版片毀失，無從覓送，具文申復在案。查周官外史，實掌職方，晉紀圖經，具詳郡國。自北宋著爲令典，邑乘遂有專書。綱舉目張，條分縷晰。陳壽老赤城作志，韓汝慶朝邑成編，類皆述桑梓之舊聞，彰釣游之勝迹，垂爲軌式，比隆史家。匪惟徵獻而考文，抑足居今而鏡古。法至備也，體至嚴也。然而宣尼輯禮，嘆杞宋之無徵；郯子紀官，嘉雲龍之能述。良以口授者易訛，耳食者難習。雖圖書星列，而歲月飆流；猶且豕三傳疑，虎穴滋舛。況乎徒邑舊志自嘉慶八年而後，久廢纂修；迨咸豐初政以還，疊遭兵燹。地方百里，事歷三朝。耆舊凋零，無復歸來之黄鶴；河山烽火，曾經浩劫於紅羊者哉！惟是丹徒，壤割朱方，地雄赤緊。宋帝以南徐作鎮，蕭公因北顧名樓。潮來鐵瓮，懷霸業於黄初；月滿金焦，接名區於白下。天下第一江山，稱寄奴之家住；古今大好人物，讓士雅之鞭先。允屬岩疆，甲於吴會。乃本縣莅任以來，見其井里蕭條，閭閻凋敝。樓臺金碧，都成瓦礫之場；閥閲衣冠，半作桃源之避。其間形勢之險夷，兵防之更置，賦役之增減，户口之盛衰，水利之廢興，學校之隆替，以及漕糧運道之源流，華洋通商之本末，輪船沙綫之起伏，固考古者所欲借資，亦牧民者必宜周悉。及今庚續，已慮捕風；再憚辛勞，將成墜露。本縣圖求驥索，管比豹窺。敢以集枯，遂甘就簡。爰與儒學王夏往返籌商，覓構舊志，舉董開辦。即在府學公所，議擬章程，搜羅采訪。俟粗立規模，籌定經費，再行設局辦理。除通稟各憲查考外，合行照會，會同商辦。寬期限緊，課程師朱文公之成法；求謹嚴歸，核實守陸清獻之良規。庶幾薈萃人文，表揚忠孝。無徵不信，章京江山水之輝；有善必書，備太史輶軒之采。同治十二年二月二十二日照會。

此前邑令何君嘯賡原諭，實係公餘親手結撰。工整流麗，於事亦復周詳明晰。今志已鋟，仍將此諭付雕，蓋不没其創始之苦心爾。

捐助采訪經費姓氏

朱輔仁同侄雲瑞	捐錢一千千文
錢綢南貨三業	共捐錢九百千文

捐助開刊經費姓氏

原任安徽徽寧池太廣德等處兵備道劉傳祺	捐銀一百兩
前河南南汝光兵備道劉成忠	捐銀五十兩
直隸候補道前署冀州直隸州楊鴻典	捐銀五十兩
前浙江湖州府長興縣趙定邦	捐洋一百元

李自安堂	李松筠堂	李抱經堂	李來紫堂
盧賓門	王星垣	盧冠賢	戴燦章
莊南華堂	桐琴書屋	劉禮樂堂	全吉綢店
周芷漁	繆世慶堂	朱懷德堂	王作周
王曙東	朱輔仁	朱雲瑞	張嘉俊
蘇鳳岐	田鳳山	朱在兹堂	王燕譽堂
田金（魁鎮）	吳晉康	王敬德堂	張大鵬
趙雲嵩	颜一山	張鏡泉（裴郭附）	

按：自邑紳酈光國於嘉慶初年獨捐重修縣志後，迄今八十餘年。緣乏資款，未經續纂。兹經各紳集捐，得以蕆事。惟自李自安堂以下，各捐係留養灾民及公車積穀。縣志四項統捐，由縣酌分濟用。故修志一款，難分清數。僅列捐紳姓名於左。

跋

丹徒縣地大物博，環山帶江，形勢扼東南津要。金、焦、北固諸山，雄奇幽秀。精藍名刹，金碧焜耀，名勝相望。康熙、乾隆間，屢經翠華臨幸。踵事增華，宏規益起。自星使大僚，以逮墨客騷人，經過者無不攬勝流連，憑高寄慨。時海内隆盛，富商大賈，輧闐輻輳。奢麗盈溢，爲江南一大都會。道光壬寅，海氛不靖，擾及郡城。咸豐三年，重以粵寇之亂，蹂躪焚掠，烽火亘天。衣冠之族，挈家渡江，僑寓不歸。邑里蕭條，人民寥落。綜數十年之間，盛衰治亂，可勝太息！幸先皇帝仁聖，命將厲兵，摧陷廓清。熙熙然萬姓重睹升平，蔚成中興之治。同治十一年，何君嘯賡來宰是邑，政事修舉，年穀順成。藴華暨訓導夏君次濱，告於何君曰："邑志之修，迄今八十年矣。國家定制，六十年一修，已逾其限。况疊遭兵燹，典籍散失，耆耇凋零。失此不修，後將難繼。"何君深以爲然。惟經費無出，乃捐廉倡首。延邑孝廉楊履泰、李宗元、唐秀森，歲貢生顔錫名，廪貢生羅志讓等，均耆年宿學，習於掌故，共典斯事。於是，村氓田叟，無不詢也；稗官野紀，無不覽也；遺文軼事，無不參稽也。廣采而慎擇之，搜輯略備。會中丞檄下催纂，而徒邑獨籌之也早，故選之也精而語之也詳，乃得從容暇豫，以及於成；以視迫促、顢頇、潦草、脱漏者，殆有間矣。既脱稿，持視邑宰馮君巳亭。馮君携以就正於觀察沈公、太守趙公。沈公、趙公更請陽湖吕庭芷太史裁酌審定，歸於至當。然後捧志敬呈中丞吴公，允以爲可爰付手民，雕鎸成帙。自始事至今，已七年矣。藴華謭陋，於兹事無能爲役。惟念何君創始之勤，任事之勇，屢詣余與夏君籌思商訂，規畫一切。今幸告成，而兩君墓已宿草，深可慨已！爰泚筆跋此，謹志其緣起於簡末。

光緒五年十月，丹徒縣教諭王藴華跋。